全國高等院校古籍整理研究工作委員會項目

包山楚簡綜述

朱曉雪 著

海峽出版發行集團 | 福建人民出版社
THE STRAITS PUBLISHING & DISTRIBUTING GROUP | FUJIAN PEOPLE'S PUBLISHING HOUSE

圖書在版編目(CIP)數據

包山楚簡綜述/朱曉雪著 .—福州:福建人民出版社,2013.12(2023.10 重印)

ISBN 978-7-211-06858-6

Ⅰ.①包... Ⅱ.①朱... Ⅲ.①竹簡—研究—中國—楚國(? ~前 223) Ⅳ.①K877.54

中國版本圖書館 CIP 數據核字(2013)第 300118 號

ISBN 978-7-211-06858-6

包山楚簡綜述

BAOSHAN CHUJIAN ZONGSHU

作　　者:朱曉雪
責任編輯:賴炳偉　江叔維
封面設計:黄　勤
出版發行:福建人民出版社　　**電　　話**:0591—87533169(發行部)
網　　址:http://www.fjpph.com　　**電子郵箱**:fjpph7211@126.com
地　　址:福州市東水路 76 號　　**郵政編碼**:350001
微　　博:http://weibo.com/fjpph
印　　刷:福州市德安彩色印刷有限公司
地　　址:福州市金山工業區浦上標準廠房 B 區 42 幢　　**郵政編碼**:350008
開　　本:787mm×1092mm　1/16
印　　張:65.5
插　　頁:4
字　　數:1300 千字
版　　次:2013 年 12 月第 1 版　　2023 年 10 月第 2 次印刷
印　　數:1501—2300
書　　號:ISBN 978-7-211-06858-6
定　　價:320.00 元

目　錄

凡　例

1．本書竹簡編號沿用《包山楚簡》一書的編號。

2．本書收錄文獻資料截止於2011年12月。

3．釋文用嚴式，不識之字儘量隸定，無法隸定的保留原字形。異體字、假借字隨文以（ ）注明。若同時出現異體字和假借字，兩字間標以連接號“—”。擬補的字用〖〗標示，衍文用｛｝標示，無法辨認的字用□代替，錯字後用< >標注出正確的字。

4．引用諸家觀點時，原則上遵照原文，係排版所致的錯字則徑改，引文中有文字省略用“…”表示，以区别原文的省略號。

5．集釋中引用的文章一般標注其首見時間，並在“參考文獻要目”中注明引用的版本。

6．竹簡自帶的篇名用《 》，後擬篇名用< >。

7．集釋徵引論著按發表時間先後排列，時間相同的按作者姓氏拼音音序排列，同一作者同年發表的論著以A、B、C、D爲序。

第一章　概　　述

一　出土地點及墓地概況

包山楚簡是湖北省荊沙鐵路考古隊於1987年1月爲配合荊（門）—沙（市）地方鐵路建設，在南距戰國楚故都紀南城16公里的荊門十里鋪鎮王場村包山崗地所發掘的二號楚墓中發現的。

包山崗地呈龜背形，即中間高，四周略低。崗脊南北長250米、東西寬100米，地勢平緩，地貌變化不大。崗上由南往北分佈有五個土塚，大者位置略偏東，小者略偏西，由南往北依次編爲一號至五號墓。一、二號墓封土堆緊鄰，四、五號墓相距甚近。在崗脊西部不見封土的三座古墓，則依其發現先後，編號爲六號至八號墓。這八座墓葬組成包山墓地。其中三號墓和七、八號墓爲西漢墓，其餘爲戰國楚墓。

二號墓位於崗地中部，位置稍偏東，其南部緊鄰一號墓，有封土，東向墓道，長方形土坑有十四級臺階，葬具爲二槨三棺，墓主爲男性，名昭秙，官居左尹。此墓是包山墓地五座戰國中晚期楚墓中位置最顯著、規模最大、保存最完好的墓葬。

二　發掘、報道和整理出版概況

湖北省文化廳組織湖北省博物館、荊沙地區博物館、沙市市博物館、荊門市博物館、江陵縣文物局等單位，組成荊沙鐵路考古隊，對包山墓地進行了發掘。正式發掘工作從1986年11月8日開始，至1987年1月25日結束，歷時近三個月。報告的整理與編寫工作於1987年2月下旬開始，至1989年2月底結束，歷時兩年。1991年10月，《包山楚墓》一書由文物出版社正式出版，同時出版的還有其簡牘資料的單行本《包山楚簡》一書。

王仲翊曾據《包山楚墓》和《荊門包山大塚發掘親歷記》[①]的記載，將包山

①何平：《彩棺漆繪描楚風——荊門包山大塚發掘親歷記》，《古墓掘寶祕聞》，133-151頁，武漢，長江文藝出版社，1993。

大塚從發掘前的探勘、測量等準備工作，到《包山楚墓》考古報告的修訂、出版製成簡表，閱讀起來一目了然。[①]今以其表爲基礎，增加發掘過程中的相關報道及文章，另製新表。

包山楚簡發掘、報道和整理出版一覽表

時　間	經　過
1986.4	對包山進行實地調查和鑽探，重點是地面保存有封土的墓葬。（詳見《包山楚墓》第5頁）
1986.8	對二號墓周圍及崗西由北往南寬 20 米的荊沙鐵路正綫之上進行復探。（詳見《包山楚墓》第5頁）
1986.10	測繪了包山墓地地形地貌及封土現狀分佈圖。（詳見《包山楚墓》第5頁）
1986.11.18	挖掘工作正式展開，由湖北省博物館王紅星先生主持，開始清除封土。（詳見《荊門包山大塚發掘親歷記》第135頁）
1986.11	完成封土堆之清除工作，包山大塚墓口已全部暴露，並開始清除墓坑填土。（詳見《荊門包山大塚發掘親歷記》第137頁）
1986.11.25	發現疑似盜洞跡象，在墓坑口靠近北壁處發現有一直徑約 2.5 米，不規則圓形青灰泥堆積，色澤不純，且比四周填土更爲鬆軟，而青灰泥的範圍越往下越大。（詳見《荊門包山大塚發掘親歷記》第138頁）
1986.12.1	發現青灰泥跡象向西轉移至墓坑西壁臺階上，又轉而向東直指南壁。（詳見《荊門包山大塚發掘親歷記》第139頁）
1987.1.1	清除墓坑填土工作已接近尾聲，而青灰泥跡象又延伸至墓道與墓坑壁交界處。再繼續往下挖約30釐米，在距離槨蓋板深約1.5米的地方，青灰泥跡象消失。（詳見《荊門包山大塚發掘親歷記》第139頁）
1987.1.5	開展清理墓室之準備工作，集結各單位考古方面之專家學者，全力進行清理工作。（詳見《荊門包山大塚發掘親歷記》第140頁）
1987.1.9	揭取槨蓋板上竹席，取出槨蓋板。（詳見《荊門包山大塚發掘親歷記》第142頁）
1987.1.11	取起頭廂分板，發現包山二號墓仍保存完整，沒有被盜。（詳見《荊門包山大塚發掘親歷記》第143頁）
1987.1.12	槨室分板全部取走，了解各邊所放置隨葬器的情形，此後繼續清理各廂中文物。（詳見《荊門包山大塚發掘親歷記》第143頁）

①王仲翊：《包山楚簡文字研究》，9-13頁，臺灣中山大學碩士學位論文，1996。

1987.1	由吳順清先生自積水中順利取出竹簡數百支。(詳見《荊門包山大塚發掘親歷記》第145頁)
1987.1.17	開始清理棺室。(詳見《荊門包山大塚發掘親歷記》第146頁)
1987.1.18	打開第三重棺,最裏層之龍鳳紋彩繪漆棺在兩千多年之後重見天日。(詳見《荊門包山大塚發掘親歷記》第146頁)
1987.1.25	整個包山墓地發掘工作結束。(詳見《包山楚墓》第5頁)
1987.2	開始報告的整理與編寫。(詳見《包山楚墓》第5頁)
1987.3.2	楚文:《荊門十里鋪包山大塚出土一批戰國中晚期珍貴文物》,見《荊州師專學報》1987年第1期。
1987.4.2	方彥浩:《荊門包山大塚喜豐收》,見《江漢考古》1987年第1期。
1987上半年	完成了室内清理工作。(詳見《包山楚墓》第5頁)
1987.7.2	荊沙鐵路考古隊:《荊門市包山大塚出土一批重要文物》,見《江漢考古》1987年第2期。
1988.5	完成報告初稿。(詳見《包山楚墓》第5頁)
	湖北省荊沙鐵路考古隊包山楚墓整理小組:《荊門市包山楚墓發掘簡報》,見《文物》1988年第5期。
	吳順清、徐夢林、王紅星:《荊門包山2號墓部分遺物的清理與復原》,見《文物》1988年第5期。
	湖北省荊沙鐵路考古隊包山楚墓整理小組:《包山2號墓竹簡概述》,見《文物》1988年第5期。
	王紅星:《包山楚墓墓地試析》,見《文物》1988年第5期。
1988.7	陳躍均、王紅星:《荊沙鐵路考古發掘取得重大收穫》,見《江漢考古》1988年第2期。
	王紅星:《略論包山墓地發掘的考古學價值》,見《江漢考古》1988年第2期。
1988.8	李學勤:《論包山楚簡中一祖先名》,見《文物》1988年第8期。
1989.5.1	黎子耀:《包山竹簡楚祖先與周易的關係》,見《杭州大學學報》1989年第2期。
1991.10	《包山楚墓》《包山楚簡》正式出版。

三　竹簡放置位置及基本情況

包山二號墓共出土竹簡448枚,竹牘1枚,分别出自東室、南室、西室和北室。

東室8枚,屬遣策。標本2:141號4枚,横置於2:146號銅鼎的口部之上;標本2:185號1枚,一端斜置於2:125號銅匜上;標本2:97號3枚,置於北部靠東牆的底層近2：174號獸骨處。出土時僅1枚完好，餘均斷成幾段。

南室17枚，亦屬遣策。其中標本2：287號15枚，記載的均爲南室之葬器，集中放置在位於西南部的355號車壁皮飾上，保存完好。標本2：358號2枚，記載的則是東室之葬器，單獨置於東部底層，與2：257號銅戈、2：353號馬銜緊鄰，保存完好。竹牘置於南室2：381號馬甲之中，有154字。

西室135枚，①標本2：385號129枚，放置位於南端的2：388號銅盤、2：389號銅盤之上，被2：387-6號絲棉衾所疊壓，除一枚簡背有字屬文書類外，其他均爲無字簡，保存完好。標本2：400號6枚，爲遣策，置於北端底部，出土時皆殘斷。整理復原2枚。

北室288枚，分兩束交疊放置於北室中部近北牆處，2：441號銅刻刀與之緊鄰，2：236號龍首杖疊壓其上。其中標本2：439號57枚簡位置稍偏西，爲卜筮祭禱記錄簡；標本2：440號231枚簡位置稍偏東，屬司法文書，上有竹簽牌1枚；標本2：440-1，其上墨書“𠭇等”二字，從文意看似與簡1-18有關。兩者均保存完好。

出土時，竹簡編繩均已腐爛，其編聯順序因水的浮動而散漫不清，但原放置位置無大變動。整理後依文意統一編號，即按內容順序逐簡給號，極少數斷簡因中間缺損無法拼接者一段一號。無字簡因不能確知其本來位置而一律未予編號。

竹簡出土情況表②

<table>
<tr><th colspan="2" rowspan="2">出土位置</th><th rowspan="2">出土號</th><th colspan="2">數量</th><th rowspan="2">類別</th><th rowspan="2">整理號</th><th rowspan="2">保存情況</th></tr>
<tr><th>有字</th><th>無字</th></tr>
<tr><td rowspan="3">東室
8枚</td><td>125號銅匜上</td><td>2：185</td><td>1</td><td></td><td>遣策</td><td rowspan="3">251-258</td><td rowspan="3">大部分殘斷，1支完好。整理復原3支，4支缺損，無法復原。</td></tr>
<tr><td>146號銅鼎上</td><td>2：141</td><td>4</td><td></td><td>遣策</td></tr>
<tr><td>東墻北部近174號獸骨處</td><td>2：97</td><td>3</td><td></td><td>遣策</td></tr>
<tr><td rowspan="3">南室
17枚</td><td>東部底層</td><td>2：358</td><td>2</td><td></td><td>遣策</td><td>265、266</td><td rowspan="3">完好</td></tr>
<tr><td>西南部355號車壁皮飾上</td><td>2：287</td><td>11</td><td>4</td><td>遣策</td><td>267-277</td></tr>
<tr><td>2：381號馬甲之中</td><td></td><td></td><td></td><td>竹牘</td><td></td></tr>
</table>

①《包山楚簡》一書中作134枚，實應爲135枚。其中388、389號銅盤之上有無字簡128枚，整理號爲278的有字簡1枚，北部底層遣策類有字竹簡6枚。

②此表不同於《包山楚墓》266頁及《包山楚簡》3頁原表，格式略有改動。

西室135枚	北部底層	2：400	6		遣策	259-264	大部分殘斷
	南端 388、389號銅盤之上	2：385	1	128	文書	278	基本完好
北室288枚	中部靠北墻板偏東	2：440	196	35	文書	1-196[①]	基本完好
	中部靠北墻偏西	2：439	54	3	卜筮	197-250	

竹簡呈黄褐色，係由成竹劈破成條，去節殺青，刮削整治而成。書寫卜筮祭禱記錄和文書的簡，製作較爲精細，遣策的製作則相對粗糙。竹簡厚 0.1～0.15 釐米，長、寬則因書寫内容不同而略有區别。部分遣策最長，一般爲 72.3～72.6 釐米，寬一般爲 0.8～1 釐米，另一部分遣策稍短、稍窄，如簡 255 長僅 68、寬 0.75 釐米。卜筮祭禱記錄簡的長度大致有三種：一種長度爲 69.1～69.5 釐米，一種長度爲 68.1～68.5 釐米，一種長度爲 67.1～67.8 釐米；寬度基本在 0.7～0.85 釐米，個别達 0.95 釐米。文書簡的情況比較複雜，大部分簡的長度没有超出 62～69.5 釐米的範圍，少數簡短至 55 釐米左右；寬一般爲 0.6～0.85 釐米，個别寬至 0.95 釐米。

竹簡黄面一側的邊緣，大部分刻有一到二個或三個直角三角形的小契口，用以固定編聯竹簡的絲線。極少數竹簡未見契口。契口長 0.3～0.5 釐米，口寬 0.2 釐米左右，深 0.1～0.2 釐米不等。文書類與卜筮祭禱的竹簡上刻有上、下兩個契口，上部契口的底邊距頭端一般爲 17～20.6 釐米，下部契口的底邊距尾端一般爲 15～17.5 釐米。遣策類竹簡之上所刻契口極個别爲上下兩個，絕大部分是上、中、下三個，上部契口的底邊距頭端通常爲 1.5～1.7 釐米，下端契口的底邊距尾端大致爲 1.6～1.8 釐米，中部契口距兩端的長度大體相等。從契口部位殘存的絲線或絲線痕跡看，原竹簡的編聯是在文字書寫完畢之後進行的。

文字主要書於竹黄一面，亦有少數書於竹青面，墨蹟清晰，字體秀麗。除部分遣策（265-277 號簡）的簡首與簡尾分别留有 1.5～1.7 釐米、1.6～1.8 釐米的空白外，其他竹簡一律頂端起書，不留天頭和地腳。從字體、筆鋒及書寫習慣看來，這批竹簡似由多人書寫而成。每簡字距稀密不一，字數多少懸殊，最少僅有 2 字，最多達 92 字，一般爲 50 至 60 字，字體因内容不同而有大小之别。

① 《包山楚墓》266 頁誤作“1-176”。

四　整理者對簡文内容的分類

按内容分作文書、卜筮祭禱記錄、遣策三大類：[①]

1. 文書

文書類竹簡是若干獨立的事件或案件的記錄，都是各地官員向中央政府呈報的檔案，文書簡又分爲有篇題和無篇題兩種。

(1)有篇題的文書簡

《集箸》共 13 枚簡（1-13 號簡），是有關驗查名籍的案件記錄。

《集箸言》共 5 枚簡（14-18 號簡），是有關名籍糾紛的告訴及呈送主管官員的記錄。

《受期》共 61 枚簡（19-79 號簡），是受理各種訴訟案件的時間與審理時間及初步結論的摘要紀錄，一般一簡記一件事，所記内容主要爲接受告訴的官員姓名及職位，人犯姓名及身份，審問結果及審訊人姓名。

《疋獄》共 23 簡（80-102 號簡），是關於起訴的簡要記錄，與“受期”在内容上是互爲關聯的。

(2)無篇題的文書簡

另外 94 枚沒有篇題的竹簡，按内容大致可以分爲三組：

第一組共 17 枚簡（103-119 號簡）。這組簡是關於子司馬及令尹子士、大師子緖以楚王之令，令有關官員爲鄗郙之地貸郕異之金以糴種的記錄。

第二組共 42 枚簡（120-161 號簡）。這組簡是一些案件的案情與審理情況的詳細記錄，以及呈送給左尹的情況彙報。所記案例以殺人案較多，其案情記載與調查審理較爲細緻慎重。

第三組共 35 枚簡（162-196 號簡）。這組簡分段的開頭均爲“所謯告於”或“所謯於”，接受謯的對象均爲前述案件審理的負責官員，被謯告者所反映出來的有人名、地名與時間，格式爲某時某地某人。

2. 卜筮祭禱記錄

卜筮祭禱記錄簡共 54 枚（197-250 號簡）。共二十六組，可分爲卜筮與祭禱兩類。各組簡按貞問或祭禱的時間順序排列，每組記一事，多則四五簡，少則一簡，内容皆是爲墓主貞問吉凶禍福，請求鬼神與先人賜福、保佑。

---

①參見湖北省荊沙鐵路考古隊：《包山楚墓》，267-276 頁，北京，文物出版社，1991。湖北省荊沙鐵路考古隊：《包山楚簡》，9-14 頁，北京，文物出版社，1991。

3. 遣策

遣策簡共 27 枚（251-277 號簡），分四組與葬器放置一起，所記均爲隨葬物品。

第一組遣策有簡 8 枚（251-258 號簡），放置於東室葬器之中，記載的食品與食器，均爲東室之物品。

第二組遣策有簡 2 枚（265-266 號簡），放置於南室葬器之下，所記青銅禮器與漆木器均見於東室之中。

第三組有簡 15 枚，其中僅 11 枚簡上有字（267-277 號簡），放置於南室葬器之中，所記車馬器、兵器均出自南室。

第四組遣策有簡 6 枚（259-264 號簡），放置於西室葬器之下，所記物品主要見於西室和北室，少數出自東室和南室。

五　竹簡圖版情況

竹簡圖片清晰與否在一定程度上影響文字的釋讀，清晰的圖片會降低文字考釋的難度。包山楚簡的全部圖片首次發表在《包山楚墓》一書中，同年出版的《包山楚簡》是簡牘資料的單行本。從清晰度來看，二者各有千秋，例如 120-123 號簡，《包山楚墓》中的圖片比較清晰，而 22、23 號簡，則《包山楚簡》中的圖片比較清晰。此外，張光裕、袁國華主編的《包山楚簡文字編》也收錄了全部圖版，總體來說，清晰度不高，不過圖版旁直接附有釋文，參看起來較爲方便。劉信芳《包山楚簡解詁》一書也附有竹簡全部圖版，移用了《包山楚簡》中的圖版，但顏色略淺。以上幾種圖版均爲黑白圖板。

日本二玄社出版的《簡牘名蹟選》[①]一書中收錄的 16 支彩色包山楚簡圖版，依次爲 227、184、169、142、141、149、137、137 反、230、3、239、265、226、225、249、266 號簡。但該書所記的這 16 支竹簡的尺寸與《包山楚簡》中公佈的數據有所不同。

《包山楚簡》《簡牘名蹟選》記錄竹簡尺寸對比表（單位爲釐米）

簡號	227	184	169	142	141	149	137	137 反
包山楚簡	67.5	64.6	64.5	64.8	65	68.3	66.2	/
簡牘名蹟選	62.0	59.5	60.7	59.5	60.0	63.7	62.5	60.4
差距	5.5	5.1	3.8	4.3	5	4.6	3.7	5.8

①黑須雪子發行：《簡牘名蹟選 3》，36-63 頁，東京，株式會社二玄社，2009。

簡號	230	3	239	265	226	225	249	266
包山楚簡	68.4	68.5	68.5	72.3	68.4	69.7	64.4	72.4
簡牘名蹟選	65.0	65.5	63.6	65.2	62.0	61.5	59.5	67.2
差距	3.4	3	4.9	7.1	6.4	8.2	4.9	5.2

通過對比可以發現《簡牘名蹟選》所示的數據與《包山楚簡》有所不同。即使竹簡出土後會因變形、斷裂而導致長度變短，差距也不會有8釐米之多，可見《簡牘名蹟選》的數據有誤。

六　包山楚簡的價值

與之前出土的楚簡相比，包山楚簡數量巨大、保存完好、内容豐富，並且很多内容爲楚簡之首見。隨著包山楚簡的重見天日，歷史的記憶被埋藏了兩千多年的竹簡喚起。包山楚簡掀開了楚簡研究的新篇章，具有極高的學術價值，主要體現在以下方面：

首先，在文字方面，包山竹簡字數12472個，竹牘字數154個，總字數12626個，其中，單字1605個，合文31個。新見之字數量可觀，這是此前出土的楚簡無法比擬的。包山楚簡的出土使得楚系文字總量激增，爲楚系文字的進一步研究奠定了堅實的基礎。劉信芳曾這樣評價包山楚簡：

> 未有包山楚簡之前，學術界對楚系文字的研究尚處於艱難的認字階段，其考釋多是局部的，零碎的，缺乏對楚系文字的整體認識與把握。而自包山楚簡公佈後，學者對楚系文字的認識產生了飛躍，不僅楚系文字的基本框架建立起來，其他諸如楚國人名姓氏、地名地理、經濟制度、司法制度、軍事、職官制度、曆法、占卜、祭祀、祈禱、各類名物典章制度的研究亦漸次展開。並爲1993年出土的郭店楚簡的釋讀與研究打下了堅實的基礎。①

正如劉信芳所說，包山楚簡的出土使得楚系文字的基本框架逐步建立起來，在楚系文字研究中起到了承前啓後的作用。數目如此巨大的文字，不但爲楚系文字的字形結構研究提供了大量依據，同時也爲語言、詞彙等方面的研究提供了新

①劉信芳：《包山楚簡解詁》，1頁，臺北，藝文印書館，2003。

資料。[1]

其次，從歷史文化角度來看，包山楚簡的學術價值更爲突出，簡文涉及戰國時期楚國法律、經濟、地理、文化等各個方面的情況，令人耳目一新，具有很高的史料價值。

1. 包山楚簡中有關司法案例的簡文在楚文字材料中是首次出現，[2]這是包山楚簡所獨有的，尤足珍貴。這些竹簡都是當時官府處理的實際案卷，包括了盜竊、殺人、還貸、繼承權等各式各樣的案件，是研究楚國司法制度的第一手材料。

2. 包山楚簡記錄了大量的機構名、職官名，其中一部分與典籍記載相符，但大部分是楚國所特有的名稱，這也從側面呼應了《史記・楚世家》中"我蠻夷也，不與中國之號謚"的說法。楚國官制自成一格，具有濃厚的地域特點，通過包山楚簡，楚國的職官制度研究會前進一大步。

3. 包山楚簡中記錄了數量龐大的地名、封君名，有的見於古書記載，有的則不見於古書記載，這對楚國歷史地理研究來說，是一份不可多得的材料。

4. 包山楚簡中記載了除"獻馬"以外的所有楚月名，印證了睡虎地秦簡《日書》中的記載，也掀開了楚曆月序、建正、歲首以及楚曆沿革問題研究的新篇章，爲解決楚國曆法中一系列的問題提供了一把關鍵的鑰匙。

5. 包山楚簡的内容涉及到楚國行政區劃層面的問題，根據簡文，可以對楚國"邑"、"里"、"州"、"䧅"、"敔"的性質及其相互間的關係有新的認識。

6. 包山楚簡中卜筮祭禱簡的保存狀況是所有楚卜筮祭禱簡中最完好的，54 支竹簡均無殘斷，並且占卜的記錄完整，這是研究戰國時期卜筮祭禱問題的珍貴材料。

7. 喪葬簡中記錄的物品名稱多數能與隨葬的實物對應，這對研究戰國時期楚國器物的名稱、形制很有意義。

總之，包山楚簡具有重要的學術價值，整理小組正是看到了這一點，所以以極快的速度將竹簡整理完畢並公佈。包山楚簡一經發表就引起了學術界的強烈反響，吸引了衆多學者的注意力，大家紛紛撰寫文章進行研究，無論是文字釋讀還是相關問題的研究都取得了卓越的成績。但是，當大部分文字被考釋出來、相關

---

①這幾個方面均有專文研究，如：王仲翊：《包山楚簡文字研究》，臺灣中山大學碩士學位論文，1996。劉暢：《包山楚簡字用研究》，北京師範大學碩士學位論文，2001。劉波：《包山楚簡語言研究》，北京師範大學碩士學位論文，2005。王穎：《包山楚簡辭彙研究》，廈門大學博士學位論文，2004。田飛：《包山楚簡語法研究》，吉林大學碩士學位論文，2011。

②1978 年出土的天星觀楚簡有類似内容，但其簡文尚未全部公佈。

的問題被熱烈討論之後，包山楚簡的研究便呈現出“停滯不前”的狀態。可以說，包山楚簡在經歷了一段時間的集中研究，被推向一個高峰之後，便陷入了瓶頸。一些問題還沒有得到真正地解決，還有一些問題尚有待深化和拓展。總之，如此重要的文字材料，是值得進行深入研究的。

七　包山楚簡研究綜述

雖然在包山楚簡出土前已有不少楚簡出土，如信陽楚簡、九店楚簡，但其數量難與包山楚簡相提並論，可以說包山楚簡是我國第一批數量龐大的楚簡資料，所以剛一出土，就立刻引起了學術界的關注。

有關包山楚簡的介紹，早期有楚文的《荊門十里鋪包山大塚出土一批戰國中晚期珍貴文物》①和方彥浩的《荊門包山大塚喜豐收》②。不過這兩篇文章均未涉及簡文的具體內容，有關竹簡數量的數據與實際情況尚有出入。

1987 年，由王紅星執筆的《荊門市包山大塚出土一批重要文物》③，簡單介紹了墓葬的情況、竹簡數量及竹簡內容。包山楚墓的發掘簡報發表於《文物》1988 年第 5 期，同時發表的還有湖北省荊沙鐵路考古隊包山楚墓整理小組撰寫的《荊門包山 2 號墓部分遺物的清理與復原》《包山 2 號墓竹簡概述》兩篇文章，較爲詳細地介紹了包山楚簡的內容。④

包山楚簡的整理與編寫工作於 1987 年 2 月下旬開始，至 1989 年 2 月底結束，歷時兩年。1991 年 10 月，《包山楚墓》一書由文物出版社出版，公佈了這批材料的全部照片，包山楚簡的全部內容終於爲大家所知。李學勤曾說：“在近年出土的成批簡牘中，包山楚簡的公佈是最及時的。”⑤《包山楚簡》亦於 1991 年 10 月由文物出版社出版，此書是《包山楚墓》簡牘資料的單行本，內容大體上與《包山楚墓》相同，但沒有收入 34 枚帶文字的簽牌圖片。⑥下面我們對包山楚簡的研究作一個全面的綜述。

1. 文字釋讀

---

①楚文：《荊門十里鋪包山大塚出土一批戰國中晚期珍貴文物》，《荊州師專學報》1987（1），24 頁。

②方彥浩：《荊門包山大塚喜豐收》，《江漢考古》1987（1），40 頁。

③荊沙鐵路考古隊：《荊門市包山大塚出土一批重要文物》，《江漢考古》1987（2），55-56 頁。

④湖北省荊沙鐵路考古隊包山楚墓整理小組：《荊門市包山楚墓發掘簡報》，《文物》1988（5），1-14 頁。吳順清、徐夢林、王紅星：《荊門包山 2 號墓部分遺物的清理與復原》，《文物》1988（5），15-24 頁。包山墓地竹簡整理小組：《包山 2 號墓竹簡概述》，《文物》1988（5），25-29 頁。

⑤李學勤：《包山楚簡初探·序言》，武漢，武漢大學出版社，1996。

⑥參見湖北省荊沙鐵路考古隊：《包山楚墓》，圖版四六、四七，北京，文物出版社，1991。

對文字進行考釋在古文字材料研究中無疑是最基礎、最重要的工作，釋讀結果的正確與否直接影響到利用這些文字材料進行相關領域研究的質量。《包山楚墓》一書附有劉彬徽、彭浩、胡雅麗、劉祖信等人所作的釋文及注釋，這爲學者們進一步研究打下了良好的基礎。由於對楚簡的研究剛起步，能爲文字釋讀提供綫索的相關資料有限，所以釋文的誤字和未釋字還是很多。針對這一情況，研究者們陸續發表了很多文章，糾正考釋錯誤之字，釋讀未釋之字，這使得包山楚簡中很多摹寫原字形的字、僅作隸定的字和釋讀錯誤的字得到了正確釋讀。例如：2 簡號“圍”、6 簡號“履”、7 簡號“安(焉)”、10 簡號“澗”、22 簡號“邳”、23 簡號“敃”、38 簡號“豉（射）”、54 簡號“彭”、54 簡號“史”、59 簡號“沙”、62 簡號“隋”、63 簡號“求”、83 簡號“嗌”、113 簡號“勝”、119 簡號“達”、147 簡號“煮鹽於海”、170 簡號“鹽”、194 簡號“鳴”、207 簡號“疠（病）”、218 簡號“瘻（瘥）”、239 簡號“速”等。[①]這樣的例子還有很多，此不贅舉。

隨著楚簡新材料（郭店楚簡、新蔡楚簡、上博楚簡、清華楚簡等）的公佈，學者們的視線逐漸轉移，包山楚簡的研究略顯沉寂。但也正是這些新材料的出現，提高了包山楚簡的文字釋讀水準，很多學者的說法得到了證實，很多不識之字也得到了解決，這裏略舉幾例：

“旮”字，過去學者多認爲是《說文》“期”字古文的訛體，裘錫圭將其釋讀爲訓作“期”的“幾”，認爲應該是爲訓“期”的“幾”而造的專字。[②]李家浩進一步指出新蔡楚簡 336、341 號與“旮”相當的字作“畿”，從“日”，“幾”省聲，不可能是“百”的訛體，以此證明裘錫圭的說法是完全正確的。[③]通過新蔡楚簡，釋“幾”的說法得到了進一步的證實。

---

①具體考釋參見何琳儀：《包山楚簡選釋》，《江漢考古》1993（4），55-63 頁。黃錫全：《〈包山楚簡〉釋文校釋》，“中國古文字研究會第九屆學術研討會”論文，南京，1992。李天虹：《〈包山楚簡〉釋文補正35 則》，“中國古文字研究會第九屆學術研討會”論文，南京，1992。劉釗：《包山楚簡文字考釋》，“中國古文字研究會第九屆學術討論會”論文，南京，1992。李守奎：《釋包山楚簡中的“彭”》，《簡帛》第一輯，25-31 頁，上海，上海古籍出版社，2006。林澐：《讀包山楚簡劄記七則》，《江漢考古》1992（4），83-85 頁。徐在國：《楚簡文字拾零》，《江漢考古》1997（2），81-84 頁。徐在國：《楚簡文字新釋》，《江漢考古》1998（2），82-84 頁。張桂光：《楚簡文字考釋二則》，《江漢考古》1994（3），75-78 接 74 頁。周鳳五：《包山楚簡考釋》，“中國古文字研究會第九屆學術研討會”論文，南京，1992。

②裘錫圭：《釋戰國楚簡中的“旮”字》，《古文字研究》第二十六輯，250-256 頁，北京，中華書局，2006。

③李家浩：《談包山楚簡“歸鄧人之金”一案及其相關問題》，《出土文獻與古文字研究》第一輯，16-32 頁，上海，復旦大學出版社，2006。

再如從“昆”之字，學者舊多釋成從“爲”或從“革”，裘錫圭在郭店楚簡《六德》按語中指出字應讀爲“昆弟”之“昆”，①黃德寬、徐在國持同樣的看法。②後來，李家浩專文考釋了竹簡中的“昆”和從“昆”之字，③包山楚簡中的“惃”字得到了正確釋讀。

還有“”字，此字還見於上博楚簡《容成氏》16號簡，整理者李零認爲此字在《容成氏》中或用爲“列”，疑是古“烈”字。④上博楚簡《周易》45號簡有“㓑”字，對應傳世本的“洌”字，49號簡有“㓖”字，對應傳世本的“列”。陳偉主編的《楚地出土戰國簡冊[十四種]》認爲李零的說法可從，包山楚簡中的“列”爲市肆之義，亦或讀爲“連”，連有行政區劃名的用法。⑤目前看來，釋爲“列”是最好的說法。

學者對“視日”的探討也是利用新材料解決包山楚簡中難題的一個佳例。首先在字形上，“視”字的釋讀有賴於郭店楚簡。“視”原被誤釋爲“見”，裘錫圭先生根據郭店楚簡《老子》中“視”與“見”寫法不同，將古文字中相關的“視”與“見”區別開來，並指出包山楚簡所謂“見日”其實應該釋爲“視日”。⑥而“視日”內涵的解決，又有賴於上博楚簡。包山楚簡中“視日”所指有“楚王”、“左尹”、“司法官（或廷官、主審官）”等說法。⑦上博四《昭王毀室》3號簡亦有“視日”，辭例爲“卲命（令）尹陳眚爲視日”。由此來看，“視日”既非指楚王也非指左尹，而應如陳偉所說，是將“告”上呈楚王的人，在訴狀上呈楚王的關鍵環節，可能也有避免直言君王的意味。⑧

包山楚簡文多爲人名、地名，不似郭店、上博等古書類楚簡可以與傳世古籍相對照，並根據上下文例推敲字義，因此釋讀起來有很大的困難，雖然學者們對一些難字、怪字提出了新的釋讀意見，但往往大相徑庭，無法統一。

例如“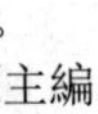”字，整理者、何琳儀釋爲“穸”，讀爲“引”；湯餘惠認爲從“孑”

①荊門市博物館：《郭店楚墓竹簡》，189頁，北京，文物出版社，1998。

②黃德寬、徐在國：《郭店楚簡文字考釋》，《吉林大學古籍整理研究所建所十五周年紀念文集》，98-111頁，長春，吉林大學出版社，1998。

③李家浩：《楚墓竹簡中的“昆”及從“昆”之字》，《中國文字》新廿五期，139-147頁，臺北，藝文印書館，1999。

④馬承源主編：《上海博物館藏戰國楚竹書（四）》，262頁，上海，上海古籍出版社，2004。

⑤陳偉主編：《楚地出土戰國簡冊[十四種]》，5-6頁，北京，經濟科學出版社，2009。

⑥裘錫圭：《甲骨文中的見與視》，《甲骨文發現一百周年學術討論會論文集》，2-5頁，臺北，文史哲出版社，1998。

⑦參見范常喜：《戰國楚簡“視日”補議》，簡帛研究網，2005年3月6日。

⑧陳偉：《關於楚簡“視日”的新推測》，簡帛網，2005年3月6日。

聲，疑即簡札之“札”的本字；劉信芳認爲字從丆聲，義爲信物，其實物與漢代的“節”相類；史傑鵬認爲“笲”應該讀爲“契”；趙平安認爲應隸作“筥”，讀爲“記”。[①]幾種意見各有支持者，孰正孰誤，尚不能斷言。

再如“罷”字，根據郭店楚簡，此字讀爲“一”已無疑問，但對其形體的分析卻未能達成一致。李天虹、李守奎認爲從“能”，“彗”聲。[②]顏世鉉認爲“羽”、“能”二者均爲聲符。[③]李零認爲“罷”與“一”是字的筆畫繁簡不同，情況和同一時期秦文字“一”有“一”、“壹”兩體類似。楚文字“罷”和秦文字“壹”是起防僞作用的特殊用字。秦文字“一”、“壹”聲韻調全同，而楚文字“罷”、“一”讀音並不相同。[④]張世超認爲是“逸”字古文異體。[⑤]宋華強、鄭偉、王志平認爲“罷”當從“能”得聲。[⑥]劉雲認爲“罷”是甲骨文“鷧”的流變，“鷧”從“壹”聲，“壹”與“一”古音相同。[⑦]這些意見中哪個正確，目前還不能確定。

包山楚簡中還有一些疑難字，雖然學者有過考釋，但未能從根本上將其解決，如163號簡字。對於疑難字，只能期待更多的研究者對其進行研究、更多新材料提供釋讀綫索。

2. 内容研究

包山楚簡的内容紛繁複雜，涉及曆法、職官、地名、司法、卜筮等多個方面，有的學者對其進行了全面研究，多數學者則側重於某一個或幾個方面的研究。

---

①湖北省荊沙鐵路考古隊：《包山楚簡》，45頁，北京，文物出版社，1991。何琳儀：《戰國古文字典》，1130頁，北京，中華書局，1998。湯餘惠：《包山楚簡讀後記》，“中國古文字研究會第九屆學術研討會”論文，南京，1992。劉信芳：《楚文字考釋五則》，《于省吾教授百年誕辰紀念文集》，186-189頁，長春，吉林大學出版社，1996。史傑鵬：《讀包山司法文書簡劄記三則》，《簡帛研究二〇〇一》，19-24頁，桂林，廣西師範大學出版社，2001。趙平安：《試釋包山楚簡中的“筥”》，《簡帛研究2002、2003》，1-5頁，桂林，廣西師範大學出版社，2005。

②李天虹：《郭店楚簡文字雜釋》，《郭店楚簡國際學術討論會論文集》，94-99頁，武漢，湖北人民出版社，2000。李守奎：《楚璽文字六考》，《古文字研究》第二十五輯，401-405頁，北京，中華書局，2004。

③顏世鉉：《郭店楚簡散論（一）》，《郭店楚簡國際學術研討會論文集》，104-105頁，武漢，湖北人民出版社，2000。

④李零：《郭店楚簡校讀記》（增訂本），42頁，北京，北京大學出版社，2002。

⑤張世超：《釋“逸”》，《中國文字研究》第六輯，8-10頁，南寧，廣西教育出版社，2005。

⑥宋華強：《楚簡“罷禱”新釋》，簡帛研究網，2006年9月3日。鄭偉：《古代楚方言“罷”字的來源》，《中國語文》2007（4），378-381頁。王志平：《“罷”字的讀音及相關問題》，《古文字研究》第二十七輯，394-399頁，北京，中華書局，2008。

⑦劉雲：《釋“鷧”及相關諸字》，復旦大學出土文獻與古文字研究中心網，2010年5月12日。

有關包山楚簡研究的專著首推陳偉《包山楚簡初探》①一書，陳偉是較早對包山楚簡進行研究的學者，曾發表過多篇關於包山楚簡的文章，後多收入《包山楚簡初探》。此書對包山楚簡進行了全面的研究，李學勤在《包山楚簡初探》序言中評價道："《包山楚簡初探》的特點是，在詳細考釋竹簡文字的基礎上，對簡文所體現的楚國制度作系統地考察分析。在文字、制度兩方面，都提出了新穎的見解。所探討的不限於簡的文書部分，對禱辭、遣策等也有深入討論。包山楚簡的研究，無疑由這部書的出版劃了一個新階段。"②可見其對此書的肯定。此外，郭德維、劉釗、彭浩、藤田勝久也對該書有過中肯的評價。③除了李學勤提到的"文字"、"制度"兩方面，陳偉對簡文的編次也提出了很好的意見，重新編次了162-196簡號的順序，對131-139簡號的順序也進行了調整並作了深入的研究，並且後來多次撰文修正。④書末還附有重新排序、分組的新釋文。

劉信芳著有《包山楚簡解詁》⑤一書，書中將文書簡按照內容分爲多個案件，並爲沒有標題的簡文擬題，少數簡文附有譯文，使得簡文文意理解起來更加方便。此書對某些疑難字的隸定比較準確，例如58簡號"鯷"、88簡號"鐲"等。

在對文書簡作整體研究時，學者們主要集中在對"集箸"、"集箸言"、"受旮"、"疋獄"這四個篇題的含義及"陞門有敗"等專門術語的探討上，少數也會涉及具體的簡文內容。這方面研究的文章主要有：《包山楚簡中若干重要制度發覆與爭論未決諸關鍵字解難決疑》《讀包山楚簡偶記——"受賄"、"國帑"、"茅門不敗"等字詞新義》《關於包山受期簡的解讀》《包山楚簡中的受期》《包山楚簡治獄文書研究》《〈包山楚簡〉中〈受期〉簡別解》《包山楚簡司法術語考釋》《包山楚簡〈集箸〉〈集箸言〉析論》《也說包山楚簡中的"受期"》《包山受期簡析疑》《釋包山楚簡的"受期"》《釋包山楚簡中的"阩門有敗"——兼解"司敗"》《談包山楚簡"歸鄧人之金"一案及其相關問題》《包山楚簡〈受期〉"阩門又

---

①陳偉：《包山楚簡初探》，武漢，武漢大學出版社，1996。

②李學勤：《包山楚簡初探·序言》，武漢，武漢大學出版社，1996。

③郭德維：《〈包山楚簡初探〉評介》，《江漢考古》1997(1)，93-95頁。劉釗：《值得推薦的一本好書——〈包山楚簡初探〉讀後》，《史學集刊》1998（1），73-74頁。彭浩：《評〈包山楚簡初探〉》，《中國文物報》1998年2月11日。藤田勝久：《包山楚簡研究の新階段——陳偉著〈包山楚簡初探〉》，《中国出土资料研究》第2號，229-239頁，中國出土資料學會，1998。

④陳偉：《包山楚司法簡131～139號考析》，《江漢考古》1994（3），67-71接66頁。陳偉：《包山楚司法簡131－139號補釋》，"第一屆簡帛學術討論會"論文，臺北，1999。

⑤劉信芳：《包山楚簡解詁》，臺北，藝文印書館，2003。

敗”再探》等。[①]

出土資料中有關楚國法律方面的材料相對來說較少，包山楚簡中有關楚國法律的內容堪稱首見（未正式發表的天星觀楚簡中也有相關內容），有學者對文書簡反映的司法內容進行過探討，試圖重現戰國時期楚國的司法體系和制度。如：《包山楚簡所反映的楚國法律與司法制度》《淺議包山楚簡對楚國法制研究的意義》《從包山楚簡看楚國的訴訟制度》。[②]劉玉堂、賈繼東還撰寫了三篇秦楚法律制度對比的文章：《楚秦審判制度比較研究》《楚秦起訴制度比較研究》《楚秦刑事訴訟證據比較研究》。[③]總體來看，問題並未得到真正解決，楚國的司法制度還是研究中的一個難點。

在國名、地名、封君地望方面的研究，何浩發表了《包山楚簡封君釋地》《楚國封君封邑地望續考》兩篇文章，針對包山楚簡所見封君封邑地望進行考證，並且對《戰國時期楚國封君初探》一文中認定的地名作了補充，修正了其中的一些錯誤意見。[④]李學勤《包山楚簡“郙”即巴國說》一文通過比對五個“郙”之地理位置需要滿足的條件，論證了簡文中的“郙”即巴國。[⑤]徐少華先後發表了《包山楚簡釋地八則》《包山楚簡釋地十則》《“包山楚簡”地名數則考釋》《包山楚簡釋地四則》《包山楚簡釋地五則》《包山楚簡釋地六則》等多篇文章，探討了

①黃盛璋：《包山楚簡中若干重要制度發覆與爭論未決諸關鍵字解難決疑》，《湖南考古輯刊》1994（6），186-199頁。夏淥：《讀包山楚簡偶記——“受賄”、“國帑”、“茅門不敗”等字詞新義》，《江漢考古》1993（2），77-85頁。陳偉：《關於包山受期簡的解讀》，《江漢考古》1993（1），74-83頁。曹錦炎：《包山楚簡中的受期》，《江漢考古》1993（1），68-73。葛英會：《包山楚簡治獄文書研究》，《南方文物》1996（2），85-91頁。賈繼東：《〈包山楚簡〉中〈受期〉簡別解》，《東南文化》1996（1），64-66頁。劉信芳：《包山楚簡司法術語考釋》，《簡帛研究》第二輯，12-34頁，北京，法律出版社，1996。周鳳五：《包山楚簡〈集箸〉〈集箸言〉析論》，《中國文字》新廿一期，23-49頁，臺北，藝文印書館，1996。陳恩林、張全民：《包山受期簡析疑》，《江漢考古》1998（2），68-74頁。董蓮池：《也說包山楚簡中的“受期”》，《古籍整理研究學刊》1999（4），4-5頁。蘇傑：《釋包山楚簡中的“阩門有敗”——兼解“司敗”》，《中國文字研究》第三輯，218-222頁，南寧，廣西教育出版社，2002。蘇傑：《釋包山楚簡的“受期”》，《中國文字研究》第四輯，151-155頁，南寧，廣西教育出版社，2003。李家浩：《談包山楚簡“歸鄧人之金”一案及其相關問題》，《出土文獻與古文字研究》第一輯，16-32頁，上海，復旦大學出版社，2006。廣瀨薰雄：《包山楚簡〈受期〉“阩門又敗”再探》，《簡帛》第二輯，53-62頁，上海，上海古籍出版社，2007。

②彭浩：《包山二號墓卜筮和祭禱竹簡的初步研究》，《包山楚墓》附錄二十三，北京，文物出版社，1991。賈繼東：《淺議包山楚簡對楚國法制研究的意義》，《中國文物報》1995年11月5日。陳紹輝：《從包山楚簡看楚國的訴訟制度》，《江漢論壇》2008（5），111-114頁。

③劉玉堂、賈濟東：《楚秦審判制度比較研究》，《江漢論壇》2003（9），82-86頁。劉玉堂、賈濟東：《楚秦起訴制度比較研究》，《中南民族大學學報》2004（2），124-127頁。劉玉堂、賈濟東：《楚秦刑事訴訟證據比較研究》，《湖北大學學報》2004（2），152-157頁。

④何浩、劉彬徽：《包山楚簡“封君”釋地》，《包山楚墓》附錄二十五，北京，文物出版社，1991。何浩：《楚國封君封邑地望續考》，《江漢考古》1991（4），63-70接15頁。

⑤李學勤：《包山楚簡“郙”即巴國說》，《中國文化》2004（1），14-16頁。

包山楚簡中數十個地名。[①]吳良寶發表了《説包山楚簡中的“安陵”及相關問題》《包山楚簡釋地三篇》《包山楚簡“慎”地考》《楚地“𨛭陽”新考》等文，對包山楚簡中的一些地名作了深入細緻的考證。[②]顔世鉉的碩士論文《包山楚簡地名研究》窮盡式的將包山楚簡中的地名進行了分類匯集，較有價值，但也有誤斷誤判之處。[③]吳良寶《戰國楚簡地名輯證》一書，以楚簡地名地望的考證爲研究重點，充分吸收學術界的最新研究成果，對楚簡中的地名作了全面的集釋，並提出了很多可取的意見。[④]

有關行政區劃的研究，學者們著重探討“邑”、“里”、“州”、“㦰”、“敔”的性質及其相互間的關係，將戰國時期楚國行政區劃系統的研究向前推進了一大步。如：《楚國地方基層行政機構探討》《包山楚簡所見邑、里、州的初步研究》《包山竹簡所見楚國的縣、郡與封邑》《論包山楚簡中的楚國州制》《釋包山楚簡㦰吾宫三字及相關制度》《包山楚簡州、里問題研究綴述》《戰國楚的地方統治體制》等。[⑤]此外，王建蘇《包山楚簡研究述評》[⑥]中曾提到胡雅麗《包山楚簡所見政區地理略述》一文，將包山楚簡中的地名材料作了分類清理，對楚國政區地理問題也談了個人見解，但此文一直沒有正式發表。

---

①徐少華：《包山楚簡釋地八則》，《中國歷史地理論叢》1996（4），91-104頁。徐少華：《包山楚簡釋地十則》，《文物》1996（12），60-66頁。徐少華：《包山楚簡釋地五則》，《江漢考古》1996（4），60-65頁。徐少華：《“包山楚簡”地名數則考釋》，《武漢大學學報》1997（4），102-108頁。徐少華：《包山楚簡釋地四則》，《武漢大學學報》1998（6），101-104頁。徐少華：《包山楚簡釋地五則》，《考古》1999（11），74-77頁。徐少華：《包山楚簡釋地六則》，《簡帛研究二〇〇一》，37-43頁，桂林，廣西師範大學出版社，2001。

②吳良寶：《包山楚簡“夷陽”“𨞹陽”考》，《古籍研究》2004年卷下，158-160頁，合肥，安徽大學出版社，2004。吳良寶：《包山楚簡釋地三篇》，簡帛網，2005年12月19日。吳良寶：《説包山楚簡中的“安陵”及相關問題》，《簡帛》第一輯，39-44頁，上海，上海古籍出版社，2006。吳良寶：《包山楚簡“慎”地考》，《中國文字》新三十三期，97-106頁，臺北，藝文印書館，2007。吳良寶：《楚地“𨛭陽”新考》，《古文字學論稿》，430-431頁，合肥，安徽大學出版社，2008。吳良寶：《説包山簡中的“彭”地》，《簡帛》第三輯，41-46頁，上海，上海古籍出版社，2008。

③顔世鉉：《包山楚簡地名研究》，臺灣大學碩士學位論文，1997。

④吳良寶：《戰國楚簡地名輯證》，武漢，武漢大學出版社，2010。

⑤顧久幸：《楚國地方基層行政機構探討》，《江漢論壇》1993（7），58-60頁。陳偉：《包山楚簡所見邑、里、州的初步研究》，《武漢大學學報》1995（1），90-98頁。陳偉：《包山竹簡所見楚國的縣、郡與封邑》，《長江文化論集》第一輯，339-346頁，武漢，湖北教育出版社，1995。羅運環：《論包山楚簡中的楚國州制》，《江漢考古》1991（3），75-78頁。羅運環：《釋包山楚簡㦰吾宫三字及相關制度》，《簡帛研究2002、2003》，6-12頁，桂林，廣西師範大學出版社，2005。魯鑫：《包山楚簡州、里問題研究綴述》，《中原文物》2008（2），99-103頁。朴俸柱：《戰國楚地地方統治體制》，《簡帛研究2002、2003》，13-23頁，桂林，廣西師範大學出版社，2005。

⑥王建蘇：《包山楚簡研究述評》，《江漢論壇》1992（11），81-84接45頁。

在職官研究方面，較早的文章有黃錫全《古文字中所見楚國官府官名輯證》[①]和羅運環《古文字資料所見楚國官制研究》[②]兩篇文章，但這兩篇文章所討論的官府、職官還不是很全面。劉信芳所撰《〈包山楚簡〉職官與官府通考》上、下兩篇，對包山楚簡中的官名和官府作了比較全面地分析，初步整理出官府名 17 則計 35 條，職官名 60 則計 141 條。[③]王穎的博士論文《包山楚簡詞彙研究》第十章爲《包山楚簡職官研究》，分列了 46 條，對包山楚簡中的職官逐類分析。[④]此外文炳淳的碩士論文《包山楚簡所見楚官制研究》，也對包山楚簡中的機構與職官進行了分類。[⑤]

在曆法研究方面，焦點主要集中在楚曆月序、歲首、建正及楚曆沿革等問題上。關於楚曆建正和歲首，學者們的分歧較大，有"子正屈柰歲首"、"寅正荊夷歲首"、"亥正冬柰歲首"、"丑正冬柰歲首"等不同觀點。主要的討論文章有：《包山楚簡所反映的楚國曆法問題——兼論楚曆沿革》《從包山楚簡紀時材料論及楚國紀年與楚曆》《楚國曆法的建正問題辯證》《再談楚國曆法的建正問題》《包山楚簡曆法芻議》《論包山楚簡之曆》《從包山楚簡紀年材料論楚曆》《楚用亥正曆法的新證據》《包山楚簡曆法新證》《戰國楚曆譜復原研究》《包山楚簡初探》《包山祭禱簡研究》《論新蔡簡中的"卒歲"與"集歲"》等。[⑥]邴尚白《楚曆問題綜論》一文以及于成龍博士學位論文《楚禮新證——楚簡中的紀時、卜筮與祭禱》均對楚曆建正、歲首問題的各家看法做了總結。[⑦]現在看來，"寅正荊夷歲首"的觀點是正確的。

①黃錫全：《古文字中所見楚國官府官名輯證》，《文物研究》總第七期，208-236 頁，合肥，黃山書社，1991。

②羅運環：《古文字資料所見楚國官制研究》，《楚文化研究論集》第二集，270-289 頁，武漢，湖北人民出版社，1991。

③劉信芳：《〈包山楚簡〉職官與官府通考(上)》，《故宮學術季刊》1997（15-1），45-70 頁。《〈包山楚簡〉職官與官府通考(下)》，《故宮學術季刊》1998（15-2），139-162 頁。

④王穎：《包山楚簡辭彙研究》，廈門大學博士學位論文，2004。

⑤文炳淳：《包山楚簡所見楚官制研究》，臺灣大學碩士學位論文，1997。

⑥王紅星：《包山楚簡所反映的楚國曆法問題——兼論楚曆沿革》，《包山楚墓》附錄二十，北京，文物出版社，1991。劉彬徽：《楚國紀年法簡論》，《江漢考古》1998（2），60-63 頁。劉彬徽：《楚國曆法的建正問題辯證》，"第一屆古文字與古代史學術研討會"論文，臺北，2006。王勝利：《再談楚國曆法的建正問題》，《文物》1990（3），66-69 頁。王勝利：《包山楚簡曆法芻議》，《江漢論壇》1997（2），58-61 頁。何幼琦：《論包山楚簡之曆》，《江漢論壇》1993（1），66-69 頁。林素清：《從包山楚簡紀年材料論楚曆》，《中國考古學與歷史學之整合研究》，1099-1121 頁，"中央研究院"歷史語言研究所，1997。武家壁：《楚用亥正曆法的新證據》，《中國文物報》，1996 年 4 月 21 日。武家壁：《包山楚簡曆法新證》，《自然科學史研究》1997（1），28-34 頁。劉信芳：《戰國楚曆譜復原研究》，《考古》1997（11），70-77 頁。陳偉：《包山楚簡初探》，1-9 頁，武漢，武漢大學出版社，1996。李家浩：《包山祭禱簡研究》，《簡帛研究二〇〇一》，25-36 頁，桂林，廣西師範大學出版社，2001。宋華強：《論新蔡簡中的"卒歲"與"集歲"》，簡帛網，2005 年 12 月 7 日。

⑦邴尚白：《楚曆問題綜論》，《古文字與古文獻》試刊號，楚文化研究會籌備處，1999。于成龍：《楚禮新證——楚簡中的紀時、卜筮與祭禱》，北京大學博士學位論文，2004。

對包山卜筮簡祭禱簡的研究，最早的是 1988 年李學勤發表的《論包山楚簡中一祖先名》[①]一文，當時《包山楚墓》和《包山楚簡》均未出版。《包山楚墓》和《包山楚簡》出版後，相關的研究文章逐漸增多，主要有：《包山楚簡研究（占卜類）》《包山卜筮簡考釋（七篇）》《包山楚簡卜禱簡牘釋讀》《包山祭禱簡研究》《包山卜筮簡 218-219 號研究》《楚人宗教信仰芻議》《楚人宗教信仰芻議（續）》等。[②]還有一些研究文章專門探討卜筮簡祭禱簡中神靈和楚人先祖，如：《包山楚簡神名與〈九歌〉神祇》《包山楚簡所見之楚先公先王考》《包山楚簡所記楚先祖名及其相關問題》《湖北荊門包山卜筮楚簡所見神祇系統與享祭制度》《楚王熊麗考》《包山簡所見楚地巫禱活動中的神靈》《楚簡中的𡟰酓禮酓與空酓穴酓再議》《楚簡“大水”即水帝顓頊即〈離騷〉“高陽”考》《戰國楚墓出土竹簡所見神祇“大水”考釋》《楚墓竹簡所見神祇與〈九歌〉神祇之異同及其在楚辭學上的意義》《楚簡中的諸“司”及其經學意義》《楚地水神研究》《楚簡所見諸司神考》等。[③]通過這些文章的研究，使我們對楚地神祇系統有了新的認識。

卜筮祭禱簡中有 6 個卦畫，此種卦畫亦見於天星觀楚簡和新蔡楚簡。對於楚卜筮簡中“卦畫”的性質，學者有不同的看法。一種觀點以李學勤、邴尚白等爲代表，認爲卦畫的性質是“陰陽爻”，[④]另一種觀點以李零、韓自強、李宗焜、

①李學勤：《論包山楚簡中一祖先名》，《文物》1988（8），87-88 頁。

②李零：《包山楚簡研究（占卜類）》，《中國典籍與文化論叢》第一輯，425-448 頁，北京，中華書局，1993。曾憲通：《包山卜筮簡考釋（七篇）》，《第二屆國際中國古文字學研討會論文集》，405-424 頁，香港中文大學中國語言及文學系，1993。吳鬱芳：《包山楚簡卜禱簡牘釋讀》，《考古與文物》1996（2）75-77 頁。李家浩：《包山祭禱簡研究》，《簡帛研究二〇〇一》，25-36 頁，桂林，廣西師範大學出版社，2001。李家浩：《包山卜筮簡 218-219 號研究》，“長沙三國吳簡暨百年來簡帛發現與研究國際學術研討會”論文，2001。胡雅麗：《楚人宗教信仰芻議》，《江漢考古》2001（3），57-65 頁。胡雅麗：《楚人宗教信仰芻議（續）》，《江漢考古》2001（4），49-55 接 29 頁。

③劉信芳：《包山楚簡神名與〈九歌〉神祇》，《文學遺產》1993（5），11-16 頁。許學仁：《包山楚簡所見之楚先公先王考》，《魯實先生學術討論會論文集》，52-61 頁，臺北，萬卷樓圖書公司，1993。李家浩：《包山楚簡所記楚先祖名及其相關問題》，《文史》總第 42 輯，7-19 頁，北京，中華書局，1997。陳偉：《湖北荊門包山卜筮楚簡所見神祇系統和享祭制度》，《考古》1999（4），51-59 頁。何琳儀：《楚王熊麗考》，《中國史研究》2000（4），13-16 頁。連劭名：《包山簡所見楚地巫禱活動中的神靈》，《考古》2001（6），63-69 頁。黃錫全：《楚簡中的𡟰酓禮酓與空酓穴酓再議》，《簡帛研究二〇〇四》，7-12 頁，桂林，廣西師範大學出版社，2006。蔣瑞：《楚簡“大水”即水帝顓頊即〈離騷〉“高陽”考》，《湖北大學學報》2008（3），118-121 頁。王澤強：《戰國楚墓出土竹簡所見神祇“大水”考釋》，《湖北教育學院學報》2005（6），16-18 頁。王澤強：《楚墓竹簡所見神祇與〈九歌〉神祇之異同及其在楚辭學上的意義》，《天水師範學院學報》2006（4），65-69 頁。楊華：《楚簡中的諸“司”及其經學意義》，簡帛網，2006 年 4 月 26 日。楊華：《楚地水神研究》，《江漢論壇》2007（8），98-104 頁。晏昌貴：《楚簡所見諸司神考》，《江漢論壇》2006（9），95-99 頁。

④李學勤：《出土筮數與三易研究》，“紀念聞一多先生百周年誕辰學術研討會”論文，新竹，1999。李學勤：《論戰國簡的卦畫》，《出土文獻研究》第六輯，1-5 頁，上海，上海古籍出版社，2004。邴尚白：《楚國卜筮祭禱簡研究》，臺灣暨南國際大學碩士學位論文，1999。邴尚白：《葛陵楚簡研究》，臺灣大學博士學位論文，2007。

宋華強等爲代表，認爲卦畫的性質是“數字卦”。[①]現在看來“數字卦”的說法要優於“陰陽爻”的說法，李學勤後來也改從“數字卦”的說法。[②]

有關喪葬簡，李家浩、陳偉、劉國勝等對竹簡排列順序進行了調整。李家浩認爲“乘軒”由簡267、268、272三支簡書寫，“正車”由簡271、276、269、270四支簡書寫。[③]陳偉認爲簡267可能統攝全部遣策簡。[④]劉國勝認爲簡262排在簡261之前、簡259與簡263相連，[⑤]這些意見都是可信的。學者們在研究遣策簡之時，多考證簡文所記的隨葬物品，如食品與食器、青銅禮器與漆器以及車馬器。這方面的文章主要有：《包山二號楚墓遣策初步研究》《〈包山楚簡〉遣策釋文訂補》《關於包山楚簡中的喪葬文書》《楚簡遣策車類字詞考釋》《包山楚簡中的旌旗及其它》《包山楚簡“𥳑”字及其相關之字》《楚喪葬簡牘集釋》等。[⑥]

3.其他相關方面

有關包山楚簡的文字編，現有張光裕、袁國華《包山楚簡文字編》、張守中《包山楚簡文字編》、白於藍的碩士論文《包山楚簡文字編》三種，均爲包山楚簡的研究工作提供了非常大的便利。[⑦]張光裕、袁國華按康熙字典部首順序編排，將包山楚簡字形悉數收錄，分字頭1593個，合文27個，待考字105個。白於藍和張守中依《說文解字》順序對包山楚簡中的單字和合文進行了選擇性地收集，張守中入選單字1442個，合文28個，存疑字118個。白於藍選入單字1354個，合文28個，未識字、存疑字皆入於附錄。

①李零：《包山楚簡研究（占卜類）》，《中國典籍與文化論叢》第一輯，425-448頁，北京，中華書局，1993。李零：《中國方術續考》，319-329頁，北京，東方出版社，2000。韓自強：《阜陽漢簡〈周易〉研究》，《道家文化研究》第18輯，65-67頁，上海，三聯書店，2002。李宗焜：《數字卦與陰陽爻》，《“中央研究院”歷史語言研究所集刊》第77本第2分，2006。宋華強：《楚簡數字卦的再討論（稿）》，簡帛網，2006年8月27日。

②見http://archaeology.pku.edu.cn/Third.asp?id=197。

③李家浩：《包山楚簡研究（五篇）》，“第二屆國際中國古文字學研討會”論文，香港，1993。

④陳偉：《包山楚簡初探》，武漢，武漢大學出版社，1996。

⑤劉國勝：《楚喪葬簡牘集釋》，武漢大學博士學位論文，2003。劉國勝：《楚喪葬簡牘集釋》（修改版），武漢大學博士學位論文，2005。

⑥胡雅麗：《包山二號楚墓遣策初步研究》，《包山楚簡》附錄一九，北京，文物出版社，1991。陳松長：《〈包山楚簡〉遣策釋文訂補》，《第二屆國際中國古文字學研討會論文集（續編）》，香港中文大學，1995。陳偉：《關於包山楚簡中的喪葬文書》，《考古與文物》1996（2），70-74頁。古敬恒：《楚簡遣策車類字詞考釋》，《徐州師範大學學報》2001（2），45-48頁。李家浩：《包山楚簡中的旌旗及其它》，《第二屆國際中國古文字學研討會論文集（續編）》，375-392頁，香港中文大學，1995。李家浩：《包山楚簡“𥳑”字及其相關之字》，《第三屆國際中國古文字學研討會論文集》，555-578頁，香港中文大學，1997。劉國勝：《楚喪葬簡牘集釋》，武漢大學博士學位論文，2003。

⑦張光裕、袁國華：《包山楚簡文字編》，臺北，藝文印書館，1992。白於藍：《包山楚簡文字編》，吉林大學碩士學位論文，1995。張守中：《包山楚簡文字編》，北京，文物出版社，1996。此外李守奎主編的《包山楚墓文字全編》於2012年出版，因材料收集時間界限的限制，此不引述。

以包山楚簡爲研究對象的碩士、博士學位論文層出不窮。目前比較有影響的大致有:《包山楚簡文字編》《包山楚簡姓氏譜》《包山楚簡字用研究》《包山楚簡語言研究》《包山楚簡辭彙研究》《關於包山楚簡司法文書的幾個問題》《包山楚簡中若干制度問題的探討》《包山楚簡所反映的楚縣和楚郡》《包山楚簡文字研究》《包山楚簡語法研究》《〈包山楚簡〉所見戰國晚期楚國社會制度研究》《包山楚簡研究》《包山楚簡文字研究》《包山楚簡姓氏研究》《戰國包山卜筮祝禱簡研究》《包山楚簡所見地名研究》《包山楚簡所見楚官制研究》《〈包山楚簡〉司法文書簡研究——以訴訟事件爲例》《包山楚簡所見戰國時代的訴訟》。①

在字形、字體研究方面，林素清《探討包山楚簡在文字學上的幾個課題》、李守奎《包山卜筮文書書跡的分類與書寫的基本狀況》、新井光風《包山楚簡書法的考察》、張家厚《包山楚簡書法藝術初探》、謝榮恩《出土楚簡文字的字體考察——以〈包山楚簡〉爲例》《〈包山楚簡〉的用筆與筆勢》及其碩士論文《包山楚簡書法藝術風格探析》等文，②是針對包山楚簡字體、書寫風格等方面進行的相關研究。此類文章從字跡角度爲包山楚簡的研究開闢了一個新視角。

值得一提的是美國學者 Constance A Cook(柯鶴立)所寫的 *DEATH IN ANCIENT CHINA——The Tale of One Man's Journey* 一書，在附錄中有包山楚簡內容的英文版翻譯，爲包山楚簡更廣泛地傳播作出了貢獻。③

---

①白於藍:《包山楚簡文字編》，吉林大學碩士學位論文，1995。許全勝:《包山楚簡姓氏譜》，北京大學碩士學位論文，1997。劉暢:《包山楚簡字用研究》，北京師範大學碩士學位論文，2001。劉波:《包山楚簡語言研究》，北京師範大學碩士學位論文，2005。王穎:《包山楚簡辭彙研究》，廈門大學博士學位論文，2004。史傑鵬:《關於包山楚簡司法文書的幾個問題》，北京大學碩士學位論文，1997。于成龍:《包山楚簡中若干制度問題的探討》，北京大學碩士學位論文，1997。日高:《包山楚簡所反映的楚縣和楚郡》，北京大學碩士學位論文，1998。羅小華:《包山楚簡文字研究》，安徽大學碩士學位論文，2008。田飛:《包山楚簡語法研究》，吉林大學碩士學位論文，2011。熊賢品:《〈包山楚簡〉所見戰國晚期楚國社會制度研究》，河南大學碩士學位論文，2011。袁國華:《包山楚簡研究》，香港中文大學博士學位論文，1994。王仲翊:《包山楚簡文字研究》，中山大學碩士學位論文，1996。巫雪如:《包山楚簡姓氏研究》，臺灣大學碩士學位論文，1996。黃人二:《戰國包山卜筮祝禱簡研究》，臺灣大學碩士學位論文，1996。顏世鉉:《包山楚簡地名研究》，臺灣大學碩士學位論文，1997。文炳淳:《包山楚簡所見楚官制研究》，臺灣大學碩士學位論文，1997。李佳興:《〈包山楚簡〉司法文書簡研究——以訴訟事件爲例》，臺灣暨南國際大學碩士學位論文，2000。廣瀨薰雄:《包山楚簡所見戰國時代的訴訟》，東京大學碩士學位論文，2001。

②林素清:《探討包山楚簡在文字學上的幾個課題》，《"中央研究院"歷史語言研究所集刊》第 66 本第 4 分，1995。李守奎:《包山卜筮文書書跡的分類與書寫的基本狀況》，《中國文字研究》第八輯，63-67 頁，鄭州，大象出版社，2007。新井光風:《包山楚簡書法的考察》，《書法叢刊》1994 (3)，20-25 頁。張家厚:《包山楚簡書法藝術初探》，"全國楚簡帛書法藝術研討會"論文，武漢，2010。謝榮恩:《出土楚簡文字的字體考察——以〈包山楚簡〉爲例》，《書畫藝術學刊》第五期，2008，253-292 頁。謝榮恩:《〈包山楚簡〉的用筆與筆勢》，《書畫藝術學刊》第七期，2009，267-300 頁。謝榮恩:《包山楚簡書法藝術風格探析》，台灣藝術大學碩士學位論文，2005。

③Constance A Cook: *DEATH IN ANCIENT CHINA——The Tale of One Man's Journey*, Brill Academic Pub, 2006。

第二章　包山楚簡的分組及簡序

對包山楚簡的研究本書主張從内容分組和簡序整理開始，因爲將竹簡分組、歸類並正確排列是進行其他研究的基礎，如果簡序散亂，研究也無從做起。出土竹簡常出現編繩腐爛、簡身殘斷的狀況，這會給簡序復原帶來很大困難。包山楚簡出土時，編繩已經腐爛，需要重新編聯竹簡順序。但由於文書簡和卜筮祭禱簡保存完好，幾乎沒有殘斷，這使竹簡復原變得相對簡單。並且，文書簡有自帶的篇題，一些簡文格式比較固定，較易歸類。多數簡文有月名、干支記日作爲排列依據，這也大大降低了簡序復原的難度。整理小組對竹簡順序的復原基本上是正確的，但仍然存在一些問題，可作進一步的討論。

對於文書簡來説，根據篇題、格式和内容對簡文分組之後，不符合某類簡文的竹簡自然會被剔除，相應地竹簡的排序也會發生變化。所以嚴格來説，對文書簡的簡序排列是在對内容進行分組的基礎上進行的調整。對於卜筮祭禱簡來説，主要問題則是：是否要根據占卜的内容將簡文分爲“卜筮簡”與“祭禱簡”，以及“卜筮簡”是否要劃分爲“躬身、王事貞”與“疾病貞”兩大類。[①]喪葬簡殘斷較多，但根據簡文記載器物名稱，可作一個較爲精准的分組。對於喪葬簡來説，還要討論其分類，即“遣策”“簡與”“賵書”。所以本章的主要内容是對簡文進行分組，重新排列竹簡的順序，爲集釋作基礎。

第一節　文書簡的分組與簡序

一　文書簡概述及分組方法

文書簡共 197 枚，編號爲 1-196 及 278 反，[②]整理小組認爲文書簡是若干獨立的事件或案件的記錄，都是各地官員向中央政府呈報的文件。整理小組對文書

①卜筮簡中，與“疾病貞”相對的那類簡文，學者有不同的稱呼，本書稱爲“躬身、王事貞”，詳見本章第二節。

②在《包山楚墓》和《包山楚簡》的釋文中，278 號簡被放在遣策之後。

簡的分組如下：

《集箸》即集著，共13枚簡。是有關驗查名籍的案件記錄。

《集箸言》有5枚簡（簡14—18）。是有關名籍糾紛的告訴及呈送主管官員的記錄。

《受期》共61枚簡（簡19-79）。是受理各種訴訟案件的時間與審理時間及初步結論的摘要記錄。

《疋獄》即記獄，共23簡（簡80—102）。是關於起訴的簡要記錄。

另外有94枚簡沒有篇題，按內容大致可以分爲三組：

第一組共17枚簡（簡103—119）。這組簡是關於子司馬及令尹子士、大師子繕以楚王之令，令有關官員爲鄗郙之地貸郕異之黃金與郕異之砂金以糴種的記録（簡103、簡115）。

第二組共42枚簡（簡120—161）。是一些案件的案情與審理情況的詳細記録，以及呈送給左尹的情況彙報。所記案例以殺人案較多，其案情記載與調查審理較爲細緻慎重。

第三組共35枚簡（簡162—196）。這組簡分段的開頭均爲“所詎告於”或“所詎於”，接受詎的對象均爲前述案件審理的負責官員，被詎告者所反映出來的有人名、地名與時間，格式爲某時某地某人。[①]

整理小組對《疋獄》《受旮》以及沒有篇題的第一組、第三組的分組，基本是可信的，但個別竹簡歸類和順序有誤。對《集箸》《集箸言》以及沒有篇題的第二組的分組意見則值得商榷。

學者對整理小組的分組方法有不同的看法，如張光裕、袁國華主張將除去筮禱、遣策的簡文分爲文書、雜書、受旮、疋獄四類，但未進行具體分類。[②]藤田勝久認爲文書簡依據記載形式可分爲兩種：一是不記具體内容的簡略的記録形式，有受旮、所詎、疋獄。二是記有具體案情等的形式，有集箸、集箸言及其他文書。[③]

---

①詳見湖北省荊沙鐵路考古隊：《包山楚墓》，267-273頁，北京，文物出版社，1991。湖北省荊沙鐵路考古隊：《包山楚簡》，9-14頁，北京，文物出版社，1991。

②張光裕、袁國華：《包山楚簡文字編・緒言》，臺北，藝文印書館，1992。

③藤田勝久：《包山楚簡及其傳遞的楚國信息》，《簡帛研究二〇〇四》，13-34頁，桂林，廣西師範大學出版社，2006。

藤田勝久認爲《受旮》〈所詎〉《疋獄》是簡略的記錄形式，這個看法是正確的，但按照内容繁簡和記載形式來分類的方法仍值得商榷。

陳偉對文書簡重新分類，他將《疋獄》排在《受旮》之前，〈所詎〉排在二者之後，將《集箬》《集箬言》與從《疋獄》和《受旮》中排除的簡以及剩餘的文書簡全部歸入[其他]類，《集箬》《集箬言》所包含的簡文與整理者相同。[①]但是，由於文書簡本身的複雜性，陳偉在分組之時，又多方思考而對簡文作出了它種推測。例如，他將文書簡按内容分爲記言、記事兩類，記言共 13 組，歸屬於《集箬言》，這 13 組以及《疋獄》《受旮》之外的文書簡則全部歸入《集箬》。[②]這種分類方法將〈貸金〉和〈所詎〉也歸入了《集箬》。

文書簡的分組是包山楚簡研究中的一個難題，做出精準的分組十分困難，因此本書依照陳偉記言、記事的方法進行分組。陳偉曾提出《疋獄》《受旮》這兩個篇題，直接書於兩支文書簡背面，它們與有關文書的對應關係，相對來說比較明朗。先行解決這一部分簡書的問題，可使其他文書分篇的討論收縮到較小的範圍内進行。[③]〈貸金〉和〈所詎〉雖無篇題統領，但格式固定，均可自成一類，可以同《受旮》《疋獄》一樣，先將其分離出去，以減少餘下諸簡分類的難度。

綜上，本書對文書簡的分組方法是先討論《受旮》《疋獄》〈貸金〉〈所詎〉四組簡文，再討論剩餘簡文與《集箬》《集箬言》的關係。在對文書簡重新分組和排序的過程中，匯集學者的意見，擇善而從。

二　文書簡的分組與簡序

（一）《疋獄》

1.《疋獄》概述

“疋獄”二字書寫於 84 號簡背面，大概位於 24.8～28.5 釐米處。84 號簡長 64.5 釐米，下契口距尾端 22.5 釐米。《疋獄》的標準格式爲：×月××之日，××訟××，訴訟原由（由“言胃”、“謂”、“以……之故”引出）。××戠之，××爲李。如 89 號簡：

---

①陳偉：《包山楚簡初探》，206-231 頁，武漢，武漢大學出版社，1996。

②陳偉：《包山楚簡初探》，59-60 頁，武漢，武漢大學出版社，1996。

③陳偉：《包山楚簡初探》，36 頁，武漢，武漢大學出版社，1996。

八月乙酉之日，遠乙訟司衣之州人苛鐪，胃（謂）取（娶）亓（其）妾嫋（嬿）。秀齊戠（識）之。郙（匡）是婁（舉）爲李。

整理者引《說文》訓“疋”爲“記”，認爲疋獄即記獄，是關於起訴的簡要記錄。[①]李零認爲題目“疋”字可能讀爲作等待之義講的“胥”字（通須），“胥獄”指待決之獄。[②]黃盛璋認爲“疋獄”即記獄訟，是楚司法機構把官、民向它提出訴訟的各種獄訟案記錄下來。[③]陳偉認爲疋獄簡並非各縣上送的文件，而是左尹官署的工作記錄。他在篇題釋義方面提出了三種推測，其一，《說文》：疋，“或曰‘胥’字”，胥在古書中有副詞用法，爲相互之意，胥獄或即相獄，指原告指控被告之事。其二，胥有等待之意，疋獄或即須獄，爲等待審理之意。其三，從疋得聲的字還有“疏”字，疋獄也可能讀作疏獄，是指對訴訟之事的分條記錄。在三種可能性之中，他認爲第二種會大一些。[④]何琳儀同意將“疋獄”讀“須獄”，爲等待審理的意見。[⑤]劉信芳認爲“疋獄”即“疏獄”，即分條記錄獄訟之辭。[⑥]李家浩也認爲“疋獄”應該讀爲“疏獄”，是對原告起訴的記錄。[⑦]黃曉麗認爲“疋獄”是對案件的簡要記錄，而不論其記錄的是起訴階段還是審判階段。[⑧]

按：將“疋獄”解釋爲“記獄”或“待決之獄”均可講通。80號簡反面記載“既發竽，執勿失”，這應是司法機構發出命令去逮捕被告。85號簡反面記載“既發竽，將以廷”，則應是司法機構已經發出命令，被告將要被帶到廷上。這似乎說明《疋獄》所記爲尚未解決的獄訟，還需司法機構發佈命令進行調查。因此，《疋獄》應該是左尹官署對原告狀告被告的簡明記錄，這些案件尚待解決。

2.《疋獄》所統屬的竹簡

黃盛璋最先指出《疋獄》應置於《受旮》之前。[⑨]陳偉也將《疋獄》排在《受

①湖北省荊沙鐵路考古隊：《包山楚簡》，10、46頁，北京，文物出版社，1991。

②李零：《包山楚簡研究（文書類）》，“中國古文字研究會第九屆學術討論會”論文，南京，1992。

③黃盛璋：《包山楚簡中若干重要制度發覆與爭論未決諸關鍵字解難決疑》，《湖南考古輯刊》第六集，186-199頁，長沙，嶽麓書社，1994。

④陳偉：《包山楚簡初探》，39、44-45頁，武漢，武漢大學出版社，1996。

⑤何琳儀：《戰國文字通論》（訂補），160頁，南京，江蘇教育出版社，2003。

⑥劉信芳：《包山楚簡司法術語考釋》，《簡帛研究》第二輯，12-34頁，北京，法律出版社，1996。

⑦李家浩：《談包山楚簡“歸鄧人之金”一案及其相關問題》，《出土文獻與古文字研究》第一輯，16-32頁，上海，復旦大學出版社，2006。

⑧黃曉莉：《略論楚國司法實施的程式》，《西南農業大學學報》2011（9），46-48頁。

⑨黃盛璋：《包山楚簡中若干重要制度發覆與爭論未決諸關鍵字解難決疑》，《湖南考古輯刊》第六集，186-199頁，長沙，嶽麓書社，1994。

𠭰》之前，他把 90、91 號簡從《疋獄》中排除，並認爲 102 號簡雖然與《疋獄》簡基本相同，但缺少時間記載，可作進一步討論。[①]史傑鵬認爲 77 號簡的“受”字應是“訟”字之誤，77 號簡屬於《疋獄》，應放在 101 號簡之後。[②]劉信芳指出 84 號簡所記“己丑之日”在 85 號簡“辛巳之日”之後。[③]李家浩同意陳偉將《疋獄》置於《受𠭰》之前的意見，並且認爲 80-83 號簡所記月名是冬栾，84-86 號簡所記月名是荊层，包山楚簡實際用的曆法是夏曆，以荊层爲歲首，80-83 號簡應該移到這類簡末尾，簡的編排順序是 84-102、77、80-83。“疋獄”二字寫在 84 號簡簡背，正符合古代簡冊標題或位於篇首簡背的制度。[④]

按：史傑鵬、劉信芳、李家浩的意見可從。篇題“疋獄”二字寫在 84 號簡背面，大概是因篇題爲簡文書寫完畢加上去的，而首簡 85 號簡的背面已書寫文字，故寫在 84 號簡的背面。陳偉將 90、91 號簡排除在《疋獄》之外、認爲 102 號簡可作進一步討論的意見則值得商榷。90、91、102 號簡不應排除在《疋獄》之外。陳偉以 84 號簡爲例，認爲《疋獄》簡文講了五層意思：1. 受理訴訟的時間；2. 原告；3. 被告；4. 訴訟事由；5. 簽署。[⑤]雖然標準的《疋獄》簡包含了這五層意思，但第 2、3、4 項是判斷《疋獄》簡的基本原則。102 號簡雖然沒有時間記載，但從格式上看，符合《疋獄》的特徵，應屬《疋獄》無疑。

陳偉認爲 80、81、82、85 號 4 支簡在正文或簽署之後有一些補充性文字，[⑥]李家浩在討論包山楚簡 43、44、140 號簡“歸鄧人之金”一案時指出構成一份完整的文件應包括“疋獄”、“受𠭰”和“集箸言”（或“集箸”）三部分。他認爲“歸鄧人之金”一案缺少“疋獄”簡文例，可以擬出缺失部分的文字：

（1）九月己亥，䣄君之右司馬均臧受𠭰：十月辛巳之日，不歸板（版）於登（鄧）人以至（致）命於郢，阩門又（有）敗。秀不孫。（43 號）

（2）九月己亥之日，畢右仔尹李拡受𠭰：十月辛巳之日，不歸登（鄧）

①陳偉：《包山楚簡初探》，36-42 頁，武漢，武漢大學出版社，1996。

②史傑鵬：《讀包山司法文書簡劄記三則》，《簡帛研究二〇〇一》，19-24 頁，桂林，廣西師範大學出版社，2001。

③劉信芳：《包山楚簡解詁》，81 頁，臺北，藝文印書館，2003。

④李家浩：《包山祭禱簡研究》，《簡帛研究二〇〇一》，25-36 頁，桂林，廣西師範大學出版社，2001。李家浩：《談包山楚簡“歸鄧人之金”一案及其相關問題》，《出土文獻與古文字研究》第一輯，16-32 頁，上海，復旦大學出版社，2006。

⑤陳偉：《包山楚簡初探》，37 頁，武漢，武漢大學出版社，1996。

⑥陳偉：《包山楚簡初探》，37 頁，武漢，武漢大學出版社，1996。

人之金，阩門又（有）敗。秀不孫。(44號)

(3) 東周之客許緝歸作（胙）於葳郢之歲，十月辛巳之日，畢䑛尹酉精與剢君之司馬奉爲皆告成，言胃（謂）:“小人各政於小人之地”。無譪（訽）。登（鄧）人所漸（斬）木四百𡸒（徵）於剢君之地蘘溪之中；其百又八十𡸒（徵）於畢地鄰（卷）中。(140號正、反)

(4) ×月××之日，登（鄧）人訟剢君之人與畢之人，胃（謂）政（征）其金。[1]

李家浩的說法是正確的（但其所說“集箸言”與“集箸”部分本書稱爲“案件”)。包山文書簡中有關周瑤、周敓案件的簡文除了91號簡外還有34、39號簡，簡文如下：

(1) 八月辛巳之日，佾𨛬之闗敔公周童（重）耳受旮（幾），己丑之日不逛（將）佾𨛬之闗人周敓、周瑤以廷，陞門又（有）敗。忻戠（職）之。34

(2) 八月己丑之日，付𨛬之闗敔公周童（重）耳受旮（幾），九月戊申之日不逛（將）周敓、周瑤以廷，陞門又（有）敗。正疋忻戠（職）之。39

這是案件的“受旮”部分，而“疋獄”與“案件”則比較特殊，同寫在一支簡上。91號簡中“瑤、敓𨛬雁成，唯周鼷之妻葬焉”應不屬於《疋獄》而是案件結果的記錄。91號簡可以拆分成“疋獄”與“案件”兩部分：

(3) ×月××之日，佶（造）大戯六敂（令）周霰之人周應訟付𨛬之闗人周瑤、周敓，胃（謂）葬於亓（其）土。疋忻戠（識）之，郘從爲李。

(4) 九月戊申之日，瑤、敓𨛬（與）雁成，唯周鼷之妻葬焉。

由此便構成了周瑤、周敓一案的完整文件，從本質上看，91號簡應屬於《疋獄》。91號簡所記“九月戊申之日”應類似於140號簡“歸鄧人之金”一案，爲案件審理並裁定結果的時間，即瑤、敓與雁成的時間，而不是“疋獄”的時間。

---

①李家浩:《談包山楚簡“歸鄧人之金”一案及其相關問題》,《出土文獻與古文字研究》第一輯，16-32頁，上海，復旦大學出版社，2006。

黄曉麗也持類似的觀點，認爲“九月戊申之日”爲庭審之日。[①]

同様，90號簡也是“疋獄”與“案件”同寫在一支簡上，可以拆分成“疋獄”與“案件”兩部分，“受旮”部分則未見，但亦可擬補：

（1）×月××之日，競得訟緐丘之南里人龔㤤、龔酉，胃（謂）殺其䨓（兄）。正秀齊戠（職）之。郘尚爲李。

（2）×月××之日，××受旮（幾），×月××之日，不遲（將）龔㤤、龔酉以廷，陞門又（有）敗。秀齊戠（職）之。

（3）九月甲辰之日，緐丘少司敗遠惷詨（復）筭，言胃（謂）：緐丘之南里信又（有）龔酉，酉以甘匿（固）之歲爲偏（鬲）於鄦（喜），居隋里。緐昜（陽）旦無又（有）龔㤤。

122號簡記有“孓執（執）䳊（場）賈，里公邾䏌（省）、士尹紬慎𢓊（返）孓，言謂䳊（場）賈既走於前，孓弗返（及）”，其中“返孓”應即90號簡之“詨筭”，由此推斷，90號簡可能省略了“既發筭，執勿失”或“既發筭，將以廷”等語句。90號簡所記的時間“九月甲辰之日”也應該爲案件審理並裁定結果的時間。

90、91號簡的“疋獄”的時間應在“九月戊申”和“九月甲辰”之前，具體月份尚不知曉。90、91號簡與102號簡這三支格式不標準或没有記載時間的簡可以放於《疋獄》的最後。《疋獄》的簡序排列爲：85、84、86、87、88、89、92、93、94、95、96、97、98、99、100、101、77、80、81、82、83、90、91、102。

（二）《受旮》

1.《受旮》概述

“旮”字最初被釋爲“期”，後來裘錫圭改釋爲“幾”，[②]但其意仍爲“期”，所以在“旮（幾）”字正確釋讀之前，有關“受旮”的討論意見並未受到影響。“受旮”二字書寫於33號簡背面，大概位於25.5～30.5釐米處。33號簡長64.8釐

①黄曉莉：《略論楚國司法實施的程式》，《西南農業大學學報》2011(9)，46-48頁。

②裘錫圭：《釋戰國楚簡中的“旮”字》，《古文字研究》第二十六輯，250-256頁，北京，中華書局，2006。

米，下契口距尾端15.6釐米。《受旮》的基本格式爲：日期一，××受旮，日期二，不××，陞門又敗。××戠之。如34號簡：

八月辛巳之日，仰㥊之關敔公周童（重）耳受旮（幾），己丑之日，不遅（將）仰㥊之關人周敓、周瑤以廷，陞門有敗。疋（疋）忻戠（職）之。

關於“受旮”的具體内涵，整理者認爲是受理各種訴訟案件的時間與審理時間及初步結論的摘要記錄，所記内容主要爲接受報告的官員姓名及職位、人犯姓名及身份、審問結果及審訊人姓名。彭浩認爲是各地送報的告訴記錄。李零認爲“受旮”雖指“受理各種訴訟案件的時間”，但這不是“初步結論的摘要記錄”而是講由於何種原因，無法審理。也就是説簡文所錄都是未能結案的案例。夏淥釋“旮”爲“晦”，假借爲“賄”，將“受旮”讀爲“受賄”，是有關官吏貪污受賄的案例。陳偉認爲“受旮”簡應是左尹官署向被告責任人或被告本人下達指令的記錄。“旮”有約定的意思，“受旮”大概是指接到時間約定。但同時他也提出了另一種可能：“受”和“旮”應分開，“受”屬上讀，“旮”連下讀。曹錦炎認爲“受旮”是接受考核之意，並非指其接受報告而言。袁國華認爲“受旮”是受旮者接受指派任務，在約定期限内完成有關辦理事項和結果的記錄。黄盛璋認爲“旮”讀爲“稽”，此類各簡爲受理《疋獄》類各項訟案與廷審結果，而不是受理與廷問日期。葛英會認爲“受旮”就是授以期日，就是限定聽訟治獄的日期。賈繼東將“受”和“旮”斷開，認爲“受”指“受理案件”，“旮”指約定、預定、指定、限定（時間）。劉信芳認爲“受旮”指“接受訴訟的期約”，“旮”即司法官員受理案件後，與訴訟人及被告共同約定的審案日期。于成龍認爲整理者以“受”義爲“接受”是對的，但這裏指地方有司接受左尹官署的指令，而不是“告訴”。胡雅麗認爲“受旮”簡當是對有關執法官員接受告訴之後，不按期審理結案予以追究的文書記錄。董蓮池認爲“受旮”簡應看作理獄宜忌書，並且很可能就是理獄宜忌書。南玉泉認爲“受旮”就是接受訴訟之期，“受旮”所反映的都是未審結的案件，是司法程序的第一步。蘇傑認爲如果站在製作文書者的立場上則應讀爲“授期”，就是文書製作者左尹官署向下級官吏人等下達的指令，要求在限定時日爲某特定行爲。何琳儀認爲“受旮”類似於後世之“傳票”。李家浩認爲儘管過去人們將“旮（幾）”誤釋爲“期”，但不影響對文意的理解，仍然像陳偉等人認爲的那樣，是期會的意思，指約定時間。[①]

按："受旮"作爲篇題單獨出現，將"受"與"旮"斷開而分別解釋是不合适的。以上這些說法中，陳偉的意見應該是最接近事實的，即"受旮"是左尹官署向被告責任人或被告本人下達指令的記錄。但他將"受旮者"稱爲"被告責任人"還有討論的必要。

34 號簡要求郙𨜏之關敔公周童耳受旮，將周敓、周瑶以廷，周敓、周瑶又見於 91 號簡，二者皆作爲被告，那么周童耳應爲被告責任人無疑。43、44 號簡分別要求[illegible]君之右司馬均臧、鄦右仔尹李拡受旮，歸還鄧人之金。與之相關的内容還見於 140 號簡，從簡文所透露的信息可知，[illegible]、鄦兩地向皆作爲"登人"的狀告對象，均臧、李拡爲被告無疑（或可稱爲被告代表）。但有一些受旮者，如 24 號簡"不察陳觧之傷"、27 號簡"不以死於其州者之察告"的"加公李逗、里公隋得"與"里公登嬰"，將他們看作被告或被告責任人似有不妥。所以將"受旮"之人稱爲"責任人"和"被告本人"更合適一些。

關於《受旮》的兩個日期，彭浩認爲第一個日期是官吏接受告訴的時間，第二個日期則是接受告訴後，縣廷決定不對被告起訴的時間。[②]袁國華認爲第一個日期是受旮者接受任務的時間，即接受這個約定的時間。第二個日期是要完成任務的最後期限。[③]于成龍認爲第一個日期是左尹官署向地方有司下達指令的時間或者左尹官署向訴訟有關人員下達指令的日期，第二個日期是左尹官署令地方有

①湖北省荊沙鐵路考古隊：《包山楚簡》，10、42 頁，北京，文物出版社，1991。彭浩：《包山楚簡所反映的楚國法律與司法制度》，《包山楚墓》附錄二十二，北京，文物出版社，1991。李零：《包山楚簡研究（文書類）》，"中國古文字研究會第九屆學術討論會"論文，南京，1992。夏淥：《讀包山楚簡偶記——"受賄"、"國帑"、"茅門不敗"等字詞新義》，《江漢考古》1993（2），77-85 頁。陳偉：《關於包山受期簡的解讀》，《江漢考古》1993（1），74-83 頁。陳偉：《包山楚簡初探》，52 頁，武漢，武漢大學出版社，1996。曹錦炎：《包山楚簡中的受期》，《江漢考古》1993（1），68-73 頁。袁國華：《包山楚簡研究》，200 頁，香港中文大學博士論文，1994。黃盛璋：《包山楚簡中若干重要制度發覆與爭論未決諸關鍵字解難決疑》，《湖南考古輯刊》第六集，186-199 頁，長沙，嶽麓書社，1994。葛英會：《包山楚簡治獄文書研究》，《南方文物》1996（2），85-91 頁。賈繼東：《〈包山楚簡〉中〈受期〉簡別解》，《東南文化》1996（1），64-66 頁。劉信芳：《包山楚簡司法術語考釋》，《簡帛研究》第二輯，12-34 頁，北京，法律出版社，1996。劉信芳：《包山楚簡解詁》，30 頁，臺北，藝文印書館，2003。于成龍：《包山楚簡中若干制度問題的探討》，20 頁，北京大學碩士學位論文，1997。胡雅麗：《包山楚簡述略》，《中華文化論壇》1998（2），74-77 頁。董蓮池：《也說包山楚簡中的"受期"》，《古籍整理研究學刊》1999（4），4-5 頁。南玉泉：《楚國司法制度探微》，《政法論壇》2000（4），155-159 頁。蘇傑：《釋包山楚簡中的"阩門有敗"——兼解"司敗"》，《中國文字研究》第三輯，218-222 頁，桂林，廣西教育出版社，2002。何琳儀：《戰國文字通論》（訂補本），160 頁，南京，江蘇教育出版社，2003。李家浩：《談包山楚簡"歸鄧人之金"一案及其相關問題》，《出土文獻與古文字研究》第一輯，16-32 頁，上海，復旦大學出版社，2006。

②彭浩：《包山楚簡所反映的楚國法律與司法制度》，《包山楚墓》附錄二十二，北京，文物出版社，1991。

③袁國華：《包山楚簡研究》，196-197、200 頁，香港中文大學博士論文，1994。

司復命的最遲日期或限定結案的日期。[①]陳恩林、張全民認爲簡文的第二個日期指的是規定行爲的最後期限，而非它的唯一指定時間。也就是說，規定行爲於此期限之前完成皆可，並不一定非要在這天進行不可。[②]董蓮池認爲第二個日期當爲理行獄訟之事的忌日。[③]蘇傑認爲第二個日期當如陳偉所言，是要求對方（指受期人）執行指令的時間。但第一個日期應是製作文書的時間。現代社會製作任何文書都要記下當前時間，我國的習慣是將其綴於文書之末，可是從包山楚簡的有關情況看來，兩千年前很有可能是將文書的製作時間冠於文書之首。[④]陳偉認爲簡中的第一個日期是對方接到指令的時間，第二個日期是要求對方執行指令的時間，兩個日期的間隔，當是根據該地距離國都（左尹官署）遠近確定的。[⑤]藤田勝久則不同意陳偉的說法，他認爲受期簡中兩個日期超過 40 天的例子，與其說它們是出於距離上的遠隔，還不如說是因爲處理的不同而花費了較長時間。[⑥]陳紹輝同意“受”與“旮”斷讀，認爲與“受”對應的日期是受理訴訟案件的日期，與“旮”對應的日期是預定開庭審理的日期。[⑦]

按：《受旮》簡的兩個日期應綜合陳偉、于成龍和陳恩林、張全民的說法，即：第一個日期是“受旮者”接到指令的時間，第二個日期是要求“受旮者”完成指令的最後期限，要在此日期之前完成指令。至於兩個日期之間的長短應兼顧距離間隔和辦案時間兩個因素，不能一概而論。

陳偉認爲“不如何，陞門有敗”，應與 128 號簡所說“不致命，陞門有敗”一樣，是對未然之事的一種假設，《受旮》不以什麽致命、不將某某以廷，是截取這種表達方式的後半部分，是用假設的否定句式表示肯定性的指令。採用這種特殊表達方式，大概是由於《受旮》簡非常程序化、措辭非常簡練的緣故。[⑧]于成龍同意陳偉的意見，並認爲楚人用雙重否定的形式來表達肯定的意願，目的在於強調

①于成龍：《包山楚簡中若干制度問題的探討》，30、32 頁，北京大學碩士學位論文，1997。

②陳恩林、張全民：《包山受期簡析疑》，《江漢考古》，1998（2），68-74 頁。

③董蓮池：《也說包山楚簡中的“受期”》，《古籍整理研究學刊》1999（4），4-5 頁。

④蘇傑：《釋包山楚簡的“受期”》，《中國文字研究》第四輯，151-155 頁，南寧，廣西教育出版社，2003。

⑤陳偉：《關於包山“受期”簡的讀解》，《江漢考古》1993（1），74-83 頁。陳偉：《包山楚簡初探》，57 頁，武漢，武漢大學出版社，1996。

⑥藤田勝久：《包山楚簡及其傳遞的楚國信息》，《簡帛研究二〇〇四》，13-34 頁，桂林，廣西師範大學出版社，2006。

⑦陳紹輝：《從包山楚簡看楚國的訴訟制度》，《江漢論壇》，2008（5），111-114 頁。

⑧陳偉：《關於包山“受期”簡的讀解》，《江漢考古》1993（1），74-83 頁。陳偉：《包山楚簡初探》，52 頁，武漢，武漢大學出版社，1996。

權威性，以督課部下盡心辦事。[①]而蘇傑則認爲128號簡“夏层之月己酉之日，𡆥一戠獄之主以致命，不致命，陞門有敗”爲不省略的例子，由此他推測《受旮》的完整格式爲：某月某日，某某受期：某月某日爲某特定行爲。屆期不爲某特定行爲，陞門有敗。某某識之。[②]

綜合陳偉、蘇傑的意見，《受旮》的含義基本可以得到解決。即：某月某日，責任人/被告本人接受指令，限期在某月某日之前履行指令，如果不履行指令，就以“陞門有敗”[③]論處。

2.《受旮》統屬的竹簡

于成龍將《受旮》分做四類，第一類簡文包括《受旮》的大部分，19-28、30-52、54-57、59、60、62、64-71、74-76號簡和78號簡，共計52枚簡。其中又可以分成三個小類："以告"類、"以致命"類和"不𨐨××以廷"類。第二類簡文包括29、61、72、79號簡。第三類簡文由58、63和77號簡組成。第四類簡文分別是53和73號簡。但他並沒有將某支簡排除在《受旮》之外。[④]陳偉將58、63、77號簡從《受旮》中排除。[⑤]蘇傑則認爲58、63號簡仍可統一於《受旮》文書，因爲“某某不爲某特定行爲，陞門有敗”，正是其核心文句，唯一需要解釋的是這兩支簡爲何沒有限定日期。他認爲從功能上分析，《受旮》文書大致相當於後世官府所用的簽票，應用範圍相當廣泛，涉及司法鑑定、財產支付、兵役等。其中，傳票、補票性質的簡占了相當大的比重，58、63號簡屬於此類。可簡單概括爲：執事人某求某，某（指保人）不以某（訴訟參加人）廷，陞門有敗。這是左尹官署直接派員前往緝提，類似“逮捕”。沒有限定日期，並非不要求效率，而是要求立即執行。執事人代表左尹官署，無須講明時限，保人及訴訟參加人要求見文即行。[⑥]

按：《受旮》簡格式固定，嚴格來說，判斷的標準是有無“受旮”二字，58、63 號簡在格式上並不符合標準。蘇傑認爲“某某不爲某特定行爲，陞門有敗”，正是其核心文句，這是不能成立的，他在文中所舉的128號簡“夏层之月己酉之

①于成龍：《包山楚簡中若干制度問題的探討》，17頁，北京大學碩士學位論文，1997。

②蘇傑：《釋包山楚簡的“受期”》，《中國文字研究》第四輯，151-155頁，南寧，廣西教育出版社，2003。

③各家關於“陞門又敗”的意見，參見19號簡集釋。

④于成龍：《包山楚簡中若干制度問題的探討》，21、30、33、38頁，北京大學碩士學位論文，1997。

⑤陳偉：《包山楚簡初探》，48頁，武漢，武漢大學出版社，1996。

⑥蘇傑：《釋包山楚簡的“受期”》，《中國文字研究》第四輯，151-155頁，南寧，廣西教育出版社，2003。

日，囟一戠獄之主以致命，不致命，陞門有敗”就是一個自相矛盾的反證。此簡記有“不致命，陞門有敗”，但明顯不能歸入《受旮》。再來看 58、63 號簡的內容：

（1）東周之客鄦䢼歸胙於蒧郢之歲，九月戊午之日，宣王之𡧊州人苛䐶、登公𨞺之州人苛瘻、苛䁈以受宣王之𡧊市之客苛适。執事人𦒻（早）募（暮）救（求）适，三受不以出，陞門又（有）敗。58

（2）九月癸亥之日鄝之市里人殹（殷）𣲇受其兄殹（殷）朔，執事人𦒻（早）募（暮）求朔，𣲇不以朔廷，陞門又（有）敗。63

58、63 號簡中的“受” 字，陳偉認爲是一種擔保制度，“三受”指三位“受者”，[①]也就是蘇傑所說的“保人”。事實上苛䐶、殷𣲇等人不是指“保人”，他們只是包庇了苛适、殷朔。85 號簡“以其受䢰缶人而逃”、87 號簡“以受鄦陽之櫋官墬（唐）逷，逷逃之古（故）”中“受”字用法與 58、63 號簡類似。于成龍將 85、87 號簡的“受”解釋爲“窩藏”，[②]大意是正確的，但他認爲 58 號簡的“三受”指三位牽連人，63 號簡的“受”義爲“與此案有牽連”，[③]則未達旨要。劉信芳將“受”解釋爲收受、窩藏，並指出其義與“受期”之“受”有不同。“三受”承上文代指窩藏苛适的苛矍、苛瘻、苛䁈三人，[④]這個意見可從。58、63 號簡中“受”與“受旮”無關，苛䐶、殷𣲇等人並不是“受旮者”，58、63 號簡應從《受旮》中排除，那麼《受旮》的簡序排列爲：19、20、21、22、23、24、25、26、27、28、29、30、31、32、33、34、35、36、37、38、39、40、41、42、43、44、45、46、47、48、49、50、51、52、53、54、55、56、57、59、60、61、62、64、65、66、67、68、69、70、71、72、73、74、75、76、78、79。

（三）〈貸金〉

103-119 號簡內容與黃金借貸有關，李零、劉信芳皆稱之爲“貸金”。[⑤]葛英

---

①陳偉：《包山楚簡初探》，24、90 頁，武漢，武漢大學出版社，1996。
②于成龍：《包山楚簡中若干制度問題的探討》，36 頁，北京大學碩士學位論文，1997。
③于成龍：《包山楚簡中若干制度問題的探討》，38-39 頁，北京大學碩士學位論文，1997。
④劉信芳：《包山楚簡解詁》，61 頁，臺北，藝文印書館，2003。
⑤李零：《包山楚簡研究（文書類）》，“中國古文字研究會第九屆學術討論會”論文，南京，1992。劉信芳：《包山楚簡解詁》，97 頁，臺北，藝文印書館，2003。

會認爲事關金錢借貸，書之於竹冊，當係民約之屬，故擬"財約"以名其篇。[①]何琳儀稱之爲"貸金糴種"。[②]幾種意見中，稱爲"貸金"比較合適。

〈貸金〉簡文内容大致相同，按竹簡形制可分爲兩組，第一組103-114號簡，竹簡長度爲54.9～55.2釐米。第二組115-119號簡，竹簡長度爲68.2～68.5釐米。

〈貸金〉簡文内容單一，較易與其他簡文區分開來。其中，除103、115號簡記年月外，其他簡均無時間記載。第一組簡文一簡記一地的貸金數量，第二組簡文則是兩地貸金數量記在一支簡上。兩組簡文貸金數量如下：

地名	第一組	第二組
	黃金	鈇金一百益二益四兩
鄝	七益	七益
鄘陵	七益	三益肭益
羕陵	三十益二益	三十益二益
株昜	七益	五益
夷昜	七益	七益
鄗	七益	六益
正昜	十益一益四兩	十益一益四兩
昜陵	四益	四益
新都	五益	
州	七益	
總計	九十益四益四兩	七十益二益肭益四兩

第一組未記貸金總量，第二組所記各地貸金數量之和與貸金總量不符，陳偉據103-114號簡所記諸縣有兩個未見於115-119號簡推測第二組可能有脫簡。[③]

（四）〈所詎〉

1.〈所詎〉概述

162-196號簡以"所詎"、"告所詎"統領，竹簡長度爲64.1～65.2釐米。李零稱爲"所投"類簡文。何琳儀也讀爲"所投"，認爲可能相當於後世的"投訴"。

①葛英會：《包山楚簡治獄文書研究》，《南方文物》1996（2），85-91頁。
②何琳儀：《戰國文字通論》（訂補本），160頁，南京，江蘇教育出版社，2003。
③陳偉：《包山楚簡初探》，101頁，武漢，武漢大學出版社，1996。

陳偉擬題爲“所詎”，認爲“詎”似可讀爲“屬”，表示上級官長將訟獄交付給下級官員。“所詎”是左尹將訟案轉付於屬官辦理的記錄。葛英會認爲“詎”即《秋官·小司寇》“讀書用法”之“讀”，可將這組簡文擬名爲“讀鞠”。周鳳五稱之爲《詎告》簡。南玉泉同意整理者釋爲“讀”的意見，認爲所讀内容是對本案有直接關係的判決。讀告，應理解爲宣讀法律文告。藤田勝久也稱之爲“所詎”，他認爲“所詎”雖然有連續的記錄，但卻不是逐月記錄的完整資料，其時間與《受旮》簡相合的案件也不一定對應，因此它可能不是原始文書，而只是抄錄。黄曉麗認爲各級官員可能都會將自己所做的工作記錄下來以備案，或是向上級匯報，包山楚簡中的“所詎”只是左尹對自身工作的記錄。①上述意見中，陳偉擬題爲“所詎”，並讀“詎”爲“屬”的說法可從。

關於〈所詎〉中的日期和人名，陳偉指出乃是左尹委派署員辦處有關告訴的時間和告訴提出人。②廣瀨薰雄將〈所詎〉中的大部分人名視爲起訴人，③藤田勝久贊同廣瀨薰雄的看法，並認爲或許年代不同，疋獄的原告與所詎的人名之間看不出有直接關係。④

按：〈所詎〉中某些人名也出現在《受旮》《集箸言》中，如 176 號簡的“宵官司敗若”，其在“15-17” 號簡中爲起訴人無疑，但 188 號簡的“郘鄴”、172 號簡的“繇發”在 41、48 號簡與 70 號簡中明顯不是起訴人，爲被告的可能性很大，所以只能說〈所詎〉中記載之人名是與案件有關的人員。

2. 〈所詎〉簡序排列

陳偉對簡 162-196 進行了重新排列和分組，其根據有三：第一，正婁宻一組記有年名，應放首位。第二，官位高低。第三，𦑱尹地位高，應置於正婁宻之前，但𦑱尹後到左尹官署辦公，爲突出“所詎”類年代，將𦑱尹一組放在最後。根據

①李零：《包山楚簡研究（文書類）》，“中國古文字研究會第九屆學術討論會”論文，南京，1992。何琳儀：《戰國文字通論》（訂補），161 頁，南京，江蘇教育出版社，2003。陳偉：《包山楚簡初探》，106、133 頁，武漢，武漢大學出版社，1996。葛英會：《包山楚簡治獄文書研究》，《南方文物》1996（2），85-91 頁。周鳳五：《包山楚簡〈集箸〉〈集箸言〉析論》，《中國文字》新廿一期，23-49 頁，臺北，藝文印書館，1996。南玉泉：《楚國司法制度探微》，《中國政法大學學報》2000（4），155-159 頁。藤田勝久：《包山楚簡及其傳遞的楚國信息》，《簡帛研究二〇〇四》，13-34 頁，桂林，廣西師範大學出版社，2006。黄曉莉：《略論楚國司法實施的程式》，《西南農業大學學報》2011（9），46-48 頁。

②陳偉：《包山楚簡初探》，65 頁，武漢，武漢大學出版社，1996。

③廣瀨薰雄：《包山楚簡“所詎”研究》，《郭店楚簡の思想史研究》（第 5 卷），東京大學郭店楚簡研究會，2001。轉引自藤田勝久：《包山楚簡及其傳遞的楚國信息》，《簡帛研究二〇〇四》，13-34 頁，桂林，廣西師範大學出版社，2006。

④藤田勝久：《包山楚簡及其傳遞的楚國信息》，《簡帛研究二〇〇四》，13-34 頁，桂林，廣西師範大學出版社，2006。

這三點依據，陳偉將〈所詎〉簡序排列爲：第一組 162-165，184-186；第二組 187-192；第三組 196；第四組 195；第五組 179-183，166-170；第六組 171-178；第七組 193-194。同時陳偉提出，這類簡文沒有受到比較嚴格的限定，只要不違背曆法的基本原則、不割裂人名、地名、職官名的完整性，各種編次方式都有一定合理性，例如： 160、170 號簡也可移置 186 號簡後；178 號簡也可移置 192 號簡後；175 號簡也可移置 167 號簡後。[1]

按：正婁宼一組記有年名無疑應放在首位，195 號簡末尾有形標識，應是表示完結的標示符號，所以將簡 195 放在〈所詎〉之末應該是正確的。而 195 號簡“少里喬舉尹羿”的官職要高於“郯路尹𢍰”和“發尹利”，所以〈所詎〉簡以官職高低排列的說法無法成立。除了首末兩組之外，其他幾組排列順序似乎沒有嚴格限制，不過 193-194 號簡、196 號簡所錄內容較少，相對靠後較爲合適。綜上，〈所詎〉的順序排列如下：第一組 162-165、184-186；第二組 171-178；第三組 179-183、166-170；第四組 187-192；第五組 193-194；第六組 196；第七組 195。

（五）《集箸》《集箸言》

1.《集箸》《集箸言》概述

“集箸”二字書寫於 1 號簡正面，獨佔一簡，頂簡書寫。1 號簡長 65 釐米，無契口。

整理者認爲“箸”通“著”，“集箸”即“集著”，是有關驗查名籍的案件記錄，[2]但又認爲 139 號簡反面的“箸”借爲“書”。[3]彭浩認爲《集著》分別記載了“魯陽公以楚師後城鄭之歲”、“東周之客許緝致胙於葳郢之歲”、“齊客陳豫賀王之歲”三年中發生的有關查驗名籍的幾個案件。[4]張光裕、袁國華把“集箸”稱爲“雜箸”。[5]李零認爲“集（雜）箸（書）”是雜錄之義，並非專指名籍登錄。此題涉及三年之内的名籍核對，但這三年不連貫，也無順序，只是一種文件摘抄。[6]黃盛璋認爲“集”按一般通常理解爲“集合”之意，但“集箸”爲專門登記戶口之術語，並不是此意，而是表三年一次登記戶口。“箸”用爲動詞，即“箸

①陳偉：《包山楚簡初探》，33-36 頁，武漢，武漢大學出版社，1996。
②湖北省荊沙鐵路考古隊：《包山楚簡》，9、39 頁，北京，文物出版社，1991。
③湖北省荊沙鐵路考古隊：《包山楚簡》，49 頁，北京，文物出版社，1991。
④彭浩：《包山楚簡所反映的楚國法律與司法制度》，《包山楚墓》附錄二十二，北京，文物出版社，1991。
⑤張光裕、袁國華：《包山楚簡文字編•緒言》，臺北，藝文印書館，1992。
⑥李零：《包山楚簡研究（文書類）》，“中國古文字研究會第九屆學術討論會”論文，南京，1992。

錄”等，用爲名詞，則指箸於其上之冊籍。“集箸”之“箸”，也是動詞，只是在楚簡中已成專門的制度術語，即登記戶口，箸即登記。“集箸”是“集錄”，就是楚國戶籍登記。[①]葛英會認爲集箸即會集簿籍。[②]陳偉認爲“集箸”、“集箸言”的“箸”恐怕與139號簡反面的“箸”一樣是指文書而言，“集箸”應是指文書匯編。[③]但是，在其主編的《楚地出土戰國簡冊[十四種]》一書中，又認爲“集箸”暫時解作會聚戶籍，即戶籍資料彙編，應該是比較妥當的。[④]周鳳五認爲箸字指名籍、戶籍，“集箸”可以視爲“集歲之箸”的省文，但僅止於揣測。對於“集箸”的理解，採取審慎的態度，暫時解作會聚戶籍，即戶籍資料彙編，應該是比較妥當的。[⑤]劉信芳認爲“箸”讀爲“書”，“集書”即登記彙集名籍。[⑥]何琳儀認爲“集”有雜和之義，“箸”讀“書”，故“集箸”即“雜書”。[⑦]李家浩指出居延漢簡有“第五丞別田令史信元鳳五年四月鐵器出入集簿”（310・19）、“肩水侯官元康四年十二月四時雜簿”（5・1），尹灣漢墓木牘有“集簿”（1號）、“武庫永始四年兵器車器集簿”（6號）。“雜”從“衣”、“集”聲。“集”、“雜”古通，“集簿”即“雜簿”。楚文字多以“箸”爲“書”，如長臺關楚墓竹簡1-03號“教書三歲”，郭店楚墓竹簡《性自命出》15、16號和《六德》24號詩、書、禮、樂之“書”皆作“箸”。可見把“集箸”讀爲“雜書”是可取的。[⑧]李艷琴指出“集”當是“籍”之通假，“箸”乃“撰述、寫作”義。“籍箸”就是“名籍的登記”。[⑨]

“集箸言”三字書寫於14號簡正面，獨佔一簡，頂簡書寫。14號簡長64.2釐米，無契口。

整理者認爲“集箸言”是有關名籍糾紛的告訴及呈送主管官員的記錄。[⑩]李零認爲此題“集”亦雜錄之義，“箸（書）言”見147號簡反面（按：“147”應爲“145”），是記一“歸金”之案的訟辭，可見“集箸（書）言”也並非限於與

①黃盛璋：《包山楚簡中若干重要制度發覆與爭論未決諸關鍵字解難決疑》，《湖南考古輯刊》第六集，186-199頁，長沙，嶽麓書社，1994。

②葛英會：《包山楚簡治獄文書研究》，《南方文物》1996（2），85-91頁。

③陳偉：《包山楚簡初探》，59頁，武漢，武漢大學出版社，1996。

④陳偉主編：《楚地出土戰國簡冊[十四種]》，4、57頁，北京，經濟科學出版社，2009。

⑤周鳳五：《包山楚簡〈集箸〉〈集箸言〉析論》，《中國文字》新廿一期，23-49頁，臺北，藝文印書館，1996。

⑥劉信芳：《包山楚簡解詁》，5頁，臺北，藝文印書館，2003。

⑦何琳儀：《戰國文字通論》（訂補），160頁，南京，江蘇教育出版社，2003。

⑧李家浩：《談包山楚簡“歸鄧人之金”一案及其相關問題》，《出土文獻与古文字研究》第一辑，16-32頁，上海，復旦大學出版社，2006。

⑨李艷琴：《包山楚簡名籍問題初探》，《寧夏大學學報》2012（2），10-13頁。

⑩湖北省荊沙鐵路考古隊：《包山楚簡》，40頁，北京，文物出版社，1991。

登録名籍有關的訟辭，而可以泛指一般的訟辭。[①]黄盛璋認爲“言”就是訟告法律文書，《疋獄》類訟告某人某事，皆用“言謂”或“謂”以表告發的事由，所以《集箸言》就是關於戶口登記的違法訟告事。[②]葛英會認爲“言”即呈報、上報之義。[③]陳偉認爲“集書言”是與“言”有關的某些文書的匯編。[④]周鳳五認爲簡文所謂“言”，應當指與司法訴訟有關的訴狀、供詞等，而《集箸言》這一標題，應該理解爲與戶籍登録有關的司法訴訟文書。[⑤]何琳儀認爲“言”有言詞之義。[⑥]劉信芳引《離騷》王逸注：“言，猶議也。”認爲“集箸言”即有關名籍方面的爭議。[⑦]

按：學者多將《集箸》《集箸言》與名籍聯係在一起，這種看法未必正確，《集箸》《集箸言》的内容不應僅包括與名籍有關的簡文，而應更爲龐雜。李零已經指出“集箸言”並非限於與登録名籍有關的訟辭，而可以泛指一般的訟辭。“箸”在楚簡中多讀爲“書”，“集箸”之“箸”讀爲“書”應無疑問。將“集箸”理解爲“雜書”雖通，但楚簡中“集”字多如字讀，“集書”理解爲“匯集的文書”，於意也通。僅從字面上看，《集箸》《集箸言》的區别僅在於有無“言”字，陳偉認爲二者爲記言、記事之分，[⑧]目前來看，這個意見較優。

2.《集箸》《集箸言》所屬的竹簡

除去比較容易分組的《受旮》《疋獄》〈貸金〉〈所詎〉，以及從這四組簡文中排除的簡外，文書簡餘下2-13、15-18、58、63、120-161號簡和278號簡反面。李零將120-161號簡稱爲“案例”類簡文。[⑨]葛英會認爲120-161號簡記録案情及審理是不厭其詳，各案文書的繁簡長短，皆根據案情的複雜程度、審理過程的久暫而定，毫無程式化的跡象。簡文所涉應是一些重大案件的要辭，由地方刑官（即群士）所定，呈報司寇以誒定獄者，可將這組簡文擬名爲“獄要”。[⑩]陳偉主

①李零：《包山楚簡研究（文書類）》，“中國古文字研究會第九届學術討論會”論文，南京，1992。

②黄盛璋：《包山楚簡中若干重要制度發覆與爭論未決諸關鍵字解難決疑》，《湖南考古輯刊》第六集，186-199頁，長沙，嶽麓書社，1994。

③葛英會：《包山楚簡治獄文書研究》，《南方文物》1996（2），85-91頁。

④陳偉：《包山楚簡初探》，59頁，武漢，武漢大學出版社，1996。

⑤周鳳五：《包山楚簡〈集箸〉〈集箸言〉析論》，《中國文字》新廿一期，23-49頁，臺北，藝文印書館，1996。

⑥何琳儀：《戰國文字通論》（訂補），160頁，南京，江蘇教育出版社，2003。

⑦劉信芳：《包山楚簡解詁》，36頁，臺北，藝文印書館，2003。

⑧陳偉：《包山楚簡初探》，59-60頁，武漢，武漢大學出版社，1996。

⑨周鳳五：《包山楚簡〈集箸〉〈集箸言〉析論》，《中國文字》新廿一期，23-49頁，臺北，藝文印書館，1996。

⑩葛英會：《包山楚簡治獄文書研究》，《南方文物》1996（2），85-91頁。

編的《楚地出土戰國簡冊[十四種]》中稱之爲“案卷”。[①]目前還沒有足夠的證據證明120-161號簡可歸爲一類，120-161號簡雖然多與案件有關，但形制、内容並不統一，其所記内容十分龐雜，並且與2-13、15-18、58、63號簡之間的界限也不是可以劃分得十分清楚。這些餘下的文書簡分屬於《集箸》《集箸言》的可能性較大。

“集箸”“集箸言”作爲篇題，其包含一定數量的簡文是可以肯定的，餘下的竹簡與这兩個篇題能否對應，這是包山文書簡分組中最棘手的問題，也可以說是暫時無法圓滿解決的一個問題。

學者們對《集箸》《集箸言》包含的簡文作了很多討論。整理者將2-13號簡歸入《集箸》、15-18號簡歸入《集箸言》，大概是基於這樣一種考慮：《集箸》《集箸言》應與“名籍”有關，2-13、15-17號簡是有關“典”的記錄，因此，可以歸入《集箸》。而《集箸》《集箸言》的不同在於有無“言”字，以此爲依據，可將書有“敢告視日”、“告謂”的15-17號簡歸入《集箸言》。至於將18號簡也歸入《集箸言》，大概是誤解了簡文文意，認爲其與名籍糾紛有關。

黄盛璋認爲18號簡應列於沒有篇題的94號簡之後（按：“94號簡之後”意爲沒有篇題的94支竹簡之後，即196號簡之後），爲處置罷免官吏之事，《包山楚簡》亦僅此一見，無可歸類。126-127號簡及128-128號簡反面，和戶籍登記有關，應分别放在《集箸》和《集箸言》後。[②]周鳳五懷疑124-125號簡和126-128號簡兩組簡文應歸入《集箸》之下。[③]劉信芳認爲126-128號簡和12號簡都與名籍有關，對於左尹官署來說，是作爲同一類事責成地方官員查辦的，故應歸爲一組繫於《集箸》題下，整理者分爲二處不妥。[④]

上文已經討論過“集箸”的含義，其涵蓋的内容應不僅限於與“名籍”有關的簡文。陳偉根據先秦史官有記言、記事之分，認爲包山文書簡的分篇也許體現了這一傳統，將記言、記事文書分開編列。文書簡的内容大致可以分爲記言、記事兩類，前者包括15-17、90、120-123、124-125、126-128、129-130、131-139、140、141-144、145、151-152、155、157等，共13件（組）。它們往往以表示講

①陳偉主編：《楚地出土戰國簡冊[十四種]》，4、57頁，北京，經濟科學出版社，2009。

②黄盛璋：《包山楚簡中若干重要制度發覆與爭論未決諸關鍵字解難決疑》，《湖南考古輯刊》第六集，186-199頁，長沙，嶽麓書社，1994。

③周鳳五：《包山楚簡〈集箸〉〈集箸言〉析論》，《中國文字》新廿一期，23-49頁，臺北，藝文印書館，1996。

④劉信芳：《戰國楚曆譜復原研究》，《考古》1997（11），70-77頁。

述的動詞“言謂”、“言曰”或“告”、“謂”引出有關人的話語，上述13件（組）屬於《集箸言》。其他簡則直接陳述某一事實，在這13件（組）以及《疋獄》《受旮》之外的全部文書屬於《集箸》，①這種觀點得到李家浩的贊同。②但是在陳偉主編的《楚地出土戰國簡冊[十四種]》一書中，他又認爲“集箸”暫時解作會聚戶籍，即戶籍資料彙編，應該是比較妥當的，126-128號簡與124-125號簡，似皆可歸入集箸類，120-161號簡姑以“案卷”稱之。③可見陳偉對記言、記事的分法還不是十分肯定。

陳偉的顧慮是有道理的，12-13號簡與126-128號簡這兩組文書，一無“言胃”一有“言胃”，但所記之事均與戶籍有關，地點同爲漾陵，從字跡上看屬於同一類，關係比較密切，歸爲一類比較合適。但如此一來，依據“記事”、“記言”分組的方法便沒了立腳的根基。陳偉曾提出一種可能：這四個篇題之間也許存在統屬關係，比如“集箸”較有可能爲總目，另外三個爲分目。④“集箸”和“集箸言”分別單獨書寫在一支簡上，而“受旮”、“疋獄”則書寫在所統領簡文的背面，從這點上看，前者有統屬後者的可能。不過，這裏要指出的是：無論有沒有這種可能，“集箸”與“集箸言”都應是平行的兩個篇題，不存在包含與被包含的關係。

“集箸”和“集箸言”不像“受旮”、“疋獄”書寫在所統領簡文背面，並且除《疋獄》《受旮》〈貸金〉〈所詎〉之外的諸支文書簡，很難找出共性，這使分辨《集箸》與《集箸言》各自統屬哪些簡文成爲難題。形制常可作爲竹簡分類的輔助手段，但書寫“集箸”和“集箸言”的1號簡與14號簡分別爲65釐米和64.2釐米，不計形制整一的《受旮》《疋獄》〈貸金〉〈所詎〉四類簡文，餘下的文書簡長度爲64～69.5釐米，竹簡長短不等，對判斷《集箸》《集箸言》統屬的簡文，似乎沒有太大的幫助。

《集箸》《集箸言》統屬的簡文有哪些，這是一個在現有條件下無法說清楚的問題，所有的說法都是推測，在沒有更好的分法之前，暫從陳偉記言、記事的分法，並將“集箸”“集箸言”“疋獄”“受旮”看作平行的篇題。〈貸金〉和〈所詎〉雖然沒有篇題，並且有可能屬於《集箸》，但因其自成體系，爲討論方便，故不

①陳偉：《包山楚簡初探》，59-60頁，武漢，武漢大學出版社，1996。

②李家浩：《談包山楚簡“歸鄧人之金”一案及其相關問題》，《出土文獻與古文字研究》第一輯，16-32頁，上海，復旦大學出版社，2006。

③陳偉主編：《楚地出土戰國簡冊[十四種]》，4、57頁，北京，經濟科學出版社，2009。

④陳偉：《包山楚簡初探》，60頁，武漢，武漢大學出版社，1996。

放在《集箸》之中。《集箸》《集箸言》簡序排列的總原則是按時間順序排列，在《集箸》中，將與戶籍有關的簡文排列在前，9 號簡情況特殊，故從《集箸》中剔除，做單獨討論。陳偉認爲 158、159、160 號簡與 161 號簡多是一些較短的簡書，這些簡文之間看不到明顯的聯係，恐以不作編次爲宜。[①]159、160 號簡雖然有“告”、“言”等字眼，但無具體敍述內容，暫放入《集箸》。158、159、160、161 號簡簡文較短，故將其排列在《集箸》的最後。最後要說的是：即使將剩餘的這些簡分別歸入《集箸》《集箸言》，但也只是一種形式上的劃分，簡文複雜的內容是不能如此簡單劃分的。

3.《集箸》《集箸言》的簡序及擬題

陳偉曾說：“具體就包山文書簡的整理而言，至少存在三層意義上的工作：一是單份文書的復原。即將那些篇幅較長，使用兩枚以上竹簡書寫的單件文書編連起來。二是文書組的復原。即對同一事件的相關文書加以編連。三是文書群的復原。即按篇題的提示，將簡書分作若干篇章。”[②]根據篇題，已將包山文書簡作了粗略的分類，接下來的工作便是文書組的復原，也就是調整《集箸》《集箸言》中同一案件的簡文順序。《集箸》《集箸言》中的簡文不像《疋獄》《受旮》可以用統一名稱指代，所以這裡將《集箸》《集箸言》中記載的內容進行了擬題，並分析其中需要調整順序的文書組。

《集箸》

分組	簡號	擬題	學者意見
第 1 組	2-6	㓨人之典	
第 2 組	7-8	臧王之墨入溺典	
第 3 組	10-11	陳豫之典	
第 4 組	12-13	察梅瘽之典	
第 5 組	58、63	執事人求人	
第 6 組	146、148	債不交於新客	債金（劉信芳）[③] 欠債記錄（李零）[④]
第 7 組	147[⑤]	煮鹽於海	煮鹽受金（劉信芳） 出差記錄（李零）

①陳偉：《包山楚簡初探》，33 頁，武漢，武漢大學出版社，1996。

②陳偉：《包山楚簡初探》，28 頁，武漢，武漢大學出版社，1996。

③劉信芳所擬標題見《包山楚簡解詁》目錄，臺北，藝文印書館，2003。

④李零所擬標題見《包山楚簡研究（文書類）》，“中國古文字研究會第九屆學術討論會”論文，南京，1992。

⑤劉信芳、李零均同意整理者意見，將 147 號簡與 148 號簡視爲一組。

第 8 組	149	斂關金	斂關金（劉信芳） 斂關金記錄（李零）
第 9 組	150	貸徒㢝之王金不賽	貸金不賽（劉信芳） 償王金記錄（李零）
第 10 組	153、154	啻蘆之田	執疆（劉信芳） 王舍田於新大厩的記錄（李零）
第 11 組	156	二執命逃命案	逃命（劉信芳） □執王命而逃命案（李零）
第 12 組	18	鑄劍之官廢其官事	
第 13 組	158	死病甚	死病甚（劉信芳）
第 14 組	159、160、161	無題	爭事命、爲告（劉信芳）① 畢紳告言案（李零）②

（1）126-128 號簡

黃盛璋認爲 126、127、128 號簡及 128 號簡反面，應分別放在《集箸》和《集箸言》後。③陳偉認爲 126-128 號簡的順序應是 128 號簡在前，126-127 號簡在後。128 號簡反面記有“夏㞷之月癸卯之日，戠言市以至”等文句。癸卯在己酉前六日，這些文字的筆跡同 128 號簡迥異而與 126-127 號簡相同，應是漾陵官府對指令送達和交接的記錄。④

按：126、127、128 號簡和 128 號簡反面屬同一件文書，不應分開放置，其順序應如陳偉所言。

（2）146、148 號簡

劉釗認爲整理者將 148 號簡附於 147 號簡下，可能是正確的。“客發竽”很可能就是指發出所到之處提供飲食、錢物的命令而言。也有可能此簡是做爲受命者所持之“節信”在路上當憑證用的。⑤陳偉認爲 147、148、156、157、158、159、160、161 號簡多是一些較短的簡書，整理小組將它們分別錄於一起，看作一件或一組文書。由於這些簡文之間看不到明顯的聯係，恐以不作編次爲宜。148 號簡字數很少，並且很難與其他簡書連讀，或許也屬於篇題。⑥劉信芳認爲 148 號簡

①劉信芳將簡 161 擬名爲“爭事命”，並將 159 號簡、160 號簡歸爲一組，擬名爲“爲告”。

②李零將 158-161 號簡都歸爲“畢紳告言案”。

③黃盛璋：《包山楚簡中若干重要制度發覆與爭論未決諸關鍵字解難決疑》，《湖南考古輯刊》第六集，186-199 頁，長沙，嶽麓書社，1994。

④陳偉：《包山楚簡初探》，31 頁，武漢，武漢大學出版社，1996。

⑤劉釗：《談包山楚簡中有關“煮鹽於海”的重要史料》，《中國文物報》1992 年 11 月 8 日。

⑥陳偉：《包山楚簡初探》，33、60 頁，武漢，武漢大學出版社，1996。

長64.5釐米，147號簡長68.5釐米，二簡是否相次，尚存有疑問。[①]程鵬萬認爲148號簡的“客發竽”、150號簡背的“客發竽”是標題。[②]

按：150號簡反面同樣記有“客發竽”，其正面簡文曰：

> 邱（正）昜（陽）之酷里人邵奚（慧）、邦轍、盤己，邱（正）昜（陽）之牢中獸竹邑人宋贔，𨞺陵之敓（列）里人石紳，貸徙廩之王金不賽。徙廩之客苛昍內（入）之。白路公慎、登（鄧）行。

雖然學者對“竽”字的字形分析尚未達成一致，但“竽”的性質類似今天的“逮捕令”則是可以肯定的，所以將148號簡視爲標題的意見不可從。150號簡“客”作爲“發竽”的主語，應即簡文之“徙廩之客”，“發竽”的原因是有違法之事，即“宋贔、石紳貸徙廩之王金不賽”。“客”有權利在其管轄範圍之內發出命令，對違法之人進行逮捕。同樣，148號簡“客發竽”也宜接在有違法行爲且由“客”作執行者的簡文之後，能夠滿足這兩個條件只有146號簡，其簡文云：

> 所又（有）責（債）於寢敓（列）五帀（師），而不交於新客者，豕玫苛歆利之金一益半益。秀几。敓纓爲李。所又（有）責（債）於剁寢敓（列）、寢敓（列）、豯敓（列）五帀（師），而不交於新客者，借辶六（大）敂（令）李怲之金五益。

“發竽”者爲“新客”，原因是有“有債而不交”這種違法行爲存在。“新客”有權對“不交債”的人進行逮捕，148號簡很可能排在146號簡後。

（3）18號簡

18號簡明顯與名籍無關，其歸屬有兩種可能：一是與77號簡一樣，“受”爲“訟”字之誤，屬於《疋獄》，但《疋獄》中未見“某某內（入）之”之語。二是案件記錄，這種可能性較大，所以暫將18號簡放在156號簡之後。

《集箸言》

分組	簡號	擬題	學者意見
第1組	15-17	宵官司敗若上告案	

①劉信芳：《包山楚簡解詁》，150頁，臺北，藝文印書館，2003。

②程鵬萬：《簡牘帛書格式研究》，92-94頁，吉林大學博士學位論文，2006。

第2組	120-123	竊馬殺人案	郗倴命案（劉信芳） □拳殺人案（李零）
第3組	124-125	酷官死亡案	黄齊死亡案（劉信芳） 黄齊、黄□死亡調查案（李零）
第4組	128，126，127	同室調查案	唐□與其父是否同室調查案（李零）
第5組	129-130	期思拒金案	貰金（劉信芳） 越虢拒受王金案（李零）
第6組	132-135 131，136，137 138-139	舒慶命案	龠睪命案（周鳳五）[①] 舒慶命案（劉信芳） 舒慶殺人案（李零）
第7組	140	漸木之爭案	告成（劉信芳） 酉粢、司馬奉爲的"告成"記錄（李零）
第8組	141-144	黄欽自傷案	自傷（劉信芳） 逃犯黄欽自傷案（李零）
第9組	145	饋客之齎案	肉禄（劉信芳） 月禄旦不歸客金案（李零）
第10組	151-152	食田繼承案	番戌食田（劉信芳） 番戌繼承權案（李零）
第11組	155	葬王士	葬宅（劉信芳） 郢足葬王士案（李零）
第12組	157	職嵩之客案	貸解（劉信芳） 少宰尹對聞苛坦案（李零）

131-139號簡

131-139號簡記載的舒慶命案是包山楚簡中篇幅最長、内容最複雜一組簡文。整理小組對131-139號簡的簡序排列有誤，陳偉對131-139號簡進行了重新排序，他認爲131-139號簡可分爲A、B、C三組：

簡132-135（AⅠ）爲舒慶致見日的訴狀。簡135反（AⅡ）爲左尹向湯公轉告王命，其前半部分系對訴狀的摘要，後半部分爲王命的内容。簡132反（AⅢ）大概是湯公接到左尹官署送達王命（附舒慶訴狀）時的記録。

簡131、136、137（BⅠ）爲陰司敗致湯公的報告，主要内容是對聽獄、

①周鳳五：《龠睪〈命案文書〉箋釋——包山楚簡司法文書研究之一》，《文史哲學報》第四十一期，1-18頁，1994。

盟證的記錄。簡 137 反（BⅡ）爲湯公至左尹的報告。記湯公競軍稱“陰之正既爲之盟證”，即是指簡 136-137 所記“夏层之月癸亥之日執事人爲之盟證，凡二百人十一人。既盟皆言曰：信謹聞知舒慶之殺𠀌卯，逷、𨑨與慶皆；謹聞知苛冒、𠀌卯不殺舒昫”而言。

簡 138-139（CⅠ）所記爲另一次盟證，是爲舒慶重新取證的請求。簡 139 反（CⅡ）爲左尹向子郘公轉告王命。“爲陰人舒𨑨盟其所命於此箸之中以爲證”，即按簡 138-139 所列名單組織盟證。簡 138 反（CⅢ）大概是陰地官員重新取證的報告。大致可能是說舒𨑨擬請的證人由於“有悁”、“同社同里同官”、“昵至從父兄弟”等原因不能充當證人。這次盟證似乎因此並未舉行。

而這三組簡文的前後順序及關係，A 組文書排在 B 組文書之前，可以從兩點上確定，第一，依簡 132 反（AⅢ）所記，左尹轉告王命於享月甲午之日送達湯公，舒慶訴狀的呈遞與楚王、左尹的逐層轉批又當稍微靠前。據簡 131 所記，陰司敗致湯公的報告作於夏栾之月癸丑之日，時間上在前者之後。第二，簡 135 反（AⅡ）系左尹向湯公轉致王命，簡 132-135（AⅠ）爲其附件；簡 137 反（BⅡ）是對這一指令的回復，簡 131、136、137（BⅠ）爲其附件。簡 137 反復述簡 135 反的內容，是這一推定的直接證據。而 B 組文書又排在 C 組文書之前，證據是簡 131、136、137（BⅠ）提到陰之正舉行盟證之後，舒𨑨出逃。在簡 138、139（CⅠ）中，舒𨑨要求按自己列出的名單組織取證，他所針對的當然是業已舉行的於自己家族不利的那次盟證。舒𨑨重新取證的請求，很可能就是在出逃中呈於楚王的。①

李佳興更具體地分析了此組簡文，簡引如下：

這份文書，簡 132-135，當是“原告訴訟的狀辭”。……簡 135 反，記有楚王看了“原告的訴詞”之後，作了“速爲之斷”的命令。並且要求主此事者要在期限之內完成此案，且要派人到中央覆命。所以這份文書是“楚王的命令”，而在正式文書中，當有一份中央下令的較正式的文書才是。簡 132 反記錄，簡 132-135 這份文書是由“𧭈尹”帶到陰地來的。除了公佈楚王命令外，可能連簡 132-135 的正式的“原告的狀辭”也一併帶來，作爲地方判案的參

①陳偉：《包山楚司法簡 131～139 號考析》，《江漢考古》1994（3），66-67 頁。陳偉：《包山楚簡初探》，31-33、142-143 頁，武漢，武漢大學出版社，1996。

考文書。簡 132 的文書目的是記載“文書轉移”的程序之記錄。……簡 131、136-137 這份文書當是承簡 135 反而來的。從“𨚕尹”手上接到了“舒慶”的訴訟文書及楚王“速爲其斷”的文書之後，開始從事這件案件的處理事務。……簡 136、137 所記是和“審問過程”有關。……故簡 136、137 的這份文書是官員執行審問過程的記錄。簡 137 反，這份文書，主事者將負責調查的人的說明重復並簡化了一次内容，這表示主事之人已經審慎的閱讀了，也由於“調查者的說明文書”，已突出了這案子是“誣告”的案件，且告人者可能還是“殺人犯”，所以主事之人即將要對此案有所裁斷。……由此可見簡 137 反的這分文書，目的是告訴楚王他所交待的事已初步辦妥，請參閱所附之文書，並且請楚王加以定裁之。所以這份文書是“呈上參考的地方主事者的說明文書”。整個事件在這種情況下大約告一段落了。至於簡 138-139，這份文書當是在“原告”尚未畏罪潛逃之前所產生的申請文書。如此，則這份文書是附於簡 131、136-137 這份文書之中的。簡 139 中，舒𡚾所提出的人證中被對方即苛冒等指出，有許多不能作證的人應當去除。簡 139 這份文書是“原告申請提出證人的申請書”。簡 139 反，說明這個要求，楚王也知道了所以下達命令，要地方執行之。所以簡 139 反是“楚王傳遞命令的文書”。而簡 138 反說明了，原告的要求可以被採行，但是他所提出的證人可能被對方即被告苛冒等人提出違反了證人的限制條件。所以原告所提出的這些證人不能出廷盟證作證。也如此，後來原告才會有了逃跑的舉動。簡 138 反的文書性質是“執事官員的說明文書”。[①]

李守奎主要對 138-139 的簡文進行了研究。他認爲簡 138 反和簡 139 反可以連讀。138-139 號簡正反面文書從行文程序上與 131-137 號文書之間沒有任何聯係，是由另一件原發文書產生的，是一組下行文書，由訴狀提要和左尹命令兩件文書構成。因此，他將 131-139 號簡的文書分爲兩組六件：

第一組：131-137

第一部分：原告訴狀 132-135

第二部分：下行文書

①李佳興：《〈包山楚簡〉司法文書簡研究——以訴訟事件爲例》，57-59 頁，臺灣暨南國際大學碩士學位論文，2000。

命令及命令的附件 135 反及 132-135

第三部分：上行文書

1 命令原件和收文日期 132 反及下行文書

2 陰司敗向湯公的致命 131、136、137

3 湯公向左尹的致命 137 反

第二組 138-139

下行文書

1 訴狀提要 138-139

2 左尹命令 139 反-138 反[①]

按：陳偉將 131-139 號簡的分爲三組意見是正確的，李佳興認爲 138-139 號簡是附於 131、136、137 號簡這份文書之中的意見可信。

138-139 號簡應是符合盟證標準的人員名單，如果是不符合盟證標準的人員名單，應該説成“陰人舒𪵾命證，陰人御君子陳旦、陳龍……不可證”。138-139 號簡應即對 139 號簡反面記載的“左尹以王命告子宛公，命溠上之職獄爲陰人舒𪵾盟，其所命，於此書之中以爲證”的命令的執行。簡文所記人員應是 137 號簡“凡二百人十一人”經過“與其仇、有怨不可證，同社、同里、同官不可證，匿至從父兄弟不可證”的檢驗後，符合參加盟證要求的名單。138 號簡反面所記爲盟證人員的條件，139 號簡反面記載的則是左尹下達的命令，與 135 號簡反面所記性質相同，138 號簡反面和 139 號簡反面不應連讀。

136-137 號簡記載“夏𡱝之月癸亥之日執事人爲盟誓，凡二百人十一人”，138-139 號簡又一次記載“𨛗人舒𪵾命證”，容易讓人誤認命案中有兩次盟證。其實，這兩組簡記載的“盟證”是同一次盟證，只是側重内容不同，136-137 號簡的盟證記載的是證人的證詞以及盟證的結果，而 138-139 號簡記載的則是參加盟證的具體人員和盟證條件。136 號簡中“夏𡱝之月癸亥之日”，李佳興認爲“夏𡱝”當爲“夏柰”之誤。陳偉主編的《楚地出土戰國簡冊（十四種）》中已經指出“夏𡱝之月癸亥之日”所記内容是陰司敗接到湯公轉發王命後，將先前聽獄、盟證的記録呈上，[②]這個意見可從。

①李守奎：《包山司法簡致命文書的特點與 138-139 號簡文書内容的性質》，《古文字研究》第二十八輯，389-395 頁，北京，中華書局，2010。

②陳偉主編：《楚地出土戰國簡冊[十四種]》，66 頁，北京，經濟科學出版社，2009。

下面再來分析簡文的順序怎樣排列，才能使案件的脈絡更清晰。正面簡文不能作爲反面簡文的附件，正面簡文是主體，反面簡文是對下行命令的概述和上行命令的簡要回復。131-139 號簡可分爲兩組，132-135 號簡爲下行文書，131、136、137 號簡和 138、139 號簡爲上行文書，兩組簡文之間有對應關係如下：

下行文書(上級的命令)

左尹官府屬官攜原告訴狀（132-135）及命令從郢來到陰地（132 反）

命令一:左尹下達給湯公的命令——審案（135 反）

命令二:左尹下達給子宛公的命令——盟證（139 反）

上行文書(下級的回復)

下級官府簡述上級命令及案件審理結果（137 反）

回復附件一:案件審理過程（131、136、137）

回復附件二：盟證過程（138、139），附參加盟證人員條件（138 反）

左尹屬官從郢地攜帶舒慶的訴狀而來，帶來左尹官府的兩條命令：一是重新審理此案並派人到郢復命，二是將盟證的內容與復命的簡文一起呈上。而陰地官員將對這兩條命令的回復均寫在 137 號簡反面。因此，131-139 號簡的順序爲：132 反，132-135；135 反，139 反；137 反；131、136、137；138-139，138 反。

通過對 131-139 號簡所記命案的分析，可以推測出楚國的司法制度中，允許不服審理結果之人上訴，並且可以直接上訴給楚王。楚王審閱後交給左尹官府，左尹官府派人將訴狀[①]與楚王的命令轉交給一審的地方官府重新審理。楚國對雙方各執一詞的案件，採取盟證的方法進行審理。在回復上級命令之時，不但要將審理的具體結果呈上，還要附帶盟證的具體過程和相關內容。

（六）特殊的 278 號簡

文書簡中出於西室南的 278 號簡，長度爲 70.3 釐米。陳偉指出整理小組在綜合介紹和“竹簡出土情況登記表”中，都定爲文書類，但在《釋文》中，卻被不適當地放在遣策之下。[②]藤田勝久將其歸入其他類。[③]劉國勝認爲 278 號簡事實

①在 132-135 號簡舒慶訴狀中有“今陰之數客不爲其斷倚執僕之兄綎”，前用第三人稱“其”，後用第一人稱“僕”，並不統一。訴狀中的人稱應爲“僕”，如 15-17 號簡“新偖込尹不爲僕斷”。因此，左尹下達地方官府的原告附件有可能爲謄寫的副本，“其”爲謄寫之誤。

②陳偉：《包山楚簡初探》，21 頁，武漢，武漢大學出版社，1996。

③藤田勝久：《包山楚簡及其傳遞的楚國信息》，《簡帛研究二〇〇四》，13-34 頁，桂林，廣西師範大學出版社，2006。

上應當與同集一堆的另 128 支無字簡是成一體的，將其歸入“喪葬類”，並認爲其性質與“告地書”是相近的。[①]

按：此簡長度與文書簡相差較大，不是一類的可能性較大，但其是否爲“喪葬類”簡還有待進一步研究，暫時將此簡放在文書簡的末尾。

三　文書簡中總篇題與疑似篇題

（一）總篇題

9 號簡“廷等（志）所以内”，整理者將其歸入《集箸》，但學者們紛紛提出質疑。周鳳五認爲 9 號簡字體較大，用筆較重，各字的間距較寬，應移至 6 號簡之後。[②]陳偉認爲 9 號簡字體較大，各字間間隔亦遠，與 7-8 號簡有别。應不是同一件文書。9 號簡字數很少，並且很難與其他簡書連讀，或許也屬於篇題。[③]後來他又認爲這枚簡大概原本排在全部文書簡之首，屬於所有文書簡的提示語。所“内（入）”的大概是全部文書簡，“内（入）”是指納入墓葬，即將文書簡作爲隨葬品隨葬。[④]劉國勝認爲 9 號簡“廷志所以内”同 1 號簡“集書”、14 號簡“集書言”一様，爲標題，頂格書寫，所用的簡不修契口，應該分别統領一部分簡。[⑤]林清源則認爲 9 號簡不是標題語而是公文流程用語。[⑥]

出於北室的編號爲 1-196 的文書簡，其上有竹簽牌一枚，書有“廷等（志）”二字，“廷”字整理者未釋出，滕壬生釋爲“廷”。[⑦]周鳳五認爲應當也是某一類簡文的標題，或者是整個文書簡的總標題。[⑧]劉國勝認爲“廷志”簽牌出土於文書簡的上面，它可能是這批文書的“楬”，也就是説“廷志”是爲這批文書簡的一個標題，可能係左尹屬下整理卷宗檔案時所備。[⑨]李家浩認爲竹簽當是繫在裝

①劉國勝：《包山二七八號簡釋文及其歸屬問題》，《第十三屆全國暨海峽兩岸中國文字學學術討論會論文集》，233-240 頁，臺北，萬卷樓圖書公司，2002。

②周鳳五：《包山楚簡〈集箸〉〈集箸言〉析論》，《中國文字》新廿一期，23-49 頁，臺北，藝文印書館，1996。

③陳偉：《包山楚簡初探》，29、60 頁，武漢，武漢大學出版社，1996。

④陳偉：《包山“廷志”簽牌與九號簡》，《中國出土資料研究》第 11 號，1-5 頁，2007。

⑤劉國勝：《包山楚墓簽牌文字補釋》，簡帛網，2005 年 11 月 11 日。

⑥林清源：《簡牘帛書標題格式研究》，95 頁，臺北，藝文印書館，2004。

⑦滕壬生：《楚系簡帛文字編》，165 頁，武漢，湖北教育出版社，1995。

⑧周鳳五：《包山楚簡〈集箸〉〈集箸言〉析論》，《中國文字》新廿一期，23-49 頁，臺北，藝文印書館，1996。

⑨劉國勝：《包山楚墓簽牌文字補釋》，簡帛網，2005 年 11 月 11 日。

司法文書簡絲囊上的標題簽，其上“廷等”二字無疑是司法文書簡的大題。“志”與“箬（書）”同義，因爲“疋獄”、“受旮”、“集箬”、“集箬言”是法廷的文字記錄，故總名之爲“廷等（志）”。[①]陳偉也同意將其視爲總標題的看法。[②]

按：440-1 竹簽“廷等（志）”出土之時位於 1-196 號簡之上，無疑應是文書簡的總標題。而 9 號簡應與此簽牌有關，其屬於某一組具體簡文的可能性比較小，爲文書簡的提示語的可能性很大，因此我們將其排在全部文書簡之首。

（二）疑似篇題

1. 大宫痎内氏等（13 號簡、127 號簡）

劉信芳認爲 127 號簡署有“大宫痎内氏等（志）”，具有古籍篇題的性質，而且合於“大題在下”之慣例。[③]

林清源提出五點理由反駁“大宫痎内氏等（志）”不是標題語：第一、12-13 號簡的現行編次列在文書類的《集箬》之中，《集箬》總共收錄五組查驗名籍的案例，爲何僅有 12-13 號簡這組案例設立標題語？第二、120-161 號簡皆爲各地審理案件的記錄，這麼多組簡文均未設立標題，爲何唯獨 126-127 號簡這組特别設立標題語？第三、12-13 號簡記載“某（梅）瘽之典”一事，而 126-127 號簡則是記載“父子同室”一事，這兩椿案件内容互不相涉，爲何它們的標題語卻是隻字不差？第四、標題語必需具備提示所屬篇章内容的功能，假若“大宫痎内氏等（志）”確實爲標題語，其與 12-13 號簡“某（梅）瘽之典”、126-127 號簡“父子同室”之間，爲何都缺乏合理的内在聯係？由“大宫痎内氏等（志）”一語揣摩，爲何無法得知那兩組簡文的大致内容？第五、所謂“大題在下”，是指大、小兩種層級的標題語一起出現時，依照先秦典籍的慣例，都是大標題位於小標題之後。127 號簡“大宫痎内氏等（志）”雖然位於該簡下半段，卻無另一層級標題語相互搭配，根本不符合古書“大題在下”的慣例，當然更不能僅憑獨立短語的書寫位置，即判定該獨立短語爲標題語。[④]

按：“大宫痎内氏等（志）”不是篇題，而與 18 號簡“中舍許适内（入）之”、

---

①李家浩：《談包山楚簡“歸鄧人之金”一案及其相關問題》，《出土文獻與古文字研究》第一輯，16-32 頁，上海，復旦大學出版社，2006。

②陳偉：《包山“廷志”簽牌與九號簡》，《中國出土資料研究》第 11 號，1-5 頁，2007。

③劉信芳：《包山楚簡解詁試筆十七則》，《中國文字》新廿五期，149-160 頁，臺北，藝文印書館，1999。

④林清源：《簡牘帛書標題格式研究》，92-93 頁，臺北，藝文印書館，2004。

149 號簡“陵辻尹之相墬余可內（入）之”、150 號簡“徒廩之客苛昍內（入）之”類似，指此文書是由“大宮痎”所“內（入）”。

2. 客發笄（148 號簡、150 號簡背）

陳偉認爲 148 號簡字數很少，很難與其他簡書連讀，或許也屬於篇題。[①]程鵬萬認爲 148 號簡的“客發笄”、150 號簡背的“客發笄”也是標題。“客發笄”三字在 148 號簡的書寫位置是在簡的正面，頂簡書寫，與“集箸”、“集箸言”格式相同，字體亦相近，與文書簡冊正面書寫的標題格式一致；而“客發笄”三字在 150 號簡背面的書寫位置是在第一道編繩和第二道編繩之間，即整簡中間偏上的位置，與“受旮”、“疋獄”書於簡背的標題格式也是一致的。“客發笄”三字無論是寫在簡冊的正面，還是簡冊的背面都與包山文書簡標題的書寫格式是一致的。“客發笄”是一冊文書的標題，這冊文書與其他簡冊不同的是正面和背面均書有標題。[②]林清源則認爲“客發笄”應該是公文流程用語。因爲是獨立短語，經常獨佔一簡，甚至獨自寫在簡冊背面，書寫格式近乎標題語，因而很容易被誤認爲標題語。[③]

按：148 號簡“客發笄”應不是篇題，上文的討論中已將其排在 146 號簡之後。

第二節　卜筮祭禱簡的分組與簡序

一　卜筮祭禱簡的名稱問題

編號爲 197-250 的 54 枚竹簡，整理小組稱爲“卜筮祭禱記錄”，共 26 組，分爲卜筮與祭禱兩類，[④]205、206、224、225 號簡屬於“祭禱”簡，其餘爲“卜筮”簡。[⑤]李零認爲簡文內容雖有“禱祠”，但除 205、206、224、225 號簡是屬記錄“禱祠”的，其他都是占問“禱祠”，這類簡文最好還是叫“占卜簡”，而不宜稱作“禱祠簡”或“卜筮祭禱記錄”。[⑥]陳偉認爲對於 22 件“卜筮”簡而言，李零的說法極是。另外 4 件“禱祠”簡與“卜筮”簡有關，可視爲“卜筮”簡的

①陳偉：《包山楚簡初探》，60 頁，武漢，武漢大學出版社，1996。

②程鵬萬：《簡牘帛書格式研究》，92-94 頁，吉林大學博士學位論文，2006。

③林清源：《簡牘帛書標題格式研究》，94-95 頁，臺北，藝文印書館，2004。

④湖北省荊沙鐵路考古隊：《包山楚簡》，12 頁，北京，文物出版社，1991。

⑤彭浩：《包山二號墓卜筮和祭禱竹簡的初步研究》，《包山楚墓》附錄二十三，北京，文物出版社，1991。

⑥李零：《包山楚簡研究（占卜類）》，《中國典籍與文化論叢》第一輯，425-448 頁，北京，中華書局，1993。

附錄。在這個意義上，以“卜筮簡”或“占卜簡”概括全部 26 件簡書，是有道理的。同時陳偉還提出：爲了表明禱祠簡與卜筮簡的區別，將 4 件簡書單獨稱爲“禱祠簡”，在對全部 26 件簡書合稱時使用“卜筮祭禱簡”或“卜筮禱祠記錄”，應該也是可以的。[①]

按：整理小組劃分出性質不同的兩類簡文的做法是正確的，“卜筮簡”與“祭禱簡”的劃分有其合理之處，只是在名稱使用時略有混亂。對於 205、206、224、225 號簡的性質，陳偉的定位更準確一些，可以將其看作卜筮簡的附錄。202 號簡反面記有“新父既成、新母既成”、215 號簡記有“太、侯土、司命、司禍、大水、二天子、峗山既皆成”，晏昌貴認爲這是對簡文預卜之事得以完成（應驗）的記錄，可稱之爲驗辭。[②]宋華強認爲“親父既成”、“親母既成”的性質與新蔡甲三 138“既皆告，且禱已”相同。“已”有“畢”、“竟”、“終”、“訖”等訓，都是表示完成，與“既”義近。[③]也就是說簡文之意是指對新父、新母、太、侯土、司命、司禍、大水、二天子、峗山的祭禱已經完成。205、206、224、225 號簡與 202 號簡反面記載的“新父既成、新母既成”、215 號簡記載的“太、侯土、司命、司禍、大水、二天子、峗山既皆成”的性質相同，都是對占卜時“敚”的踐履，只是前者記載詳細，後者比較簡單。所以本書將 26 組統稱爲“卜筮祭禱簡”，在集釋部分，爲了突出二者的區別，則分爲“卜筮簡”與“祭禱簡”兩類。

作爲卜筮簡“踐履”內容的 205、206、224、225 號簡與哪組卜筮簡對應，陳偉的觀點是：205、206 號簡與 212-215 號簡對應，224、225 號簡與 221-222 號簡對應。[④]于成龍則認爲 205 號簡和 206 號簡所記賽禱的名稱、祖先與 199-200 號簡所記相同，205 號簡和 206 號簡所記的賽禱很可能是對 199-200 號簡中貞人石被裳所許下的諸願的踐履。[⑤]

按：陳偉的意見可從。他證明 205、206 號簡與 212-215 號簡對應，列舉了兩條證據，第一條因爲大家對“迻”的涵義的理解沒有達成共識，所以暫且保留意見。第二條證據值得商榷，陳偉根據秦楚月名對照表中，楚八月“日十一夕五”，

①陳偉：《包山楚簡初探》，150-151 頁，武漢，武漢大學出版社，1996。

②晏昌貴：《楚卜筮祭禱簡的文本結構與性質》，《楚文化研究論集》第七集，122-135 頁，長沙，嶽麓書社，2007。

③宋華強：《新蔡楚簡初步研究》，169 頁，北京大學博士學位論文，2007。宋華強：《新蔡葛陵楚簡初探》，416 頁注釋②，武漢，武漢大學出版社，2010。

④陳偉：《包山楚簡初探》，6-7 頁，武漢，武漢大學出版社，1996。邴尚白不同意陳偉的意見，進行了詳細的反駁，參見邴尚白：《楚國卜筮祭禱簡研究》，63-64 頁，臺灣暨南國際大學碩士學位論文，1999。

⑤于成龍：《包山楚簡中若干制度問題的探討》，57 頁，北京大學碩士學位論文，1997。

白晝最長、夜間最短，而《楚辭》有“望孟夏之短夜兮”，得出楚人以八月爲孟夏即夏一月，則冬栾必爲秋三月的結論，而212-215號簡明確說到“至秋三月賽禱”，205、206號簡記於冬栾之月，時間上正好吻合。[①]邴尚白已指出“望孟夏之短夜兮”應是泛指晝長夜短，而非白晝最長、夜間最短。他還提出“秋三月”應爲整個秋季的三個月，楚簡中單指某個月直接用楚月名，睡虎地秦簡《日書》中，屢見“春三月”、“夏三月”、“秋三月”、“冬三月”等一一列舉的說法，明顯都是指各季的三個月，與包山楚簡同。[②]從九店楚簡《日書》88-91號簡記載來看，楚人以“十月”、“爨月”、“獻馬”三月爲秋季，“冬栾”應爲孟冬，並不是季秋。不過，這並不影響224、225號簡與221-222號簡的對應，“賽禱”的日期由“秋三月”延遲至“冬栾”，延遲的原因則不得而知。

二 卜筮簡的類型及分組

陳偉一開始將卜筮簡分爲“王事貞”和“疾病貞”兩類，認爲前者屬於“常規性貞問”，後者屬於“非常規性貞問”。[③]後來又更改稱爲“歲貞”和“疾病貞”兩種類型，屬於歲貞的有三組11件，197-198、199-200、201-204號簡；209-211、212-215、216-217號簡；230-231、232-233、234-235、236-238、239-240號簡。屬於疾病貞的有四組11件，218-219、220、221-222、223號簡；207-208號簡；236-238、239-241、242-244、245-246、247-248號簡；249-250號簡。[④]他認爲“歲貞”是一種常規的貞問，大致每年舉行一次；“疾病貞”則根據疾病的發生和發展，不定期舉行。二者自成體系，各不干涉。[⑤]

李家浩則不同意陳偉的分類，他認爲應該按照卜筮祭禱的時間先後來編排，沒有必要把卜筮簡分爲“歲貞”和“疾病貞”兩類。所以他把205-208號簡排在225號簡之後。[⑥]

---

①陳偉：《包山楚簡初探》，7頁，武漢，武漢大學出版社，1996。

②邴尚白：《楚國卜筮祭禱簡研究》，62頁，臺灣暨南國際大學碩士學位論文，1999。

③陳偉：《包山楚簡所見的曆法與年代問題》，“湖北省考古學會第八次年會”論文，宜昌，1993。

④陳偉：《包山楚簡初探》，151-153頁，武漢，武漢大學出版社，1996。

⑤陳偉：《葛陵楚簡所見的卜筮與禱祠》，《出土文獻研究》第六輯，34-42頁，上海，上海古籍出版社，2004。

⑥李家浩：《包山祭禱簡研究》，《簡帛研究二〇〇一》，25-36頁，桂林，廣西師範大學出版社，2001。李家浩：《談包山楚簡“歸鄧人之金”一案及其相關問題》，《出土文獻與古文字研究》第一輯，16-32頁，上海，復旦大學出版社，2006。

宋華強認爲表面上看來，“歲貞”與“疾病貞”的區别體現在貞問事項的不同，實際上其實質性差異在於貞問性質的不同：1.“歲貞”一年一次，“疾病貞”則根據臨時發生的具體事情而不定期舉行。2.“歲貞”的貞問内容汎而不切，“疾病貞”的貞問則具體而明確。陳偉稱之爲“歲貞”、“疾病貞”不太妥當，而稱爲“常規性貞問”和“非常規性貞問”，則是準確的。前者卜筮目的是尋求某個時間範圍之内的休咎，後者都是因事而貞，出於某種即時的特别需要。常規性貞問與非常規性貞問的劃分依據本來就是貞問内容的性質，而不是簡文所用的具體詞語。①

按：關於卜筮簡的分類比較混亂，如上所述，既有“王事貞”、“疾病貞”之分，又有“歲貞”、“疾病貞”之分，還有“常規性貞問”、“非常規性貞問”之分。宋華強同意“常規性貞問”和“非常規性貞問”的分法，認爲二者的劃分依據是貞問内容的性質。就包山楚簡中這兩類簡文來看，“常規性貞問”和“非常規性貞問”比較恰當地反映了簡文的性質，但是在給包山卜筮簡所劃分的兩類簡文擬定恰當的名稱時，卻不適合使用。因爲“貞問内容”是具體的，而“性質”則是抽象的、是對“貞問内容”的理論概括。當提及包山楚簡中的“常規性貞問”、“非常規性貞問”，如果沒有具體簡文，並不能知道是針對什麽的占卜。而“歲貞”、“疾病貞”暫不論名稱合適與否，卻可以簡單概括簡文所包含的某些内容。因此，爲了使包山卜筮簡所包含的内容有所反映，本書暫不採用“常規性貞問”和“非常規性貞問”的分類名稱。

所謂“‘歲貞’一年一次，‘疾病貞’則根據臨時發生的具體事情而不定期舉行”以及“‘歲貞’的貞問内容汎而不切，‘疾病貞’的貞問則具體而明確”，這兩個説法都是值得商榷的。包山楚簡中所謂的“歲貞”有三個年份，分别爲：

（1）宋客盛公𨜒聘於楚之歲，荊夷之月，乙未之日，盬吉以保家爲左尹䢼貞：自荊夷之月以就荊夷之月，出入事王，盡卒歲，躳身尚毋有咎。(197)

（2）東周之客鄦綎致胙於葳郢之歲，夏夷之月乙丑之日，五生以承悳爲左尹䢼貞：出入侍王，自夏夷之月以就集歲之夏夷之月，盡集歲，躳身尚毋有咎。(209-210)

①宋華強：《從楚簡“卒歲”的詞義談到戰國楚曆的歲首》，《古漢語研究》2009（4），22-27頁。宋華強：《新蔡楚簡初步研究》，35-37頁，北京大學博士學位論文，2007。宋華強：《新蔡葛陵楚簡初探》，46-49頁，武漢，武漢大學出版社，2010。

（3）大司馬悼滑將楚邦之師徒以救郙之歲，荊夷之月己卯之日，盬吉以寶家爲左尹旄貞：出入侍王，自荊夷之月以就集歲之荊夷之月，盡集歲，躬身尚毋有咎。（226）

這三個年份的“歲貞”可以分爲兩種，一種是“卒歲貞”，一種是“集歲貞”。陳偉沒有對二者進行區分，認爲均屬於“歲貞”，大致每年舉行一次。[①]宋華強雖然強調了“卒歲”和“集歲”的區別，但他認爲包山楚簡中的“盡卒歲”和“盡集歲”都可以表示一歲，用來表示“歲貞”的時限，這種“常規性的貞問”爲一年一次。[②]但新蔡楚簡中常見“卒歲貞”、“卒歲之貞”等語，宋華強認爲並沒有證據表明它們也是一年舉行一次的，所以很難確定是否屬於一種“常規性”的貞問。[③]

暫不論新蔡楚簡中“卒歲貞”性質是否屬於“常規性貞問”，“卒歲貞”針對的是“從貞問之月到年底”這段時間，從包山楚簡和新蔡楚簡來看，舉行“卒歲貞”的月份除了荊夷之月外，“冬㝑”（新蔡零 421+零 496+乙四 102）、“獻馬”（新蔡甲三 44）也可以進行“卒歲貞”。由此可見，舉行“卒歲貞”的月份並不是固定的，那麼在同一年舉行兩次以上的“卒歲貞”的可能性是不能排除的，因此說“卒歲貞”一年一次還是沒有足夠證據的。

包山楚簡中“盡卒歲”和“盡集歲”都可以表示一歲，是因爲與“盡卒歲”關聯的月份恰巧是“荊夷”，爲楚曆第一個月。包山楚簡中“盡卒歲”和“盡集歲”是有細微差別的：“自荊夷之月以就荊夷之月”的“盡卒歲”雖然包含 12 個月，但天數則少於 365 天。以簡 197 爲例，簡文記載“宋客盛公邊聘於楚之歲，荊夷之月乙未之日”，此年（公元前 318 年）“荊夷”第一天爲“乙亥”，“乙未”已經是第 21 天。[④]而“自荊夷之月以就集歲之荊夷之月”的“盡集歲”則包括整 12 個月，即 365 天。籠統地說，在包山楚簡中二者都可以表示一年，但在新蔡楚簡中“卒歲貞”的貞問時間卻不是一年。因此，“卒歲貞”和“集歲貞”是在時間上是有區別的，所以將二者統稱爲“歲貞”是不合适的。新蔡楚簡有兩條簡文：

---

①陳偉：《包山楚簡初探》，155 頁，武漢，武漢大學出版社，1996。

②宋華強：《新蔡楚簡初步研究》，38-40 頁，北京大學博士學位論文，2007。宋華強：《新蔡葛陵楚簡初探》，50-53 頁，武漢，武漢大學出版社，2010。

③宋華強：《新蔡楚簡初步研究》，38 頁，北京大學博士學位論文，2007。宋華強：《新蔡葛陵楚簡初探》，50 頁，武漢，武漢大學出版社，2010。

④參看第三章“紀時”專題中的干支表。

（11）☐貞：既背膺疾，以胛疾，以心悶，爲集（匝）歲貞：自☐（甲三 100＋零 135）

（12）☐以心悶，爲集（匝）歲貞：自☐（乙四 7＋零 177）

宋華強說：

> 如果因爲心悶之“悶”和“集歲貞”一起出現，就認爲“常規性貞問與非常規性貞問的劃分便發生問題”，恐怕是把卜筮簡所用表示貞問時限的詞語與其所記錄的貞問的性質弄混淆了。“常規性貞問”與“非常規性貞問”的劃分依據本來就是貞問内容的性質，而不是簡文所用的具體詞語。例如上揭包山簡中的常規性貞問並沒有出現過“歲貞”字樣，但是這並不妨礙對其貞問性質的判定。同樣，我們也不能因爲上揭新蔡簡中出現了“歲貞”字樣，就認爲那是常規性貞問。（11）（12）的“集歲貞”只是標明該“疾病貞”的貞問時限，這和當時可能存在一種屬於常規性貞問的“歲貞”並不衝突。①

得出“‘集歲貞’只是表明該‘疾病貞’的貞問時限，這和當時可能存在一種屬於常規性貞問的‘歲貞’並不衝突”的結論，看似有道理，其實是混淆了“貞問時限”、“貞問内容”和“貞問性質”等概念。三者是劃分卜筮祭禱簡的不同標準，按照“貞問性質”來劃分，可分爲“常規性貞問”與“非常規性貞問”。當我們用“貞問時限”來劃分時，“歲貞”中的“集歲貞”和“疾病貞”中的“集歲貞”性質是一樣的，是同一貞問時限。和“盡集歲”平行的分類應該是“卒歲貞”、“七日貞”、“三歲貞”，而不是“疾病貞”。如果按“貞問内容”來劃分，則可以劃分爲“疾病貞”和與之對應的一種貞問。而新蔡楚簡“疾病貞”中出現了“爲集歲貞”的字樣，給了我們一個提示：這種與“疾病貞”對應的貞問絕不是“集歲貞”或“卒歲貞”。那麼，與“疾病貞”對應的貞問應該如何稱呼？這類簡文貞問的均是“出入侍王”以及“躬身尚毋有咎”，貞問内容具體而明確，並不像宋華強所説的“汎而不切”。陳偉一開始稱之爲“王事貞”相對來説是恰當的，但簡文貞問内容不僅有“王事”、還有“躬身”，所以稱之爲“躬身、王事貞”較爲貼切。綜上，包山卜筮祭禱簡的分組爲：

①宋華強：《新蔡楚簡初步研究》，37-38 頁，北京大學博士學位論文，2007。宋華強：《新蔡葛陵楚簡初探》，48-49 頁，武漢，武漢大學出版社。

卜筮簡	躬身、王事貞	197-198；199-200；201-204；209-211；212-215；216-217；226-227；228-229；230-231；232-233；234-235
	疾病貞	218-219；220；221-222；223；207-208；236-238；239-241；242-244；245-246；247-248；249-250
祭禱簡		224、225；205、206

第三節　喪葬簡的分組與簡序

一　喪葬簡的名稱及分類

整理小組將編號爲 251-257 的竹簡稱爲“遣策簡”，分爲 4 組。出於東室的 251-258 號簡放在最前，所記爲“食室”。出於南室的 265-266 號簡次之，所記爲“大兆之金器”、“木器”。再次是出於南室 267-277 號簡，所記爲正車、甬車、韋車、羊車等。最後是出於西室的 259-264 號簡，所記爲“相徙之器所以行”。竹牘則單獨列出，與所有竹簡並列。[1]整理小組並未指明在竹牘與遣策簡之間的關係，陳偉則指出竹牘與 277 號簡實屬於“賵書”，應從遣策簡中離析出來，[2]喪葬紀錄中 251-276 號簡可以稱作遣策，277 號簡和竹牘實質上屬於賵方的範疇。277 號簡和竹牘的内容同於賵方，竹牘近於觚，277 號簡由竹簡書寫，書寫賵贈材料與古書記載不同，可能出於地域或時代差異的緣故。其中 277 號簡大概是由昭旄家人紀錄的；竹牘除反面下端似由昭旄家人紀錄外，主要内容是由或其家人所書。[3]劉國勝認爲賵書和遣策是不同的喪葬紀錄，賵書是針對助喪的賵贈物品的紀錄，遣策是針對送葬的遣送物品的紀錄，將二者統稱爲喪葬簡，[4]但他未將 277 號簡歸入賵書。

按：陳偉的分組是可信的，從内容上看 277 號簡和竹牘均記“某人受”，爲記載賵贈物品無疑。277 號簡可能是竹牘的補充，應排在竹牘之後。至於此類竹簡的名稱，可遵從劉國勝的意見，統稱爲“喪葬簡”。

二　喪葬簡的簡序

李家浩對喪葬簡的順序提出意見，他指出“乘軒”應由 267、268、272 三簡

①湖北省荊沙鐵路考古隊：《包山楚簡》，13-14 頁，北京，文物出版社，1991。
②陳偉：《包山楚簡初探》，181 頁，武漢，武漢大學出版社，1996。
③陳偉：《包山楚簡初探》，191-192 頁，武漢，武漢大學出版社，1996。
④劉國勝：《楚喪葬簡牘集釋》，5 頁，武漢大學博士學位論文，2003。

書寫，“正車”應由 271、276、269、270 四簡書寫。[①]陳偉認爲出於南室的 267 號簡記“大司馬悼滑救郙之歲享月丁亥之日，左尹葬”這句話可能是統攝全部遣策的，應該放在最前。“食室”之器、“相徙之器”作爲日用器具，地位應低於“大兆”之器，不應當領先。楚人計數方位爲南、東、北、西，如果將南室的“用車”簡放在最前，同室所出的“大兆”之器次之，東室所出的“食室”之器又次之，西室所出的“相徙之器”居後，似更爲可靠。[②]陳偉還對“相徙之器”的幾枚簡作了一些調整，最後將遣策簡分爲四大組，排序爲：第一組 267+268+272，271+276+269+270，273，274，275；第二組 265+266；第三組 251，252，253，254，255+256，257+258；第四組 259，263，262，260，261，264。[③]劉國勝在博士論文中將 259 號簡與 263 號簡相連，262 號簡和 261 號簡相連，[④]他將釋文分爲五大組，排列順序爲：第一組 267+268+272，271+276+269+270，273，275，274；第二組 277；第三組 265+266；第四組 252，253，251，254，255+256，257+258；第五組 259+263，262+261，260，264。[⑤]在論文修訂版中又將 277 號簡排在 275 號簡之後，將原拼接成 260 號簡的兩段殘簡單分開，編號爲 260 上和 260 下，將原拼接成 264 號簡的兩段殘簡單分開，編號爲 264 上和 264 下，[⑥]他將釋文順序重新排列爲：第一組 267+268+272，271+276+269+270，273，274，275，277；第二組 265+266，252，253，251，254，255+256，257+258；第三組 259+263，264 下，260 上，262+261，260 下，264 上。後來又將 264 號簡與 263 號簡相連；260 號簡仍然分爲兩段，編號爲 260-1 和 260-2，其中，260-1 與 262 號簡相連，260-2 與 261 號簡相連。實際上定出了兩組簡序，即 259，263， 264 號簡爲一組，260-1，262，261，260-2 號簡爲一組，兩組前後相連。[⑦]陳偉主編的《楚地出土戰國簡冊[十四種]》一書中，除乘軒、正車七支簡採用李家浩的意見，260 號簡和 264 號簡採用劉國勝分爲上下兩段的意見外，其餘仍按原釋文的順序。[⑧]

按：李家浩對“乘軒”、“正車”的分組是正確可從的。陳偉將 267 號簡放在最前統攝遣策，並按南室、東室、北室、西室的順序排列其他簡文的做法是可信

①李家浩：《包山楚簡研究（五篇）》，“第二屆國際中國古文字學研討會”論文，香港，1993。
②陳偉：《包山楚簡初探》，181-182 頁，武漢，武漢大學出版社，1996。
③陳偉：《包山楚簡初探》，239-241 頁，武漢，武漢大學出版社，1996。
④劉國勝：《楚喪葬簡牘集釋》，50 頁，武漢大學博士學位論文，2003。
⑤劉國勝並未進行具體分組，此分組是按其釋文的校釋順序進行的歸納。
⑥劉國勝：《楚喪葬簡牘集釋》，56 頁，武漢大學博士學位論文（修訂本），2005。
⑦劉國勝：《包山二號楚墓遣冊研究二則》，《考古》2010（9），66-72 頁。
⑧陳偉主編：《楚地出土戰國簡冊[十四種]》，119 頁，北京，經濟科學出版社，2009。

的，但個別簡文的排列順序值得商榷。劉國勝將“相徙之器”分爲259，263， 264與260-1，262，261，260-2兩組的意見可從。關於251-254號簡的排列，可以肯定的是，251號簡的“□之金器”和252號簡的“[illegible]室之金器”各有統領的簡文，但哪支簡統領253號簡和哪支簡統領254號簡還不能確定，因此，本書保持原簡序不變。綜上，遣策簡分組如下：

遣策	用車：267+268+272，271+276+269+270，273，274，275
	大卯之金器：265+266
	□之金器/[illegible]室之金器：251，252，253，254
	食室之食：255+256
	食室所以匓箕：257+258
	相徙之器：259+263+264，260-1+262+261+260-2
賵書	竹牘，277

第三章　包山楚簡集釋

第一節　文書簡集釋

一　簽牌與9號簡

廷等（志）〖2：440-1〗

集釋：

〖整理者1991〗從文意上看似與簡1-18有關。（4頁）

〖葛英會 1996A〗所謂齊簡，即官有司等平法度之簡策。竹簽墨書稱這類文書簡爲等，簡文内容又確爲理獄訟、平法度者，自然是恰如其分的。

〖周鳳五1996〗看來應當也是某一類簡文的標題，或者竟是整個文書簡的總標題。

〖陳偉武 1997〗疑“等”、“等”應讀爲“證”。…包山墓所出簽文稱“廷等”，亦爲司瀍術語，指廷議證供之類。

〖劉國勝 2005B〗2：440-1號“廷志”簽牌出土於文書簡的上面，它可能是這批文書的“楬”，也就是説“廷志”是爲這批文書起的一個標題，可能係左尹屬下整理卷宗檔案時所備。包山文書簡還有兩種標題，一種是單獨寫在一支簡的正面，如1號簡“集書”、14號簡“集書言”、9號簡“廷志所以内”，標題一般頂格書寫，所用的簡不修契口。另一種是寫在已經記錄有内容的簡的背面，如33號簡“受期”、84號簡“疋獄”，標題一般寫在簡中間，簡修有契口。這兩種標題大概都是對某一類别文書所作的標識，有的可能就是該類文書的名稱。就包山文書簡而言，它們應該分别統領一部分簡。不過，由於這兩種標題在取名用詞、書寫形式方面有一些差異，大概相互間存在著從屬關係，這一問題有待進一步考察。…“廷志”，可能即指治獄辦案的記錄。

〖李家浩 2006B〗2：140-1號（按：“2：140-1”應爲“2：440-1”）竹簽當是繫在裝司法文書簡綠囊上的標題簽，其上“廷等”二字無疑是司法文書簡的大題。“志”與“書”同義。包山司法簡大題“廷志”猶小題“集書”，因爲“疋獄”、“受幾”、“集書”、“集書言”是法廷的文字記錄，故總名之爲“廷等（志）”。

〖陳偉 2007B〗“志”有記載、記錄的意思…將包山簡原先釋爲“等”的字，改釋爲“志”，看作記錄或文書，似無不允當…我們討論的這個字可能從竹從詩，爲“志”的異體，而不當讀爲“等”，再讀爲“志”。其從竹作，蓋因爲竹簡是志（記）的載體…我們也曾經認爲：“廷”用作動詞。簡文“廷”字，似應是指折獄斷訟之事。“將以廷”，大約是說帶著出庭受審。在這個意義上，“廷志”是左尹官署審理獄事的記錄。現在看來“廷”也可能是朝、會、理事之意…具體說，七號簡是指接受臣下的朝見；十九號簡等是前往官署謁見相關官員，以說明情況或接受審查，而不一定都是接受審理。在這個意義上，“廷志”應該是左尹官署辦公的記錄。一般認爲，包山文書簡是司法檔案。其實並不全面。其中一部分應該是行政檔案。一〇三～一一九號簡，即貸金記載，即其顯例。

廷等（志）所㠯（以）內（入）。〖009〗

集釋：

〖李零 1992〗“□等□以內（入）”（似指驗其辭而上之）…典冊或典冊所著之辭叫“等”。等與辭爲之、蒸對轉字，古音相近。

〖張光裕、袁國華 1993〗疑亦可讀爲“事”。

〖滕壬生 1995〗廷。（165 頁）

〖葛英會 1996A〗9 號簡等前一字，《包山》無釋。諦審之，亦爲氏字。與 13、127 號簡文例相同。三條簡文的氏字，均宜假爲是，用作指示代詞，氏等即此等。

〖周鳳五 1996〗“戡等既以內”一簡，原編次爲第九簡，屬下文第二部分。但此簡字體較大，用筆較重，各字的間距較寬，不像第二部分的墨跡，移至本節之末，似較妥適。“戡”、“既”二字原圖版不清晰，依所見部分筆畫及文意擬補。“戡”指刿戡，“等”指簡冊，“既以內”即既已納，全句謂的公文已經收到且處理完畢了。

〖何琳儀 1998A〗包山簡等，訴訟之簡冊。（46 頁）

〖譚步雲 1998〗“廷～”指“聆訊或對質的記錄簡文”。（67 頁）

〖劉信芳 2003〗等：其字又作“等”，見 132 反。《說文》：“等，齊簡也。”簡文“等”多指記事之簡冊。（16 頁）

〖上博四 2004〗周等。疑讀爲“周志”（“志”是章母之部字，“等”是端母蒸部字，讀音相近）。《左傳·文公二年》引《周志》“勇則害上，不登於明堂”。據考，即《逸周書·大匡》文。湖北省荊沙鐵路考古隊《包山楚簡》（文物出版社，一九九一年）簡一三三、一三二反的有類似用法的“等”字（前者作“等”，後者作“等”），疑亦讀爲“志”。（269-270 頁）

〖劉國勝 2005B〗第三字，舊未釋，經紅外線照像，字作：F_3顯然是“所”字。包山 9 號簡簡文當作“廷篿所以内”。…“廷志所以内”大概是指要上報的案件記錄。

〖陳偉 2007B〗現在看來，這枚簡大概原本排在全部文書簡之首，屬於所有文書簡的提示語…參照對於“廷志”簽牌的討論，我們可以想到這裏所“内（入）”的大概是全部文書簡。再參照楚系竹簡類似記載，我們懷疑此簡的“内（入）”是指納入墓葬，即將文書簡作爲隨葬品隨葬。

二　《疋獄》

劀（荊）层（夷）[1]之月辛巳之日，鼾缶公僡（德）[2]訟[3]宋䝙（豫）[4]、宋庚、差（佐）敒（令）偲（愆）[5]、鄐（郕-沈）緌（膺）[6]、黃鰻（燕）[7]、黃旃[8]、墜（陳）欹[9]、番班[10]、黃行、登（鄧）蓳（荑）[11]、登（鄧）迿[12]、登（鄧）彅（堅）[13]、登（鄧）諒[14]、登（鄧）隉（徵）[15]、登（鄧）譧[16]、䊓（胡）上[17]、周敓、奠（鄭）痐[18]、黃爲余[19]、酓（熊）相䶮[20]、苛胼、靁（雷）宋[21]、陽（唐）昬（晨）[22]、鄐（郕-沈）敢㠯（以）亓（其）受鼾缶人而逃[23]。疋吉[24]戠（職）之[25]。秀湶[26]爲李[27]。〖085〗既發苐，遅（將）㠯（以）廷[28]。〖085 反〗

集釋：

[1]劀（荊）层（夷）

〖整理者 1991〗𤰈层。（22 頁）

〖李家浩 2001A〗荊尸。

〖劉信芳 2003〗“荊”從田，刑聲。由此可知楚月名“𤰈层”應讀爲“荊尸”。（249 頁）

按：楚月名“劀层”在云夢睡虎地秦簡《日書》中寫作“刑夷”，在《左傳》莊公四年及宣公十二年中寫作“荊尸”，暫將包山簡“劀层”統一讀作“荊夷”。

[2]鼾缶公僡（德）

〖整理者 1991〗①䡣。（22 頁）②宮。（22 頁）③僡。（22 頁）

〖何琳儀 1993B〗䡣，楚文字作（包山簡 85），地名。…上揭“夸”均從“丂”得聲。“夸”、“丂”均屬溪紐。

〖劉釗 1992A〗①按字應釋爲“缶”。②按“悳”乃“德”字初文，二者爲一字，皆應直接釋爲“德”。

〖吳振武 1993〗這種從“大”從“家”省的“家”字（按：指梁布、齊陶文等字），可以隸定成“夰”。如果不求精確的話，也可以隸定作“豪”。…“豪”字也作爲偏旁出現在包山楚簡中…如果可以根據梁布以“豪”爲“重”的情況推測一下的話，也許牠們分別是“動”（《説文·力部》：“動，作也，從力重聲。”）、“陲”（《玉篇·阜部》：“陲，音重，地名。”）、“鍾”（《集韻·平聲鍾韻》：“鍾，量名，六斛四斗曰鍾。……通作鍾。”）的異體。《包山楚簡》一書的作者把這三個字隸釋成“胯”、“陓”、“錡”肯定是有問題的。因爲只要看看同批簡中的“于”及從“于”的“竽”、“雩”、“琈”、“邘”等字即可知道，上揭三字的右旁決不會是“從大于聲”的“夸”。

〖劉信芳 1996A〗“夲”本“重”之古文，…知夲、干皆可直接讀爲“重”…知“干”又二讀，一讀如“主”，一讀如“重”。…由古代喪禮“重”、“主”同爲神位，可知“宔”所從之“干”與“重”之作“夲”或“干”古本同源，至周代喪禮漸變，故戰國文字“宔”字從“干”聲，讀如“主”；而重量之重作“夲”或“干”猶存殷禮。以後重（讀去聲）被從東從壬之“重”（讀平聲）所代替，以至“夲”、“ 干”僅存於出土文字。

〖楚文字編 1997〗鎵字所從之豙，從大，從冢省聲。鎵字即鍾之異體。（245 頁）

〖白於藍 1999〗應隸作鎵，冢、重音近可通，此即鍾字，見於《集韻》。

〖楚文字編 2003〗銼（鍾）。（324 頁）

〖劉信芳 2003〗鍗或可隸定作“鍾”，讀爲“鍾”，疑“鍾缶公”是量器製作的監造官。（82 頁）

〖李守奎 2008〗從字形上看，“夲”字的下部釋“丂”、釋“主”皆有可能，但釋“于”的可能性最小。…筆者把楚文字中的“夲”隸定爲“奎”，是基於如下考慮。1. 楚文字的“夯”與它系戰國文字的“奎”來源不同，不是一個字。2. “干”的字形與楚文字“主”字的字形相合。例多不煩舉證。3. “重”與“主”音近可通。郭店簡《老子》甲篇 10 號簡“迬”字今本作“動”。楚文字之“垔”就是楚之“重”字，可以充分證明“主”聲與“重”在楚文字中相通無礙。

按：楚文字中以“夲”爲偏旁之字多見，于省吾最早將鄂君啓節中從夲之字釋作從“夸”。[①]除了集釋中提到的釋“夸”“夯”、“奎”等說法之外，陳劍又提出釋“亢”的新說法，他認爲“夲”應該作爲一個整體。[②] “夲”作爲一個整體，與單獨的“干”是有區別的，單獨的“干”應爲“主”字。包山楚簡此字見於郭店楚簡《語叢四》26 號簡，作□，陳劍認爲是楚地多見的器物“甌”之異體，“缶”和“瓦”表示“陶制器物”之字中可通用，[③]可備一説。從同簡“鈧缶人”來看，“鈧缶”爲機構名或地名的可能性較大。

①于省吾：《鄂君啓節考釋》，《考古》1963(8)，442-447 頁。

②陳劍：《出土文獻與古文字研究》第三輯，151-182 頁，上海，復旦大學出版社，2010。

③陳劍：《出土文獻與古文字研究》第三輯，151-182 頁，上海，復旦大學出版社，2010。

[3]訟

〖陳偉 1996A〗簡書用“訟”字表示訴訟而篇題卻採用“獄”字，也值得注意。訟、獄是一對近義詞。…在討論“疋獄”簡含義時引述的訓釋表明，“獄”有對爭訟予以核定的意思。這使它可以與單純表示紛爭的“訟”區別開來…由此似可以推想，楚國文書中的“訟”是指當事者個人的行爲，“獄”則反映裁斷者的立場，爲官方對於訟案的稱謂。（44-45 頁）

〖何琳儀 1998A〗訟，訴訟。（409 頁）

[4]宋⿰予鼠（豫）

〖何琳儀 1998A〗⿰鼠予，從鼠，予聲。疑豣之異文。（569 頁）

〖劉信芳 2003〗宋⿰予鼠（豫）。（82 頁）

按:“⿰予鼠”應爲“豫”字異構。

[5]差（佐）敏（令）⿱侃心（愆）

〖楚文字編 1997〗⿱侃心（愆）。說文籀文作，從言，侃聲。簡文從心，侃聲，當即愆字異體。（487 頁）

〖何琳儀 1998A〗⿱侃心，從心，侃聲。疑侃之繁文。（1007 頁）

〖劉信芳 1999D〗《說文》“愆”之籀文作“諐”。包山簡 85 有人名“⿱侃心”字，依例亦應釋作“衎”。

〖劉信芳 2003〗《說文》:“衎”之籀文作“諐”，郭店〈緇衣〉32“侃”，今本作“諐”，《詩・大雅・抑》作“愆”，可知“⿱侃心”即“愆”之異構。（82 頁）

按:裘錫圭曾指出甲骨文中“侃”字是由“衎”字加“口”的寫法省變而成的。[①]蔡侯鐘“愆”字即從“心”從“侃”，作，與簡文寫法相同。

[6]⿰臽阝（邥-沈）維（膺）

〖劉釗 1992A〗按字從“臽”、從“邑”，在簡文中用作姓氏字，應釋爲“臽”，讀爲閻姓之“閻”。

〖巫雪如 1996〗楚國有閻敖，…閻敖之“閻”當亦爲地名，乃閻敖之封地。“⿰臽阝”與“閻”同從“臽”聲，可以通假，因此包山楚簡中之⿰臽阝氏或即閻氏。（106-107 頁）

〖楚文字編 1997〗維。（582 頁）

〖何琳儀 1998A〗①⿰臽阝讀閻，姓氏。…晉閻邑大夫，以邑爲氏。見《通志・氏族略》。（1444 頁）

---

①裘錫圭:《釋衍、侃》，《魯實先生學術討論會論文集》，6-12 頁，臺北，萬卷樓圖書公司，1993。

〖徐在國 1998B〗此字右旁並非從“臽”，而是從“冘”。此字可隸作“邥”，釋爲“沈”。字在簡文中用作姓氏，即沈姓之沈。《廣韻·寢韻》：“沈，古作邥，亦姓。”

〖劉信芳 2003〗讀爲“閻”，楚有“閻敖”，見《左傳》莊公十八年。郤氏應源自閻敖。（82 頁）

〖疏證 2007〗緟，從糸，雁聲。（330 頁）

〖田成方 2008〗沈尹氏與邥氏的楚簡寫法不同，又別爲單字氏和雙字氏，當是兩個不同的家族。邥氏出自沈國，以國爲氏，邥是本字，《左傳》亦通假作沈，如昭公二十三年“沈子逞”、定公四年“沈子嘉”，均是以國爲氏之例。邥字從邑旁，疑與其得氏方式有關。

按：“郚”讀爲“沈”，可從。有關“萅”字的考釋意見可參 165 號簡“醓尹”集釋。清華楚簡《祭公》5 號簡有字，辭例爲“用～受天之命”，整理者讀爲“膺”。[①]與簡文緟字相比，僅多出土旁，本簡之“緟”也可讀爲“膺”。有關“膺”字的考釋意見可參 121 號簡“應”字集釋。

[7]黃騴（燕）

〖整理者 1991〗騴。（22 頁）

〖黃錫全 1992〗騴（？）。

〖劉釗 1992A〗按字從“馬”、從“妟”，應釋爲“騴”。

〖滕壬生 1995〗鸚。（316 頁）

〖白於藍 1995B〗字左旁應爲“鳥”，非爲“馬”，…可隸作“鴳”…“嬰”可替換“妟”。故“鴳”應即“鸚”字，即“鸚鴟”之“鸚”，“鸚”字見於《說文》，在簡中用爲人名。

〖楚國歷史文化辭典 1996〗駭。（364 頁）

〖何琳儀 1998A〗鴳，從鳥，妟聲。鷃之異文。（970 頁）

〖白於藍 1999〗即《說文》鷗字。匽從妟聲，故鷗可從妟聲作。（從林澐師說）

〖李零 1999B〗應釋“騴”，即“鷰”字，不一定讀爲“鸚”。

按：上博楚簡《孔子詩論》中“騴”讀爲“燕”，本簡之“騴”亦可讀爲“燕”。

[8]黃旓

按：參 75 號簡“旓”字集釋。

[9]陸（陳）敓

〖整理者 1991〗陳敓。（22 頁）

〖巫雪如 1996〗但在楚國文字中，從土之陸除可用來指齊陳之陳外，更有絕大多數是用

①李學勤主編：《清華大學藏戰國竹簡（壹）》，174 頁，上海，中西書局，2010。

來指嬀陳之陳。包山楚簡中有“齊客陸豫”（簡 7），“陸”所指當是齊陳之陳。但在楚簡中大量出現的陳氏，就當是楚國姓氏的情況來看，應該是被楚滅亡的嬀陳之後，而非齊臣之後。（115 頁-116）

〖何琳儀 1998A〗陳，姓氏。…嬀姓，初封虞城，後封於陳，今陳州治宛丘縣是也。本太昊伏羲氏之墟，周武王克商，十求舜後，以備三恪，得胡公滿，封之陳以奉舜祀，子孫以國爲氏。見《通志·氏族略·以國爲氏》。（1132 頁）

〖蕭毅 2010〗“陳”，從“重”。（214 頁）

按: 古文字從“欠”與從“次”通用，但從字形上看，隸定成“㰟”爲宜。

[10] 番班

〖整理者 1991〗珏。（22 頁）

〖李學勤 1992〗番氏即文獻常見的楚國潘氏，全文均寫作番。

〖滕壬生 1995〗玨。（48 頁）

〖巫雪如 1996〗現今所見番國之器物，時代均不晚於春秋早期。…潘國之地在春秋中期已爲楚所有，並以之封孫叔敖子，可見番國在春秋中期以前即滅於楚，楚之潘氏或即潘國之後。（118 頁）

〖袁國華 1995〗當隸作班。

〖何琳儀 1998A〗番，姓氏，出自姬姓，漢河東守有番系欲。見《古今姓氏書辯證》。（1061 頁）

[11] 登（鄧）蒦（蔑）

〖整理者 1991〗①簡文中鄧字均寫作登。（41 頁）②蒦。（22 頁）

〖劉釗 1992A〗按字從“艸”、“𡎺”聲，應釋爲“蔑”。

〖巫雪如 1996〗登即鄧，《通志·氏族略》云：“曼姓，商之侯國，其地今襄陽鄧城是也，春秋時鄧侯吾離朝魯，莊十六年，楚文王滅之。子孫以國爲氏。”…簡文中之鄧氏人數雖多，但地位高者並不多。…鄧氏之分佈已不限於楚地。（119-121 頁）

〖何琳儀 1998A〗古國名，本姓曼，其後稱鄧氏。見《姓氏急救篇注》。（139 頁）

〖白於藍 1999〗即《說文》蔑字。楚簡文字經常加“土”以繁化。

〖劉信芳 2003〗“登”讀爲“鄧”，爲楚先王妻黨之姓。楚武王夫人鄧曼，見《左傳》桓公十三年。（184 頁）

[12] 登（鄧）迿

〖劉信芳 2003〗迿，“逅”之異構，《說文》作“遘”。（82 頁）

[13] 登（鄧）㚔（堅）

〖整理者 1991〗臤(賢)。(22 頁)

〖楚文字編 1997〗臤。(617 頁)

〖李運富 1997B〗字當楷作"臤",釋爲"堅"。(125 頁)

按:應是"堅"字,從"力"以表"堅"之意,包山楚簡中還有從"子"的"孯"字,應是"賢"字,參 193 號簡集釋。

[14]登(鄧)謜

〖整理者 1991〗謜。(22 頁)

〖吳振武 1996〗似即謜字異體。"謜"字見於《說文·言部》。

按:應釋爲"謜",吳振武對戰國文字中的"泉"有很好考證,可參看。[①]

[15]登(鄧)隉(徵)

〖整理者 1991〗隉。(22 頁)

按:所從應爲"㞷",參 2 號簡"隉"字集釋。

[16]登(鄧)譂

〖整理者 1991〗旃。(22 頁)

〖劉釗 1992A〗又簡文有從"言"從"韓"的字作""(85)…古音"韓"、"旱"相同,""字應釋爲"諱",字見於《集韻》、《廣韻》等書。

〖張光裕、袁國華 1992〗宜隸作"譂"。(緒言·10 頁)

〖何琳儀 1993A〗應隸定"韽"。"㫃"與"㪅"一字分化,偏旁中往往互換。…故"韽"即"旜",均"旝"(旃)之省簡。

〖白於藍 1999〗從言𠦝聲,應隸作韽。

[17]㝵(胡)上

〖整理者 1991〗㝵。(22 頁)

〖劉釗 1992A〗"㝵"字金文用爲"胡",此字在簡文中用爲姓氏,就應讀作胡姓之"胡"。

〖許全勝 1997〗簡文㝵氏當是胡國之後。(7 頁)

[18]奠(鄭)𠊧

〖許全勝 1997〗《姓纂》鄭:"周厲王少子受封於鄭,是爲桓公。……至幽公爲韓所滅,子孫播於陳宋,以國爲氏。"按,鄭至鄭君乙二十一年(即 375B.C)爲韓哀侯所滅。(5 頁)

〖何琳儀 1998A〗奠,讀鄭,姓氏。…周厲王少子,宣王之弟桓父友之後也。見《通志·氏族略·以國爲氏》(1129 頁)

①參見吳振武:《燕國銘刻中的"泉"字》,《華學》第二輯,47-52 頁,廣州,中山大學出版社,1996。吳振武:《〈燕國銘刻中的"泉"字〉補說》,《古文字學論稿》,230-235 頁,合肥,安徽大學出版社,2008。

按：“㓰”字見於上博楚簡《周易》23 號簡，整理者云：“‘㓰’，從力，可聲，字亦見於《包山楚簡》，疑‘抲’字，《集韻》：‘抲’通‘荷’、‘何’”，[①]可資參考。

[19]黃爲余

〖整理者 1991〗黃爲宗。（354 頁）

〖劉信芳 2003〗黃爲寽（賓）。（82 頁）

〖宋華強 2010B〗從“万”。

按:字應以釋“余”爲是。此字兩橫劃之間還有一竪筆，是與“賓”字所從之“万”的重要區別。145 號簡“余”字作，與本簡之字相似，應是少寫了最後一筆。

[20]畬（熊）相䵼

〖整理者 1991〗䵼。（22 頁）

〖李零 1995〗由三部分組成，左上爲㶳（(2)(3)）或炅（(1)(2)(5)(6)），右上除（4）（5）作糸或系，其他還有待研究，下半爲黽（除（2）作糸）。（按：（1）指 82 號簡；（2）指 97 號簡；（3）指 103 號簡，原誤寫作 115；（4）指 115 號簡；（5）指 124 號簡；（6）指 125 號簡；（7）指 194 號簡）…現在我們都已知道秦漢隸書往往把熱字寫成炅。如馬王堆帛書《老子・德經》，甲乙兩本的“靜勝熱”，“熱”均作“炅”…熱字作炅可能是一種字形訛變，即由演義成或，再演變成。…上揭（1）–（7），字從黽，我們懷疑即古書表示灼龜之義的爇字。…例（1）（2）（5）（6）（7）右半現在還不易確定，我們懷疑（1）（7）是“丮”旁的省略。…熱字作炅恐怕並非原形，乃是㶳的省體。

〖劉信芳 1995〗“熊相氏”應是因楚先王“熊霜”而得氏。

〖許全勝 1997〗一般認爲熊相即懷王，故疑簡文熊相氏當爲楚先公熊霜之後，以楚先公名爲氏者。（30 頁）

〖何琳儀 1998A〗䵼。（1541 頁）

〖何琳儀 2003B〗原篆左上從“日”、“火”（非從“炅”），右上從“匕”，下從“黽”。疑“鼂”之異文。《說文》“鼂，匽鼂也。讀若朝。從黽，從旦。，篆文從皀”；“皀，望遠合也。從日、匕。匕，合也。讀若窈窕之窈。”通過以上偏旁分析，上方偏旁可理解爲從“火”，從“皀”，會火光微弱之意。而則可理解爲從“黽”，從“皀”聲的形聲字，讀若朝，乃“匽鼂”之本字。

〖沈培 2006〗戰國時代的人名用字喜歡從“黽”作，包山簡中有好幾個人名都從“黽”，參看張守中撰集，《包山楚簡文字編》（北京：文物出版社，1996，頁 199）。䵼已見於包

①馬承源主編：《上海博物館藏戰國楚竹書（三）》，168 頁，上海，上海古籍出版社，2003。

山簡 85。又，包山簡常見人名鼂，見於 82、115、124、194 等簡。簡 125 有人名“黃齊、黃鼌”字，就是簡 124 的“黃齊、黃鼂”，可證“鼂”與“鼌”同字。“鼌”在作地名時又寫作“鼌”。包山簡 103 還有“鼂”字，應該跟它們都是同一個字。由此可見，上述這個字幾種不同的寫法往往被大家隸定爲“匕”、“斤”的偏旁，很可能都是“易”的訛變。

〖鵬宇、汪冰冰 2008〗從字形上看，以上諸字之左當皆爲“尞”字無疑。…我們認爲，鼂應是從匕從黽從尞省的一個字，“尞”古音在來紐宵部，“朝”古音在端紐宵部，來端皆爲舌音，聲爲一系，而韻又相同，故於音可通，同理“尞匕”亦當從匕尞省聲，讀爲朝。

〖蕭毅 2010〗上從“炅”、從“匕”，下從“黽”。…右上的構件應該是“匕（或斤）”與“糸”混合後訛變的形體。…我們發現這些形體無論怎麼變化，有一個偏旁是必不可少的，就是“炅”。“炅”在出土的秦漢文字材料中常用作“熱”，與《說文》“慎”字古文“昚”是一字異體。我們認爲以上這些形體都是“慎”字的不同寫法。這些形體中還有兩個比較常見的構件，就是“斤”（或“匕”）和“糸”（或“幺”），我們認爲和“慎”字的另一類結構有關。古文字中“慎”除《說文》外，還有一個從“所”的系統。這個系統陳劍有很精到的論述。…裘錫圭認爲所從的“丨”或“十”爲“針”的初文，這種形體可以分析爲從“針”得聲。…既然可以不省略“幺”或“糸”而增加聲符“丨”或“十”，同樣的，也可以不省略“幺”或“糸”而增加聲符“炅”。那些所謂的“匕”旁不過是“斤”旁的訛變。從“丨”（或“十”）、從斤的字可以分析爲有“丨”（或“十”）和“所”兩個聲符，同樣，從“炅”、從“斤”的字也可以分析爲有“炅”和“所”兩個聲符。這些形體中的“幺”或“糸”可能是由“所”左邊的筆畫演變而來的。（225-230 頁）

按:此字從“貟”聲，“貟”即古“熱”字，李零之說可信。現將包山楚簡中與“鼂”相關的字形列表於下：

（1）82 85 103 115 124 125 194
（2）56 97
（3）47
（4）179
（5）129
（6）207 216 220

有學者提出過懷疑：包山楚簡中的卜筮工具“長惻”或作“長則”之“則”（按：字形如（6）所示），左旁的寫法與此類字十分相似。包山楚簡 139 號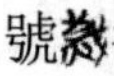字，或據《說文》“熾”字古文釋爲“熾”。這些似乎又說明“㫗”字不一定從“日”聲。①

其實，（6）之“惻”或“則”所從是“目”形，實則是“貝”形，而（1）-（5）等字所從主流應是“日”形，僅是偶有類化作“目”形，二者所從不同。至於 139 號簡的字，陳劍指出《說文》古文形何以是“熾”，本無多少理據可說，恐不能據以釋古文字。根據六國文字中“㫗”聲字可用爲“熱”的情況，古文“熾”作形很有可能是用爲“熱”的類形“因義近而誤置”。漢人看到古文寫本資料中從上下文看意義當爲“熾熱”一類的字，對其字形已不能確識，就認作偏旁裏也有“火”、有“戈”的“熾熱”之“熾”了。②

因此，“㫗”與“則”、“熾”應無瓜葛。（3）即（1）、（2）之所從，（1）、（2）之字或從“易”、“匕”、“斤”、“糸”，但均應從“炅”得聲，但這類從“炅”聲字具體讀爲何字目前還不清楚。

[21]靁（雷）宋

〖整理者 1991〗靁。（22 頁）

〖巫雪如 1996〗《尚書・禹貢》有雷夏澤，一名雷澤，《漢書・地理志》謂雷澤在濟陰成陽西北。澤已堙，故蹟當在今山東菏澤與濮縣之間。雷夏爲澤名，附近或有以雷爲名之地。包山楚簡中之雷氏或係以雷邑爲氏者。（148 頁）

〖何琳儀 1998A〗靁，從雨，畾聲。疑靁之繁文。…讀雷，姓氏。…方雷氏之後，女爲黃帝妃，生玄囂，盖古諸侯國也。後漢有雷義，蜀有將軍雷同，望出馮翊、豫章。見《元和姓纂》。（1263-1264 頁）

〖白於藍 1999〗從雨畾聲，即《說文》靁（雷）字異構。

[22]墬（唐）昬（晨）

〖李零 1992〗與“塲”爲一字，讀爲“唐”。

〖巫雪如 1996〗又陽國見閔公二年《經》：“齊人遷陽。”楊伯峻《注》謂其故城在山東省沂水縣西南。陽爲姬姓國，…包山楚簡中有“墬君”，是“墬”在戰國中晚期爲楚地，此或因墬國後爲楚所滅，故其地入楚。包山楚簡中墬氏或即此陽國之後。簡文中以墬爲氏者有 20 人，人數相當多，包山楚簡中人數較多之姓氏，如登（鄧）、黃、周、陳、蔡等

①吳良寶：《包山楚簡“慎”地考》，《中國文字》新三十三期，97-106 頁，臺北，藝文印書館，2007。

②轉引自蘇建洲：《楚文字“炅”字及從“炅”之字再議——兼論傳鈔古文一個值得注意的現象》，《上博楚竹書文字及相關問題研究》，158-174 頁，臺北，萬卷樓圖書公司，2008。

均爲國名，這也是本文將陽氏作爲陽國之後的一個重要考慮因素。《古璽彙編》中收錄13方以陽爲氏之私名璽（2305-2317），陽字作，不從土。（135-136頁）

〖林清源 1997〗包山簡常見兩個從“昜”聲的字，其中一個從“邑”，作“”形（簡181），另一個從“阜”作“”形（簡149）。…從“阜”旁的“”字也應該釋爲“陽”。從“邑”旁的“”字，應該釋爲“鄅”。包山簡“陽”、“鄅”二字，辭例略有分別，前者多用爲姓氏字，後者未見當作姓氏字的例子。簡62云：“司直秀鄅”，同一簡又云：“少宫陽申”，人名採用“鄅”字，姓氏改用“陽”字，就是一個明顯的例子。（147-148頁）

〖何琳儀 1998A〗陽，姓氏。周景王封少子於陽樊，後裔避周亂適燕，因邑命氏。望出玉田。見《廣韵》。（667頁）

按:包山楚簡中與姓氏之“陽”有關的形體，一作，一作。巫雪如、許全勝均認爲、二字可能分別表示兩個不同的姓氏。[①]在簡文中多作姓氏（此外“陽君”、“陽路”各1例），而不作名字。即可以作爲姓氏也可以作爲名字，但作爲名字要多於作爲姓氏（姓氏2例，名字7例）。二者一從“邑”一從“阜”，姓氏來源不同。103號簡的“卲鄅”即文獻中的“昭陽”，“鄅”讀爲“陽”無疑，而“陽”則可能讀爲“唐”，文獻中“唐”姓常見，而包山楚簡中則無寫作“唐”的姓氏，略顯奇怪。《左傳·定公五年》“子期、子蒲滅唐”的“唐”，清華楚簡《繫年》105號簡寫作“”，省略了土旁。

[23]㠯（以）亓（其）受䢅缶人而逃

〖周鳳五 1996〗“以其受䢅人害而逃”即收容自逃出的亡人。

〖于成龍 1997〗“受”在簡85和簡87中，很可能用作收受，即“窩藏”之意。（36頁）

〖十四種 2009〗也許與58、63號簡的“受”相同，是接受鍾缶人而承擔擔保人的責任。（41頁）

按:簡文的“受”有“包庇”、“庇護”之義。

[24]疋吉

〖劉釗 1992A〗受期簡和疋獄簡後每署有官吏之名，名前又常冠以官名。如“正旦塙”…又有名前冠以“疋”或“涎”者，…似應讀作“胥”，“胥”官也，疑此“胥”即《周禮·地官》“胥師”之“胥”。

〖巫雪如 1996〗疋、涎在簡文中並非官名，應該是姓氏。…但先秦文獻中卻不見由此一姓氏之人，後代的姓氏書中亦無此氏，這或許是因爲“疋”字在文獻記載中是由其他的字來假借，也可能與上述旦（但、郮）氏的情況一樣，疋（涎）氏只是楚國涎地特有的姓氏。（43頁）

①巫雪如:《包山楚簡姓氏研究》，136頁，臺灣大學碩士學位論文，1996。許全勝:《包山楚簡姓氏譜》，15頁，北京大學碩士學位論文，1997。

〖許全勝 1997〗戰國文字多以疋爲胥，古有胥氏，簡文疋當讀爲胥。《通志》胥氏："晉大夫胥臣之後，以字爲氏。"（27-28 頁）

〖何琳儀 1998A〗疋，讀胥。《說文》疋"或曰，胥字。"段注"如府史胥徒之胥。徑作疋可也。"亦通疏，書記之小吏。《廣雅·釋詁》二"疏，識也。"（581 頁）

〖劉信芳 2003〗字或作"泝"，並讀爲"胥"，簡文之"疋"計有，計十一人，依制亦應是十二人之數，或者因爲諸侯國較天子之制低一等，僅備十一人。由左尹備疋官十一人，可知戰國時楚"左尹"位當周官"大司寇"。（43 頁）

〖十四種 2009〗疋、泝疑可讀爲"蘇"。（26 頁）

按："疋"應是姓氏，而非職官名，是否爲"蘇"氏，還不確定。

[25]戠（職）之

〖整理者 1991〗戠，借作識。《周禮·秋官·司刺》："壹宥曰不識"，注："審也。"（42 頁）

〖黃德寬 1992〗"戠"猶"志、記"。《睡虎地秦簡·訊獄》："凡訊獄，必先盡聽其言而書之，各展其辭。雖智（知）其訑，勿庸輒詰。其辭已盡書而毋（無）解，乃以詰者詰之。"《周禮·秋官·司寇》："獄訟成，士師受中，書其刑殺之成與其聽獄訟者。"《包山楚簡》"戠之"相當於《秦簡》、《周禮》的"書之"、"書"。

〖李零 1992〗簡文"識之"和"爲李"是指一人記錄，一人（或數人）受理。

〖陳偉 1993〗"受期"簡與審理並無直接關係。簡 103 反、119 反也書有某某戠之，卻是將黃金借貸，完全與治獄無關。《漢書·匈奴列傳上》："於是說教單于左右疏記，以記識其人眾畜牧"，顏注云："識亦記。"讀"戠"爲"識"，訓爲"記"，以某某戠之爲記事者的簽名，則無所不合。

〖袁國華 1994C〗讀戠爲"識"，訓爲"記"，以某某戠之爲記錄者的簽記，則無所不合。（200 頁）

〖周鳳五 1994〗另外，《惜誦》"令五帝以折中"以下四句，與楚國司法審判制度有密切的關係，也是解讀包山楚簡司法獄訟資料如《受期》、《疋獄》等簡文的關鍵，其中的"折中"與"備御"正是《疋獄》簡所見"某甲戠之，某乙爲孛"的戠與孛。戠即"戠獄"（簡一三九反）、"戠獄之宔"（簡一二八）的戠，謂主審官員；折中即斷獄，爲主審官員的職掌。孛讀爲備，即備御，爲主審官員的副貳。

〖周鳳五、林素清 1995〗"戠"當釋爲"職"，…"職之"即主其事之人。包山楚簡中之"職之"者，乃左尹官署中負責督導、責成該簡上所記災之事件者，其事件可爲訴訟案件，亦可爲與訴訟無關之其他事件，如貸金等。

〖陳偉 1996A〗可以確認的“疋獄”簡，大多只是關於受理訴訟的記錄，少數涉及到處理訴訟的某些安排，並沒有審理、裁斷的內容。這就是說“疋獄”簡的書寫，當是在審理之前，將戠者看作審理人，顯然不確。…我們知道，識有記錄的意思。…簽署中的“戠”可能如整理小組所云借作識，但訓爲記，某某戠之爲某某記錄之意。…作爲另一種可能，戠也許是後世的“職”字。《爾雅・釋詁》：“職，主也。”戠者即主理其事（訴訟或其他）的人。從前引簡 141～142 的記載看，由於上面還有左尹及其屬員，這種主理實爲具體操辦。其工作可能包括記錄，同時也會有別的事要做。(42-43 頁)

〖葛英會 1996B〗識應讀爲志，義爲記。

〖賈繼東 1996A〗“識”應爲“鑒識、判斷、審理”之意。《周禮・秋官・司刺》有“一宥曰不識”句，鄭玄謂：“識，審也。”可資參證。這也可在《包山楚簡》的某些簡文中找到根據。《簡・128》：“䈞𡰥之月，己酉之日，囟一戠（識）獄之宔以至命，不至命，陞門又敗。”《簡・139 反》：“左尹以王命告子郙公，命澨上之戠（識）獄爲𨛭人舒𦚈盟（盟），其所命於此箸之中，以爲詸。”上列兩簡中，“識獄”爲“斷獄”或“斷獄之官”的意思。

〖巫雪如 1996〗先秦“識”字有“知識”、“記識”及“標識”等意義，其中“記識”之“記”指的是仍是省記於心的意思，並不作“記錄”解。陳偉引《漢書・匈奴列傳上》：“於是說教單于左右疏記，以記識其人眾畜牧”來證明“識”有“記錄”之意，但《漢書》爲漢代之著作，並不足以用來訓釋包山楚簡中的“識”字。因此將“戠”讀爲“識”，並訓爲“記”的說法並不恰當。…包山楚簡中之“戠”正可讀作“職”。…包山楚簡中之“職之”者，可能爲左尹官署中負責督導、責成該簡上所記載之事件者，其事件可爲訴訟案件，亦可爲與訴訟無關之其他事件，如貸金等。(32-33 頁)

〖陳恩林、張全民 1998〗其實，“識”應訓爲“記”。古籍中“識”訓“記”、“志”之例不勝枚舉。…因此，這裏的人名就不能釋爲審訊者而只能是記錄者即指令經辦者的名字。至於記錄者簽名的原因。大概是便於核對從而表示慎重、嚴謹的緣故。

〖何琳儀 1998A〗“戠之”讀“識之”。《論語・述而》“默而識之。”亦作志。《周禮・春官・保章》“以志星辰日月之變。”注“志，古文識，記也。(53 頁)

〖劉信芳 2003〗讀“識”，記也。古多作“志”。…“戠之”謂記獄。(35 頁)

〖陳紹輝 2008〗“識”即審理案件。

按：包山楚簡中，“戠之”者與“爲李”者有如下特點：簡文末尾書寫的“戠之”者只有一個，並且不同事件的“戠之”者可以是同一個人。同一個“爲李”者可以出現在記載不同事件的簡文中，“爲李”者可以是多個人，如 119 號簡反面“爲李”者多達 8 人。“戠之”者與“爲李”者的含義暫時還無法圓滿解決。但可以肯定的是二者地位不高，應該只是左尹官署的辦事人員，並不是審理人員或法官。根據“戠（職）獄之宔（主）”（128 號簡）、“戠（職）歸（饋）之客”（145 號簡）等辭例將“戠之”讀爲“職之”。

[26]秀湶

〖巫雪如 1996〗《姓考》有秀氏，云春秋時宋大夫秀老之後，或與此秀氏有關。（62 頁）

〖何琳儀 1998A〗姓氏。宋大夫秀老之後。（233 頁）

〖劉信芳 2003〗秀，小吏之名。（39 頁）

〖十四種 2009〗62 號簡有“郢司的秀（從邑）陽”，“秀”恐是姓氏用字。（24 頁）

〖張世超 2010〗這個曲頭之“木”在後世的文字中或變爲“木”，或變作“禾”，並未成爲一個獨立的偏旁。爲行文方便，下文用符號△代表這個字。…字形 6（按：指包山 101 號簡字）下部所從確像是“乃”字。…值得注意的是，秦簡文字中完整的字形下部所從是“弓”。如此，我們才明白，原來“秀”字下部所從爲“弓”，“弓”置於字形下時容易變形如“乃”。…“秀”字的結構應分析爲從“弓”，上文所說的“△”是其聲符，或者說從“弓”，“休”省聲。…包山簡所見“秀”字中，偶有上部所從之△形莖稈彎曲，明顯作“禾”者，這是因爲△在文字構形中比較少見，所以被頻見的“禾”字類化了。就像“稽”字所從的“禾”被類化爲“禾”一樣。

[27]爲李

〖整理者 1991〗李。（22 頁）

〖黃德寬 1992〗“孛”是作爲“正”之副（輔）的司文書小吏。“孛”及從“孛”爲聲符的字，在典籍中與以“弗”爲聲符的字相通無碍。《广雅・釋詁》“拂，輔也”，《詩・敬之》“佛時仔肩”，鄭箋：“佛，輔也”，可資參證。

〖黃錫全 1992〗《疋獄》簡 80——102 每綴以“某某識之，某某爲孝”語，《考釋》61 解“識”爲“審也”，則“孝”當爲考，即“考校”之義。

〖李零 1992〗孛（簡文多見）。楚帛書用爲彗悖之悖，楚燕客銅量用爲勃氏之勃。西周金文有字，與孛字所從同，張政烺先生讀爲“弼”，是輔佐之義。簡文此字可能用法相似。

〖何琳儀 1993A〗應隸定“李”。楚文字也有標準“來”旁，如天星觀簡“逨”作，包山簡“𦨻”作138 反等。“李”疑本“犛”之異文，…“來”與“里”音近可通。…包山簡“李”亦讀“里”…包山簡中“某某爲李”，句式屢見，應即“某某爲法官”。其他“李”或爲姓氏，或爲人名。

〖夏淥 1993〗還有並列的某某爲季，季通稽，是核查審計的地方令長副手。

〖黃盛璋 1994〗其上所從與“禾”、“”所從同，像禾麥之頭，下垂不象木，其字乃是

“孛”，即“悖”字，音讀同“背”、“陪”，在疋獄中，記獄訟者，相當於今司法記錄官，或書紀官，常有二人，首席稱“正”，其後各“孛”實就是“陪”，作爲陪正，以保證監督記獄之真實無僞。

〖劉信芳 1994〗從辭例來看，包山簡“㸚”字一作爲姓氏，計 20 餘例，釋“李”自可讀通這一類簡文，可以不論。其二是作爲司法術語，如簡 85“疋吉識之，秀湋爲李”，已有學者指出李讀爲理，…釋李爲刑獄官，或用如動詞釋爲“理獄”，這一類簡文亦可讀通。

〖袁國華 1994C〗句中“李”即“李”字，“李”就是“李官”，等於現在司法的“法官”，才是案件的審理人，由此可知，整理小組的說法可商。（200 頁）

〖滕壬生 1995〗孝。（689 頁）

〖陳偉 1996A〗某某爲李的“李”字在長沙楚帛書中也有出現。商承祚先生釋爲“孛”，依此，簡書“李”字可能借爲拂，有輔助之意。帛書“李”字朱德熙、裘錫圭釋“殺”，殺、較皆從爻得聲。較有校正之意。…李也可能借作較，爲核對簡文之意。簡書中，某某戠之與某某爲李往往相伴而生，意義當彼此關聯。如果釋戠爲識訓記，則與李字的後一種釋義相合。如果釋戠爲職訓主，則與李字的前一種釋義相合。…輔助戠者之說優勝於校正簡文之說。（42-43 頁）

〖葛英會 1996B〗簡文孚應即典籍之傅。…簡文“某人爲孚”之孚，即《天官・小宰》“稱責以傅別”之傅。《秋官・士師》：“凡以財獄訟者，正之以傅別，約劑”，即以兩家所執卷書來裁決訟事。…這樣的記獄卷書，《周禮》稱作劑，正義稱作具結狀，楚簡稱爲孚。

〖賈繼東 1996B〗《包山楚簡》中屢見“某某爲理”的句式，據簡文，戰國中晚期楚國的理是一般執法官員。

〖巫雪如 1996〗包山簡中之“理”並不是治獄之官，且如前文所述，“爲理”者乃左尹官署中之屬官，因此，“理”可能只是在左尹官署中負責文件傳遞等職務之小吏。（185 頁）

〖何琳儀 1998A〗從子，來聲。疑之孷異文。…“爲李”讀“爲理”。…《史記・天官書》“左角李”索隱“李即理，法官也。”（80 頁）

〖李零 1999B〗楚“李”字從來從子，與小篆寫法異。…這裏所收“李”字有三種用法，一種作姓氏；一種是法律術語，據辭例“××識之，××爲～”，應讀爲“受理”之“理”（古代法官稱“理”，字亦作“李”，如傳說黃帝作“李法”，“李法”即“理法”）。

〖曾憲通 1999〗從子來省聲。

〖王寧 2002〗字上部之“來”是“𠩺”字之簡化，郭店簡中的“釐”字正做“”，其上部之“來”亦“𠩺”字之簡化。故字當釋爲“孷”，在《楚帛書》中讀爲“慗”，《說文》：“慗，憂也。楚潁之間謂憂曰慗。”《楚帛書》言天梠晒乍（作）湯，降於其方，山陵其發（廢），又（有）淵厥汩，此皆不祥之兆，令人心憂，故曰慦也，稱憂爲慦，蓋是楚地方言。慦字古音在之部，與職字爲對轉疊韻。《包山楚簡》中的孷字，亦當讀爲慦，如其第四十簡云：“九月己酉之日，不進孷羕以廷”，“孷羕”即“慦祥”也，與《楚帛書》所云“天地乍（作）羕（祥），……是爲孷（慦）”用字相同。

〖何琳儀 2003A〗簡文所謂“李（理）”的職官級別不高，並不一定是審理人，與後世之“法官”也不是同一概念。(160 頁)

〖劉信芳 2003〗字讀爲“理”，…知“李”爲刑獄官之名，用如動詞。則可釋爲“理獄”。(78 頁)

〖趙平安 2003〗這個字多從鄭剛等先生隸作李。但就字形而言，是孷的省形。

〖趙平安 2005〗我們認爲它是孷的省體。金文《史牆盤》有孷字，戴家祥分析爲“從子𠩺聲”(《金文大字典》5467 頁，學林出版社，1995 年)。孷省作和省作（郭店簡《窮達以時》一五)、（同上《尊德義》三三）相仿佛。

〖高佑仁 2006〗單就聲音分析，來、李、釐、𠩺等字上古音都非常近似，則“李”從“來”聲或從“𠩺”聲的省聲都可以成立。但是若就字形來看，早期學者釋爲“李”，對照新出“李”字材料，字形恐怕不合。而王寧先生以爲“”字上的“來”是“𠩺”簡化，與（郭・尊 33)、（郭・窮 15）等“釐”字亦是“𠩺”簡省乃同様情況，趙平安先生則直接以爲“”是“孷”的省形，這樣的可能性不能排除，不過恐須更多資料證成。

〖十四種 2009〗上博竹書《容成氏》29 號簡“乃立皋陶以爲李”，包山簡“爲李”者是左尹官署隨員，與皋陶任法官不同。141～142 號簡記述貸金事，爲李者更與斷獄無關。疑李（理）爲操作、從事義，“爲”作介詞。爲李（理）是爲操作的意思。這與戠讀爲“職”，訓爲“主”一義相應。(39 頁)

〖沈之傑 2011〗包山“疋獄”系列楚簡中也有“某人爲李”(如《包山》96)，或省作“某人李”(如《包山》97)。正如《楚地出土戰國簡冊（十四種)》作者所說“包山簡‘爲李’者是左尹官署隨員，與皋陶任法官不同。”然而似不能排除“李”仍作爲一種與獄訟相關的職官存在的可能。…頗疑楚文字中借“李”爲吏，以上清華和包山楚簡例子中的“李”均應讀爲吏。

按：“李”從“來”聲，可從，包山楚簡中的“爲李”的含義，待考。

[28]既發竽，遲（將）巳（以）廷

〖整理者 1991〗①𤼷，讀如發。(45 頁）②䇙，讀如引。(45 頁）

〖李零 1992〗簡文“節”是傳票或逮捕證一類東西，意思是此物一經發出，則立即拘捕，不得有失，或傳被告到廷。

〖湯餘惠 1992〗此字下從子省，即孑（孑、孓古本一字，後世分化。詳見拙作《〈說文〉中的省形分化字》，許慎與說文學國際學術研討會論文，1991 年，油印本）。竽從孑聲，疑即簡札之本字。孑、札古音同屬月部，孑與截古音近，古書截、札互通，《釋名·釋天》："札，截也。氣傷人有如斷截也。"是竽可釋札之旁證。竽(札)是寫在竹簡上的官方文書，…85 反："既發竽，遲以廷。"則是人犯和證人接到傳喚的通知後，馬上到法庭去聽審。

〖周鳳五 1992〗"既發竽，遲以廷"則可能是讓人犯那或證人接到傳喚通知以後，馬上到法庭上來的意思。

〖夏淥 1993〗"咨廢籍，達以廷"，大意是將一批在逃的陶工廢除他們取得的戶籍、工籍，抓回他們到法庭受審。

〖黃盛璋 1994〗此笴不是傳票，而是現在拘留票的最早應用。

〖白於藍 1995B〗簡文"發札"之語習見，意爲發出公牘文書。

〖陳偉 1996A〗竽的具體含義還可考究，大致應是針對被告發出的文書。遊有行、走之意。執勿遊大約是說予以拘執，不使走脫。…簡文廷字，似應指折獄斷訟之事。遲以廷，大約是說帶著出庭受審。…"簡 80 提到'發竽'，簡 120－123 提到'爲晉'，簡 132－135 提到'筴等'，雖然詳情待考，但大致是發出強行措施的官方文書。"(39-40 頁)

〖葛英會 1996B〗這個簡文乃是以竹爲義符，以孓爲聲符的字。我們以爲這個字應該讀爲節。在古代孓與節同聲紐同韻部，這個簡文乃是節的異體。我們曾以該字所從爲卩字，但《包山》簡及其它戰國文字資料的卩字或從卩之字，均與此字所從有一定差別。因此，以其所從爲孓字，在字形上更爲吻合。…上引 85 號簡，先記某公訟宋庚一干人等收納其人（族人或家僮小臣）而逃，爾後記"既發節，將以廷。"由簡文推斷，"發節"應即派遣執節獄吏，前往拘係被告人等，下文之"將以廷"即廷問或成平此案。

〖劉信芳 1996C〗字從竹作，應是一種以竹爲杆，用作授以使命的信物。…字從孑聲，義爲信物，其實物與漢代的"節"相類，亦不會有太大的問題。"發"猶言"發書"，《睡虎地秦簡·語書》："發書移書曹。"古代發書必輔以節爲信。

〖何琳儀 1998A〗笒，從竹，引聲。《集韵》"笒，竹名。"包山簡笒，讀引，信物（竹製）。《漢書·律麻志》"引者，信也，信天下也。"(1130 頁)

〖史傑鵬 2001〗古代有一種"契"，可以用來書寫"獄訟之要辭"。…上古音"契"、"孓"二字都屬見母月部，當可通假。…包山件所說的"笅"也是記獄訟之辭的，與上引《周禮》、《左傳》所說的"契"的性質相似。因此，我們認爲"笅"應該讀爲"契"。

〖趙平安 2005〗我們認爲，這個字應隸作笆。…"笆"中的"巳"，右邊加上了一短劃，是爲了字勢的匀稱美觀。…在上古漢語中，巳和己語音相近（同屬之部，聲紐一爲齒音，一爲牙音），作聲符往往通作。…包山簡中的“笆”應當讀爲記。記指官方文書。…看出土古文字資料，“記”的出現是比較晚起的事情。《上鄀府簠》是迄今所能見到的最早的例子，文中“其眉壽無記”，“記”用爲“期”，並不表示官文書的意思。表示官文書的應該另有其字。我們推測這個字可能就是笆。笆很可能就是表示官文書的“記”的本字。“巳”表音，“竹”表意（“記”書於竹簡，故從竹）。《玉篇·竹部》收“笆”字，釋爲“簞”，從字形看，它和笆似乎有一定聯繫，但用法不同，不敢遽定，姑存以待考。…“發笆”即“發記”，指發出文書。

按:[illegible]字所從與“引”、“巳”不同，釋“笴”、“笆”的可能可以排除，但字形尚待進一步研究，在簡文中似指“逮捕令”之類的東西。

劃（荊）层（夷）之月己丑之日，膚（盧）人[1]之州人陞（陳）僡（德）訟聖（聲）夫人[2]之人鄗黎（漸）[3]、鄗未，胃（謂）殺亓（其）䠞（兄）、臣[4]。正[5]義弜（強）[6]戠（職）之。秀异（期）[7]爲李。〖084〗

集釋:

[1]膚（盧）人

〖整理者 1991〗膚借作盧，古國名，在今湖北省南漳縣境内，後入楚。（45 頁）

〖陳偉 1996A〗《考工記·盧人》記：“盧人爲盧器，戈柲六尺有六寸，殳長尋有四尺，車戟常，酋矛常有四尺，夷矛三尋。”爲製作長兵器柲柄的工匠。簡文“膚”或借作“盧”，膚人之州爲盧工聚居之地。（93 頁）

〖巫雪如 1996〗盧邑見《左傳·文公十六年》“自盧以往。”又《左傳·文公十四年》有楚大夫“盧戢梨”，杜注：“戢梨，盧大夫。”盧邑在今湖北南漳縣。…膚（盧）當即《左傳》中所見之盧邑。（157 頁）

〖顏世鉉 1997〗“膚”爲幫紐魚部，“盧”爲來紐魚部，膚、盧音近可通膚借作盧，原爲故國名。…古盧國、楚盧地之地望，據石泉的考證，並不在今南漳縣境内，而當位於襄陽縣西、漢水南岸的泥嘴鎮附近。包山楚簡的膚地當在此。（212-213 頁）

〖何琳儀 1998A〗臚，讀盧，姓氏。（450 頁）

〖徐少華 1998〗從包山楚簡的有關記載來看，“盧”乃爲戰國中期楚境内的一處重要城邑，…漢晉中盧縣，當是沿春秋戰國盧縣而來。有關漢晉中盧縣的地望，流行說法大都將其定於今湖北南漳縣東或東北 50 里處。經業師石泉先生新考，古中盧城並不在今南漳縣東境，而應在今襄陽縣西、漢水南岸的泥咀鎮附近。若此，則簡文所載的楚盧邑亦應在此。

〖劉信芳 2003〗讀爲“盧”，字或作“膚”，古國名，春秋時已入楚。（81 頁）

按:包山楚簡中“某人”中“某”應是地名，如 162 號簡“陰人”、163 號簡“梁人”、“下蔡人”、164 號簡“鄧人”等，本簡“膚人”之“膚”也應是地名，讀爲“盧”，可從。

[2]聖（聲）夫人

〖整理者 1991〗聖，借作聲。《曾姬無卹壺》銘文有“聖趄夫人”，劉節先生指出，聖趄夫人即聲趄夫人（參閱《壽縣所出楚器考釋》，《古史考存》）。聖夫人即聲夫人，楚聲王之妻。（45 頁）

[3]郤黎（漸）

〖整理者 1991〗郤黎。（22 頁）

〖劉釗 1992A〗按字從“水”、從“軫”，應釋爲“漸”。

〖巫雪如 1996〗郤字從邑，爲地名，其字不見字書，或即《左傳·文公十二年》“群舒叛楚，夏，子孔執舒子平及宗子”之“宗”。宗爲國名，乃群舒之一，顧棟高《春秋大事表》謂其地在今安徽省舒城縣及廬江縣東之古龍舒城之間。宗滅於楚，郤氏當是其後以國爲氏者。文獻中另有宗氏，《通志·氏族略》云:“又爲宗伯氏，周大夫宗伯之後，以官命氏，齊有宗樓、魏有宗魯。”此宗氏乃以官爲氏，與簡文中之郤氏當非同一來源。（107 頁）

〖許全勝 1997〗郤氏似是以國爲氏。（19 頁）

〖白於藍 1999〗①“”（72），右旁所從乃余字。包山簡（84）“聖夫人之人郤漸、郤未”中“郤漸”之“郤”作“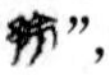”，而“郤未”之“郤”作“”，正與此字形同。②從水軫聲，即《說文》漸字異構。

〖劉信芳 2003〗①郤，讀宗，姓氏。（81 頁）②漸。（81 頁）

〖李家浩 2006B〗徐。

〖十四種 2009〗楚簡中有些“余”的寫法與“宗”字類似。姑從原釋文。（35 頁）

按:李守奎曾指出“余”、“宗”形近，區別特徵有兩個，一是豎筆是否穿透，二是中間的橫畫是否上曲。“宗”中間橫畫平直，豎筆不穿透，“余”中間橫畫向上彎曲，豎畫穿透。[1]單從字形上看，包山簡中的“余”和“宗”是可以分辨的，137 號簡“余”字作、133 號簡“舍”字作，與本簡字相比，上述兩個區別特徵都符合，因此簡文應是從“宗”。72 號簡字所從，豎筆明顯未穿透，也應釋爲“郤”。

[4]胃（謂）殺亓（其）𧾷（兄）、臣

〖整理者 1991〗胃（謂）殺其𧾷、臣。…𧾷，讀如兄。臣，《尚書·費誓》:“臣妾逋逃”，

①李守奎:《出土楚文獻姓氏用字異寫現象初探》，“中國文字博物館第二屆文字發展論壇會議”論文，安陽，2010。

鄭注："臣妾厮役之屬"。(22、45 頁)

〖何琳儀 1998A〗①胃，讀謂。《禮記·表記》"瑕不謂矣"，注"謂，猶告也。"(1220 頁) ②䂂，從兄，𡉚爲疊加音符，兄之繁文。(623 頁)

〖劉信芳 2003〗"兄"之異體。(66 頁)

〖李家浩 2006B〗原文在"臣"字的右上角有一點，此是專有名詞標記，而不是句讀符號。"臣"是"其兄"的名字。包山楚簡以"臣"爲名字的有"范臣"(96 號)、"婁臣"(161 號)、"蔡臣"(175 號)、"尃臣"(176 號)。古代專有名詞標記或作兩點。

[5]正

〖整理者 1991〗正，縣正。(42 頁)

〖黄德寬 1992〗在這些題識中，"某某戠之"與"某某爲李"相隨出現。"某某"後省"戠之"二字的情況只有簡 94 號、102 號、145 號。"某某戠之"單獨出現的十餘次，而獨用"某某爲李"，只有《疋獄》簡 125 號反、145 號等兩例。這些題識人的名前有時還出現"正"。《包山楚簡》作者認爲是"縣正"。上述題識爲釋讀"李"提供了一定的語言環境，"正"、"戠之"與"爲李"顯然有某種内在的聯係性。我們對所有出現這些字样的題識進行綜合比較，發現只有作爲"正"者，才用"戠之"二字，"爲李"者，皆與"正"無關…"正"與"李"是訟獄過程中相關的職务，由於冠以"正"者多達十餘人，釋爲"縣正"似不妥當。…簡文"正某某戠之"中的"正"，當爲主要執掌"戠獄"的司文書的小吏。

〖夏渌 1993〗所署的正，大致是主案的廷長，地方的守令。

〖楚國歷史文化辭典 1996〗從簡文内容看，應是相關各地的司法官員。(92 頁)

〖賈繼東 1996A〗"正"有"官長、君長"之意。…戰國之世，楚國在其司法職官體系中也有"正"掌獄訟，這有《包山楚簡》爲證。

〖賈繼東 1996B〗正本是掌獄訟之官。…《簡·131》記："執事人讀陰人……舒慶之獄於陰之正。"這表明正可擔當决獄訟的重任。《簡·137 反》又說："陰之正既爲之盟證，慶逃……"可見，正還有資格主持人出庭作證之前的盟詛儀式。

〖李家浩 2006B〗《禮記·王制》"成獄辭，史以獄成告於正。"秀不孫擔任的"正"，當是這種掌獄訟的"正"。

〖陳紹輝 2008〗"正"是楚國所設專職司法職官。

按：《疋獄》《受㠯》簡末所署之"正某某"之"正"，其官職應比較低，與縣正無關。

[6]義弫(強)

〖整理者 1991〗弫，裘錫圭先生釋爲強。(42 頁)

〖滕壬生 1995〗弘。(884 頁)(按：修訂本更正爲"強"，見 1111 頁)

〖巫雪如 1996〗在包山楚簡中，“義”或從邑作“鄴”，二字爲一字之異體，…是義、鄴、儀三字古可通用。…義氏，《元和姓纂》引《風俗通》曰：“義伯，湯卿也。漢有南陽太守義縱。世居河東。”金文中亦有義伯、義仲，爲義國公族。是西周時有義國，其後或有義爲氏者。《通志・氏族略》又有儀氏，云“衛大夫儀封人之後，徐大夫儀楚、陳大夫儀行父，望出晉陽。”按，衛大夫儀封人見《論語・八佾》，鄭注云：“儀蓋衛邑。封人，官名。”是儀氏乃以衛之儀邑爲氏者…“鄴”字從邑，爲地名，當無疑問。（147 頁）

〖許全勝 1997〗簡文義或鄴氏即儀氏，…疑文獻之儀氏本當如段注説作鄴，以邑爲氏，未必爲微大夫之後。（22 頁）

〖李零 1999B〗如辭例“～死者”、“～死”，都很明顯是“強”字。參看裘錫圭《釋“弘”、“強”》（收入其《古文字論集》，中華書局 1992 年）…我們懷疑，“強字”的這種寫法恐怕仍是由東周彊字省變（變田爲口，並其横劃於下）。

〖劉信芳 2003〗義字簡文屢見，小吏之名。（29 頁）

按：“義”爲姓氏，而非小吏之名。

[7]秀昇（期）

〖整理者 1991〗昇，從日從丌，似爲期字異體。（41 頁）

〖劉信芳 1996A〗包山簡凡期以時日之“期”作“”，例極多，字從日几聲。另有一人名用字“昗”計八例，…、之别，僅在於一爲時期之“期”，一爲人名專用“期”字。

〖楚文字編 1997〗從日丌。然戰國楚簡期字作旯或㫷，皆從幾聲，字皆用作人名，用法與旯或㫷有别。（344 頁）

〖白於藍 1999〗從辭例上看，“”字無一例外地均用作人名，而“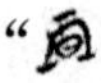（或）”卻從未見有用作人名者，絕大多數都出現在“受（或）”的辭句中，可見“”與“（或）”絕非一字，不當釋爲期，應隸作旮，於日部另立字頭。

〖劉信芳 2003〗字從日丌聲。《説文》“期”之古文亦從日丌聲，知“昗”字可釋爲“期”需要説明的是，簡文“昗”字計八例，均爲人名用字。另有從日几聲之“㫷”，多用作期以旬日之“期”。郭店《老子》甲 30：“天多昗（忌）韋（諱）。”知“昗”亦可讀爲“忌”。（25 頁）

按：整理者之説可從，即“期”之古文。

𦵧（荊）𡰥（夷）之月戊戌之日，郘（鄶）昜（陽）君[1]之蔞（蘭）阬邑人紪（紫）[2]訟羕（漾）陵君[3]之墜（陳）泉邑人[4]迵（朝）塙[5]，胃（謂）殺亓（其）弟。羸逄（路）公角[6]。宵采爲李[7]。〖086〗

集釋：

[1]郘（鄱）昜（陽）君

〖整理者 1991〗鄱，簡文作，于省吾先生釋爲詹（參閱《“鄂君啓節”考》，《考古》1963 年第 8 期）。（45 頁）

〖何浩、劉彬徽 1991〗“詹”、“鄟”音近。詹陽或指鄟地之陽。鄟城在今河南永城縣西約 50 里處。

〖何琳儀 1998A〗“鄱昜”，地名，疑與澹水有關。（1456 頁）

〖劉信芳 1999E〗鄱陽君爲楚國封君，從簡文内容看，其地應與羕陵相去不遠。羕陵在今河南襄城養陰里。“鄱”讀與“閻”近，鄱古音在談部章紐（從詹之檐古音在談部喻紐），閻古音在談部喻紐，簡 177“酟尹”即“詹尹”，亦可互證。《左傳》昭公二十年：“其徒與華氏戰於鬼閻”。杜預〈注〉：“長平縣西北有閻亭。”《漢書·地理志》汝南郡有“長平”，《續漢志》陳國：“長平故屬汝南”。其地在今河南西華縣東北。從地理位置看，漢代襄城與長平相距 150 餘里，考慮到閻亭在長平西北，戰國時鄱陽與羕陵之邊邑有可能爲近鄰。知“鄱陽君”之封地在漢代長平縣，漢晉時此地有閻亭，乃是其地名遺迹。

〖劉彬徽 2000〗《說文·邑部》有鄟地。鄟、鄱音近可通，鄱陽或指鄟地之陽。今豫東永城縣境仍有鄟陽集，看來，這裏正是鄱陽君封邑所在。

〖十四種 2009〗或可讀爲“聃”。（41 頁）

〖吳良宝 2010〗《包山》第 36 號等簡文中“鄒”即“鄟”，則“鄱”不大可能讀爲“鄟”，而《左傳》中的“鬼閻”是否能等同於杜預所說的“閻”也有疑問。“鄱昜君”封邑地望待考。（114 頁）

[2]萰（蘭）阬邑人紪（紫）

〖整理者 1991〗陓。（22 頁）

〖何琳儀 1993B〗陓，楚文字作（包山簡 86），人名。…上揭“夸”均從“丂”得聲。“夸”、“丂”均屬溪紐。

〖吳振武 1993〗陲。

〖楚文字編 1997〗①萰。蘭字重見。（38 頁）②隊。陲字異體。（651）

〖何琳儀 1998A〗萰，讀蘭，姓氏。鄭穆公名蘭，支庶以王父名爲氏。見《通志·氏族略》（1000 頁）

〖譚步雲 1998〗楚文字中，作聲符的“夸”相當於共同語的“可”，則原篆可釋作阿。這裏順便說一說例中的“蘭”字。原篆從草從柬。字亦見於《信》1.024。或釋爲“蘭”（《信陽楚墓》：劉雨：1986）。是很正確的。（66 頁）

〖白於藍 1999〗①即《説文》蘭字。闌從柬聲，故蘭亦可從柬聲作。（從林澐師説）②應隸作隊，釋爲陲。陲字見於《玉篇》。

〖劉信芳 2003〗“蘭”之省形。（83 頁）

〖陳劍 2008B〗△2（按：指《三德》10 號簡字）當讀爲山岡之“岡”。…古書中有些“阬”字就是山岡之“岡”的古字。“亢”聲與“岡”聲音近可通。…“△2”及前舉包山簡 86 從“阜”從“夲”之字，皆即對應這個“‘岡’之古字‘阬’”…我們認爲“夲”在構字時其功能跟“亢”相當這一點是可以肯定的。在其字形解釋上則傾向於認爲“夲”就是六國文字中添加飾筆而形成的特殊寫法的“亢”字。

[3]羕（漾）陵君

〖何浩、劉彬徽 1991〗《説文》謂羕、漾、瀁通用，“古文從養”。《集韻・養韻》也説：“瀁，滉漾，水貌，或從羕。”故羕陵君應釋爲養陵君。楚有養邑。《左傳》昭公三十年載：“吳子使徐人執掩餘，使鍾吾人執燭庸，二公子奔楚。楚人大封，而定其徙，使監馬尹大心逆吳公子，使居養，莠尹然、左司馬戌城之；取於城父與胡田以與之，將以害吳也。”杜預注：“養，即所封之邑。”地望仍不明。從《左傳》文可知，養與“城父”、“胡田”鄰近。然楚有二城父，一在今安徽北部的亳縣東南，原稱夷，楚改爲城父，因又名夷城父；一在今河南省中部的寶豐縣東，稱爲北城父。使吳之二公子居養可以“害吳”，可見這個城父是楚東境中比較接近吳國邊地的夷城父。“胡田”，杜注：“故胡子之地。”即歸姓胡國的田土。胡在今安徽阜陽。據此可知，養邑當在亳縣與阜陽之間的某地。《讀史方輿紀要》卷四十七沈丘縣“養城”條説：“在縣東北，春秋時楚邑。”舊沈丘縣治在今豫東沈丘縣東南的沈丘集。…戰國初的楚惠王晚年，養爲楚之“鄴君”的封地。這説明，當是改地仍單稱爲“羕”。隨後，楚人在此置羕陵縣，縣有“羕陵公”。羕陵君的封地，自必是在羕陵縣境之内。至於鄴君與羕陵君的封地是不是同在一地，羕陵君是否屬於鄴君的後裔而襲其封爵者，限於資料，還難下斷語。除上述“東國”之養處，楚之北城父附近也有以養爲名之地，這就是《水經注・汝水注》所説的養水和養陰里。這裏雖然自春秋早期楚文王以來即爲楚地，但在戰國早期後卻爲韓國所占。顯而易儉，羕陵縣及羕陵君的封地不在養水地區。

〖劉信芳 1994〗“”之隸爲“陵”，主要是以辭例與文獻對照得出的結論，若僅從字形入手，恐怕很難將“”與“陵”聯係起來。…釋爲陵最有力的證據見於《包山楚簡》，簡 151“君”（按：“簡 151”應爲“簡 153”），簡 154 作“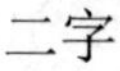君”，、仌作爲互換聲符，算得是楚人給“”字注音爲仌，仌讀筆陵切，見《説文》段注。由此可知是形聲字。字從，差字從省，陵是蒸部字，差是歌部字，二字古音相差甚遠，何以

同用“坴”作爲聲符？…“差”字古有歧讀，…“陵”字所從之“夌”古亦有歧讀，…可將上述諸字歧讀歸納如次：差（歌部初紐）——歧讀爲斯（支部心紐）夌（蒸部來紐）——歧讀爲攵（支部心紐）　蔆（蒸部來紐）——歧讀爲芰　由於諸字之歧讀古代同音（或音近），因而差所從之“坴”與陵所從之“坴”可視爲同源，這也是差、陵二字用同一聲符的原因。

〖徐少華1996C〗簡文中有關𨟻、𨟻陵的記載頗多（爲方便排印，下文皆作“養”），養陵君爲楚於養陵所置的封君，而“養陵公”則是楚之養陵縣縣公，由此可見，戰國中期偏後的楚懷王時期，楚境内有養陵縣與養陵君並存，均以“養陵”爲名，二者當相鄰，處於同一地域。“養公”當是養陵公的簡稱。…養陵所在，…當即《左傳》昭公三十年所載：“吳子使徐人執掩餘。使鐘吾人執燭庸。二公子奔楚。楚子大封，而定其徙。使監馬尹大心逆吳公子，使居養，莠尹然、左司馬沈尹戌城之，取於城父之田以與之，將以害吳也。”的楚之養邑，其地望，杜預注：“即所封之邑。”未能明言。清人著作《讀史方輿紀要》等認爲在當時沈丘縣東南之沈丘集，則位於沈丘集東或東北的楚養邑（養陵）當在今安徽界首至太和縣一帶，即古胡國西北、夷城父之西南，與正陽，櫟、蓼、安陵等皆相去不遠，同處淮河上游地區。…楚“養君”又稱之爲“養陵君”，這與楚養陵公又簡稱爲“養公”的情況同例；…楚養君（養陵君）歷戰國早期，至戰國中期一直存在，聯係到上述《左傳》昭公三十年所載楚昭王封奔楚的吳國二公子於養的史實來看，戰國楚養（陵）君很可能就是春秋晚期受封於養邑的吳公子之後人，其後長存於楚境；…楚之養陵縣至遲於戰國中期已經出現，戰國晚期仍然存在，其始置年代可能更早…蓼、養爲故國名，蓼陽、養陵當是入楚後的稱呼，以與舊名稱區別，然由於習慣所置，人們還是經常以舊名相稱，故蓼與蓼陽，養與養陵並見。

〖顏世鉉1997〗戰國早期以前的器物都稱𨟻（羕），戰國中期以後稱𨟻（羕）陵。這情形頗符合何浩、劉彬徽所說先稱𨟻後稱𨟻陵的說法。…𨟻與𨟻陵爲同一地而先後異名的說法應當是可信的。…羕陵約在今河南沈丘縣與安徽界首市之間。（87、175頁）

〖何琳儀1998A〗“漾陵”，讀“養陵”，地名。《左·昭三十》“使監馬尹大心逆吳公子，使居養。”在今河南沈丘東南。（676頁）

〖劉信芳1999E〗按“漾”、“羕”、“𨟻”並讀爲“養”，春秋時楚國有養邑…知養在當時吳楚邊界上，位於城父附近，即今河南沈丘縣東，地與安徽界首縣相接。然楚有二“養”地，…包山簡除“𨟻陵”外，又有地名“𨟻”，見簡177、184、186，…足證“羕陵”、“𨟻”是二處地名。“羕陵”之“羕”或從水作“漾”，應與《水經注》養水有關，是“羕陵”地望應在襄城“養陰里”，而“鄴”之地望乃在今河南沈丘東。如是則“羕陵君”、“鄴君”各有其封地，其勢不得牽混爲一。

〖劉彬徽 2000〗羕，他簡寫作漾，《說文》：“古文從養”。羕陵君即養陵君。楚有養邑，見《左傳》昭公三十年，地在今豫東沈丘、界首之間。養陵君的封地也應在此區域内。

〖吴振武 2001〗學者考釋此字，向來有“陵”、“陲”兩種說法。簡單概括，釋“陵”說主要著眼於辭例，而釋“陲”說則主要著眼於字形。今雖以釋“陵”說佔上風，然於釋“陲”說，在字形上亦未見有強力之反證。1995 年筆者遊學香港，澳門收藏家蕭春源先生遠道來訪並出示所藏古璽印若干，囑爲監考。其中一方筆者釋爲“陲戍匀（軍）”的楚官璽，令人驚嘆：不僅此戍邊軍隊用印在古璽中屬首見，這是真正的“陲”字在古文字中也是第一次出現，而且恰巧是楚文字。相信得此一證，“陵”、“陲”之別，當可不惑。

〖吴良寶 2005〗學界在將“羕（漾）陵”的“羕（漾）”讀爲“養”這一點上，意見是一致的。…文獻中記載的“養”地有兩處。一見於《左傳》昭公三十年，吴二公子奔楚後居於養，清代《讀史方輿紀要》卷四等定位於今河南沈丘縣東南；一見於《後漢書·郡國志》穎川郡“襄”縣之養陰里，地在今河南寶豐縣與郟縣間。…在材料不充分的情況下，包山簡中的“羕陵”與“鄴”暫視爲一地，其具體位置，以河南沈丘說相對可靠。

〖吴良寶 2010〗今按，楚國的“羕陵君”、“鄴君”的封地是否爲一地，暫不能確定。但從包山簡既有“鄴”也有“羕陵”的情況看，二者似非一地。傳統上所說“漾陵”在今河南沈丘縣、安徽界首市一帶是可信的，“羕”應從董全生、張曉軍所說在今河南桐柏縣月河附近。（96 頁）

〖蕭毅 2010〗楚文字中的“陵”，或以爲從“來”聲，其實就是從“夌”變化而來。（133 頁）

按：“陵”字還見於鄂君啓節，字形寫作，郭沫若、殷滌非、羅長銘、商承祚均釋爲“陵”，[①]于省吾則認爲從字形看應釋爲“陲”。[②]此後，“陵”、“陲”之說各有支持者，雙方均從字形、字音方面證明自己觀點的正確性，也有學者對是“陵”是“陲”持謹慎態度，諸家說法可參看洪颺《對楚地名中“陵”的文字學解釋》一文。[③]包山 153、154 號簡中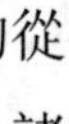、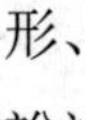爲異文，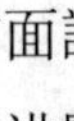從“冰”聲，所以在讀音上可以確定“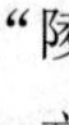”應讀爲“陵”，而

①郭沫若：《關於鄂君啓節的研究》，《文物參考資料》1958（4），3-7 頁。殷滌非、羅長銘：《壽縣出土的“鄂君啓金節”》，《文物參考資料》1958（4），8-11 頁。商承祚：《戰國楚帛書述略》，《文物》1964（9），8-20 頁。

②于省吾：《“鄂君啓節”考釋》，《考古》1963（8），442-447 頁。

③洪颺：《對楚地名中“陵”的文字學解釋》，《社會科學戰綫》2004（6），125-128 頁。

非“陲”。吴振武將璽印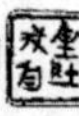釋爲“陲戍匀（軍）”，認爲真正“陲”在古文字中第一次出現，“陵”、“陲”之别，當可不惑。[①]如此，在字形上可以確定陸即爲楚文字中“陵”字。“陵”字結構應如鄭剛所言，上部所從爲“來”。[②]“來”爲來紐之部，“陵”爲來紐蒸部，二字古音可通。簡文“羕陵”與“鄴”並非一地，“羕陵”在今河南沈丘縣一帶，“鄴”讀爲“養”，在今河南桐柏縣月河附近。

[4]陞（陳）泉邑人

〖整理者 1991〗㽤。（22 頁）

〖吴振武 1996〗泉。

[5]迵（朝）塙

〖整理者 1991〗逬。（22 頁）

〖李零 1995〗朝字的左半是像日在草中，而並非從倝；右半亦非從舟而是從川。其川旁的寫法分三種，一種作（巜），一種作（川），一種作或。…這裏川字的第三種寫法最值得注意。因爲《説文》所謂朝字舟聲之説極易使人誤解這是舟字的另一種寫法。…例（3）（按：指王子漁戈字）應是漁字的一種異寫，下從又，右從第三種川字，類似潮本作淖，後加此旁作潮。例（4）（按：指本簡之字）原書釋逬，其實是巡字。

〖巫雪如 1996〗逬，字書無之，或即舟字。…是周時有舟國，與虢之關係密切，虢大夫舟之橋或原係舟人，適晉後始以舟爲氏。若然，則舟氏當係以國爲氏者。（97 頁）

〖陳偉武 1997〗今按，舟、周古音同，故常通作。…《説文》：“匊，帀徧也。從勹，舟聲。”《汗簡》卷三：“匊，周。”“匊”的本義爲“匊帀、環繞”，後世多假“周”字來表示，又增形符作週。《玉篇》：“週，迴也。”論其本字，當即包山簡的“逬”字，從辵，舟聲。包山簡 86“逬塙”、簡 159“逬叏”均假“逬（週）爲周氏之“周”。

〖何琳儀 1998A〗讀舟，姓氏。姜姓，炎帝之裔有舟國，因氏。（184 頁）

〖劉信芳 2003〗該字所從之“舟”與“朝”（楚帛書甲 8）之聲符“舟”同形，此字符“舟”即釋作車輈的“舟”（輈），與水行之“舟”不是一個字，因而書寫有不同。作爲姓氏讀爲“朝”。（83-84 頁）

〖十四種 2009〗此字所從與上博竹書《周易》6 號簡的“朝”字類似。（41 頁）

按:此字所從偏旁還見於上博楚簡《三德》16 號簡的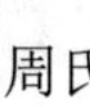字，整理者認爲右旁是“川”旁

①吴振武:《楚文字中的“陵”和“陲”》，“長沙三國吴簡暨百年來簡帛發現與研究國際學術研討會”論文，2001。

②鄭剛:《戰國文字中的“陵”和“李”》，“中國古文字研究會第七次年會”論文，長春，1988。

的另一種寫法，[1]魏宜輝認爲是“激”的表意初文，[2]陳斯鵬釋“潮”，[3]李守奎提出另一種假說，釋爲“洲”，認爲是“巛”字的繁體“泚”。[4]包山楚簡之字右旁所從應與“朝（或潮）”關係密切，字形結構待考。

[6]贏逄（路）公角

〖整理者 1991〗此處脫“識之”二字。（45 頁）

〖劉釗 1992A〗“角”應讀爲“錄”。古代“角”有“錄”音。“錄”謂記錄之，與識字義同。疋獄簡部分後邊署有“某某識之”之“識”，注釋（61）訓爲“審”，似不確。識即“志”，記也。

〖楚國歷史文化辭典 1996〗有學者考釋，“逄”應讀如路，則上述逄公可能是各地負責道路交通之官。（308 頁）

按：“角”應爲“逄公”之名，3 號簡有“郪逄（路）區湶邑”，“逄（路）”似爲“邑”的上一級行政區劃單位。

[7]宵采爲李

〖何琳儀 1993A〗應釋“采”。

〖巫雪如 1996〗或即“趙”字，…這裏的宵氏也可能與“趙”國之趙氏無關，而係以楚地地名爲氏。…簡文中之宵氏或即以霄敖所葬之地“霄”爲氏者。（102 頁）

〖何琳儀 1998A〗宵，讀霄，姓氏。《韓非子》有霄略。見《正字通》。（322 頁）

〖劉信芳 2003〗㶣：字又見簡 185，字從阜，委省聲，讀音如“危”，郭店《緇衣》31 號簡㤥即“恑”字。（84 頁）

〖十四種 2009〗郭店《緇衣》31 號簡對應之字，傳世本作“危”，裘錫圭（1998D，84 頁）：字當從禾聲，讀爲“危”，“禾”、“危”古音相近。又，185 號簡之字從“木”不從“禾”。（41 頁）

〖張世超 2010〗將“爪”下之形與楚文字中的“禾”比較一下，就可知它並非“禾”字。…楚文字“禾”正規的寫法是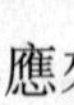若，表現其上部彎曲，禾穗下垂之狀。人們在書寫時可能簡化其特徵，但禾稈上部的彎曲一般還是保留著的。而“采”字所從之“木”則主幹部爲直筆，僅其上部或有折筆，或另加一斜筆以表現其曲頭之形。與早期古文字字形比較可知，這個曲頭之“木”形應來自於“休”字。西周金文“休”字多作形，所從之“木”

①馬承源主編：《上海博物館藏戰國楚竹書（五）》，299 頁，上海，上海古籍出版社，2005。
②魏宜輝：《試析古文字中的“激”字》，簡帛網，2006 年 3 月 29 日。
③陳斯鵬：《讀〈上博竹書（五）〉小記》，簡帛網，2006 年 4 月 1 日。
④李守奎：《楚文字考釋獻疑》，《古文字學論稿》，344-353 頁，合肥，安徽大學出版社，2008。

上端向“人”彎曲，示蔭蔽之意。

按:所從應爲“爪”形，而非“阜”，並且此字所從爲“禾”，與 185 號簡字所從不同。上部右邊偏旁不是“木”字，楚簡中“木”及從“木”之字豎筆均爲直筆。應爲一個整體，即“休”字，清華楚簡“休”作（《皇門》5 號簡）、（《祭公》11 號簡）等形，與相同。

八月辛巳之日，鄦（許）昜（陽）[1]大㝉（兮）尹[2]宋歁[3]訟郒（範）慶[4]、屈貉（貉）[5]、㼷（唐）疆[6]、㼷（唐）䞶（軍）、墬（陳）杲，㠯（以）受鄦（許）昜（陽）之槩（栗-樫）官㼷（唐）逿=（逿，逿）逃之古（故）[7]。宵逆。𡎀（匡）慐（愊）[8]。〖087〗

集釋：

[1]鄦（許）昜（陽）

〖顏世鉉 1997〗本文採取舒之梅、何浩之說，定“鄦陽公”之地望在今湖南芷江縣北，是楚國屬縣。包山簡“鄦陽”正在此地。（211 頁）

〖何琳儀 1998A〗“鄦陽”，讀“舞陽”地名。…在今河南舞陽西北。（613 頁）

〖徐少華 1999〗“鄦陽”爲楚境内一政區單位，即古之舞陽。按鄦、舞均以“無”得聲，漢晉“舞陽縣”，《水經・汝水注》（卷 21）引作“潕陽縣”，可見兩者之間有互用關係。古舞陽，因位於潕（舞）水之陽而得名，《漢書・地理志》（卷 28 上）穎川郡“無陽”縣下顏注引應劭曰：“舞水出南”；《水經・潕水注》（卷 31）載：“潕水又東北，歷舞陽縣故城南，漢高祖六年封樊噲爲侯國也”。古潕水即源於今河南泌陽縣北，北流轉東逕今舞陽縣南，於西平縣西境注入洪河之三里河（亦名舞河）。位於古潕（舞）水東北流之北岸的“舞陽縣故城”，唐初的《擴地制》說在當時的“葉縣東十里”，而《讀史方輿紀要》等說在清代舞陽縣西。唐初的葉縣在今河南葉縣南三十里的舊縣鎮，清代舞陽縣即今河南省舞陽縣，則位於唐葉縣東十里。清舞陽縣以西，今三里河（舞水）北岸的漢晉舞陽縣故城當不出今葉縣東南境的崗王、蔡莊、莫莊至王必選諸村一帶。

〖劉信芳 2003〗讀爲“舞陽”。惟楚地有二舞陽，其一在河南舞陽縣東，《漢書・地理志》在穎川郡。其二在今湖南芷江縣。…包簡舞陽以湖南境内之舞陽爲近是。（84 頁）

〖吳良寶 2010〗許國在今河南魯山東南。《左傳》成公十五年載，前 576 年“許靈公畏偪於鄭，請遷於楚。辛丑，楚公子申遷許於葉。”原許國之地遂爲鄭所有。此後，許人又曾五遷其國，在楚肅王八至十年（前 373 年至前 371 年）爲楚所滅。戰國中晚期，包括今河南舞陽、魯山、許昌等地在内均爲魏國領土，故可以排除楚簡“鄦昜”是今河南

舞陽縣的可能性。（240-241 頁）

按：仰天湖楚簡有“鄦陽公”，史樹青及李學勤均認爲“鄦陽”即“許陽”，應是楚所滅許國境内的城邑。林河認爲“鄦陽”之“鄦”當釋如本字，其地望在今湖南㵲水（一稱潕水，古稱無水）之濱。鄦陽公並不隸屬於楚，只是鄰邦關係。舒之梅、何浩考釋在今湖南芷江縣北。馬世之認爲鄦即許字，鄦陽的位置在今芷江縣北。河南之無陽在戰國中期之後已被魏占去，楚人只得把那些南逃的許人安置到今湖南新晃、芷江一帶，并設縣尹稱鄦陽，完全是楚的臣屬和行政官員了。①楚簡中的“鄦”多與文獻中之“許”對應，“鄦陽”應以讀“許陽”爲是，爲楚所滅許國境内的城邑。

[2]大□（兮）尹

〖袁國華 1993B〗此字與“宔”字作□，部分相同，都從“主”，“八”則亦爲無意義的飾筆。…就戰國文字發展的規律看，“□”字爲“□”字的增繁書體”，是沒有問題的。

〖李運富 1997A〗今按，“□”當釋爲“平”。

〖何琳儀 1998A〗“兮尹”，疑讀“亞尹”，楚官。…《亢倉子·政道》“拜爲亞尹。”（840 頁）

〖李零 1999B〗字作□（似從主），非“兮”字。

〖劉信芳 2003〗職官名。簡 116 有“□尹”。按字從“于”聲，應即簡 44 之“仔尹”。（84 頁）

按：□字下部從“主”應無問題，但楚簡中“主”字多從“宀”而作□，如果說□字上部是“宀”旁潦草寫法，也不無可能，但 116 號簡亦有□字，並且辭例也是“□尹”，這不禁使人懷疑：“□尹”之“□”寫法和用法均是固定的，與“宔”不同，黃錫全懷疑 116 號簡的□是“兮”字、何琳儀釋本簡之“□尹”爲“兮尹”的意見有可能是正確的。

[3]宋歒

〖整理者 1991〗歒，□與《汗簡》“傕”字□相同。《汗簡》借衰作傕。（45 頁）

〖何琳儀 1998A〗歒，從欠，衰聲。疑嗺之異文。（1277 頁）

[4]郚（範）慶

按：“郚慶”即 71 號簡“軋慶”，“軋”字參 71 號簡集釋。

[5]屈貉（貉）

〖整理者 1991〗屈貉。（22 頁）

〖劉釗 1992A〗按字從“鼠”從“各”，後世從“豸”的字，簡文中皆從“鼠”作，故“貉”應釋爲“貉”。

〖何琳儀 1998A〗徒，姓氏。當係司徒、徒人、徒河氏所改。（529 頁）

---

①諸家觀點參見顔世鉉：《包山楚簡地名研究》，210 頁，臺灣大學碩士學位論文，1997。

[6]𨻻（唐）彊

〖整理者 1991〗僵。（22 頁）

〖張光裕、袁國華 1992〗惟原釋文於簡 87、179、180 隸定作“僵”，簡 153、154 則隸定作“彊”，爲求統一，今皆作“彊”。（緒言・10 頁）

[7]𠂤（以）受鄦（許）昜（陽）之槊（栗-樒）官𨻻（唐）逿=（逿，逿）逃之古（故）

〖周鳳五 1996〗製造“樒”這種高足案的工匠。…“以受鄦昜之樒官𨻻逿，逿逃之故”，即收容自鄦𨻻昜逃亡的工匠逿。

〖十四種 2009〗樒。（37 頁）

[8]𡈼（匡）㔷（愊）

〖巫雪如 1996〗𡈼（𨛫）氏不見於姓氏書中，據何浩的說法，此乃因𨛫在文獻中均寫作黃的緣故。《說文》有“𡈼”字，古文作“𡈼”，云：“艸木妄生也。讀若皇。”皇、黃古音同爲匣母陽部，𡈼即讀若皇，則亦可讀黃，何浩之說可從。（70 頁）

〖許全勝 1997〗字或從邑，疑讀爲郰（郔），《說文》“河東聞喜鄉，從邑匡聲。”《通志》匡氏條：“魯匡邑宰，匡句須之後。開封長垣縣西南十里匡邑故城，亦屬衛。又疑魯別有匡邑。《廬山記》楚威王時有匡裕先生。”𡈼又字即往字，《說文》讀若皇，往、皇古通。…復疑𡈼氏即皇氏。皇，周地，在今河南鞏縣西南。《左傳》有皇氏，皆宋、鄭之臣。又《鄂君啓舟節》云：“逾漢，就𨛫。”楚地也有地名𨛫者，簡文𨛫不知是否以此地爲氏。（25 頁）

〖何琳儀 1998A〗𡈼，或作𨛫，姓氏。以地名𨛫爲氏。（632 頁）

按：“𡈼”或作“𨛫”，“𨛫”又作爲地名，學者多讀爲“黃”。但作爲姓氏之“黃”簡文常見，因此作爲姓氏的“𡈼”氏有可能爲“匡”氏。參 89 號簡“𨛫”字集釋。

八月壬午之日，楚斨司敗[1]攸須[2]訟𨻻（唐）洛（路）斨邑[3]慗（攸）訇（軍）、慗（攸）𩣡（敨）[4]，𠂤（以）反（叛）亓（其）官[5]。旦孛（娩）[6]戠（識）之。旦𩞁[7]。〖088〗

集釋：

[1]楚斨司敗

〖劉釗 1992A〗按簡文中從“疒”的字常省成“爿”。故此字應釋爲“疔”。“疔”字見於《集韻》，在簡文中用爲人名。

〖劉信芳 1995〗按字從爿得聲，讀如“莊”。“楚莊”本指楚莊王，後以謚爲族名，爲姓氏。“楚莊司敗”即楚莊王後裔家族之司敗，屬於私官。

按：“司敗”參 15 號簡集釋。

[2]攸須

〖黃錫全 1992〗馭。

〖高智 1996〗此字疑當釋爲“叚”字。

〖徐在國 1996〗首字應釋爲攸…攸在簡文中用作姓氏。

〖何琳儀 1998A〗攸。(1520 頁)

〖劉信芳 2003〗攸，與下文“詧”應是同一姓氏。(85 頁)

按:徐在國釋爲“攸”正確可從。

[3]鄌(唐)逄(路)斨邑

〖整理者 1991〗鄌道。(22 頁)

〖陳煒湛 1994〗按此字構形清楚，右從各，當釋逄(即洛，格也)。簡文稱“陽逄”，爲地名。

〖袁國華 1994A〗“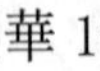”乃“各”字。

〖白於藍 1995B〗按此字上部所從非爲首，而爲各字。…簡文“陽逄斨”用爲邑名。

〖顏世鉉 1997〗此地可能在楚陽地一帶；陽地可能在今湖北鍾祥西北境與宜城交界的漢水西側。…《說文》：“路，道也”，疑和交通道路有關。…“鄌逄”爲通往鄌地之路。(214-215、252 頁)

按:“陽逄斨”應不是邑名。整理者對“逄”考釋意見不一，將 86 號簡之字正確釋爲“逄”，而將本簡之字釋爲“道”，又將 3 號簡的“逄”釋爲“逄”。

[4]詧(攸)䵣(敨)

〖黃錫全 1992〗詧。

〖劉釗 1992A〗按字從“夷”從，乃“曷”字。…“䵣”字不見於字書，待考。

〖何琳儀 1993A〗應釋“䵣”。

〖徐在國 1996〗應分析爲從攸從邑，隸作郞，亦釋爲攸。…加了邑旁，當是攸姓的專字。

〖何琳儀 1998A〗詧。(1529 頁)

〖白於藍 2000〗當隸作“䵣”，待考。

按:郭店楚簡《緇衣》40 號簡有字，與之對應的上博楚簡《緇衣》20 號簡作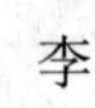，李零、劉信芳、張富海均釋爲“轍”。[①]徐在國對字做了詳細的論證，認爲“”就是“敨”字，[②]這個意見可從，本簡之字應從“夷”從“敨”。

①李零:《郭店楚簡校讀記》,《道家文化研究》第十七輯，487 頁，上海，三聯書店，1999。劉信芳:《郭店簡〈緇衣〉解詁》,《郭店楚簡國際學術研討會論文集》，77 頁，武漢，湖北人民出版社，2000。張富海:《郭店楚簡〈緇衣〉篇研究》，29 頁，北京大學碩士學位論文，2002。

②徐在國:《釋楚簡“敨”兼及相關字》,《古文字研究》第二十五輯，347-351 頁，北京，中華書局，2004。

[5]㠯（以）反（叛）亓（其）官

〖李零 1992〗反官。指違抗上級。

〖陳偉 1996A〗“反”有歸還的意思，“反官”大約是指放棄、擺脱倌人身分。（117 頁）

〖劉信芳 1996B〗“反”即翻案，即不服判決另行告狀。

〖何琳儀 1998A〗反，讀返。（979 頁）

按:“反”或讀爲“叛”，義爲背叛。99 號簡有“以其反官，自致（屬）於新大廄（廐）之故”，意思是背叛自己所在的官署，而歸屬到新大廄（廐）。

[6]旦孪（娩）

〖整理者 1991〗孛，《説文》孛字作，與簡文形近。（45 頁）

〖李運富 1997A〗然則包山簡中用作人名的“孪”也可以釋爲“孩”。

〖何琳儀 1998A〗從字，丌聲。疑孩之異文。丌、亥音近可通。…孩爲咳之異文。（23 頁）

〖李零 1999B〗在楚簡中多用爲“勉”字，疑即“娩”字的古體。

〖白於藍 2000〗關於“”字，亦見於包山楚簡，用作人名，…筆者以爲，此字當分析爲從子“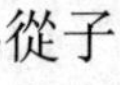”聲，“”乃《說文》之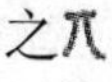“（丌）”字。…故“”當隸作“孪”。

〖趙平安 2001A〗弄清了孪的來源，可以説，從另一個角度證明了孪是娩的古字，…古文字的孪和免是來源完全不同的兩個字。免從甲骨文一直傳承至今，早期一般作，隸作免，是冕的本字。由於免和孪上古聲韻相同，時相通假，所以後世爲孪造形聲字時，便利用免作爲聲符。而當孪的形聲字出現以後，它自己也就逐漸退出歷史舞臺了。

〖劉信芳 2003〗字即“免”之異構。（85 頁）

按:李零最早指出此字疑爲“娩”字的古體。①隨著郭店楚簡、上博楚簡的陸續公佈，此字讀爲“免”已無疑問。趙平安對此字來源進行了推測，認爲是由甲骨文常見的“”、“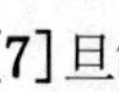”演化而來，像以手接生助分娩之形。②

[7]旦𨟻

〖整理者 1991〗𨟻，蜀爲蜀之省形。（45 頁）

〖黃錫全 1992〗𨟻（？）。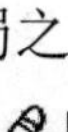即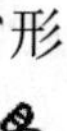（周原甲骨）、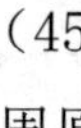（班毁）之省簡。簡文旁均應釋爲蜀，而不應隸作蜀。此字左旁是否從“臣”，難以確定。

〖李天虹 1992〗應隸定作𡁣。

〖陳煒湛 1994〗案此字右半即蜀，並非省形；左半不從臣，而作，實爲今（從口爲增

①李零：《讀〈楚系簡帛文字編〉》，《出土文獻研究》第五輯，139-162 頁，北京，科學出版社，1999。

②趙平安：《從楚簡“娩”的釋讀談到甲骨文的“娩妿”——附釋古文字中的“冥”》，《簡帛研究二〇〇一》，55-59 頁，桂林，廣西師範大學出版社，2001。

飾加繁，與中山王鼎今字同構），侯馬盟書作，三體石經作可證。是此字當隸定爲䨻，即㹞，簡文爲人名。

〖張守中 1996〗䨻。（198 頁）

〖楚文字編 1997〗艷。（439 頁）

〖陳秉新、李立芳 1998〗隸定作矚…矚之古文。

〖何琳儀 1998A〗鐲。（379 頁）

〖劉信芳 2003〗餲。（85 頁）

按:釋爲“餲”可從，“色”字字形可參上博楚簡《孔子詩論》14 號簡字。

八月乙⾣（酉）之日，遠乙[1]訟司衣之州人[2]苛鐈[3]，胃（謂）取（娶）亓（其）妾媺（嬒）[4]。秀齊戠（職）之。郘（匡）是𦥑（舉）[5]爲李。〖089〗

集釋:

[1]遠乙

〖劉信芳 1995〗按此遠氏即文獻習見之“薳氏”。《潛夫論·志姓氏》謂楚公族有“蔿氏”，“蚡冒生蔿章者，王子無鈎也。”蔿章，《左傳》作薳章。《通志·氏族略五》:“薳氏，亦作蔿，芈姓，楚蚡冒之後，薳章說食邑於薳，故以命氏。”

〖巫雪如 1996〗《左傳》中薳、蔿二字雖可混用，然亦有規律可循：在襄公以前，除薳章外，字均作蔿，如蔿賈、蔿呂臣、蔿艾獵；在襄公以後則均作薳，如薳洩、薳越、薳掩等；襄公之時則蔿、薳二字混用，上文所舉蔿子馮又作薳子馮、蔿掩又作薳掩，即其例也…包山楚簡中薳氏作“遠”，與《左傳》襄公以後記載薳（蔿）氏時均作薳而不作蔿之情況相符。（146 頁）

[2]司衣之州人

〖黃錫全 1991B〗“司衣”應是官名，類似於《周禮·春官》之“司服”。

〖顏世鉉 1997〗司衣爲掌管楚王室或楚王服裝之官。（272 頁）

〖何琳儀 1998A〗“州人”，州中之人。（188 頁）

〖劉信芳 2003〗楚職官名。《周禮·春官·司服》:“掌王后之吉凶衣服”。又《天官·內司服》:“掌王后之六服”。（86 頁）

[3]苛鐈

〖劉釗 1992A〗按字從缶從齊，古音齊、次可通，在古文字中，齊、次在用作聲符時常可互換，故此字應釋爲“瓷”。

[4]取（娶）亓（其）妾媺（嬒）

〖整理者 1991〗①嬂。（23 頁）②取，借作娶。（45 頁）

〖黃錫全 1992〗嬚（孌）。

〖劉釗 1992A〗按字從“女”、從“丝”，“丝”後來孳乳出“茲”。故此字可釋爲“嫙”。

〖李天虹 1992〗疑此字從女孌省聲，當釋作孌。

〖李運富 1997B〗劉釗以爲應釋作“嫙”，可取。嫙從慈聲，慈從玆聲，玆即丝也，是亦丝聲。故從女丝聲與從女慈聲其實一樣，可爲同字符之異構。（136 頁）

[5]鄞（匡）是斝（與）

〖何琳儀 1998A〗包山簡鄞，姓氏，疑讀匡。…匡氏，魯匡邑宰匡句須之後。開封長垣縣西南十里邑故城。見《通志・氏族略・以邑爲氏》。（633 頁）

〖劉信芳 2003〗鄞字從尘得聲，作爲姓氏用字，簡 89 有“鄞是舉”…讀如“匡”。作爲地名，讀爲“黃”。（200 頁）

九月戊申之日，鄁（宛）[1]墜（陳）午之里人藍訟登（鄧）[2]賫（令）尹[3]之里人苛䐠[4]，㠯（以）亓（其）桑（喪）亓（其）子丹[5]，而旻（得）之於㨊之室[6]。義癸。尘（匡）還。〖092〗

集釋：

[1]鄁（宛）

〖整理者 1991〗鄁。（23 頁）

〖張桂光 1994〗鄁字不見於字書，從字形特徵與文例分析，都表明它主要是用作地名或姓氏字。…按聲韻推知，疑即“鄖”字。

〖李運富 1997A〗“鄁”之釋“鄖”，則爲“鄖”之異構。《漢語大字典・邑部》：“鄖，同鄖，國名。《字彙補・邑部》：‘鄖’國名。’按《左傳・桓公十一年》：‘我以銳師宵加於鄖。’”又《說文・邑部》：“鄖，漢南之國。從邑，員聲。漢中有鄖關。”朱駿聲《說文通訓定聲》：“鄖，字亦作䢵，今湖北德安府安陸縣。”《左傳・桓公十一年》：“鄖人軍於蒲騷”杜預注：“鄖國在江夏，雲杜縣東南有鄖城。”鄖國春秋時爲楚所滅，其地屬楚。古代地名姓氏往往相因，有其地則有其姓。“鄖”亦既爲地名，又爲姓氏。《字彙・邑部》：“鄖，姓。”包簡中無“鄖”字，而有“鄁”“䢵”，用法上似有分工：鄖姓用“鄁”（鄖）表示，鄖地則用“䢵”表示。

〖劉信芳 1997B〗《說文》：“肙，小蟲也，從肉從聲。”段玉裁改作“從肉囗”，注云：“各本有聲字，非也。”按：段氏不明“囗”讀“圈”，故有此疏失。楚簡從“占”聲者，從占與囗從同聲。蓋“占”古讀如“點”，虛框讀“圈”，添實讀“點”，後世“圈點”爲合成詞，是“口”、“占”古本同誼。

〖顏世鉉 1997〗“郿”（郘）當讀作“宛”，宛、悁均影紐元部，從“肙”之字在元部。宛指楚要邑宛地。…宛城在今南陽市區。從簡 92、133、134 等來看，郿（宛）地與登（鄧）、陰兩地可能有地緣關係；而登、陰兩地也都離南陽市不遠。（187 頁）

〖陳偉 1998A〗這個字可能是一個從“肙”從“阝”的字。不過，我們在古書中並沒有看到楚國有這一地名，甚至這種字在古書中並沒有出現過。然則這個字很可能與從“夗”得聲的字通假，實際上就是我們熟悉的“宛”或“苑”的本字。

〖何琳儀 1998A〗郿。（1517 頁）

〖李零 1999B〗字從不從胄，應即楚宛邑。宛在今河南南陽。

〖曹錦炎 2000〗楚簡文字中的“肙”旁即“肙”，寫作從“占”從肉，乃是楚簡文字的特有構形。需要指出，“肙”所從的“占”實即“占”，其口中有飾筆。口旁中間趁隙加點（横劃）作飾筆，在戰國文字中是習見的現象。因此之正確隸定應作肙。很可能“肙”是從“占”得聲的，占、肙二字古音比較接近，例可通假。

〖孔仲溫 2000〗今考“肙”、“肙”實即“肙”字。“肙”與“肙”相同，蓋楚系文字中常見從口形符，内加一横畫的增飾，而又較“肙”增“卜”的形符，也可視爲無義的增飾。

〖魏宜煇、周言 2000〗即“猒”之左半“肙”，而絕非“肙”字。“肙”寫作“”可能是楚系文字的一種習慣寫法。“肙”上從甘（楚系文字中其上從“占”）。“肙”上從“口”，二者字形相近，有時容易混淆（金文中的“猒”字所從的“甘”有的省減作“口”，而與“肙”同），在考察時須審慎。…由此我們推測楚系文字中諸多從“”的字都應該是從猒省。

〖湯餘惠、吳良寶 2001〗楚簡中“”即“肙”，爲“猒（厭）”字省體。

〖劉信芳 2003〗《說苑・指武》：“吳起爲苑守”，苑讀爲“宛”，其地在漢南陽郡，今河南南陽市。（88 頁）

〖吳良寶 2005〗包山簡此字還是隸定爲“郘”更合適一些。…包山簡中的地名“郘”，無疑可讀爲“宛”，但用的是通假字。…宛原爲西周申國地，在今河南省南陽市，戰國早期屬楚。

〖十四種 2009〗宛在包山簡中有三種用法：1 郡名，即“宛公”之“宛”；2 姓氏，見於 122、164 號等簡；3 本簡與 93 號簡等，大概是縣名。兩漢南陽郡有宛縣，與郡同治。（43 頁）

〖吳良寶 2010〗單純地從地理位置的角度看，顏世鉉的意見有相當的合理之處。但是，釋爲“郿”在字形上是不可信的。李運富隸定爲“郘”、陳偉釋讀爲“宛”應該是對的。包山簡“郘（宛）”地在今河南南陽市。（182 頁）

按:李零曾指出楚文字中與“宛”有關的字有四種，一是以“肙”(上從占)爲聲旁，表示“怨”義的“宛”字(從宀從悁，也可釋爲“悁”)和楚“宛”地的“宛”字(從邑從肙，見包山楚簡)；二是與“邍”字和“畹”字有關，相當古書“冤”字的“宛”字(如《宛丘》之“宛”)；三是與“逸”字(從兔從肉)有關的“宛”字(如上篇所說《小宛》之“宛”)。四是上博楚簡《緇衣》、，它才是與今“宛”字直接對應的字形。[①]包山楚簡此字應即楚“宛”地的“宛”字，地在今河南南陽市。

[2]登(鄧)

〖顏世鉉 1997〗據石泉考證：今襄樊市西北的鄧城遺址是古鄧國、宋齊以前鄧縣所在；古鄧國的境土大致包括南陽盆地南部今襄陽縣境的漢水以北和新野、鄧縣以南地帶。《漢書·地理志》南陽郡有鄧縣，班固自注：“故國，都尉治。”漢南陽郡鄧縣就在今湖北襄樊市西北。故石泉的說法可信。包山楚簡的登地就在今湖北襄樊市西北的鄧城遺址。(180-181 頁)

〖徐少華 1999〗從簡文有關“鄧公”的記載來看，鄧爲楚境之縣，“鄧公邊”即楚鄧縣縣公；“鄧令尹”當是楚鄧縣之令尹，由此可見，楚縣内不但仿其朝内置有莫敖、司馬、司敗、攻尹諸官，而且還有“令尹”之置，與朝内職官一致。楚鄧縣，即故鄧國、漢晉之鄧縣，在今湖北襄樊市西北不遠，仍有故址見存。

按:鄧，曼姓國，魯莊公十六年爲楚所滅，見《左傳·莊公十六年》“楚復伐鄧，滅之”。包山楚簡的“鄧”即今湖北襄樊市西北的鄧城遺址。

[3] 𧶠(令)尹

〖何琳儀 1998A〗“𧶠尹”，讀“令尹”。(1148 頁)

〖劉信芳 2003〗𧶠，疑讀爲“令”，簡 115“命尹”即“令尹”。惟楚地方官之“令尹”，尚未見先例。(88 頁)

[4]茍鼺

〖整理者 1991〗𪓰。(23 頁)

〖劉釗 1992A〗按字所從之“”旁乃“畀”字…故此字應隸作“鼺”。

〖何琳儀 1998A〗鼺，從畀，黽(下加日爲飾)爲疊加音符。(1298 頁)

〖劉信芳 2003〗羃。(88 頁)

按: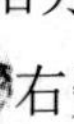右旁所從與 172 號簡相同，白於藍指出下部從甘，[②]本簡之字正確隸定應爲“鼺”。

[5]㠯(以)亓(其)桑(喪)亓(其)子丹

①李零:《上博楚簡三篇校讀記》，41 頁，北京，中國人民大學出版社，2007。

②白於藍:《〈包山楚簡文字編〉校訂》，《中國文字》新廿五期，155-162 頁，臺北，藝文印書館，1999。

〖整理者 1991〗槃，讀如操，《說文》：“把持也”。（45 頁）

〖湯餘惠 1992〗92 簡：“以其～其子丹，而得之於醩之室。”釋爲喪失之喪與文意正合。

〖何琳儀 1998A〗喪，亡失。（707 頁）

〖李零 1999B〗讀爲“喪”甚確，但字非“喪”字，乃“桑”字。

〖劉信芳 2003〗按原簡字從木作，應是“桑”字，讀爲“喪”。（88 頁）

[6]而旻（得）之於⿰扌曹之室

〖整理者 1991〗而。（23 頁）

〖張守中 1996〗天。（1 頁）

〖白於藍 1999〗乃而字。包山簡天字均出現在“二天子”的辭句當中，無一例外。此字在簡（92）中用爲連詞，更可證其爲而字。

按：字，諸家均認爲與同簡之“醩”爲一字，此字左旁所從爲“手”，應釋爲“⿰扌曹”。

九月戊申之日，郘（宛）人軓（範）紳[1]訟軓（範）駁[2]，㠯（以）亓（其）敓亓（其）逡（後）[3]。邸（旦）岳。羅⿹气車（軍）[4]。〖093〗

集釋：

[1]軓（範）紳

〖整理者 1991〗纏。（23 頁）

〖劉釗 1992A〗按字從“糸”從“”，“”非“畺”字，而是“東”字的省寫…故簡文此字應釋爲“紳”。

〖湯餘惠 1992〗此字又見於 159 簡，159 簡釋“緟”是。…裘錫圭曾指出右上偏旁爲“東”之省，今以 121 簡東字作例之，其說可信。緟，省體作練，陳侯因資敦“即高練且黃帝”，《說文》作緟，“增益也。從糸，重聲。”重本從東得聲，是“練”與“緟”聲類相同。古音“東”在端紐，“田”在定紐，“申”在書紐，俱屬舌音，故“練”之繁體可復從田聲作“緟”而用爲“申”。

〖劉信芳 1996B〗包簡“”從糸從二東省，“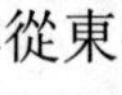”即重字。諸字俱應隸定爲“緟”，本讀“重”之平聲，又讀如“申”。…申、重古本二字。其讀音亦很難說是通假，因其聲韻俱不相涉。但戰國文字“緟”、“”典籍多作“申”，漢儒釋作“重”，則可論定“重”在古代有“重”（平聲）與“申”二讀。漢以後文獻中“申”、“重”音義判然有別，“重”之讀“申”遂逐漸絕跡。

〖楚文字編 1997〗紳東之紳本字。（568 頁）

〖何琳儀 1998A〗楚簡，緟讀申，姓氏。（1122 頁）

〖李守奎 1998A〗即“紳束”之“紳”的本字，在簡文或璽文中，用作姓氏或人名。…簡文中“紳”與“繮”的區別有如下幾點：一紳字所從“[illegible]”爲“𤰔”之省形，又可省作“[illegible]”。二繮字所從“畺”旁本應作畕或畺，訛變爲[illegible]、[illegible]、[illegible]、[illegible]諸形，在二“田”旁的上下，或多或少地保留了“畺”字橫筆。三繮字作[illegible]，下從土，這是與紳字最突出的區別。…四繮與紳所從聲旁偶然同形，不能作爲同字的絕對依據。…可以隸定爲“縴”，釋爲紳束之“紳”，與《說文》之“紳”是異體。…就現有縴與緮（紳）所有用例來看，二者用法從不相混。“縴”全部用作國名、姓氏和人名。“緮”或“紳”全部出現在遣冊中記載車馬器地文例中。…可以說，在楚文字中，[illegible]與[illegible]與縴字無涉。當隸作“緮”或“紳”，釋爲“靷”，與《說文》“紳”是同形字。

〖劉信芳 2003〗簡文“緟”字從二糸從二東，二東重疊即“重”字，本讀“重”之平聲，歧讀如“申”。…楚簡從系從二東之字應隸定作“緟”，與“紳”不是一字。（89-90頁）

〖十四種 2009〗郭店竹書《緇衣》37號簡、上博竹書《平王與王子木》1號簡均有此字，當釋爲“紳”，讀爲“申”。（43頁）

按: 此爲“紳”字應無疑問，釋爲“繮”或“緟”均誤。簡文中的“紳”，整理者大多誤釋爲“繮”，但150號簡和159號簡之字整理者正確釋讀爲“紳”。

[2] 軺（範）駁

〖整理者 1991〗騄。（23頁）

按: 何琳儀、黃錫全、李天虹、劉釗、湯餘惠均釋爲“駁”，可從。①

[3] 㠯（以）亓（其）敓亓（其）逡（後）

〖整理者 1991〗①敓，《說文》：“強取也”。（45頁）②後，《詩・瞻卬》：“式救尓後”，鄭玄箋：“後，謂子孫也”。或曰置後，即繼承權。（45頁）

〖彭浩 1991A〗文書簡把繼承權稱作“後”。93號簡從爭訟雙方姓名看，似乎是同族。

〖楚國歷史文化辭典 1996〗繼承人身份或權利。（148頁）

〖何琳儀 1998A〗敓，讀奪。（1033頁）

〖劉信芳 2003〗後繼者。（90頁）

〖羅新慧 2004A〗“敓”本有毆打之義。在《包山楚簡》中，除了祭名之外，還用如擊、打，如“敓妻”；“敓某人”，即毆打某人。

---

①黃盛璋：《〈包山楚簡〉辯證、決疑與發覆》，“中國古文字研究會第九屆學術討論會”論文，南京，1992。李天虹：《〈包山楚簡〉釋文補正35則》，“中國古文字研究會第九屆學術研討會”論文，南京，1992。劉釗：《包山楚簡文字考釋》，“中國古文字研究會第九屆學術討論會”論文，南京，1992。湯餘惠：《包山楚簡讀後記》，“中國古文字研究會第九屆學術研討會”論文，南京，1992。何琳儀：《包山楚簡選釋》，《江漢考古》1993（4），55-63頁。

按:“敓”意爲“強取”，後作“奪”。

[4]羅鄆（軍）

〖巫雪如 1996〗羅氏，《通志・氏族略》云:“子爵，熊姓；一曰祝融之後，妘姓。初封宜城，徙枝江，爲楚所滅。”（173 頁）

九月己亥（酉）之日，苛臒（臒-獲）[1]訟聖（聲）冡（冢）之夫=（大夫）[2]鞄（範）豊（豎）[3]目（以）賨（賸）田[4]。郙[5]迲（路）公曷（壽）、義旻（得）爲李。〖094〗

集釋:

[1]苛臒（臒-獲）

〖整理者 1991〗臒。（22 頁）

〖劉釗 1992A〗按字從“丹”，從“隻”，應釋爲“臒”。“隻”乃“獲”之初文，隻、蒦音同，故以蒦爲聲的“臒”可從“隻”作。

〖李運富 1997B〗當楷定爲“隻”，即《說文》“鳥一枚也，從又持隹”之“隻”字，簡文用作人名，疑應讀 huo（獲）音。（103-104 頁）

〖何琳儀 1998A〗臒，從丹，隻聲。疑臒之省文。（444 頁）

〖十四種 2009〗上博竹書《周易》17、48 號簡等此形與傳世本“獲”對應。從“爪”從“隻”，像獲隹之形。119 號簡背面人名“獲志”，爲古人習語。（33 頁）

按:字從“丹”、從“隻”，應是“臒”字，楚簡“臒”多讀爲“獲”。

[2]聖（聲）冡（冢）之夫=（大夫）

〖整理者 1991〗冢，塚字。“聖塚之大夫”可能是楚聲王塚大夫。（45 頁）（按：字表又隸作“冢”）

〖劉釗 1992A〗這個字就應釋爲“冡”，即“蒙”字初文。

〖湯餘惠 1992〗冡。從豕從尹。…此簡“聖～之大夫”，疑亦用爲尹字。

〖陳煒湛 1994〗隸定之當爲冡，與冢、蒙均無涉。…聖冡當爲地名。

〖何琳儀 1998A〗冡，從豕，從冃，冃亦聲。冡，冃均明紐，冡爲之准聲首。《說文》“冡，覆也。從冃、豕。”（438 頁）

〖陳宗棋 2000〗前例中“聖冢”指楚聲王之墓區，楚設有墓區的行政單位，約相當於縣邑，“聖冢之大夫”爲該區之“大夫”。

〖劉信芳 2003〗冡，讀爲“冢”…《說文》:“冢，高墳也。”“聖冢之大夫”乃管理楚聲王墓地的官員。（90 頁）

〖十四種 2009〗“聖蒙之大夫”應與“邵行之大夫”（15 號簡）、周賜之大夫（65 號簡）

類似。卲行、周賜、聖蒙似均爲貴族人名。《通志·氏族略四》："聲氏，姬姓。蔡大夫聲子之後也。公孫歸生子朝故爲朝氏。諡聲子，故又爲聲氏。"聖疑讀爲"聲"，指聲氏。（43-44 頁）

按："聖冡"應是人名，《十四種》的意見可從。

[3]軛（範）昱（豎）

〖整理者 1991〗豎。（23 頁）

〖楚文字編 1997〗不從臤，從臣。此字當是官名，内豎之豎，故從臣，豆聲。（142 頁）

〖何琳儀 1998A〗昱，從臤省，豆聲。豎之省文。（370 頁）

[4]賨（賸）田

〖整理者 1991〗賕。（23 頁）

〖黄錫全 1992〗當釋爲賮。

〖李零 1992〗指抵押田產。

〖何琳儀 1998A〗賮。（926 頁）

按：參 77 號簡"黴田"集釋。

[5]邾

〖巫雪如 1996〗邾，顓頊元孫陸終第五子曰安，周武王克商，封安曲裔於邾，其地在今山東兖州府鄒縣，…其地（按：指簡文之"邾"）或即楚滅邾國之後之邾國故地。（132 頁）

〖顏世鉉 1997〗從包山楚簡有"邾"地來看，此地絕不是在山東的邾國所在地，因爲懷王時，山東邾國之地仍未屬楚，而小邾國被滅後，楚是否在當地設置邾縣，難以證實。在楚國境内，當有一個邾地，此邾地極可能就是今黄州市附近的漢邾縣，包山楚簡的邾地當在此。（164 頁）

九月戊午之日，卲（昭）無戠（害）[1]之州人鼓（鼓）皷（鼗）張忲[2]訟郯（鄢）[3]之鳴䰞（狐）[4]邑人某（梅）戅（懔）[5]與亓（其）鬳大市米堣人[6]杏（本）[7]，胃（謂）杏（本）雚（雜）亓（其）弟芻天，戅（懔）殺之[8]。〖095〗

集釋：

[1]卲（昭）無戠（害）

〖整理者 1991〗卲無戠。（23 頁）

〖巫雪如 1996〗卲即文獻中的昭。（66 頁）

〖何琳儀 1998A〗①卲，讀昭，姓氏。昭、屈、景，楚之三族也，以族爲氏。（303 頁）②戠，從戈，害聲。疑㲉字異文。《玉篇》"㲉，擊也。"包山簡"無戠"，讀"不害"，習

見人名。（900 頁）

〖劉信芳 2003〗𢧐，“割”之異構。…“無割”讀爲“無害”。（90 頁）

〖十四種 2009〗左旁“害”的寫法與郭店竹簡《語叢四》16、18 號簡所見略同，從害從戈的“割”亦見於郭店《緇衣》37 號簡。（44 頁）

〖李守奎 2010B〗卲王之諻簋和鼎中“卲王”就是楚昭王，又屢見於包山、新蔡等卜筮簡中，楚簡中的卲氏即典籍中的昭氏。《楚辭》王逸注：“昭氏，楚同姓，共屈、景爲三族。”包山二號墓的墓主是卲陀，包山簡中的“邵陽”即《楚世家》中的“昭陽”，皆楚昭王之後。《說文》卷九：“卲，高也。從卩召聲”。“昭”字晚出，確切的昭字始見於秦簡。

[2]鼓（鼓）𧯷（鼗）張怸

〖整理者 1991〗怸。（23 頁）

〖湯餘惠 1992〗簡文下從心，古怺字，見《廣韻》。

〖何琳儀 1993A〗又見 185，應釋“怸”（怺）。

〖楚文字編 1997〗鞀說文或體有作鼗者，從鼓從兆。壴爲鼓之初文。𧯷當即鼗，亦即鞀。（126 頁）

〖許全勝 1997〗《姓纂》云：“《左傳》鼓子鳶鞮之後，以國爲姓。”（17 頁）

〖何琳儀 1998A〗𧯷，從壴（鼓之初文），兆聲。鞀之異文。（313 頁）

〖張光裕 2008〗“木”形上端雖左彎，然仍與“禾”字稍有差距，今仍隸作“怸”。

〖十四種 2009〗鼓鼗應是張怺的身分。《周禮·春官·小師》：“掌教鼓、鼗、柷、敔、塤、蕭、管、絃、歌。”鼓鼗大概是掌管這兩種鼓具的樂人。（44 頁）

按:上博楚簡《彭祖》1 號簡“休”字作，包山楚簡此字釋爲“怸”可從。

[3]郊（鄢）

〖整理者 1991〗郊。（23 頁）

按:參 19 號簡“郊（鄢）”集釋。

[4]鳴𪕰（狐）

〖整理者 1991〗𪕰，狐字。楚簡文字中從“豸”往往以從“鼠”代之，從豸又與從犭相通。（45 頁）

〖黄錫全 1992〗鳴。

〖曾憲通 1992〗右旁似鳥形，從鳥從口乃鳴字；𪕰字從鼠瓜聲，楚簡偏旁每以鼠代豸或犬，故𪕰當是狐字。鳴狐爲楚之邑名，地望待考。

[5]某（梅）憼（憬）

〖整理者 1991〗憼。（23 頁）

〖劉信芳 2003〗某（梅）憼（憬）。（90 頁）

按：“某（梅）”字整理者未釋，參 12 號簡集釋。楚簡“競”讀爲“景”，因此“憼”可讀爲“憬”。

[6]裔大市米堢人

〖黄錫全 1992〗爵（腏）。

〖何琳儀 1993A〗裔。

〖十四種 2009〗①大市，今按：《周禮・地官・司市》：“大市日昃而市，百族爲主；朝市朝時而市，商賈爲主；夕市夕時而市，販夫販婦爲主。”賈疏：“向市人多，而稱大市。”（44 頁）②堢，今按：《周禮・地官・司市》：“凡市入，則胥執鞭度守門，市之群吏平肆展成奠賈，上旌於思次以令市，市師蒞焉，而聽大治大訟。”鄭注：“思次，若今市亭也。”簡文“堢”似即《周禮》之“思次”之“思”，爲市中管理機構。（44 頁）

按：還見於 132 號簡反面，作。包山楚簡中此字或從“人”，如 141 號簡、143號簡、193號簡。或從“人”從“邑”，如 77號簡。本簡之字上從“衰”，下從“㓹”，可隸定爲“裔”。與此字相關的古文字字形還有（壽春鼎）、（東陵鼎蓋）、（鑄客大鼎），劉洪濤詳細列出諸家考釋意見，並指出三個形體所從都是“衰”字，主要是因爲它們跟包山楚簡的“裔”字一樣，下部都既從“肉”又從“刀”。所從的“肉”和“刀”二旁都應該是意符，而“衰”則應是聲符。他懷疑“裔”字就是饔飧之“飧”的異體，應該是在日常生活或禮儀中負責供應饔飧之食的膳食機構。[①]

[7]杏（本）

〖整理者 1991〗杏。（23 頁）

〖何琳儀 1993A〗“呠”。

〖高智 1996〗此字應釋爲“杏”，在原簡中用爲姓氏字。

〖劉信芳 2003〗杏，簡文字形與《漢簡》“杏”同形。…段玉裁謂“杏”從“向”省聲，可能是正確的意見。（91 頁）

按：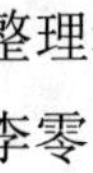字應從“本”從“口”。

[8]胃（謂）杏壟（雜）亓（其）弟芻天，憼（憬）殺之。

〖整理者 1991〗胃（謂）杏壟其弟芻而，憼殺之。（23 頁）

〖李零 1992〗還有簡 95 提到鼓皾張恁控告梅競和杏（案：原從本從口），爲杏揪其弟之

---

①劉洪濤：《釋“肙”》，簡帛網，2011 年 8 月 1 日。

髮，而競殺之，也述及情節。

〖劉釗 1992A〗按字從“雜”、從“毛”…故“雜”應即“雜”，即“雜”字，俗寫作“雜”。字從“雜”、從“毛”，應爲雜”字贅加義符的異構。雜”字《說文》訓爲“五彩相合”，故加“毛”旁爲義。

〖袁國華 1993B〗簡 85與簡 95兩字，皆宜改隸作“天”，才符合事實。

〖陳偉 1996A〗“謂咮氂其弟芻而戆殺之”實爲一句。“咮”即前述“腏大市米堢人咮”，“戆”即前述“鄢之鳴狐邑人某戆”，“芻”當即張怵之弟的名字，“而”則應是連詞。（26 頁）

〖陳偉武 1997〗氂字當是從毛、雜聲的形聲字。雜從隹，卒聲，實爲翟字異體。…從毛、雜（翟）聲的氂應相當於後世的𣯍字，由翟字孳乳而來，專指雉鳥之羽…翟，古音爲定紐錫部，依聲韻求之，氂字似可讀爲“提”（古音定紐支部）。…“提”有“控持、執持”義，包山簡 95 是說張恷狀告杏執持其弟芻而，某戆將芻而殺害。

〖楚文字編 1997〗氂（雜）。（410 頁）

〖何琳儀 1998A〗毳，從毴，（《集韵》“毛，或作毴。”）衺聲。疑䂓之異文。…毳，疑讀剔。《廣雅·釋詁》三“剔，罵也。”（757 頁）

〖邴尚白 1999A〗雜爲會聚義。（58 頁）

〖李零 1999B〗應釋“氂”，讀爲“捽”。

〖劉信芳 2003〗胃（謂）杏氂其弟芻天，戆（憬）殺之…該句謂杏邀約芻天相會，梅憬殺之。（91 頁）

按：楚簡中標準的“天”與“而”是有差別的，“而”字作勾筆，如（包山 13 號簡）、（包山 137 號簡），“天”字則無勾筆。袁國華將 95 號簡之字釋爲“天”可從。簡文“天”字下有一墨點，應是起標識人名的作用，①整理者斷句無誤。“氂（雜）”在簡文中的具體含義待考。

肯=（十月）辛巳之日，纂（溢）宊人[1]軋（範）臣訟綮（溢）宊之南昜（陽）[2]里人墬（唐）綬[3]、李壂（臧-莊）[4]，胃（謂）殺亓（其）䏤（兄）。正疋异（期）戠（職）之。但（旦）捭[5]爲李。〖096〗

集釋：

[1]纂（溢）宊人

①這種加在專有名詞下“句讀符號”李家浩、沈培都作過討論，參見李家浩《談包山楚簡“歸鄧人之金”一案及其相關問題》，《出土文獻與古文字研究》第一輯，16-32 頁，上海，復旦大學出版社，2006。沈培：《關於“抄寫者誤加‘句讀符號’”的更正意见》，簡帛網，2006 年 2 月 25 日。

〖整理者 1991〗灊安。(23 頁)

〖李天虹 1992〗此字下部實乃反字。此字當隸定作宊。

〖劉釗 1992A〗按此字又見餘簡 151，不從水。這個字見於曾侯乙墓鐘磬銘文…裘錫圭和李家浩先生認爲字從“睯”(加注辛聲)，從“臽(臽)”，其說極是。…應隸作“韽”或“灊”。

〖張光裕、袁國華 1992〗其實“宊”字。(緒言・10 頁)

〖張守中 1996〗澉。(171 頁)

〖楚文字編 1997〗潛。(509 頁)

〖何琳儀 1998A〗灊，從水，韽聲。疑瀸之異文。…包山簡“灊安”，地名。(1454 頁)(按：980 頁又云：“包山簡‘灊宊’，地名”)

〖史傑鵬 1998〗“灊宊”或“澉宊”顯然是一個地名。《左傳・襄公二十六年》(按：“二十六年”應爲“十六年”)有一個地名叫“湛阪”。我們懷疑簡文的“灊宊”或“澉宊”即“湛阪”。…而簡文“灊”字的異體“澉”，徑寫作從“欠”聲。我們這裏就討論“欠”和“湛”的字音關係。上古音“欠”爲溪母談部字，“湛”爲定母侵部字。按談部字和侵部字的主要原因相近，收尾元音相同，關係密切。…《說文》欠部說“歁……讀若坎”。“歁”從“甚”得聲，“坎”從“欠”得聲，此是“甚”聲之字與“欠”聲之字音近可通的佳證。“宊”和“阪”均從“反”得聲。…“湛阪”是因其位於湛水之北，父城東南的長阪而得名。包山簡(一)的地名中的“灊”、“澉”二字皆從水旁，和湛阪得名之由相合。父城在今河南平頂山市北。

〖白於藍 1999〗此字水旁左上所從多數是㬜，不是言，故當隸作澉(或灊。)…隨縣曾侯乙墓鐘磬銘文中有字作“”、“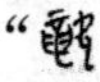”、“”，此三字與上舉包山簡諸字當是一字，只是各有省簡，裘錫圭、李家浩二位先生將此三字釋讀爲衍，其說可信。衍字從水，上舉包山簡諸字亦從水，當即衍字異構。所從㬜(或言)、欠(臽)均起注音作用。

〖饒宗頤 2002〗郭嵩燾《禮記質疑》引《玉藻》“者旋中矩”，謂“折者，四折而方”，與“方丘”之義同，於是知“湆”字之繁形，所以增臽者，以大折爲祭地之所，蓋取地有坎陷之象。…縱觀上列諸文作“灊”者，讀爲折字，於義均通順可解，可以確定此字宜釋爲折。

〖劉信芳 2003〗灊，字又作“澉”，簡 151 作“韽”，字即《集韻》之“㵷”字，讀苦感切，音坎。(91 頁)

〖徐在國 2006〗此字應分析爲從“臼”、“欠”，“辛”聲、“㬜”聲。

〖十四種 2009〗①《書・禹貢》“與三澨，至於大别”，孔傳：“三澨，水名，入漢。”《太平寰宇記》淮南道十安州應山縣“汉水”條：“在舊縣南一里。源出郢州長壽縣磨石山，東南流，名澨水。至復州景陵縣界，名汊水。又東南流入當縣。”在今湖北天門境内。簡文或與澨水有關。…若澨與澨水有關，此字或如史傑鵬說讀爲“阪”。《說文》：“阪，坡者曰阪。一曰澤障。”段注：“陂爲澤障，故阪亦同。”（44-45 頁）

按：此簡中的、還見於 98、137 反、139 反、151 號簡，字形分別作、、、。其他古文字材料中與此字相關的字見於曾侯乙墓鐘磬銘文，作、、等形。郭店楚簡《老子甲》22 號簡有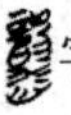字，辭例爲“大曰～，～曰遠”，馬王堆帛書《老子》甲、乙本並作“筮”，今本作“逝”。《語叢四》19 號簡，作，辭例爲“若齒之事舌，而終弗～”。《語叢四》21 號簡，作，辭例爲“若四時一～一來”。上博楚簡《周易》33 號簡，作，辭例爲“隉宗～肤”，馬王堆帛書《周易》作“筮”，今本作“噬”。此類字讀爲“噬”或“逝”應無問題，其字形或省略“水”旁或省略“臽”旁，可見應爲此字之聲旁。

裘錫圭、李家浩認爲侯乙墓鐘磬銘文之字左旁是“昔”加注“辛”聲。右旁“舀”應是“臽”的變體，將“臽”所從的“人”旁寫作“欠”是聲符化。諸字的讀音應與“遣”相近，可能就是與“遣”音近的“衍”。[①]郭店楚簡《語叢四》19 號簡之字，整理者認爲從“𠂤”聲，裘錫圭在按語中指出其見於曾侯乙鐘磬銘文，可能有“𠂤”、“臽”兩種讀音。[②]孟蓬生將其隸定爲“㸷（齧）”，從齒，歆聲。認爲“歆”從欠、音聲，音實際就是辥（辥櫱蘖所從的聲符，“辛”爲“㚔”之變形）省變，構件“立”爲“辛（㚔）”的省形。齧即噬字，可以看成齧字的異體，齧與噬本一字一詞。郭店《老子》之“瀄”也許就是《說文》“澨”字的異體。[③]王寧亦有與孟蓬生相似的意見，他認爲《語叢四》19 號簡之字上部右從“欠”，左當是古文“薛”字的形變，下部從“齒”。“㸷”當是“齧”（簡體作啮）或“噬”之本字。簡本《老子》之“瀄”字從水㸷聲，帛書甲、乙本並作“筮”，則㸷當“噬”之本字，“瀄”即“澨”之或體或本字，逝、筮、澨三字古音皆是禪母月部，讀音相同，故可互假，簡本《老子》即是以“瀄（澨）”假爲“逝”。[④]陳劍則同意裘錫圭、李家浩所說“昔”字加注“辛”聲，他認爲“愆”和“遣”跟“噬”和“逝”從古音來講，韻部月元陽入對轉，“愆”和“遣”聲母溪母，“噬”和“逝”章組禪母，二者關係密切。“辛”、“㚔”本爲一字，“㚔”古音在疑母月部，與“噬”和“逝”相去不遠。以“啻”形之省體“啇”形和“音”形爲聲旁的字，跟“噬”和“逝”是有相通之理的。雖然“辥”從“㚔”聲的，但 “音”只能解釋爲“啻”形之省，所以他不同意孟蓬生、王寧將“音”視爲“辥”

①裘錫圭、李家浩：《曾侯乙墓竹簡釋文與考釋》，《曾侯乙墓》附錄一，北京，文物出版社，1989。
②荊門市博物館：《郭店楚墓竹簡》，219 頁，北京，文物出版社，1998。
③孟蓬生：《郭店楚簡文字詞考釋》，《古文字研究》第二十四輯，404-408 頁，北京，中華書局，2002。
④王寧：《釋郭店楚簡中的“噬”與“澨”》，簡帛研究網，2002 年 8 月 27 日。

字的看法。[①]

此字從“辛”、“昔”雙聲的意見可從，字暫讀爲“溠”，“溠浞”地望待考。

[2]南昜（陽）

〖何琳儀 1998A〗“南昜”，讀“南陽”，地名。見《漢書・地理志》南陽郡。在今河南南陽。（1411 頁）

[3]陽（唐）緩

〖整理者 1991〗緩。（23 頁）

〖滕壬生 1995〗緩。（946 頁）

〖何琳儀 1998A〗緩，從糸，爰聲。緩之異文。（938 頁）

[4]李壓（臧-莊）

〖巫雪如 1996〗李字用作姓氏時釋爲李，用作官名時讀爲理，應該是比較合理的說法，而李氏也可能即由理官而來。（185 頁）

[5]但（旦）捭

〖整理者 1991〗但，簡 97 此字作旦。（45 頁）

〖何琳儀 1998A〗但，或作旦，姓氏。（1020 頁）

按：參 21 號簡“旦”字集釋。

肻＝（十月）戊戌之日，审（中）昜（陽）[2]古盤（盤）[2]邑人郜（邥-沈）繫[3]日（以）訟坪（平）昜（陽）[4]之枸里人文逌（适）[5]，日（以）亓（其）敓妻。義牢戠（職）之。旦捭〖爲〗李。〖097〗

集釋：

[1]审（中）昜（陽）

〖整理者 1991〗审，卜筮祭禱簡“期中”之“中”與簡文相同。“中”寫作是楚國文字特有的寫法。“中昜”亦見於湖南省桃源縣三元村一號楚墓出土的銅鼎銘。（44 頁）

〖劉彬徽 1995〗中陽，地名。在包山楚簡中也有此地名，而且是一個楚縣名。（354 頁）

〖顏世鉉 1997〗“审陽王鼎”在桃源出土，“中府王鼎”在溆浦出土，載有“中君”的仰天湖楚簡在長沙出土；由此看來，楚國的“中”、“中陽”兩地，應當就在這三個地方附近的區域。（132 頁）

〖劉信芳 2003〗《水經注・淮水》：“淮水又東，右合沘口，又東逕中陽亭北，爲中陽

①陳劍：《郭店簡補釋三篇》，《古墓新知——紀念郭店楚簡出土十周年論文集》，114-131 頁，香港，國際炎黃文化出版社，2003。

渡，水流淺磧，可以厲也。”熊會貞〈殘疏〉：“亭在今壽州西南。渡在今壽州西南及潁上縣東南界。”…“中昜”亦有可能在今湖南境內。(70頁)

[2]古盤（盤）

〖黃錫全 1992〗盬（？）。

〖劉信芳 2003〗字從匚，丩聲，睡虎地秦簡〈爲吏之道〉(簡 13)：“令數囚環”。𠤎、囚應是一字之異寫。(92頁)

按：□似“古”字。

[3]鄐（邶-沈）繄

〖滕壬生 1995〗綤。(919頁)

〖楚國歷史文化辭典 1996〗繄。(383頁)

〖蕭毅 2010〗省略了“龜”旁(“幺”可以看作是“糸”的簡寫)。(226頁)

[4]坪（平）昜（陽）

〖顏世鉉 1997〗從第 97 號簡文看，审昜和坪昜應相距不遠，审昜在今湖南長沙市、桃源縣、溆浦縣一帶，坪昜當在附近。(155頁)

〖吳良寶 2010〗簡文“坪昜”無疑應讀爲“平陽”。但先秦時期以“平陽”爲地名者多見，《左傳》記載的就有魯、衛、晉等國的“平陽”之地，均不在楚懷王時楚疆域之內。(245頁)

按：《左傳》所見平陽有四處，分別爲魯邑東平陽，在今山東新泰縣西北；魯邑西平陽，今山東鄒縣；衛地，在今河南滑縣東南；晉邑，今山西臨汾市。①但此四處平陽均非包山楚簡之平陽，平陽地望待考。

[5]文逭（适）

〖整理者 1991〗逭。(23頁)

按：應釋爲“逭（适）”，參 18 號簡集釋。

肓=（十月）辛丑之日，䜌(許)鱀[1]㠯（以）訟邸昜（陽）君[2]之人俈（薦）公番申[3]㠯（以）賕（責-債）[4]。縈（溢）公朔[5]。宵吳。〖098〗

集釋：

[1]䜌(許)鱀

〖整理者 1991〗鱀。(23頁)

①參見顏世鉉：《包山楚簡地名研究》，155頁，臺灣大學碩士學位論文，1997。

〖陳秉新 2003〗此字從墨，喬聲，即古黵字。

[2]邸昜（陽）君

按：參 27 號簡集釋。

[3]郮（蔿）公番申

〖何琳儀 1998A〗郮，讀鄬，地名。…在今河南魯山境。（835 頁）

〖李零 1999B〗淅川下寺、和尚嶺楚墓爲楚蔿（或薳）氏墓，字作鄬、鄬、郮三體，這裏的“郮公”應即該地所設縣公。

〖劉信芳 2003〗郮，疑讀爲“蔿”…“蔿”在楚宋邊境。“郮”爲“邸昜君”私邑，而邸昜君之封地邸昜在今河南襄城至郾城一帶的大沙河北岸，其地正在楚宋邊境。（92 頁）

〖吳良寶 2009〗包山簡中的這個“化公”應屬邑公類型。邸陽君的封地有多大，目前還無法判斷。假如爲一個縣（比如邸陽縣之類），“化公”作爲“邸陽君之人”就沒有是縣公的可能，而只能是邑公；即使邸陽君的封地有數縣之大，作爲其封地私邑上的“公”，是否能等同于楚國的“縣公”，還是一個未知數。…說“子玉復治兵於蔿”之“蔿”在楚宋邊境，只能是一種推測；“蔿”、“化”古音雖近，但包山簡的“化”不一定就是《左傳》僖公二十七年的“蔿”（二者可能僅是同名關係）。尤其是說“大沙河北岸之‘泜陽’正在楚宋邊境一帶”，更與戰國中期楚懷王時楚國北疆的史實不符。

〖李守奎 2010B〗《通志・氏族略三》：“薳氏亦作蔿”蔿氏家族墓地在今河南淅川，蔿子倗自名作鄬子倗、又作郮子倗。和尚嶺與徐家嶺出土器銘中，蔿氏亦作“郮”。“化”是正反相對的兩個人，用正反相對的兩個“虎”代替“化”，可能是爲了文字的繁縟美化。

按：顏世鉉認爲“郮”是未可確認而不可逕予認定爲楚縣，[①]吳良寶則明確指出“郮公”並非縣公，而屬於邑公。[②]

[4]賖（責-債）

〖整理者 1991〗賴，責字，讀作債。（45 頁）

[5]鄴（滏）公朔

〖史傑鵬 1998〗那麼此處的“瀲”不應該例外，也應丐讀爲“湛”。不過這裏的“湛”不是水名，而是縣邑名。楚國縣的長官稱爲“公”，“湛公”是指“湛”縣的縣公。關於“湛”縣之“湛”的得名，有兩種可能：1、古代有以水名爲邑名的情況。…簡文“湛公”之“湛”可能是因爲湛水而得名。…2、古代兩個字的地名可以省稱爲一字。…簡文“湛公”之“湛”可能是“湛阪”之省稱，…“湛公朔”這個人當是左尹府的屬官，不可能去出任“湛”

①顏世鉉：《包山楚簡地名研究》，117 頁，臺灣大學碩士學位論文，1997。
②吳良寶：《戰國楚簡地名輯證》，150 頁，武漢，武漢大學出版社，2010。

縣縣公，那麼“朔“被稱爲“湛公”，我們認爲有二種可能：1、楚國期思公復遂是期思縣的縣公，他當上右司馬後，《左傳》仍把他稱爲期思公。簡文的“湛公朔”可能跟期思公的情況一樣，“朔”雖然調到中央左尹府任職，但仍舊稱爲“湛公”。2、葉公子高在平定白公勝之亂後，兼任令尹、司馬之職，不久他把令尹、司馬分別讓給公子寧和公孫寬，而自己仍回到葉縣。簡文的“湛公朔”可能和葉公子高的情況有相似之處，他在中央左尹府兼職，仍遙領湛縣。

月[1]辛（酉）之日，（枝）昜（陽）[2]之（造）＝（）公[3][4]、教（令）[5]（其）（）人番[6]、番向[7]、番（期），（以）（其）反（叛）[8]，自（屬）於新大（廏）之古（故）[9]。正義牢。（）坷。〖099〗

集釋：

[1]（）月

〖整理者 1991〗月。（24 頁）

〖曾憲通 1992〗望山一號楚墓竹簡之“月”，包山二號楚墓竹簡多省爲“月”。字之聲旁允在此省略爲厶（即字，《說文》允字從人聲）；義旁之聲符日則訛變爲田。…上古字屬精紐文部，字在清紐元部，精清同爲齒頭，文元旁轉，古音十分接近。…楚簡代月名“月”實即“月”，同於秦簡的“月”，據包山楚簡楚曆的月序，所指代的月份，當爲楚曆十一月。

〖李運富 1997B〗包簡的“”“”取“”作聲母而讀如“”，實即“”字。（130 頁）

〖何琳儀 1998A〗“月”，楚代月名，八月。睡虎地簡作“月”。（1343 頁）

〖白於藍 1999〗其所從之“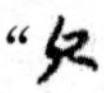”乃允字（或作“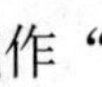”者又爲“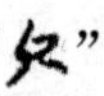”之省），允、古一字分化。所從之“（或）”即黑字（“”爲“”之譌），從黑從火通。故此字可釋爲。《說文》：“，然火也。從火聲。”楚之“月”於秦簡中寫作“月”是由於、二字音通義同之故。

按：曾憲通在研究望山楚簡中月名之時，就已將此字隸定爲“”，認爲是從允聲，與（）通假，、、在古代可能是同一個字。①

[2]（枝）昜（陽）

〖黃錫全 1992〗即字。《說文》：“，南陽淯陽鄉。從邑，号聲。”簡文“昜（陽）”

①曾憲通：《楚月名初探——兼談昭固墓竹簡的年代問題》，《中山大學學報》1980（1），97-107 頁。

說不定就是“育陽”。育屬喻母覺部，号屬匣母宵部，二字讀音相近。

〖李家浩 1996A〗應該分析爲從“邑”從“只”聲。…應該讀爲“枝”，“枝陽”可能因位於枝水之陽而得名。

〖張守中 1996〗邔。（102 頁）

〖顏世鉉 1997〗黃錫全將包山楚簡“[illegible]”釋爲“鄂”是可從的。…“鄂”可讀作“鄡”，…“鄂陽”即“鄡陽”，在今江西鄱陽縣西北。黃錫全認爲鄂陽可能讀作“育陽”，其地在今河南南陽縣的漢育陽故城。此地應是包山楚簡“郇陽”所在之地。（144-145 頁）

〖何琳儀 1998A〗“邔易”爲“潁陽”，見《漢志》潁川郡，在今河南許昌市西南。（746 頁）

〖劉信芳 1999E〗《戰國策・燕策一》：“楚得枳而國亡，齊得宋而國望”…如是則“枳”在楚之邊境。鮑彪注謂“枳”“屬巴郡”，可信。《續漢志》巴郡有枳縣，劉昭注云：“《史記》蘇代曰：楚得枳而國亡。《華陽國志》有明月峽、廣得嶼者是也。”《華陽國志・巴志》：“枳縣郡東四百里，治涪陵水會。”《水經注・江水》：“又東至枳縣西，延江水從牂柯郡北流西曲注之。”“涪陵水”、“延江水”並今烏江之名，漢、晉枳縣治所在今長江、烏江會合處，地處烏江東岸，轄今涪陵、長壽、豐都等地。惟楚稱“枳易”，則楚時“枳”縣或在長江北岸。“邔”讀爲“枳”，玆毋須贅言。

〖十四種 2009〗《漢書・地理志》南郡有枝江縣，邔陽或與之有關。（40 頁）

〖吳良寶 2010〗目前公布的重慶及鄂西沿長江地區的考古資料表明，楚人在戰國中期最遠也只能到達忠縣一帶，而重慶地區并沒有楚文化的遺存。據《秦本紀》，前 281 年，楚頃襄王合縱伐秦，導致司馬錯“因蜀取黔中”、白起破郢，楚國短暫占領的“枳”地又告丢失。此前（尤其是戰國中期的楚懷王時期）楚國攻取巴地枳的可能性是非常小的。此外還需要說明的是，今涪陵的枳縣與包山簡文中的“邔（枳）陽”在名稱上有差異，能否視爲一地尚不能遽定。在“楚得枳而國亡”發生在戰國晚期的背景下，包山楚簡中的“枳陽”是否與今重慶市東的枳縣有關、楚懷王時期楚國是否據有枳縣，目前還無法判斷。…今按，包山楚簡的時代，“潁陽”所在的許昌一帶是魏地而并不是楚國領土。今暫從李家浩的意見。（211 頁）

[3]俈（造）笲=（箢箢）公

〖整理者 1991〗筹，李家浩同志釋[illegible]爲关。（46 頁）

〖劉釗 1992A〗按字從“竹”、從“关”，應釋爲“箞”…在簡文中讀作券。“俈箞公”即“造券公”。

〖文炳淳 1997〗“俈筹公”爲爭奪其官人之流失而引起訴訟，明顯的顯是著“俈筹”爲手工作坊的性質。…劉釗先生認爲“筹”字從“竹”從“关”，應釋爲“箞”。在簡文中讀作“券”，“俈箞公”即“造券公”。其說可從。“箞”字見《玉篇》，訓“曲竹”，在簡文中用作券契的券。《說文》：“券，契也。從刀，关聲。券別之書，以刀判契其旁，故曰契券。”“俈笶”似爲製造契券之機構。（36 頁）

〖白於藍 1999〗即《說文》莞字。

〖十四種 2009〗筦亦通“管”，有管樂器、鑰匙、管轄等義。簡文所指待考。（45 頁）

按：“莽”還見於 263 號簡，讀爲“莞”，暫將“莽”釋爲“莞”。“俈莞”應是機構名稱，“莞公”是職官。

[4]邅

〖整理者 1991〗遲。（24 頁）

〖高智 1996〗此字當釋爲“遮”字。

〖楚文字編 1997〗遥。（90 頁）

〖李零 1999B〗所釋可疑。（按：指釋爲“遲”可疑）

〖十四種 2009〗此字所從與郭店竹書《緇衣》36 號簡釋爲“廛”、讀爲“展”的字類似（按：字形作），應釋爲“趣”。（89 頁）

按：此字還見於 170 號簡，作，所從與上博楚簡《曹沫之陳》18 號簡“纏”（）相似，可釋爲“邅”。

[5]教敂（令）卺

〖李天虹 1992〗當是從印之聲之字，或可釋作時。

〖周鳳五 1996〗卺。

〖何琳儀 1998A〗①“教敂”讀“教令”。《漢書・文帝記》“上親勞軍，勤兵申教令。”（285 頁）②之色，人名。（1476 頁）

[6]官（倌）人番䉶

〖整理者 1991〗①官，借作倌。（45 頁）②翻。（24 頁）

〖何琳儀 1998A〗①“官人”，讀“館人”。…館人，謂守舍。”（1072 頁）

[7]番向

〖滕壬生 1995〗昔。（567 頁）

〖周鳳五 1996〗“岳”。

〖林清源 1997〗九店簡 56.44 有字作“”形，李家浩釋作“昔”。…“今”、“昔”對文，李家浩的考釋應該可信。…包山簡 99△字，跟九店簡九店簡 56.44 的“昔”字相比，只有從“口”與從“甘”的差異。由此可知，包山簡△字也應該釋爲“昔”。（67 頁）

〖何琳儀 1998A〗哳。（1510 頁）

〖陳松長 2000〗丘。

〖湯餘惠、吳良寶 2001〗該字應釋爲“向”。

〖冀小軍 2002〗跟寫法相同或相似的字，在郭店和上博簡中的用法是相當固定的：“鄉”、“向”均爲陽部曉紐字；“卿”爲陽部溪紐字，但它本是“饗”（陽部曉紐）字的初文，同時也是“鄉”和“嚮”所從出的母字。因此我們認爲，見於《包山》99 號簡的這個字應該也是這樣的用法，…我們認爲是“皿”字。…“皿”是陽部明紐字，在楚簡中讀爲“鄉”、“嚮”或“卿”。“鄉”、“嚮”是陽部曉紐字，“卿”是陽部溪紐字。“溪”、“曉”同系，關係密切（“卿”本是“饗”字的初文，也是“鄉”、“嚮”所從出的母字）。“明”、“曉”二紐在上古有特殊關係，互通的例子比較常見。

〖王寧 2002C〗楚簡中的“向”字寫作“”或“”，其字當是從“北”從“曰”或“口”，其上部之“北”或作羊角形，殆爲書寫方便而又加以變化而然…實際上，“”應當是甲骨文中的“”字之形變，此字或寫作“”、“”，在卜辭中就用爲“向”…楚簡中的“”字既是“”字之形變…實際上，“”字當依形隸定爲“豈”，上從“八”…是“八”與“北”在古文中形音義並近，因此在楚簡帛書中演化爲“北”。下部所從之“豆”不是盛食器的豆，而是鼓的象形，證之者，有甲骨文中的“壴”字，“壴”是鼓上飾以崇牙之形，在甲骨文中寫作“”“”“”等形，其下部所從的鼓形文與“”字所從者全同。故“豈”字當是從八從豆，是“響”（簡體作“响”）之初文，是個會意字，…“豈”字是“響”之初文，響、向古音都是曉母陽部，讀音相同，故甲骨文借爲“向”字。在楚簡帛書裏經過演化，直用爲“向”了。從漢代以後，典籍中聲響之響通用“響”字，向背之鄉通用“向”“鄉”“嚮”等字，“”“”等形體也就廢止了。在後世的典籍中，響與鄉、向（嚮）等字常互相通假。

按:此字應釋爲“向”，湯餘惠、吳良寶對“向”字訛變過程作了推測：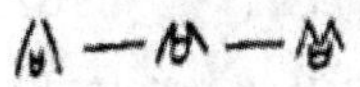，可資參考。

[8]㠯（以）亓（其）反（叛）官

〖何琳儀 1998A〗包山簡九九、一二一、一二四、一二五反官，讀館。（1073 頁）

按:應即 88 號簡之“以反其官”。

[9]自致（屬）於新大廄（廄）之古（故）

〖整理者 1991〗致，讀如逗，留也。（45 頁）

〖陳偉 1996A〗“致”，《說文》：“古文投如此。”“自致於新大廄”大致是說擅自投身新大廄。（117 頁）

〖周鳳五 1996〗以其反官自屬於新大廄之故。這是記郘昜職司造器的作坊長官遅與巷二人，指控下屬工匠番䝿、番岳、番期三人擅自離開作坊而歸屬到新大廏。

〖白於藍 1999〗即《說文》豛字。偏旁殳、攵可通用。

〖劉信芳 2003〗郭店簡〈五行〉35："又（有）大辠而大豉之"。其字帛書本作"誅"。…簡文"自誅"猶言自我陳述，自我解說。(94 頁)

〖十四種 2009〗當從周氏之說讀爲"屬"，歸屬、隸屬義。(45 頁)

奐（爨）月辛𨟮（酉）之日，郑（滕）敓[1]之粎邑[2]人走仿登（鄧）城（成）[3]訟走仿郘（呂）綖（延）[4]𠮥（以）丌（其）敓[5]湯汸[6]與爾淏（澤）[7]之古（故）。正義牢。𡊄（匡）坷。〖100〗

集釋：

[1]郑（滕）敓

〖整理者 1991〗郑。(24 頁)

〖劉釗 1992A〗按字從"邑"、從""，""即《說文》"倴"字所從之"弅"，隸作"关"。字應釋爲"朕"。"关"在簡文中用作姓氏，故加邑旁，應讀作滕氏之"滕"。

〖楚文字編 1997〗郑。(315 頁)

〖何琳儀 1998A〗包山簡郑，讀滕。或姓氏。周文王第十四子叔綉後也。武王封之於滕。見《通志・氏族略・以國爲氏》。(149 頁)

〖劉信芳 2003〗郑敓疑是人名，"郑"字又見簡 162，讀爲"滕"。(94 頁)

〖十四種 2009〗"滕敓"也許是地名。"敓"也可能是某種行政區域的名稱。(45 頁)

〖吳良寶 2010〗"郑"字實應釋爲"𨚗"，…關於戰國文字中"弅"、"关"的區別，李家浩有明確的解釋，可參看。(268 頁)

按:還見於 162 號簡，作，包山楚簡中還有一個字，作（140 號簡反）、（182 號簡）。從字形上看，前者從"弅"，後者從"𢍏"，但包山簡中從"弅"與從"关"有相混的情況，例如"豢"字作（210 號簡），又作（238 號簡）。因此，包山楚簡中與也許就是同一個字，不過無法確定其所從之正體是"弅"還是"𢍏"。暫將從"弅"之字讀爲"滕"，從"𢍏"之字讀爲"卷"。作爲地名之"郑"參 162 號簡集釋。

[2]粎邑

〖整理者 1991〗粎。(24 頁)

〖白於藍 1995B〗故字當隸作"郛"，釆、番音近，…亦應是"鄱"字，簡文"鄱邑"用爲地名。春秋時楚有番邑，秦置鄱縣，西漢改名番陽，東漢始作鄱陽。

〖顏世鉉 1997〗簡文的“鄱邑”乃小地名，爲楚地方最基層政區組織，而不是大地方。（254 頁）

〖何琳儀 1998A〗䣂，讀番，地名。與春秋番國有關，在今河南固始附近。（1060 頁）

〖白於藍 1999〗右旁所從實是釆字，釆、番音近，在用作聲符時可以互換，此字應即《說文》鄱字異構。

〖劉信芳 2003〗惟“邑”與簡 153“鄱君”之封地非一，故依原簡字形隸定爲“䣂”…其地在今江西波陽縣東北。（94 頁）

〖十四種 2009〗楚簡中從米之字亦有類似者，如郭店《語叢四》13 號簡的“迷”字。（45 頁）

[3]走仿登（鄧）城（成）

〖整理者 1991〗走仿、登成。（24 頁）

〖何琳儀 1998A〗走，姓氏。（383 頁）

〖白於藍 1999〗此成字下部從“”，乃壬字。壬、成古音同爲舌音耕部字，故成從壬，是起注音作用。

〖十四種 2009〗走仿當是某種身分名詞。（45 頁）

按:在楚簡中大多讀爲“成”。“埅(城)”亦可隸作“㦤”，下部之“壬”乃變形音化。①

[4]郘（呂）綖（延）

〖整理者 1991〗郘緭。（24 頁）

〖黄錫全 1992〗緭（緰）。

〖劉釗 1992A〗字書有“郘”字，與此字可能是同形異字。字在簡文中用爲姓氏字，應釋爲“呂”，讀作呂姓之呂。

〖巫雪如 1996〗包山楚簡鄘與郘並非一字，鄘或爲偪陽國，郘則爲文獻中習見的呂。呂爲姜姓古國，虞夏之際受封爲諸侯，或言伯禹佐禹有功封於呂，春秋時滅於楚，子孫以國爲氏。（95 頁）

〖何琳儀 1998A〗讀呂，姓氏。呂氏，姜姓，侯爵，炎帝之後也。虞下之際受封爲諸侯。又晉有呂氏，出於魏氏。（567 頁）

〖劉信芳 2003〗緰（綸）。（94 頁）

〖施謝捷 2003〗緒。

按:見於朱家集銅器銘文，爲楚王名，歷來釋法紛雜，主要有“肙”、“肯”、“肻”、“胐”、

①李守奎主編:《上海博物館藏戰國楚竹書（一～五）文字編》，602 頁，北京，作家出版社，2007。

“肯”、“肓”、“胄”、“前”等說法。①其中又以釋“前”之說影響較大，但此字與楚簡中“前”尚有差別。上博楚簡《弟子問》1號簡和2號簡兩見字，辭例爲“～陵季子”，即文獻中的“延陵季子”。《弟子問》整理者認爲此字是“前”而讀爲“延”。②或釋爲“脡”（爲“延”之繁體），並與新蔡楚簡中宋華強釋爲“延”、“脡”之字聯係起來。③釋“延”的意見可從，包山楚簡之字還見於清華楚簡《楚居》6號簡，作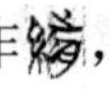，爲楚王名，即文獻中的“熊延”，因此包山簡此字可釋爲“綖（延）”。

[5]敚

〖劉信芳 1996B〗“敚”讀如“稅”，徵收賦稅。

[6]湯汸

〖整理者 1991〗湯。（24頁）

〖陳偉 1996A〗在“汸”、“澤”之下，各有一點狀符號，爲地名標識。（197頁）

〖劉信芳 1996B〗“湯汸”讀如“蕩防”有如簡三之“湯邑”應是“湯邑”。…“汸”字又作“雱”（簡一四九），字從网從汸，並讀如防。古代捕魚用防，又稱“梁”，故字又從网作。…“蕩防”與《左傳》“原防”意同，蕩謂水蕩，“原”爲“源”之本字，是“蕩防”即“原防”。

〖文炳淳 1997〗簡文大意謂“爲了爭奪水庫而打官司”，似與地域劃分有關。“仿”疑讀“方”。（85頁）

〖何琳儀 1998A〗湯，讀易，姓氏。齊大夫易牙之後。即雍巫也，善知味。見《尚友錄》。（760頁）

〖白於藍 1999〗《說文》方字或體作“”，與此字形同。

〖劉信芳 2003〗“汸”字簡149作“雱”，字從网從汸，並讀爲“防”，…按簡文“源防”與《左傳》“原防”同。（94頁）

〖十四種 2009〗《左傳》“原防”杜注作：“廣平曰原；防，隄也。隄防間地不得方正如井田，別爲小頃町。”楊伯峻注：“《爾雅·釋地》：‘可食者曰原。’防，亦隄防間可耕之地。原防同義，俱謂隄防間之狹小耕地。”是可指耕地。（45頁）

[7]𦋺淏（澤）

〖整理者 1991〗淏。（24頁）

①參見程鵬萬：《安徽壽縣朱家集出土青銅器銘文集釋》，38-51頁，哈爾濱，黑龍江人民出版社，2009。程鵬萬贊同釋“前”的意見。

②馬承源主編：《上海博物館藏戰國楚竹書（五）》，268頁，上海，上海古籍出版社，2005。

③小蟲：《〈上博五·弟子問〉“延陵季子”的“延”字》，簡帛網，2006年5月20日。

〖黃錫全 1992〗𦋺。

〖李天虹 1992〗疑此字當讀作澤。

〖劉釗 1992A〗①字應隸作“𦋺”。②字應釋爲“澤”。

〖劉信芳 1996A〗“溴”即“澤”字。…然簡文另有“睪”字…楚系文字睪、有別，秦漢以後，睪字行而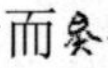字廢…我們可以將“溴”理解爲“澤”但以保留“㥁”、“溴”諸字形爲妥。

〖劉信芳 1996B〗“𦋺”讀如“瀰”字亦作“彌”，義爲深水，…蕩防與彌澤本爲水蕩（或水源）、堤防、深水、沼澤之地，應屬於減徵或免徵賦稅之處，邵緰強徵其賦稅此所以被起訴。

〖楚文字編 1997〗𡨧。（746 頁）

〖何琳儀 1998A〗“𦋺澤”，地名。（556 頁）（按：61 頁又釋爲“涘”，爲人名）

〖白於藍 1999〗即《說文》澤字。

〖李零 1999B〗應釋“罶”。

按:楚簡中標準的“睪”作（郭店楚簡《六德》44 號簡），字形與還是有區別的，但從之字可讀爲從“睪”之字，如郭店楚簡《老子甲》9 號簡，辭例爲“渙乎其如～”，今本作“釋”，因此，此字宜釋爲“溴（澤）”。

𡬠（爨）月癸亥之日，章郕（越）[1]訟宋倜㠯（以）旼田[2]。義牢。秀紳。〖101〗

集釋:

[1]章郕（越）

〖巫雪如 1996〗據《通志・氏族略》等姓氏書所述，章氏當爲古鄣國之後。在包山楚簡中，章除用作姓氏外，亦爲地名，見簡 77 之“章䧙”，因此，簡文中章氏亦可能爲以楚之章䧙爲氏者。（105 頁）

〖何琳儀 1998A〗章，姓氏。系出姜姓，齊太公支孫封國爲鄣，後爲齊所滅，子孫去邑爲章氏。《見古今姓氏書辯證》。（650 頁）

[2]旼田

〖整理者 1991〗旼，讀如巨，《說文》：“規巨也”。字亦作矩。（45 頁）

〖劉釗 1992A〗按字從“巨”、從“攴”…此字應釋爲“拒”。

〖何琳儀 1998A〗旼，圃之四圍，引申爲圍。（496 頁）

〖白於藍 1999〗即《說文》拒字。偏旁攴、手可通用。

〖劉信芳 2003〗簡 153 作“岠”，字從巨聲，文獻多作“矩”。巨爲測量工具，《說文》：

“巨，規巨也。”“弫田”猶言量田，測量所至，以之爲疆界，…簡文既述因“弫田”而引起訴訟，則是借量田爲名侵佔他人田界，與“畷田”類似。（95 頁）

〖十四種 2009〗《韓非子·揚權》：“數披其木，無使木枝外拒；木枝外拒，將逼主處。”陳奇猷校注：“《孟子·盡心篇》‘來者不拒’，《荀子·君道篇》‘內以固城，外以拒侮’，是‘拒’字有推而向外之意。”拒田蓋是將其田向外推移。（46 頁）

按：“豉田”似指擴大田界。

奐（爨）月辛未之日，辻命（令）[1]人周甬受〈訟〉正李斵（列）耴[2]㠯（以）㪗（賸）田[3]於章𢦏（國）[4]鄗邑[5]。正義牢戠（職）之。〖077〗

集釋：

[1]辻命（令）

〖整理者 1991〗迅敂。（21 頁）

〖張光裕、袁國華 1992〗原釋文隸作“敂”。核諸原字形，實不從“攴”。（緒言·9 頁）

按：“辻”參 15-17 號簡集釋。

[2]周甬受〈訟〉正李斵（列）耴

〖整理者 1991〗剫。（21 頁）

〖李天虹 1992〗此字右旁乃斤字，非刀。…簡文另見剫60、67，㦽10、170，查古文字戈、斤、刀作爲偏旁可以互通。…疑剫、㦽均爲鋭字異體。

〖張守中 1996〗斵。（64 頁）

〖楚文字編 1997〗耴。（527 頁）

〖何琳儀 1998A〗耵（1430 頁）

〖白於藍 1999〗即鋭字，《説文》鋭字古文作“㓹”，與此字形近。

〖史傑鵬 2001〗我們認爲（五）（按：指 77 號簡）的“受”應該是“訟”之誤，此簡應該排在《疋獄》101 號簡之後，而不應該跟《受期》簡或 58 號、63 號等“受人”簡排在一起。

〖劉信芳 2003〗受正，受獄訟之成。該案判決的結果（所謂“獄訟之成”）是“李斷耴以賜田”，由周甬受獄訟之成，即依法處理此事。（74 頁）

[3]㪗（賸）田

〖整理者 1991〗㪗，從乘省，讀如乘。《淮南子·氾論》：“強弱相乘”，注：“加也”。此指擴大土地面積。（44 頁）

〖劉釗 1992A〗字又見於 94…按此二字乃一字之異構。貝上所從並不是“乘”字，而是

“叕”字。…“𢿢田”和“𧶛田”都應讀作“輟”。輟，已也，止也，歇也。輟田即停耕。

〖何琳儀 1993A〗應釋“𢿢”，“ 𢿢田”或作“𧶛田”94…“𧶛”與“贅”音近可通。…《說文》“贅，以物質田。從敖、貝。敖者猶放，謂貝當復取之。”“𢿢田”、“𧶛田”均讀“贅田”。

〖劉信芳 1996A〗簡七七“迅命人周甬受正”，意謂由迅命人周甬執行官府判決，判決的具體內容是李𠠲耴𧶛田，“𧶛田”謂擅自擴大田界。

〖劉信芳 1996B〗很明顯，“𧶠田”是一種違法行爲。按“𧶠”讀如“畷”，《說文》：“畷，兩百閒道也，百廣六尺。從田，叕聲。”畷可以理解爲田界，…所謂“畷田”亦即重修田間之道而正封疆，與子駟“爲田”就其實質而言是一碼事。

〖何琳儀 1998A〗𢿢，從攴，𧶠聲。疑𧶠之繁文。“𢿢田”，或作“𧶠田”，讀“贅田”。…“贅田”抵押土地。（926 頁）

〖史傑鵬 2001〗（五）的“𢿢”和（七）（按：指 77、94 號簡）的“𧶛”同從“乘”得聲，當是同一個字的不同寫法。

〖十四種 2009〗“𢿢”或可讀爲“掇”。“掇”有掠奪義。《史記・張儀列傳》：“中國無事，秦得燒掇焚杅君之國。”索隱：“謂焚燒而掠奪。”（46 頁）

按:除了以上觀點，李家浩懷疑此字讀爲“徵”，“徵田”與“征田”同義。[①]此字異體作，不從“攴”（見 94 號簡），“”即望山楚簡遣策中的“”，應分析爲從“攴”從“貝”從“乘”省聲，在簡文中讀爲“賸”。“賸田”應是指私自擴大土地面積，屬於違法行爲。

[4]章戜（國）

〖整理者 1991〗章域，地名，地望不祥。（44 頁）

〖滕壬生 1995〗或。（870 頁）

〖陳偉 1996A〗“戜”，《釋文》讀作“域”。似可從。在傳世古書中，域指各種地理境界或區間。《周禮・地官・大司徒》：“以天下土地之圖，周知九州之地域廣輪之數”，是指九州的境土。《說文》：“或（域），邦也”；《漢書・韋玄成傳》：“以保爾域”，顏注云：“域謂封邑也”，分別是指一國、一邑的地方。《周禮・春官・典祀》：“典祀掌外祀之兆守，皆有域”；《廣雅・釋丘》：“域，葬地也”，則分別是指祭場和墓地的範圍。簡書之“戜”屬於特定的地域範圍，上揭各種訓釋均不能直接套用。銀雀山漢簡《田法》記云：州、鄉以地次受田於野，百人爲區，千人爲或（域）。人不舉或（域）中之田，以地次相……這裏的區、域，分別是指百人和千人受田的範圍。由於受田有定數，所以這裏的區、域

①轉引自史傑鵬：《讀包山司法文書簡劄記三則》，《簡帛研究二〇〇一》，19-24 頁，桂林，廣西師範大學出版社，2001。

也就應是特定的地域概念。因此，並考慮到包山簡中的邑也與授田有關，在現有的資料中，包山簡“䆅”的含義當與《田法》的“或”最爲接近。（74 頁）

〖巫雪如 1996〗簡文中之章䆅也可能在漳水流域。漳水發源於鄂西北漳，流經當陽，與沮水匯合，經枝江、江陵，南入長江。（106 頁）

〖徐少華 1996D〗“郟域”即郟地，類似之例簡文還有“章域”（J177）、“鄝域”（J143）等，“域”是某一地區的泛稱，還是指某種特別區域，還有待進一步研究。

〖何琳儀 1998A〗讀域。《正韵》“域，區域也。”（20 頁）

〖日高 1998〗過去，學術界是將“域”作爲縣的下級行政區來處理的，但從目前材料來看，這種認識應重新考慮，B77 提到“章域崔邑”，反映出“崔邑”屬於“章域”。前文提到，戰國時，邑的大小差距很大，有的邑就是縣，這一點在包山簡中有多處反映，“崔邑”就是一例。…B95 表明“崔”設有“大市”。楊寬先生在總結了古文獻資料後得出結論，“市”的設置是縣級行政區的重要特徵。（8 頁）

〖李零 1999B〗字從宀，應釋“䆅”，讀爲域。

〖劉信芳 1999F〗疑諸“䆅”皆是由堤防形成的居住、耕作區域。…《釋水》：“水中可居者曰洲，小洲曰陼，小陼曰沚，小沚曰澝，人所爲爲澝。”所謂“人所爲爲澝”者，謂以人工圍堰，使如洲可居者也，知“䆅”與“澝”亦音近義通。字或做溢、涘，或作䆅、澝者，異域音殊，所指則一也。

〖藤田勝久 1999〗可以讀作“國”。①

〖劉信芳 2003〗疑諸“䆅”皆是由堤防形成的居住、耕作區域。…“䆅”字經典未見，有可能爲“淢”字異構。（74-75 頁）

〖羅運環 2005〗此字除包山楚簡 7 例之外，又見於《郭店楚墓竹簡・緇衣》，其辭例爲轉引的《詩》句（見於今本《詩經・小雅・節南山》）其曰：“誰秉䆅成，不自爲貞”。今本䆅字作“國”，其在詩中也用爲國家之“國”。可見，此字當釋爲“國”字無疑。…縱觀楚國歷史，包山楚簡中的䆅（國）有三種可能性：一是滅國不絕其祀的“遷國”；二是吳起變法失敗後，肅王收陽城君等封君之國時而未盡收者；三是新封的侯國。這三種類孰是，姑且不下斷語，待有新的資料出土後再作結論。關於這種國的上屬與下轄的組織結構，可從鄦、㢊兩個封國的例子中得見一斑。包山楚簡曰：“羅之壦里人湘痼，訟羅之㢊䆅（國）之圣者邑人”（第 83 號簡）。表明這種封國是由一個縣分立，在行政上受到縣政的干預。包山楚簡又云：“泚陽之酷官黃齊……死於鄦䆅東敔卲戊之笑邑”（第 124 號簡）；

①轉引自羅運環：《釋包山楚簡䆅吾宧三字及相關制度》，《簡帛研究 2002、2003》，6-12 頁，桂林，廣西師範大學出版社，2005。

“郘陽公命鄦宼之客葦、戠尹癸譸（義爲察）之”（第125號簡）表明宼（國）一般爲宼、邑兩級組織，個別的如宼在國邑二者之間，還有一級組織。

〖十四種2009〗上博簡《曹沫之陳》16號簡“大國親之”的“國”也是這種寫法，可以支持藤田氏之說。這種“國”，也許是“國野”的“國”，指以某一大邑爲中心的地域。（9頁）

按:包山楚簡“宼”讀爲“國”可從。上博楚簡《極先》中讀爲“域”的字作，不從“宀”，或許是“國”與“域”之區別。新蔡楚簡有“亓（其）國㥥三袿（社）上”（甲三285）、“亓（其）國之𧍘虫𪊨□”（甲三335＋甲三251）等句，賈連敏認爲其中的“國”與包山楚簡中的“宼”相似。①邴尚白也認爲“國”應該就是包山楚簡中的“宼”，而“宼”很可能確應讀作“國”，甚至是“國”字異體。②宋華強認爲古代“國”可以指“城邑”，凡表示大邑之“國”應該都可以兼城外所轄四郊以內的區域而言，四郊之內可能還有較小的“邑”。③巫雪如認爲“章宼”可能在漳水流域，顏世鉉也持同樣觀點。④

[5]鄐邑

〖黃錫全1992〗當釋爲賚。又，簡文（95）、（141）等所從之，可能就是形的變體，均當釋爲𦞦、儽。而166的，又是由形演變。

〖袁國華1993A〗字於簡中用爲地名，疑爲“晉邑”“衰”，說見《國語》《晉語》。

〖袁國華1993B〗“包山楚簡”的“”字，應該也是“衰”字，而“”、“”及“”是“衰”字的不同寫法。至於“”意即肉字。…則將“”字隸定作“脿”是沒有問題的了。據此可以將“”隸作“鄜”；將“”、“”、“”都可以隸作“儦”字了。字於簡中用作地名。

〖滕壬生1995〗鄜。（560頁）

〖高智1996〗“”當是“衰”之本字，由於“衰”、“崔”音同，故古文字中借“衰”爲“崔”。因此簡77增“邑”作爲地名之專字，當是“崔”（鄐）。

〖楚文字編1997〗鄜。（328頁）

〖何琳儀1998A〗鄰。（1474頁）

〖李零1999B〗從邑從褭從刖，不從叒。

按:此字可隸定爲“鄜”，其所從之，包山楚簡中常見，應是一個常用字，但是何字還需進一步研究。

①賈連敏：《新蔡葛陵楚簡中的祭禱文書》，《華夏考古》2004（3），89-101接108頁。

②邴尚白：《葛陵楚簡研究》，231頁，臺灣大學博士學位論文，2007。

③宋華強：《新蔡葛陵楚簡初探》，337頁，武漢，武漢大學出版社，2010。

④顏世鉉：《包山楚簡地名研究》，251頁，臺灣大學碩士學位論文，1997。

冬栾（夕）之月甲晷（辰）之日，少𦵦（臧）[1]之州人冶士[2]石扈[3]訟亓（其）州人冶士石䠆（脖）[4]，言胃（謂）剔（傷）亓（其）弟石耴䏚[5]。既發学，䎽（執）勿遊（失）[6]。泟（疋）异（期）[7]戠（職）之。秀頵（履）[8]爲李。〖080〗

集釋：

[1]少𦵦（臧）

〖整理者 1991〗少臧，職官名。（44 頁）

〖楚國歷史文化辭典 1996〗可能屬財政物資儲藏管理之官，乃大臧之輔佐。（58 頁）

按：雖然楚簡中“臧”多讀爲“莊”，但“少臧”、“大臧”之“臧”似不讀 “莊”，或可讀爲“藏”，“少藏”、“大藏”爲管理儲藏的官員。“臧（莊）”字參 23 號簡集釋。

[2]冶士

〖整理者 1991〗冶字。楚國銅器銘文的冶字多作此形。（44 頁）

〖湯餘惠 1992〗戰國文字中的冶字均從刀作，此篆左旁亦應是“刀”而非從“人”，楚器銘文之“冶”多作，二在口下，簡文在上，應係異構。《說文》古文剛字作，左旁乃弓之訛寫，隸定爲“㢮”，乃弘字繁構，韻同而假借爲剛字，其形與簡文“冶”訛混，實非一字。

〖滕壬生 1995〗𨽸。經典作肆楚銘有士當即巳師周禮有肆師之官。（735 頁）

〖李零 1999B〗楚幽王諸器“冶師”之“冶”作，與此相近，《包》釋“冶”。

〖劉信芳 2003〗原簡字形與《說文》“剛”之古文同。郭店〈老子〉甲 6“不谷以兵剛於天下”，“剛”讀爲“強”。（77 頁）

按：楚簡中標準的“強”字作（上博楚簡《恆先》10 號簡），所從“弓”旁有與人旁（或尸旁）相混的情況，如（郭店楚簡《老子甲》7 號簡）、（郭店楚簡《老子甲》6 號簡）、（上博楚簡《慎子曰恭儉》1 號簡），但其字形皆是“口”形在上，兩橫筆在下。而包山楚簡之字作，與“強”不同，應爲“冶”字，戰國羕陵公戈“冶”字從“刀”作，左旁有可能是“刀”旁訛變。包山楚簡中“刀”旁有時與“人”旁很相似，如“卲”字作（125 號簡）、（206 號簡）。

朱家集楚器銘文作，舊有釋“侃”、“冶”、“巳（肆）”、“剛”等說。[①]從字形上看更接近“強”字，而從辭例上看，讀爲“冶師”較爲恰當。程鵬萬認爲見母陽部的“強”可讀爲餘母魚部的“冶”，[②]可備一說。上博楚簡《慎子曰恭儉》2 號簡有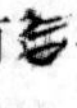字、5 號簡有

①參見程鵬萬：《安徽壽縣朱家集出土青銅器銘文集釋》，101-111 頁，哈爾濱，黑龍江人民出版社，2009。

②程鵬萬：《安徽壽縣朱家集出土青銅器銘文集釋》，113-114 頁，哈爾濱，黑龍江人民出版社，2009。

字，陳偉均讀爲“強”。[①]何有祖則引《古文四聲韻》第九頁“咨”字作“”，釋爲“咨”。[②]這兩個字或許也是“冶”字。

“冶士”或與“冶師”有關，關於楚文字中的“冶師”，李零認爲是“冶鑄工師”。[③]黄錫全認爲冶師和冶佐均爲直接制器的技術官。[④]劉玉堂認爲“冶師”應爲負責青銅器冶鑄的基層技術官吏。[⑤]郝本性則認爲楚國的冶師，是專門負責鑄器的。冶師當爲鑄客的工頭，是官府鑄造機構中的基層職官。[⑥]

[3]石屉

〖整理者〗佢。（22 頁）

〖何琳儀 1998A〗弡。（497 頁）

〖李守奎、蔡麗利 2010〗楚文字“弓”形大多彎曲幅度較大最後一筆要麼拉抻得很長要麼上有一小短橫，而且幾乎都是兩次彎曲。“”所從的“”旁無一例是典型的“弓”旁，而大部分與“尸”旁吻合。上列字形 A 類（按：指包山 80 號簡字等）顯然也應當隸作“屉”，…“屉”從“尸”“巨”聲，是“居”字異體。《説文》：“居，蹲也。從尸，古者居，從古。踞，俗居從足。”其實，把“居”分析爲從“尸”、“古”聲的形聲字更切合實際。“古”、“巨”與“居”並爲牙音魚部字，“居”與“屉”構字理據相同，當爲一字之異，皆由“蹲踞”義引申爲“居處”義。包山簡中的“屉”大都是人名、姓氏用字，其用同“居”在上博簡、郭店簡中已經得到證實…“”無論是從字形上、構字理據上還是從詞例上，隸作“屉”，釋爲“居”都是合適的。

按：黄錫全雖然沒有考釋本簡中的“屉”字，但已將 65 號簡之“屉”釋爲“弡”。[⑦]楚簡中“人”、“弓”、“尸”有混用的現象，因此所從的偏旁有多種可能。153 號簡有“”，其中即“疆”字，所從的偏旁“弓”，有可能是受了的影響而寫作“”，還有可能因與“人”旁、“尸”旁相混而寫作“”。從字形上看，李守奎認爲從“尸”的説法比較有説服力，簡 127 的“居”作，所從“尸”旁與所從相同。不過，“屉”是否爲“居”字異體，還需進一步探討。

[4]石𦡱（脖）

①陳偉：《上博竹書〈慎子曰恭儉〉初讀》，簡帛網，2007 年 7 月 5 日。

②何有祖：《〈慎子曰恭儉〉劄記》，簡帛網，2007 年 7 月 5 日。

③李零：《論東周時期的楚國典型銅器群》，《古文字研究》第十九輯，136-178 頁，北京，中華書局，1992。

④黄錫全：《古文字中所見楚國官府官名輯證》，《文物研究》總第七期，208-236 頁，合肥，黄山書社，1991。

⑤劉玉堂：《楚國手工業生産管理、技術職官》，《中國科技史料》1996（3），3-9 頁。

⑥郝本性：《試論楚國器銘中所見的府和鑄造組織》，《楚文化研究論集》第一集，313-326 頁，武漢，荊楚書社，1987。

⑦黄錫全：《〈包山楚簡〉釋文校釋》，“中國古文字研究會第九屆學術研討會”論文，南京，1992。

〖整理者 1991〗臂。(22 頁)

〖何琳儀 1993A〗由“詩”籀文作“𧦧”，知△應釋“脖”，或作“䐈”。

〖滕壬生 1995〗臂。(348 頁)

〖何琳儀 1998A〗䐈，從肉，𧦧聲。疑脖之異文。(1301 頁)

〖李家浩 1998B〗“脖”字的異體。…此字在簡文裏用爲人名。

[5]剔(傷)亓(其)弟石耴䶒

〖整理者 1991〗①剔，讀作傷，簡文中傷均作此形。(44 頁)②䶒(?)。(22 頁)

〖黄錫全 1992〗鼩(?)。

〖何琳儀 1993A〗應釋“䶒”。

〖十四種 2009〗鳰。(36 頁)

[6]䝨(執)勿遊(失)

〖整理者 1991〗遊讀作躚,《説文》:“行貌”。《廣雅·釋訓》:“蹡蹡走也”。(44 頁)

〖湯餘惠 1992〗分析其構形，當是從辵，旃聲(亦即羊聲)，大概就是“徉”字的古寫。…簡文中此字都有行、走之義。…80 簡:“既發札，執勿遊。”是說拘捕命令發出之後，要立即拘捕人犯，勿使走脱。

〖周鳳五 1992〗“既發竽，執勿遊”，是說拘捕令發出後，要立即拘捕人犯，使勿脱走。

〖黄盛璋 1994〗“執”與“將”相對，執是逮捕，失去行動自由，“將”則有行動自由，只是傳他來。

〖滕壬生 1995〗達。(143 頁)

〖劉信芳 1996A〗“遊”應是“徉”之異體，字或作佯，宋玉《風賦》:“倘佯中庭。”李善注:“倘佯，猶徘徊也。”簡文謂:“既已發節，捉拿人犯不得徘徊推延。”

〖楚文字編 1997〗䜝。(552 頁)

〖黄德寬、徐在國 1998〗頗疑此字所從之“𠂒”，乃“矢”形之訛，楚文字中“矢”字或作𠂒(包 260)，𠂒、𠂒、𠂒(並“射”字所從，《簡帛編》417 頁)等形，與“羊”形近。…何琳儀先生在考釋楚帛書中的“𨒪”字時說:“遊乃逆之繁化，下文湯作瀁是其例。”(《長沙楚帛書文字編》96 頁引)據此“遊”可視爲“迭”字繁化。“迭”可分析爲從“辵”“矢”聲，古音矢屬書紐脂部，失屬書紐質部，脂、質陰入對轉，故“迭”字可讀爲“失”。

〖何琳儀 1998A〗遊，從辵，旃聲。疑逆之繁文。包山簡遊，讀逆。遊、逆形近。…“勿遊”讀“勿逆”。《集韵》“逆，一曰，卻也。”(674 頁)

〖廖名春 1998B〗𨒪字的構件“㫃”實從“大”來。“大”古音屬月部，“㫃”爲元部，其主要元音同，陽入對轉，故可通用。因此“達”就可以寫作“遳”。《說文・辵部》：“達，行不相遇也。從辵羍聲。《詩》曰：‘挑兮達兮。’达，達或從大。或曰迭。”“迭，更迭也。從辵，失聲。一曰达。”甲骨文有從辵從大之“达”字，有構件“羊”的“達”字是在金文中才出現的。可見“達”本作“达”。而作爲構件的“大”與“失”、“矢”在古文字中常混。…我們再來看長沙子彈庫楚帛書、包山楚簡、荊門楚簡裏的“遳”字，就會發現“遳”從“達”來，“達”本作“达”，而“达”實“迭”的形訛。古文獻中“失”與“佚”通用，“佚”與“迭”通用，“軼”與“佚”通用不勝枚舉。…因此，“迭”乃“失”字之借。…包山楚簡的“遳”字不能讀爲“逆”，也不能讀爲“蹕”或“徉”，簡 80 的“執勿遳”即“拘捕而勿使逃失”，“遳”當讀爲“失”。

〖何琳儀 1999〗按，“遳”明確從“羊”聲。羊，喻紐四等，古讀定紐；失，審紐，古讀透紐。定與透均屬舌音，自可通假。郭店簡以“遳”爲“失”乃假借，與形體似無涉。

〖李家浩 1999A〗把與“失”字初文比較，不難發現前者是後者的訛變。前者所從的“”是由後者所從的“止”訛變而成，與“㫃”無關，前者所從的“”是由後者所從的“”訛變而成，與“羊”無關。應釋爲“迭”。《說文》說“迭”從“失”聲，故楚國文字的“迭”可讀爲“失”。

〖劉信芳 1999A〗讀如“亡”。《說文》：“亡，逃也”。段注：“引申之則謂失爲亡。”楚系文字“亡”多讀如“無”，故表逃亡必另有其字。包 80：“即發節，執勿遳”即執而勿使逃亡也。（72 頁）

〖趙建偉 1999〗此字簡文屢見，疑爲“逸”之或體，逸、失古通作。

〖周鳳五 1999B〗當釋爲“佚”，包山楚簡別有“失”字，見簡一四〇與簡一四〇反：“登人所斬木四百，失於鄴君之地襄溪之中；其百又八十，失於畢地郕中。”字作，同於《說文》篆體，爲楚文字“失”之本字，其作遳者乃“佚”字，讀作失。

〖劉信芳 2000〗學者或解該字所從聲符乃“矢”形之訛。按楚系文字“羊”之羊頭有如羊角，是彎曲的，而“矢”則有如矢頭，是不彎曲的，二字判然有別。“遳”字目前已見近二十例，字形穩定，從“羊”聲無疑，不可能是“矢”之形訛。

〖趙平安 2000F〗所謂遳，實際上應隸作逹，它由辵和幸兩部分組成。幸是由甲骨文𡴘演變而來…𡴘從止從伞，而止在伞外，本意當爲逃逸。胡厚宣、羅琨先生指出此字表示“逃亡”之義，看來是可取的。𡴘累增爲遳，省簡爲逹，都不見於傳世文獻，可能是逸的本字。…逸和失韻部相同，聲母同爲舌音常相通用。…𡴘、逹作爲逸的古字，也可以讀爲失。

〖陳斯鵬 2008〗後來我們發現楚簡“遳”又作（《上四・曹沫》7）、（《上五・季康》20），“止”尚未訛變爲“㫃”，正好補充了“遳”字形體演變過程的一個重要環節，更加

證明趙說的可信。楚簡“�”字有讀逃逸之“逸”者。例如：…既發竽，執勿遖（包山80）…趙平安先生認爲均用其逃逸本意，甚是。

〖十四種 2009〗對照傳世本《老子》、《緇衣》，此字與“失”字關係甚密。包山簡中，讀爲“佚”，指逃佚。（39頁）

按：“遖”字見於郭店楚簡，如《老子甲》11號簡“無執故無～”、《老子乙》6號簡“～之若驚”、《老子丙》11號簡“執之者～之”等，今本《老子》皆作“失”，“遖”讀爲“失”無疑。其字形應如趙平安所說，甲骨文中（《合集》139）、（《合集》869）一類的字形，象“止（趾）”在“羍（枷）”外，本義當爲逃逸，楚簡中“遖”字，“止”訛變爲“𠂢”，“羍”訛變爲“羊”。

[7]浞（疋）昇（期）

〖譚步雲 1998〗浞。（66頁）

〖白於藍 1999〗即《說文》湑字。

按：“浞”氏即“疋”氏，參85號簡集釋。字不識，待考。

[8]秀𩒺（履）

〖整理者 1991〗頙（夏）。（22頁）

〖何琳儀 1993A〗“頙”應釋爲“屨”。

按：6號簡之字何琳儀正確釋爲“履”，此簡則釋爲“屨”。參6號簡“履”字集釋。

冬栾（夕）之月癸丑之日，周賜訟郄（鄢）之兵虘（甲）䞠（執）事人[1]宮司馬[2]競（景）丁[3]，弖（以）亓（其）政（征）亓（其）田[4]。旮（幾）甲戌之日[5]。郄逄（路）公螶（蛙）[6]戠（職）之。浞（疋）𢻸爲李。〖081〗

集釋：

[1]兵虘（甲）䞠（執）事人

〖整理者 1991〗虘，訓作甲。（45頁）

〖李家浩 1993〗從“虍”從“羍”聲，庚壺作“虢”，金文多作“羍”，其義同“甲”。張政烺先生讀爲“介”，于豪亮先生讀爲“甲”。我們過去是贊成張先生的說法的，但現在考慮到“介”、“甲”是同源詞，乃一聲之轉，認爲可以根據“虘”、“虢”、“羍”等字在古文字資料中跟其他的字所構成的不同的詞，按照古人的語言習慣作不同的讀法，不必強求一致。根據古書中有“駟介”一詞（見《詩·鄭風·清人》等），庚壺的“駟虢”可以讀爲“駟介”；根據古書中有“兵甲”一詞（見《左傳》哀公十五年等），包山81號簡的“兵虘”可以讀爲“兵甲”。

〖黃盛璋 1994〗兵械執事人競丁。

〖周鳳五 1994〗當爲職掌武器的官員。

〖李零 1996〗我們懷疑，夅字古音原同於甲，乃是關押之押的本字；韨字從之，則是柙的本字。

〖陳宗棋 2000〗“兵甲執事人”應是負責地方軍事、兵甲等的人員。

[2]宮司馬

〖整理者 1991〗宮司馬，職官名。（45 頁）

按:應是“宫司馬”,“宫”字參 12-13 號簡集釋。

[3]競（景）丁

〖劉信芳 1995〗按“競氏”應即文獻所記之“景氏”。

〖巫雪如 1996〗楚平王之全稱當爲楚竟平王，竟通景，故又可稱楚景平王。楚之景氏當即楚景平王之後以謚爲氏者。（178 頁）

〖許全勝 1997〗競，與竟通。《史記・高祖功臣侯者年表》：“甘泉侯王竟”，《漢書・高惠高后孝文功臣表》竟作競。…《姓纂》竟：“見《姓苑》，有競氏。”…楚有竟氏與簡文相合。又楚文獻有景氏，競、竟、景古音極近，復疑競氏即文獻之景氏。（31 頁）

[4]㠯（以）亓（其）政（征）亓（其）田

〖整理者 1991〗政，借作正。《周禮・夏官・司勳》：“惟加田無國正”。司農注：“稅也”。或曰徵，《史記・貨殖列傳》：“故物賤之徵貴”，索隱：“求也”。（45 頁）

〖李零 1992〗簡文用“征”作賦斂之義，亦見簡 140。

〖劉信芳 1996B〗按“政”讀如“徵”，鄂君啓節：“見其金節則毋政。”政謂徵稅。《周禮・天官・小宰》：“聽政役比居。”鄭玄注：“政謂賦也。凡其字或作政，或作正，或作徵，以其多言之，宜從徵。如《孟子》交徵利云。”鄭玄所引見《梁惠王上》。簡文既以“政其田”而引起訴訟，則此“田”應屬免徵之田。古代卿大夫供祭祀之田不徵田賦。

〖何琳儀 1998A〗政，賦稅。（798 頁）

[5]旮（幾）甲戌之日

〖整理者 1991〗期，受期。（45 頁）

〖袁國華 1994C〗“旮甲戌之日”就是“以甲戌之日爲約定期限”。（188 頁）

〖陳偉 1996A〗簡 81、82 文例相同。“期”有約定時間的意思。《左傳》昭公二十四年：“乃徵會於諸侯，期以明年”；哀公十六年：“晉人使諜於子木，請行期焉”，均爲這種含義。二簡所“期”之日，大概是處理所訟之事的時間。（40 頁）

〖劉信芳 2003〗“受期”簡一般記有兩個紀日，其一爲受期之日，其二爲約定審案之日，

此指後者。（79 頁）

[6]郯逄（路）公蠚（蛙）

〖整理者 1991〗蠚，圭字。（45 頁）

〖何琳儀 1998A〗蠚，從䖵，圭聲。疑圭之繁文。（740 頁）

〖劉信芳 2003〗即《說文》“圭”字，又作“鼃”俗字作“蛙”。（79 頁）

冬柰（夕）之月甲寅之日，豁（舒）忞（快）[1]訟郘（呂）㲋（堅）、郘（呂）鼉[2]、郘（呂）㥶（懌）[3]、郘（呂）壽、郘（呂）𠂹（卒）[4]、郘䁬（瞻）[5]，㠯（以）亓（其）不分田[6]之古（故）。旮（幾）乙丑。郯逄（路）公蠚（蛙）戠（職）之。剫（列）脛（勁）爲李。〖082〗

集釋：

[1]豁（舒）忞（快）

〖整理者 1991〗忞。（22 頁）

〖劉釗 1992A〗按字應直接釋爲“快”。

〖湯餘惠 1992〗忞應是古快字。

〖袁國華 1995〗豁。

〖劉信芳 1996A〗“”字多用爲姓氏（以下代以△），…按“△”即餘字。舒字異體，簡一三二、一三七反、“△慶”，簡一三一、一三六、一三七作“慶”，舍從舍省，從予，字即“舒”。由“△”、舒互文，知“△”從舍從余，余、予古音近義通，此所以互作。

〖巫雪如 1996〗字左邊結構不詳，右邊則爲“余”字，當是聲符，故可與侌字相通。上文云侌通徐，則亦可通徐。（58 頁）

〖徐在國 1996〗此字隸作豁是正確的。…我們認爲此字應分析爲從害余聲，讀作舒姓之“舒”。與簡文的舍（舒）字是一字異體。

〖李零 1999B〗應釋“𢽳”。

按:132 號簡有人名“慶”，131 號簡又作“慶”，本簡之字應隸爲“豁”，讀爲“舒”。

[2]郘（呂）鼉

〖黃錫全 1992〗鼉。

〖何琳儀 1998A〗鼈。（1541 頁）

〖李零 1999B〗上半左邊是鼎字。（按：指 82、192 號簡之字）

〖劉信芳 2003〗鼉。（79 頁）

按:應隸定爲“鼉”。

[3]郘（呂）惥（懌）

〖整理者 1991〗悮。（22 頁）

〖李天虹 1992〗應讀作懌。

〖劉釗 1992A〗從“日”從“矢”，乃“睪”字之變…應釋爲“懌”。

〖湯餘惠 1992〗懌。

〖劉信芳 1996A〗我們可以將“悮”理解爲“懌”，“滨”理解爲“澤”但以保留“悮”、“滨”諸字形爲妥。

按:可釋爲“惥（懌）”，參 100 號簡“澤”字集釋。

[4]郘（呂）卒（卒）

〖整理者 1991〗衺。（22 頁）

〖楚文字編 1997〗衺。卒字在簡文和璽文中或用爲卒。（132 頁）

〖劉信芳 2003〗讀爲“萃”。（80 頁）

按:此字應從“卒”，參 197 號簡“卒”字集釋。

[5]郘（呂）賭（瞻）

〖整理者 1991〗賭。（22 頁）

〖黃錫全 1992〗賭。

〖劉釗 1992A〗按字從“貝”從“”，“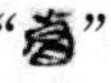”乃“冒”字之異構。…此字應釋爲“賵”。

〖何琳儀 1993A〗應釋“賵”。

〖劉信芳 2003〗該字從視，曹聲，曹字上部即《說文》“𠁥”（音乖）字，就字形結構而言。應是“瞢”字異構。《說文》“瞢，目不明也。”（80 頁）

〖蘇建洲 2003B〗是“賭”，舊說實可從。需要說明的是釋爲“睿”則其“”旁作“”形，字形比較接近《包山》255“殤”作、《望山》1. 48“死”作、《郭店・窮達以時》9“死”作的“”旁，筆畫稍有訛變。

〖徐在國 2003C〗楚帛書“毋敢叡天霝”之“叡”，商承祚先生最早釋出。後又出現不同的釋法，其中以釋“散”者居多。相應地，包山楚簡中的“瞻”字也被釋爲“瞐”。現在看來，這種釋法是錯誤的。

〖十四種 2009〗似可釋爲“瞐” 。（88 頁）

按:此字被釋爲從“冒”主要是因爲其字還寫作（167 號簡）、（173 號簡）、（177 號簡），之下部與“冒”相同。但由此簡的來看，此字右邊明顯從“睿”，從應爲省體，故應釋爲“賭” 。古文字中“目”旁與“見”旁可通用，“賭”或爲“瞻”字，“瞻”字見於《說文解字》。

[6]分田

〖王穎 2004〗劃分土地、分配土地。(131 頁)

冬栾(夕)之月壬戌之日,郘(羅)[1]之壦里[2]人梖(湘)痼[3]訟羅之廡寂(國)[4]之圣者邑[5]人郕(枝)女[6],胃(謂)殺嗌(益)昜(陽)公會剔(傷)之妾[7]㕣學(與)。正涎(疋)异(期)哉(職)之。旦坪爲李。〖083〗

集釋:

[1]郘(羅)

〖整理者 1991〗郘,又稱羅,古國名。《漢書・地理志》:“江沱出西,東入江是也,其故地故羅國,蓋羅徙也。羅故居宜城西山,楚文王又徙之於長沙,今羅縣是也”。(45 頁)

〖巫雪如 1996〗《漢書・地理志》長沙國屬縣有羅,顏師古注引應劭曰:“楚文王徙羅子自枝江遷此。”簡文中之羅當即此羅縣,其地在今湖南省平江縣南三十里之城。(173 頁)

〖徐少華 1996A〗楚之羅與益陽所在,簡文整理者未作說明,我認爲當是同爲秦漢長沙郡(國)屬縣的羅與益陽二縣的前身…古汨水(又稱羅水)即流逕今湖南平江縣、汨羅市(原屬湘陰縣,1966 年 2 月由湘陰縣分出設縣,治汨羅鎮,後改爲縣級市)而西北注於湘江之汨羅江(下游河道當有改道或擺動現象),則位於汨羅水注湘之前下游南岸、玉笥山附近之故羅城、秦漢羅縣,當不出今湖南省汨羅市附近地帶。

〖顏世鉉 1997〗長沙出土燕客銅量有“羅莫囂”,何琳儀說:“羅本在湖北宜城,始遷湖北枝江,再遷湖南。羅城舊址在今湖南湘陰河市鄉,是一座東周遺址。銅量發現於距離羅城不遠的長沙,看來並非偶然。”何琳儀認爲楚國羅地應在今湖南湘陰一帶。從簡 83 來看,羅地和嗌陽相距不遠;而嗌陽在今湖南益陽一帶,就在湘陰附近。從包山楚簡和燕客銅量可以推定羅地就在湘陰一帶。…《中華人民共和國地名詞典・湖南省》之“汨羅市”條說:“1966 年析湘陰縣城置汨羅縣,因境內汨羅江得名。……1987 年改汨羅縣爲市,市因縣名。”今仍並存有湘陰縣和汨羅市;而羅故城則屬汨羅市,在汨羅市城之西北。楚國的羅地就在此。(233 頁)

〖何琳儀 1998A〗郘,讀羅,地名,見《漢書・地理志》長沙國。在今湖南湘陰河市鄉。(870 頁)

〖劉信芳 2003〗簡文又作“羅”,…今湖南湘陰縣有古羅國“皇城遺址”。(80 頁)

按:“羅”之地望今從“汨羅市”之說。

[2]壦里

〖楚文字編 1997〗《集韻•元韻》:壦……或從雚。(599 頁)

〖何琳儀 1998A〗壦，從土，雚聲。壥之異文。…地名。（985 頁）

[3]�

[3]㮽（湘）痼

〖巫雪如 1996〗包山楚簡中之湘氏或係以湘水爲氏者。（130 頁）

〖許全勝 1997〗《通志》相氏條："音湘，見《姓苑》。"簡文湘氏或可讀爲相。（35 頁）

〖何琳儀 1998A〗①湘，讀相，姓氏。商丘有相氏，盖帝相之後。見《姓譜》。（709 頁）②痼。（1106 頁）

〖張崇禮 2009〗上博七《吳命》第 1 簡："非疾 A 焉加之。"其中的 A，原字形作。…A 又見於望山 M1 第 88 簡，作；包山 83 簡，作，皆用作人名。…我們認爲 A 應該就是"瘟"字。"瘟"從"昷"得聲，影母文部；A 從"因"得聲，影母真部，二者讀音相近。

[4]廡𡧊（國）

〖整理者 1991〗廡。（22 頁）

〖陳偉 1996A〗簡 83 所見的一處邑名記作"羅廡𡧊之夆者邑"。這屬於𡧊、邑之間沒有提到"敔"的幾例之一。"廡𡧊"之前冠加的"羅"，應是一處可以涵蓋"廡𡧊"、層次更高一些的地方。（75 頁）

[5]夆者邑

〖整理者 1991〗夆，亦見於楚國銅器銘文，不識。（45 頁）

〖何琳儀 1998A〗夆，讀䦧。《正字通》"䦧，市曰䦧，猶俗名市曰墟。交易市合則䦧，散則墟也。"（284 頁）

[6]郰（枝）女

〖整理者 1991〗郙。（22 頁）

〖李家浩 1996A〗應該分析爲從"邑"從"只"聲。…"郰女"之"郰"是氏，疑也應該讀爲"枝"。

〖巫雪如 1996〗黃錫全將釋爲郙，讀爲育，則包山楚簡中的女當即育女，乃以育爲氏者。育氏見《郡國志》，云："古有淯國（淯國，一作育），後以國爲氏。"南陽淯陽或即古淯國之所在地。（81 頁）

〖許全勝 1997〗據《國名紀》郰氏應爲枝國之後，以國爲氏。（18 頁）

〖何琳儀 1998A〗郰，讀只，姓氏。明只好仁。見《正字通》。（746 頁）

〖劉信芳 2003〗讀爲"枝"，楚有"枝氏"。（80 頁）

[7]嗌（益）昜（陽）公會剔（傷）之妾

〖整理者 1991〗衰昜公合，傷之妾。（22 頁）

〖黃錫全 1992〗《說文》嗌字籀文作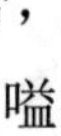。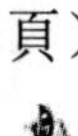當依《說文》釋爲嗌，字書又多假爲益。…

因此，簡文應釋讀爲嗌或益。“易”即“益陽”，爲地名，在湖南益水之陽。

〖劉釗 1992A〗按此字乃嗌字。

〖湯餘惠 1992〗嗌。

〖何琳儀 1993A〗與三體石經“嗌”作形吻合。“嗌陽”即“益陽”，隸屬《漢書·地理志》長沙國。在今湖南益陽市東。

〖陳煒湛 1994〗按此乃會字異體。

〖徐少華 1996A〗楚益陽之地就在今湖南益陽市以東不遠，約在今益陽縣所治的赫山鎮一帶。

〖顏世鉉 1997〗楚地益陽應該就在今湖南省益陽市以東。（196 頁）

〖何琳儀 1998A〗“冉昜”，讀“益陽”，地名。（734 頁）

〖劉信芳 2003〗簡文字形與《說文》“嗌”之古文合。…益陽，地名，《漢志》長沙國有“益陽縣”，應劭〈注〉：“在益水之陽。”（81 頁）

〖劉雲 2010〗說到這裏，我們順便說一下《說文解字》中“嗌”的籀文的來源問題。此籀文與戰國文字中頻見的爲一字。關於此字的構形理據前人多有討論，但皆難信從，此不贅述。我們懷疑是從甲骨文中的 D（按：指（《合》14360）、（《合》522 反）、（《合》17366 反）等字形）演變而來。在甲骨文中，“鳥”字可以寫作，D 所從之“鳥”也完全有可能這樣寫，這樣的話，就與 D 十分相似了，上部呈倒三角形的部份對應著 D 所從之“鳥”中表示鳥頭和鳥嘴的部份，下部的一橫畫對應著 D 中起指示作用的那一短畫，下部的其他部份與的下部惟妙惟肖。顯然是的進一步演變，是將的兩橫畫壓縮爲一橫畫後形成的。

〖十四種 2009〗會，姓氏用字。《通志·氏族略六》：“會氏有二，鄶國去邑爲氏，又會乙之後亦爲會氏。”會傷爲嗌陽公姓名，原釋文在“傷”前斷讀，恐不確。（40 頁）

競（景）㝵（得）訟緐（繁）丘[1]之南里人龏（龔-共）悆（怵）[2]、龏（龔）酉（酉），胃（謂）殺亓（其）䂞（兄）。九月甲唇（辰）之日，緐（繁）丘少司敗遠㥁䢓（復）竽[3]，言胃（謂）：緐（繁）丘之南里信[4]又（有）龏（龔）酉=（酉，酉）㠯（以）甘固（固）之歲（歲）爲偏（鬲）於鄗（鄗-喜）[5]，居陏（隋）里。緐（繁）昜（陽）[6]旦無又（有）龏（龔-共）悆（怵）[7]。正秀齊戠（職）之。邶（旦）尚爲李。〖090〗

集釋：

[1]緐（繁）丘

〖楚國歷史文化辭典 1996〗《左傳》及鄂君啓車節所記楚地有繁陽，約在今安徽太和縣北（一說在河南新蔡縣北）。簡文繁陽及繁丘恐亦在此一帶。（497 頁）

〖徐少華 1997〗簡文以繁丘、繁陽並稱，言繁丘人龔酉曾爲隸於喜，則繁丘、繁陽似爲楚境內同一或相鄰的政區單位，與喜鄰近。…“喜君”即爲息君，則與息相近或相鄰的繁丘、繁陽就應是文獻所載的淮北之繁陽，…今安徽臨泉縣西境有鮦城鎮，位於新蔡縣北 70 里左右，應是古鮦陽縣所在…漢晉鮦陽縣地望已明，則位於其南的古繁陽當不出今河南新蔡縣與安徽鮦城鎮之間的新蔡縣北境一帶。

〖顏世鉉 1997〗從簡 90 看，繁丘和繁陽當關係密切。簡 90 之繁丘、繁陽是否爲同一地區性，尚待進一步確認。楚要邑繁陽在今安徽太和縣北，繁丘也應當在此一帶；前《水經注・汝水》所言在今襄城東南有繁丘城，當不是簡文的繁丘。（200 頁）

〖何琳儀 1998A〗“緐丘”，讀“繁丘”，地名。據同簡之“緐昜”，知“繁丘”應在“繁陽”附近。（1070 頁）

按:繁丘與繁陽應爲二地。

[2]龏（龔-共）悆（慦）

〖巫雪如 1996〗簡文中之龔氏當係楚共王之後以謚爲氏者，乃楚公族之一。（176 頁）

〖楚文字編 1997〗《集韻•尤韻》慦或作悆。（491 頁）

〖許全勝 1997〗郱（共）…共氏與龔氏可能同源。（17 頁）

〖何琳儀 1998A〗①共工後有共、龔二氏。（427 頁）②悆，從心，求聲。慦之異文。（179 頁）

〖李守奎 2010B〗楚簡中龏氏屢見。楚之公族多以先王之謚爲氏，如莊氏（楚簡作“臧”）、景氏（楚簡作“競”）、昭氏（楚簡作“卲”）等。“龏”同“共”典籍習見，上博簡《緇衣》：“吾大夫龏且儉”之“龏”郭店簡作“共”。楚之龏氏當讀爲“共”，亦是公族之一，爲楚共王之後。

按:包山楚簡“共”氏還寫作“郱”，見 188 號簡，與楚共王之後的“共”氏來源不同。

[3]遠惷諿（復）笇

〖整理者〗遠[illegible]、信笷。（23 頁）

〖彭浩 1991A〗諿。

〖黄錫全 1992〗悖（？）。

〖白於藍 1995B〗按此字左旁從言，右旁應爲复字。…應爲復言、復書之“復”的專字。…按此處“諿”當讀爲“復”，意爲回復、答復。

〖陳偉 1996A〗“遠[illegible]复笇”本爲一句，《釋文》用頓號代替原有的人名標識，使文意窒礙

不暢。(24 頁)

〖劉信芳 1996B〗按“誏節”讀如“復節”，猶言反節。…反節即以節復命。是發書輔以節爲信，稱“發節”；復命輔以節爲信，稱“復節”。

〖何琳儀 1998A〗讀復。《論語・學而》“言可復也”，疏“復，驗也。”(253 頁)

〖趙平安 2005〗“誏筥”即“復記”，指回復文書而言。

按：字上部並不從“禾”而是“老”、“孝”等字所從，中間也不是“子”而是“早”，此字可隸定爲“惹”。

[4]信

〖整理者 1991〗信，《說文》：“誠也”。(45 頁)

[5]甘匿（固）之戢（歲）爲偏（鬲）於鄗（鄗-喜）

〖整理者 1991〗①甘固之歲，以事紀年的簡稱。(45 頁)②偏。(45 頁)

〖巫雪如 1996〗監、甘均爲姓氏，在包山楚簡中，甘應爲本字，而監則爲假借字。甘氏來源有多種，本文採《史記索隱》之說：“甘氏出春秋時甘公子帶之後。”《元和姓纘》亦以甘氏爲甘昭公之後，云：“周惠王太叔帶，食采於甘，號甘昭公。”酈道元云：“甘水東一十許里，洛城南有故甘城焉，北對河南故城，世謂之鑒洛城。鑒、甘音相近，即故甘城也。”《路史》云“甘昭公之後有監氏。”諸說均謂監與甘昭公之甘有關，則此監氏或即由於甘氏同音假借而來。(46 頁)

〖楚文字編 1997〗從匚，古聲。藍字異體。(232 頁)

〖劉信芳 2003〗字從人，鬲聲，讀爲“隸”，…“爲隸於鄗”，即在“鄗”地服勞役。(87 頁)

〖十四種 2009〗看上博竹書《從政》甲 5 號簡、《季康子問孔子》22 號簡，也可用作“固”。(42 頁)

〖蕭毅 2010〗應該是“人鬲”的“鬲”的專字。(61 頁)

按：“鄗（喜）”參 20 號簡集釋。

[6]緐（繁）昜（陽）

〖劉釗 1992A〗按“緐”乃“繁”字初文，應直接釋爲“繁”。簡文地名“繁昜”即“繁陽”，地在今河南省内黄縣北。

〖陳偉 1996A〗簡 90“繁丘之南里”一作“繁陽”，作爲春秋、戰國時楚地的繁陽，曾見於《左傳》襄公四年、昭公五年和《鄂君啓車節》，約在今河南新蔡縣北或安徽太和縣北。繁丘之南里或許也在其地。…從簡文看，此繁陽當即前云“繁丘之南里”——因在繁丘之南而稱陽。(79 頁)

〖徐少華 1997〗今安徽臨泉縣西境有鯛城鎮，位於新蔡縣北 70 里左右，應是古鯛陽縣所在，…位於其南的古繁陽當不出今河南新蔡縣與安徽鮦城鎮之間的新蔡縣北境一帶。

〖顏世鉉 1997〗鉉按：1. 陳偉先生認爲簡 90 的“繁陽”所指乃“繁丘之南里”這個地方，簡文之所以稱此地爲“繁陽”，是因“繁丘之南里”在“繁丘”之南。若然，則簡 90 的“繁陽”就不是春秋、戰國的楚要邑繁陽。其次，繁丘有少司敗之官，又有地方司法管轄之權，其爲楚縣無疑；而“繁丘之南里”就是繁丘所轄之里。楚地繁陽爲楚之要邑，其應和繁丘不相隸屬。由此更可見繁丘之南裏不在楚地繁陽之中。2. 從簡文來看，“繁陽”和“繁丘之南里”似乎是同指一地，不過在簡文表述不是十分清楚的情況下，也不排除此“繁陽”是另指楚地繁陽的可能。因此本文對此問題，作兩種推測：①“繁陽”即指“繁丘之南里”，此地名是一個小地名，在繁丘之中，而不是楚要邑繁陽。②簡 90 的“繁陽”也可能是指楚要邑繁陽。本文在此暫且採用第二種看法，將簡 90 的繁陽看作楚要邑繁陽。…劉釗所定繁陽的地望是錯誤，此地根本不是楚國的領土；而是魏國繁陽的所在地。…楚國的繁陽是所謂的“南繁陽”。《左傳》襄公四年云：“楚師爲陳叛故，猶在繁陽。”杜預注：“前年何忌之師侵陳，今猶未還。繁陽，楚地，在汝南鮦陽縣南。”據《讀史方輿紀要》卷五十所載，汝寧府新蔡縣北有繁陽亭。楊伯峻《春秋左傳注》：“繁陽，今河南新蔡縣北。”以上諸家所說大致相同。鄂君啓車節有“緐昜”，譚其驤、黃盛璋都將之定在今新蔡縣北附近。另一種看法，將楚縣繁陽定在今安徽太和縣北。…此說較得其實，故本文主張楚繁陽在今安徽省太和縣北。(199 頁)

〖何琳儀 1998A〗均讀“繁陽”，地名。《左・襄四》“楚師爲陳叛故，猶在繁陽。”在今河南新蔡北。(1070 頁)

〖劉信芳 2003〗繁陽舊有二說，杜預〈注〉：“繁陽，楚地在汝南鮦陽縣南。”《春秋大事表》卷七：“今河南汝寧府新蔡縣北有繁陽亭。”而司馬彪《續漢志》汝南郡宋縣注云：“有繁陽亭。”劉昭注以“《左傳》襄公四年楚師繁陽”實之，宋縣在今安徽大和縣北(參陳偉:《楚東國地理研究》，武漢大學出版社，1992 年)…又《水經注・汝水》：“汝水又東南，逕繁邱城南。”楊守敬〈疏〉：“《地形志》襄城郡襄城有繁工城，工爲丘之誤，當以此正之。在今襄城縣東南。”(86-87 頁)

按:繁陽地望今從在今安徽省太和縣北的說法。

[7]旦無又（有）龏（龔-共）悊（怵）

〖彭浩 1991A〗讀爲“但”。

〖劉樂賢 2003〗旦當讀爲亶。《爾雅・釋詁》：“亶，信也”，“亶，誠也”。簡文的“旦無有龔怵”，是說確無龔怵其人。

〖王穎 2008〗“旦”在簡文中表轉折，意爲“只是”，典籍未見，疑爲“但”之本字。（193 頁）

按：簡文“旦”應從劉樂賢之說，意爲“誠也”。“旦”雖然可以作爲官名，如“長沙之旦”（78 號簡），但《疋獄》中無論原告或被告，如有官職，均在“××訟××”句中表述，從 90 號簡來看，“競得訟龔怵、龔酉”時並未提及龔怵、龔酉的官職，將“旦”視爲官職不符合邏輯。並且，簡文“繁丘之南里信有龔酉”與“繁陽旦無有龔怵”對應，“信有”與“旦無有”應是相反的意思，“信”與“旦”意思相同，都起強調作用，“有”則和“無有”對應。23 號簡“九月癸丑之日不將邻大司敗以盟，邻之㯬里之敀（旦）無有李荻思”之“旦無有”與本簡同。

九月戊申之日，偖（造）大戠（列）六敧（令）周霰（霰）[1]之人周雁（膺）[2]訟付舉（舉）之閘（關）人[3]周琜（瑤）[4]、周敓，胃（謂）燹（葬）於丌（其）土[5]。琜（瑤）、敓舉（與）雁（膺）成，唯周鼷（鼷）之妻燹（葬）安（焉）[6]。疋忻哉（職）之。郘（耆）從[7]爲李。〖091〗

集釋：

[1]周霰（霰）

〖整理者 1991〗霰。（23 頁）

〖劉釗 1992A〗按字從“雨”、從“殺”聲，應釋爲“霰。

〖張守中 1996〗霰。（173 頁）

〖李運富 1997A〗上似從雨，下從粄，字書不載。

〖何琳儀 1998A〗霰，從雨，殺聲。霰之異文。（940 頁）

〖白於藍 1999〗即《說文》霰字。散、殺聲韻俱近，故霰或可從殺聲作。

[2]周雁（膺）

〖整理者 1991〗雁。（23 頁）

〖疏證 2007〗膺。（329 頁）

按：此字應釋爲“雁（膺）”，參 121 號簡“應女返”集釋。

[3]付舉（舉）之閘（關）人

〖何琳儀 1996A〗疑即“扶予”。…蓋“扶予”本爲山名，但由包山簡 91“峊（扶）舉（予）之閘（關）人”可知“扶予關”亦爲地名。在今河南泌陽西北潕水發源處。

〖劉信芳 1996B〗周童耳兩次接受審案期約，均爲將其屬下兩名“關人”受審於廷。

〖何琳儀 1998A〗“閘（關）人”…官名。（1134 頁）

按:將周瑤、周敓的身分視爲“關人”，誤。“付壂之閘（關）”還見於34、39號簡，可參34號簡“郙壂之閘（關）戠（敌）公”集釋。

[4]周琜（瑤）

〖整理者1991〗琛。(23頁)

〖黄錫全1992〗琜（瑤）。

〖劉釗1992A〗從“肉”，不從“爫”，應隸作“琜”。

〖湯餘惠1992〗右旁上從肉，下從木，非從采旁，字左從玉。字不識，僅可隸定。

〖滕壬生1995〗琛。(46頁)

〖陳秉新、李立芳1998〗琜是瑤的古文。

〖何琳儀1998A〗從玉，𦤎聲。球之異文，或作璆。(220頁)

〖劉金華2001〗璟。

〖劉信芳2003〗讀爲“瑤”。…又郭店〈性自命出〉24:“訶謠”即“歌謠”，益知“琜”乃“瑤”字。(47頁)

按:與之相同的34號簡之字，整理者又隸定爲“琛”，[①]應是“瑤”字。

[5]甏（葬）於亓（其）土

〖整理者1991〗甏，讀如葬。(45頁)

[6]琜（瑤）、敓壂（與）雁（膺）成，唯周鼷（鼷）之妻甏（葬）安（焉）

〖整理者1991〗琛、敓、壂雁、成唯、周鼷之妻甏（葬）女。(23頁)

〖劉釗1992A〗按字從“鼠”、從“系”，古“系”、“奚”二字形音皆近。…“鼷”應釋爲“貕”。

〖周鳳五1994〗簡文記載周琜、周敓與原告周雁達成和解，唯周鼷仍舊被控濫葬其妻與周雁之地。壂，即連詞“與”，從止，乃其或體。…成，和解。

〖滕壬生1995〗女。(856頁)

〖陳偉1996A〗這段簡文應斷讀如下：……璟、敓雁與成，唯周鼷之妻葬焉。…“成”在古書中是表示爭訟獲得解決的用語。《周禮·地官·調人》:“凡過而殺傷人者，以民成之。”鄭玄注：“成，平也。”…簡91的“成”也應如此理解，表示周雁與周璟、周敓的爭訟已經了結。(24、41-42頁)

〖劉信芳1996B〗①，被告與原告“成”，即達成協議。②周鼷。

〖李零1999B〗應讀爲“焉”…其義猶之。

〖王穎2004〗按通焉，相當於介詞“於”加代詞“此”。(180頁)

---

①湖北省荊沙鐵路考古隊：《包山楚簡》，19頁，北京，文物出版社，1991。

[7]郘（耆）從

〖整理者 1991〗郐。（23 頁）

〖林澐 1992〗郘。

〖袁國華 1993B〗疑字從“旨”。…簡 91 的“郘”字疑爲“人的姓氏”。

〖何琳儀 1998A〗郘，讀指，姓氏。…齊太公之後有指氏。見《姓氏考略》。（1290 頁）

〖十四種 2009〗《元和姓纂》卷三“稽”姓云：“皇帝臣大山稽之後。《風俗通》云：稽黃，秦賢人。”稽從“旨”得聲，字或讀爲“稽”。（43 頁）

按：清華楚簡《耆夜》1 號簡記載“武王八年征伐郘”，整理者指出“郘”古書作“黎”或“耆”。①

上新都[1]人郗（蔡）䢦（戠）[2]訟新都南陵[3]大宰[4]緣（欒）痯（憂）[5]、右司寇（寇）正塦（陳）旻（得）[6]、正史赤[7]，㠯（以）丌（其）爲丌（其）𧾷（兄）郗（蔡）㰻剫（斷）不瀍（法）[8]。邵（旦）佗。𨛭（匡）䏸爲李。既詢，牆（將）須逾，𡙇（執）[9]。〖102〗㰻既逾於郢，牆（將）須詠[10]。〖102 反〗

集釋：

[1]上新都

〖整理者 1991〗上新都，地名。新都在今河南新野縣東。上新都地望不詳。（45 頁）

〖楚國歷史文化辭典 1996〗漢南陽郡有新都縣，故城約在今河南新野縣動。上新都或與此臨近。（19 頁）

〖顔世鉉 1997〗新都約在今河南新野縣東南，也就在湖北省和河南省之邊界附近。上新都可能與新都相去不遠。（275 頁）

〖劉信芳 2003〗《水經注·比水》：“比水又西南流，逕新都縣故城西。”楊守敬疏：“在今新野縣東。”上新都應在新都所臨比水之上游。（96 頁）

〖吳良宝 2010〗古人以北爲上，“上新都”大概在新都北面不遠處。（173 頁）

按：“新都”參 113 號簡集釋。

[2]郗（蔡）䢦（戠）

〖整理者 1991〗郗（蔡）䢦。（24 頁）

〖黃錫全 1992〗戠。

〖滕壬生 1995〗戠。（715 頁）

---

①李學勤主編：《清華大學藏戰國竹簡（壹）》，151 頁，上海，中西書局，2010。

〖何琳儀 1998A〗𨚔，從邑，犮聲。疑鄒之異文。…讀蔡，姓氏。（943 頁）

〖李零 1999B〗應釋“𨐌”。

按：“蔡”所從之，金文作（蔡侯鐘），與《說文》古文“殺”作希相同。王國維最早注意到金文與古文“殺”的關係，指出殺、蔡同音，可以通假。容庚則明確指出三體石經古文爲蔡字。[①]何琳儀、黄德寬則將其隸定爲“犮”，分析爲從大，從倒毛，爲“衰”字省簡，讀爲“蔡”或“殺”屬於音近假借現象。[②]“蔡”還見於古璽中作（《古璽文編》375 頁），吳振武隸定爲“郗”，釋爲“希”，認爲用作姓時當讀作蔡氏之蔡。在先秦古文字中，蔡字均借希或從希之字爲之。[③]李零則認爲“希”是脂部字，“蔡”是祭部字，古音並不相近，隸定爲“希”並不合適。字像鉗人之左足、右足或雙足，應是“釱”字初文。[④]讀爲“蔡”是沒有疑問的，但字形結構尚待探討。

[3]南陵

〖晏昌貴 2005C〗包山簡之南陵當爲楚縣，漢初的南陵縣亦當沿襲楚縣之舊。南陵的地望可由新都推得，…新都當在今新野縣東，而與之相鄰的南陵。亦當離此不遠。

〖陳偉〗“新都南陵太宰”可以有不同的解釋：一種可能是“新都”是楚縣，南陵是鄉；二是“新都”是大一些的概念，而“南陵”是縣；三是新都是籍貫，南陵是其任職所在，即此人在南陵任太宰；四是新都復指南陵。第一種理解，還需要解釋鄉設太宰一職。如果簡文後面說的人也是在新都任職的話，那裏就還要有右司寇正、正史諸職。從目前對司法權限的有限瞭解看，這些官員作爲縣級官員的可能性比較大。[⑤]

〖吳良宝 2010〗至於《包山》第 155 號背的“南陵公”，張家山漢簡《二年律令·秩律》第 457 號簡文中收録了南陽郡屬縣“南陵”。因此，包山第 155 號簡背的“南陵”應視爲楚縣。而第 102 號簡的“新都南陵大宰”的這個“南陵”應不是縣（該地雖置有“太宰、右司寇、正吏”等職官，看似非鄉里一級的地名，但“南陵”之前有地名“新都”作爲限定詞），與楚“南陵”縣僅屬同名關係。（157 頁）

[4]大宰

〖整理者 1991〗大宰。（24 頁）

〖黄錫全 1991B〗楚以“大宰”名官者，見於《左傳》者有大宰子商、大宰州犁、大宰

---

①王國維、容庚的說法可參見何琳儀、黄德寬：《說蔡》，《徐中舒先生百年誕辰紀念文集》，187-190 頁，成都，巴蜀書社，1998。

②何琳儀、黄德寬：《說蔡》，《徐中舒先生百年誕辰紀念文集》，187-190 頁，成都，巴蜀書社，1998。

③吳振武：《〈古璽文編〉校訂》，348-349 頁，吉林大學博士學位論文，1984。吳振武：《〈古璽文編〉校訂》，180-181 頁，北京，人民美術出版社，2011。

④李零：《古文字雜識（五則）》，《國學研究》第三卷，267-274 頁，北京，北京大學出版社，1995。

⑤轉引自吳良寶：《戰國楚簡地名輯證》，202 頁，武漢，武漢大學出版社，2010。爲陳偉先生來信內容。

薳啓疆等。金文中有郝大宰簠，吴永章認爲，它國宰或家宰本相當於相，楚以令尹、司馬爲要職，太宰之官非楚所重。

〖袁國華 1995〗當隸作宰。

〖楚國歷史文化辭典 1996〗不同於商周時統領百官、全里很大的太宰（又稱家宰），主要職掌只是負責管理國君家内事務及其他政務。…在戰國時楚國的太宰之官似不僅限於中央機關，地方亦設置。（54 頁）

〖何琳儀 1998A〗“大宰”，官名。《左·隱十一》“將以求大宰”，注“大宰，官名也。”（923 頁）

〖劉信芳 2003〗曾侯乙簡 175、211 亦有“大宰”。《左傳》成公十六年：“子重使大宰伯州犁侍於王後。”（96 頁）

〖吴曉懿 2009〗《包山楚簡》第 102 簡有“大宰”一職，其中“𠜱”字或從刃，釋爲“宰”，是地方主審法官之一，應是邑大宰，亦見於曾侯乙墓竹簡。孔穎達《春秋正義》曰：“楚國仍別有大宰之官，但位任卑耳。”

按:《左傳·昭公元年》：“楚靈王即位，薳罷爲令尹，薳啟彊爲大宰。”太宰官秩似僅次於令尹，童書業認爲“大宰”是楚王室家務總管，[1]本簡之“大宰”則爲地方官。

[5]𦃞（欒）痏（憂）

〖整理者 1991〗𦃞痏。（24頁）

〖劉釗 1992A〗按字從“疒”、從“首”，應釋爲“憂”。“痏”乃“憂”之異構。…古璽中多有名“亡痏”者，“亡痏”即“無憂”，乃古人常用名。

〖巫如雪 1996〗當即文獻中所見之“欒”。…王冠英更據《左傳·襄公二十一年》“欒盈出奔楚”之記載，認爲此器（按：指𦃞書缶）可能是欒盈在楚國流亡時所作，因而具有楚式風格。…簡文中之欒氏或即跟隨欒盈奔楚，而遂留於楚國之欒氏後代。（173-174 頁）

〖許全勝 1997〗《春秋·襄公二十一年》：“秋，晉欒盈奔楚。”楚欒氏也可能由晉遷徙而來。（21 頁）

〖何琳儀 1998A〗𦃞，讀欒，姓氏。唐叔虞之後。（1037 頁）

〖十四種 2009〗李學勤讀“𦃞書缶”之“𦃞”爲楚地“𦃞”氏之“鑾”。簡文“𦃞”亦可能讀爲“鑾”。（46 頁）

[6]右司寇（寇）正墬（陳）㝵（得）

〖整理者 1991〗右司寇正、墬（陳）得…右司寇，司寇主刑，楚名司敗。（24、45 頁）

---

①童書業：《春秋左傳研究》，171 頁，上海，上海人民出版社，1980。

〖劉彬徽 2000〗司寇乃中原地區官名，“楚名司寇爲司敗”（《左傳》文公十年杜注）對此如何解釋？此地爲楚、韓交界之地，也許韓國在此佔領較久，韓之司寇官名沿用已久，楚佔領後來改司寇爲司敗，仍沿襲舊名，而書之於簡策。因只此一例，這種解釋應屬合理。

〖劉信芳 2003〗楚稱司寇爲司敗，此司寇應是楚滅國官名之孑遺。（96 頁）

按：“右司寇正”意思應是“右司寇之正”。

[7]正史赤

〖整理者 1991〗正叓炎。（24 頁）

〖袁國華 1994B〗疑字與“中山王器”、同字，皆“使”字。…“△”字（按：指“叓”字）的用法約可分爲三類。…第二類，如簡 102“正△”、簡 138“大△”、簡 158“右△”、簡 159“頣迻△”、“逍△”、簡 161“敃仿△”中的“△”字則用爲“職官名”。…第二類“職官名”“△”仍讀作“史”。

〖白於藍 1995B〗赤。

〖楚國歷史文化辭典 1996〗卞氏，名炎。職爲“正”。（77 頁）

〖陳偉 2007〗正史，當即右司寇正之史。

按：“史”字參 54 號簡“史善”集釋，“正史”應爲官名。

[8]㠯（以）亓（其）爲亓（其）䟣（兄）鄒（蔡）瀑剸（斷）不灋（法）

〖整理者 1991〗以其爲其䡇鄒（蔡）瀛剸，不灋。（24 頁）

〖彭浩 1991A〗“不法”即違反法律規定。

〖劉釗 2000〗疑即《說文》訓爲跛病的“瘟”（異體作“瘫”）字。

〖廣瀨薰雄 2001A〗法通“廢”，廢棄義。[①]

〖劉信芳 2003〗痺，字又見簡 109，字從病，畢聲，《說文》：“痺，足氣不至也。”（96 頁）

〖何有祖 2005〗應可分析從“暴”，字釋作“瀑”。

〖陳偉 2007〗《管子・明法解》：“法者，天下之程式也，萬事之儀錶也。”不法，習見於先秦古書，指不照章行事。

按：“瀑”字作、，不從“疒”旁的寫法見於郭店楚簡《性自命出》64 號簡，作，周鳳五最先指出郭店楚簡此字應和裘錫圭、李家浩所釋曾侯乙墓竹簡的“𢑭”相同，亦應讀爲“暴”。[②]此字又見於上博楚簡《從政甲》15 號簡，作，陳劍、周鳳五釋爲“暴”，並在《論語・堯曰》中找到“不戒視成謂之暴”的類似文句。[③]關於其結構，周鳳五懷疑

①轉引自陳偉主編：《楚地出土戰國簡冊[十四種]》，47 頁，北京，經濟科學出版社，2009。

②周鳳五：《郭店〈性自命出〉“怒欲盈而毋暴”說》，“新出土文獻與古代文明研究國際學術研討會”論文，上海，2002。

③陳劍：《上博簡〈子羔〉〈從政〉篇的拼合與編連問題小議》，簡帛研究網，2003 年 1 月 8 日。周鳳五：《讀上博楚竹書〈從政〉甲篇劄記》，簡帛網，2003 年 1 月 10 日。

“”上部從“虍”，[①]季旭昇指出上部爲“爻”，“爻”與“暴”音近，故“爻”能作“暴”聲符。[②]楚簡中“暴”字多不似郭店楚簡《性自命出》字上部作交叉形，除了上舉包山楚簡外，上博楚簡《鬼神之明》1號簡、3號簡，所從類似“大”形。簡文之字讀爲“暴”無疑，張新俊在總結楚簡中讀爲“暴”之字時已引用包山楚簡中此字，[③]字形待考。

[9]既詢，牆（將）須逾，籔（執）

〖整理者1991〗□詢（？）牆（將）須□籔（執）。（24頁）

〖楚文字編1997〗詬。詢說文或體。（112頁）

〖劉信芳2003〗解（？）詬（？）將須御（？）執。（95頁）

〖何有祖2005〗是“逾”字。

〖陳偉2007A〗①楚簡中“台”字有時省寫成“句”形，如郭店《老子》甲組19號簡讀爲“始”的字、20號簡讀爲“殆”的字，同篇乙組1號簡讀爲“治”的字，丙組12號簡讀爲“始”的字。因而可釋爲從言從台的字。從言從台之字，楚簡中往往讀爲“辭”或“詞”，見於郭店《緇衣》7號簡、《成之聞之》5號簡、《性自命出》46號簡以及上博《孔子詩論》27號簡等。從文意看，這裏亦當讀爲“辭”。《說文》：“辭，訟也。”朱駿聲《定聲》：“分爭辯訟謂之辭。”《書·呂刑》：“上下比罪，無僭亂辭。”睡虎地秦簡《法律答問》：“辭者辭廷。”均指訴訟行爲。本簡指正文“蔡訟”之事。②參看紅外影像，何釋是。“逾”在《鄂君啟節·舟節》、《老子》甲組19號簡以及《國語·吴語》中，訓爲下、降。聯繫102號簡背面所記，這裏可能是指蔡瘍由新都至郢之行。“下”有去、到義，多指從北到南、從上游到下游。《左傳》僖公二十五年“晉侯辭秦師而下”，杜注：“順流故曰下。”鄒陽《上書吳王》：“漢亦折西河而下，北守漳水，以輔大國。”新都在北，郢在南，故曰“逾”。逾下有一墨點，應是斷讀標識。③執，有決斷義。《禮記·中庸》：“發強剛毅，足以有執也。”孔疏：“執，猶斷也。”《禮記·樂記》：“請誦其所聞，而吾子自執焉。”鄭注：“執，猶處也。”

〖十四種2009〗疑可讀爲“拘”。作爲另一種可能，或應釋爲“詞”讀爲“辭”。《說文》：“辭，訟也。”朱駿聲《定聲》：“分爭辯訟謂之辭。”睡虎地秦簡《法律答問》：“辭者辭廷。”這裏指“蔡訟”之事。（47頁）

[10]瘍既逾於郢，牆（將）須謐

①周鳳五：《郭店〈性自命出〉“怒欲盈而毋暴”說》，“新出土文獻與古代文明研究國際學術研討會”論文，上海，2002。

②李綉玲撰寫、季旭昇訂改：《彭祖譯釋》，《〈上海博物館藏戰國楚竹書（三）〉讀本》，255-257頁，臺北，萬卷樓圖書公司，2005。

③張新俊：《上博楚簡文字研究》，15頁，吉林大學博士學位論文，2005。

〖整理者 1991〗瀑既笙（？）於郢，牆（將）須□。（24 頁）

〖楚文字編 1997〗謐（謐）。（111 頁）

〖何有祖 2005〗從“言”、“必”聲，是“謐”字，是“謐”的省體。《正字通》：“謐，同謐省。”“謐”，《說文》：“靜語也，一曰無聲也。”《廣韻》：“慎也。”“將”，《二年律令》65 號簡“縛守將人”，注釋：整理小組：將，押送。《爾雅·釋言》：“將，送也。”。“將須謐（謐）”當指押送犯人必須慎重。

〖陳偉 2007A〗①既，圖版不清晰，原釋文缺釋，今據紅外影像釋出。②從殘存筆畫看，當非“執”字，其為“謐”的可能性比較大。此字在上博四《簡大王泊旱》中數見，沈培讀爲“蔽”，訓作“斷”。這一含義的“蔽”亦指斷獄。《書·康誥》“罰蔽殷彝”，孔傳：“其刑罰斷獄用殷家常法。”③至此，這條簡文大致可以通讀。蔡瀑自認爲未能受到新都地方官員的公正截斷，其兄長遂向左尹官署提出申訴。瀑自新都至郢，大概是協助調查。我們曾經討論過楚國司法組織和程式問題，這個案件也是這方面的一個有意義的實例。辭、蔽等字的新釋如果大致無誤的話，也增加我們對楚國司法術語的知識。

〖十四種 2009〗從字形輪廓及文意推測，當與正面“逾”爲一字。（47 頁）

按：本句以及其上“既詢，牆（將）須逾，䞇（執）”一句的具體含義還有待進一步討論。有關“郢”的地望，參 43 號簡集釋。

三　《受𣅀》

受𣅀（幾）〖033 反〗

集釋：

〖整理者 1991〗期，從几從日，與《說文》古文期字從丌從日不盡相同，應是期字異體。（42 頁）

〖夏淥 1993〗我因釋“期”爲“晦”，假借爲“賄”，就讀爲“受賄”。

〖李家浩 1994〗這種用法的“𣅀”字顯然是作爲《說文》“期”字的古文“𣅈”來用的。“𣅈”從從“丌”聲。“丌”、“几”二字在古代不僅字形相似，而且聲母相同，都是見母，疑“𣅀”應當是“𣅈”字的訛體。

〖袁國華 1994C〗“期”字古音屬“群”紐“之”部；“几”字，古音屬“見”紐“脂”部，由此可見，“期”、“𣅀”二字古音有別，二字還沒有成爲“異體字”的充分條件。然而由“包山楚簡”“𣅀”字的用例來看，“𣅀”與“期”同義，則是可以確定的。（187 頁）

〖孔仲溫 1997A〗尤其在《包山楚簡》中，作“受期”、“期中”、“逃期”等多從“几”。

作人名則多從“丌”，不免讓人有用法不同而部件不同的疑慮，但是我們從“秀期”這人名的“期”字同時寫作84、146、119 反三種字型，就可以證明從“丌”，從“几”是當時相通的寫法。然而《說文》云“期”字古文作“”，從“丌”，與形體只在部件上下位置不同，但從“丌”的聲符何以能跟從“几”的聲符相通呢？其實還是因爲二者形似音近的緣故。…總之，從“丌”爲正字，從“几”爲當時形音近似的通行俗寫。

〖何琳儀 1998A〗旮，從日，几聲。𣅀之異文。几、亓雙聲可通。楚簡旮，多讀期。（1190 頁）

〖白於藍 1999〗從辭例上看，“”字無一例外地均用作人名，而“（或）”卻從未見有用作人名者，絕大多數都出現在“受（或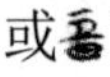）”的辭句中，可見“”與“（或）”絕非一字，不當釋爲期，應隸作旮，於日部另立字頭。（從林澐師說）

〖何琳儀 2003A〗“期”原篆作“”從“其”與從“几”乃聲符互換（均屬牙音）。（160 頁）

〖裘錫圭 2006A〗此字從“日”、“几”聲，義與“期”同。包山楚簡中既有“旮”字，也有從“日”從“丌”的“昇”字。後者跟《說文》“期”字古文只有偏旁位置上的不同，無疑是一個字。“旮”和“昇”顯然都是形聲字，“几”和“丌”分別是這兩個字的聲旁，雖然它們的形、音比較相近，畢竟前者古音屬脂部，後者則屬之部，而這兩部相通的情況是不多見的。所以從文字學上看，把“旮”和“昇”看作一字異體是缺乏根據的。此字應該釋讀爲訓作“期”的“幾”，“几”與“幾”都是見母字。“几”字上古音屬脂部，“幾”字屬微部。二部之音至近。“旮”字從“日”、“几”聲，應該是爲訓“期”的“幾”而造的專字。

〖李家浩 2006B〗葛陵村楚簡也常見“旮”字，零 336、341 號與“旮”相當的字作“畿”，從“日”，“幾”省聲。“几”“幾”古通，故從“几”聲的“旮”可以寫作從“幾”省聲的“畿”，“畿”不可能是“𣅀”的訛體。與“期”同義的“旮”或“畿”，傳世文獻作“幾”。

〖張世超 2011〗就古音家的研究成果來看，先秦音中的脂、微二部關係十分密切。清人分部多脂、微不分。後人將脂微分立。近來又有學者研究發現，脂、微合韵，通假皆見於江淮流域或曰楚方言區內。羅常培、周祖謨二先生指出，脂、微二部在西漢時合一，至東漢時又多見與之部押韵之例。…由此，使我們想到楚簡裏的另一個字，此字作、等形，在包山簡中頻見，均用如“日期”之“期”…“旮”從“几”聲，古音在見母，“期”從“其”聲，從“其”聲之字“基”“箕”等亦在見母。所不同者，其韵一在脂部，一在之部。從上文所述楚方言特點看，楚簡的“旮”字還是直接看作“期”的異體爲好。

按：釋“幾”的觀點可從，“幾”與“期”同義。

頣（夏）柰（夕）之月乙丑之日，郊（鄢）[1]正婁[2]虘（虢）[3]受旮（幾），八月乙亥之日，不逞（將）龏（龔-共）倉吕（以）廷[4]，陞門又（有）敗[5]。義賭（睹）[6]。〖019〗

集釋：

[1]郊（鄢）

〖整理者 1991〗邸（？）（18 頁）

〖黃錫全 1992〗郊。

〖張光裕、袁國華 1992〗鄁。（386 頁）

〖周鳳五 1992〗此字從邑，當係地名；其地所置官守甚多，除攻尹以外，計有：正、䜌佐、左䜌尹、少司城、宫司馬、宫大夫、少宰尹等，則其地必範圍大、人口多、庶業繁、地位重要。準此以推，則非楚國重要大城“鄢”莫屬。鄢故城據石泉考證，當在今湖北省宜城縣北三十里小河鎮一帶。

〖袁國華 1994A〗實從“毋”從“邑”，應隸定作“鄁”字。

〖滕壬生 1995〗鄁。（538 頁）

〖顔世鉉 1997〗據石泉所考，楚鄢都在宜城縣北二十里。…包山楚簡郊地地望在今湖北宜城市北二十里（宜城縣今已改成宜城市）。（157 頁）

〖何琳儀 1998A〗郊，地名，在今湖北當陽境内，參《集韵》。（965 頁）

〖李零 1999B〗應是“鄢”，楚鄢邑在今湖北宜城南。

〖劉信芳 2003〗字從周鳳五釋。《左傳》昭公四年：“楚子滅賴，遷賴於鄢。”杜預〈注〉：“鄢，楚邑。”…鄢應是一較大的區域性地名，而“蒇郢”則是建於此地以城垣爲標誌的楚之别都。（31-32 頁）

〖趙平安 2003〗郊即鄢，即《左傳·桓公十三年》“楚屈瑕伐羅……及鄢”的鄢。

按：整理者將本簡之“鄢”釋爲“邸”，又將 49、95 號簡的“鄢”釋爲“郊”，前後隸定也不統一。“鄢”之地望應在今湖北省宜城縣北三十里小河鎮一帶。

[2]正婁

〖整理者 1991〗婁，亦可釋作要，此從朱德熙、裘錫圭先生說。（42 頁）

[3]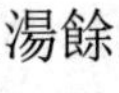虘（虢）

〖整理者 1991〗剴虜。（18 頁）

〖湯餘惠 1992〗虘即虢字省文。

〖滕壬生 1995〗剴。（352 頁）

〖巫雪如 1996〗簡 43 及 140 之、，“丵”字右下方所從之“刀”乃“”之訛變，而簡 19、36、140 之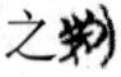、、實即“鄴”字左半所從之“菐”，只是所從之“刀”，其位置由原來在字之下方移於字之右方，故此字當隸爲“菐”而非“對”。包山楚簡中從邑與不從邑之字往往爲一字一體，“菐”與“鄴”之情況亦然。…簡文中之“菐”氏可能爲百濮之後，也可能是以地名爲氏者。（141 頁）

〖許全勝 1997〗疑讀爲濮。…字從刀，楚文字多與人相混，古文偏旁可互易，故疑本當隸作僕和僕阝。（21 頁）

〖白於藍 1999〗左旁所從實爲“菐”。137 反兩個“僕”字所從之“菐”旁正與此字左旁形同，故此字應隸作“剿”。

〖李零 1999B〗聲旁與 557 頁鄴相同（按：指《楚系簡帛文字編》557 頁），是作“半”。

〖裘錫圭 2000〗又有從“邑”△聲之字（按：△代指旁），其△旁加“刀”，或可視爲“刬”。

〖劉信芳 2003〗①姓氏。簡 36“判君”，簡 140 反作“鄁君”，“判”“鄁”並讀爲“僕”。楚有“僕氏”，《國語·楚語上》：“靈王城陳、蔡、不羹，使僕夫子晳問於范無宇。”韋昭〈注〉：“子晳，楚大夫，僕晳父也。”（31 頁）②虒。（30 頁）

〖李天虹 2006〗“刈”還見於包山簡，作（簡 36），用爲姓氏，可能通“艾（音 ai）”，艾氏見《通志·氏族略三》。

〖李守奎 2010B〗楚簡中從“戔”聲的字可以讀爲“蔡”。包山 19 號簡有“鄢正婁郯虜”，66 號簡與該簡內容密切關聯，受期人是“鄢正婁郗玄”。“郯虜”與“郗玄”應當是同一個人的異寫。春秋金文“玄”與“鑪”對舉：“玄鏐鑪鋁”（鋁鐘）、“鉉鏐鑪鋁”（配兒句鑃），銘文中的“鑪”當讀爲“黸”，訓爲“黑”。簡文“虜”亦當讀爲讀爲“黸”，“玄”與“虜”當是名、字相應。若此，“郯”與“蔡”就是同一姓氏的不同寫法。值得注意的是包山簡中“蔡公”與“蔡君”屢見，用字並不相混。蔡國屢遷，有上蔡、新蔡和下蔡之分。楚簡中屢見“下郗（包山 120、163、182）”，用字一致，與郯君之“郯”並不混用。“郗”異寫作“郯”，是個人的用字習慣，還是作爲地名姓氏在當時也有一定的區別，有待進一步探索。

按:常作爲讀爲“察”、“淺”、“竊”的字的偏旁，但對於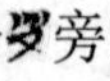旁的識讀，學者的意見尚未達成共識。有關的考釋意見，參 12-13 號簡集釋。

[4]不遲（將）龏（龔-共）倉巳（以）廷

〖整理者 1991〗①遲，簡文或作徃，徐中舒先生讀作將。將，率也。（42 頁）②廷，縣廷。（42 頁）

〖曹錦炎 1992〗廷，官吏辦事的地方。以，介詞，訓爲在、於。“以廷”引申爲在廷辦公、值班之意。

〖李零 1992〗這裏的將某以廷與簡 7 王廷於藍郢之游宮的廷字不同，不是指廷官見下，而是指帶被告或證人到庭。

〖陳偉 1993〗受期簡所謂不以什麽致命，不將某某以廷，應是截取這種表達方式的後半部分，用假設的否定句式表示肯定性的命令，實際是要求以什麽致命或將某某以廷。

〖夏淥 1993〗達，就是“執達”之意，是將罪犯抓到法庭受審的法律術語。…從辵從匡，匡亦聲。關鍵是這個意符兼聲符的部件怎麽去認讀。《包山考釋》從徐中舒教授說，讀爲“將”，認爲該部件是“匡”字，與將音近。“將”與“達”從意義上講是可以相通的，…“匡”應讀達，不讀“匡”，逛應讀達，不讀“將”。…從辵從羊的諸異體字“祥”通假作“將”，從徐中舒先生說是對的。但簡文的“達”不從羊，羊外有筐，音義已起變化，不應將“達”與“徉”二字混淆。

〖陳偉 1996A〗從語法上講，“廷”用作動詞而非名詞。…簡文“廷”字，似應指折獄斷訟之事。“逛以廷”，大約是說帶著出庭受審。（39-40 頁）

〖葛英會 1996C〗我們認爲，“不廷”應讀爲“丕廷”，語義與“丕謨”相近。…廷即平成之義，古時將使獄訟者達成和解，棄怨向善之舉稱謂廷，即所謂治獄貴平。…簡文“不廷”、“不以廷”、“不將……以廷”之不，亦應讀爲丕，其義爲大大地成平某桩訟事，或大大地將某訟事予以成平。

〖劉信芳 1996B〗按“逛”讀如“詳”，此乃重要司法術語。…所謂“不詳鄰之己里人青辛以廷”，意謂至期約審案之日，沒有審議青辛之案於公堂。簡文“逛”之異文作“行”，簡六一：“辛未之日，不行代昜廄尹鄗之人戠戟於長沙公之軍，阩門又敗”。按“行”與“詳”音近義通，…“詳”用現在的話說，就是法庭調查。

〖于成龍 1997〗廷作爲治獄用語，意亦爲成平之意。（28 頁）

〖何琳儀 1998A〗包山簡廷，決訟之所。…引申爲在縣廷審議案件。字亦作聽。…包山簡“㠯廷”，讀“以聽”。《禮記・王制》“以聽獄訟。”（806-807 頁）

〖譚步雲 1998〗①金文及楚簡所見之徉，當是從辶，羊聲，或增益另一聲符：匚。無疑即徉之古體。…而《包》19 等四十例“受期”簡，均取“不徉……以廷”之固定格式，似應讀爲“會同”。這也是“遵循”的引申義。（79 頁）②廷的本義爲“朝中”，用作動詞則可理解爲“至朝中”、“到朝中對質”。不過，此處的“朝中”恐怕不能指“朝廷”，而只是“治獄之場所”。“不廷”、“不以廷”、“不以……廷”等句式當是“不徉……以廷”的簡省。總之，廷所具有的“對質”、“出庭聆訊”的意義，是可以從楚官稱“廷理”和秦官稱“廷尉”中看出來的。（75 頁）

〖黃德寬 2002〗我們梳理了△（按：指“逕”字）及其異體和相關字，可以得出如下兩個結論：一是△之音讀與從爿爲聲的字上古皆屬陽部，其聲紐爲齒音精系；而所從㞷（羊）當以“羊”爲聲符，上古屬餘紐、陽部，與丬聲相近。二是△在用法上通常相當於典籍中的“將”，或爿通作從聲的字（如墻）。…“將，行也”之“將”是一個借字，其本字正是△字。由於△爲借字“將”所奪，故“將”行而“△”廢，△字功能也由“將”字肩負，使之成爲一個義項複雜的字。

〖劉信芳 2003〗讀爲“詳”。…《說文》：“詳，審議也。”《廣雅·釋詁》：“詳，審，諟也。”該句謂：至期約審案之日，沒有審議龔倉之案於公堂。簡文“逕”又作“行”，參簡 61 注。（31-32 頁）

〖蘇傑 2003〗這種情況是以地方官吏爲受期人，形式上的標誌是“不將某某以廷”，內容是要求地方官吏將相關訴訟參加人按時解送到廷。…相當於“拘捕”。

[5]陞門又（有）敗

〖整理者 1991〗①門，借作問，《說文》：“訊也。”徵問，驗問，召問。（42 頁）②敗，借作害，又敗即有害。（42 頁）

〖彭浩 1991A〗“阩門有敗”可以理解爲經徵召被告審核後，有危害他人的行爲。

〖曹錦炎 1992〗“阩”即“陞”，升遷之意。“陞門”疑爲專用術語。敗，失敗、失利。“升門有敗”當爲考核評語，猶言“不利升遷”即“不適合升遷”。

〖李零 1992〗似指升堂開庭而審理失敗。《封診式·治獄》曰：“治獄，能以書從跡而言，毋治（笞）諒（掠）而得人請（情）爲上，治（笞）諒（掠）爲下；有恐爲敗。”可參看。

〖陳偉 1993〗“阩門又敗”的確切含義待考，大致應是對抗命者不利的某種處置。

〖夏淥 1993〗楚國的法律叫“茅門之法”，“茅門有敗”就是當官的“執法犯法”，“明知故犯”的法律術語，也就是基層司法官吏議罪、評獄的結論是“敗壞了楚法”，也相當於說：“爲楚法所不容”。…我們還是從字形是“茅”還是“阩”開始討論，…從辵從丑從中，“屮”爲“草”初文，“丑”爲“扭”初文，在古文字結構部件中，“丑”和“又”可以互換。從丑持草，作爲部隊形近的旌識、標誌，聯係楚史就是至今仍習用的成語：“名列前茅”的“茅”。…當是“前茅”的“茅”本字。…“茅門”就是“楚法”的代稱，“茅門有敗”就是“敗壞了楚法”的法律習慣用語。

〖周鳳五、林素清 1995〗但若以陳偉的說法來釋讀受期簡，則“阩門又敗”是在受期者若無法在期限內完成交付的任務時，所可能發生的某種情況，那麼“阩門又敗”應該是針對失職官員而說的，而不該只是單純的記錄一個廷審不成的結果而已。

〖陳偉 1996A〗類似的句式也在古人盟誓時用到。《左傳》僖公二十四年記晉公子重耳云：

“所不與舅氏同心者，有如白水！”又襄公九年記晉士莊子爲載書云：“自今日既盟之後，鄭國而不唯晉命是聽，而或有異志者，猶如此盟！”又襄公二十五年記齊晏子云：“嬰所不唯忠於君、利社稷者是與，有如上帝！”可參照。(52 頁)

〖葛英會 1996B〗受期簡“阩門”即登聞，上聞，上報治獄簿籍文書以便司寇聽訟弊獄。簡文敗，其義應爲覆。《爾雅·釋言》：“敗，覆也。”《冬官·考工記》注：“詳察曰覆。”《包山》簡文及先秦典籍中，楚司寇之職皆稱司敗，敗字似乎就是取其勘察之義。簡文“阩門有敗”當即將治獄文書上報司寇並乞以詳察。

〖劉信芳 1996B〗“阩門”是楚司法官府名，楚有所謂“茅門”，…“阩門”讀如“登門”(阩、登音通，學者多證之)。“登”、“雉”同有理獄之名，…是登門、雉門皆爲理獄之門，名稱不同，内涵則一。“阩門又敗”猶言敗壞法庭。

〖楚文字編 1997〗從阜，豈從之省。登升之升專字。(637 頁)

〖于成龍 1997〗《說文》段注：“古經傳登多作升，古文假借也……按今俗所用又作阩。”可知簡文中之“阩”與登意同。…“阩”亦即上、升之意。門，《說文》：“門，聞也。”“敗”作爲治獄用語在同時代秦簡中亦有發現。…是表達一種不利的意思。…考慮到《受期》簡是左尹官署向各地有司下達的文件，“上聞”應是指令地方的文書上報中央之意；“又敗”則是承上“不××××”一語，表達一種將對受令者不利的嚴厲之辭。(17-18 頁)

〖陳恩林、張全民 1998〗我們認爲：所謂“阩門又敗”當指不從命者所應承擔的罪名。換言之，不從命者必須負“阩門又敗”即“敗壞法庭”的法律責任。

〖何琳儀 1998A〗①“峉(隥)門”，讀“徵問”。(1365 頁)②“又敗”，讀“有敗”，疑指敗訴。(948 頁)

〖譚步雲 1998〗意義爲“開庭審訊即敗訴”。…“升門”即“登門”，原篆變體甚伙，但基本是從“升”得聲，從“阜”得義，即古升字。“升”可讀爲“登”。“升門”爲譬喻用法，指“上庭”，“出庭”。“有敗”，即“被擊敗”。“有”是表被動的標識。(96 頁)

〖大西克也 2000〗讀“阩門又敗”爲“證問有敗”，認爲是審案遇到了障礙的意思。[①]

〖南玉泉 2000〗其實“阩門”應爲動賓結構，阩，即登，古音阩登相通；門實即法廷之意，登門意即執行司法制度。…“敗”在楚簡意中實即違犯司法規定。

〖廣瀨薰雄 2001A〗“阩門又敗”中的“阩”字也很可能假借爲“證”。“阩(證)門又敗”，是調查發生困難的意思。[②]

①轉引自廣瀨薰雄：《包山楚簡〈受期〉“阩門又敗”再探》，《簡帛》第二輯，53-62 頁，上海，上海古籍出版社，2007。

②轉引自陳偉主編：《楚地出土戰國簡冊[十四種]》，21 頁，北京，經濟科學出版社，2009。

〖蘇傑 2002B〗司敗的“敗”，義爲過失，那麼簡文“有敗”，就可訓爲“有過”，與“有功”相反。在討論完“登聞”、“有敗”的含義之後，我們來看二者之間的結構關係。我們認爲“登聞”和“有敗”是聯合關係。也就是說，（屆期）不爲某種特定行爲，登聞有敗，可以分解成兩個句子：i（屆期）不爲某特定行爲，登聞；ii（屆期）不爲某特定行爲，有敗。…簡文“阩門又敗”當讀爲“登聞、有敗”，解作“報告、有過錯”。這是文書製作者（左尹官署）明確規定其命令的執行者（受期人），在不能如期完成任務的情況下應當履行的義務和必須承擔的後果。…另外，考慮到簡文的公文性質，我們懷疑“阩門又敗”四字除了有警告的意義，還有形式上的功能，即表示公文内容到此爲止，從而防止妄予加減。

〖谷口滿 2003〗“阩門又敗”是（由於某種原因，受期者沒有帶人出庭），此事給案件的審理帶來了障礙。[①]

〖何琳儀 2003A〗其中“徵”有驗證之義…所謂“徵問”應是司法審訊術語，參《左傳·僖公四年》：“爾供苞茅不如，王祭不供，無以縮酒，寡人是徵。昭王南征而不復，寡人是問。”其中“徵”與“問”對文見義，與包山簡“徵門（問）”正吻合。（160 頁）

〖劉信芳 2003〗楚之所謂“阩門”，周、魯之所謂“雉門”。“阩”讀與“蒸”通，“蒸”乃麻幹名，凡柴草粗曰“薪”，細曰“蒸”，是蒸亦可作爲柴草之泛稱。“阩門”作爲司瀍官府的代稱，其門已不必執實爲柴草之門。“阩門又敗”猶言敗壞法廷。（31-32 頁）

〖史傑鵬 2005〗把“徵問”解釋爲“驗問”也沒有問題，但是解釋爲“召問”卻不嚴謹。…總之，將“阩門”讀爲“徵問”，恐怕是最合理的解釋。

〖李家浩 2006B〗“登聞有敗”跟漢律“登聞道辭”科應有一定的關係，大概是說如果受幾者不按照文件所說的指示辦，就以上聞又敗論處。

〖廣瀨薰雄 2007〗“阩門”讀爲“徵問”，指傳喚嫌疑人或證人（徵），對其進行訊問（問）。…“阩（徵）門（問）又（有）敗”是“審案就會失敗”。

〖張伯元 2012C〗我們贊同“阩門即登聞”說，不過，證以漢律《廄律》有“登聞道辭”科，則爲憑不足。漢律“登聞道辭”條，沈家本有按語，稱：“詣闕上書訟訴，及前條之擊鼓，即《唐律》之諸邀車駕及撾登聞鼓，若上表自理訴也。”自訴是也。…包山受期類簡中的“阩門”之登聞，不能視以自訴；自訴，一般針對刑事案件，相對於公訴而言，事實上，受期類簡中所示的是受理各種訴訟案件的時間及其審理，但由於某種原因無法審理、未能結案的案例。既然是登聞自訴，急急出廷才是；結果卻都出現“不逆（將）……

①轉引自廣瀨薰雄：《包山楚簡〈受期〉“阩門又敗”再探》，《簡帛》第二輯，53-62 頁，上海，上海古籍出版社，2007。

以廷”的情況，這是難以想像的事。既是登聞自訴，理當在案件受理的起始，然而“阩門有敗”則置於包山受期文書的最後。其實，“阩門”之登聞，其出處應取《尚書•酒誥》中的“弗惟德馨香，（祀）登聞於天”句。其大意是“芳馨不上聞於天，神不享也。”上天之神是人間德刑、善惡的主宰。楚人相信上天的力量乃至將做出最爲公正的判斷。其次，我們就要說到“有敗”的敗。阩門又（有）敗之“敗”與司敗之“敗”義同。敗與則相通，是一種特殊的形近相借現象。則與敗古通；則，法也，那麽“司敗”猶如“司法”。此司法，承接“阩門”（登聞）上天而來，正如上文所說：楚人相信上天的力量乃至將做出最爲公正的判斷；上天神的意志完全能體現在司法中。如是而已。…至於說到“阩門有敗”的作用，我們認爲：從受期簡的内容看，它並不針對訴訟實體，也就是說無論是刑事還是民事，跟“阩門有敗”四字無甚獄訟處斷上的聯繫；即使在審理過程中出現障礙、調查發生困難，其審察之責也並不可能落在“阩門有敗”上；不然的話，會涉及訴訟程式的推進，或更審，或二審，或移獄，這些在受期簡中都未有體現，相反是某些受期簡的重複，僅有時間的變化而已，如簡 22、簡 24 與簡 30 受期内容全同，卻未能推進訴訟程式的實質性進展，這豈能說“不按照檔所說的指示辦，就以上聞有敗論處”？如果說這就是敗訴，或撤訴，或上訴，那麽就不可能再重複受期。簡 46、簡 52、簡 55、簡 64 也是同樣情況，當事人全同，訴訟程式未有推進。它之所以重複受期，是出於對案件做進一步調查、核實或廷審的需要。“阩門有敗”作爲司法術語置於每枚受期簡文書内容的最後，是受期類司法文書的格式要求，猶如包山簡中“某某戠之，某某爲李”、秦文書中的“當騰騰”、漢文書中的“敢告之”、“急急如律令”那樣，是一種比較固定的文書格式。鑒於此，在每枚受期簡的“阩門又（有）敗”四字之前，可加上句號，與内容斷開。…綜上所述，“阩門有敗”是受期類簡固定的司法文書格式要求，與訴訟時間及獄事内容無關。

按：包山楚簡中“陞”字所從大體有兩種形體，一種作（20 號簡），另一種作（128 號簡反）。學者多釋爲“阩”，李守奎認爲楚國文字材料尚未見到確鑿無疑的“升”字，“”當是“徵”之古文。字可隸作“陞”，釋爲“阩”爲登升之“升”的本字。異寫所從之“”、“”、“”等形，非丑，非斗，亦非升字，而是“𡵂”字的省變訛形，[①]但後來他也同意從“升”的說法。[②]此字所從應是“𡵂”字，楚簡中標準的“𡵂”寫作（清華楚簡《繫年》76 號簡），與《說文》“徵”之古文作“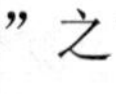”所從相同。爲

①李守奎：《古文字辨析三組》，《吉林大學古籍整理研究所建所十五周年紀念文集》，77-86 頁，長春，吉林大學出版社，1998。

②李守奎：《楚文字編》，826-827 頁，上海，華東師範大學出版社，2003。

“㞷”不省的形體，則爲“㞷”簡省的形體。楚簡中“陞”多讀爲“登”，楚璽印中“登徒”之“登”作，[①]與楚簡相同。楚簡中的“問”或“聞”多從“昏”聲，將“陞門有敗”之“門”讀爲“問”或“聞”總覺難安。故暫按字形將二字釋爲“陞門”，“陞門有敗”的具體意義尚待探討，大致意思應如陳偉所說是對抗命者不利的某種處置。

[6]義賭（睹）

〖整理者 1991〗覩。（18 頁）

〖李零 1992〗這批簡文，每條後面只有“識者”沒有“李者”，並且常將“識之”二字略去。

〖陳偉 1996A〗通過對受期簡後面簽署人涉及事件地域的梳理認爲：這些人均爲左尹部屬。（54 頁）

〖何琳儀 1998A〗覩，從見，者聲。睹之繁文。（517 頁）

〖劉信芳 2003〗“受期”簡每件案例後均簽署有人名，凡此皆爲左尹官署的屬官，其職略與周官司寇之屬官相當。（31-32 頁）

頣（夏）栾（夕）之月乙丑之日，鄗（郜-喜）[1]司敗[2]李聑[3]受旮（幾），九月甲晷（辰）之日，不貞周憝（惃）之奴㠯（以）至（致）命[4]，陞門又（有）敗。秀免。〖020〗

集釋：

[1]鄗（郜-喜）

〖整理者 1991〗郜。（18 頁）

〖楚文字編 1997〗鄗。（326 頁）

〖何琳儀 1998A〗從邑，憙聲。或作喜，地名。（3 頁）

〖劉信芳 2003〗簡 47 作“顗”，字並讀爲“釐”。…簡 54 記“喜”之地名有“長陵邑”，其地在今河南新息縣東 80 里，則“郜”應在新息一帶。（33 頁）

〖吳良寶 2010〗從“鄗”、“顗”地設置有“司敗”等職官的情況看，應是楚國的縣名，二者似是一字異體，具體地望待考。（264 頁）

按：54 號簡之“彭”被誤釋爲“喜”，何浩、劉彬徽考證 54 號簡“喜”之地望時指出今河南息縣以東稍北約 40 公里處有一長陵集，若此長陵縣就是簡文中的“長陵邑”，則喜

①施謝捷：《釋戰國楚璽中的“登徒”複姓》，《文教資料》1997（4），110-113 頁。

君之“喜”應即“息”。喜，之部曉紐；息，職部心紐。之、職對轉，二字韻部相通。然聲紐相隔較遠，又未見有喜、息相通之辭例，故其讀音和地望仍只能存疑。[①]顏世鉉推測“喜”地可能和繁丘、繁陽二地相去不太遠（繁陽約在今安徽太和縣北，在今息縣東北方約120公里處），因此“喜”地在今息縣附近是有可能的。[②]

[2]司敗

〖黄盛璋1994〗司敗就是司罰，職掌刑罰。

〖陳穎飛2009〗“司敗”作爲受期人最多見，含“少司敗”、“御司敗”，共23見。…值得注意的是，地方司敗中，所設地分别爲鄗、蓍陵、中陽、邻、鄬、羸陽，查對包山簡其他部分的地方司敗，僅繇丘少司敗（包90）、郙陽司敗（包177）兩例，而所有的包山簡都沒有州、里、邑等地方行政區劃設有司敗。據此推斷，鄗、蓍陵、中陽、邻、鄬、羸陽、繁丘、郙陽當爲同級的地方行政區劃，疑爲縣，地方行政區劃中，疑“司敗”僅設到縣一級。（133頁）

[3]李耴

〖整理者1991〗耴。（18頁）

〖黄錫全1992〗①孝。②聑、耶即古聽字。

〖何琳儀1998A〗三耳。（1500頁）

[4]不貞周惪（惃）之奴㠯（以）至（致）命

〖整理者1991〗貞，《周禮・春官・大卜》：“凡國大貞”，鄭司農注：“問也。”（42頁）

〖李零1992〗“致命”是送達命令，可指送來，也可指送去（即復命）。

〖劉釗1992A〗按字從心從，“”乃“臾”字…應釋爲“惥”。在簡文中用爲人名。

〖湯餘惠1992〗字從心，爲聲，應釋爲“憍”，《字匯》：“憍，諧也。”

〖何琳儀1993A〗從心從爲，應釋“憍”。

〖夏渌1993〗“可能是豪強周憍嗾使家奴行兇犯罪，但周憍行賄收買了喜邑的司敗季聲，季聲受賄後就不問其家奴犯罪的情由，不將此案上報。

〖周鳳五1994〗意指對上級命令的回復。

〖陳偉1996A〗《說文》：“奴，奴婢，皆古罪人。《周禮》曰：其奴，男子入於罪隸，女子入於舂稾。”簡書之“奴”應即奴隸。（115頁）

①何浩、劉彬徽：《包山楚簡“封君”釋地》，《包山楚墓》附錄二十五，北京，文物出版社，1991。顏世鉉：《包山楚簡地名研究》，185頁，臺灣大學碩士學位論文，1997。劉信芳：《包山楚簡解詁》，33頁，臺北，藝文印書館，2003。

②顏世鉉：《包山楚簡地名研究》，84頁，臺灣大學碩士學位論文，1997。

〖葛英會 1996B〗則 20 號簡“不貞”、72 號簡“不誽”、73 號簡“不量”、61 號簡“不行”、44 號簡“不歸”、67 號簡“不軦”等，不字似均應讀爲丕，均用其“大也”之義。

〖胡平生 1997〗我們懷疑，這裏的“貞”字可以讀爲“診”。上古音“貞”是端母耕部字，“診”是章母文部字，讀音很接近。“診”即“驗”。

〖陳秉新、李立芳 1998〗上揭簡文兩形均當隸定爲“㥁”，釋爲“憒”

〖何琳儀 1998A〗悖。(31 頁)

〖黃德寬、徐在國 1999〗我們認爲“”字應徑釋爲“昆”…關於“”字的構形，似乎可以分析爲從從云聲。…古音昆屬見紐文部，云屬匣紐文部，二字聲紐同屬喉音，韻部相同，故“昆”字可以以“云”爲聲符。…我們認爲此字（按：指本簡之字）應分析爲從“心”“昆”聲，釋爲“惃”。

〖李家浩 1999B〗①“黽”是蛙類，所從的“它”象其身，“臼”象其足。頗疑古文“昆”即昆蟲之“昆”的象形。昆是小蟲，故古文“昆”的頭比“黽”的頭小。…周惃。②報命的意思。

〖蘇傑 2002A〗文書中“致命”，意爲向左尹官署報告。

〖陳秉新 2003〗郭店簡、信陽簡、包山簡又有從心、聲和從糸、聲的字，舊皆不識，現一併討論…上揭郭店簡《六德》29 第 10 字從臼，從，即雲雨之雲…從臼與從爰同意，應當按早期形體隸作爰，釋作抎。…（按：指本簡之字）當隸作愋，即忶之古字。

〖劉信芳 2003〗①貞：讀爲“正”，…正謂刑罰之正，《周禮·地官·小司徒》：“凡民訟，以地比正之。”鄭司農〈注〉：“正，斷其訟。”(33 頁) ②致命，向上級官府回復執行使命的情況。《說文》：“致，送詣也。”(33 頁)

〖王穎 2004〗上簡之“貞”（端母耕部）當讀爲“徵”（端母蒸部），意爲征驗、問訊。(118 頁)

〖陳斯鵬 2008〗“致命”一詞古書習見，常表示傳命、復命的意思。

〖十四種 2009〗也可能讀爲“偵”，偵問意。(22 頁)

按：釋“惃”可從，獨體“昆”字見於郭店楚簡《六德》28、29 號簡，裘錫圭在按語中已經指出字應讀爲“昆弟”之昆。[①]

①荊門市博物館：《郭店楚墓竹簡》，189 頁，北京，文物出版社，1998。

八月己巳之日，司豐司敗[1]鄝（廖）䭬（頧）[2]受皆（幾），辛未之日，不逕（將）稟（集）獸（獸）[3]黄辱、黄蚩（蚰）[4]㠯（以）廷，陞門又（有）敗。正旦臺（塙）[5]戠（職）之。〖021〗

集釋：

[1]司豐司敗

〖整理者 1991〗司豊司敗。（18 頁）

〖劉信芳 2003〗郭店簡屢見“豊”字，多假作“禮”。司豊作爲職官名，略與“司儀”同。（34 頁）

〖十四種 2009〗這個字上部與上博竹書《周易》51 號簡的“豐”字近似。疑當釋爲“豐”。124 號簡、145 號簡背面的“司豐”與此恐即一事。郭店竹書《語叢一》103 號簡“奉”讀爲“豐”。此處或可讀爲“俸”，“司俸”司掌俸祿。（22 頁）

按：應是“豐”字而非“豊”字，“豐”還見於 124 號簡和 145 號簡反面，字形分別作、。“司豐”參 124 號簡集釋。

[2]鄝（廖）䭬（頧）

〖整理者 1991〗䭬。（18 頁）（按：字表又隸爲“䧱”，見圖版一六〇）

〖黄錫全 1992〗䭬即頧。

〖劉釗 1992A〗按字從首從隹。應隸定作䧱，古文字首、頁乃一字之分化，在用作義符時可以互换。故“䧱”可釋爲“頧”。“頧”字見於《說文》，字在簡文中用爲人名。

〖何琳儀 1993〗“廖”姓包山簡或作“鄝”21。

〖巫雪如 1996〗何琳儀釋翏爲，讀如廖，可從。但云“周文王之子伯廖之後”則不確。…鄝即蓼。包山楚簡中之鄝氏當係蓼國之後，乃以國爲氏者。（77-78 頁）

〖楚文字編 1997〗䧱。（433 頁）

〖許全勝 1997〗古書有蓼國，一在南陽盆地。一在淮河中游的支流今史河中下游。又群舒之一江淮間有舒蓼。…東、西蓼國及舒蓼春秋時均爲楚所滅，蓼氏當即此三蓼之後。（13 頁）

〖何琳儀 1998A〗①讀蓼，姓氏。皋陶庭堅之後，封於蓼，子孫以國爲氏。見《潛夫論》。（239 頁）②䭬，從首，隼聲。疑頧之異文。（1208 頁）

〖白於藍 1999〗其所從之“”旁不是隹，而是《說文》鵻字或體隼，隼字篆文作“”正與此旁形同。…包山簡中人名“陳䧱”（30）又寫作“陳䭬”（24），可見“隼”旁在“䧱”字中用作聲符。百與頁義近，用作義符時可互换。隼與隹音同義近，故䧱或即《說文》頧字。（從林澐師說）

〖李零 1999B〗從隼不從隹。

按: 此字從“隼”從“百（首）”，可隷定爲“䳕”，釋爲“頔”。

[3] 寨（集）戰（獸）

〖何琳儀 1998A〗寨獸，官名。（218 頁）

〖劉信芳 2003〗楚職官名。依簡文文例，是“司禮”管束範圍内的官員，其職略與周官“獸人”同。（34 頁）

〖晏昌貴 2005B〗包山簡 21、142、150、183 亦有此字，現在看來都應讀“守”或“獸”。

〖陳穎飛 2009〗集獸爲獸尹屬官，曾侯乙簡有中獸尹、中獸令。…疑集獸由司豐所轄。…“獸”這類官當爲司豐轄下的一個分署機構。（125、127 頁）

〖十四種 2009〗《鄂君啓節》有“集尹”，壽縣楚器中有“集”。“集脰”或是職司或官署名。獸，疑當讀爲“守”。（22 頁）

[4] 黄蟲（蚍）

〖劉釗 1992A〗應釋爲“蚍”。“蚍”字見於《說文》，字在簡文中用爲人名。

〖湯餘惠 1992〗《說文》:“蚍，蚍蛣也。”蚍，異體作蝠，《說文》“蝨”或體作“蝨”，又“蚤”或體作“蚤”，當和“蟲”之作“蚍”類同。

〖巫雪如 1996〗黄氏，《通志・氏族略》云:“贏姓，陸終之後，受封於黄。……楚與國也，僖十二年爲楚所滅，子孫以國爲氏，亦贏姓十四氏之一也。楚有春申君黄歇也。”…《氏族略》云黄國爲贏姓，是也，但云其爲陸終之後則不確。…贏姓黄國當亦爲伯翳之後。黄國在今河南潢川縣，於魯僖公十二年爲楚所滅，子孫以國爲氏。（108-109 頁）

〖何琳儀 1998A〗蟲，從蚰，出聲。疑蚍之繁文，蝠之異文。（1237 頁）

[5] 正旦臺（塙）

〖巫雪如 1996〗在包山楚簡中，旦、但、邾爲一字之異體。…《通志・氏族略》無旦氏而有但氏，列於平聲條下，云:“平聲，漢有西域都護但欽，又濟陰太守但巴。”未言其得氏之由來。宋鄧名世《古今姓氏書辯證》云:“宋紹興三年，以國諱該桓氏爲旦氏。”清陳熣《姓氏考略》則云:“齊桓公之後桓氏，避仇改爲亘氏、旦氏。”以上二說均謂旦氏乃由桓氏而來，然此旦氏時代偏晚，與包山楚簡之旦氏並不屬於同一來源。簡中之旦氏有從邑旁作“邾”者，據上文“郚”氏之例，則楚國之邾氏亦有可能爲以地爲氏者。邾之地望待考。（41-42 頁）

〖何琳儀 1998A〗旦，姓氏。周公旦之後，齊桓公之後，桓氏避仇改爲亘氏、旦氏。見《姓氏考略》。或說旦爲低級職官，待考。（1019 頁）

〖劉信芳 2003〗又見簡 21、27、32、76。簡 27、76 作“邯塙”。旦，服徭役者，參簡 78 注。“正旦塙”其職爲“正”，其身份爲“旦”，其名爲“塙”。(35 頁)

按:“旦”爲姓氏。

八月己巳之日，邵（鄖）司馬之州[1]加公李瑞[2]、里公[3]隓（隋）旻（得）[4]受旮（幾），辛未之日不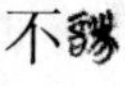（察）陞（陳）宔（主）䢦（顉）之剔（傷）之古（故）巳（以）告[5]，隍門又（有）敗。罷（䣜-羅）恈（狂）[6]。〖022〗

集釋:

[1]邵（鄖）司馬之州

〖整理者 1991〗①邵，楚縣名。故城在今湖北省宜城縣境内。(42 頁) ②州，《周禮・地官・大司徒》:“五黨爲州”，鄭司農云:“二千五百家爲州”。按《周禮》記載，州是鄉的下屬行政單位。州加公，州的官吏。(42 頁)

〖羅運環 1991〗州是一種民戶編制。凡州前冠以人名和官名的都是一種食税州。食税者沒有土地佔有權及民政、司法權力，屬於封建官僚。

〖黄錫全 1992〗又見於鄂君啓舟節作，殷滌非先生釋爲“邵”，讀爲涓水之“涓”(《“鄂君啓節”兩個地名簡說》，中華文史論叢第六輯，1965 年)。根據目前研究成果，殷說可從(可參考朱德熙、李家浩《鄂君啓節考釋(八篇)》，1988 年中國古文字研究會論文)。

〖劉釗 1992A〗字應隸作“邵”，“邵”字見於《集韻》，乃鄖字異構。此字亦見於鄂君啓節…朱德熙、李家浩二先生釋爲“邵”，認爲鄂君啓節中的“邵”即《漢書・地理志》之旬陽，地在今陝西旬陽縣北。

〖湯餘惠 1992〗此字又見於鄂君啓節，“逾夏内～”，殷滌非首釋爲“邵”，讀爲“涓”(《壽縣出土的鄂君啓金節》，《文物參考資料》1958 年 4 期)。簡文用爲地名，疑即鄂君啓節之“邵昜”。日人船越昭生謂“芸昜”之“芸”讀爲“鄖”，即《水經・漢水注》之鄖關，在今湖北省鄖縣。

〖陳煒湛 1994〗按此字從邑從巳不從云，古文字云巳二字區分至爲清楚。

〖徐少華 1994〗據《漢書・地理志》江夏郡“竟陸”縣原注:“鄖鄉，楚鄖公邑”;《後漢書・郡國志》亦曰東漢竟陵侯國内有鄖鄉，兩說一致。而鄖國，《漢志》江夏郡“雲杜”縣顏注引應劭曰:“今鄖亭是也”，《左傳》桓公十一年杜預注:“鄖國在江雲杜縣東南”;《後漢書・郡國志》劉昭補注、《晉書・地理志》以及《水經・沔水注(中)》所載均與《漢志》相合。由此可見，楚鄖縣並非滅鄖後利用鄖國故都所置，而是在鄖都以外因鄖之别邑而設。漢晉竟陵縣，據石泉先生所考，在今湖北鍾祥北境、漢水以東的豐樂鎮附近，則位於當時竟陵縣之鄖鄉、楚鄖縣，當不出今鍾祥縣北境的漢水東岸一帶；位於漢晉雲杜縣東南的古鄖國，應在今湖北京山、鍾祥兩縣之間。(280 頁)

〖陳偉 1996A〗以上論列的 10 個州皆位於楚都一帶。這 10 州幾乎佔了包山簡所見全部州數的 1/4，相反的例證則無一發現。因而這些州的分佈可能具有代表性，也就是說楚國的州大概皆位於首都一帶。至於里的分佈，…雖然有的可能在楚都一帶，但約略可考者大概與楚都相去較遠。這意味著，州、里的分佈地域可能互有不同，因而不存在發生隸屬關係的前提。…州大致分佈於楚都一帶，並在司法管轄上直屬於左尹官署，有著顯著的獨特之處。如果說邑、里處於一般政區系統之中的話，州就應該是一種特殊的地域組織。…州與里、邑一樣，爲官府確定居民所在的具體單位，其規模又可能與里、邑相當。包山簡初步報道後，即有學者指出：前面冠以官名、人名的州應是一種食稅單位。在簡書出現的 41 處州中，冠以官爵名的高達一半以上。其中有的僅書官爵名，有的還帶有人名，彼此應無大的區別。…戰國時官吏的薪俸，有以田邑支付的記載。…帶有官名的州，很可能就是這些官員的俸邑。(86-92 頁)

〖何琳儀 1996A〗“邧”或作“鄖”。《左・宣四》“若敖娶於邧”，《釋文》“邧本又作鄖”。《左・桓十一》“鄖人軍於蒲騷”，注“在江夏雲杜縣東南。”在今湖北沔陽縣。又據《括地志》、《元和郡縣志》則在今湖北安陸縣。今安陸、沔陽一帶大概都屬於古鄖國的範圍。

〖徐少華 1996A〗“邧”爲楚地，從簡文所載其地有“司馬”諸官的情況看，亦應是一處縣級政區單位。戰國中期的楚鄖縣，位於今湖北鍾祥縣北境。

〖顏世鉉 1997〗包山楚簡邧地的地望，本文暫列兩種說法：1. 在今湖北的溳水附近；2. 在今湖北鍾祥市北境的漢水東岸。(137 頁)

〖何琳儀 1998A〗鄖之異文。《集韵》“鄖亦作邧。”《說文》“鄖，漢南之國。從邑，員聲。漢中有鄖關。”(1313 頁)

〖劉信芳 2003〗“邧”讀爲“鄖”，…古邧地有竟陵、安陸二說，據鄂君啓節，邧在古夏水北岸，應在竟陵以東，安陸以西。古竟陵大城應是戰國時楚“郙郢”之所在，其時安陸乃郙郢之屬縣。…要之，春秋時邧之地域廣大，至戰國時，楚邧縣之治所在竟陵與安陸之間。(35-36 頁)

〖谷口滿 2006〗郭店竹書《緇衣》35 號簡“大雅云”的“云”與此字右旁近似，釋“邧”與此得到證實。《鄂君啓節舟節》中的“邧”是作爲河流名出現的，受幾簡中的“邧”位於邧水流域，並且臨近河流，大概是沒有問題的。

〖曹桂岑 2009〗鄖縣，今湖北省安陸縣。鄖，原爲楚邊境上小國。鄖被滅後，初可能是若敖氏的封地，若敖氏滅亡之後，改建爲縣。文獻記載最早的鄖公是鍾儀。

按："邙"作爲地名也見於鄂君啓節舟節，殷滌非釋爲"邙"。[①]學者多認爲"邙"即文獻記載之鄖，在今湖北省境內，具體地望待考。

[2]加公李瑞

〖彭浩 1991A〗州加公或許與《周禮·地官》中的州長相近，"各掌其州之教治政令之法。"

〖楚國歷史文化辭典 1996〗州加公。楚地方基層官員。包山楚簡多有某州之加公的記載，往往負責處理本州刑獄之事。應是州中主管官員。（156 頁）

〖劉信芳 2003〗簡文之州絕大多數是貴族封邑…楚國之"州"其屬主有楚王、封君、大夫之別，則其制不能以二千五百家概之。管理州的職官有"加公"、"里公"，州之性質既是私邑，則"州加公"屬私官，"加"應讀爲"家"。（36 頁）

〖陳穎飛 2009〗"加公"、"里公"並非僅爲"州"所設，當爲"州"、"里"等皆設立的執法的低級職官。（146 頁）

按：加公和里公應並爲州之官員，州加公不應連讀。

[3]里公

〖黃錫全 1991B〗楚縣邑之長稱縣尹、縣公。…包山楚簡中載有縣以下的基層組織有社、里、州，"里有里公，負責全里的管理，接受里人的訴訟，應是最低一級的行政組織"，似乎縣以下各級之長也可稱"公"。

〖陳偉 1995A〗"里公"應讀爲"理公"。

〖陳偉 1996A〗簡書中，某某之州里公有時與某某之州加公連稱，如簡 22、42；有時則單獨出現，如簡 27、37。這些里公應與加公一樣爲州之官吏，而不會屬於某個毫無交待的里。簡 27 要求邸陽君之州里公登嬰"以死於其州者之察告"，簡 32 要求同一位里公"以所死於其州者之居凥名族致命"，可見這些里公均對本州事務負責，爲一州主事之人，顯然是州中官吏。（90-91 頁）

〖劉信芳 2003〗職官名。…簡文凡某縣某地之里，均爲國家行政基層單位…凡某君、某人之里，則是封地、食邑的居住區，…"里公"居於"加公"之下，由此可知"州"指整個封地，包括山林川澤等，而"里"則以"州"範圍內的居住區爲標誌。"里公"之職或與周官"里宰"相當。（36 頁）

〖楊華 2006A〗這些"里公"應即里長，也就是地方基層之社——里社之長。

---

①殷滌非：《"鄂君啓節"兩個地名簡說》，《中華文史論叢》第六輯，82-179 頁，北京，中華書局，1965。

〖十四種 2009〗里也有加公。（23 頁）

[4]鄬（隋）旻（得）

〖整理者 1991〗隋。（42 頁）

〖湯餘惠 1992〗簡文此字從邑陸聲，當即古隋字。簡中用作姓氏應源於地名。24 簡人名有“陆得”，與此不是一字，陆字待考。

〖巫雪如 1996〗“隋”字在戰國當作“陸”、“隨”諸形，秦漢以後以“隋”字爲之。…隋即隨。…隨國爲漢陽諸姬之一，與楚國關係密切，戰國時爲楚所滅，包山楚簡中之隋氏當爲隨國之後。…在包山楚簡出土以前，有關隨國的古文字資料，“隨”之國名一律作“曾”，未有作“隨”者，包山楚簡中則有“隨”而無“曾”。這可能是因爲隨滅曾後，雖自稱爲“曾”，但“隨”之國名仍然存在，等到楚滅隨後，隨之子孫便恢復其原國名，而文獻記載亦以其原名稱之。（111-112 頁）

〖許全勝 1997〗簡文隨氏可能是隨國之後。此字或釋隋。按，隋氏後起，雖然隨、隋兩字過多通用，但此應作隨氏，而不可稱爲隋氏。（6 頁）

〖何琳儀 1998A〗隓。（879 頁）

〖李守奎 1998B〗B 形（按：指 22 號簡字）是在陸字上增加邑旁，成爲姓氏專字，楚文字中大量的邑部字大都是分化出的姓氏專字。鄬實際上就是今隨州的“隨”，隋姓之“隋”。《說文・辵部》：“隋，從也。從辵，𡐦省聲。”𡐦即陸之篆文，隨、陸古音極近。…《通志・氏族略二》：“隨氏、侯爵，今隨州是其地。楚滅之。子孫以國爲氏……至以周齊不遑寧處故，去走作隋。”…隋姓之隋，本由隨國之隨省變而來，在楚文字中，本作陸，後加邑成專字鄬。

[5]不（察）墬（陳）宔（主）䧢（顀）之剔（傷）之古（故）㠯（以）告

〖整理者 1991〗①䧢。（42 頁）（按：字表又隸爲“雒”，見圖版一六〇）②剔，借作傷字。（42 頁）

〖劉釗 1992A〗按字從“刀”…又字本就是“傷”字，從刀乃意符，爲“傷”字異構，不需讀作“傷”。

〖湯餘惠 1992〗疑剔、䑛皆古文戕字。

〖夏淥 1993〗陳錐被人毆傷殺傷了，告到官里，犯官因爲受了賄，對這起傷害罪不聞不問，經查證定讞爲兩個犯官受賄罪成立，故意縱凶不詢問陳錐的傷害案，報左尹批決。“不詢”和“不貞”意近。“貞”也是“問”的意思。

〖陳煒湛 1994〗簡文傷、剔、戕並見，義皆爲傷。疑剔爲傷本字，從刀、昜聲，乃以刀致創也。從戈從矢者爲異體（從戈或從矢與從刀同義，皆致創之器也），從人者爲寫訛，以古文字從刀與從人形近易訛。

〖周鳳五、林素清 1995〗又簡 22“辛未之日不諓陳𤸫之剔之故以告”及簡 142“小人酒敷之，夫自剔，小人焉之，以告”，以上之“告”字亦有報告之意，但用於負責偵辦案件或追捕犯人之官吏向上級主審官員報告其執行結果。

〖葛英會 1996B〗我以爲這個不字應讀作丕，不諓即丕諓。…乃丕諓即丕蔽亦即大斷其死、傷之獄訟。

〖于成龍 1997〗可見“以告”是“以之告”之省，滿盈謙恭之態，乃是下級向上級報告之用語。（21 頁）

〖白於藍 1999〗《說文》謂“從㱇省聲”之字在包山簡中均寫作從昜聲。

〖劉信芳 2003〗①此案三次受期間隔時間短，由己巳至辛巳合計僅 13 日，應是左尹之屬官到地方督察斷獄。（38 頁）②簡 24 作“陳觲”，簡 30 作“陳𧧑”，“宔”字原簡不清晰，似有塗抹，疑是衍文。（38 頁）③以告，猶言“致命”，以陳𧧑受傷的具體情況呈告左尹官署。（38 頁）

按：𢧗字，參 12-13 號簡集釋。

[6]罷（䍡-羅）性（狂）

〖張守中 1996〗羅性。（18 頁）

〖李天虹 1992〗按：此乃狂字。

〖何琳儀 1998A〗性，從心，㞷聲。狂之異文。（633 頁）

〖廖名春 1998A〗既用於人名，名“狂”的可能性恐不大，疑當讀作“廌”。

〖白於藍 1999〗①從邑從羅省聲。…此字應入“罷”字條。②即狂字。《說文》狂字古文作“性”，與此字同形。

八月己巳之日，邻[1]少司敗[2]臧（臧-莊）未[3]受旮（幾），九月癸丑之日，不逅（將）邻大司敗㠯（以）䍃（盟）[4]邻之檴里之敀（旦）無又（有）李荻囟（思）[5]，隉門又（有）敗。秀不孫[6]。〖023〗

集釋：

[1]邻

〖整理者 1991〗邻，疑讀作陰。（42 頁）

〖張桂光 1996〗知爲匀字，則包山 23 簡之自當與《古璽彙編》2238 之一樣釋爲郇字了。至於一般釋爲陰的字，實際上只是郇字增加聲符云的雙聲符繁文，一般釋爲侌的，則是的簡寫，並當釋郇，其地即距魯陽不遠的郇陽，即今郇陽、鄖縣一帶。

〖何琳儀 1998A〗邻，地名。在今湖南衡陽西南。（1389 頁）

〖劉信芳 2003〗邻、陰不是一字。疑“邻”讀爲“黔”，《戰國策・楚策一》：“楚地西有黔中、巫郡。”《史記・楚世家》：“秦因留楚王，要以割巫、黔中之郡。”（38 頁）

〖十四種 2009〗《說文》淦：“水入船中也。一曰泥也。從水金聲。汵，淦或從今。”邻或讀爲“淦”。《漢書・地理志》預章郡有新淦縣。（24 頁）

〖吳良寶 2010〗從簡文“陰侯”（第 51 號簡）或作“侌鄉”（第 133 號簡）來看，“陰”、“邻”、“侌”所指當爲一地…本文暫將“陰”、“邻”、“侌”視爲一地。（221 頁）

按：包山楚簡與“陰”相關的字形有三種：“”（133 號簡）、“”（131 號簡）、“”（23 號簡），整理者分别釋爲“侌”、“陰”、“邻”，但均讀爲“陰”，袁國華將改釋爲“郐”，[①]林清源則將三者均釋爲“郐”字。[②]133 號簡“侌（陰）之歎客”，135 號簡反面則作“郐（陰）之戢客”，可證“侌”、“郐”爲一字。“侌”可讀爲“陰地”之“陰”，而讀“郐”爲“陰”，並不等同於“阜”、“邑”二旁可以通用，而是因地名之字常可增加“邑”旁。雖然“邻”、“侌”可以相通，但“郐”很少見省略爲“邻”者，並且 183 號簡又有“邻邑”，所以“邻”與“侌”並非一地，“邻”之地望待考。183 號簡字形作，《楚地出土戰國簡冊[十四種]》釋爲“郮”。[③]從字形上看，從“肉”或從“今”的可能性都有，但釋爲“邻”更合適一些。

[2]少司敗

〖楚國歷史文化辭典 1996〗少司敗當是大司敗的副貳。（56 頁）

[3]臧（臧-莊）未

〖劉信芳 1995〗《包山楚簡》所記看守楚威王墓地的人爲臧氏，無例外，這其中應包山有必然因素。《周禮・春官・冢人》：“凡祭墓，爲尸。”鄭司農注：“爲尸，冢人爲尸。”所謂“爲尸”即代爲尸位，亦即神位。《禮記・曲禮上》：“孫可以爲王父尸，子不可以爲父尸。”《曾子問》“祭成喪者，必有尸，尸必以孫，孫幼則使人抱之。無孫則取同姓可也。”據此，臧氏必爲楚王同姓，是楚公族姓氏之一。至於 224、225 簡“臧敢爲位”，是左尹

①袁國華：《包山楚簡研究》，428 頁，香港中文大學博士學位論文，1994。
②林清源：《楚國文字構形演變研究》，147 頁，東海大學博士學位論文，1997。
③陳偉主編：《楚地出土戰國簡冊[十四種]》，87 頁，北京，經濟科學出版社，2009。

邵㞷祭祀祖先以臧敢爲位，邵氏爲楚王同姓，即取臧氏之人爲位，則臧氏亦必爲楚王同姓。現存歷史文獻未見楚人臧氏，《包山楚簡》是僅有的資料。至少可以肯定春秋時楚國無臧氏。依此相推，楚國臧氏或由楚肅王熊臧之孫受封而得氏。《史記・楚世家》："悼王卒，子肅王臧立。"

〖巫雪如 1996〗臧氏是否源於楚肅王熊臧，則因於史無徵，且楚自武王稱王之後，楚王之子孫多以其謚爲氏，如穆王、莊王、昭王、悼王等，以楚王名爲氏之例則未見。（163 頁）

〖許全勝 1997〗《通志》臧氏條："姬姓，魯孝公之子公子彄，食邑於臧，因以爲氏。"（20 頁）

按：楚簡中"臧"多讀爲"莊"，如上博楚簡《莊王既成》1 號簡中"莊王"寫作"王"。包山楚簡中"臧"也應讀爲"莊"，以莊王謚爲氏。董珊指出 7 號簡"臧王之墨"的"臧王"就是指楚莊王熊侶，名爲"墨"的這個人是楚莊王的族人。[①]

[4]累（盟）

〖李零 1992〗"盟"指盟誓。

〖周鳳五、林素清 1995〗但所記似是一樁訴訟案在審判之前未照法定程序進行盟詛，其原因則是主審官員陰少司敗對直屬長官陰大司敗徇私之故。

〖何琳儀 1998A〗累，讀盟或盟。（1389 頁）

〖楚文字編 2003〗累（盟）。（20 頁）

〖劉信芳 2003〗簡 137 反稱爲"盟證"。（38 頁）

〖十四種 2009〗看 137 號簡此字的用法，原釋文有據。但在此句中恐當讀爲"明"，查明一類的意思，與"察"略同。（24 頁）

[5]邻之㮲里之㪗（旦）無又（有）李荻囟（思）

〖整理者 1991〗①㭱。（18 頁）②敔。（18 頁）

〖黃錫全 1992〗①當是㪗字。…同一人名，簡 97 作，而 96 作（但），可證。②競。

〖李天虹 1992〗故此字當隸作㪗，疑讀作担，古文字攴手互通，此不贅舉。

〖何琳儀 1993A〗應釋"㮲"。見《說文》"㮲，木長弱貌。""㮲里"，地名。

〖劉樂賢 1997〗此㪗字和下引第 90 號簡中的旦字同義…旦當讀爲亶。《爾雅・釋詁》："亶，信也"，"亶，誠也"。…第 23 號簡的㪗字，也應讀爲亶。"邻之㮲里之㪗無有李荻由"，是說㮲里確無李荻由其人。第 23 號簡大概是說，由於邻之大司敗未能證實邻之㮲里確無李荻由其人，以致"阩門有敗"。

---

①董珊：《出土文獻所見"以謚爲族"的楚王族——附說〈左傳〉"諸侯以字爲謚因以爲族"的讀法》，復旦大學出土文獻與古文字研究中心網，2008 年 2 月 17 日。

〖顏世鉉 1997〗此“旦”或“敀”似乎不是職官，而是一種組織。頗疑“旦”即是“單”，俞偉超認爲單是漢代的基層社會中一種和里規模相當卻性質不同的組織，這種組織是先秦家庭公社和農村公社的殘餘。…邢義田則認爲，漢代的“單”是一種人爲的結社，漢代人爲了耕種、商業、政治、地方行政、生産販賣或傜役等各式各樣的目的，組成團體；有組織有領袖，也有規章約束。它們結合的原則不一定的血緣的，也不一定是地緣的，可能是基於職業、生活或政治的意念。包山楚簡中的“旦”（單），也可能就是這種基層組織，“邻之楲里之敀”就是楲里中這類性質的基層組織。（260-261 頁）

〖何琳儀 1998A〗①敀，從攴，旦聲。疑担之異文。（1020 頁）②兢，讀競，人名。（646 頁）

〖白於藍 1999〗即《說文》担字。偏旁攵、手可通用。

〖南玉泉 2000〗盟即盟誓，它是楚國在法庭調查取證時的重要程序。…此段簡文的大意是：至期約之日，沒有進行法庭調查，即沒有讓邻大司敗通過盟誓以證明邻之楲里爲旦者之中是否有景思其人。

〖廣瀨薰雄 2001〗這個案子關涉到李敚思的居住地的問題。可能是想通過盟證證明李敚思不在邻之楲里。那麼這裏所使用的盟辭可能類似於“邻之楲里之敀無有李敚思”。也就是說，這裏盟也同樣起著確定什麼是事實的作用。…如果像陳偉先生說的那樣，“盟”只是舉行“證”前的一種儀式，那麼“盟邻之楲里之亶無有李敚思”的“盟”不應該是“盟”而應該是“證”，即“‘盟’邻之楲里之亶無有李敚思”應該是“‘證’邻之楲里之亶無有李敚思”。由於“邻之楲里確實沒有李敚思”這樣的事實是“盟”的賓語，顯然“盟”就是講述事實，是提供證言，而不是僅僅發誓說真話。

〖劉信芳 2003〗①字從木，褱聲，簡 119 反作“�”。（39 頁）②敀，“旦”之異體。（39 頁）③該簡謂：八月己巳之日黔少司敗臧未接受審案期約，到九月癸丑約定之日，不進行法廷審查——由黔大司敗盟誓作證，以證明黔之櫰里之旦沒有李景思其人。被認定爲敗壞法廷。（39 頁）

按：“敀（旦）”讀爲“亶”，可從，參 90 號簡“旦”字集釋。

[6]秀不孫

〖劉釗 1999A〗孫讀遜，讓也。古璽有“尹不孫”，陶文有“不孫”。

八月辛未之日，邚（鄖）司馬豫之州加公李逗（瑞）、里公陏（隋）旻（得）[1]受𣏟（幾），癸亥（酉）之日，不（察）陞（陳）觟（傾）[2]之剔（傷），陞門又（有）敗。正郿（鄀-羅）恙（狂）。〖024〗

集釋：

[1]陆（隋）旻（得）

〖劉信芳 1996A〗按“陆”讀如“陸”，即陸氏之陸，簡文一七〇“陆終連嚚痐”，即陸終家族之連嚚，其名爲痐。陸終本楚先祖名，…“陆終連嚚”之例如同簡八八“楚斨司敗”，楚斨讀“楚莊”即楚莊家族之司敗。…綜上可知，姓氏之“陆”與地名之“陸”本是二字，然讀音相同，自《史記》諸典籍將姓氏之“陆”抄錄爲“陸”，“陆”字遂被淘汰。

〖何琳儀 1998A〗陏。（879 頁）

〖李守奎 1998B〗F 形與 C 形（按：指 167 號簡字）異文，其構字原理與 D（按：指 62 號簡字）相同，當是從田，從陸聲，字可隸定作𨻰，與𨻰字可能是一字異寫，也可能並不完全相同，但從陸省聲是沒有什麼問題。

〖白於藍 1999〗即《說文》陸（篆文作𨺅）字。

〖劉信芳 2003〗陆…字讀爲“隋”或“隨”。字形可參郭店簡〈老子〉甲 16“先後之相墮也”之“墮”字（按：字形作）。惟楚簡另有姓氏“隋”字，則“陆”乃隋氏之別。《通志・氏族略》二：“隨氏，侯爵，今隨州是其地，楚滅之，子孫以國爲氏。”（171 頁）

[2]）墜（陳）觟（䫉）

〖整理者 1991〗䧹。（18 頁）

〖黃錫全 1992〗䧹（鸍）。

〖楚文字編 1997〗觟。（204 頁）

〖何琳儀 1998A〗觟。（1208 頁）

〖李守奎 1998B〗包山簡之與應隸作䧹。

〖劉信芳 2003〗觟，亦“䫉”之異體。（34 頁）

八月辛未之日，司敗黃貴𨦫[1]受㠯（幾），癸巳之日，不遅（將）玉敏（令）疐[2]、玉婁[3]㠯（以）廷，陞門又（有）敗。秀㑁（倅）[4]。〖025〗

集釋：

[1]黃貴𨦫

〖整理者 1991〗黃貴𨦫。（18 頁）

〖何琳儀 1998A〗①㚔。（1067 頁）（按：同書 1404 頁此字又釋爲“貼”）。②抐。（1259 頁）

〖李零 1999B〗應釋“貼”。

[2]玉敏（令）疐

〖整理者 1991〗步。（18 頁）

〖劉釗 1992A〗字應釋爲“陟”。

〖楚國歷史文化辭典 1996〗可能是玉器製作部門的官員。(93 頁)

〖李零 1999B〗疑應釋“𡕝”。

〖戰國文字編 2001〗𡕝。(248 頁)

按:何琳儀、劉信芳均贊同整理者釋爲“步”的意見。①以“𡕝”爲偏旁的字見於中山王壺有“”字,趙誠釋爲“𡕝”,徐仲舒、伍仕則、何琳儀則釋作“陟”。②“𡕝”及從“𡕝”之字還見於上博楚簡《慎子曰恭儉》1 號簡,作、《周易》4 號簡,作(今本《周易》對應之字作“窒”)。對於上博楚簡之字,也有“𡕝”、“陟”兩種意見。③清華楚簡《繫年》13 號簡有“武王陟”,其中“陟”字作,字形與“𡕝”有別。本簡之字釋“𡕝”爲宜。

[3]玉婁

〖滕壬生 1995〗䊵。(622 頁)

〖陳偉 1996A〗㾢。(209 頁)

〖楚國歷史文化辭典 1996〗疑是玉令輔佐,爲玉器製作部門的官員。(94 頁)

〖劉信芳 2003〗㾢。《廣雅·釋言》:“㾢,癘也”。《玉篇》:“㾢,力代切,惡病也。”俗體作“癩”。(40 頁)

[4]秀𠈉(倅)

〖整理者 1991〗偄。(18 頁)(按:字表又釋爲“腝”,見圖版一五三)

〖黄錫全 1992〗𦟝(臑)。

〖滕壬生 1995〗依。(668 頁)

〖楚國歷史文化辭典 1996〗腝。(199 頁)

〖楚文字編 1997〗㐸。(401 頁)

〖何琳儀 1998A〗㐸,從人,采聲。疑讀傷之異體。(756 頁)

〖劉信芳 2003〗“𦛢”應是《說文》“臎”之異構,《玉篇》“臎”,俗作“脆”。(40 頁)

〖張新俊 2005A〗此字左邊所從的偏旁可能不全,但是,右邊所從明顯是楚文字中的“卒”字。如果左邊所從確實是“人”,則此字可以釋作“倅”。(97 頁)

①何琳儀:《戰國古文字典》,595 頁,北京,中華書局,1998。劉信芳:《包山楚簡解詁》,40 頁,臺北,藝文印書館,2003。

②可参看劉洪濤:《〈說文〉“陟”字古文考》,簡帛網,2007 年 9 月 22 日。

③参看胡瓊:《釋〈慎子曰恭儉〉中的“陟”》,簡帛網,2007 年 8 月 8 日。劉洪濤:《〈說文〉“陟”字古文考》,簡帛網,2007 年 9 月 22 日。夔一:《“陟”疑》,簡帛網,2007 年 10 月 23 日。

八月壬申之日，郙昜（陽）[1]大正登（鄧）生弦[2]受㝵（幾），八月癸巳之日，不遅（將）郙昜（陽）宫夫=（大夫）[3]𠄞（以）廷，陞門又（有）敗。正羅曷（壽）戠（職）之。〖026〗

集釋：

[1]郙昜（陽）

〖整理者 1991〗鄟，本簡又作郙，似郙爲是。（42 頁）

〖張守中 1996〗鄟。（109 頁）

〖徐少華 1997〗“郙邑”當是郙陽邑之簡稱，其地望應在淮北泗沂地區，即春秋之郙陽國，漢晉郙陽縣所在，故址在山東枣莊市南、台兒莊西北一帶。

〖顏世鉉 1997〗包山、望山楚簡所見的“鄅”是否爲偪陽國，因文獻未見有楚助偪陽復國的記載，故尚不能確信；而今河南上蔡附近有一個“鄅”國（地）應是可信的，鄅王劍、楚金版“専”所指之鄅、専即此地。包山楚簡的“郙昜”…也就在今河南上蔡縣附近。（193 頁）

〖何琳儀 1998A〗“郙昜”，讀“復陽”，地名。…見《漢書・地理志》南陽郡。在今河南桐柏西北。（599 頁）

〖白於藍 1999〗此字右旁所從乃専字，故當隸作鄟。

〖劉信芳 1999E〗《左傳》桓公十一年：“鄖人軍於蒲騷，將與隨、絞、州、蓼伐楚師。”杜預〈注〉“蒲騷，鄖邑。”鄖地在今湖北安陸西南。…郙、蒲讀音相近，例可通轉，“郙昜”應在“蒲騷”附近。

〖九店簡 2000〗郙（博）昜（陽）。（115 頁）

〖十四種 2009〗此字右旁與 120 號簡“傳”字近似。整理者之說不爲無據。在漢簡中“傅”、“傳”二字相混，或許即與戰國文字“専”、“専”相混有關。本簡中，“鄟”是“郙”字誤寫的可能性固然存在，“郙”是“鄟”之誤寫的可能性亦不能排除。（25 頁）

〖吳良寶 2010〗今按，包山、望山楚簡所見的“鄅”是史書中的巴國，徐少華以爲“鄅”是“偪陽”國、“郙邑”是“郙陽邑”簡稱的意見均不可信。包山簡“郙昜”待考。（254 頁）

按：本簡“郙”兩見，分別作、，其中，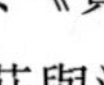所從偏旁與“専”相似，但仍以釋“郙”爲是。顏世鉉提到的楚金版“専”字，見於《貨系》第 4265 號，原釋爲“専”，①黃錫全改釋爲“専”，懷疑指傅陽，在山東棗莊與江蘇沛縣一帶。②何琳儀讀“鄅”，認爲

①汪慶正主編：《中國歷代貨幣大系・先秦貨幣》，1060、1141 頁，上海，上海人民出版社，1988。

②黃錫全：《〈中國歷代貨幣大系・先秦貨幣〉釋文校訂》，《第二屆國際中國古文字學研討會論文集》，373 頁，香港中文大學中國語言及文學系，1993。

在今河南上蔡西南。[①]劉信芳則認爲金版之“傅陽”，古稱“偪昜”，即包山楚簡中“福陽”。[②]金版之“尃”與包山楚簡之“鄟陽”應非一地，“鄟昜”地望待考。

[2]登（鄧）生拡

〖整理者 1991〗鈜。（18 頁）

〖曹錦炎 1992〗“生”字是否和西周金文一樣也讀爲“甥”，抑或“生”上一字是本人的氏，尚需作進一步推敲。

〖劉釗 1992A〗按字從手從厷，字應隸作“拡”。

〖徐在國 1996〗此字應分析爲從手厷聲，讀爲肱。

〖劉信芳 2003〗按即雄字。（41 頁）

[3]宮夫＝（大夫）

〖整理者 1991〗宮。（20 頁）

按：整理者對“宮”字隸定不統一，將本簡之字釋爲“宮”，而將 47 號簡之字釋爲“宮”。“宮大夫”參 12-13 號簡集釋。

八月癸沓（酉）之日，邸昜（陽）君[1]之州里公登（鄧）䝼（嬰-纓）[2]受旮（幾），乙亥之日，不㠯（以）死於亓（其）州者之䌛（察）告[3]，陞門又（有）敗。正邸（旦）𨸏（塙）。〖027〗

集釋：

[1]邸昜（陽）君

〖整理者 1991〗邸昜君，楚國封君，也見於天星觀一號楚墓竹簡，名番勳。（42 頁）

〖何浩 1991A〗現據早期歷史地理文獻來看，應在淮北東漢固始侯國境内。…邸陽當在邸鄉城附近的今沈丘縣南部。

〖何浩、劉彬徽 1991〗《水經・潁水注》“邸鄉城”是在故沈丘城（今沈丘集）西、鮦城東北的泥河、汾河之間，邸陽則當在漢、晉邸鄉之北的今沈丘南境。番勳在王廷供職，死後葬於江陵，而未歸葬於其封地。

〖何琳儀 1998A〗楚簡“邸昜（或旟）”，讀“辰陽”，地名。…《漢書・地理志》武陵郡“辰陽”，在今湖南辰溪西南。（1212 頁）

①何琳儀：《楚幣六考》，《古幣叢考》，232-233 頁，合肥，安徽大學出版社，2002。

②劉信芳：《包山楚簡地名考釋十二則》，“第一屆簡帛學術討論會”論文，臺北，1999。

〖史傑鵬 1998〗《左傳》僖公三十三年：“晉陽處父侵蔡，楚子傷就之，與晉師夾泜而軍。”泜水即今滍水，今河南省葉縣東北的沙河。“邸”、“泜”二字皆從“氐”聲。“邸陽”大概是位於泜水北面的一個城邑。

〖劉信芳 1999E〗“邸昜君”因其封地“邸陽”而得名，疑在“泜水”之陽。…據杜預所注，此“泜水”即後世“滍水”，今爲流經河南魯山縣之大沙河。…可知邸陽君之封地在今河南襄城至偃城一帶的大沙河北岸，其地望尚未能確指。…我們試將“邸陽”定位在大沙河北岸，還可舉出一旁證。包 98 記有“邸陽君之人化公番申”，“化”讀爲“蔿”。《左傳》僖公二十七年：“子玉復治兵於蔿。”杜預注：“蔿，楚邑。”子玉治兵於蔿在秋季，該年冬，“楚子及諸侯圍宋”，知“蔿”在楚宋邊境。包簡之“化”已是邸陽君私邑，而大沙河北岸之“泜陽”正在楚宋邊境一帶。

〖谷口滿 2005〗邸陽在天星觀附近。

〖十四種 2009〗番勳之墓所在，或許就是邸陽君之州的所在。（25 頁）

〖吳良寶 2010〗我們傾向於“邸昜君”的封地在邸水之陽的意見。包山楚簡的年代屬於戰國中期的楚懷王時期，此時楚國的北疆包括新城、陽翟、襄陵（今河南襄城、禹縣、睢縣）等地，邸水更在這些地方以南，邸昜君的封地位於這一帶是很有可能的。（75-76 頁）

〖晏昌貴 2010A〗今按《水經注・潁水》：潁水“又東逕南頓縣固城南，又東南逕鯛陽城北，又東逕邸鄉城北，又東逕固始縣故城北”。熊會貞疏：邸鄉“在今沈邱縣東南三十里”，此邸鄉與邸陽當在一地。天星觀卜筮祭禱簡有“邨沈尹過以溹蓍爲君月貞”，“邨”即“頓”，春秋時期頓子國，後南遷，故號南頓，其地正當上舉《水經注》之“南頓縣故城”，在今河南項城縣西南，與邸鄉城鄰近。邸陽君的封地應當在此。（17-18 頁）

按:包山楚簡出土前，學者就已經對“邸陽”地望進行了考釋，黃盛璋認爲在固始附近之邸鄉，[①]何浩最初同意在淮河以南的今河南固始境内，[②]後來改爲在今沈丘縣南部。“邸昜君”的封地應在邸水之陽，具體地望未能確指。

[2]登（鄧）賏（嬰-纓）

〖整理者 1991〗賏，可釋作賏。（42 頁）

〖劉釗 1992A〗按字從貝、從妟，應釋爲“嬰”。…“嬰”從“妟”作，是以“妟”聲代“嬰”聲（見裘錫圭、李家浩《曾侯乙墓竹簡釋文與考釋》注[127]）。

〖李運富 1997A〗簡 27 之“賏”爲人名，可釋作“賏”。

①黃盛璋：《當陽兩戈銘文考》，《江漢考古》1982（1），42-45 頁。
②何浩：《戰國時期楚封君初探》，《歷史研究》1984（5），100-111 頁。

〖何琳儀 1998A〗賏，從貝，妟聲。疑賏之省文。（971 頁）

〖白於藍 1999〗即《說文》嬰字。

〖劉信芳 2003〗賏，字即“嬰”，簡 32 作“緓”。（41-42 頁）

〖馮勝君 2009〗但在楚地竹簡文字中還有一類從形的字，…曾侯乙簡讀爲“纓”之字所从的旁，與前舉讀爲“韔”的（曾侯 98）字所從的旁，雖然只爭一筆之有無，但這一筆卻是“妟（晏）”與“妟”的分界。所從“女”旁多一筆，即爲“安”省聲，可釋爲“妟（晏）”；沒有那一筆的，自然可以認爲是“妟”旁。…以上討論的“妟”旁形體，當以寫作、形者爲準，燕文字寫作形當是省訛之體。以“妟”爲基本聲符之字，可以確釋的如“瓔”、“癭”、“嬰”字，均從“嬰”聲，可見“妟”的讀音應與“嬰”相同或相近。如果試著在早期文字中給“妟”字找一個來源的話，那么下引甲骨文形體或許與之有關：合集 190合集 5460 反。這個字在卜辭中用爲人名，《甲骨文校釋總集》隸定爲“妟”，顯然不確。從字形上看，這個字與我們討論的東周文字“妟”字相同，或许是同一個字。字形像女人的頸項部位有突起物，結合“妟”的讀音與“嬰”相同或相近，則甲骨文形體可能就是“癭”字的表意初文。《說文·疒部》：“癭，頸瘤也。”《釋名·釋疾病》：“瘤，流也，血流聚所生瘤腫也。”這個字正像女人的脖頸處長有腫瘤的樣子。戰國文字中的“癭”字，是“妟”的後起形聲字。

按：馮勝君的意見可從，“妟”是“癭”字的表意初文，讀音與“嬰”相同或相近，“登賏”32 號簡作“登緓”。

[3]不㠯（以）死於亓（其）州者之（察）告

〖于成龍 1997〗簡 27 中的諓用作名詞，當是裁斷之結果。（21 頁）

〖譚步雲 1998〗“對”用爲“對質”，其意義是清楚的。（75 頁）

〖劉信芳 2003〗“督”謂督察，督察的具體內容即簡 32 之“居處名族”，“告”謂“呈報”，即簡 32 之“致命”。該句謂：“不以死於其州者的具體情況向上級官府報告。（42 頁）

八月甲戌之日，贅（贅）尹[1]之司敗郇（句）旮𨞡（夷）[2]受旮（幾），辛巳之日，不逕（將）贅（贅）尹之鄘（鄘）邑公遠忘（忻）、莫囂（敖）遠䟤[3]㠯（以）廷，陞門又（有）敗。疋䆁（旌）[4]。〖028〗

集釋：

[1]贅（贅）尹

〖黃錫全 1992〗此字應該就是金文的、（見《金文編》卷三𡕥下）。克鼎“錫贅無疆”，義同釐。簡 28“贅尹”爲官名，從内容分析，其地位不低。釐屬來母之部，藍屬來母談部。疑“贅尹”可能就是“藍尹”。《楚書》云“藍尹、陵尹公掌山澤，位在朝廷。”

〖劉釗 1992A〗應隸作敾，釋爲䄢。

〖李天虹 1992〗此字當隸定作贅。…“尹”前之字或爲地名。

〖何琳儀 1993A〗從“貝”，從“攴”，中從“夌”。…應隸定“𧶽”，“𧶽尹”即“陵尹”179。《七國考》“《通志・氏族略》陵尹氏，楚大夫陵尹喜、陵尹招之後。陵尹，楚官。”

〖劉信芳 1994〗“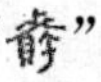”字從來，從貝、從攴應隸定作“贅”，實爲“賚”，賚字見《説文》。以楚地求之，應即“賴”，來、賴音近義通。…曾侯乙簡 158、165 亦有“賚尹”，賚字作“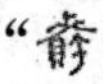”（與楚簡略同），裘錫圭、李家浩隸作“贅”。惟曾侯乙簡之“賚尹”是曾國官職，楚簡之“賚尹”是楚國官職。楚懷王時，曾國已滅，作爲地名，曾侯乙簡之“賚”即楚簡之“賚”。

〖楚文字編 1997〗贅。（300 頁）

〖楚文字編 2003〗𧸘（贅）。（390 頁）[1]

〖劉信芳 2003〗字從攴，賚聲，應是“賚”的繁形，“賚”字見於《説文》。以楚地求之，應即“賴”，…其地在今湖北隨州北。曾侯乙簡 158、165 亦有“敾尹”，裘錫圭、李家浩隸作“贅尹”。惟曾侯乙簡之“賚尹”是曾國官職，楚簡之“賚尹”是楚國官職。楚懷王時，曾國已滅，作爲地名，曾侯乙簡之“賚”即楚簡之“賚”。（42-43 頁）

〖周鳳五 2006〗則賚尹的地位、執掌當與“大宗伯”類似。

〖王穎 2008〗“贅尹”…是地方官員。（254 頁）

〖吴曉懿 2009〗《柬大王泊旱》第 2 簡中有“贅尹”，據簡文意思應是與龜尹侍從楚王，執掌祭禱的官名。季旭昇先生認爲“贅”讀作“釐”，可從。《説文》：“釐，家福也。”釐尹爲楚國官名，其職司應與祈福之事有關，相當於《周禮》的大祝。《周禮・春官・宗伯》：“大祝掌六祝之辭，以事鬼神祇，祈福祥，求永貞。”大祝是春官宗伯的屬官，祝官之長，爲祭祀時的主贊詞者。“釐尹”亦見於包山楚簡第 28 簡和《曾侯乙墓竹簡》第 165 簡。王穎先生認爲“釐尹”是地方官名，疑有誤。按：從《柬大王泊旱》的簡文看，“釐尹”直接聽命於楚簡王，應是楚國中央職官。

〖十四種 2009〗據《簡大王泊旱》，𧸘尹當是楚國主持宗教事務的長官。（25 頁）

按：簡文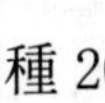應即金文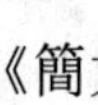、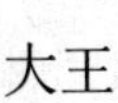演變而來，“贅尹”亦見於上博楚簡《柬大王泊旱》2 號簡、21 號簡，整理者認爲贅尹是官名，司卜筮、祭祀。[1]陳劍直接釋爲“釐”，[2]周鳳五釋爲“賚

①博士學位論文釋“贅”，見 300 頁。

尹”，認爲其地位、職掌當與《周禮・春官》“大宗伯”類似。[3]楚簡中“釐”多作“”（郭店楚簡《窮達以時》15 號簡），“贅尹”是否讀爲“釐尹”還不能下定論，“贅尹”的職司應與卜筮有關。

[2]郇（句）厽亖（夷）

〖整理者 1991〗亖（18 頁）（按：字表又隸定爲“𡊮”，見圖版一五二）

〖湯餘惠 1992〗原釋文釋“亖”是，書後《字表》十二畫作“𡊮”非。亖、夷古通用，侯馬盟書成語“麻夷非是”亦作“亖”。

〖巫雪如 1996〗包山楚簡“句”字或加“邑”旁作“郇”，在包山楚簡中，許多地名都有從“邑”與不從“邑”兩種寫法，…因此，句（郇）亦可能爲地名，而“句”或爲以地名爲氏者。“郇”字《說文》有之，其下云：“地名，從邑句聲。”未言其地望所在，各家注本也都沒有加以考證，其詳不得而知。…句、后古音近可通，文獻上及出土資料中多有通假之現象，因此包山楚簡中之“句”字或可讀爲“后”。《潛夫論・志姓氏》謂后氏爲魯之公族，《元和姓纂》引《風俗通》曰“魯大夫郈昭伯食采於郈，因氏焉。”雷學淇《世本》校輯云“后、郈同”。郈地在今山東東平縣東南四十里，春秋時爲魯地，包山楚簡中之郈氏可能是由魯地來到楚國之人。（39-40 頁）

〖何琳儀 1998A〗①郇，讀句，姓氏。（342 頁）②亖，從土，夷聲。疑夷之異文。（1239 頁）

〖施謝捷 2001〗①與“咎”、“皋”古音相近，同屬見系幽部字，往往可通用。在包山 28 號簡中，這個字應讀爲“皋”。②“亖”即“夷”字。春秋時晉臣即有名皋夷的，見《左傳》定公十三年、哀公三年。

〖十四種 2009〗有可能讀爲“苟”，漢代有苟參，見《漢書・陳湯傳》。（25 頁）

[3]遠䀹

〖整理者 1991〗䀹。（18 頁）

〖李天虹 1992〗當隸定作䀹。

〖劉釗 1992A〗此字從見、從亘，應釋作“靦”。

〖張光裕、袁國華 1992〗今隸作䀹。（緒言・15 頁）

〖白於藍 1995B〗按此字右旁不是“臣”，而是“亘”。簡（46）有字作“”，字表隸作“䀹”，劉釗師釋作“靦”，可信。此字在簡中用作人名，在相同辭例和相同人名的簡（64）中，此字又寫作“”，與上引簡（28）之字相同，故簡（28）之字應隸作“䀹”，釋爲

①馬承源主編：《上海博物館藏戰國楚竹書（四）》，197 頁，上海，上海古籍出版社，2004。

②陳劍：《上博竹書〈昭王與龔之脽〉和〈柬大王泊旱〉讀後記》，簡帛研究網，2005 年 2 月 15 日。

③周鳳五：《上博四〈柬大王泊旱〉重探》，《簡帛》第一輯，119-136 頁，上海，上海古籍出版社，2006。

“覞”字，“覞”在簡文中也用作人名。

〖何琳儀 1998A〗覒，從見，亘聲。疑眲之繁文。（1051 頁）

〖劉信芳 2003〗郭店簡〈窮達以時〉6“齊逗”即“齊桓”，知“眲”、“逗”皆可讀爲“桓”。（55 頁）

按:46 號簡之“眲”，整理者又釋爲“覒”，前後並不統一。

[4]疋胥（旌）

〖整理者 1991〗胥。（18 頁）

〖何琳儀 1998A〗猜，楚簡，除包山簡二八爲人名外，均讀旌。（822 頁）

〖白於藍 1999〗乃《說文》旌之異構。

按:“胥”在包山遣策簡中，讀如“旌”，如 269 號簡。

八月甲戌之日，鄝[1]莫囂（敖）之人周壬受𠭯（幾），癸未之日，不廷[2]，陞門又（有）敗。正㞷（匡）㝵（得）。〖029〗

集釋:

[1]鄝

〖整理者 1991〗鄝，《左傳・文公五年》：“楚滅蓼”，釋文云：“字或作鄝”。《穀梁傳・宣公八年》：“楚人滅舒鄝”，釋文云：“本又作蓼”。簡文之蓼有可能位於今河南省固始縣境內。（42 頁）

〖徐少華 1996C〗蓼又稱蓼陽，與上述養又稱養陵的情形類似，蓼、養爲故國名，蓼陽、養陵當是入楚之後的稱呼，以與舊名相區別，然由於習慣所致，人們還是經常以舊名相稱，故蓼與蓼陽，養與養陵並見。…古蓼國、漢晉蓼縣當不出今固始縣城一帶。

〖顏世鉉 1997〗在今河南唐河縣南的古蓼國爲楚湖陽縣、漢湖陽縣所在，也就是包山楚簡的“䤈昜”一地所在，此地即漢湖陽縣；而在今河南固始縣附近的另一個古蓼國則是包山楚簡“鄝”、“鄝昜”所在。…本文認爲徐少華、陳偉對於古蓼國、漢晉蓼縣地望的考釋較爲正確，所以主張包山楚簡的鄝地應在今河南固始縣城附近；鄝陽則在鄝地北境。（204-206 頁）

〖劉信芳 2003〗楚鄝地非一，其一、《左傳》文公五年：“楚子燮滅蓼。”《釋文》：“字或作鄝。”杜預〈注〉：“蓼，國，今安豐蓼縣。”《春秋大事表》卷六：“蓼國在今固始縣東北蓼城岡。即文五年楚所滅之蓼國也。”…此蓼應是簡 153 之“鄝昜”，《漢書・地理志》六安國之“蓼縣”…其二、《左傳》桓公十一年：“鄖人軍於蒲騷，將與隨、絞、州、蓼伐楚師。”杜預〈注〉：“蓼國，今義陽棘縣東南湖陽城。”《左傳》哀公十七年：

“（楚武王）克州、蓼，服隨、唐。”《春秋大事表》卷六：“蓼國在唐縣南八十里。”此蓼爲楚武王克州、蓼之“蓼”。其三、《左傳》宣公八年：“楚爲眾舒叛故，伐舒蓼，滅之。”…舒蓼在今安徽舒城西南。按楚滅國欠縣之例甚多，戰國時楚國鄝縣於文獻無徵，似不宜確指。《漢書・地理志》南陽郡：“湖陽，故廖國也。”湖陽在今河南唐河湖陽鎮，簡 186“鹽昜”應即此地。如是則簡文“鄝”以舒城蓼縣爲近是。…鄝莫囂：即簡 105“鄝莫囂步”，116“鄝莫囂郘步。”（44 頁）

按：“鄝”與“鄝陽”應爲兩地。

[2]不廷

〖葛英會 1996B〗我們認爲，“不廷”應讀爲“丕廷”，語義與“丕謨”相近。…廷即成平之義，古時將使獄訟者搭成和解，棄怨向善之舉稱爲廷，即所謂治獄貴平。…其義爲大大地成平某樁訟事，或大大地講某訟事予以成平。

〖于成龍 1997〗而此類簡文中的周壬、陳漸，他們無關職可稱，很可能是兩個官署的辦事人員。…簡 29 和簡 79 句中的“不廷”兩字，因執行者非是治獄官員，這樣，它和執行者爲官員的“不以廷”也是意義不同的。廷作爲治獄用語，它有成平之意，同時，它還有另外一意，…廷在秦簡中爲名詞，在簡 29 和簡 79 中，在副詞“不”後便轉爲動詞，是到縣庭之意。…“不廷”指當事人不到庭從而影響結案。（31-32 頁）

〖蘇傑 2003〗這種情況直接以訴訟參加人（當事人或證人）爲受期人，形式上的標誌是“不廷”。內容是要求訴訟參加人在限定時日自覺（非被強制）到庭對質，其性質略同現代訴訟程式中的“傳喚”。

按：“不廷”即“當事人不到廷”。

八月戊寅之日，邱（鄍）司馬之州加公李偳（瑞）、里公隓（隋）旻（得）[1]受旮（幾），辛巳之日，不[illegible]（察）陞（陳）䏂（顉）之剔（傷）㠯（以）告，隉門又（有）敗。〖030〗

集釋：

[1]隓（隋）旻（得）

〖李守奎 1998B〗B 形（按：指 22 號簡[illegible]字）是在陸字上增加邑旁，成爲姓氏專字，…陼實際上就是今隨州的“隨”，隋姓之“隋”。…隋姓之隋，本由隨國之隨省變而來，在楚文字中，本作陸，後加邑成專字陼。C 形[illegible]是 B 形[illegible]的省形，即省去一個“圣”型。D 形[illegible]則是 C 形的進一步省略，省去了“土”上的“又”形。

〖白於藍 1999〗亦是陸字。

八月戊寅之日，鄗[1]司敗[2]郗（蔡）㔷（丙）[3]受旮（幾），己丑之日，不遅（將）鄗之己里人青（青）辛㠯（以）廷[4]，陞門又（有）敗。正秀不孫[5]。〖031〗

集釋：

[1]鄗

〖整理者 1991〗鄗，地名。地望不祥。（42 頁）

〖何浩、劉彬徽 1991〗"鄗"通"黨"。黨子口位於今湖北均縣、光化間的故均水東岸。鄗君封地，似應在此。

〖徐少華 1996D〗我們認爲，作爲楚地之鄗邑，當爲古之堂（亦作棠）谿，堂（棠）、鄗均從"尚"得聲，古音一致。…則棠（堂谿）先爲楚縣，春秋晚期因吳夫概王奔楚，又改縣爲封邑，以安置吳之亡臣。其地望，據《水經・瀙水注》（卷 31）所載"（吳房）縣西北有堂谿城"，按南北朝吳房縣即今河南省遂平縣，則位於吳房縣西北之堂谿城，應在今遂平縣西北一帶，簡文之"鄗"，當指此邑。

〖何琳儀 1998A〗地名，疑與"棠谿"有關。《左・定五》"吳夫槩奔楚爲棠谿氏。"在今河南舞陽東南。（681 頁）

〖劉彬徽 2000〗《說文》："鄗，地名"，段注："《廣韻》曰：郶，地名。說文作鄗"。王念孫疏證《廣雅・釋詁》之鄗字，亦云："鄗，古通作黨"。由此可見鄗即黨字。今湖北境内均縣、光化間有黨子口，古爲水陸津要之地。黨子口可能即楚黨邑（鄗邑）之地，鄗君封地也可能即爲此地。

〖劉信芳 2003〗鄗，讀爲"棠"，鄗、棠皆從尚得聲。《左傳》襄公十四年："子囊師於棠以伐吳。"昭公三十年"棠君尚"，杜預〈注〉："棠君奢之長子尚也，爲棠邑大夫。"《漢志》臨淮郡有"堂邑"，《續漢志》在廣陵郡，原注云："春秋時曰堂。"《通典》卷一百八十一古揚州廣陵郡六合："楚棠邑，伍尚爲棠邑大夫，即此也。"六合位於今江蘇六合縣。簡 165、180 有"鄗君"，此鄗君的封地亦應在"棠"。或謂"棠君尚"之封地在棠谿城，位於今河南遂平縣西北百里處。按"棠"與"棠谿"是二處地名，似不宜相混。（45 頁）

〖吳良寶 2010〗今按，《漢志》汝南郡"吳房縣"顏師古注引孟康曰："本房子國。楚靈王遷房於楚。吳王闔閭弟夫概奔楚，楚封於此，爲堂谿氏。以封吳，故曰吳房，今吳房城堂谿亭是。"簡文"鄗"與"堂谿"不應視爲一地。包山簡的時代，六安、六合之"棠"均爲楚地，"鄗（棠）"地在今江蘇六合縣（今按，已改爲南京市六合區）的可能性要大於安徽六安，因為後者建有"录君"封君、六縣（有"六公戈"爲證）。（90 頁）

[2]司敗

〖賈繼東 1996C〗同爲蔡丙一人，八月爲司敗，九月卻稱之爲少司敗，可見司敗與少司敗的地位與職掌大致相當。

〖劉信芳 2003〗簡 50 作“少司敗”，按有“少”字是。(45 頁)

[3]鄒（蔡）沰（丙）

〖劉信芳 2003〗簡 191 亦有“鄒沰”，疑是同一人。(45 頁)

[4]不遅（將）鄁之己里人賁（青）辛㠯（以）廷

〖劉信芳 1996B〗所謂“不詳鄁之己里人青辛以廷”，意謂至期約審案之日，沒有審議青辛之案於公堂。

〖巫雪如 1996〗楚國清邑之地望則不詳。…而包山楚簡中之清（鄁、青）氏則當係以楚地之清邑爲氏者。(81 頁)

〖何琳儀 1998A〗①青，姓氏。見《廣韵》。(821 頁）②“里人”，官名。(1134 頁)

〖楊華 2006〗這些里人，當即里社之社員，如同後世所謂“社人”。

按：“己里”應是里名，“里人”並非官名也非“社人”。

[5]正秀不孫

〖李家浩 2006B〗“秀不孫”是人名。31 號簡在“秀不孫”之前冠有“正”字。《禮記・王制》“成獄辭，史以獄成告於正，正聽之”，鄭玄注：“正，於周鄉師之屬。今漢有平正承，秦所置。”秀不孫所擔任的“正”，當是這種掌獄訟的“正”。

八月戊寅之日，邸昜（陽）君之州里公登（鄧）綅（纓）[1]受㫷（幾），辛巳之日，不㠯（以）所死於亓（其）州者之居凥（處）名族至（致）命[2]，陞門又（有）敗。旦臺（塙）戠（職）之。〖032〗

集釋：

[1]登（鄧）綅（纓）

〖整理者 1991〗綅。(19 頁)

〖滕壬生 1995〗纓。(908 頁)

〖楚文字編 1997〗綅（纓）。(567 頁)

〖白於藍 1999〗從糸，旻聲，即《說文》纓字。旻、嬰古音相近，用作聲符時可互換。

〖李零 1999B〗應釋“綅”，字同“纓”，或從人旁。

按：右旁應從馮勝君之說，爲“旻”，讀爲“嬰”，此字應隸定爲“綅”釋爲“纓”，參 27 號簡集釋。

[2]不㠯（以）所死於亓（其）州者之居凥（處）名族至（致）命

〖林澐 1992〗按凥即處之異體，字並從“几”。《說文》凥注音作“九魚切”，實誤。當逕讀爲處。

〖張光裕、袁國華 1992〗原釋文作“處”，字又見簡 132、250 等。他簡皆釋爲“凥”。爲求統一，宜亦隸作“凥”。（緒言・8 頁）

〖何琳儀 1993A〗應釋“估凥”，讀“賈居”。《周禮・天官・大宰》“六曰商賈，阜通貨賄。”注“行曰商，處曰賈。”

〖袁國華 1994C〗《商君書・境内》載：四境之内，丈夫女子有名於上，生者著，死者削。疑簡 32 的内容，即與此“死者削”的制度有關。（61 頁）

〖曾憲通 1994〗“居”與“凥”同時出現在一簡之上下文，可證凥非居字，而是処即處字。

〖陳偉 1996A〗簡 32 所謂“名族”，就是指的姓名。…“居凥名族”連稱，顯示“居”、“凥”二字古人有別。“居”在簡書中也用作表示居住的動詞，…龔酉被稱爲“繁丘之南里人”，陽錯被稱爲“（漾陵之）州里人”，然而當時他們卻都住在外地。“居”用在外地的住址之前，可能有遷居或臨時居住一類意思。他們被稱爲“繁丘之南里人”或“漾陵之州里人”，但因這是名籍登記中的地址。簡書裏的“凥”，應是用來表示這種居地。…“以所死於其州者之居凥名族致命”，大概是由於除去死者名籍的需要。（128-129 頁）

〖何琳儀 1998A〗①“居凥”讀“居處”（472 頁）②“名族”，名門。（833 頁）

〖九店簡 2000〗“凥”當是居處之“凥”，而不是居處之“処”。從字形來說也是如此。“凥”從“尸”從“几”，“処”從“夂”從“几”，二字寫法截然不同。至於包山楚墓竹簡三二號“居凥”連言的問題，有兩種可能。一、“凥（居）”、“処（處）”古音都是魚部字，音、義皆近，可以通用。“居凥”之“凥”是作爲“處”字來用的。二、“居凥”連言可能是楚國方言的說法，其義跟“居處”相同。…“凥”仍然應當從《說文》所說，釋爲居處之“凥”。（112 頁）

〖劉信芳 2003〗住址、身份（供職處所）、名字、氏族，猶今人所言姓名籍貫之類。“居”、“凥”二字，古多混用，然簡文有別，簡 238“囟左尹㐌遂復凥。”“凥”即“処”，後世作“處”，乃是另以“虍”爲聲符。所謂“遂復凥”即佔有原來的官位。簡 250“命攻解於漸立木，虞徙其凥而梪之。”“徙其凥”即徙其神位。凡此“凥”猶今言“位置”。鄂君啓節：“王凥於菽郢之游宮。”“凥”強調楚王現時處所。簡 7“凥郢里”。強調現時正在郢里。凡此“凥”均不可以“居”簡單代之。（46 頁）

〖十四種 2009〗《戰國策・秦策二》“秦武王謂甘茂”章：“昔者曾子處費，費人有與曾子同名族者而殺人。”高注：“名、字。族，姓。”簡文“名族”含義同。（26-27 頁）

八月辛巳之日，臨昜（陽）[1]之馯（馭）司敗[2]黄異受㠯（幾），癸巳之日，不逕（將）五皮[3]㠯（以）廷，陞門又（有）敗。〖033〗

集釋：

[1]臨昜（陽）

〖整理者 1991〗羸（？）。（19 頁）

〖滕壬生 1995〗臨。（679 頁）

〖徐少華 1996A〗羸、潁二字古音并在喻紐耕部，完全一致，可以互借。《史記》卷八《高祖本紀》載秦二世三年（公元前 207 年）“南攻潁陽，屠之”，則潁陽於秦代已經置縣，論其始設，當有更早的淵源。秦漢潁陽縣的地望，據《水經・潁水注》所載，在故陽翟縣東南、潁陰縣西南的潁水東岸，漢魏陽翟縣即今河南省禹縣，潁陰即今許昌市，古潁水即流經今河南登封縣南、禹縣北、許昌市南之潁河，則位於古陽翟縣東南、潁陰縣西南、古潁水東岸之故潁陽縣，當不出今禹縣東南、許昌市西南的潁河東岸地帶，《大清一統志》説潁陽故城“在（許州）城西南”，是正確的。簡文所載的楚之“羸（潁）陽”，當即此。

〖劉信芳 2003〗羸（？）。（46 頁）

按：本簡之“臨”字，滕壬生作出正確釋讀，但未涉及“臨陽”地望。學者或釋爲“羸”，在此基礎上的地望考釋均不可信。“臨陽”還見於 53 號簡，學者對其地望進行了考證，可參看。

[2]馯（馭）司敗

〖整理者 1991〗駁，簡文作馯，從馬午聲，讀如馭。（42 頁）

〖張守中 1996〗馭。（154 頁）

〖楚文字編 1997〗從馬從又、午聲之駿和從馬、午聲之馯皆爲御字異體。（96 頁）

〖何琳儀 1998A〗駿…從馬，從夋（鞭之初文），會執鞭驅馬之意。典籍以御爲之。（510 頁）

〖白於藍 1999〗右旁所從非又，而是午字，應隸作馯。《説文》御古文作“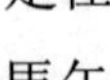”，曾侯乙墓竹簡文字中御字作“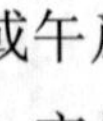”（4）、（32）、（45）等，又作“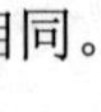”（67）、（70），是在御字古文字形體上纍加了五或午爲聲符。御、五、午三字古音相同。包山簡此字從馬午聲，是“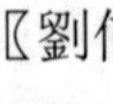”字進一步簡化，亦是御字。

〖劉信芳 2003〗馯，讀爲“御”。（46 頁）

[3]五皮

〖巫雪如 1996〗“五”、“伍”古籍通用，…在出土古文字中，“伍”姓字多作五，…伍氏見於經傳者最早爲伍參，爲楚莊王嬖臣。（27 頁）

〖何琳儀 1998A〗五，姓氏。五氏本伍氏，避仇改爲五。（506 頁）

八月辛巳之日，郙㝬（舉）之𨵦（關）敔（敔）公[1]周童耳[2]受𠭁（幾），己丑之日，不遲（將）郙㝬（舉）之𨵦（關）人周敓、周琭（瑤）㠯（以）廷，陞門又（有）敗。泟（疋）忈（忻）戠（職）之。〖034〗

集釋：

[1]郙㝬（舉）之𨵦（關）敔（敔）公

〖整理者 1991〗①𨵦，關字。（42 頁）②敔，讀如敔，朱駿聲云：“敔，御也；御，止也。”關敔公，守關官吏。（43 頁）

〖湯餘惠 1992〗敔通“圉”，指牢獄。124 簡“死於敢國東敔”、125 簡“死於小人之敔”，字疑皆指牢獄而言。

〖何琳儀 1993A〗“郙”讀“扶”。…“㝬”讀“予”，…“郙㝬”亦作“付㝬”39，均讀“扶予”。…在今河南泌陽西北七十里溎水發源處。

〖胡雅麗 1994〗如司舟公、㴵路公、大脰尹公；邑公、里公、州加公、關敔公、𨻰公（後兩種稱公者顯然地處邊境）。

〖周鳳五、林素清 1995〗敔又似爲𢦏（域）下一級之行政單位，解作“牢獄”似有不妥。

〖陳偉 1996A〗簡書“敔”中有邑。邑是具有一定面積的地域概念，因而很難把“敔”看作牢獄。簡 143 記“鄝國𨜒敔郙君之泉邑”。含有封君之邑的𨜒敔自然更不好用牢獄作解。目前只能說“敔”是介於國、邑之間的一種地域概念，具體內涵有待進一步探討。（75 頁）

〖劉信芳 1996B〗“敔”讀如“圄”，意即牢獄。…按“敔公”、“敔司馬”是看守牢獄的官吏。

〖徐少華 1997〗“付與之關”四字應連讀，爲戰國中期楚境一處關隘之名…應即《戰國策・秦策三》“謂魏冉曰破楚”章所載“楚苞九夷，又方千里，南有符離之塞，此有甘魚之口”的“符離之塞”，…清人楊守敬地《水經注疏》、今人譚其襄先生主編的《中國歷史地圖集》並將秦漢符離縣定於今安徽宿州市東北不遠處，是正確的。簡文所載的“付與之關”、《策》文所載的“符離之塞”應在此附近。…“付與之關”所在的楚“敔”縣，簡文整理者未作說明，我們認爲應是西漢楚國、東漢彭城國所屬的“梧”縣…譚其襄先生主編的《中國歷史地圖集》將其定在今江蘇徐州市西南、安徽濉溪市東北不遠處，可從。…另簡125有一條關於“東敔公”的記載，此“東敔”，當亦是符離之塞所在之縣，同條簡文所載的“敔司馬陽牛”，顯然是“東敔司馬”的簡稱，即可說明。“敔”前貫“東”字，當與敔縣位於楚“東國”之範圍有關。

〖顏世鉉 1997〗①以上據何琳儀考證可知，包山楚簡的“郙礜”就在今河南泌陽西北。此地約在楚重丘一帶，重丘是楚方城南段的一個重要關隘（或城口）。故包山楚簡的“郙礜之關”極可能就是楚方城的關隘。（279頁）②本文認爲“敔”和“宬”一樣，不是特定的地域概念；“敔”可能讀作“圉”，作爲邊境之意，《左傳》隱公十一年云：“寡人之使吾子處此，不唯許國之爲，亦聊以固吾圉也。”杜預注：“圉，邊垂也。”（252頁）

〖史傑鵬 1998〗我們懷疑“付礜之關”有兩種可能。一種是“付礜”即文獻中的“柏舉”，一種是“付礜之關”即文獻中的“無假之關”。先說第一種可能性，“付”、“柏”二字古音相近。…“礜”與“舉”皆從“輿”得聲。所以我們懷疑簡文的“付礜”即文獻中的“柏舉”…《水經注》認爲“柏舉”和“舉水”有關，而且據其意，似乎認爲“柏舉”在舉水匯入長江不遠的地方。…顧氏（按：指清代顧祖禹《讀史方輿紀要》）認爲“柏舉”應在麻城附近。不過，兩相比較，我們還是懷疑《水經注》的說法更可靠。“柏舉”應當在舉水流入長江處的舉口附近，…現在說第二種可能性。“付礜”跟“無假”古音相近。…譚其驤先生主編的《中國歷史地圖》把“無暇之關”定在長沙市北汨羅江入湘水口處。此地跟郢都的距離，比起上面所說的“柏舉”在舉口或麻城跟郢都的距離都近。從簡文限定期會日子來說，把“付礜之關”讀爲“無假之關”也是合理的。…從“付礜之關”之“礜”跟“柏舉”之“舉”都從“輿”聲來看，似乎把“付礜”定爲“柏舉”比較合理。若從“付礜之關”與“無假之關”的構詞形式完全相同來看，似乎把“付礜之關”定爲“無假之關”更合理。兩相比較，也許第二種可能比第一種可能更大。

〖羅運環 2005〗縱觀楚國地方行政結構，主要的行政系統縣、里之間無敔一級；食稅州也無敔級組織。而敔衹出現在封國；也見於大的關口（縣級）。這表明敔不是一級普遍性的組織，是一種特設的地方組織機構。敔出現於付礜之關，它給我們一個重要的啓示：可能與某些地區因特殊需要而特設的掌管山林川澤的地方虞官有關。其下轄之邑，則應是虞官直轄之邑。其上直屬某個封國或直屬其他機關。付礜之關的虞官機構也直屬該關管轄，故虞官下轄之人亦可稱謂“關人”。

〖宋華強 2010A〗和“敔”相關的官職有“敔公”和“敔司馬”，疑當讀爲“鄉公”、“鄉司馬”。（342頁）

按:“郙舉之關”應是地名，其地有“扶予”、“符離”、“柏舉”、“無假之關”等多種意見，存疑待考。“敔公”應爲職官，“敔”是一種地域概念，但是否當讀爲鄉里之“鄉”，還不能下定論。

[2]周童耳

〖劉釗 1999A〗童通重，典籍有晉文公“重耳”。

八月癸未之日，新遊宮[1]中酴（舍）[2]之州加公偭（宿）罷[3]受旮（幾），乙亥（酉）之日不遲（將）𡟯（毓）[4]㠯（以）廷，陞門又（有）敗。佢（匡）旻（得）。〖035〗

集釋:

[1]新遊宮

〖劉信芳 2003〗疑是新都之楚王游宮。楚有“新都”、“上新都”，見簡 102。（48 頁）

[2]中酴（舍）

〖整理者 1991〗𧩙。（19 頁）

〖黃錫全 1992〗諭。

〖何琳儀 1998A〗諜。（1513 頁）

〖施謝捷 2003〗酴。

〖十四種 2009〗中酴即“中射（謝）”。（27 頁）

按:即 18 號簡之，周鳳五將釋爲“酴”，讀“中酴”爲“中舍”，參 18 號簡集釋。

[3]偭（宿）罷

〖整理者 1991〗罷。（19 頁）

〖巫雪如 1996〗包山楚簡中之弼氏亦可能即費氏。《左傳・昭公十五年》有費無忌，爲楚大夫，是楚有費氏之證。（131 頁）

〖李運富 1997B〗我們認爲弻字當釋爲“宿”，…那弻字所從得“弜”可能並非聲符，而是臥床之人（尸）或人加被衾之屬，即可將弻字分析爲人睡於席之上多體會形。相應地，字形就當楷定爲偭（實從兩尸）…包山簡 35-1 被釋爲“弼”的字，其實也應該是從人或從尸，這從簡 139-1 的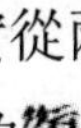及 197-4 的看得更清楚。㑻無疑是“偭”的異構字，增“夕”顯是其夜睡之義，《說文》宿字古文作“夙”，也從夕，正與此同。其實，宿也是的異構字，住宿在屋，故從宀。…簡文偭、偭、㑻、㑻、宿等實際上都是同一字符的異構形體，都應釋讀爲“宿”。…簡文偭、㑻只能釋爲異構的同一字符“宿”，但簡文並非用其本義，而是用爲姓氏字。《通志・氏族略二》:“宿氏，風姓，伏羲之後，武王封之，使主太昊與濟水之祀，宋人遷之，不復見。……後漢有宿仲談。”宿姓蓋與古之宿國有關，《春秋·隱公元年》：“及宋人盟於宿。”杜預注：“宿，小國，東平無鹽縣也。”

〖何琳儀 1998A〗①弼，讀茀，姓氏。齊宣王時有作履者茀氏，姓書云萬翰之後。見《古今姓氏辯證》。（1295 頁）②從网，彪聲。（242 頁）

〖白於藍 1999〗從网彪聲，即《說文》罠字異構。

〖施謝捷 2003〗㐰（佩）。

按: 曾侯乙墓 1 號簡有字，裘錫圭、李家浩釋爲“弼”，認爲從“㐁”從“弜”，“㐁”即“簟”之初文，並引王國維考釋金文之“弼”爲“茀”之本字的意見。[①]簡文所從偏旁還見於上博楚簡《周易》37 號簡，作。馬王堆帛書作“宿”，今本作“夙”，徐在國認爲的形體與《說文》“夙”字古文同，但不是“夙”，而是假“宿”爲“夙”。這一點商承祚先生在《說文中之古文考》一書中早已指出。[②]作爲姓氏還見於《古璽彙編》2553 號璽印，李守奎隸定爲“㑛”，他認爲“夙”、“宿”同源，古代有夙氏又有宿氏。這兩個姓氏都是來源甚古，難以斷定璽文是其中的哪一個，“夙”、“宿”二氏間的關係也待進一步深入研究。[③]簡文之字應從“人”、從“宿”，並且人旁訛寫爲尸旁。

[4]嫿（毓）

〖整理者 1991〗嫿。（19 頁）

〖劉信芳 2003〗讀“鬻”。（48 頁）

按: 參 217 號簡“毓熊”集釋。

八月㔷（丙）戌之日，𥨪（宰）𥎦[1]受旮（幾），九月乙巳之日，不遅（將）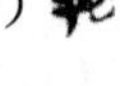君[2]㠯（以）廷，陞門又（有）敗。疋异（期）。〖036〗

集釋:

[1]𥨪（宰）𥎦

〖整理者 1991〗①𥨪，讀如宰。（43 頁）②矧。（19 頁）

〖劉釗 1992A〗字應隸作𥎦。按“奇”字以“可”爲聲，故從“奇”得聲的字，又可從“可”作。…可將“𥎦”字釋爲“\u2a5b8”。

〖張守中 1996〗①剢。（64 頁）

①裘錫圭、李家浩：《曾侯乙墓竹簡釋文與考釋》，《曾侯乙墓》附錄一，北京，文物出版社，1989。
②徐在國：《上博竹書（三）〈周易〉釋文補正》，簡帛研究網，2004 年 4 月 24 日。
③李守奎：《楚璽文字六考》，《古文字研究》第二十五輯，401-405 頁，北京，中華書局，2004。

〖許全勝 1997〗剚即宰字，《姓纂》："周大夫宰周孔，以官爲氏。仲尼弟子宰予，字子我，魯人也。"由簡文知楚國亦有宰氏。（32 頁）

〖何琳儀 1998A〗①"宭"，亦姓氏，讀"宰"。《姓解》"周卿士宰孔之後。又周太宰後，以官爲氏。"（87 頁）②㓹，從𡚥，可聲。疑笴之異文。（854 頁）（按：87 頁又釋爲"㓹"）

〖白於藍 1999〗①從刀宰聲，即《說文》宰之繁構。宰有殺牲、割肉之義，從刀乃追加之義符，從人者乃刀之譌。

〖陳穎飛 2009〗"宰𡚥"任務是"將鄵君以廷"，對比簡 25 司敗"將玉令步、玉婁痳以廷"，疑負責"以廷"等執法性的職官，"宰"的管轄範圍是封君，而"司敗"則是中央機構的其他職官。（133-134 頁）

〖十四種 2009〗《論語・雍也》有宰我。此處"宰"可能是封邑之宰。（28 頁）

按："宰"應是職官，而非姓氏。整理者又將 190 號簡之"𡚥"隸定爲"㓹"。

[2][illegible]君

〖整理者 1991〗𠟭。（19 頁）

〖何浩、劉彬徽 1991〗鄴君…《字匯補・邑部》："鄴，國名。《路史・國名紀》：'鄴，上甲微居，即桐也。'"實際上，《路史・國名紀丙》中的原文爲"鄴"，並不是"鄴"。商湯六世祖上甲所居之處，歷來也認爲是在今豫北安陽的。可能《字匯補》所記之"鄴"乃"鄴"之訛，鄴非鄴。鄴通濮，實即"百濮"之濮…時當戰國中期晚段楚懷王是的濮君封地，很有可能是在今湘西北或湘北某處"古濮地"之內。

〖張守中 1996〗𠟭。（65 頁）

〖顏世鉉 1997〗春秋中期以後部分濮人已進入湘西沅陵一帶，楚懷王時，此地區也是濮人所居之地。但楚懷王時濮之封地，極可能不是遷到川東或湘西、湘北之濮的所在地；而是原來留在楚中心的江漢之濮所居之處，也就是今鄂西北武山區及其以南一帶。從簡文 43 及簡 140、140 反來看，濮君之地當與楚登（鄧）縣相近；而楚鄧縣約在今湖北襄樊市北，正好在這個地區附近。（92 頁）

〖何琳儀 1998A〗𠞰，讀濮。地名。《左・昭十九》"爲舟師以伐濮。"在今湖北石首附近。（396 頁）

〖白於藍 1999〗左旁所從實爲菐。…故簡文此字應該隸作𠞰。

〖劉信芳 1999C〗從丵之字，包 36、140 有"判君"，43、140 反作"鄁君"，183 有地名"鄁昜"，楚有地名"濮"，見《左傳》昭公九年。

〖劉信芳 2003〗又見簡 140、140 反作"鄁君"，簡 183 有地名"鄴昜"，"𠟭君"其封地或在鄴昜。"𠟭"讀與"鄴"通。…疑戰國時楚濮陽即此濮水之陽。（48-49 頁）

〖李家浩 2006B〗裘錫圭先生指出“察”、“淺”、“竊”三字古音相近，其所從聲旁即三體石經古文“踐”所從聲旁。爲排印方便，暫且按照“踐”字所從聲旁“戔”，…釋寫作“郯”…既然鄧人在郯、畢二地砍伐大量木材，說明此二地與鄧相鄰。古代“戔”、“贊”二字音近，可以通用…頗疑簡文“郯”或“剗”應該讀爲《漢書·地理志》南陽郡屬縣“酇”，顔師古注：“即蕭何所封。”其地位於湖北省光化西北。

〖李天虹 2006〗包山簡另有從“邑”的“刈”，作（簡 43），用爲地名，也可能通“艾（音 ai）”；春秋時吳國有艾邑，簡文不知是否與其有關。

按：君還見於 140 號簡，或從“邑”，見 43 號簡、140 號簡反面，整理者隸定爲“郢”，此字字形結構尚待進一步研究。

八月己丑之日，稟（福）昜（陽）[1]宭（宰）尹[2]之州里公婁毛受〖旮（幾）〗[3]，壬曆（辰）之日，不逿（將）苛曆（辰）吕（以）廷，陞門又（有）敗。旦塙。〖037〗

集釋：

[1]稟（福）昜（陽）

〖徐少華 1996D〗福陽有“宰尹”，當即楚境内一個地方行政單位，很可能是楚縣。其地望所在，簡文整理者未作說明，我們認爲當是西漢扶陽縣所在，福、扶古音一致。據《漢書·地理志》（卷 28 上）記載，西漢沛郡内有“扶陽”侯國，王莽時改爲“合治”，東漢省並，王先謙《漢書補注》說是“韋賢國，宣帝封”。又《讀史方輿紀要》和《大清一統志》記載，其故址在清代蕭縣（即今江蘇蕭縣）西南六十五里，位於彭城西南、楚梧縣和符離之塞西北不遠，戰國中期應爲楚地，簡文之福陽應在此，漢置扶陽，或沿楚之舊制。

〖顔世鉉 1997〗徐少華此說有可商之處：1. 福爲幫紐職部，扶爲並紐魚部，古韻相隔較遠。2. 西漢扶陽縣所在地，也就是今江蘇蕭縣西南一帶，至楚懷王爲止都尚未成爲楚國之地。…“福”可讀作“富”，“福昜”可能讀爲“富陽”，在富水附近。…石泉說：“這裏（按：指《水經注·涓水》）所說的富水及其上游大富水，在現在的地圖上仍然保持著同一名稱，由今京山縣東北境往東南流入應城縣界（下游有變遷）。”《水經注·江水三》卷三十五又可見另一富水，…此富水在今湖北省東南方，今也名富水。以上兩條富水，在先秦時是否也名富水？待考，本文在此提此二說以待考。（202 頁）

〖何琳儀 1998A〗“福陽”讀“復陽”，地名。見《漢書·地理志》南陽郡，在今河南桐柏西北。（127 頁）

〖劉信芳 1999E〗“福陽”應讀爲“偪陽”。…其地在今江蘇徐州東北。

[2]宭（宰）尹

〖黄錫全 1991B〗古稱廚人之長曰“宰尹”，見《韓非子·八說》，“酸甘鹹淡，不以口斷而決於宰尹，則廚人輕君而重於宰尹矣”。楚多以尹名，宰尹職能應與上例類同。

[3]受〖𠄠(幾)〗

〖整理者 1991〗“受”字後脫“期”字。(43 頁)

八月己丑之日，䠶(射)叴君[1]之司敗臧(臧-莊)炣受𠄠(幾)，癸巳之日不運(將)䠶(射)叴君之司馬駠(駕)[2]與䠶(射)叴君之人南軽(輊)[3]、登(鄧)敢㠯(以)廷，陞門又(有)敗。疋譽(旌)。〖038〗

集釋：

[1]䠶(射)叴君

〖整理者 1991〗䠶叴君。(19 頁)

〖何浩、劉彬徽 1991〗逆叴君。

〖黄錫全 1992〗弜(蠡)。

〖劉釗 1992A〗應隸作“䠶”。此字亦見於鄂君啓節，朱德熙、李家浩先生認爲應隸作“䠶”，釋爲“射”，其說可從。

〖顏世鉉 1997〗包山楚簡的“䠶叴君”之“䠶叴”極可能讀爲“澤皐”，澤指彭蠡澤，皐指澤邊地。…䠶叴君的封地“䠶叴”也可能讀作“澤九”，其地望在戰國的“彭䠶”一帶，也就是在今江西省九江市、湖口縣附近，地當今鄱陽湖與長江交匯處。…總之，包山楚簡“䠶叴君”的封地“䠶叴”應該讀作“澤皋(皐)”或“澤九”，其地望大概在今江西省鄱陽湖和長江交匯處。(73-74 頁)

〖史傑鵬 1998〗《漢書·地理志》九江郡下轄有“槖皋”縣。我們懷疑簡文的“射叴”即“槖皋”。“槖皋”和“射叴”古音相近。上古音“射”、“槖”都是鐸部字，二字聲母也近。“槖”是透母字，前面提到過，“射”在楚簡中可假借爲“彭澤”的“澤”。而“澤”是定母字。透、定二母均爲舌音。值得注意的是，“槖”字所從聲旁“石”在古代也常和“射”讀音相混，…可見“射”、“槖”二字確有可能相通。上古音“叴”、“皋”都是幽部字，二字聲母也相近。“叴”屬群母，“皋”屬見母，見、群二母同爲喉音，在形聲字裏有通諧之例。如“叴”字所從的聲旁“九”即屬見母。總之，把“射叴”讀爲“槖皋”，在音理上是說得過去的。槖皋這個地名還見於《左傳·哀公十二年》的《經》文“公會吳於槖皋”，杜預注：“槖皋在淮南逡遒縣東南。”清代沈欽韓《春秋左氏傳地名補注》卷十二：“《江南通志》：‘槖皋城在盧州府巢縣北六十里。一名吳會城。’”…槖皋當在今天的安徽省巢縣境内。

〖白於藍 1999〗此字亦見於鄂君啓節，應釋爲䠶（射）字。

〖劉信芳 1999E〗其封地“弡㕣”讀爲“槖皋”。“槖”從石得聲，“石”古音在魚部、禪紐；“弡”讀如“氏”，簡 138 之“坪弡”即《漢志》之“平氏”，而“氏”古音在支部禪紐，古音支、魚二部爲近旁轉，知“槖”、“弡”爲一音之轉。“㕣”從“九”得聲，與“皋”古讀亦通，如“皋陶”亦作“咎繇”，“咎”讀其九切。《春秋》哀公十二年：“公會吳於槖皋。”杜預注：“槖皋在淮南逡遒縣東南。”《釋文》：“槖，章夜反。”《漢書・地理志》九江郡“槖皋”，師古注引孟康曰：“音柘姑。”姑、柘亦一音之轉。其地即今安徽巢湖市西北四十餘里之“柘皋”。

〖施謝捷 2001〗按劉文將“弹（弡）㕣”讀爲“槖皋”，極是。但謂“弡”字從弓矢聲，讀爲“氏”，對字形分析則不確。…“弹（弡）”是“射”字古體。

〖鄭威 2011〗我們認爲，“弡㕣”之“弡”沒有必要輾轉讀爲“澤”或“槖”，仍當以讀“射”爲是。而“㕣”可通“皋”、“高”之說是可取的。“弡㕣”當讀爲“射皋”。“坪弡（射）”、“射皋”相去不遠，二者的得名都與今河南新野、唐河附近的古射（謝）水、古謝城及射（謝）國有關。…“皋”，指的是澤曲之地。屈原《離騷》“步余馬于蘭皋兮”句下王逸注曰：“澤曲曰皋”，洪興祖補注曰：“皋，九折澤也”。“射皋”指的應該是射水曲折流經的地方。據前引《水經注》卷 29《比水》，謝（射）水較爲短小，又說“水出謝城北，其源微小，至城漸大。城周迴側水，……”可見，謝（射）水在謝城附近水流較大，且曲折迂回，繞城而流，其附近或可成澤，可稱爲射皋。射皋地望當在古謝城附近，即今新野縣東境的唐河西岸一帶。

按：“弡”字見於鄂君啓舟節，舊多釋爲“弜”。朱德熙、李家浩指出右旁實際上是倒寫的“矢”字，“弡”字是《說文》“射”字重文“䠶”的異體，也就是“射”字，[①]正確釋讀了此字。

[2]駟（駕）

〖整理者 1991〗駕。（19 頁）

〖何琳儀 1998A〗駟。（841 頁）

[3]南軞（𨏥）

〖整理者 1991〗𨊻。（19 頁）

〖巫雪如 1996〗南氏，《通志・氏族略》列於以字爲氏條下，云：“姬姓，衛靈公之子公子郢，字子南，以字爲氏。或言周宣王南仲之後。又魯亦有南氏，又楚有子南氏，亦爲

①朱德熙、李家浩：《鄂君啓節考釋（八篇）》，“中國古文字研究會成立十周年學術研討會”論文，長春，1988。

南氏，是皆以字爲氏者。”包山楚簡之南氏或即楚之南氏，子南爲楚莊王子公子追舒之字，其後以字爲氏。若然，則南氏亦屬楚公族之一支。（84 頁）

〖劉信芳 2003〗 �。（49 頁）

八月己丑之日，郙遻（舉）之鬧（關）敔公周童耳受㠯（幾），九月戊申之日，不遛（將）周敓、周琜（瑤）㠯（以）廷，陞門又（有）敗。正疋忶（忻）戠（職）之。〖039〗

集釋：

按：參 34 號簡集釋。

八月乙未之日，䏌（蓍）陵[1]司敗𨻰（唐）非受㠯（幾），九月己酓（酉）之日，不遛（將）李羕（漾）㠯（以）廷，陞門又（有）敗。鄴（義）弝（強）[2]戠（職）之。〖040〗

集釋：

[1]䏌（蓍）陵

〖整理者 1991〗 茋。（19 頁）

〖林澐 1992〗 應隸定爲管，讀爲蓍，耆從旨聲，則蓍可省作䏌，異體作管。

〖湯餘惠 1992〗 此字下從旨…䏌即蓍字古文，見《玉篇》。簡文“～陵”爲地名，地望待考。

〖何琳儀 1998A〗“䏌陵”，讀“辰陵”，亦作“夷陵”，地名。…《左・宣十一》“楚子、陳侯、鄭伯盟於辰陵”，《穀梁》作“夷陵”。在今河南西華西北。又《漢書・地理志》南郡“夷陵”，在今湖北宜昌。（1290 頁）

〖吳良寶 2010〗 今按，“䏌陵”設置有“司敗”一職，似爲楚縣名（可參看《包山》第 23、31、162、177 號簡文等），疑可讀爲“夷陵”。從“旨”聲之字可與從“夷”聲之字相通假。上古音“旨”在章母、脂部，“夷”在喻母、脂部（中古音在開口三等），二者同屬舌音，疊韻，讀音很近。郭店楚簡《緇衣》“晉冬旨寒”，今本作“資冬祁寒”，而“祁”與“夷”可通假（《韓非子・十過》“施夷之台”，《太平御覽》五七九引作“虒祁”），上古音“祁”在群母、脂部，與“夷”字疊韻，聲母喉牙可通轉。《周易・萃・上六》“咨涕洟”之“洟”，馬王堆帛書作“涺”等，尹灣漢簡《神烏賦》“豈弟”作“幾旨”，而“弟”、“夷”可相通假等，這些都是從“旨”聲之字、從“夷”聲之字可以通假的例證。因此，“莒陵”疑可讀爲“夷陵”。《史記·楚世家》：“十一年，秦將白起遂拔我郢，燒先王墓夷陵。”地在今湖北宜昌市南。（215 頁）

[2]鄴（義）弝（強）

〖何琳儀 1998A〗鄴，姓氏。見《說文》“鄴楚”，《左·昭六》作“儀楚”，嬴姓。（857 頁）

八月乙未之日，龏（龔-共）夫人之夫=（大夫）番赢[1]受旮（幾），九月戊申之日，不遲（將）郘（昱）[2]㠯（以）廷，陞門又（有）敗。羕（養）逄（路）公[3]。〖041〗

集釋：

[1]龏（龔-共）夫人之夫=（大夫）番赢

〖黃錫全 1991B〗“龔夫人之大夫”應是專門負責侍候龔夫人的官員。由此看來，楚之“王后”、“夫人”等每人都有專職的官員負責。

〖彭浩 1991A〗龔，讀如“共”，共夫人是楚共王之夫人。番嬴是管理共王夫人封地的大夫。

〖胡雅麗 1994〗共夫人之大夫，即指爵位爲大夫而附於共夫人並實即管理共夫人食邑者。

〖何琳儀 1998A〗龔，讀恭。（427 頁）

〖劉信芳 2003〗楚恭王夫人，又見簡 48、188 等。簡 132 記有“秦景夫人”，即楚平王夫人。167“惠夫人”，即楚惠王夫人。84、179“聖夫人”，即楚聲王夫人。142、185“君夫人”，即楚懷王夫人。…可知楚國於先王夫人之親屬及其僕役，設有專門的居住地，有專門的職官管理。在先夫人去世後，此類人等繼續留居，侍奉陵寢，被稱之爲“某夫人之人”。（51 頁）

[2]郘（昱）

〖整理者 1991〗郘鄰。（19 頁）

〖黃錫全 1992〗右形從口從土。姓氏郘當是吐。

按：“郘”又作“昱”，參 48 號簡集釋。

[3]羕（養）逄（路）公

〖吳良寶 2010〗本文傾向“羕陵”、“養”並非一地的意見。“鄴（羕、養）”地在今河南沈丘縣東。（183 頁）

按：“羕”又作“鄴”（見 177、184、186 號簡），“羕（養）”與“羕陵”爲兩地，參 86 號簡集釋。

八月酉（丙）申之日，霝（霝-靈）里子[1]州加公文壬[2]、里公苛諴（諴）受㫖（幾），九月戊戌之日，不詧（察）公孫虩（甲）之佢（豎）之死[3]，陞門又（有）敗。囫（列）榁（勁）、囫（列）闢（猬）[4]。〖042〗

集釋：

[1]霝（霝-靈）里子

〖整理者 1991〗霝（靈）。（19 頁）

〖陳偉 1996A〗《楚辭·九歌·東皇太一》："靈連蜷兮既留"，王逸注："靈，巫也。楚人名巫謂靈子。"簡文中的"霝"，也許是巫官之稱。（93 頁）

〖何琳儀 1998A〗霝，疑讀酃，地名。《說文》"酃，地名，長沙縣。從邑、霝聲。"在今湖南衡陽東。又見簡 180，是有封地、私官的楚國貴族。疑其封地在"霝昜"。（814 頁）

[2]文壬

〖巫雪如 1996〗文氏，《通志·氏族略》引《風俗通》云："周文王支孫，以謚爲氏，越大夫文種。"《路史》云："太岳後有文氏。"然欲考究楚國文氏之來源，以上二說似嫌遼遠。《左傳·文公十年》楚國有文之無畏，又稱申舟，官左司馬，梁履繩《左通補釋》九引萬氏《氏族略》云："申舟稱文之無畏，疑是文族，楚文王之後也。"並據此云："文蓋以謚爲氏者。"《潛夫論·志姓氏》列申氏爲楚公族，云"楚大夫申無畏者，又氏文氏。"則王符亦以文氏爲楚公族。萬氏疑文氏爲楚文王之後，與當時得氏之由相符，其說可信。（29 頁）

[3]不詧（察）公孫虩（甲）之佢（豎）之死

〖整理者 1991〗佢，讀作鬬。（43 頁）

〖滕壬生 1995〗虩。說文所無，亦見於小盂鼎，爲建帬之帬的專字，此帬爲人名。（394 頁）

〖陳偉 1996A〗"佢"當爲表示身分地名詞，佢、竖（豎）均從豆得聲，可讀爲豎。簡文之"佢"（豎）大概是未成年的奴隸。（115 頁）

〖譚步雲 1998〗《說文》："豎，立也。"楚語用爲内廷之小臣。（70 頁）

〖董蓮池 1999〗簡文言"九月戊戌之日不辯公孫虩之佢之死"即是言九月戊戌之日，不審理公孫虩屬下之死一案。其不審理之原因，是審案者從日者那里得到開庭忌期之告，被告之九月戊戌之日登獄所之門將有禍殃。

〖李零 1999B〗字同"甲"。除 42 號簡爲人名，餘皆用爲"甲胄"之"甲"。

〖蘇傑 2000〗"對傷"、"對死"相當於當今司法鑑定中的法醫鑑定，即驗傷、驗屍（考慮到睡虎地秦簡中"死""尸"同字，簡 42、45 的"死"字，似當讀爲"尸"）。

〖劉信芳 2003〗字應讀爲“竪”。…《周禮·天官·内竪》鄭玄〈注〉:“竪，未官者之官名。”（52頁）

按:“佢”應從陳偉之說，讀爲“豎”，爲未成年的奴隸。

[4]㓨（列）脛（勁）、㓨（列）䶄（猬）

〖劉釗 1992A〗按字從“巠”，從“力”，應釋爲“勁”。

〖湯餘惠 1992〗楚文字從“豸”、從“犬”之字多從“鼠”作，字可釋“猬”，簡文用爲人名。

〖巫雪如 1996〗又作“剫”，簡42㓨勁簡82又作剫勁可證。簡文中又有作戭者，古文字中偏旁從“刀”從“戈”往往可以互作，因此“戭”與“㓨”當爲一字。（52頁）

〖楚文字編 1997〗剫。（201頁）

〖何琳儀 1998A〗䶄，從鼠，胃聲。疑猬之繁文。（1221頁）

〖劉信芳 2003〗左尹官署屬員之官名，其字未詳。（52頁）

〖陳穎飛 2009〗“戭”也是官吏名。（140頁）

〖十四種 2009〗上博楚竹書中用爲“列”的字，《容成氏》16號簡中的從“戈”，《周易》45、49號簡中的從“刀”，可見巫氏、李氏之說可從。作爲姓氏字，疑當讀爲“列”或“連”。《元和姓纂》卷十:“列，《風俗通》古帝王列山氏之後，子孫氏焉。”春秋齊大夫連稱，見《左傳》莊公八年。（29頁）

九月己亥[1]，𨛭君[2]之右司馬匔（均-均）臧（臧-莊）[3]受旮（幾），肓=（十月）辛巳之日，不逿（歸）板[4]於登（鄧）人[5]㠯（以）至（致）命於郢[6]，陞門又（有）敗。秀不孫。〖043〗

集釋:

[1]九月己亥〖之日〗

〖整理者 1991〗按文例，“己亥”之下脫“之日”兩字。（43頁）

[2]𨛭君

〖整理者 1991〗鄴。（19頁）

〖楚文字編 1997〗鄴。（328頁）

〖何琳儀 1998A〗𨛭。（396頁）

按:參36號簡集釋。

[3]匔（均-均）臧（臧-莊）

〖整理者 1991〗𡍮（軍）臧（臧）。（19頁）

〖黃錫全 1992〗均（郇）。

〖李天虹 1992〗此字上部實乃旬字，古文字旬或從勻聲…此字從土旬聲，當釋作均。

〖劉釗 1992A〗此字從“旬”從“土”，應隸作“垧”，釋爲“均”。

〖巫雪如 1996〗“垧”在包山楚簡中用作姓氏，黃錫全以爲即“郇”字。…郇氏，《通志·氏族略》云：“周文王之自封郇侯，……其後以國爲氏。”是郇氏有爲郇國之後者。晉滅郇國，以地賜原黯，其後亦以荀爲氏，如荀盈、荀首等，是荀氏亦有出於晉國者。（85 頁）

〖許全勝 1997〗從土從旬，應即均字，均似應讀爲鈞，《姓纂》：“《風俗通》，楚大夫元鈞之後。漢有御史鈞喜。（30 頁）

〖何琳儀 1998A〗垧，從土，旬聲。疑均之繁文。（1112 頁）

〖劉信芳 2003〗姓氏，應讀爲荀卿之“荀”。（52 頁）

[4]不逷（歸）板

〖整理者 1991〗板，讀如版，《周禮·秋官·職金》：“則供其金版”。楚國金幣有版金，自銘爲“郢爯”、“陳爯”等。（40 頁）

〖夏淥 1993〗《包簡》釋板爲板，即版金，非常正確。楚文物時有鑄有“郢爰”等文字的版金出徒，是楚國戰國時通行的貨幣。本例“不歸版於登人”和前例“不歸人之登金”，大同小異，都指犯官強行徵收錢財，不肯退賠的貪污行爲，所以都屬“受賄”的篇題範圍內。大約原告告到了楚都朝廷，中央責令地方官審理退回贓款，呈報中央結案，所以有“以致命於郢”之語。

〖陳偉 1996A〗聯係 140 號簡所載，43、44 號簡“歸板（金）於鄧人”當是針對兩地官員向登人課取稅金之事。（51 頁）

〖何琳儀 1998A〗板，讀版。《周禮·春官·小宰》“聽閭里以版圖”，注“戶籍也”。（396 頁）

[5]登（鄧）人

〖何琳儀 1998A〗“登人”，讀“鄧人”，鄧地之人。（139 頁）

〖譚步雲 1998〗“登人”一語至早見於殷墟甲骨文中：“庚子卜，賓貞：勿登人三千呼舌方，弗受有佑？”（《前》7·2·3）爲“徵集人手”之義。（67 頁）

〖劉信芳 2003〗簡文“登人”凡五見，涵義似有不同。其一爲鄧地之人。鄧本古國，魯莊公十六年爲楚所滅。《漢書·地理志》南陽郡：“鄧，故國。”應劭〈注〉：“鄧，侯國。”今湖北襄樊市西北有鄧城遺址。其二、簡 43、44、140 之“登人”所斬木涉於畢、判二地，簡文既云“致命於郢”，知其斬木爲執行國家官府的使命。又受期簡涉案人員多有明確的“居凥名族”，若將“登人”理解爲鄧地之人，與文例不甚吻合。因疑此“登人”爲掌管山林材木的小吏。（52 頁）

〖李家浩 2006B〗鄧原是一個嫚姓的諸侯國，今湖北襄樊市西北的古鄧城遺址，即其故都。公元前 678 年楚文王滅鄧，改置爲縣。

按：“登人”即“鄧”地之人，而非掌管山林材木的小吏。

[6]郢

按：根據《史記・楚世家》的說法，楚文王始都郢，而《世本・居篇》則說是楚武王徙郢。新出的清華楚簡《楚居》篇明確記載了徙居郢者乃武王，7-8 號簡云：“至武王酓䱷自宵遷（徙）居免，安（焉）刣（始）□□□□□福。衆不容於免，乃渭（潰）疆浧之波（陂）而宇人安（焉），氏（抵）今曰郢。”整理者認爲楚自武王之後，王居多稱郢，與武王居疆浧有關。“浧”在楚簡中大都讀爲“盈”，疆浧之“浧”最初可能是一種地貌特徵。疆浧成爲王居之後，寫作“疆郢”。郢不是一個固定的地名，而是武王之後王居的通稱。①這是“郢”之來源，我們再來看“郢”之地望。“始都郢”之“郢”在哪里，學者間一直存在爭議，吳良寶匯集了諸家的觀點，②同時也提出了自己的看法，他指出楚郢都“江陵紀南城”說尚有一定的疑問，要證明宜城縣“楚皇城”遺址是楚郢都還需要更多的資料。他認爲目前要想根據已有的文獻與考古資料確定楚“始都郢”的位置還有一定的困難。根據童書業、何浩的研究，春秋時期“郢”的位置應在宜城一帶。春秋、戰國時期的郢都位置，根據童書業、石泉等學者的研究，應該曾有過遷移，這一點已無可懷疑。至於何時移到何處，還有待進一步研究。③

九月己亥之日，鄵（畢）[1]右仔尹[2]李拡受旮（幾），肯＝（十月）辛巳之日，不逯（歸）登（鄧）人之金[3]，陞門又（有）敗。秀不孫。〖044〗

集釋：

[1]鄵（畢）

〖整理者 1991〗鄵。（19 頁）

〖劉釗 1992A〗從邑、從畢。

〖顏世鉉 1997〗從簡文看，鄵地和鄭、鄧相近，楚登地在今湖北省襄樊市北，濮地在今湖北省西北武當山區及其以南一帶。畢地具體地望，待考。（227-228 頁）

〖劉信芳 2003〗簡 140 作“畢”，字讀爲“密”。…其地在今丹江口水庫淹沒區。（53 頁）

〖李家浩 2006B〗從“网”從“畢”之字，即“畢”字的異體。

[2]右仔尹

①李學勤主編：《清華大學藏戰國竹簡（壹）》，187 頁，中西書局，2010。

②吳良寶：《戰國楚簡地名輯證》，38-48 頁，武漢，武漢大學出版社，2010。

③吳良寶：《戰國楚簡地名輯證》，44-45 頁，武漢，武漢大學出版社，2010。

〖何琳儀 1993A〗應釋“仟”。“仟尹”可讀“芋尹”。《史記·楚世家》“芋尹申無宇之子申亥曰，吾父再犯王命。”正義“芋尹，種芋之尹也”。

〖劉信芳 2003〗職官名。簡 71 有“仟門人”、191 有“仟公”。按“仟門人”猶“吁門人”，亦即守門人。…“右仟尹”、“仟公”等是守衛城門、關門或禁苑之門的長官。“仟尹”《左傳》作“芋尹”，昭公七年：“楚子之爲令尹也，爲王旌以田，芋尹無宇斷之曰：一國兩君，其誰堪之。”此芋尹明顯是山林禁苑之守衛官。（53 頁）

[3]不遝（歸）登（鄧）人之金

〖夏淥 1993〗《包簡 44》定讞語中有“登金”一語，釋作“徵金”極是，爲強收別人錢財之意。“不歸人之登金”，疑被徵人爲原告，告到官里，主管上級官府命犯官退賠贓款，犯官又沒有悔改退贜的表現，因此受賄罪成立。

〖李家浩 2006B〗九月己亥這一天，鄴君之司馬和畢右仟分別收到司法機構發來的公文，要求他們在十月辛巳以前把不歸還徵收鄧人的黃金的情況報告國都郢的司法機構，就以“登聞有敗”論處。

九月辛丑之日，五帀（師）偖（造）腏司敗[1]周國[2]受旮（幾），己亟（酉）之日，不遲（將）登（鄧）厞（扉）㠯（以）廷，陞門又（有）敗。秀不孫。〖045〗

集釋：

[1]五帀（師）偖（造）腏司敗

〖整理者 1991〗五帀（師）偖腏司敗。（19 頁）

〖劉信芳 2003〗偖腏，官署名。簡文中以“偖”爲名之一系職官至爲複雜。…“偖”讀“造”應無問題，諸官應是周官冬官司空之屬。（55-56 頁）

〖大西克也 2005〗以上爲姓氏字（按：指包山 45、57、169、187、189 號簡的“偖”字），或疑讀作“曹”。（94 頁）

[2]周國

〖整理者 1991〗周國。（19 頁）

〖李運富 1996〗《包山楚簡》原釋文釋簡 45-1 之及 135-1 之爲國，這從文獻閱讀來說，固然可以，因爲“或”本是國或郕的初文，不妨看作同詞。但從構形分析來說，還是楷定爲“或”比較妥當。…故簡 45-1 及 135-1 之“國”仍當楷定爲“或”。如要讀爲“國”，不妨用“或（國）”的形勢注出。

〖何琳儀 1998A〗國，從口，或聲。或之繁文。或、國爲古今字。（20 頁）

按：楚簡中比較標準的“國”字作，“或”字作、，但二者時常相混。

九月甲晨（辰）之日，邶（越）異[1]之司敗番䟹[2]受旮（幾），戊申之日，不遅（將）邶（越）異之大帀（師）[3]邶（越）䝿（債）[4]㠯（以）廷，陞門又（有）敗。涎（疋）扆（碨）[5]。〖046〗

集釋：

[1]邶（越）異

〖夏淥 1993〗被告受賄的犯官爲“國帑”（即國庫）的司敗，是管刑警、治保的司法官吏，番宣、番豫兩人同姓，可能是父子或兄弟、同宗的關係，顯然他們與上級太師勾結一氣。…國庫主管人之一的太師，收買了下屬兩名司敗，貪污黄金後藏匿或逃跑失蹤了，案發後，多次要求兩位司敗捉拿逃犯歸案，但番宣三次都沒有辦到，三次定讞爲受賄罪成例，送上級批決。…《包簡》所釋“邶異”一詞，何以改釋爲“國帑”？不僅從字形考慮，還必須聯係大量簡文中關於信貸的内容實際、語言實際。如貸款面之廣，金額之巨大，支農“籴種”的賑災性質，以及有的貸款還經過楚王或令尹等首腦的批示，都反映了貸款單位，非楚國朝廷國庫莫屬。…簡文的“國帑”爲楚之金庫内府。

〖劉信芳 1996B〗“邶”讀如“越”，…越異即渡災。作爲官府名，“越異”應是楚特設的救災機構。

[2]番䟹

〖整理者 1991〗䡅。（20 頁）

〖劉信芳 2003〗又見簡 64，簡 52 作“番豫”，55 作“番逗”。郭店簡〈窮達以時〉6“齊逗”即“齊桓”，知“䟹”、“逗”皆可讀爲“桓”。（55 頁）

按：根據 186 號簡記載，番䟹爲邸陽君之人。“䟹”字参 28 號簡集釋。

[3]邶（越）異之大帀（師）

〖整理者 1991〗大師，即太師，楚官名。《史記·楚世家》：“穆王[立]，以其太子宮予潘崇，使爲太師，掌國事。”潘崇爲楚國太師，簡文中的太師是邶（越）異之大師，掌管地方政務。（43 頁）

〖黄錫全 1991B〗楚有“大師”之職，爲國君輔弼之官。

〖劉釗 1992A〗按字從“邑”、從“戉”，應釋爲“戉”。因用爲姓氏，故加邑旁。“戉”在簡文中用爲國名和姓氏字，應讀作“越”。

〖何琳儀 1998A〗“大帀”，讀“大師”。樂官。（923 頁）

[4]邶（越）䝿（債）

〖整理者 1991〗䝿。（20 頁）

〖黄錫全 1992〗故釋爲僨。

〖劉釗 1992A〗按字所從乃“𥄉”字，非“直”字，字應隸作𠈇。

〖何琳儀 1993A〗應隸定“𠈇”，從“人”，從“貝”，“𥄉”聲。此類省簡又見 55、152、174，均人名。（56 頁）從“眞”得聲字有“𧸖”240、“𧸖”247，均讀“孽”。

〖許全勝 1997〗據《左傳》、《史記》楚威王時殺無疆，滅越。包山簡爲懷王時物，越氏或是滅國後以國爲氏者，但也有可能同衛、魏、楚等氏一樣滅國前早已存在。（10 頁）

〖徐在國 1999〗即邚（越）貨。

按：“僨”字参 151-152 號簡集釋。

[5]浘㞂（碨）

〖整理者 1991〗厚，《說文》古文厚字作垕，從石從土，與簡文形近。（43 頁）

〖黄錫全 1992〗碨。

〖劉釗 1992A〗字從“石”、從“畏”，應釋作“碨”。

〖何琳儀 1998A〗隈。（1187 頁）

九月甲唇（辰）之日，䫉（喜）[1]司敗李耴[2]受㠯（幾），肯=（十月）辛巳之日，不遅（將）䫉（喜）宫夫=（大夫）𤎴（胡）公[3]遊（魯）昇（期）[4]、鄗昜（陽）公[5]穆疴[7]與周㥯（惃）之分𧤢（察）㠯（以）廷[8]，陞門又（有）敗。〖047〗

集釋：

[1]䫉（喜）

〖楚文字編 1997〗䫉。（430 頁）

〖何琳儀 1998A〗從頁，壴聲，或作喜，地名。（3 頁）

按：參 20 號簡集釋。

[2]李耴

〖黄錫全 1992〗耴（聽）。

〖何琳儀 1998A〗一耳。（1494 頁）

[3]𤎴（胡）公

〖顏世鉉 1997〗㝬和古的古音相近，㝬可讀作“胡”，西周的㝬國就是春秋的胡國。…包山楚簡“㝬公”爲㝬（胡）地之縣公，楚昭王二十一年（公元前 495 年）滅胡之後，當於其地置㝬（胡）縣，在今安徽阜陽市。《漢書·地理志》汝南郡有女陰縣，班固自注：“故胡國”，就在此地。從簡文來看，喜地當與㝬（胡）地相近，而喜地在今河南息縣附近，相去不遠。（207-208 頁）

〖劉信芳 2003〗 煳讀爲“胡”，“煳公”乃鄗之邑公或里公。(56 頁)

〖吳良寶 2010〗 裘錫圭認爲西周金文中的㝬國，春秋初年鄭武公所伐胡國在河南郾城，郾城、阜陽兩地可能是歸姓之胡先後所居，并非一姬姓之國，一歸姓之國。本文傾向於包山簡“㝬”讀爲“胡”，地在河南郾城的意見。(199-200 頁)

[4]遊（魯）昪（期）

〖整理者 1991〗 筵。(20 頁)

〖張光裕、袁國華 1992〗按該字與簡 4、102 及 186 所見同字比較，皆從“辵”，不從“止”，故宜隸作“遊”。(緒言・9 頁)

〖巫雪如 1996〗 遊，古通作游，…先秦各國均有以“遊”爲氏者。(139-140 頁)

〖張守中 1996〗 遊。(28 頁)

〖許全勝 1997〗 遊、旅（按：指 116 號簡之“旅”）皆當讀爲魯。簡 2 魯昜（陽）公，簡 4 作遊昜（陽）公，可證。《說文》旅：“𣃘古文旅，古文以爲魯衛之魯。”(3 頁)

〖白於藍 1999〗 即《說文》旅字繁構，所從之辵旁乃纍增之義符。

〖十四種 2009〗上博竹書《周易》53 號簡“旅”字六見，皆如此作。可知應徑釋爲“旅”。這裏用作姓氏字，讀爲“魯”。(84 頁)

按：整理者將 4 號簡之字釋爲“遊”，讀爲“旅”，並指出“遊昜公”即“魯昜公”。

[5]鄦昜（陽）公

〖整理者 1991〗 朝（？）昜公。(20 頁)

〖李零 1992〗 按此字左上乃古熱字，《漢簡》66 頁背和《古文四聲韻》卷五 14 頁熱正作䍞，左半與此左上同，馬王堆帛書熱作炅。

〖劉樂賢 1997〗 鄦的聲旁可能是㬎，而楚文字中㬎作爲偏旁使用時往往又寫作炅。大家知道，炅字在秦漢簡帛和《素問》等古書中，都讀作熱。近來李零先生又指出，長沙子彈庫楚帛書的“寘”，應讀作“熱氣”。看來㬎、炅、熱三字在古代的讀音極爲接近。鄦從㬎得聲，也應和炅、熱的讀音相近。據裘錫圭等先生分析，上面所說的炅字應是一個從日得聲的形聲字。這些都使我們想到也許可以把鄦讀爲另一個從日得聲的涅字…簡文的“鄦昜”，應即古書中的涅陽，《史記・項羽本紀》：“封呂勝爲涅陽侯。”涅陽漢屬南陽郡，在今河南省鎮平縣南。

〖顏世鉉 1997〗《漢書・地理志》南陽郡有朝陽縣，顏師古注引應劭曰：“在朝水之陽。”《水經注・淯水》卷三十一：“淯水又南入新野縣，……又東與朝水合。……朝水又東逕朝陽故城北，而東南注於淯水。”根據石泉的考證，朝陽城遺址在今襄陽縣西北九十里，靠近河南省邊界的石橋公社史李大隊李百户灣北。其說可從（189 頁）

〖何琳儀 1998A〗“斳昜”，讀“慎陽”，地名。見《漢書·地理志》汝南郡。在今河南正陽北。(1116 頁)

〖劉信芳 2003〗按釋“緐陽”爲“涅陽”可備一説。僅就字形而言，“緐”從糸作，應是“織”之異構。包 139“戠”即“熾”之古文，天星觀簡“緐車”即“織車”。包 82“𪔃”、85“𪔂”、103、115“𪔄”、“𪔃”、124、125“𪔁”、194“𪔀”應是一字之異，諸字並以“𡮴”爲基本聲符。包 179“鄓人鄧倉”，疑即涅昜人鄧倉。(56 頁)

〖吴良寶 2007〗疑釋爲“朝”字的簡文原篆作形(以下用▽代替)，…劉樂賢先生認爲“▽”字當以“㒸”爲聲符，可信；至於“▽”右邊的筆畫，並非從斤、糸。細看原簡照片，似是“昜”旁。…“▽昜”讀爲“涅陽”是有其道理的。不過，認爲包山簡中的“▽昜”就是《漢書·地理志》南陽郡涅陽縣的意見卻不一定可信。…從西漢初期侯國多爲一鄉之地的情況推測，這裏的“涅陽”大概也是鄉一類級别的地名。若直接以之與包山簡中的楚縣名相聯繫，還是需要慎重考慮的。…《漢志》雖未明言“涅陽”也是由侯國轉化而來，從它曾是高祖時期吕勝侯國的情況看，“涅陽”也不像是舊縣。讀“▽昜”爲“涅陽”是以“▽”字所從的㒸旁從“日”得聲爲前提條件的，但是從包山楚簡一些相關字形來看，這個隸釋卻不是唯一的可能。包山楚簡中的卜筮工具“長惻”，或作“長則”(簡 216)。其“則”字原文所從左旁的寫法，與▽左旁十分相似。包山簡第 139 號有字，或據《説文》“熾”字古文作而釋爲“熾”(也有學者認爲《説文》“熾”字古文形體有訛變，《汗簡》作可證，其説是)。這些似乎又説明“▽”字不一定從“日”聲。不過，如果考慮到戰國文字中的偏旁類化現象，以及上引包山第 82 號簡文字上部也寫成從火、從近似目形的情況，“▽”左邊從“日”形應該不會過謬。至於楚地“▽昜”相當於後世何地，還需要進一步研究。

〖十四種 2009〗看紅外綫影像，此字左旁與 216 號簡“長”下一字右旁相同。(30 頁)

按：“斳”從“㒸”聲，即“炅”聲，讀爲“涅”可備一説，從“炅”聲之字參 85 號簡集釋。

[7]穆痾

〖整理者 1991〗稷(秋)。(20 頁)

〖劉釗 1992A〗應釋爲“穆”。…“穆”字於簡文中用爲姓氏，應讀作穆姓之“穆”。

〖李天虹 1992〗此字當釋作穆。

〖湯餘惠 1992〗穆。

〖何琳儀 1993A〗應釋“穆”。

〖巫雪如 1996〗包山楚簡中之穆氏當是楚穆王之後，爲楚之公族之一。(86 頁)

〖何琳儀 1998A〗朝昜公秋痾。姓氏。少昊之後有秋氏，見《路史》。（228 頁）

〖劉釗 1999B〗古代雖有“秋”姓，但是是很晚才出現的，先秦未見有“秋”姓，而將其視爲“穆”，與“”字一樣讀爲“穆”姓之“穆”，卻非常合適。

〖馮勝君 2007A〗過去一致釋爲“穆”的（郾客量，《集成》10373）、（包山 49 號簡）等字，但從形體上看，釋“秋”釋“穆”倒是在兩可之間。（160 頁）

按:此字應以釋“穆”爲是。

[8]與周㥯（惃）之分（察）㠯（以）廷

〖何琳儀 1993A〗應釋“憻”。

〖劉信芳 2003〗分督：對原告和被告分別進行法廷調查。（56 頁）

〖十四種 2009〗“周惃之分”疑與 20 號簡“周惃之奴”、43 號簡“公孫甲之豎”、83 號簡“會傷之妾”類似，“分”表示身分。或“分”表示身分，“”爲其名。對照 20 號簡，“周惃之分”或即該簡的“周惃之奴”。（30 頁）

按:“分察”似指分別調查。

九月戊申之日，龏（龔-共）夫人之夫=（大夫）番贏受旮（幾），癸亥之日，不逕（將）豆[1]㠯（以）廷，陞門又（有）敗。王婁[2]。〖048〗

集釋:

[1]豆

〖整理者 1991〗豆鄴。（20 頁）

〖何琳儀 1998A〗豆，姓氏。疑讀立。立述長興令。見《萬姓統譜》。（1383 頁）

〖劉信芳 2003〗上博藏《緇衣》13 號簡“則民有豆心”，其字郭店簡《緇衣》23 號作“歡”，裘錫圭讀爲“勸”，今本《緇衣》作“格”。包山簡此字用作姓氏，楚有權氏、觀氏，亦有人名公子格（姓氏分派，“格”亦有可能作爲姓氏），此或可作爲進一步思考的綫索。（363 頁）

〖鄒濬智 2004〗不過我們也發現了一個情況，那就是不唯璽印文字中“立”、“土”偏旁如黃錫全所言兩兩混用，楚簡中亦見“立”、“土”形近相訛互用的現象，…我們認爲郭店《老子甲》簡 38“浧”字作，右下半“土”形寫近“立”，可能就是“土”形訛成“立”形的過渡字形。是以楚簡“豆”或從“豆”之字，也有可能是從“口”從“土”的“呈”字訛形。不過楚簡“豆（呈）”字，恐怕不是前引黃先生所言，是“吐”字的異體。查楚簡上“口”下“土”之“呈”不論單獨成字（如郭店簡 1.1.10），或作爲某字的偏旁（如包山簡 2.58），多作“呈”使用。若“豆”下爲“土”偏旁之訛寫，則“豆”就是“呈”

字的訛形。…依“呈（郢）鄭”這個姓氏猜想，此人或其先祖可能生於楚“郢都”，因其生身地望邑得姓。（130-131 頁）

〖何有祖 2005〗似可隸定作“豆”。上博《緇衣》13 號簡有□，與之形同。字似可看作從口、立，構字本義不明，郭店《緇衣》24 號簡與之對應的字作“懽（勸）”。疑當讀爲“鄻”。

〖林志鵬 2007〗“□”字既釋爲“曷”，則上節所引第一至三例包山司法簡中的人名“□業（從阝）”或“□業（從阝）”當釋爲“葛業（從阝）”。“葛”爲姓氏，《通志·氏族略》：“葛氏。伯爵，嬴姓，夏時諸侯。今許州郾城北三十里有葛伯城，即其地也。子孫以國爲氏。

〖侯乃峰 2011〗此字從“口”從“立”，無論是將“口”還是“立”看作聲符都不能讀通簡文，故可以確定其造字方式絕非形聲字。上引林志鵬先生之文以爲“□”像人駐止張口形，其說有理。此字下部從“立”，像一個正面站立的人形；上部從“口”，大概是表示與“口”有關的某種意義。從此字與“格”字對應且與“口”有關兩個角度考慮，我們認爲“□（豆）”當是“□（噱、呿）”字的表意初文…，“去”、“□”當是一字分化。由此，我們所說的“□（豆）”是“□（噱、呿）”字的表意初文，也可以表述成“□（豆）”是“去（呿）”字的表意初文。上引裘錫圭先生之文已經指出，“□（去）”字是表示把嘴張大的意思，是“口呿而不合”（《莊子·秋水》）的“呿”字的初文。由此再進一步精簡，則我們所說的“□（豆）”是“去（呿）”字的表意初文，就可以表述成“□（豆）”是“呿”字的表意初文。呿，《莊子·秋水》“口呿而不合”，陸德明《經典釋文》：“呿，開也。”《玉篇·口部》：“呿，張口皃。”玄應《一切經音義》卷四注引《埤蒼》：“呿，張口頻伸也。”卷九注引《埤蒼》：“呿，張口也。”《集韻·魚韻》：“呿，口開也。”以“呿”字的訓釋反觀“□”字形，一個正面站立的人張開口之狀宛如圖畫。…包山楚簡中從“□”之字作爲姓氏用字，疑當讀爲“郤（郄）”。“郤（郄）”在先秦是一個常見的姓氏。上引何有祖先生之文釋爲“鄻”，亦可備一說。

〖張崇禮 2012A〗我們認爲 A 像人正面站立張口大呼狀，應該就是“吴”字。《玉篇·口部》：“吴，大聲也。”《漢書·郊祀志上》：“不吴不敖，胡考之休。”顏師古注：“吴，讙譁也。”“吴”與吅、讙、喧字當爲一字。《說文》：“吅，驚嘑也。從二口。讀若讙。”徐鉉校：“或通用讙，今俗別作喧。”“吴”從口從大，大像正面站立的人形。或增一，一，地也。故 A 當爲“吴”字的繁化。…戰國文字“吴”皆當讀爲“權”。《姓觿·先韻》：“權，《路史》云：葛天氏之後。《唐氏系表》云：權國，子姓，商武丁之裔；滅於楚，因氏。《姓纂》云：楚大夫鬬緡爲權尹，因氏。”

按：此字見於上博楚簡《緇衣》13 號簡，辭例爲“民有□心”，與之對應的郭店楚簡《緇衣》作“懽”，今本作“格”。李零認爲上博楚簡此字疑同“𦣻”而以音近讀爲“恥”。①趙建偉則認爲是“吳心”的訛誤，讀爲“娛心”。②季旭昇以爲李零之說較好，但爲詳細申明原因，訓詁通轉也較爲曲折，他認爲“䇂”字應該釋爲從“口”、“立”聲，讀爲“恥”。③鄒濬智釋爲“呈”讀爲“誠”。④此字暫存疑待考。

[2]王婁

〖陳穎飛 2009〗“王婁”屬“婁”官，其他的此類官還有“正婁”（包 66 等）、“新官婁”（包 5)、“玉婁”（包 25)。（140 頁）

按：“王婁”爲人名，釋爲“婁”官，誤。

九月戊申之日，郊（鄢）喬差（佐）[1]宋加受𥎦（幾），乙丑之日，不遅（將）郊（鄢）左喬尹[2]穆𡗜（彗）[3]㠯（以）廷，陞門又（有）敗。義𠈃（僕）[4]戠（職）之。〖049〗

集釋：

[1]喬差（佐）

〖整理者 1991〗喬差。（20 頁）

〖楚國歷史文化辭典 1996〗喬差當即喬尹之佐，爲喬尹的副職。（142 頁）

〖何琳儀 1998A〗①喬，姓氏。…系出姬姓，本橋氏，其後去木爲喬氏。（294 頁）②差，讀佐，副官。（880 頁）

〖劉信芳 2003〗職官名，“差”讀“佐”。…“喬”讀爲“矯”，假也。…諸以“喬”爲名之職官並爲攝行代理之職。（57 頁）

〖十四種 2009〗“差”讀爲“佐”，當是。喬差爲下文左喬尹之佐，屬於以“喬”爲名的官系，職掌待考。（30 頁）

[2]左喬尹

〖何琳儀 1993A〗“喬尹”又見 107，疑讀“囂尹”，楚國官名。《左・昭十二》“囂尹午”。

〖楚文字編 1997〗喬（喬）。（477 頁）

〖田成方 2008〗包山簡 49 有佐（左）喬尹、簡 44 有右芋尹，都是相應尹官的左、右下屬官員。

[3]穆𡗜（彗）

①李零：《上博楚簡三篇校讀記》，55 頁，臺北，萬卷樓圖書公司，2002。

②趙建偉：《“民有娛心”與“民有順心”說》，簡帛網，2003 年 8 月 30 日。

③轉引自鄒濬智：《〈上海博物館藏戰國楚竹書（一）・緇衣〉研究》，129 頁，臺灣師範大學碩士學位論文，2004。

④鄒濬智：《〈上海博物館藏戰國楚竹書（一）・緇衣〉研究》，129 頁，臺灣師範大學碩士學位論文，2004。

〖整理者 1991〗稅（秋）翼。（20 頁）

〖何琳儀 1998A〗翃。（906 頁）

〖張新俊 2005A〗此字可以也许看成從“羽”、“共”聲，疑乃“慧”字異體，在包山楚簡中，用作人名。(20 頁)

按：上博楚簡《性情論》38 號簡有字，即“慧”字。本簡之字不從心，宜釋爲“彗”字。

[4]義僕（僕）

〖整理者 1991〗僕。（20 頁）

〖楚國歷史文化辭典 1996〗義僕。（20 頁）

〖裴大泉 1998〗“僕”和“儣”完全可以互換。這可以讓我們下一個判斷：“僕”和“儣”都是“僕”的異體字。

〖白於藍 1999〗從臣付聲，乃臣附之附之專用字。

〖劉信芳 2003〗“僕”之異體。（57 頁）

〖十四種 2009〗附，簡文從“付”從“臣”，…135 號簡正面的“僕”，背面寫作此字，可見二字相通。（30 頁）

九月戊申之日，鄩少司敗鄡（蔡）酉（丙）受旮（幾），乙丑之日，不遅（將）鄁（鄁-青）[1]辛㠯（以）廷，陞門又（有）敗。秀不孫。〖050〗

集釋：

[1]鄁（鄁-青）辛

〖何琳儀 1998A〗鄁，或作青，姓氏。齊太公有青氏。（821 頁）

九月己亟（酉）之日，郐（陰）侯[1]之正差（佐）䓛（胡）癁（瘥）[2]受旮（幾），乙丑之日，不遅（將）郐（陰）大辻尹宋㔿[3]㠯（以）廷，陞門又（有）敗。宵辟（親）[4]。〖051〗

集釋：

[1]郐（陰）侯

〖整理者 1991〗陰，地名。《左傳·昭公十九年》：“楚工尹赤遷陰於下陰”，杜預注：“今屬南鄉郡”。在今湖北省光化縣境內。（43 頁）

〖何浩、劉彬徽 1991〗楚國封君有兩種名號，一種稱作“君”，一種稱作“侯”。楚宣王時有州侯。頃襄王時有夏侯、州侯，與此陰侯一樣。簡 131 還記有“陰之正”、“陰人”，此簡之“陰”似指陰縣，“正”爲陰縣官員。果如此，則陰侯封地在楚之陰縣境内。

〖胡雅麗 1994〗《左傳》言遷不言滅，即表明楚人並未滅陰，而是將其遷至楚境，存其社稷以爲附庸。…包山楚簡所載之陰侯，亦即爲楚所遷至下陰之附庸國陰戎之侯的後繼者。

〖袁國華 1995〗當隸作郐，從邑不從阜。

〖徐少華 1996C〗“陰”字實從“今”得聲，“邻”應是“陰”的異體或簡寫。“陰侯”之“陰”，簡 132 作“陰”，簡 51 作“邻”即爲證明。陰之地望，簡文整理者和何浩、劉彬徽先生認爲即《左傳》昭公十九年所載楚工尹赤遷陰人所至之“下陰”、漢晉之陰縣，可信。其地在今湖北老河口市（舊光化）西北、丹江口市東南的漢水中游東岸，陰侯所封當即此。

〖顏世鉉 1997〗包山楚簡的陰地就在今老河口市北的陰城所在。應劭《風俗通義》：“陰氏，陰康氏之後，周有陰不佞，陰里人也，管修自齊適楚，爲陰大夫，其後氏焉。後漢光武陰皇后，其先則宣帝時祀竈者陰子方之後也，弟將軍陰識，識弟興。”《後漢書・陰識傳》：“其先出自管仲，管仲七世孫修，自齊適楚，爲陰大夫，因而氏焉。”徐少華說：“陰大夫管修當即楚之陰縣大夫、陰公。此陰，應是魯昭公十九年楚工尹赤所遷陰戎之下陰、漢晉陰縣，故址在今湖北老河口市北。若是，在工尹赤遷陰戎於下陰之後不久，楚即於其地置縣，以管理陰戎之民。漢晉陰縣，實因楚縣而來。”（76-77 頁）

〖何琳儀 1998A〗郐，讀陰，地名。見《漢書・地理志》南陽郡。在今湖北光化西。（1393 頁）（按：332 頁又云：“‘郐矦’，或作‘郐鄇’，地名”）

〖劉信芳 2003〗簡 133、134、135 作“侌”。《左傳》昭公十九年：“楚工尹赤遷陰於下陰。”杜預〈注〉：“陰，縣，今屬南鄉郡。”《水經注・沔水》：“沔水又東南逕陰縣故城西，故下陰也。”楊守敬〈疏〉：“漢縣屬南陽郡，後漢因，魏屬南鄉郡，晉屬順陽郡，“襄陽府光化縣西，漢水東岸有古陰城，爲楚下陰地。昭十九年楚工尹赤遷陰於下陰，即此。”…楚國封君或稱君，或稱侯。（57 頁）

按：“郐”讀爲“陰”，與“邻”並非一地，參 23 號簡“邻”字集釋。

[2]焅（胡）瘧（瘥）

〖整理者 1991〗𤕭。（20 頁）（字表又將簡 236 之相同的字隸定爲“瘢”，見圖版一八六）

〖劉釗 1992A〗按字所從之“爿”乃“疒”字之省。古文字中從“爿”的字有時乃從“疒”省成。…字表又列有“瘢”字，其實二者應合併爲一，並隸作“瘢”，釋爲“瘧”或“疸”。

按：“瘧”即“瘥”，參 128 號簡集釋。

[3]宋⿱弗力

〖整理者 1991〗拂。（20 頁）

〖劉釗 1992A〗按字從“弗”、從“力”，應釋爲“⿰弗力”。

〖高智 1996〗按此字上從“弗”下從“力”當是“⿱弗力”字，爲“弼”之古文，《汗簡》“弼”作“”形，故此字當釋爲“⿱弗力”。

〖楚文字編 1997〗⿱弗力（弼）。《玉篇·力部》⿱弗力，古文弼（553 頁）

〖劉信芳 2003〗《玉篇》“⿰弗力”、“⿱弗力”重出，“⿱弗力，皮筆切，古弼字。”《汗簡》亦以“⿱弗力”爲“弼”之古文。惟楚簡另有“弼”字，見簡 35、139，楚帛書甲篇。⿱弗力、弼恐非一字。（58 頁）

[4]宵⿰辛見（親）

〖整理者 1991〗⿰辛見，讀作親。（43 頁）

〖何琳儀 1998A〗⿰辛見，從見，辛聲。疑親之省文。（1159 頁）

〖十四種 2009〗此字又見於上博竹書《曹沫之陳》27、33 號簡，蓋是“親”字異構。（31 頁）

九月己菡（酉）之日，邚（越）異司敗番豫受吕（幾），癸丑之日，不遅（將）邚（越）異之大市（師）貨（價）㠯（以）廷，陞門又（有）敗。淀（疋）⿸疒瀗[1]。〖052〗

集釋：

[1]淀（疋）⿸疒瀗

〖整理者 1991〗瀗。（20 頁）

〖何琳儀 1998A〗①⿸疒瀗，從疒省，懷聲。疑懷之繁文。（315 頁）②痴，人名。（746 頁）

按：依照字形應隸作“⿸疒瀗”，右部所從與 119 號簡反面“”（憲）相同。

九月辛亥之日，臨昜（陽）[1]之宧司馬李絅受吕（幾），戊午之日，不量廡下之貣（貸）[2]，陞門又（有）敗。秀免。〖053〗

集釋：

[1]臨昜（陽）

〖整理者 1991〗臨昜，地名。（43 頁）

〖顏世鉉 1997〗《左傳》文公十六年：“楚子乘馹，會師於臨品。”楊伯峻《春秋左傳注》：“臨品，《彙纂》謂當在今湖北均縣界。”（鉉按，1983 年均縣撤銷，改設丹江口市。）不知臨陽是否與臨品有關？（225 頁）

〖劉信芳 2003〗又見簡 185。文獻所載地名無“臨陽”，以聲求之，疑“臨”讀爲“鄙”，…按其地望在今湖南衡陽市東。（58 頁）

〖凡國棟 2007〗臨昜（陽），見於包山楚簡第 33、53 和 185 號簡。…疑當《左傳》文公十六年之“臨品”。“楚子乘馹，會師於臨品”。楊伯峻注引《欽定春秋傳說匯纂》謂在今湖北省均縣界。譚其驤《中國歷史地圖集》定位相同。此地相當於今丹江口市與老河口市交界之漢水沿岸。以地理形勢考度，此處北接商密（即下鄀）以至於析（即白羽，昭公十八年遷許於此）與秦相望，東望申、鄧以至於方城之外，南通楚郢都中心地帶。扼漢水天險，實際上是一個戰略要地。

〖吳良寶 2010〗簡文“臨昜”又見與上博六《平王問鄭壽》第 3 號簡文，整理者未釋。包山簡 172 號簡已有“霝（零）昜”，劉說不可信。或疑爲《左傳》文公十六年的“臨品”。待考。（258 頁）

[2]不量廡下之貣（貸）

〖整理者 1991〗①量，《說文》：“稱輕重也”。（43 頁）②貣，《說文》：“從人求物也”。（43 頁）

〖李零 1992〗償貸不足其數。

〖劉釗 1992A〗按字從厂從無，應釋爲“廡”。古文字“厂”、“广”乃一字之分化，故從“广”的“廡”可從“厂”作。“廡”字見於《說文》，謂“堂下周屋”。《漢書・竇嬰傳》：“陳賜金廊廡下”，注：“廡，門屋也”。簡文曰：“戊午之日不量廡下之貣”，簡文“廡”字用法與之相似。

〖劉信芳 1996B〗“厞”即“廡”…“廡下之貸”的含義有兩種可能，一是庫房的借貸。二是某地某人向“廡下借貸”。

〖于成龍 1997〗量之意義即是對一物體要確切其重量。簡 144 中有“不量其關金”一語，對於簡 144 中的關金，簡 53 中的貸金及簡 73 中的俸祿，量作爲確知其多少的手段，是非常恰當的。（39 頁）

〖何琳儀 1998A〗厞，從厂，無聲。疑廡之異文。（613 頁）

〖劉信芳 2003〗①量：裁量其大小，稱量其輕重。（58 頁）②簡文“廡下”似代指庫房。…所謂“不量廡下之貣”，謂不依約支付廡下借貣。（58 頁）

〖張伯元 2012A〗因貣金不賽而涉訟的事也時有發生。如受期簡簡 53 中的“不量廡下之貣”就是，沒有按約清償向廡下的借貸。從“量”字看，可能是指物資，如糧食、飼料之類。

按:73 號簡有“不量馹倖”、149 號簡有“不量其關金”,“馹倖”、“關金”、“貸”均與錢財有關,“量”不能解釋爲“稱量輕重”,似有“計算”之意。

九月辛亥之日,彭君[1]司敗史善[2]受凸(幾),酉(丙)唇(辰)之日,不𥚻(察)長陵邑之死[3],陞門又(有)敗。秀頵(履)。〖054〗

集釋:

[1]彭君

〖整理者 1991〗喜君。(20 頁)

〖何浩、劉彬徽 1991〗此“喜”應爲地名。但喜地無考。在今河南息縣以東稍北約 40 公里處有一長陵集。…若此長陵縣就是簡文中的“長陵邑”,則喜君之“喜”應即“息”。喜字,之部曉紐;息職部心紐。之、職對轉,二字韻部相通。然聲紐相隔較遠,又未見有喜、息相通之辭例,故其讀音和地望仍只能存疑。

〖顏世鉉 1997〗《包山》第 90 號簡文中有“繁丘”、“繁陽”地名,推測“喜”地可能和繁丘、繁陽二地相去不太遠(繁陽約在今安徽太和縣北,在今息縣東北方約 120 公里處),因此“喜”地在今息縣附近是有可能的。(84 頁)

〖李守奎 2006〗54、56、165 號簡“彭君”是同一個人,楚之封君多以封地之名爲稱,“彭”也可能是地名,但也不排除族氏稱呼的可能。

〖吳良寶 2008B〗彭地既有楚國封君,自應在楚境内尋找。據顧頡剛等考證,今湖北省境内的南河又名彭水,《尚書·牧誓》“牧野八師”之一的彭就在這一帶。《左傳》桓公十二年“伐絞之役,楚師分涉於彭,羅人欲伐之”中的“彭”即彭水。商、西周時期的彭國位於今湖北房縣(《地圖集》第一册,第 13-14 頁、第 17-18 頁)。公元前 700 年,楚國可以從容地涉過彭水,那麼此前彭國可能就已滅於楚。楚很可能在彭國故地置縣,戰國時期又於此地設置封君。

按:舊將“彭”誤釋爲“喜”,在此基礎上對地望進行的考釋皆不確,彭君應如吳良寶所説,在湖北省境内的彭水一帶。

[2]史善

〖整理者 1991〗叓,李家浩同志釋作皃。(43 頁)

〖袁國華 1993A〗史。

〖袁國華 1994B〗疑叓字與“中山王器”𠓗、𢓊同字,皆“使”字。…“△”字(按:指“叓”字)的用法約可分爲三類。…第一類“人的姓氏”,“使”應爲“史”的通假字。

“史”爲戰國時的大姓，古璽印借“事”爲“史”，而“包山楚簡”借“使”爲“史”亦無不可。

〖張桂光 1994〗我認爲楚簡中的字，還是以釋“史”爲妥。

〖楚國歷史文化辭典 1996〗卞善。（77 頁）

〖巫雪如 1996〗就包山楚簡之文例來看，將叓釋爲史，確比釋爲弁更加恰當。以姓氏而言，楚國固有卞姓之人，但以“史”爲氏者更較卞氏爲普通。（73 頁）

〖楚文字編 1997〗覍。（422 頁）

〖許全勝 1997〗弁應讀爲卞，弁、卞古音同可通。（20 頁）

〖何琳儀 1998A〗弁，姓氏。…周曹叔振鐸之後，庶支食采於卞，因以爲氏。見《元和姓纂》。（1065 頁）

〖李零 1999B〗用爲表示姓氏的“史”字或史官之“史”。

〖曹錦炎 2002〗“史”寫作“叓”，其目的是爲了區別“事”字構形，避免兩者相混。…從楚簡文字看，弁字構形楚簡應作，與楚簡史字作叓之構形不同，區別在於上部，一作，一作。…有些“史”字構形或作、，右側加點，這種現象應是書手因書寫習慣所致而造成的裝飾點。

[3]不（察）長陵邑之死

〖整理者 1991〗長陵，地名。（43 頁）

〖劉信芳 2003〗《水經注·淮水》：“淮水又東逕淮陰亭北，又東逕白城南，楚白公勝之邑也，東北去白亭一十里。淮水又東逕長陵戍南，又東，青陂水注之。”熊會貞〈參疏〉：“〈地形志〉蕭衍置長陵郡及縣，蓋取此戍爲名，在今息縣東八十里。”息縣即今河南息縣。是“喜君”封地也在息縣一帶。（59 頁）

〖十四種 2009〗也許讀爲“尸”。（31 頁）

九月癸丑之日，郕（越）異之司敗番逭受〖旮（幾）〗[1]，癸亥之日，不遲（將）大市（師）貨（債）㠯（以）廷，陞門又（有）敗。泟（疋）峎[2]。〖055〗

集釋：

[1]郕（越）異之司敗番逭受〖旮（幾）〗

〖整理者 1991〗①追，簡 46 作趄。（43 頁）②“受”字後脫“期”字。（43 頁）

〖黄錫全 1992〗逭。

〖何琳儀 1998A〗逭，從辵，亘聲。疑趄之繁文。（1051 頁）

[2]泟（疋）峎

〖整理者 1991〗垠。（20 頁）

〖楚文字編 1997〗崐。（442 頁）

〖何琳儀 1998A〗垠，從土，畏聲。疑塊之繁文。（1188 頁）

九月癸丑之日，彭君之司敗遠䋎（緭）[1]受旮（幾），己未之日[2]，不遲（將）郇（句）遹、䀝慶[3]邑（以）廷，陞門又（有）敗。〖056〗

集釋：

[1]遠䋎（緭）

〖整理者 1991〗緭。（20 頁）

[2]己未之日

〖整理者 1991〗己未之日。（20 頁）

〖李守奎 1998A〗干支“丑”字，楚文字寫法特別，與“徵”字古文形體相近，時有混訛。包山 56 號簡中的“己丑”之日，“丑”字作“”，顯係誤書，誤“崖”爲“丑”。

按：應從整理者的意見，釋爲“未”。

[2]䀝慶

〖整理者 1991〗䀝。（20 頁）

〖巫雪如 1996〗1952 年陝西省岐山縣董家村出土一件西周早期鼎，銘文爲“外叔乍寶尊彝”；1963 年 4 月陝西武功縣又出土師㾓簋蓋二件，其銘文有“㾓……用乍朕文考外季尊簋”，可知西周時期有外氏，“外”當是其封邑。又據《靜簋》（《三代》6.55）銘文“靜……乍文母外姞尊簋”，可知“外”乃姞姓。包山楚簡中之氏或即此“外”氏之後。（126 頁）

〖何琳儀 1998A〗䀝，姓氏。疑讀艾。《國語·晉語七》“國君好艾”，注“艾，當爲外。聲相似誤也。”是其佐證。夏少康臣汝艾之後。見《姓氏考略》。（914 頁）

〖十四種 2009〗楚簡“間”字有時從“外”作，如上博竹書《容成氏》6 號簡、《莊王既成》3 號簡所見。“間”、“干”音近可通。於此或應讀爲“干”。《通志氏族略四》：“干氏，宋大夫干犨之後。（31 頁）

九月癸丑之日，倍（造）䏁之司敗周愳（國[1]）受旮（幾），辛亟（酉）之日，不遲（將）登（鄧）𢈔（扉）邑（以）廷，陞門又（有）敗。秀䫆（履）。〖057〗

集釋：

[1]倍（造）䏁之司敗周愳（國）

〖整理者 1991〗①暖，簡 45 作䏁。（43 頁）②惑，簡 45 作國。

〖何琳儀 1993A〗應釋“愳”。…“周愳”又作“周國”45，可知“愳”爲“國”之繁文。

〖楚文字編 1997〗㬉。（196 頁）

〖何琳儀 1998A〗暖，從日，爰聲。煖之異文。（937 頁）

〖疏證 2007〗包山簡慖，疑爲惑之異文，用作人名。（43 頁）

九月戊午之日，長𡲼（沙）[1]正[2]龏（龔-共）㤥（懌）受旮（幾），亯=（十月）壬午之日，不㠯（以）廷，陞門又（有）敗。秀免。〖059〗

集釋：

[1]長𡲼（沙）

〖整理者 1991〗長𡲼（尾）。（20 頁）

〖黄錫全 1992〗𡲼。

〖劉釗 1992A〗按“𡲼”爲“尾”之異構，在金文中用爲“沙”…簡文“長𡲼”應讀作“長沙”，即指現湖南長沙。

〖林澐 1992〗西周金文習見賜戈而言“彤沙”。師斅毁（嘯 53）作“彤𡲼”，逆鐘（文物與考古 81·1）作“彤𡲼”。可證“長𡲼”即“長沙”。則地名長沙於秦置長沙郡以前先以存在。

〖湯餘惠 1992〗字下從少，不得經釋爲“尾”。西周金文“戈琱㦰彤沙”之沙字，師斅簋作“𡲼”，日人高田忠周謂：“亦沙異文”，郭沫若釋之爲“綏”，謂“綏字本器作𡲼，乃本字，從尾，沙省聲。戈綏以犛牛尾爲之，故從尾，它器多假沙字爲之。”（參見《金文詁林》卷十一，1425 沙字條）今按郭說可從。𡲼字簡文凡三見：59 簡“長～正”、61 簡“長～公”，78 簡“長～之旦”、“長～”皆當讀爲“長沙”。“綏”假借爲“沙”與金文用法相同。

〖曾憲通 1992〗包山簡簡文，長𡲼乃邑名，…《說文》古文則借𡲼爲徙，古文作𡲼者乃齊系𡲼字之訛變。

〖何琳儀 1993A〗從“尾”，“少”聲，讀“沙”（黄錫全《利用汗簡考釋古文字》，《古文字研究》15.140。）“長𡲼”或作“長鄎”78，均讀“長沙”。長沙戰國已是楚之名城。

〖高智 1996〗首先從形體上看，這個字的主要部分“𡲼”是一個從“尾”從“少”（或小）的字，…《說文》“尾，微也”，《方言》“尾，梢也”、《玉篇》“尾，末後稍也”、《廣雅·釋詁一》“梢”作“稍”可知“梢”與“稍”當是同字異形，那麼“梢”（稍）亦從“少”（或小）得聲、得義，故我們認爲“𡲼”（𡲼）乃尾梢之本字，是一個從“少”（小）得聲的形聲字兼會意字，故可知《說文》之“尾”訓“微”（“微”有少、小之義）亦從此而來。再則從形音上分析，“少”與“小”本爲同字…“梢”亦以“少”得聲，由於“梢”與“沙”均從“少”得音，古音相近，且均有微小之義，故可借作“沙”字來用。

〖徐少華 1996A〗簡文之“長沙”，當即秦漢長沙郡所在，今湖南省長沙市一帶。

〖楚文字編 1997〗尿。從尾，沙省聲。簡文中多讀作長沙之沙。說文徙之古文作𡱝當即由此訛變而來。（419 頁）

〖白於藍 1999〗即《說文》徙字古文作“𡱝”者之原形，今本《說文》爲譌體。故此字應即徙字。

[2]正

〖日高 1998〗包山簡所反映的地名中，有的還設“正”、“大正”這樣的職官《周禮·地官·序官》：“縣正，每縣下大夫一人”。林尹《今注》：“縣正，一縣之長，處理一縣之政務”。《縣正》：“各掌其縣之政令征比，以頒田里，以分職事，掌其治訟，趨共稼事而賞罰之。”簡文中地名後之“正”應指此“縣正”。（5 頁）

九月戊午之日，弡（射）叴君之司敗臧（臧-莊）夗受𦣻（幾），亯=（十月）辛未之日，不遲（將）弡（射）叴君之司馬周騆（駕）㠯（以）廷，陞門又（有）敗。㓨（列）諻[1]、句戭（捷）[2]。〖060〗

集釋：

[1]㓨（列）諻

〖李運富 1996〗按此字亦當楷定爲㓨而釋爲剢。

〖黃靈庚 1997〗用作姓氏之戡、㓨，蓋借作湛，實爲沈，亦音竹甚反。

〖徐在國 1998B〗釋慧琳《一切經音義》94·5 上鍠字籀文作諻。疑諻字應讀爲“鍠”，字在簡文中用作人名。

〖何琳儀 1998A〗㓨，從剢（或剢省），疑乙聲。…㓨，讀遂。…《周禮·地官·遂人》“五鄙爲縣，五縣爲遂。”（931 頁）

[2]句戭（捷）

〖整理者 1991〗栽，才聲。（43 頁）

〖黃錫全 1992〗戟。

〖劉釗 1992A〗字從“𦤳”、從“戈”，應隸作“𢦔”。

〖何琳儀 1998A〗句，姓氏。…出句芒，少昊氏叔子重也，爲木正，世不失職，以官爲句氏。見《路史》。（341 頁）

〖劉信芳 2003〗該字左上從“朮”，…下部從“戎”。（62 頁）

〖陳斯鵬 2008〗單姓“句”似也可讀“后”，古有后姓，孔子弟子有后處（見《史記·仲尼弟子列傳》），漢有后蒼（見《漢書·儒林傳》），但后姓受義之源尚待研究。

〖蘇建洲 2008〗筆者懷疑“△1”（按：指《曹沫之陣》43 號簡字）與“△4”（按：指包山簡字）可能是同一字。首先左上旁省作，…這種情形如同“麻”，《集成》11565 廿三年司寇矛亦省作。可見「△4」的寫法並非孤例。其次左下的“＋”形應理解爲“又”形，如（《郭店·老子丙》12）、（《郭店·語叢四》16），則《包山》60可能應釋爲“散”，簡文作人名用。(58 頁)

〖蕭毅 2010〗所從的“才”下部的弧筆斷開後作“朮”形，或許就是受到“朮”的影響所致。（75 頁）

按: 上博楚簡《曹沫之陣》中有（42 號簡）、（43 號簡），二字爲異體。整理者隸作“戠”、“㦰”，讀爲“散”。[①]陳斯鵬採納周鳳五的意見讀爲“捷”，[②]但後來又改變了看法，認爲似應以“桝”爲聲，可能是“㪔”字異體，整理者讀爲“散”是有道理的。[③]蘇建洲同意《曹沫之陣》整理者的釋“散”看法，而將包山楚簡中字也釋爲“散”。[④]單育辰認爲可根據《三體石經》中“捷”之古文作讀爲“捷”。他列舉了《𡨦鼎》、《呂行壺》、《庚壺》以及《陶匯》3.1231等字形，對讀爲“捷”的意見進行了充分補充，並認爲《三體石經》之字與《曹沫之陣》之字只是上部從一“木”或兩“木”的差異。[⑤]

、、、等字與是一字還是可信的，根據《三體石經》“捷”之古文而將簡文之字讀爲“捷”的意見可從。但字上部所從應該不是“木”。從、等字來看，字最初應是從“艸”，後來左右各加一飾筆，變得與“朮”類似。《三體石經》之上部類似“木”形的筆畫應是字上部左右兩筆與“艸”形結合後訛變而來。（字戈旁上部和下部分裂，戈旁下部與連接在一起。）包山楚簡字與應爲一字，僅是省略了一個“”形。其左下十字形，應如蘇建洲所說是“又”字，[⑥]只是筆畫略謂平直。此字讀爲“捷”應無疑問，其字形尚可進一步研究，暫隸定爲“㦰”。

---

①馬承源主編：《上海博物館藏楚竹書（四）》，270 頁，上海，上海古籍出版社，2004。

②陳斯鵬：《上海博物館藏楚簡〈曹沫之陣〉釋文校理稿》，簡帛研究網，2005 年 2 月 20 日。此文中沒有提到釋“捷”是周鳳五先生的意見，而是在《簡帛文獻與文學考論》一書 109 頁注釋[20]中注明，並提到舊稿釋“捷”是考慮金文中舊釋“捷”之字作《呂行壺》、《𡨦鼎》。

③陳斯鵬：《簡帛文獻與文學考論》，102 頁，廣州，中山大學出版社，2007。

④蘇建洲：《〈上博楚竹書〉文字及相關問題研究》，58 頁，臺北，萬卷樓圖書公司，2008。

⑤單育辰：《〈曹沫之陳〉文本集釋及相關問題研究》，88 頁，吉林大學碩士論文，2007。

⑥蘇建洲：《〈上博楚竹書〉文字及相關問題研究》，58 頁，臺北，萬卷樓圖書公司，2008。

九月辛莤（酉）之日，新大廄（廏）[1]墬（陳）綤（漸）受𠮷（幾），肎=（十月）辛未之日，不行代昜（陽）廄（廏）尹郙之人䢅（鬥）戟（戟）於長𣶏（沙）公之𠦪（軍）[2]，陞門又（有）敗。疋郕（越）。〖061〗

集釋：

[1]新大廄（廏）

〖整理者 1991〗廄，廐字。簡文中廐字均作此形。新大廐，負責管理馬匹的機構。（43 頁）

〖何琳儀 1998A〗"大廄"，讀"大廐"，官名。《史記·酷吏·減宣列傳》"徵爲大廐丞。"《漢書·百官公卿表》"太僕，秦官，掌輿馬，有兩丞，屬官有大廐、未央、家馬三令。"（923 頁）

〖劉信芳 2003〗"廄"即楚文字"廏"，乃管理車馬之官府名。…春秋時楚國已有"中廏尹"、"宮廏尹"，《左傳》昭公二十七年："夫左尹與中廏尹莫知其罪。"襄公十五年："養由基爲宮廏尹。"昭公元年有"宮廏尹子晳"，昭公六年有"宮廏尹棄疾"。（62 頁）

[2]不行代昜（陽）廄（廏）尹郙之人䢅（鬥）戟（戟）於長𣶏（沙）公之𠦪（軍）

〖整理者 1991〗①行，《廣雅·釋詁一》："行，往也"。（44 頁）②代昜廐，管理馬匹的機構。（44 頁）③䢅，讀如鬬。（44 頁）④戟，戟字，從裘錫圭先生說。（44 頁）

〖劉釗 1992A〗按"代昜"乃地名，應讀作"弋昜"，"代"從"弋"聲，故可用"代"爲"弋""弋昜"即《漢書·地理志》汝南郡之"弋昜縣"，地在今河南省廣川縣西。

〖楚國歷史文化辭典 1996〗廐尹。楚官名。見於包山楚簡 61 簡。其職掌當爲負責飼養管理公用馬匹牲畜。（367 頁）

〖顏世鉉 1997〗《漢書·地理志》汝南郡有弋昜縣，顏師古注引應劭曰："弋山在西北。故黄國，今黄城是。"黄國故城，一般都定在今河南潢川縣西一帶。近年在潢川縣城西北十二里發現隆古古城，學者或認爲這是以上所說黄國故城遺址。陳偉則加以考證，認爲隆古古城不是黄國故城；黄國故城應在光山縣城西北，陳新寨水庫北方的寨河東岸。以陳偉之說爲是；亦即簡文的"代昜"、漢"弋陽"縣在今河南光山縣城西北，而不在潢川縣西（縣城西北）（277-278 頁）

〖劉信芳 1999E〗"䢅戟"是動賓結構，讀"䢅"爲"誅"很難理解。"䢅"應是"戲"之省形。《説文》："戲，三軍之偏也。一曰兵也，從戈䖒聲。段〈注〉："一說謂兵械之名也，引申之爲戲豫，爲戲謔，以兵杖可玩弄也，可相鬥也。故相狎亦曰戲謔。"

〖廣瀨薰雄 2001B〗行：派遣。①

①轉引自陳偉主編：《楚地出土戰國簡冊[十四種]》，32 頁，北京，經濟科學出版社，2009。

〖劉信芳 2003〗“受期”簡多作“逕”，讀爲“詳”。行、詳音近義通，“詳爲審案，已如前述。《禮記·樂記》：“使之行商容而復其位。”鄭玄〈注〉：“行猶視也。”《呂氏春秋·季夏紀》：“入山行木”，高誘〈注〉：“行，察也，視山木禁民不得斬伐。”是簡文“逕”、“行”並爲“詳”之假。（63頁）

〖吳良寶 2004〗《包山》第61號簡文的“昜廏尹郙”又見於簡189，“昜”應是地名，“代昜”不可能省稱爲“昜”；整理者將“代昜廏”解釋爲“管理馬匹的機構”（第44頁，注釋[104]），顯然也是錯誤的。這句話中的“代”應解釋爲“替代”之意。

〖十四種 2009〗簡文“之人”後例接人名，戠戟亦當如此看。（32頁）

按：189號簡“昜（陽）廏尹郙之人黃欿”、“昜（陽）廏尹之人黃欿”應即本簡中的“昜（陽）廏尹郙”，將“代昜”視爲地名的意見不正確，簡文之意待考。

九月壬戌之日，⿰㦰阝（咸）郢[1]司悳（德）[2]�（秀）鄸（陽）受旮（幾），亯=（十月）辛巳之日，不逕（將）安陜（陸）[3]之下隓（隋）里人屈犬、少宮㙷（唐）申㠯（以）廷，陞門又（有）敗。疋膢（膢-獲）。〖062〗

集釋：

[1]⿰㦰阝（咸）郢

〖整理者 1991〗⿰⿰并戈阝，楚之別都之一。據簡文，⿰⿰并戈阝郢司悳管理的地域有安陸，或許⿰⿰并戈阝郢可能在安陸不遠之處。（44頁）

〖何浩、劉彬徽 1991〗《說文》無⿰⿰并戈阝字，但有郱字。⿰⿰并戈阝字原從并從戈從邑。省戈爲郱，當是秦漢以來的寫法。…簡62記有“安陸”，郱郢當與此安陸同地，或者是相距甚近。…西漢末，在今湖北京山、安陸、隨縣三縣交界處有一平林，該處現緊鄰安陸西境，屬京山縣，稱爲平垻。平，耕部并紐。郱、平二字疊韻旁紐，可通假。按簡62所記，郱邑當即西漢時的平林。

〖黃錫全 1992〗此字如果不從戈，釋其爲郱是可以的，…但這個字所從的㦰是一個整體，爲會意字，見於甲骨文作从、从等（《甲骨文編》12.16）。簡文祇是从旁从下多了一横，…簡16皆作[illegible]，273作[illegible]，是其佐證。故㦰應釋㦰，《說文》字正篆作㦰，“絕也。一曰田器。從从持戈。古文讀若咸，讀若《詩》云‘攕攕女手’”。“⿰㦰阝郢”爲楚又一地名，確切地點待考。

〖楚文字編 1997〗⿰并戈。（318頁）

〖劉信芳 1999E〗“⿰⿰并戈阝”又作“⿰并戈”，字從“并”聲，讀爲“競”。…簡62記載安陸在“⿰⿰并戈阝郢”轄區內，而竟陵、安陸相去未遠，於地望亦大致相合。竟陵爲戰國時楚的通都大邑，且此地古代曾出土編鐘，自非一般城邑可比。包簡所記楚縣以上地名一百四十餘，許多地名爲新出，而屢見於史書之“竟陵”則不見記載，從概率上說可能性不大，據上述數端，可以斷言㦰郢在竟陵。

〖黃錫全 2008〗“㦰郢”可能讀爲“軫郢”，《左傳》桓公十一年：“楚屈瑕將盟貳、軫。”軫地約在今湖北應城縣境内。楚滅軫以後以此作爲陪都或楚王駐蹕之地以控制漢東局勢。

按:清華楚簡《楚居》3 號簡有：“妣𢽴（列）賓于天，晉（巫）[illegible]賅（該）亓（其）髗（脅）以楚”，整理者將[illegible]釋“戕”，讀爲“并”，但同時指出此字或釋爲“㦰”讀爲“緘”。[①]而復旦大學讀書會則認爲此字當以釋“㦰”爲是，簡文“晉㦰”當讀爲“巫咸”，文獻中“巫某”常見，如巫彭、巫抵、巫陽、巫履、巫凡、巫相等，而少有徑稱“巫”者。“巫咸”見於楚地文獻。《楚辭·離騷》“巫咸將夕降兮”，洪興祖《補注》：“巫咸，古神巫也。當殷中宗之世”。[②]《皇門》6 號簡有“[illegible]祀天神”之語，今本作“咸祀天神”，[illegible]恰與“咸”對應。包山楚簡之字可釋爲“㦰（咸）”，從“邑”之字可釋爲“邺（咸）”，簡文“邺郢”地望待考。

[2]司悳（德）

〖整理者 1991〗司悳，楚職官名，職掌不詳。（44 頁）

〖劉釗 1992A〗“悳”從“直”聲，乃“德”之初文。“司悳”應讀爲“司直”。“司直”見於《詩經·鄭風·羔裘》，乃主持直道的官吏。

〖何琳儀 1993A〗應讀“司直”，法官。

〖黃盛璋 1994〗按“”即“直”字繁文，不是“德”，云夢秦簡《語書》：“令丞以不直志誌，千里使有籍書之，以爲惡吏”，“不直”是秦漢法律用語，作爲專門法律名詞則是一種罪名，…“不直”本義就是不公正，但獄吏如果斷獄不公正就是犯罪，因而作爲一種罪名訟處，且比較重。據此司直應是獄吏，職掌斷獄，司直的意思就是主掌斷獄公正，和司敗一樣都是獄吏或法官。

〖陳穎飛 2009〗可能僅“某郢”的司法官設爲“司直”，而縣所轄同類官爲“司敗”。（179 頁）

按:上博楚簡中[illegible]多讀爲典籍中的“德”，[③]本簡之字讀爲“德”爲宜。

[3]安陝（陸）

①李學勤主編：《清華大學藏戰國竹簡（壹）》，184 頁，上海，中西書局，2010。

②復旦大學讀書會：《清華簡〈楚居〉研讀札記》，復旦大學出土文獻與古文字研究中心網，2011 年 1 月 5 日。

③李守奎主編：《上海博物館藏戰國楚竹書（一～五）》，482 頁，北京，作家出版社，2007。

〖整理者 1991〗 陕，陸字。安陸，古地名，今湖北安陸縣。戰國時就已稱安陸。睡虎地秦墓竹簡中也記有安陸，至秦，仍稱安陸。（44 頁）

〖顏世鉉 1997〗 秦、漢“安陸”之地望，所見約有三種：1. 傳統的看法認爲在今湖北安陸市附近。臧勵龢編《中國古今地名大辭典》“安陸縣”條說：“安陸縣，本春秋鄖國，漢置安陸縣，故城在今湖北安陸縣北，何時徙今治，舊《志》皆不詳。”《中華人民共和國地名詞典·湖北省》“安陸市”條說：“周鄖國地。秦置安陸縣，……或云以地勢高平，少水患爲名。”石泉主編的《楚國歷史文化辭典》“安陸”條說：“秦、漢有安陸縣，故城在今湖北安陸縣城關。楚安陸應是其前身。”2. 認爲在今湖北省雲夢縣附近。譚其驤說：“據 1975 年雲夢睡虎地秦墓出土秦簡《大事記》，并經湖北省博物館調查，可以確定今雲夢縣城東北郊的楚王城廢址，即漢晉安陸縣故城。”黃盛璋也認爲今雲夢睡虎地秦墓所在的雲夢古城即秦漢之安陸縣。3. 認爲“在今湖北隨州市東淅河店附近，古遼（漻）水〖今漂水〗入溳處以東，所統地域當包括今隨州東境、安陸市和應城縣的部分地區。”此說以石泉爲代表。從雲夢睡虎地秦簡出土的地點及其出土文物所載有安陸地名的內容來看，以黃盛璋、譚其驤的說法爲是，因此，本文定包山楚簡的“安陸”在今湖北雲夢縣附近。（127 頁）

〖何琳儀 1998A〗 “安陸(或作邩)，地名。見《漢書·地理志》江夏郡。在今湖北安陸南。”（964 頁）

〖劉信芳 2003〗 簡 181 作“安邩”，戰國時楚郦郢（竟陵）之屬縣。…其地在今湖北安陸。（65 頁）

〖陳穎飛 2009〗 據安陸的職官由𢦏郢司直受期，疑安陸爲𢦏郢所轄。（137 頁）

按：本簡之“安陕”、181 號簡之“安邩”均應讀爲“安陸”，地望在今湖北雲夢縣附近。

肯＝（十月）乙亥之日，郕（越）異之司敗番飳受旮（幾），戊寅之日，不逕（將）郕（越）異之大帀（師）郕（越）貨（債）〖𠮷（以）廷，陞門又（有）敗〗[1]。疋嵲[2]。〖064〗

集釋：

[1] 〖𠮷（以）廷，陞門又（有）敗〗

〖整理者 1991〗 據簡 45、51 此簡脫“以廷，阩門又敗”。（44 頁）

〖張伯元 2012C〗 簡 64 無“阩門有敗”四字，是謂奪字，也可能擬結案，無須再受期。

[2] 疋嵲

〖整理者 1991〗 敳。（21 頁）

〖陳偉 1996A〗㙥。(214 頁)

〖楚文字編 1997〗㟪。(442 頁)

𠕱=（十月）戊寅之日，周賫（賜）之夫=（大夫）𨺁（唐）義[1]受旮（幾），己丑之日不遲（將）𤇯（胡）㞐𡍸（夷）[2]、𤇯（胡）膢（膢-獲）𠂤（以）廷，陞門又（有）敗。王婁逯[3]。〖065〗

集釋：

[1]周賫（賜）之夫=（大夫）𨺁（唐）義

〖整理者 1991〗周賜。(21 頁)

〖陳偉 1996A〗周賜。(214 頁)

〖劉信芳 2003〗簡 163 作“周惕”。是有私官“大夫”的楚國貴族。簡 81 記周賜訟郊之兵甲執事人宫司馬景丁，又周賜屬下之人“𤇯弡𡍸”，簡 171 記爲“郊人𤇯弡𡍸”，則可推知周賜之封地在“郊”。(66 頁)

[2]𤇯（胡）㞐𡍸（夷）

〖整理者 1991〗𤇯彶𡍸。(21 頁)

按：整理者釋“𤇯彶𡍸”錯誤，應爲“𤇯㞐𡍸”，“㞐”參 80 號簡集釋。

[3]王婁逯

〖劉釗 1992A〗按“王婁”爲人名，“逯”應讀作“録”。録，記也。“王婁逯”謂“王婁記録之”。

〖黄盛璋 1994〗記録都稱“識之”，也有稱“逯”或“録識”，“逯”即記録之“録”

〖巫雪如 1996〗包山楚簡中以王爲氏的有 2 人，………二爲王婁，簡 48、69 作“王婁”，簡 65、74 作“王婁逯”………“王婁逯”當爲人名，即“王”爲氏，“婁”與“逯”爲一字一名。(31-32 頁)

〖十四種 2009〗王婁另見於 48、69 號簡，74 號簡在“婁”、“逯”二字下均加有點狀標記，逯恐亦是人名。(33 頁)

𠕱=（十月）戊寅之日，郊（鄢）正婁𨛫（蔡）玄[1]受旮（幾），壬唇（辰）之日，不遲（將）登（鄧）𢼸[2]之子𡚬𠂤（以）廷，陞門又（有）敗。秀義。〖066〗

集釋：

[1]𨛫（蔡）玄

〖整理者 1991〗鄰（蔡）串。(21 頁)

〖陳煒湛 1994〗按 67 簡有丝（兹），此爲其半而從兩點，則爲玄字。

〖張富海 2003〗諦審圖版，可以發現，其字中部的豎筆雖然看起來上下相連，但實際上是分作兩筆寫的；跟上舉郭店簡《老子甲》可以確定的“玄”字相比較，包山簡的這個字也應該是“玄”字。

[2]登（鄧）𩫖

〖整理者 1991〗𡜵。（21 頁）

〖何琳儀 1998A〗𩫖，從安，告聲。疑𡜵之繁文。（171 頁）

〖劉信芳 2003〗𡜵，簡 171 有人名“登佶”，疑是同一人。（67 頁）

按:應釋爲“𩫖”，“𩫖”所從之“告”與 16 號簡“佶”字以及 125、150 號簡“酷”字等所從之“告”有別。陳劍已指出古文字中“造”字所從偏旁“告”與真正“告”字的區別，即：“造”字所從基本上聲符上半的中豎常向左屈頭，“告”字中豎皆爲直頭。“造”字所從基本上聲符上半的中豎也有作直頭的，但中豎上大多所從的是小點，偶爾有變作短橫的，而“告”字中間所從橫劃雖或短或長，但從來沒有寫作小點的。並且，真正的“告”字沒有寫作“造”形的，楚簡中用作“控告”、“告訴”一類意思的“告”字，還沒有發現一例是寫作中豎頭部向左斜折的。①

肓= （十月）戊寅之日，緣（終）邮[1]大宫屈㐌、大佯尹[2]頣（夏）句（后）浩[3]受旮（幾），負（爨）月辛未之日，不軞丝虘（且）逯（歸）亓（其）田㠯（以）至（致）命[4]，陞門又（有）敗。剀（列）紻。〖067〗

集釋：

[1]緣（終）邮

〖整理者 1991〗郘郚。（21 頁）

〖白於藍 1995B〗此字左旁從邑，故字當釋爲“邮”。

〖陳偉 1996A〗郘邮。（214 頁）

〖楚文字編 1997〗緣。（323 頁）

〖顏世鉉 1997〗“郘邮”或可作“終淯”、“中淯”，疑與淯水（今白河）有關之地名。（283 頁）

〖何琳儀 1998A〗郘郚。（270 頁）

〖劉信芳 2003〗郘邮，又見簡 186。楚地有地名“鍾吾”（《左傳》昭公二十七年），未知即此“郘邮”否。（67 頁）

①陳劍：《釋造》，《出土文獻與古文字研究》第一輯，55-100 頁，上海，復旦大學出版社，2006。

〖十四種 2009〗楚簡中“由”、“古”二字尚難區別，待考。（84 頁）

按:從“終”，應隸定爲“郷”。古文字“古”、“由”易混，楚簡中“古”多作，清華楚簡《皇門》9 號簡“由”字作，與本簡字所從相同，故宜釋爲“邮”。

[2]大佯尹

〖整理者 1991〗伲。（21 頁）

〖劉釗 1992A〗“大佯尹”疑讀爲“大邦尹”。

〖劉信芳 2003〗“佯”讀爲“封”，…楚職官有“封人”。（67 頁）

[3]頣（夏）句（后）浩

〖整理者 1991〗頣（夏）句浩。（21 頁）

〖巫雪如 1996〗夏后氏，《元和姓纂》云:“《史記》:‘禹爲夏后。因氏焉。’”又有夏侯氏，云:“夏后之後，至朱婁公，封爲杞侯，至簡公，爲楚惠所滅，弟他奔魯，魯悼公疑他夏後，授爵爲侯，因氏焉。後去魯之沛，居譙，遂爲郡人。”侯通后，包山楚簡后土作矦土（簡 213），可證，因此，夏侯氏或與夏后氏同。…“句”在楚系文字中多爲“后”之假借，因此，夏句浩當讀爲夏后浩，乃以夏后（夏侯）爲氏者。（146 頁）

〖許全勝 1997〗包山楚簡“矦（侯）土”皆應讀爲“后土”，可證夏句當是複姓，可讀爲夏后或夏侯。（2 頁）

〖陳斯鵬 2008〗“夏句”複姓，應讀爲“夏后”，當源於是夏后氏。所以，可以認爲這裏的“句”是表示君后之{后}的。

[4]不軋丝虘（且）遈（歸）亓（其）田㠯（以）至（致）命

〖整理者 1991〗不軋丝觑遈（歸）其田以至（致）命。（21 頁）

〖劉釗 1992A〗按字應讀作“茲”。茲，此也。

〖曾憲通 1993〗且之作“虘”，楚系文字所習見。《汗簡・且部》引王庶子碑“且”正作“虘”。

〖李運富 1997B〗今按，讀作艸“茲”是，訓爲“此”則疑非；且“丝”何以能讀爲艸“茲”字，應說明原委。其實，丝、茲、絲原本爲一字之異寫…包山簡中的“丝”正當讀從艸之“茲”，用爲姓氏。…《通志・氏族略四》:“茲氏，姬姓，魯桓公之孫公孫茲之後。”（135-136 頁）

〖劉金華 2001〗這一因歸田不歸田而引起的訴訟反映了楚國存在土地轉借現象，土地轉借是土地交易的主要形式之一，也是所有權中最重要的處置權的具體表現，這一現象說明原告對其出借的土地具有完整所有權。

〖劉信芳 2003〗①讀爲“範”,《爾雅·釋詁》:“範,常也。”謂常法也。(68 頁)②人名,“丝”作爲姓氏,應讀爲“欒”,有如簡 89“丝”爲“孌”之省形。該句謂:不依法使丝虘歸還其田並向左尹官署復命。(68 頁)

〖十四種 2009〗範有規範、約束義。又,或是范姓之范,連“茲”爲人姓名。在這種情況下,“不”字後應有脫文。(34 頁)

按:《十四種》認爲“範茲”爲人名,“不”字後有脫文,這種可能性存在。但也有可能“丝”爲單稱其名,“其”指代“丝”,而“範”作爲動詞。

肻=(十月)辛巳之日,鄗(鄗)君[1]之耆(故)州[2]加公周適[3]受旮(幾),酉(丙)戌之日,不遅(將)競(景)凾(酉)[4]之司敗郙愈(愴)[5]目(以)廷,陞門又(有)敗。羅壽。〖068〗

集釋:

[1]鄗(鄗)君

〖整理者 1991〗鄗君。(21 頁)

〖何浩 1991〗楚幣有“鄗爰”。《古幣三談》一文認爲,鑄此幣之鄗即今禹縣之櫟。此櫟鑄造貨幣,說明原“鄭別都”地入楚後經濟仍很發達。對於備受楚王寵幸的楚國貴族來說,這裏勢必會成爲他們追求封邑的理想地區。這裏作爲封邑的可能性,顯然要比東櫟與酈要大一些。當然,如該字不應釋爲“鄗”,其地望自必也另當別論了?

〖賈連敏 1992〗此字不從“高”,從“邑”,“髙”聲。“髙”字上從“辛”與斱尊“髙”字同。“髙”可讀爲“赞”,“鄗”即“酇”,楚地名。簡文中的“酇君”即封於“酇”的楚封君。酇,《說文》:“從邑,贊聲,南陽有酇縣。”該地春秋以來屬楚,秦置酇縣,屬南陽郡。漢因之,宋、齊亦稱爲酇縣,後周并入陰城。《漢書·地理志》沛郡下亦有一酇縣,在今河南永城縣。但此酇音“嵯”,本名“鄌”,見於《說文》。與南陽之“酇”不同。簡文之“鄗”讀音與“贊”同,其地與包山楚簡、曾侯乙墓竹簡中的“酇”爲南陽之“酇”無疑。近年河南省文物考古研究所在南陽淅川亦發現有關“酇”的新材料,更進一步印證了“酇”之地望在南陽。

〖徐少華 1996D〗我們認爲,此當是楚境內另一處櫟邑,《左傳》昭公四年(前 538 年)載楚靈王大會諸侯於申以伐吳、克朱方、執慶封而滅其族,然後回師滅賴;是年冬,吳伐楚以示報復,“入棘、櫟、痲”。杜預注:“棘、櫟、痲皆楚東鄙邑。譙國酇縣東北有棘亭,汝陰新蔡縣東北有櫟亭。”《水經·汝水注》(卷 21)載:“……汝水又東,逕櫟亭北,《春秋》之棘、櫟也,……今城在新蔡故城西北,城北半淪水。汝水又東南,逕新蔡縣故城南。”《大清一統志》卷 216，汝寧府古跡“櫟城”條曰：“在新蔡縣北二十里”。此櫟城（或亭）位於淮北不遠，正在簡文所載的正陽、鄗陵之間，距鄝地亦不遠，即戰國楚之“鄗”邑所在。

〖楚文字編 1997〗鄗。（323 頁）

〖顏世鉉 1997〗賈連敏將釋作鄭，定其地望在今湖北光化縣的南陽郡之鄭，是可取的。而鄗陽君之地望，則在今河南永城市之沛郡之鄭附近。（90 頁）

〖何琳儀 1998A〗鄗，讀酈，地名。即《漢書・地理志》南陽郡“酈縣”。在今河南南陽北。（764 頁）

〖劉信芳 2003〗鄗，字又見簡 143，…其地在今湖北光化縣之北。（68 頁）

〖吳良寶 2010〗今按，包山簡文中已另有“郯（鄭）君”，所謂“鄗”字似不可再釋讀爲“鄭”，且字形上也没有更可靠的根據（可對比已確釋的楚簡中的“瓚”字的字形）。河南禹縣說已被包山簡文所否定，只有“酈（今河南内鄉縣東北）”、“櫟（今河南新蔡縣西）”兩說較有可能。包山簡“鄗君”的封邑當不出這兩地。（98 頁）

按：楚簡中“鄗”字有兩種字形，一種作（包山 68 號簡），亦見於《曾乙》42、60 號簡，裘錫圭、李家浩原釋作“鄗（？）”，[①]後改隸作“鄗”。[②]第二種作（包山 110 號簡），包山楚簡整理者釋作“鄗”。這兩種字形，滕壬生、李守奎認爲是不同的字而分别隸定爲“鄗”與“鄗”。[③]張守中、吳良寶則將兩類字均釋作“鄗”。[④]張守中、吳良寶之說可從，甲骨文鬲像三足食器，後三足與鬲身斷裂，遂似從羊，戰國文字或在鬲上加臼，表示有兩耳可持，與三體石經《君奭》作吻合，[⑤]而是將鬲形上部改造成“辛”形。[⑥]關於“鄗”的地望，吳良寶進行了總結，有“櫟（今河南禹州市）”、“酈（今河南内鄉縣東北）”、“鬲陽（今安徽和縣西）”、“櫟（今河南新蔡縣西）”、“棘（今河南永城市南）”等說法，[⑦]具體地望待考。

[2]者（故）州

〖整理者 1991〗耆州。（21 頁）

---

①裘錫圭：《談談隨縣曾侯乙墓的文字資料》，《文物》1979（7），25-32 頁。

②裘錫圭、李家浩：《曾侯乙墓竹簡釋文與考釋》，《曾侯乙墓》附錄一，北京，文物出版社，1989。

③滕壬生：《楚系簡帛文字編》，553、555 頁，武漢，湖北教育出版社，1995。李守奎：《楚文字編》，317、323 頁，吉林大學博士學位論文，1997。

④張守中：《包山楚簡文字編》，108 頁，北京，文物出版社，1996。吳良寶：《戰國楚簡地名輯證》，97 頁，武漢，武漢大學出版社，2010。

⑤何琳儀：《戰國古文字典》，763 頁，北京，中華書局，1998。

⑥吳良寶：《戰國楚簡地名輯證》，97 頁，武漢，武漢大學出版社，2010。

⑦吳良寶：《戰國楚簡地名輯證》，97 頁，武漢，武漢大學出版社，2010。

〖陳偉 1996A〗180 號簡有“尚君新州”，“耆”指老，正與新相對。耆州、新州的稱述，使人想到這種俸邑一般一人一處，但有的可多至二處。（92 頁）

〖楚文字編 1997〗耆。（413 頁）

〖何琳儀 1998A〗耉，從老，古聲。（472 頁）

〖楚文字編 2003〗耆。（515 頁）[①]

〖高佑仁 2008〗雖然《說文》中有“耂”字，但是包山簡字形“耂”旁下半偏旁與“占”有很大的差別，因此釋作“耂”不恰當。

按: 非“耆”字，從“老”省形，可隸定爲“耂”，讀爲“故”，意義與“新”相對。與此字形相關的字，還有郾客銅量，《鮑叔牙與隰朋之諫》3 號簡、左冢楚墓漆梮、等字，這些字有釋“耂”、“耆”、“杏”等不同的意見。[②]、釋爲“耂”可從，而與“”十分相似之字見於包山 95 號簡，字形作，其筆畫從“木”，而非從彎筆的“老”省，“”所從介於“木”與“老”省之間，因此釋讀還需謹慎。

[3]加公周逌

〖整理者 1991〗徛。（21 頁）

〖張守中 1996〗逌。（27 頁）

〖何琳儀 1998A〗①加，地名。（841 頁）②逌，從辵，奇聲。隮之異文。《字彙補》“逌，同隮”。（851 頁）

〖白於藍 1999〗即《說文》徛字。偏旁彳、辵可通用。

[4]競（景）肉（酉）

〖何琳儀 1998A〗“競酉”，地名。（645 頁）

按:“競酉”應爲人名。

[5]郙愈（愴）

〖整理者 1991〗鄭，卜筮祭禱簡中“賽”字寫作，其上部與簡文相似。（44 頁）

〖巫雪如 1996〗字當隸作“郏”，即“鄴”。…是春秋時期的塞地當在今湖北枝江附近。簡文中之鄴氏當即以此塞地爲氏者。（154 頁）

〖張守中 1996〗鄭。（109 頁）

〖劉信芳 2003〗該字未詳，暫隸定。又見 78、163、174，頗疑是“郮”字訛形，參簡 165“郮”字。（68 頁）

---

①博士學位論文從整理者意見，釋爲“耆”，見 413 頁。

②相關考釋意參見李天虹：《楚文字雜談二則》，《楚文化研究論集》第十集，134-138 頁，武漢，湖北美術出版社，2011。劉波：《釋楚郾客銅量中的“故”字》，《江漢考古》，2012（1），107-110 接 99 頁。

〖李守奎 2010B〗包山 68 號簡“郱倉”與 19 號簡的“郱倉”可能是同一人的異寫，“郱”字的基本聲符當是“弄”，該字又見於 78 號簡郱思、163 號簡郱佊等，說是郱氏異寫，大致不誤。

按:68 號簡“倉”受几者爲鄗君之故州加公，而 19 號簡“郱倉”的受几者是鄢地正婁，二者爲同一人的可能性不大，所以否爲郱氏異寫，還需探討。李守奎還認爲與(130 號簡)、(221 號簡）爲同一姓氏，參 130 號簡集釋。

肙=（十月）辛巳之日，大廄（廏）馯（馭）司敗雩（雩）虘（且）[1]受几（幾），己丑之日，不遲（將）廄（廏）馯（馭）墜（陳）旵（已）[2]昌（以）廷，陞門又（有）敗。王婁。〖069〗

集釋：

[1]大廄（廏）馯（馭）司敗

〖整理者 1991〗大廄即大廐，管理馬匹的機構。(44 頁）

〖楚國歷史文化辭典 1996〗大廐爲當時楚王宮管理馬匹的機構，大廐馭即爲其御者。(17 頁）

〖陳穎飛 2009〗大廐御爲大廐屬官。(135 頁）

[2]陳旵（已）

〖整理者 1991〗疑爲曩字。(44 頁)。(按：字表又隸定爲“旵”，見圖版一二七）

〖李運富 1997B〗今按，字當釋爲“曩”…包山簡“其”字都借“丌”爲之，故“曩”字之形亦當寫作“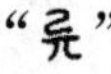”，從己聲。但書寫求簡，構件“己”之下横劃與構件“丌”之上横劃合筆，於是寫成了“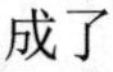”。(132 頁）

〖何琳儀 1998A〗异，從丌，己爲疊加音符（借用一横）。(26 頁）

〖劉信芳 2003〗旵，《說文》:“曩，長踞也，從己，其聲，讀若杞”，長踞謂坐時其姿勢如箕，即所謂箕踞。疑“旵”是“曩”之省形。(69 頁）

〖十四種 2009〗此形在郭店簡《緇衣》11 號簡、《尊德義》5 號簡、上博簡《從政》甲 18 號簡中，用作“已”。(34 頁）

肙=（十月）己丑之日，筀（匡）[1]敔公萿（若）䧺（雄）[2]受几（幾），乙未之日不遲（將）繇（繇-由）發[3]昌（以）廷，陞門又（有）敗。疋膤（旌）。〖070〗

集釋：

[1]筀（匡）

〖整理者 1991〗筀。(21 頁）

〖張守中 1996〗筀。(69 頁)

〖白於藍 1999〗即匿(匡)字。《說文》匿之或體作"筐",亦從竹生聲。(從林澐師說)

〖劉信芳 2003〗字從竹,㞷聲,應即"筐"字。《說文》"匡"或作"筐"。匡本鄭地,在今河南扶溝西。(69 頁)

按:"筀"與 190 號簡之"篁"似爲一地,可讀爲"匡"。

[2]菪(若)鴆(雄)

〖黃錫全 1992〗鹹。

〖巫雪如 1996〗若即鄀,…據《左傳·定公六年》楚"遷郢於鄀"之文,可知此時楚已滅鄀爲邑。包山楚簡之若氏即此鄀國之後。(86-87 頁)

〖李零 1999B〗從厷不從或,非"鹹"字。

〖劉信芳 2003〗原簡字從"鳥"作,郭店《語叢四》14、16、26 之"雄"字皆如是作。(69 頁)

[3]繇(繇-由)發

〖整理者 1991〗繇若。(21 頁)

〖袁國華 1994A〗即"發"字應無疑問。

〖巫雪如 1996〗《潛夫論·姓氏略四》云偃姓之後有謠氏,《後漢書·郅惲傳》有西域督郵繇延,章懷注:"繇姓,咎繇之後。"《姓氏尋源》於謠氏條下云謠即繇子,"孫愐引《詩》云:'我歌且繇',是謠姓即繇姓也。王符蓋以謠姓出咎繇之後。"按,諸字書以繇(繇)氏爲咎繇之後,蓋亦臆測之說。包山楚簡中繇除用作姓氏外,亦爲地名,…簡文中之繇氏可能是以地名爲氏者。(172 頁)

〖楚文字編 1997〗①嫈。(72 頁)②繇。(554 頁)

〖許全勝 1997〗繇氏當即陶氏。《姓纂》陶氏:"陶唐氏之後,因氏焉。虞思爲周陶正,亦爲陶氏。"(35 頁)

〖何琳儀 1998A〗從言,豚聲。䍃之繁文。…姓氏,讀鼬。《山海經·大荒南經》"有鼬姓之國"。(220 頁)

〖十四種 2009〗楚簡中繇多用爲"由",如上博竹書《弟子問》17 號簡、《季康子問於孔子》13 號簡。《通志·氏族略》"由氏"云:"楚王孫由於,亦爲由氏。"(34 頁)

肻=(十月)己丑之日,审(中)昜(陽)司敗黃readonly(勇)[1]受𠭁(幾),𩱟(爨)月辛亥之日,不逕(將)审(中)昜(陽)之仔門人[2]軏(範)慶[3]㠯(以)廷,陞門又(有)敗。宵逆。〖071〗

集釋：

[1]黃甬（勇）

〖湯餘惠 1992〗簡文甬字從戈甬聲，爲勇字別體。

〖楚文字編 1997〗《玉篇•戈部》：甬，古勇字。（543 頁）

〖何琳儀 1998A〗甬，從戈，甬聲。勇之異體。（425 頁）

[2]仔門人

〖何琳儀 1993A〗“仔”又見“审易之仔門人軺慶”71，爲地名。

〖劉信芳 2003〗簡 87 記“軺慶”因收受逃官（倌）而被起訴，與本簡所記爲同一案例。（71 頁）

〖十四種 2009〗江陵磚瓦廠 307 號墓竹簡有“仔門之里”，與此簡“仔門”或即一事。（35 頁）

[3]軺（範）慶

〖劉釗 1992A〗按簡 71“軺”字用爲姓氏字，應讀作範姓之“範”，或范姓之“范”。

〖巫雪如 1996〗然春秋時楚有范山，見《左傳・文公九年》，楊伯峻《春秋左傳注》云：“范山，楚大夫。范，楚邑。十年《經》有范巫矞似，《杜注》‘矞似，范邑之巫’可證。則范山蓋以邑爲氏。”是楚亦自有范氏，乃以楚之范邑爲氏者。包山楚簡之范氏或即其後。（88 頁）

〖張守中 1996〗軺。（215 頁）

〖楚文字編 1997〗範。說文範從笵省聲。範從氾聲，氾從㔾聲。軺從車聲，㔾聲。即楚之範字。（641 頁）

〖白於藍 1999〗右旁所從乃㔾字，應釋爲範。…此字在包山簡中用爲姓氏字。古有範姓。《正字通》：“範，姓。漢範依，宋範昱。”

〖何琳儀 1998A〗軺，讀范，姓氏。…帝堯劉累之後，在周爲唐杜氏，周宣王滅杜，杜伯之子溫叔齊奔晉爲士師，曾孫士會，食采於范，遂爲范氏。（1402 頁）

亯=（十月）壬脣（辰）之日，大臧（臧）[1]之州人盜（盜）聃[2]受旮（幾），負（爨）月辛丑之日，不詎（屬）人於邾豫[3]，陞門又（有）敗。宵裹[3]。〖072〗

集釋：

[1]大臧（臧）

〖陳偉 1996A〗《周禮・春官・宰夫》：“五曰府，掌官契以治藏”，鄭玄注：“治藏，藏文書及器物。”《史記・老子列傳》：“周守藏室之史也”，《索隱》云：“藏室史，周藏書室之史也。”簡文“大臧”、“少臧”，或許是掌管這些收藏的官員。（93 頁）

〖楚國歷史文化辭典 1996〗從文義分析，可能爲財政物資儲藏管理之官。（17 頁）

〖劉信芳 2003〗“臧”讀爲“藏”，大藏、少藏疑即大府、少府之職官。《周禮・天官・大府》：“頒其貨於受藏之府。”大藏、少藏身份不低，均有自己的食邑（私州）。（71 頁）

[2]寍（寍）耼

〖整理者 1991〗寍。（21 頁）

〖黃錫全 1992〗耼（聯）。

〖滕壬生 1995〗聯。（848 頁）

〖巫雪如 1996〗寍，今作寧，…是寧、甯古字通，簡文中之寍氏或即《左傳》中所見之甯氏。…包山楚簡中之甯氏可能來自衛或晉（129-130 頁）

〖何琳儀 1998A〗①寍，讀寧，姓氏。…衛武公之後。見《姓氏急就篇注》。（813 頁）②耼，從耳，中聲。…又疑爲聑之省文。（273 頁）

〖李零 1999B〗字本作“聑”。

〖劉信芳 2003〗耼，“聑”之省形，“聑”見簡 265，字讀爲“貫”。以“聑”爲人名，或取其穿耳之義。（71 頁）

〖蕭毅 2010〗字從“串”，省略後從“中”形。（31 頁）

[3]郐豫

〖整理者 1991〗郐。（21 頁）

〖白於藍 1999〗“”（72），右旁所從乃余字。

〖劉信芳 2003〗郐：楚有“賨”氏。（71 頁）

〖李守奎 2010B〗包山 72 號簡字所從的聲旁釋爲“余”顯然更合理。

按:參 84 號簡“郐”字集釋。

[4]宵裹

〖整理者 1991〗被，從衣從皮省。（44 頁）

〖何琳儀 1993A〗應釋“裹”。

〖林清源 1997〗包山簡人名“宵禡”的“禡”字，既作“”形（簡 72），有時又增添“心”旁作“”形（簡 119 反）。（94 頁）

肙=（十月）壬唇（辰）之日，仿勄（令）[1]臤（堅）受旮（幾），㚆（爨）月辛亥之日，不量馶（馹）奉（俸）[2]，陞門又（有）敗。〖073〗

集釋：

[1]仿勄（令）

〖徐少華 1996A〗仿勄，爲楚仿地縣令，仿地爲古房國故地。…房，古房國在今河南遂平縣城一帶。

〖文炳淳 1997〗“職方氏”長天下圖籍、山林川澤之名及四方職貢。可能與簡文中“仿”類職官相似。（85 頁）

〖劉信芳 2003〗職官名。從簡文内容分析，應是徵收貢賦的職官，簡 100 有“走仿”，182 省稱爲“仿”，皆是徵稅官的屬官。（72 頁）

[2]不量馶（馹）奉（俸）

〖劉信芳 1996B〗《廣雅・釋詁》：“奉，祿也。”，“不量馶奉”即不支付飼養驛馬的所需費用。“量馶奉”是受期時形成的裁決，到約定的次月“辛亥之日”未能執行裁決，被認爲是敗壞法庭。這與後世的“藐視公堂”非常相似。

〖劉信芳 2003〗《廣雅・釋詁》：“奉，貢獻也。”“不量馶奉”，未將“馶”之供奉量入官府。（72 頁）

〖陳穎飛 2009〗馹奉疑爲馬尹屬官。（125 頁）

〖十四種 2009〗或當讀爲“俸”，指俸祿。（35 頁）

〖王寧 2011B〗“不量牧奉”（73 簡）意思不計量各地官員的供奉；當然“奉”也可能是“俸”，“牧奉（俸）”是指地方官員的俸祿。

肙=（十月）癸巳之日，辻大勄（令）珊[1]之州加公周逿（畢）[2]、里公周默受旮（幾），乙未之日，不遅（將）辻御衛嘉[3]㠯（以）廷，陞門又（有）敗。王㝅逯。〖074〗

集釋：

[1]珊

〖整理者 1991〗珊。（21 頁）

〖徐在國 1998B〗此字從“玉”“朋”聲，似是“朋”字異體。

[2]周逿（畢）

〖何琳儀 1998A〗逿，從辵，單聲。疑㣼之繁文，或䟃、蹕之異文。（1102 頁）（按：1538 頁又釋爲“遴”）

〖十四種 2009〗上博竹書《容成氏》9 號簡“畢能其事”的“畢”字同此。（35 頁）

[3]让御衛嘉

〖文炳淳 1997〗“迅𨔶”應是給“迅”御車者。（112-113 頁）

〖許全勝 1997〗按，衘即率字，率氏疑即帥氏。（30 頁）

〖劉信芳 1999F〗逯，即姓氏戚字。（按：此爲對“[illegible]”字的考釋）

〖劉信芳 2003〗御：御車者。（72 頁）

〖陳穎飛 2009〗让御爲大让尹屬官。（125 頁）

〖十四種 2009〗率，據紅外影像釋出。率可能是姓氏，也可能與“让御”連讀，爲職名。（35 頁）

肙=（十月）乙未之日，羕陵正婁郘（呂）奇受昔（幾），負（爨）月乙巳之日，不遲（將）𢼸（胡）旗[1]㠯（以）廷，陞門又（有）敗。宵逆。〖075〗

集釋：

[1]𢼸（胡）旗

〖整理者 1991〗𢼸旗。（21 頁）

〖劉釗 1992A〗按此字應釋爲“𩊚”，即“韓”字。

〖何琳儀 1993A〗又見 131，應隸定“𩊚”。

〖劉信芳 2003〗“𢼸𩊚”應讀爲“胡翰”。（73 頁）

〖十四種 2009〗此形從“水”的寫法見於上博《簡大王泊旱》1、11、12、18 諸簡，用作“旱”。（35 頁）

肙=（十月）乙未之日，噩（咢-鄂）[1]之司敗𨚕（舒）丹[2]受昔（幾），負（爨）月辛丑之日，不遲（將）周緩㠯（以）廷，陞門又（有）敗。邭（旦）塙。〖076〗

集釋：

[1]噩（咢-鄂）

〖整理者 1991〗噩，讀作鄂。鄂君，楚國封君。鄂，在今湖北鄂城境内。（44 頁）

〖何浩、劉彬徽 1991〗此鄂應爲今湖北東南部的秦、漢鄂縣。故鄂縣境内有鄂王城遺址保留至今。該遺址原屬鄂城縣，今屬大冶縣，在大冶縣城西南 58 公里處，與鄂城、咸寧、武昌三縣相鄰。…此城當即兩周時期的鄂地故址。屬西周時期的安州六器記有唐、厲、曾（隨）、噩（鄂）、漢中州等。《史記・楚世家》：“熊渠甚得江漢間民和，乃興兵伐庸、楊粵，至於鄂”，…故鄂地應在今鄂東南地區。…先秦時期，今南陽一帶先後有謝、申、武城、宛諸名，無“西鄂”之稱。《漢書・地理志》江夏郡有鄂縣，南陽郡有西鄂縣。應劭曰：“江夏有鄂，故加‘西’云。”可知“西鄂”爲後起的縣名。熊渠子鄂王所轄“在江上楚蠻之地”，鄂君子晳“乘青翰之舟”泛游江上，屈原沿江夏流亡經過“鄂渚”，全都與南陽無涉。顯然，西周以後至戰國時期的鄂，只能是秦、漢時的江夏之鄂。

〖何浩 1993A〗鄂君啓，自鄂君啓金節在安徽壽縣出土後，人們始知楚封君有鄂君啓者。荊門包山二號楚墓所出竹簡司法《文書》中，於楚懷王十二年三次提到的“鄂君”，與此鄂君啓顯是同一人。

〖顏世鉉 1997〗鄂指西鄂，其地當是指今河南南陽市北的西鄂縣故城遺址。…何浩、劉彬徽認爲包山楚簡和鄂君啓節中，鄂君的封地是“東鄂”，在今湖北省大冶縣城西南 58 公里處的鄂王城遺址。以鄂君啓節的路綫來看，鄂君之鄂在西鄂才是正確的。（99 頁）

〖何琳儀 1998A〗鄂，地名。見《漢書·地理志》南陽郡“西鄂”，注“應劭曰。江夏有鄂，故加西云。”在今河南南陽北。（514 頁）

〖劉信芳 2003〗簡 164 作“䣃君”，與鄂君啓節之“䣃君”時代相同，應是同一人。（73-74 頁）

〖谷口滿 2006〗位於漢水支流白河中游、今南陽市北的西鄂，要說是戰國楚國的鄂，仍有一些不愜。爲了表明這種不愜，筆者在另文中曾指出（按：原注《歷史》第 89 輯，[日本 東北史學會 1997 年)：1. 讀鄂君啓舟節，在解釋方面也存在這樣一種可能，即鄂不像細鄂那樣偏北，而是位於偏南的、漢水中游的某一支流。2. 器主爲鄂之統治者的西周青銅器在湞水流域幾次發現，可知西周時代湞水流域曾有鄂地的存在。也就時說，在東鄂、西鄂之外，先秦時另有鄂地，因而戰國楚國鄂的所在不必限定在東鄂、西鄂之間。3. 因此，對鄂君啓節的鄂，擬提出位於漢水中游的中鄂說。…如果從江陵出發利用水路前往位於漢水中游的鄂，七天往返的日期是合適的。受期簡的日期間隔這種同時代的史料，爲中鄂說提供了強有力的證據，是必須承認的。

〖鄭威 2009〗我們認爲，懷王時期的鄂君啓，也即見于包山楚簡的鄂君，受封時其封邑應該在西鄂，今河南南陽市以北一帶。垂沙之戰，鄂君家族喪失封邑後，可能又被重新封于今鄂州市一帶，遷邑之後的新封地仍稱鄂。鄂君子晰和鄂君啓可能爲同一人，或前者爲後者的後人。《說苑》所載的鄂君子晰所在之地可能是家族播遷後重新受封的鄂地，即今鄂州市一帶。

按：鄂君啓節中的“鄂”，主要有“東鄂說”與“西鄂說”，此外還有谷口滿提出的“中鄂說”。東鄂地望有武昌、鄂城、鄂州市西南今屬大冶縣之馬迹鄉鄂王城遺址等意見；西鄂之地望則定在今南陽市北。[①]

①各家觀點參見顏世鉉：《包山楚簡地名研究》，99 頁，臺灣大學碩士學位論文，1997。

[2]⿱余 (舒) 丹

〖整理者 1991〗⿱余，簡文作⿱余⿱曰。(44 頁)

〖劉釗 1992A〗此字應釋爲舒。"舒"字在簡文中用爲姓氏字，應讀作舒姓之"舒"。

〖何琳儀 1993A〗劉釗釋"舒"，姓氏，見《通志·氏族略·以國爲氏》。

〖巫雪如 1996〗但是在包山楚簡中以郐爲氏者卻只有一人，以⿱余爲氏者多達 18 人。這個現象可以有一個合理的解釋：即"⿱余"與"郐"實爲一字，郐字原作，而字只是將郐字左邊的旁移置於"余"字下方，又將字下方突起的筆畫收起，而寫作。…郐、余、⿱余⿱曰、⿱余、等字均可通徐，但這是就它們與其他古文字資料及文獻記載互相比對後所獲致的可能性，並不代表它們在包山楚簡的記載中及當時實際的使用中爲同一個字。事實上，這些字的不同寫法在當時的人的眼中或許仍有其別異作用，只是在今日已經很難爲它們作出細緻的區別了。(58 頁)

〖何琳儀 1998A〗舒，姓氏。舒氏，亦稱舒鳩氏，子爵，偃姓，皋陶之後也。舒子平僖三年爲徐所滅，其後復立。襄二十一年，舒鳩子爲楚所滅，子孫以國爲氏。(569 頁)

按："⿱余"即"舒"，它釋均誤。

⿱⿰⿱ (爨) 月己亥之日，長鄖 (沙) 之旦[1]䢉 (唐) 倚受屮 (幾)，甲唇 (辰) 之日，不遅 (將) 長遷 (沙) 正差 (佐)[2]郙思㠯 (以) 廷，陞門又 (有) 敗。秀免。〖078〗

集釋：

[1]長鄖 (沙) 之旦

〖整理者 1991〗長鄖 (鄖)。(21 頁)

〖黃錫全 1992〗鄖 (沙)。

〖劉信芳 2003〗楚簡之"旦"於文獻無徵，僅從簡文内容看，應是官府的屬員，屬於庶民供職於官府者，簡 32"旦塙"，簡 83"旦坪"等，並此類。(76 頁)

〖十四種 2009〗包山簡的"旦"多可看作姓氏字，有的可能還有其他用法，參看 21、23 號簡注釋。本例則應依劉氏之說看作職官名。(36 頁)

[2]正差 (佐)

〖楚國歷史文化辭典 1996〗當是各地之"正"的副貳。(92 頁)

〖日高 1998〗"正佐"應爲縣正之副。(5 頁)

之日[1]，上臨邑公臨沱[3]、下臨邑[2]臨㝵 (得) 受屮 (幾)，己未之日，不廷，陞門又 (有) 敗。疋獻[4]。〖079〗

集釋:

[1]之日

按:釋文在“之日”前加有“☐”，表示其前還有字，整理者在竹簡尺寸、契口位置登記表中也注明 79 號簡爲殘簡。但 79 號簡長度爲 64.1 釐米，與其他《受朞》簡並無太大差距，簡首“之日”前有一墨點，從圖片上看，上端並無殘缺。

[2]臨邑

〖何琳儀 1998A〗“臨邑”，地名。疑即“臨品”（臨爲“臨品”合文)。《左・文十六》“楚子乘馹，會師於臨品。”在今湖北均縣南。(1415 頁）

〖劉信芳 2003〗漢東郡有臨邑縣，然楚地似未及此。(76 頁）

[3]臨舵

〖巫雪如 1996〗包山楚簡簡 79 云:“上臨邑公臨舵、下臨邑臨得”，是楚亦有臨邑，簡文中之臨氏當係以地名爲氏者。(171 頁）

[4]疋獻

〖整理者 1991〗獻。(23 頁）

〖何琳儀 1993A〗應釋“獨”。

〖楚文字編 1997〗獻。(465 頁）

四　〈貸金〉

大司馬卲（昭）鄒（陽）敗晉帀（師）於郻（襄）陵之戢（歲）[1]，亯月，子司馬𠃊(以)王命=（命命）蘘陵公鼈[2]、宭（宜）昜（陽）[3]司馬弜（強）貣（貸）郕（越）異之黃金[4]，𠃊（以）貣（貸）鄗郷（鄗）[5]𠃊（以）糴（糴）穜（種）[6]。〖103〗王婁逯戠（職）之。㞷（匡）頣（夏）、㞷（匡）篙[7]爲李。〖103 反〗旮（幾）至屈柰（夕）之月賽金[8]。〖104〗

集釋:

[1]大司馬卲（昭）鄒（陽）敗晉帀（師）於郻（襄）陵之戢（歲）

〖整理者 1991〗大司馬卲陽敗晉師於襄陵之歲，以事紀年，首見於《鄂君啓節》。此事即《史記・楚世家》所載楚懷王六年（公元前 323 年）之事。(46 頁）

〖徐少華 1996C〗楚魏襄陵之戰地望…公元前 323 年楚昭陽伐魏，其目的是想一武力置公子高於魏，楚兵進逼魏都大梁，魏軍亦必在大梁外圍抵禦楚軍，所以楚魏交戰之襄陵當去大梁不遠。再結合楚於襄陵敗魏，取其八邑之後又移兵攻齊的史實來看，此襄陵東去齊境不遠，應位於大梁東南地帶，所以昭陽才能在打敗魏師後移兵攻齊。若將楚魏交戰之襄陵定在今山西臨汾東南，則位於黄河以北，大梁西北，距楚千里之遙，楚師遠征於此，一是與楚攻魏欲置公子高的目的不符；二是與楚敗魏後又移兵攻齊的軍行路綫不合；三是要通過韓、魏衆多關隘、城邑，翻山越嶺，北渡黄河並非易事。部分清代學者看出司馬貞此説的矛盾，認爲昭陽敗魏之襄陵不應遠至河東，而應爲清代睢州（今河南睢縣）、漢襄邑縣所在的古襄陵城，頗有見地。據《漢書・地理志》（卷28上）記載，漢代陳留郡有“襄邑”縣，顔師古注云：“圈稱云，襄邑宋地，本承匡襄陵鄉也，宋襄公所葬，故曰襄陵。秦始皇以承匡卑濕，故徙縣於襄陵，謂之襄邑，縣西三十里有承匡城。”説明漢襄邑縣治從春秋至秦代一直稱爲“襄陵”，因宋襄公陵在“城中東（北）隅”而得名，春秋時爲宋地，戰國早中期爲魏所有，《史記・魏世家》所載魏文侯。

〖何琳儀1998A〗①“晉帀”，讀“晉師”，晉國師旅。（1280頁）（按：1153頁云：“晉，國名。…或指魏國”）②“𦢊陵”，讀“襄陵”，地名。…《史記・楚世家》懷王“六年，楚使杜國昭陽將兵而攻魏，破之於襄陵。”在今河南睢縣。（691頁）

〖李守奎1998A〗由於人名、地名之“𦢊”字在傳世典籍中均寫作“襄”，所以有學者徑將“𦢊”字釋爲“襄”。…《説文》“𦢊”、“襄”有別，與古文字反映出來的事實一致。

按：“𦢊”讀爲“襄”，襄陵在今河南睢縣。

[2]蒖陵公𪓐

〖整理者1991〗𪓐，簡115作𪔀。（46頁）

〖黄錫全1992〗莝（踖？）。

〖李零1992〗上從埶字的古文，從糸，下從黽。

〖滕壬生1995〗䵷。（950頁）

〖楚文字編1997〗《玉篇•艸部》蒖同蕵。（39頁）

〖顔世鉉1997〗蒖，可能讀作選。巽、選，都是心紐元部。《左傳》文公十六年：“庸人帥群蠻以叛楚，麇人率百濮聚於選，將伐楚。”杜預注：“選，楚地。”顧棟高《春秋大事表》卷七之一：“當在荊州府枝江縣南境。”楊伯俊《春秋左傳注》：“當在今湖北枝江縣境。”包山楚簡蒖陵一地當在此一帶。（222頁）

〖何琳儀1998A〗①從艸，巽聲。蕵之異文。…“蒖陵”，讀“遷陵”，地名。…《漢書・地理志》武陵郡“遷陵”，在今湖南保靖東北。（1355頁）②䵷。（1466頁）

〖李零1999B〗①從巽不從坐。②上半左邊應是“𡏳”字（“埶”字古文）的變形。

〖劉信芳2003〗字讀爲選。《左傳》文公十六年：“麇人率百濮聚於選。”杜預〈注〉：“選，楚地。”疑蒖陵在選。（97頁）

〖吳良寶 2010〗今按,上古音“遷”在清母、元部,“選”在心母、元部,讀音很近。何說可備一說。(264 頁)

[3]宯(宜)昜(陽)

〖整理者 1991〗宜陽,《漢書・地理志》弘農郡有宜陽,王先謙云:“戰國韓地,秦武王拔之,昭襄王會魏王於此。”此宜陽未屬楚,或另有所指。(46 頁)

〖顏世鉉 1997〗宜陽在曲沃的東南方,楚懷王時,宜陽可能曾被楚所佔取。故包山楚簡宜陽可能就是原韓地宜陽,在今河南宜陽縣西 25 里的韓城鎮。(146 頁)

〖徐少華 1998〗楚之宜陽,當即文獻所載古之義陽。…關於兩漢義陽鄉、魏晉義陽縣的地望,《讀史方輿紀要》說在明清信陽州(即今河南省信陽市)西南 40 里,《大清一統志》則說在桐柏縣東。然據《水經・淮水注》(卷 30)記載,淮水在流逕兩漢復陽縣之後,“又東逕義陽縣,……又逕義陽縣故城南,義陽郡治也,世謂白茅城,其城圓而不方。……”然後又流逕漢平春縣故城北,油水從縣西南來注於淮水。兩漢復陽城,約在今河南桐柏縣西北二三十里處;漢平春縣,在今河南信陽市西北;古油水,即今源於湖北隨州市境。於河南信陽縣西境注於淮河之游河。則位於漢復陽城與平春城之間、淮河上游北岸的漢義陽鄉、魏晉義陽城,當不出今河南桐柏縣東境的固縣鄉至信陽縣西北境的秦灣及大庸墩一帶。

[4]貣郕(越)異之黃金

〖整理者 1991〗貣。(24 頁)

〖李零 1992〗貸。

〖劉信芳 1996B〗①所謂“貸”即借貸。…所謂“貸郕異之黃金……糴種”,帶有發放緊急貸款以救災的性質,“異”應理解爲災異。…“郕”讀如“越”,…越異即渡災。作爲官府名,“越異”應是楚特設的救災機構。…從“郕異”官府實施貸金的程序看,是由楚王親自下令,“子司馬”(依文例應理解爲大司馬)、令尹、大師等國家重臣親自主持,指定由某地貸金多少,規定償還日期,並由左尹官府的屬員分別記錄在案。說明此次貸金是當時楚國的重大經濟舉措,若非受貸各地遭受嚴重飢荒,諒非及此。

〖羅俊揚 1997〗“越異金”同“朱提銀”、“丹陽銅”一樣,是以產地定名的品質標準名稱。

〖劉信芳 2003〗①段注:“求人施人,古無貣、貸之分。(98 頁)②楚官府名。…帶有發放緊急貸款以救災的性質。若僅據此而言,“異”應指災異,…“郕”讀爲“越”,越異即渡災。作爲官府名,越異應是楚特設的救災機構。(98 頁)

〖十四種 2009〗此句如字讀,指“借入”。(49 頁)

〖張伯元 2012A〗我們認爲:越異,是與封禪祭神相類的機構,也設有錢庫。…“越異”

二字可能是“雩祀”的異讀。雩祀，即雩祭，也稱旱祭，祈雨的祭祀，目的是“以祈穀實”。…“越異”不只是個祭祀名稱，而且逐漸成爲組織雩祀活動的機構。當然，它同様要擔當起封禪的祭天地之神的重任，因此，我們在上文中所說“越異之金”可能是與封禪祭神相類的機構，這也是理由之一。實際上，很可能封禪祭天地之神與雩祀活動合而爲一，成了楚人稱之爲“越異”的機構。如上所述，貣金的目的是救灾，貣金的名義是祭神，動用了“越異之金”，楚王爲祭天祀神——救灾糴種所采取的應急措施。

按:《十四種》的意見可從，“貣越異之黃金”指從越異借入黃金。

[5]
曰（以）貣（貸）郜郷（鄗）

〖整理者 1991〗郜郷，地名。《左傳·哀公四年》：“晉師在敖鄗之間。”杜注：“二山在滎陽縣西北。”一說爲陸渾山。（46 頁）

〖李零 1992〗間，原從夕從刀，加邑旁。…蒿間當在淮水和淮水支流（汝、潁水）一帶。

〖李天虹 1992〗戰國中山王方壺“載之簡策”之簡作𣞙，所從間字省略門旁，曾侯乙墓出土漆盒蓋“間音”之間作𡖊，從刎，與簡 115 字右旁相同。由是此二字當釋作鄗。又春秋曾姬無卹壺有“漾陵蒿閒之無䣊”，其蒿閒（即間），當即簡 115、103 之“郜郷”（即鄗），乃地名。

〖林素清 1992〗鄗。[1]

〖湯餘惠 1992〗從簡文看，郜郷確係地名。“郷”同“郷”，字左爲閒字的省寫，不省之形作𨜒，見於戰國楚器曾姬無卹壺，…我以爲簡文“鄗鄘”大概就是魯壺的“鄗閒”，…漾陵、鄗閒、無馼皆是地名其中漾陵又見於他簡，無馼大約是鄗閒下屬之邑里，而鄗閒則似當從屬於漾陵。確切地理位置有待進一步考證。

〖陳偉 1996A〗高間很可能是統攝貸金各縣的郡，（101 頁）

〖劉信芳 1998A〗“蒿閒”應指墓區，包括陵寢、管理人員居住區及耕作區。…楚王陵之“蒿閒”相當於縣制。…戰國時稱墓地爲“蒿閒”、“蒿陵”，應源自西周祭祖之“蒿宮”。…戰國之王陵管理已相當於縣制，設有大夫從事管理，設有門禁官以及關市管理的職官。

〖李零 1999B〗現在據包山楚簡，我們已知“蒿閒”是包括許多楚縣在內的地區名，位置在淮水和淮水支流一帶，“漾陵”的位置也在那一帶。

〖李學勤 2002〗“郜郷”即壽縣李三孤堆出土曾姬壺的“蒿閗”，應讀作“郊間”，是指農民而言。

〖十四種 2009〗讀“貸”，指“借出”。（49 頁）

---

①轉引自陳偉主編：《楚地出土戰國簡冊[十四種]》，49 頁，北京，經濟科學出版社，2009。

〖馬楠 2011〗楚文字郊往往做“蒿”。鄗、蒿皆從高聲，與交聲皆宵部字。…今試讀“郊閒”爲“郊縣”，係城邑及其所轄鄉遂稍縣之泛稱。

按:郭店楚簡《老子甲》23 號簡“天地之間”的“間”作，清華楚簡《繫年》99 號簡有“”字，在簡文中讀爲“縣”。簡文之字可隸定爲“鄮”，讀法尚待研究。本簡之“貣”讀爲“貸”，應如《十四種》所說，指將黃金借給蒿間的各縣。

[6]櫱（糴）穜（種）

〖整理者 1991〗糴，借作糴。以下各簡均作翟。（46 頁）②種。（24 頁）

〖楚國歷史文化辭典 1996〗購買糧食種子。（248 頁）

〖劉信芳 1996B〗“糴（糴）穜”即購買種子。

〖何琳儀 1998A〗穜，讀種。（367 頁）

[7]㞷（匡）篙

〖整理者 1991〗箭。（24 頁）

按:疑此字可釋爲“篙”。

[8]旨（幾）至屈柰（夕）之月賽金

〖整理者 1991〗賽，借作塞。《禮記·孔子閒居》:“志氣塞乎天地”，注:“滿也”。（46 頁）

〖李零 1992〗“賽金”爲“償金”。

〖湯餘惠 1992〗簡文屢言“賽金”、“不賽金”，都是承前簡文“貣（貸）金”之事來說的，是借貸以後有關償還情況的記錄，“賽”當訓爲報，意謂償還。

〖黃盛璋 1994〗賽即報神福，引申用於還貸金，必須厚報酬賞，亦即高利息。

〖李家浩 1994〗“賽金”就是“還金”。

〖袁國華 1994C〗“以至屈柰之月爲約定期限塞金”。（188 頁）

〖劉信芳 1996B〗“賽金”即償還所貸金額。簡文所記借貸時間爲“亯月”，即夏曆三月，正值耕種之時；賽金時間在“屈柰之月”。當夏曆十一月，正值秋收後入藏之時。

〖陳時聖 2000〗大抵在《包山楚簡》所提到的“金”，都是指“黃金”，而非“銅”。

〖李學勤 2002〗簡文說:“期至屈柰之月賽金”，“屈柰”爲夏正的十一月。如有的學者說明，“賽”訓爲報，意思是償還。簡文是說，在春播前貸款各地，用以購買稻種，規定在收穫後還清。看來，楚國當時有不少地方遭受了荒歉。

〖十四種 2009〗塞有充實義。這裏也許是指在享月之前領取貸金。（49 頁）

按:政府於亯月、夏夕兩次貸金給各地，要求屈夕償還，103-114、115-119 兩組簡文所記爲過期尚未償還的各縣及其貸金數量。115-119 號簡未寫“過期不賽金”，應是省略。

鄝莫囂（敖）逮、左司馬殹（殹）[1]、安陵[2]莫囂（敖）緣（欒）鬳（獻）[3]爲鄝貣（貸）郕（越）異之黃金七益（鎰）[4]㠯（以）翟（糴）穜（種）。逃（過）旮（幾）不賽金[5]。〖105〗

集釋：

[1]左司馬殹（殹）

〖整理者 1991〗殹。（24 頁）

〖黃錫全 1991B〗春秋時，楚之司馬地位較高，應是大司馬或司馬的佐官，位在大司馬之後、莫敖之前，見《左傳》襄公十五年。

〖楚文字編 1997〗殹。當是殹字異體。（156 頁）

〖何琳儀 1998A〗䝤，從攴，医聲。疑殹之異文。（1218 頁）

[2]安陵

〖整理者 1991〗安陵，地名。《戰國策・楚策一》："江乙說於安陵君。"《戰國策・釋地》：'鄢陵、召陵皆有安陵，鄢陵屬魏，召陵屬楚。鄢陵故城在今縣西南四十里，安陵城在今縣西北十五里。召陵故城在今郾城縣東四十五里。《後漢書・郡國志》："征羌有安陵亭"。故征羌亦在縣東南。《方輿紀要》："郾城縣東南七十里有安陵城"是也。（46 頁）

〖何浩 1991〗楚安陵君的封地應在今漯河境內，並非是在"今河南鄢陵西北"。

〖顏世鉉 1997〗據《中國文物地圖集・河南分册》所載楚安陵故城在商水縣西境內，與郾城縣交界附近。其地位在漯河市的東方，但不在漯河市境內（128 頁）

〖徐少華 1997〗楚鄢陵君亦即安陵君，只是時間上有先後，當非一人。

〖何琳儀 1998A〗"安陵"，地名，楚安陵君封地，見《戰國策・楚策》一，又名"鄢陵"。《戰國策・魏策》四"安陵"，《說苑・奉使》作"鄢陵"。在今河南漯河東。又湖南郴州永興西南也有"安陵"。（965 頁）

〖劉信芳 2003〗楚簡之"安陵"以"續漢志"之說爲近是。召陵故城在今河南郾城縣東南約七十里處。（100 頁）

〖吳良寶 2006B〗今按，《戰國策・楚策一》中的安陵君是楚宣王時期的人，而《楚策四》中鄢陵君是頃襄王時人，從現有的資料來看，他們的封地肯定都不是今河南鄢陵縣（此地在戰國中晚期一直爲魏地）；已有的資料都不能證明今河南鄢陵縣的"安陵"在戰國中晚期時爲楚地，因此包山簡中的楚地"安陵"地望待考。

[3]緣（欒）鬳（獻）

〖整理者 1991〗獻。（24 頁）

〖高智 1996〗此字當釋爲"獻"字。

〖何琳儀 1998A〗 獾。（1381 頁）

〖劉信芳 2003〗 字從“犬”“麆”聲，狎字異構。（100 頁）

按:上博楚簡《容成氏》5 號簡“獻”字作，本簡之字可能省略了目形。作爲人名應釋爲“欒獻”，包山楚簡中以“獻”爲名的人常見，如疋獻、宋獻、李獻。

[4]益（鎰）

〖何琳儀 1998A〗 益，讀鎰或溢，衡名。《漢書·食貨志》“黄金以溢爲名。”《漢書·張良傳》“秦以鎰名金若漢之論斤也。”（733 頁）

〖黄錫全 2000A〗 楚國當時實行的是鎰、兩制，而不是斤、兩制。長沙出土的一套十枚完整砝碼，重八兩、契刻“間益”的一枚正好是半斤。按這套砝碼，一銖折重 0.69 克，一兩爲 15.5 克，一鎰爲 251.3 克。

〖李學勤 2002〗“益”即文獻中的“鎰”。

[5]逊（過）旮（幾）不賽金

〖整理者 1991〗 逊，讀作過。（46 頁）

〖夏渌 1993〗 簡文中有“逝（辭）賄，不賽金”的財政金融專門用語。…“逝”字簡文如附圖（11），從辵從人（疑爲人行，人往的“詣”字初文）從乚（代表隱或蚓）是由三個部件組合的“詣隱”表意的楚字，在簡文“不賽金”即“不支付貸款”的面前，似當假借爲“辭”字。“逝賄”讀“誓賄”，即謝絕貸款單位按常規繳納的財禮。這個“賄”字與前釋“受賄”的“賄”爲“贓款”有異，它相當於手續費、申報費之類，是正當的錢財，貸黄金不成，依章予以退回，所以“辭賄，不賽金”連文。

〖袁國華 1994C〗“逊旮不賽金”就等於説“過了約定期限不塞金”。（188 頁）

〖劉信芳 1996B〗“逊期不賽金”謂超過期約的時間未能償還所貸資金。

〖陳偉武 1997〗 考古籍中“逊”、“譌”、“吪”諸字用瀌，有“行動、移動”義，…有“改變”義，…有“錯誤”義，…楚簡中“逊”字當是與“訛、譌、吪”音義相同的分化字，“逊期”猶言“誤期”，簡文意謂錯過期約不償還貸款，“逊”字不必讀爲“過”。古文字中從辵之字往往可表行動義，故“逊”當是經傳所謂“動也”的專用字，從而區別於從言、從口指詐僞之言的“訛、譌、吪”諸字。

〖何琳儀 1998A〗“逊旮”，讀“過期”。《左·襄廿六》“過期乃縊而死”。（835 頁）

〖楊澤生 2002〗 字從“乙”聲，“乙”、“乞”音近可通，讀作以“乞”爲聲的“迄”。“迄幾”和 104 號簡“幾至”都是“到期”的意思。（78-79 頁）①

①轉引自陳偉主編:《楚地出土戰國簡冊[十四種]》，50 頁，北京，經濟科學出版社，2009。

〖劉信芳 2003〗迄：字多釋爲“逃”，讀爲過，玆從楊澤生說改訂。…疑“乞”本有從“人”、“乙”聲之構形，該字可直接隸定爲“迄”。（100 頁、362 頁）

〖十四種 2009〗迄，恐當讀爲“訖”，絕止、完畢義。簡文是說超過規定的期限（屈栾之月）則不再貸出。（50 頁）

〖張伯元 2012A〗在貣金簡中既無受期類簡中“受期”字樣，又無“匹獄”類簡中的“訟”字字樣，更無諸如“告”、“察”、“斷”此一類與獄訟相關的司法術語。況且，“訖期不賽金”也并不是說過期未償還；即使是說過了期，然而明年二月還未到；再說“不賽金”也不能說就會引起訴訟。與這麼多地區的官員打官司，越說越離譜了。所以，我們只能將貣金簡視爲行政存檔的記錄，與打官司無關。簡文中存在“貣金”、“不賽金”之類的術語，雖然多與經濟糾紛或經濟往來有關，但是未必涉訟。

按：清華楚簡《皇門》2 號簡“乞”字作（今本作“訖”），與所從並不相同。而郭店楚簡中讀爲“過”之字作（《老子丙》13 號簡），上博楚簡《性情論》39 號簡作，32 號簡作，可見本簡讀爲“過”是正確的。“逃”是否從“乙”聲，從字形來看，無法成立。

鄺（鄘）陵[1]攻尹產[2]、少攻尹𢡟（悖）[3]爲鄺（鄘）陵貣（貸）邚（越）異之黃金七益（鎰）㠯（以）翟（糴）穜（種）。逃（過）㕣（幾）不賽金。〖106〗

集釋：

[1]鄺（鄘）陵

〖顏世鉉 1997〗本文認爲鄺陵的地望有以下兩種可能。1. 與漢沛郡的酇縣相關，可能就在此。…此地在今河南永城縣西；包山楚簡的鄺陵可能在此一帶。2. 鄺通差，與溠水有關。…若包山楚簡“鄺陵”之“鄺”讀作差，則其地可能就在今隨州市西北的溠水一帶。（218-219 頁）

〖徐少華 2001〗鄺陵所在，簡文整理者未作說明，我們認爲，可能是《左傳》莊公十九年楚文王伐黃，“敗黃師於踖陵”之“踖陵”。…若簡文鄺陵之即《左傳》之踖陵，爲古黃國地，其位置處在今河南潢川（楚夷陽、漢晉之弋陽縣）與光山之間，與簡文所反映鄺陵應位於淮水上中游地區的形勢相合。從簡文記載可知，楚滅黃後，除在黃國故城設置夷（弋）陽縣之外，另還於踖陵置縣，以加強對黃國故地的管理和作爲開拓淮域的據點。

〖劉信芳 2003〗“鄺”從“虘”聲，《說文》作“鄘”，沛國縣，從邑虘聲，今酇縣。”字又作“柤”，…疑“鄺陵”在柤。（100 頁）

[2]攻尹產

〖黄錫全 1991B〗“攻”即“工”。楚“工尹”之官名，見於《左傳》文公十年、成公十六年〉、昭公十二年等，杜預注曰：“掌百工之官。”其職能與上舉二例文義相合。“大攻尹”的地位在“工尹”之上，猶如司馬或稱大司馬、莫敖或稱大莫敖，應是中央官名。

〖楚國歷史文化辭典 1996〗楚中央機構中主管百工之官。…楚工尹還經常參加戰事。在包山楚簡 106、107、110 等簡中可見，楚地方官員中亦有工尹一職。（10 頁）

〖劉玉堂 1996〗工尹是管理百工的長官，三代以來習稱司空，是爲冬官。…春秋時代，中原諸國大多稱司空爲“工正”，唯南方楚國獨稱工尹。…而包山楚墓竹簡有“鄟陵工尹產”分析，楚國地方政府也設有工尹一職。

〖何琳儀 1998A〗讀“工尹”，官名。《左・十年》“王使爲工尹”，注“掌百工之官也。”（413 頁）

〖劉信芳 2003〗“攻尹”一職《左傳》屢見，…則楚工尹兼領神職，已肇自春秋。（100 頁）

[3]少攻尹𢡺（悖）

〖劉釗 1992A〗按字從“心”、從三“或”…此字應釋爲“惑”。

〖何琳儀 1993A〗應釋“悖”。

〖滕壬生 1995〗惑。（798 頁）

〖楚國歷史文化辭典 1996〗當爲工尹輔佐。（57 頁）

〖何琳儀 1998A〗𢡺，從心，𢦔（𢧢之繁文）聲。疑悖之異文，𢧢之繁文。（1301 頁）

〖李零 1999B〗《說文》“誖”字的籀文從心從正反雙或，這個字也有可能是“誖”字。

〖張新俊 2005A〗可以分析爲從“心”、“𢦔”聲，也許就是“鬱”字的異體。（24 頁）

羕（漾）陵攻尹忈（怠）與喬尹黄驧[1]爲羕（漾）陵貣（貸）邚（越）異之黄金卌＝（三十）益（鎰）二益（鎰）㠯（以）翟（糴）穜（種）。逃（過）㫖（幾）不賽金。〖107〗

集釋：

[1]攻尹忈（怠）與喬尹黄驧

〖整理者 1991〗攻尹怗、與喬尹黄驧。（24 頁）

〖黄錫全 1992〗忎。

〖李天虹 1992〗此字實乃忬字，即驚訝之訝。

〖劉釗 1992A〗按字從“心”、從“与”，“与”乃“牙”字，即“与”字。…應釋爲“惥”。

〖張光裕、袁國華 1992〗“忬”。（緒言・12 頁）

〖楚文字編 1997〗㤈。《玉篇・心部》以㤈爲懇之古文，《集韻・語韻》以㤈爲懇之或體。（486 頁）

〖劉樂賢 1997〗與 117 號簡的“郲陵攻尹快”是同一個人，此字所從是“夬”的誤寫。

〖何琳儀 1998A〗①“喬尹”讀“囂尹”。楚國官名。《左・昭十二》“囂尹午。”（294 頁）

〖白於藍 1999〗即《說文》懇字異構。

〖李零 1999B〗字不從牙，應釋“㤅”，用作“怠”或“怡”。

〖劉信芳 2003〗①㤈：簡 117 同一人名作“快”。（101 頁）②“與喬尹”官名。（101 頁）

〖張新俊 2005B〗我們認爲字“心”上從的部分，與“牙”無涉，當另有來源。…我們上面所引的包山簡和郭店簡中的、實際上是把金文中的（或）和“”兩個部分重疊而成。…應該從裘錫圭、李零先生的說法，隸定作從“㤅”爲是。

〖陳穎飛 2009〗喬尹疑爲郊尹。（189 頁）

〖十四種 2009〗怠…此處與 117 號簡同人之名，應有一誤。（50 頁）

按：應從李零之說，隸定爲“㤅”，用作“怠”，其與 117 號簡之“攻尹快”孰正孰誤，不得而知。將“與喬尹”視爲官名，誤。

株昜（陽）[1]莫囂（敖）郘（呂）壽君與喬差（佐）疲（偃）[2]爲株昜（陽）貣（貸）郕（越）異之黃金七益（鎰）目（以）翟（糴）穜（種）。逃（過）旮（幾）不賽金。〖108〗

集釋：

[1]株昜（陽）

〖顏世鉉 1997〗從《包山》第 117 號簡來看，可能與“安陵”一地相近，如此則“株昜”在今河南漯河東一帶。（166 頁）

〖吳良寶 2010〗今按，將包山簡“安陵”定在今河南鄢陵縣西北或商水縣西境，不一定可信，因此也無法根據簡文推測“株昜”的位置。（226 頁）

[2]喬差（佐）疲（偃）

〖整理者 1991〗瘢。（24 頁）

〖滕壬生 1995〗痂。（626 頁）

〖楚文字編 1997〗疲。（375 頁）

〖李零 1999B〗從安或從焉，非“痂”字。

〖上博八 2011〗𤶆，字亦見《包山楚簡》（第一〇八、二二五簡），從爿，安聲。形聲兼會意，疑“偃”字異體。（123 頁）

荃〈蓋-荑〉昜（陽）[1]司馬寅、黄辛、宋𤕫爲荃〈蓋-荑〉昜（陽）貣（貸）邚（越）異之黄金七益（鎰）𠂤（以）翟（糴）穜（種）。逃（過）旮（幾）不賽金。〖109〗

集釋：

[1]荃〈蓋-荑〉昜（陽）

〖整理者 1991〗蓋。（24 頁）

〖黄錫全 1992〗荃。

〖顔世鉉 1997〗包山楚簡“夷陽”可能就在夷水之北，約在今湖北蠻河以北一帶。（194 頁）

〖何琳儀 1998A〗荚，從艸，宎聲。土爲繁化部件。芺之繁文。（282 頁）

〖李零 1999B〗所從宎乃夭字。

〖施謝捷 2001〗包山簡中的“夷陽”可能與“夷”地有關。

〖徐少華 2001〗按簡文“夷”下均從“土”，當是“夷”字異體。“夷陽”與上述之“陽陵”同見於簡文的貸金文書中，均在“莴間”地域，其地還置有數位司馬之官，亦爲戰國中期楚國在淮水上中游地區所設的縣之一。…我們認爲，簡文之“夷陽”，當即漢晉弋陽縣。…簡文之“夷陽”與文獻之“弋陽”又在地理位置上相合，應是同一地名在古文字和古文獻記載中所出現的不同寫法。漢晉弋陽縣，爲汝南郡所轄，南北朝時改爲定城縣，唐宋時期沿用未變，元明之際入光州，民國初年改光州爲潢川縣，故治即今河南潢川縣所在。

〖劉信芳 2003〗“荑”字之訛，應依簡 118 作“鄸”字讀爲“夷”。《左傳》昭公九年：“楚公子棄疾遷許於夷，實城父”，杜預注：“此時改城父爲夷，故傳實之。城父縣屬譙郡。”《水經注・淮水》：“淮水又北。夏肥水注之，水上承沙水於城父縣，右出東南流逕城父縣故城南，王莽之善思也。縣故焦夷之地。”楊守敬疏：“在今亳州東南七十九里。”亳州即今安徽亳縣。疑夷陽在城父附近。（101 頁）

〖吳良寶 2010〗徐少華將“夷陽”讀作“弋陽”是靠不住的。“弋陽”作爲地名已直接見於楚璽中。印中。《璽彙》0002 號有“弋陽君璽”、0276 號有“弋陽邦栗璽”。雖然楚簡中的地名不乏使用通假字的情況，比如曾侯乙墓竹簡中的“坪夜”，包山簡中也寫成“坪射”；包山簡“陰”作“侌”、“鄎”作“邔”等。但是“夷”、“弋”上古音韻部并不同，古書中也没有二字相通假的例證，故此說可疑。包山簡整理者、劉信芳的釋讀意見均有一定的合理性。包山簡文“夷陽”地望待考。（220 頁）

按：整理者懷疑夷陽在夷水北，夷水又名鄢水，源出湖北保康西南。見 118 號簡集釋。

鄗[1]連囂（敖）競（景）悉（愋）[2]、攻尹賛（賹）[3]、波尹[4]宵（宜）爲鄗貣（貸）邚（越）異之黄金七益（鎰）吕（以）翟（糴）穜（種）。逃（過）㠯（幾）不賽金。〖110〗

集釋：

[1]鄗

〖劉釗 1992A〗按此“鄗”字用爲地名，應即見於楚“鄗爯”之“鄗”。何琳儀先生認爲讀爲“酈”，地在今河南南陽。

〖徐少華 1996D〗1974 年，河南扶溝故稱村出土了一大批窖藏的楚郢爰、陳爰等，其中一塊金版，鈐印有“鄗爰”二字，“鄗”與“郢”、“陳”相類，當爲楚都和要邑重地之名，朱活先生釋“鄗”即櫟，即春秋櫟邑、今河南禹縣。今按，朱先生釋“鄗”爲櫟甚有灼見，二字音同互通，需要指出的是：以櫟即春秋鄭之櫟邑、戰國陽翟、今河南禹縣則值得商榷。…我們認爲，此當楚境另一處櫟邑，《左傳》昭公四年（前 538 年）載楚靈王大會諸侯於申以伐吴、克朱方、執慶封而滅其族，然後回師滅賴；是年冬，吴伐楚以示報復，“入棘、櫟、麻”。杜預注：“棘、櫟、麻皆楚東鄙邑。譙國酇縣東北有棘亭，汝陰新蔡縣東北有櫟亭。”《水經・汝水注》（卷 21）載：“……汝水又東，逕櫟亭北，《春秋》之棘、櫟，……今城在新蔡故城西北，城北半淪水。汝水又東南，逕新蔡縣故城南。”《大清一統志》卷 216，汝寧府古跡“櫟城”條曰：“在新蔡縣北二十里”。此櫟城（或亭）位於淮北不遠，正在簡文所載正陽、鄴陵之間，距鄝地亦不遠，即戰國楚之“鄗邑”所在，楚於此地封君，並另有鑄幣之機構和職能，說明其地位頗爲重要。

〖顏世鉉 1997〗鄗地仍有四種可能：1鄗通櫟，在今河南新蔡縣北。2鄗通酈，在今河南南陽縣北。3鄗通歷，在今安徽省和縣西。4鄗通棘，在今河南永城縣南。由於證據不足，則並列留待進一步確認。（196 頁）

〖劉信芳 2003〗讀爲“櫟”，…今城在新蔡故城西北，城北半淪水。”《春秋・大事表》卷七：“今河南汝寧府新蔡縣北二十里有野櫟店，即古櫟城。”（102 頁）

按：“鄗”參 68 號簡集釋。

[2]競（景）悉（愋）

〖李天虹 1992〗疑此字當釋作愋，上部乃爰字省體。

〖劉釗 1992A〗字應釋爲“愋”。

〖劉信芳 1995〗按“競氏”應即文獻所記之“景氏”。…尤其是楚簡有“競快”，《史記・秦本紀》有“景快”，二人應是同一人。競快官爲連敖，景快被稱爲將軍，而楚國連敖多帶兵打仗，此其一；二人所處時代相同，均爲楚懷王時人，而景氏之興起至楚懷王之時爲期尚未久，異人同名的可能性很大，此其二。因而可以斷言：《包山楚簡》之“競快”就是《史記·秦本紀》所記將軍“景快”。

〖劉樂賢 1997〗“快”，與 118 號簡競快的“快”同字。

〖何琳儀 1998A〗競，讀竞，姓氏。楚公族後有竟氏。見《路史》。（645 頁）②愋。（937 頁）

〖劉信芳 2003〗簡 118 作“競快”，“愋”是“快”字之假。（102 頁）

〖十四種 2009〗“愋”、“快”蓋是形近而誤。（51 頁）

按：從字形上看，應是“愋”字，118 號簡作“競快”，哪個正確不能確定。至於簡文之“景快”與《史記·秦本紀》中“景快”是否爲一人，還不能下定論。

[3]攻尹贙（賹）

〖整理者 1991〗賹。（47 頁）

〖何琳儀 1998A〗賗，從貝，冄聲。疑賹之異文。（734 頁）

[4]波尹

〖文炳淳 1997〗疑讀“陂尹”。可能是負責管理池塘湖泊之官員。（160 頁）

〖劉信芳 1998B〗“波尹”是管理陂澤或水利工程的職官。

〖陳穎飛 2009〗波尹疑掌湖泊。（189 頁）

正昜（陽）[1]莫囂（敖）達[2]、正昜（陽）[illegible]公旲（己）[3]、少攻尹忞（哀）[4]爲正昜（陽）貣（貸）郕（越）異之黃金十益（鎰）一益（鎰）四兩㠯（以）翟（糴）種（種）。逃（過）㕣（幾）不賽金。〖111〗

集釋：

[1]正昜（陽）

〖劉釗 1992A〗119 號簡有字從“邑”從“定”，應釋爲“定”。定從“正”聲，“正陽”、“定陽”都應該讀爲“正陽”，今河南正陽。

〖劉彬徽 1995〗包山楚簡中有此地名，在長沙也出土過有“正陽”銘文的銅鼎。這種一般的鼎不會來自較遠的安徽，應在墓葬所在不遠的地點，具體位置待考。（348 頁）

〖顏世鉉 1997〗今河南正陽縣在漢代置慎陽縣，隋廢置真丘縣，改曰真陽縣，清雍正年間改爲正陽縣至今（《讀史方輿紀要》卷五十，汝寧府“真陽縣”條），今河南正陽在清朝以前均未有是稱，而多作“滇陽”或作“慎陽”、“真陽”；雖然“正”和“慎”、“真”是可以相通的，不過從慎陽地名的沿革來看，簡文的“正陽”和漢代的慎陽（今河南正陽）應當是不相干的兩地。…1958 年湖南常德德山也出土正陽鼎，…包山簡的“正陽”極可能和正陽鼎的“正陽”爲同一地，約在今湖南常德、長沙附近。（124 頁）

〖何琳儀 1998A〗“郕昜”，或作“正昜”、“邔昜”，均讀“慎陽”。…在今河南正陽北。（800、798 頁）

〖徐少華 1998〗簡文中有關正陽的記載甚多，“正”字也有幾種不同的寫法，而以“正”爲常見。從簡文内容看，正陽屬吏有莫囂（敖）、司馬、少攻尹、正差等，與楚王世之官同制，當爲一縣級政區單位。正陽所在，簡文整理者未作說明，我們認爲當即兩漢之慎陽、隋唐之真陽、清代以來的河南省正陽縣。

〖劉信芳 2003〗簡 119 作“郕陽”，150、179 諸簡作“邔陽”，並讀爲“定陽”。…按穀水爲漸江水支流，即今衢江。定陽溪水爲今浙江衢州市南之烏溪江，定陽本爲越地，楚懷王時已入楚。（103 頁）

〖吳良寶 2010〗今按，漢代的“慎陽”據《漢書・高惠高後文功臣表第四》記載，漢高祖十一年封樂說爲慎陽侯，其後改縣。上引各說多不可信，簡文“正昜”地望待考。（247 頁）

按:“正陽”又作“郕陽”（119 號簡）、“邔陽”（150 號簡），具體地望待考。

[2]莫䣓（敖）達

〖黄錫全 1992〗達（？）。

〖湯餘惠 1992〗字當從辵從齊省，可釋爲“遳”。

〖滕壬生 1995〗造。（134 頁）

〖高智 1996〗此字應釋爲“遳”即“造”字。

〖楚文字編 1997〗達。（82 頁）

〖徐在國 1997〗我們認爲應釋爲“達”。

〖何琳儀 1998A〗遳，從辵，齊聲。疑蹐之異文。（1268 頁）（按：1515 頁又釋爲“遳”）

〖李零 1999B〗《古文四聲韻》卷五第十一頁“達”字作（出《古老子》），正與此同。

按:黄錫全最早懷疑此字爲“達”字，但 119 號簡之“達”字，則釋爲“遳”。①李家浩在考釋九店簡時指出《古老子》“達”字作“”，和楚簡帛之字幾乎全同，並且有睡虎地《日書》對讀的支持，因此楚簡帛之字也應釋爲“達”。②

[3]公兕（己）

〖整理者 1991〗隆，從阜從塞。（47 頁）

〖黄錫全 1992〗①陶（陶？）②异（巽）。

〖楚文字編 1997〗㮣。（745 頁）

〖何琳儀 1998A〗陶，讀陶，姓氏。陶唐氏之後。見《姓苑》。（238 頁）

---

①黄錫全：《〈包山楚簡〉釋文校釋》，“中國古文字研究會第九屆學術研討會”論文，南京，1992。

②李家浩：《江陵九店五十六號墓竹簡釋文》，《江陵九店東周墓》，30 頁，北京，科學出版社，1995。

〖劉信芳 1999F〗“芙公”即“陭公”。陭、芙並讀爲“芻”，疑“芻公”是草料官。㝁讀爲騎（去聲）。

〖李守奎 2010B〗該字不很清晰，左右兩個偏旁之間筆畫有重疊的地方，字當隸作“𦬻”是個雙音符字。“𦬻公弄”就是119號簡的郘昜的“芙公騎”。包山47號簡另有“藇宧大夫𤊾公遊弄”，筆者懷疑該人與“𦬻公弄”、“芙公騎”是同一人。“𦬻”、“芙”與“𤊾”亦並當讀爲“胡”。此人身份是“胡公”，姓“遊”（亦即“魯”），名“弄”，異寫作“弄”、“騎”曾在不同的地方任過不同的職。

按：此字或可釋爲“隋”，暫存疑待考。

[4]少攻尹忞（哀）

〖整理者 1991〗悘。（24頁）

〖何琳儀 1998A〗悘，從心，衣聲。《篇韵》“悘，哀也。”（1171頁）

〖劉信芳 2003〗“哀”之異體。（103頁）

昜（陽）陵[1]連囂（敖）達[2]、大𨑓尹足爲昜（陽）陵貣（貸）郕（越）異之黃金四益（鎰）㠯（以）翟（糴）穜（種）。逃（過）𣅀（幾）不賽金。〖112〗

集釋：

[1]昜（陽）陵

〖顏世鉉 1997〗包山楚簡的“陽陵”，當在楚國晚期的“陽陵君”所在，即今安徽淮河北之地，或當在今河南禹州市（戰國陽翟）附近的春秋時的陽陵，尚待證明。在此二說並列。（161頁）

〖徐少華 2001〗“陽陵”，爲楚境内一地方政區單位，從其地設有連囂（敖）、迅尹、司馬和右司馬之類之官，並與宜（義）陽、安（鄢）陵、正陽、兼陵等列且互相聯係的史實來看，應是楚人在淮河中上游地區所設的一個縣級政區單位。據《戰國策・楚策四》“莊辛謂楚襄王曰”章記載，公元前278年秦將白起拔郢後，楚頃襄王“流掩於成陽”，因莊辛進言切中楚之時弊，頃襄王“於是乃以執珪而授之爲陽陵君，與淮北之地也。”莊辛所封之“陽陵”，與簡文之“陽陵”當是同一個地方，《策》文稱之爲“淮北之地”，與簡文陽陵所反映的史實正好相合，…我們認爲。簡文和《策》文所載之“陽陵”，當即漢晉汝南郡之“郎陵”。其一“陽”古音屬喻母陽韻，“郎”古音屬來母陽韻，喻、來爲準雙聲，兩字音韻極近，可以通假。其二，據《策》文，陽陵爲“淮北之地”，而古郎陵在今河南確山縣西南（說詳下），即淮水北岸數十里處，方位亦相合。其三，據簡文，陽陵爲“蒿間”屬邑，在淮水上中游地區，與漢晉郎陵位居淮水上游北岸的形勢完全一致。

漢晉郎陵的地望…即應在今河南確山縣西南三十餘里的任店及以西地帶。
〖劉信芳 2003〗即陽陵。…其地在今河南許昌西北。（104 頁）
〖晏昌貴、鉀偉 2005〗我們根據包山楚簡，提出另外一種假定：包山簡文中的楚“昜(陽)陵”縣即秦陽陵縣的前身，其地既不在湘西北，也不在關中，而是在中原或淮北楚國故地。其中又以鄭地陽陵說的可能性較大。
按：《戰國策·楚策四》：“莊辛謂楚襄王”章有“於是乃以執珪而授之爲陽陵君，與淮北之地也”，何浩認爲陽陵在今安徽淮河北，石泉認爲陽陵在淮水流域或長江下游一帶。《左傳·襄公十年》：“十一月，諸侯之師還鄭而南，至於陽陵。”楊伯峻注：“陽陵，鄭地，在今許昌市西北。”譚其驤定在今許昌市西北和禹縣東南之間。①簡文“陽陵”之地望待考。
[2]連囂（敖）達
〖劉信芳 2003〗簡 119 作“司馬達”，應是同一人。若非誤記，則達兼領二職。（104 頁）
〖十四種 2009〗二簡相隔一月，或許此人職務有變動。（51 頁）

新者（都）[1]莫囂（敖）𡢁（勝）[2]、新者（都）桑夌（夜）公[3]達爲新者（都）貣（貸）郕（越）異之黄金五益（鎰）㠯（以）翟（糴）穜（種）。逃（過）旮（幾）不賽金。〖113〗
集釋：
[1]新者（都）
〖曹錦炎 1995〗陳，本古國，舊地位於今河南淮陽縣。…新都，地名，也見於包山楚簡（102 號反、113 號）（按：“102 號反”應爲“102 號”）。地在今河南新野縣東，漢封王莽爲新都侯國，後漢省。或謂新都之得名，乃本新野之都鄉。據璽文及包山楚簡，春秋戰國時已有新都之名。璽文稱“陳之新都”，則新都邑隸屬於陳。（112 頁）
〖顏世鉉 1997〗《史記·蘇秦列傳》：“大王之地，南有鴻溝、陳、汝南、許、郾、昆陽、召陵、舞陽、新都、新郪。”《集解》云：“《地理志》……南陽有新都縣。”錢穆《史地地名考》新都條說：“今新野縣東，王莽侯國。”這可能是楚“新都”的所在地，據《中國文物地圖集·河南分册》所載，漢“新都故城”在今河南新野縣東南，也就在湖北省和河南省之邊界附近。包山楚簡的“新都”應在此。（191 頁）
按：包山楚簡之“新都”與璽文“陳之新都”無關，顏世鉉已指出此說法的錯誤。②“新

①參見顏世鉉：《包山楚簡地名研究》，161 頁，臺灣大學碩士學位論文，1997。
②顏世鉉：《包山楚簡地名研究》，192 頁，臺灣大學碩士學位論文，1997。

都”地望應在今河南新野縣。

[2]赛（勝）

〖整理者 1991〗 剩。（24 頁）

〖何琳儀 1998A〗 從力，乘聲。疑勝之異文。（147 頁）

〖廖名春 1998B〗 “甮”字從“乘”得聲，與從“朕”得聲的“勝”字，讀音當同。所以“甮”、“勝”雖然一爲上下結構，一爲左右結構；一以“乘”表音，一以“朕”表音，但它們都是形聲字，不但義符相同，讀音也一致。其爲一字的不同寫法，當無疑義。

〖徐在國 1998A〗 此字應分析爲從“力”“乘”聲，我們認爲應該釋爲“勝”。古音乘、勝並爲章系蒸部字，“勝”字作“剩”屬聲符更替。

〖白於藍 1999〗 從力乘聲，即《說文》勝字，乘、勝同爲舌音蒸部字，故勝或可從乘聲作。

〖楚文字編 2003〗 赛（勝）。（787 頁）

按：“赛”即“勝”字無疑，亦可隸定爲“甮”。

[3]桑夾（夜）公

〖整理者 1991〗 桀夜公。（24 頁）

〖陳偉 1996A〗 喪夜公。（223 頁）

〖劉信芳 2003〗 桑夜公：職官名，未詳。疑“桑夜”是新都下屬地名。（105 頁）

州[1]莫囂（敖）疥、州司馬庚爲州貣（貸）郕（越）異之黃金七益（鎰）㠯（以）翟（糴）穜（種）。逃（過）㫚（幾）不賽金。〖114〗

集釋：

[1]州

〖整理者 1991〗 州，地名。《左傳・桓公十一年》杜注：“州國在南郡華容縣東南。”與簡文所記鄗郷之地不合。或指今河南沁陽縣境内的州邑。《左傳・昭公二年》：“晉人以州賜鄭公孫段”。七年，“子産歸州田於韓宣子，宣子因徙居之”。（47 頁）

〖顏世鉉 1997〗《左傳》桓公十一年：“鄖人軍於蒲騷，將與隨、絞、州、蓼伐楚師。”…楊伯峻注：“州，國名，即今湖北省監利縣東之州陵城。”譚其驤認爲州城故址在今湖北洪湖縣東北新灘口附近，所指地點與上述諸家說法大致相近。石泉則提出較不同的看法，他認爲春秋的州國以及漢晉的州陵在今漢水以西之鍾祥西北、荊門北境地帶。何浩考訂了諸家說州國地望的看法，仍主張“監利縣東”之說。（129 頁）

〖劉信芳 2003〗 其地在今湖北監利縣東南。（105 頁）

〖十四種 2009〗 沁陽在黃河之北，遠離楚地，當非簡文所指。（52 頁）

大司馬卲（昭）鄷（陽）敗晉帀（師）於鄒（鄗-襄）陵之戢（歲），顕（夏）柰（夕）[1]之月庚午之日，命（令）尹子士[2]、大帀（師）子緒（佩）[3]命蔑陵公邘（于）鼈[4]爲鄗郷（鄗）貣（貸）邚（越）異之鋷金[5]一百益（鎰）二益（鎰）四兩。〖115〗

集釋：

[1]顕（夏）柰（夕）

〖整理者 1991〗 顕（夏）。（47 頁）

〖魏宜輝 2002〗 應隸定作“顕”。

[2]命（令）尹子士

〖整理者 1991〗 令尹，《資治通鑑·周紀》赧王三十四年胡注：“令尹，楚上卿，執其國之政，猶秦之丞相也”。（47 頁）

〖黃錫全 1991B〗 楚“令尹”爲百官之長，春秋戰國時期一直是楚國的執政官，任職者絕大多數爲王族。

〖何浩 1993A〗 楚懷王七年時的楚令尹爲子士。

〖楚國歷史文化辭典 1996〗 戰國時楚令尹。字子士。…另按《史記·秦本紀》及《楚世家》的記載，懷王六年，秦相“張儀與齊、楚大臣會嚙桑”。此大臣應是令尹子士。（25 頁）

〖吳曉懿 2009〗《柬大王泊旱》的第十八簡中有“令尹”。春秋戰國時期楚國獨設令尹一職，執掌軍政大權是最高行政長官，一般由王室成員擔任。《說文》：“令，發號也。”令尹，可謂“號令百官之尹”。《說苑·至公》稱令尹爲“執一國之柄者”。《左傳·莊公四年》：“令尹鬥祁，莫敖屈重。”《戰國策·齊策二》：“陳軫曰：‘異貴於此者何也？曰：‘唯令尹耳。’”《史記·楚世家》：“陳軫曰：‘今君已爲令尹矣，此國冠之上。’”司馬貞《索隱》曰：“令尹乃尹中最尊，故以國爲言，猶如卿子冠軍然。”董說《七國考·楚職官》：“令尹，楚相也。”按：令尹是輔助楚國君王而總攝朝政的執事者，地位相當於《周禮》的家宰，與戰國時代各個諸侯國的相邦職司類似。

[3]大帀（師）子緒（佩）

〖整理者 1991〗 緋。（24 頁）

〖湯餘惠 1992〗 此應是緒字。

〖朱德熙 1992〗 從“玉”從“菁”之字大概是佩玉之“佩”的專字，從“糸”從“菁”是其異體。

[4]邘（于）鼈

〖整理者 1991〗 鼈。（24 頁）

〖滕壬生 1995〗鼉。（951 頁）

〖巫雪如 1996〗邘氏即後世習見之于氏，《唐書・宰相世系表》云："于氏出自姬姓，周武王地二子邘叔，子孫以國爲氏，其後去邑，爲于氏。"《通志・氏族略》說同。（48 頁）

〖李零 1999B〗上半左邊應釋"炅"字（熱字古文）的變形。

〖劉信芳 2003〗鼉。（105 頁）

〖蕭毅 2010〗所從的"屮"變爲"⊥"形，多了幺。（226 頁）

[5]鋷金

〖整理者 1991〗鋷金，從簡文内容可知鋷金是黃金。鋷，似借作采，《漢書・魏相傳》："有數表采易陰陽"，注："撮取也"。鋷金或指砂金，以區別於版金。（47 頁）

〖夏渌 1993〗"鋭"簡文本作金旁加禾穗的"穗"初文，即在禾穗部位打上指示符號，似假爲"稅"，指國庫存放儲備的賦稅積存，從中撥款黃金一百零二鎰四兩作信貸。也有可能"鋭"通假爲"碎"，指小額貨幣，便於賑濟發放戰區受災黎民百姓。

〖黃盛璋 1994〗綵金亦指黃金。黃金有光彩，前加彩字，專制黃金。

〖陳秉新、李立芳 1998〗鋷當讀爲鉹，《玉篇》："鉹，鋌也。"簡文鋷金，當即鋌金。

〖何琳儀 1998A〗①"鋷金"，讀"彩金"，似即"砂金"。形成粒狀，體微透明，色乳白，往往帶紅色，能放磷光。故稱"彩金"。（97 頁）

〖陳時聖 2000〗鋷金應是黃金，從簡 103 至簡 119 爲同一組貸金簡，其借貸都是由楚國的最高統治者（楚王或令尹）來命令辦理。此外這 17 枚竹簡均是各地官員爲各地借貸黃金，而只有 115 簡是借貸鋷金，如果此簡所貸是未經加工的砂金，這是不合常理的，因此筆者認爲鋷金應是黃金。

〖劉信芳 2003〗原簡字形從金，条聲，"条"即"夆"之異構。"鎽"讀爲"傜"，…"鎽金"應是較黃金質次之金。下文所云"金"俱指"鎽金"，與上文"黃金"有區別。（106 頁）

鄝莫囂（敖）卲（昭）戲、左司馬旅（魯）敀（殹）[1]爲鄝貣（貸）郕（越）異之金七益（鎰）。鄘（鄗）陵攻尹癃（産）[2]、竽（兮）尹蒻（虆）[3]爲鄘（鄗）陵貣（貸）郕（越）異之金三益（鎰）刖（半）益（鎰）[4]。〖116〗

集釋：

[1]旅（魯）敀（殹）

〖整理者 1991〗①旅，簡文作。旅字古文作，從二人，此字從三人，疑爲旅字異體。（47 頁）②殹，簡文作，把字的左右兩部分合成上下重疊。（47 頁）

〖湯餘惠 1992〗原釋爲殹，可從。但細審其形，並不同於通常寫法的"殹"，105 簡有

字，與此形異。即衣，…應該就是“殹”字的異體。

〖許全勝 1997〗遴、旅皆當讀爲魯。（3 頁）

〖何琳儀 1998A〗包山簡旅，姓氏。…周大夫子旅之後。見《風俗通》。（565 頁）

[2]攻尹虀（産）、

〖整理者 1991〗虀，從乘從産省。簡 106 有“鄺陵攻尹産”，與“虀”爲同一人名。（47 頁）

〖劉釗 1992A〗按字從“乘”，從“產”省…“虀”即“產”字，即省去“產”字的上部並加上一個聲符“乘”。

〖楚文字編 1997〗虀（産）。（289 頁）

〖何琳儀 1998A〗虀，從乘，産省聲。疑産之異文。（977 頁）

〖白於藍 1999〗即《說文》產字異構。

[3]兮（兮）尹蘠（蘽）

〖整理者 1991〗薑。（25 頁）

〖黄錫全 1992〗兮（？）。

〖劉釗 1992A〗按字從“艸”、從“糸”、從“”，“”非“畺”字，而是“畾（畾）”字。故此字應釋爲“蘽”。

[4]三益脟（半）益（鎰）

〖整理者 1991〗刖，簡文作。簡 146 作，似是同一字的兩種寫法。（47 頁）

〖何琳儀 1993A〗從“肉”從“刀”，應釋“肳”，…《集韻》“剥，或從卜亦作肳”，…《廣韻》“剥，削也。”引申爲減少。“肳益”謂不足一益，“三益肳益”即三益有餘而不足四益。

〖袁國華 1994A〗此字（按：指 146 號簡之字）從原簡影看，與簡一一六“刖”字作“”，構形基本相同，字多“”兩筆，或可隸定爲“削”。“刖”“削”兩字用法完全一樣。…“削”、“刖”二字皆置於量詞“益”之前，疑爲“代數字”。

〖李守奎 1997〗肳。金三益刖益之刖與包山一四六號簡金一益削益之削用法相同，刖當即削之省體。（201 頁）

〖譚步雲 1998〗可知刖少於一益（鎰）而多於兩。可能某些金版的重量單位爲一益（鎰），截取一半即爲刖，以方便交換。（90 頁）

〖黄錫全 2000A〗包山簡的“益”之“”就應是“外”，即“間”字省文。

〖黄錫全 2000B〗間鎰就是鎰之中間，取義於鎰的一半，也就是中鎰、半鎰。

〖白於藍 2001A〗該字從肉從刀，原釋文中隸定作“刖”，可從。…筆者以爲此字當釋爲“胖”，即“胖”字之原始會意初文，在該簡文中用爲“半”。

〖李學勤 2002〗細看“削”字，可分解爲“月（肉）”、“辛”、“刀”三部分。以往大家都以爲字的左側類於“龍”字，把“辛”和“肉”放到一起考慮，以致不能識讀。實即這個字是以“㓞”爲聲，而“㓞”是“辨”的省簡。《說文》：“辨，判也，從刀辡聲。”古音與“半”相通，因此“削”即讀爲“半”。“半”爲二分之一。

〖劉信芳 2003〗古代一益（鎰）或謂二十兩，或謂二十四兩，或謂十六兩，“肙益”作爲重量單位，應是一益之半。《史記·項羽本紀》：“士卒食芋菽”。《漢書·項籍傳》作“卒食半菽。”芋、肙音近，是西漢人依“肙”之讀音記爲“芋”，東漢班固尚知其義，改寫爲“半”，由此可證楚人謂半益爲“肙益”。從字形上說，“肙”字從肉從刀，是會意字，乃“别”之異構，《說文》謂“别”從冎從刀。信陽簡 2-016“八益別益一朱（銖）”，辭例正可互證。（106 頁）

〖李天虹 2005B〗今按從文義看，“肙鎰”確實很可能相當於“半鎰”，但是以“肙”或“削”爲“削”的簡體，似乎還缺乏更有力的證據；作爲量名的“半”好像也不見與傳世文獻，所以此說也存在可商之處。

〖禤健聰 2008A〗“肙”與“削”的關係可能有兩種可能。一是異字同形，即義爲“半”的“肙”益聲符而與“削”形近，而量制單位“削”簡省後訛與“肙”混同；二是兩字確是一字異形，並有“半”和量制單位兩個義項。字形分析目前我們還很難判定孰是，釋義則以李學勤先生說法較勝。

〖陳隆文 2009〗…包山楚簡中 116 的字應釋爲均字，而不應該是其他別的字。

〖十四種 2009〗此字具體釋讀待考，其義爲“半”，則應可大致認定。（52 頁）

〖董珊 2010〗我傾向於李學勤先生釋字爲“半”的意見。…李先生認爲此字是以“㓞”爲聲，而“㓞”是“辨”的簡省，這是不錯的；他又認爲由“削”簡省爲“肙”再簡省爲“㓷”，對此順序我有點不同的理解。我認爲，從肉從刀的“㓷”字，應是名詞“胖”或動詞“判”的表意字，在先秦文獻中，“胖”指半體，“判”是分割爲半體的意思，二者名詞、動詞相因。換言之，“胖”、“判”都是爲表示“分半”意而後起的形聲字，這兩個字都是從“㓷”字分化出來的。“㓷”加上“辛”旁的目的，是爲了以“㓞”爲聲符，使這個表意字形聲化。而“肙”則應如李學勤先生所說，是由“削”簡化而來的。

按:李守奎在博士論文中將本簡之隸定爲“㓷”，將 146 號簡之隸定爲“削”，“㓷”、“削”皆放入“削”條下。在《楚文字編》中將、均隸定爲“㓷”，單列爲一條，將燕客銅量、九店簡隸定爲“削”，歸入“龖”字條下，並云，從龍省聲，[①]前後意見

①李守奎：《楚文字編》，270-271 頁，上海，華東師範大學出版社，2003。

略有改變。簡文從“肉”，應與“外”無關，釋“間”不確，釋爲“均”更無據可依。從文例上看，簡文讀爲“半”文通意順，但在字形上“𠛬”、“削”、“剖”的演變關係還不能下定論。

鄴（漾）陵攻尹快、喬尹驕爲鄴（漾）陵貣（貸）邚（越）異之金卅=（三十）益（鎰）二益（鎰）。株昜（陽）莫囂（敖）壽君[1]、安陵公𠆸[2]爲株昜（陽）貣（貸）邚（越）異之金五益（鎰）。〖117〗

集釋：

[1]壽君

〖何琳儀 1998A〗讀壽，姓氏。彭祖後有壽氏。見《路史》。（202 頁）

按：即 108 號簡“郘壽君”，壽不是姓氏。

[2]𠆸

〖整理者 1991〗𠆸。（25 頁）

〖劉釗 1992A〗按字從“人”從“㤅”，“㤅”即“爱”字，從“心”、從“既”得聲。故此字應釋爲“僾”。

〖楚文字編 1997〗𠆸（僾）。（391 頁）

〖白於藍 1999〗從人㤅（炁）聲，即《說文》僾字。

按：所從是“㤅（氣）”字。

鄢（夷）昜（陽）[1]司馬寅、競（景）㔻爲鄢（夷）昜（陽）貣（貸）邚（越）異之金七益（鎰）[2]。郙連囂（敖）競（景）快、攻尹䢵（舒）贙（賹）爲郙貣（貸）邚（越）異之金六益（鎰）。〖118〗

集釋：

[1]鄢（夷）昜（陽）

〖整理者 1991〗鄢昜，地名。鄢，讀作夷。《水經注》：“夷水，蠻水也”。又名鄢水。源出湖北保康西南。夷陽疑在夷水北。（47 頁）（按：字表又釋爲“鄴”，見圖版一六一）

〖何琳儀 1998A〗“郏昜”，讀“夷陽”，地名。疑在夷水之北。《水經・漾水注》白水“西北逕夷祝城東，又西北流屈而東北注於夷水，夷水又東北入白水。”（1240 頁）

[2]七益（鎰）

〖整理者 1991〗七益。（25 頁）（按：字表釋爲“十”，見圖版一二二）

郯（正）昜（陽）[1]司馬達、芺公䮍（騎）[2]爲郯（正）昜（陽）貣（貸）邚（越）異之金十益（鎰）一益（鎰）四兩。昜（陽）陵司馬達、右司馬志爲昜（陽）陵貣（貸）邚（越）異之金四益（鎰）。〖119〗

集釋：

[1]郯（正）昜（陽）

〖整理者 1991〗郯，簡 111 寫作正。正字古文作，定字古文作，簡文將兩字混用。（47 頁）

〖劉釗 1992A〗按字從“邑”從“”。“”從“宀”從“正”，即“定”字。故此字應釋爲“定”，從“邑”是因爲用爲地名的原因。“郯”簡 111 作“正”。“定”從“正”聲，故二字通用。簡文地名“正昜”、“郯昜”都應讀爲“正陽”，即現河南正陽。

〖白於藍 1999〗包山簡“郯昜”（119）又寫作“邔昜”（150）、（179）、（191），可見郯、邔本是一字之異。

[2]芺公䮍（騎）

〖整理者 1991〗駉。（25 頁）

〖劉釗 1992A〗按字從“馬”、從“可”，應釋爲“騎”。

〖徐少華 1996D〗今按，簡文之“芺”，當即金文之“𢼄”，同從“夫”得音；銘文“之𢼄”，李學勤先生認爲“就是文獻中的歸姓胡國”。…胡國所在，《漢書·地理志》、《後漢書·郡國志》並以當時的汝南郡女（汝）陰縣即“故胡過”；《春秋》昭公四年杜預注：“胡國，汝陰縣西北有胡城”，漢晉汝陰縣即今安徽阜陽市，則故胡城當不出今阜陽市西北部，南去淮水不遠，位於楚鄝邑以北、鄰陵之東南，鄗及正陽以東，同在一域。

〖顏世鉉 1997〗包山楚簡的“芺”當讀作“苦”，芺即楚國苦縣。…楚苦縣約今河南鹿邑縣東，包山楚簡的“芺”當在此。（155 頁）

〖十四種 2009〗郭店《老子》甲 31 號簡“奇物”的“奇”正從“可”作。（53 頁）（按：字形作）

〖李守奎 2010B〗“䂜”、“芺”與“㸂”亦並當讀爲“胡”。

宵㥁[1]戠（職）之，秀陷[2]、秀泉[3]、秀緁[4]、郢（匡）賞、宵隊[5]、秀□、秀䑋（臒-獲）志[6]、郢（匡）迭（遶）[7]。〖119 反〗

集釋：

[1]宵㥁

〖何琳儀 1993A〗應釋“宵悳”，“悳”下加“心”爲繁文。

〖劉信芳 2003〗懷。（106 頁）

[2]秀陷

〖整理者 1991〗隬。（25 頁）（按：字表又隸爲“鄏”，見圖版一六一）

〖楚文字編 1997〗陷。（652 頁）

〖裘錫圭 2006A〗“陷”應即“阢”之異體。…“秀昇”和“秀几”（秀陷）完全有可能是兩個人。

[3]秀泉

〖整理者 1991〗秀淵。（25 頁）

〖楚文字編 1997〗泉。（511 頁）

[4]秀綍

〖張光裕、袁國華 1992〗綫。（297 頁）

〖劉信芳 2003〗紓。（106 頁）

按:應釋爲“綍”。

[5]宵陾

〖整理者 1991〗陵。（25 頁）

〖十四種 2009〗乘，簡文從“阜”作。原釋文作“陵”，據紅外影像改釋。（53 頁）

[6]秀䐡（䐡-獲）志

〖何琳儀 1998A〗“䐡志”讀“獲志”，習見人名。（47 頁）

[7]郌（匡）迖（遶）。

〖整理者 1991〗遶。（47 頁）

〖何琳儀 1993A〗應釋“迗”，即“遳”。

五　〈所誼〉

第 1 組（162-165+184-186）

東周之客譻（許）綎（緆-盈）逯（歸）複（祚-胙）於葳郢之〖戢（歲）〗[1]，䣗（荊）𡰥（夷）之月，所誼（屬）告於正婁宼[2]：壬申[3]，郳（滕）[4]少司馬龏（龔）函（酉）、邸昜（陽）君之人墬（陳）賈；乙亥，周䟃（足）[5]；戊寅，郢[6]戭（列）尹[7]豫（豫）。𩒨（夏）𡰥（夷）甲寅，䢔（陰）人墬（陳）弜（強）；戊午，鹽（鹽）虡（虢）[8]、黃亞；壬戌，郙司敗𨺮（徵）〖162〗

集釋：

[1]東周之客䜣（許）綎（縕-盈）逯（歸）祣（祚-胙）於葴郢之〖戠（歲）〗

〖整理者 1991〗此處脫“歲”字。（29 頁）

〖何琳儀 1998A〗

〖何琳儀 1998A〗①無，姓氏。無澤，上古與舜爲友。見《尚友錄》。（612 頁）②包山簡“歸倰（或作祣、钗）”，讀“歸胙”，分頒祭肉。（1215 頁）

[2]正婁宏

〖整理者 1991〗㝖，簡文作，或釋爲宏。（51 頁）

〖黃錫全 1992〗宏。

〖劉釗 1992A〗按字從心從宏，應隸作“㤨”。

〖張光裕、袁國華 1992〗疑字從宀從厷從心，可隸作“㤨”。（緒言・12 頁）

〖徐在國 1996〗在古文字中，常常把“心”旁作爲贅加的義符…宏字可以釋爲“宏”。

〖何琳儀 1998A〗從心，宏聲。疑宏之繁文。（17 頁）

按:整理者又將 128 號簡之“宏”釋爲“懹”，應以釋“宏”爲是。

[3]壬申

〖整理者 1991〗此處省略月名，應爲“䂇㞙壬申”。（51 頁）

[4]䣓（滕）

〖整理者 1991〗郑。（29 頁）

〖顏世鉉 1997〗讀爲“卷”，春秋時有卷地，見於《左傳》昭公二十五年：“（楚子）使熊相禖郭巢，季然郭卷。”楊伯峻《春秋左傳注》：“卷音權，今河南葉縣西南有建城故城，即其地。”包山楚簡的“郑”地當在今河南葉縣西南。…“郑”或有可能讀爲“皖”。《漢志》廬江郡有皖縣，其地在今安徽潛山縣，《中華人民共和國地名詞典・安徽省》“潛山縣”條：“漢置皖縣，以皖山、皖水爲名，治今梅城鎮，屬廬江郡”。（165 頁）

〖何琳儀 1998A〗包山簡䣓，讀滕。…或地名。《左・隱七》“滕侯卒。”在今山東滕縣西南。（149 頁）

[5]周趷（足）

〖整理者 1991〗趷。（29 頁）

〖張守中 1996〗趷。（144 頁）

〖李運富 1997B〗將字楷定作“趷”雖有欠次同形的根據，但並非最佳選擇，其中的“欠”實際上應是“次”，所以不如將全字楷定爲“趷”，看作從足次聲，更便於理解理據。（126 頁）

〖陳秉新 1998〗當隸作欴，此字右旁是次字省寫。…欴字乃趗字異體。

〖白於藍 1999〗即《說文》趗字。

〖劉洪濤 2010〗“欴”跟“足”讀音相同，很容易使人想到它是一個從“欠”、“足”聲的形聲字，在此假借爲“足”。這樣講倒也沒什麼不妥，但是根據有關情況，我們認爲它就是“足”字的異體。雲夢睡虎地秦簡有兩個字作“踐”和“餞”，又作“踨”和“鍐”。根據文例，可以肯定它們是“足”字和“負”字的異體。據曾憲通先生的考證，這兩個字所從的“戔”是由“𢦏”演變過來的，而“𢦏”則是由“丮”加趾形繁化過來的。其說可從。西周金文和曾侯乙墓竹簡中都有“䡇”字，曾侯乙墓竹簡中還有“歎”字，都是“轑”字的異體。陳劍先生指出後一字所從的“欠”是由前一字所從的“丮”訛變而來的。其說亦可從。…“踨”、“踐”二字已見於秦系文字，“欴”字已見於楚系文字，“跙”、“跤”、“踐”三字還沒有發現，是我們根據“轑”字的形體演變擬定的，希望今後能在古文字資料裏發現相似的字形。從這個圖表可以看出，楚文的“欴”與秦文字的“踨”、“踐”爲一字之異體，它們都是從“跙”演變過來的。曾憲通先生說，加在“足”、“負”以及金文“其”等字之上的“丮”，起使名詞動化的作用。後來這種作用逐漸消失，加“丮”之字與不加“丮”之字變得沒有區別，它們就成爲異體字了。從這種意義來講，我們也可以把這種失去意義的“丮”或“欠”看作羨符。

按:清華楚簡《程寤》9 號簡亦有此字，作，辭例爲“愛日不～”，整理者讀爲“足”，[①]包山簡之字亦可讀爲“足”。

[6]郢

〖徐少華 1997〗我們認爲當即《春秋》僖公四年齊桓公率諸侯之師伐楚所次之“陘…春秋之“陘”當不出今河南郾城縣東南、漯河市以東地帶，簡文之“陘”當即此。

〖劉信芳 2003〗讀與“陘”同，簡 162 有“郢戳尹”，188 有“上郢邑”。《春秋》僖公四年：“（齊）伐楚，次於陘。”杜預〈注〉：“陘，楚地，穎川召陵縣南有陘亭。”…漢晉召陵縣在今河南漯河市東。（167 頁）

[7]戳（列）尹

〖何琳儀 1998A〗戳，讀遂。…“戳尹”相當“遂人”或“遂大夫”。（931 頁）

[8]鹽（鹽）虞（號）

〖整理者 1991〗鹽。（29 頁）

〖劉釗 1992A〗從古從鹵從皿，字應釋爲“鹽”，“鹽”字字書讀如“古”，乃“鹽”字

①李學勤主編:《清華大學藏戰國竹簡（壹）》，139 頁，上海，中西書局，2010。

的異構。…“鹽”字見於《說文》，在簡文中用爲人名。

〖湯餘惠 1992〗 𧷏（覃），簡文用爲鹽，於“六書”爲造字假借。簡文從𧷏，古聲，當釋爲鹽。

〖湯餘惠 1993〗《說文》謂鹽，從鹽省，古聲。古文字借𧷏（覃）爲鹽，故鹽可寫作鹽。（154 頁）

〖何琳儀 1993A〗所從“西”乃“鹵”之省（《說文》），應隸定“鹽”，其“鹵”見《集韻》“鹵，鹽或省。”故“鹽”即“鹽”。…均姓氏，讀作“苦”。

〖滕壬生 1995〗鹽。（839 頁）

〖巫雪如 1996〗“鹽”作爲姓氏時是否讀爲苦，則仍未可確言。“鹽”在包山楚簡中除用作姓氏外，亦爲地名，見簡 186“鹽昜敏喫”，簡文中之鹽氏可能是以地名爲氏者。（169 頁）

〖白於藍 2003〗可分析爲從鹽、古聲。

〖劉信芳 2003〗①原簡字形從鹽省，古聲，有如《說文》對“鹽”字的解釋。…疑“鹽”讀爲“胡”。（10 頁）②鹽虜，又見簡 173、180，未知是否爲同一人。（171 頁）

按：上博楚簡《容成氏》3 號簡“鹽”字作，本簡之字應如劉釗、白於藍所說，從鹽、古聲，即“鹽”字。

周𢙼（惕）之人𦛗（臒-獲）[1]、郤邑[2]人郝伮[3]、陸（隋）晨（辰）；㔷（丙）寅，邸昜（陽）君之人臧（臧-莊）堝、𨼋（唐）君[4]之人陸（隋）𢙼（惕）[5]、臧（臧-莊）燭[6]。亯月己巳，𡧊（中）厩（廄）[7]𤇉（胡）豫，郱〈郰-期〉思公[8]之州里公䖒（虘）[9]、郴（梁）人[10]𤇉（胡）慶、下郗（蔡）人競（景）䫜（履）[11]；辛未，楚斨族㑢（長）𣄰[12]、郟𢧢（列）連囂（敖）䣊[13]；壬申，李欿于[14]；癸𠧞（酉）彭人〖163〗

集釋：

[1]周𢙼（惕）之人𦛗（臒-獲）

〖劉信芳 2003〗①周惕又作“周賜”。（171 頁）②𦛗：即“𤇉𦛗”。（171 頁）

按：可參 65 號簡集釋。

[2]郤邑

〖整理者 1991〗郤。（29 頁）

〖何琳儀 1998A〗郤，疑讀敖，地名。（284 頁）

〖劉信芳 2003〗疑讀爲“巫邑”。（171 頁）

[3]郝伮

〖整理者 1991〗鄛，古地名。（51 頁）

按："鄛"應爲姓氏，參 69 號簡集釋。

[4]陽（唐）君

〖何浩、劉彬徽 1991〗《漢志》"臨沮"縣下原注："《禹貢》南條荊山在東北，漳水所出，東至江陵入揚水，揚水入沔。"揚水起自今宜城東南，流經宜城、鐘祥境內，陽君封地，或有可能就在今鐘祥西北境與宜城交界的漢水西側。

〖楚國歷史文化辭典 1996〗或以爲與漢代陽水有關，可能在今湖北鍾祥西北境與宜城交界的漢水西側。又陽通唐，其地也許在唐國故地，約即今河南唐河縣南。（172 頁）

〖劉彬徽 2000〗戰國時陽君封地或許在楚郢都江陵以東近漢水處之某地。

〖劉信芳 2003〗又見簡 176，簡 191 作"昜君"，楚封君。西漢有二陽城，其一在汝南郡，簡 120"昜城"即此陽城。其一在潁川郡，見《漢書・地理志》："陽城，陽城山，洧水所出。"其地在今河南登封東南。地處山區。按"陽"字從阜作，"陽君"封地或在登封陽城。（171 頁）

〖十四種 2009〗陽君封邑，也許在唐國故地。舊說在今湖北隨縣唐城鎮，石泉教授改訂於今河南唐河縣南。（82 頁）

〖吳良寶 2010〗楚文字資料中尚未發現"某城君"省稱爲"某君"的例子，而包山簡 120 的"昜城公"實爲縣之下的邑公。簡文中的"陽君"封邑"陽"很可能應讀爲"唐"（陽、唐上古音極近，二字可通假的例證很多），即西周、春秋時期的唐國故地。（105 頁）

[5]陼（隋）憙（惕）

〖整理者 1991〗隋愓。（29 頁）

〖何琳儀 1998A〗陊，從山，陊聲。即墮之省文。…讀隋，姓氏。（878 頁）

〖李守奎 1998B〗E 形（按：指 163 號簡字）當是《說文》之"隓"字。…包山簡字當即隓字之來源，字從阜、從山，所從當是 C 形所從的變形。陊（篆文作𡐦，今隸作墮）與隨、隓、墮眾字音義並近，後者皆從陊爲聲，當是一字之分化。

[6]臧（臧-莊）燭

〖整理者 1991〗熽。（29 頁）

〖湯餘惠 1992〗燭。

[7]审（中）廏（廄）

〖楚國歷史文化辭典 1996〗漢代中廄爲管理皇后車馬的機構，楚中廄或與之相當。中廄尹則爲其長官。（60 頁）

〖劉信芳 2003〗秦漢中廏是管理王后車馬的機構。（171 頁）

[8]郊〈郵-期〉思公

〖整理者 1991〗郊，所從之丞爲《說文》恆字古文。（51 頁）

〖何琳儀 1998A〗"郊思公"讀"恆思公"，人名。（136 頁）

按："郊思"爲地名，參 129-130 號簡集釋。

[9]里公虐（虐）

〖黃錫全 1992〗虐。

〖劉釗 1992A〗按字從虎從口，釋爲"虐"。

〖李天虹 1992〗此字當讀作虐。

〖湯餘惠 1992〗古文虐字多從口。

〖何琳儀 1998A〗唬。（287 頁）

〖十四種 2009〗此形在楚文字中有"乎"（郭店竹書《老子》甲 2 號、5 號簡等）、"虐"（上博竹書《姑成家父》1 號簡及《景公瘧》1 號簡"瘧"字所從）、"號"（上博竹書《周易》38 號簡）等用法，這裏用作人名，姑依形釋寫。（82 頁）

[10]郴（梁）人

〖整理者 1991〗郱，字又作梁。《竹書紀年》："梁惠成王九年四月甲寅，徙於大梁。"此後，魏國也稱作梁。出土的魏國銅器自銘爲梁，如《梁廿七年鼎》等。梁人即遷都大梁之後的魏人。（51 頁）

〖徐少華 1994〗我們認爲，此梁應是汝水上游南岸的楚故梁邑。（322 頁）

〖劉信芳 1996A〗簡一六三"郱人㸌慶"，同例又見簡一六九、一七九、又一六五"郱人㸌宜"，原告告釋云："梁人即遷都大梁之後的魏人。"按此釋大誤。簡文"梁"、"郱"有別，若是魏大梁人，依楚簡例應稱"魏客"，或直稱"大梁之客"…而稱某地人俱是楚人，僅一八四簡有"郝人"、"郻人"、"浞易人"、"鄗人"，無例外。據此"郱"應是楚之地名。《國語·楚語下》："惠王以梁與魯陽文子，文子辭曰：'梁險而在境，懼子孫之有二者。'……與之魯陽。"韋昭注："梁，楚北境也。"今河南魯山北有地名"梁洼"，即其地。

〖徐少華 1996D〗我們認爲，此梁邑應即漢河南郡之梁縣、春秋故蠻子之梁邑，魯哀公四年（前 491 年）爲楚所襲取，故址在故汝水（今北汝河）以南、今河南臨汝縣西南四十餘里處。

〖張守中 1996〗郴。（107 頁）

〖白於藍 1999〗梁（即梁字）從办聲，故郴亦可從办聲作。…邟、郴是一字之異。

[11]競（景）頣（履）

〖整理者 1991〗𨙸。（29 頁）

按:應釋“䫄（履）”，參 6 號簡集釋。

[12]楚斨族倀（長）㐉

〖整理者 1991〗㝵。（29 頁）

〖吳振武 1993〗動。

〖劉信芳 1995〗由 163 簡“楚斨族倀㝵”可以給我們以重要啓發，即“倀”亦是楚國“莊氏”之別枝。95 簡“張惪”，189 簡“株陽莫敖州加公張讙”，此“張氏”亦可能是“莊氏”之別枝。

〖巫雪如 1996〗倀當爲張之異體。…文獻記載中楚國並無以張爲氏之人，然包山楚簡所見之張氏又似楚國原有之姓氏。簡 163 有楚斨族倀㝵，劉信芳以爲斨即莊，乃楚莊王之謚爲族命、爲姓氏者，而“倀”氏則是莊氏之別枝。若然，則張氏亦爲楚公族一支。（103 頁）

〖何琳儀 1998A〗倀，讀長，姓氏。黃帝子揮之後有長氏。見《路史》。（685 頁）

〖白於藍 1999〗右旁所從乃冢字，應隸作㙶。

〖陳偉武 2003〗或許最初“倀”字確如商老所說，是長幼之長的專用字，後來才轉作他用。…“倀”與“俤”可釋爲一對反義詞。

〖十四種 2009〗楚文字中讀作“長”，如郭店竹書《緇衣》6 號簡、上博竹書《簡大王泊旱》19 號簡。這裏恐亦讀爲“長”，姓氏字。《論語微子》有長沮。（82 頁）

[13]郯䵼連囂（敖）䎎

〖整理者 1991〗䎎。（29 頁）

〖劉釗 1992A〗䎎。

〖何琳儀 1998A〗䎎，從畀，番爲疊加音符。（1298 頁）

按:“郯”字參 10 號簡集釋。

[14]李欿于

〖整理者 1991〗欿。（29 頁）

按:字從“次”，應隸作“欿”。

之州[1]加公黃監、鄾（鄂）君之人犲（利）吉[2]、大厰（廄）登（鄧）僕（僕）、荇（荅）君[3]之加公宋年[4]、婁逜（适）；乙亥，集卲命（令）[5]登（鄧）嘉；戊寅，郶（部）邑人[6]疋記（起）[7]；辛巳，浞（疋）昜（陽）[8]牒（諜）尹郈（宛）余[9]、婁䝚（狐）[10]，郯尹之人敓、兮（萬）無（撫）之州加公譽許脟（勝）[11]、登（鄧）人遠緐（纚）[12]；壬午，奠（鄭）它人[13]〖164〗

集釋：

[1]彭人之州

〖整理者 1991〗喜人□州。（29 頁）

〖陳偉 1996A〗疑是“之”字。

〖李守奎 2006〗163“彭人”之“彭”可能是地名，也可能是族氏的稱呼。

[2]秎（利）吉

〖巫雪如 1996〗利氏。《史記·漢高祖》有利幾。（53 頁）

〖許全勝 1997〗《史記·惠景間侯者年表》：“軑侯利倉。”《漢書·高惠高後孝文功臣表》利倉作黎朱蒼。故我們讀利爲黎氏。…楚之利氏或與嶺南黎氏有關。（12 頁）

〖何琳儀 1998A〗利，姓氏。楚公子食采於利，因以爲氏。見《元和姓纂》。（593 頁）

[3]荇（莕）君

〖何浩、劉彬徽 1991〗“莕”之或體。《後漢書·郡國志》南陽郡下：“復陽侯國，有杏聚。”在今河南桐柏境内。

〖徐少華 1998〗我們認爲，簡文之“荇”當釋爲“項”，“荇君”應即文獻所載的“項君”。…項，爲春秋古國，地在今河南沈丘獻城關一帶。

按：顏世鉉、何琳儀也認爲荇君封地就在今河南桐柏縣境，①簡文“荇”之地望待考。

[4]宋年

〖黃錫全 1992〗末。

〖袁國華 1993B〗據字形分析，此字疑即從“禾”從“千”的“年”字。

〖白於藍 1995B〗字可隸定作“㮠”，終與冬音近，典籍中經常通假，…故“㮠”可釋作“柊”。…簡（164）中柊字用作姓氏字，疑當讀作“冬”，古有冬姓，見《通志·氏族略》。

〖李運富 1997B〗我們認爲當釋作“年”字。…簡文用爲人名（宋年）。該字形“千”横在上，禾、千之撇和竪又兩筆共用，故省變難識。（131-132 頁）

〖林清源 1997〗望山簡“末”字作“𣎳”形，跟包山簡 164△字相比，只有從“木”或從“禾”的差別。“木”、“禾”二字，由於形義俱近，在偏旁中經常可以代換。…包山簡 164△字應該釋爲“末”，簡文“宋末”是楚國人名。（114 頁）

〖劉信芳 2003〗柊：或隸作“宋”，白於藍謂字從木，冬聲，應是“柊”字，有一定道理。惟楚無柊氏，頗疑“宋”本從“冬”聲，故有是體。（173 頁）

[5]集辶命（令）

①顏世鉉：《包山楚簡地名研究》，75 頁，臺灣大學碩士學位論文，1997。何琳儀：《戰國古文字典》，625 頁，中華書局，1998。

〖劉信芳 2003〗集之辻命，主柴草之官。（173 頁）

[6]䣊（部）邑人

〖整理者 1991〗䣊。（29 頁）

〖何琳儀 1998A〗䣊，從邑，㚔聲。…包山簡䣊，讀摯，地名。《詩・大雅・大明》“摯仲氏任”，傳“摯，國名。”今河南汝南。（1381 頁）

〖十四種 2009〗右旁與上博竹書《容成氏》44 號簡“桎梏”之“梏”同。（82 頁）

按:清華楚簡《繫年》133 號簡“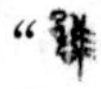”字，整理者讀爲“部”。[①]

[7]疋迉（起）

〖整理者 1991〗迉。（29 頁）

〖何琳儀 1998A〗從辵，己聲。疑迉之異文。（28 頁）

〖劉信芳 2003〗“起”之古文。（173 頁）

[8]泜（疋）昜（陽）

〖顔世鉉 1997〗讀簡文“疋（泜）”爲“沮”，“疋陽”可能在今湖北沮水附近。（142 頁）

〖劉信芳 2003〗疑讀爲“湑”，字或作“育”，《漢志》南陽郡有“育陽”，其地在今南陽市南六十里。（115 頁）

〖吴良寶 2010〗今按，從“疋”聲之字與“且”聲之字可以通假，此讀可從。根據石泉研究，古沮、漳水不是今天的沮河、漳河，古沮水應是漢水的支流，在今蠻河流域。依照此說，包山簡“疋昜”也應在今湖北南漳、宜城一帶，具體地望待考。（227 頁）

[9]䁋（諜）尹郙（宛）余

〖巫雪如 1996〗郙是否可釋爲鄘，尚未可確言。可以肯定的是，簡文中的郙氏當係以楚地名“郙”而得氏者。（129 頁）

〖許全勝 1997〗郙據包山楚簡又爲地名，郙氏當是以邑爲氏者。（25 頁）

按:應讀爲“宛”，參 92 號簡集釋，“䁋（諜）尹”參 139 號簡反集釋。

[10]婁𪕽（狐）

〖整理者 1991〗𪕽。（29 頁）

〖李天虹 1992〗應隸定作𪕽，讀作狐。

[11]郯尹之人敓、兮（萬）𢿌（撫）之州加公䜌許𨃰（勝）

〖整理者 1991〗郯尹之人敓豕、𢿌之州加公䜌勳。（29 頁）

〖劉釗 1992A〗①此字應釋爲“兮”。②按字從攴從無，應釋爲“撫”。

①李學勤主編：《清華大學藏戰國竹簡（貳）》，199 頁，上海，中西書局，2011。

〖湯餘惠 1992〗万（丏）…此應是金文（賓）字所從，古璽多作、，璽文借爲“千萬”之“萬”。簡文上增八爲飾。

〖陳偉 1996A〗郐尹之人敓，鰍之州加公譬勳。（216 頁）

〖巫雪如 1996〗諸書均僅謂敓爲姓氏，並未言其得氏之由。（106 頁）

〖張守中 1996〗丏。（145 頁）

〖何琳儀 1998A〗鰍，從攴，無聲。疑撫之異文。…讀鄦（許），地名。…在今河南葉縣南。（613 頁）

〖劉信芳 2003〗賓撫，人名。（174 頁）

按:湯餘惠之説可從。“万（丏）”字還見於郭店楚簡《唐虞之道》27 號簡，作，辭例爲“～物皆訇”原釋爲“完”，裘錫圭懷疑此字本應作“万”（即《説文》“丏”字），讀爲“萬”。[①]郭店楚簡《語叢一》35 號簡有，黄德寬、徐在國認爲從言從万。[②]陳偉認爲包山楚簡、《唐虞之道》之字讀爲“賓”或“萬”似可無疑，《語叢一》可讀爲謾或慢。[③]簡文“萬撫”或爲人名。

[12]遠紊（纚）

〖整理者 1991〗遠，省去中間的“口”，這批簡文中的遠字均作此形。纚，簡文作，《汗簡》麗字作、等形，與簡文所從相近。（51 頁）

〖何琳儀 1993A〗應隸定“紊”，從二“丌”…應釋“綦”。

〖張守中 1996〗紊。（195 頁）

〖楚文字編 1997〗紊。疑爲綨字。（584 頁）

〖劉國勝 1997〗“丽”所從兩個並置的相同字符應是辛字的省變形。…作二辛並置的“丽”字可能就是後來《説文》説成“辠人相與訟也，從二辛”的辡字（辡有平獄的意思）。如是，則包山楚簡中的“”當釋爲辮。

〖何琳儀 1998A〗從糸，幵聲。疑紊之繁文，綦之異文。（22 頁）

〖李零 1999B〗從丽從系。《説文》“麗”古文作，故作者這樣隸定。但楚文字“琴瑟”字從此，此字也有可能與琴瑟類的字有關，或可隸定作“紊”。

〖白於藍 1999〗即綝字。

〖劉信芳 2003〗字從糸，瑟聲。（174 頁）

①荊門市博物館：《郭店楚墓竹簡》，160 頁，北京，文物出版社，1998。

②黄德寬、徐在國：《郭店楚簡文字考釋》，98-111 頁，《吉林大學古籍整理研究所建所十五周年紀念文集》，長春，吉林大學出版社，1998。

③陳偉：《〈語叢〉（一）、（三）中有關“禮”的幾條簡文》，《郭店楚簡國際學術討論會論文集》，110-114 頁，武漢，湖北人民出版社，2000。

按：楚簡中的“瑟”有四種形體，第一種如包山260號簡的，也見於信陽楚簡，劉信芳、李家浩皆指出其從“必”得聲，應釋爲“瑟”。①第二種不從“必”，寫作“亲”，如曾侯乙墓漆箱E·61漆書，劉國勝釋爲“瑟”。②上博楚簡中常見“琴（琴）亲（瑟）”連言，“瑟”亦作（《孔子詩論》14號簡）。第三種“瑟”，進一步省略，寫作“丌丌”或“丌丌”，如郭店楚簡《六德》29+30號簡“爲宗族朋友，不爲朋友宗族”，劉樂賢、彭林釋爲“瑟（殺）”。③《君人者何必安哉甲》3號簡“楚邦之中，有食田五頃，竽衡於前”，趙平安指出“”應該釋爲“瑟”。④第四種形體寫作“幵”，二“丌”上下排列，如郭店楚簡《性自命出》24+25“聽琴之聲”。但是，單育辰指出《璽彙》0279號的，劉信芳、闞緒杭、周群根據新出的《鍾離公季子康鎛》及漢鍾離丞封泥把“童亓京鉨”改讀爲“鍾麗（離）亭璽”，這無疑是正確的。並且新蔡楚簡甲三79、乙三21的“驪”字作“”、“”形，所從的聲符“丌丌”亦與“瑟”形相混。⑤由此看來，從二“亓”者，無論作“丌丌”還是“亓”，都有讀爲“瑟”和“麗”兩種可能。鑒於簡文從“糸”作，與新蔡楚簡中字所從相同，釋爲“纚”。

[13]奠（鄭）它人

〖整理者1991〗奠，讀作鄭。（51頁）

〖滕壬生1995〗也。與它爲一字。（866頁）

〖何琳儀1998A〗“它人”，習見人名。（863頁）

〖李零1999B〗它、也同源，本是一字，但戰國時期已經分化。這裏與“它”同形的“也”字只有第一例，辭例作“奠（鄭）它人”，乃人名。

郞敓（令）[1]之州加公苛昭；癸未，𨜒（越）異之人周𣪠（叡）[2]、佶（造）陵君[3]之人登（鄧）定；甲申，彭君之人奠（鄭）傴（膺）；己丑，新都人奠（鄭）逃；壬晨（辰），郴（梁）人𢽝（胡）㝖（宜）；酉（丙）申，鄘（鄏）郢[4]人黃鯛。𩠐（夏）柰（夕）己亥，鄦君之人登（鄧）𦧇[5]；辛亥，嚻（敖）[6]酭（酖-沈）尹[7]之州加〖公〗𢽝（胡）𩨗（貍）[8]、刏寢遺𢡺（喜）[9]〖165〗

①劉信芳：《楚簡文字考釋五則》，《于省吾教授百年誕辰紀念文集》，186-189頁，長春，吉林大學出版社，1996。李家浩：《信陽楚簡“樂人之器”研究》，《簡帛研究》第三輯，1-13頁，南寧，廣西教育出版社，1998。

②劉國勝：《曾侯乙墓E61號漆箱書文字研究——附“瑟”考》，《第三屆國際中國古文字學研討會論文集》，691-710頁，香港中文大學中國語言及文學系，1997。

③劉樂賢：《郭店楚簡〈六德〉初探》，《郭店楚簡國際學術研討會論文集》，386-387頁，武漢，湖北人民出版社，2000。彭林：《〈六德〉柬釋》，簡帛研究網，2000年6月4日。

④趙平安：《談“瑟”的一個變體》，復旦大學出土文獻與古文字研究中心網，2009年1月12日。

⑤單育辰：《楚地戰國簡帛與傳世文獻對讀之研究》，102頁，吉林大學博士學位論文，2010。

集釋：

[1]郯敂（令）

〖徐少華 1996B〗“郯命”即郯令，亦爲楚郯地或郯縣的主要官員，類似之簡文還有“汾令”（J2）、“大令”（J5）等，“令”當戰國時楚之縣令。

[2]周觳（叡）

〖整理者 1991〗散。（29 頁）

〖劉釗 1992A〗楚帛書曰：“則毋敢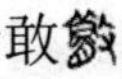天靈”，曹錦炎先生認爲…散，犯也。其說甚是。…與上揭楚帛書“”顯然爲一字，應釋爲“散”。

〖何琳儀 1993A〗與楚帛書“散”顯然爲一字。

〖廖名春 1998A〗“”是一般性的帽子，而有“”的當是特別的帽子，有角冠繩頭之類的帽子。因此“”和有“”的“”都是“冒”。“”乃“”之異體，左爲“冒”，右爲“攴”如釋爲“蔑”，作爲人名恐不妥。釋爲“曼”則較近人情。

〖劉信芳 2003〗散。讀爲“蒙”。（174 頁）

按：楚帛書甲字，商承祚、李零釋“叡”，可從。[①]楚帛書之字下部比“冒”要多出兩筆，應是“睿”字所從“”的省簡。參 82 號簡集釋。

[3]佮（造）陵君

〖何浩、劉彬徽 1991〗“佮”即造字，可與“皂”字通假。造陵君封地當在今天門西北皂市一帶。

〖劉彬徽 2000〗造通皂，二者爲雙聲叠韻。《續史方輿紀要》卷 77 載湖北京山縣有皂角鎮，今地名爲皂市，這皂角鎮之名或源自先秦，楚國時稱造邑或造陵邑。如此，則造陵君封地似應在此。

〖劉信芳 2003〗楚國封君，疑其封地在召陵，佮字從人告聲，讀爲“召”，…《春秋》僖公四年：“楚屈完來盟於師，盟於召陵。”杜預〈注〉：“召陵，穎川召陵縣也。”《水經注・穎水》：“東南逕召陵縣故城南。《春秋左傳》僖公四年，齊桓公師於召陵，責楚貢不入，即此處也。”楊守敬〈疏〉：“在今偃城縣東四十五里。”（174-175 頁）

[4]鄳（郙）郢

〖整理者 1991〗倗郢，楚之別都之一。（51 頁）

〖何浩、劉彬徽 1991〗“郙”、“鄳”可通假。《說文》：鄳，“沛城父有鄳鄉。”城父境內有地名乾溪，《左傳》昭公十二年：“楚子次於乾溪，以爲之援。”春秋時乾溪、戰國時郙郢

①商承祚：《戰國楚帛書述略》，《文物》1964（9），8-20 頁。李零《長沙子彈庫戰國楚帛書研究》，71-72 頁，北京，中華書局，1985。

地望重合，是楚國東部一處別都。

〖楚文字編 1997〗鄘。（319 頁）

〖何琳儀 1998A〗從邑，朋聲。鄘之省文。“郻郢”，地名。疑即鄘鄉，在今安徽亳縣東南。（157 頁）

〖劉彬徽 2000〗《說文》無郻字而有鄘字，“鄘……沛城之有鄘鄉”，段注：“今安徽穎州府亳州東南七十里”，乃春秋時“楚子次於乾溪”之地（《左傳》昭公十二年）。這裏是楚東境重地，稱之爲郻郢，亦是順理成章之事。

〖劉信芳 2003〗春秋時乾溪、戰國時郻郢應在漢晉時城父境内。（175 頁）

〖黄锡全 2011A〗郻郢，或主張即安徽城父之鄘鄉。據《楚居》，其與䢵郢相近。䢵郢的大致方位據包山楚簡當距安陸不遠，故朋郢似不會遠至安徽城父。“郻郢似可讀“軫郢”，位于湖北應城西。應城西之天門皂市一帶有古風城。風與朋可通，郻郢可能即風城。

[5]登（鄧）矰

〖整理者 1991〗矰。（29 頁）

〖劉釗 1992A〗此字應釋爲“矰”。

〖李家浩 1993B〗矢旁倒書。

[6]囂（敖）

〖劉信芳 2003〗地名，讀爲“敖”，《左傳》哀公十九年：“楚沈諸梁伐東夷，三夷男女及楚師盟於敖。”杜預〈注〉：“敖，東夷地。”《左傳》昭公十二年：“楚子狩於州來。次於潁尾，使蕩侯，潘子、司馬督、囂尹午、陵尹喜帥師圍徐、以懼吴。”此次戰役在州來（下蔡）與徐之間，囂尹爲囂地之尹，其地應在淮泗之間，與東夷之敖實即一地。（175 頁）

[7]醋（酖-沈）尹

〖整理者 1991〗醋。（29 頁）

〖黄錫全 1991B〗（天星觀楚簡）第一字從酉、從央、從臼。…《說文》訓“濁酒”之醠可能是醋之訛字，《集韻》或作酟。…“酟尹”於簡文中爲君占卜貞問，很可能是掌占卜之官，類似《周禮》之“大卜”。從典籍訓釋分析，此官當名“訣尹”，酟爲借字。

〖何琳儀 1993A〗“臽”與“監”音近可通。…“酟尹”疑即“監尹”或“藍尹”。《七國考》《通志·氏族略》云，藍尹氏，楚大夫藍尹亹之後也。《楚書》云，藍尹、陵尹分掌山澤，位在朝廷。

〖顔世鉉 1997〗囂酟尹和囂尹，當是同性質的職官，張澍《姓氏尋源》：“楚靈王臣囂尹午，囂尹者，當是禁人喧囂之官，亦或行軍時令軍士無嘩也。”（272 頁）

〖徐在國 1998B〗字應該分析從“酉”從“冘”聲，隸作“酖”，讀爲“沈”。“酖”即典籍中習見的“沈尹”。

〖趙平安 2002〗考慮到醅爲職官，字形和醓又極爲相似，所以我們認爲醅應理解爲醓，極有可能是醓的異體字。…作爲職官，醓大概與醓人相當，只是叫法不同而已。…可以歸納出職官醓的一些特點：一、至少從西周一直延續到戰國時代；二、不同時期、不同地域用字有別，但各有理據可以尋繹；三、中央和地方都有醓，中央政府設立的醓地位尊寵，曾由太子擔任；四、醓有左右之分；五、主官曰醓尹（或只說醓），副官曰醓佐。

〖劉信芳 2003〗即“詹尹”，楚國神職官員。（204 頁）

〖陳偉 2007C〗上博六《莊王既成》篇可證實醅尹即沈尹。

〖田成方 2008〗囂指示貴族食邑的地理方位，沈尹以官爵名顯示貴胄身份，全句可有兩種理解：此州是囂沈尹的食邑；囂是沈尹的食州。前一理解把沈尹、莫敖等定爲地方官員，則食州的地望不明，《左傳》記載莫敖、沈尹在楚國是僅次於令尹、司馬的重要官職，不至於隸屬私人俸邑。後一種解釋相對合理，即沈尹等是中央官員，囂等州則是他們的食稅之地。

〖十四種 2009〗上博竹書《莊王既成》中的酖子桱即《呂氏春秋・贊能》中的沈尹莖，可證徐說是。（67 頁）

〖王寧 2009〗此字其中從“酉”從“臼”的部分都沒問題，關鍵是“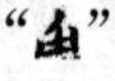”這部分，它不能和“臼”那部分組成“臽”，“臽”字從臼從人，而這個部分顯然不是“人”字，而應該是“冘”，《說文》：“冘，淫淫行貌。從人出冂”，這個字從人，那個方框形就是“冂”之變體或異構。根據包山楚簡，“冘”與“臼”上下結構構成“”，即那個古字的右半，《莊王既成》中的該字雖然是上下結構，然其字形分析仍然要與包山簡相同，即從酉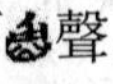聲，這一部分，趙平安先生已經把它準確地隸定爲“沓”，而把～字釋爲“醓”則值得商榷。黃德寬、徐在國二先生將～釋爲“酖”，二先生是根據李家浩先生釋出信陽楚簡中的“枕”字所受的啟發得出此論，並未進一步解釋。…筆者認爲這個字應該就是《周易・坎卦・六三》“坎險且枕”之“枕”的本字，《經典釋文》：“枕，古文作沈。”…既知道從臼冘聲的字爲“深沈”之“沈”，那麼我們就可以斷定，《莊王既成》和《包山楚簡》中“～尹”的這個古文字實際上就是從酉沈聲，也就是黃、徐二先生說的“酖”字…《方言一》、《廣雅・釋詁一》並訓“沈”爲“大也”，故疑“沈尹”就是“大尹”的意思，與地名沒有關係。

按：上博楚簡《莊王既成》1 號簡“以問尹子桱”，即《呂氏春秋》中的“沈尹莖”。李學勤釋爲“醓尹”，認爲從“臽”之“窞”、“啗”、“萏”等字均在定母侵部，與“沈”同。[1]李

---

①李學勤：《讀上博簡〈莊王既成〉兩章筆記》，孔子 2000 網，2007 年 7 月 16 日。

佳興則指出字並無“皿”字部分，應隸定爲“酳”，可與“沈”通假。①此字應從徐在國之說，釋爲“酳”，讀爲“沈”。單育辰曾對楚簡中“沓”字字形作了分析，他認爲上部應從人，人形上加的“”是飾筆，下從的“臼”象坑阱之形，“沓”早先的字形來源應該是甲骨文的“”（《合集》22277）、“”（《合集》22278）之形。②

[8]加〖公〗𤓯（胡）鼶（貍）

〖整理者 1991〗鼶。（29 頁）

〖劉釗 1992A〗按字從鼠從里，應釋爲“貍”。

〖何琳儀 1998A〗從鼠，里聲。貍之異文。楚簡鼶，狐類。（84 頁）

〖劉信芳 2003〗原簡脱一“公”字。（176 頁）

[9]𠜲𡪢遺憙（喜）

〖整理者 1991〗遉𡪢。（29 頁）

〖袁國華 1994A〗包山簡有“貴”、“饋”、“匱”等字，字形分別作192、13、200，與字所從相同，因此此字應釋作從“辵”“貴”聲的遺字。字義待考。

〖劉信芳 1996A〗然包山簡一六五有人名“遺喜”，字作“”，從辵從貴，毫無疑問是“遺”字，原報告考釋者既已將“逋”隸定爲“遺”，大約已考慮過、二形不會是一字，於是莫名其妙地將“”隸定爲“遉”字。

〖巫雪如 1996〗此字當釋作逬，讀作弁，即卞氏之“卞”。（76 頁）

〖楚文字編 1997〗爲楚文字貴賤之貴，饋、樻等字皆從此形。即遺字。舊釋遬亦爲遺，遉、遬是否爲一字，待考。（82 頁）

〖何琳儀 1998A〗遀，讀弁，姓氏。（1068 頁）

〖白於藍 1999〗即《說文》寑（楷書作寝）字。

〖十四種 2009〗此字所從與楚簡“貴”字相同。但楚文字中確認的“遺”字（如郭店竹書《老子》甲 38 號簡、《緇衣》46 號簡所見）形體與此顯異。（按：字形作）…《萬姓統譜》支韻：“遺，魯費宰南遺之後。周遺臣靡，漢遺登。”（83 頁）

按：“𠜲”字參 2 號簡集釋。“遺”（）字從貴，與“遺”（）是不同的字，只是隸定後同形而已。

䣥（鄁-青）尹[1]之陸（隋）𦍌（瞿）倚[2]、郘（呂）寅；乙丑，郲（養）人[3]夆（舒）郙、陽（唐）睹（暑）。𠤳=（八月）辛未，夆（舒）綎（縕-盈）；壬申，坪（平）

①李佳興：《上博六〈莊王既成〉的“醓尹子桱”》，簡帛研究網，2008 年 8 月 20 日。

②單育辰：《楚地戰國簡帛與傳世文獻對讀之研究》，94 頁，吉林大學博士學位論文，2010。

陵敍（令）[4]信；戊寅，郘（呂）延[5]、郕（亢）偃（膺）；壬晨（辰），鄟人[6]䁂（殷）婀、王西州里公周訟[7]、沍（疋）昜（陽）人邗（干）旻（得）[8]、鄗人秦赤、湯午[9]；丙（丙）申，郗（蔡）䣀[10]；壬晨（辰），大廄（廄）黃䍐[11]、大𢧵（列）登（鄧）余善、苛歆〖184〗

集釋：

[1]鄁（鄁-青）尹

〖顏世鉉 1997〗鄁地地望，待考。若《左傳》"清尹"之"清"確爲地名，則或可能與包山楚簡的鄁地有關。（179頁）

〖劉信芳 2003〗"鄁"讀爲"青"，…青尹疑即青陽之尹。《史記·秦始皇本紀》："荊王獻青陽以西，已而畔約。"《漢書·鄒陽傳》："越水長沙，還舟青陽。"《水經注·湘水》："（湘水）又右逕臨湘縣故城西，縣治湘水，濒臨川側，故即名焉，王莽改號撫陸。故楚南境之地也。秦滅楚，至長沙郡，即青陽之地也。秦始皇二十六年令曰：荊王獻青陽以西。"楊守敬〈疏〉："在今長沙縣城南。"（176頁）

[2]陦（隋）美（瞿）倚

〖整理者 1991〗羕。（31頁）

按：應是"美"字，參120號簡集釋。

[3]鄴（養）人

按：包山楚簡"羕陵"和"鄴"爲兩地，參86號簡"羕陵君"集釋。

[4]坪（平）陵敍（令）

〖何浩、劉彬徽 1991〗《水經·注汝水》："汝水又東南徑平陵亭北，又東南徑陽遂鄉北。""平陵亭"位於今新蔡西北，平與以東的洪河南側。

〖楚國歷史文化辭典 1996〗平陵。封邑名。包山楚簡有平陵君的記載。《水經·汝水注》記有平陵亭，約在今河南新蔡縣境。封邑或即在此。（91頁）

〖顏世鉉 1997〗可能在今河南新蔡西北、平輿以東的洪河南側。（155頁）

〖劉信芳 2003〗地名，簡192有"坪陵君"。《水經注·汝水》："汝水又東南，逕平陵亭北。"楊守敬〈疏〉："亭當在今新蔡縣西南。"（176頁）

[5]郘延

〖整理者 1991〗肯。（31頁）

〖劉釗 1992A〗按字從月從出，應釋爲"朏"。

按：應釋爲"延"，參100號簡集釋。

[6]鄟人

按:“鄵”即鄂君啓節之“居鄵”，參 63 號簡集釋。

[7]周訫

〖整理者 1991〗訹。(31 頁)

〖劉釗 1992A〗按字從言從必，…故字應釋爲“訫”，訫即謐字異構。

〖何琳儀 1993A〗應釋“訫”，檢《正字通》“訫，同謐”。

[8]邗（干）㝵（得）

〖劉釗 1992A〗按字從邑從“”，“”乃干字，字在簡文中用作姓氏字，應即干姓之干的專字。

〖巫雪如 1996〗吳亦稱“干”，《墨子・兼愛》：“以利荊楚干越”，《荀子・勸學》：“干越之劍”。凡此干越皆爲吳越。《管子・小問》有“昔者吳、干戰”之記載，可見干、吳兩國曾發生戰爭。當是後來干國爲吳國所滅，成爲吳疆土的一部分，因而吳又被稱作干。這種情況與韓滅鄭後，韓又稱鄭的情況是一樣的。干亦作邗。許慎所謂“邗，國也”當即指被吳所滅之邗國。…邗城在今江蘇揚州市北，包山楚簡之邗氏或即邗國之後人以之爲氏者，亦可能是以邗邑爲氏者。(50 頁)

〖許全勝 1997〗邗，古國名，春秋爲吳所滅，爲吳邑，邗氏當是以國爲氏者。(19 頁)

〖何琳儀 1998A〗邗，姓氏。周武王子封邗，因氏，望出上谷。見《姓考》。(993 頁)

〖十四種 2009〗《左傳》昭公八年陳有干徵師，二十一年宋有干犨。(83 頁)

[9]湯午

〖巫雪如 1996〗湯氏，《通志・氏族略》云：“子姓，夏、商之前，未有謚法，堯、舜、禹、湯皆名也。”《古今姓氏書辯證》則謂湯氏“出自子姓，成湯之後，以謚爲氏。”無論以湯爲名爲謚，均是以湯氏爲成湯之後。但在包山簡中，湯除用作姓氏外，亦爲地名，簡 131 有湯公，爲湯之縣公，因此，簡文中之湯氏亦可能爲以地名爲氏者。…但在先秦兩漢之文獻記載中並無以湯爲氏之人。(130 頁)

按:“湯”有可能就是“湯”姓，也有可能讀爲“唐”。

[10]郗（蔡）郗

〖整理者 1991〗𢀳。(31 頁)

〖黃錫全 1992〗郗。

〖劉釗 1992A〗字從希從卩，應釋爲“郗”。

[11]黃𦊓

〖整理者 1991〗𦊓。(31 頁)

〖陳秉新 1998〗𦊓乃毨之古文。…毨義爲鳥獸毛羽豐盛美悅，故亦可從羽。愚義：𦊓之本義當專指鳥類毛羽豐盛美悅，與毪有微別，後則以毪兼表鳥獸毛羽豐盛美悅，斝字即漸次廢而不用。

〖陳劍 2008B〗從“光”。

笑邑人苛佗、五子娉、𨛭（咸）郢人酓（熊）靏（雪）逜（适）[1]；丙（丙）申，𨛭（咸）郢公之州加公婁遊(逌)、矔（觀）蟲（蠆）[2]。九月己亥，墬（唐）暑、墬（唐）恷、臨昜（陽）人宔（主）賈[3]；壬寅，五帀（師）士尹寬（宜）咎[4]；甲晨（辰），君夫人之脿（券）阩周退[5]；乙巳，苛鮮（騰）[6]；丙（丙）午，邸昜（陽）君之某（梅）敓；己菌（酉），佶（造）让嵒甬[7]〖185〗

集釋：

[1]酓（熊）靏（雪）逜（适）

〖整理者 1991〗①霖（？）。（31 頁）

〖袁國華 1994A〗字實從“雨”從三“于”，或作“雩”。

〖巫雪如 1996〗酓霖亦以楚先王名字爲氏之楚公族，但以何王之名爲氏則尚待考證。（119 頁）

〖許全勝 1997〗酓靏，靏字簡文作〓，從雨從毳。字書所無，疑即雪字，雪字從慧。毳、慧、雪古音皆在月部，聲母亦近（皆屬精系字）。…酓雪疑應讀爲熊率。《史記·楚世家》“熊眴立，是爲蚡冒。”《國語·鄭語》注：“蚡冒，楚季紃（按即熊徇）之孫、若敖（即熊儀）之子熊率。”是知熊眴又稱熊率，雪從慧聲，慧聲字與旬聲字有相通之例，…故簡文熊雪氏疑爲楚先公熊率之後，以王名爲氏。《姓纂》熊率氏條：“楚熊率且比，後爲氏。”不確。又楚先公熊徇，故熊雪也可能讀爲熊徇，熊雪氏則爲楚先公熊徇之後。（30 頁）

〖何琳儀 1998A〗靏，從雨，毳聲。（943 頁）

〖李零 1999B〗從雨從三毛。

〖楚文字編 2003〗霥（霙）。從拔之古文。（654 頁）

〖張新俊 2005A〗包山楚簡中〓的應該是一個從雨、“毳”省聲的字。（24 頁）

〖十四種 2009〗靏字亦見於上博竹書《采風曲目》3 號簡，整理者疑讀爲“毳”。（84 頁）

按：清華楚簡《楚居》6 號簡有楚王名“酓〓”，整理者認爲“靏”從“毳”聲，“毳”、“雪”皆齒音月部字，“熊靏”即文獻中的“熊雪”。①包山楚簡應即以“熊雪”之名爲氏。

[2]矔（觀）蟲（蠆）

〖整理者 1991〗獾蟲。（31 頁）

①李學勤主編：《清華大學藏戰國竹簡（壹）》，186 頁，上海，中西書局，2010。

〖黄錫全 1992〗䨾（觀）。

〖劉釗 1992A〗按字從萬從䖵，應釋爲蠆。

〖湯餘惠 1992〗蠆。字上從萬。

〖何琳儀 1993A〗①又見 249，應釋“觀”。《萬姓統譜》“觀，姒姓。夏有觀扈。”《國語·楚語》下有“觀射父”。②應釋“蠤”。《集韻》“蠆，《說文》毒蟲也，象形，或從䖵。”

〖巫雪如 1996〗觀氏爲姒姓觀國之後，諸書並無異說。…《左傳·哀公十七年》云：“觀丁父，鄀俘也，武王以爲軍率。”…觀丁父乃觀國之後，觀國滅，因仕於鄀，楚滅鄀，又仕於楚，此乃楚有觀氏之始。（180 頁）

〖許全勝 1997〗《左傳》有楚臣觀丁父，觀起，觀從，觀瞻。…觀瞻爲觀從之後，皆爲卜官，簡文觀義、觀綳亦爲卜官，爲左尹卲𦣞占卜，可知觀氏世爲楚卜官。（16 頁）

[3]宔（主）賈

〖整理者 1991〗宔貯。（31 頁）

〖劉釗 1992A〗按此字應從李學勤的考釋釋爲“賈”。

〖巫雪如 1996〗《姓苑》有主氏，云：“嬴姓，即主父氏，或單姓主氏。”主父氏，《姓譜》云：“嬴姓，趙武靈王號主父，支孫因以爲氏。”主氏即主父氏，爲趙武靈王之後也。（79 頁）

〖許全勝 1997〗疑簡文宔氏讀爲宗氏。宔、宗古文字同源。《姓纂》宗氏條：“周大夫宗伯之後，以官爲氏，齊有宗樓。（32 頁）

〖何琳儀 1998A〗宔，讀主，姓氏。（358 頁）

[4]五帀（師）士尹宧（宜）咎

〖楚國歷史文化辭典 1996〗士尹。…似爲基層司法官員。（10 頁）

〖劉釗 1999A〗咎通臼，典籍有“屈宜咎”、周平王“宜臼”。

〖陳穎飛 2009〗士尹掌抓捕犯人。（189 頁）

[5]𡟅（券）㑾周迡

〖整理者〗㫑㑾周促。（31 頁）

〖劉釗 1992A〗按字從“𠔉”從“力”，應釋爲“券”。

〖楚國歷史文化辭典 1996〗迡。（251 頁）

〖李家浩 1996A〗迡。

〖何琳儀 1998A〗券，讀拳，姓氏。楚鬻拳之後，衛有大夫拳彌。見《通志·氏族略·以名爲氏》。（1005 頁）

[6]苛鮄（騰）

〖整理者 1991〗鮇。（31 頁）（按：166 號簡又隸爲“鮇”，見 29 頁）

〖劉釗 1992A〗按字從魚從关，應釋爲“䲍”．

〖張守中 1996〗鮝。（174 頁）

〖何琳儀 1998A〗鰲，從魚，𠧟聲，䲍之省文。（149 頁）

〖白於藍 1999〗包山簡從魚关（即《説文》俟字所從之斧）聲，應即䲍字。

[7]喦甬

〖巫雪如 1996〗《説文》:“多言也。從品相連。《春秋傳》曰:‘次於岩北。’讀與聶同。”喦氏當即聶氏。“聶”又作“攝”，《左傳》宣公十二年楚有攝叔。（121 頁）

〖何琳儀 1998A〗喦，讀嚴，姓氏。楚莊王支孫以謚爲姓，後漢莊光避明帝諱并改爲嚴。見《元和姓纂》。（1422 頁）

遳（魯）快；癸丑，鹽（鹽）絜（漸）；甲寅，鄴（養）郢公欿[1]；酉（丙）晨（辰），緣（終）邮人軋（範）固、墜（陳）團；己未，邸昜（陽）君之人番𨈫（桓）、俈（造）辷鄱（鄃-沈）和，正昜（陽）辷𨟻（殷）䐗（臒-獲）志、新䣕（列）尹之人縢[2]、鹽（鹽）昜（陽）[3]敏（令）䀠（攝）[4]、俈（造）䣕（列）𨛜（亢）鞲、奠（鄭）受；辛亥（酉），登（鄧）人臧（臧-莊）燭、羕（漾）陵少甸尹烍（燒）[5]。〖186〗

集釋：

[1]鄴（養）郢公欿

〖整理者 1991〗鄴邸公㰾。（31 頁）

〖李運富 1997A〗因知當是簡 181 之異寫字，應該楷定爲“郢”而釋爲“郾”。

〖十四種 2009〗據紅外影像和底片，當是從“是”作（其上從“口”，見於上博竹書《子羔》1、10 號簡等）。（84 頁）

[2]縢

〖整理者 1991〗絥。（31 頁）

〖白於藍 1995B〗按此字之左旁非爲手，而是“”，即月。但此處疑應是“舟”字之誤，古文字中“舟”“月”形近易訛，故簡文之字可釋爲“縢”。

〖袁國華 1995〗當隸作㩧。

〖白於藍 1999〗此字左旁所從非爲手，而是肉字。古文字肉、舟形近易混，故此字可能正是縢字。

[3]𥂴（鹽）昜（陽）

〖徐少華 1996D〗按“𥂴陽”即“䣥陽”，二字均從“古”得聲。…胡陽的地望，簡文整理者未言所在，我們認爲當是南陽盆地東南部的古蓼國、漢湖陽縣，胡、湖音同義通。古蓼國在今河南唐河縣八十里之湖陽鎮一帶。

〖顔世鉉 1997〗徐少華將包山楚簡的“𥂴昜”釋作“湖陽”，其說可從。…不過他也將簡181的“䣥陽”釋作“䣥陽”，即“胡陽”，這是不對的。（222-223頁）

〖何琳儀 1998A〗“𥂴昜”，讀“湖陽”，地名。見《漢書・地理志》南陽郡。在今河南唐河南。（477頁）

〖劉信芳 2003〗字應讀爲“胡”，“𥂴昜”應即湖陽。（177頁）

[4]𡚁（攝）

〖楚文字編 1997〗𡚁。（481頁）

〖何琳儀 1998A〗𡚁，從大，聶省聲。疑儑之異文。（1433頁）

〖劉信芳 2003〗讀爲“攝”，郭店簡〈緇衣〉簡45“倗友卣𡚁”，今本作“朋友攸攝”。（177頁）

[5]少甸尹炕（燒）

〖何琳儀 1993A〗炕，人名。

〖何琳儀 1998A〗①“甸尹”，官名。參《儀禮・士喪禮》“甸人”，注“有司主田野者”。《周禮・天官・序官》“甸師”，注“郊外曰甸。師，猶長也。甸師，主共野物官之長。”（1123頁）②炕，從火，无聲。疑爊之省文。（615頁）

〖日高 1998〗《鶡冠子・王鈇》：“其制邑理都使矔習者，五家爲伍，伍爲之長，十伍爲里，裏置有司，四里爲扁，扁爲之長，十扁爲鄉，鄉置師，五鄉爲縣，縣有嗇夫治焉，十縣爲郡，有大夫守焉，命曰官屬。郡大夫退修其屬縣，嗇夫退修其鄉，鄉師退修其扁，扁長退修其裏，裏有司退修其伍，伍長退修其家。”。陸佃注：“‘扁’當爲‘甸’，後皆放此”。包山簡有“少甸尹”之職，陸說大致可信。（11頁）

〖劉信芳 2003〗曾侯乙簡151作“敏尹”。擬之周官，與“甸師”相類。…“少甸尹”即小甸尹。（178頁）

〖鄭玉姍 2003〗《曾侯乙墓》遣冊見簡67“畋車”、簡151“畋尹”。由於“畋車”即獵車，與〈克鐘〉：“易（賜）克甸（畋）車。”相吻合，是以“畋尹”應爲田獵之官，《包山簡》186之“少甸尹”，則可能爲“少畋尹”，《曾侯乙墓遣冊》簡151“畋尹”則爲“大畋尹”之省稱。與《周禮・春官・序官》：“甸祝。”注：“甸之言田，田狩之祝。”相近。

第2組（171-178）

所諟（屬）於發尹杒（利）：鄗（莿）层（夷）壬申，郊（鄢）人䊀（胡）扂余[1]、瘂（瘳-廖）埜（野）[2]；乙亥，登（鄧）無龍、陸（隋）晨（晨）；戊寅，登（鄧）佶（造）。亯月乙亥，東厇（宅）人[3]斜（舒）豫；辛巳，鄻邑人[4]登（鄧）痡、𨛫（咸）郢人陸（隋）偏、剝寢尹[5]之人恣（悇）；甲午，亡魿[6]；癸未，𥂴（鹽）塙；昺（丙）戌，畬（熊）相痡、少妾鮎[7]〖171〗

集釋：

[1]䊀（胡）扂余

〖劉信芳2003〗疑“䊀弡余”與簡65“䊀弡夷”是同一人。（199頁）

[2]瘂（瘳-廖）埜（野）

〖黃錫全1992〗從疒從羽即瘬字。下面“二”爲飾筆。

〖李天虹1992〗當隸定作瘄。

〖劉釗 1992A〗按字從“疒”、從“翌”，“翌”乃翏字之省，簡文“翏”姓之“翏”或作“翌”（189）。古璽作“𤸦”（《古璽彙編》2644-2647），字應釋作“瘳”。“瘳”字見於《說文》，在簡文中用爲姓氏字，應讀爲“鄝”姓之“鄝”。“鄝”本爲古國名，後滅於楚。

〖何琳儀1993A〗所從“翌”乃“翏”之省。…“翏”、“瘳”實爲一字，均姓氏。包山簡“瘂亞夫”188即“翌亞夫”189，是其確證。…應讀“廖”。《廣韻》“周文王子伯廖之後。”廖姓包山楚簡或作“鄝”21。

〖李運富1997B〗“瘂”應當釋爲“癯”。“癯”字見於《玉篇》訓“病也”，簡文讀爲“翟”。《通志·氏族略二》：“翟，氏。亦作狄。”（135頁）

〖劉信芳 2003〗字讀與“蓼”同，《通志·氏族略二》：“蓼氏，偃姓，皋陶之後。文五年楚滅之，今壽州霍邱其地也，子孫以國爲氏。（16-17頁）

〖十四種2009〗包山簡另有地名鄝（29號簡等）、鄝陽（153號簡等），與此字有別。恐以何氏之說爲是。（8頁）

[3]東厇（宅）人

〖整理者 1991〗反，簡文作，讀作阪。《說文》：“坡者曰阪，一曰澤障，一曰山脅也。”（52頁）

〖黃錫全1992〗厇（郈）。

〖何琳儀1993A〗應隸定“厇”，即“宅”。“東宅人”或作“東郈人”（167），與望山簡“東宅公”、“東郈公”可以互證。

[4]鄻邑人

〖整理者 1991〗鄻。（30 頁）

〖程少軒 2008〗見於文獻記載並且在今山東省境内的古地名“鄻”有兩處：一是春秋紀國城邑。《左傳・莊公三年》：“秋，紀季以鄻入於齊。”杜預注：“鄻，紀邑。在齊國東安平縣。”該地在今山東臨淄境内。楊伯俊《春秋左傳注》指出“在今山東省臨淄鎮東（少軒按：今在淄博市境内），與壽光縣相近。”二是春秋齊國地名。《左傳・僖公二十六年》：“齊人侵我西鄙，公追齊師，至鄻。”杜預注：“濟北穀城西有地名鄻下。”該地在今山東東阿附近。《公羊傳・僖公二十六年》“鄻”作“巂”。

[5]剢寢尹

〖何琳儀 1993A〗寢尹，楚國官名。《七國考》“《左傳》注（哀十八年），柏舉之役，寢尹由於背受戈。”

〖劉信芳 2003〗“寢”，寢廟。寢尹應是管理寢廟之尹。…《左傳》哀公十八年：“王（楚惠王）曰：寢尹、工尹，勤先君者也。”杜預〈注〉：“柏舉之役，寢尹吳由於以背受戈，工尹固執燧象奔吳師，皆爲先君勤勞。”按杜注不確，寢尹爲神職官員，工尹亦兼領神職，“勤先君”謂奉事先君。（199 頁）

[6]亡眕

〖黄錫全 1992〗眕。

〖李天虹 1992〗當隸定作眕。

〖何琳儀 1998A〗①亡，姓氏，疑讀芒。伏羲臣有芒氏。見《世本》（727 頁）

[7]少妾鲇

〖陳偉 1996A〗這裏的“妾”可能是楚人女子姓名中的習慣用字，…“少妾”則用於未婚少女。（114 頁）

〖十四種 2009〗鲇，原釋文缺釋。今按：據紅外影像釋出。（84 頁）

己丑，郢（匡）君[1]繇（繇-由）發；甲午，泥（疋）昜（陽）人陸（陳）團[2]、恳（愄-威）王之宛人[3]臧（臧-莊）腎[4]。頣（夏）柰（夕）己亥，霝（靈）昜（陽）[5]人鹽（鹽）汲（溺）[6]；甲晨（辰），登（鄧）孪（娩）；乙巳，郕（咸）郢之攻尹之人登（鄧）腎（堅）、大告（造）让緣（欒）迿、攻實（府）[7]苛忿；辛亥，郐（徐）快[8]、鄎戭（列）瘏（胡）軋（範）、鄘（郍）郢少司馬陸（陳）懃（慭）[9]；癸丑，新〖172〗

集釋：

[1]郢（匡）君

〖何浩、劉彬徽 1991〗鄂君啓舟節銘文有如下一段記載："自鄂往，逾湖，上漢，庚鄖，庚芑陽。逾漢，庚䢔，逾夏……"。其中的"䢔"，同於包山簡中的"䢔"。銘文、簡文都是懷王時的文子。顯而易見，兩文所記爲同一個地名。殷滌非、羅長銘釋此字爲黄。之後，郭沫若、譚其驤、黄盛璋等亦從此說。地望所在則有不同說法。筆者之一據上引舟節銘文所記，認爲此黄在鄂君啓船隊回程"逾漢"之後、"逾夏"之前的中途，大致不出漢水中游，今宜城東南的鐘祥、天門一帶。相對於"自郢及我九百里"的淮、潢地區的黄國來說，可稱爲"西黄"。包山簡中這個黄君的封地，如同鄂君啓節銘文的黄地一樣，應在"西黄"境内。

〖何琳儀 1998A〗讀爲"襄"，在《漢志》江夏郡，具體地望待考。（633 頁）

〖何琳儀 2002〗"䢔"與"亡"、"襄"音近可通。舟節"䢔"亦應讀"襄"。《漢書・地理志》江夏郡"襄，莽曰襄非"。據舟節銘文以及《地理志》江夏郡的範疇，大致應在湖北鐘祥至沔陽之間的漢水沿岸。

〖劉信芳 2003〗楚國封君。䢔字從𡉚得聲，作爲姓氏用字，…讀如"匡"。作爲地名，讀爲"黄"，…此黄應在漢水上游求之。…東漢新野在今河南新野，棘陽在新野東北。楚簡"䢔"，《楚世家》"黄"應在這一地區，惟具體地望尚未能確指。（200 頁）

〖吳良宝 2010〗今按，没有證據表明包山簡"䢔君"的封邑一定就是《鄂君啓節》中的"䢔"，因此，"䢔君"封邑在今河南潢川或者新野一帶的可能性都存在。（87 頁）

按："䢔"作爲地名，還見於鄂君啓舟節。譚其驤讀爲"黄"，認爲是先秦時期的黄棘、漢代的棘陽縣，故城在今南陽市南（今新野縣東北七十里）。①黄盛璋認爲應在漢水以北的今陝西、河南境内，不可確指。②何浩認爲鄂君啓舟節中的"䢔（黄）"和《左傳》桓公八年的"黄"就是"西黄"，約在今湖北天門、鍾祥一帶。③石泉基本上同意何浩所提出的西黄當在漢水流域、今宜城縣東南，位於楚、隨之間的看法，并略加修正而定在漢水以西，在《水經注・江水篇》所記晉南平郡江安縣下游右岸（西岸）的"黄州"。④包山楚簡之"䢔"或可讀爲"匡"，地望待考。

[2]陞（陳）團

〖整理者 1991〗團。（30 頁）

---

①譚其驤：《鄂君啓節銘文釋地》，《長水集》（下冊），193-211 頁，北京，人民出版社，1987。後來改從黄盛璋之說，見譚其驤：《再論鄂君啓節地理答黄盛璋同志》，《長水集》（下冊），212-232 頁，北京，人民出版社，1987。

②黄盛璋：《關於鄂君啓節交通路綫的復原問題》，《中華文史論叢》第五輯，143-168 頁，北京，中華書局，1964。

③何浩：《楚滅國研究》，221 頁，武漢，武漢出版社，1989。

④石泉、蔡述明：《古雲夢澤研究》，54-56 頁，武漢，湖北教育出版社，1996。

〖劉釗 1992A〗按字從囗從尃，尃從甫聲，故“圑”可釋爲“圃”。

[3]愄（愄-威）王之宨人

〖整理者 1991〗愄王，楚威王，公元前 339 至公元前 329 年在位。（51 頁）

〖楚國歷史文化辭典 1996〗宅人。官職名。…威王之宅人和肅王之宅人，應即管理威王和肅王陵墓的人員。（167 頁）

〖白於藍 1999〗從心從畏，乃《說文》畏字繁構。

按：“宨”参 58 號簡集釋。

[4]臧（臧-莊）䵶

〖整理者 1991〗䵶。（30 頁）

〖滕壬生 1995〗黽。（950 頁）

〖劉信芳 1996A〗從“臾”。

〖何琳儀 1998A〗黽。（732 頁）

〖白於藍 1999〗此字下部從甘，故當隸作䵶。

〖宋華強 2006C〗而“䵶”字上部所從應該就是“蠅”的象形初文。（下文稱“黽 1”）…當“蠅”字的象形初文演變得與“黽 1”無別後，爲了表義的需要，才又添加了義符“虫”，這正是大量從“虫”之字形成的一般途徑。又，“甘”旁很多是由“口”旁演變而來，而古文字從“口”與否往往無別，所以“䵶”很可能是由“蠅”字象形初文綴加“口”旁的異體演變而來。如此則“䵶”可以看作就是“蠅”字的異體。

〖疏證 2007〗從黽，早省聲。（645 頁）

〖禤健聰 2010〗可以隸定爲“䵶”。

按：上部所從作爲單字見於鄂君啓節，辭例爲“母（毋）金革箭”。馮勝君認爲字形上是“黽”，但用作“黿”，他指出戰國楚文字材料中，“黽”字無論獨體還是偏旁，都是用作“黿”的，似乎還沒有發現確定無疑的用作本字的例子。[①]李家浩指出古文字“黽”、“黿”二字形近，所以在古文字中，或把“黿”寫作“黽”（例如《緇衣》46 號簡）。[②]郭店楚簡《緇衣》46 號簡“我既厭”，今本《禮記·緇衣》作“我黿既厭”，這也可證明，是用作“黿”的。但有學者不同意借“黽”爲“黿”的看法，而懷疑這個字就是“黿”字，如禤健聰舉金文“鼃”字作爲例，認爲其下所從之“黽”是蛙類，與“黿”有別。

①馮勝君：《戰國楚文字“黽”字用作“黿”字補議》，《漢字研究》第一輯，477-479 頁，北京，學苑出版社，2005。

②李家浩：《楚墓竹簡中的“昆”及從“昆”之字》，《中國文字》新廿五期，139-147 頁，臺北，藝文印書館，1999。

他指出楚簡中以一個從來不用作其本義的“黽”來表示一個頻頻出現的常用字“黿”，實在有悖情理，鄂君啓節和郭店楚簡《緇衣》46號簡之字就是“黿”字。[①]

字釋爲從“黽”爲宜，上博楚簡《緇衣》中“我黿既厭”之“黿”寫成了“昆”（），不能因爲其字讀爲“黿”而將釋爲“黿”。

關於“黽”字來源，宋華強總結出三種：1.蛙屬的“黽”；2.“黿”變過來的“黽”；3.“鼅”、“鼄”、“蠅”等表示昆蟲的字也寫作從“黽”，很可能就是由“蠅”的象形初文演變而來的。趙平安則總結爲：1.或是黿的訛變（如鼈、黿）；2.或是鼉身的訛變（如鼉）；3.或是蜘蛛的訛變（如鼄）；4.或是蛙類的象形；5.所從古文昆應是黽的另一個來源。[②]

[5]霝（靈）昜（陽）

〖顏世鉉 1997〗《漢書·地理志》長沙國有酃縣，《說文》云：“酃，長沙縣。”段玉裁注：“酃，今湖南衡陽府治衡陽縣府東廿五里有古酃縣城是也。”《讀史方輿紀要》卷八十衡州府衡陽縣有酃縣城，云：“府東十二里，漢酃縣故城也。”其地約在今衡陽市東，《中華人民共和國地名詞典·湖南省》“衡陽市”條云：“西漢置酃縣，治湘江以東酃湖旁（今郊區湖東村），屬長沙國。”包山楚簡的霝陽應在西漢酃縣一帶。（291頁）

〖何琳儀 1998A〗“霝昜”，讀“零陽”。…《漢書·地理志》武陵郡“零陽”，在今湖南慈利東北。（814頁）

〖劉信芳 2003〗即零陽。…《漢書·地理志》武陵郡“零陽”，應劭〈注〉：“零水所出，東南入湘。”《水經注·澧水》：“澧水又東逕零陽縣南，縣即零溪以著稱矣。”楊守敬〈疏〉：“在今慈利縣東。”又簡42、180有“霝里子”，其地位如同封君。其封地或在零陽。（200頁）

[6]鹽（鹽）叞（溺）

〖廖名春 1998B〗包山楚簡“溺”字在簡172與177中皆用作人名，以“溺”作人名罕聞，即使如荊門楚簡讀若“弱”，文獻中也不多見。由《王孫遺者鐘》“溺”讀如“淑”推論，包山楚簡“溺”作人名當讀作“叔”。簡172的“鹽溺”即“鹽叔”。

按：“溺”字參5號簡“溺典”集釋。

[7]攻賓（府）

①禤健聰：《釋楚文字的“黿”和“譬”》，《考古與文物》2010（4），102-104頁。馮勝君在《郭店簡與上博簡對比研究》一書中，引了吳振武面告內容，吳振武認爲用爲“黿”的“黽”或“黽”旁也可能應該直接釋爲“黿”，見《郭店簡與上博簡對比研究》，183頁，北京，綫裝書局，2007。

②趙平安：《釋曾侯乙墓竹簡中的“綍”和“桲”——兼及昆、黽的形體來源》，《簡帛》第一輯，11-14頁，上海，上海古籍出版社，2006。

〖整理者 1991〗攻寶，讀作工府。（52 頁）

〖楚國歷史文化辭典 1996〗工府。楚國管理百工作坊的機構或手工業產品藏所。僅見於荊門包山楚簡 172 簡。不詳是否爲直屬工尹的下屬機構。（10 頁）

[8]郐（徐）快

〖整理者 1991〗郐忢。（30 頁）（按：字表又隸爲“郐”，見圖版一四一）

〖巫雪如 1996〗“郐”即文獻上習見的“徐”。（54 頁）

〖許全勝 1997〗徐國之徐，古文字作郐，故簡文郐字即徐氏。（19 頁）

〖何琳儀 1998A〗郐，讀徐，姓氏。（536 頁）

[9]陳懋（愸）

〖整理者 1991〗簡文作，簡 14 反有愸字，作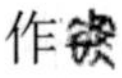。疑爲同一字異體。（52 頁）

〖劉信芳 1994〗又包山簡 172 有“郙郢少司馬陳懋”，懋可視爲“愸”之異體，愸用爲人名。

〖何琳儀 1998A〗懋。（1324 頁）

埜（野）[1]君之州加公逷；酉（丙）晷（辰），妾婦[2]逡、登（鄧）奮（軍）之州人婁甇[3]；己未，李琢（瑤）之人碓（頡）、黃僶（倗）[4]、畢（畢）同[5]、正昜（陽）脰（廚）尹崎（踦）[6]、邛（枝）昜（陽）少司馬馯（胡）赌（瞎）、藍（盬）虘（虩）；辛亩（酉），臧（臧-莊）睹（暑）、邸（越）異之人五慶。肻=（八月）辛未，愳（愄-威）王佶（造）室翏（翏-廖）瘖[7]、古辻湯旺（昃）[8]；壬申〖173〗

集釋：

[1]新埜（野）

〖整理者 1991〗新埜，地名。埜爲野字古文。（52 頁）

〖何浩、劉彬徽 1991〗《漢書·地理志》、《後漢書·郡國志》南陽郡轄縣皆有新野。故《元和郡縣圖志》卷二十一、《讀史方輿紀要》卷四十六“新野縣”條都說：“本爲漢縣，屬南陽郡。”《方輿紀要》還指出：“新野故城在縣南”。至今仍有新野縣，位於豫西南白河東岸。這一帶自春秋早期楚文王北上南陽、東進淮域以來即爲楚地。包山楚簡所記表明，這裏至遲在戰國時期就已稱爲新野。

〖顏世鉉 1997〗《左傳》宣公四年：“子越爲令尹，己爲司馬。子越又惡之，乃以若敖氏之族，圄伯嬴與轑陽而殺之，遂處烝野，將攻王。”楊伯峻注云：“顧棟高《春秋輿圖》謂烝野亦在江陵縣境，沈欽韓《地名補注》謂即今河南省新野縣。”他在《春秋左傳詞典》則說：烝野在今河南新野縣。烝野、新（埜）野若均在巾河南新野縣，則兩者或有可能是同地之異名。烝字是章紐蒸部，新字是心紐真部，韻部相隔較遠，較無通假之可能。

或許“新埜”乃是由“烝野”更改而成的新地名，也就是說，春秋時的“烝野”，到了戰國，則改稱“新野”；當然這純是種推測，尚待進一步驗證。（88 頁）

[2]妾婦

〖陳偉 1996A〗這些人不稱某人之“妾”，而是單獨稱述，有的還冠以居地，看來應是自由民而不是奴婢。這裏的“妾”可能是楚人女子姓名中的習慣用字，“妾婦”大概用於已婚女性。（114 頁）

〖何琳儀 1998A〗“妾婦”，側室。（1436 頁）

〖十四種 2009〗《孟子·滕文公下》記孟子曰：“以順爲正者，妾婦之道也。”可參看。（89 頁）

[3]婁䇥

〖黃錫全 1992〗𨗨。

〖湯餘惠 1992〗字上從𦬠省，璽印文作3116，或省作，簡文爲遞省之形。帝旁省下，猶簡文逿（歸）字從帚省作 225。䇥，疑爲適字異體。

〖何琳儀 1993A〗應釋“䇥”，所從“帝”省簡。…“䇥”爲“𦬠”之繁文。

〖魏宜煇 2006〗現在看來，其中間所從的當也是“甬”字，疑爲“叢”之異體。

按:字中間部分有可能是“帝”、“彔”等字的省體，暫釋爲“䇥”。

[4]黃傰（倗）

〖白於藍 1995B〗字表隸作“傰”，不誤。按此字當釋爲“倗”。簡文中朋字用作偏旁時，從土與不從土每無別。

[5]罼（畢）同

〖整理者 1991〗罼。（30 頁）

〖劉釗 1992A〗按字從网、從畢，應釋爲“畢”，“罼”即畢之繁文。…“畢”在簡文中讀作“畢”姓之“畢”。

〖巫雪如 1996〗在包山楚簡中，“畢”除用作姓氏外，亦爲地名，…郻字從罼從邑，與罼當爲一字之異體。是楚國亦有以罼爲名之地，簡文中之罼氏或係楚地“罼”爲氏者。漢武帝時有瞭侯畢取，本爲南越將軍，或即此畢氏之後。（170 頁）

按:“畢”還作爲地名，參 140 號簡集釋。

[6]崎（踦）

〖劉釗 1992A〗按字從止從奇，應釋爲“踦”。

〖何琳儀 1998A〗崎，從止，奇聲。疑踦之省文。（851 頁）

[7]愳（愄-威）王佸室翌（翏-廖）痞

〖何琳儀 1998A〗鄯。（30 頁）

〖楚文字編 1997〗瘖。（375 頁）

〖文炳淳 1997〗“佶、郜”疑讀如“告”。…“愄王佶室”似可理解爲拜祖求福之所。(33 頁)

〖何琳儀 1998A〗“郜室”、“佶室”，疑官名。（1088 頁）（按：171 頁又云：“‘佶室’，讀‘造室’，疑與‘造府’相似”）

〖劉信芳 2003〗瘖。（198 頁）

[8]古辻湯昳（昃）

〖整理者 1991〗昃。（30 頁）

〖黄錫全 1992〗晱。

〖楚文字編 1997〗昳。（334 頁）

〖李零 1999B〗從日從夭，不從宎。

〖劉信芳 2003〗①讀爲“胡”，“胡辻”即“胡地之辻”，…春秋時有二胡國，《韓非子・説難》：“昔者鄭武公欲伐胡。”…其地在今河南郾城，…又《春秋》昭公四年“胡子”，杜預〈注〉：“胡國，汝陰縣西北有胡城。”此爲歸姓胡國，魯定公十五年爲楚所滅，其地在今安徽阜陽。楚簡除“古”讀爲“胡”外，另有“㸖”讀爲“胡”…“盬”亦讀爲“胡”，多用作姓氏，“盬昜”即湖陽。（201 頁）②字從日，夭聲，“早”字異構。（201 頁）

周霎之人膲（應）[1]、鄃（鄶）人余（徐）爲[2]；甲戌，郯（鄢）人㪔（胡）媛[3]；戊寅，正昜（陽）辻霝（雷）秦、大㪔（胡）之州人黄子嫗（嫘）[4]、肅王[5]竈人㻘（翏-廖）亞（恶）夫；壬晨（辰），郙豫、繇（繇-由）戱（列）黄鳭（耦）[6]、新佶（造）辻黄貨（償）、佶（造）戱（列）㐬瘇[7]、鄜城[8]莫嚻（敖）之人秎（利）邶（越）；乙畣（酉），鄘（鄘）邑人[9]鄸（陽）邶（越）[10]、吳晉；己丑，审（中）㕑（廏）[11]〖174〗

集釋：

[1]周霎之人膲（應）

〖何琳儀 1993A〗下從“拔”…應釋“霎”。

〖何琳儀 1998A〗霥，從雨，㚇聲。疑霎之異文。（954 頁）

〖李零 1999B〗從雨從，爲人名。或以爲“年”字。《朱》172 頁釋“祀”。（按：《朱》指《朱德熙古文字論集》）

〖楚文字編 2003〗稟（叐）。從拔之古文。（654 頁）

[2] 鄃（鄶）人余（徐）爲

〖整理者 1991〗⿰余几。（30 頁）

〖巫雪如 1996〗余、郐爲一字，即後世習見之徐。（54 頁）

〖張守中 1996〗⿰余几。（14 頁）

〖許全勝 1997〗《姓纂》："見《姓苑》，風俗通云，由余子之後，以國爲氏。"又金文徐國之徐亦作余。（19 頁）

〖顔世鉉 1997〗⿰余几，通鄃陽君之"鄃"，其地應在鄃昜君封地一帶；鄃讀作鄹，鄃昜君封地在漢沛郡的鄹縣，亦即在今河南永城縣西北鄹陽集。⿰余几，也可能是在漢南陽郡的鄹縣。（291 頁）

〖李零 1999B〗應釋爲⿰余卜。

〖劉信芳 2003〗職官名，周官有"卜師"、"占人"等。"⿰余卜"應讀爲"占"，楚簡"占"字習見，均用作動詞，"⿰余卜"應是職官用字。（202 頁）

〖陳穎飛 2009〗⿰余卜尹，類於《周禮》"占人"、"卜人"，掌占卜。（162 頁）

[3]⿰言夫（胡）媛

〖整理者 1991〗媛。（30 頁）

〖何琳儀 1998A〗勨。（938 頁）

[4]黃子⿰女䀠（嬛）

〖整理者 1991〗姚。（30 頁）

〖湯餘惠 1992〗右從䀠，見《說文》，"目圍也"，居倦切，今言目圍爲眼圈兒，古作䀠。簡文⿰女䀠，《說文》作嬛，"好也"，今字作媛。

〖何琳儀 1998A〗⿰女䀠，從女，䀠聲，疑嬛之省文。（1006 頁）

〖劉信芳 2003〗⿰女䀠，《說文》作"嬛"。（202 頁）

[5]肅王

〖整理者 1991〗肅王，簡文肅字作。《汗簡》肅字作，與簡文形近，楚肅王於公元前 380 年—公元前 370 年在位。（52 頁）

〖楚文字編 1997〗肅。⿱聿泉不從𣶒從泉。（141 頁）

[6]黃㼌（耦）

〖整理者 1991〗⿰身月，簡文作，它簡也作、等形。（52 頁）

〖劉釗 1992A〗應釋爲"㼌"。

〖湯餘惠 1992〗字從二瓜。

〖李運富 1997B〗今按，劉、湯二說從字形上看似乎言之鑿鑿，或以爲定論。然吾有二疑，提出來以爲商榷。其一，簡 258 既有字，又有字，若二者同釋，則爲一物重說，…

其二，除待釋的、兩形外，比較肯定可以釋“瓜”的字或構件，其形皆朝右作，包簡如255之（菰）、258之（菰），以及265之（鈲），95、164、262、295（按：包山楚簡沒有 295 號簡）之（瓜）等；就連湯氏所舉的秦簡及古璽亦皆如此。雖說古文字構形正反可無别，但恰好同辭出而所指不應該相同的字用了反形作，而其他凡可以肯定是“瓜”的卻都不反作，這恐怕就不是隨意的了，按理應該看作不同於瓜的另一個字。…在沒有更好的能自圓其説的新解提出之前，我以爲暫釋“䂓”、“蓢”還勉強可從。（139頁）

〖十四種 2009〗包山簽牌 59-2“藕”字、上博竹書《平王與王子木》1號簡讀爲“遇”的字艸頭以下的部分與此字相似，應釋爲“耦”。《左傳》襄公二十九年“射者三耦”，杜預注“二人爲耦。”字形正合此意。（85頁）

按:包山 258 號簡有字，整理者釋爲“菰”，同簡又有字，整理者釋爲“蓢”。李家浩認爲古文字正反無别，應從“瓜”聲讀爲“藕”。[①]、二字是有區别的，所從應與“瓜”無關，《十四種》將釋爲“耦”。此外，白於藍還有釋爲“芇”的意見，他認爲上博楚簡《容成氏》26號簡字下部所從乃“并”字異構。[②]

[7]巟瘽

〖巫雪如 1996〗《後漢書·郡國志》云：“古有荒國，其後以國爲氏。”包山楚簡中之荒氏或即此巟國之後。…巟爲地名，字又作“郕”，而巟從“亡”聲，故亦可通“邙”。…“邙”地在河南洛陽，…可見包山楚簡之巟（郕）氏並非楚國原有之姓氏，可能是從洛陽地區來到楚國的人。（47-48頁）

〖何琳儀 1998A〗巟，讀荒，姓氏。見《姓苑》。（729頁）

〖劉信芳 2003〗“荒”之古文。（202頁）

[8]鄜城

〖整理者 1991〗隴。（30頁）

〖袁國華 1995〗當隸作鄜，從邑不從阜。

〖何琳儀 1996〗簡文“龍城”疑與《璽彙》0278“龍城□璽”、《集成》17·10977的“鄜公戈”中的“龍”有關，《水經·獲水注》“獲水又東歷龍城，不知誰所創築也”，在今安徽蕭縣東，春秋戰國屬楚境。

〖顔世鉉 1997〗包山楚簡的隴城和隴城公戈之隴地，並不在今蕭縣東的龍城。隴城地望可能與隴公戈之地有關，確切地望待考。（230頁）

①李家浩：《信陽楚簡中的“柿枳”》，《簡帛研究》第二輯，1-11頁，北京，法律出版社，1996。
②白於藍：《讀上博簡（二）劄記》，《江漢考古》2005（4），69-74頁。

〖吴良寶 2010〗今按，《水經注》中的“龍城”年代不詳，與戰國中期包山楚簡中的“龍城”有無關係尚不可知，且戰國晚期之前該地屬宋國，故暫不取此說；上引《璽彙》所謂“龍城”，施謝捷根據更可靠的拓本改釋爲“俞城”，可見戰國楚璽中并沒有“龍城”。簡文“龍城”疑與“龐”地有關。上古音“龍”屬來母、東部，“龐”屬並母、東部。二者疊韻而聲母相隔，傳世文獻中也沒有二字直接相通假的例證，但《說文》認爲“龐”從“龍”得聲卻不容忽視，文獻中也不乏“龍”與“寵”、“寵”與“龐”相通假的例子。《史記・越王勾踐世家》：“復讐、龐、長沙，楚之粟也。”《集解》引徐廣曰：“龐一作寵。”“龐”地在今湖南衡陽市（《地圖集》第一冊，第 45-46 頁）。（242-243 頁）

[9]鄜（鄜）邑人

〖整理者 1991〗鄜。（30 頁）

〖何琳儀 1993A〗應隸定“鄜”，釋“鄜”。下文“鄜邑人”175 之“鄜”不從“止”，是其確證。

〖楚國歷史文化辭典 1996〗漢魏陳國武平縣西南有鹿邑，約在今河南鹿邑縣西。楚鹿邑或許是其前身。（381 頁）

〖徐少華 1997〗簡文之“鹿邑”，當即春秋之鳴鹿，隨至晉代的鹿邑縣所在。…當不出今河南鹿邑縣以西的試量至辛集鄉一帶，約在故陳城（今河南淮陽）東北 60 里左右。若此說不誤，則表明陳之鳴鹿在春秋戰國之際楚滅陳、其地轉屬楚之後不久即改名爲鹿邑，漢晉之鹿邑、隋至今鹿邑縣當沿楚之舊稱而來，從而又可補文獻記載之缺如。

[10]郻（陽）䣄（越）

〖整理者 1991〗陽䞋。（30 頁）

〖湯餘惠 1992〗郻。

〖巫雪如 1996〗陽氏，《通志・氏族略》列於以國爲氏條下，云：“其國近齊，閔二年，齊人遷之，子孫以國爲氏。或言周景王封少子於陽樊而以陽爲國，誤矣。晉有陽處父，魯有陽氏，羋姓。”楚之陽氏，見《左傳・昭公十七年》“陽匄爲令尹”，《杜注》：“陽匄，穆王曾孫，令尹子瑕。”《孔疏》引世本：“穆王生王子揚，揚生尹，尹生令尹匄。”“揚”當即“陽”，是陽匄乃以王父字爲氏者。又楚有陽令終（見《左傳・昭公二十七年》），爲陽匄之子。包山楚簡中之“陽”氏或即此陽氏之後。（135 頁）

〖許全勝 1997〗疑從邑之陽爲齊之陽國。（15 頁）

[11]审（中）廐（廄）馯（馭）

〖楚國歷史文化辭典 1996〗馭爲駕御車馬者，中廐馭當爲中廐尹的屬員。（60 頁）

馯（馭）鄗（蔡）臣、武城[1]人番𣐼（嗌-益）耳。九月戊戌，鄱君之右司馬；己亥，郙=（邨吁）新官[2]宋亡正、靁（雷）孪（娩）；辛丑，佶（造）戭（列）郲（求）�（遶）[3]；酉（丙）午，李癨；戊申，邸昜（陽）君之人番貾；己酉（酉），鄘邑人登（鄧）楠；辛丑，妾婦姝[4]，郙=（邨吁）牒（諜）尹欣[5]；酉（丙）晨（辰），遊宮坦倌[6]黄贇（贛）[7]〖175〗

集釋：

[1]武城

〖顏世鉉 1997〗《左傳》僖公六年：“蔡穆侯將許僖公以見楚子於武城。”哀公十七年：“王卜之，武城尹吉。”杜預注：“武城，楚地。在南陽宛縣北。”顧楝高《春秋大事表》卷七之四，“武城”：“今南陽府治南陽縣北有武延城。故爲申國地，申滅屬楚。”清南陽府在今河南南陽市。楊伯峻《春秋左傳注》：“武城，今河南省南陽市北。”武城在春秋爲楚縣，其地在今河南南陽市北，包山楚簡武城也在此。（152 頁）

〖尹俊敏 2009〗筆者認爲楚武城的位置就在方城縣趙河鎮平高臺村。

按：何琳儀、徐少華、劉信芳也認爲武城地望在今河南南陽北。①

[2]郙=（邨吁）新官

〖整理者 1991〗簡文作，右邊所從之當爲之省。楚文字常有這種現象，如豻寫作豻=。《說文》箕字古文作，與簡文右邊所從偏旁相近。地名。（51 頁）

〖黄錫全 1992〗故當隸作郭，釋爲“嗣”（孠即《說文》嗣字古文）。此合文爲地名，其地待考。

〖何琳儀 1993A〗又見 175，地名。…應隸定“郭”，釋“鄏”。

〖滕壬生 1995〗孠邑。（1115 頁）

〖李運富 1997A〗從邑号聲，可楷定爲郛而釋爲鄂。簡文用作地名，合文，當讀爲“鄂邑”。

〖顏世鉉 1997〗郭（嗣）可能讀作郘（或邔），司是心紐之部，子是精紐之部，嗣和巳是邪紐之部，音近可通用。《漢書·地理志》南郡有郘縣，《讀史方輿紀要》卷七十九，襄陽府宜城縣“鄢城”條下云：“邔城在縣北五十里，漢縣，屬南郡，邔音忌。”其地在原湖北宜城縣北（鉉按：今已改成宜城市）。（173-174 頁）

〖李零 1999B〗釋“孠”可商（下不從子）。

〖劉信芳 2003〗邨于，原簡爲合文，其右下部件作“于”…字又見簡 175，均爲地名。讀爲“司吾”，…《漢書·地理志》東海郡有司吾縣，《水經注·沭水》“其水西南流，

①何琳儀：《戰國古文字典》，611 頁，北京，中華書局，1998。徐少華：《包山楚簡釋地五則》，《考古》1999（11），74-77 頁。劉信芳：《包山楚簡解詁》，203 頁，臺北，藝文印書館，2003。

逕司吾山東，又逕司吾縣故城西。《春秋左傳》吳執鍾吾子執燭庸。二公子奔楚，楚子大封而定其徙。”戰國時，鍾吾已入楚。（195 頁）

〖唐友波 2003〗嗣邑。

〖陳穎飛 2009〗䣈于。（159 頁）

〖十四種 2009〗此字所從與上博竹書《周易》2 號簡用爲“需”的字近似，待考。（88 頁）

〖吳良寶 2010〗今按，該字從司、從于，上古音“于”在匣母三等、魚部，“吾”在疑母魚部，韻部相同而聲母喉、牙可以通轉，二者讀音相近。司吾所在的江蘇宿遷一帶，楚懷王時期正在楚國疆域之内，故讀“䣈于”爲“司吾”可備一說。（252 頁）

按:清華楚簡《楚居》14 號簡有地名“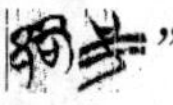”，即本簡之，整理者釋爲“䣈吁”。[①]李家浩指出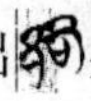與《楚居》11 號簡所從相同，都是“句”,“句”所從的“勹”讀如“宛”,“郇吁”有可能是《越絕書•外傳紀策考》中的“宛橐”。[②]《楚居》11 號簡的合文“”，整理者釋爲“嗣子”，[③]趙平安釋爲“乳子”，[④]李家浩釋爲“子孚”，認爲指敖郟麇（員、卷）。[⑤]

[3]郲（求）迲（遶）

〖整理者 1991〗鄰（蔡）。（30 頁）

〖袁國華 1993B〗因此簡 167 的“”字與簡 175 的“”字，都應隸定作“郲”字。

〖白於藍 1995B〗按此字右旁非爲蔡字，而應是求字。…在簡文中用爲姓氏字，應讀爲“求”，字爲求姓之求的專字，故增附邑旁。求姓見《通志・氏族略》。

〖許全勝 1997〗簡文郲氏，疑讀如裘。《姓纂》裘氏條：“衛大夫食采裘氏，因姓裘。或云，本仇氏，改爲裘。”（24 頁）

[4]妾婦婡

〖整理者 1991〗嫌。（30 頁）

〖何琳儀 1998A〗婡。（1524 頁）

〖劉信芳 2003〗字從女，朿聲。（203 頁）

〖蕭毅 2010〗其實應該是“朿”的變體。（193 頁）

---

①李學勤主編：《清華大學藏戰國竹簡（壹）》，191 頁，上海，中西書局，2010。

②李家浩：《甲骨文北方神名“勹”與戰國文字從“勹”之字》，《文史》總第 100 輯，29-73 頁，北京，中華書局，2012。

③李學勤主編：《清華大學藏戰國竹簡（壹）》，189 頁，上海，中西書局，2010。

④趙平安：《釋戰國文字中的“乳”字》，《中國文字學會第六屆學術年會論文集》，63-66 頁，張家口，2011。

⑤李家浩：《甲骨文北方神名“勹”與戰國文字從“勹”之字》，《文史》總第 100 輯，29-73 頁，北京，中華書局，2012。

[5]肷

〖整理者 1991〗肷。（30 頁）

〖白於藍 1995B〗肷。

〖何琳儀 1998A〗肤。（905 頁）

〖李零 1999B〗應釋“胺”或“膈”。

〖劉信芳 2003〗包 141 人名“瘀”，均以“肷”爲聲符，字讀如“次”。（203 頁）

[6]遊宮坦倌

〖何琳儀 1998A〗“坦倌”，疑讀“壇官”。《集韵》“坦，或爲壇。”《說文》“壇，祭壇場也。”（1020 頁）

〖陳宗棋 2000〗簡文黃贛爲楚王遊宮的舊倌人，“坦，舊也”，又《包簡》132“坦處”亦可爲證。

〖劉信芳 2003〗讀爲“壇”，壇倌應是管理壇場的小吏。（203 頁）

[7]黃贇（贛）

〖整理者 1991〗贛。（30 頁）

〖張守中 1996〗贇。（96 頁）

按:可隸定爲“贇”，即“贛”字。

戊午，郊（鄢）人番羕、子姬[1] 𧇩（監）壄（臧-莊）、魯客專臣[2]、葴泥（疋）君[3]之人苛輻（轅）[4]、新大廏（廄）屈爲人；辛菡（酉），鄽（唐）旲（己）之人綤（緦）[5]、𤍽（胡）斝（襄）、石蒼。青=（十月）己丑，鄽（唐）君之人郿（應）悬（懌）[6]、宵官司敗若、𧇩（監）塙、苛𤝞（狗）子、卲（昭）媛之人𢑚（舒）亡（無）思（惧-畏）[7]〖176〗

集釋:

[1]子姬

〖整理者 1991〗姬。（30 頁）

〖許文獻 2009〗“頤”字初文乃象女子所用梳比之形，至戰國以下始繁緟女旁或頁旁以孳生分化，而戰國“頤”字初文或作：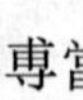（包山簡簡 176）。

[2]專臣

〖巫雪如 1996〗專爲姓氏字，見簡 176，字作，或加邑旁作鄟，爲楚地名，簡 193 有鄟邑，字作，簡 26 有鄟昜，字作，與專當係一字。前文所討論之鄟，字作（簡 180），或作（簡 226），與此“鄟邑”之“鄟”字形有別，當非一地。鄟爲楚邑，故專氏當係

以地爲氏者。（96 頁）

〖許全勝 1997〗似可讀爲傅，《姓纂》："殷相說之後，築於傅岩，因以爲姓。"（26 頁）

[3]葴浘（疋）君

〖何浩、劉彬徽 1991〗"葴"字的寫法，與楚紀年簡中"葴郢"之"葴"字相同，爲同一字。浘即"浞"字。《說文・水部》："浞，濡也，從水，足聲。"《玉篇》釋浞："漬也"。作爲地名，當與水濱有關。…本文采取裘錫圭、李家浩釋爲"菽"字之說。菽可讀爲椒，椒與湫音同。椒，覺部，精紐；湫，幽部，精紐。覺、幽對轉，聲紐雙聲，故可通。…是楚境中有以"湫"爲名之地。《左傳》莊公十九年載：楚文王"敗黃師於踖陵，還，及湫。"杜注："南郡鄀縣東南有湫城。"春秋鄀都、秦漢鄀縣在今鐘祥縣西北境的樂鄉東北、胡集東南的麗陽驛附近，位於漢水中游西側。"鄀縣東南"的湫城，顯然是在今鐘祥縣北偏西的漢水東岸。《大清一統志》謂湫在鐘祥北，《春秋大事表》謂湫在宜城東南，與上述方位恰好相符。由此可以認爲，葴當讀爲湫，湫浞君的封地應在古湫地一帶的近水處。聯繫"葴郢"的地望來看，湫浞當是湫郢境内的一處近水的地名，或者就臨近漢濱。

〖顔世鉉 1997〗浘，讀作沮，疋是疑紐魚部，疏是山紐魚部，沮是精紐魚部，可互通。…就是指沮水，菽沮君的封地可能在當時的楚都（菽郢）與沮水一帶，也就在楚都江陵，今湖北江陵一帶。（89 頁）

〖劉信芳 2003〗地名菽浘史書無徵，疑是菽郢附近地名。"浘"可理解爲水邊之地或水中之洲，浘、漵、渚一音之轉。（204 頁）

[4]苛輚（轅）

〖整理者 1991〗輚。（30 頁）

〖袁國華 1993B〗而""則應隸定爲"輟"或"轓"，簡中用作人名。

〖何琳儀 1998A〗輚，從車，爰聲。轅之異文。（938 頁）

〖十四種 2009〗看此字放大影像，其右旁仍應是"爰"字，可釋爲"轅"。（85 頁）

[5]縲（緦）

〖整理者 1991〗纍。（30 頁）

〖李零 1999B〗上半左邊從"炅"，乃"熱"字的古文寫法，非貝字，右半不清。

〖劉信芳 2003〗縶。（199 頁）

〖蕭毅 2010〗上左略殘，但人仍可看出是從"炅"的，不過很難判斷是否有"中"。上右是"匕"還是"斤"也很難判斷。（226 頁）

按:與 56 號簡爲同一字，從糸從則，"則"字右邊的形體略有變化。

[6]郿（應）悬（懌）

〖巫雪如 1996〗簡文中之“郿”當即金文中之雁，只是又加上“邑”旁以表地名而已。因此，郿氏當即應氏。…應在殷商時代即已存在，周滅殷後，周武王改封其弟於應，應便成了姬姓應國。簡文中之郿（應）氏當即此應國之後。（158-159 頁）

〖許全勝 1997〗從邑從雁，即應國之應。（18 頁）

〖何琳儀 1998A〗郿，讀應，姓氏。應氏，侯爵，武王第四子。今汝州葉縣故應城是也。見《通志・氏族略・以國爲氏》。（133 頁）（按：978 頁又云：“鄘，從邑，雁聲。讀雁，姓氏。見《姓苑》”）

按:字從雁從邑，作爲姓氏應讀“應”，參 121 號簡集釋。

[7]夆（舒）亡（無）愄（愄-畏）

〖何琳儀 1998A〗“亡愄”，讀“無畏”，習見人名。（1187 頁）（按：此說又見 727 頁）

郚莫囂（敖）之人鹽（鹽）瘴[1]；癸巳，正昜（陽）正差（佐）翌（翏-廖）壄（臧-莊）[2]、彭君之人晉（潛）妾[3]；甲午，鄴（養）让敏（令）絑；乙未，郝（奉）昜（陽）[4]司敗鄢贍（瞻）、羕陵公之人䊀（胡）新（慎）、大室酷（酖-沈）尹[5]黎（溺）。負（爨）月己亥，妾婦婉[6]；〖177〗癸丑，借（造）大让繇（欒）迿。〖178〗

集釋:

[1]鹽（鹽）瘴

〖整理者 1991〗瘴。（30 頁）

〖劉釗 1992A〗此字應釋爲“瘴”。

[2]翌（廖）壄（臧-莊）

〖整理者 1991〗壄（壄）。（30 頁）

〖白於藍 1999〗即《說文》臧字。

[3]晉（潛）妾

〖整理者 1991〗䜌，簡文作。《召尊》字作，與簡文相似。（52 頁）

〖劉釗 1992A〗按此字乃“晉”字。

〖湯餘惠 1992〗字上從兓，古璽潛作2584、2585，可參看。簡文“～妾”用爲姓氏之潛。

〖何琳儀 1993A〗應釋“晉”。…讀“潛”，姓氏。《姓氏考略》“古潛地在楚地，以地爲氏。”

按:楚簡“䜌”字作（清華楚簡《皇門》1 號簡），與有別，字應從劉釗之說，釋爲“晉”。

[4]郝（奉）昜（陽）

〖何琳儀 1998A〗“奉昜”，地名，疑在奉城附近。…在今湖北江陵一帶。（432 頁）

〖劉信芳 2003〗望山簡 2-63 有“奉昜公”，疑讀爲“豐昜”，…豐既在豐鄉川水之北，故得稱之爲“豐陽”，亦即簡文“郝昜”。（204 頁）

[5]大室酷（酖-沈）尹

〖文炳淳 1997〗“大室酷尹”可能是在“大室”掌祭祀的官員。從設“酷尹”一職看，“大室”也可算是一個獨立機構。（34 頁）

〖廖名春 1998B〗簡 177 的“尹溺”即“尹叔”。

〖劉信芳 2003〗太室。《左傳》昭公十三年：“（楚恭王）乃與巴姬密埋璧於大室之庭。”杜預〈注〉：“大室，祖廟。”〈釋文〉：“大室，音泰。”（204 頁）

〖田成方 2008〗大室，即太室，《左傳》昭公十三年杜預注：“大室，祖廟。”《楚世家》言“（楚共王）埋璧於室內”，“乃望祭群神，請神決之”，亦明示大室是楚宗廟祭祀場所。簡文是“祭祀場所+官稱+人名”的格式，沈尹溺是在大室的官爵，其職能與宗廟祭祀有關。…楚國沈尹之官供職於大室，是王官，歸楚王直接控制，其下有右沈、左沈等副官。沈尹之官的設立時間早於春秋晚期，直到前 316 年依舊存在。…甲骨文“沈”字寫作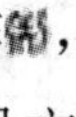，從水從牛，祭名，沉牛羊之祭也。楚簡沈字右邊上部，尚存牛角之形，可能是與甲骨文有淵源關係。沈尹得名或與古代沉牛羊於水中的祭祀活動有關。上文提到的“大室沈尹溺”，供職於國家宗廟，是與祭祀有關的神職人員。…沈尹是大室內掌管祭祀占卜的神職官員，沈尹氏後人傳承了這種文化面貌。

按:將“尹溺”連讀，誤。

[6]妾婦婏

〖整理者 1991〗姪。（30 頁）

〖劉釗 1992A〗按“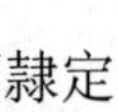”字裘錫圭先生釋爲“坐”（參見《包山楚簡》考釋 419），如此則此字可釋爲“姓”。

〖湯餘惠 1992〗可隸定爲媄。巽聲與贊聲之字每相通，古書譔、𫅓可假爲贊、𫅓，是其例（參《說文通訓定聲》譔字條），所以媄有可能就是𫅓字的異體。

第 3 組（179-183+166-170）

所誼（屬）於郯逄（路）尹犇[1]：鄀（荊）层（夷）壬申，邨（頓）人[2]陞（陳）弃（棄）[3]、酓（熊）鹿軞[4]、登（鄧）䎽（沼）[5]之人陷（隋）訓（順）；戊寅，邢（梁）人[6]㝵（胡）慶、門婁悲[7]。頣（夏）层（夷）甲寅，陵尹[8]之人黄汙（奚）[9]、鄭[10]人登（鄧）蒼、疆馯（馭）婁夘（間）[11]；戊午，佶（造）让李詤（誸）[12]；己未，邛（正）昜（陽）让周䪧（堅）[13]、聖（聲）夫人之鄀（鄀-青）邑人䙴〖179〗

集釋：

[1]郑逄（路）尹𢍰

〖整理者 1991〗捇。（30 頁）

〖白於藍 1995A〗林澐謂尸鎛“虔卹乃死事”虔字從収。（62 頁）

〖張守中 1996〗𢍰。（74 頁）

〖何琳儀 1998A〗①郑，地名。《春秋·宣四》“公及齊侯平莒及郯。”在今山東郯城。（1442 頁）②𢍰，從収，虎聲。疑捇之異文。（446 頁）

〖白於藍 1999〗叔夷鎛“虔卹乃死事”之“虔”字作，從収，可證“”（143）乃虔字。包山簡“路尹”（143）又作“路尹”（179），可見“”亦是虔字異構。（從林澐師說）

[2]邨（頓）人

〖整理者 1991〗鄒（蔡）。（30 頁）

〖黄錫全 1992〗邨。

〖顏世鉉 1997〗《中國文物地圖集·河南分冊》“頓國故城”條說：“據記載，春秋時，頓子初到商水即此地。戰國時頓爲楚邑。”“南頓故城”條說：“據記載，春秋時頓子‘國’因逼於陳自今商水境内南徙於此，故稱南頓。漢繼爲縣。”此書似以頓國故城爲楚頓邑所在。究竟楚頓邑是在南頓故城或頓國故城，尚待進一步證明。（131 頁）

[3]陳弃（棄）

〖整理者 1991〗弃，簡文作，與《說文》棄字古文相同。（52 頁）

[4]酓（熊）鹿軞

〖劉信芳 1995〗按“熊鹿”爲複姓，應即史書所記“熊率”氏。

〖許全勝 1997〗簡文酓（熊）鹿氏當爲楚先公熊麗之後，以王名爲氏。（30 頁）

〖何琳儀 1998A〗“酓鹿”，讀“熊麗”，疑複姓。（1390 頁）

〖劉信芳 2003〗複姓，或作“熊率”。簡 181、190 有“酓鹿弡”，《左傳》桓公六年有“熊率且比”，鹿、率古音雙聲，韻部亦近，作爲姓氏用字，“鹿”是本字，“率”是通假字。…根據目前所能見到的歷史文獻和出土資料，可以肯定“熊鹿氏”是由楚先王“熊麗”而得氏。（187 頁）

按:清華楚簡《楚居》中 7 號簡中有“宵嚻（敖）酓鹿”，整理者指出即《楚世家》中“霄敖熊坎”。[①]包山楚簡中“酓鹿”應讀爲“熊麗”，參 246 號簡集釋。

[5]登（鄧）聚（沼）

〖整理者 1991〗淵。（30 頁）

〖楚文字編 1997〗淵（沼）。（503 頁）

〖何琳儀 1998A〗從水，卲聲。疑沼之繁文。（304 頁）

[6]郱（梁）人

〖整理者 1991〗郱，從刅從邑。金文梁字有（梁伯戈）。讀作梁。（52 頁）

〖劉釗 1992A〗按字從邑從“刅”，“刅”即“荊”字初文，…字應釋爲“荊”。

〖何琳儀 1998A〗郱，讀梁，地名。《左・哀四》“楚爲一昔之期，襲梁及霍。”《國語・楚語》“惠王以梁與魯陽文子。”在今河南臨汝西。（697 頁）

按:“郱”還寫作“梛”，參 163 號簡集釋。

[7]門婁悲

〖巫雪如 1996〗包山楚簡中之門氏或係宋門尹之後，乃以官爲氏者。（79 頁）

〖何琳儀 1998A〗門，姓氏。…《周禮》公卿之子，入王端門，教以六藝，謂之門子，其後爲氏。見《通志・氏族略・以地爲氏》。（1365 頁）

按:“門婁”也可能爲職官。

[8]陵尹

〖楚國歷史文化辭典 1996〗或以爲掌管山陵之官，或以爲是陵縣縣令。（354 頁）

〖劉信芳 1997A〗楚國“陵尹”、“陵迅尹”與《周禮・地官》之“山虞”、“林衡”相類。

〖顏世鉉 1997〗“陵尹”之陵，應是地名，也就是“蔆君”之“蔆”。（97 頁）

〖劉信芳 2003〗簡 181 有“陵人番乙”，知“陵”有可能是地名。陵尹疑即陵地之尹。…按簡 149 記有“陵辵尹”，是徵稅官員；簡 156 有“子陵尹”，既被左尹官署尊稱爲“子陵尹”，則不大可能是地方官；簡 153 記有“蔆君”，其封地在漢九江郡之陰陵縣。“陵”“蔆”非一處一地。同是“陵尹”，似乎有陵地之尹與直屬國家官員之別。（187 頁）

〖吳曉懿 2009〗《左傳・昭公十二年》：“使蕩侯、潘子、司馬督、嚻尹午、陵尹喜帥師圍徐以懼吳。”杜預注：“五子，楚大夫。”《說文》：“陵，大𠂤也。”《說文》又曰：“𠂤，大陸也。”《柬大王泊旱》第七簡中有“陵尹”一職官名。從簡文看，楚簡

①李學勤主編：《清華大學藏戰國竹簡（壹）》，187 頁，上海，中西書局，2010。

王令鳌尹速祭楚地的名山名溪，這應與掌管山川的陵尹有關。劉信芳先生認爲陵尹是掌管山川，向楚王交納貢物之官，是中央職官而非地方行政首長，職司類似於《周禮》的山虞與林衡，此説可從。《周禮·地官·司徒》：“山虞掌山林之政令，物爲之厲而爲之守禁。”明人董説《七國考》引《楚書》曰：“藍尹、陵尹，分掌山澤，位在朝廷。”《包山楚簡》第179簡中亦有“陵尹”，有學者因憑楚地有陵縣，考之《左傳》，凡是遷移故國所設的縣，其縣官稱“尹”，認爲“陵尹”爲地方官名，不確。按：陵尹與龜尹、鳌尹地位相當，都應屬於中央職官。

按：郭仁成認爲文獻中的陵尹與藍尹爲分掌山澤之官，明陵尹必掌山陵，疑即掌開礦之事。[①]“陵尹”還見於新蔡楚簡（甲三 219），宋華強最初認爲戰國時期上層貴族的墳墓開始稱“陵”，“陵尹”也有可能是管理陵寢之官。[②]後來又認爲《尚書·立鄭》有“阪尹”，是管理阪障之官，“陵尹”可能是管理山陵之官，與“阪尹”類似。[③]上博楚簡《柬大王泊旱》7、19、20 號簡亦有“陵尹”，整理者云：“‘陵尹’，楚官名…一曰掌山陵之官，一曰陵爲地名，以爲陵縣縣令。”[④]從156號簡所稱“子陵尹”來看，其地位應該不低，與管理山陵無關，而爲陵縣之長的可能性較大。

[9]黄系（奚）

〖整理者 1991〗系。（30 頁）

〖劉釗 1992A〗按字從爪從糸，應釋作“系”。

〖劉信芳 2003〗奚。（185 頁）

[10]鄝

〖整理者 1991〗郼，簡文作，《汗簡》遼字作，尞字作、。長沙子彈庫帛書尞字作，均與簡文相似。（52 頁）

〖滕壬生 1995〗鄝。《説文》鄝，地名。《集韻》以郼爲鄝或字。（541 頁）

〖顔世鉉 1997〗“郼”當讀爲“轑”或“潦”。《左傳》宣公四年：“子越又惡之，乃以若敖氏之族，圄伯嬴於轑陽而殺之，遂處烝野，將攻王。”楊伯峻《春秋左傳注》：轑陽，杜《注》只云“楚邑”，未言所在。顧棟高《春秋輿圖》謂在今湖北省江陵縣境。沈欽韓《地名補注》則以潦河之陽當之。潦河之源有二，一出河南省南陽縣下馬峙坪，一出縣北曹峰山，南流合爲一，經鎮平縣東爲三瀾河，又南流至新野縣界合湍水。他又在《春

①郭仁成：《楚國經濟史新論》，85 頁，長沙，湖南教育出版社，1990。

②宋華強：《新蔡楚簡初步研究》，226 頁注釋 833，北京大學博士學位論文，2007。

③宋華強：《新蔡葛陵楚簡初探》，337 頁注釋⑤，武漢，武漢大學出版社，2010。

④馬承源主編：《上海博物館藏戰國楚竹書（四）》，201 頁，上海，上海古籍出版社，2004。

秋左傳辭典》"轑陽"條說：楚地。疑在今河南南陽市西北。譚其驤主編的《中國歷史地圖集》也將"轑陽"定在今河南南陽市西北。故包山楚簡的轑地應在此一帶。（290 頁）

〖何琳儀 1998A〗郄，從邑，㕁聲。鄝之異文。《集韵》"鄝，《說文》地名。或作郄。"包山簡郄讀鄝，地名。《左・文五年》"楚子燮滅鄝。"在今河南固史北。（316-317 頁）

〖戰國文字編 2001〗鄵。（445 頁）

〖劉信芳 2003〗包 179"鄵人鄧倉"，疑即涅昜人鄧倉。（56 頁）

〖吴良寶 2007〗馬王堆帛書《老子》甲本及乙本卷前佚書《十大經・姓爭》中的"熱"字或作"炅"、"涅"，均從"日"聲；長沙楚帛書"寒氣熱氣"中的"熱"字作"寘"，從"臬"聲。上文說過"臬"從"炅"聲，跟長沙楚帛書"寘"一樣，也從"寘"聲，其基本聲符是"日"，我們懷疑包山楚簡中的"鄵"可讀爲"慎"。上古音"日"在日母、質部，"慎"在禪母、真部，聲母同爲舌音，韻部質、真可對轉。…包山簡中的"慎"是楚縣的可能性很大。

按:所從偏旁與 47 號簡相同，劉樂賢將 47 號簡之"易"讀爲"涅陽"，除了有可能讀爲"慎"之外，也有可能讀爲"涅"。

[11]疆馯（馭）婁刎（間）

〖整理者 1991〗僵。（30 頁）

〖白於藍 1995B〗按此三字（按：指 179、180、87 號簡之字）應爲"疆"字。…"疆馭"用作官名，似當讀作"疆御"。簡文另有"左御"、"右御"，與此似爲同一種官職名稱。典籍中常見"疆禦"，指横暴逞勢者，不知與此有無關係。

〖陳偉 1996〗婁閒。（218 頁）

〖何琳儀 1998A〗疆，姓氏。越王無疆之後。見《路史》。（639 頁）

〖劉信芳 2003〗又見簡 180，疑是御車小吏，"馯"讀爲"御"。（188 頁）

按:郭店楚簡《老子》23 號簡"天地之間"之"間"作，與簡文相同。

[12]李訦（詨）

〖整理者 1991〗訦，簡文作，所從之與《沇兒鐘》之沇字相同。（52 頁）

〖白於藍 1998A〗右旁從"ㄐ"。

〖何琳儀 1998A〗訦，從言，允聲。疑詨之異文。（1341 頁）

〖吴良寶 2006A〗現在看來也應改釋爲"訆"。

[13]周䝼（堅）

〖何琳儀 1993A〗應釋"䝼"。

〖張守中 1996〗賢。（94 頁）

〖楚文字編 1997〗臤。(153 頁)

〖李運富 1997B〗實際上這是個從“攴”“臣”聲的字，當楷定爲“敃”而釋讀爲“臤”，也就是“堅”字所從。(125 頁)

〖白於藍 1999〗乃《說文》臤字。

按:“敃”應即“臤(堅)”字異體，省略了“力”旁。

壬戌，瞳笋[1]侌(陰)𡰥(夷)安[2]、舟室[3]豫(舒)臣、霝(靈)里子之州差(佐)[4]譽許時(持)[5]、競(景)賈之州[6]加公𨻰(唐)䣁(豫)、疆馯(馭)郙怨(怠)[7]；丙(丙)寅，鄗君新州里公𨻰(唐)𣅺(勝)、鄎君[8]之人譽許郗(蔡)、秦戲(列)連嚚(敖)朋(柔)[9]、䀌(鹽)𢓡(虩)。亯月己巳，郟戲(列)黃請(請)、繇(繇-由)航[10]，宋(中)借(造)戲(列)少童(僮)羅角[11]、右馯(馭)郙還[12]〖180〗

集釋:

[1]瞳笋

〖楚文字編 1997〗《集韻•準韻》：筍，竹胎也，或作笋。(207 頁)

〖何琳儀 1998A〗①瞳，從貝，童聲。包山簡瞳，疑讀鐘，姓氏。見《姓苑》。(368 頁)②從竹，尹聲。筍之異文。(1337 頁)

〖劉信芳 2003〗疑讀爲“童尹”，童地之尹，《戰國策・楚策二》：“昭雎勝秦於重丘。”此重丘在楚方城範圍以內。(188 頁)

[2]侌(陰)𡰥(夷)安

〖整理者 1991〗侌𡰥女。(30 頁)

〖滕壬生 1995〗仁。(657 頁)

〖巫雪如 1996〗侌即陰，簡 23 又作邻，其實皆一字也。…簡文中之陰氏當係以楚之陰地爲氏者。(63 頁)

〖何琳儀 1998A〗侌，讀陰，姓氏。…周文王第三子管叔鮮之後，管夷吾七代世孫，適夢爲陰大夫，因氏焉。見《元和姓纂》。(1393 頁)

〖李零 1999B〗應釋“𡰥”，未必是“仁”。

〖劉信芳 2003〗字讀音如“遲”，參簡 198“遲”之字形。《史記・高祖本紀》：“別將司馬𡰥”。《玉篇》以爲古文“夷”字。(188 頁)

〖十四種 2009〗《玉篇》尸部：“𡰥，古文夷字。”楚簡中此字用作“夷”(上博竹書《周易》51 號簡)、“尸”(《詩論》21 號簡)、“遲”(《民之父母》8 號簡)。(86 頁)

[3]舟室

〖文炳淳 1997〗“舟室”似是負責管理、製造舟船的機構。“舒臣”可能是“舟室”的工匠階級身份。（43 頁）

[4]州差（佐）

〖楚國歷史文化辭典 1996〗州佐。楚地方官名。…可能是州加公之副職，爲楚國基層政權官吏。（156 頁）

[5]譽（許）眝

〖整理者 1991〗譽眝。（30 頁）

〖何琳儀 1998A〗從“貝”從“寺”，《集韻・止韻》，訓爲畜財的“眝”（46 頁）

按：郭店楚簡《老子甲》36 號簡有字，整理者認爲從貝從之聲，與“得”音近通假。[①]李零認爲讀爲“持”也通。[②]陳偉認爲簡文“持”從“貝”作，與同簡“亡”字從貝作一樣，是指財富的保有或喪失。[③]蕭毅同意陳偉觀點，認爲郭店楚簡此字可能是包山楚簡的簡體。[④]

[6]競（景）賈之州

〖整理者 1991〗競貯之州。（30 頁）

〖陳偉 1996A〗競賈之州。（218 頁）

〖楚國歷史文化辭典 1996〗競買之州。（346 頁）

按：劉釗已將 185 號簡之字釋爲“賈”。

[7]疆馯（馭）郙怹（怠）

〖湯餘惠 1992〗丞（愻）。字從牙，不從同。

〖巫雪如 1996〗郙氏當爲甫氏，即傅氏，…郙即爲國名，則郙氏當係以國爲氏者。（95 頁）

[8]郐君

〖何浩、劉彬徽 1991〗今贛西宜春地區，有錦江横貫其間。金君封地，或有可能是在錦水流域的宜春或萬載縣境。

〖顏世鉉 1997〗郐也可能讀作陰（会），出土先秦文物中常可見此情形。屭羌鐘有“平陰”，《商周青銅器銘文選》（四）説：“平陰即平陰，陰從今聲，今金古音相同。”（原注：馬承源主編《商周青銅器銘文選》（四）第 590 頁）。《十七年平陰鼎蓋》有“平陰氏”。

①荊門市博物館：《郭店楚墓竹簡》，117 頁，北京，文物出版社，1998。
②李零：《郭店楚簡校讀記》（增訂本），11 頁，北京，北京大學出版社，2002。
③陳偉：《郭店竹書别釋》，22 頁，武漢，湖北教育出版社，2003。
④蕭毅：《楚簡文字研究》，60 頁，武漢，武漢大學出版社，2010。

璽印及貨幣中此種情形更爲普遍…“陰侯”之陰地在今湖北老河口市北；“郐君”之陰則爲另一個陰地，作“郐”則爲了和前一個“陰”地有所區別。（83 頁）

〖何琳儀 1998A〗郐，或作郐，地名。（1395 頁）

〖劉信芳 2003〗楚國封君，郐讀爲“淦”，《漢書・地理志》豫章郡有“新淦”縣，應劭〈注〉：“淦水所出，西入湖漢也。”《水經注・贛水》：“淦水出其縣下，注於贛水。”楊守敬〈疏〉：“在今清江縣東北六十里”。（188 頁）

按：“郐”讀爲“陰”的可能性較小，其地望待考。

[9]連囂（敖）脜（柔）

〖何琳儀 1998A〗脜，從頁，肉聲。脜之繁文。（219 頁）

〖劉信芳 2003〗脜，字讀爲“擾”。（188 頁）

〖周波 2006〗包山楚簡第 180 簡有脜字，字不識。實際上脜即脜字之異構。《說文・肉部》：“脜，面柔也。從𦣻，從肉，讀若柔。”《廣韻・尤韻》：“脜，面和。”《集韻・尤韻》：“脜，《說文》：面和也。或從頁。”又《集韻・有韻》：“脜，面色和柔皃。或從頁。”

〖袁瑩 2011〗包山簡簡 180 中的“脜”作，“頁”所從之“首”與“卩”共筆，此外該字下部還有一斜筆，似爲飾筆，不過也有可能這一斜筆是比較原始的“夒”字中表示手臂的部分的遺留。該字形似也可以作爲“脜”字從“夒”字演變而來的證據。通過以上分析，我們可以看出“脜”所從的肉形當是由“夒”所從的“爪”形訛變來的，“脜”其實是“夒”字的訛變。“脜”是“脜”的進一步省變。

按：“脜”字見於九店簡 39 下-40 下，辭例爲“凡五亥，不可以畜六牲脜，帝之所戮六脜之日”，整理者認爲“脜”讀爲“擾”，“六擾”與“六牲”同義。[①]“脜”字還見於上博楚簡《季康子問于孔子》1 號簡，辭例爲“唯子之司脜”，季旭昇認爲“脜”讀爲“擾”，是柔、馴的意思，[②]陳偉讀爲“羞”。[③]“脜”字多次出現在清華楚簡中，但讀法有多種。在《皇門》5 號簡中辭例爲“百售（姓）萬民用亡（無）不脜（擾）”，在《皇門》13 號簡中辭例“母（毋）（作）俎（祖）考脜（羞）才（哉）”，在《程寤》8 號簡中辭例爲“思（使）卑脜（柔）和川（順）”。包山楚簡之字暫讀爲“柔”。

[10]繇（𦔻-由）航

〖何琳儀 1993B〗㔻，楚文字作（包山簡 180），人名。…上揭“夸”均從“丂”得聲。“夸”、“丂”均屬溪紐。

①湖北省文物考古研究所、北京大學中文系編：《九店楚簡》，103 頁，北京，中華書局，2000。

②季旭昇：《上博五芻議（上）》，簡帛網，2006 年 2 月 18 日。

③陳偉：《上博五〈季康子問於孔子〉零識》，簡帛，2006 年 2 月 20 日。

[11]少童（僮）羅角

〖何琳儀 1998A〗童，讀僮。（366 頁）

[12]右馯（馭）郙還

〖整理者 1991〗還，簡文作𨖶，省去中間的口。（52 頁）

〖楚國歷史文化辭典 1996〗駕車之士。見於包山楚簡 180 簡。與“左馭”似屬同列。（100 頁）

辛未，安邟（陸）[1]人陞（陳）環、陵人番乙；壬申，邵（昭）上之州加公郢（郾）[2]、鄘（應）族之州人孫之[3]、层（昃）寶（府）曆（磿）[4]；乙亥，邮昜（陽）[5]人李𩣭[6]、莫囂（敖）之州加公五郻（陽）；戊寅，遊倉[7]；癸未，少妾婡、奠（鄭）羊；甲申，沤（疋）昜（陽）人䀀（鹽）軛（範）；酉（丙）戌，坪（平）夜（輿）君[8]之州加公畬（熊）鹿启新〖181〗

集釋：

[1]安邟（陸）

〖整理者 1991〗安阬。（30 頁）

〖劉釗 1992A〗按字從邑從六，應釋爲“陸”。…簡文地名“安阬”即“安陸”。

〖袁國華 1995〗當隸作邟。

〖何琳儀 1998A〗“安邟”讀“安陸”，地名。（225 頁）

按：參 62 號簡“安陸”集釋。

[2]加公郢（郾）

〖整理者 1991〗郢。（31 頁）

按：應隸定爲“郢”，讀爲“郾”。

[3]孫之

〖整理者 1991〗孫止。（31 頁）

〖巫雪如 1996〗簡文中之孫止或爲來自衛、齊之人。（104 頁）

〖十四種 2009〗孫之。（79 頁）

[4]层（昃）寶（府）曆（磿）

〖整理者 1991〗昃府磿。（31 頁）

〖巫雪如 1996〗包山楚簡中以昃爲氏者僅有一人，即簡 181 之昃府磿，無身份官職之記載。（79 頁）

〖楚文字編 1997〗磿（磿）。（447 頁）

〖何琳儀 1998A〗①從厂昃聲。仄之異文。“昃府”，疑讀“側府”。與“中府”相對而言，猶“左府”、“右府”。（96 頁）

〖李零 1999B〗從石從厤（古“稼”字），非曆字。

[5]郙昜（陽）

〖整理者 1991〗郘昜。（31 頁）

〖白於藍 1995B〗郙昜。

〖陳偉 1996B〗郙昜讀爲“淯陽”。

〖楚國歷史文化辭典 1996〗漢南陽郡有育陽縣，故城約在今河南南陽縣西南白河（古淯水）西北岸。由通育，楚由陽即漢育陽前身。（107 頁）

〖徐少華 1996D〗按“郚陽”即“郘陽”，二字均從古得聲。…胡陽的地望，簡文整理者未言所在，我們認爲當是南陽盆地東南部的古蓼國、漢湖陽縣，胡、湖音同義通。古蓼國在今河南唐河縣南八十里之湖陽鎮一帶，爲祝融八姓之一的已姓後裔，來自北方中原的古老部族，齊於《左傳》桓公十一年（前 701 年）見於記載，參與隨、絞、州諸國謀伐楚師，不久即爲楚所滅，地入爲楚境。據《水經・比水注》（卷 29）引《竹書紀年》曰：“楚共王會宋平公於湖陽”，楚共王（前 589～560 年）時蓼國故地已稱“湖陽”，並成爲與諸侯盟會之地，我們曾結合春秋時楚人滅國多置縣的策略推論，楚武王滅蓼之後不久，即因蓼國故地設縣，而改稱湖陽。

〖顏世鉉 1997〗包山楚簡“郙陽”應讀爲“淯陽”，《漢書・地理志》南陽郡有育陽縣，也就是淯陽縣，《中國文物地圖集・河南分冊》載漢淯陽縣故城在今南陽縣南英莊鄉遼河沿岸。（283 頁）

〖史傑鵬 1998〗簡文“郙昜”爲“淯陽”，緣淯水而得名。

[6]李贕

〖劉釗 1992A〗按字從貝從蜀，應隸作“贕”。古蜀、賣音很近…故此字應釋爲“覿”。

〖陳偉 1996A〗贕。（218 頁）

[7]遊倉

〖巫雪如 1996〗遊，古通作“游”，二字音近義通，古籍中往往互相通用，…游氏《通志・氏族略》列於以字爲氏條下，云：“姬姓，鄭穆公之子公子偃，字子游，其後以王父字爲氏。鄭大夫游吉裔孫。”…先秦各國均有以“游”爲字者，是以游氏多見，不必盡出於鄭。文獻記載中楚國並無以游爲氏之人，其所出不明。（139-140 頁）

[8]坪（平）夜（輿）君

〖整理者 1991〗坪夜君，封君名，也見於曾侯乙墓竹簡。（52 頁）

〖何浩 1991A〗位於今河南省平輿縣北偏西。

〖何浩、劉彬徽 1991〗裘錫圭以"'夜'、'輿'二字古音同聲同部",釋"平輿"…仍應以裘說爲是,讀爲平輿。…地在今河南省平輿縣(1951 年由汝南縣析置)北偏西。

〖何琳儀 1998A〗楚、曾器"坪夜"、"坪弦"、"坪亱"、"坪夏",均讀"平輿",地名。見《漢書·地理志》汝南郡。在今河南平輿北。(831 頁)

〖劉信芳 2003〗楚國封君,簡 200、203 等有"文坪夜君",240 有"文坪䖵君"。"文"是"謚號",…"坪夜"讀爲平輿。…其地在今河南省平輿縣。(189 頁)

〖十四種 2009〗新蔡葛陵楚墓墓主,即一代平與君。墓葬位於新蔡西北境,平輿縣東南,平輿君封邑應在此一帶。(87 頁)

〖吳良寶 2010〗裘錫圭、李家浩認爲,"夜"、"輿"皆喻母四等字,古音同屬魚部,"坪夜"讀爲"平輿",其地在今河南汝南縣東南。包山簡文的"坪夜"也應在河南汝南縣東南、平輿縣北。(78 頁)

按:應以裘錫圭讀爲"平輿"之說爲是,其地在河南汝南縣東南、平輿縣北。

亯埜(野)邑人[1]墬(陳)豎(堅)、豫(舒)善、某(梅)溪(溪)[2]邑人殹(殷)䐎(臒-獲)志;己丑,宵官司敗逅[3];壬㫰(辰),鄰(卷)株之仿[4]周遱[5];癸巳,郊人[6]䨻𡰥(己)[7];丙(丙)申,右司馬之州加公番鮎[8]。頙(夏)亱(夕)己亥,𡊄(胡)慢;辛丑,下鄰(蔡)人畢(畢)會;甲㫰(辰),李獻[9]、大臧(臧)之加公黃申〖182〗

集釋:

[1]畬(熊)鹿㞷新,亯埜(野)邑人

〖整理者 1991〗畬鹿、㞷新、亯埜邑人。(31 頁)

〖張光裕、袁國華 1992〗畬鹿㞷,新亯埜邑人。(31 頁)

〖顏世鉉 1997〗張、陳兩人應該是以簡 190 的材料作爲簡 181-182 的斷句依據。不過從簡 192 有"佢新"之人來看,本人認爲將簡 181-182 斷作:"坪夜君之州加公畬鹿、佢新、亯埜邑人"也是極有可能的;且簡 190 斷作"畬鹿㞷、羙快耳"是否正確,也尚難確定。所以本文從原《釋文》之說將簡 181-182 作"坪夜君之州加公畬鹿、佢新",對照簡 192:"坪陵君之州加公佢新"來看,則坪陵君和坪夜君也有可能爲同一個封君,或二者關係密切。(71 頁)

按:"畬鹿"與"㞷新"不應該斷讀,"畬(熊)鹿"爲複姓,179 號簡有"畬(熊)鹿軠"。190 號簡有"熊鹿㞷",192 號簡又有"坪陵君之州加公㞷新",由此看來,181 號簡的人

名讀“熊鹿㞔”和“熊鹿㞔新”都有可能。暫將“熊鹿㞔新”看作人名。

[2]某（梅）溪（溪）

〖何琳儀 1998A〗溪，從水，奚聲。谿之異文。…地名後綴。（777 頁）

〖劉信芳 2003〗“某”讀爲“梅”，…某溪邑當因梅溪而得名。（190 頁）

[3]逗

〖整理者 1991〗逗。（31 頁）

〖白於藍 1999〗即《說文》歫字。偏旁辵、止可通用。

〖劉信芳 2003〗同“距”。（190 頁）

[4]郑（卷）株之仿

〖顏世鉉 1997〗郑株之地望待考；不知是否與郑地有關。（285 頁）

〖何琳儀 1998A〗郑，讀卷，姓氏。衛姬姓之後。見《潛夫論・志氏姓》。（1004 頁）

[5]周遱

〖黄錫全 1992〗遖。

〖袁國華 1994C〗遖。（448 頁）

〖何琳儀 1998A〗遈。（1219 頁）

〖劉信芳 2003〗原簡字形從辵，要聲。（190 頁）

按:此字所從偏旁是“要”字，上博楚簡《采風曲目》2 號簡作、《昭王毀室》7 號簡作，郭永秉對古文字中“要”字作過詳細討論。[①]本簡之字可隸定爲“遱”。

[6]郊人

〖何浩、劉彬徽 1991〗聯係“郊尹”來看，似可理解爲“郊縣之人”。

〖顏世鉉 1997〗郊，讀爲絞，《左傳》桓公十一年：“楚屈瑕將盟貳、軫。鄖人軍於蒲騷，將與隨、絞、州、蓼伐楚師。”顧棟高《春秋大事表》卷五說：“在今湖廣鄖陽府西北。”鄖陽府治在今湖北省鄖縣。楊伯峻《春秋左傳注》：“在今湖北省鄖陽地區鄖縣西北。”二者所指爲同一地。《元和姓纂》卷七：“絞，《左傳》有絞國，在隨、唐之南，以國爲氏。”認爲在漢東隨、唐之間。根據何浩的考證，絞地實在今湖北省谷城縣西北，位於漢南的彭水（今南河）以西，絞國約在堵敖二年至楚成王十六年（前 675 年至前 656 年）爲楚所滅。此說可信。包山楚簡的郊地應當就是絞國故地。（285 頁）

〖何琳儀 1998A〗讀絞，地名。《左・桓十一》“鄖人軍於蒲騷，將與隨、絞、州、蓼、伐楚師”，注“隨、絞、州、蓼，四國名”。在今湖北鄖縣西。（296 頁）

①郭永秉:《談古文字中的“要”字和從“要”之字》,《古文字研究》第二十八輯，108-115 頁，北京，中華書局，2010。

〖十四種 2009〗姓氏字，疑可讀爲“焦”。《通志・氏族略二》“焦氏”云：“《史記》周武王封神農之後於郊……爲晉所滅，子孫以國爲氏。漢有外黄令焦貢，後漢有焦儉……”（87 頁）

按：“郊”應爲地名，而非姓氏。

[7]𪓐只（己）

〖許全勝 1997〗字當讀爲集，《通志》集氏條：“《風俗通》，漢有外黄令集一。”（37 頁）

[8]番鮎

〖黄錫全 1992〗鮎。

〖李天虹 1992〗當隸定作䩞。

[9]李獻

〖整理者 1991〗獻。（31 頁）

〖白於藍 1999〗左旁乃𪊲字，故當隸作獿，即《説文》狙字。

乙巳，𨜒昜（陽）[1]人陞（陳）楚、新埜（野）人少妾秋[2]、郘（呂）寅；辛亥，郿（宛）人𨞺（應）㔽（丙）、𨙸（蔡）𣪘（叡）、枳𨟻（券）之州人[3]周庚、新大廄（廄）𨙸（蔡）己；癸丑，浘（疋）昜（陽）人邗（干）㝵（得）；㔽（丙）𦣞（辰），郯人[4]𩵦（皃）𦮃[5]、𢼸獸（獸）[6]邻邑公𡣱；己未，䨻（皃）公抾[7]、𨹎（唐）𨾏（皃）司敗鄸（陽）[8]、𢝊（㥯-威）王㝐人𦤂（臧-莊）〖183〗

集釋：

[1]𨜒昜（陽）

〖楚文字編 1997〗鄴。（318 頁）

〖顔世鉉 1997〗鄴昜，當與鄴君封地相近；鄴君封地約在今湖北西北武當山區及其以南一帶。（290 頁）

〖何琳儀 1998A〗“鄴昜”，讀“濮陽”，地名。見《漢書・地理志》東郡，在今河南濮陽西南。（395 頁）

〖楚文字編 2003〗𨟊（𨜟）。（408 頁）

〖劉信芳 2003〗《春秋》隱公四年：“衛人殺州吁於濮。”杜預〈注〉：“濮，陳地水名”。《左傳》昭公九年：“然丹遷城父人於陳，以夷濮西田益之。”杜預〈注〉：“以夷田在濮水西者與城父人。”…疑戰國時期楚濮陽即此濮水之陽。（49 頁）

〖吳良寶 2008A〗“𨟊昜”疑可讀爲“蔡陽”，上古音“蔡”屬清母、月部，“戔”屬精母、元部，聲母均爲齒音，月、元二部可以對轉。…《漢書・地理志》南陽郡有蔡陽縣，在今湖北襄樊市東。

〖吳良寶 2010〗如依據周鳳五的意見，此字似可改隸定爲“鄪”。不過，根據上博六楚簡《用曰》的資料來看，其中的“淺”字“丵”旁下面明確無疑地從“収”形，因此包山簡 183 的這個地名隸定爲“鄪昜”或“鄰昜”都可以。楚簡中的這個偏旁比較複雜，不僅可以記録“辨”，也可以記録“察”、“竊”、“淺”等詞，形體來源還有待考察，但舊釋爲“鄴（濮）”的意見肯定是不可信的。“鄰昜”或“鄪昜”可讀爲“蔡陽”。上古音“帶”端母、月部，“蔡”屬清母、月部，“戔”屬精母、元部，聲母爲齒音或舌音，月、元二部可以對轉，音近可相通假。《漢志》南陽郡有蔡陽縣，在今湖北襄樊市東。（205 頁）

[2]少妾秋

〖整理者 1991〗旬。（31 頁）

〖李零 1999B〗疑非“旬”字。

按:此字非“旬”字，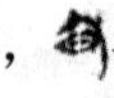字類似“人”形的部分還有一“丿”筆，此字應是“秋”字，字形與 214 號簡相似，僅省略了一筆。

[3]杋㳑（券）之州人

〖整理者 1991〗枬𣄴。（31 頁）

〖李運富 1996〗包簡 183 之字當釋爲“杋”…簡文“杋㳑之州人”則用爲姓氏或地名，蓋既讀爲“凡”。《莊子・田子方》:“楚王與凡君坐，少焉，楚王左右曰‘凡亡’者三”。成玄英疏:“凡是國名，周公之後，國在汲郡界，今有凡城是也。”《廣韻・凡韻》:“凡，姓。周公子凡伯之後。”凡屬小國，時已爲楚所滅，置爲縣。因國爲姓，國、姓同字。

[4]郯人

〖整理者 1991〗郯，古國名。戰國初被越國所滅，越被楚所滅後，地入楚。在今山東郯城西南。（52 頁）

〖顏世鉉 1997〗包山楚簡中的“郯”不是山東的郯國故地；也就是說，懷王時，楚國境内必有另一郯地，而此地極可能在魏都大梁的南方，也就是在今河南省開封市的南方。（179 頁）

〖劉信芳 2003〗地名，本古國，見《左傳》。戰國時其地已入楚。《水經注・沂水》:“南過郯縣西。…《竹書紀年》晉烈公四年，越子朱句滅郯，以郯子鴣歸。縣故舊魯也，東海郡治，秦始皇以爲郯郡，漢高帝二年更從今名。”楊守敬〈疏〉:“在今郯城縣西南三十里。”（191 頁）

[5]鱧（皃）঳

〖整理者 1991〗鰖。（31 頁）

〖楚文字編 1997〗鮶。（519 頁）

〖何琳儀 1998A〗鮶，從魚，隼聲。疑鮶之繁文。…包山簡鮶，讀準，姓氏。（1209 頁）

〖李守奎 1998B〗在包山楚簡中，有下列一組字：包山 183包山 183包山 183。我們以爲這組字當隸作埠、鮶、䧹，釋作堆、魋、䧹。…“”字是在上述形上加了一筆，將橫曲筆變成了“九”形。、、是一字異寫，均是“隼”字。…“隹”“隼”最初當是音義並同的一字，後來才音隨義轉，有所區別。

〖劉信芳 2003〗“鮶”，姓氏，原簡字從魚，堆聲，楚簡堆、隼不甚別，自茲作簡化處理。（191 頁）

〖何有祖 2005〗三字分別可隸作“鯡”、“雗”、“堆”。其共有聲符爲“堆”，似爲“鳩”之異構。“鯡豹”是人名，“雗公”是官名，“陽堆”是地名。

〖單育辰 2007〗我們懷疑 C1、C2、C3（按：字形分別作、、）所從的“”實是“勹”的訛變。可能有些書手在書寫此字的時候，習慣上把“勹”一撇用一橫穿出，即形成此種“”形。我們再看 C2 這個字，除了“”中的一橫探出一撇外與“勹”不同外，其他部份和“鯥”完全相同，也很難認爲會是不同的字。這種“勹”訛變與漢隸“勹”訛變爲“力”的情況相類。所以，此處的 C1、C2、C3 都從“勹”，應隸定爲“鯥”、“鯥”、“雏”，可釋爲“梟”。C1 的“梟”是姓；C2“梟公”應是“梟”地的官長；C3 的“陽梟”也是地名，此二地不詳所在。按《越絕書·越絕外傳記吳地傳第三》：“壽春東梟陵亢者，古諸侯王所葬也。”不知和“梟”或“陽梟”有無關係。

〖凡國棟 2009〗我們懷疑這里的“”可能就是手形，當釋作“又”，E2（按：字形作、，見 183 號簡）的“又”形變作 E1（按：字形作，見曾侯乙墓 46、86、89 號簡）的“勹”，很可能是文字演變過程中“變形音化”的表現，即將原本用來表意的手形改換成形近的表音符號“勹”。

按: 隸定爲“鯥”，讀爲“梟”的意見可從。

[6] 皦獸（獸）

〖整理者 1991〗㲋。（31 頁）

〖滕壬生 1995〗㰤。（709 頁）

〖何琳儀 1996B〗原釋㲋。今改釋扻，讀次，姓氏。《路史》“楚公族有次氏。”

〖李零 1999B〗左半如“屯”。

〖疏證 2007〗“㰤獸”，地名。（617 頁）

[7] 鱙（梟）公抾

〖整理者 1991〗拓。(31 頁)

〖黄錫全 1992〗鵻。

〖何琳儀 1998A〗鶽，從鳥，隼聲。隼之繁文。…包山簡鶽，讀準，姓氏。古守準之官，以職爲氏。見《姓氏考略》。(1208-1209 頁)

〖李零 1999B〗鷱。

〖劉信芳 2003〗“鶽”，原簡字形從鳥，堆聲。隼之或體。(191 頁)

〖羅小華 2008〗當隸定爲“躭”，可分析爲從“身”、“厷”聲。

按:字見於 26 號簡，劉釗已釋爲“拡”，徐在國認爲即“肱”字，參 26 號簡集釋。

[8]㙵埀（皀）司敗鄝（陽）

〖整理者 1991〗雋。(31 頁)

〖楚文字編 1997〗堆。(606 頁)

〖何琳儀 1998A〗埻，從土，隼聲。疑堆之繁文。包山簡“陽埻”，地名。(1208 頁)

〖李零 1999B〗應作“雋”，抄寫有誤。

〖劉信芳 2003〗依原簡字形似可棣定“堆”，依辭例則應直接定爲“隼”。(192 頁)

〖蘇建洲 2006B〗“堆”，既作(《望山》2. 13)(按：摹本作)，又作(《包山》183)。

䣓、葳陵[1]之偏（鬲）司敗鄉敦（觳）[2]、悬（愄-威）王窢臧（臧-莊）嘉、刿寢敏（令）之州[3]苛鮴（騰）；辛亟（酉），佶（造）儥司敗邚（越）、晋倉（合）[4]之人邨（頓）旻（得）[5]，子西戠（列）尹之人辛；乙丑，鄘（鄘）陵敏（令）腸（唐）启[6]、章余可；酉（丙）寅，墜（陳）公[7]之人奠（鄭）少士、佶（造）让尹嵒甬[8]，郱（羕）陵人李邚（越）〖166〗

集釋:

[1]葳陵

〖整理者 1991〗葳（栽）陵。(29 頁)

〖顔世鉉 1997〗葳陵一地有可能在葳郢附近，也就在今江陵紀南城一帶。(211 頁)

[2]偏（鬲）司敗鄉敦（觳）

〖整理者 1991〗敦。(31 頁)(按：字表又釋爲“觳”，見圖版一五三)

〖巫雪如 1996〗《姓苑》中有兆氏，云出趙郡，明有蓬萊縣丞兆元等，鄉氏或即此兆氏。(89 頁)

〖陳偉 1996A〗敦。(218 頁)

〖何琳儀 1998A〗觳。(351 頁)

〖白於藍 1999〗即《說文》敎字。偏旁文、殳可通用。

〖劉信芳 2003〗讀爲“隸司敗”，管理服勞役者的官員。（192 頁）

按:上博楚簡《孔子見季桓子》14 號簡“五穀”作“五敎”，本簡之“敎”也應讀作“穀”。參 156 號簡“敎”字集釋。

[3]剁寢敏（令）之州

〖劉信芳 2003〗州後脫一“人”字。（193 頁）

[4]晉倉（合）

〖巫雪如 1996〗晉氏，《姓氏急就篇》云：“姬姓，唐叔虞封晉，其後氏於國。”各姓氏書均無異說。…《左傳・昭公二十七年》有晉陳，《杜注》云：“晉陳，楚大夫，皆郤氏之黨。”可見楚有以晉爲氏之人。（100 頁）

〖白於藍 1999〗即《說文》合字。

按:或可讀爲“會”，卜人名“應會”之“會”作（201 號簡），也可寫作（210 號簡）。

[5]邨（頓）旻（得）

〖許全勝 1997〗邨字，我們以爲當讀爲頓。…疑邨氏爲頓國之後。（7 頁）

〖李守奎 2010B〗包山簡 166 號簡有“晉合之人邨得”。學者已經指出，邨，即潁水中游的頓國，頓爲楚所滅，頓氏是以國爲氏。《說文》有地名用字“邨”，不詳所在，徐鉉云：“今俗作村”。《說文》的“邨”很可能就是頓國、頓氏的本字，秦漢已經轉寫爲“頓”，《說文》有“邨”可能是存古。

[6]腸（唐）启

〖許全勝 1997〗簡文腸氏也應讀爲唐。（2 頁）

〖何琳儀 1998A〗腸，姓氏，疑讀暢。暢出姜姓，齊後。見《風俗通》。（663 頁）

[7]塦（陳）公

〖顏世鉉 1997〗據《中國文物地圖集・河南分冊》所載，陳楚的故城在今淮陽縣城北。包山楚簡的陳地就在此。（203 頁）

〖劉信芳 2003〗陳地縣公，…《漢書・地理志》淮陽國：“陳，故國，舜後，胡公所封，爲楚所滅。楚頃襄王自郢徙此。”今河南淮陽縣城關有陳故城遺址。（193 頁）

〖吳良宝 2010〗《漢志》淮陽國有“陳縣”，在今河南淮陽縣。…《史記・楚世家》載，楚頃襄王二十一年（前 288 年）“東北保於陳城”，《春申君列傳》也說“楚於是去陳徙壽春”，可見，戰國晚期楚國曾以“陳”爲都。包山楚簡的“陳”地應在今河南淮陽縣。（170 頁）

[8]嵒甬

〖巫雪如 1996〗嵒氏當即聶氏。聶又作攝，《左傳·宣公十二年》楚國有大夫攝叔，即聶氏也。…包山楚簡中以聶爲氏者僅有一人，即估迅嵒甬（簡 166），或即楚大夫攝叔之後。（121 頁）

惠夫人之文賭（瞎）[1]、菽陵人鄉蠋[2]。八月戊唇（辰），大廄（廏）盤（盤）𡰥（沙）、郊（鄢）人桑駈（桓）[3]、大辻苛羅、臧（臧-莊）秦之人吳加；辛未，東邸（宅）人[4]登（鄧）㝔、東邸（宅）人登（鄧）毀（迢）[5]；壬申，估（造）戳（列）郕（求）軛（範）；戊寅，足束遥（逹）[6]、苛㵪（傑）；乙沓（酉），戕（咸）郢隨（隋）遹[7]、邸昜（陽）君之人番駈；己丑，珞尹[8]、郛审（中）廄（廏）〖167〗

集釋：

[1]惠夫人之文賭（瞎）

〖整理者 1991〗喜夫人。（29 頁）

〖劉信芳 2003〗“惠夫人”，楚惠王夫人。（193 頁）

[2]鄉蠋

〖黃錫全 1992〗蠋。

〖李天虹 1992〗應隸定作噣。

〖袁國華 1995〗當隸作䬸。

〖何琳儀 1998A〗覰。（377 頁）

[3]喪（桑）駈（桓）

〖整理者 1991〗桊駈。（29 頁）

〖湯餘惠 1992〗167 簡：“郊人～駈”，用爲桑氏之桑。

〖巫雪如 1996〗包山楚簡中之喪氏也可能以喪爲氏，並一定要讀爲桑。《廣韻》喪字條云：“姓，楚大夫喪左。”是楚有喪氏。喪在甲骨文中有用作地名者，漢印亦有“喪鄉都尉”之印，是“喪”爲地名，簡文中之喪氏可能是以喪地爲氏者。（165 頁）

〖何琳儀 1998A〗讀桑，姓氏。出自少昊窮桑氏，子孫以桑爲氏。見《萬姓統譜》。（707 頁）

〖十四種 2009〗《通志·氏族略三》：“桑氏，嬴姓。秦大夫子桑之後也。……漢有御史大夫桑弘羊。”（88 頁）

[4]東邸（宅）人

〖整理者 1991〗阪。（29 頁）

〖黃錫全 1992〗邸（宅）。

〖望山簡 1995〗“邸”或省作“厇”（見一一三號簡）。“厇”即“宅”字古文。《說文》

“宅”字古文作“厇”，從“广”，但三體石經作“乇”，與簡文合。《左傳》宣公十一年記楚莊王語，稱“諸侯、縣公皆賀寡人”。東邸公當爲東邸之地的縣公。東邸公在簡文中有時稱爲先君（見簡一一二號簡），當是昭固先人。（99 頁）

〖楚文字編 1997〗邸（郘）。（316 頁）

〖何琳儀 1998A〗郘，從邑，宅（庑）聲。…楚簡“東郘”或作“東宅”，地名。（524 頁）

〖劉信芳 2003〗讀爲“亳”，其字又作“薄”。（194 頁）

[5]登（鄧）卲（迢）

〖整理者 1991〗卲。（29 頁）

〖何琳儀 1998A〗從止，卲聲。疑卲之繁文。（304 頁）

[6]足束遥（逆）

〖整理者 1991〗疋束遥。（29 頁）

〖劉釗 1992A〗字應釋爲“束”。

〖袁國華 1993B〗“”字實即“卒”字，“卒”字見“包山楚簡”，簡 82 字形作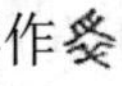，簡 197、199 字形亦同。“卒”亦可釋“衣”，音義同“狄”，因此“”字應隸定爲“逕”，或“遥”，音同“逖”。

〖滕壬生 1995〗逕。（154 頁）

〖白於藍 1995B〗魏三體石經“逖”字作“”，與“”右上所從相同，故“”應釋爲“逖”。

〖張守中 1996〗逖。（24 頁）

〖何琳儀 1998A〗①足，姓氏。鄭祭足之後。見《姓考》。（384 頁）②遥，從辵，衣聲。疑遏之異體。（757 頁）

〖黄文傑 1998〗按此字從“衣”，應隸釋爲“遥”，在簡文中作人名用。

〖張新俊 2005A〗我認爲應該隸定作“逆”，但是此字不見於後世字書。（97 頁）

按：馮勝君認爲“卒”從“衣”分化而來，在楚系文字中，從“爪”者爲“卒”，不從“爪”者爲“衣”，三體石經中“逖”作，是“裼”的表意初文，與楚文字中的“卒”字只是偶然同形。[①]張新俊基本贊同這種看法，他認爲“卒”字均從“爪”從“衣”，而且所從的“爪”形，都在“衣”的左上部，而三體石經、汗簡等古文中“狄”字，所從的“爪”形均在“衣”的右上部。[②]從字形上看，本簡之字下部從“衣”，不從“卒”應隸定爲“遥”，

①馮勝君：《論論郭店簡〈唐虞之道〉〈語叢〉一～三以及上博簡〈緇衣〉爲具有齊系文字特點的抄本》，33 頁，北京大學博士後出站報告，2004。

②張新俊：《上博楚簡文字研究》，97 頁，吉林大學博士學位論文，2005。

依馮勝君從“爪”者爲“卒”的意見，可釋爲“逆”。

[7] 戠（咸）郢隨（隋）遏

〖整理者 1991〗 郸。（29 頁）

〖滕壬生 1995〗 戠。（872 頁）

〖李守奎 1998B〗 B 形（按：指 22 號簡字）是在陸字上增加邑旁，成爲姓氏專字，楚文字中大量的邑部字大都是分化出的姓氏專字。隓實際上就是今隨州的“隨”，隋姓之“隋”。…隋姓之隋，本由隨國之隨省變而來，在楚文字中，本作陸，後加邑成專字隓。C 形是 B 形的省形，即省去一個“圣”型。

〖李零 1999B〗 應釋“㦰”或“郸”。

[8]珞尹

〖整理者 1991〗 珞尹郛。（29 頁）

〖楚文字編 1997〗 珞。此字右旁不清，似從允從口，果如此則當釋爲玧，爲璊字或體。（24 頁）

〖何琳儀 1998A〗 珞，地名。（489 頁）

〖劉信芳 2003〗 簡 167 有“珞尹”，疑“珞”讀爲“逧”。（11 頁）

按:將“珞尹郛”連讀，誤，簡文在“尹”之後有斷讀表示，“郛”應屬下讀。

苛善、陳（陳）聖（聖）。九月戊戌，軋（範）作（作）；辛丑，舟贅（贅）公豕[1]、舟斯公券、司舟公[2]孛（娩）；壬寅，夜坙（基）[3]之里人鄖（瞿）隊（墜）[4]；乙巳，剡戲（列）某（梅）欲[5]；丙（丙）午，單（單）善[6]之人苛浧（盈）；戊申，告（造）戲（列）黃痪[7]之人翏（廖）鏁[8]、鄗人秦赤；辛亥，妾婦監、史惥（懌）、鄗人秦赤；丙（丙）晨（辰），隓（隋）宼[9]之人惑〖168〗

集釋:

[1]舟贅（贅）公豕

〖整理者 1991〗 豕，簡文作。《説文》豕字古文作，與簡文形近。（51 頁）

〖劉信芳 1994〗 包山簡 157 有“舟”，168 有“舟公”，“”字亦從“來”，（省去了部分筆畫）“舟來”即“州來”，…州來本小國，春秋時已入楚，《左傳》成公七年：“吳入州來。”至魯昭公二十三年雞父之戰，楚師大奔，州來淪爲吳地，以封季札，號延州來季子。魯哀公二年，吳遷蔡至此，稱：“下蔡”。然包簡“州來”、“下蔡”並見，知戰國時楚未廢州來。

〖劉信芳 2003〗“贅”字可釋爲“賚”，…舟贅即州來。（194 頁）

按:“舟贅”應是機構名，而非地名。

[2]司舟公

〖楚國歷史文化辭典 1996〗其職掌可能與管理舟船有關。(124頁)

〖劉信芳 2003〗楚國舟師官員。(194頁)

[3]夜坓(基)

〖整理者 1991〗夜基。(29頁)

〖何琳儀 1998A〗從土，丌聲。基之省文。“夜坓”，地名，坓讀其，地名後綴。(24頁)

[4]䣼(瞿)隧(墬)

〖整理者 1991〗隧。(29頁)

〖巫雪如 1996〗羕字見簡120，字作，從木、羊聲，或加邑旁作(簡168。)簡文中另有羕字，從永、羊聲，見簡75“羕陵”，字或作鄴，見簡166“鄴陵”，亦有從水作漾者，見簡12“漾陵”。又簡128有鄴公，簡184有鄴人，可知簡文中羕、鄴、漾、鄴均爲一字之異體，諸字均從羊聲，故可通假，羕、䣼二字亦從羊聲，當亦可與羕、漾等字通假。羕、漾、鄴等字古代與養通用，…養氏當係以國爲氏者。楚滅養後，養成爲楚邑，之後其地與養國或養氏已無關係。包山楚簡中有羕(養)氏，可見楚文王時雖曾滅養之族，但養氏在楚國並未滅絕。(97-99頁)

〖楚文字編 1997〗墬。以阱字異體作塦例之，當即隊字。(71頁)

〖何琳儀 1998A〗䣼墬。(1225頁)(按：676頁又云：“䣼，疑讀養，姓氏”)

〖白於藍 1999〗此字從𠂤、從止、㒸聲，可釋爲隧。

按:“䣼”氏即“羕”氏，參120號簡集釋。

[5]某(梅)欿

〖整理者 1991〗欿。(29頁)

〖何琳儀 1998A〗郯。(1256頁)

〖十四種 2009〗郯。(88頁)

按:應從整理者之說隸定爲“欿”。

[6]嘼(單)善

〖李家浩 1994〗疑簡文“獸善”應當讀爲“單善”。

〖巫雪如 1996〗包山楚簡之“嘼”亦當讀爲“單”。…出土青銅器銘文中亦有單伯，…亦有稱單子者，…包山楚簡中之單氏當即此單國之後。(159頁)

[7]黃痃

〖整理者 1991〗痃。(30頁)

〖李天虹 1992〗此字應隸定作痳，讀作膌。

〖滕壬生 1995〗膌。（344 頁）

〖楚文字編 1997〗《集韻·昔韻》：膌，瘦也，或作脨。脨當是脨之訛。說文膌之古文作痳，從疒從朿，朿亦聲（193 頁）

〖何琳儀 1998A〗痳，從疒，朿聲。膌之省文。（968 頁）

〖白於藍 1999〗即膌字。《說文》膌字古文作“”，與此字同形。

[8]翏（廖）鏟

〖整理者 1991〗鏟。（30 頁）

〖劉釗 1992A〗從“金”從“韓”，應釋爲“銲”。

〖何琳儀 1993A〗應隸定“韓”，疑“鏇”之異文。

[9]陸（隋）宻

〖整理者 1991〗簡文宻字疑爲㖰字之誤。隨㖰即隨域，疑爲隨國故地。（51 頁）

〖何琳儀 1998A〗陸，從阜，左聲（或繁化差爲聲）。讀隋，姓氏，隋氏，侯爵。今隋州是其地，楚滅之，子孫以國爲氏。（878 頁）

〖李守奎 1998B〗A 形（按：指 168 號簡字）當是《說文》“陸”字之來源。《說文·阜部》：“陸，敗城府曰陸，從阜差聲。，篆文。”前人已經指出，《說文》無“差”字。今據楚簡可知，陸當係由“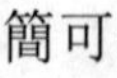”訛變而來，陸之篆文從土，尚存古意。《說文·肉部》：“隋，裂肉也。從肉，從陸省。”《汗簡》之，實爲陸字，以陸爲隋，屬同聲假借。

黃和；癸亥，𨚙（咸）郢司悳（德）秀鄝（陽）、郙=（郙吁）人軋（範）賸（邊）。肯=（十月）戊寅，𢦏（咸）郢司悳（德）鄝（陽）、苛臒（矍）[1]、湛母[2]邑人屈𩫏（就）[3]、俈（造）大让𣪊（舒）抾、梆（梁）人䀠（胡）慶；辛巳，鄴（羕）陵人郘（呂）快、武陵[4]戭（列）尹之人翏（廖）足、鄝（陽）遂邑人周絽（縕-盈）、𢦏（咸）郢某（梅）子𦭢（蕾）[5]、鄗邑[6]人吳㮚（勝）、俈（造）䜣[7]〖169〗

集釋：

[1]苛臒（矍）

〖整理者 1991〗㯰。（30 頁）

〖張守中 1996〗矍（76 頁）

〖白於藍 1999〗此字從䀠臒聲，即《說文》瞿字。

〖十四種 2009〗此字下部實爲“獲”字，見於上博竹書《周易》17、37、48 號簡。古文字中的“獲”往往寫成“隻”。因而此字亦當釋爲“矍”。（90 頁）

[2]湛母

〖整理者 1991〗湛，簡文作，《說文》甚字古文作，與簡文右部相似。（52 頁）

〖何琳儀 1998A〗“湛母”，地名。（1406 頁）

〖劉信芳 2003〗疑讀爲“沈鹿”，湛即古沈字。《左傳》桓公八年：“楚子合諸侯於沈鹿”。杜預〈注〉：“沈鹿，楚地。”《春秋大事表》卷六：“湖廣安陸府治鍾祥縣東六十里有鹿湖池，深不可測，楚之沈鹿地。桓公八年楚子合諸侯於沈鹿，即此。”或者魯國史官以爲“湛母”不雅訓，改書爲“沈鹿”歟？（196 頁）

[3]屈稾（就）

〖李零 1996〗就。

按："就"字參 197 號簡集釋。

[4]武陵

〖顏世鉉 1997〗楚武陵縣地望，本文仍暫定在漢武陵縣故城，也就是今湖北竹山縣以西、竹溪縣以東之竹溪境內。（152-153 頁）

按:何琳儀、劉信芳也認爲“武陵”在今湖北竹山縣西。[①]《近出殷周金文集錄》四・1152 有“武陵之王戈”，顏世鉉認爲戈銘之“武陵”和包山楚簡同指一地，在漢武陵縣故城、今竹溪縣境內。吳振武、張光裕指出此“武陵”與今湖南省溆浦縣有關，由戈銘可推知漢高祖以前已有“武陵”之稱。[②]

[5]某（梅）子嵤（蕾）

〖整理者 1991〗留。（30 頁）

〖湯餘惠 1992〗蕾。字從艸省。

[6]鄩邑

〖整理者 1991〗鄉。（30 頁）

〖黃錫全 2007〗原江陵與潛江（西南）之間的龍灣一帶經過考古發掘證實是一處大型王宮遺址並有城址，沙市秦簡所記竟陵至江陵之間的地名有尋平，而新蔡楚簡記有楚王駐蹕之地“鄩郢”，故有理由推測，楚之“鄩郢”或有可能就在秦時“尋平”一帶，地處龍灣。若此推測屬實，那麼，包山楚簡的“鄩邑”也可能在龍灣。“鄩公”和“下蔡蕁里”的鄩和蕁就跟“鄩郢”沒有關係，爲同名異地。

按："鄩"字參 12 號簡集釋。

---

①何琳儀：《戰國古文字典》，611 頁，北京，中華書局，1998。劉信芳：《包山楚簡解詁》，196 頁，臺北，藝文印書館，2003。

②張光裕、吳振武：《武陵新見古兵三十六器集錄》，《中國文化研究所學報》1997（6），338 頁。轉引自吳良寶：《戰國楚簡地名輯證》，223 頁，武漢，武漢大學出版社，2010。

[7]佶（造）斪

〖文炳淳 1997〗《說文》：“斪，斫也。”段玉裁注：“斤斧所以斫木，斪斸所以斫地也。”《玉篇》：“斪，鋤屬。”可知“佶斪”爲製造生産工具之機構。（37 頁）

〖劉信芳 2003〗又見簡 187，疑是職官名，讀“佶斪”。《爾雅·釋器》：“斪斸謂之定”。《說文》：“斪，斪斸，所以斫也。”（196 頁）

〖疏證 2007〗包山簡斪，人名。（435 頁）

鈇（胡）妾之人登（鄧）鮘（朝）[1]、䍡（鹽）䊈（埁-隙）[2]；己丑，彭沱（池）人[3]宋丹、郕（咸）人絑（朱）牄（牆）嬲（襄）[4]、至命連囂（敖）妾[5]、黃鐲、鄗（蔡）斀（叡）、陸（隋）鐘連嚻（敖）[6]痾、大佶（造）戲（列）黃敨[7]。負（爨）月己亥，郕（鄢）人黃戊[8]、鄴（葉）[9]人鄗（宛）遷。〖170〗

集釋：

[1]登（鄧）鮘（朝）

〖整理者 1991〗鮘，簡文右部作，與州字形近。（52 頁）

〖劉釗 1992A〗按字從魚從“”，“”乃“舟”字，簡文逰字作“”（86）可證。字應釋爲“鮒”。

〖湯餘惠 1992〗鮒。古從即舟。

〖何琳儀 1993A〗應釋“鮒”。

〖李零 1995〗例（3）（按：指王子漁戈字）應是漁字的一種異寫，下從又，右從第三種川字，類似潮本作淖，後加此旁作潮。…例（5）應同（3），原書釋鮘，則是把右旁理解爲州。

〖李零 1999B〗字不從舟而從川，應釋“𩵦”。

[2]䍡（鹽）䊈（埁-隙）

〖黃錫全 1992〗垎。

〖劉釗 1997〗“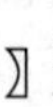”即“谷”字，後世又隸作“厺”。…古“谷”“㝌”音近可通，此“埁”應即“隙”之異體。

〖何琳儀 1998A〗埁，從土，谷聲。（498 頁）

〖白於藍 1999〗左旁所從乃“厺”字，應隸作埁…應即《說文》隙字異構。①

〖劉信芳 2003〗䊈。（186 頁）

①白於藍文注明此爲劉釗 1992 年“中國古文字研究會第九屆學術討論會”論文中的觀點。

[3]彭沱（池）人

〖顔世鉉 1997〗包山楚簡之“沱”，也可作“池”，可能有二義：一爲水之別流，一爲陂池。喜沱，其得名可能和“喜地之池”或“喜地之水”有關，喜地在今河南息縣城關鎮西南 5 公里。（289 頁）

〖白於藍 1999〗西周靜簋“射于大沱”即“射于大池”。東周趙孟壺“遇邗王于黄沱”之“黄沱”，《左傳》作“黄池”。包山簡此“喜沱”爲地名，也以釋池爲佳。

〖劉信芳 2003〗釋“沱”是，…包簡地名“沱”不可破讀爲“池”。（197 頁）

〖李守奎 2006〗從包山簡的用字特點來説，喜樂或福禧之“喜”作“憙（憙）”，尚未發現作“喜”的。包山 170 號簡的人名“喜沱”，“喜”如果是姓氏，疑是“彭”之誤書，亦當讀“彭沱”。

[4]絑（朱）牄（牆）嬰（襄）

〖巫雪如 1996〗段氏云朱爲絑之假借，是也。…朱氏，《通志・氏族略》云：“本邾也，姓曹，其系見於邾。邾既失國，子孫去邑，以朱爲氏。”（132 頁）

〖黄德寬、徐在國 1998〗此字亦應釋爲“墻”，字在簡文中用作人名。

〖楚文字編 1997〗牄。（377 頁）

〖何琳儀 1998A〗牄，從爿，章聲。或疑從疒省，章聲。章之繁文。（493 頁）

〖劉信芳 2003〗字又見於郭店簡《語叢四》簡 2（按：字形作），讀爲“墻”。（197 頁）

[5]至命連囂（敖）妾

〖整理者 1991〗侄，簡文作，從人從至。簡 144 桎字寫作。或釋作至。（52 頁）

〖何琳儀 1998A〗“侄命”，讀“致命”。（1084 頁）

〖十四種 2009〗此字可能就是桎梏之“桎”的專字，釋爲“侄”恐不妥。（89 頁）

按：144 號簡“桎”字作，本簡字可直接釋爲“至”字。

[6]陆（隋）鐘連囂（敖）

〖劉信芳 1996A〗按“陆”讀如“陸”，即陸氏之陸，簡文一七〇“陆終連囂牁”，即陸終家族之連囂，其名爲牁。

[7]黄敨

〖整理者 1991〗敨。（30 頁）

〖何琳儀 1998A〗敨。（1425 頁）

[8]黄戉

〖整理者 1991〗戉。（30 頁）

〖袁國華 1995〗當隸作戉。

按:是“戊”字還是“戌”字均有可能，暫釋爲“戊”。

[9]鄴（葉）

〖整理者 1991〗鄴，簡文作，與《鄂君啓節》字𨜶右旁相同。（52 頁）

〖李零 1992〗枼、鄴，通葉，爲楚葉縣。

〖顏世鉉 1997〗爲枼、鄴，通葉，爲楚葉縣。…楊伯峻《春秋左傳注》：“葉，楚地，其古城在今河南葉縣南三十里。”…據《中國文物地圖集·河南分冊》所載，今葉縣南舊縣鄉的“昆陽城”當爲葉城，爲春秋、漢之故城遺址，是春秋時楚貴族沈諸梁封邑。（158-159 頁）

〖何琳儀 1998A〗鄴，讀晢，地名。…《水經·湘水注》“又右逕臨湘縣故城西。湘水左合晢口，又北得石槨口竝湘浦也。”在今湖南長沙北。（1432 頁）

〖吳良寶 2010〗《左傳》宣公三年：“（鄭文公）又娶於江，生公子士。朝於楚，楚人酖之，及葉而死。”顧棟高《春秋大事表》卷七之四“楚葉邑”條云：“今河南南陽府葉縣南三十里有古葉城。”《左傳》定公五年：“葉公諸梁之弟後臧從其母於吳，不待而歸。葉公終不正視。”《漢志》南陽郡有葉縣，班固自注云：“楚葉公邑。有長城，號曰方城。”據《中國文物地圖集·河南分册》所載，今葉縣南舊縣鄉的“昆陽城”當爲葉城，爲春秋、漢之故城遺址，是春秋時楚貴族沈諸梁封邑。（181 頁）

第 4 組（187-192）

所詎（屬）於正敂（令）𡰪[1]：𨚔（荊）𡰥（夷）乙亥，登（鄧）鄒（蔡）、競（景）駝（馳）[2]；戊寅，借（造）䜣䖍臣。𩠹（夏）𡰥（夷）甲寅，登（鄧）人苛捭[3]；戊午，婁産；己未，妄婦壬女。𩠹（夏）𡦹（夕）乙丑，大尹[4]之人黃䜣（慎）。八月戊晨（辰），登（鄧）塙、郙（甬）昜（陽）[5]莫囂（敖）之人瘆、正秀暘，穆亥[6]；壬申，遊戲（列）黃愈（愴）〖187〗

集釋:

[1]正敂（令）𡰪

〖整理者 1991〗𡈼。（31 頁）

〖湯餘惠 1992〗可隸定爲𦑊，未見字書，其字待考。

〖何琳儀 1998A〗𡍮。（881 頁）

〖白於藍 1999〗此字下部所從非爲王，而是坐字，故當隸定爲𡍮。

按:“正敂（令）𡰪”還見於 128、141、143 號簡，整理者又隸定爲“𡈼”，均誤。此字釋爲“𡍮”或“𡰪”均可，此處從釋“𡰪”的意見，關於從“危”之字的考釋，參 214 號簡集釋。

[2]競（景）駝（馳）

〖整理者 1991〗駝。（31 頁）

〖白於藍 1999〗即《說文》馳字。

[3]苛捭

〖何琳儀 1998A〗⿰卒卑，從卒，卑聲。疑裨之異文。（773 頁）

〖劉信芳 2003〗鞞（？）。（179 頁）

〖施謝捷 2003〗捭。

〖何有祖 2005〗左上部從“厶”，左下部從“牛”，其實就是“牟”。字當釋作“⿰牛卑”。“苛⿰牛卑”是人名。

按:應是“捭”字。

[4]大尹

〖劉信芳 2003〗《左傳》哀公二十六年：“因大尹以達，大尹常不告。”杜預〈注〉：“大尹，近官有寵者，六卿因之以自通達於君。”此“大尹”是宋官，亦見於《戰國策·宋策》。又曾國亦有大尹，見曾侯乙簡 211。（180 頁）

〖吳曉懿 2009〗春秋戰國時期宋國設置的大尹應是宋王或王后近侍寵臣，其職司是諫議和傳達政令，而非執掌國政。“大尹”亦見於包山楚簡第 187 簡和曾侯乙墓竹簡第 211 簡，疑楚人效仿宋制。按：既然楚國亦設有“大尹”一職官。又據《昭王與龔之脽》簡文，大尹爲守視之臣，侍從楚王左右，可以直接勸諫，其職司與百工之官沒有太大關聯。

[5]郙（甬）昜（陽）

〖楚國歷史文化辭典 1996〗楚地有涌水，甬陽或與其有關。（221 頁）

〖巫雪如 1996〗包山楚簡之郙昜當在甬江之北。（100 頁）

〖顏世鉉 1997〗郙昜一地，當與涌水有關。《左傳》莊公十八年：“巴人叛楚而伐那處，取之，遂門於楚。閻敖遊涌而逸。”杜預注：“那處，楚地，南郡編縣東南有那口城”，“涌水，在南郡華容縣。閻敖不能守城，又游涌水而走。”《水經·江水注》卷三十五：“又東至華容縣西，夏水出焉，又東南當華容縣南，涌水出焉。”酈道元《注》云：“江水又東，涌水注之。水自夏水南通於江，謂之涌口。《春秋左氏傳》所謂閻敖遊涌而逸者也”。《讀史方輿紀要》卷七十八荊州府監利縣有涌水，“在縣東南，夏水支流也。《水經注》：涌水自夏水南通於江謂之涌口。”楊伯峻《春秋左傳注》：“（涌），即今湖北省監利縣東南俗名乾港湖者。”包山楚簡的郙昜當在今監利縣附近石泉則對涌水的位置，提出另一種看法，他認爲古華容縣在今鍾祥西北，當時的涌水流經華容縣南，所以涌水在今湖北鍾祥西北。（166-167 頁）

〖吴良寶 2010〗石泉認爲古華容縣在今鍾祥西北，當時的涌水流經華容縣南，所以涌水在今湖北鍾祥西北。如此，則包山簡文中的“郙昜”在湖北鍾祥一帶。（213-214 頁）

[6]正秀暘，穆亥

〖整理者 1991〗正秀暘稂（秋）亥。

〖陳偉 1996A〗正秀暘，穆亥。（217 頁）

〖何琳儀 1998A〗暘秋亥。…暘，讀陽，姓氏。陽，古國名。周惠王時，齊人遷陽，子孫以國爲氏。見《姓考》。（663 頁）

按:陳偉之斷讀可信，“暘”不是姓氏。

戊寅，邸（旦）𦀚、龏（龔）夫人之人郘（昱）；乙亟（酉），邔（疋）宫夫=（大夫）黄𡬶[1]、邚（枝）昜（陽）人陛（陳）竑（坡）[2]；己丑，郚（鄢）𩫑（執）事人郙（甬）奠（鄭）[3]、鄟丘郱（共）邌（徂）[4]之人果；壬晨（辰），上郢邑人周喬、兼（養）遊（由）郕（越）[5]、瘳（瘳-廖）亞夫。九月戊戌，郚（鄢）坪（平）[6]邑䱷（胡）羿（羽）；辛丑〖188〗

集釋:

[1]黄𡬶

〖整理者 1991〗𨋩。（31 頁）

〖楚文字編 1997〗𡬶。（647 頁）

〖十四種 2009〗看紅外影像，此字從“石”從“然”從“車”，待考。（89 頁）

按:整理者的意見可從，包山 219 號簡“厭”字作，簡文字上部所從，可以視爲“厭”之省體。

[2]陛（陳）竑（坡）

〖整理者 1991〗竑。（31 頁）

〖黄錫全 1992〗坡。

〖劉釗 1992A〗按字從立從皮。戰國文字中從土作的字常改爲從“立”作。…故簡文此字應釋爲“坡”。

[3]郚（鄢）𩫑（執）事人郙（甬）奠（鄭）

〖周鳳五 1994〗簡一八八有“鄢執事人”，似爲鄢地之“咎執事人”省稱。

〖巫雪如 1996〗郙即甬，《姓氏考略》有甬氏，云“甬東，楚地名，當以地爲氏。”（99 頁）

〖許全勝 1997〗簡文之郙疑爲庸氏。（15 頁）

〖譚步雲 1998〗負責具體事務的主持人。（68 頁）

〖十四種 2009〗甬或當讀爲“庸”。《通志・氏族略二》“庸氏”云：“商時侯國。……文十六年楚滅之，子孫以國爲氏。漢有庸光，又有膠東庸生。”（89 頁）

[4]郲（共）遳（徂）

〖整理者 1991〗郲遳。（31 頁）

〖巫雪如 1996〗郲爲地名，即共。…是鄭樵以爲共氏有共國之後、共叔段之後及晉太子申生之後等三種說法，並以共叔段之後及晉太子申生之後均係以謚爲氏。…則共叔段之共並非謚號，而係地名，乃以地爲氏者。…包山楚簡中郲爲地名，郲氏當係以地爲氏者。（91 頁）

〖楚文字編 1997〗遳（退）。（77 頁）

〖許全勝 1997〗郲（共）…共氏與龔氏可能同源。（17 頁）

〖何琳儀 1998A〗遳，從辵，戱聲。遽之繁文。（571 頁）

〖十四種 2009〗簡文從“辵”從楚文字“且”，當釋爲“徂”。《古文四聲韻》卷一錄《古尚書》“徂”字可參看。（90 頁）

[5]羕（養）遊（由）郕（越）

〖何琳儀 1998A〗“羕遊”，讀“養游”或“養由”，複姓。楚大夫養由基之後。見《元和姓纂》。《左・昭十六年》“養由基”，《後漢書・班固傳》作“養游基”。（676 頁）

[6]郊（鄢）坪（平）

〖何琳儀 1998A〗“郊坪”，讀“安平”，地名《水經・陰溝水注》“渦水又東逕安平縣故城北。”在今河南鹿邑附近。（965 頁）

昜（陽）厩（廄）[1]尹郙之人黃欿[2]；甲晉（辰），𥂴（鹽）恷（悚）；乙巳，龏（龔）緩；戊申，昜（陽）厩（廄）尹之人黃欿、新大厩（廄）啺（唐）晉；辛亥，翏（翏-廖）亞夫[3]、佶（造）疢[4]登（鄧）翌（輕）[5]；酉（丙）晨（辰），鄝（鄝）君[6]之州加公石瘻（瘥）、株昜（陽）莫囂（敖）州加公張讙、邗（干）競（景）之州加公郘（旦）秦、郞敓（令）之州加〖公〗苛昭[7]；戊午，登（鄧）袋（勞）[8]〖189〗

集釋：

[1]昜（陽）厩（廄）

〖劉信芳 2003〗亦即簡 61 之“代昜廄”。（181 頁）

按：“昜”應爲地名，參 61 號簡集釋。

[2]黄歆

〖整理者 1991〗歆。(31 頁)(按：字表又釋爲“歆”，見圖版一三八)

[3]翌(廖)亞夫

〖黄錫全 1992〗也應釋羽。“瘸亞夫”(188)即“羽亞夫”。

〖劉釗 1992A〗“瘳”字之省。

〖何琳儀 1993A〗應讀“廖”。《廣韻》“周文王子伯廖之後。”

〖李運富 1997B〗我們認爲“翌”應當釋作“翟”。(135 頁)

〖劉釗 1999〗亞通惡，訓爲兇猛。漢有“周亞夫”。

按：“翌”即“瘗”字省寫，参 10 號簡“瘗”字集釋。

[4]佶(造)庈

〖十四種 2009〗古文字義符“厂”、“宀”可換用，應釋爲“客”。(90 頁)

[5]登(鄧)翌(輕)

〖陳秉新 1998〗翌字不見於字書，以聲求之，當是旌之古文。

〖何琳儀 1998A〗翌，從羽，巠聲。疑鵛之異文。(786 頁)

〖陳偉武 2003〗古人因羽毛質輕，故以“羽”爲義符作“輕”之專字。包山簡 2.189 用爲人名。

〖劉信芳 2003〗讀爲“輕”，郭店〈緇衣〉28“翌雀”即“輕爵”。(181 頁)

[6]鄹(鄽)君

〖何浩、劉彬徽 1991〗楚之“襄”并非漢代的“穰”。…《漢書・地理志》南陽郡轄縣有“襄陽”，江夏郡轄縣有“襄”。漢襄陽縣治在今湖北省襄樊市漢水南岸襄陽城，襄縣在今襄樊以東的棗陽縣東北。這兩個西漢時期的縣名，有可能是戰國時期楚地的舊稱。襄君既不稱作“襄陽君”，也不稱作“襄陵君”，只是單稱以“襄”，可見襄君的封地是在今棗陽縣境之內。

〖楚國歷史文化辭典 1996〗楚有穰邑，故城約在今河南鄧縣城關；有襄城，故址約在今河南襄城縣城關；有襄陵，故城約在今河南睢縣城關；漢南郡有襄陽縣，故城在今湖北省襄樊市；江夏有襄縣，地望不詳。楚襄君封邑可能與其中一地有關。(498 頁)

〖楚文字編 1997〗鄹(鄽)。(304 頁)

〖顔世鉉 1997〗漢江夏郡之襄縣名，是否也爲戰國楚地舊稱，尚未足徵。簡 140、140 反：“登人所漸木四百失於鄽君之襄溪之中。”襄溪和登地有地緣關係，而襄、穰可通，故鄽君的封地就在楚穰地，《戰國策・魏策四》“穰侯攻大梁”章云：“君攻楚宛、穰以廣陶”，在今河南鄧州市舊縣城東南。(100-101 頁)

〖何琳儀 1998A〗鄺，讀穰。見《漢書·地理志》南陽郡，在今河南鄧縣。(691 頁)

〖劉彬徽 2000〗《説文·邑部》："鄺，今南陽穰縣是"。段注："今河南南陽府鄧州東南二里穰縣故城是也"。即在今河南鄧縣外城東南隅。顯然，鄺君的封地必在此地。

[7]郙敂（令）之州加〖公〗苛晤

〖整理者 1991〗此處脱"公"字。(52 頁)

[8]登（鄧）裳（勞）

〖劉釗 1992A〗按字應釋爲"褮"。

〖李運富 1997B〗楚簡中"褮"字亦有不省衣者，如簡 189-3"登褮"之褮寫作，從衣褮省聲（或炏聲），用爲姓名字。(133 頁)

〖陳秉新 1998〗至於簡 189"登（鄧）褮"之褮乃人名，似乎讀營更合適。

按："裳"讀爲"勞"，參 16 號簡集釋。

鄻（郍）郢黃鯛、邶（越）異之人軳（範）賈、宲（郯）君之子連郢[1]、笲（箢）州[2]加公周藎（蕫）；己未，遊宫州加公炣；辛菡（酉），篁（匡）[3]敂（令）州加公塦（唐）女、楚斨邻。亯=（十月）乙亥，酓（熊）鹿慶，羙（瞿）快耳，東尾（宅）人登（鄧）環、屈賈、夏（閔）紳[4]；戊寅，鄜邑人登（鄧）耿[5]、壘（壘）〖190〗

集釋：

[1]宲（郯）君之子連郢

〖巫雪如 1996〗其得氏之由不詳，也可能真的是由連尹或連囂之官名而來。…宲君之子以連爲氏，則宲君當亦爲連氏。(104 頁)

〖許全勝 1997〗《姓纂》連："齊大夫連稱之後。"(29 頁)

按："宲（郯）"之地望參 153-154 號簡集釋。

[2]笲（箢）州

〖劉信芳 2003〗讀爲"卷"，…其地即今河南葉縣南之舊縣。(181 頁)

[3]篁（匡）

〖顏世鉉 1997〗篁通黃，兩字古音皆在匣紐陽部。包山楚簡有郢地，…郢通黃，此黃是指"西黃國"，約在今湖北鍾祥市、潛江市之間的漢水沿岸。"篁敂州"之"篁"也讀作"黃"，此地與上舉郢地之"黃"不同。此篁（黃）爲淮南之黃國。…篁地應在今河南潢河沿岸一帶。(213-214 頁)

[4]夏（閔）紳

〖整理者 1991〗 麠纆。(31 頁)

〖劉釗 1992A〗 按字從鹿省從䢅,應釋爲"麆"。

〖何琳儀 1993A〗 應隸定"𪊨",釋"麆"。

〖何琳儀 1998A〗 麔,從鹿(或省鹿足),䢅(且之繁文)聲。麆之繁文。…包山簡麔,讀駔,姓氏。駔闕,齊公子名。見《集韻》。(573 頁)

〖李零 1999B〗 應釋"𪊨"。

〖李天虹 2000A〗 出自包山簡,其中的𪊨用爲姓氏。古有文氏,見《通志·氏族略四》。包山 42 號簡文壬,春秋末年越國大夫文種,均爲文氏。…楚簡中的𪊨,應當讀作"文"。但是爲什麼可以用作"文"卻是一個很難解釋的問題…是古慶、麐、麟同字…古文字資料迄今未見確定的麟字。甲骨、金文並有慶,但其用義似乎和麟無關,與傳世文獻中的慶可能不是同一個字。從形體來看,簡文𪊨上部從鹿頭是沒有任何問題的,中間所從,與戰國文字"馬"的省體十分相近。比照文獻對麒麟形狀的描述,我們懷疑𪊨所從可能是"麟"的象形字。古"文"爲明母文部字,"麟"爲來母真部字,兩者聲、韻均近可以通轉。

〖晁福林 2010〗 簡文"𪊨"字從鹿從且從又,表示薦席之意,可以說是"薦"字異構。…包山簡載有人名爲"𪊨(薦)纆"者,纆爲使馭牲口的繩索,"薦"有"引"意(見《爾雅·釋詁》),"薦纆"蓋指牽牲口者,某人常執牽牲口之事,久而用爲其名。

按:此字上部所從,總體來說有兩種意見,一種認爲是虎頭,另一種認爲是鹿頭,但這兩種釋法都沒有真正解決此字的結構。郭店楚簡出土後,大家對此字的讀法與字形結構有了新的認識。《語叢一》31+97 號簡中有"禮因人之情而爲之即(節)者也",廖名春最先指出 31 號簡出自《禮記·坊記》:"禮,因人之情而爲之節文"。[①]陳偉則準確地將 31 號簡與 97 號簡進行了拼聯,並指出簡文"即"讀爲"節度",與文獻中"節文"相當。[②]李天虹對郭店楚簡中的此字作了詳細的分析,確認此字應讀爲"文",除文義不明的簡文外,其他簡文均能讀通。[③]

此字還見於望山楚簡、上博楚簡等,讀爲"文"皆文從字順,尤其是上博五《季康子問孔子》9 號簡"丘聞之牀中有言曰",整理者指出"牀中"即"臧文仲",[④]這更能夠證明此字讀爲"文"無疑。

①廖名春:《郭店楚簡儒家著作考》,《孔子研究》1998(3),69-82 頁。

②陳偉:《〈語叢〉(一)、(三)中有關"禮"的幾條簡文》,《郭店楚簡國際學術討論會論文集》,143-148 頁,武漢,湖北人民出版社,2000。

③李天虹:《釋楚簡文字"𪊨"》,《華學》第四輯,85-88 頁,北京,紫禁城出版社,2000。

④馬承源主編:《上海博物館藏戰國楚竹書(五)》,215 頁,上海,上海古籍出版社,2005。

此字讀法明確之後，學者們針對字形各自進行了分析。李天虹懷疑所從之可能是“麟”的象形字。古“文”爲明母文部字，“麟”爲來母真部字，兩者聲、韻均近可以通轉。[①]李家浩指出郭店楚簡中的字形（《郭店楚簡文字編》52 頁）與《汗簡》卷中之二彡部和《古文四聲韻》上聲軫韻引《石經》古文“閔”相近，當是“閔”字的古文（按：《汗簡》、《古文四聲韻》字形分別作、）。[②]李學勤則根據李家浩釋爲“閔”字的線索，找出“閔”字古文的另外兩種寫法，分別見《汗簡》卷中之二心部，作、卷下之一民部，作。他認爲石經古文從“民”聲，才得以讀爲“閔”。而簡文之字嚴格來說是從“民”省聲，下部爲《說文》旻字的古文寫法，與“閺”是一字異寫，因爲音同而讀爲“閔”或“文”。[③]李零認爲這個字大體相當於“敏”，簡文是借“敏”字爲之。[④]陳劍將甲骨金文舊釋“尤”的字隸定爲“㪅”，是意爲大拇指的“拇”和“敏”字的表意初文。楚簡中除去“民”和右旁的兩斜撇或“彡”旁，剩下的部分可隸定爲“旻”，即“㪅”字，“民”、“旻”都是聲旁。[⑤]單育辰認爲這個字從鹿頭，它的原始字義可能是鹿的花紋之“文”。[⑥]

雖然此字的字形結構意見不一，但與石經“閔”字古文爲一字無疑，在郭店、上博楚簡中讀爲“文”，應該是沒有問題的。但在包山簡楚中則不宜讀爲“文”，因爲包山簡楚中文氏常見，而僅有一例作，略顯奇怪，簡文中的此字應讀爲“閔”。《元和姓纂》卷六有“閔”姓，云:“仲尼弟子閔損，字子騫，魯人。”[⑦]

[5]登（鄧）耿

〖整理者 1991〗瓬。（31 頁）

〖楚國歷史文化辭典 1996〗烦。（426 頁）

〖何琳儀 1998A〗耿。（789 頁）

〖劉信芳 2003〗䏘。（179 頁）

---

①李天虹：《釋楚簡文字“度”》，《華學》第四輯，85-88 頁，北京，紫禁城出版社，2000。

②李家浩：《包山楚簡中的“枳”字》，《著名中年語言學家自選集・李家浩卷》，294 頁補記，合肥，安徽教育出版社，2002。

③李學勤：《試解郭店簡讀“文”之字》，《孔子・儒學研究文叢（一）》，117-120 頁，濟南，齊魯書社，2001。

④李零：《郭店楚簡中的“敏”字和“文”字》，《古文字研究》第二十四輯，389-391 頁，北京，中華書局，2002。

⑤陳劍：《甲骨金文舊釋“尤”之字及相關諸字新釋》，《北京大學中國古文獻研究中心集刊》第四輯，74-94 頁，北京，北京大學出版社，2004。

⑥單育辰：《楚地戰國簡帛與傳世文獻對讀之研究》，48 頁，吉林大學博士學位論文，2010。

⑦唐・林寶：《元和姓纂》，970 頁，北京，中華書局，2008。

昜（陽）[1]君之人宋午、王西州里公命詍[2]、鄜（應）族州里公黃固；辛巳，宣王𡨦市客苛䐢（夒）[3]、墜（陳）人龏（龔）敎（穀）；己丑，妾婦㛷、邸（正）昜（陽）仔公悬（惃）、新大厰（廄）鼛（殷）憝、鄒（蔡）㔟（丙）、邷（郥）𨑒尹之人𨚗（舒）余善、膚（盧）𢧜（列）連嚚（敖）旟（傑）[4]、𨚗（舒）豫；壬晨（辰），五佗、周蟲〖191〗

集釋：

[1]䣮（壘）昜（陽）

〖湯餘惠 1992〗壘昜。應即“耒陽”。耒陽當在耒水之北岸，《漢書·地理志》桂陽郡屬縣有耒陽，即此地。

〖徐少華 2001〗“壘陽君”，簡文整理者未作解釋，何浩、劉彬徽先生所撰《包山楚簡“封君”釋地》一文按竹簡書寫順序，在“壘”與“陽君”之間斷開，以“壘”屬上讀，將“陽君”歸入簡文常見的“陽君”之類。今按，此説不妥。…我們認爲，此“壘陽”即漢晉耒陽縣所在，壘、耒古音並在來母微部，完全一致。漢晉耒陽縣，即今湖南省之耒陽縣，位於南嶺以北、湘水上源支流耒水中游，是楚國通往嶺南的必經之地和開發湘南的前沿。

按：何琳儀、劉信芳也同意“壘昜”讀爲“耒陽”的意見。①

[2]王西州里公命詍

〖劉信芳 2003〗簡 184“王西州里公周詍”，命詍與周詍應是同一人，簡文或有誤。（182 頁）

[3]宣王𡨦市客苛䐢（夒）

〖陳偉 1996A〗大概是宣王之𡨦市的管理人員。（93 頁）

〖顔世鉉 1997〗“宣王𡨦市”應是“宣王之𡨦州”之中的一個“市”。…“宣王之𡨦州”應設有常設的市集，苛夒（䐢）應是屬於這個市集的官吏。（271 頁）

〖陳宗棋 2000〗據“客”字表示此“市客”應爲市場中臨時性質的職官，此“客”的具體執掌不詳。

[4]旟（傑）

〖劉信芳 2003〗字同“傑”，…就字形而言，該字隸作“旟”或“旌”都是有可能的。（182 頁）

〖十四種 2009〗此字右旁與楚簡“柞”、“桀”均有别，待考。（90 頁）

按：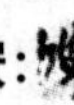應是簡文中常見的“旟”字，只是筆畫稍有變化。141 號簡“旟”作，143 號簡“旟”作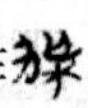，而 167 號簡則糅合了這兩種寫法，作，本簡之字與 167 號簡相近。

①何琳儀：《戰國古文字典》，1264 頁，北京，中華書局，1998。劉信芳：《包山楚簡解詁》，182 頁，臺北，藝文印書館，2003。

癸巳，婁逿；甲午，悳（愄-威）王俈（造）室楚剸（斷）、陞（陳）吉，楊𤔲（亂）人[1]郗（蔡）齊[2]；乙未，陞（陳）人龏（龔）㑀（僕）之人走，郷（弦）人武貴墨[3]、坪（平）陵君之州加公層新[4]。奐（爨）月己亥，郙（宛）人畬（舒）頣（夏）臣、鹽（鹽）墇。〖192〗

集釋：

[1]楊𤔲（亂）人

〖整理者 1991〗亂，簡文作，《汗簡》亂字作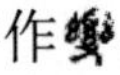、，與簡文形似。長沙子彈庫帛書的亂字與簡文相同。（52 頁）

〖巫雪如 1996〗而此處之“楊亂”似爲人名，或當作“楊亂之人”，簡文中“之”字偶脫。若然，則蔡倉乃楊亂之家臣。（162 頁）

〖何琳儀 1998A〗“𤔲人”，讀“亂人”。《禮記·聘義》“用之於爭鬬則謂之亂人。”《莊子·盜跖》“以強凌弱，以眾暴寡，湯武以來，皆亂人之徒也。”（1036 頁）

[2]郗（蔡）齊

〖整理者 1991〗倉。（31 頁）

〖何琳儀 1993A〗齊。

[3]郷（弦）人武貴墨

〖整理者 1991〗郘（鄙）。（32 頁）

〖李天虹 1992〗此應釋作郷。

〖陳偉 1996A〗郊。（217 頁）

〖巫雪如 1996〗包山楚簡中之武氏也可能是楚武王之後，因而以武爲氏者。（80 頁）

〖徐少華 1996A〗據《春秋》僖公五年載：“楚子滅弦，弦子奔黃”。《左傳》說：“於是江、黃、道、柏方睦於齊，皆弦姻也，弦子恃之而不事楚，又不設備，故亡。”魯僖公五年爲楚成王十七年，公元前 655 年，弦因參與淮河上游江、黃、道、柏諸國的聯齊抗楚同盟而遭到楚人的伐滅，故地入楚爲邑。古弦國的地望，《漢書》卷二八上《地理志》江夏郡“軑”縣注：“古弦子國”，說軑縣即春秋弦國所在。《左傳》僖公五年杜預注：“弦國在弋陽軑縣東南。”與《漢志》略有不同。對此，我曾結合諸文獻記載作過分析和討論，認爲杜預的軑縣東南說更近於史實。漢晉軑縣，在今淮河上游南岸，河南羅山、光山與息縣交界處的竹竿河下游兩岸，而位於漢晉軑縣東南的古弦國當不出今河南光山縣境的仙居鎮近東地帶，即唐宋至清代志書所言之古弦亭、弦城。

〖何琳儀 1998A〗武貣墨。武，姓氏。夏時有武羅國，其後氏焉。見《世本》。（611 頁）

〖十四種 2009〗上博竹書《三德》1 號簡“弦望”的“弦”字（按：字形作），與此字

寫法類似，只是開口向左。此字應可釋爲“弻”，用作“弦”地之名。（90 頁）

[5]巪新

〖十四種 2009〗用作姓氏字，或可讀爲“巨”。《通志·氏族略五》：“巨氏，漢有荊州刺史巨武，望出平昌。”（91 頁）

按：疑“巪新”爲名，“巪”並非姓氏，參 182 號簡集釋。

第 5 組（193-194）

告所誈（屬）於儥尹[1]：亯月戊寅，頣（夏）敓（令）[2]郗（蔡）誁（誊）[3]；辛巳，郙邑人秀偏、緣（欒）延、楚靳遚（逌）[4]。九月癸亥，某（梅）訓（順）；乙丑，昜（陽）陵人遠從志。𡈼=（十月）乙亥，昜（陽）翟[5]人翏（廖）孯（賢）[6]，膚（盧）脛（勁）[7]、王丹青=（丹青）[8]、郜（邥-沈）臒（臒-獲）、噩（咢-鄂）之人斜（舒）邏（畢）；戊寅，邸（正）昜（陽）卲（昭）〖193〗哭（慧）、郗（蔡）𠅚、寨（集）脰（廚）鳴脅（腋）[9]斜（舒）衒（衛）鯢[10]、郊（鄗）人盬（鹽）獉（懋）；辛巳，辻敓（令）史瘠（瘏）、蒧尹毛之人、郯戯（列）尹𪓐之人。〖194〗

集釋：

[1]儥尹

按：參 141 號簡集釋。

[2]頣（夏）敓（令）

〖巫雪如 1996〗夏亦見於《戰國策·楚策四》：“莊辛謂楚襄王曰：‘君王左州侯，右夏侯。’”夏侯爲楚之封君，其封地在今湖北沙市、監利間。（145 頁）

〖何琳儀 1998A〗夏，地名。《左·宣十一年》“乃復封陳，鄉取一人馬，以歸，謂之夏州。”在今湖北漢口。（468 頁）

〖劉信芳 2003〗夏地之令。惟楚以“夏”爲名之地名非一，難以確指。（206 頁）

[3]郗（蔡）誁（誊）

〖整理者 1991〗詸。（32 頁）

〖何琳儀 1998A〗誊。（1003 頁）

[4]楚靳遚（逌）

〖整理者 1991〗逌。（32 頁）

〖楚文字編 1997〗遒。（92 頁）

〖何琳儀 1998A〗遚，從辵，𠬪聲。疑𠬪之繁文。（1044 頁）

[5]昜（陽）翟

〖徐少華 1994〗陽翟（故櫟邑）於戰國早期入於韓，一度作爲韓都，後又復歸於楚。新出包山楚簡記有“陽翟人賢”，則陽翟於楚懷王時爲楚邑。（322 頁）

〖徐少華 1996D〗陽翟爲故櫟邑，即今河南禹縣所在，春秋早中期爲鄭國別都，魯莊公十六年（前 678 年）和宣公十一年（前 598 年），楚師先後兩次伐鄭“入櫟”、“及櫟”，此後遂成爲楚國北境的重要軍事據點。

〖顏世鉉 1997〗《中國文物地圖集·河南分冊》載，戰國、漢之陽翟故城在今禹州市區的東北方。（159-160 頁）

按：“陽翟”即今河南禹州市，何琳儀、劉信芳亦同意此說。[①]

[6]翏（廖）孯（賢）

〖楚文字編 1997〗孯（賢）。（293 頁）

〖李運富 1997B〗賢從“子”者，“子”與學識德行有關，戰國時往往稱有德行的有學識的人爲“子”，如“老子”“孔子”“孟子”等諸子是也。（126 頁）

〖何琳儀 1998A〗孯，從子，臤聲。疑孯之繁文。（1126 頁）

按：顏世鉉認爲楚簡“賢能”的“賢”從“子”當是取尊其有德才之意。[②]

[7]膚（盧）脛（勁）

〖巫雪如 1996〗按考釋云膚借作盧，是也。…盧國見《國語·周語中》：“盧有荊嬀”，韋昭注：“盧，嬀姓之國。”…盧國後滅於楚，爲盧邑。（156-157 頁）

[8]王青=（丹青）

〖整理者 1991〗壬青。（32 頁）

〖何有祖 2005〗所謂的“壬”，其實是“王”字。“王青青”是人名。

〖十四種 2009〗疑讀作“丹青”或“青丹”。睡虎地秦簡《爲吏之道》“朱珠丹青。”《管子小稱》：“丹青在山，民知而取之。”“丹青”一詞較常見，姑取之。（91 頁）

按：爲合文，讀爲“青青”或“丹青”均有可能，暫從《十四種》之說。

[9]雧（集）脰（廚）鳴宵（腋）

〖黃錫全 1991B〗“集脰”爲機構名，負責楚王及太子的飲食膳羞。

〖黃錫全 1992〗鳴。

〖何琳儀 1993A〗應釋“鳴”。…鳴姓見《元和姓纂》“趙賢人竇犨，字鳴犢，非罪被殺，子孫以字爲氏”…應釋“腋”。

①何琳儀：《戰國古文字典》，611 頁，北京，中華書局，1998。劉信芳：《包山楚簡解詁》，207 頁，臺北，藝文印書館，2003。

②顏世鉉：《郭店楚簡散論（一）》，《郭店楚簡國際學術研討會論文集》，104-105 頁，武漢，湖北人民出版社，2000。

〖巫雪如 1996〗包山楚簡中有鳴狐邑（簡 95），鳴亦可能是以邑爲氏者。（186 頁）

〖何琳儀 1998A〗①“寠脰（廚）”，官名。（1398 頁）②胏，從肉，亦聲。疑腋之省文。（552 頁）

〖劉信芳 2003〗集廚應是主柴草膳食者。（207 頁）

〖程鵬萬 2005〗包山簡上的“鳴脊（腋）”與鑄客大鼎中的“鳴腋”當是負責膳食的機構。

按: 簡文在“鳴夜”之後未見點狀標識，而在“舒率鯢”之後有點狀標識。“鳴夜”應是職官名，隸屬於“集脰”。“集脰”見於朱家集楚器銘文，劉節認爲是膳具之名；朱德熙認爲是哀王猶，後來改變觀點，認爲是楚王室廚官的名稱；李學勤認爲應爲管理王室的有司；郝本性認爲脰讀爲羞，集脰職務近似《周禮·醢人》，可能是掌官飲食的“食客”；陳秉新認爲集爲總匯、集納之義，脰訓饌，集脰與集脰尹有別，集脰是掌管楚王、王后及太子飲食膳羞的機構不是官名，集脰尹纔是官名；曹淑琴、殷瑋璋認爲集脰應是集脰尹的省稱；黃錫全認爲世負責楚王及太子的飲食膳羞；李零懷疑與楚國“大府”、“少府”有關，大府主要是負責貢賦、貨賄等國家財政收支事宜，少府則負責宮中服御之物的供應，包括“衣服寶貨珍膳之屬”；湯餘惠認爲集脰爲楚王禦廚之名；劉國勝認爲集、雜都有“會合”、“齊備”之義，“集廚”之“集”可能是指一類兼有財務管理職能的儲備機構，“集廚”可能是“集”府管理庖膳的部門。①

[10] 舒衘（衛）鯢

〖整理者 1991〗衘。（32 頁）

〖劉釗 1992A〗按字從行從止從糸，應釋爲“率”。

〖楚文字編 1997〗衘（逹）。與行部之衛同字。（76 頁）

〖黃靈庚 1997〗衘——衛。

第 6 組（196）

所誼（屬）於王厶（私）司敗[1]逿：亯月己巳，酓（熊）相虘（且）。夕=（八月）己巳，登（鄧）連。〖196〗

集釋:

[1] 王厶（私）司敗

〖整理者 1991〗丁。（52 頁）

〖劉釗 1992A〗非“丁”字，乃“厶”，即“私”字。簡文“王私司敗”之“私”即“私

①參見程鵬萬:《安徽壽縣朱家集出土青銅器銘文集釋》，143-160、198 頁，哈爾濱，黑龍江人民出版社，2009。

官”之“私”，指專門管理王的司法事務的官吏。

〖劉信芳 2003〗疑是左尹官署中負責處理楚王家族司法事務的官吏。（184 頁）

第 7 組（195）

所詎（屬）於少里喬䢜（與）尹翆（羽）[1]。巳（已）[2]。〖195〗

集釋：

[1]少里喬䢜（與）尹翆（羽）

〖楚國歷史文化辭典 1996〗少里喬舉尹。…常與左尹等人一起處理刑獄之事，似爲左尹輔佐。（57 頁）

[2]巳（已）

〖整理者 1991〗巳。（32 頁）

〖袁國華 1994A〗對照簡影，字明顯較其他字形細，很可能與“仰天湖楚簡”常見的“”字用法一樣，只是一簡完結時的標示符號。

〖陳偉 1996A〗標有一個較小的“已”字，沒有接著寫時間、人名。類似符號在仰天湖楚簡中較多見。郭若愚說：“‘已’，《玉篇》：‘止也，畢也，訖也。’這是入壙之物，經過核對，書‘已’以明無誤。”（長沙仰天湖戰國竹簡文字的摹寫與考釋，上海博物館集刊第 3 期，上海古籍出版社，1986）何琳儀說：“可能是‘已’表示一簡之結束，相當於句號的作用（戰國文字通論，229 頁，中華書局，1989）包山簡第 195 號中的“已”字似表示這條簡文至此爲止，下面沒有其他內容。由於是不正常的結束，所以用“已”字表示，而不是用一般的點狀符號。（27 頁）

〖何琳儀 1998A〗巳，讀已。《韵補》“古巳午之巳，亦讀如已矣之已。”《廣雅・釋詁》四“已，訖也。”《戰國策・齊策》“言未已”，注“已，畢也。”（63 頁）

按：陳斯鵬認爲在楚簡一字形表多詞現象中，“巳”可以表“已止”、“已然”等意思的“已”和句末語氣詞的“已”。[①]本簡之“巳”應表“已止”，但未必是“不正常的結束”。

六　《集箸》

1. 剁人之典

魯昜（陽）公[1]目（以）楚帀（師）[2]遂（後）韐（城）奠（鄭）之戠（歲）[3]，

①陳斯鵬：《楚簡中的一字形表多詞現象》，《出土文獻與古文字研究》第二輯，195-239 頁，上海，復旦大學出版社，2008。

冬栾（夕）肙=（之月），剁敂（令）[4]彭圍[5]命之於王大子而㠯（以）𨺅（登）剁人，所〖002〗幼未𨺅（登）剁之玉賨（府）之典[6]，剁戳（列）[7]之少僮[8]𥂴（鹽）族郿（國）一夫、㾷（瘏）一夫[9]，凥（處）於鄁（匡）迲（路）區㴖邑[10]。〖003〗凡君子二夫，敦（翠）是亓（其）箸（書）之[11]。遊（魯）昜（陽）公[12]㠯（以）楚帀（師）逡（後）𩫏（城）奠（鄭）之戢（歲），屈栾（夕）肙=（之月）丁巳〖004〗旾=（之日），伔大敂（令）[13]悆（舍）㠯（以）[14]爲剁敂（令）圍𨺅（登）剁人。亓（其）㞒（溺）典[15]，新官帀（師）瑗[16]、新官敂（令）郕（越）[17]、新官婁〖005〗頵（履）犬[18]、新官連囂（敖）郙趞、犇旻（得）受之[19]。〖006〗

集釋：

[1]魯昜（陽）公

〖整理者 1991〗魯昜公，昜通作陽。《淮南子·覽冥訓》："魯陽公與韓構難，戰酣日暮，援戈撝之。"高誘注："魯陽，楚之縣公，……《國語》所稱魯陽文子也。楚僭號稱王，其守縣大夫皆稱公，故曰魯陽公，今南陽魯陽是也。"（39 頁）

〖何浩 1994〗縣公、縣尹屬於官職，君、侯屬於爵稱，兩者的區別本來是很明顯的，但在一些涉及於此的注釋和著作中，卻多有相互混淆的現象。以魯陽君爲魯陽公，便是其中曾被誤釋並屢爲後人信從、引用的一例。…封君不是縣公，文子封於魯陽和魯陽始有縣公，這畢竟是兩回事。

〖徐少華 1994〗《史記·楚世家》載楚肅王十年（公元前 371 年）"魏取我魯陽"，按魯陽即今河南魯山縣，春秋中期以前當爲應地，楚滅應後入爲楚邑。春秋戰國之際，楚惠王曾以其地封司馬子期之子公孫寬，即魯陽文君（見《國語·楚語下》和《墨子·魯問篇》）。據 70 年代湖北隨縣曾侯乙墓出土竹簡記載，曾侯乙死後，楚魯陽公贈其車馬以助喪。從墓内所出楚王作曾侯乙鐘之銘文分析，曾侯乙約死於楚惠王五十六年，公元前 433 年，這時楚有"魯陽公"，說明楚將魯陽封於公孫寬之後不久，又收歸國有，並設縣治民。《淮南子·覽冥》亦有楚魯陽公與韓構難，日反三舍的故事，漢高誘說"魯陽，楚之縣公"是對的，然又將其與《國語》之魯陽文子等同，則又誤。魯陽文子與魯陽公，一爲封君，一爲縣公，兩者身分不一，時代先後有別，不能混同。…根據簡文序列和内容，其年代比以"大司馬昭陽敗晉師於襄陵之歲"爲紀年的文書要早，約在楚懷王初年，這時楚仍有魯陽縣，其縣公且率師助鄭（即韓）築城爲守，並作爲當時楚國内頗值得紀念的大事以作爲紀年標誌，說明此前魯陽又被楚所收復，設縣置師以爲守。（319-320 頁）

〖顏世鉉 1997〗《漢書·地理志》南陽郡有魯陽縣，班固自注："有魯山。古魯綫，御龍氏所遷。魯山，滍水所出，東北至定陵入汝。又有昆水，東南至定陵入汝。"據《中國文

物地圖集·河南分冊》所載，魯陽故城在今魯山縣縣城。（209 頁）

〖劉信芳 2003〗魯昜公，文獻作“魯陽公”…若依楚王世系推算，文子至懷王時之魯陽公隔六世楚王，一百餘年，其中至少應有五代“魯陽公”未見於記載。（6 頁）

〖李學勤 2004A〗楚地魯陽在今河南魯山。魯陽公系楚的縣公，…《墨子·耕柱》、《魯問》兩篇有魯陽文君，稱謚與新蔡葛陵楚簡的“平夜（與）文君”相似，自然就是魯陽文子或魯陽公。他曾多次同墨子問答，特別值得注意的是他有意攻鄭，被墨子勸止一事。…魯陽文君即魯陽公參加了伐韓的戰役，這就是《淮南子·覽冥》所說：“魯陽公與韓構難，戰酣日暮，援戈而撝之，日爲之反三舍。”楚、韓會戰，其事與鄭有關，而又有魯陽公在內的，只有這一次。“魯陽公以楚師後城鄭之歲”的“後”，當指後軍而言。魯陽文君本有意伐鄭，因受墨子之諫，轉而爲鄭築城，正是爲了防備韓的攻擊。隨後楚師伐韓，奪取了叛鄭歸韓的負黍，這已到下一年。由於楚師的活動，韓未能攻鄭。據此，城鄭之戰應在公元前 394 年。驗以暦日，該年屈欒（周正正月、夏正十一月）丁酉朔，丁巳二十一日，與簡文相適合，公元前 393 年便不合了。要說明的是，《史記·六國年表》載，楚肅王七年“魏取我魯陽”，即公元前 371 年。在這以後，楚已沒有一位魯陽公了，所以，無論如何包山簡中這條紀年都一定是追記。

[2]楚帀（師）

〖何琳儀 1998A〗“楚帀”，讀“楚師”，楚國師旅。（1280 頁）

[3]逘（後）韍（城）奠（鄭）之戢（歲）

〖整理者 1991〗①逘，通作後。《呂氏春秋·長見》：“知古則可知後”，注：“來也”。（39 頁）②韍即城字，…修建都城。（39 頁）③奠，讀如鄭…今河南省新鄭縣有鄭韓故城遺址，即爲鄭。（39-40 頁）

〖楚文字編 1997〗退。（94 頁）

〖何琳儀 1998A〗①韍，讀城。…謂築城也。（811 頁）②奠，讀鄭，地名（新鄭）或國名（韓國）。（1129 頁）

〖劉樂賢 2003〗簡文的“後”字似應讀爲“厚”。…城，築城。據此，簡文的“後（厚）城”，是大規模築城的意思，與古書的“大城”或“厚築”相當。“大城”一詞，在別的楚簡及傳世典籍中較爲常見。例如，新蔡平夜君墓出土楚簡乙一 14 有“句郱公奠（鄭）余穀大城（茲）邶竝（方）之歲。”又如，《左傳·昭公十二年》：“王曰‘昔諸侯遠我而畏晉，今我大城陳、蔡、不羹，賦皆千乘，子與有勞焉，諸侯其畏我乎？’”

〖劉信芳 2003〗①據文意城鄭之事非止一次，故用“後”以別於前之城鄭。（6 頁）②從章，城聲，與“城”籀文形近。用如動詞，謂築城。（6 頁）

〖李學勤 2004A〗“魯陽公以楚師後城鄭之歲”的“後”，當指後軍而言。

〖王穎 2004〗疑下舉2號簡中的“後”爲後援之義。（99頁）

[4]𠛁敂（令）

〖整理者 1991〗地名，字不識。（40頁）

〖黃錫全 1992〗𠛁…上從八，下從大，右從刀。古從大與從人每不別，如光、幾等字即是。疑此爲“份”字，象以刀分解人形，作爲地名的“份”疑假爲“汾”。《左傳》襄公18年：楚“子庚帥師治兵於汾”。杜注：“襄城獻東北有汾丘城。”《戰國策・楚策一》：楚“北有汾陘之塞。”其地有不同看法，詳諸卒狄撰《戰國策・集注彙考》748頁注（5）。

〖何琳儀 1993A〗左從“尖”，其“小”與“大”借用中間竪筆。應釋爲“𠝫”，“尖”之繁文，右從“刀”爲義符。…爲地名。

〖陳偉湛 1994〗按此字左旁分明從大，上加八。甲骨文從八者屢見，多加於豕、魚、虎、隹之上（具見《甲骨文編》、《甲骨文字典》），究屬何義，至今不明，也有可能是羡符，無義。此字之八如屬羡畫，則以釋𠛁爲是，否則仍當隸作𠝫。

〖張桂光 1996〗疑即“剡”字。其地或即《漢書・地理志》會稽郡剡縣，在今浙江省嵊縣西南。

〖顔世鉉 1997〗以上對“汾陘之塞”的看法，前一種主張爲汾地，在今河南襄城縣東北；後一種認爲是在今漯河市東南方的汾河。…本文採取第一種看法，定包山楚簡的𠝫（汾）地在今河南襄城縣東北。（138頁）

〖何琳儀 1998A〗敂，從攴，命聲。疑拎之異文。…讀令，官署之長。（1147頁）

〖日高 1998〗還有一些地名，如“𠝫”、“𠝫寢”、“鄖”，其職官雖稱“公”、“尹”、“令”，應爲楚縣行政區，但又屬於“戠”這一級機構，它們應是設在“戠”這級機構之下的縣級行政區。（5頁）

〖劉信芳 2003〗①從簡文内容看，“邠”非一般地名，該地有職官“邠令”、“邠寢令”（簡166）、“邠寢尹”（簡171），而“邠令”、“邠尹”是管理宗廟的官員。又有“玉府”，應是直屬楚王室的機構。就現存典籍考之，“汾”或與“邠”相當。…若此，知“邠”即《水經注》之汾丘，其地又名罡（岡）丘，亦即《左傳》之“岡山”，是楚國特別管轄的軍事要塞。（7頁）②楚簡凡職官“令”多作“敂”。（7頁）

按：此字釋爲從“分”不確，結構待考。

[5]彭圍

〖整理者 1991〗壴宜。（17頁）

〖李零 1992〗彭，原無彡，疑省。

〖李天虹 1992〗疑此乃圍字。

〖劉釗 1992A〗字從囗從韋，應釋爲“圍”。字在簡文中用爲人名。

〖巫雪如 1996〗彭氏，《通志・氏族略》云：“即大彭之國，在商紂爲諸侯伯，古祝融氏之後有陸終氏，六子，第三子彭祖建國於彭，子孫以國爲氏。又彭亦爲姓，《國語》云：祝融之後八姓：己、董、彭、秃、妘、斟、曹、羋，周滅之。楚大夫彭仲爽、彭名。”是彭氏與楚同爲祝融之後也。（89 頁）

〖許全勝 1997〗壴，疑讀爲鼓。《姓纂》云：“《左傳》鼓子鳶鞮之後，以國爲姓。”（17 頁）

〖劉信芳 2003〗讀爲“喜”。《通志・氏族略五》以謚爲氏：“釐子氏，出楚釐子，觀起之後，羋姓。楚有大夫釐子班。”釐子即僖子。（8 頁）

〖李守奎 2006〗拙學位論文改釋爲“彭”，《戰國文字編》與拙釋相同。當時釋此字爲“彭”，證據並不充分，現在看來，應當是對的。此字是在“壴”的右側中下部加一小撇，與上文所列從“喜”的右側中下部加兩小撇構成“彭”字異體相同。簡文中“彭圍”之“彭”是姓氏。…“彭”與“壴”或“喜”的區別就在於右側有無表示聲音的符號“丿”，而不論“丿”的多寡。

[6]命之於王大子而以𨻵（登）剢人，所幼未𨻵（登）剢之玉寶（府）之典

〖整理者 1991〗①簡文所從之[illegible]，也與《說文》徵字古文左旁相近，省去口部，阩、陞從升得聲，通作徵。《尚書・洪範》：“念用庶徵”，鄭注：“驗也”。（40 頁）②寶即府。《周禮・天官・冢宰》：“玉府掌王之金玉、玩好、兵器，凡良貨賄之藏，共王之服玉、佩玉、珠玉…凡王之好賜，共其貨賄。”（40 頁）③典，典冊。（40 頁）

〖彭浩 1991A〗並規定對“所幼未征”者，都須依法補充登記名籍。這裏的“幼”，一般是指未成年人。…登記名籍的薄冊稱作“典”。名籍的登記是分地域進行的，按照居民相對固定的居住處所編制，…登記名籍的“典”是按行政隸屬關係分別收藏。

〖李零 1992〗簡文稱登名於冊爲“登人”，包括居民的“居處名族”。

〖黄盛璋 1994〗①登記戶口，簡文有一個專門名詞，叫做阩，有好幾種不同的寫法，歸納起來，都是從阜，升聲。只有兩種，除從“阜、升”外，其繁文則上加“山”頭於“升”之上，…按《考釋》隸定作阩是對的，但解釋爲“徵”字是不對的。…乃在秦始皇統一文字以後，定“升”爲升降字，可能也是根據秦國方言的用法予以統一。楚簡就不用升，而用“阩”，加了“阜”爲形旁，亦出後起字，但右邊用“升”爲聲旁，就比秦漢用小篆升斗之升表上升合理得多，…“阩”和“登”意思相同，但並不是“登”字。簡文就有“登阩”爲人名，可證，…明顯爲登錄，即今通行之“登記”，在此則用登記漏失之人口，而補登記於溺籍，已爲戶籍登記之專門術語。（188 頁）②楚意則爲“箕”，從

竹，實即“籍”之借字，“箕”、籍同聲，互假，單“集箸”中前後就有 12 見，但這些“箕 / 籍”全被誤釋爲“典”。

〖滕壬生 1995〗烏。說文古文作□。（318 頁）

〖陳偉 1996A〗由於著録名籍與承擔徭役相聯係，著録年齡一般定在 20 歲上下。這樣，簡書所謂“□□人所幼未□”，大概是出於某種特殊需要。在這之前，這些人恐怕由於不到年齡而無需著録名籍。如然，將“□”典解作查驗名籍也就失去了前提。…《周禮·秋官·司民》云：…歲登下其死生。…登解作上、著，也就是後世所說的登記。將簡文“□”讀作登，不僅文意順暢，而且與隨後說到的“箸之”正好彼此呼應。（125-126 頁）

〖葛英會 1996A〗簡文“幼”即《秋官·司民》“自生齒以上皆屬於版”《小司寇》“自生齒以上登與天府”之“生齒以上”者。

〖劉信芳 1996B〗簡三記曾因年幼尚未登記入“玉府之典”之“二夫”自楚懷王九年（前320）登記入籍。或釋“玉府”即周官之“玉府”，非是。《周禮·天官·玉府》：“玉府掌王之金玉、玩好、兵器，凡良貨賄之藏。”而楚簡“玉府”是收藏戶籍及其它典籍之所，依古代禮制，這些重要典籍屬“祖廟之藏”，即所謂“天府”之所收藏。《周禮·秋官·大司寇》：“凡邦之大盟約。涖其盟書。而登之於天府。”又《小司寇》：“及大比，登民數，自生齒以上，登於天府。”鄭玄注“天府”云：“祖廟之藏”。楚簡“玉府”即爲收藏名籍之所在，自與周官“玉府”名同而實異。

〖周鳳五 1996〗簡文用“玉府”一詞，大約如金匱、石室，取其珍重、寶貴之意，不必求之過深，強爲比附。

〖施謝捷 1997〗這是一個“從阜從徵”的字，可隸定作“□。…“□”，傳世文獻及古字書中均未見，當爲“從阜從徵”之字，《包山楚簡》的作者將它徑釋爲“阩”（“阩”亦作“陞”），應可信。不過所從“徵”字是否從“升”得聲，尚需進一步研究。古代“徵”“登”二字都在端母蒸部，故可通借。

〖何琳儀 1998A〗①“大子”即“太子”。（89 頁）②□。峇旁或省□作□，與升旁混同。或加止繁化。讀徵。（141 頁）③讀幽。…“幽，囚也。”（160 頁）

〖李守奎 1998A〗就現有的楚國文字材料來看，尚未見到確鑿無疑的“升”字，說“□”是“升”字或“□”是“升”字，均嫌證據不足。“□”或“□”當是“徵”之古文。《說文》“徵”之古文作“□”，曾侯乙墓鐘磬銘文音律之“徵”作“□”、“□”、“□”等形，包山楚簡徵驗之“徵”作“□”均可爲證。“徵”與“升”古音相近，均在蒸部，同屬舌音。用作聲旁，作用相同。□、□等字可隸作“□”、“□”，可釋爲“阩”或“陞”，並爲登升之“升”的本字。《集韻·蒸韻》：“阩，登也”，《正字通》：“阩，俗升字。”卷子本《玉篇·阜部》：“陞，《聲類》：‘今升字。’”異寫所從之“𢆉”、“𢆉”、“𢆉”等形，非丑，非斗，亦非升字，而是“𡉚”字的省變訛形。

〖劉彬徽 2000〗典即典冊，猶今之戶籍冊。

〖劉信芳 2003〗①讀爲“徵”，《周禮·地官·縣正》：“各掌其縣之政令徵比。”鄭玄〈注〉：“徵，徵召也。”（8 頁）②二十歲行冠禮前皆可稱“幼”。（8 頁）

按:此句整理者原斷句爲：“𠛬敓（令）壴宜命之於王大子而以𨺓𠛬人，所幼未𨺓。𠛬之玉𢈈（府）之典”。李零雖然沒有直接斷句，但從其對簡文內容的翻譯來看，應斷句爲：“𠛬令彭圍命之於王大子而以登𠛬人，所幼未登𠛬之玉府之典”，[1]可從。簡文𨺓從“𡉚”聲，在楚簡中多讀爲“登”，“徵”、“登”皆端母蒸部字。參 19 號簡“𨺓門又（有）敗”集釋。

[7]𠛬𢧵（列）

〖整理者 1991〗𢧵。（17 頁）

〖黃錫全 1992〗可隸定𢧵作或𢧵。頗疑𢧵爲“戡”之別體，如同說文湛之古文作𣾰。作爲地名的𢧵（勘）當即湛。《左傳》襄公 16 年，“楚公子格帥師及晉師戰於湛阪”。杜注：“襄城昆陽縣北有湛水，東入汝。”楊伯峻注：“湛水源出今河南寶豐縣東南，東經葉縣，至襄城縣境入於北汝河。湛水之北山有長坂，即此湛阪，在今平頂山市北。”簡 3“𢧵”與“𠛬”連舉爲“𢧵𠛬之少僮”，簡 10 與郯連舉爲“郯𢧵上連囂”，推測“𢧵”與𠛬、郯二地當距不遠，或者是同地別稱。其間的關係還值得深究。

〖李天虹 1992〗疑爲“銳”字異體。

〖舒之梅、劉信芳 1995〗“𨘋”是楚國的行政區劃名。

〖李運富 1996〗按此字當楷定爲𢧵而釋爲剡。…簡文剡（𢧵）用作地名或姓氏，古代地名與姓氏常相因同字。《漢書·地理志上》：“會稽郡有剡縣。”剡縣在今之浙江嵊縣西南，戰國時或曾屬楚。簡中之剡（𢧵）究竟所指何處，尚可進一步研究，但其字從“炎”，似足信從。

〖徐少華 1996D〗從上下文關係看，當爲一種地方政區單位。

〖黃靈庚 1997〗按《說文·水部》：“湛，沒也。從水、甚聲。一曰湛水，豫州侵。𣾰，古文。”據此，𡘋，古文甚。比例可推，𢧵即戡字。…戡，蓋或借作丞。…上引“郯𢧵”即“郯丞”，指郯邑之丞也。則“𠛬𢧵”、“佶𢧵”、“郯𢧵”、“秦𢧵”、“膚𢧵”等等，皆比例可推，指某邑、某地之丞言。而“𢧵尹”即丞尹，“大𢧵”即大丞，“𢧵里”即丞里。

〖文炳淳 1997〗李運富先生隸作“𢧵”，釋爲“剡”。…可從。然他亦認爲“剡”字在簡

①陳偉主編：《楚地出土戰國簡冊[十四種]》，5 頁，北京，經濟科學出版社，2009。

文中用作地名或姓氏，無進一步分析。謹按：“剫”字見於《玉篇》，訓“削”。…故疑凡簡文與“戠（剫）”連舉的皆爲木竹手工業作坊。（41 頁）

〖何琳儀 1998A〗剫，讀“遂”。（931 頁）

〖日高 1998〗包山簡中有“戠”這一級機構，含義不明，但可以肯定位於縣級行政區域之上。…尤其是“連囂”之職有很多出現在“戠”之後。…“連囂”應爲掌管軍事的職官。“戠”很可能就是一種軍事機構，它在楚政權各級行政區的設置狀況還有待進一步研究，但應有一級地位是在縣上的。（5 頁、9 頁）

〖劉信芳 2003〗按釋“戠”爲“戡”在字形上是有根據的。只是此“戡”非一地之地名，而是楚國的行政區劃單位，“戡”讀爲“沈”…可歸納其具體涵義如次：其一，“戡”（沈）爲行政區劃名。…其二，管理“戡”的職官名“戡尹”…如同“連敖”、“莫敖”之類，是通用職官名，而非一縣之縣尹。…說明同是“沈尹”，也有國家直屬官員、地方官員、私官之區別。其三關於“佶沈”、“大佶沈”、“中佶沈”等，計有“佶大戡”（91）；“佶戡”（167、168、174、175、186）；“大佶戡”（170）；“审佶戡”（180）。其中“佶大戡”應是“大佶戡”之倒誤。按“佶戡”讀“造沈”，“造”是楚國負責營造的官府，“造沈”即“造”所管轄的供營造的區域。…是由重要作坊形成的營造區域。簡文所記“戡”之文例與“廄”類似，“廄”有“大廄”（164、167）、“中廄”（163、167）、“昜廄尹”（189）。“廄”即“廏”是管理馬匹的機構，其中“廄尹”是職官名。“大廄”是楚王的馬舍，“中廄”是王后的馬舍，地方馬舍冠以地方名，如“昜廄”。其四、人名用字…其五、地名用字…綜上：楚國“戠”（沈）是特別行政區劃單位，國家直屬官府設戠，不少地方設戠，少數高官封地設戠，管理“戠”的官員稱“戠尹”，應即見於史書之“沈尹”。（9-10 頁）

〖王輝 2003〗我以爲此字應隸作烕。…其中橫劃爲戉與火（夾）共用。…在古文獻中，烕與列、厲聲字通用。

〖陳穎飛 2009〗綜合包山簡的所有“戠”的材料，也可以確定“戠”是製造機構，而並非地名、地方政區單位、沈尹，…“戠”作爲製造機構才能解釋以上各種格式，而“戠”爲“鋭”字也能與此解釋相合，因此我們認爲“戠”是製造機構。（171-172 頁）

〖十四種 2009〗上博簡《容成氏》16 號簡亦有此字。李零（2002D，262 頁）：戠役，上字楚簡或用爲“列”，疑是古“烈”字。這裏讀爲“癘疫”或“痢疫”。上博簡《周易》45 號簡有“㓹”字，對應傳世本的“冽”字；49 號簡有“剫”字，對應傳世本的“列”。應即李氏所云。從這三例看，楚簡中的這類字應可釋爲“列”或從“列”得聲的字。列有市肆之義。《漢書・食貨志》：“商賈大者積貯倍息，小者坐列販賣。”顏注：“列者，若今市中賣物行也。”“列”亦或讀爲“連”。連有行政區劃名的用法。《國語・齊語》：“管子於是制國，五家爲軌，軌爲之長；十軌爲里，里有司；四里爲連，連爲之長；十連爲鄉，鄉有良人焉。”此字也有指某級政區的可能。(5-6 頁)。

〖吴良寶 2010〗“列尹”職掌不明，疑與《左傳》文公元年的掌宫廷警衛的“環列之尹”有關，後演變爲衛尉一類的職官。“列”可能是“列尹”之省稱，更可能是與“竅”、“敔”性質類似的某一地域政治機構名稱（第 125 號簡文“郘昜公命尋域之客章、列尹癸辯之”可爲佐證)。(152 頁)

[8]少僮

〖整理者 1991〗僮，《説文》：“未冠也。”少僮即小僮。(40 頁)

〖彭浩 1991A〗小僮，即未成年人。

〖陳偉 1996A〗簡 3“少僮”與簡 180“少童”應即一事。“少僮（童）”可能與“少妾”相對，表示未成年男性，而不是身分性概念。(115 頁)

[9]鹽（鹽）族鄽（國）一夫、痵（瘩）一夫

〖整理者 1991〗①邸，讀如越。(40 頁) ②夫，《説文》：“丈夫也”。此指成年之人。③瘊。(17 頁)

〖劉釗 1992A〗按字從关從疒，應釋爲“瘩”…在簡文中似用爲人名。

〖袁國華 1993B〗鄭。

〖袁國華 1994C〗如果以本文對於簡 4“二夫斁”句的理解，加上以上一組簡文的記錄，就更有理由懷疑“一夫”或“夫”，是專指“犯罪者”的了。(77 頁)

〖陳偉 1996A〗《國語·魯語》：“老請守龜卜室之族”，韋昭注：“族，姓也。”…簡文“族”正指姓氏。“族”字後爲登記者之名，鹽族鄭即鹽鄭。(128 頁)

〖何琳儀 1998A〗①旋。(477 頁) ②瘊，從疒，关聲。疑瘩之省文。(1005 頁)

〖十四種 2009〗①郭店簡《老子》乙組 2 號簡、《緇衣》2 號簡中的“國”字與此字同。(6 頁) ②一夫，今按：一人。指男人。(8 頁)

按：“鄽”字釋讀從《十四種》之説。

[10]郢（匡）逄（路）區湶邑

〖整理者 1991〗①逄。(17 頁) ②湯，湯字。(40 頁)

〖李零 1992〗①黄，原從邑從往。②路，原從辵從各。

〖陳偉 1996A〗簡書所見楚國的邑分布於鄉間野外，各有一定的地域範圍；其土地（至少是其中一部分）可由國家分授和回收，在邑（至少有一部分邑）之上還存在敔、國等層級較高的單位，邑中及其以上的層級均設有官吏。這樣的邑，應該屬於一種居民組織或者説行政區域；邑及其以上層級，構成一種居民組織或者説行政區域系統。(76 頁)

〖李運富 1997B〗“淵”字在簡文中用爲地名和姓氏。“淵邑”正與簡 86 及 143 的“𣶒邑”相應，淵是𣶒的增義符異構字，淵邑與𣶒邑應是同一個地方。（107 頁）

〖何琳儀 1998A〗①迻，從辵，各聲。疑路之異文。（486 頁）②湯，從水，昜聲。…地名。（760 頁）

〖戰國文字編 2001〗涼。（761 頁）

〖劉信芳 2003〗①疑是楚國的行政建置名，惟具體内涵有待進一步研究。…“迻”似可讀爲“路”，簡 121“棄之於大迻”，“大迻”即“大路”。（11 頁）②字又見簡 100。郭店《成之聞之》14“窮湶（源）反本”（按：字形作），知字應讀爲“源”。（11 頁）

〖十四種 2009〗①此字所從在楚簡中讀爲“廣”，見《孔子詩論》10 號簡、《容成氏》31 號簡、曾侯乙墓 18 號簡等。（6 頁）②今按：李運富指出本字與 86、143 號簡之字對應，當是。後二字當依吳振武（1996，47～51 頁）釋爲“泉”，與劉氏據《成之聞之》14 號簡改釋爲“湶（源）”相應。又，86 號簡“羕陵君之陳泉邑”，143 號簡“郙國嚻敔郏君之泉邑”，當各爲一地。（6 頁）

〖宋華強 2007A〗新蔡簡“泉”字作（甲三 355），包山簡 3 號“湶”字作。與“泉”類似，只是寫法潦草一些。（239 頁注釋 909）

按:與 100 號簡爲一字，暫從釋“湶”之説，但二字所從與楚簡中標準的“泉”字略有差别。

[11]凡君子二夫，𣪕（翠）是亓（其）箸（書）之

〖整理者 1991〗𣪕，讀如皐，借作致，《周禮・地官・遂人》：“凡治野，以下劑致甿。”鄭注：“致猶會也”。此言會聚。（17 頁、40 頁）

〖李零 1992〗“皐是其”爲人名。

〖劉釗 1992A〗按“𣪕”應讀作“最”。“𣪕”從“皐”聲，“皐”“最”二字一爲從紐微部，一爲精紐月部，古音較近。最，聚也。此言君子二人會聚於此，著於名籍是也。

〖袁國華 1994C〗凡君子，二夫𣪕，是其箸之。…“凡”，動詞，疑假作“犯”。…此句所言“二夫𣪕”，正是承上句“凡（犯）君子”而來的，就是説“侵犯君子，就是二人所觸犯的法律”。…“是”作“此”義…疑“箸”讀如“著”，作“著録”義。…“君子”一詞，簡文只一見，應指“在位者”。（64-73 頁）

〖陳偉 1996A〗簡文“君子”疑讀作“群子”。群、庶都有衆多的意思。群子猶言庶子，大概是指家庭中除嫡長子之外的其他諸子，地位比較低下。（127 頁）

〖周鳳五 1996〗“其箸之”，是要求收文單位登錄戶籍資料…君子就是貴族。

〖何琳儀 1998A〗①“君子”，見《白虎通・號篇》“《論語》云，君子哉若人，此謂弟子。

弟子者，民也。”（1340 頁）②斅，讀罪。（1274 頁）③是，此。（751 頁）④箸，讀著。或爲動詞，標著。《管子・立政》“十二月一著。”或爲名詞，猶著作。（520 頁）

〖劉信芳 2003〗①字從攴，辠聲，疑讀爲“自”，朱駿聲謂“辠”從“自”聲。“斅是”猶言“自此”。②書於名籍。前云“少僮”，此云“君子”，知已成年，故得傅籍。

〖王穎 2004〗其…表示祈使語氣。（166 頁）

〖張崇禮 2009B〗我們認爲“斅”應該就是“萃集”、“萃聚”之“萃”的本字。…從同源詞的角度考慮，“斅”讀爲“雜”、“集”、“最”等也都是可以的。但從造字的角度看，“斅”可分析爲從攵辠聲，“攵”表動作，爲義符，“辠”聲和“卒”聲可互換，將此字徑釋爲表“萃集”義的形聲字，似乎更簡明和直接一些。

按：整理者斷句爲：“凡君子二夫，斅是，其箸之”，誤。李零已經指出“斅是其”應爲人名，可從。張崇禮將簡文“斅”與“萃”聯繫起來的做法，要優於其他各家，但在 4 號簡中，“斅”並不是“會聚”的意思，而是姓氏。張崇禮認爲《古璽彙編》中從艸從辠、從中從辠的字釋爲“萃”，即“翠”姓，這一意見十分正確，本簡“斅”作爲姓氏也應讀爲“翠”。

[12]遊（魯）昜（陽）公

〖整理者 1991〗遊，簡文作，與《說文》古文形似，讀爲旅。對照上文可知，遊陽公即魯陽公。（17 頁）

〖李守奎 2002A〗“遊”所從“旅”正作“”，與《說文》古文合。“遊昜公”即 2 號簡之“魯昜公”，與《說文》“古文以爲魯衛之魯”合。

[13]俳大敂（令）

〖整理者 1991〗伅。（17 頁）

〖黄錫全 1992〗古從人與從頁義近。伅字在此當假爲“頓”。《左傳》僖公 23 年，“楚成得臣帥師伐陳，討其貳於宗也。遂取焦、夷，城頓而還”。杜注：“頓國，今汝南頓縣。”即今河南項城縣西之南頓故城。

〖劉釗 1992A〗按字既不從“屯”，也不從“毛”，而從“丰”。…字從人從“丰”，可釋爲“俳”…“俳大令”疑讀爲“邦大令”。

〖劉信芳 2003〗伅讀爲“頓”…“頓”在今河南項城，項城縣西南有南頓故城，於地望正合。（12 頁）

〖陳穎飛 2009〗溺典（城莫之歲）的下令者爲“俳大令”，執行者爲“汾令”，據此可推斷“俳”當爲“汾”的上一級行政劃地。（123 頁）

按：“俳”字形作，亦見於包山 67 號簡，作。“屯”字作（包山 203 號簡“春”字所從）、（新蔡甲三 35 號簡），釋“伅”是錯誤的。楚簡中“毛”、“丰”形體比較相似，“毛”字作（上博《容成氏》24 號簡），單從字形上看，釋“毛”還是釋“丰”，難下定論，暫從釋“丰”之說。“倖大令”與 67 號簡有“大倖尹”均應爲官名，倖是否爲地名，待定。

[14]悆（舍）已（以）

〖整理者 1991〗悆。（17 頁）（按：字表又隸爲“悆”，見圖版一五一）

〖劉釗 1992A〗按字從“舍”從“心”，應隸作悆。古文字“余”、“舍”乃一字分化。…故此字可釋爲“悆”。…在簡文中用爲人名。

〖黄盛璋 1994〗舒。

〖張守中 1996〗悇。（167 頁）

〖白於藍 1999〗即《說文》悆字。余、舍一字分化，包山簡舒字作“”（76），即從余。

〖李零 1999B〗應釋爲“悆”，用爲舒氏之舒。

〖十四種 2009〗今按：此人可能氏“悆”名“爲”。135 號簡背面等處有“舒”字，從“余”從“予”。此處可能是“舒”氏異構，也可能是“余”氏之字。（7 頁）

按：“悆”即“舍”，爲姓氏，可讀爲“余”，“以”則爲其名。

[15]㲹（溺）典

〖整理者 1991〗㲹，簡 7 此字作㲹，讀如沒。…㲹典，當是隱匿名籍。（40 頁）

〖彭浩 1991A〗楚國法律把故意不向政府申報名籍的行爲稱作“㲹典”。…“㲹”，讀作沒，典即隱匿名籍，其目的是藉以逃避徭役、兵役和賦稅。

〖湯餘惠 1992〗從勿聲，即淹沒之“沒”。“沒典”指不見於名籍。

〖黄盛璋 1994〗按此字當即《說文》水部之“休，沒也，從水，人，讀與溺同。”…《楚辭》：“沕深潛以自珍”，徐廣曰：“沕潛藏也”，此沕僅見《楚辭》，必爲楚文字，而㲹爲其繁文。…“溺籍”意爲沒有入籍經查出來補行登記的名籍，楚王對它很重視。

〖袁國華 1994C〗本文從《包山楚簡》所載“㲹典”記錄的對象與身份，疑“㲹”是指“籍沒”之“沒”。《云夢秦簡》稱爲“收”，又稱爲“收孥”；因此，所謂“㲹典”應該就是“籍沒之典”了。…這些簡文提供了一個訊息，就是“㲹典”是在案件審理結束以後的相應手續或程序。（80-頁）

〖陳偉 1996A〗簡 4-6 記“𨛭人其㲹典”，簡 7-8 記邦人之“㲹典”、“其（臧王之墨以）臣之㲹典”；後一件文書還顯示“㲹典”具有與“典”即官方名籍簿冊相對應的性質。由此看來，“㲹（㲻）典”似當是一種私人的人口名冊。這種名冊繫之於𨛭人、邦人名下，顯然不包括這些人在內。而據簡 7-8 所載，“臣”即奴隸乃是這種名冊的著錄對象。…“㲹

（孯）典”可以說是私家附屬人口中部分甚至全部成員的名冊。《戰國策·楚策四》“漢明見春申君”章提到爲“漢明先生著客籍”。“㲻（孯）典”與春申君的“客籍”也許有類似之處。（130-131 頁）

〖周鳳五 1996〗尚未箸籍者（即簡文所謂“溺籍”者）。

〖何琳儀 1998A〗孯，從子，㫧聲。…包山簡孯，讀沕。（1306 頁）

〖陳偉 2001〗1994 年在撰寫後來於 1996 年出版的小書《包山楚簡初探》時，我們針對整理小組的看法提出：簡 2～4 以及 4～6 中的“升”字應讀爲“登”，指登記。簡 7～8 中的“內”讀“入”、讀“納”均可，爲交納、呈進的意思。由這些動詞連及的“㣆[從水]典”，似乎不好看作隱匿名籍這一違法行爲。…在讀到郭店楚簡的資料之後，聯繫相關討論，我們在原有認識基礎上，形成了一種新的看法，即此字恐怕應該讀爲“弱”，“弱典”是指所謂“弱冠”即男子成年之後所登錄的名冊。…就是在簡書中，完全看不出“弱典”具有什麼消極性的色彩，並不與某種違法行爲有關。如果將其看作是當年齡自然增長到一定程度而需要登錄的名冊，則正與這種情形相符。…簡文“弱”字有兩種寫法，一種從“水”，一種從“子”。後者或許正是“弱冠”之“弱”的本字。

〖劉信芳 2003〗“溺典”其實就是“沒有正式戶籍的人口典冊”，大略相當於現在的流散人口登記。《廣雅·釋詁》：“溺，沒也。”專門登記無戶籍者的名冊——“溺典”須上報官府，即所謂“入其溺典”，還需“藏王之墨”（簡 7），即由史官書寫副本供楚王檢核。（12 頁）

〖十四種 2009〗從郭店竹書《老子》用字看，此字當依黃盛璋說釋爲“溺”。（13 頁）

按：簡文“㲻典”讀爲“溺典”可從。8 號簡有“臧王之墨以入其臣之㲻典”，名爲庚的人是由司馬徒書之，而暗和疕二人“未在典”，“未在典”應即“未在㲻典”。“㲻典”很有可能是書寫有隱匿者名籍的一種典冊，“未在典”則屬於違反法律規定的行爲。簡文所記錄的“庚由司馬徒書之，暗和疕二人未在典”這個結果應是在察驗之後發現的違法行爲。

[16]新官帀（師）瑗

〖劉信芳 2003〗官：讀爲“館”，“新官”乃官署名。《說文》：“館，客舍也。”（13 頁）

[17]新官敂（令）邚（越）

〖黃錫全 1991B〗（曾侯乙墓竹簡）“新官令”在簡文中爲御車者，“新官”如是地名，“新官令”就是“新官”地方的長官；如是官名，則此“令”是掌管“新官”的官員。曾簡中有“宮廄之新官”，則“新官”應是官名。

[18]新官婁顫（履）犬

〖整理者 1991〗頣（夏）。（17 頁）

〖黄錫全 1992〗履字本從舟從頁從止，見於西周金文。簡文幾見從舟而釋爲“夏”的人名，均應釋爲頗即履。古有履姓（氏），見《姓苑》。

〖劉釗 1992A〗此字從頁、從舟、從止，應隸作“頗”，釋爲“履”。…此字在簡文中用爲人名。

〖何琳儀 1993A〗應隸定“頗”，釋“履”。

〖何琳儀 1998A〗婁，姓氏。…郲婁國子孫以婁爲氏。見《風俗通》。（336 頁）

[19]新官連囂（敖）鄗趞、犇旻（得）受之。

〖整理者 1991〗連囂，也稱作連敖。（40 頁）

〖黄錫全 1991B〗“連敖”的職能，歷來說法不一。如徐廣以爲“典客”，張晏以爲“司馬”，清梁玉繩以爲“是司庾之官”。…連敖次於莫敖，何琳儀以爲是同級的正副職關係。…是地方亦仿照中央設有“連敖”。“連敖”不見於先秦文獻，據《史記》《漢書》，知漢有“連敖”，或以爲來源於“楚官”。今有當時的文字材料爲據，可證“楚官”之說是正確的。

〖黄盛璋 1994〗至於簡 6 之溺籍，由四個新官的官吏，即師、令、婁、連囂“奔受的之”，意思是四個人一個接一個，用奔走傳受而送到，也可見楚對溺籍之重視，這個溺籍是已經漏失之人補查登記之戶籍。

〖袁國華 1994C〗如果將“𡨦典”理解爲“籍没的名籍”之說不誤，爲什麼只有二人犯案，卻有五人接收“𡨦典”？…本文認爲，較合理的推測，應該是：這五分“𡨦典”還包括“罪犯的家屬”。由於這個案子被“籍没”的人除了罪犯本人之外，還連累其家屬，於是分別由五位官員接管，而每人接受一分“𡨦典”，以便存檔管理。（90 頁）

〖周鳳五 1996〗並由新官師瑗等五人“受之”，即負責收文並共同簽署認證，完成登錄戶籍的法定程序。

〖何琳儀 1998A〗①讀“連敖”。《史記·淮陰侯列傳》“爲連敖”，集解“徐廣曰，典客也。索隱曰，李奇曰，楚官名。張晏曰，司馬也。”（1035 頁）②鄗，讀甫，姓氏。出自炎帝裔孫伯夷，爲堯太岳，封其後爲甫侯，子孫以國爲氏。見《風俗通》。（596 頁）③犇，讀奔，姓氏。神農娶奔水女，後有奔氏。見《世本》。（1361 頁）

〖劉信芳 2003〗即連敖。《左傳》無“連敖”，“連尹”屢見；而包山簡無“連尹”。可以粗略地認爲戰國之“連囂”即春秋之“連尹”。（13 頁）

〖魏宜輝 2003〗“犇”即“奔”字。《集韻》：“奔，古作犇。”《廣韻》：“犇，博昆切，音賁。牛驚。”而從古文字演變的角度看，“犇”字原先並非從“牛”。…從字形上看，楚簡文字中的“犇”字從三牛。而我懷疑這種從三牛的寫法就是從三又的“𠬞”字的變體。楚系簡帛文字中"又"和"牛"雖然在字形上有一定差别，但如果在"又"的下部添加飾點，而飾點又變作短横，那麽"又"和"牛"就完全混同了。(23頁)

〖陳穎飛 2009〗"連敖"意即"輦長"。疑"連敖"原爲楚軍中掌管"輦"的軍事掌官，後發展爲泛指某一級别的軍事長官。…概而言之，"連敖"一職可能有一定的變遷過程，最早當是軍事官，由於楚國地方軍事與行政組織二合一，導致"連敖"以軍事官之職，參與掌官地方行政，而"連敖"這一行政職官身份又逐漸獨立，在戰國中後期，與軍事無關的中央機構屬員中設有此職，而地方"連敖"所掌管的事務也是與軍事無直接關係的行政事務。(254頁)

〖十四種 2009〗也許讀爲"授"。(7頁)

〖蕭毅 2010〗楚簡文字中的"犇"…就是"止"錯位作"中"形後進一步繁化的結果。(91頁)

按:"連敖"還見於燕客銅量、曾侯乙墓竹簡及璽印，何琳儀認爲"莫敖"與"連敖"是正、副的關係。李家浩認爲"連敖"即職掌軍事的官。曹錦炎進一步指出"連敖"之"連"是楚國的一種居民編制，連敖當是楚國連一級組織的軍事首領。劉紹剛認爲連敖是掌車馬的軍吏。①關於"犇"字，史傑鵬提出一種新意見，他認爲"犇"是由"奔"的漢代字形變來的，楚簡中的"犇"不是"奔"字，而是"牛"的繁寫，姓"犇"或許就可以視之爲姓"牛"。②

2. 臧(臧-莊)王之墨入溺典

齊客墬(陳)豫迦(賀)王之戠(歲)[1]，夃=(八月)乙畣(酉)音=(之日)，王廷於藍郢之遊宫[2]，安(焉)命大莫囂(敖)屈昜(陽)爲命邦人内(入)亓(其)𡡈(弱)典[3]。臧(臧-莊)王之墨㠯(以)内(入)亓(其)臣之𡡈(弱)典[4]。憙(喜)[5]之子庚一夫，凥(處)郢里，〖007〗司馬徒箸(書)之[6]。庚之子昭一夫、昭之子疕一夫[7]，未才(在)典[8]。〖008〗

集釋:

[1]齊客墬(陳)豫迦(賀)王之戠(歲)

〖整理者 1991〗①齊，今山東境内的諸侯國。客，使臣。(40頁)②迦，讀如賀，《説文》:"以禮相奉慶也。"(40頁)

①參見陳穎飛:《楚官制與世族探研——以幾批出土文獻爲中心》，250-251頁，清華大學博士學位論文，2009。

②史傑鵬:《談談楚簡中的"犇"字》，簡帛網，2012年9月13日。

〖楚國歷史文化辭典 1996〗春秋、戰國時賓客、旅客或出訪使節的通稱。(313 頁)

〖何琳儀 1998A〗客，外國賓客。(488 頁)

〖徐在國 1998B〗應是“賀”字異體。

[2]王廷於藍郢之遊宮

〖整理者 1991〗①廷。(17 頁)②藍郢，楚別都之一，《左傳・定公五年》記有藍尹，可能就是藍縣之尹，藍郢或許就在藍縣一帶。(40 頁)

〖劉彬徽、何浩 1991〗藍郢有楚王的游宮，和䢵郢一樣，此處顯然是楚王的駐地之一，或許也是楚國的另一別都所在。以鄢邑爲郢故稱鄢郢，遷郢於陳城遂有陳郢之名。准此，藍郢自當與春秋時的楚國藍縣有關。《左傳》定公五年載：吳師入郢，楚昭王棄郢而逃，“王之奔隨也，將涉於成臼，藍尹亹涉其帑，不與王舟。”此藍尹即楚國藍縣行政長官。藍、聃音同字通。藍縣原爲姬姓聃（又寫作那、𨙸）國故地，西周末爲楚所滅，成爲楚地，春秋初置爲楚縣。《左傳》莊公十八年追敍說：“初，楚武王克權，使鬥緡尹之，以叛，圍而殺之。遷權於那處，使閻敖尹之。”杜預注：“那處，楚地。南郡編縣東南有那口城。”據乾隆《大清一統志》卷二六五安陸府古跡“編縣故城”條的記載，魏晉時的南郡編縣故城，在今湖北省鍾祥縣的胡集附近。“編縣東南”的那口則在鍾祥西北境的漢水西岸。這裏正是楚藍縣所在之處。那口——藍邑後又稱爲藍口。《後漢書・郡國志》南郡“編”縣原注：“有藍口聚”。同書《王常傳》說：王常與然丹等“別入南郡藍口，號下江兵。”此藍口即《郡國志》的藍口聚，也就是春秋時期的楚之那口、西周時的聃國故地。後來，西魏、周、隋以至唐初，還曾在此設藍水縣。這一帶，北距宜城縣南楚皇城、東北距津渡要口成臼，都相去不遠。建有楚王游宮的楚國別都藍郢，看來就在這裏。

〖李零 1992〗此處“廷”指楚王召見群臣。“廷”是古代對受訟之所的泛稱，作動詞，上見下叫廷（如這裏簡 7 的“王廷於藍郢之遊宮”和下面簡 125 反的“廷疋陽之酷官之客”)，下見上也可以叫“廷”。

〖湯餘惠 1993〗①藍郢，楚別都之一，疑即藍口，又名藍口聚。…“藍口聚在荊門州北”。(151 頁）②遊宮，離宮別館。(46 頁)

〖胡雅麗 1994〗前面冠以具體地名之郢者，或可理解爲別都、陪都；郢很可能是楚王所居城邑（含長居與短居）的專字。

〖袁國華 1994C〗“藍郢之遊宮”(楚別都的行宮)。(5 頁)

〖陳偉 1996A〗遊宮、新遊宮可能是管理遊宮的官名。(93 頁)

〖楚國歷史文化辭典 1996〗楚有藍地，約在今湖北鍾祥縣西北境的漢水西岸。藍郢可能

是在藍地的楚國別都。（432 頁）

〖楚文字編 1997〗遊字當從㫃，迂聲。（339 頁）

〖顏世鉉 1997〗從包山楚簡有“藍郢”的情況看，《左傳》中“藍尹”中的“藍”是地名，原爲聃國故地。（64 頁）

〖何琳儀 1998A〗①廷，讀停。（806 頁）②“藍郢”，疑讀“鄢郢”。…爲楚之別都，在今湖北宜城。（1452 頁）③“遊宮”，行宮。（214 頁）

〖白於藍 1999〗即《說文》游字。

〖武家璧 2009〗關於“郢”，《說文》云“故楚都，在南郡江陵北十里。”然除文獻所見“郊郢”、“鄢郢”、“都郢”、“紀郢”、“壽郢”、“陳郢”等之外，楚簡文字還出現“栽郢”、“藍郢”、“並郢”、“朋郢”、“鄩郢”等諸郢，它們不可能都具有都城性質，這表明凡楚王駐蹕之所皆可稱“郢”。

〖吳良寶 2010〗今按，從楚文字資料“某郢”的情況看，包山簡的“藍郢”之“藍”應該是地名，但可以不必跟《左傳》的“藍尹”聯繫在一起。“藍郢”地望待定。（58-59 頁）

按:以某郢爲名者未必均是別都，從清華楚簡《楚居》來看，楚王居地多稱某郢。有可能居地再次遷徙之後，前一處居地仍保留某郢之名。

[3]安（焉）命大莫囂（敖）屈昜（陽）爲命邦人內（入）亓（其）㬎（弱）典

〖整理者 1991〗①女，簡文作，地名。曾侯乙墓竹簡“安車”之安作，與簡文同。其他簡文中多次出現，疑是郊字。郊讀如安，地名，在今云夢縣境。（40 頁）②邦人，國人。（40 頁）③㲻。（17 頁）

〖彭浩 1991A〗“邦人”也稱“國人”，指居住在都邑中的庶人和部分官吏。

〖黃錫全 1991B〗包山簡中，中央官稱“大莫敖”，地方官稱“莫敖”，根據上述材料，始知楚地方亦設“莫敖”，中央官或稱“大莫敖”。至於“莫敖”的性質，歷來衆說紛紜，不過，多以爲其爲“將兵之官”。…據文獻記載，“莫敖”在春秋初期的權利是很大的，自武王“威莫敖以刑”之後，地位下降，多排列在令尹、司馬之後、諸尹之前。春秋戰國時期，這個官名一直存在。

〖李零 1992〗簡 7-9 是講前 321 年的八月，楚王在藍郢的游宮召見群臣（稱爲“廷”），乃命大莫囂屈陽下令（案：簡文“安”讀焉，義如乃），命邦人獻典，“臧王之墨”（含義不祥），所上典冊亦有失載。其中喜之子庚住在郢里（案：喜，原下從心），雖由司馬徒登錄，但庚的兒子和孫子卻不見於典冊，遂“等以內（入）”（似指驗其辭而上之）。

〖劉釗 1992A〗按“邦人”應讀作“封人”…“邦人內其㲻典”應讀作“封人納其㲻典”。《周禮·地官》：“封人掌設王之社壝，爲畿封而樹之。凡封國設其社稷之壝，封其四疆。

造都邑之封域者亦如之。”由簡文可知“封人”不僅執掌社壇管理和邊界封疆之事，還主管戶口名籍。

〖湯餘惠 1993〗①安令，鄢地縣令。安，通鄢，故城在今湖北省宜城縣北三十里之小河鎮，與藍郢相去不遠。（151 頁）②爲命，起草文告。（151 頁）③邦人，猶國人，城里人。（151 頁）④入其臣之沒典，清查登記隱匿名籍的奴隸。臣，隸臣，奴隸。㴞，從水、勿聲。《古文四聲韻》入聲“葯”韻“弱”字下引《華嶽碑》作㳊，實即溺，字從人、水會意，簡文增勿爲聲符。古音勿、沒並屬明紐、物部，《說文》歿，或體作殁。簡文㴞應是沒字古文。㴞典，謂不見於名籍。

〖舒之梅、劉信芳 1995〗知威王時莫敖爲“屈章”，則可斷定簡文“屈陽”即屈章。

〖楚國歷史文化辭典 1996〗大莫敖是楚國各地衆多莫敖官職中地位最高者，應爲中央官名，很可能是戰國時由於地方各縣設置莫敖官職而將中央的莫敖稱爲大莫敖。大莫敖的職掌當與一般莫敖相類，主要是負責軍事，但亦可兼管司法民政。（16 頁）

〖何琳儀 1998A〗①安，地名，疑即楚璽之“安䆼（地）”。地爲地名後綴。楚器安，疑“安成”，見《漢書・地理志》汝南郡。在今河南汝南東南。（965 頁）②讀“莫敖”，官名。…相當司馬。（720 頁）③“邦人”，即“國人”。《書・金縢》“二公命邦人。”（436 頁）④亓在戰國文字中均讀其。（21 頁）⑤㴞，從水，昜聲。疑沕之繁文。…“㴞典”，讀“沕典”，收藏之典。（1306 頁）

〖白於藍 1999〗從休（溺）勿聲，乃《說文》沒字。

〖李零 1999B〗①“安”字的省體，不是“女”字。…皆應讀爲“焉”…“王廷於藍郢之右宮，～命大莫䫜屈昜爲命”，其義如乃。②應釋“溺”。

〖陳偉 2001〗簡 7～8 中的“內”讀“入”、讀“納”均可，爲交納、呈進的意思。

〖劉信芳 2003〗①即莫敖。“大莫敖”爲楚之高官，爲屈氏世襲。…《戰國策・楚策一》：“威王問於子華。”“華”一本作“章”，“華”、“章”二字聲韻不相涉，字形亦不相近，不可以通假，形訛視之。審文意應是“莫敖子華”，旁注以“章”字，是莫敖名“章”，字“子華”，非“華”之異文爲“章”也。古人名與字相應，而華、章同有文采之意，此所以一爲名，一爲字。楚國凡大莫敖均爲屈氏所任，尚未見例外，是“屈昜”、“屈章”爲同一人歟？擬或爲二人歟？若爲同一人，則“昜”、“章”二字音近義通；若非同一人，則“屈昜”應是“屈章”之子或孫。（15 頁）

〖王穎 2004〗“內（入）”在包山簡中帶無生名詞，相當於“使……入”。（110 頁）

〖陳穎飛 2009〗有中央莫敖、地方莫敖、機構莫敖三類，…中央莫敖仍爲屈氏；地方莫敖則不爲屈氏所據，…中央莫敖職掌之一與“溺典”相關，並仍掌軍隊。地方莫敖的職掌之一是“貣越異之金”…地方莫敖的地位在地方司馬之上，更在攻尹、喬佐等之上。……中央莫敖與地方莫敖都有州加公。（214 頁）

按:雖然整理者懷疑𨛭是郯字，但在釋文中仍釋爲“郯”，19 號簡郯字又釋爲“郘”。本簡之“安”應從李零之說讀爲“焉”。

[4]臧（臧-莊）王之墨已（以）内（入）亓（其）臣之㒸（弱）典

〖整理者 1991〗臧（臧）王之墨，以内（入）其臣之㒸典。（17 頁）

〖黄盛璋 1994〗其實即書王命。

〖袁國華 1994C〗楚王在藍郢的行宫，命令莫囂屈昜爲，命令邦人繳納“㒸典”，藏於“王之墨”，其目的是爲接收身分爲“臣”的人的“㒸典”。這些“臣”疑即“臣妾”的“臣”，或爲官奴，或爲家奴。…《包山楚簡》所謂“臣之㒸典”之臣，就很有可能是因爲被“籍没”而罰作奴隸的了。（86、89 頁）

〖陳偉 1996A〗這裏提到的及其後嗣 3 人，均爲臧王之墨以之臣。（113 頁）

〖周鳳五 1996〗臧王之墨（按，四字費解疑指以書有王命的簡册爲凴）…這裏的四個人則有名無姓，祖孫四代的身份都是“臣”，亦即奴隸。

〖劉信芳 2003〗謂書寫副本，藏於王室。（15 頁）

〖董珊 2008〗在傳世先秦文獻中，有一些在氏族和名字之間加結構助詞“之”的人名。…我認爲用作主語的人名是“臧王之墨”，“以”字是引導動作施行原因的介詞，所引介的原因是“焉命大莫囂屈昜之命”，在句中承前文而省略了…包山楚簡“臧王之墨”的“臧王”就是指楚莊王熊侣，名爲“墨”的這個人是楚莊王的族人，所以在他的名字前面冠以楚莊王之謚作爲族稱。

按:董珊之說可從，簡文“其”所指代即“臧王之墨”。

[5]㐂（憙）

〖整理者 1991〗憙。（17 頁）

〖何琳儀 1998A〗㐂，從心，喜省聲。憙之省文。（2 頁）

[6]馬徒箸（書）之

〖湯餘惠 1993〗意思是，隸臣慬庚之子住在郢里，已由司馬的屬下登入簿籍。（152 頁）

〖巫雪如 1996〗包山楚簡中唯一可能以司馬爲氏之人乃簡 8 之司馬徒，…司馬徒並無官名之記載，其職務爲登錄名籍，身份可能並不高。（39 頁）

〖周鳳五 1996〗“司馬徒箸之”，則説明由司馬徒辦理登錄。

[7]庚之子昭一夫、昭之子疕一夫

〖整理者 1991〗疕。（17 頁）

〖陳偉 2001〗而庚之子舀（從日）、舀（從日）之子疕卻“未在典”即未登錄名籍。舀（從日）和疕都被稱作“夫”，均應是成年男子。其中舀（從日）爲疕之父，無論如何也當超出弱冠之年。這二人“未在典”，似與將弱典解釋爲弱冠之年著錄名籍不符，反而支持隱匿名籍的說法。不過，其中存在這樣一種可能，喜一家四代作爲臧王之墨以之“臣”即奴隸，在一般情形下並不必爲國家所掌握並提供力役，但若遇特別情形則有此需要。7～8 號簡正是這種特別情形下的記錄，所以才要由楚王專門下達命令。

[8]未才（在）典

〖湯餘惠 1993〗未在典，意同前文“㲃典”。（152 頁）

〖何琳儀 1998A〗才，讀載。（99 頁）

〖王穎 2004〗才（在）…居於，處於。（79 頁）

3. 陳豫之典

郥戠（列）[1]上連囂（敖）之還集（集）[2]瘳（廖）族觲（淵）[3]一夫，凥（處）於郥戜（國）之少桃邑，〖010〗才（在）墜（陳）豫之典[4]。〖011〗

[1]郥戠（列）

〖楚國歷史文化辭典 1996〗复從邑旁，是表示某種職掌還是地名用字，待考。（300 頁）

〖徐少華 1996D〗我們認爲，楚郥縣、郥域當沿古郥國而來，按復、郥均從“复”得聲，音同義通，古文字中，從“彳”與從“邑”之字並無區別，可以互用，如古徐國之“徐”，文獻作“徐”，出土銅器之《徐王鼎》、《宜桐盂》等皆作“郐”…則位於大復山南、淮水上源南岸的漢復陽縣就不可能在今桐柏縣以東，而只能在其西北二三十里處，譚其驤先生主編的《中國歷史地圖集》定古之大復山和復陽縣於今桐柏縣城與平氏鎮之間，是正確的。這裏處於方城山丘陵地與桐柏山脈的過渡地帶，爲淮水所源，其間低平的山口和河谷盆地是南陽盆地東去淮河流域的理想通道，特別是這裏西去古鄧國不遠（約二百里左右），戰國時爲楚方城內屬地，銅器銘文所載與鄧國聯姻通婚的古復國、包山楚簡所載的楚復縣應即在此，其國名、縣名當因位於大復山附近而得名，漢置復陽縣實沿楚復縣而來。

〖何琳儀 1998A〗包山簡郥，讀復，地名。疑即後世復州，在今湖北沔陽西。（255 頁）

〖劉信芳 2003〗地名，從有關簡文看，是楚國一較重要區域。…因疑“郥”讀爲“父”…《漢書・地理志》潁川郡有“父城”《續漢志》同。《後漢書・光武帝記》：“光武自父城馳詣宛謝。”李賢〈注〉：“父城，縣，古應國，屬潁川郡，故城在今許州葉縣東北。”《水經注・汝水》：“北流際父城縣故城東。昔楚平王大城城父以居太子建，故杜預曰：

即襄城之城父也。”則直以“城父”爲“父城”。清代學者戴震、趙一清並辨城父、父城爲二縣。《漢書》城父在沛郡；《續漢志》在汝南郡，地與下蔡近，其勢不容相混矣。父城在今河南襄城西。（16 頁）

[2]上連囂（敖）之還𡧚（集）

〖李零 1992〗“還”疑應讀爲“縣”。“縣”見於西周金文，乃是附屬於國都的一種采邑區。《周禮》以都、縣爲貴族私邑（所謂“三等采地”）可能是追述西周制度。但《左傳》所記楚縣，有不少大縣（設有縣公）都是滅國而設的軍事重鎮（如申、呂、息、鄧、陳、蔡），顯然已是王所控制的公邑。…有不少都是文獻可考的楚縣，可以估計大多都是縣。它們在當時是主要的行政單位，因位習見，常常可以省去“縣”字。其長官叫“公”、“正”（又分“正婁”、“正令”、“正差（佐）”等），前者可能是大縣之長，後者可能是小縣之長或縣吏的統稱。

〖劉信芳 1996A〗包山簡一〇“鄝戠上連囂”，七九“上臨邑公”，一〇二“上新都”，一八八“上鄧邑”，二四六“水上”，…諸例“上”均用作方位詞。

〖葛英會 1996A〗“還集”應讀作環集或旋集，義爲回環協合。《國語·周語》“古者不料民而知其少多，司民協孤終”。韋注云：“協，合也。合其名籍以登於王也。”彼“協孤終”、“合名籍”之協、合，與此簡文“集箸”之集，字異而義同。

〖周鳳五 1996〗推測其文意，大約指登錄於戶籍的人是由鄝（地名）戠（官署名）的上連囂（官名）之還（人名）彙報（𡧚）的，其著籍者姓𨚗，名澗，一人，男性，居住在的少桃邑。…“𨚗族澗”是名族。澗爲名；𨚗爲族，也就是氏。名族就是名姓，也就是姓名。…“之還”的還也可以解作歸還、回來。則簡文文意指著籍者是由上連囂外出調查後回來彙報的。似亦可通。

〖日高 1998〗“還”、“集”連稱，“集”應爲“縣”中屬官之名。燕客銅量銘文中有“集尹”，爲“連囂”下屬官員。“集”應爲“縣”下某種機構，釋 B10-11 之“還”爲“縣”當不誤。（4 頁）

〖何琳儀 1998A〗楚器“𡧚脰（廚）”、“𡧚醑”、“𡧚䦆（朘）”、“𡧚糈”、“𡧚尹”、“𡧚瘟”、“𡧚獸（狩）”，官名。（1398 頁）

〖十四種 2009〗還𡧚，似是身分用語。（8 頁）

按：“還𡧚”在句中的位置與 3 號簡“少僮”對應，有可能是身分用語。

[3]𨸏𨸏（澗）

〖劉釗 1992A〗按字從兩阜、從水，應釋爲“澗”。《說文》：“澗，山夾水也。”說解與此字形正合。

〖湯餘惠 1992〗此字又見與青川木牘及陶文，我們曾釋爲《說文》訓爲“山夾水”之澗字（參看《古文字學概要》255 頁注 12）。高明《古陶文字徵》疑爲“阥”，從字形上說不無道理，但《字匯》謂即“俗陰字”，在青川木牘“利津～”一語中難以講通，釋阥恐欠妥。

〖袁國華 1994C〗“䴡”很可能是奴隸的身份若然，則“䴡”應該是楚王給齊客墬豫的禮物。於此可知，“墬豫之典”雖屬個人所有，所記卻不是墬豫的個人資料，更不是其家屬的資料，而是屬於他擁有的奴隸的名籍資料。（107 頁）

〖何琳儀 1998A〗䴡。（1548 頁）

〖白於藍 1999〗乃古澗字，《說文》：“澗，山夾水也。”其字義正與此字字形相合。

〖李零 1999B〗戰國文字多見，用於人名應即“衍”字，詳拙作《釋“利津𨽥”和戰國人名中的𦥑與𦥯字》（收入《出土文獻研究續集》，文物出版社 1989 年）。

〖劉信芳 2003〗字讀與“蓼”同，《通志・氏族略二》：“蓼氏，偃姓，皋陶之後。文五年楚滅之，今壽州霍邱其地也，子孫以國爲氏。（16-17 頁）

〖十四種 2009〗此字亦見於上博竹書《周易》50 號簡和《三德》12 號簡。關於《周易》之字，濮茅左（2003）釋爲澗，通“干”。他說：簡文作“澗”與今本作“干”相印證。（8 頁）

[4]才（在）墬（陳）豫之典

〖周鳳五 1996〗“陳豫”是“齊客陳豫賀王之歲”的省稱，由此可以推知楚國的戶籍是以年爲類，分年編次保存的。

〖劉信芳 2003〗意指“陳豫賀王之歲”…可知楚人名籍依年分地區編排，遇有徵發，即以某年爲截止，按地區調集。（17 頁）

4. 察梅瘽之典

東周之客[1]鄦（許）綎（縕-盈）[2]至（致）復（作-胙）[3]於葳郢[4]之戢（歲），顕（夏）扆（夷）[5]之月，甲戌音=（之日），子左尹[6]命漾陵宫夫=（大夫）[7]（察）[8]郜（造）室人[9]某（梅）瘽之典之才（在）漾陵之厽（三）鉩（璽）[10]。漾陵大宫痎[11]、大駐（馹）尹帀（師）[12]、鄒（鄝）公丁[13]、士帀（師）墨、士〖012〗帀（師）鄢（陽）慶吉[14]啓漾陵之厽（三）鉩（璽）而才（在）之[15]，某（梅）瘽才（在）漾陵之厽（三）鉩（璽），閼（間）御之典匱[16]。大宫痎内（入）氏篙（志）[17]。〖013〗

集釋：

[1]東周之客

〖湯餘惠 1993〗東周，指東周君建立的小國，戰國中期周顯王時，西周惠公封其少子班於鞏，號爲東周君，公元前 249 年被秦國所滅。(152 頁)

〖吳榮曾 1995〗大國和周王之間彼此相利用，使二周也能從中獲得好處。由於周天子已經寄人籬下，不具備多少自主權力，故凡屬向大國賜胙等事一般都須假手於二周的君主，這從有些史料中就能看出，如湖北荊門包山楚墓出土的竹簡，簡文上有："東周之客無䋲歸作（胙）於栽郢之歲"，意思是這年有東周的大臣無䋲赴郢向楚致胙。東周是小國，不能向楚歸胙，則致胙者必爲當時寄食於東周的周天子。《史記》中僅有周向秦致胙，而據簡文則周也向楚致胙，估計也還會有秦、楚以外的其他大國。(143-144 頁)

〖陳偉 1996A〗致胙於楚的東周之客當是周王室的使者，而非東周公的代表。《史記・周本紀》記云："慎靚王立六年，崩，子赧王延立。王赧時東、西周分治。王赧徙都西周。"周室自敬王以後稱"東周"，是因爲居於王城之東的成周的緣故。王赧徙都西周以之後，周室恐不會再以"東周"爲號。由此推想，無涅之歲應在王赧元年（前 314）之前。(15 頁)

〖楚國歷史文化辭典 1996〗東周之客當是周室使者。(332 頁)

〖何琳儀 1998A〗"東周"，國名。《史記・周本紀》"乃封其少子於鞏，以奉王號東周惠公。"(364 頁)

〖劉奉光 2003〗東周之客，[無程]歸胙，於[我]郢之歲，乃指東周使臣無程者饋送祭肉來到我國郢都的那一年。

〖十四種 2009〗戰國中晚期的東、西周，是兩個小國，而周王室在名義上依然存在。

〖吳良寶 2010〗包山簡中的"東周之客"應是周天子的代表，并非東周國國君的使者，因爲此時周天子寄居於東周國。再者，只有周天子才是天下的共主，作爲從周分裂出去的東周國是不具備這一資格的。(17 頁)

[2]䜭許䋲（緹）

〖整理者 1991〗䜭䋲，東周使者名。䜭讀如許。䋲，簡文中或作䋲。(40 頁)

〖湯餘惠 1993〗䜭䋲，即許䋲，疑即《東周策・昭獻在陽翟》篇"主君令許公之楚"的許公。(152 頁)

〖白於藍 1995A〗緹或從呈。

〖舒之梅、劉信芳 1995〗"許盈"應即《戰國策・東周策》之"許公"。

〖滕壬生 1995〗無。從甘。(461 頁)

〖何琳儀 1998A〗䋲，從糸，呈聲。緹之異文。(806 頁)

〖劉信芳 2003〗讀爲"盈"。(17 頁)

按：“緹”即“縕”，讀爲“盈”可從，清華楚簡《繫年》93 號簡有“鑾緹”，即史書中的“欒盈”。[①]

[3]至（致）隻（作一胙）

〖整理者 1991〗至作，致胙。致，送詣。胙，《說文》：“祭福肉也”。《周禮·天官·膳夫》：“凡祭祀之致福者”，鄭注：“致福謂諸臣祭祀進其餘肉，歸胙於天子。”此事說明東周向楚王行臣禮。（40-41 頁）

〖劉釗 1992A〗按字應直接釋爲“作”。

〖何琳儀 1998A〗“至隻”、“至夑”，讀“致胙”，送致福肉。（1086 頁）

〖李守奎、蔡麗利 2010〗上列Ⅰ類（按：指包山 12 號簡字等）十七個釋爲“作”的字所從的偏旁都是典型的“尸”，只有Ⅱ類（按：指包山 206 號簡字和 205 號簡字）中的兩字作“人”。寫作“尸”旁不可能是個人書寫風格所至，因爲這些簡文非由一人書手完成。如果是偏旁訛混，就比例來看，只能是“尸”訛作“人”，而不是“人”訛作“尸”。如果以上所論不誤，字當隸作“戾”，從“尸”，“乍”聲，很可能就是“作”的本字。《說文》：“作，起也。”意思是站起來，這也是古書常訓。《周禮·地官·胥》：“掌其坐作出入之禁令。”鄭注：“作，起也。”“作”與“居（《說文》：‘蹲也。’）”、“坐”等都是與下體相關的動作，“居”、“坐”是臀部向下，肢體下屈；“作”是臀部上提，肢體拉直，語義正好相反，“作”從“尸”，完全符合“尸”的構形功能，構意理據比從“人”顯豁得多。“作”字出現較晚，應當就是“戾”的訛變。至於“戾（作）”讀爲“胙”則是同音假借，包山簡中已經有從“肉”的分化字出現，但使用頻率還很低，“祚”作爲其異體較爲常見，《釋名·釋親屬》“祖，祚也”。畢沅疏證“祚，俗字，當作胙”。另外，包山簡中還借“乍（作）”爲“胙”。楚簡中同音假借是普遍的。

[4]蔵郢

〖整理者 1991〗蔵讀作栽，部分簡文中也直接寫作栽郢。楚都名。這批楚簡中楚都名有：郢、栽郢、藍郢、倗郢、鄩郢，當有正式都城與別都。（41 頁）

〖何浩、劉彬徽 1991〗菽與椒可通假，椒又可通湫。楚有以“湫”爲名之地。《左傳》莊公十九年載：楚文王“敗黃師於踖陵，還，及湫。”表明湫地距楚郢較近，爲返郢途中的一處地名。杜注：“南郡鄀縣東南有湫城。”可知湫城“是在今鍾祥縣北偏西的漢水東岸”，位於郊郢之北。郊、湫雖然音近，相距也不甚遠，但兩地在春秋早期的武、

①李學勤主編：《清華大學藏戰國竹簡（貳）》，178 頁，上海，中西書局，2011。

文之時就已並存，而且包山簡文中既有“郊”字，又有“莪”字，顯然這是兩個不同字，不同的地名。據此分析，湫郢當是楚於戰國時期在湫城一帶另設的一處別都。僅在其南不遠處的原郊郢之廢，或與此有關。

〖黃錫全 1991A〗該字不能釋爲茂、莪、蔋、茷、莪、等字，而應釋爲“蕆”，所從之尗、尗、尗、尗等與戰國秦漢文字的形類同，上部已譌爲從止，因止每可譌變作屮、屮、屮等，所以莪、莪爲莪、莪的異體。莪、莪所從之尗、屮乃是借用了艸形的筆畫。莪、莪二字是以木旁置換莪、莪的下部而成，也是“蕆”字。…“蕆郢”指的應是“紀郢”，亦即“郊郢”。郊、紀音近可通。紀南城遺址（紀郢）是戰國時期楚國最大的一座都城，可能是在“郊郢”的基礎上不斷擴建而成。鄂君舟節終點之“郢”應指“蕆（紀）郢”。至於“王居於郢之遊宮”的“遊宮”，既非“渚宮”，也非“郢城”，有可能是名揚四海的“章華宮”。

〖黃錫全 1992〗莪（戚）。

〖劉釗 1992A〗莪郢。

〖湯餘惠 1992〗莪，通哉；哉郢，指楚文王始都之郢城（今湖北江陵紀南城）。

〖陳漢平 1993〗莪字無論釋爲莪、栽，抑或釋爲莪、棘、朿、茦、莿之異文，其字書當與“紀”字相同，故後世僞“紀”字代之，將“莪郢”書作“紀郢”。（576 頁）

〖望山簡 1995〗“莪郢”之名亦見於鄂君啓節與一九七八年江陵天星觀一號楚墓出土竹簡。“郢”上一字天星觀簡多作“莪”，所從之“尗”與漢印“叔”字左旁極爲相似，故暫時隸定爲“莪”。本墓五號、七號簡有“栽郢”，八號簡有“莪郢”，皆應是“莪郢”的異文。“莪郢”疑指江陵之郢。（86 頁）

〖顏世鉉 1997〗尗字是書紐覺部，戚字是清紐覺部，紀字是見紐之部，覺部是幽部入聲韻，之幽旁轉，莪或蕆可和紀字相通，所以江陵楚郢都（紀南城）原來之地名極可能是與莪（莪或蕆）相關。（60 頁）

〖古敬恆 1998〗就其字下面部分看，釋“哉”應無太大問題。…不過望山簡和《鄂君啓節》中上揭諸字多有“艸”頭，因而“莪”字實應爲“莪”字。…音義均同“栽”。…“栽”本指種植，又有“幼苗”之義。…幼苗義轉用於時間方面，引而申之，其有“初始”義應該是合乎情理的。…由於紀郢建都較早，因而楚人稱之爲“莪郢”，意即“原先的”、“初始的”郢，似乎是順理成章的事情。

〖何琳儀 1998A〗從戈，尗聲，疑戚之異文。…疑讀“郊郢”…《左・桓廿一》“君次於郊郢以禦四邑”，注“郊郢，楚地。”或說在今湖北安陸境內。（200-201 頁）

〖劉信芳 1999F〗“莪”字何琳儀、黃錫全先生並隸定爲“蕆”，這一意見是正確的。現在我們稍作改進，將該字隸定爲“莪”，這樣更合於原簡字形，也便於分析有關問題。“莪”

字從艸從戈，從叔省聲（亦可認爲“𢦚”爲“叔”之異構），讀爲“湫”，如《春秋》文公九年“楚子使椒來聘”，《穀梁傳》作“萩”，《釋文》或作“菽”；襄公二十六年楚“椒鳴”，《漢書・古今人表》作“湫”；昭公三年“子服椒”，昭公十三年作“子服湫”；哀公元年“敗越於夫椒”，《史記・伍子胥列傳》作“夫湫”。讀“𦵪”爲“湫”，應該是合理的。

〖戰國文字編 2001〗茙（𦵪）。（47 頁）

〖劉信芳 2003〗春秋時楚有地名“湫”，《左傳》莊公十九年載：“（楚文王）敗黃師於踖陵，還及湫，有疾，夏六月庚申，卒。”杜預注：“南郡鄀縣東南有湫城。”《續漢書・郡國志》南郡：“鄀，侯國。”劉昭《注》以爲地即《左傳》之湫。《水經注・沔水》：“逕襄陽鄀縣界西南，逕湫城東南。”熊會貞《參疏》以爲《左傳》之湫，“即此《注》所指之城。”按漢鄀縣在今湖北宜城境内，楚曾遷郢於鄀。《左傳》定公六年“於是乎遷郢於鄀”，應是遷鄀境之湫城。知春秋之“湫”，即戰國之“𦵪郢”矣。今湖北宜城縣東南 7.5 公里處有“楚皇城”遺址，該遺址應即戰國時“𦵪郢”舊址。（18 頁）

〖蘇建洲 2003A〗筆者贊同隸作“茙”或“𦵪”。

〖蘇建洲 2003C〗筆者曾全面考釋楚簡常見“A 郢”的“A”字，認爲“A”字應釋爲從“𢦏”，相關字形可隸作“栽”、“𢧵”、“𦵪”、“茙”，主要聲符是“𢦏”。[①]

〖何有祖 2007〗包山簡“戚郢之歲”常見，其中“戚”字作：（207 號簡）、（131 號簡）、（129 號簡），比較直接的證據是作爲上取“戚”字異體的包山 58 號簡的，見於郭店《性自命出》30 號簡（戚），《三德》3 號簡有“戚”字即與同。

〖守彬 2011〗筆者認爲“×郢”並非城邑名，而是宮殿名。…楚國自武王以來，都城整體名爲“郢”；而楚王自身常住之宮，名爲“×郢”。…凡“×郢”皆當在都城“郢”的城垣内或城垣外近郊。楚王寢宮的頻頻移動，當然有政治因素的作用，也不排除其對居住環境的個性化要求，…包山楚簡記東周之客許綎“致胙於栽郢”、天星觀楚簡記秦客公孫鞅“問王於栽郢”，他們皆已見到楚王，是在“栽郢”這個宮殿見到的。…目前得到大多數人贊同的意見是：“紀南城始建於楚惠王中後期，毀於頃襄王 20 年（公元前 278 年），故是戰國時代的楚郢都。楚在此建都將近 200 年，是楚國全盛時期的都城。”而此之前的楚都，則被大多數人指認爲是在紀南城西北面的當陽季家湖古城。兩城相距不過 30 多公里，沮漳河由北向南從兩城之間流過，匯入長江。簡言之，這個主流觀點認爲：春秋時楚都“郢”在季家湖，戰國時（秦白起拔郢前）在紀南城。這個觀點得到很多考古發掘資料的支持。…那麼這些“×郢”就應該分布在季家湖古城、紀南故城内或其近郊。

---

①轉引自蘇建洲：《〈上博楚竹書〉文字及相關問題研究》，149 頁，臺北，萬卷樓圖書公司，2008。

〖王紅星 2011〗上述記載有“葳郢”的材料，年代多爲戰國中、晚期，而記載有衆多“×郢”的《楚居》，唯獨沒有“葳郢”的明確記載，似乎表明“葳郢”的出現不得早于《楚居》成篇之時。下葬年代約爲楚悼王時期的葛陵楚墓出土竹簡，多次出現“王徙于鄩郢之歲”，却不見“葳郢”的記載，現在看來不是偶然的，有可能“葳郢”的出現在“鄩郢”之後。楚國行政中心及楚王宗廟所在爲“都”，楚王所居之地，除了楚都之外還包括楚王的游宮、離宮或行宮等臨時居地。因此，“×郢”爲楚王居地且未必均在楚都可信，但也不能排斥“×郢”多在楚都之“郢”的城垣之內或距其不遠的近郊。這一認識如果不誤，或可提出一個假說：“葳郢”有可能位于目前多數學者認定的秦將白起所拔的楚都紀南城之內。

按：此字還見於鄂君啓節、天星觀楚簡和燕客銅量，學者們多有考釋。郭沫若、商承祚釋爲“茂”。殷滌非、羅長銘分別釋爲“莪（栽）”和“莪”。中山大學古文字研究室讀爲“哉”，認爲哉郢即首郢、初郢的意思。湖北省荊州地區博物館釋爲“蔵”。黃盛璋認爲莪、紀可通假。俞偉超、李家浩釋爲“葳，疑讀爲郊。何琳儀亦釋爲“葳”。李零認該字上部從艸，下半部分可隸定爲“𢧢”。劉信芳認爲此字就是甲骨卜辭的“”，讀音應與“柴”相同。羅運環以爲莪即《說文解字》中的蘮字，從艸歲聲或讀若紀。蘇建洲分析天星觀“郢”時，認爲應從“弋”得聲。而則是從“弋”聲，並增添“止”聲，左下的寫法是由左下“人”形加二筆繁化而來。“弋”餘紐職部，與“紀”韻部對轉，聲紐見餘關係密切。[①]

郭店楚簡《性自命出》30號簡有以此字爲偏旁的字，作，詞例爲“其烈戀戀如也，～然以終”，學者們多釋爲“慼”，可從，包山楚簡此字應以釋“葳”爲是。

關於“葳郢”的位置，除了集釋中的意見外，商承祚認爲茂郢當即楚都，茂殆是頌美之辭，郢即今之湖北江陵縣；黃盛璋以爲紀郢即紀南城，而非江陵城北之古郢城，後

①郭沫若：《關於鄂君啓節的研究》，《文物參考資料》1958（4），3-6頁。商承祚：《鄂君啓節考》，《文物精華》第二集，49-55頁，北京，文物出版社，1963。殷滌非、羅長銘：《壽縣出土的鄂君啓金節》，《文物參考資料》1958（4），8-18頁。中山大學中文系古文字研究室：《江陵昭固墓若干問題的探討》，《中山大學學報》1977（2），90-96頁。湖北省荊州地區博物館：《江陵天星觀1號楚墓》，《考古學報》1982（1），71-116頁。黃盛璋：《鄂君啓節地理問題若干補正》，《歷史地理論集》，286-288頁，北京，人民出版社，1982。俞偉超、李家浩：《論“兵闢太歲”戈》，《出土文獻研究》，138-145頁，北京，文物出版社，1985。何琳儀：《長沙銅量銘文補釋》，《江漢考古》1988（4），97-101頁。李零：《楚國銅器銘文編年匯釋》，《古文字研究》第十三輯，353-391頁，北京，中華書局，1986。劉信芳：《釋“郢”》，《江漢考古》，1987（1），78-83頁。何琳儀：《長沙銅量銘文補釋》，《江漢考古》1988（4），97-101頁。羅運環：《論楚國金文月、肉、舟及止、出的演變規律》，油印本，1988。（發表在《江漢考古》1989（2）的《論楚國金文月肉舟及之止出的演變規律》一文中沒有此內容）蘇建洲：《〈上博楚竹書〉文字及相關問題研究》，150頁，臺北，萬卷樓圖書公司，2008。

者乃漢之郢縣，與楚之郢都名同而實無關；俞偉超、李家浩認爲郊郢或應如顧棟高所說在今湖北鍾祥縣郢州故城；李零認爲指戰國晚期楚都紀南城；劉信芳認爲所謂“栽郢”就是在郢都附近舉行柴祭的處所，在這建有楚王的游宮。“栽郢”在郢都之郊，古時舉行郊天的儀式在南郊，那麽，“栽郢”也必然在郢都以南；何琳儀認爲“蔵郢”以音求之，當讀“郊郢”。是有别於江陵“郢”的另一地名，如以《左傳》“郊郢”當之，頗爲吻合；吴鬱芳認爲楚之栽郢並非紀郢，栽郢是楚人用於宗教活動的别都，與章華宫同在一地，即古之云夢。栽郢遺址即今潛江龍灣鎮楚宫殿遺址。[①]

總結起來，“蔵郢”的地望有湖北江陵、紀南城、湖北安陸、湖北宜城縣、湖北鍾祥、潛江龍灣鎮以及在紀南城之内等多種意見，但爲其中的哪一個，尚不能確考。

值得注意的是清華楚簡《楚居》中有“淵郢”，整理者釋爲“湫”。[②]單育辰認爲楚簡中常見“戚郢”，若依清華楚簡《楚居》整理者的釋文，“戚郢”在其中未嘗一見，似乎可疑。因此他認爲淵應是“桼”字，“桼”與“戚”古音可通。[③]如果“淵郢”就是“蔵郢”，那麽“蔵郢”或與文獻中的“湫”有關，因爲淵很可能被誤寫爲“湫”。不過，這只是一種猜測，還有待證實。

[5]題（夏）𡰥（夷）

〖王勝利 1990〗睡虎地秦簡日書寫作“夷”、“𡰥”或“尸”。

〖劉奉光 2003〗夏[矢（至、時）]之月，乃指時日在包含夏至節的月份，殷曆、公曆 5 月、夏曆 4 月，周曆 6 月。“矢”字古體與簡影近，見《集韻·旨韻》。矢、至古音相通。

[6]子左尹

〖黄錫全 1991B〗其地位僅次於令尹，作戰時可將重兵，吴永章認爲，“可定左尹、右尹爲令尹的副手”。據介紹，包山簡中楚中央政府主管司法的官員是左尹，司敗接受左尹領導。由此推知，戰時楚左尹可將兵出征，平時則主管司法。

〖何浩 1993B〗官職前的這個“子”字，是一種尊稱。

〖楚國歷史文化辭典 1996〗位僅次於令尹，常與右尹並列。其具體職掌，史籍中無明確記述，約爲令尹之副職，負責協助令尹主管全國政務。從包山 2 號墓出土的司法文書竹

①商承祚：《鄂君啓節考》，《文物精華》第二集，49-55 頁，北京，文物出版社，1963。黄盛璋：《鄂君啓節地理問題若干補正》，《歷史地理論集》，286-288 頁，北京，人民出版社，1982。俞偉超、李家浩：《論“兵闢太歲”戈》，《出土文獻研究》，138-145 頁，北京，文物出版社，1985。李零：《楚國銅器銘文編年匯釋》，《古文字研究》第十三輯，353-391 頁，北京，中華書局，1986。劉信芳：《釋“栽郢”》，《江漢考古》，1987（1），78-83 頁。何琳儀：《長沙銅量銘文補釋》，《江漢考古》1988（4），97-101 頁。吴鬱芳：《栽郢、雲夢、章華宫》，《江漢考古》1989（3），38-40 頁。

②李學勤主編：《清華大學藏戰國竹簡（壹）》，182 頁，上海，中西書局，2010。

③單育辰：《佔畢隨錄之十三》，復旦大學出土文獻與古文字研究中心網，2011 年 1 月 8 日。

簡看，墓主左尹卲𣅒的一個重要職能，是主管司法工作。（101 頁）

〖賈繼東 1996C〗左尹應該是楚國中央最高司法長官。

〖周鳳五 1996〗稱左尹冠以“子”字，這是楚國上行公文對長官表示尊敬的用語，也可見公文的收受者正是左尹卲𣅒。

〖南玉泉 2000〗我們推測，楚國的左尹可能是令尹之副。

〖工藤元男 2002〗左尹是輔助宰相的楚國高官。

〖陳穎飛 2009〗左尹主管司法，在司法方面未有隸屬於令尹的跡象，而似乎直屬楚王，多有案件直接上報楚王，並傳達楚王命令。而且，不少行政事務也是由左尹職掌。（248 頁）

[7]宮夫=（大夫）

〖曹錦炎 1992〗楚文字常贅增宀傍，如中字作“审”、或（域）字作“宬”、集字作“寠”…將邑字寫作“宫”似專指“城邑”之邑，而寫作“邑”疑指“四井爲邑”。

〖張光裕、袁國華 1992〗故簡 47 字改隸作“宫”。（緒言・9 頁）

〖胡雅麗 1994〗言某地之大夫者，當是爵爲大夫而封於某地者。如羕陵宫大夫，即以大夫之爵而封於羕陵宫，此以爵稱之。

〖黃盛璋 1994〗凡宫大夫皆爲通稱，非專名，故應和其後之官名連續，不分開。

〖陳偉 1996A〗“宫大夫”很可能是戰國時候楚縣長官的一種稱謂。其所以作“宫”，大概是爲了同前面說到的規模很小、層級低下的“邑”區別開來。（100 頁）

〖劉信芳 1996A〗“邑”是地名專用字，…而“宫”是職官用字。

〖何琳儀 1998A〗宫，讀邑。（1371 頁）

〖日高 1998〗“序大夫”往往包括許多官員，…“序大夫”這種職官或爵位大體與“縣公”的級別相當，在“序大夫”之前的地名應爲楚縣以上的行政區，它們爲楚郡的可能性是相當大的。…有“大序”、“少序”、“序司馬”之前的地名，就目前材料看，還不能判定其行政級別，但應與郡級行政區有關。…戰國時期楚中央設“大夫”之職，此“大夫”前加“序”字當是與中央之“大夫”區別，同時爲了表明縣與郡的從屬關係，即其下屬諸縣爲郡之屬邑。…《鶡冠子》所云表明戰國時，楚已有“郡大夫”之職。“嗇夫”之職很特殊，很可能相當於包山簡“序大夫”之職。（10-11 頁）

〖韓自強、韓朝 2000〗楚國的宫和邑用法有區別，宫是作爲縣宫用，邑是作爲如《周禮・地官・小司徒》所載“四井爲邑”，《注》“方二里”的縣、鄉以下的基層單位來用，包山楚簡宫和邑絕不混用。

〖九店簡 2000〗“序”讀爲“舍”，大概是指館舍，“舍大夫”是管理館舍的大夫；動詞的“舍”是居止的意思。（115 頁）

〖羅運環 2002〗宫與邑可以通作，表明宫從邑聲。至於宫爲何要加宀，可從楚文字中得到解釋。在楚文字中，邑字上面凡加宀者皆是一種大邑，稱之爲“大宫”。故包山楚簡有“大宫”這個概念（見第 12、13、126、127、67 號簡）。大是相對小而言的，主要是爲了有别於“田邑”、“邑里”之類的小邑。在這裏宀是一種區别符號，而不是一般的繁化和異構。…宫是有别於宫、序二字的一種被後世廢用的文字，是指一種有别於小邑的大邑。

〖趙平安 2003〗我們認爲這個字當釋爲宛。…可以把宛讀爲縣。…楚國和晉國一樣，縣令也可以稱縣大夫，而且相當普遍。

〖李天虹 2005A〗但趙先生文沒有涉及到包山 155 號簡的該字，該字在文中好像無法讀作“縣”，所以此說還存在可商之處。

〖羅運環 2005〗宫字從宀從邑，讀爲邑。觀其所指也是一種邑，但它是一種大邑，故簡文有“大宫”這一概念。大是相對於小而言的，主要是爲了有别於“田邑”、“邑里”之類的小邑。因有大小之别，爲了避免混淆故加宀以示區分。在這裏宀是一種區别符號，而不是一般的繁化和異構。…宫的性質有兩種可能，即：郡、縣治所所在的縣城、郡城；封邑。第 4 條引文中表明漾陵宫内含有州里行政組織。這就是說宫不可能是縣城和郡城，而應是一種比州大的食税大邑和中等邑（少宫）。

按：130 號簡所記“宫大夫”，一言“左司馬越虩”，一言“集陽公蔡逯”，可見黄盛璋認爲“宫大夫皆爲通稱”的觀點可從。至於“宫”字的釋法，早期有釋“宫”、“宫”、“序”等說法，[①]趙平安又提出釋“宛”的說法。[②]上博楚簡《緇衣》6 號簡有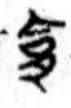字、12 號簡有字，今本《緇衣》對應之字作“怨”。李零曾指出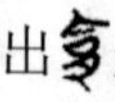是假“宛”爲“怨”，但在字形上沒有作詳細分析。[③]馮勝君認爲“夗”由金文“”形演變成“”形，應釋爲“夗”，讀爲“怨”，是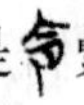纍加聲符○（圓）的形體。[④]李零、馮勝君均未將包山楚簡字釋爲“宛”，本書暫從釋“宫”之說。包山楚簡中“宫”多與官名有關，如“宫大夫”、“宫司馬”、“大宫”、“少宫”等，“宫”未必是與小邑有别之大邑，劉信芳所說“宫是職官用字”似乎更有道理。

[8]（察）

〖整理者 1991〗謹，讀如對，應對。（41 頁）

〖李零 1992〗核對案情叫“對”（類似睡虎地秦律《封診式》的“診”）。

①參見羅運環：《宫字考辨》，《古文字研究》第二十四輯，345-346 頁，北京，中華書局，2002。

②趙平安：《戰國文字中的“宛”及其相關問題研究——以與縣有關的資料爲中心》，《第四屆國際中國古文字學研討會論文集》，529-540 頁，香港中文大學中國文化研究所、中國語言及文學系，2003。

③李零：《上博楚簡三篇校讀記》，51 頁，臺北，萬卷樓圖書公司，2002。

④馮勝君：《釋戰國文字中的“夗”》，《古文字研究》第二十五輯，281-285 頁，北京，中華書局，2004。

〖夏渌 1993〗字從“言”作意符，作聲符的部件，也是形聲字，下象雛鳥或稚獸形，上從“川”聲，疑爲“馴”初文。從言“馴”聲，當爲“訓”古字，通假爲“訽”或“訊”，是審訊問案之意。

〖葛英會 1996B〗譔，《說文》所無，《集韻》、《類篇》並“普木切，音撲。以言弊也。”《論語》：“詩三百一言以弊之。”何晏注：“猶當也。”《小爾雅》：“弊，斷也。”簡文譔即用此義。…前簡之“譔”與後簡之剸對稱，兩者當爲同義或義近詞。…此簡文（按：指15-17 號簡）以譔與剸對舉，猶《周禮·秋官》以弊與斷對舉。《秋官·大司寇》：“凡鄉大夫之獄訟，以邦法斷之；凡庶民之獄訟，以邦成弊之。”…由此，可以認爲，簡文之剸即典籍之斷，簡文之譔即典籍之弊。斷、弊用於經典，大概是中原之雅言，剸、譔用於楚簡，可能是荊楚的方言。《包山》簡文之用爲弊斷之義，無一例外。

〖劉信芳 1996B〗簡文“對”使用頻率很高，多用作“對簿”、“對狀”、審理對證之義。…“對簿”猶言接受審問。…“對狀”謂陳述案情。所謂“對郜室人某瘽之典之在漾陵之參鉨”，“對”謂查封。

〖胡平生 1997〗起初，我們將此字的右旁隸定爲㒼，懷疑這是一個從言㒼聲的字。…從字音看，將此字釋爲𬤊，可讀爲“診”。…“診”即驗，是古代司法程序中一個重要的環節，在包山簡里都可講通。後來，裘錫圭先生審看了拙文第一稿，指出：此字字義解釋的很好，但是隸定爲𬤊，右旁的㒼形有些問題，從字形上看，右旁更像業，譔讀爲驗，更直截了當，業、驗陰陽對轉可通。…我贊成他的意見，決定放棄釋𬤊之說。裘先生的構思“右旁更像是從業”是正確的，…業，上古音爲疑母葉部字，驗爲疑母談部字，葉談陰陽對轉，二字音近可通。…驗或稱診，是司法程序的一個環節，特指驗視調查取證。…包山楚簡司法文書中的“譔”字，皆可讀爲“驗”，是驗視調查取證的意思，是司法活動中的必要程序，無一例外。

〖陳偉 1998B〗裘錫圭先生在審訂按語中指出：“此字似當讀爲‘察’。”以此解釋郭店簡以及包山簡，都很順暢。不過這個字的寫法與《古文四聲韻》卷三、卷四所引《古老子》“辨”及“辨”字近似，也許可以釋爲“辯”或“辨”。辯、辨都有辨別、治理的意思，與“察”的字義極爲相近。

〖陳偉 1998D〗這個字的寫法與《古文四聲韻》卷三、卷四所引古《老子》“辨”及“辯”字近似，恐當釋爲“辯”或“辨”。“辯”、“辨”有治理明察的意思。包山簡中用作動詞，有時也用作名詞或副詞。126 號簡說“子左尹命漾陵之宜大夫辯州里人陽鎆之與其父陽年同室與不同室”，27 號簡說“乙亥之日不以死於其州者之辯告”，137 號簡說“信辯聞知舒慶之殺宣卯，逷、𡰥與慶皆；辯聞知苛冒、宣卯不殺舒昍”，就分別是這三種用法的句例。

〖何琳儀 1998A〗對，讀對。責對而治獄。（1216 頁）

〖郭店簡 1998〗裘按：帛書本與此字（按：指郭店楚簡《五行》8 號簡字）相當之字爲“察”，簡文此字亦讀爲“察”。此字在包山簡中屢見，讀爲“察”義皆可通。（151 頁）

〖白於藍 1999〗即《説文》對字。馬王堆漢墓帛書“對曰”之“對”作“”（縱横家書五四）、“”（縱横家書二八九）、“”（春秋事語八七），與此字一脈相承，亦均從言。

〖董蓮池 1999〗考《古文四聲韻》所錄“辯”字古文作、，左從“言”，右從“”，“”爲“辛”的傳抄古文寫法，下從“人”，故“”是以“人”上帶“辛”會其義。而○（按：代指字）左旁亦從“言”，其右旁上從“”，下從“人”，其實即爲，亦即“辛”，…所以○所從的“”實同古文“辯”所從的“”，則○即古文辯應不可疑。《説文》訓“辯”爲“治”，段玉裁以爲理獄。其字構形是從辡從言會意。從“辛”在漢字構型系統中用作刑罪之符號，其形體本取象於懲處罪人的一種刑具，即鑿子。《説文》説“辯”字所從的辡表示罪人相與訟，則其形應作，因其訟爭，故又從言。…今考包山楚簡中，它處於下面四種語言環境中：1 是處於某歲某月某日，長上命屬下某某辯某訟案所涉之事的位置上。…辯可於簡文中讀爲“辨”，故“辯”、“辨”每通用不别。…古“辨”有明察之義，…簡文中即應用此義。簡文言“子左尹命漾陵宫大夫辯郜室人某瘽之典之在漾陵之叁鉩”，當即是謂子左尹命令漾陵宫大夫明察其郜室人某瘽管理在漾陵的三合之璽，考簡文下言漾陵大宫疸等“啓漾陵之叁鉩而在之”，正是上面察驗之結果，“察”而“在”，則文意極爲暢諧，證明釋讀應屬不誤。

〖劉信芳 1999C〗可知“詳”字應分析爲從言，半聲，字應讀爲“督”，《説文》：“督，察也。”

〖周鳳五 1999B〗仔細核對包山楚簡，可以發現此字形構繁簡不一，最完整的字形見第一五七簡，左旁從言，右旁與第二零七簡“靈光之帶”的帶字右旁逼似，應即帶字無疑。帶，古音端母月部；察，初母月部，二字可通。…《語叢四》“竊鉤者誅”的“竊”字，《性自命出》第二二簡：“笑，禮之淺澤也。”的“淺”字，二字均以“帶”爲聲符，前者古音清母質部，與帶旁轉；後者清母元部，對轉可通。

〖曹錦炎 2000〗我以爲，“”雖應讀爲“察”，但並非“察”之本字，實爲“詧”字。寫作，乃是楚文字特有的構形。，包山楚簡寫作、、等，其構形有簡有繁。分析其結構當爲從言、聲。即奴，由於奴旁所從之“肉”寫作、，甚至繁化成，故不易辨認。…“詧”之本義指諦視、明察，與“察”同義，…故可通假。如《古文四聲韻》卷五“黠”韻引《古孝經》“察”字作，實即“詧”，假爲“察”。又如同書同韻引《古老子》“詧”字作，而今本《老子》二十章、五十八章等只有“察”字而無“詧”

字，也是通假例子。

〖黃錫全 2000C〗楚簡所從的[illegible]、[illegible]、[illegible]，我們以爲同形，當是[illegible]字的省形，即省去下部。…包山楚簡從糸 的締從巾，而從言的[illegible]不從巾。…楚簡中從言的“[illegible]”字均可釋讀爲“諦”，即諦，義同審，有審理、審察、審核、審定、審知、審斷、審明、審度等義。

〖裘錫圭 2000〗包山和郭店簡所見的“詧”（察）、“竊”二字和郭店簡所見的“淺”、“俴”（見《語叢二》19 號簡，原未釋）等字的聲旁（以下以“△”代替），其實已經見於三體石經，石經《春秋》“踐土”之“踐”的古文，所從聲旁與郭店簡“淺”字所從之“△”，寫法幾乎完全相同。楚簡從二“戈”的“戔”字及“戔”旁，其二“戈”多作並列形，“△”實即由此種“戔”形訛變而成。

〖蘇傑 2000〗整理者隸定作謹，《考釋》30：“謹，讀作對，應對。”有學者隸定作譔，讀作“弊訟”之“弊”。《楚系簡帛文字編》隸作對。按：就字形隸定而言，《楚系》可從。《說文》：“對，應無方也。從丵，從口，從寸。對，或從士。”考慮到借用筆畫現象（如釜字從父從金卻寫作釜）和借用偏旁現象在晚周文字中比較常見。細審上揭字形，我們認爲《說文》“對”字似可分析爲“從丵從言從寸”。是則上揭諸異型可以統一起來。《考釋》讀爲“對”，不誤；但釋爲“應對”，卻有問題。…我們認爲當解作“驗對”。義爲：“驗對”的“對”字用例今日仍常見，如“對暗號”、“對答案”、“對號入座”。在古代官府文書中，也可以見到這類“對”字的用例。清梁章鉅《浪跡續談》：《朱子文集》云公移卷中，每用“照對”二字，如照對禮經，凡爲人子，不畜私財。又云照對本軍去年交納人戶云，多不勝舉。…雖然這裏所舉是宋代公文，但考慮到公文術語的特殊因襲性，我們認爲可以用來比照說明簡文地問題。簡文“對”字用例可概括爲四種情況：1 對名籍：簡 12、15 反、126、128、128 反。2 對傷：簡 22、24、30。3 對死：簡 27、42、54、125。4 對聞（原字從昏從耳）：簡 137、157。“對名籍”與《朱子文集》所舉“照對禮經”相近。“對傷”、“對死”相當於當今司法鑑定中的法醫鑑定，即驗傷、驗屍（考慮到睡虎地秦簡中“死”“尸”同字，簡 42、45 的“死”字，似當讀爲“尸”）。

〖戰國文字編 2001〗諓。（149 頁）

〖黃錫全 2001〗楚簡中從言的[illegible]字均可釋爲“諦”，即諦，義同審，有審理、審訊、審察、審問、審核、審定、審知、審斷、審明、審度等義。

〖李運富 2002〗我們把上列字形統一楷定爲“譔”。…我們可以說“譔”是跟“察”功能相當的一個字，因而可以按照“察”的詞義來解釋“譔”…包山簡中相當於“察”的“譔”既不是調查，也不是審判，其基本含義應該是對已知情況的檢驗、核實和確認。

〖劉釗 2002〗這個字雖然下部變體很多，但是其上部作“[illegible]”、“[illegible]”、“[illegible]”形則一般不

變。其下部的多種變體應該是發展演變中產生的訛變或類化。…因爲其形體與“察”、“淺”、“竊”三個字都無關係，所以顯然只是一個用作聲符的借音字。從這一角度出發，我們推測這個字有可能就是“辛”字的變體。“辛”本爲“辛”的分化字。古文字中從“辛”或從與“辛”類似的形體的字，其上部在發展演變中變爲“艹”或“艹”，這一點與上引“丵”字的特徵正相符。“辛”字古音在溪紐元部，與精紐元部的“淺”和清紐月部的“察”音都不遠，而“竊”字在典籍中又分別與“察”和“淺”相通。正因爲“辛”與“察”、“淺”、“竊”三字音都可通，所以“辛”字的變體也就自然可以分別用爲“察”、“淺”、“竊”三字音都可通，所以“察”、“淺”、“竊”字的變體也就自然可以分別用爲的聲旁。

〖王寧 2002D〗這個字從言從丵，在楚簡中常見，《郭店楚墓竹簡》中亦有之，裘錫圭先生在其《五行》篇注釋［七］中認爲用爲“察”，因爲其中云“思不清不～”，馬王堆帛書本《五行》作“察”，算是個力證。但這個字確是從“丵”聲，則不當讀爲“察”。由古文“撲”又作“撲”、“墣”又作“圤”、“樸”又作“樸”推之，此字當是“訃”之或體，在楚簡中其義確實與“察”相同，但“訃”之本意是“告”或“告喪”，《集韻》：“訃，告也。通作赴”；《玉篇》、《廣韻》訓“告喪也。通作赴”。“赴”《說文》訓“趨也”，是“訃”、“赴”皆無“察”義，故此楚簡中的“訃”是個假借字可無疑義。《說文》：“察，覆審也”（《廣韻》引《說文》作“察，覆也。”），由此筆者認爲，楚簡中的“訃”當讀爲“覆”，二字古音同滂母雙聲、屋覺旁轉疊韻，音近而假。《爾雅·釋詁》：“覆、察，審也，”是“覆”與“察”古義訓相同，古“覆”亦訓“察”，如《管子·五符》：“下愈覆鷙而不聽從，”尹注：“覆，察也，”是其證，則“覆”、“察”二字古可互訓也。又《廣雅·釋言》：“覆，索也，”即檢索、調查之意。是“覆”字古確有“檢驗、核實、確認”等含義，與“察”義相同。所以，楚簡中的“訃”即是“覆”字之假，蓋楚簡以“覆”爲“察”。《五行》之“思不清不訃（覆）”即“思不清不察”，餘者倣此。《包山楚簡》中的“訃聞”即後世典籍中的“覆問”，《漢書·外戚傳》：“每輒決上可覆問，”“覆問”即“察問”，古釋爲“重行訊問”，恐非。

〖趙彤 2002〗A、B（按：A 指《五行》13 號簡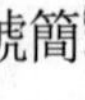、B 指《窮達以時》1 號簡）亦見於包山楚簡，右旁有同於 E（按：E 指《語叢四》8 號簡）之左旁的，簡文中也當讀爲“察”。這些字所從的應該是同一個聲旁（用 F 代表），古音聲在精系，韻在月部。…F 實即“祭”字。

〖李運富 2003〗我們認爲“譔”就是葛英會先生提到的《集韻》的“讉”。…“讉”訓爲“蔽”，是因爲兩字都有“審斷”義，屬於義項交叉的同義詞，而不是像葛先生說的那樣“讉”讀爲“蔽”…但。傳世文獻中不見“讉”或“譔”字，又怎麼能夠證明這個詞具有

“審斷”的意義呢？而且“審斷”的義項也不完全切合楚簡“諓”字的用例，那“諓”詞還更有能適合楚簡用例的意義嗎？這就得感謝王寧先生提供的“覆”了（儘管他錯誤地認爲是“訃”假借爲“覆”）。楚簡“諓”和《集韻》“諓”所記錄的詞語應該就是《說文解字》和《爾雅》等工具書用“察”、“審”作同義詞來互訓的“覆”。《說文解字》：“察，覆審也。”《爾雅·釋詁》：“覆，察，審也。”可見“覆”跟“察”和“審”同義，它們既可以表示“審斷”（在這個義項上有與“蔽”字同義），也可以引申指一般情況下的檢查、考核、觀察、監督，還可以對特定事件或物件的查驗、核實、確認。“覆”用來記錄這個詞項無疑屬於假借字，從“僕”得聲的“諓”或“譔”才是這個“覆”詞的本字。“覆”與“僕”古音聲母相同，韻部覺屋旁轉相近，所以借用來記錄同一個詞。

〖劉信芳 2003〗“諓”字應分析爲從言，丵聲，字應讀爲“督”，《說文》：“督，察也。”《方言》卷十二同。由此可知“僕區之法”應讀爲“督毆之法”，音轉爲“督促之法”。（20頁）

〖趙平安 2005〗諓字郭店楚簡用爲“察”，從它得聲的“淺”用爲“淺”，西周金文中從它得聲的“戔”、“剗”、“剷”可以同踐、剗、剪、戩等字（參上引劉釗文）（按：指劉釗《利用郭店楚簡考釋金文一例》一文）。從這些語音綫索出發，再考慮到包山簡中法律文書的特點，我們認爲應當讀爲“瀐”或“讞”。…讞有對疑案進行覆案以審議定罪的意思，包山簡中的大多可以這麼理解。如果參照張家山漢簡《秦讞書》，就會對諓的有關問題有更深刻的認識。

〖裘錫圭 2006B〗上引李零考釋提到的寫作、等繁簡不同之行的聲旁，屢見於楚簡，多出現在一個應該讀爲審察之“察”的從“言”之字裏。（按：裘錫圭原文注釋云：“《說文》中審察之‘察’本字是‘詧’，有些學者把這個字釋作‘詧’，比較準確。”）楚簡“竊”、“察”二字聲旁相同，說明二字之音很相近。古書中也正有二字通用的例子。而“察”是月部字。楚簡“綿”字的“帶”也間有寫作“”的。因此周鳳五認爲楚簡“察”字係從“帶”聲或“帶”省聲，“帶，古音端母月部；察，初母月部，二字可通”，還指出楚簡“竊”字也從“帶”聲。其說可從。

〖何景成 2010〗我們認爲“△”（按：指、所從偏旁）這一形體是從甲骨文、金文的“㓞”字演變而來的，可以徑釋爲“㓞”。從讀音來看，“㓞”爲月部字，從㓞之字其聲紐或屬心紐（偰、楔），或屬見紐（絜）、溪紐（契、挈），與戰國文字以“△”爲聲符的察（清紐月部）、蔡（清紐月部）、淺（清紐元部）、踐（從紐元部）、竊等字均音近可通。因此，從讀音方面來看，將“△”釋爲“㓞”，也是可行的。

按：楚文字中讀爲“察”、“淺”、“竊”之字所從的偏旁（下文用△代替）如何隸定、其爲何字，不但學者之間意見不同，同一學者前後觀點也一直在變化，不能堅持己說，可見△字考釋的難度。在上述意見中影響比較大的有以下幾說法：1、裘錫圭認爲三體石經《春秋·僖公》“踐土”“踐”的古文，作，[①]所從聲旁與郭店簡“淺”字（）相似。“△”是“戔”，由楚簡中二戈並列的“戔”形訛變而成。雖然裘錫圭後來改變了看法，但信從此說者頗多。2、劉釗認爲“△”是“辛”的變體，單育辰也同意這個觀點。[②]3、周鳳五提出從“帶”聲，裘錫圭支持此觀點。這些意見孰正孰誤，在現有條件下還不能下定論。但包山楚簡中從△之字讀爲“察”於義可通，暫出示原形，讀爲“察”。

[9]郜（造）室人

〖整理者 1991〗郜室即造室。（41 頁）

〖周鳳五 1996〗可能就是簡 173、簡 192 的“愄王佸室”的省稱。佸室不詳，疑與祭祀有關，猶漢代的宣室，爲君王齋戒之所。

〖文炳淳 2000〗筆者曾經懷疑應讀如“告室”，釋爲“拜祖求福之所”。今細審簡文，“郜”、“佸”字所從“告”旁上部的豎筆皆向左彎曲，均可釋爲“造”字（詳前）。楚原有“造府”…從文例來看，如果讀爲“告室”，釋爲宗教性機構的話，後面的人名應是其屬官，但是簡文徑稱人名，不加稱其官名。古人稱謂，各有等差，不相假借。稱官貴於稱名，稱姓名貴於稱名，即古書慣例。包山竹簡亦顯示出這種慣例。竹簡中徑稱人名者，一般其地位不高，尤其是“機構名+人名”的情況，其人大半都是庶人階級，如：“攻廈苛怡”《包簡》172、“舟室舒臣”包簡 180 等等。因此筆者認爲“造室”就是手工業作坊，其後面的人應是手工業工匠。

〖劉信芳 2003〗疑是告祖之室，亦即祖廟。簡 173、192 有“偎（威）王佸室”，佸與郜同。（21 頁）

[10]某（梅）瘽之典之才（在）漾陵之厽（三）鉨（璽）

〖整理者 1991〗厽即參字。鉨，所從之尒也作爾，借作璽。《釋名·釋書契》：“璽，徙也，封物使可轉徙爾不可發也。”參璽即三合之璽。（41 頁）

〖李零 1992〗簡 12-13 是講前 317 年的五月，左尹（即墓主）命漾陵的邑大夫查驗郜室人梅瘽是否登在封有“漾陵之三璽”的典冊之中。

〖何琳儀 1993A〗應釋“某”…讀“謀”。《風俗通》“周卿士祭公謀父之後，以字爲氏。”

〖黃盛璋 1994〗①梅。②二合或三合之印，乃楚印特有之形制與特殊用法，不同於他國

①字形來源爲施謝捷《魏石經古文彙編》未刊稿，卷二 32 頁，轉引自單育辰：《楚地戰國簡帛與傳世文獻對讀之研究》，44 頁，吉林大學博士學位論文，2010。

②單育辰：《楚地戰國簡帛與傳世文獻對讀之研究》，44 頁，吉林大學博士學位論文，2010。

者，二合或三合就是把一個金印分爲二塊或三塊，合起來才能成爲印文全文。如此必須二人或三人共同合作使用，目的就是爲防奸僞。楚之“啓漾陵之參璽而在之”，也必然是蓋封泥而置於戶籍之簡上，“而在之”就是以所印之封泥而放在簡上，下文又說：“梅瘽在漾陵參璽之間，御之箕籍”，就是把梅瘽之名籍補填於等上，再將其加蓋印三合之印的封泥名籍，以示慎重。梅瘽之名籍看來原未登記入名籍之中，而名籍之上早已蓋有三合之印封泥，所以要重新封啓，予以加入。

〖袁國華 1994C〗“某瘽”即是“某瘽個人的名籍資料”。（109 頁）

〖陳偉 1996A〗“在”字大致是存在的意思。（125 頁）

〖巫雪如 1996〗某，《說文》云：“酸果也。從木甘。”《段注》：“此是今梅子正字。”《說文》梅字或作楳，可見某乃梅之本字。“某”本爲從木從甘之會意字，假借爲某人之某後，酸果之某則加木旁作楳，成爲形聲字，某、每古音同屬明母之部，可以通假，故楳又寫作梅，梅行而某之本義廢矣。…梅氏，《通志・氏族略》云：“商紂時有梅國，以國爲氏。”《唐書・宰相世系表》云沒姓“出汝南，出自子姓。梅伯爲紂所醢，武王封伯元孫黃梅，號曰忠侯，以梅爲氏，世居楚、鄭間。”《左傳・襄公十八年》有梅山，在今鄭州市西南，與新鄭縣接界，或即其地。關於梅氏之來源另有一種說法，《越絕書・越絕外傳記地》云：“自無餘初封於越以來，傳聞越王子孫在丹陽臯鄉，更姓梅，梅里是也。”則梅氏亦有出自越者。（82-83 頁）

〖楚文字編 1997〗晶或寫作品，《玉篇・厽部》訛作厽，在簡文中均讀作參。（341 頁）

〖何琳儀 1998A〗①某，讀梅，姓氏。以國爲氏。見《唐書・宰相世系表》。（132 頁）②“厽鉨”，讀“三璽”，三合璽。（1420 頁）

[11]大宫痎

〖整理者 1991〗疽。（17 頁）

〖湯餘惠 1992〗瘦。

〖白於藍 1995B〗此字出現在與上兩字完全相同的辭例中，亦應是“痎”字。其右旁當是“”（19）、（55）之訛。

〖陳偉 1996A〗痎。（221 頁）

〖周鳳五 1996〗痹。

〖劉信芳 2003〗“痎”字見於《說文》，瘧疾之名。以疾病之名作爲姓名用字，取其鎮邪之義，古今通例也。（21 頁）

按：“大宫痎”之名在包山楚簡中共出現四次，分別作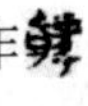（12 號簡）、（126 號簡）、（13 號簡）、（127 號簡），應均是“痎”字，從字跡角度來看，、爲一人書寫，

而□、□爲另一人書寫，因此字形上略有變化。

[12]大駐（馹）尹帀（師）

〖整理者 1991〗駐，所從之坴爲社之古文。（41 頁）

〖黃錫全 1992〗《說文》社字古文作□，則駐即駐，亦即杜。…簡文“大駐（駐）尹”爲官名，當讀爲“大馬尹”，可能是主管馬匹之官。“馬尹”或稱“大馬尹”，如同“司馬”或稱“大司馬”、“將軍”或稱“大將軍”。“大馬尹”當在“馬尹”之上。楚有“監馬尹”。

〖劉釗 1992A〗簡 126 有官名“大駐尹”。按“駐”字從馬從坴，社字古文作“□”（中山器），中山器“于彼新土”之土作“□”，可見“坴”同“土”。中山器牡字從馬作“□”，則“駐”可隸作“駐”，釋爲“牡”。“大牡尹”疑讀爲“大社尹”。社指私社，即“二十五家爲一社”之“社”。《史記・孔子世家》“楚昭王將以書社地封孔子。”注：“二十五家爲里，里各立社，書社者，書其社之人名於籍。”簡文大牡尹參與整理戶籍之事，應爲管理社之官吏。

〖李天虹 1992〗疑此字當讀作駐，即牡馬之牡。

〖李家浩 1994〗“坴”應該釋寫作“坴”，即“埶”字的簡體。…那麼“駐”也應該從“坴（埶）”聲。“埶”、“日”音近古通。…“駐”是“馹”字的異體，…“大馹尹師”和（7）（按：指 157 號簡）的“竽馹官”都是管理馹的職官，前者要比後者的級別高。

〖白於藍 1999〗從馬從坴。坴乃坴字，即《說文》埶字省寫。駐應從埶省聲，古代埶、日音近可通，駐應即《說文》馹字異體。

〖劉信芳 2003〗包簡職官名至多，未見“馬尹”，因疑“駐尹”即馬尹。…簡 73“不量駐奉”，其字作“騂”，字從“立”聲，讀與“馹”近。《說文》：“馹，傳也。”俗字用“馹”爲“驛”（參段〈注〉）。知“駐尹”乃管理驛站馬匹的官員，或逕稱爲“馬尹”，乃一官之異名也。（22 頁）

〖王寧 2011B〗楚簡中有“駐”字…其字從馬從坴（下此上木下土的字形用△代替）…這個字是戰國文字常見的一個獨體字，就是“杜”的本字。在典籍中“杜”、“土”通用，中山王圓壺中“于彼新△（杜）”讀爲“新土”，清華簡《程寤》的“社稷”之“社”亦作“△”，甲骨文中的“社”也皆作“土”，這些都可以證明“土”、“杜”、“社”三字古本通用，則“社”字或從土、或從△（杜），固無分別。…既然確定了“△”是“杜”字，那麼我們可以知道“駐”字釋爲“駐”、即“牡”字的異體是對的。…在典籍中“牡”與“牧”通用，“牧”是一種官職名…《包山楚簡》的“大牧尹帀（師）”（12 簡、126 簡），“大牧尹”是官職名，漢代州郡仍有“牧”、“尹”之職，《漢書・孝平皇帝紀》：“選牧尹以下，明其賞罰”，可能與此有關，均屬於地方官員。這裡的“帀（師）”是人名，即大牧尹的私名。

按：李家浩的觀點可從。上博楚簡《柬大王泊旱》16號簡有“發馹（駔）迈（蹠）四彊（疆）”，李家浩又撰文補充論證“馹”即“駔”字異體的觀點。他認爲《柬大王泊旱》的“馹”讀爲“駔”，於文義十分順適，可證其對“馹”字的釋讀是可信的。[①]

[13]鄩（鄩）公丁

〖整理者1991〗鄉。（17頁）

〖楚文字編1997〗鄉。（322頁）

〖何琳儀1998A〗鄉。（1522頁）

〖李學勤2000〗荊門包山楚簡有“鄩”字，所從之“尋”作“㝷”，仍可看出“舒兩肱”的形跡。

〖吳良寶2010〗《新蔡》甲一：3號簡文有“鄩郢”，當與“鄩”地有關。（263頁）

按：“鄩”或與“鄩郢”有關。新蔡楚簡中的“鄩郢”，何琳儀認爲周地、齊地的鄩邑與楚國無關，而據楚悼王二十一年趙、楚聯軍與魏、齊、衛聯軍作戰，楚軍深入魏境，可能北達衛之鄩邑（在今河南清豐縣南），楚簡中的“鄩郢”可能就是楚軍占領的衛國鄩邑。[②]羅運環則認爲鄩郢即漢代的尋陽縣，在今湖北黄梅縣西南。[③]黄錫全認爲楚之“鄩郢”或有可能就在秦時“尋平”一帶，地處龍灣。[④]

[14]士帀（師）墨、士帀（師）昜（陽）慶吉

〖整理者1991〗士帀，即士師，楚官名。《周禮》記大司寇屬官有士師，爲治獄官。（41頁）

〖楚國歷史文化辭典1996〗士師。楚官名。西周時置。《周禮・秋官・司寇》：“士師之職，掌國之五禁之法，以左右刑罰。”（10頁）

〖何琳儀1998A〗①“士帀”讀“士師”，獄官。（103頁）②慶，姓氏。…出嬀姓，陳桓公五世孫，亦爲桓氏。見《潛夫論》。（645頁）③吉，姓氏。尹吉甫之後，以王父字爲氏。見《元和姓纂》。（1084頁）

〖劉信芳2003〗職官名。《論語・微子》：“柳下惠爲士師。”何晏〈集解〉引孔氏〈注〉：“士師，典獄之官。”（22頁）

〖陳穎飛2009〗“加公”、“里公”、“士尹”、“士師”是地方低級官吏，負責抓捕犯人，疑地位依次而下，其中“里公”爲“加公”屬員，“士師”爲“士尹”屬員，又疑後三者

①李家浩：《說“夲”字》，《漢字研究》第一輯，488-491頁，北京，學苑出版社，2005。

②何琳儀：《新蔡竹簡選釋》，《安徽大學學報》2004（3），1-11頁。

③羅運環：《葛陵楚簡鄩郢考》，《新出楚簡國際學術研討會會議論文集（郭店、其他簡卷）》，武漢大學，2006。

④黄錫全：《“鄩郢”新探》，簡帛網，2007年3月31日。

皆爲“加公”屬員。(163 頁)

[15]啓漾陵之厽(三)鉩(璽)而才(在)之

〖黃盛璋 1994〗楚之“啓漾陵之參璽而才在之”,也必然是蓋封泥而置於戶籍之簡上,“而在之”就是以所印之封泥而放在簡上。

〖陳偉 1996A〗《詩・大雅・文王》:“文王陟降,在帝左右。”鄭玄箋:“在,察也。文王能觀知天意,順其所爲,從而行之。”《爾雅・釋詁》也說:“在,察也。”簡文“啓漾陵之參璽而在之”的“在”,也是這種用法,爲察看、查驗名籍一類意思。(125 頁)

〖周鳳五 1996〗所謂“啓漾陵之參鉩”是漾陵地方官員核對戶籍資料必經的手續,這是因爲戶籍登錄後隨即放置在“典匱”即資料櫃中,外面用繩索纏縛封固,並在結繩上放置黏土,鈐蓋三合璽印,黏土乾後成爲封泥,如此可保證密封無虞。此後若要取閱戶籍資料必先開櫃,開櫃必先解開封緘之繩,解繩結必先打破鈐有三合之璽的封泥,這就是“啓漾陵之參鉩”的整個過程。…至於“在之”即核對的結果,意思是說梅瘽的戶籍資料確實保存在這個櫃子裏。因此才有下文“梅瘽在漾陵之參璽間御之典匱”的結論呈報給左尹。…這裏“間御”一詞,間指間隙、空隙;御之保護,似可以理解爲密封之意。匱,即金匱之匱,爲古代保存重要簡冊檔案的櫃子。

〖何琳儀 1998A〗啓,開也。(744 頁)

[16]某(梅)瘽才(在)漾陵之厽(三)鉩(璽),閒(間)御之典匱

〖整理者 1991〗①迎,御字。(41 頁)②匱,《說文》:“匣也”。(41 頁)

〖何琳儀 1993A〗應隸定爲“匱”,釋“匧”。《廣雅・釋器》“匧,笥也。”

〖黃盛璋 1994〗下文又說“梅廑在漾陵參璽之間,御之箕籍”,就是把梅廑之名籍補填於等上,再將其加蓋印三合之印的封泥名籍,以示慎重,但防作僞。

〖陳偉 1996A〗間、甘二字爲見母雙聲,迎字所從的午與匠字所從的古爲魚部疊韻,間迎可能是甘匠的假借。簡 12-13 記於訔絽之歲,將間迎之典看作甘匠之歲(在訔絽之歲前 2 年)所記名籍,也是適宜的。由此推測,楚國名籍是按登記年分的不同分開存放於地方官府的。(127 頁)

〖楚國歷史文化辭典 1996〗典匱。盛裝名籍登記冊的盒子。(238 頁)

〖張守中 1996〗匱。(185 頁)

〖楚文字編 1997〗御。(95 頁)

〖何琳儀 1998A〗①戰國文字閒與閑均讀閒,然閒從刖聲,閑從外聲,應是一字異體。…《論語・子罕》“病閒”,集解“病少差曰閒”。《集韵》“閒,瘳也。(913 頁)②御,見《書・顧命》“御王冊命。”及《廣雅・釋詁》二“御,進也。”(510 頁)

〖劉信芳 2003〗①閒御應是紀年的省稱。（22 頁）②猶言書匣。（22 頁）

[17]大宫痎内（入）氏（是）篙（志）

〖整理者 1991〗①痀。（17 頁）②篙，讀作等。《説文》："齊簡也"。（41 頁）

〖李零 1992〗並由痎上其所驗之辭（"内（入）氏（視）等（辭）"）。…典冊或典冊所著之辭叫"等"。

〖湯餘惠 1992〗①右旁疑從复省。②時同寺，篙即等字。簡文云："郯少宰尹鄦訟以此～至命"，後接所命之事。揣摩之意，"等"當訓簡策，這在《説文》中可以找到根據。《説文》對等字的釋語，舊皆將"齊簡"二字連讀，其實應在中間斷讀，即"等，齊，簡也。"理由是，等訓齊、同，乃典籍之通詁，自成一義。"齊，簡也"是把等字的兩個義項並提。…小徐本"等"字下云："簡，簡牘也，官曹之書也。"跟簡文中"等"字用義相合。13 簡、127 簡"大宫痀内氏～"，氏等，指氏簡，今言戶口簿。

〖張光裕、袁國華 1992〗該字實從"爿"從"亥"應隸作"㾄"字。（緒言・11 頁）

〖黄盛璋 1994〗氏，讀爲是…最後一字《考釋》以爲"讀作等"，其實它就是"等"字，楚簡本身已有證明，簡 132 反："□尹作駐從郢以此呈"，意思是説將記於這個簡上的事情傳送到郢，稱爲"等"，《説文》，"等，齊簡也"。此爲"等"字動詞用法，今"等同"、"等於"、"相等"、"平等"、"等價"等都是從此義發展而來，"等"名詞用法就是編入籍冊之中的整整齊齊的諸簡，簡文大意，將梅廑的名籍登記在三合之壐間，送入籍柜，並由大邑丑把這個簡納入戶籍之中。

〖白於藍 1995B〗此兩字左旁從"爿"，即"爿"字，應爲"疒"之省，簡文中從"疒"的字常常省作從"爿"，故上引兩字當釋爲"痎"，"痎"字見於《説文》，在簡文中用爲人名。

〖陳偉 1996A〗"内"即進呈文書。"氏"同"是"，作指事代詞，意爲此。"氏等"與簡 132 反、157 反"此等"一樣，也是説這件文書。（63 頁）

〖周鳳五 1996〗最後"大宫痏内氏等"即大宫痏内是等，載明這件公文是由漾陵大宫痏具名呈報上來的。

〖陳偉武 1997〗疑"等"、"篙"應讀爲"證"。…簡 13"大宫痀内氏篙。"簡 127 與此同。李零先生解釋"内（入）氏（視）等（辭）"爲"上其所驗之辭"，符合原簡大意，祗是"等"字畢竟不能讀爲辭，讀作"證"則更允貼。簡 132 反"翻尹桀駐從郢以此等。"簡 157 反"郯少宰尹鄦訟以此篙至（致）命。"整理者以 132 簡背面次於 139 簡背面之後，故"此等"的先行詞是"（左尹）其所命於此箸之中，以爲諜。"劉信芳先生釋諜爲證可信。如此看來，諜爲本字，等、篙爲借字，簡文並用。"笶篙"即"券證"。包山墓所出簽文稱

“廷等”，亦爲司灋術語，指廷議證供之類。

〖李運富 1997B〗但簡 13 及簡 127 的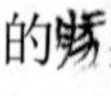與上述瘦字各形明顯不同，應該不是同一字符，因而既不能如原釋楷作“疽”，也不能因湯氏釋 12 簡之爲瘦而類推皆改爲“瘦”。…簡 12 與簡 126 爲一人，簡 13 與簡 127 則爲另一人，四簡同事對言，涉及兩位大宮。…大宮則當釋爲大宮“痎”。痎字原形右部從“亥”沒有問題，左邊似從“爿”而實從“疒”。(134 頁)

〖何琳儀 1998A〗訴訟之簡冊。(46 頁)

〖譚步雲 1998〗氏，…義爲“致”。(81 頁)

5. 執事人求人

東周之客䜌許赾（盈）逯（歸）복（作-胙）於葳郢之戢（歲）[1]，九月戊午之日，宣王之𡨜州人[2]苛臔（矍）[3]、登（鄧）公𨍏（邊）[4]之州人苛瘻（瘥）[5]、苛鰓[6]㠯（以）受宣王之𡨜市之客苛逜（适）。𢧺（執）事人[7]𧝂（早）莫（暮）救（求）逜（适）[8]，三受不㠯（以）出[9]，陞門又（有）敗。〖058〗

集釋：

[1]東周之客䜌許赾（盈）逯（歸）복（作-胙）於葳郢之戢（歲）

〖整理者 1991〗緝。(20 頁)

〖滕壬生 1995〗赾。(990 頁)

[2]宣王之𡨜州人

〖整理者 1991〗宣王，楚宣王，公元前 369-前 340 年在位。(43 頁) ②垞讀作宅。《儀禮・士喪禮》：“筮宅，冢人营之”，注：“葬居也”。宅州指宣王塚墓所在之州。(43 頁)

〖黄錫全 1992〗故當釋爲。“宣王之坉”、“悵（威）王之坉”的“坉”當讀如窀。…簡文之義當是指宣王、威王埋葬之地。

〖林澐 1992〗應隸定爲“𡨜”，即窀穸之窀。《左傳》襄十三年“唯是春秋窀穸之事”，杜預注：“窀，厚也；穸，夜也。厚夜猶長夜。春秋爲祭記，長夜謂葬埋。”簡文有“威王之𡨜”（166 號）、“肅王𡨜”（174 號）、“宣王𡨜市”（191 號），則歷代楚王皆有窀。可知“窀”爲名詞，當指厚葬之大墓。又可知楚王諸陵旁已有如漢朝之奉陵邑，故不但有民人，有州里，且有市。

〖何琳儀 1993A〗又見 172、191，應隸定“坉”。…“坉”即“窀”…包山簡“坉”正指宣王、威王墓穴。(56 頁)

〖楚國歷史文化辭典 1996〗此州應爲守護楚宣王陵墓而設，地望不詳。(312 頁)

〖顔世鉉 1997〗本文則認爲“宣王之坉州人”是指苛矍（臔）的名籍所在地，“宣王坉市客”則爲苛矍（臒）的職官；就如簡 182“某溪邑人瞖臒志”，簡 186“正昜迅瞖臒志”，前者指名籍所在，後者指職官。（270-271 頁）

〖何琳儀 1998A〗宨，從宀，坉聲。疑窀之異文。…包山簡宨，讀窀。《左襄十三》“唯是春秋窀穸之事”，疏“以其事施於葬，故今字皆從穴。正義云，古字作屯夕，後加穴，以窀穸爲墓穴。”（1327 頁）

〖劉信芳 2003〗護墓之人，楚稱“宨州人”。（60 頁）

〖十四種 2009〗郭店竹書《老子》甲 9 號簡中的“坉”字與此字所從相同，隸作“宨”可信。古籍中“窀”字並沒有墓葬、墓地一類含義。疑當釋爲“坉”，讀爲“屯”。“屯”有戍守義。《左傳》哀公元年：“夫屯晝夜九日，如子西之素。”（32 頁）

〖陳偉 2011A〗包山簡“宔”指楚王陵園。

〖李家浩 2011〗我們認爲《楚居》的“夷宔”，即古書中的“夷陵”。… 《楚居》爲什麼要把“夷陵”寫作“夷宔”，“夷宔”之“宔”又是什麼意思？要回答這個問題，還得從包山楚簡《廷志》的“宨”字談起。…“宨”字跟“宔”字一樣，也不見於字書，字當從“土”從“宀”“屯”聲。許多學者指出，簡文“宨”是指肅王等埋葬之地，甚是。…疑楚簡的“宨人”即秦簡的“甸人”，指看守肅王等墳墓的人。…頗疑包山楚簡“宨人”之“宨”和睡虎地秦簡“甸人”之“甸”，都應該讀爲“陵”。楚簡和秦簡把陵墓之“陵”字寫作“宨”和“甸”，可能是爲了跟山陵之“陵”相區別而有意改寫的。…“州”在包山楚簡中是一個行政單位。由於“宣王之宨（陵）”占地面積大和“守陵戶”衆多，已經形成“州”一級行政單位，故（2）（按：指包山 58 號簡）以“宣王之宨（陵）”命名爲“宣王之宨（陵）州”。…作爲行政單位的“州”，人們爲了生活需要，就得設市。（3）（按：指包山 58 號簡）（4）（按：指包山 191 號簡）的“宣王宨（陵）市”即屬於這種市，“宣王宨（陵）市之客”或“宣王宨（陵）市客”即管理這種市的官。

[3]苛臒（矍）

〖整理者 1991〗矍。（20 頁）

〖白於藍 1998A〗此字上部從䀠，下部從臒，即《說文》矍字。

〖何琳儀 1998A〗臒，從䀠，臒聲。疑矍之繁文。（444 頁）

[4]登（鄧）公䳦（邊）

〖整理者 1991〗䳦。（20 頁）

〖十四種 2009〗左旁與“夷”字不類，待考。（32 頁）

[5]苛瘻（瘥）

〖劉信芳 2003〗苛矍，簡 191 稱爲“宣王窀市客”。（60 頁）

[6]苛𩨬

〖整理者 1991〗苛䪼。（20 頁）

〖何琳儀 1998A〗題。（752 頁）

〖劉信芳 2003〗𩨬。（60 頁）

〖十四種 2009〗楚文字尚未見“瓦”字，姑從整理者隸定，釋爲“題”。苛題以，人名。（32 頁）

[7]𦔻（執）事人

〖周鳳五 1994〗據文意知皆司法案件的承辦官員，似即“咎執事人”的省稱。

〖何琳儀 1998A〗“執事”，執行事務之人。《書·金滕》“王乃問諸史與百執事。”（1381 頁）

〖陳宗棋 2000〗“執事人”可依據字面之義，視爲負責辦理某事之官吏。

〖蘇傑 2003〗按“執事人”應即後世所謂差役。細勘文意，知此“執事人”乃左尹官署之差役。

〖何有祖 2007〗“執事人”包山楚簡常見，即主事人員。

〖劉雲 2011〗在“執事人”的後面沒有出現人名的例子中，“執事人”在其中僅僅是例行公務的辦事人員，可以被任意替换，所以它的後面不需要出現人名；在“執事人”的後面出現人名的例子中，“執事人”在其中已不再是例行公務的辦事人員，而是某人的一種身分，該人在某種程度上具有不可替換性，所以“執事人”的後面不需要出現人名。

[8]𣈚（早）募（暮）救（求）逜（适）

〖整理者 1991〗𦔻（執）事人𩛠募、𣪊，三受不以出。（20 頁）

〖黃錫全 1992〗暮。

〖滕壬生 1995〗㒇。（568 頁）

〖陳偉 1996A〗救（求）。（48 頁）

〖林清源 1997〗上從“莫”，下從“夕”旁。古文字“夕”旁與“月”旁經常通用，…包山簡△字，筆者認爲應該改釋爲“暮”。（142 頁）

〖于成龍 1997〗簡 63 中原簡“求朔”之後，有一明顯句逗，而兩簡的格式應是一致的。據文義，“執事人××求××”應連讀爲好。因此，簡 58 和簡 63 求字之前及簡 58 求字之後的頓號均應刪除。（36 頁）

〖黃德寬、徐在國 1998〗應隸作“𣈚”，釋爲“早”。字在簡文中用作人名。

〖何琳儀 1998A〗執事人□募𣪊□。（328 頁）（按：721 頁又云：“募，人名”；523 頁又云：“迡，從辵，吒聲”）

〖徐在國 1998B〗此字似是“毛”字異體，當讀爲“旄”。

〖劉信芳 2003〗①又見簡 63。簡 173“昗”亦是“早”字異構。(61 頁)②簡 63 作“求”。求謂索取，捕捉。“求适”，謂向苛矍等人索取苛适。(61 頁)

〖十四種 2009〗早暮，早晚、隨時。(32 頁)

〖劉雲 2011〗古書中常見“夙夜”一詞，意思是日夜…“夙夜”、“朝夕”、“夙夕”、“夙暮”都可以表示日夜的意思。這幾個詞的結構相同，都是由一個表示早上意思的詞素，和一個表示晚上意思的詞素組成。“早”可以表示早上的意思，“暮”可以表示晚上的意思，由“早”和“暮”組成的“早暮”，可能也可以表示日夜的意思。如果“早暮”是日夜的意思的話，“執事人早暮求适/朔”的意思就是執事人日夜（向犯罪嫌疑人的擔保人）索要犯罪嫌疑人适/朔，文意十分順暢，這說明我們的推測很可能是正確的。

[9]三受不㠯（以）出

〖整理者 1991〗①三受，三次接受告訴。(43 頁)②出，《說文》：“進也”。(43 頁)

〖李零 1992〗某人授爲人客，“三受（授）不以出”。

〖夏淥 1993〗我們理解爲“受賄”的省語，“三受”指收受苛詣、差暮、封詣三人（次）的賄賂錢財，似乎可以理解。

〖陳偉 1996A〗這裏所說的“受”，大概是一種擔保制度。《周禮·地官·大司徒》云：“令五家相比，使之相保；五比爲閭，使之相受。”“三受”即苛氏三人。(90 頁)

〖于成龍 1997〗“三受不以出，阩門又敗”句中之“三受”當指苛矍、苛醍和苛瘽三位牽連人無疑。《說文》：“出，進也。”…“三受不以出”乃是“三受不以追出”，即“三受不以追進”的意思。(37 頁)

〖劉信芳 2003〗①此謂收受、窩藏，其義與“受期”之“受”有不同。簡 87 記載軦慶等人“受鄦昜之棬官”而被起訴，“受”亦是收受，窩藏。…按：“三受”承上文代指窩藏苛适的苛矍、苛瘽、苛醍三人。簡 63 所記窩藏鼛朔的僅一人，故記爲“㣻不以朔廷”，二簡對勘，其義自明。(61 頁)②出：不將苛适交出以庭審。(61 頁)

〖蘇傑 2003〗“受”或爲主語，如簡 58“三受不以出”，“三受”意爲“三位保人”。

按:劉信芳認爲“三受”承上文代指窩藏苛适的苛矍、苛瘽、苛醍三人的意見可從。

九月癸亥之日鄵峕=（之市）里人[1]鼛（殷）㣻[2]受亓（其）貺（兄）鼛（殷）朔，䞿（執）事人㬝（早）募（暮）求朔[3]，㣻不㠯（以）朔廷，隉門又（有）敗。〖063〗

集釋:

[1]鄵峕=（之市）里人

〖整理者 1991〗鄵市之里人…鄵，《春秋·襄公七年》：“鄭伯髡頑……卒於鄵。”杜注：

“鄵，鄭地”。在今河南新鄭至魯山一帶。（21、44 頁）

〖陳偉 1996A〗我們看到，簡書中“之”字與它字合文，析讀時皆是“之”字在前。（78-79 頁）

〖顏世鉉 1997〗包山楚簡的“鄵”地應該是《鄂君啓車節》的“居鄛（巢）”，喿，心紐宵部；巢，崇紐宵部，音近可通。…就在今安徽六安市東北。（215-216 頁）

〖何琳儀 1998A〗①鄵，地名。《左・襄七年》“丙戌卒於鄵。”在今河南新鄭至魯山之間。（326 頁）②之坤，讀“之市”。（1477 頁）

〖劉信芳 1999E〗“鄵市”簡 184 省稱爲“鄵”。《說文》：“鄛，南陽棘陽鄉。”鄵、鄛音通，…《水經注・淯水》：“又南逕棘陽縣故城西。應劭曰：縣在棘水之陽，是知斯水爲棘水也。”楊守敬〈疏〉：在今新野縣東北七十里。”鄂君啓節記有地名“居鄵”，與此“鄵市”恐不是一處地名。

〖吳良寶 2010〗今按，包山簡文所謂“鄵市”應是“鄵之市”合文的誤讀。陳偉已指出“之市”不能釋爲“市之”。簡文“鄵”與車節的“居鄵”應是一地。（232 頁）

[2]⿱啓邑（殷）舸

〖整理者 1991〗⿱啓邑。（21 頁）

〖劉釗 1992A〗按字從“⿰户攵”從“邑”，“⿰户攵”乃“啓”字初文，字應釋啓。戰國文字姓氏字常可加上邑旁造成專用字。此字在簡文中用爲姓氏字，就應讀作啓姓之“啓”。

〖巫雪如 1996〗此字在簡文中用爲姓氏字，就應讀作“啓”姓之“啓”。…包山楚簡中“⿱啓邑”字從“邑”，當爲地名。…⿱啓邑氏或係以地名爲氏者。（158 頁）

〖許全勝 1996〗此字有兩種分析，一從⿰户攵從邑，讀爲⿰户攵氏；二讀爲扈。今從後者《通志》扈氏條：“姒姓，夏時諸侯。……國亡，子孫以國爲氏。”楚有樂師扈子，因吳破郢辱楚君臣而作《窮劫之曲》（事見《吳越春秋》卷上《闔閭內傳》），扈子爲昭王時人。可知楚有扈氏。

〖李零 1999B〗從邑從殷，非⿱啓邑字。

〖徐在國 2003A〗簡文、璽文中均用作姓氏，當是殷姓之殷。《通志・氏族略二》：“殷氏，始封於商，至紂爲周武王所滅，封微子於宋以奉湯祀。其子孫不得封者以國爲氏。”

〖十四種 2009〗上博竹書《容成氏》53 號簡殷商之“殷”二見，與此字相同。這裏用作姓氏字。（32 頁）

按：李零最早指出包山楚簡之字從“殷”。上博楚簡《容成氏》53 號簡有字，整理者讀爲“殷”，[①]徐在國據此指出包山楚簡中此字也應改釋作“殷”。[②]張新俊又進一步指

①馬承源主編：《上海博物館藏戰國楚竹書（二）》，292 頁，上海，上海古籍出版社，2002。

②徐在國：《上博竹書（二）文字雜考》，簡帛研究網，2003 年 1 月 14 日。

出：戰國時期的“啟”字，一般是寫作從“戶”從“攴”（或從“又”）從“口”，“殷”字上部與“啟”相同，下則從“邑”，二者是有區別的。①

[3]䝁（埶）事人㬎（早）莫（暮）求朔

〖整理者 1991〗䝁（埶）事人𩃬莫、朱朔、痌不以朔廷。（21 頁）

〖黃錫全 1992〗求。

〖湯餘惠 1992〗應釋爲求（裘）。

〖何琳儀 1993A〗與詛楚文“求”作朱形體吻合。

〖陳偉 1996A〗埶事人𩃬暮（疑爲夙夜、早晚一類的意思）…“埶事人𩃬暮求朔”句下應標注逗號。（24 頁）

〖劉信芳 1996A〗①𩃬莫是人名。②“求”謂索取、捕捉。

〖何琳儀 1998A〗①𣆐，從日，從來，夷聲。包山簡𣆐，讀夷，姓氏。…春秋𡨦詭諸之裔。杜預云，在城陽莊武縣所治，夷安縣是其地，子孫以國爲氏。見《通志・氏族略・以國爲氏》（1240 頁）②求，姓氏。（177 頁）

6. 債不交於新客

所又（有）責（債）於寢戢（列）[1]五帀（師），而不交於新客者[2]，豕玫[3]苛歆䄻（利）[4]之金一益（鎰）剌（半）益（鎰）。秀几[5]。戢（列）緩（纓）[6]爲李。所又（有）賗（責-債）於汾𢇍（寢）戢（列）[7]、寢戢（列）、繇（繇-由）戢（列）五帀（師），而不交於新客者，佮（造）辻六（大）敂（令）李㥁（怲）之金五益（鎰）。〖146〗客發竽。〖148〗

集釋：

[1]寢戢（列）

〖整理者 1991〗𡪢，寢字，地名。《左傳・宣公十二年》：“沈尹將中軍”，杜注：“沈或作寢，寢縣也。”寢，在今河南固史縣。（50 頁）

〖楚文字編 1997〗𡪢（寑）。（364 頁）

〖何琳儀 1998A〗包山簡寢，地名。《呂覽・異寶》“荊楚閒有寢之丘者。”在今河南沈丘東南。（1416 頁）

〖劉信芳 2003〗寢廟。戢，楚國行政區劃單位，讀爲“沈”。“寢戢”即寢廟之戢。（148 頁）

〖陳穎飛 2009〗這裏的“寢戢五師”、“汾寢戢、寢戢、繇戢、五師”都未接人名，指官府。（151 頁）

①張新俊：《上博楚簡文字研究》，12 頁，吉林大學博士學位論文，2005。

[2]不交於新客者

〖陳偉 1996A〗“新客”、“让灋”與債款、貸金的有關。（123 頁）

〖何琳儀 1998A〗①交，交付。（296 頁）②“新客”，見《左・昭十八》“使司寇出新客，禁舊客，勿出於宮。”（1162 頁）

〖劉信芳 2003〗以上所記之“客”應指工匠，所欠金額似是購物帳。（148 頁）

〖陳穎飛 2009〗“新客”疑爲“寢戠”等官府中的工匠，負責收取這些債金。（151 頁）

[3]豖玟

〖何琳儀 1998A〗①豖，姓氏，疑讀矢。見《姓苑》。（1222 頁）②玟，從玉，枚省聲。（1304 頁）

[4]苛歆犲（利）

〖整理者 1991〗苛欿利。（28 頁）

按:應釋爲“歆”。

[5]秀几

〖整理者 1991〗秀期。（28 頁）

〖劉信芳 2003〗秀几。（148 頁）

[6]戠（列）緮（纓）

〖整理者 1991〗緮。（28 頁）

〖劉信芳 2003〗緮（纓）。（148 頁）

[7]郑寢戠（列）

〖劉信芳 2003〗郑地寢廟之戠。（148 頁）

7. 煮鹽於海

塦（陳）愳[1]、宋猷（獻）[2]爲王煮盧（鹽）於淒（海）[3]，受屯二儋（儋）之飤（食）[4]，金鋞二鋞[5]。牆（將）巳（以）成收[6]。〖147〗

集釋:

[1]塦（陳）愳

〖劉釗 1992B〗陳□（字不識，從日從己從心）。

〖陳偉 1996A〗惎。（229 頁）

〖劉信芳 2003〗惃。（149 頁）

按: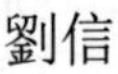整理者未釋，應釋爲“愳”。

[2]宋猷（獻）

〖整理者 1991〗獻，似爲獻字異體。（50 頁）

〖高智 1996〗此字當釋爲“獻”字。

〖十四種 2009〗葛陵簡甲三 342-2“獻馬”之月的“獻”正如此作。（71 頁）

[3]煮𥁰（鹽）於𣲾（海）

〖整理者 1991〗臭（具）𥁰（？）於泯爰。（25 頁）

〖黃錫全 1992〗煮。

〖林澐 1992〗𥁰或可能是鹵之繁體，或甚至就是未加聲符的鹽字初文。

〖劉釗 1992A〗①按字從者從火，應釋爲“煮”。簡文“煮𥁰”，𥁰乃“鹽”字異構，見於《五音集韻》，“煮𥁰”即“煮鹽”。②按字從水從母，應隸作“𣲾”，釋爲“海”。

〖湯餘惠 1992〗“𥁓”爲“覃”之異體。…簡文“爲王省～”，亦借爲“鹽”。

〖張光裕、袁國華 1992〗當即煑字。（緒言・14 頁）

〖何琳儀 1998A〗𣳚，從水，毋聲。疑𣲾之省文。…讀海。（563 頁）

〖白於藍 1999〗即《說文》鹽字。古文字鹵、西二字形近易混，故此字上部所從與西字類似。《說文》認爲：“從鹽省古聲”的鹽字作，可證“”即鹽字不誤。

[4]受屯二儋（儋）之飤（食）

〖整理者 1991〗①爰。（28 頁）②屯，皆。（50 頁）③儋，儋。（50 頁）

〖李零 1992〗傳食規格是“二檐（擔）之食”。

〖劉釗 1992A〗簡文“受有二擔之飤，金□二□”，是指陳、宋二人前去煮鹽，一路上所到之處的招待等級。“二擔之飤”與楚龍節“王令令傳信，一擔飤之”所言相同，都是講王命令接受任務的人所到之處要由傳舍提供給二擔或一擔飲食。金字後面之字不識，很可能指貨幣而言。可見一路上傳舍不光要提供飲食，還要提供盤纏。

〖袁國華 1993B〗因此將“”釋作“受”是沒有問題的。…今改讀爲“受屯二之飤儋”，則文從字順，大意是說：“給予駐紮所需的糧食二擔”。

〖白於藍 1995B〗按此字應爲“受”字，其中間所從應是舟字。

〖李家浩 1998A〗“授屯二擔之食”。此“屯”與鄂君啓節銘文，“屯二十擔以當一車”之“屯”用法相同，義同“皆”。此句講的顯然是楚王授給陳□、宋獻每人每月的食量和佣金，可以與節銘“一擔食之”互證。煮鹽者的食量比傳賃大一倍，可能有兩個原因。一，陳□、宋獻二人不是一般的雇傭者，他們大概是雇傭者的頭頭，用現在的話來說就是雇傭工的工頭，地位比傳賃略高。二，相對來說，煮鹽者的勞動強度要比傳賃大。一擔爲一斛二斗，合十二斗、一百二十升；二擔爲二斛四斗，合二十四斗、二百四十升。以一月爲三十日折算，傳賃每天食量爲四升，煮鹽者每天食量爲八升。

〖何琳儀 1998A〗儋，見《漢書·貨殖傳》“漿千儋”，注“孟康曰，儋，甖也。師古曰，儋，人儋之也。一儋兩甖。”或作檐。《集韵》“儋，《說文》何也。或從手。”（1456 頁）

〖劉信芳 2003〗①整理小組釋“屯”，甚難理解。據文意應是“弋”字，讀爲（貸）。“貸”與下文“收”對文。（149 頁）②《漢書·貨殖傳》：“漿千儋”。孟康〈注〉：“儋，甖也。”師古〈注〉：“儋，人儋之也，一儋兩甖。”《史記·貨殖列傳》作“甔”，〈索隱〉：“石甖受一石。故云：儋，石也。”字又作“檐”，見鄂君啓節、王命龍節。（149 頁）

[5]金鋞二鋞

〖李零 1992〗行資是“金鋞二鋞”。

〖何琳儀 1998A〗釋爲“鉈”，從金左聲，疑爲“鎈”之省文。《正韻》：“鎈，錢異名。”（879 頁）

〖譚步雲 1998〗楚文字塊從金，表明塊用作版金的度量衡。我們知道，楚國的版金上有用於切割的分割標識，所以塊當指一小塊一小塊的度量。（90 頁）

〖劉信芳 2003〗鋞，字從金，聲符同“怪”字之聲符，讀爲“甴”，俗作“塊”，“金鋞”即金塊。（150 頁）

〖王穎 2004〗“鋞”字《說文》所無，在包山簡中應爲黃金單位。長沙出土的戰國中晚期鐵足銅鼎，其蓋上、蓋内、器内分別刻有“石、聖、刃”，其中“聖”亦記重之名，可作爲包山簡“鋞”字用法的佐證。（147 頁）

〖凡國棟 2009〗我們懷疑這個寫作從“又”從“土”的部件很可能是楚文字中“坿”字的省形。…應該隸定爲鉪，分析爲從金，“坿”省聲。…字可讀爲“釜”或“鬴”。古文字中從付、從父、從甫之字常常互作無別，通假之例甚多，不煩備舉。…包山楚簡文意是說陳□、宋獻二人爲王煮鹽於海，楚王授其二人每人每月“二儋（石）之食”作爲生活資料，至於“金鉪（釜）二鉪（釜）”之“鬴（釜）”如何理解，若爲炊器，則既可視作生活物資，亦可視爲生產食鹽的生產工具。若爲量器，則應爲生產工具。其實不管如何理解，都可以讀通簡文。

〖十四種 2009〗此字右旁疑爲楚文字“付”的省形。從“人”、從這個偏旁的“付”見於上博竹書《周易》51、52 號簡。此字恐即“符”，加“金”旁表示用青銅製成。（71 頁）

〖史傑鵬 2011〗《說文》中有獨立的“圣”字，訓釋爲：“圣，汝潁之間謂致力於地曰圣，從又、土，讀若兔窟。”可見它的讀音和“窟”相當。以它爲偏旁的字，廣泛出現於包山楚簡，比如 163 號、167 號、168 號，有些寫成雙“圣”，比如 22 號，這種從雙“圣”的“隆”，不但見於《說文》，還見於西周銅器𨙶公盨銘文，裘錫圭先生指出，《說文·𨸏部》“墮”字字頭作“陸”，字形像用手使“𨸏”上之土墮落，是一個表意字，原先從“圣”，後來變爲“左”，是因爲“圣”、“左”形近，而“左”字之音又與“墮”相近之故。按裘先生所說確不可易，《說文》中的“圣”，雖然訓爲“汝潁之間謂致力於地”，估計是“圣”後起的另一義，因爲從字形來看，“圣”既可以理解爲用手使高處之土墮落，也可以理解爲用手掘土。…我們進一步認爲，從“圣”聲的“鋞”很可能應當讀爲古書上長見的“鍰”。…如果“鍰”確實如《說文》所說的等於十一又二十五分之十三銖，則我們把“鋞”釋讀爲“鍰”的意見則應該是正確的。…唐蘭先生說，“鍰”原先指銅餅，後來引申爲重量單位。所以簡文“金鍰二鍰”意思爲黃金鑄成的鍰兩鍰，整條簡文的意思則是：陳、宋獻兩人爲楚王在海邊煮鹽，每個人每月獲得兩擔口糧，工資爲兩鍰金鍰。

按：此字隸定爲“鋞”，並非從“圣”（“聖”之簡體），右旁與“圣”爲同形字，結構及含義待考。

[6]牆（將）已（以）成收

〖劉釗 1992A〗大概是指陳、宋二人負責將鹽收上來的意思。

〖何琳儀 1998A〗收，徵收之賦稅。（163 頁）

〖十四種 2009〗“收”也許是指收符。（71 頁）

8. 斂關金

陵让尹[1]墒已(以)楊虎斂（斂）閘（關）金[2]於郙敚[3]，𦔻仿[4]之新昜（陽）一邑[5]、需（霝-靈）坨[6]一邑、屭（礪）[7]一邑、鄵[8]一邑、房一邑、借（造）椿[9]一邑、新借（造）一邑；與亓（其）雰[10]，女繇（繇-由）一賽、涅雰一賽[11]、㴇雰一賽[11]、斫雰一賽，不量亓（其）閘（關）金[12]。牆（將）諻（徵）之於亓（其）尹敂（令）。陵让尹之相，壂（唐）余可內（入）之[13]。〖149〗

集釋：

[1]陵让尹

〖劉信芳 1996B〗“陵迅尹”是管理山林的職官，兼有徵收賦稅之職，與《周禮・地官》之“山虞”、“林衡”相類。

按：“陵让尹”與 191 號簡的“邳让尹”、145 號簡的“成昜让尹”類似，應是“陵”地之“让尹”，並非是管理山林的職官。

[2]斂（斂）閘（關）金

〖整理者 1991〗斂，《說文》：“收也”。《廣雅・釋詁一》：“斂，取也。”（50 頁）

〖楚國歷史文化辭典 1996〗在關卡要地所征收的稅金。（168 頁）

〖劉信芳 1996B〗①“斂”謂賦斂，即征賦。②“關金”即“關稅”。

〖陳時聖 2000〗《包山楚簡》中有“左闗尹”，乃楚國官名。“關尹”載於古籍…是掌官國境的官吏，故“關金”是戰國時期官員收取通關的賦稅。

[3]邾敓

〖劉信芳 1996B〗敓讀如稅。

〖劉信芳 2003〗邾本古國，或以爲爲楚所滅而遷於今湖北黄岡，或以爲始封於黄岡邾城，播遷於山東之“邾”。…包簡之“邾”，以黄岡之“邾”爲近是。（151 頁）

〖十四種 2003〗“邾敓”與 100 號簡“滕敓”類似，疑亦是地名。（72 頁）

[4][illegible]仿

〖整理者 1991〗⿰貝央，讀如購。（50 頁）

〖李天虹 1992〗疑此字當隸定作⿰貝臾。

〖劉信芳 1996A〗“⿰貝央”字見簡一四九：“敓⿰貝央仿之新昜一邑。”字讀如“斞”，《說文》，“斞，量也。”“敓⿰貝央仿”即賦稅量入徵稅官。“仿”即簡七四之職官名“仿斂”之省，其職守與周官之職方氏相類。

〖劉信芳 2003〗①⿰貝臾，讀爲“斞”，《說文》：“斞，量也。”（151 頁）②仿，徵稅官，“稅斞仿”，稅金量入走仿官。（151 頁）

[5]新昜（陽）一邑

〖整理者 1991〗邑，《周禮・地官・小司徒》：“四井爲邑”，注：“方二里”。《周禮・地官・里宰》注：“邑，猶里也”。孫詒讓云：“邑爲民居所聚，民居有多少，故邑有大小。”“邑之制，在國中則始於一里二十五家，在野則始於四井三十二家…如地狹勢偏，不足四井，則或三井，或二井，或一井，皆可爲邑”。（50 頁）

〖劉信芳 2003〗新昜，《漢書・地理志》汝南郡有“新陽”縣，其地在今安徽界首市北，未知即此“新昜”否。（152 頁）

按:此新昜爲邑，應與汝南郡新陽縣無關。

[6]霝（霝-靈）坨

〖何琳儀 1998A〗《集韵》“坨，地名。”讀地。…地名後綴。（864 頁）

[7]厲（礪）

〖整理者 1991〗厲。（28 頁）

〖楚文字編 1997〗礪。（447 頁）

〖何琳儀 1998A〗厲，從厂，禺聲。（353 頁）

〖劉信芳 2003〗原簡字形從石從萬。（152 頁）

〖白於藍 2005A〗楚簡中從厂之字常可以改從石，如“[illegible]（厭）”（包山簡 219）、“[illegible]（厲）”

（包山簡 149）。

按：字所從“石”形省作，可釋爲“厲（礪）”。

[8]鄗

〖整理者 1991〗鄗。（28 頁）

〖張守中 1996〗鄗。（109 頁）

〖何琳儀 1998A〗鄗，地名。（1068 頁）

[9]俈（造）楮

〖文炳淳 1997〗“俈楮”疑讀如“俈堵”，即製造墻堵之機構。（37 頁）

〖劉信芳 2003〗讀爲“造楮”。…應是負責筑城的官署。（152 頁）

[10]與亓（其）漻

〖劉信芳 1996B〗“與其漻”，“與”謂賜予，意即免徵賦稅。…“與其漻”總領下文，“女繇一賽、涅漻一賽、溕漻一賽、斪漻一賽”皆在“與”之列，亦即諸“漻”均被免徵賦稅，此其後有“不量其關金”，句義尤爲明白。

〖何琳儀 1998A〗“涅漻”，地名。或水名。（805 頁）

〖劉信芳 2003〗捕魚用的堤防。（153 頁）

[11]溕漻一賽

〖劉信芳 1996B〗所謂“賽”讀如“塞”，據文意應是作爲行政區域的一定水域，《管子·度地》：“五水者，因其利而往之可也，因而扼之可也。”戴望之注：“扼，塞也。”又：“涵則塞。”注：“塞亦控也。”是簡之“賽”實指有隄防控扼的滙瀦之類。

〖楚文字編 1997〗《集韻·至韻》溕或作溕。（507 頁）

[12]不量亓（其）閘（關）金

〖劉信芳 2003〗“不量其關金”，即免徵租賦。（95 頁）

[13]陵辻尹之相，壂（唐）余可内（入）之

〖整理者 1991〗陵迅尹之桿、余可内（入）之。（28 頁）

〖黃錫全 1992〗栬。

〖袁國華 1995〗疑即“相”字。…“陵迅尹之相”中的“相”字的意義，疑作“家相”解。…“壂余”是“家相的姓名”；“可内之”，是說：事情經過“敂”的審理之後，認爲“陵迅尹的家相壂余可以替其主人獻納未計量的關稅。”

〖劉信芳 1996B〗栬字從木色聲，讀如“嗇”，…嗇謂嗇夫，小吏之名，秦簡皆見。

〖黃靈庚 1997〗當隸定爲樨。…即楇字之省，…楇，株字別文。…株壂，亦作株昜，地名。…株昜，今作株陽，在湖北省黃石市境內。

〖何琳儀 1998A〗柤。(574 頁)

〖文炳淳 2000〗郭店竹書《窮達以時》6 號簡中的“相”字可證。

9. 貸徒廪之王金不賽

邛(正)昜(陽)之酷里人卲(昭)㛿(慧)、邦轍(獵)[1]、盤(盤)己,邛(正)昜(陽)[2]之牢审(中)戰(獸)竹邑人[3]宋贔,藪陵[4]之敃(列)里人石紳,貣(貸)徒莒(廪)之王金不賽[5]。徒莒(廪)之客[6]苛昒內(入)之。白逄(路)公訢(慎)[7]、登(鄧)行。〖150〗客發竽[8]。〖150 反〗

集釋:

[1]邦轍(獵)

〖黃錫全 1992〗轑。

〖巫雪如 1996〗邦氏,《通志·氏族略》列於平聲條下,云:“出《姓苑》”,無其他說明。《姓氏尋源》云:“邦出孔子弟子邦選也。”邦選《史記·仲尼弟子列傳》作邦巽,《集解》:“鄭玄云魯人”,是魯國有以邦爲氏之人。(60 頁)

〖何琳儀 1998A〗轑。(1529 頁)

〖九店簡 2000〗“轍”字亦見於包山楚墓一五〇號簡,… “轍”從“車”從“巤”聲,疑是“獵”字的異體。古時駕車狩獵,故字從“車”。(90 頁)

〖劉信芳 2003〗轍,字形可參九店《日書》簡 31“田轍(獵)”,望 1-37“胷(胸)臘(脇)”。(154 頁)

[2]邛(正)昜(陽)

〖整理者 1991〗邛昜。(28 頁)

〖袁國華 1995〗當隸作邳。

[3]牢审(中)戰(獸)竹邑人

〖整理者 1991〗牢,《說文》:“閑養牛馬圈也。”朱駿聲云:“牛羊豕之閑曰牢,馬曰廐。”(50 頁)

〖何琳儀 1998A〗审獸,官名。(218 頁)

〖劉信芳 2003〗曾侯乙簡 152 有“中獸尹”,牢中獸應是中獸尹的屬員。“牢”,畜圈,簡 157 有“牢中”,爲“牢中獸”之省。(154 頁)

〖疏證 2007〗“审獸”,地名。(617 頁)

[4]藪陵

〖黃錫全 1992〗蕘(蔻)。

〖滕壬生 1995〗蒄。（68 頁）

〖劉信芳 1999E〗“苿”字從艸，秉聲，…“苿陵”讀爲“房陵”，…漢代漢中郡房陵縣位於今湖北房縣。

〖陳劍 2006〗其字亦當釋爲“茢”。[①]

〖何景成 2008〗字可能和《說文》卷一下的“蔽”（古書通作“蒯”）字有關。

〖劉信芳 2008〗該字從艹，兔聲。兔之上部有一“”形，人形下有一斜畫。若將該斜畫理解“冂”之有機構成，則斜畫上爲曲人行（有如“危”上人形）；若將該斜畫理解人形之下部筆畫，則爲“千”形。無論是“人”形還是“千”形，不影響字形分析。從千猶從人，已如上述。兔，疑讀爲“樠”，《左傳·莊公四年》楚武王伐隨，“卒於樠木之下”，樠一音滿。樠、兔上古音同在元部明紐。《春秋大事表》卷六：“安陸府治東一里有樠木山。”又卷七之四：“今安陸府治鍾祥縣東一里有樠木山，一名武陵，以楚武王卒於此，因名。”

〖吳良寶 2010〗包山簡文“茢陵”疑與楚地“厲”有關，即原賴國之地。“茢”從“列”得聲，上古音“列”在來母、錫部，“厲”在來母、月部，“賴”也在來母、月部。音近可通假。《禮記·祭法》“厲山氏”，《經典釋文》云：“厲山，《左傳》作列山”；《禮記·檀弓下》“以巫祝桃茢執戈”，《周禮·春官·喪祝》鄭注引茢作厲。《春秋》昭公四年“遂滅賴”，《公羊傳》、《穀梁傳》并賴作厲；《史記·刺客列傳》：“豫讓又漆身爲厲”，《索隱》：“厲癩聲相近，古多假厲爲癩。故楚有賴鄉，亦作厲字。”因此，簡文“茢”讀爲“厲”應無問題。先秦時期共有兩個厲（賴）國，一在隨棗走廊內今湖北隨州東北百里的殷店一帶，一在淮河以北的今河南鹿邑縣東 10 里之厲鄉。隨州之厲國爲南方厲山氏之後，至遲於西周初年已立國，屬於周南土諸侯；鹿邑之厲國族源不明，但商末已存在，後事周。春秋早期以後，兩厲國相繼被納入楚國的勢力範圍。隨州之厲國約在春秋早期或略後滅於楚，鹿邑之厲國春秋中期南遷，立國於今河南息縣東北 70 里的包信鎮一帶，春秋晚期滅於楚。（193-194 頁）

按：此字下部所從偏旁▲見於上博楚簡《鮑叔牙》4 號簡，作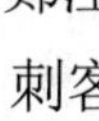，袁金平認爲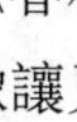即包山楚簡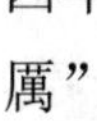所從，他將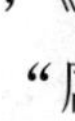釋作“弁”。[②]新出的清華楚簡也有從▲之字，《金縢》9 號簡作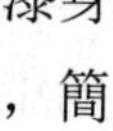、14 號簡作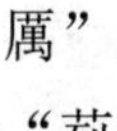。何有祖認爲通過文本對應，會得出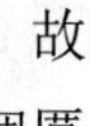是“獲”字，而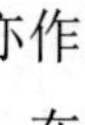是“熟”字的結論，對此他的解釋是：“大熟”應是“大獲”之誤，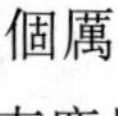很有可能是“獲”字。[③]李學勤根據清

①轉引自蘇建洲：《上博楚簡（五）考釋五則》，《中國文字》新三十二期，91 頁，臺北，藝文印書館，2006。爲 2006 年 12 月 2 日信件內容。

②袁金平：《讀〈上博（五）〉札記三則》，簡帛網，2006 年 2 月 26 日。

③何有祖：《清華大學藏簡〈金縢〉補釋一則》，簡帛網，2011 年 1 月 5 日。

華楚簡《繫年》119-120 號簡人名“魏”即魏武侯擊，指出《金縢》字爲“𣪘”字。①包山楚簡“”字可隸定爲“𣪘”。

[5]貣（貸）徒萻（廩）之王金不賽

〖整理者 1991〗辻。（28 頁）

〖黄錫全 1992〗藺。

〖李零 1992〗是記正陽有五人借了上廩的王金而未償還。

〖劉釗 1992A〗①按此乃“上”字，加“止”或“辵”乃追加之動態義符。字亦見鄂君啓節，應直接釋爲上。②按字從“艸”、從“”，“”乃亩字，即廩字初文。…字應釋爲“藁”。

〖湯餘惠 1992〗疑藺字。

〖何琳儀 1993A〗從“艸”、“亩”聲。…應隸定“萻”，即“廩”…故“辻萻”可讀“上林”，秦苑。…“上林之客”似是秦客。

〖滕壬生 1995〗藺。（58 頁）（按：修訂本釋爲“𦵏”，見 727 頁）

〖楚文字編 1997〗萻、藁皆從聲。萻當即後世之藁字。（40 頁）

〖文炳淳 1997〗“辻萻”有兩種可能性，一爲，如秦漢之“上林苑”；二爲，“上廩”，就是王室府庫。其確切之含義，待證。（27 頁）

〖胡雅麗 1998〗簡 150 則是主管官員爲杜（按：原文“杜”字後有空白，應是少了一字）之客簽發證件，允許其到相關地點收取過期“不賽”之“王金”的記錄。

〖陳劍 2009〗我感覺恐怕還是要注意從形體訛混的角度立論，方不失平實公允。郭店《老子》（按：指 30 號簡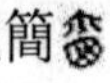）和上博《曹沫之陳》（按：指 2 號簡）之字無疑分別是“爾（彌）”和“㣇（彌）”，但由此並不能必然得出相近的九店、新蔡、包山簡諸字所從皆只能爲“爾”而不能是“亩”的結論。…以我們現在對戰國文字中不同來源的、本來寫法不同的偏旁的訛混情況的嚴重的認識，“爾”、“亩”兩偏旁在楚文字中寫得很接近，實在不足爲奇。包山簡兩形爲同一人名，其所從到底是“爾”還是“亩”難定。②

〖陳穎飛 2009〗“上廩”當爲官府。（163 頁）

〖十四種 2009〗楚文字“上”字有左出橫畫。此字當釋爲“徒”。

按：從偏旁制約的角度看，應釋爲“徒”字，但字形有所簡省。簡文字，九店簡 56.53

①李學勤：《釋清華簡〈金縢〉通假爲“穫”之字》，《出土文獻研究》第十輯，1 頁，北京，中華書局，2011。

②轉引自蘇建洲：《也說〈君人者何必安哉〉“先君霝王乾溪云亩（从艹）”》，簡帛網，2009 年 1 月 10 日。

作、新蔡楚簡甲一 12 號簡作、上博楚簡《君人者何必安哉》甲本 9 號簡作、乙本 9 號簡作。總結起來，此字主要有“箇”和“籋”兩種考釋意見。①新蔡楚簡甲一 12 有，甲三 65 又有字，宋華強認爲簡文字跡一致，當是一人書寫，由此可辨別“亩”、“爾”二字。②蘇建洲總結“亩”、“爾”有兩處不同：一、“菑”下有封口；“爾”則沒有。二、“菑”下部大約作“Ｘ”形；“爾”字下則作“※”形。對於《老子甲》30 號簡“而民爾（彌）叛”之“”，蘇建洲認爲雖然下面是密封狀，但裏面的筆畫較接近“※”形，所以仍可以判斷爲“爾”字。③字從“亩”的意見可從。清華楚簡《繫年》57 號簡記有“徒菑”，整理者讀爲“徒林”，解釋爲田獵地名。④包山楚簡“徒菑”或與之有關。

[6]徒菑（廩）之客

〖陳穎飛 2009〗“上廩之客”與“勤客”性質相同，都是以客卿的身份擔任臨時性差遣，他可能有其他正是職務，“上廩之客”只是他的兼職。（151 頁）

[7]白逄（路）公訢（慎）

〖徐少華 1994〗關於楚白縣，…杜預說白邑在漢晉褒信縣附近的白亭，在今息縣東北，應爲可信；《水經・淮水注》說其城即“楚白公勝之邑”，亦可爲證。又《左傳》哀公十六年載：“吳人伐慎，白公敗之”，慎，杜預注：“汝陰慎縣”，在今安徽穎上縣西北約 40 里，潁水左岸。吳人伐慎，必由東而西，白公迎敵當由西而東，正與白公之邑在慎之西南的情勢相合。”（279-280 頁）

〖顏世鉉 1997〗本文定包山楚簡的“白”定在河南息縣東南。（125 頁）

〖何琳儀 1998A〗綕，從糸，訢聲。（1317 頁）

〖吳良寶 2010〗今按，包山楚簡所屬的年代，楚國還有一處“白”地，爲柏國所在地，在今河南舞陽縣東南（《新收》1182 號有湖北九店東周墓出土的魏國兵器“十一年白令戈”）。簡文“白”也可能與此地有關。（198 頁）

按：何浩曾指出至遲在楚靈王時楚國已設白縣，白縣當在今河南息縣東。⑤簡文之“白”是否即今息縣之“白”，尚不能定論。

[8]客發竽

〖周鳳五 1994〗“客發竽”則記“让廩”的官員收回貸款後，發出公文爲憑證。

①參見蘇建洲：《也說〈君人者何必安哉〉“先君霝王乾溪云亩（从艹）”》，簡帛網，2009 年 1 月 10 日。
②宋華強：《新蔡葛陵楚簡初探》，69 頁，武漢，武漢大學出版社，2010。
③參見蘇建洲：《也說〈君人者何必安哉〉“先君霝王乾溪云亩（从艹）”》，簡帛網，2009 年 1 月 10 日。
④李學勤主編：《清華大學藏戰國竹簡（貳）》，161 頁，上海，中西書局，2011。
⑤何浩：《楚滅國研究》，145 頁，武漢，武漢出版社，1989。

10. 啻蘠之田

啻蘠（苴）之田[1]，南與郳君[2]㞐（弡）疆[3]，東與蔆（陵）君[4]㞐（弡）疆，北與鄝昜（陽）[5]㞐（弡）疆，西與鄱君[6]㞐（弡）疆。亓（其）邑：笑一邑、郯一邑、竝（並）一邑、郜[7]一邑、余爲一邑、鄭[8]一邑，凡之六邑[9]。〖153〗

王所舍[10]新大廄（廏）[11]㠯(以)啻蘠（苴）之田，南與郳君𦏴（執）疆[12]，東與䔖（蔆-陵）君[13]𦏴（執）疆，北與鄝昜（陽）𦏴（執）疆，西與鄱君𦏴（執）疆。〖154〗

集釋：

[1]啻蘠（苴）之田

〖整理者 1991〗此處二字與簡 154 對照似爲“啻蘠”。（50 頁）

〖彭浩 1991A〗這塊土地有可能是新大廄的食田，應是來自楚王的賞賜。

〖湯餘惠 1993〗本簡記錄某人私田的四至，前二字漫漶不清，當是人名，從 154 簡内容推測，可能即“啻䕺”二字。（152 頁）

〖何琳儀 1998A〗①啻，讀適。《説文》“適，之也。”（748 頁）②蔽，地名。（572 頁）

〖劉金華 2001〗指的是賞田，賞田是私田的一種。

〖劉信芳 2003〗啻，字讀爲“箎”。（158 頁）

[2]郳君

〖何浩、劉彬徽 1991〗與用作地名的“六”同音。郭沫若、張日升均將彔器之彔讀爲“六”。在今安徽省六安東北。簡文謂郳在鄱君封地東南，二者正好相符。

〖顏世鉉 1997〗而楚封君郳君之封地就在楚六縣境内。《漢書・地理志》六安國有“六”縣，其地在今安徽六安市北，包山楚簡的郳君就在此地。（78 頁）

[3]㞐（弡）疆

〖整理者 1991〗佢，讀如岠，字亦作岠，《廣雅・釋詁一》：“岠，至也。”（51 頁）

〖李零 1992〗簡文“巨”字或指渠〔案：巨，原從人旁〕，而“執”字含義不詳。

〖何琳儀 1993A〗應釋“弡”，其“弓”旁譌作“人”形，…“弡疆”應讀“距疆”。《莊子・漁父》：“距陸而至。”釋文“距，至也。”

〖湯餘惠 1992〗今按兩簡的内容都是記載土地四至，與某人至疆，語義欠通。疑“佢”即《集韻》上“傑”的古文，“佢疆”、“執疆”猶言“際疆”、“接疆”，都是今語交界的意思。

〖劉樂賢 1997〗佢字不見於字書，弡見於《玉篇》，釋弡似更合適一些。…簡文“弡”和“執”，應與金文的“眔”相當，也應是“至”的意思。…執疆的執字，應以音近讀爲

“至”。…總是，楚簡中的弡疆、執疆應分别讀爲岠（距）疆、至疆，都是至疆的意思。至疆，即今語到界之意。

〖劉信芳 2003〗按字從弓，不從人，“弡”即規矩之矩的異體字，矩本爲丈量工具，引申爲至，通作距。…“距疆”猶言接壤。簡 154 作“執疆”，執，接音近義通，…知執疆即接疆，今所謂接壤。（158 頁）

[4]蔆（陵）君

〖何浩、劉彬徽 1991〗據簡文所記，蔆在鄱及新大廄啻蘆之田以東、郄的東北、鄝陽的東南。鄱、郄已經考定，鄝陽地望亦可考。鄝通蓼，即與六同一年爲楚所滅之蓼。《左傳》文公五年：“楚公子燮滅蓼。”陸德明《釋文》：“蓼，或作鄝。”杜注：“蓼國，今安豐蓼縣。”《漢書・地理志》六安國蓼縣下原注：“故國，皋陶後，爲楚所滅。”…《讀史方輿紀要》卷二十一“霍邱縣”條說：“蓼縣城在縣西北，與固始接界。”故城在今河南固始與安徽霍邱接界的蓼城岡。蓼陽當在蓼縣北境的今霍邱境内。由此看來，蔆地應在故蓼國、漢蓼縣的東南。度其位置，大約在今皖西安豐塘水庫以南偏東的水網地區。水網地區盛産菱。…蔆君之蔆，當是以産菱而得名。…或者，在陰陵、陽陵之間另有一處名“蔆”之地。《左傳》昭公十二年載：“楚子狩於州來，次於潁尾，使蕩侯、鄱子、司馬督、囂尹午、陵尹喜帥師圍徐以懼吴。”杜注：“五子，楚大夫。”…昭公十二年的“陵尹”當即陵縣之尹，即陵縣大夫。陵縣地望，無從注釋。就上引昭十二年楚師“圍徐以懼吴”的活動地區來說，是在蓼之東北的淮、潁一帶，陵尹喜帥師參戰，看來陵縣距淮北戰場不會太遠。此陵縣既以“陵”爲名，與作爲地名的蔆君之蔆顯爲同一地區。（573-574 頁）

〖湯餘惠 1992〗菸，應是蔆的省體，西周金文陵字多從夂聲，作、，省掉略如人形的部份，即是阦。蔆、菸爲一字之異，皆蔆字。蔆同淩（菱），字見《玉篇》，簡文假作陵。

〖顏世鉉 1997〗從包山楚簡 153、154 的鄱君、郄君、鄝昜和蔆君的相對位置來看，蔆地的大約位置，當在何浩、劉彬徽所言之地附近；而《左傳》昭公十二年“圍徐以懼吴”的行動區域也在這一帶。

〖何琳儀 1998A〗從艸，陵聲。淩之異文。地名。（154 頁）

〖劉彬徽 2000〗蔆通陵，春秋時楚有陵尹（見《左傳》昭公十七年），蔆君當是在春秋陵縣之地所設的封君，從簡文所述方位看，其地當在今安徽霍丘東境内。

〖劉信芳 2003〗簡 154 作“菸君”，楚國封君。…陵尹即陵地之尹，蔆君封地應在陵。《漢書・地理志》九江郡有陰陵縣，其地在六安東。應即戰國楚陵縣所在。（159 頁）

〖吴良寶 2010〗今按，《左傳》昭公十二年“陵尹”之“陵”是否爲地名，學界雖有不同的意見，但不一定需要與包山楚簡“蔆君”封地聯繫起來。從《包山》第 153、154 號簡的内容來看，“蔆君”封地大致在何浩、劉彬徽所推測的今安徽霍邱、河南固始縣交界一帶。（103 頁）

[5]鄝昜（陽）

〖何浩、劉彬徽 1991〗“鄝”通“蓼”，即與六同一年爲楚所滅之蓼。《左傳》文公五年：“楚公子燮滅蓼。”陸德明《釋文》：“蓼，或作鄝。”杜注：“蓼國，今安豐蓼縣。”《漢書・地理志》六安國蓼縣下原注：“故國，皋陶後，爲楚所滅。”…《讀史方輿紀要》卷二十一“霍邱縣”條説：“蓼縣城在縣西北，與固始接界。”故城在今河南固始與安徽霍邱接界的蓼城岡。蓼陽當在蓼縣北境的今霍邱境内。

〖徐少華 1996C〗包山簡“鄝昜”與“鄝”是同一地，在今河南固始縣城一帶。

〖顏世鉉 1997〗包山楚簡鄝地在今安徽固始縣城一帶，鄝昜可能也離此地不遠。…鄝昜和鄝是否爲一地之異名，待考。（289 頁）

〖劉信芳 2003〗漢代六安國蓼縣，在今河南固始縣境内。（159 頁）

〖吴良寶 2010〗從地名命名通例來看，“鄝昜”大概在“鄝”地之南，具體地望待定。（197 頁）

按:“鄝昜”與“鄝”應是兩地。

[6]鄱君

〖整理者 1991〗鄱，讀如番。番君的銅器曾在河南南部信陽地區屢有發現，據研究，番在今河南固始縣。（51 頁）

〖何浩、劉彬徽 1991〗鄱，銅器銘文作“番”，讀爲潘。其地可考。據《史記・滑稽列傳》，楚令尹孫叔敖死後，經優孟婉言進諫，楚莊王“召孫叔敖子，封之寢丘四百户。”《集解》引東晉徐廣曰：“在固始。”…東漢延熹三年五月，固始令段光建孫叔敖廟，并立一“楚相孫叔敖碑”。碑文中有這樣一段記述：“（莊王）即求（叔敖）子，而加封焉。子辭：‘父有命，如楚不忘亡臣，社稷□而欲有賞，必於潘國，下濕墝埆，人所不貪。’遂封潘鄉。潘即固始也。”宋洪适在《隸釋》碑文後説，該碑“今在光州”。唐張守節《史記正義》也説：“今光州固始縣，本寢丘邑也。”可證此固始既不是西漢時期淮陽西北的固始，也不是東漢初光武時由西漢寢縣改名的地處淮北的汝南郡固始。…另外，1974 年以來，在固始以西的潢川、信陽一帶，連續出土幾批番（潘）器，也表明春秋時淮南確有一個潘國。…戰國時期楚國潘君的封地，應當是在故潘國東境的寢丘一帶。

〖徐少華 1994〗據新出湖北荊門包山 2 號墓楚簡記載，戰國中期，楚有鄱君、鄝君諸封君，兩者封地相鄰，鄱在鄝之西南，此“鄝”，當即淮河以南的蓼國故地，在今河南固始縣一帶，位於蓼之西南的鄱邑，當不出今河南固始縣西部的潢川、光山、商城等縣之間。與上述番君伯龍盤、鄱子成周編鐘諸器的出土正好相證。此番，應即春秋早期以後的番國故地。（134 頁）

〖顏世鉉 1997〗從包山楚簡簡 153、154 來看，啻蘆之田“南與郯君渠疆，北與鄝昜弫疆，東與陵君弫疆，西與鄱君弫疆。”鄝陽應在古蓼國、楚鄝地北境，也就在今河南固始縣城以北；鄱君的封地位在其西南方，合乎簡文所述兩地的相對位置。不過這兩地的方位，如果再對照郯君來看，則鄝陽、鄱君、郯君三地的相對位置則略嫌不稱。從簡文來看，鄝陽約在郯君北方，鄱君應在郯君西北；但以郯君位置來看，則鄝陽、鄱君都處於其西北的方位，鄝陽、鄱君兩地相隔較近，兩地與郯君卻相距較遠。若采何浩、劉彬徽的看法，將鄝陽定在安徽霍丘境內，鄱君定在今固始縣城，再與郯君所在位置來看，則三地的相對位置則顯得較爲相稱。不過在此本文暫不采何浩、劉彬徽的說法，因爲對蓼國地望考釋，仍以陳偉、徐少華所主張在今固始縣城附近的看法較正確；對番國地望的考釋也以徐少華所主張在今河南固始西境與潢川、光山、商城之間較爲可能。（95 頁）

按:何琳儀、劉信芳贊同“番”地在“河南固始”的意見。[①]對於孫叔敖碑中的“潘”，李學勤認爲應讀爲“瀋”，也就是“沈”。而金文中的“番”還是釋爲文獻中楚國的潘氏爲好。[②]陳偉則指出今固始一帶，未聞有番國、番地，而所謂“番”器的出土地點，在今河南信陽地區自西而東都有分布，幾乎覆蓋了文獻中有明確記述的弦、黃、蓼等國之地。其中除黃國外，弦、蓼等國的銅器迄今未能發現或認識。這意味著關於“番”字的釋讀也許還有推敲的餘地，有關器物與古國、古地的聯繫則尤需審慎。[③]

[7]郚

〖整理者 1991〗郚。（28 頁）

〖張守中 1996〗郈。（98 頁）

〖劉釗 1997〗郈。

〖白於藍 1999〗右旁所從乃古字…故當隸作郚。

[8]鄟

〖整理者 1991〗郙。（28 頁）

〖張守中 1996〗鄟。（108 頁）

[9]凡之六邑

---

①何琳儀：《戰國古文字典》，1061 頁，北京，中華書局，1998。劉信芳：《包山楚簡解詁》，159 頁，臺北，藝文印書館，2003。

②李學勤：《論漢淮間的春秋青銅器》，《文物》1980（1），34-58 頁。。

③陳偉：《楚東國地理研究》，102-103 頁，武漢，武漢大學出版社，1992。

〖湯餘惠 1993〗邑，邑聚，小村落。啻斵之田總共包括“笑”、“郯”、“並”、“郜”、“余爲”和“鄭”六個小村落。凡，總共。之，語中助詞，無義。（152）

[10]舍

〖湯餘惠 1992〗原釋“舍”是。字省直畫。…舍田，意謂賜田。

〖劉信芳 1996A〗“”讀如“捨”，《說文》：“釋也。”《廣雅・釋詁》：“捨，置也。”簡文謂將“啻蘮之田”劃歸新大廄（官府名）所有。

[11]新大厩（廄）

〖黃錫全 1991〗至於包山楚簡中“新大廄之田”之“新大廄”，可能是新建之“大廄”

〖湯餘惠 1992〗字從厂，從飤，至清楚，與 167 簡之廄字顯有不同，廄可釋廄，此應是“飤”之繁構。二者爲不同官署名，不得混而爲一。

〖李家浩 1996B〗同墓六一、九九、一八三、一八九號等簡多次說到“新大廏（廄）”。“新大厩”顯然是“新大廏（廄）”的異文，《包山楚簡》將簡文“厩”釋爲“廄”無疑是正確的。…總之，“厩”應當釋爲“廄”。“大廄”是宮廷御廄，屢見於古文獻。朱德熙先生說：“楚國大廄當是楚王御廄。”

〖徐在國 1998B〗此字又見於楚官璽，李家浩先生釋爲“廄”，可從。

按:李家浩在考釋璽印文字時指出“廏（廄）”寫作“厩”，是因爲形近的字作爲偏旁往往混用不分，包山簡也屬於這種情況，①其說可從。

[12]褺（執）疆

〖劉樂賢 1997〗應以音近讀爲“至”。“執疆”也是“至疆”的意思。

〖何琳儀 1998A〗“執疆”，讀“接疆”。…“接疆”亦作“接境”（疆、境音義皆通）。《史記・晉世家》“秦晉接境。”《論衡・說日》“鄰國接境。”（1381 頁）

〖劉信芳 2003〗“執”、“接”音近義通，“執疆”即“接疆”。（158 頁）

〖王穎 2004〗在介紹田界時用“執”，義似爲“臨近”。（93 頁）

[13]菮（菱-陵）君

〖整理者 1991〗菮，簡文作，右旁所從之當爲仌，《陳逆簋》冰字寫作。菮，讀作陵。（51 頁）

〖黃錫全 1992〗蓏（菱）。

〖劉釗 1992A〗按字從艸從阜從“冰”，應釋爲“菱”。陵從夌聲，故從夌聲的菱可從陵作。字從冰是以冰聲代替了夌聲。…簡文菱字用作“陵”。

①李家浩：《戰國官印考釋兩篇》，《于省吾教授百年誕辰紀念文集》，166-169 頁，長春，吉林大學出版社，1996。

〖楚文字編 1997〗菠、菸均爲淩字異體。(32 頁)

〖劉釗 1997〗古音“仌”在幫紐蒸部,“夌”在來紐蒸部,“幫”“來”二紐古音例可相通。…“夌”字可從“”爲聲符,還可以戰國包山楚簡的“菠”字來證明。

〖何琳儀 1998A〗從艸,從阜(陵之省簡),仌聲。疑菠之異文。(156 頁)

〖劉彬徽 2000〗菠君又寫作萿君,借萿爲菠。

〖劉傳賓 2010〗通過以上的討論,則字就是金字的一種特殊形體,當無疑問。它在“冰”、“凌”二字中用作表意符號。包山簡字從旁,應爲“凌”省聲。

按:應是從“冰”聲,讀作“菠”。

11. 二執命逃命案

二𢀈(執)命爲王敦(穀)取郱[1],不浧(盈)敦(穀)而逃命[2],詎(屬)之政(正)[3]。左尹冠㠯(以)亓(其)不旻(得)𢀈(執)之凥(處),弗能詣[4]。題(夏)柰(夕)癸丑,子陵尹[5]詎(屬)之。〖156〗

集釋:

[1]二𢀈(執)命爲王敦(穀)取郱

〖何琳儀 1998A〗“執命”,執行命令。(1381 頁)

〖劉信芳 2003〗字即《說文》“敦”。“敦”字究竟是上屬讀爲“王敦”,還是下屬讀爲“敦取”,因辭例不足徵,尚未能斷言。若屬下讀,則“敦取”似可讀爲“拘取”。(163 頁)

〖王穎 2004〗取…指容易地征服別國或打敗敵軍。(108 頁)

〖十四種 2009〗①執,今按:由下文“不得執之凥”看,應是人名。其上一字似“於”字右旁,疑是“於”字之殘,姓氏用字。(76 頁)②命,今按:由下文“逃命”看,似指受命。(76 頁)③敦,讀爲“穀”。上博竹書《孔子見季桓子》14 號簡“五穀”、《申公臣靈王》7 號簡“不穀”,簡文皆作“敦”。(76 頁)④取,今按:疑讀爲“趣”,前往。(76 頁)

〖單育辰 2010〗第一個字作“”形,諸家未釋,細察圖版應是“二”字,“二執命”猶言“兩個奉命辦事的人”。簡文中的“”,舊皆釋爲“郱”,但字形與包山簡中簡 94“郱路公壽”的“”、簡 162“郱司敗阩”的“”還有一些差別,此處的“”似是別國的城邑,“取”似是攻取“”邑的意思。…“敦”常常通爲“穀”,…簡文中的“王穀”是名詞詞組,猶“楚王之穀”,前面的“爲”是動詞。…這個案件是說:“兩個奉命辦事的人打理楚王所需的穀物,它是爲攻打邑準備的,但他們沒有把穀物裝滿到固定限額就逃跑了,因此陵尹把這事交給左尹辦理。”

[2]不浧(盈)敦(穀)而逃命

〖王穎 2004〗逃避命令。（126 頁）

〖十四種 2009〗浧，今按：疑讀爲“程”，計量義。（76 頁）

〖單育辰 2010〗包山簡 156 的“浧”也當讀爲“盈”。“盈穀”是使穀物充滿的意思。在文獻中，“盈”字也有類似用法，如《史紀·殷本紀》“而盈鉅橋之粟”、《論衡·論死篇》“以囊橐盈粟米。”

[3]諻（屬）之政

〖何琳儀 1998A〗政，主事者。《儀禮·大射儀》“爲政請射”，注“爲政，爲司馬也。司馬政官主射禮。”（798 頁）

[4]左尹冠㠯（以）亓（其）不旻（得）鞍（執）之尻（處），弗能詣

〖何琳儀 1998A〗詣，見《小爾雅·廣詁》“詣，進也。”（1289 頁）

〖李零 1999B〗從能從大，第 1 字能在上，大在下，辭例作“弗～詣”，用爲“能”。

〖王穎 2004〗“詣”在簡文中義似前往、到。（101 頁）

〖十四種 2009〗詣，今按：睡虎地秦法律簡指將疑犯送交官府。（76 頁）

〖單育辰 2010〗叫“冠”的左尹因爲不知道在何處執捕這兩個人，所以沒法把他們交給官府。

[5]子陵尹

〖劉信芳 2003〗職官名，又見簡 179。《左傳》昭公十二年有“陵尹喜”，爲陵地之尹。按簡文“陵尹”之前冠以“子”字，可知不是地方官。（163 頁）

12. 鑄劍之官廢其官事

郤（蔡）遚（遺）[1]受盥（鑄）鐱（劍）之官宋=弝=[2]（宋強，宋強）灋（廢）亓（其）官事[3]，命受正㠯（以）出之[4]。中𨒥（舍）譽許逜（适）內（入）之[5]。鬳逄（路）公角戠（職）之。義旻（得）[6]。〖018〗

集釋：

[1]郤（蔡）遚（遺）

〖整理者 1991〗遺。（18 頁）

〖劉信芳 1996A〗字即《說文》“遺”，應該說沒有大的問題。然包山簡一六五有人名“遺喜”，字作“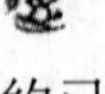”，從辵從貴，毫無疑問是“遺”字，原報告考釋者既已將“遚”隸定爲“遺”，大約已考慮過、二形不會是一字，於是莫名其妙地將“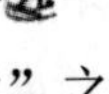”隸定爲“遉”字。按《說文》“遺”，“亡也”，文獻多假“遺”作“饋”。釋“亡”之“遺”與“遚”可視爲一字；讀如“饋”之“遺”與簡一六五之“遺”可視爲一字。楚人

“遚”、“遺”用例既有别，將“□”隸定爲“遚”似乎更合乎楚簡用例。

〖李守奎 2002A〗我們注意到，“遺”字均從“□”，無從“□”作者。“□”來源甚古…何琳儀先生以爲“從小，從臼，會小物易棄之意，臼亦聲”。就現在所確切釋讀的辭例而言，從“□”的“遺”均作“遺留”解。“貴”字所從的“□”形，在楚文字許多字形中出現，如“使”、“弁”、“妻”、“粤”等。“□”與“油”、“輩”等字所從又相混。我們懷疑“□”是某種器物，即“有荷臾而過孔氏之門”之“臾”的本字。此物未必就限定爲艸器。“□”有可能是一個從貝，從□，□亦聲的會意兼形聲之字，是貴賤之“貴”的本字。楚簡中的“□”均是此義。“□”是“遺棄”之“遺”的本字，“□”是某種器物“蕢”的本字。二字本不同形，只是同音。在用作“貴”的聲旁時，二者可以互換。故“□”、“□”皆可釋“貴”。“□”與“□”也可以互相通假。

〖劉信芳 2003〗字從辵，臾聲，或隸定作“遺”，大致可從。然簡 165 另有“遺”字，從“臾”之字有“腴”（149），所從之“臾”與“貴”（192）及從貴之“匱”“饋”等字形有異，音、義亦不同源。《說文》：“遺，亡也。”文獻多假作“饋”。釋“亡”之“遺”與“遚”可視爲一字，簡 165“遺”字從“貴”聲，與釋爲“饋”之“遺”可釋爲一字。（28 頁）

[2]受盥（鑄）鐱（劍）之官宋弝（強）

〖整理者 1991〗鑄鐱（劍）。（18 頁）

〖李零 1992〗簡 18 是記官吏任免。蔡遺授“鑄劍之官”於宋強。

〖陳偉 1996A〗簡 18 中的兩處“受”，也許指接受；也許讀作“授”，表示授予。（117 頁）

〖周鳳五 1996〗“官”或“倌”，也稱作“官人”或“倌人”，指官營手工作坊的工匠。如簡一八“鑄劍之官宋強”…顯然是鑄冶刀劍的工匠。…“受”…即收留亡人，收受逃犯。

〖林清源 1997〗例（2）的“鑄劍”既然表示“職事”，緊接其後的“官”字，無疑是指該項職事負責人的身份。如前所述，楚國表示特定身份的“官”，又寫作“倌”。…“倌（官）人”是指具有特殊技能的人，類似今日所謂的“師傅”，身份地位並不高。（236-237 頁）

〖何琳儀 1998A〗“盥檢”，讀“鑄劍”。《國語·齊語》“美金以鑄劍戟”注“鑄，治也。”（205 頁）

〖陳宗棋 2000〗“鑄劍之倌”爲鑄造刀劍的工匠。

〖劉信芳 2003〗鑄劍之官：鑄劍的作坊。（28 頁）

[3]瀍（廢）亓（其）官事

〖陳偉 1996A〗“官事”指由倌人身分所賦予的職守。（118 頁）

〖周鳳五 1996〗鑄器不善而棄職逃亡成爲“亡人”。

〖何琳儀 1998A〗“官事”，公事。《論語·八佾》“官事不攝。”《史記·汲鄭傳》“官事不廢。”即簡文“灋（廢）亓（其）官事”。（1072 頁）

[4]命受正㠯（以）出之

〖李零 1992〗左尹命“受正”免其職（稱“出之”），而另以他人代之（稱“入之”）。

〖陳偉 1996A〗“受正”應是掌管受或授的官職。“出”有離棄意。如《孟子·離婁下》云：“出妻屏子，終身不養焉。”簡文中有可能表示去職、除名一類意思。“出”也可能讀作“黜”，爲貶斥之意。在“受”讀如本字時，簡文爲革除宋弫“鑄劍之官”的記錄；在讀作“授”的時候，則其身分的確定與解除於簡書均有反映。（117 頁）

〖劉信芳 1996A〗按“受正”猶言“受中”。中、正義通，…“受中”是司法常用語。《周禮·秋官·鄉士》：“獄訟成，士師受中，協日刑殺。”鄭玄注：“受中，受獄訟之成也。”鄭司農注：“中者，刑罰之中也。”故《論語》曰：“刑罰不中則民無所措乎足。”可知“受正”即接受獄訟裁決，從當時司法程序上說，是由刑獄官“士”執行判決結果。簡一八“命受正以出之”，意謂命刑獄官執刑判決，將“廢其官事”的宋強逐出官府。簡七七“迅命人周甬受正”，意謂由迅命人周甬執行官府判決，判決的具體内容是李𠟭耴𧵍田，“𧵍田”謂擅自擴大田界。

〖周鳳五 1996〗奉命將宋強交給長官（受正，即授正）帶回（出之）削除名籍，由中𨠑譬㿝接管。

[5]中𨡮（舍）譬許逜（适）内（入）之

〖整理者 1991〗①𨠑。（18 頁）（按：字表又隸爲“𨡮”，見圖版一六三）②㿝。（18 頁）

〖黄錫全 1992〗疑此字從七從口，可隸定爲𨑲。

〖周鳳五 1996〗中𨠑即中舍，官名，爲楚王宫中的舍人之官。“𨠑”字從“酉”、“余”聲，字也從“害”，如簡 145“中舍”、簡 145 反“舍人”均作此形。唯無論從“酉”、從“害”均屬形訛。此字左旁正確的寫法應即舍字。舍、余上古同屬魚部可通。譬，姓；㿝，名，即中舍的姓名。宋強發交中舍以後，便自鑄劍作坊除籍，轉而隸屬中舍，和可能從此成爲給事宫中，從事勞役的奴隸，這是對逃亡工匠的懲罰。

〖楚文字編 1997〗适。（88 頁）

〖黄德寬、徐在國 1999〗應釋爲“适”，字在簡文中用作人名。…《說文》：“适，疾也。”古人有以“适”爲名者，如孔子弟子南宫适。

〖李零 1999B〗據郭店楚簡應釋“适”（訓疾之“适”）。

〖劉信芳 2003〗“𨡮”字或隸作“𨠑”。…簡 132“𨡮慶”，137 作“𠅩慶”，即“舒慶”。“舒”古讀如“舍”，古音同在魚部書紐。知“𨡮”亦可讀“舍”。“中舍”是職官名，又見簡 145。

《周禮·地官·舍人》:“掌平宮中之政。分其財守。以瀍掌其出入。凡祭祀，共簠簋。實之陳之。賓客亦如之。共其禮。車米筥米芻禾。”簡 145、145 反記“宧𩢦”、“𩢦人”負責分發各國來客之月俸，知其職守與周官“舍人”相類。…以上簡 18 大意是說：蔡遺將鑄劍作坊的管理事宜委命於宋強，宋強不負責（廢器官事）。蔡遺要求（命）依法免除其職（出之），由中舍适接任（入之）。(28-29 頁)

〖陳穎飛 2009〗“鑄劍之官”是需任免的官職，“中舍”是新任者的原職，因此兩職相差不遠。(125 頁)

按:上博楚簡《柬大王泊旱》9、10、15 號簡有“中余”之官，陳斯鵬、劉信芳均指出“中余”與包山楚簡之“中舍”爲同一職官，職守與周官“舍人”相類。①吳曉懿認爲“中舍”與“相徙”作爲楚簡王近侍，能參與占夢與祭祀活動，應屬於巫史類的官名，其地位當不低。②陳偉則認爲中余當即古書中的“中謝”或“中射”，見於《呂氏春秋·去宥》《史記·張儀列傳》《韓非子·十過》《戰國策·楚策四》等。中謝（射）當是楚官名，其職掌則以司馬貞“蓋謂侍禦之官。”之說近是。③張繼淩同意陳偉讀爲“中射”的意見，但認爲其職掌似乎管占夢之事有關。④肖從禮對楚簡中“中舍”進行了全面總結，並指出“中舍”在不同時期，不但寫法不同，具體所指也有不同。《柬大王泊旱》“中舍”爲楚王侍御之官，包山楚簡“中舍”爲掌王宮財物出入之官，二者不能混在一起討論。⑤包山 145 號簡有“中舍職歸之客”，此句中“中舍”應爲機構名稱，由此看來“中舍”既可指職官也可指機構。從簡 145 反記有“舍人”來看，包山楚簡中作爲職官的“中舍”與占夢、巫史無關。

[6]贏逄（路）公角戠（職）之。義旻（得）

〖周鳳五 1996〗簡末“贏逄公角戠之，義得”，語有省略，完整的句子在義得之下應有“爲李”二字。這是左尹屬官承辦案件的記錄。…“戠之”即“職之”。職，主也，即主持、主辦之意。義得，姓義名得，是承辦的副手；“爲李”即爲理，擔任理官，負責審判之意。

〖顏世鉉 1997〗包山楚簡贏地地望，待考。(224 頁)

〖何琳儀 1998A〗“贏逄”，地名。(872 頁)

---

①陳斯鵬:《〈柬大王泊旱〉編聯補議》，簡帛研究網，2005 年 3 月 10 日。劉信芳:《竹書〈柬大王泊旱〉試解五則》，簡帛研究網，2005 年 3 月 14 日。

②吳曉懿:《上海博物館藏戰國楚竹書（四)》所見官名輯證》，簡帛網，2009 年 6 月 5 日。

③陳偉:《〈簡大王泊旱〉新研》，簡帛網，2006 年 11 月 22 日。

④張繼淩撰寫、季旭昇改訂:《柬大王泊旱譯釋》，《上海博物館藏戰國楚竹書（四）讀本》，94 頁，臺北，萬卷樓圖書公司，2007。

⑤肖從禮:《楚漢簡牘所見“中舍”考》，《簡帛研究二〇〇九》，88-96 頁，桂林，廣西師範大學出版社，2011。

〖陳穎飛 2009〗“羸路公”、“義”爲記錄（處理）這件事人的官吏。羸疑爲地名。（125 頁）

按：“羸”爲地名，“義得”爲人名，其他說法均誤。

13. 死病甚

畢（畢）旻（得）廁（叚-假）爲右史[1]於莫囂（敖）之𠷎（軍），死疠（病）甚[2]。〖158〗

集釋：

[1]畢（畢）旻（得）廁（叚-假）爲右史

〖整理者 1991〗畢得厠。（29 頁）

〖袁國華 1994B〗“厠”同“廁”，“廁”有“次”義，…“厠”字應作“職位”解。

〖何琳儀 1998A〗①廁之異文。（95 頁）②包山簡一五八、一三八弁，官名，疑與後世弁目、武弁有關。（1065 頁）

〖楚文字編 2003〗𥕢。（556 頁）

〖劉信芳 2003〗①畢得，人名，原簡“得”下有點號。（166 頁）②厠，讀爲“次”…“次爲右史”，謂官爵及於右史。（166 頁）

〖徐在國 2005〗應隸定爲“叚”，分析爲從“貝”，“叚”聲，字不見於後世字書。我們懷疑是“賈”字異體。上古音“賈”、“叚”均爲見紐魚部，《說文》：“椵，讀若賈。”亦可爲證。…包山 158“畢得叚（賈）”之“賈”爲人名。

〖十四種 2009〗“畢得厠”恐爲一人名。（77 頁）

〖范常喜 2010〗我們認爲“畢得厠”不太可能是一個人名，因爲“得”字後面有一清晰的墨釘，當爲人名後的句讀符號，這一現象在包山楚簡人名中較爲常見。“貿”字的基本聲符依然是“砎”，只是加了意符“貝”，并把“石”旁省掉了“口”，在簡文中也當釋作“質”，與清華簡《保訓》中的“質”意思基本一樣，稍許不同的是一個質的是“中”，一個質的是“人”。《左傳·隱公三年》：“王貳於虢，鄭伯怨王，王曰無之，故周鄭交質。王子狐爲質於鄭，鄭公子忽爲質於周。”該段包山簡的大意是說“畢得被質爲莫囂軍隊的右使，因爲病得厲害，死掉了”。質到別處的人或物一般不能受到傷害或者損傷，因爲主人還會把這些人或物贖或者換回去，但“畢得”很不幸，在作爲人質當右使的時候卻死掉了，這種情況可能引起了法律糾紛，從而記錄在了包山簡的法律文書中。

〖蕭毅 2010〗“廁”字上部作三横，也應該是同化的結果。（132 頁）

按：釋“叚”之說可從，“叚”或可讀爲“假”，指代理。與相關的字形還有：郭店楚簡

《語叢四》26 號簡“罷家事乃有”、上博楚簡《容成氏》39 號簡“德惠而不”、上博楚簡《孔子見季桓子》14 號簡“好美以爲□”、上博楚簡《吳命》7 號簡“敢告日”、清華楚簡《保訓》8 號簡“昔微中於河”。學者對這些字的釋讀意見不一，范常喜《戰國楚簡“刖”字述論》一文作了很好的總結，可參看。①

161 號簡、二字與 158 號簡應是一字異體，均從“叚”。何琳儀曾對“叚”做過分析：西周金文作（），從叉，石聲。春秋金文作（），其訛作形。戰國文字承襲西周金文。《説文》：“，借也。闕。古文叚。譚長説叚如此。”小篆右上從乃形之訛變。譚長所引右上從則之演變，尚可見爪形。與西周金文吻合。兩手相付以見借義。典籍多以假爲之。②徐在國舉例加以補充，證明何琳儀之説正確可從。他説：曾伯陭壺“叚”字作，又作，就是最好的證明。戰國文字“叚”字所從的“”就訛做“”形，遂與“刀”混。上博三·周易 54“王叚於宙（廟）”之“叚”字作：，可證何先生説之確。③何、徐二氏之説可從，應是從“貝”從“叚”，而右部則訛爲“攴”。

[2]死疠（病）甚

〖整理者 1991〗當。（51 頁）

〖周鳳五 1992〗揣測其大意，略謂畢得與畢庘二人在莫囂軍中任右弁之職，因病死亡。“死疠”讀爲“死病”，似亦文從字順，可以成立。

〖袁國華 1995〗當隸作益。

〖袁國華 1997〗所謂“疠益”，就是“病況惡化”的意思。

〖何琳儀 1998A〗疠，從爿，方聲。疑疠之省文，病之異文。（716 頁）

〖譚步雲 1998〗“死病尚”很難理解，而“死，妨上”就明白多了，這句話的大意是：畢得在莫敖的軍中任職右弁，他死了，對上司有一定的影響。（74 頁）

〖劉信芳 2003〗原誤釋爲“尚”，字既屢見於郭店簡，已知是“甚”字。（166 頁）

〖十四種 2009〗“病甚”爲古人習語，猶言病劇。（77 頁）

14. 無題

羣（畢）紳命㠯（以）頣（夏）逄（路）史、遊史[1]爲告於少帀（師），鄧公嘉之告言之攻尹[2]。郹敂（令）[3]郩（荊）之告、墜（陳）興[5]之告言之子司馬。〖159〗

集釋：

①范常喜：《戰國楚簡“刖”字述論》，復旦大學出土文獻與古文字研究中心網，2010 年 11 月 2 日。

②何琳儀：《戰國古文字典》，547 頁，北京，中華書局，1998。

③徐在國：《説楚簡“叚”兼及相關字》，簡帛網，2009 年 7 月 15 日。

[1]頣（夏）迲（路）史、遊史

〖十四種 2009〗罼（畢）紳命以夏路史遊、史爲告於少帀（師）…原釋文於其前施頓號，今改讀。史，職名，也可能是姓氏。《通志》氏族略四“以官爲氏”有“史氏”。遊、爲並是人名。（77 頁）

按:整理者斷讀可從，“夏路史”、“遊史”應爲職官名。

[3]言之攻尹。

〖王穎 2004〗通“諸”，相當於“之於”。（180 頁）

[4]鄒敂（令）

〖整理者 1991〗鄒□。（29 頁）

〖劉信芳 2003〗敂。（167 頁）

〖十四種 2009〗在紅外影像中，此字輪廓看得更清楚一些，確爲從“命”從“攴”之字。（77 頁）

[5]墬（陳）興

〖整理者 1991〗興。（29 頁）

〖湯餘惠 1992〗字下弇即弇，上從合省，…簡文從臼與從手同意，字可釋揜，與掩通。

按:䢅還見於郭店楚簡《性自命出》19 號簡，辭例爲“禮作於情，或䢅之也”，裘錫圭懷疑䢅是“舋”字或“興”字。①此從釋“興”的說法。

臧（臧-莊）奠（鄭）言之少帀（師）[1]。〖160〗

集釋:

[1]少帀（師）

〖黃錫全 1991B〗楚有“少師”之職，爲太子之教師。

叚（叚）仿[1]司馬婁臣、㕑（叚）仿史[2]婁佗、譊（訕）事命（令）[3]㠯（以）王命詎（屬）之正。〖161〗

集釋:

[1]叚（叚）仿

〖楚文字編 1997〗叚。（446 頁）

〖何琳儀 1998A〗“叚仿”，讀“敗方”，疑敗訴者。（948 頁）

①荊門市博物館:《郭店楚墓竹簡》，182 頁，北京，文物出版社，1998。

〖劉信芳 2003〗叚，字又作“敀”，“叚仿”，疑是官府名。（168 頁）

〖徐在國 2005〗包山 161“叚（賈）仿司馬洛臣”之“賈仿”似爲地名或機構名，待考。

〖范常喜 2010〗此外，包山簡 161 號簡還有兩個相類的字形作：、，兩字右部從“攴”，與我們討論的“刓”字形近，但不一定同字，而且出現的辭例爲“仿司馬婁臣、仿史婁佗”，似爲一種地域組織名稱（按“包山”以“仿”爲名者多見，如簡 100“走仿”、簡 149“仿”等），本文姑置不論。

按：參 158 號簡集釋。

[2]敀（叚）仿史

〖整理者 1991〗叚。（29 頁）（按：字表又隸爲“敀”，見圖版一五五）

〖陳斯鵬 2008〗包山 161“仿史”與“仿司馬”對稱，可見爲文官。

[3]譹（詉）事命（令）

〖整理者 1991〗嘉事命。（29 頁）

〖陳偉 1996A〗諍。（231 頁）

〖劉信芳 2003〗敀仿叓（史）婁佗諍事命，以王命詎之正。（168 頁）

〖李家浩 2006B〗“詉事令”是職官名。《韓非子·說疑》：“是以群臣居則修身，動則任力，非上之令，不敢擅作疾言誣事。”疑“詉事”當與“誣事”同義。“詉事令”大概是管理虛妄不實之事的職官。

七　《集箸言》

1. 宵官司敗若上告案

僕（僕）[1]五帀（師）宵倌[2]之司敗[3]若，敢告[4]視日[5]：卲（昭）行之夫＝（大夫）[6]盤（盤）𨚵𡩜[7]𢷎（執）僕（僕）之倌[8]登（鄧）虘（虩）、登（鄧）㫒（期）、登（鄧）僕（僕）、登（鄧）𧉷（臧-莊）而無古（故）。僕（僕）㠯（以）告君＝王＝（君王，君王）詎（屬）[9]僕（僕）〖015〗於子＝左＝尹＝（子左尹，子左尹）詎（屬）之新俈（造）𨑓尹丹[10]，命爲僕（僕）至（致）典[11]。既皆至（致）典，僕（僕）又（有）典，卲（昭）行無典。新俈（造）𨑓尹不爲僕（僕）剸（斷）[12]。僕（僕）𤇾（勞）倌頸事𨟻（將）灋（廢）[13]，不慙（慭）[14]新俈（造）𨑓〖016〗尹，不敢不告視日。〖017〗

五帀（師）宵倌之司敗告胃（謂）：卲（昭）行之夫＝（大夫）𡩜[15]𢷎（執）亓（其）倌人[16]，新俈（造）𨑓尹不爲亓（其）（察）[17]，不慭[18]。〖015 反〗肙＝（十月）甲申王詎（屬）[19]。〖016 反〗左尹[20]。〖017 反〗

集釋：

[1]僕（僕）

〖李零 1992〗投訴之人則自稱“僕”或“小人”。

〖何琳儀 1998A〗僕。從臣，僕聲。僕之繁文，與《說文》僕之古文䑑爲一字。（395頁）

[2]五帀（師）宵倌

〖李零 1992〗疑即《周禮·地官》的“稍人”。在《周禮》中，“稍”是大夫的采邑。（注釋①）

〖陳偉 1996A〗“宵官”、“酷官”則應是官府名。（117頁）

〖舒之梅、劉信芳 1995〗所謂“五師”是楚國直屬國家的軍隊。…“宵館”是五師的客舍，負責接納往來車馬行人。

〖劉信芳 1996B〗“五師”是楚國家的軍隊，猶如周之“六師”、“八師”，由於楚是諸侯國，其軍隊之建置低周一等，此所以爲“五師”。

〖周鳳五 1996〗倌是一種身分，指官營手工作坊的工匠，掌管這類作坊與工匠的官署也叫倌，如五師宵倌即是。五師宵倌究竟職司何事已不能詳考，但由“裟事”一詞推測可能是掌管紡織或縫製衣物的官署。

〖文炳淳 1997〗簡文“五帀”即《周禮》所謂“五師爲軍”，就是三軍之一支。（49頁）

〖何琳儀 1998A〗①“五帀”，讀“五師”。《周禮·地官·小司徒》“五師爲軍，以起軍旅。”（506頁）②“宵官”，疑讀“小官”。《孟子·公孫丑》上“柳下惠不羞汙君，不卑小官。”（322頁）

〖劉信芳 1999F〗宵倌讀爲綃館，乃生産絲織品的作坊。裧應是綊之異構，《說文》：“綊，謂衣采色鮮也。”裧倌應是絲織品作坊中，負責染色、彩織，使絲織品呈現鮮豔彩色的工匠。倌即倌人之倌。

〖劉信芳 2003〗①五師：疑是直屬楚國的軍隊。（23頁）②宵，夜也。…“宵倌司敗”應是軍隊負責管理司夜小臣的官員，與周官“司寤氏”相類。（23頁）

〖陳穎飛 2009〗“宵倌”是“倌”的一種。…“宵”作爲“倌人”的一種，常見於受期簡署名，同類的有“胥某”、“正某”、“旦某”，都是官吏名。…“五師”包山簡數見，且有“寢戭”、“五師”並列之例（包146），“寢戭”爲職官名，“五師”也當是職官名。另外，楚璽有“伍官之鉨”（璽彙0135），黃錫全讀“伍官”之“伍”爲行伍之伍，爲軍職，“五”、“伍”通，此說可從。作爲“五師宵官”的主管“五師宵官之司敗”當是軍隊（特殊職能部門）的一位司敗。（124頁）

〖十四種 2009〗此字也可能從“尔”從“夕”作。（12頁）

[3]司敗

〖整理者 1991〗司敗，《左傳・文公十年》："子西曰：'臣免於死，又有讒言，謂臣將逃，歸死於司敗也'。"杜預注："陳、楚名司寇爲司敗。"主司法。（41 頁）

〖何琳儀 1998A〗"司敗"，官名。《左文十》"臣歸死於司敗也。"注"陳楚名司寇爲司敗。"（110 頁）

〖劉信芳 2003〗包簡司敗屢見，均爲官署、地方官、貴族封地之司敗，亦主刑獄。…唯簡 102"右司寇"爲孤例，則戰國時楚地方刑獄官稱"司敗"，偶亦稱"司寇"，而國家司法刑獄之官爲左尹，此所以與春秋時小有差異。（23 頁）

〖張伯元 2012B〗與司敗相類的司馬、司空（工）、司徒（土）等職官名都能從字面上得到與其職能相應的解釋，唯獨司敗的"敗"字難有確詁。何況"司敗"和"阩門有敗"常常出現在同一段簡文中，同一字在同一段文字中，意義和用法不同的情況相對說來較少。…我們的看法是：敗可通"則"。…不過，則，又假借爲"賊"。…回到司敗的"敗"字上來，依據上述考證可以得出這樣兩種考釋意見：一種是，則與敗古通；則，法也，那麼"司敗"猶如"司法"。當然，這裏的法其用意是法則，它的意義和用法是寬泛的，不特指法律。…另一種是，則與敗通；賊，敗也；賊，害也，那麼"司敗"猶如"司賊"，又與"司寇"義近。…兩種意見中，哪一種更切合"司敗"的用意呢？長考良久，我們取前一種意見，其原因是"則"與"賊"的假借關係，它們之間並不能互通。…在包山簡中"司敗"與"阩門有敗"同時出現，而且出現的頻率很高，如果將"司敗"看做"司賊"，又可以與"司寇"相融通的話，那麼"阩門有敗"不就成了"阩門有賊"、"阩門有寇"了，講不通。我們認爲：敗可通"則"；敗與"則"相通，是一種特殊的形近相借現象。《爾雅》：則，法也。司敗，義在司法。…最後，我們再得考慮到司敗的身份及職司。春秋時期，司敗在朝廷受命于楚王，負責督責大臣。…它似與廷理之職無甚差別。《說苑・至公》上說："（廷理）以司犯王命而察觸國法者也。"其實，它們的性質是完全不同的，後者是法官，前者不是…何況，到了戰國時代，司敗的職位、職能範圍則大大地擴展了，在包山簡中得到了充分的反映，不僅有爲楚王、左尹處理司法事務的司敗，"王私司敗"在司敗之前還特地加了個"私"字，此外，郡、縣，乃至封君、官員都可以置司敗一員，這就是我們所要說的"司敗"的廣泛性特點，它並不是全都具有司法官員的權利和義務。

[4]敢告

〖周鳳五、林素清 1995〗"告"字見簡 15："僕五帀宵倌之司敗若，敢告視日。"又簡 120："下蔡菽里人酓鬬告下呰執事人昜城公𦍒睪。"簡 132："秦競夫人之人𠷎慶坦凥陰𨛭之東竆之里，敢告於視日。"以上"告"字有"報告"之意，爲原告向受理訴訟之官吏提出告訴時所用的詞語。

〖陳偉 1996A〗而在另外一些場合，如簡 15-17 中的“敢告見日”、“以告君王”，簡 120-123 中的“下蔡蕺里人余猬告下蔡竆執事人陽城公𤘚睪”，簡 132-135 中的“僕以詓告子鄗公”，簡 137 反中的“見日以陰人舒慶之告詛僕”，簡 141-144 中的“小人焉獸之以告”和“州人焉以小人告”，“所詛”類簡中的“所詛告於正婁宻”、“告所詛於㒷尹”等等，“告”則似乎專門指告劾。（137 頁）

〖何琳儀 1998A〗告，語也。（170 頁）

[5]視日

〖整理者 1991〗見日，從簡文内容看，指左尹。（41 頁）

〖李零 1992〗簡文訟辭多稱廷官爲“見日”（義如後世所謂的“青天”）。

〖陳偉湛 1994〗日可指君王，見日，意即可經常見到君王的人，實即指君王左右之大臣。左尹被尊稱爲見日，也從另一側面反映其地位之高。

〖賈繼東 1995〗“見”宜作“現”解，即現在的意思；“日”顧名思義，應與太陽有關。故“見日”可直譯爲“現在的太陽”。先秦時期的人們有拜日情節，視日爲天之主宰，常以太陽喻人世主宰君王，楚人尤甚。楚人的原始信仰是日神炎帝和始祖兼火神祝融。…楚人確信自己是日神的遠裔，故簡文中的“見日”即“現在的太陽”，借指時下之楚王。

〖陳偉 1996A〗見日，整理小組以爲指左尹，實則應是指楚王。簡 132-135 是舒慶致見日的訴狀。簡 135 反記“左尹以王命告湯公”，顯示楚王已看過訴狀作出指示，左尹則是在傳達王命，隨後的簡 137 反與 135 反對應，卻將王命稱爲“見日命”。簡 15-17 也是致見日的訴狀，簡 16 反顯示楚王已預於其事。這些都表明“見日”實即楚王。（29 頁）

〖周鳳五 1996〗總之，以見日爲楚王，不但符合簡文所反映的楚國司法制度與訴訟程序，且與先秦文獻所見楚人的用語習慣也完全一致，是正確可信的。

〖何琳儀 1998A〗見日，疑官吏之尊稱。（1494 頁）

〖裘錫圭 1998〗包山楚簡屢見“△日”，（《楚系》七〇六頁）以前釋作“見日”，其實應該釋爲“視日”。

〖譚步雲 1998〗見日，對上司等的尊稱，相當於“您”“他”。在《包山楚簡》中特指“左尹”…或謂見日指“楚王”，即“現在的太陽”之義。不確。（87 頁）

〖白於藍 1999〗從字形上看，包山簡中從見之字很多，所以從見旁均作“”，未見有作“”者。從用法上看，“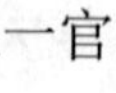”字在包山簡中無一例外地均出現在“見日”這一官名中，而“”字則未見在這一官名中出現過。可見“”、“”有別，“”非見字，宜入存疑字。

〖李零 1999B〗下從立人，應釋“視日”。

〖周鳳五 1999A〗“視”字當訓爲“視同”、“比照”或“相當”，爲先秦文獻所習見。…楚人尊重楚王，比擬爲日，等同於太陽；“視日”一詞正是楚人對當世楚王的尊稱。

〖滕壬生、黄錫全 2001〗視日，見於包山楚簡，原釋“見日”，不明何義。郭店楚簡的出土，解決了這一問題。“視日”本指視日影而察早晚，見《禮記・曲禮上》。後來演變爲官名，可能表達了人們一種良好的願望，類似於後世稱包拯爲“包青天”之類。《史記・陳涉世家》：“周文，陳之賢人也，曾爲項燕軍視日。”“視日”顯然是官名。軍中所設之視日與包山楚簡所設之視日性質當相類。根據包山楚簡，“視日”應是指審斷公平的最高司法官。或以爲指楚王。

〖劉信芳 2003〗代指楚王。《禮記・玉藻》：“君日出而視之，退適路寢聽政。”是“視日”猶“視朝”，故得以之爲“君王”之尊稱。（24 頁）

〖李零 2004〗情況比較特殊的例子，是包山楚簡的“視日”，簡文中的這個詞是名詞，顯然不是一般的日者，而是負責有關事務的當職官員，有點像齊國銅器和陶器上的“某某立事歲”，是稱某官蒞政爲“立（蒞）事”。（286 頁）

〖陳偉 2005〗以前，我們懷疑包山簡中的“視日”指楚王，就是因爲看到上報視日的訟事立即得到楚王的處置。現在知道“視日”是將“告”上呈楚王的人，才悟出原來其中還隔有一層。基於這一瞭解，我們懷疑“視日”或許與“當日”、“直日”相關。《國語・晉語九》記雲：“趙簡子田於螻，史黯聞之，以犬待於門。簡子見之，曰：‘何爲？’曰：‘有所得犬，欲試之茲囿。’簡子曰：‘何爲不告？’對曰：‘君行臣不從，不順。主將適螻而麓不聞，臣敢煩當日。’簡子乃還。”韋昭注：“當日，直日也。言主將之君囿，不煩麓以告君，臣亦不敢煩主之直日以自白也。”《禮記・文王世子》記雲：“文王之爲世子，朝於王季日三，雞初鳴而衣服，至於寢門外，問內豎之禦者曰：‘今日安否何如？’”鄭玄注：“內豎，小臣之屬，掌外內之通命者。禦，如今小史直日矣。”這裏的當日或直日，負責對君主的上通下達，正與簡書中的陳告類似。“視日”之“視”，大概是守視的意思。與本篇連書的《昭王與龔之腓》中大尹即對昭王說：“老臣爲君王守視之臣”。“爲視日”的含義與“當日”、“直日”略同。在包山簡和九店簡中，訴狀是直陳於“視日”。現在看來，這既是因爲“視日”是訴狀上呈楚王的關鍵環節，同時可能也有避免直言君王的意味。

〖范常喜 2005A〗楚國人在審理案件時對案件主要負責人的一種通稱，約相當於現在的主審官，誰負責審理某案誰就是“視日”，而非一般的固定官名。…由簡文“至閏，卜命尹陳眚爲視日”可知，在處理這個事件時是“卜命尹陳眚”當的“視日”，而不是楚王。“卜命尹”爲官名，“視日”不會再是官名，理解成“主審官”則文意可通。可見，在包山楚簡研究之初，諸家雖然未能在字形上取得突破，但據簡文內容對“視日”所指而做的種種推測，在很大程度上比較接近簡文實際，只是未能真正點破“視日”的本質所在罷了。…“視日”具有安排曆日和占驗吉日的雙重職能，明確了這一點，就可以解釋楚人爲何把主審官叫做“視日”了。…“視日”本身就是巫的一種，他不但可以通過觀察太陽以定朔日指導農業生產，而且還能爲楚人選擇吉日、決疑解惑，那麼他就有資格成爲楚人心目中與其所崇拜的太陽神進行溝通和對話的媒介，在楚人心目中的地位可想而知。楚人平日裏產生的各種糾紛就可能會請“視日”向太陽神求助以定輸贏，“視日”從而成爲楚人原始神判時代的主審官。…像“視日”這類神職人員在司法審判中所起的作用會在楚國延續很久。不過隨著楚國經濟的發展和社會的進步，尤其是封建主義的興起，楚人對於自己的巫卜文化有所揚棄，巫師參預審判的機會越來越少，原來的“神判”逐漸變成了“人判”，“視日”就不會再充當主審角色了，其職能又回到原來定曆擇吉上，但這一名稱則保留在了司法審理當中，這也就是出現在楚簡文字中的“視日”。

〖季旭昇 2005〗是楚國的一種職官名，《史記·陳涉世家》集解引如淳說，釋爲“視日時吉凶舉動之占”，雖不以爲職官名，但仍然看得出與卜事有關，與〈昭王毀室〉內容可以吻合。

〖李零 2008〗“視日”一詞是查看時日的意思。它也見於包山楚簡，是當值官員的代稱。

〖陳穎飛 2009〗“視日”意當爲“直日”，負責給楚王呈交報告等事務。如果這一說法成立，“視日”當是職官名。（124 頁）

〖吳曉懿 2009〗有學者認爲楚簡材料中的“視日”不是固定的官名，在《包山楚簡》和《九店楚簡》中的“視日”是訴狀上呈楚王的關鍵環節，應是當時對負責案件官吏的一種通稱。…視日應當是一種官員輪值的職司，疑類似於《左傳·襄公二十五年》：“崔子稱疾不視事。”和《漢書·王尊傳》：“今太守視事已一月矣”中的“視事”，是由某官兼任“巡視”之職，不一定是常設的職官名稱。

〖范常喜 2010〗我們認爲“質日”和“視日”所記錄的很可能是同一個詞，但該詞在不同時代有兩個不同義項，一個是當職官員的代稱，另一個則只是當職官員值班視事所用的曆表，而且還在書寫形式方面有了區別，一個記作“視日”一個記作“質日”。也就是說楚簡中的“視日”與秦漢簡中的“質日”實際上是一回事，只是因爲時代的不同，詞義的發展變化，二者在字形的選擇和義項的取捨方面有所差異。

〖陳偉 2011B〗在本篇中（按：指上博八《命》篇），四處“視日”明確都是指令尹子春，而與楚王或楚王值日官無涉。如果要講通所有已見資料，“視日”似當是對于楚王以及高級官員的尊稱，具體所指因說話的場合而定。

〖王寧 2011A〗在楚簡中“視日”一詞多出現在類似書信之類的文體或對話中，在書信類文體中寫信人稱對方爲“視日”，如《包山楚簡》中“僕五師宵倌之司敗若敢告視日”（15簡）、“新造尹不敢不告視日（17簡）”、“僕不敢不告於視日”（135簡）等等；在對話中，說話的人多自稱“僕”，而稱對方爲“視日”，對方不拘身份地位，比如在《上博八・命》中葉公子高之子對令尹子春說“僕既得辱視日之廷”、“如以僕之觀視日也”等等，自稱爲僕，稱子春爲“視日”；《上博四・昭王毁室》言“卜命尹陳眚爲視日告”，這個“視日”是指那位“喪服曼廷”的君子。那麼我們就可以知道，這個“視日”其實就相當於“足下”。古人對對方尊敬，自謙稱“僕”，則對方相當於“主”，僕對主人恭敬不敢直視，只能低頭看其足下，故“足下”爲對方之敬稱，在對話中尊稱對方爲“足下”，此例文獻常見不舉；如果想看對方，則須仰視，如視日然，故亦可稱“視日”。“視日”一詞當與“望陽”同意，“望陽”後以音同之故寫作“望羊”、“望洋”、“望佯”之類，…其實“羊”就是“陽”的假借，指太陽，也就是日。“望陽”一詞雖不見用爲敬稱或尊稱，但如《莊子・秋水》所言“河伯望洋向若而嘆”者，實含有景仰之意。那麼我們可以推斷，“視日”一詞是流行在楚地的一種對人的尊稱或敬稱，相當於傳世文獻中的“足下”，唐代以後又稱“閣下”，並非是官職名。陳偉先生認爲“視日”是一種“尊稱”是對的，但不限於楚王以及高級官員，也未必需要因說話的場合而定，只要是給別人寫書信或者在對話之中，不管對方是什麼人，只要表示尊敬就可以稱之爲“視日”，所以《包山楚簡》中那些官員之間互致的文書都自稱爲“僕”，尊稱對方爲“視日”；《上博八・命》中子高之子與令尹子春對話，也是自稱爲“僕”，尊稱對方爲“視日”。

按:首先在字形上，“視”字的釋讀有賴於郭店楚簡。裘錫圭根據郭店楚簡《老子》中“視”與“見”寫法不同，將古文字中相關的“視”與“見”區別開來，並指出包山楚簡以前釋作“見日”，其實應該釋爲“視日”。而“視日”內涵的解決，又有賴於上博楚簡，《昭王毁室》3號簡有“卜命（令）尹陳眚爲視日”，可見將包山楚簡中“視日”解釋爲“楚王”、“左尹”、“司法官（或廷官、主審官）”等說法，均不準確。陳偉認爲“視日”是將“告”上呈楚王的人，這個意見應該是比較接近事實的。包山簡中“敢告視日”應是表達“有勞視日將訴狀轉達給楚王”的意思。

[6]卲（昭）行之夫＝（大夫）

〖舒之梅、劉信芳 1995〗昭行應即見於史書記載的頃襄王時的大司馬昭常。

〖劉信芳 1996B〗按此抓走四名倌人的“卲行”身份非同一般，實即見於史書記載之“昭常”，“卲”即“昭”之異體，“常”、“行”音近可通，…《戰國策・楚策二》記載頃襄王爲太子時，質於齊，許予齊五百里地，乃得歸楚繼立爲王，嗣後齊人索地，頃襄王“立昭常爲大司馬，使守東地。”齊人索地未果。“集箸言”所記案例發生在楚懷王十二年（另考），事隔頃襄王繼立之時僅十九年，時代相接，因而可以認爲“卲行”、“昭常”爲同一人。…“五師宵官司敗若”是可以直接面君的官員，其身份已不低，“卲行”敢於抓走五師宵官司敗若的四名倌人，其地位之顯赫已不難想見。此案由楚懷王推給左尹，左尹推給新造迅尹丹，新造迅尹丹在案情明確的情況下，拖著不斷案，究其所以，實在是四名倌人之案不足以使卲行對簿公堂。“卲行”之身份明顯淩駕於“五師宵官司敗若”之上，此等身份地位，正好與此後擔任“大司馬”一職的“昭常”相合。

〖陳宗棋 2000〗此處稱“某人之大夫”，“大夫”可能有家臣之類的性質。

〖劉信芳 2003〗從簡文内容分析，是有私官“大夫”，地位較高的楚國貴族。（25 頁）

〖陳穎飛 2009〗“卲行大夫”，疑爲管理昭氏的行大夫。…疑“行大夫”與“行宛大夫”、“行士”相類，皆“行府”所轄，職掌或與《周禮・秋官》司寇所屬“大行人”、“小行人”相近，掌賓客往來之禮。（125 頁）

[7]盤（盤）䢅岑

〖巫雪如 1996〗吳其昌謂凡、般、盤爲一字，其說是也。凡氏，《通志・氏族略》云：“周公第二子凡伯之後，爲周畿内諸侯。（155 頁）

〖許全勝 1997〗《通志》盤氏條：“盤瓠氏之後，與冉、元（《姓纂》作譚）、巴、李、田爲巴南六姓。”按，今盤氏爲瑤族大姓。（29 頁）

〖何琳儀 1998A〗①盤，姓氏。出盤瓠之後，與冉、元、巴、李、田爲巴南六姓。見《通志・氏族略》。（1058 頁）②岑，從宀，今聲。疑今之繁文。（1390 頁）

〖王穎 2004〗包山簡“今”作“含”（134）、岑（015）、吝（015 反）等形，《說文》：“今，是時也。”（7 頁）

〖十四種 2009〗楚文字“力”、“人”作義符時或可替换，上博竹書《周易》23 號簡的“何”即從“力”作。（12 頁）

[8]䞷（執）儯（僕）之倌

〖彭浩 1991A〗倌人據《說文》的解釋是小臣，也就是奴隸。

〖袁國華 1994C〗“倌”，《說文》云：“小臣也，從人從官。詩曰：命彼倌人”；“司敗”掌刑獄，由此推測鄧虘等人是助理刑獄的地下層官員。如果此說不誤，則簡文中所“至”之“典”，極有可能是“五帀宵倌之典”。這類名籍屬官府所有，而記錄的内容大概是地下層刑獄官員的名籍資料，是一種以職務分類的名籍。（110-111 頁）

〖陳偉 1996A〗作爲身分性稱謂的“倌（官）”或“倌（官）人”，大概是因爲從屬於作爲官府的某“官”而得名。…簡書中的倌（官）或倌（官）人”大致也應與古籍所記相當，屬於所謂庶人在官者。（117、120 頁）

〖周鳳五 1996〗“官”或“倌”，也稱作“官人”或“倌人”，指官營手工作坊的工匠。而無論官營或私營的手工作坊也都可以稱作官。

〖林清源 1997〗“倌（官）人”是指擁有特殊技能的人，類似今日所謂的“師傅”，身份地位並不高。（236 頁）

〖劉信芳 2003〗即簡 15 反之“倌人”。（25 頁）

[9]詎（囑）

〖整理者 1991〗詎，借作讀。《廣雅·釋詁二》：“讀，說也。”《莊子·則陽》：“號而讀之”，李注：“猶語也”。（41 頁）

〖李零 1992〗投訴或移送投訴叫“投”（案：原從言從豆）。

〖劉釗 1992A〗按“詎”讀爲“訴”。…訴，告也，訟也，告訴冤枉也。“詎”讀爲“訴”，與簡文文例正合。

〖陳偉 1996A〗詎在文書簡中屢屢出現。凡在詎者、被詎者均有記述、並且身分比較明確的場合，前者地位均高於後者。…詎當是上級對下級的行爲。豆、主古音爲侯部疊韻，可以通假。…簡文“詎”大概是註即注字。注，屬章母雙聲，古書中常見通假之例。…屬有委託交付之義。…詎字用例與這些文義略同，似可讀爲屬，表示上級官長將訟獄交付給下級官員辦理。（30 頁）

〖陳偉 1999B〗字本作豆（從言）。除 131、137 反面之外，在包山簡中還有多次出現。我們曾綜合上揭二簡以及 15-16 和 134 號簡的文例，指出豆（從言）者身份高於被豆（從言）者。然後從音近通假的角度，推測此字當讀爲“屬”，爲委托、交付之意。郭店簡本《老子》甲 2 號簡云“或命之或乎豆”，豆，整理者讀爲“屬”，裘錫圭先生按云：“‘豆’‘屬’上古音相近。”在傳世本和長沙馬王堆漢墓所出帛書本中，此字均作“屬”，是這一釋讀的基礎。我們以前對於包山簡豆（從言）的猜度，由此獲得一定程度的證實。

〖劉信芳 2003〗讀爲“屬”，郭店《老子》簡 1：“或唐豆。”“豆”字帛書本作“屬”，屬者，託付也。“屬僕於子左尹”，將司敗若的訴狀轉告左尹，責成左尹承辦。就“詎”之字形而言，應釋“誅”之異構（楚簡未見“誅”字）。《白虎通·誅伐》：“誅猶責也。”（25-26 頁）

[10]新佶（造）辻尹丹

〖劉彬徽 1995〗新造，又見於包山楚簡，爲官名。（352 頁）

〖徐少華 1996D〗“迅尹”當是楚縣令（亦稱縣公、縣尹）之屬吏，與簡 149 之“陵迅尹”、簡 117 之“養陵攻尹”諸職官類似。

〖周鳳五 1996〗“新借”應即文獻中的新造。《戰國策・楚策一》載申包胥對秦王自稱其官職爲“楚史新造盩”。

〖文炳淳 1997〗“迅”疑讀如“訊”。…應與司法審問有關。…且常與“借”和“新借”連繫，故其執掌可能與負責工匠之司法處理有關。（111-112 頁）

〖李零 1999B〗所從乃“卜”字，應釋“让”。…有一件郙子郙缶。自名“赵缶”（1983 年湖北穀城禹山廟嘴出土）。應即楚簡所見的“让缶”（“赵”、“让”皆“赴”之異文）。

〖劉信芳 2003〗“新造”乃官府名，又見簡 149。…簡文以“让”爲名之職官屢見。…“让”不大可能讀爲“卜”，因爲從中央到地方有如此衆多的神職人員，很難理解。從字形上說，“让”應是“赴”之異構，然“赴”亦未見用作職官名者。簡 265 記有“让缶”，猶行缶，因疑諸以“让”爲名職官乃“行人”之類，…行人即使者，乃外交、禮儀官員。（26 頁）

〖王穎 2004〗在包山簡中，“让”似爲設立在地方的機構或官職…让尹聽命於左尹，負責司法工作。（56-57 頁）

〖范常喜 2005B〗綜合包山簡和上博四中的材料，我們懷疑“让”可能是一種司法部門的分支機構。這一機構的長官可以幫助上司斷案，也爲其上司傳遞訴狀資訊。如包山簡 129—131 五師宵倌之司敗若因郘行之大夫執其倌人的案件，就是由左尹下發給新造让尹審理的。而《上博四・昭王毀室》中的例子就是让令尹陳眚將情況彙報給楚王。此外，朝廷中的“让令尹”可能會由宮廷內豎充任。但此機構的確切性質，以及它與各級行政長官尤其是司法機構官員之間的關係如何，還有待於進一步研究。

〖陳穎飛 2009〗“新借让尹”前面沒有綴地名，當爲中央職官。…“让”的職掌，尚難確定，有可能與軍事品的製造有關。…作爲職官的“造”，目前最早的材料見於西周晚期頌器的“新造”…銘文中，周王令頌去管理“新造”，以“貫用宮御”。從這條材料看，西周晚期，“新造”是一個管理生產製造的官署機構，也指任職此機構的一種職官。春秋戰國時期楚國的“新造”類官可能來源於此。…“新造”之“新”疑是區別原有的“造”。（166、168、172 頁）

〖吳曉懿 2009〗《柬大王泊旱》、《包山楚簡》和《曾侯乙墓》記載楚國大量與卜筮祭禱有關的官名，如左尹、龜尹、鳌尹、陵尹、相徒、中舍、小子等，卻沒有出現與“让”有關的官名。而且龜尹的職司是執掌占卜，把“让命尹”釋爲“卜尹”，疑有誤。

[11]命爲僕（僕）至（致）典

〖舒之梅、劉信芳 1995〗所謂“至典”即出示名籍作爲斷案的依據。

〖陳秉新 1998〗至讀爲致，訓爲深審，致典意爲審查名籍。

〖劉信芳 2003〗即出示名籍以作斷案依據。（26 頁）

[12]剆（斷）

〖整理者 1991〗剆，從叀從刀，叀聲，讀如斷。《禮記·樂記》："臨事而屢斷"，注："猶決也"。（41 頁）

〖李零 1992〗判決叫"斷"。

〖白於藍 1999〗即斷字。《說文》斷字云："，古文斷從皀，皀古文叀字……，亦古文。"此字從刀從叀，即斷字無疑。

〖劉信芳 2003〗簡文字形與《說文》"斷"之古文同形。"斷"字計 10 例，均用作斷案、決獄。（26 頁）

[13]僕（僕）䘧（勞）倌頸事牆（將）灋（廢）

〖整理者 1991〗①䘧，勞字。（41 頁）②倌，《說文》："倌，小臣也"。（41 頁）③灋，借作廢。（41 頁）

〖李零 1992〗使他"勞倌夏（？）事將法（廢）"〔案：勞原從衣不從力〕。

〖何琳儀 1993A〗原篆作。其中"去"譌作"夫"形，"夫"遂聲化爲音符。"灋"、"夫"雙聲，均屬幫紐。

〖袁國華 1993B〗從字的部件分析，字從"巠"從"頁"，…應隸定爲"頸"字。"頸"簡 16 用作動詞，疑"頸"可讀爲"驚"。…大意是說："僕（我的謙稱）的下屬䘧倌，怕事情將會廢止，無法執行"。

〖袁國華 1994C〗應隸定爲"頸"字。簡 16 的"頸"字，疑可讀爲"刑"。…疑大意是說："䘧倌的刑罰將要廢止"。（325-326 頁）

〖楚文字編 1997〗褮。（410 頁）

〖李運富 1997B〗當釋爲"褮"。…此簡字樣下部亦爲衣之省，上部炏即熒之省…褮倌，蓋管理喪服之家臣。（133 頁）

〖陳秉新 1998〗亦當隸定作褮。…據簡 16 文義，褮字當讀爲煢，訓爲憂慮。…簡 16 記錄的是一樁關於奴隸歸屬問題的訴訟案，僕是五師宵倌司敗的謙稱，以下各倌字指小臣，即在若家供事的奴隸。夏事指夏季的農事。

〖何琳儀 1998A〗䘧，從衣，炏聲。疑裧之異文。（1443 頁）

〖劉信芳 1999F〗頸讀爲絓，字或作䞓，頸（絓）事謂染絲之事。

〖陳宗棋 2000〗"䘧倌"爲掌官紡織或縫製衣物的倌人。

〖文炳淳 2000〗筆者認爲"勞倌"就是"宵官"的謙稱。"官（倌）"就是庶人在官者，其地位不高。《周禮·天官·宫人》："凡寢中之事，掃除、執燭、共爐炭，凡勞師。"鄭玄注："勞事，勞褻之事。""頸"疑讀如"經"，釋爲"常"。"勞倌頸事將廢"，意爲卲行之大夫搶奪隸屬於五師宵官四人，因此耽誤了這些庶人（勞倌）的平常工作。

〖劉信芳 2003〗①疑“勞倌”是負責勤務的小臣。（27 頁）②讀爲“經”，指經營。（27 頁）

〖史傑鵬 2005〗但當作“勞”字，在這條簡文中意思卻講不通。從字形來看，此字應當即爲《說文》中的“袋”字。

〖十四種 2009〗①《淮南子·精神》“使人之心勞”，高誘注：“勞，病。”勞倌，爲倌的短缺而困苦。原釋文連下讀，今斷讀。（13 頁）②《史記·太史公自序》：“守經事而不知其宜，遭變事而不知其權。”經事與變事相對，指常規性事務，與文氏之說合。（13 頁）

按：“勞倌”有可能是機構名稱，簡文大意是說勞倌官署的事務將荒廢。

[14]不朁（慭）

〖整理者 1991〗㦁，讀如隊。《爾雅·釋詁二》：“隊，陳也。”（41 頁）

〖李零 1992〗他不服（不慭）新造尹之斷。

〖劉信芳 1994〗按該字即之異體，應隸定爲朁。《說文》：“犾，犬張齗怒也，從犬，來聲，讀又若銀。”由此可知朁從犾從齗省，“齗”是附加聲符，與“慭”實爲一字。朁、慭二字前後文例可對照，僅從校勘學的角度亦可知是一字。“不慭”是古代常用語，…“不慭新告迅尹”，意謂不願再勉強新告迅尹斷案。

〖周鳳五、林素清 1995〗但“不慭”在此應指心中不服新告迅尹，所以才向上級表示不願等待的判決，而希望他人審理定案。

〖陳秉新 1998〗㦁字當是檖字古文。考釋讀爲隊，訓陳，與簡文文義不合。當讀爲述。

〖何琳儀 1998A〗㦁，讀檖。《淮南子·齊俗》“披斷撥檖”，注“檖，順也。”（1226 頁）

〖劉信芳 2003〗“不慭新造辶尹”，意謂不服新造辶尹之斷案。（27 頁）

〖史傑鵬 2005〗文中的“不慭”和 16 號簡的“不㦁”應該是相同或相近的意思。…《說文》中的“說也”和“甘也”的意思有相通之處，也就是表示“滿足”的意思。…16 號簡的“㦁”和 15 號簡反面的“慭”可能也是通假字。上古“慭”在疑母真部，而“㦁”從“㒸”聲，從“㒸”得聲的字爲物部字，聲母多隸心、邪二母，…心母字來源於照組三等，和喉音字關係密切，真、物兩部音近，可以通假。除此之外，也有可能“㦁”讀爲“說”，就是“高興”的意思。那麽就和《說文》將“慭”訓爲“說也”，正好吻合了。“說”從“兌”聲，上古屬月部，和“㦁”所從的聲符“㒸”聲字有通假的例子。

按：“不朁”應即 15 號簡反面的“不慭”，義爲“不服”。

[15]客

〖整理者 1991〗㝐。（18 頁）

〖滕壬生 1995〗含。（90 頁）

〖張桂光 1996〗似爲之繁文，可隸作𡧛。同簡之正面又有一字，則當爲之簡寫，可隸作㝑。簡文“卲行之大夫𡧛執其倌人”與“卲行之大夫盤㘰㝑執僕之倌登虘”之若，亦並當讀爲詢。

〖何琳儀 1998A〗客。（1389 頁）

按:釋爲“客”可從，“盤㘰客”即“盤㘰㝑”，人名。

[16]倌人

〖舒之梅、劉信芳 1995〗“館人”是客舍的小吏。

〖陳穎飛 2009〗所謂“倌人”即“五師宵倌之司敗”中的“倌”，“宵倌”是“倌”的一種。…“倌人”也就是《詩・鄘風》、《荀子》等傳世文獻中屢見的“官人”，孫詒讓認爲“泛指眾小臣，無專官，亦無專職”，“爲庶人在官，則無爵而受職役。其秩卑而員眾，故稱官人以通包之”。（124 頁）

[17]（察）

〖葛英會 1996C〗可以認爲簡文之剸即典籍之斷，簡文之䜣即典籍之弊。斷、弊用於經典，大概是中原雅言，剸、䜣用於楚簡，可能是荊楚方言，包山簡文之䜣都用爲弊斷之意，無一例外。

〖董蓮池 1999〗今考包山楚簡中，它處於下面四種語言環境中：…與“剸”相應的位置上。亦讀爲“辨”，訓爲“判”，《說文》：“辨，判也。”簡文言“新告迅尹不爲其辨”，即是言不爲僕判決該案。

按:參 12 號簡集釋。

[18]不憖

〖整理者 1991〗憖，《說文》有憖字，與簡文相似。《說文》：“一曰說也”。（42 頁）

〖何琳儀 1998A〗憖，問。見《說文》。（1323 頁）

〖王穎 2004〗憖，願意。（99 頁）

〖史傑鵬 2005〗《說文》：“憖，問也。……一曰說也，一曰甘也。”“說也”、“甘”也的意思有相同之處，也就是表示“滿足”的意思。

〖林素清 2006〗其義似與《詩》《左傳》“不憖遺一老”之“不憖”接近，有“不肯”、“不甘”、“不願”義，爲“心不欲，自彊之辭”義，也是下對上，臣對君時用語。簡文大義爲：五師宵倌司敗若對新造卜尹不爲斷一事，不願接受，故有再提上告之舉。

[19]十月甲申王誀（囑）

〖周鳳五 1996〗楚王批示“十月甲申，王誀”交給左尹，左尹則簽署“左尹”二字，並隨即交辦。左尹這次交給何人審理，在這三枚簡中未見記錄，但在另一枚竹簡上卻留下了蛛絲馬跡。包山《謳告》簡的簡一七一至簡一七八是左尹交代屬下發尹利辦案的記錄，其中簡一七六明白寫著："十月乙丑"這天交辦"宵官司敗若"一案。對照簡一六反"十月甲申，王謳"知十月甲申楚王交代左尹之後，至乙丑日，即甲申之後的第五天，左尹已將案子交給屬下發尹利進行審理了。

〖彭浩 2007〗簡 15-17 是新造卬尹給"視日"（疑指左尹）的報告，其中簡 15-16 正面是復述（即"僕五師宵倌之司敗若……不慭"）"宵倌司敗若"向新造卬尹提出的告訴。"新造卬尹不敢不告視日"是報告的結束語。簡 15 反面文字是案件審理的提要。簡 17 反面"左尹"似是收到新造卬尹報告後所寫的。簡 16 背面的"十月甲申王謳"是君王將案件發給左尹的日期，與簡 176 登錄的"十月己丑……宵倌司敗若"，前後相差五天。故簡 176 所記"十月己丑"很可能是左尹收到新造卬尹報告的時間。據此，可以認爲，簡 176 所記"十月己丑……宵倌司敗若"應是左尹官署接受該報告或登記歸檔的日期。

[20]左尹

〖陳偉 1996A〗簡 15 反、16 反應爲左尹官署所記。簡 17 反僅書"左尹"二字，筆跡與簡 15 反、16 反迥異，可能是楚王或其近臣在將訴狀轉送左尹官府時的批文。（30 頁）

2. 竊馬殺人案

周客監（甘）匿（固）迈（蹠）楚之戢（歲）[1]，亯=（亯月）乙卯音=（之日），下鄀（蔡）[2]蔽（尋）里人[3]畬（余）䦅（猬）[4]告下鄀（蔡）㳯敎（執）事人[5]昜（陽）城公[6]羕（瞿）罣[7]。䦅（猬）言胃（謂）：郰傑[8]竊馬[9]於下鄀（蔡）而[10]儥（價）[11]之於昜（陽）城，或（又）殺[12]下鄀（蔡）人畬（余）罣，尖=（小人）命爲䈞已（以）傳之[13]。昜（陽）成公羕（瞿）罣命倞郰解句傳郰傑，旻（得）之[14]。〖120〗亯=（亯月）丁巳音=（之日），下鄀（蔡）山陽里人郰傑言於昜（陽）成公羕（瞿）罣、大敆（漁）尹[15]屈達[16]、郙昜（陽）[17]莫嚻（敖）臧（臧-莊）獻[18]、畬（余）羊。傑言胃（謂）：尖=（小人）不信竊馬，尖=（小人）信[19]與[20]下鄀（蔡）閈（關）里人[21]雁（膺-應）女㞷（返）[22]、東邗（干）里人[23]䣊（場-唐）賈[25]、蔞（夷）里人競（景）不割（割-害）[25]習（僉）殺[26]畬（余）罣於競（景）不割（割-害）之官[27]，而相與弃（棄）於大逄（路），競（景）不割（割-害）不至〖121〗兵安（焉）[28]。孓敎（執）䣊（場-唐）賈[29]，里公郰𡿧（省）[30]、士尹紬謭（慎）[31]㞷（返）孓[32]，言胃（謂）䣊（場-唐）賈既走於前，孓弗汲（及）[33]。孓敎（執）雁（膺-應）女㞷（返），加公臧（臧-莊）申、里公利豎（堅）[34]㞷（返）孓，言胃（謂）女㞷（返）既走於前，孓弗汲（及）。孓敎（執）

競（景）不割（割-害），里公吴掏[35]、亞大夫郁（宛）鞏（乘）[36]歪（返）孓，言胃（謂）不割（割-害）既走於前，孓弗返（及）。孓收郏倖之佞（奴）[37]、加公[38]軋（範）戌、里公酓（余）〖122〗□歪（返）孓，言胃（謂）郏倖之佞（奴）既走於前，孓弗返（及）。郏倖未至剸（斷），有疾[39]，死於笥[40]。雁（膺-應）女歪（返）、䢼（埸-唐）賈、競（景）不割（割-害）皆既盟（盟）[41]。〖123〗

集釋：

[1]周客監（甘）匿（固）逅（蹠）楚之戢（歲）

〖整理者 1991〗逅，讀如遇。《禮記・曲禮》："諸侯未及期相見曰遇"。(47 頁)

〖劉彬徽 1991〗譃客監匿逅楚之歲，在簡 124、125、129 中簡稱爲"甘匿之歲"，"甘"、"監"二字古音相同，可通用。

〖何琳儀 1993A〗"逅楚"與"逅郢"128 反之"逅"均應讀"覲"("邂逅"或作"邂覲")。《詩・大雅・公劉》"迺覯於京"傳"覯，見也。"(61 頁)

〖周鳳五 1994〗①齊。②逅楚：逅，邂逅。…按，簡文"逅"與《左傳》"遇"類似，指兩國之間非正式的聘問，杜《注》"各簡其禮"可爲簡文的注腳。

〖滕壬生 1995〗逅。(149 頁)

〖陳秉新 1998〗根據簡文文義，逅當讀爲講。…"□客監匿講楚之歲"是說某國使臣和楚的那一年。

〖陳偉 1998C〗"跖"即"蹠"，訓爲"適"。

〖何琳儀 1998A〗①監，姓氏。衛康叔爲連屬之監，其後氏焉。見《風俗通》。(1451 頁)②逅，讀蹠。《史記・伯夷列傳》"盜蹠日殺不辜"，索隱"蹠及注作跖"。是其佐證。《廣雅・釋詁》一"蹠，行也。"《淮南子・原道》"自無蹠有，自有蹠無"，注"蹠，適也。"(547 頁)

〖李零 1999B〗此字見於九店楚簡《日書》，辭例作"……是胃（謂）外害日，不利以行複（作），～四方埜（野）外，必無堣（遇）寇逃（盜），必兵"(簡 32)，釋文括注爲"赿"字（見於《廣韻》、《集韻》等字書，訓行）睡虎地秦簡《日書》有類似文例，作"外害日，不可以行作，之四方野外，必無耦（遇）寇盜，見兵"，"逅"與"之"顯然是含義相近的詞，用法類似於"徂"。"徂"是從母魚部字，"逅"從石，"石"是禪母鐸部字，讀音相近。

〖九店簡 2000〗與九店日書 31、32 號簡"逅"相當的字秦簡《日書》甲種楚除外揚日作"利以遮野外"。"遮"從"庶"聲。按"庶"本從"石"聲，故"石"、"庶"二字作爲聲旁可以通用。疑楚簡"逅"應當是"遮"字異體。楚簡"逅（蹠）"字和秦簡"遮"

字，都應當讀爲“蹠”。“蹠楚”、“蹠郢”之“蹠”訓爲“至”。(89-90頁)

〖劉信芳2003〗字從辵，石聲，讀爲“適”，…九店簡56-32：“外害日，不利以行作。迈四方之野外。”睡虎地秦簡《日書》738：“外害日，不可以行作，之四方野外。”之、迈互文見義。(109頁)

〖十四種2009〗據紅外影像釋出。“周客”應與“東周之客”有别，或是周王使者。(57頁)

〖吴良寶2010〗今按，第120號簡文中的“周客”确有可能是周王使者，不過這并不能否定歸胙的“東周之客”是周王的使者，因爲從向諸侯國賜胙的資格來看，東周國的君主是沒有這個資格的。(30頁)

[2]下鄗（蔡）

〖整理者1991〗下蔡，公元前493年，蔡昭侯自新蔡遷都州以來，稱爲下蔡。蔡滅於楚後，仍沿用舊稱。在今安徽省鳳臺縣。(47頁)

〖何琳儀1998A〗“下蔡”，地名。《文選·登徒子好色賦》“惑陽城，迷下蔡。”在今安徽鳳臺北。(466頁)

〖劉信芳2003〗《漢書·地理志》沛郡：“下蔡，故州來國，爲楚所滅，後吴取之，之夫差遷昭侯於此。”《水經注·淮水》：“淮水又北逕下蔡縣故城東，本州來之城也。”楊守敬〈疏〉：“今鳳臺縣西北三十里下蔡鎮。”(109頁)

按：“下蔡”見於鄂君啓節，譚其驤、黄盛璋均認爲在今鳳臺縣。[①]陳偉則更具體地考訂下蔡的位置在今安徽鳳臺縣西南、硤石山北不遠的淮水西岸。[②]

[3]蕁（尋）里人

〖整理者1991〗莸。(25頁)

〖張守中1996〗蔌。(9頁)

〖何琳儀1998A〗蔌，從艸，㪅聲。疑𦹶之繁文。(662頁)

〖李學勤2000〗包山簡一二〇號有“蕁”字，當係“蕁”字的繁寫。

〖十四種2009〗郭店《成之聞之》34號簡“席”上一字，竹頭以下部分與此字艸頭以下部分相同，李零（1999D，51頁）（按：指《郭店楚簡校讀記》）隸作從“尋”之字，疑讀爲“簟”或“衽”。(57頁)

[4]舍（余）䦯（猬）

〖整理者1991〗舍。(25頁)（按：字表又隸爲“舍”，見圖版一四五）

①譚其驤：《鄂君啓節銘文釋地》，《長水集》（下冊），193-211頁，北京，人民出版社，1987。黄盛璋：《關於鄂君啓節交通路綫的復原問題》，《中華文史論叢》第五輯，143-168頁，北京，中華書局，1964。

②陳偉：《楚東國地理研究》，22-23頁，武漢，武漢大學出版社，1992。

〖劉釗 1992A〗按字從“余”、從“甘”，應釋爲“舍”。…“舍”字在簡文中皆用作姓氏字，應讀作余姓之“余”。

〖何琳儀 1993A〗“畬”即“舍”，姓氏，《路史》“微子後有舍氏。”

〖劉信芳 1996A〗“舍”字又作“畬”，或用如姓氏，如簡一二〇“下蔡人畬睪”，“畬”讀如“佘”，乃余氏之別枝。

〖巫雪如 1996〗余、郤二字後世均寫作徐，畬字即讀作余，則亦當爲“徐”字。（48 頁）

〖許全勝 1997〗因簡文已屢見舒氏，字作，故畬氏以讀爲舍氏爲宜。（35 頁）

〖李運富 1997B〗包簡中另有從“日”從“余”之“畬”字，見於 120、121、122 等簡，共出現 5 次，皆用爲姓氏，顯然與從“口”之“舍”不同義，當爲另一字，疑即余姓之余。（140 頁）

〖劉信芳 2003〗字從余從甘，讀與“舍”通，參簡 129 注。作爲姓氏，“畬”即後世“佘”字。（109 頁）

〖李守奎 2010B〗其下部所從是○中加短横，與簡文“日”字近同，…與口中加短横的形體有所不同，…學者多釋爲“舒”，當屬可信。“予”是“呂”的分化字，“豫”字習見於楚簡，…《姑成家父》中的“呂（予）”（按：指 1 號簡字）全部簡化爲一個“○”。簡文下的當是在“○”中加横，是“乘隙加點”的繁化現象，字可隸作“畬”。“畬”釋爲“舒”從字形上說比較合理，也更符合姓氏的地望分佈。舒氏也是以國爲氏，群舒分佈在今安徽舒城附近，位處下蔡的南面，距離也不很遠。新蔡又出“舒”字封泥（按：字形作），亦可互爲參證。

按：從字形上看，應是從“余”從“日”。在包山楚簡中“余”多作（166 號簡），下部不從“口”形或“日”形，並且多作爲人名。而“舍”作（133 號簡），從“口”形，從“口”多可寫作從“日”，因此將字釋爲“舍”爲宜。作爲姓氏，讀爲“舍”或“佘”的可能性都有，但讀爲“佘”的可能性較大，清華楚簡《繫年》7 號簡“臣”即文獻中的“佘臣”。

[5]飢敎（盩）事人

〖整理者 1991〗飢，讀如咎。（47 頁）

〖周鳳五 1994〗咎，過失。咎執事人職司罪咎、過失的處理。

〖楚文字編 1997〗敎。《集韻・曷韻》撻古作敎。簡文中用作執。（154 頁）

〖白於藍 1999〗從幸（《說文》作㚔）從攴，即《說文》撻字。《集韻・曷韻》：“撻，古作。”《正字通・攴部》有“𢾊”字，云“古文撻。”

〖陳宗棋 2000〗“飢執事人”，周鳳五師作“咎執事人”，“咎，過失；咎執事人職司罪咎、過失的處理，即司法案件的承辦官員。”但據“㕓（廄）”字又作“敀”觀之，或此處當釋爲“廄執事人”，即馬廄的主管官員。

〖楚文字編 2003〗敎事人與執事人異文，疑爲“執”字異體。（596 頁）

〖劉信芳 2003〗字從九得聲，讀爲“糾”，…“糾猶察異也。”…“糾猶正也。”字從“九”得聲，讀爲“糾”。《周禮・夏官・大司馬》“制軍詰禁，以糾邦國。”鄭注：“糾猶正也。”（109 頁）

〖疏證 2007〗包山簡氿，人名。（450 頁）

〖李守奎 2009〗120——123 號這組簡中的“氿敎事人”，當讀爲“廄執事人”。…“廄執事人”就是管理廄事的辦事官吏。

按：包山楚簡中“廐”多作“㕓”，不過簡文記錄同一詞時常用不同的字，因此讀“氿”爲“咎”或“廐”均可備一說，疑“氿執事人”與 155 號簡“敀客”有關。

[6]昜（陽）城公

〖何浩 1991A〗《漢書・地理志》汝南郡轄縣有“陽城”，地在今河南省商水縣西南。

〖何琳儀 1998A〗“昜城”，讀“陽城”，地名。《文選・登徒子好色賦》“惑陽城，迷下蔡。”《漢書・地理志》汝南郡“陽城”。在今河南漯河東。（661 頁）

〖徐少華 1999〗楚陽城所在，簡文整理者未作說明，從下蔡人邾倖在陽城與下蔡間做生意，因涉及民事糾紛而被拘禁的史實來看，當與下蔡鄰近，應在淮水中游地區，即楚縣。…古陽城，特別是作爲縣級政區單位的陽城，學術界探討時曾有一系列的論述，歸納起來，有四處。一是秦漢潁川郡之陽城縣，故址在今河南登封縣東南的告城鎮；二是秦南陽郡之陽城，漢改爲堵陽，在今河南方城縣東；三是漢汝南郡之陽城縣，學術界將其定於今河南商水縣西南；四是《大明統一志》所載位於安徽宿州南之陽城。…安徽宿州南的陽城，位於下蔡以北（略偏東）100 多里，從相互關係來看，與簡文所載的情況較爲接近。

〖劉信芳 2003〗即“陽城”，應與下蔡相鄰，…以汝南郡之陽城爲近是，其地在今河南上蔡北。（110 頁）

〖吳良寶 2009〗已有的討論將包山簡文中的“陽城”默認爲楚縣名，這個看法並沒有經過論證。實際上它也是經不起推敲的。《包山》第 120 號簡文表明，這個“昜城公”的身份是“下蔡敀執事人”。…在戰國楚簡中，“執事人”的地位與身份往往不高，至少不會是楚縣縣公這一級別的。…將職務爲“下蔡敀執事人”的“昜城公”理解爲楚國陽城縣的縣公，無論如何是解釋不通的。從《包山》簡文的“上臨邑公”（第 79 號簡）、“邸陽君之人化公”（第 98 號簡）、“新都桑夜公”（第 113 號簡）等情況來看，包山簡的“昜城公”還是看作下蔡縣屬下的陽城邑的“邑公”爲妥，它與曾侯乙墓竹簡、《登徒子好色賦》

中的楚“陽城”並非一地。

按: 周鳳五、顏世鉉均贊同“今河南省商水縣西南”的說法。[①]吴良寶指出簡文“陽城公”可能是下蔡縣屬邑的邑公，[②]本簡之“陽城公”之前冠還以“䤰執事人”的身分，其地位顯然不能與縣公相提並論，因此簡文的“陽城”與文獻中記載的縣級政區單位的陽城對應的可能性較小，“陽城”地望待考。

[7]𦍩（瞿）罼

〖整理者 1991〗𦍩。（25 頁）

〖劉釗 1992A〗按字從“木”、從“羊”，應釋爲“样”，“样”字見於《集韻》，在簡文中用爲姓氏字，疑讀爲羊姓之“羊”。

〖何琳儀 1998A〗样，姓氏，疑讀養。楚邑名，食采者以爲氏。見《姓氏考》。（676 頁）

〖十四種 2009〗此字見於上博竹書《周易》23 號簡，對應之字，帛書本作“瞿”，傳世本作“衢”。在此恐亦用作“瞿”，姓氏字。《通志·氏族略五》引《風俗通》:“漢南太守瞿茂梁，鎮北將軍瞿延唐，絳州刺史瞿禎。”（58 頁）

按: 上博楚簡《周易》23 號簡字作，與簡文相同，從《十四種》之說，讀爲“瞿”。

[8]郆倴

〖整理者 1991〗郆倴。（25 頁）

〖黃錫全 1992〗簡 130“大夫”作，“夫”字分開寫爲“土”、“大”，與字右旁形同。故釋爲郆。

〖巫雪如 1996〗郆，《說文》云“琅邪縣也。”其地在今山東省高密縣南，郆氏儻係以地爲氏者。（88 頁）

〖劉信芳 2003〗該字從邑，從大夫，可參楚系文字“大夫”合文。字應以“大”爲基本聲符，《左傳》僖公二十八年載有子玉之子“大心”…“郏”氏應是“大心”氏之別枝。（110 頁）

〖十四種 2009〗作爲姓氏字，疑當讀爲“傅”或“甫”。《左傳》莊公十四年鄭大夫傅瑕，《史記·鄭世家》作甫假。（58 頁）

〖李守奎 2010B〗包山簡 120—123 號簡有姓氏用字“郆”，又屢見於楚璽，字見《說文》:“郆，琅琊縣，一名純德”。簡文中的“郆”與《說文》中的“郆”應當沒有關係。…筆者懷疑這個“郆”是楚國胡氏之“胡”的異寫。理由有三：第一，語音聯繫更直接，

①周鳳五:《舍睪〈命案文書〉箋釋——包山楚簡司法文書研究之一》,《文史哲學報》第四十一期，1-18 頁，1994。顏世鉉:《包山楚簡地名研究》，161 頁，臺灣大學碩士學位論文，1997。

②吴良寶:《戰國楚簡地名輯證》，150 頁，武漢，武漢大學出版社，2010。

胡氏之胡作“䜊”，屢見於楚簡，是一個雙音符字。銅器中的盛稻粱方形器就是典籍文獻中的瑚，又作“胡”。《左傳》哀公十一年：“胡簋之事”，杜注：“胡簋，禮器名，夏曰胡，周曰簋。”該器銅器自名文字多異寫，所從的聲旁作“古”、“害”、“䜊”、“夫”等。此器望山簡（46）、包山簡（265）皆作匿，信陽簡作“芺”（信陽 2—029)。第二，常見姓氏異寫較多，胡氏是楚國常見姓氏，參見滕壬生《楚系簡帛文字編》（修訂版）892—893 頁。第三，這組簡所記事情發生在下蔡，涉案人員都是下蔡附近居民，胡是以國爲氏，胡國故地在今安徽阜陽市，下蔡在今安徽鳳臺，兩地胡相距不遠，符合姓氏的地域分佈。第四，個人書寫風格、用字風格特徵突出。120—123 號簡用字很特殊，多有異寫，下文的“舒”就是一例。

按：釋“邞”正確，楚簡中“夫”字與“邞”所從相同者多見，如：郭店楚簡《成之聞之》13 號簡作、32 號簡作、上博楚簡《申公臣靈王》6 號簡作。

[9]竊馬

〖整理者 1991〗糍，簡文作，讀如敖。《說文》：“敖，出游也”。（47 頁）

〖李零 1992〗竊。

〖周鳳五 1994〗循音求義，知此字即經傳習見的“販”，反二字同屬元部，簡文從番，猶經傳從反也。《說文》：“販，買賤賣貴者。從貝，反聲。”所謂“販馬於下蔡”，連下文“鬻之於陽城”讀之，正見其往來下蔡，陽城兩地“買賤賣貴”之意。

〖何琳儀 1998A〗檠，讀，敖。《說文》：“敖，出游也。”《漢書·食貨志》上“邑亡敖民”，注“敖，謂逸遊也。”（299 頁）

〖黃德寬、徐在國 1998〗郭店竹書《語叢四》8 號簡有字作…裘按讀爲“竊”。李零懷疑包山簡此字應讀爲“竊”，甚是。此字所從與《語叢四》8 號簡的字形體相同，所從“米”與“竊”字篆文所從同，可分析爲從“米”“”聲，釋爲“竊”。

〖顏世鉉 1999〗包山簡“販”字所從義符當是從“攴”從“賣”，《說文》：“賣，出貨物也。從出從買。”段注云：“出買者，出而與人買之也。”簡文“販”字左半所從之形，乃“賣”字之省。

〖劉釗 2001〗“糳”字從“米”從“敹”，“敹”字從“攴”從“丵”…“丵”字或用爲“察”，或用爲“察”、“淺”、“竊”三字的偏旁，但其形體又與“察”、“淺”、“竊”三字毫無關係，顯然只是一個借音字或借音偏旁。那麼這個字的形體來源到底是什麼字呢？我們認爲應該就是“辛”字。“辛”本爲“辛”的分化字，二字古音很近。…“辛”字古音在溪紐元部，與精紐元部的“淺”和清紐月部的“察”音都不遠，可以相通，而竊字與“察”和“淺”二字又都可以相通。…正因爲“辛”與“察”、“淺”、“竊”的音都可以相通，所以“辛”的變體“丵”也就既可以用作“察”，也可以用作“淺”和“竊”。

[10]而

〖李零 1992〗垂（郵？）。

〖周鳳五 1994〗此字《包山楚簡》缺釋。按，此爲“帀”（師）字。…知簡文當即“帀”字，讀爲遂。

〖陳偉 1996A〗而。（224 頁）

〖何琳儀 1998A〗𠕋，人名。（868 頁）

〖劉信芳 2003〗原簡字形上從而，下從寸，應是“耐”字，讀爲“而”。（110 頁）

[11]賃（儥）

〖整理者 1991〗賃，讀如置。《說文》：“置，赦也”。《史記・吴王濞傳》：“無有所置”，正義：“放釋也”。（47 頁）

〖李學勤 1992〗“儥”字見《周禮》，即今鬻字，意爲賣。

〖周鳳五 1994〗此當隸定作儥見《說文》人部。唯此字《說文》訓“見也”，即經傳習見的覿字，與簡文上下文意不合。《說文》貝部有賫字，不從人，…簡文儥字的用法，合於《周禮》而不合於《說文》，知《周禮》出自六國，確有所據。即經傳習見的鬻，訓“賣”，與上文即販，訓“買賤賣貴”而偏指“買”義，構成一組反義詞。

〖李零 1999B〗當釋儥字，表示鬻賣之義。

按：釋“儥”正確，參 152 號簡集釋。

[12]或（又）殺

〖周鳳五 1994〗或，是表不肯定的副詞。既說“或殺”，就表示郝俸此時只有殺人的嫌疑，只是個嫌犯，還不能定罪，但有必要傳喚到案說明。到案說明就是“致命”，不致命即畏罪潛逃，如競不害。

〖陳偉 1996A〗或（又）。（224 頁）

〖劉信芳 2003〗或，不定代詞，指殺人者。（110 頁）

〖疏證 2007〗包山一二〇、楚帛書或，讀爲有。（41 頁）

[13]尖=（小人）命爲䀠㠯（以）傳之

〖整理者 1991〗傳，借作轉。《禮記・内則》：“枕几不傳”，注：“移也”。（47 頁）

〖劉釗 1992A〗按字從“目”從“”，“”即“幵”字。…故此字應釋爲“䀠”。…疑簡文“小人命爲䀠以傳之”之“䀠”，讀爲“契”。

〖何琳儀 1993A〗應釋“䀠”。《說文》“肝，蔽人視也……䀠，肝目或在下。”“幵”本從二“主”會意。

〖袁國華 1994C〗應隸定作“替”。（344 頁）

〖周鳳五 1994〗契，即書契，亦即公文案卷、文書文檔。劉氏讀𥄎爲契，據此知其可通。

〖陳偉 1996A〗“傳”有逮捕的意思。（139 頁）

〖劉信芳 1996B〗按：稱拘捕爲“傳”，漢代典籍多見。

〖劉信芳 2003〗要求發𥄎拘傳鄬俈。簡 138“命證”猶言呼證，即要求對證。…讀爲“棨”，《説文》：“棨，傳信也。”…“𥄎”之從二主，是因爲古代傳信剖木爲二，以相合爲信，其字又從“目”，則是因爲傳信是供目驗的，故此可知“𥄎”即漢代“棨”字。（110 頁）

〖王穎 2004〗“傳”應該是指通過正常司法程序逮捕犯罪嫌疑人，沒有經過“捕”的激烈鬥爭。（185 頁）

〖李守奎 2009〗在卜筮簡祭禱神靈“司命”中，“夆”與“命”字可以通用。在司法簡中，“夆”與“命”用法可能有所不同，120 號簡中“夆”與“命”同出，在“陽成公美睪命停郑解句傳郑俈”中，“命”作爲動詞，是上對下的使令，使令对象一般不省略；“夆”不是原告發佈命令，而是原告對司法機關提出的訴訟要求，義當“请求”。…“小人夆（命）爲𥄎以傳之”是指原告向陽成公提出的司法請求——爲𥄎以傳之。…疑在簡文中“𥄎”與“笄”、“孑”、“笑”等字記録的是同一個詞。“𥄎”從目，幵聲。“幵”是見紐元部字，從“幵”聲的趼、豣、鈃、妍、研等字多在元部；“孑”是見紐月部字，古音很近。…所謂“爲𥄎以傳之”，可能就是“爲𥄎(孑)”以拘傳被告。…“箞”與“幵”都是見紐元部字，所以從“幵”聲的“𥄎”與從“关”聲的“笑”也應該記録的是同一個詞。133 號簡的“爲箞志”與 120 號簡的“爲𥄎（孑）”敘述的是同一個事件。…“小人夆（命）爲𥄎以傳之”的意思是：小人請求：發佈拘捕文書以逮捕郑俈。

〖十四種 2009〗《説文》“蔽人視”，徐鍇《繫傳》云：“映人而視也。”意思是説暗中觀察。張家山漢簡《奏讞書》210～211 號簡云：“訮詗謙（廉）問不日作市販、貧急窮困、出入不節，疑爲盜賊者。”訮蓋讀爲“眘”，“訮（眘）詗”指暗中觀察。（59 頁）

按：劉信芳指出上博楚簡《君人者何必安哉》1 號簡“命爲君王戔之”之“命”與本簡之“命”均可以理解爲“請求”。[①]陳偉舉俞樾《諸子平議·管子六》“特命我曰”條云：“樾謹按：特者，人名也。命猶告也。《禮記·緇衣篇》鄭注曰：傳説作書以命高宗。是古者上下不嫌同詞。以君告臣謂之命，以臣告君亦謂之命也。”，認爲劉説可從。[②]

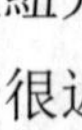字所從的偏旁還見於新蔡楚簡甲三 323，字形作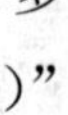、郭店楚簡《語叢四》18 號簡，

①劉信芳：《竹書〈君人者何必安哉〉試説（之一）》，復旦大學出土文獻與古文字研究中心網，2009 年 1 月 5 日。

②陳偉：《〈君人者何必安哉〉再讀》，簡帛網，2009 年 2 月 6 日。

字形作、上博楚簡《容成氏》14 號簡，字形作、上博楚簡《鬼神之明·融師有成氏》7 號簡，字形作。其所從主要有從“主”和從“幵”兩種比較有影響的意見，但牛新房指出楚簡中“宔（主）”字常見，所從之“主”未見有繁化爲“䞘”者，①這種看法可從。清華楚簡《皇門》1 號簡有“”字，今本與之對應之字作“開”，整理者釋爲“覞”，認爲“覞”、“開”皆從“幵”。②袁瑩指出與很可能是同一個字，從“視”與從“目”同，也可能與《龍龕手鑒·見部》“覞”爲一字。③宋華強認爲是給予、賜予的意思，可能讀爲“賜”、“遺”、“賚”。④應即之異構，從“目”與從“見”義同，而所從之是“幵”，即“笄”字初文，⑤清華楚簡《繫年》71 號簡有山名“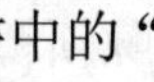”，即史書中的“靡笄”。⑥此句含義應如李守奎所說，意爲“小人請求：發佈拘捕文書以逮捕郙倴”。

[14]昜（陽）成公羕（瞿）睪命倞郙解句傳郙倴，旻（得）之。

〖整理者 1991〗昜城公羕睪命倞郙解句，傳郙倴得之…句，借作拘。（25、47 頁）

〖劉釗 1992A〗字應釋爲“倞”。

〖何琳儀 1993A〗應釋“倞”…簡文“倞”應讀“京”，姓氏。

〖周鳳五 1994〗按，釋倞於字形無誤，但非人名。簡文云“陽成公羕睪命倞郙解拘傳郙倴”，其中“郙解”爲人名，與“郙倴”同姓，這點最值得注意。“倞”字若也是人名，顯然有名無姓，但簡文此處凡稱人皆不省略姓氏，可見劉說有誤。《禮記·郊特牲》：“祊之爲言倞也”《注》：“倞，猶索也。”簡文“倞郙解拘傳郙倴”當讀爲“索郙解拘傳郙倴”，也就是要求拘捕送交官署。郙解既與郙倴同姓，又被指定交出嫌犯，則與嫌犯頗有關係，其身分可能是郙倴的家長，在法律上負有連坐的責任。

〖陳偉 1996A〗傅，逮捕。（139 頁）

〖劉信芳 1996B〗①“郙”是被拘捕的人犯。“剠”字從刀京聲。“黥”字異體，見於《集韻》。②楚簡“拘”字作“句”，或作“笱”、“寠”…按“拘”謂拘禁，用如名詞則謂拘禁之所。

〖楚文字編 1997〗停。（397 頁）

〖陳偉武 1997〗而更準確的解釋應是：句，讀爲枸。…指用以拘執罪犯的木製刑具，當是專用字。…“解句”就是打開桎梏的意思，簡 144 稱“小人（合文）取愴之刀以解小

①牛新房：《楚竹書〈容成氏〉補議》，《中國歷史文物》，2010（4），73-77 頁。

②李學勤主編：《清華大學藏戰國竹簡（壹）》，166 頁，上海，中西書局，2010。

③任攀、程少軒整理《網摘·〈清華一〉專輯》，復旦大學出土文獻與古文字研究中心網站，2011 年 2 月 2 日。

④宋華強：《清華簡校讀散劄》，簡帛網，2011 年 1 月 10 日。

⑤李家浩：《戰國幵陽布考》，《古文字研究》第二十五輯，394 頁注釋⑥，北京，中華書局，2004。

⑥李學勤主編：《清華大學藏戰國竹簡（貳）》，169 頁，上海，中西書局，2011。

人（合文）之桎”可證。

〖何琳儀 1998A〗①解，見《玉篇》“解，釋也。”（742 頁）②倞，讀諒。…諒爲姓氏。《戰國策・趙策》有“諒毅”。（640 頁）

〖九店簡 2000〗包山一二〇號簡有“昜（陽）城公样睪命倞邦解句”之語，“解句”是否是“迲徇”的異文，待考。（84 頁）

〖劉信芳 2003〗“�解句”，對郯倖施以黥刑並解押至拘所。（111 頁）

〖王穎 2004〗“解”在簡文中意爲剖開、鋸開。（104 頁）

〖陳斯鵬 2008〗{拘}這個詞不但有動詞義，同時還有名詞義，可指拘所或拘具。這個{拘}有時仍只用“句”字形表示。

〖李守奎 2009〗釋爲“停”，讀爲“亭”，是職官名，“邦解”是人名，“停邦解”是兼語。讀爲“陽成公美睪命亭邦解拘傳邦倖，得之。”…“亭邦解”中的“亭”是官署，戰國時期有官署“亭”（《墨子・備城門》），有職官“亭尉”（《墨子・旗幟》）。…“亭邦解”應當是“官署＋人名”。…122-123 號簡所載六位緝捕官吏姓名的前面全部都有“里公”、“加公”、“士尹”、“亞□”等職官身份，身份＋姓名是包山司法簡稱謂緝捕官吏的通例。“邦解”用作姓名在此簡中非常合適，“邦解”與“邦倖”、“邦告”中的“邦”用法相同，在此簡中均用作姓氏。古人有以“解”爲名的，《漢印文字徵》就錄有“徐解”、“皇解”等姓名。古書所載設“亭”有亭卒，負責緝捕盜賊。邦解任職於亭，可能就是亭卒，所以令其拘捕疑犯。“句”整理者讀爲“拘”是對的。“傳”與“拘”是同義並列，“拘傳”是現代司法術語，因其太現代，所以《漢語大詞典》不錄辭例。學者大概也是因爲這個詞太年輕而不敢相信楚簡中的“拘傳”是一個詞。筆者以爲簡文“拘傳”是一個詞，義同拘捕，所以後文曰“得之”——捕得疑犯。

〖十四種 2009〗邦倖不當簡稱“邦”。此時未捕未判，亦無由黥之。疑倞邦、解句並是人名，應連下讀。春秋晉國有解狐，見《左傳》襄公三年。（59 頁）

[15]大敍（漁）尹

〖劉釗 1992A〗“敍”疑應讀作“虞”…“虞”即“虞衡”之“虞”，乃掌山之官。

〖何琳儀 1998A〗敍，從攴，魚聲。漁之異文。（502 頁）

〖陳穎飛 2009〗大敍尹之“敍”，見於楚璽，有“敍鉨”（中國璽印集粹），另有“魚鉨”（璽彙 0347）。吳振武認爲“敍鉨”或“魚鉨”是掌管漁事的官員所用之璽。（146 頁）

〖十四種 2009〗上博竹書《景公瘧》8 號簡云：“今新（薪）登（蒸）使吳（虞）守之，蓳（澤）梁使敍守之”，敍與吳（虞）並列，應是另一職官。（59 頁）

[16]屈達

〖整理者 1991〗逌。(25 頁)

〖劉釗 1992A〗按字從“辵”、從“胥”,“胥”即“窑”字,故應釋爲“遙”。

〖張守中 1996〗遜。(29 頁)

〖李零 1999B〗乃“達”字的另一種寫法。

〖劉信芳 1999F〗遈讀爲戚。

〖劉信芳 2003〗字又見於郭店《六德》48 號簡,讀爲“戚”。(112 頁)

[17]郫昜(陽)

〖顏世鉉 1997〗郫,讀作沘水之沘,郫是並紐支部,沘是幫紐脂部,幫並同爲唇音,支脂旁轉,音近可通。《漢書・地理志》盧江郡有灊縣,班固自注云:“沘山,沘水所出,北至壽春入芍陂。”《水經・沘水》卷三十二:“沘水出盧江灊縣西南,霍山東北。東北過六縣東,北入於淮。”《水經注》云:“沘,字或作淠。”此沘水即今安徽淠河,此水流經今安徽省霍山縣、六安市、霍邱縣一帶。“郫昜”爲沘水附近地名,此地可能在沘水入淮處,此地距楚下蔡(今安徽鳳臺一帶)不遠,“郫陽”極可能就在此沘水一帶,而這正合乎簡文所示“下蔡”和“郫陽”相關的地緣關係。(176 頁)

〖何琳儀 1998A〗“郫昜”,讀“比陽”,地名。…見《漢書・地理志》南陽郡。在今南陽泌陽。(773 頁)

〖劉信芳 2003〗楚地卑梁即此“郫陽”,…郫陽在下蔡境内,鍾離在今安徽鳳陽,是二地古爲緊鄰。(112 頁)

〖吳良寶 2010〗單純地從音律角度看,陽、梁上古音一在喻母、一在來母,同是舌音且疊韻。但是,古書及出土古文字資料中,從不見陽、梁二字相通假的情況,故此說可疑。古文字中,從“比”得聲之字、從“卑”聲之字可以相通假,何琳儀讀簡文“郫昜”爲“比陽”,見《漢志》南陽郡,在今河南泌陽。此說可從。(191 頁)

[18]臧(臧-莊)獻

〖整理者 1991〗㝱。(25 頁)

〖劉信芳 2003〗㹜。(108 頁)

〖十四種 2009〗“臧”下一字,又下部原釋文作“厷”。今按:看紅外影像,實爲“犬”。下部從“貝”從“犬”,與“獻”字的一種寫法相同。因疑上部爲虎形之訛,字應釋爲“獻”。(59 頁)

[19]信

〖整理者 1991〗信,借作身,親自。(47 頁)

〖周鳳五 1994〗《說文》:“信,誠也。”包山簡此字凡六見,均當解如《說文》。

[20]與

〖李零 1992〗簡文卡字，似偕同之義。

〖周鳳五 1994〗按，據上下文意推測，似是“牙”字，讀爲“與”。…簡文讀“牙”爲“與”，用作連詞。下文“相牙”即相與，謂共同、互相也。

〖何琳儀 1998A〗上下，包山簡參《國語·齊語》“索訟者三禁而不可上下”，注“三禁禁之三日，使審實其辭也。而不可上下者，辭定不可移也。”（1490 頁）

〖譚步雲 1998〗咔，《玉篇》：“力涑切。言，咔也。”楚簡蓋用如此。相當於“陳述”、“復述”。…字書不見“卡”字，殆即咔之本字，後增益形符“口”（或“言”）。（80 頁）

〖王穎 2004〗北魏《贈營州刺史懿侯高貞碑》：“群稟岐嶷之姿，挺珪璋之質，清暈（暉）發於載卡，秀悟䂓乎齠齒。”陸增祥引清耀遹《金石續編》云：“卞別體作‘卡’，與‘弁’通。…”“弁”讀爲“播”，“播棄”即棄置、捨棄。（130 頁）

按：雖然“與”字是從“牙”聲的，但是在楚簡中“牙”多加“齒”作爲義符，如上博楚簡《周易》23 號簡作、《競建内之》10 號簡作。“與”字有一種省體，作（郭店楚簡《性自命出》48 號簡），很可能也是“與”字的省略寫法，省去“廾”旁，且下部加有點狀羨符。包山 121-123 號簡的書寫風格比較特殊，在包山簡中找不到與之類似的其他簡文，將“與”寫作也許是書寫者的獨特風格。

[21]閈（闕）里人

〖整理者 1991〗閆。（25 頁）

〖黃錫全 1992〗閈（闕）。

[22]雁（膺-應）女㢠（返）

〖整理者 1991〗雇女返。（25 頁）

〖白於藍 1995B〗當釋爲“雁”。…簡文中的“雁”字用作姓氏，古有雁姓，見於《姓苑》。

〖巫雪如 1996〗顧國之“顧”古乃假“雇”爲之。顧氏，《唐書·宰相世系表》云：“顧出自己姓。顧伯，夏商侯國，成湯伐韋、顧，顧之子孫散亡，以國爲氏。”（122 頁）

〖楚文字編 1997〗㢠。返字異體。（69 頁）

〖許全勝 1997〗雇疑讀爲顧，《姓纂》云：“顧伯，夏、殷侯國也，子孫以國爲氏焉。《顧氏譜》云，越王勾踐七代孫國君搖，漢封東甌，搖別封其子爲顧余侯，因氏。漢初居會稽。”（17 頁）

〖何琳儀 1998A〗包山簡鴈，姓氏。…讀雁，見《姓苑》。（978 頁）（按：469 頁又云：“雇，讀顧，姓氏。雇伯，夏殷侯國也，子孫以國爲氏。見《元和姓纂》”）

〖白於藍 1999〗即《說文》雁字。其字形與雁字相同。

〖李守奎 2009〗“雁”字即現在的“鷹”字，“膺”、“應”皆從“雁”聲，音在影紐蒸部。、諸字的音義在簡文中與《說文》的“雁”相當。除了用作人名外，就是用作“背膺疾”的“膺”和姓氏“應”。《古文字譜系疏證（一）》“雁”字條對該字的來龍去脈做了很詳明的梳理，可參看。“應氏”是以國爲氏，應國在今河南平頂山，很早就被滅國，地入於楚。應氏之“應”西周金文作，“楚簡中有應氏之（天卜）、（包121），與西周金文一脈相承，字又作（包 201），是地名、姓氏專用字。…“女反”之釋爲“雁”，讀爲“應”，無論從字形還是從用法上看都是合適的。如果釋爲“雇”或“雁”，不僅字形有問題，而且從姓氏源流分佈上說也缺乏證據。

按：李零已經將卜筮簡貞人之名“會”釋爲“應會”，但未涉及本簡之字以及字形結構。[①]《古文字譜系疏證》一書對“膺”字進行了梳理，“膺”早期字形作、，於鳥之膌部加指事符號，以表示膺義所在。後來增加人旁，作，楚簡則作。[②]楚簡中“雁（膺）”或體作，將人形移到左側，而“雁”字則從鳥、彥省聲，如包山楚簡 145 號、郭店楚簡《性自命出》7 號簡，“雁（膺）”、“鳶（雁）”有別，“雁（膺）”作爲姓氏讀爲“應”。

[23]東邗里人

〖整理者 1991〗邘。（25 頁）

〖黃錫全 1992〗邗。

〖湯餘惠 1992〗右旁從弋，加•爲繁飾。

[24]鴋（場-唐）賈

〖李零 1992〗唐，原作場，簡文也寫成從陽從土。

〖巫雪如 1996〗“唐”、“昜”古音相近，故“唐”與從“昜”之字多可通假，…文獻中所載唐國歧說甚多，有祈姓堯後之唐，有姬姓之唐。姬姓唐又分爲二，一爲近晉之唐，二爲近楚之唐。近楚之唐即上引李學勤文中所考證的在上唐之唐。…是唐在春秋中期已爲楚之屬邑，至定公五年始滅於楚。（133 頁）

〖何琳儀 1998A〗場，姓氏。（663 頁）

[25]䕎（夷）里人競不剨（割-害）

〖整理者 1991〗剨。（25 頁）

〖黃錫全 1992〗割。

〖劉釗 1992A〗按字從“刀”從“害”。字應釋爲“割”…簡文人名“競不割”應讀爲“競

①李零：《包山楚簡研究（占卜類）》，《中國典籍與文化論叢》第一輯，425-448 頁，北京，中華書局，1993。

②黃德寬：《古文字譜系疏証》，328-330 頁，北京，商務印書館，2007。

不害”。“不害”乃古人常用名，韓有“申不害”可證。

〖湯餘惠 1992〗應釋爲“割”。

〖楚文字編 1997〗㓷，割之異體。（200 頁）

〖何琳儀 1998A〗荑，讀夷。地名。《晉書·陶侃傳》“侃立夷市於郡東，大收其利。”在今湖北鄂城東。（1240 頁）

〖韓自強、韓朝 2000〗這方“荑里貣璽”是在今阜陽市插花廟鄉發現，此地離下蔡（今鳳臺縣）只有百華里之遙。荑里璽與包山楚簡合符，兩千年的巧合，耐人尋味。

[26]㬜（僉）殺

〖整理者 1991〗㬜（并）。（25 頁）

〖黃錫全 1992〗皆。

〖劉釗 1992A〗按此字與“并”字相去甚遠，非“并”字。字乃“僉”之省。…簡文“僉殺舍罣於競不割之官”應讀作“僉殺舍罣於競不害之館”。“僉殺”者，皆殺也。

〖何琳儀 1993A〗應釋“㬉”。《正字通》“㬉同昆”。

〖陳偉 1994〗《說文》：“僉，皆也。”《小爾雅·廣言》：“僉，同也。”僉殺即共同殺害。僉殺也許比單個殺人罪責更重，所以需要特別指出。

〖周鳳五 1994〗劉釗釋此字爲“僉之省”，甚是，但以爲僉殺爲“劍殺”即“用劍殺”則不可從。…僉下加甘應屬添加聲符，蓋其字本像一口與二口相向之形，取一呼眾應之意，故有“皆也”、“夥也”之訓，於六書屬會意。其後嫌音、義不明而加甘爲聲，甘、僉古音同屬談部，俾循音知義，於是遂由會意字轉爲形聲字。簡文“僉殺”即夥同殺害。字又作[illegible]，…[illegible]爲[illegible]字省其上部倒口之訛變，[illegible]省倒口則爲[illegible]，更省其二小口則爲[illegible]（皆）；皆字訓“同也”、“並也”蓋猶存僉意。

〖張守中 1996〗㬜。（53 頁）

〖十四種 2009〗此字似應釋爲“競”。《離騷》“衆皆競進以貪婪兮”，王逸注：“競，並也。”“競殺”即共同殺害。（60 頁）

按：釋爲“僉”，訓爲“皆”的意見可從。

[27]競不㓷（割-害）之官

〖劉釗 1992A〗館。

〖周鳳五 1994〗劉釗讀爲“館”，可從。…簡文記郙俸等人在競不害的住處共同殺害舍罣，並棄屍於大路。

〖周鳳五 1996〗所謂“競不害之官”，就是競不害私營的手工作坊。

[28]競不㓷（割-害）不至兵安（焉）

〖整理者 1991〗競不割不至□女。(25 頁)

〖周鳳五 1992〗從安省，讀音仍同於安，但在簡文中則讀爲“焉”，…“競不割不命至”其末字殘泐，唯細審圖版猶可辨識。即語氣詞焉。

〖周鳳五 1994〗命：此字原簡模糊，據殘存筆跡及簡一二八“不致命，阩門又敗”文例補。簡文“競不害不致命焉”，指命案重要關係人，也是嫌犯之一的競不害受官署傳喚卻不出面說明而畏罪潛逃，於是展開了以下的逮捕行動。

〖白於藍 1999〗應釋爲安。

〖劉信芳 2003〗讀爲“焉”，“不至弃安”沒有到棄屍的地方。該案殺人現場在景不害的客館（或作坊），作案後自然由景不害留下清理現場。而由郲俸等人棄屍於大路。(113 頁)

〖十四種 2009〗看紅外影像，上部大致可見的左側筆畫，應非棄字所有，當是“斤”。不至兵，沒有用兵械，即未親自動手殺人。(60 頁)

[29] 孓敎（執）鼿（場-唐）賈

〖整理者 1991〗孔。(25 頁)

〖周鳳五 1994〗按，當釋“孑”，讀爲“札”，即簡文的省體訛變。省竹爲，再稍訛變，即成。…“執場賈”，即札執場賈，也就是行文拘捕場賈。返札：回復公文，爲對於“札執場賈”的答復。又作“譲”，即“復札”，復與返同義。…其實“札執場賈”的受文者是地方官員“里公�紳，士尹紬譲”，而他們“返札”即回復的公文是，場賈事先已經畏罪逃亡，“札弗及”即公文來遲，未能捉到嫌犯。

〖袁國華 1995〗當隸作孓。

〖劉信芳 1996C〗所謂“執”即奉司法官府之命持孑捉拿人犯。

〖林清源 1997〗包山簡“”字，都接在“發”或“譲（復）”字後面，結合成爲詞組。但是包山簡“”字，從未見類似的用法。因此“”字與“”字，在構形與辭例兩方面，都有相當程度的區別，是否確實爲同一字的異體，仍有商榷的餘地。(69 頁)

〖何琳儀 1998A〗夗，人名。(974 頁)

〖劉信芳 2003〗按字讀爲“節”，“孑執場賈”，即發節捉拿場賈。(113 頁)

〖十四種 2009〗“笅”之省寫。(60 頁)

按：“”應即“”之省體。

[30] 郙眚（省）

〖滕壬生 1995〗茜。(56 頁)

〖何琳儀 1998A〗旃（1552 頁）

〖劉信芳 2003〗𠯑，字見於《說文》“口”部，經典多作“壺”。(113 頁)

〖李守奎 2009〗此字與上博簡《性情論》中的“眚”字相近，疑當釋爲“眚”。“眚”在楚簡中多讀爲性情之“性”，楚璽中或用爲人名，如《古璽彙編》3536 號之“肥眚”。

[31]士尹紬諺（慎）

〖黃錫全 1992〗諮（訢）。

〖何琳儀 1993A〗士尹，亦見《璽彙》0146，楚國官名。

〖李零 1999B〗似可隸定爲“謅”，疑是楚“慎”字的一種特殊寫法。

〖陳偉武 2000〗與“訢”同是“訢”字異構。此字當隸作諺，從言，聲，“彡”爲贅加聲符。

〖十四種 2009〗此字右下部似是“糸”形，應可釋爲“縝”。（60 頁）

〖蕭毅 2010〗我們認爲這個字右邊是從“斤”、從“糸”的，其中“斤”、“糸”存在借用筆畫現象。…包山 122 號簡形體中的“糸”，可以認爲是從“幺”變化來的，字從“丨”聲，沒有省略。（228 頁）

按：楚簡中隸定爲“訢”、“新”的字讀爲“慎”無疑，如郭店楚簡《老子甲》11 號簡“慎終如始”、《緇衣》30 號簡“慎爾出話”。但對於其字形結構的理解，尚未有定論。陳偉武認爲楚簡中的從言、忻聲，讀爲“慎”，“誓”、“新”是“訢”字異體，“慎”借“新”、“誓”、“詎”爲之。[①]陳劍則認爲“訢”、“新”、“謕”、“詎”等讀爲“慎”的字，所從聲符是後來寫作從二“斤”的“所”，即“質”字的聲符。“質”古音在章母質部，“慎”在禪母真部，聲母爲旁紐，韻部有嚴格的陽入對轉關係。“訾”、“悊”有可能是“慎”的古字，應該分析爲“從言（或又從心）”，“所聲（或所省聲）”。[②]裘錫圭則認爲楚簡中“慎”是以“針”之初文“丨”作爲聲旁的。[③]

[32]䢅（返）孑

〖劉信芳 1996C〗所謂“返”即向官府復命。

[33]言謂䢼（場-唐）賈既走於前，孓弗汲（及）

〖整理者 1991〗①走，趋也。（47 頁）②逘，迈字，借作駕。《說文》：“次第馳也。”即前後相隨而馳。（47 頁）

〖黃錫全 1992〗追（？）。

〖劉釗 1992A〗按字從“辵”、從“及”。…“及”者，逮也，今言趕上也。

①陳偉武：《舊釋“折”及從“折”之字平議》，《古文字研究》第二十二輯，251-256 頁，北京，中華書局，2000。

②陳劍：《說慎》，《簡帛研究二〇〇一》，207-214 頁，桂林，廣西師範大學出版社，2001。

③裘錫圭：《釋郭店〈緇衣〉“出言有丨，黎民有訁”兼說“丨”爲“針”之初文》，《中國出土古文獻十講》，294-302 頁，上海，復旦大學出版社，2004。

〖湯餘惠 1992〗細審原篆，字當從及。…，返即彶，今通作及。…弗返。即弗及，意思是沒有追上，沒有逮到。

〖周鳳五 1992〗按，此字即返字，從辵從及，其字作形，從人從又，明確無訛。簡文記緝捕兇犯的過程，其中屢言“弗返”，意指未能趕上，即未能捕獲兇犯。

〖劉信芳 1996C〗所謂“弗返”，根據上下文義，謂被捉人犯已向官府自首，未及持孑捉拿。

〖何琳儀 1998A〗返，從辵，支聲。疑支之繁文。（394 頁）

〖王穎 2004〗“走”應指在危險到來之前即逮捕令下發以前悄悄逃離。（187 頁）

〖李守奎 2009〗“孑弗及”中的“孑”是一種簡略說法，意思是持逮捕令“孑”去逮捕，沒有能趕得上。

[34]利臤（堅）

〖整理者 1991〗利酱。（25 頁）

〖楚文字編 1997〗酱。當是侸字異體。（142 頁）

〖何琳儀 1998A〗酱，從臣，父聲。（1259 頁）

[35]吴拘

〖整理者 1991〗吴拘。（25 頁）

〖黃錫全 1992〗吳。

〖何琳儀 1998A〗①吴枸。吴，吳之異文。（500 頁）

〖十四種 2009〗疑是“”字異寫。（60 頁）

按：字與“吳”有別，有可能是缺失橫筆之“”字，暫不能下定論，故按字形隸定。

[36]亞大夫郞（宛）奪（乘）

〖整理者 1991〗輮，簡文無合文號，據文義當釋作“乘車”。（47 頁）

〖十四種 2009〗“大夫”二字合文，右下有合文符號。原釋文缺釋，今據紅外影像釋出。《左傳》昭公七年：“朔於敝邑，亞大夫也。”即中大夫。（60 頁）

[37]攸（奴）

〖李天虹 1992〗此即奴字。

〖周鳳五 1994〗《說文》有“攸”字，爲奴的古文，但簡文此字應讀爲“孥”，所謂“札收郏倖之孥”正反映收孥之法，亦即連坐法。

〖陳偉 1996A〗攸讀作孥。《國語・晉語二》：“以其孥適西山”，韋昭注：“孥，妻、子也。”“收孥”作爲一種刑罰見於秦律。（145 頁）

〖劉信芳 1996A〗按“攸”應讀如“孥”…知“攸（孥）”指依法受株連之妻妾及成年子女。

[38]加公

〖何琳儀 1998A〗吺。(1534 頁)

[39]有痰

〖袁國華 1994B〗應隸定作從“疒”從“交”的“痰”字。…由此可知“痰”或“疴”是“由肚子痛所引起的一種疾病。”

[40]死於宿

〖整理者 1991〗宿,讀如拘,牢房。(48 頁)

〖周鳳五、林素清 1995〗是楚國囚禁犯人之處曰宿(宿)。

〖何琳儀 1998A〗宿,讀拘,拘禁之牢房。(342 頁)

〖李零 1999B〗從宀從句(或從佝),在簡文中似讀爲“獄”(表示拘人之所“獄”)。句是群母侯部字,獄是疑母侯部字,讀音相近。

〖九店簡 2000〗根據文意,此“宿”字顯然不是刑具,而應當是《包山楚簡》四八頁考釋(二〇四)所說的“牢房”。…“句”、“獄”古音相近。…包山一二三號簡的“宿”有可能應當讀爲“獄”。(84-85 頁)

〖南玉泉 2000〗拘,即拘禁。對於已捕獲,但還未判決者,先拘禁之。拘,楚簡寫作“句”,或作“宿”、“宿”。…此簡文意很明了,即郙倖還沒有判決之時,就病死在拘禁中。

〖劉信芳 2003〗讀爲“拘”,拘禁也,用如名詞則謂拘禁之所。(111 頁)

〖史傑鵬 2005〗我們認爲這些簡文中的“宿”或“宿”字,都應該讀爲“囚”。

〖陳斯鵬 2008〗楚簡中則有專造字形“宿”,蓋拘禁往往意味著有一定的處所,所以加“宀”旁以表義,所拘者一般之人,故又或加“人”旁足義作“宿”。

〖十四種 2009〗文書簡另有“獄”字。郭店竹書《窮達以時》7 號簡“宿繇束縛”,裘按云:“繇疑當讀爲囚”。若然宿不應也讀爲“囚”,疑劉氏(按:指劉信芳)之說是。(61 頁)

按:“宿”爲關押犯人之地,整理者之說正確。

[41]皆既累(盟)

〖整理者 1991〗簡文作累。盟詛。《周禮・秋官・司盟》:“有獄訟者則使之盟詛”。(48 頁)

〖周鳳五 1994〗盟詛是審判之前的必要程序,《周禮》與包山楚簡所反映的現象是一致的。簡文在記錄郙倖痍死獄中之後,留有約八、九字的空白,然後才記“雇汝返、場賈、競不害皆既盟。”可見這十一字是後來才添上的,亦記主犯郙倖死後,查緝工作並未放鬆,最後終於使三名共犯接受審判。簡文“皆既盟”三字正清楚說明了三名共犯參加盟詛而受審的事實。

〖陳偉 1996A〗簡 120-123 最後一段記“雇女返、場賈、競不割既累”。整理小組同樣讀作“盟”。當時，指稱這 3 人共犯的邦俸已死於獄中，他們的盟恐怕是表白自己的無罪。如然，這與簡 131-139 所記的盟，在參與人和目的上均有不同，而與《周禮》、《墨子》所載近似。作爲另一種可能，這處“槼”也許讀作明。明有審察之意。“既槼”是說他們被判明無罪。（143 頁）

〖劉信芳 2003〗“盟”乃審案程序，與被告訂立攻守同盟不是一回事。（114 頁）

3. 酷官死亡案

司豊[1]之壼（夷）邑人桯甲[2]受浞（疋）昜（陽）之酷官[3]黄= 齊= 黄= 鼉= [4]（黄齊、黄鼉，黄齊、黄鼉）皆㠯（以）甘匿（固）之戠（歲）㚐（爨）月死於鄴㦈（國）東敔卲（昭）戊之笑邑[5]。〖124〗宋客盛公鵩（邊）萼（聘）楚之戠（歲）[6]，屈柰（夕）之月戊寅之日，䢵（疋）昜（陽）公命鄴㦈（國）之客蕫戱（列）尹癸[7]（察）之。東敔公繇（舒）捭[8]、敔司馬[9]墬（唐）牛皆言曰：䢵（疋）昜（陽）之酷倌黄齊、黄鼉[10]皆㠯(以)甘固之㚐= （㚐-爨月）[11]死於夶= （小人）之敔卲（昭）戊之笑邑。〖125〗既發筝，廷疋昜（陽）之酷官之客[12]。𡍮（匡）倚爲李[13]。〖125 反〗

集釋：

[1]司豊

〖整理者 1991〗司豊。（25 頁）

〖白於藍 1995B〗根據前後辭例比較，知“司豊”應是地名，其地望待考。

〖周鳳五 1996〗職司釀酒的司醴（司豊）之官。

〖何琳儀 1998A〗“司豊”，讀“司禮”，官名。（1262 頁）

〖劉信芳 2003〗即“司禮”。“豊”字據原簡字形應隸作“豊”，然據辭例則應釋爲“豊”。（115 頁）

按：字不是很清晰，但從 145 號簡“司之客”來看，應是“豊”字。

[2]桯甲

〖巫雪如 1996〗桯爲姓氏字，…諸姓氏書均不收此氏，文獻中亦無有關此一姓氏之記載，其源不可得而知。（106 頁）

〖許全勝 1997〗古文字中木、禾旁多通用，穌字金文皆從木，與此相類，故釋爲程。《姓纂》云：“顓頊重黎之後，周程伯休父，其後也。”《通志》程氏條：“伯爵，風姓，重黎之後也。重爲火正，裔孫封於程，洛陽有上程聚，即其地也。”（16 頁）

〖何琳儀 1998A〗桯，姓氏。疑讀程。（805 頁）

[3]酷官

〖陳偉 1996A〗“宵官”、“酷官”則應是官府名。(117 頁)

〖周鳳五 1996〗釀酒作坊工匠（酷官）。

〖文炳淳 1997〗楚簡“告”字中的上端皆是直筆，而“造”所從的“告”旁上部的豎筆幾乎都向左彎曲。郭店竹簡中的“造”字可省略作“告”，如《窮達以時》11 號簡。“酷”所從的“告”應是“造”省，即從“酉”從“造”省的字，就是釀酒之意。《周禮·天官》有“酒正”和“酒人”，酷官可能是其屬官。(3 頁)

〖何琳儀 1998A〗疑讀簉。《左·昭十一年》“使助薳氏之簉。”注“簉，副倅也。”(174 頁)

〖劉信芳 2003〗又作“酷倌”，酒作坊之小臣。(115 頁)

[4]黃鼈

〖整理者 1991〗鼈。(25 頁)

〖滕壬生 1995〗鼁。(950 頁)

〖李零 1999B〗鼈。

〖劉信芳 2003〗鼈。(115 頁)

[5]鄴彧（國）東敔卲（昭）戊之笑邑

〖整理者 1991〗鄗，鄴。𠯑與《說文》叡字古文同。地名。(48 頁)

〖李天虹 1992〗此字當讀作簠…古音夫甫同屬邦母魚部，可以互通。

〖張守中 1996〗笑。(185 頁)

〖顏世鉉 1997〗鄗彧和笑邑可能在邔陽附近，邔陽在今湖北沮水一帶。(251 頁)

〖何琳儀 1998A〗“東敔”，地名。(507 頁)

〖李零 1999B〗“匿”字應釋爲“簋”(按：“簋”應爲“笑”)。從“竹”“夫”聲的字，李天虹先生釋爲“簠”，可從。

〖劉信芳 2003〗①鄗，讀爲“獙”，《說文》:“南陽新野有獙鄉。”疑“鄗彧”即此地。(115 頁) ②“敔”下有行政單位“邑”(簡 124) 並不奇怪，秦始皇築阿房宮，用“隱宮徒刑者七十餘萬人”(《史記·秦始皇本紀》。“宮”應爲“官”字之誤)，是“敔”中之“邑”乃刑徒、隱官居住區。依秦律，刑徒免罪爲庶人，留居於服刑地從事勞作，稱“隱官”。“隱官”即爲庶人，自然就要設立地域行政單位“邑”，以從事管理。至於 143:“鄝國囂敔郏君之泉邑人黃欽”，是說“黃欽”的身分是“郏君之泉邑人”，該簡不可作爲“敔”下設“邑”之例。(69 頁)

〖羅運環 2005〗第 1 條引文的“東敔公”的“東”，從下文所連接的邑來看，應是就敔所轄範圍的方位而言的，而籠統說來故又可直稱爲“敔”。

〖宋華強 2010A〗是說笑邑屬於鄴城外的"東鄉"…東鄉是以方位名"鄉"，古今都很常見。(341 頁)

[6]宋客盛公䢼（邊）蕁（聘）楚之戢（歲）

〖整理者 1991〗①宋，國名。《漢書·地理志》："梁國睢陽縣，故宋國。微子所封"。在今河南商丘。戰國初年，遷都彭城（今江蘇徐州），公元前 286 年爲齊所滅。(48 頁)②蕁，簡文作，即甹，讀如聘。《爾雅·釋言》："聘，問也"。《禮記·曲禮》："諸侯使大夫問於諸侯曰聘"。(48 頁)

〖何琳儀 1993A〗所從"臱"（畀）爲疊加聲符。"畀"、"臱"雙聲。

〖劉信芳 2003〗該年當楚懷王十一年（318 年），《史記·六國年表》齊湣王六年（懷王十一年）："宋自立爲王。"此所以遣使聘楚。(116 頁)

按:何琳儀認爲"䢼"字爲"畀"、"臱"雙聲的意見可從。上博楚簡《曹沫之陳》中"邊邑"之"邊"寫作(13 號簡)、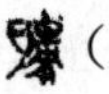(17 號簡)，所從與本簡之字相同，"䢼"可讀爲"邊"。

[7]鄬戜（國）之客蕫戠（列）尹癸

〖整理者 1991〗郚（鄬）戜（域）之客蕫、戠尹癸。(25 頁)

〖十四種 2009〗原釋文在"蕫"後以頓號斷讀。今按：簡文其他"戠"字之前或冠以地名，或冠以人名，而"客"字之後則或者不帶人名。因而改讀。(61 頁)

[8]豫（舒）捭

〖整理者 1991〗豫㼛。(25 頁)

〖黃錫全 1992〗豫。

〖劉釗 1992A〗按簡文中從"疒"的字常常省爲"爿"，㼛字應釋爲"痺"。

〖白於藍 1999〗應釋爲痺。偏旁疒、爿可通用。

〖施謝捷 2003〗捭。

[9]敔司馬

〖湯餘惠 1992〗125 簡又有"東敔公"、"敔司馬"等官名，大概相當於後世獄丞、獄吏一類職官。

〖陳穎飛 2009〗"敔"若是作爲一級行政單位，其長官一般不與該行政單位連稱，如"魯陽"爲縣，其長稱"魯陽公"，而不稱"魯陽縣公"付與之關司馬中的"敔"並非行政單位，當是"東敔"的省稱。…正如常見於包山簡地名的"陽"、"陵"不是行政單位一樣，"敔"僅是地名。包山簡中，帶"敔"字的地名有四個：關敔、筐敔、東敔、磩敔。(192 頁)

按:91 號簡有"付與之關人"可證明"付與之關"應是一個整體，不可拆開來分析。

[10]黃黿

〖蕭毅 2010〗從“炅”、從“龜”外，右上從“斤”，“炅”上加有“屮”。（226 頁）

[11]甘固之臭（爨）月

〖整理者 1991〗此處脫“歲”字。（48 頁）

按：“甘固之臭月”或爲省略說法，並非脫“歲”字。

[12]既發笲，廷疋昜（陽）之酷官之客

〖周鳳五 1994〗“既發笲，廷疋陽之酷官之客。”則是因疋陽之酷官黄齊、黄鼈二人死亡，所以發出公文，要疋陽酷官的主管官員到上級官署報告詳情。…客：楚官名。…簡文酤客是職司釀酒之官。

〖周鳳五 1996〗已經發出公文（既發札），指示疋昜釀酒作坊的主管官員（酷官之客）前往左尹的官署作說明。

[13]𡍫（匡）倚爲李

〖周鳳五 1996〗“𡍫倚爲李”表明此案是由姓𡍫名倚的官員負責審判。

4. 同室調查案

左尹與[1]鄰（郑）公賫（賜）[2]、正婁宼、正敂（令）翟、王厶（私）司敗逷、少里喬與尹羿（羽）、郏迲（路）尹弗、發尹秎（利）[3]之命胃（謂）：羕（漾）陵宫夫=（大夫）司敗（察）羕（漾）陵之州里人壂（唐）鋋之不與亓（其）父壂（唐）年同室。顕（夏）层（夷）之月己亥（酉）之日[4]，囟（思-使）一戠（職）獄之宔（主）㠯（以）至（致）命[5]，不至（致）命，澂門又（有）敗[6]。〖128〗

東周之客䜌許緹（緼-盈）至（致）𠊍（作-胙）於莪郢之戢（歲），頣（夏）层（夷）之月癸卯之日，子左尹命漾陵之邑夫=（大夫）（察）州里人[7]壂（唐）鋋[8]之與亓（其）父壂（唐）年同室與不同室[9]。大宫痎大駐（馹）尹帀（師）言胃（謂）：壂（唐）鋋不與亓（其）父〖126〗壂（唐）年同室。鋋居郢，與亓（其）季父[10]鄰連嚣（敖）[11]壂（唐）必同室。大宫痎内（入）氏篰（志）[12]。〖127〗

顕（夏）层（夷）之月癸卯之日[13]，戠（職）言市㠯(以)至，既涉於喬與，喬差（佐）僕（僕）受之[14]。亓（其）（察）戠（職）言市既㠯（以）迈（蹠）郢[15]。〖128 反〗

集釋：

[1]與

〖十四種 2009〗與，今按：動詞，指發佈命令。郑公賜等七人爲接受命令者，而不是與左尹共同發佈命令。（62 頁）

〖李守奎 2010A〗簡文“左尹”後面的“與”是連詞，是左尹與六個視日官員共同給羕陵宫大夫司敗下達的命令。

[2]鄝（郑）公冐（賜）

〖整理者 1991〗隊，鄝字異體。（48 頁）

〖白於藍 1999〗“”（143）、“”（128）、“”（141），此字右旁乃羌字，羌字從糸，甲骨文即有之，…故此字當隸作郑。（從林澐師說）

〖劉信芳 2003〗案“鄝”字又見簡 141、143 等，與“鄝”字有別，“鄝公賜”爲左尹官署的屬官，非郑之地方官。（118 頁）

按：本簡之字作，又見 141 號簡，作，整理者將釋爲“隊”，但將釋爲“鄝（郑）”。袁國華對二字也持不同釋法，將隸作“鄝”，而將隸作“鄝”。[①]何琳儀則將釋爲“鄨”讀爲“郑”。[②]字所從與“(郑)”所從有別，白於藍之說可從，應釋爲“鄝（郑）”。作爲地名，有學者認爲“鄝”與“郑”是同一地，[③]視爲二地爲宜。

[3]發尹利

〖何琳儀 1998A〗包山簡一二八夎，地名，或官名。（952 頁）

[4]己菡（酉）之日，

〖于成龍 1997〗己酉之日應是左尹官署規定的致命的最遲日期。（26 頁）

[5]囟（思-使）一戠（職）獄之宔（主）旨（以）至（致）命

〖整理者 1991〗①囟，借作畀。《爾雅·釋詁》：“畀，予也。”（48 頁）②宔，簡文作，《汗簡》主字作，與簡文相近。借作主，此爲負責斷獄之人。（48 頁）

〖黄德寬 1992〗“戠”猶“志、記”。…“戠獄”，即“記獄”。

〖李零 1992〗當時因等候一諳悉獄訟之事者送達此命，而此人未能如期送達，造成“登門有敗”。

〖何琳儀 1993A〗思，發語詞。

〖李零 1993〗思，表示願望語氣的詞。

〖曾憲通 1993〗發語詞。

〖陳偉 1994〗通過一些簡文（128 與 135 背、238 與 250）對比，可以發現思字用例與“命”相當。《說文》：“命，使也。”“思”、“使”古韻均在之部，思或爲“使”字的假借。

①袁國華：《包山楚簡文字諸家考釋異同一覽表》，《中國文字》新廿十期，207-263 頁，臺北，藝文印書館，1995。

②何琳儀：《戰國古文字典》，673 頁，北京，中華書局，1998。

③嚴世鉉：《包山楚簡地名研究》，174-175 頁，臺灣大學碩士學位論文，1997。吳良寶：《戰國楚簡地名輯證》，182-183 頁，武漢，武漢大學出版社，2010。

〖陳偉 1996A〗《詩・大雅・文王》："思皇多士，生此王國"鄭玄箋："思，願也。"《後漢書・徐稚傳》引《詩》此句，李賢注："思，願也。皇，天也。思願天多生賢人於此王國。"簡書中的"思"似乎與這種訓釋近似，爲表示祈使的動詞。（32頁）

〖于成龍 1997〗文中致字，見於睡虎地秦簡，敦表律："冗募歸，辭曰日已備，致未來，不如次，貲曰四月居邊。"又天律："以其致到日稟之"，又《禮記・曲禮》："獻田宅者操書致"，致字意爲文卷，皆與包山簡用法相同。《爾雅・釋詁》："命，告也。""以致命"，其意應是以其訴案之文卷告之。命的這個用法與《田律》"輒言其頃數"之言近似，皆上報之意。如此，"以致命"和"以告"的意義完全一致，均是向中央政府報告。（24-25頁）

〖何琳儀 1998A〗①楚簡囟，讀思，發語詞，通斯。（1163頁）②宔，首長。（358頁）③"至命"，讀"致命"。《儀禮・聘禮》"大夫東面致命。"傳達命令。（1086頁）

〖何琳儀 1998A〗戠獄，官名，戠讀職。（53頁）

〖劉信芳 1998C〗思讀如"使"，包山簡習見。

〖陳斯鵬 2003〗循此，和"命"相當的"囟"或"思"應該讀爲"使"…義同"命"都是表示上級對下級或官對民的派遣、命令。

〖王穎 2004〗"囟"過去也見於商代和西周的文字但長期得不到正確的釋讀。近年來，李學勤、夏含夷注意到此字在商周卜辭中是一種關鍵術語，並猜測此字應釋爲"思"。簡文"囟"、"思"互用對他們的猜測是有力的支援，多位學者均贊同此說。"思"用於句首，是發語詞，有祈使的意味。（166頁）

〖大西克也 2006A〗"致命"的主語是"一識獄之主"，…左尹要求鄝公賜巻等幾個地方官僚"思"一個主管官員致命，"思"的主體是鄝公賜等幾個人。願望某人做某件事，用這樣的表達方式表示祈使，不是不可以，但嫌太婉轉，不像是公文語氣。…我推斷楚簡中的"囟（思）"字應該是失令動詞"使"。從語法角度看，楚簡的"囟（思）"讀作表意願意義的動詞"思"之說是難以成立的。

按：通過128號簡之"囟一戠獄之宔以至命"與135號簡反"命一執事人以至命於郢"的對比，"囟（思）"應爲"命令"之意，"囟（思）"讀爲"使"應無疑問。

[6]不至（致）命，逭門又（有）敗

〖周鳳五 1996〗文末"不致命，迸門有敗"是《受期》簡常見的公文用語，確切的語義不明，推測可能指受命官員若辦事不力將受到懲處。

〖何琳儀 1998A〗"逭門"，讀"徵問"，問罪。簡文"徵問"爲法律名詞，似與訟詞有關。（141頁）

〖張伯元 2012C〗在包山案卷類簡中，簡128是一則審理父子是否同室的案件，在案卷

文書中用了“阩門有敗”四字：“……夏尸之月己酉之日，思一戠獄之主以致命；不致命，阩門有敗。”其實，它與受期簡沒有什麼兩樣，只是受期的過程發生在此案件的實施中，它受理此案件的時間是“夏尸之月癸卯之日”，約定審理的時間是“夏尸之月己酉之日”。特意在這裏對簡 128 案例作補充說明，其原因在於證明“阩門有敗”並不針對訴訟實體，不涉及訴訟程式的推進。如果不復命，其後再作進一步的調查、核實或廷審。

[7]州里人

〖羅運環 1991A〗包山簡中有左尹命漾陵之邑大夫處理州里之事。從文義上看，邑當即州治所在的城邑。在這裏“州里”就是“邑里”。邑與州是統一的。如此不誤，則州直接上屬中央王朝，是一種特別的地方民戶編制。

〖譚步雲 1998〗“州人”（《包》173、174、183、95、80），或作“州里人”。（23 頁）

[8]墬（唐）鋋

〖整理者 1991〗鏞。（26 頁）

〖黃錫全 1992〗鏞（鏋）。

〖劉釗 1992A〗按字從金從“肯”，“肯”即“朏”字。鏞從“肯”聲，“肯”從出聲，此字可以釋爲“鈯”。

〖李守奎 2010A〗現在看來，應當是從金，延聲。《說文》：“鋋，小矛也。”

[9]與亓（其）父墬（唐）年同室與不同室

〖整理者 1991〗室，《國語·楚語》：“施二帥而分其室”，注：“家資也”。同室，共有家資，也即後世所謂同居。《睡虎地秦墓竹簡·法律答問》：“何爲同居？戶爲同居。”（48 頁）

〖彭浩 1991A〗同室即爲同居一室，也即同戶。這裏的“室”指與妻子、財產的“室”含義不同，而專指同爲一戶。

〖羅運環 1991A〗“同室不同室”就是分家不分家的意思。

〖周鳳五 1994〗這若非涉及連坐收孥，則當與賦稅有關。

〖楚國歷史文化辭典 1996〗同室。名籍用語。可能是指同在一個獨立家庭中生活。…楚官府注重民戶的同室與否，當是因爲這與賦稅有關。（139 頁）

〖周鳳五 1996〗所謂同室，應當就是云夢秦簡的“同居”…除了血緣關係以外，同室至少還涉及兩個問題，一是戶籍所在地，一是賦稅。另外，根據《云夢秦簡》與其他先秦文獻記載，同居者有罪當連坐，楚國實施連坐法，文獻與包山楚簡均有例證。左尹指示核對墬鏞是否與其父墬年同室，可能與罪刑連坐有關。

〖何琳儀 1998A〗“同室”，見《孟子·離婁》下“同室之人。”（420 頁）

〖劉信芳 2003〗按“同室”作爲司法用語具有特定涵義，一人犯法，同室者應告官，否

則將連坐；不同室自不連坐。簡文記左尹下令督察陽鍬與其父陽年是否同室，應是涉及要案須判定陽年是否連坐。（117 頁）

[10]季父

〖整理者 1991〗季父，《史記·項羽本紀》索隱引崔浩云：“伯、仲、叔、季，兄弟之次。故叔云叔父，季云季父”。（48 頁）

〖何琳儀 1998A〗“季父”，見《戰國策·韓策》“傀有韓君之季父也。”《釋名·釋親屬》“叔父之弟曰季父。”（1197 頁）

[11]鄐連囂（敖）

〖何琳儀 1993A〗應釋“郭邨”合文，即“宗正”，見《璽彙》0092，官名。《史記·淮安王傳》：天子使宗正以符節治。

〖史傑鵬 1998〗簡文不可能將兩個官名排在一起，這樣無法讀通。何先生不考慮文例，算個小小的疏忽。我們認爲，此字隸作定爲鄐，並非合文。…《漢書·地理志》廬江郡下轄有舒縣，云爲故國。《春秋·僖公三年》：“徐人取舒”，杜預注：舒國，今廬江舒縣。恐怕即此舒縣。故城在今安徽廬江縣西鄐連囂即舒縣的連囂。

〖劉信芳 2003〗讀爲“宗”，古國名。…其地在今安徽廬江、舒城一帶。（117 頁）

〖趙平安 2003〗郐（？）。

〖蕭毅 2010〗我們認爲這是個從“余”、從“止”、從“邑”的字，其中繁化的斜筆變得平直。（45 頁）

〖李守奎 2010B〗《包山》127 號簡的，史傑鵬隸作“鄐”，當屬可信，其所從的“余”旁與上文所舉包山 125 號簡“𨑘”字所從相近，但讀爲“舒”，似有可商。“郐”字見於《說文》：“郐，朱下邑也。魯東有余城”。徐國銅器自銘作“郐”，《周書·費誓》之“徐戎”，《釋文》：“劉本作郐戎”。簡文中的“郐”或“鄐”亦並當讀爲“徐”。徐國是一個古國，西周時曾一度強盛，昭公三十年，爲吳所滅，徐子奔楚，楚城夷以處之，後爲楚所滅。包山楚簡中姓氏眾多，楚境內眾被滅小國多有姓氏遺存，楚境自當有徐氏，以“郐”當之，比較妥當。

按：從字形上看，此字右部似從“宗”從“正”，讀法待考。

[12]大宮痃內（入）氏等（志）

〖陳偉 1996A〗是。（225 頁）

〖史傑鵬 2001〗“內氏等”三字應讀爲“納是等”。…我們懷疑這裏意思爲“簡牘”的“等”和上述“孚”的性質比較類似。簡文（六）（按：指 128 號簡）可能是中央發給漾陵的相當於“孚”的文書，簡文（五）（按：指 126-127 號簡）則可能是漾陵給中央的相當於“復笀）的文書。

[13]頣（夏）层（夷）之月癸卯之日

〖整理者 1991〗頣（夏）。（26 頁）（按：字表又隸爲“頣”，見圖版一六四）

〖廣瀨薰雄 2005〗126 號簡正面說夏夷之月癸卯之日左尹發出了命令。這跟 128 號簡背面的日期一樣。假如按照徐少華先生所說漾陵在淮河上流地區（從今安徽省境到太和縣一帶），那漾陵絕對不是從郢都一天之内可能到達的地方。那麼這個日期就存在兩種可能性。第一，是命令書到達漾陵之宫大夫的日期。在這種場合，所謂命令發出的日期指的是命令書到達目的地的日期。第二，是左尹發出命令的日期。在這種場合，所謂命令發出的日期指的是命令書從郢都出發的日期。目前這兩種可能性都不能否定，但不管如何，這兩種解釋都可以成立這件事情本身就表明了楚國文書上面的日期具有不明確性。

[14]戠（職）言市以至，既涉於喬與，喬差（佐）僕（僕）受之

〖整理者 1991〗①涉，《漢書・高帝紀贊》：“涉魏而東遂爲豐公”，晉灼曰：“猶入也。”（48 頁）②差，簡文寫作，讀作佐。（48 頁）

〖黄德寬 1992〗“戠”猶“志、記”。…“戠言”即“書言”、“志言”。

〖李零 1992〗只是到了癸卯日，此人（簡文稱爲“識言市”，蓋諳悉獄訟之辭，而其名爲“市”）到達，把命令送抵“喬”（或即上述八名官員中的少里喬）和“喬差（佐）”之僕，經調查核對，此案才了結。

〖陳偉 1995C〗夏夷之月癸卯之日，識市以至，既涉於喬與，喬差僕受之。

〖周鳳五 1996〗戠（“戠獄之宔”的省稱）言市（人名）。…由喬與（“少里喬與尹”的省稱）與喬佐（少里喬與尹的屬官）經手（涉）交給我（僕），即前述左尹七名屬官之一，喬與除外）收執。

〖劉信芳 1999F〗市，讀爲等，“戠言等”謂記獄之簡冊。“戠言等以至”，謂簡 126、127 所記案情的簡冊已經送到，簡 127 署有“大宫痎内氏等”，“等”“市”互文。“其督識言等，既，以返郢”，謂督察記獄的文書已經收到，將此文書送往郢都復命。

〖九店簡 2000〗“言市”是“戠”的名字。“戠”即一二八號簡正面所說的“戠（識）獄之宔（主）”。（89 頁）

〖劉信芳 2003〗①“戠言”猶 128 號簡“戠獄”。市讀爲“等”，“戠言等”謂記獄訟之簡冊。（118 頁）②該簡謂“識言等”歷經喬與以呈左尹官署。（119 頁）③即上文“少里喬與尹”之省稱。（119 頁）④“喬差”，喬與尹之佐。（119 頁）

〖廣瀨薰雄 2005〗我們得知送來這件命令書的人是戠言市，送去其調查報告（即“察”）的人也是戠言市。這個人應該相當於左尹命令書所說的“一識獄之主”吧。那麼戠言市

不僅是爲了送文件而來的，他還有向左尹報告的任務。因此可知他不是專門長官移送文書的人。…但這個命令書的對方是漾陵之宫大夫，那麽不太可能最後收到這個文件的人是“喬差僕”。所以，應該將“喬差”和“僕”斷開，“僕”是漾陵宫大夫的自稱。

〖十四種 2009〗①戠言應如劉信芳所云，即“戠獄”、“戠獄之主”。市，人名。簡文是說戠言市帶著案卷來到。（62頁）②涉訓渡，疑指公文移交。（63頁）③僕應是喬佐之名。（63頁）

按：此句句義較爲難懂，疑“戠言”是官名，“市”爲人名，“喬與”爲官署名稱，“喬佐”爲官名，“僕”爲“喬佐”之名。

[15]亓（其）（察）戠（職）言市既㠯（以）迈（蹠）郢

〖何琳儀 1993A〗“逅楚”與“逅郢”，128反之“逅”均應讀“覯”。

〖陳偉 1995C〗其對，識言市既以返郢。

〖周鳳五 1996〗有關大宫痱與大駟尹師所作的報告（其譔），戠獄之宔言市已經送到郢都向楚王覆命了。”

〖劉信芳 2003〗①督察記獄的簡冊。（119頁）②返：還也，歸也。“以返郢”，以之返郢，以此組文書復命於郢。（119頁）

〖廣瀨薰雄 2005〗迈（蹠）。

〖李守奎 2010A〗簡文中的“察”就是128簡要求“察”的結果，也就是126-127號簡所記載的内容；“既已反郢”是“既以之反郢”的省略。全句的意思就是職言市帶著“察”——126-127號簡返回了郢。

5. 期思拒金案

東周客鄦(許)緝（縕-盈）逯（歸）祚（袏一胙）於葳郢之戢（歲）[1]，顕（夏）层（夷）膏=（之月），死〈亟-期〉思[2]少司馬登（鄧）痼[3]言胃（謂）：甘匿（固）之戢（歲），左司馬迲（适）[4]㠯（以）王命=（命，命）死〈亟-期〉思舍（舍）絭（柊）黄王之貟（爨）一青（青）犛（犧）之齎，足金六匀（鈞）[5]。〖129〗是戢（歲）也[6]，死〈亟-期〉思少司馬屈犇[7]㠯（以）足金六匀（鈞）聖（聽）命於絭=[8]（柊，柊）宫夫=（大夫）左司馬邚（越）虘（虢）弗受。𩛥（盛）公𦞤（邊）之戢（歲）[9]，死〈亟-期〉思少司馬郱（鞏）㛹（勝）[10]或（又）㠯（以）足金六匀（鈞）舍（舍）絭=（柊，柊）宫夫=（大夫）集昜（陽）公[11]郗（蔡）逯弗受[12]。〖130〗須左司馬之羿（樊-返）行，牆（將）㠯(以)䎽（聞）之[13]。〖130反〗

集釋：

[1]東周客鄦(許)緄（盈）逯（歸）複（祚一胙）於葳郢之戢（歲）

〖整理者 1991〗鄦，它簡作鄦。（48 頁）

〖黃錫全 1992〗邮（曲）。

〖劉釗 1992A〗按字從曲從甘從邑。此字在其他簡寫作鄦。鄦乃鄦字，讀作許國之“許”。鄦字也應釋爲“鄦”。

〖何琳儀 1993A〗應釋“郘”。“郘緄”其它簡作“鄦緄”。

〖何琳儀 1998A〗①郘，從邑，㠯聲。疑邙之繁文。（728 頁）②檝，從木，菽省聲。疑菽之繁文。（201 頁）

〖徐在國 1998B〗此字應該分析爲從“邑”從“日”“亡”聲，並非從“曲”聲。

〖李零 1999B〗從邑從（曲）從日。

〖十四種 2009〗郭店竹書《六德》43 號簡“曲”與此字所從類似。不過，上博竹書的“亡”字亦多與此字所從相近（如《民之父母》5 號簡、《采風曲目》3 號簡、《內禮》6 號簡所見），而楚簡“亡”字多與古書“無”字對應。何氏之說似更勝。（63 頁）

〖周波 2010〗《說文》古文“舞”（“無”、“舞”本同字）作“翌”，石經古文、上博簡《曹沫之陣》簡 3“撫”寫作“攺”，均從亡聲等. 所以包山簡“郘”字可以看作是“鄦”改易聲符之異體。

[2]死〈亟-期〉思

〖整理者 1991〗恆思。（26 頁）

〖徐少華 1994〗簡文之“郵思”，原報告編寫者釋爲“恆思”，恐不確。按楚無恆思，而有期思，爲故蔣國所在；簡文之“郵思公”，與《左傳》文公十年之“期思公”同例，乃楚之期思縣公，可見自春秋中期滅蔣以來，楚一直於其故地置期思縣不改。（372 頁）

〖陳偉 1996A〗亟（期）思。（225 頁）

〖徐少華 1996A〗“恆思”所在，簡文整理者未作說明，我認爲當即文獻所載的古期思縣，“恆”古音在蒸部匣紐平聲，“期”古音爲之部群紐平聲，匣、群同屬牙音旁紐，蒸、之爲同類對轉，二者古音極近。…期思，爲故蔣國所在。…古蔣國，楚至漢晉期思縣的地望，文獻記載有不同的說法，一般認爲即今河南固始縣西北 70 里的舊期思集（今爲淮濱縣期思鄉所在，1952 年由固始縣划出）一帶。

〖陳偉 1997〗我最近有幸讀到郭店簡，從中可知楚亙、亟二字殊難區別；其中恰好又提到孫叔敖與亟思的關係，與傳世古書略合，因而亟思之釋讀應無問題。…馬王堆帛書《繫辭》中，傳世本的“太極”卻寫成“大恆”，極可能是“亟”、“亙”形近而混用所至。[①]

①轉引自顏世鉉：《包山楚簡地名研究》，150 頁，臺灣大學碩士學位論文，1997。爲信件回復內容。

〖劉樂賢 1997〗我們的意見是，這個地名仍應釋爲恆思。…古書中雖然沒有恆思爲楚國地名的明確記載，但仍有蛛絲馬跡可尋。《通志·氏族略》："恆氏，《風俗通》楚大夫恆思公之後，見《世本》。"這裏地"楚大夫恆思公"，恐不好解爲楚大夫姓恆名思公，頗疑是指楚國恆思縣的縣公。上引包山簡163號的"恆思公"，和《世本》所載的"楚大夫恆思公"可以互相參證，說明楚國似曾設置過恆思縣。

〖顏世鉉 1997B〗恆爲匣紐蒸部，期爲群紐之部，之蒸陰陽對轉，匣群同爲牙音旁紐，二字聲韻均相近，故"恆思"之"恆"可讀爲"期"，"恆思"就是"期思"。…所以期思古城原屬固始縣，今則屬淮濱縣，在今河南淮濱縣東南。包山楚簡的"恆思"就是"期思"，爲楚縣，簡文中有"恆思公"爲期思之地的縣公，少司馬爲期思縣的地方職官。

〖何琳儀 1998A〗"亙思"，讀"恆思"，本人名。恆氏，楚大夫恆思公之後，見《世本》。亦地名，疑"期思"。期，見紐之部；亟，匣紐蒸部。匣、見爲喉牙通轉，之、蒸爲陰陽對轉。《左·文十》"楚期思公復遂爲右司馬。"在今河南固始西北。（135頁）

〖周鳳五 1999B〗楚文字有因音轉而"一字歧讀"的現象，如：巽，讀坐、又讀危；厚又讀重；通，又讀戚；能（從羽），讀一、又讀代，皆其例證。…亙可以逕讀作亟，另外還有一個證據。包山與郭店竹簡屢見地名"亙思"當讀作"亟思"，即文獻所見的"期思"。這是楚人特殊的用字習慣，不是寫錯字，也不是"形近易混"。

〖李零 2000A〗楚簡中有些"錯字"反復出現，其實是被當時的書寫習慣和閱讀習慣所認可，屬於"積非成是"、"將錯就錯"，變非法爲合法的情況。我把它叫做"形近混用"。如"恆"和"極"。

〖劉信芳 2003〗郭店《窮達以時》簡8："孫叔三弜邳思少司馬"，"邳思"即文獻所記"期思"，此無可疑者。…期思故城遺址在今河南淮濱縣的淮河和白露河河流處。（121-122頁）

〖張新俊 2005B〗由於戰國文字中的"亙（恆）"和"亟"不管從形體上還是讀音上都很接近，二者易混。如郭店簡《老子》甲本第24號簡的"至虛，亙（恆）也"，馬王堆帛書甲、乙本、王弼本、傅奕本等均作"極"，或者認爲郭店簡中的"亙（恆）"就是"極"字之誤。劉樂賢先生根據古代文獻中也有"恆思"這種用法，認爲"恆思"可能是本字。"期思"反而後出。現在從新蔡竹簡寫作"郲思"、"郻思"來看，這種說法未必正確。既然出土的竹簡中就有"亙（恆）思"和"郲、郻（期）思"的寫法，古代文獻中"恆思"和"期思"並存，也是很正常的現象。

〖陳斯鵬 2008〗"亙"應是爲表示永恆、恆常之{恆}而造的。戰國文字中"亙"加"卜"形羡符作：（包山218）、（《郭店·老甲》6），隸定作"死"，與《說文》古文相合。楚簡"死"常用以記錄{恆}，此爲其基本用法。…楚簡中"死"還可以表示急亟之"亟"，…

而“死”之所以可以讀作{亟}、{極}，主要是因爲“死”、“亟”二字形體相近而混訛，“死”形被當作“亟”來使用。…楚簡有一地名作“郊思”，見《郭店·窮達》8“孫叔三射郊思少司馬，出而爲令尹，過楚莊也。”又包山 163：“郊思公之州里公唬。”陳偉先生指出“郊思”即文獻中的楚地“期思”，其說甚是。字又寫作“郦思”，見新蔡甲三 353。“郦”從“邑”、“亟”聲，當是正體。“郊”爲“郦”之訛混。“郊”或不加邑，但作“死”。…“死”形顯然也是被當作“亟”來用的，讀如“郦”、“期”。雖然地名“郦思”、“期思”中的{郦}、{期}之所取義尚待考索，但其記作“死〈亟〉”，大概是假借用法。

〖十四種 2009〗楚簡中雖有直接寫作“亟”的字，但寫作“亙”而用作“亟”的情況每每可見。此處當可用作“亟”，通爲“期”。(63 頁)

〖李銳 2011〗鄙意以爲劉先生（按：指劉樂賢）說有可取之處，他讀包山簡 163 爲“恆思”可從，但是簡 129、130 號則有可能當讀爲“期思”，“恆思”與“期思”有可能爲兩地。不少學者都已經注意到包山簡 129、130 號的所謂“恆”字，和楚簡常見的“恆”字字形有明顯差異…“二”形中右半不同。簡 129、130 號的所謂“恆”字極有可能根本不是“恆”字，而是與“恆”有區別的“亟”字，二者不相混訛，以表明“期思”與讀“恆思”之區別。劉樂賢先生說包山楚簡 163 號的“恆思公”和《世本》所載的“楚大夫恆思公”可以互相參證；則郭店簡“期思少司馬”也和包山簡 130 號“期思少司馬”若合符節。只是郭店簡《窮達以時》篇是遵循通常習慣以“亙”爲“亟”而讀爲“期”（實際上，“亙”與“期”古音也很近）；而包山簡 129、130 的字形則確定和“恆”不同，很可能當讀爲“亟”。當然，如果本無“恆思”與“期思”之別，只有一個“期思”，那麼因爲古音通假的關係，寫手以“亟”、“亙”分別書之，也不無可能。總之包山簡 129、130 的字形和常見的“恆”不同。

按:楚簡中的標準的“亟”字作（郭店楚簡《唐虞之道》19 號簡），標準的“亙”字作（包山 199 號簡）。而 129、130 號簡之，從形體上看，與“亙”更相似，包山 201 號簡的“亙”字作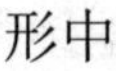，“二”形中右半邊作兩横劃，有可能爲之所本。張新俊所說出土的竹簡中就有“亙（恆）思”和“郦、郚（期）思”的寫法，古代文獻中“恆思”和“期思”並存也是很正常的現象，在沒有足夠證據證明之前，還是將“亙思”與“亟思”視一地爲宜，讀爲“期思”。

[3]登（鄧）痼

〖整理者 1991〗瘟。(26 頁)

〖湯餘惠 1992〗應即“痼”。

[4]左司馬遁（适）

〖整理者 1991〗 适。（26 頁）

〖李零 1992〗 古，原從辵旁。

〖陳偉 1996A〗 适。（225 頁）

〖劉信芳 2003〗 迪。（121 頁）

按: 應釋爲“逜（适）”。

[5]命死〈亟-期〉思舍（舍）縈（柊）黃王之貟（爨）一青（青）犠（犧）之齎，足金六匀（鈞）

〖整理者 1991〗 ①具，簡文作，與曾侯乙墓竹簡“具”字同。貟，爨字。《儀禮·少牢禮》：“摡鼎七俎於雍爨”，注：“竈也”。（48 頁）②豣羊，簡文把兩字合書，豣，讀如騬，閹馬。去勢之羊曰羯。（48 頁）③齎，《周禮·天官·外府》：“共其財用之幣齎”，注：“行道之財用也”。（48 頁）④鈞，重量單位，《說文》：“三十斤也”。（48 頁）

〖張光裕、袁國華 1992〗 疑乃（鼎、貞）字。貞、真二字形音皆近，貞可讀爲“真”（慎）。（緒言·14 頁）

〖李零 1992〗“舍葉煮（？）王之爨，一青豢之資，足金六均”。

〖劉釗 1992A〗 ①按此字乃“黃”字。②按字從齊從貝，應釋爲“齎”，讀爲資。…資，貨也。

〖曾憲通 1992〗 貟即烄字，在此當讀爲爨。…簡文“貟一青犠之齎”意謂炊煮□王之竈，以青豣及羊各一以爲饋贈。

〖后德俊 1993〗“足金”應是熔煉之後已鑄成合格金版或金塊的黃金。也就是說，“足金”是指那些可以作爲貨幣使用、但尚未鋻印的金版或金塊。那麼，“足金”是否是指含金量高、比較純的黃金呢？這是不可能的。因爲春秋戰國時期的楚國尚未掌握黃金提純的工藝，對黃金製品的成色尚無十分明確的概念。

〖白於藍 1995B〗 ①字可隸定作“樤”，終與冬音近，典籍中經常通假，…故“樤”可釋作“柊”。…在簡（129）、（130）中，柊字用爲地名，地望待考。②從形體看來，此字亦應爲“煮”字。…簡文“爨”字之後爲“一青犠”，…考察此字的筆畫，上部是否爲“豣”尚不能確認，但下部從“羊”是可以肯定的，故此字當與羊有關，所以簡文之“爨”很可能是用來亨煮牲臘魚的“雍爨”，而非煮飯食的“廩爨”，應由雍人掌管。

〖劉信芳 1996A〗 ①按“舍”讀如“賒”，《說文》：“賒，貰買也。”又：“貰，貸也。”賒、貸之別，在於賒不付息。貸須付息。…而簡文所記“貟”即爨祭，益知“舍”即“賒”之假。②即“廣”之古文。“廣王之爨”即擴大楚王爨祭的規模。包括增修祭祀設施，提高祀神禮品的規格等。…簡一二九所記“一青犠之齎”即“廣王之爨”所需之犧牲及資金。

〖張守中 1996〗枼。（87 頁）

〖楚文字編 1997〗鼎。（350 頁）

〖陳偉武 1997〗今按，此字無合文符號，宜釋爲犨，即豢之繁構，犧之異體。…“豢”作名詞，指食穀的牲畜或用以祭祀的犧牲，《墨子》俗寫增益“牛”旁爲義符，包山簡 129 則增益“羊”爲義符，於簡文中似仍指祭祀用的猪。

〖李運富 1997B〗其實上舉五個字樣下部皆從“口”，上部皆從“余”，當一律楷作“𠯑”，而釋爲“舍”。…楚文字中，口形與口形同化，故無飾之字作“舍”，有飾之字作“𠯑”，舍、𠯑同字異寫而已。“舒”字從舍予聲，而包山簡作𢼄（畬），亦可證“余”即是“舍”。（140 頁）

〖顏世鉉 1997〗楊伯峻《春秋左傳注》：“葉，楚地，其古城在今河南葉縣南三十里。”…據《中國文物地圖集・河南分冊》所載，今葉縣南舊縣鄉的“昆陽城”當爲葉城，爲春秋、漢之故城遺址，是春秋時楚貴族沈諸梁封邑。（158-159 頁）

〖何琳儀 1998A〗①葉，地名《左・宣三》“鄭公子士，及葉而死。”在今河南葉縣。（1432 頁）②𧴪，讀爨。《玉篇》“爨，竈也。”（1343 頁）③“疋金”，疑讀“足金”，滿額之金，猶純金。（581 頁）

〖李零 1999B〗從余從口，應釋“舍”，乃姓氏字。

〖劉信芳 2003〗①讀如“佘”。此假爲“賒”，《說文》：“賒，貰買也。”又：“貰，貸也。”賒、貸之別，在於賒不付息。貸須付息。（122 頁）②“𡗗”在句例中讀爲“廣”，“廣王之爨”即擴大楚王爨祭的規模。包括增修祭祀設施，提高祀神禮品的規格等。（122 頁）③“爨”之異構，本簡“𧴪”應理解爲祭名。（122 頁）④犨，該字頗爲特殊，字從牛、羊、豕。爲詳其讀音，其意爲爨祭時具牛、羊、豕三牲。三牲齊備謂之太牢。（123 頁）

〖徐在國 2003B〗此字當隸作“䍧”，應分析爲從“羊”，“彡”聲“玄”聲，是一個雙聲符的字。…“䍧”應釋爲“羝”。…包山楚簡 129 簡“一青䍧（羝）”意爲一只青色的公羊。

〖陳穎飛 2009〗左司馬根據楚王的命令要求枼爲了祭祀的需要接受恆思的賒款。（151 頁）

〖十四種 2009〗資有費用、錢財義，似即簡文之意。（64 頁）

〖單育辰 2010〗我們認爲“黄王之𧴪”也是這種命名方式，“黄王”屬大概是某位楚王（或楚康王，“康”、“黄”古音接近）或其他異族某王的謚號，這裏用爲氏，而後面的“𧴪”是名。接下再看“一青犧之齎足金六鈞”，有很多學者把“黄王之𧴪一青犧之齎”中的“𧴪”讀爲“爨”，認爲“黄王之𧴪”、“一青犧之齎（資）”是同位語，但“爨”只有名詞“竈”和動詞“做飯”的意思，“爨”和“一青犧之齎（資）”並沒有語義和邏輯上的聯係，我們把“黄王之𥎦”理解爲人名後，就不存這個問題了。“足金六鈞”是修飾“一青犠之齎（資）”的，是說“一青犠”這個物品的價值爲“成色十足的金六鈞”。…簡文“甘固之歲，左司馬适以王命，命期思舍（予）柊黄王之𥎦一青犠之齎（資）足金六鈞。”這句話的意思是：“甘固的那年（甘固爲人名，此爲以事紀年），左司馬叫‘适’的人奉楚王之令，命令期思（期思爲楚邑）給予柊（柊爲楚邑）邑的名叫‘黄王之𥎦’的人一頭青色犠牛的錢，其價值爲成色十足的金六鈞。”簡文中的“舍”通“予”，是給的意思。

〖蕭毅 2010〗沒有合文符號的如…豢羊（包山 129）。（148 頁）

〖宋華強 2010A〗簡文說甘臣之歲左司馬迪曾傳達王命，命期思給予葉“堇（？）王之爨一青犠之資足金六均”，所以此年（東周客鄦緹歸胙於葴郢之歲）期思少司馬拿著足金六均聽命於葉。簡文說的大概是用足金六均從葉地購買一頭青犠之事。足金六均大概就是當時一頭青犠的價值。（102 頁）

按：單育辰的意見可從，將“黄王之爨”視爲人名，文意暢通。“一青義”還見於新蔡楚簡乙一 15 號簡，考釋者讀爲“一青犠”，[①]可從。徐在國後來更正了觀點，同意新蔡楚簡整理者的意見，將包山簡之字改釋爲“義”，讀爲“犠”。[②]

[6]是戠（歲）也

〖整理者 1991〗□戠（歲）。（26 頁）

〖陳偉 1996A〗是戠（歲）。（226 頁）

[7]少司馬屈𢿢

〖整理者 1991〗𢻳。（26 頁）

〖何琳儀 1998A〗𩴾。從鬼，執聲。（189 頁）

〖劉信芳 2003〗𤍠。（121 頁）

〖十四種 2009〗此字上部從“幸”從“攴”，爲“執”字異寫。下部所從，原釋文作“矛”，劉信芳作“夷”。（64 頁）

按：此字應釋爲“𢿢”。

[8]聖（聽）命於𣝗（柊）

〖整理者 1991〗聖，借作聽。（48 頁）

〖何琳儀 1998A〗聖，讀聽。…“聽命”，《儀禮・聘禮》“北面聽命。”（802 頁）

〖劉信芳 2003〗讀爲聲。“聲命”。依文義應是聲言左司馬迪之命（亦即楚王之命）。簡 136“使聲之”。意即使聲言之。（124 頁）

---

①河南省文物考古所：《新蔡葛陵楚墓》，202 頁，鄭州，大象出版社，2003。

②徐在國：《新蔡葛陵楚簡劄記（二）》，簡帛研究網，2003 年 12 月 17 日。

[9]餓（盛）公賸（邊）之戢（歲）

〖整理者 1991〗 鉥公鰟。（26 頁）

〖劉釗 1992A〗“賸”。

〖何琳儀 1998A〗 餜，讀番，地名。…與春秋番國有關，在今河南固始附近。（1060 頁）

〖徐在國 1998A〗 此字應該分析爲從“食”“成”聲，隸作“餓”，釋爲“盛”。

[10]郱（鞏）赛（勝）

〖黄錫全 1992〗 鄬。

〖張新俊 2005A〗 我認爲此字右邊所從的，可以分析作從“廾”、“工”…也應該隸定作“郱”，與爲一字之異體，亦可以讀作“龔”，在簡文中用作姓氏。（65-66 頁）

〖羅小華 2008〗 應當隸定爲“邛”，可分析爲從“邑”、從“収”、從“工”。

〖蕭毅 2010〗 字右下從“廾”，…右上所從，當爲“工”繁構，這種加有斜筆的“工”也見於“攻”、“江”等字中，…這個姓氏字與表 64 第 2 字（按：指包山 221 號簡字）應該是同一個字的不同寫法。（39 頁）

〖李守奎 2010B〗 包山簡姓氏用字（130）和(221、又見 222）等，張新俊先生皆隸作“郱”，甚是。另外，包山 68 號簡“郱倉”與 19 號簡的“龏倉”可能是同一人的異寫，“郱”字的基本聲符當是“廾”，該字又見於 78 號簡郱思、163 號簡郱佊等，説是龏氏異寫，大致不誤。韻書或姓氏書中有共氏，也有龔氏，但未必和楚簡中的龏（共）氏有關係，同一姓氏常常有不同的來源。

按:清華楚簡《繫年》112 號簡有字，整理者讀爲“鞏”，[①]應與本簡爲同一字。至於、、是否爲一字，尚待探討。

[11]集昜（陽）公

〖徐少華 2001〗 按“集”是“集陽”之簡稱，“集陽公”應是楚集陽縣之縣公，…我們認爲可能是春秋時楚之“稷”地。…稷之地望，西晉杜預祇言是“楚地”，未能指實；清代學者言在“南陽府桐柏縣境”，今人楊伯俊先生亦主此説，石泉先生則結合春秋吳師入郢之役的行軍路綫和戰爭形勢，考訂“稷”應在今河南唐河縣境内，與清人之説略有區別而更爲合理。

[12]弗受

〖整理者 1991〗 虐。（26 頁）

〖滕壬生 1995〗 虐。（391 頁）

---

①李學勤主編：《清華大學藏戰國竹簡（貳）》，188 頁，上海，中西書局，2011。

〖李零 1999B〗從照片看似從乇從木。

〖劉信芳 2003〗庯。（121 頁）

〖施謝捷 2003〗虒。

〖陳劍 2008〗頗疑此字係“弗”之譌體（“弗受”略相當於“不之受”，隱含有“受”之賓語），事實很可能是第二年柊邑官員仍然沒有接受其金，所以才會有期思官員作爲案件（糾紛）上報、中央要批示等左司馬下去巡行之時向兩次拒不受金的柊縣官員加以查問。

〖十四種 2009〗疑是“弗”字異寫。（64 頁）

按：陳偉曾指出此處“受”上之字應釋爲“弗”，其說未正式發表。[1]

[13]須左司馬之羿（返）行，牆（將）以䎽（聞）之

〖整理者 1991〗①羿，簡文作。（48 頁）②䎽，聞字古文。（48 頁）

〖李零 1992〗“网（枉）行”（案：网下從収）。

〖何琳儀 1993A〗應釋“撊”。《集韻》“撊，舉也。”

〖滕壬生 1995〗斁。（268 頁）

〖李運富 1996〗①廾從持网，亦捕鳥兔之意。原簡未釋，當爲羅之又一異構。此簡中用爲“邏”字，“須左司馬之羿行將以聞之”，“羿行”猶今之巡邏，句言等左司馬來巡視的候將把這件事情報告他。

〖楚文字編 1997〗羿。（379 頁）

〖何琳儀 1998A〗①須，等待。（390 頁）②罬從収，网聲。疑撊之異文。《集韵》“撊，舉也。”（730 頁）③“䎽之”，讀“聞之”，使之聞知。（1311 頁）

〖李零 1999B〗應釋“羿”。例 1“～行”疑讀“枉行”或“妄行”。

〖史傑鵬 2001〗包山楚簡的法律文書都是左尹官府保存的文件，有些簡上展示的文書格式表明它很可能是中央對地方呈遞上來的公文的批示。如上錄 130 簡反面那行字和正面敘述案件內容的那些字的筆記明顯不類，它當是左尹所屬的官吏寫的，屬於上面說的那種情況。…《說文》說“聞”、“問”皆從“門”得聲，所以楚國文字中的“聞”之古文“䎽”多讀爲“問”。…我們認爲（一）（按：指 130 號簡反）的“䎽”也讀爲“問”。…因爲當初給恆思縣傳達命令的是左司馬，所以中央準備等左司馬下去巡視查問這件事。

〖劉信芳 2003〗罬，字從网，從叕省，即“罬”字，或體作“輟”，字見於《說文》。“輟行”即“止行”。（124 頁）

〖王穎 2004〗“聞”指使君主聽見，謂向君主報告。亦泛指向上級或官府報告。…在整

①參見陳劍：《楚簡“羿”字試解》，《簡帛》第四輯，155 頁注釋 1，上海，上海古籍出版社，2009。

個事件中（129-130反）有兩位左司馬，一位是“以王命，命恆思舍柊旟王之爨一青犛之齎足金六匀（鈞）”的“左司馬適”，一位是不受金的柊“左司馬郕（越）虢”，如果“羿行”指巡視那麼簡130反中的左司馬當指前一位，“聞”無論理解爲“問”還是“使聞”都很順暢。但如果將“羿行”當作“枉行”，那麼“左司馬”當指後一位，指左司馬郕（越）虢拒受王金這件事，“聞”也只能理解爲報告。（111頁）

〖范常喜 2005C〗包山簡中的此字就可能也應理解爲“往”，“往行”一詞見於文獻，如：《史記·屈原賈生列傳》：賈生既辭往行，聞長沙卑溼，自以壽不得長，又以適去，意不自得。由此可見，包山楚簡中的此字讀為“往”有其合理性，此句書於130簡背，從字體來看，同正面所書並非一人，應屬左尹官府人員所寫的對此案的簡單處理意見。其中“須”可解爲“等候”，“須”有“等待”義，如：《韓非子·外儲說左上》：“吳起須故人而食。”簡文可讀爲“須左司馬之往行將以問之”，大意爲“等左司馬來的時候將問他（這件事）”。

〖周鳳五 2005〗疑“羿”爲包山簡多見的從“网”從“収”之“羿”字的省文，包山簡之例讀作“考”，謂“考行，指考察巡視，猶如漢代的‘行部’”①

〖陳劍 2008B〗按“羿”分析爲“雙手持网”表意，除了理解爲“網羅”，還可以理解爲“罩”、“籠罩”。從古文字看，“羅”之表意初文作“罹”。…而在《說文》中，“罹”卻另有不同音義。《說文·隹部》：“罹（罹），覆鳥令不得（“得”字據段注依《廣韻》補）飛走也。從网、隹，讀若到。”此音義的“罹（罹）”實與通行的“罩”爲同字。…按照《說文》、《爾雅》等的解釋，“罩”、“罹”均爲竹器。但其字從“网”最初應該也可以包括用以籠罩的網類而言。…“羿”字之形分析說解爲“雙手持网而罩”，即“罩/罹”字的表意初文，也是很自然的…雖然包山簡此例似較爲特別，但恐怕還是只能解讀爲“到”。“到行”可以參考“往行”一語來理解體會。…“到行”則強調其“行”已經到達。“到行”與後世所說的“到訪”頗爲接近，似乎還是可以理解的。

〖陳劍 2009〗此“羿行”之“羿”本文初稿也讀爲“到”，後反復思之，終覺未安。我最初曾經考慮過讀爲“儆”，裘錫圭先生在看過本文初稿後也向我指出應該讀爲“儆”。今改用此說，“儆”意謂巡視、巡邏。

〖十四種 2009〗此字亦見於上海竹書《昭王與龔之脽》7號簡，作“羿逃寶（地名）”，應是表示行動的詞。疑當讀爲“往”。（64頁）

①周鳳五：《上博四〈昭王與龔之脽〉新探（初稿）》，“中國古文字：理論與實踐國際研討會”論文，芝加哥，2005。轉引自陳劍：《楚簡“羿”字試解》，《簡帛》第四輯，135-160頁，上海，上海古籍出版社，2009。

〖程燕 2011〗包山簡 130 反“須左司馬之樊行將以問之”、上博四·昭 7“樊逃珤”和天星觀簡中的“樊”皆可讀作“返”。《說文》:“返，還也。”包山簡 130 反“須左司馬之樊行將以問之”意謂“等待左司馬返回時將問他這件事”。

〖李守奎 2010A〗此時左司馬外出，所以文書簡的反面作了說明:“等待左司馬回來，馬上察問此案。”“樊”當讀作“反”。…“反行”亦即出行結束返回。

按:清華楚簡《楚居》10 號簡有“郢”，整理者釋爲“樊郢”。①包山楚簡“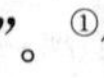”應即清華楚簡字所從，讀爲“返”可從。

6. 舒慶命案

秦競（景）夫人[1]之人舿（舒）慶坦尻（處）[2]郐（陰）鄇之東鄒（窮）之里[3]，敢告於視日(視日)：郐（陰）人苛冒[4]、趄（桓）卯[5]㠯（以）宋客盛公𦚢（邊）之戢（歲）𠜱（荊）𡱂（夷）之月癸巳之日，〖132〗僉殺[6]僕（僕）之䊸（兄）昍[7]。僕（僕）㠯(以)誥[8]告子=郙=公=[9]（子宛公，子宛公）命鄌右司馬[10]彭㙕（懌）爲僕（僕）笲（筦）等（志）[11]，㠯（以）舍（舍）侌（陰）之勤客[12]、侌（陰）鄇之慶李百宜（宜）君[13]，命爲僕（僕）搏（捕）之[14]。旻（得）苛〖133〗冒，趄（桓）卯自殺。勤客百宜（宜）君既㠯（以）至（致）命於子郙（宛）公，旻（得）苛冒，趄（桓）卯自殺。子郙（宛）公詎（屬）之於侌（郐）之勤客，囟（思-使）剸（斷）之，含（今）[15]侌（陰）之勤客不爲亓（其）剸（斷）而〖134〗倚䡰（執）僕（僕）之䊸（兄）緝（縕-盈）[16]，侌（陰）之正或（又）䡰（執）僕（僕）之父逾（逷）[17]。苛冒、趄（桓）卯僉殺僕（僕）之䊸（兄）昍，侌（郐）人陞（陳）䏺（脖）、陞（陳）旦[18]、陞（陳）郕（越）、陞（陳）䣓[19]、陞（陳）寵、連矛（利）皆智（知）亓（其）殺之。僕（僕）不敢不告於視日。〖135〗

集釋:

[1]秦競（景）夫人

〖陳偉 1996A〗某人之人，表示人際間的隸屬關係。（111 頁）

〖劉信芳 2003〗秦景夫人應是一位楚先王夫人。…史載楚平王爲太子建娶秦女，女好，平王自娶。此平王夫人即簡文所記“秦景夫人”。（129-130 頁）

〖王偉 2011B〗包山楚簡中稱楚平王夫人爲“秦競夫人”大概是因爲“競（景）坪（平）王即立（位），猷（猶）居秦溪之上”（《楚居》）。此“秦競夫人”之“秦”代指所居之地“秦溪之上”，位於涓水上游的溠水流域。

①李學勤主編:《清華大學藏戰國竹簡（壹）》，181 頁，上海，中西書局，2010。

[2]坦尻（處）

〖陳偉 1996A〗“坦居”或猶“亶居”，指原址、舊居之意。（111 頁）

〖劉信芳 2003〗安居。《說文》：“坦，安也。”坦處作爲司法用語，含有一直安定居處，未有訟獄的意思，猶今言“無前科”。（129-130 頁）

〖魯鑫 2008〗筆者以爲“坦”字似可讀作“廛”。“坦”古屬透紐元部字，“廛”古屬定紐元部字，二者聲紐相近，同屬舌頭音，韻部則完全相同，故古音可以相通。…簡文中的“坦”可讀作“廛”，釋作房宅、居址之意。

〖十四種 2009〗疑當讀爲“邅”。《離騷》：“邅吾道夫昆侖”，王逸注：“邅，轉也。楚人名轉曰邅。”坦尻猶徙居。（64 頁）

[3]東郭（竆）之里

〖整理者 1991〗𨞰。（26 頁）

〖張守中 1996〗𨟻。（111 頁）

〖楚文字編 1997〗𨙸(竆)。（302 頁）

〖何琳儀 1998A〗郭。（1140 頁）

〖白於藍 1999〗此字右旁與蔡字更爲接近，故當隸作鄒。

〖十四種 2009〗窮，簡文從“邑”作。原釋文隸作從“穿”從“邑”之字。今按：此字右旁與 197、201 號簡“窮身”合文類似，故改釋。（64 頁）

〖蕭毅 2010〗包山 132 號簡有個從“宀”、從“身”、從“邑”的字，與秦簡“窮”應該是一個字。（127 頁）

[4]苛冒

〖何琳儀 1998A〗冒，見《小爾雅・廣詁》“冒，覆也。”（260 頁）

[5]趄（桓）卯

〖整理者 1991〗卯，簡文作，與《說文》卯字古文同。（48 頁）

〖巫雪如 1996〗包山楚簡中之“趄”氏當即“桓”氏，乃楚聲桓王之後以謚爲氏者。（76 頁）

〖許全勝 1997〗包山楚簡趄氏，又作佢或宣，字皆從亘聲，亘、袁古音同可通假，…趄氏可讀爲袁氏。（28 頁）

〖何琳儀 1998A〗趄，讀桓，姓氏。齊桓公之後，以謚爲氏。又宋桓公之後，亦是桓氏。（1052 頁）

[6]僉殺

〖整理者 1991〗並，簡文作。（48 頁）

〖張光裕、袁國華 1992〗 竝（並）。（9 頁）

〖周鳳五 1994〗 簡文“僉殺”即夥同殺害。字又作□，…□爲□字省其上部倒口之訛變，□省倒口則爲□，更省其二小口則爲□（皆）：皆字訓“同也”、“並也”蓋猶存僉意。

〖滕壬生 1995〗 竝。（790 頁）

〖李零 1999B〗 爲“僉”字的省體，非“竝”字。

〖裘錫圭 2000〗 包山簡有與“殺”連文的“戔”字變體，讀“戔”或讀“殘”均可。

[7]𣎆

〖整理者 1991〗 𣎆。（26 頁）

〖楚文字編 1997〗 𣎆。（335 頁）

〖譚步雲 1998〗 作爲人名的“縕”，可以寫作“𣎆”（《包》133），也可以寫作“緹”（《包》135）。（14 頁）

[8]僕㠯（以）誥告

〖整理者 1991〗 誥，《周禮・秋官・大司寇》：“大司寇誥四方”，注：“謹也”。誥告，謹告。（49 頁）

〖陳偉 1994〗 似乎“誥”是起訴狀的專稱。上訴狀似否亦稱誥，尚待於驗證。

〖劉信芳 1996B〗 簡文“誥”用如名詞，其爲訴狀甚明。

〖何琳儀 1998A〗 誥，問。（1084 頁）

〖李零 1998〗“誥”似是“請”之誤。

〖劉信芳 2003〗 誥，責問，此用作名詞，指追究兇犯罪責之辭，猶後世狀子。（130 頁）

〖陳紹輝 2008〗“誥”是起訴狀的專稱。

[9]子郙（宛）公

〖黃靈庚 1997〗 郙，亦鄖字。郙公即鄖公，楚靈王時鬥辛所封，在今湖北省安陸縣境内，本鄖子國所在。

〖陳偉 1998A〗 我們說子郙公和湯公大致介於陰地官員和左尹之間，就是指這一情形而言的。處在這種位置的子郙公和湯公，最有可能是郡級官員。…楚宛郡當因宛地而得名，郡治約在今河南南陽市。…“子郙公”應讀爲“子宛公”，其身分是楚宛郡長官。以子宛公代表的宛郡，是我們在出土文字材料中所見倒的第一個楚郡，…楚國的宛，既是郡名又是縣名；“子宛公”也許在擔任宛郡長官同時，兼任宛縣掌官。就像我們曾經推測的那樣，楚郡長官實際上是由郡治所在縣的縣公來兼任。

[10]郻右司馬

〖整理者 1991〗 郻，簡文中的魏、威等字均用“畏”作聲符。郻疑讀作魏。（49 頁）

〖何琳儀 1998A〗楚簡鄡，讀歸或夔，地名。…《史記・楚世家》“滅夔”，索隱“譙周作滅歸。歸，即夔之地名歸鄉也。”在今湖北秭歸。（1187 頁）

〖劉信芳 2003〗字應讀爲“威。…愄大夫即威大夫乃墓區中管理楚威王墓地的大夫，鄡右司馬與愄大夫同例。（130 頁）

〖陳穎飛 2009〗是楚威王氏族的司馬。（148 頁）

按:包山楚簡中“魏國”之“魏”作“鄡”，見 145 號簡，但本簡之“鄡”應是楚國之“鄡”地。

[11]爲僕（僕）箻（笎）筡（志）

〖整理者 1991〗笶筡，讀如券等。《說文》:“券，契也”。《釋名・釋書契》:“券，綣也，相約束繾綣以爲限”。券等似指文書。（49 頁）

〖葛英會 1996A〗《釋名・釋書契》:“卷，綣也。相約束繾綣以爲限。”《詩經》:“以謹繾綣。”《左傳》:“繾綣從公。”《廣韻》:“繾綣志盟。”繾綣均爲牢固相著之意。簡文“卷等”，應即訟者明誓具結，以示獄訟之辭堅實無欺者。

〖劉信芳 1996A〗所謂“笶等”讀如“謄等”，即《說文》所謂“迻書”。該簡謂舒慶告狀後，子郃公命鄡司馬彭懌以舒慶之訴狀轉錄成官方公文，將案情轉給陰之㪅客（官名），責成陰之㪅客斷案。

〖劉信芳 1996B〗官府在接到訴狀後，根據訴狀及初步調查的情況移錄爲官方文書，楚律稱之爲“謄等”…簡文多謂記事文書。“爲僕謄等”，即爲被告移錄有關案情。

〖陳偉武 1997〗疑“等”、“筡”應讀爲“證”。…簡 132 反“𦑘尹𣐼駐從郢以此等。”簡 157 反“郊少宰尹𨛫𢼸以此筡至（致）命。”整理者以 132 簡背面次於 139 簡背面之後，故“此等”的先行詞是“（左尹）其所命於此箸之中，以爲。”劉信芳先生釋誁爲證可信。如此看來，誁爲本字，等、筡爲借字，簡文並用。“笶筡”即“券證”。

〖楚文字編 1997〗楚簡之笶又作英，均爲寢具，義同典籍莞筵之莞。（208 頁）

〖何琳儀 1998A〗“笶筡”疑讀“券等”。《說文》“券，契也。”《釋名・釋書券》“券，綣也。相約束以繾綣爲限。”（1005 頁）

〖譚步雲 1998〗這裏“券”爲動詞，此句大意是：“子胄公命畏地的右司馬彭謝就余陰籍的勤客和陰侯的慶李（的事兒）爲我記錄在案。”（67 頁）

〖陳偉 1999B〗133 號簡說“子宛公命畏右司馬彭懌爲僕謄志”，132 號簡反面說“口尹柞口從郢以此志來”。“志”還見於第 9、第 13、第 127 以及第 157 反面諸簡，舊皆釋爲“等（或從口）”。…。“志”有記載、記錄的意思。《周禮・春官・小史》:“小史掌邦國之志”，鄭玄注引鄭司農云：“志謂記也，春秋傳所謂《周志》，《國語》所謂鄭書之屬是也。”孫詒讓《周禮正義》云：“注‘鄭司農云志謂記也’者，〈外史〉注義同。又〈保章氏〉注云：‘志，古文識。識，記也。’《呂氏春秋・貴當篇》高注云：‘志，古記也。’《國語・楚語》云：‘教之故志，使知廢興者而戒懼焉。’韋注云：‘故志，謂所記前世成敗之書。’《孟子・滕文公篇》云‘且志曰，喪禮從先祖’，趙注云：‘志，記也。’亦引此經，與先鄭義同。”將包山簡原先釋爲“等”的字，改釋爲“志”，看作記錄或文書，似無不允當。

〖史傑鵬 2001〗此簡以“笶”與“等”連言，當是一個復合詞，其義也應該是指竹簡文書。《說文・刀部》：“券，契也。從刀𠔉聲。券別之書，以刀判契其旁，故曰契券。”“笶”、“券”二字皆從“𠔉”得聲，疑簡文“𠔉”應該讀爲“券”。其字從竹，也許就是“券”的異體。（七）（按：指 133-134 號簡）的意思大概是說：僕（舒慶）把案情告訴子郙公，子郙公使郙右司馬彭慏爲舒慶把有關案情事項寫在“券等”上，發給陰地的官吏，命他們爲舒慶去抓人。可見（七）所說的情況和（一）（按：指 80 號簡）所說的情況有相似之處，它們都是下行抓人的司法文書簡，（一）稱爲“笅”，（七）稱爲“券等”。上引《說文》把“券”訓爲“契”。從這一情況看，也可以說明我們把“笅”讀爲“契”是合理的。

〖劉信芳 2003〗“笄等”，據文意應是將訴狀“詰”轉錄爲官方文書。以移送陰之地方官。“笄等”之性質類似於秦漢“爰書”。（130 頁）

〖李守奎 2009〗此處的“等”亦當讀爲“廷志”之“志”。“箬志”的構詞也是偏正結構，“箬”是限定“志”的，“箬”是“志”中的一類，是小名限定大名。“爲僕箬等（志）”是雙賓語結構。…意思是“爲僕爲箬志”。

〖十四種 2009〗或可讀爲“關”，通的意思。（65 頁）

按：“爲僕笲箬”中，“箬”讀爲“志”應無疑問。從“笲”所處位置來看，應是動詞。“笲志”應該是“書寫或製作文書”一類的意思，然後依據書寫或製作的文書憑證來命令百宜君爲舒慶抓捕苛冒和桓卯。

[11]舍（舍）

〖劉信芳 1996A〗“舍”讀如“敘”，述也。《國語・晉語》：“記言以敘之，述意以導之。”敘、述互文見義。舍古音在魚部書紐，敘古音在魚部邪紐，古讀音近，故假“舍”爲“敘”。

〖劉信芳 2003〗予也。（131 頁）

[12]侌（陰）之勬客

〖整理者 1991〗戠，疑讀作勤。勤客，負責勤務之人。（49 頁）（按：釋文又釋爲“𢦏”，見 26 頁）

〖李家浩 1992〗“職客”，《周禮・秋官・掌客》：“掌四方賓客之牢禮、餼獻、飲食之等數與其政治。”“職客”當是“掌客”的異名。

〖劉釗 1992A〗按字從攴從堇，應釋爲“攟”。

〖陳偉 1996A〗“陰之歏客”奉命抓捕疑犯並作出裁決，自當是與司法有關的官吏。（123 頁）

〖賈繼東 1996C〗楚人百宜君一身而兼有勤客、慶理二職。簡文將慶理列於勤客之後，暗示了慶理的地位決不會高於勤客。《包山楚簡》中的勤客是逮捕逃犯的基層執法人員，慶理與之地位相類，職責相似，也當是地位不高的執法人員。

〖陳偉 1998A〗《左傳》昭公十九年：“楚工尹赤遷陰於下陰”，其地爲西漢陰縣的前身，故城約在今湖北老河口市（舊光化縣）境。簡書所記陰地應即在此。

〖何琳儀 1998A〗歏，從攴，堇聲。疑攟之異文。包山簡，疑讀覲。《爾雅・釋詁》“覲，見也。”（1322 頁）

〖陳宗棋 2000〗可能爲“非常職”的執法人員，…“歏客”的地位似乎不低，是“陰”地處理該案件重要的官員之一。

〖劉信芳 2003〗“歏客”，楚官名。（128 頁）

〖李家浩 2004〗字從“土”“戠”聲，讀爲“職”，“職客”即《周禮・秋官》“掌客”的異名。…上博竹書《緇衣》4、17 號簡亦有此字，郭店竹簡《緇衣》6、33 號簡作“慬”，整理者都讀爲“謹”。古文字中有異讀現象，此字在包山簡作爲“戠”字異體而讀爲“職”，因位它從“堇”，故又有“堇”聲，在上博竹簡中假借作“謹”。

〖十四種 2009〗從上博竹書《緇衣》看，此字似應讀爲“謹”。《荀子・王制》：“易道路，謹盜賊。”楊倞注：“謹，嚴禁也。”謹客或是維護治安的臨時職務。（65 頁）

[13]侌（陰）𨛭之慶李百宵（宜）君

〖胡雅麗 1994〗包山楚簡所記諸“君”之中，既有地位很高、封土較大的邸陽君，也有地位較低的，僅爲補快爲職的百宜君。

〖劉信芳 1994〗百宜君是人名，“慶李”是其官號，慶讀如卿，曾侯乙簡 142“慶士”即卿士，楚國之“慶李”應與曾國之“卿士”相類。

〖周鳳五 1994〗似爲捕盜之官。

〖陳偉 2011C〗陰侯之邑應無“卿士”。包山簡前文稱“慶李百宜君”，後文只稱“百宜君”，“慶李”很可能是“百宜君”的修飾語而不是相與幷列的官員。如果包山簡“慶李”與清華簡《繫年》“鄉/鄉李”相關，後者作爲“卿士”或官職的可能性也將因此而降低。在包山簡方面，“慶李”讀作“鄉里”，似亦可通。

[14]爲儯（僕）搏（捕）之。

〖整理者 1991〗䨥，從隻從専，讀如獲。（49 頁）

〖劉釗 1992A〗按字左旁從手，右從尃無疑。字應釋爲“捕”。…捕，擒捉也。又簡 135 反“敷得”亦應讀爲“捕得”。

〖張守中 1996〗搏。(45 頁)

〖何琳儀 1998A〗雗，讀捕或搏。(599 頁)

〖白於藍 1999〗即《說文》痡字。

〖王穎 2004〗“捕”是對當事人指定的犯罪嫌疑人或逃逸的罪犯實施逮捕的行動。在這個過程中往往會遇到被抓者的抵抗，像簡 135 反記宣卯自殺、簡 142-144 記黃欽自傷，這都暗示“捕”有通過搏鬥將犯人捉拿歸案的意思。(185 頁)

按:釋爲“搏”，讀爲“捕”可從，135 號簡反面又作。

[15]含（今）

〖整理者 1991〗吟，讀作今。中山王礜鼎銘文今字作，與簡文同。(49 頁)

〖劉釗 1992A〗字從今從口，應釋爲“含”…簡文“含”亦借爲“今”。

〖張桂光 1996〗字從口匀聲。當隸作昀，簡文“昀昱之敱客不爲其斷”之昀則當讀爲詢，作詢問或了解到解。

按:“含”讀爲“今”，其他釋讀均誤。

[16]倚䡾（執）僕（僕）之䚮（兄）緹（纓-盈）

〖整理者 1991〗倚，借作掎。《國語·魯語》:“掎止晏萊焉”，注:“從後曰掎”。《漢書·敍傳》:“劉秀逐而掎之”，注:“偏持其足也”。掎執，偏執。(49 頁)

〖白於藍 1998B〗甲骨文中有字作“”、“”兩種形體，字形與用法都與“執”字相似，以往學者均將之逕釋爲“執”。後來夏淥先生將此字釋爲“虜”，裘錫圭先生亦主此說，他在分析此字字形時說:“此字右旁下部大概是兼像被執人形與‘虎’的下部的，全字可分析爲從‘幸’(依《說文》當作‘㚔’)或‘執’、‘虎’聲。”其說可以信從。包山簡 135 此兩字與甲骨文之“”字都可以看作是在“執”字上增加一個“虍”爲聲符，所不同者只是將“虍”形挪至“幸”旁上部，並與“幸”旁上部筆畫發生借筆關係而已。…虜、執在甲骨文中用法即很相似，此處虜或作執，乃同義字互换。

〖劉信芳 2003〗偏倚。(131 頁)

〖十四種 2009〗《管子·樞言》:“名正則治，名倚則亂。”《韓非子·揚權》“名正物定，名倚物徙。”《禮記·中庸》:“中立而不倚，強哉矯!”這裏指不公正。(65 頁)

按:“執”字作，左旁所從增加“虍”旁，可視爲(執)的異構。

[17]僕（僕）之父逾（逌）

〖整理者 1991〗逾，簡文作，簡 130 作（逌)，爲同一人名。(49 頁)

〖周鳳五 1994〗簡一三五作，即逾，但簡一三一、簡一三六（二見）、簡一三七皆作，從舟，當是省體，應以作“逾”爲是。

〖袁國華 1995〗當隸作逾。

〖陳偉武 1997〗字當隸作逈，爲逬（週）之異體。

按:此字釋“逾”正確，簡文舒慶之父其名多寫作“逬”，僅此處作“逾”，應以名“逬”爲正體。

[18]陞（陳）旦

〖整理者 1991〗旦。(26 頁)

〖何琳儀 1998A〗明。(723 頁)

[19]陞（陳）卹

〖整理者 1991〗卹。(26 頁)

〖何琳儀 1998A〗卹，從益，卩聲。疑卹之繁文。卹，典籍或作溢。(1096 頁)

譬許絽（縕-盈）之肙=（肙月）甲午之日，扁尹傑[1]駐（馹）[2]從郢㠯（以）此等（志）逨（來）[3]。〖132 反〗

集釋:

[1]扁尹傑

〖袁國華 1993B〗乃由“肉”“衰”兩部分組成，則將“”隸定作“腺”是沒有問題的了。

〖滕壬生 1995〗作。(662 頁)

〖高智 1996〗“”亦本爲“衰”，是“”之省形，“”正象人之衰瘦之意。上從“”爲人，下從“刖”似以刀削斷其腿肉。

〖楚文字編 1997〗傢。(402 頁)

〖何琳儀 1998A〗扁。(1277 頁)

〖劉信芳 1998D〗包山 132 反有人名“”，141 作“”，俱可釋作“傑”。

〖李零 1999B〗應釋“腘”。《廣韻》有“膗”字，或作“腄”。

[2]駐（馹）

〖李家浩 1994B〗此簡冊是□尹柞乘馹從郢帶來的。

〖何琳儀 1998A〗包山簡馹，姓氏。(256 頁)

〖劉信芳 2003〗讀爲“馹”。此謂“驛使”。(129 頁)

〖廣瀨薰雄 2005〗扁尹傑乘坐“馹”（傳車）而來的記述也非常重要。就是說，左尹的直屬官員是坐著馬車送來文書的。…並不是一般的從事移送文書的人，…對於這個案件，他還有其他的任務，所以非要他親自送。由於他的地位比較高，他坐馬車來的。

〖王寧 2011B〗其 132 簡反那條文字當讀爲“𠬪尹、柞牧從郢以此等來”，“尹”、“牧”均官職名，“𠬪”、“柞”均地名，“𠬪尹”、“柞牧”是指這兩個地方的官員。

按：“馹”或解爲“乘馹”，或解爲“驛使”，𧠐尹傑爲左尹官署中官職較高的職官，親自到地方送與案件相關文件的可能性較小，因此解釋爲“驛使”爲宜。

[3]㠯（以）此等（志）逨（來）

〖李零 1992〗結果當年六月甲午，湯公派人送該案的獄辭（“此等”）來郢。

〖劉信芳 1994〗𡍮字從𠂹從止，應即“垂”字，讀如“諈”。…所謂“以此等垂”，即以此事垂詢。

〖陳偉武 1997〗整理者以 132 簡背面次於 139 背面之後，故“此等”的先行詞是“（左尹）其所命於此箸之中，以爲諓。”劉信芳先生釋諓爲證可信。如此看來，諓爲本字，等、篿爲借字，簡文並用。

〖楚文字編 1997〗與辵部之來並爲來去之來。（69 頁）

〖何琳儀 1998A〗①從竹，從寺。會法庭簡冊之意。（46 頁）②從止，來聲。逨之省文，“來去”之來的繁文。讀來。（80 頁）

〖劉信芳 2003〗字屢見於郭店簡，同“來”。“以此等來”，以此文書行至唐公官府。知該案由左尹官府派員督察辦案，所移文書即簡 132-135 所載舒慶之上訴狀。（129 頁）

左尹㠯（以）王命告湯（唐）公[1]：𦳋（舒）慶告胃（謂），苛冒、宣（桓）卯[2]殺亓（其）䏰（兄）昒[3]，郐（陰）之戥客敷（捕）𣆪（得）冒，卯自殺。郐（陰）之戥客或（又）𡕘（執）僕（僕）[4]之䏰（兄）𥁰（盈），而舊（久）[5]不爲剸（斷）。君命速爲之剸（斷）[6]，題（夏）𡖊（夕）之月，命一𡕘（執）事人㠯（以）至（致）命於郢。〖135 反〗

集釋：

[1]左尹㠯（以）王命告湯（唐）公

〖整理者 1991〗王命，楚王之命。左尹當指邵𦁷。（49 頁）

〖周鳳五、林素清 1995〗而簡 131“陰司敗某旃告湯公競軍”、簡 135 反“左尹以王命告湯公”、簡 139 反“左尹以王命告子郙公”及簡 145“成昜迅尹成以告子司馬”等簡文中之“告”則有“告知”之意，是職掌獄訟之官員交付文書案卷於另一官員時所用的詞語，可用於上對下（如簡 131、145），亦可用於下對上（如簡 135 反、139 反）。

〖陳偉 1996A〗①簡書中，“告”有報告、告知等意，如簡 135 反“左尹以王命告湯公”，

簡 140“告成”，簡 155“不以告僕”等。（137 頁）

〖顏世鉉 1997〗春秋的錫穴、漢稱錫縣，包山楚簡的湯地應該就在此。從簡 131～139 號所敘這件陰地的殺人案來看，湯和陰兩地當相去不遠，陰地約在今湖北老河口市北，和“湯”（春秋錫穴、漢錫縣）地的地望正相近，符合簡文所反映的兩地的關係。（189 頁）

〖陳偉 1998A〗舒慶及其家人一再向楚王上訴，楚王的指示通過左尹告訴湯公或子郁公，再由湯公或子郁公傳達給陰地官員。而陰地官員的辦理報告也通過湯公或子郁公送呈至左尹。我們說子郁公和湯公大致介於陰地官員和左尹之間，就是指這一情形而言的。處在這種位置上的子郁公和湯公，最有可能是郡級官員。

〖劉信芳 1999E〗“湯”讀爲“唐”。…唐之地望，《漢志》南陽郡：“舂陵，侯國。故蔡陽白水鄉。上唐鄉，故唐國。”…近有學者認爲古唐國在今河南唐河縣一帶，…謂古唐國在今唐河縣，言之成理。然《漢志》、《水經注》的有關記載亦不可不重視。楚即滅唐國，戰國楚之唐（縣？）自不同於春秋周之唐國，楚滅蔡、滅陰，均有遷徙，則包簡之“唐”，以《漢志》所載爲近是。

〖陳穎飛 2009〗景氏當爲地方職官中最爲顯赫的世族。…地位最高的湯公景軍疑爲郡公。（219 頁）

〖吳良寶 2010〗今按，“湯”讀爲“錫”或“唐”，都有音韻上的依據。但是，“錫”與“錫穴”能否爲一地是需要慎重考慮的，將簡文“湯”與“錫穴”聯繫起來有些勉強。《漢志》漢中郡的錫縣（今陝西白河縣東），緊鄰湖北。但該地在公元前 312 年爲秦所占領（《新收》1412“王四年相邦張儀戟”內背刻有置用地“錫”可證）。從學者將楚官璽中的“上埸”、“下埸”讀爲“上唐”、“下唐”的情況看，包山簡“湯”讀爲“唐”的可能性更大。（217-218 頁）

[2]宣（桓）卯

〖整理者 1991〗宣，它簡也作佢、趄，爲同一人之姓。（49 頁）

[3]昴

〖整理者 1991〗昴。（27 頁）

〖楚文字編 1997〗昴。（335 頁）

〖楚文字編 2003〗昴（昴）。刅與刃形近易混，此形或爲正體。（422 頁）

[4]僕（僕）

〖整理者 1991〗僕，讀作僕。（49 頁）

[5]舊（久）

〖整理者 1991〗舊，借作久，留滯。（49 頁）

〖十四種 2009〗“久”指時間長，亦通。（66 頁）

[6]君命速爲之剸（斷）

〖整理者 1991〗遬。（27 頁）

〖周鳳五 1992〗隸作逮，讀爲“急”。

〖曾憲通 1993〗速。

〖望山楚簡 1995〗義爲“速”，也可能“䊢”就是“束”的繁體。（92 頁）

〖徐在國 1996〗我們認爲此字所從的䊢，與上釋曾侯乙墓竹簡的“折”字相同。…此字應釋爲“逝”…我們認爲簡文中的“逝”亦是助詞，用在句首或謂語之前，以加強肯定的語氣，可釋爲“一定”。以此義通讀簡文，無不文從字順。

〖何琳儀 1998A〗“君命”，見《左・桓六》“今以君命，奔齊之急。”（1340 頁）

〖譚步雲 1998〗趨，《說文》：走也。（卷二走部）引申爲“速”。…“粖”當音“朱”。“朱”“芻”上古音分別爲章紐侯韻和初紐侯韻，相通互用沒有問題。（86 頁）

〖李零 1999B〗字從䊢，與“兼”字相似，但從雙木不從雙禾，《望》92 頁疑是“速”字，或與“速”含義相近的字。

〖十四種 2009〗郭店竹書 28 號簡有“速乎置郵而傳命”，可證。（66 頁）

㠯（以）至（致）命於子左尹。僕（僕）軍（軍）造言之[1]：視日以郐（陰）人豫（舒）慶之告[2]詎（屬）僕（僕），命速爲之剸（斷）。郐（陰）之正既爲之䀉（盟）諻（證）[3]，慶逃，䞣（盈）逵（圭）宿[4]，亓（其）余（餘）執（執），牆（將）至時[5]而剸（斷）之。視日命一執（執）事人至（致）命，㠯（以）行古，㴑（溢）上恆（極）[6]，僕（僕）徛（倚）之㠯（以）至（致）命[7]。〖137 反〗

集釋：

[1]僕軍（軍）造言之

〖整理者 1991〗①軍，湯公競軍。（49 頁）②造，《廣雅・釋言》：“造，詣也”。（49 頁）

〖劉信芳 2003〗告言，簡 159：“告言之攻尹”。（132 頁）

按：159 號簡是將“某某之告”言之攻尹，“告言”並不連言。

[2]豫（舒）慶之告

〖周鳳五、林素清 1995〗其中告字當爲告訴人所提訴訟的具體内容。

[3]䀉（盟）諻（證）

〖整理者 1991〗諻。（27 頁）

〖周鳳五、林素清 1995〗“諻”即“證”，指到法庭上作證之意。

〖陳偉 1996A〗簡文雖然有時盟證連言，但盟與證實際上是兩件事。盟是兩周時流行的一種儀式。…《周禮・秋官・死盟》云："有獄訟者，則使之盟詛。"鄭玄注："不信則不敢聽此盟詛，所以省獄訟。"《墨子・明鬼下》記述一則故事說：齊國二人爭訟久而不決，齊君乃命二人盟於神社。在讀到其中一人的盟辭時，充當犧牲的羊跳起來將他觸死。這裏與盟的爲爭訟雙方，《墨子》所記還有神判的色彩。上舉簡書的盟施於證人，目的則是爲了舉證的真實性（即"信"）。在簡 138-139 種，舒EPJ只是請求"證"，簡 139 反所記王命則指示"盟其所命於此箸之中以爲證"，清楚表明盟爲證的必然附屬物。（143 頁）

〖楚文字編 1997〗䛇，徵驗之徵。（406 頁）

〖何琳儀 1998A〗䛗，讀徵。《禮記・中庸》"雖善無徵"，注"徵或爲證"。《書・洪範》"念用庶徵"，注"徵，驗也。"（141 頁）

〖李零 1999B〗其聲旁乃"徵"字所從。

〖廣瀨薰雄 2001C〗不過再看看包山楚簡中盟的實例，即知它不是宣誓要說真話，而是確定什麼是真話。…不過筆者仍然認爲"盟證"是一個手續，並不是"盟"與"證"兩個手續。

〖劉信芳 2003〗簡 131、136、137 即盟證之具體記載。（132 頁）

按：廣瀨薰雄認爲"盟證"是一個手續，並不是"盟"與"證"兩個手續的看法較有道理。"盟證"似可解釋爲"以盟誓的形式來作證"。

[4]迲(圭)㝅

〖整理者 1991〗迲，讀如圭。《禮記・儒行》："篳門圭窬"，注："穿牆爲之如圭矣"。㝅，讀作拘，意爲牢房。（49 頁）

〖李零 1992〗拘係犯人之所叫"獄"（原作"㽛"或"㝅"）。

〖陳偉武 1997〗今按，《說文》無迲字，而有跬字，《走部》云："跬，半步也，舉一足。與跬同。"迲當是跬、跬、蹞之初文。…筆者以爲前文所引包山簡 137 反、137 兩例"迲㝅"均宜讀作"解枸"，迲（跬）古音爲溪紐支部；解，見紐支部。兩字旁紐同部，例可通假。…上引包山簡 137 是說舒EPJ被抓獲，還未判決，就（私自）打開枷鎖逃跑。…㝅字從宀佝聲，與簡 123"㽛"字從宀句聲異體同字，當是牢房義的專字，衹是"死於㽛"，字用本義，而簡 137、137 反須讀爲"枸"罷了。

〖何琳儀 1998A〗①迲，從辵，圭聲。疑跬之異文。（740 頁）②㝅，從人，㽛聲。疑㽛之繁文。包山簡㝅，讀拘。（342 頁）

〖九店簡 2000〗"迲"字還見於包山楚墓竹簡，凡兩見。…此而"迲"字也應當讀爲"解"。…包山楚簡的"迲（解）㝅"之"㝅"當是指"枸櫝欙杕"之"枸"這種刑具。

古代有一種把兩手銬在一起的刑具叫作“拲”。…“句”、“共”二字古音相近，可以通用。…頗疑“笱”、“㝚”皆應讀爲“拲”。…包山楚簡“解拲”猶此“解械”。（84頁）

〖劉信芳2003〗“逵”讀爲“圭”，《禮記·儒行》。“篳門圭窬”。鄭玄〈注〉：“圭窬，門旁窬也，穿牆爲之如圭矣。”《左傳》襄公十年：“篳門圭竇”。杜預〈注〉：“閨竇，小戶，穿壁爲戶，上鋭下方，狀如圭也。”“㝚”指牢房，其字又作“句”、“笱”。“逵㝚而逃”，穿牢房之壁如圭竇，藉以逃跑。（132頁）

〖史傑鵬2005〗“逵㝚而逃”的“逵”應當讀爲“壞”。“逵”從“圭”聲，和“壞”音近。

按：“逵”無需與120號簡“解句”對應而讀爲“解”，並且120號簡之“倞郏解句傳郏倖”句義難懂，“解句”之義尚不確定。從123號簡“死於笱”來看，本簡之“㝚”應是牢房或拘禁之所，而非刑具。

[5]至時

〖整理者1991〗旹，《說文》時字古文。（49頁）

[6]目（以）行古，欶（溘）上恆（極）

〖周鳳五、林素清1995〗“譈”字，《包山楚簡》及諸考釋者皆無釋。今疑此字爲“讞”，爲議罪定案之意。

〖劉信芳1996B〗“譈”從言從欠，讀如“讞”…“上恆”據文義應是議罪之所。就楚簡與漢代典籍“讞”之用例分析，作爲程序法之“讞”是指復審議案，此所以與“詳”有別。簡一三七反諸簡記左尹命湯公景軍迅速結案，但由於該案案情複雜，案犯屢次翻供上訴，所以湯公景軍未能結案，並陳訴未能結案的理由：“以行古譈上恆，僕徛之，以致命。”意思是：按故例應議案於上恆，在下據此以復命。

〖何琳儀1998A〗譈，讀歆，姓氏烏桓有歆氏，以大人之名爲姓。見《後漢書·鮮卑傳》。（1399頁）

〖史傑鵬1998〗既然“譈㡯”之“譈”應該讀爲“湛”，那麼“譈上”之“譈”也應該讀爲“湛”。…簡文“湛上”與“河上”、“泗上”、“霸上”文例相同，應指在湛水邊上之地而言。…我們推測“行故湛上恆”之“恆”是常法的意思。…疑“行故湛上恆”的意思是說按照過去“湛上”的制度行事。

〖陳偉1999B〗包山簡第137號反面的字，以前被認作是與第139號反面同樣的字，從文例上看，當無問題。其所從“言”形，實應是“遣（無辶）”形的變體。在此亦當讀爲“遣”。郭店簡〈性自命出〉第62號說：“身欲靜而毋遣（譴）”。“遣”字原未釋。其左旁近似“言”的形體與包山簡137號反面的“遣”字所從相同，應該釋爲“遣”，讀爲“譴”。“毋譴”是不致獲罪的意思。這可以反證對包山簡第137號反面之字的釋讀。“遣”後的

“上”字，是地位偏低的湯公競軍對於地位在上的左尹而使用的與“遣”有關的一個動詞。“遣上”或可連讀。137 號簡反面的“恆”的意義不詳，我們傾向於看作是所“遣上”之人的名字，隨後說“倚之以致命”，即依靠此人以致命。139 號簡反面說“遣上之戠獄”，“戠獄”當是此人的職掌。

〖劉信芳 2003〗①㵐，讀爲“瀻”，《說文》“議辠也”。字或作“讞”，…“讞，評議也。”（132 頁）②上恆：據文意應是議辠之所，具體涵義有待進一步研究。（132 頁）

〖王穎 2004〗①“古”指久遠；古老。（141 頁）②“恆”在先秦漢語中用在動詞或形容詞前，表示動作行爲的經常性、一貫性。意爲總是、經常。…以行古澨上，恆僕倚之以至（致）命。（161 頁）

〖十四種 2009〗①第一字疑當讀爲“逝”。《老子》“大曰逝”，王弼注：“逝，行也。”（67 頁）②“古”字下有一標識，在原圖版中隱約可見，而在紅外影像和數碼照片中非常清晰。當表示斷讀。（67 頁）

按：從 139 號簡反面有“澨上之戠獄”來看，“澨上”應爲地名，“恆”則有可能讀爲“極”，有準則、法度一類的意義。①簡文在“古”字後有墨點，似應斷句，但此句義難懂。此外，單育辰將 137 號簡反面的簡文斷句爲“視日命一執事人致命以行古（澨）上，惡〈恆-急〉，僕倚之以致命”，但並未進行具體解釋。②

[7]儯（僕）徛（倚）之㠯（以）至（致）命

〖何琳儀 1998A〗徛，讀攲。《說文》“攲，持去也。”（851 頁）

〖劉信芳 2003〗同“倚”，猭也。（133 頁）

東周之客䢼（許）𥁰（盈）逯（歸）復（作-胙）於葴郢之戢（歲），𩐂（夏）栾（夕）之月癸丑之日，𨛭（陰）司敗某（梅）旃告湯（唐）公競（景）𥃭（軍）言曰：䡈（執）事人誈（屬）𨛭（陰）人佢（桓）𥻗[1]、苛冒、𨚔（舒）遊、𨚔（舒）𥁰（盈）、𨚔（舒）慶之獄於𨛭（陰）之正[2]，〖131〗囟（思-使）聖（聽）之[3]。遊、𥁰（盈）皆言曰：苛冒、佢（桓）卯[illegible]（僉）殺𨚔（舒）明。𡭔=（小人）與慶不信[4]殺佢（桓）卯=（卯，卯）自殺。佢（桓）𥻗、苛冒言曰：𨚔（舒）慶、𨚔（舒）𥁰（盈）、𨚔（舒）遊殺佢（桓）卯，慶逃。𩐂（夏）层（夷）之月癸亥之日[5]，䡈（執）事人爲之〖136〗盟（盟）𧬟（證）[6]，凡二百人十一人。既盟（盟），皆言曰：信！[illegible]（察）䎽（問）智（知）𨚔（舒）慶之殺佢（桓）卯，遊、𥁰（盈）與慶皆[7]；[illegible]（察）

①裘錫圭：《是“恆先”還是“極先”？》，“中國簡帛學國際論壇”論文，臺北，2007。
②單育辰：《楚地戰國簡帛與傳世文獻對讀之研究》，21 頁，吉林大學博士學位論文，2010。

䎽（問）智（知）苛冒、佰（桓）卯不殺夈（舒）昉。夈（舒）𣄔（盈）𢧜（執），未有㓷（斷），𨑓𥧬而逃。〖137〗

集釋：

[1]佰（桓）㸑

〖整理者 1991〗①佰，簡文作，它簡又多作，均從亘聲。（48 頁）（按：字表又誤釋爲“佀”，見圖版一三〇）②㸑。（26 頁）

〖劉釗 1992A〗按字從人從𠂤，不從亘，字應隸作“𠂤”。戰國文字中“官”字常省爲“𠂤”，應釋爲“倌”。

〖袁國華 1994C〗從字形與字音兩方面看，△字（按：指）應隸定作“佰”。“佰”字古屬“心”紐“元”部，與“宣”音同。（353 頁）

〖楚文字編 1997〗𥹷。（358 頁）

〖陳秉新、李立芳 1998〗字從米、從肉，𠂤聲，乃粭字古文。

〖何琳儀 1998A〗㸑，從米，肙聲。疑稍之異文。（975 頁）

〖白於藍 1999〗右旁所從乃肙字。…包山簡此字當隸作㸑。

〖十四種 2009〗桓㸑當是桓卯親屬，在桓卯死後爲其訴訟。（66 頁）

[2]郐（陰）之正

〖整理者 1991〗正，縣正。《禮記・王制》：“史以獄成告於正”。（48 頁）

[3]囟（使）聖（聽）之

〖陳偉 1996A〗“聽”，聽獄是審理案件的重要環節。《左傳》襄公十一年：“王叔之宰與伯輿之大夫瑕禽坐獄於王庭，士丐聽之。（141 頁）

〖劉信芳 2003〗聖，讀爲聲，使聖之，使聲言之。（133 頁）

〖王穎 2004〗“聽”在簡文中意爲審察、斷決。（105 頁）

[4]信

〖整理者 1991〗信，簡文作，戰國璽印文字也多作此形。借作親。（49 頁）

〖譚步雲 1998〗楚語義爲“親自”、“親身”。（87 頁）

〖十四種 2009〗應是果真、確實之意。（66 頁）

按：121 號簡的“信”字，整理者又云：“借作身，親自。”[1]意見略有不同。

[5]𩒨（夏）层（夷）之月

〖李佳興 2000〗“夏层”當爲“夏栾”之誤。

①湖北省荊沙鐵路考古隊：《包山楚簡》，47 頁，北京，文物出版社，1991。

〖十四種 2009〗在六十甲子中，癸亥晚於癸丑十日，月名夏层應無誤。蓋是陰司敗接到湯公轉發王命後，將先前聽獄、盟證的記錄呈上。（66 頁）

[6]爲之槼（盟）䜩（證）

〖李零 1992〗“盟證”（起誓作證）〔案：證，釋文缺釋，且斷在下句〕，共 211 人。

〖楚文字編 1997〗䜩。阩即升登之升，亦從徵聲。䜩與詸均爲證驗之徵字異體。（115 頁）

〖王穎 2004〗結盟立誓。（131 頁）

〖十四種 2009〗“䜩”在紅外影像中較清楚。（66 頁）

[7]皆言曰：信！[illegible]（察）䎽（問）智（知）舍（舒）慶之殺亘卯，逌、䏾（盈）與慶皆

〖李零 1992〗他們可以肯定（“信對聞知”）是舒慶殺了宣卯，而舒慶等三人也明知（“皆對聞知”）苛冒、宣卯未殺慶兄。…對訊時使用的“信”字，類似五祀衛鼎的“審”字，是表示肯定的語氣。“對聞知”似乎也是表示證實。

〖周鳳五 1994〗既盟，皆言曰：信對：聞知舒慶之殺亘卯。逾、䏾與慶皆對：聞知苛冒、亘卯不殺舒𣅀。

〖陳偉 1996A〗①“皆言曰”以下一段爲證人陳述，即今人所謂證人證言。值得注意的是，這些證言得之於傳聞而不是目驗。（143 頁）②“亘卯”後一點，可能是人名標識，也可能是斷讀符號；“逌”後一點，只能是人名標識；“皆”後一點，則只能是斷讀符號。如採用新式標點，“皆言曰”之下可用冒號，以後文句可寫作：信讓聞知舒慶之殺亘卯，逌、䏾與慶皆（偕）；讓聞知苛冒、亘卯不殺舒𣅀。這樣標點的理由至少有兩點：第一，兩處“讓聞知”引起的句子顯然是並列關係（“信”爲統攝二句的語氣副詞）；第二，簡 136 記亘腈、苛冒說：“舒慶、舒䏾、舒逌殺亘卯”，“信讓聞知”云云與之略同。（26 頁）

〖楚文字編 1997〗包山一百三十七號 簡䎽智即聞知。（529 頁）

〖劉樂賢 1997〗簡文的“讓䎽”，實即對聞，當讀爲對問…是回答提問的意思。官府向苛冒一方的證人取證，主要歸結在兩點上：舒氏父子是否殺死了亘卯，苛冒、亘卯是否殺死了舒𣅀。證人需就這兩個問題分別作答，故文中出現兩次“對問”。把讓䎽讀作對問，不會出現證詞出自傳聞的奇怪現象。證詞以“對問”起首，是爲了表示莊重、嚴肅；其後接著用“知”字，表示肯定、確信。

〖陳偉 1998D〗這個字的寫法與《古文四聲韻》卷三、卷四所引《古老子》“辨”及“辯”字近似，恐當釋爲“辯”或“辨”。“辯”、“辨”有治理、察明的意思。包山簡中多用作動詞，有時也用作名詞或副詞。126 號簡說“子左尹命漾陵之邑[從宀]辯州裏人陽口[從金從出從月]之與其父陽年同室與不同室”，27 號簡說“乙亥之日不以死於其州者之辯告”，137 號簡說“信辯聞智(知)舒慶之殺宣卯，舟[從辶]、呈[從力]與慶皆；辯

聞智(知)苛冒、宣卯不殺舒刃[從日]”，就分別是這三種用法的句例。江陵磚瓦廠 3 號簡中的這個字可能是動詞，也可能是副詞。就現有資料看，像包山 137 號簡一樣作副詞用的可能性似乎更大一些。即其下也有“聞”或類似動詞，合在一起是明確聽到的意思。

〖何琳儀 1998A〗“聕智”，讀“聞知”。《韓非子・難》“是以明主言法，則境内卑賤莫不聞知也。”（1311 頁）

〖陳偉 1999B〗而到 1997 年底，我們在討論江陵磚瓦廠 370 號戰國楚墓所出竹簡時認爲：“這個字的寫法與《古文四聲韵》卷三、卷四所引古《老子》‘辨’及‘辯’字近似，恐當釋爲‘辯’或‘辨’。‘辯’、‘辨’有治理明察的意思。包山簡中用作動詞，有時也用作名詞或副詞。126 號簡說‘子左尹命漾陵之邑（從宀）大夫辯州里人陽囗之與其父陽年同室與不同室’，27 號簡說‘乙亥之日不以死於其州者之辯告’，137 號簡說‘信辯聞知舒慶之殺宣卯，舟、呈與慶偕；辯聞知苛冒、宣卯不殺舒刃’，就分別是這三種用法的句例。”…這個從近似“𦍒”形的字雖然具體音義待考，但在郭店簡中無論讀爲“察”、“淺”或者“竊”均文意順暢（其中“察”、“竊”之讀還有帛書〈五行〉和《莊子》印證），而三字之間又音近可通，彼此互證，應該是沒有疑義的。至於包山簡中的從“言”之字，在大多數場合、也就是我們曾經談到的用作動詞和名詞的時候，確如裘先生所云，應讀爲“察”。其意義與“辯（辨）”類似，指驗明、查實。但在 136-137 號簡中，則似乎應當讀爲“竊”，用作表謙副詞。“竊聞”乃戰國人常語，如《孟子・公孫丑上》“昔者竊聞之”，《戰國策・燕策一》“蘇秦死其弟蘇代欲繼之”章“竊聞王義甚高甚順”，《韓非子・存韓》“今臣竊聞貴臣之計”，均是其例。在包山簡中，還用到表謙副詞“敢”（簡 15、17、132、135）、表謙代詞“僕”（簡 15、16、133、135、135 反、137 反、155），可以作爲這一釋讀的輔證。

〖董蓮池 1999〗今考包山楚簡中，它處於下面四種語言環境中：…4 處在一般性陳述性語句中的動詞狀語的位置上。…這裏的“辯”應該讀爲“徧”，訓爲周徧，古“辯”、“徧”每通。而古文皆以辯爲徧。…句謂參盟人員說：“我們確實全部聞知郘慶殺了佢卯。”…接下來的“逍、𣅀與慶皆辯聕知苛冒、佢卯不殺郘昍”，“辯”則是辯解義，言郘逍、郘𣅀、郘慶一塊辯解他們全都聞知苛冒、佢卯沒有殺郘𣅀。三人否定了自己先前對苛、佢二人殺郘𣅀的指控，因爲這是推翻自己先前所言，所以要辯解一番，找些理由，故此用“辯”字。聯係後文看，三人推翻前言是爲了緩解佢𥻸、苛冒對郘慶殺死佢卯的指控。

〖許學仁 1999〗簡文“𧨿”字，隸定爲“諜”，讀爲“諭”或“驗”，…意指證言須親眼所見，親耳所聞，親口所問，調查取證，絕非僅“得諸傳聞而不目驗”

〖蘇傑 2000〗聞、問同音，楚文字“聞”或用爲“問”…我們認爲簡“對聞”之“聞”

也應該讀爲“問”。簡文“對問”的含義相當於“質”。《資治通鑒·魏明帝太和元年》胡三省注：“質，證也，驗也，對問也。”“質”可訓爲“驗證”，亦可訓爲“詰問”，這兩方面相反相成。《禮記·曲禮上》：“雖質君之前，臣不諱也。”鄭玄注：“質，猶對也。”《太玄·數》：“爰質所疑。”范望注：“質，問也。”與此相映，簡文“對問”也有“質訊”和“質證”（即接受質訊）兩方面意思。簡 157“對問”可譯爲“質訊”（對，質也；問，訊也）；簡 137“信對問”可譯爲“確切無疑地指正。”

〖廣瀨薰雄 2001C〗人們盟證的內容是“確實察此事，問此事，知此事。舒慶殺了佢卯，舒逿和舒㾑及舒慶都參與了。…盟不是由訴訟當事人舉行的，而是由第第三者舉行的。

〖史傑鵬 2001〗我們懷疑這裏的三個“聕”字跟（一）（按：指 130 號簡反）的“聕”字一樣，也應當讀爲“問”。“察問”之“問”古代有“審問、問案”的意思。…（二）（按：指 136-137 號簡）、（三）（按：指 157 號簡）的“聕”當用此義，這與“察”的意思是一致的。而且，“察問”一詞本身也見於古書，義爲考察訊問，如《官子·小匡》：“退而察問其鄉里，以觀其所能。”可見，我們這裏把“”讀爲“問”的看法是對的。《包山楚簡》將（二）的兩處“察聕”與下文連讀，這大概以“聞知”爲一詞。…意思是“聽說知道”。而簡文講的分明是案件的實際情況，怎麼能“聽說”，可見以“聞知”連讀明顯是不合适的。所以，根據簡文（三）“察問”連言的情況，應該把簡文（二）的“察問”和“智”點開。

〖劉信芳 2003〗讀爲督，督者，視也。信督聞，或確實見到，或確實聽到。（133 頁）

〖王穎 2004〗疑“聞”讀爲“問”。…察問，考察訊問。（131 頁）

按：整理者斷句爲“皆言曰：信察聕知舒慶之殺佢卯，逿、㾑與慶皆察聕知苛冒、佢卯不殺舒昄”，不通。陳偉在“皆”後斷句，可從。將“信察聕”連讀，不確。簡文“言”的主語是參加盟證的證人，將“信察聕”連讀之後，“信察聕知舒慶之殺佢卯，逿、㾑與慶皆，察聕知苛冒、佢卯不殺舒昄”作爲證人作證的言辭應是一個整體，“察聕”的施動者是“參加盟證的證人”，無論怎樣解釋“察聕”，簡文文意都不是十分順暢。其實，“信”與“察問”應該斷讀，“察聕”讀爲“察問”。簡文並沒有記錄證人盟證的證詞，只是記載了他們發誓所作盟證的真實性，即“皆言曰：信！”。而“察聕知舒慶之殺佢卯，逿、㾑與慶皆，察聕知苛冒、佢卯不殺舒昄”則是通過盟證得出案件結果的記錄。如此，簡文文意十分通暢。157 號簡記有“鄢宧大夫命少宰尹郲敨察問大梁之職舊之客苛坦”，上級對下級可以“察問”，本簡的“察問”正是陰地官員對盟證人員的察問，也是上級對下級的察問。

左尹㠯（以）王命告子郙（宛）公，命鄴（溢）上之戠（職）獄[1]爲䣜（陰）人舒

浧（盈）槼（盟），亓（其）所命，於此箸（書）之中㠯（以）爲諻（證）[2]。〖139反〗

集釋：

[1]命䥷（溢）上之戠（職）獄

〖黄錫全 1992〗潶（澂）。

〖史傑鵬 1998〗“命湛上識獄爲陰人舒浧……”很可能就是楚王所行的“故湛上恆”。這大概是因爲楚國“湛上”之地多善“識獄”之人，國家倚其行事，定爲常法。

〖劉信芳 2003〗據簡 137 反，上後脱一恆字，應作“澂上恆”，讀爲“瀸”，“瀸上恆之識獄”，議案上恆的記獄者。（133 頁）

[2]亓（其）所命，於此箸（書）㠯（以）中㠯（以）爲諻（證）

〖整理者 1991〗箸，借作書。（49 頁）

〖陳偉 1994〗“此箸”即指簡 138～139 而言。

〖周鳳五 1996〗“爲陰人舒浧盟其所命於此箸之中以爲證”意指依照舒浧所列舉的這分名單來傳喚證人，“此箸”即“此名單”，也就是簡一三八、簡一三九所列舉的自陳旦以下至“大脰尹公䜭必與僚三十”的人名。

〖廣瀨薰雄 2001C〗可是此文應該斷句爲“歒上之識獄爲陰人舒浧盟。其所命於此書之中以爲證”意思是“命令歒上之識獄爲陰人舒浧作盟。將他在此所請求的人作爲證人”。所以這是讓“證人”作“盟”的記述。這樣的話，“盟”在這裏跟“證”也是一樣的。

〖劉信芳 2003〗“命”指簡 138“舒浧命證”。“箸”同書。該句謂：舒浧所要求盟誓作證的人員付於此文書中。以爲證，以之爲證，以簡 138、139 所列人員盟誓作證。（133-134 頁）

郐（陰）人䢵（舒）浧（盈）命諻（證）[1]，郐（陰）人御君子[2]墬（陳）旦、墬（陳）龍、墬（陳）無正、墬（陳）㚔（彗）、與亓（其）戠客百宵（宜）君、大史連中、左闗（關）尹黄惖（惕）[3]、醕（酖-沈）差（佐）[4]郗（蔡）惑、坪（平）弡（射）公[5]郗（蔡）冒、大牒（諜）尹[6]連虞（且）、〖138〗大脰（廚）尹公䜭（宿）必與𢥞卌=（三十）[7]。〖139〗

囟（思-使）浧（盈）之𢦏（仇）[8]敘（除）於浧（盈）斎=（之所）諻（證）[9]。與亓（其）𢦏（仇），又（有）悁（怨）[10]不可諻（證）。同社、同里、同官[11]不可諻（證）。匿（暱）至㚖（從）父兄弟[12]不可諻（證）。〖138 反〗

集釋：

[1]命諻（證）

〖整理者 1991〗䛧，讀如證，作證。（49 頁）

〖楚文字編 1997〗䛧。從言，徵聲，證驗之徵。（115 頁）

〖劉信芳 2003〗《廣雅・釋詁》："命，呼也。""命證"即要求盟誓作證。下文所載人名即舒㥯開列的證人名單。（134 頁）

〖馮勝君 2007A〗而"䛧"字從其在郭店簡和包山簡中的用例來看，當是典籍中表示徵信、證言（人）之"徵"的本字。（220 頁）

〖十四種 2009〗《諸子平議・管子六》："特命我曰"，俞樾曰："命猶告也。……以君告臣謂之命，以臣告君亦謂之命也。"（67 頁）

[2]御君子

〖整理者 1991〗君子，《左傳・宣公十二年》："君子、小人，物有服章，貴有常尊，賤有等威，禮不逆矣。"君子指貴族。（49 頁）

[3]左閘（關）尹黃惖（惕）

〖何琳儀 1998A〗"閘尹"，讀"關尹"。《國語・周語》中"敵國賓至，關尹以告。"（1001 頁）

[4]酟（沈）差（佐）

〖楚國歷史文化辭典 1996〗酟佐當爲酟尹之副職。（480 頁）

〖何琳儀 1998A〗"酟差"，讀"監佐"，"監尹"之副職。（1145 頁）（按：1443 頁又云："黃惖酟。…謟，從言，臽聲。讇之省文。…包山簡謟，人名"）

〖劉信芳 2003〗職官名，《國語・周語中》："敵國賓至，關尹以告。"韋昭注："關尹，司關，掌四方賓客。"（134 頁）

〖趙平安 2002〗主官曰醓尹（或只說醓），副官曰醓佐。

〖劉信芳 2003〗讀爲"詹佐"，詹尹之佐。（134 頁）

〖田成方 2008〗沈差蔡惑，蔡爲氏、惑爲名，沈差與坪徉公相對，是人名前的官爵。包山簡 49、108 有"喬差"，是簡 107"喬尹"的佐官，沈差也應是沈尹之佐（左）官。

[5]坪（平）矤（射）公

〖整理者 1991〗徉。（26 頁）

〖何琳儀 1993A〗又見 38、60，應釋"弰"，"射"之異文。"射"與"夜"音近可通。…故"坪弰（射）"即"坪夜"，與"坪柰"、"坪夏"等均一音之轉。

〖顏世鉉 1997〗"坪矤公"（簡 138），爲平輿縣的縣公。（69 頁）

〖白於藍 1999〗此字亦見於鄂君啓節，應釋爲躲（射）字。

〖劉信芳 1999E〗"矤"字從弓，矢聲，讀爲"氏"，該組簡所涉地名多在今河南南陽附近，知“坪弦”即“平氏”。《漢志》南陽郡有“平氏”縣。《水經注・比水》：“澧水西北流，逕平氏縣故城東北。”其地在今河南唐河縣東南平氏鎮。

〖鄭威 2011〗“坪弦（射）”可能也在射水、古謝國一帶，距射皋不遠。

按：“弦”參 38 號簡集釋。

[6]大䁥（諜）尹

〖整理者 1991〗䁥。（27 頁）

〖黃錫全 1992〗䁥。

〖李天虹 1992〗此字應隸定作覭。

〖劉釗 1992A〗按字從見從枼，應隸作䁥。

〖何琳儀 1998A〗䁥，從見，枼聲。疑䁥之繁文。（1431 頁）

〖白於藍 1999〗即䁋字。偏旁目、見可通用。

〖劉信芳 2003〗字從視，枼聲，讀爲“貰”，《說文》：“貰，貸也，從貝，世聲。”疑“大貰尹”是管理貰貸的官員。（135 頁）

〖馮勝君 2007B〗“包山”175 辭例爲“䁥尹”，“䁥”可能本來就是間諜之“諜”的本字，在簡文中用爲官名，或可讀爲“諜”，“諜尹”應是負責間諜事務的官員。

〖十四種 2009〗上博竹書《曹沫之陳》31 號簡有一從“見”從“枼”之字，注云：疑同“䁥”，疑讀爲“間諜”之“諜”。（67 頁）

[7]大脰（廚）尹公䢸（宿）必與戭卌=（三十）

〖整理者 1991〗大脰尹公䢸必與戭卅=（三十）。（26 頁）

〖黃錫全 1992〗𢨋。

〖李天虹 1992〗此乃戠字。《說文》古文戠字作𢨋，是其證。

〖劉釗 1992A〗“大脰尹”應讀爲“大廚尹”。大廚尹是掌管庖廚的官吏。

〖湯餘惠 1992〗左旁從尞，…古文字戈、支形近有混用之例，故疑“𢨋”即古“敹”字。《玉篇》：“敹，小長皃。”

〖何琳儀 1993A〗應釋“𢨋”，楚帛書“寮”作[?]，包山簡“鄝”作[?]179，均可佐證。“𢨋”與“戠”古文十分近似，但非一字。“𢨋”讀“轑”，《說文》：“轑，蓋弓也。從車，尞聲。一曰，輻也。”“轑三十”即“輻三十”。

〖陳偉 1996A〗“𢨋”疑讀作僚。《左傳》文公七年：“同官爲僚。”簡 138 反所謂“同官”，蓋即指此。（143 頁）

〖楚國歷史文化辭典 1996〗大廚尹可能是負責王室膳食的職官。（17 頁）

〖巫雪如 1996〗包山楚簡中的弼氏亦可能即費氏。（131 頁）

〖何琳儀 1998A〗㝵，從弼，勹爲疊加音符。疑弼之繁文。包山簡㝵，讀茀，姓氏。（1295 頁）

〖李零 1999B〗此據《説文》熾字的古文寫法而釋，但《説文》熾字的古文作，字形有訛，《汗簡》作。今正爲“戥”，從熱字的古文從戈。

〖劉信芳 1999F〗與《説文》“熾”古文同形，應讀爲“䡕”，古代訟獄須繳納財物於官府，“與䡕三十”乃舒𢓢要求盟證所付的訴訟費。

〖徐在國 2002〗分析的構形，認爲其所從的“”似由戠字訛變。（213 頁）

〖施謝捷 2003〗㑩（佩）。

〖陳劍 2008〗包山簡 139 從“㒸”從“戈”之字雖與《説文》古文“熾”作形同，但形何以是“熾”，本無多少理據可説，恐不能據以釋古文字。我們反而應當反過來考慮，根據六國文字中“㒸”聲字可用爲“熱”的情況，古文“熾”作形很有可能是用爲“熱”的類形“因義近而誤置”；同時可能也有跟“熾”字形上也多少有點聯係的因素——其實説白了就是，漢人看到古文寫本資料中從上下文看意義當爲“熾熱”一類的字，對其字形已不能確識，就認作偏旁裏也有“火”、有“戈”的“熾熱”之“熾”了。①

〖蘇建洲 2008〗此字仍應理解爲從“㒸”得聲。…筆者以爲“戥”應讀爲“矢”（書紐脂部），與“日”聲紐同爲舌上音，韻部對轉。…《周禮・秋官・大司寇》：“以兩造禁民訟，入束矢於朝，然後聽之。”鄭玄《注》曰：“訟，謂以財貨相告者。造，至也。使訟者兩至，既兩至，使入束矢乃治之也。……必入矢者，取其直也。《詩》曰：‘其直如矢’。”…此次的盟證大概是舒𢓢自己要求的，或他是當事人、興訟人，所以要“入束矢”。“戥”從戈，與兵器相關，或可作爲釋“矢”之證。又“束矢”，一般認爲指“百矢”，簡文是“三十矢”，亦有不同。另外，《集成》9456 裘衛盉：“裘衛迺彘告于白邑父、𤎩白、定白、𤳘白、單白”，“彘告”即“矢告”，馬承源先生認爲“矢告”就是“直告”，也就是“正告”，可能也與《周禮・秋官・大司寇》：“以兩造禁民訟，入束矢於朝，然後聽之”的制度有關。（171-172 頁）

按：“大脰尹公”應是官名，“㝛”即“宿”氏，參 35 號簡集釋。字字形與字義待考。

[8]𢓢（盈）之𢦏（仇）

〖整理者 1991〗𢦏，讀如來，《爾雅・釋詁》：“來，至也。”（49 頁）

〖何琳儀 1998A〗從戈，來聲。疑讀來。（81 頁）

〖黄德寬、徐在國 1998〗疑此“𢦏”字應讀爲“仇”。簡文之意爲與𢓢有仇有怨的人不能出庭作證。

---

①轉引自蘇建洲：《楚文字“㒸”字及從“㒸”之字再議——兼論傳鈔古文一個值得注意的現象》，《上博楚竹書文字及相關問題研究》，158-174 頁，臺北，萬卷樓圖書公司，2008。

〖陳偉 1999B〗包山簡此字亦可讀爲“仇”。《說文》:“仇，讎也。”段注云:“讎猶應也。《左傳》曰‘嘉偶曰妃，怨偶曰仇’。按仇與逑古通用。辵部怨匹曰仇，即怨偶曰仇也。仇爲怨匹，亦爲嘉偶。如亂之爲治，苦之爲快也。”朱駿聲《說文通訓定聲》亦云:“謂仇也，二人相當相對之誼。……其實相當相對謂之仇，兩同爲仇，兩異亦爲仇。後儒因之專訓仇怨，非是。”〈緇衣〉之“仇”，是所謂“嘉偶”；包山簡中的“仇”，則是所謂“怨偶”，具體是指與舒氏在訟獄中處於對手地位的苛冒、宣卯等人。

〖劉國勝 1999〗“𢦟”疑爲“賴”之異體…簡文中的“賴”亦訓作仇解。

〖劉信芳 1999D〗“𢦟”讀爲“仇”。

〖孔仲溫 2000〗“𢦟”讀如“來”也能通達無滯。也就是囟𣪘他來述說事情於𣪘的處所，以作爲呈堂供證，但就是他來，因爲心中有怨，恐怕言語不能作爲證詞。因此，我們認爲“𢦟”可釋爲“來”。

〖王輝 2001〗字從“戈”“求”聲，“救”字異體，讀爲“仇”。《說文》:“仇，應也。”《玉篇》:“仇，對也。”“仇敍”就是“對敍”。“與其仇”，就是“與之對勘、對證”，也就是對證人進行口頭了解、審查。

〖劉信芳 2003〗𢦟，讀爲“仇”，…仇，讎也。讎者，對也。(134 頁)

〖大西克也 2006A〗“𣪘之仇”即𣪘的敵方，意爲讓𣪘的敵方就𣪘作證的內容陳述意見。接著講的是有關證人的規定，都是針對𣪘的敵方（即“其仇”）而言的。與“𣪘的敵方”有怨的、同社同里同官的、親至從父兄弟以內的，都不能作證。“𣪘之仇”的“之”，不是主謂之間的“之”，而是定語標記。

按:𢦟字在簡文中讀爲“仇”應無疑問，此字還見於郭店楚簡，《緇衣》18+19 號簡有“執我𢦟𢦟”，今本作“執我仇仇”，43 號簡“君子好𢦟”，今本作“君子好逑”。整理者釋爲“𢦟”。[①]黃德寬、徐在國認爲𠦬即“棗”之省，屬精紐幽部，可讀爲群紐幽部的“仇”。[②]陳劍認爲竹簡的“𠦬”應是由金文的“[illegible]”演變而來，“[illegible]”是從“桒”分化出來的。[③]李零則認爲𠦬是“求”之訛混。[④]

[9]敍（除）於𣪘（盈）之所詿（證）

〖整理者 1991〗敍，《說文》:“次第也”，次序。(49 頁)（按：字表又隸爲“敍”，見圖版一四四）

①荊門市博物館:《緇衣釋文注釋》,《郭店楚墓竹簡》，134、136 頁，北京，文物出版社，1998。

②黃德寬、徐在國:《郭店楚簡文字考釋》,《吉林大學古籍整理研究所建所十五周年紀念文集》，98-111 頁，長春，吉林大學出版社，1998。

③陳劍:《據郭店簡釋讀西周金文一例》,《北京大學中國古文獻研究中心集刊》第二輯，378-396 頁，北京，燕山出版社，2001。

④李零:《郭店楚簡校讀記》（增訂本），64 頁，北京，北京大學出版社，2002。

〖陳偉 1999B〗敘，可能是取比次之意，也可能讀爲“除”，訓爲“去”。211 號簡“敘於宮室”即“除於宮室”，229 號簡“攻敘於宮室”即“攻除於宮室”，與後一種讀法同例。“思呈仇敘於呈之所證”大概是說讓舒呈訟事的對手即苛冒、宣卯等人對舒呈提出的證人（即 138-139 號簡所記）資格作出認定。“與其仇有怨不可證，同社、同里、同官不可證，昵至從父兄弟不可證”，大致應該是對認定證人資格而給出的一些標准。這種對於證人資格認定的特殊方式，似乎不見於其他記載。

〖劉國勝 1999〗排除。

〖孔仲溫 2000〗敍述。

〖劉信芳 2003〗敘，次弟也。…仇敘猶對質。…使𦛗之仇敘於𦛗之所證，使舒𦛗前往就其提供的證詞對質。簡 137 即云舒𦛗脫逃，知其逃亡往郢都，與舒慶一同上訴。舒𦛗要求盟誓作證，故左尹將其發往原審地方官府，參加對質。（134 頁）

〖王穎 2008〗楚國文字多以“敘”爲“除”，在包山簡中意爲驅除、肅清。（129 頁）

按：“敘”讀爲“除”，義爲“排除”。

[10]又（有）悁（怨）

〖整理者 1991〗悁。（27 頁）

〖黃靈庚 1997〗悁，從心從肙，當隸定爲怨字（員、夗爲文元旁轉、同匣紐雙聲，音近通用）悁，怨忿。“又悁”，謂有積怨。言與當事人有積怨者不可爲證人。

〖李運富 1997A〗上述各字所從之[illegible]、[illegible]、[illegible]就是《說文》的“肙”，因而從心的當釋“悁”，從邑的當釋“鄁”，從糸的當釋“絹”。…疑《說文》所云“從肉口聲”之“口”當音“圓”，其形作“○”，爲“圓”字初文，…大概由於“○”已不單用，其音轉晦，而其形又與口相混同，所以楚文字因其口形置換成與○音近之占，另造了從肉占（𠧧、𠧪）聲的異構字（[illegible]、[illegible]）；也可能是○訛變爲口，而口與甘古文字常混同（猒字左上原作口，後亦變作甘），故又換用與甘音近的占。…但占、甘與○據現有音系似不音近，不過楚方音當自成系，不必合於現有其他音系，正如楚文字用酓爲熊亦不合現有音系。總之，“占”或“𠧧”即占卜之占，這樣比較容易解釋“肙”字的構形。…“又悁”即“有悁”。“悁”當訓仇怨。…“有悁，不可證”者，言與乙方有仇怨的人，不可爲甲方作證說話。

〖陳偉 1998A〗包山簡中的這句話也可能應讀作“有怨不可證”。

〖何琳儀 1998A〗悁。（1516 頁）

〖黃德寬、徐在國 1998〗“[illegible]”乃楚文字之“肙”，緇 46“我龜既猒（厭）”，“猒”從“肙”作[illegible]可證。“悁”讀爲“怨”。包山簡 138 反有字作“[illegible]”，…我們認爲此字亦應釋爲“悁”，讀爲“怨”。

〖白於藍 1999〗字從不從肙，楚簡用爲“怨”或“冤”（這裏所引文例應讀“冤）。

〖李零 1999C〗包山楚簡亦有此字，辭例作“有～不可證”（簡 138 反），應讀“冤”。

〖曹錦炎 2000〗悬讀爲“怨”文通義順。頗懷疑怨字寫作悬（悬），有可能就是楚文字的特有構形。

〖孔仲溫 2000〗“悁”既釋讀作“悁”，而“悁”與“怨”實音同義近，考《說文》：“悁，忿也，從心肙聲，一曰憂也。”又云：“怨，恚也，從心夗聲。”

〖湯餘惠、吴良寶 2001〗猒即古厭字，字從“”，迺由“甘”旁衍變。“”在楚簡中爲“占”字或體，占、猒音亦通。…楚簡中“”即“肙”，爲“猒（厭）”字省體。…包山楚簡 138 號反面有“懕”字，…該字也應讀作“怨”。其簡文“又懕不可諓”即“有怨不可證”。

〖陳秉新 2003〗從心，貞聲，即忭字古文。…弁與卞並紐雙聲，元部叠韻，作聲符用，可以互代。…各忭字，均當從裘錫圭先生說讀爲怨。古音忭與怨同在元部。

按：劉洪濤指出漢代文字中的“肙”字主要有“肓”、“肙”兩種寫法，“肓”與“肙”都是“兔”字的變體，而作爲“兔”字變體的“肓”與“肙”又都是從三個“兔”的“㲋”的簡省分化字。“㲋”字的讀音與“宛”字相近，簡省分化字的讀音來自它所由分化出來的母字，因而“肓”、“肙”的讀音才能“恰巧”與“㲋”字相同。①

[11]同社、同里、同官

〖整理者 1991〗社，地神。《說文・示部》：“地主也。…《周禮》二十五家爲社，各樹其土所宜木。”（49 頁）

〖彭浩 1991A〗①同社，同祀一社。②一同供職的官吏。

〖顧久幸 1993〗可證里爲行政單位，社即經注冊登記的一定範圍和人民。社除有用作登記土地和人民的作用外，還有設立居於這一地域的人民的祖先的祠堂，以供祭祀。《史記・封禪書》云：“民立社，各自以祠。”里與社由於具有各自的特徵，因此作爲行政機構和祭祀的組織而言，有時也有差別。它們所屬的户數有時不相同，包山楚簡中有時也將里和社分稱，有“同里”和“同社”之說，這說明，同里不一定同社，這兩個機構並非必然重合。

〖周鳳五 1996〗官的順序在社、里之下，其所指當爲手工作坊而非官員或官署可知。

〖何琳儀 1998A〗①“同社”之社，二十五家。（530 頁）②“同官”，見《左・文七年》“同官爲寮。”（420 頁）

①劉洪濤：《釋“肙”》，簡帛網，2011 年 8 月 1 日。

〖楊華 2006A〗此處同社與同里並稱，里與社似乎被視爲兩種不同的社會單元，由之聯絡的人際關係顯然不是同一種社會關係，這至少説明，在戰國中期的南方，里所屬的人群與社所屬的人群不一樣，里與社並非完全重合，而是出現了某種程度的分離。

〖十四種 2009〗陳偉以爲官、倌爲庶人在官者。依此，“同官”也許指同在一個官署供任雜務的人。（68 頁）

[12]匿（暱）至㐺（從）父兄弟

〖整理者 1991〗①匿，借作暱，《爾雅·釋詁》：“暱，近也。”（49 頁）②㐺，讀如從。《爾雅·釋親》：“兄之弟之子相謂爲從父𡙼弟”。（49 頁）

7. 漸木之爭案

東周之客䜌許緹（縕-盈）逯（歸）復（作-胙）於蔵郢之戠（歲），𦬈=（十月）辛巳之日，罼（畢）[1]䐢（䏲）尹[2]㓢（酉-柳）䪭[3]與鄝君之司馬奉爲[4]皆告城（成）[5]，言胃（謂）：尖=（小人）各政（征）[6]於尖=（小人）之埅（地），無譹（訕）[7]。登（鄧）人所䍾（漸-斬）木[8]四百𣏟（枚）[9]於〖140〗鄝君之埅（地）蘘（蘘）溪[10]之中；亓（其）百又个=（八十）𣏟（枚）[11]於罼（畢）埅（地）鄰(卷)中。〖140 反〗

集釋：

[1]罼（畢）

〖整理者 1991〗罼。（27 頁）

〖劉釗 1992A〗按字從网、從畢，應釋爲“畢”，“罼”即畢之繁文。

〖李運富 1996〗但簡文之形，從网從畢之外，明顯都另從廾，蓋會用廾持畢或网以補鳥獸之義，則其不與罼或畢同詞亦明矣。…因疑𦋺不可釋罼，而應釋羅，蓋𦋺乃羅字異構。

〖劉信芳 2003〗簡 44 作“䍟”，字讀爲“密”。（140 頁）

〖李家浩 2006B〗鄧之北有比水，見《漢書·地理志》南陽郡屬縣“比陽”顔師古注引應劭曰和《水經注》卷二九《比水》篇等。“比”或音毗必切，與“畢”同屬質部；聲母亦近，都是唇音。頗疑簡文“畢”應該讀爲“比”，當是位於比水邊上而得名。

[2]䐢（䏲）尹

〖李零 1999B〗從照片看，右半似從二卣。

〖劉信芳 2003〗䳓。（140 頁）

〖李家浩 2006B〗䏲。

〖陳穎飛 2009〗鄝君之右司馬均臧當是鄝君之司馬奉的屬員，可能就是其副，疑畢右仟尹

與畢䏿尹的關係相類，右仔尹或爲䏿尹之副。如果這一推論成立，“䏿尹”可能就是“仔尹”。（152 頁）

〖十四種 2009〗左旁所從似如劉氏所云，爲“鳥”。右旁待考。（68 頁）

按:釋爲“䏿”的意見可從。

[3]圅（酉-柳）䊖

〖整理者 1991〗酉糌。（27 頁）

〖李零 1992〗酉粢。

〖巫雪如 1996〗酉地之得名可能即由黃帝之後裔（以酉爲姓之一族）居於該地，其後居於酉地之人便以酉爲氏。（54 頁）

〖楚文字編 1997〗糟。（358 頁）

〖劉信芳 1999F〗楚系文字多假“栖”爲“酉”，作爲姓氏，字讀爲“柳”。

〖劉信芳 2003〗馬王堆漢墓帛書《五行》第 216 行“酉子下”即“柳子下”。（140 頁）

〖羅小華 2008〗當從“㝬”，可隸定爲“䊖”。“䊖”字當爲兩聲字，或從“㝬”聲，或從“害”聲。我們懷疑“䊖”字從“害”得聲的可能性較大。

〖蕭毅 2010〗這個從“米”、從“害”的字可能是“糑”字異體。《玉篇》:“糑，胡達切，白米也。”“害”、“曷”古音同爲匣母月部。（238 頁）

[4]奉爲

〖何琳儀 1998A〗奉，姓氏。見《姓苑》。（432 頁）

[5]告城（成）

〖彭浩 1991A〗讀爲“成”。

〖李零 1992〗“告成”（報告賦斂結果）。

〖陳偉 1996A〗“成”指達成調解。（143 頁）

〖于成龍 1997〗城即成，用作治獄用語在先秦文獻中多覯，皆作成平之意，意爲獄訟了結，“告城”即是上報斷案結果，這和“致命”以及“以告”是相同的。（26 頁）

〖何琳儀 1998A〗城，讀成，成功。（810 頁）

〖劉信芳 2003〗罪名成立。（140 頁）

〖李家浩 2006B〗“告成”之“成”是一個法律用語…簡文的“成”似乎表示爭訟雙方已達成和解。

[6]政（征）

〖劉信芳 2003〗徵收賦稅。（140 頁）

[7]無譹（訕）

〖整理者 1991〗譹，讀如假。《詩·假樂》："假樂君子"，鄭箋："假，嘉也"。（50 頁）

〖陳偉 1996A〗諍（爭）。（227 頁）

〖李家浩 2006B〗"嘉"所從的"壴"，省成"木"字形，所從"加"因"言"旁佔據"口"的位置而省去"口"。同墓 216 號簡"嘉"所從的"壴"，省成"禾"字形…《包山》考釋把"譹"讀爲"假"，顯然是認爲"無譹"是對被告"言謂：小人各征於小人之地"而言的，是說被告所說的話沒有假。可見《包山》考釋的釋讀於文意十分順適。不過我們認爲"譹"更有可能是"詉"字的異體。"嘉"從"加"聲，故從"加"聲的"詉"可以寫作從"嘉"聲的"譹"…"無詉"就是"無誣"，是說被告所說的話是真實的。

〖王穎 2004〗指爭鬥。（106 頁）[①]

[8] 槧（漸-斬）木

〖整理者 1991〗漸，借作斬，《國語·齊語》："斬孤竹而南歸"，注："伐也"。（50 頁）

〖譚步雲 1998〗《說文》："槧，牘樸也。"（卷六木部）《釋名》："槧，漸也。槧版長三尺言漸。漸然，長也。"王充《論衡》：斷木爲槧。楚語用如：1. 砍伐用作槧版的木材；2. 槧版。（67 頁）

〖李零 2003〗《釋名》以"漸"訓"槧"，包山楚簡簡 140、140 反提到"漸木"以"先"爲計，不知是否與此有關。

[9]四百岦（枚）

〖整理者 1991〗"先，疑爲失字之誤"。（50 頁）

〖李零 1992〗是記二人斂木於其所轄之地，酉粲之地伐木凡"百又八十先"，司馬奉之地伐木凡"四百先"〔案：注（263）以"先"爲"失"字，但此字也可能是量詞。〕

〖何琳儀 1998A〗先，疑讀撰。…《集韵》"算，《說文》數也。或作撰。"《易·繫辭》下"以體天地之撰"，釋文"撰，數也。"（1349 頁）

〖白於藍 2001A〗釋"長"，簡文大意：登人所砍伐的樹木，有四百棵是生長在屬於鄴君之地的襄溪之中，另有一百八十棵是生長在單地的郕中。

〖劉信芳 2003〗失，可參睡虎地秦簡"失"之字形。（141 頁）

〖李家浩 2006B〗"㞷"字原文似"先"非"先"、似"失"非"失"、似"岦"非"岦"、似"長"非"長"之形…我們認爲與甲骨文𡿭是同一個字，裘錫圭先生說即"徵"字所從聲符"㞷"，甚是。簡文"㞷"用爲"徵"，是取的意思。…十月辛巳這一天，畢之䏚尹

①博士學位論文，"爭"列入動詞類，後歸入名詞類，見《包山楚簡詞彙研究》，64 頁，廈門，廈門大學出版社，2008。

和鄝君之司馬向司法機構報告說，他們各自在轄區内徵收鄧人的黃金，經過調查，他們的話沒有誣妄不實。鄧人所伐的四百株木材，取自鄝君封地的襄溪之中；另外一百八十株木材，取自畢地的卷之中。

〖陳劍 2008A〗包山簡 140 號正、反之形釋爲“肻”當無問題。…包山簡 140 號正、反當重新釋讀斷句如下：登（鄧）人所漸（斬）木：四百肻（枚）於鄝君之地襄溪之中；其百又八十肻（枚）於畢地鄱（卷）中。…這些“所”字結構的末尾均當斷開，其後的簡文是對“所”字結構内容的具體說明。…“枚”與“微”古音皆爲明母微部，關係密切。…“枚”可能就得義於細微之“微”，所以楚簡文字以“微”之古字“肻”爲之，是很自然的。…“枚”常可用於計量樹木，即《說文・員部》“員”字段玉裁注所云“樹木曰枚，曰梃”，《史記・貨殖列傳》“竹竿萬箇”《索隱》引《釋名》所云“竹曰箇，木曰枚”。《漢書・趙充國傳》：“臣前部士入山，伐材木大小六萬餘枚，皆在水次。”可見簡文以“肻（枚）”計樹木，也是沒有任何問題的。

〖十四種 2009〗《采風曲目》二號簡的同形之字，整理者釋爲“肻”，疑讀爲“媺”。包山簡此字或可讀爲“微”。《左傳》哀公十六年：“白公奔山而縊，其徒微之。”杜預注：“微，匿也。”簡文是說把砍伐的樹木隱藏在某處。（69 頁）

按：陳劍之說可從，“枚”可用於計量樹木。《楚辭・招魂》：“一夫九首，拔木九千些”，王逸注：“言有丈夫一身九頭，強梁多力，從朝至暮，拔大木九千枚也。”

[10]蕿（襄）溪

〖整理者 1991〗襄溪，地名。（50 頁）

〖楚文字編 1997〗蕿。（31 頁）

〖何琳儀 1998A〗溪，從水，奚聲。谿之異文。…地名後綴。（777 頁）

〖白於藍 1999〗即《說文》谿字。

[11]亓（其）百又仌=（八十）肻（枚）

〖李家浩 2006B〗“其百又八十”之“其”，訓爲“又”。

〖陳劍 2008A〗“四百肻（枚）……”、“其百又八十肻（枚）……”云云，均是對“鄧人所斬木”所作出的具體說明。前者在句子結構上緊接於“鄧人所斬木”之後，故不用“其”字；後者則因距離“鄧人所斬木”已較遠，故其前加一用以指代的“其”字。此“其”字不必解釋爲“又”。

8. 黃欽自傷案

東周之客甖許絽（緼-盈）逯（歸）複（祚-胙）於葳郢之戢（歲），奐（爨）月乙巳之日，秦夫=（大夫）悬（怠）之州[1]里公周瘢[2]言於左尹與鄰（郑）公賜、儯尹旟（傑）[3]、正婁宏、正敏（令）翟、王厶（私）司敗逷、少里喬舉（與）尹羿（羽）[4]、郯逄（路）尹弃、發尹秎（利）。瘢言曰：甲曆（辰）之日，少=（小人）〚141〛之州人君夫人[5]之敀愴（愴）之宿[6]，一夫遙（失），趣（趣）至州衖（巷）[7]。少=（小人）牆（將）敷（捕）之，夫自剔（傷）[8]。少=（小人）安（焉）戰（獸-守）之吕（以）告[9]。秭（秀）齊戠（識）之。囫（列）郗（蔡）爲李。〚142〛

臭（爨）月乙巳之日，鄝宬（國）靨（礨-磁）敔[10]郧君之泉邑人[11]黄欽，言於左尹與郑公賜、儯尹旟（傑）、正婁宏、正敏（令）翟、王厶（私）司敗逷、少里喬舉（與）尹羿（羽）、郯逄（路）尹弃、發尹秎（利）。欽言曰：鄗（鄗）逄（路）尹憃（憍）[12]䄂（執）少=（小人）於君夫人之敀愴（愴），甲曆（辰）之〚143〛日，小人取愴（愴）之刀吕（以）解小人之桎[13]，少=（小人）逃至州遳（巷）[14]，州人牆（將）敷（捕）少=（小人，小人）信吕（以）刀自戕（傷）[15]，州人安（焉）吕（以）少=（小人）告。〚144〛

集釋：

[1]秦夫=（大夫）悬（怠）之州

〚整理者 1991〛悬，簡文作，人名，爲憍字異體，請參看簡 143 憍字。（50 頁）

〚李天虹 1992〛實從心從牙從口，亦忬字。

〚湯餘惠 1992〛字上從𠬝，爲台之附加聲旁（司聲）字，金文用爲第一人稱代詞。…簡文也應是怡字的古文。

〚巫雪如 1996〛楚地名，楚之秦氏就是以邑爲氏者。（100-101 頁）

〚楚文字編 1997〛悬。（486 頁）

〚顔世鉉 1997〛①悟。（167 頁）②簡文中楚職官之前加“秦”，此“秦”似當作爲地名爲宜。…楚之地名“秦”是否與秦國有關尚不知，不過以“秦”之名來命名楚地，這是有可能的。（168 頁）

〚李零 1999B〛應釋“悬”，用作“怠”或“怡”。

〚陳宗棋 2000〛筆者以爲據簡文“秦夫=忬之州”一詞中所顯示的意義，可知此“大夫”地位並不低，並不像是一名縣邑中的大夫（或者說不符合楚制中大夫“不過備官耳”的身分），而且此處的“秦”不像是楚國的縣邑，如果“秦”爲楚之縣邑大夫，則其大夫可稱“邑大夫”（楚“邑大夫”多見，將於下文討論），而非僅稱“大夫”，因此本文認爲此大夫應爲秦國之“大夫”因故在楚國受封食稅州，但仍舊以原稱“大夫”表示其身份。

〖王偉 2011B〗“秦大夫”和“秦敱（列）連囂”之“秦”應爲楚境内地名，或可能就是位於涢水上游的溠水流域的一個城邑名。《包山楚簡》182“某溪邑人殷獲志”，似乎也可以爲“秦溪之上”可能是城邑名或楚王别都提供一個佐證。

[2]周瘶

〖整理者 1991〗瘶。（27 頁）

〖楚文字編 1997〗瘶。（376 頁）

〖白於藍 1999〗包山簡此字應隸作“痛”，從次聲。次聲不僅通齊聲，也通𠂔聲。故痛應即《説文》疢字異構。

〖張崇禮 2009〗上博四《柬大王泊旱》第 18 簡：“邦家大旱，AB 智於邦。”其中的 A，原字形作；B，原字形作。…B 亦見於包山簡 141，作、用爲人名，應分析爲從疒肷聲。《玉篇·肉部》：“肷，牛肉也。”許律切。單純從字形上看，“肷”似乎是從肉欠聲。…我們認爲“肷”所從的“欠”和楚文字“既”相同，並不是一般的“欠”。楚文字“既”習見，多作、形，其所從的“旡”旁訛變爲“欠”。B 應是一個從肉旡聲的字。“既”從“旡”得聲，B 也可以看作從肉既聲的字。楚文字“槩”多見，為“氣”之古文，簡文皆用作“氣”字。但“肷”並不是“氣體”之“氣”，而是“餼”。…B 从疒肷聲，當是腐肉之氣、癘疫之氣的“氣”。

〖張崇禮 2011〗釋爲“氣”的字，後來又出現在清華簡《楚居》16 簡，作…結合相關文句，我們認爲這個字應該就是“瘟疫”的“疫”字，原來釋爲“氣”是錯誤的。“痛”從“次”得聲，爲精系脂部字，“疫”爲喻紐錫部字。雖未見從“次”得聲的字直接和“疫”通假或諧聲的例子，但“次”聲和錫部的“朿”聲關係密切；整理者讀爲“瘠”，其實也是讀入錫部的。

[3]𠋑尹旟（傑）

〖李零 1992〗催尹。

〖何琳儀 1993A〗𠋑。

〖袁國華 1993B〗“包山楚簡”的“”字，應該也是“衰”字，而“”、“”及“”是“衰”字的不同寫法。至於“”意即肉字。…則將“”字隸定作“腺”是沒有問題的了。據此可以將“”隸作“𦢊”；將“”、“”、“”都可以隸作“𠋑”字了。

〖滕壬生 1995〗①𠋑。（673 頁）②作。（663 頁）

〖楚國歷史文化辭典 1996〗服。（414 頁）

〖楚文字編 1997〗①偒。從人從衰字古文𧘤從刖。（402 頁）②旐。（617 頁）

〖何琳儀 1998A〗𫥍，從力，柞聲。（579 頁）（按：729 頁又作“㔉”）

〖李零 1999B〗①傿。②應釋“㔟”，非“作”字。

[4]少里喬䢼（舉）尹𦏸（羽）

〖楚文字編 1997〗①𩀱（喬）。（477 頁）②雩。（516 頁）

[5]君夫人

〖舒之梅、劉信芳 1995〗“君夫人”應該是楚懷王夫人…此“君夫人”是楚懷王所娶秦女，有屬於自己的領地，有管理領地的官員“秦大夫怡”。

〖何琳儀 1998A〗“君夫人”，見《論語·季氏》“邦君之妻，君稱之夫人，夫人自稱小童，邦人稱之曰君夫人。”（1339-1340 頁）

[6]敀㑹（倉）之宿

〖整理者 1991〗敀愴，讀作帛倉。（50 頁）

〖舒之梅、劉信芳 1995〗“敀愴”既是拘押犯人之所，推測是監獄名。

〖何琳儀 1998A〗敀，疑讀伯。…《爾雅·釋親》“夫之弟爲叔。”與之相應夫之兄爲伯，均存後世俗語之中。（601 頁）

〖史傑鵬 2005〗“敀愴”有可能是指“君夫人”這個貴族的小監獄，具體意思還有待探討。《包山楚簡》的原注把“敀愴”讀爲“帛倉”，也有道理，那麼它指的可能是一種儲存帛的倉庫。古代一些官署和作室都附設有小監獄，不一定專門管理刑事的官署才有。

〖劉洪濤 2009〗“敀”的意思應該相當於當牛馬圈舍講的廄或閑。以敀所屬倉庫關押罪人，大概是把倉庫當作臨時監獄。“敀”字本身並無牛馬圈舍的意思，當牛馬圈舍講應該是一種假借用法。“敀”字也見於上博竹書《容成氏》8 號簡文“與之言禮，悅敀以不逆”，上博竹書《子羔》5 號正面簡文與之相同的一句話“敀”作“尃”。上古音“尃”屬滂母魚部，“白”屬並母鐸部，二字韻部陰入對轉，聲母都屬唇音，古音極近。這說明“敀”字確實從“白”得聲。“廡”也有廄、閑一類的意思。白”聲之字可與“無”聲之字通用，“敀”可以用作“廡”。

[7]一夫遂（失），逈（趣）至州衜（巷）

〖整理者 1991〗逈，讀如趣。《列子·湯問》：“汝先觀吾趣”，注：“行也。”（27、50 頁）

〖黃錫全 1992〗衜（衛）。

〖湯餘惠 1992〗①分析其構形，當是從辵，㫋聲（亦即羊聲），大概就是“徉”字的古寫。…簡文中此字都有行、走之義。142 簡又有“～逈（趣）至州”一語，其字跟“趣”連文，字義相同。②142144 這兩個字分別隸定爲“衜”和“逬”。古文字從行、從辵每無別，二形當是一字之異。所從之“芇”，爲“席”之省體。…因此二字皆可釋爲“遮”。遮謂遮遏、阻截。

〖何琳儀 1993A〗應釋“逗”，即“迋”，《說文》“迋，至也”。

〖陳偉湛 1994〗今案此字之芇實乃市之異構，所從㞢乃之而非甘，與席庶無涉。字當釋迊。

〖滕壬生 1995〗迋。簡文從吊從辵，《字彙》：吊俗弔字。（147 頁）

〖劉信芳 1996A〗簡一四二記一在押人犯脫逃，“遊遫（趨）至州遮。”是謂該犯人逃出牢獄後，徘徊（走一走，停一停，行跡可疑）來到州之邊界遮攔處。

〖白於藍 1997〗按此應釋爲巷字。…我們推測巷字在古代可能並非象《說文》所言是一個會意字，而是一個從行“芇（芇）”聲的形聲字。…則包山簡與《禮記》之“州巷”應即通常意義上的“里巷”，指里中道路而言，這與包山簡 142、144 原簡之文義也是相符的。

〖何琳儀 1998A〗①“遊遫”，讀“迎取”。迎接。古詩《爲焦仲卿妻作》“不久當歸還，還必相迎取。”（674 頁）（按：387 頁云：“趣，去”）②衞。（1533 頁）（按：387 頁又釋“衞”）

〖廖名春 1998A〗簡 142 的“遊趣至……”，下文云“逃至……”，“遊”顯然是“失”，即逃佚。

〖徐在國 1998B〗釋慧琳《一切經音義》6·18 下巷字古文作“衖”，魯峻碑巷字作“衖”（《秦漢魏晉篆隸字形表》439 頁），皆從“行”作。…我們認爲二字（按：指《楚系簡帛文字編》147 頁“迋”字條下二字）應釋爲“巷”。

〖趙平安 1998〗把楚簡中兩個字釋爲巷，可以說文從字順。簡文“州巷”是名詞，處在介詞“至”的後面，表示處所。另外，“州巷”是個古語詞，見於古籍。如《禮記·祭義》：“居鄉以齒，而老窮不遺，強不犯弱，眾不暴寡，而弟達乎州巷矣。”鄭玄注：“一鄉者五州，巷，猶閭也。”州巷就是州閭的意思。

〖李零 1999B〗應釋“道”、“衞”，並爲古“巷”字。辭例“小人逃至州～”、“遊（失）遫至州～”，“州巷”是州里之途。

〖趙平安 2000F〗這個字可能是逃逸的“逸”的增累字，亦即“逸”的本字。包山簡“逸取”的“逸”用的就是本義，“逸取至州巷”是“逃跑到州巷”的意思。

〖何琳儀、徐在國 2001B〗似爲“衖”字異文。《廣雅·釋詁》：“衖，道也。”釋慧琳《一切經音義》卷六“巷”字古文作“衖”。云夢秦簡日書 813 反“巷”字亦作“衖”。凡此可證，“衖”乃“巷”之異文。…“州衖（迸）”應讀“州巷”。

〖徐寶貴 2002〗“巷”字從“共”得聲，此“芇”字在楚簡的“巷”字中無疑是作聲符用的。由此可以推知，“芇”與“共”音同或音近。…郭店楚簡及東周秦人“永巷丞印”、睡虎地秦簡“巷”字的出現，非常有力地證明了“芇”和“収”、“共”爲音同字。

〖劉樂賢 2003〗①簡中“逸取”的“逸”字在楚文字中常見，以前多被誤讀爲“逆”，現從郭店楚墓竹簡等新材料看，它應該是一個與“失”讀音十分接近並且常相通假的字。…“逸取”的取字，原從“走”從“取”，字見《玉篇》，讀“千后切”，訓爲“走”。又，“取”字古音在侯部清紐，“走”字古音在侯部精紐，二字讀音接近，可以通假。因此，簡文的“取”也可直接讀爲“走”。綜合起來說，簡文的“逸取”應該是“逸走”的意思。“逸走”一詞亦見於傳世文獻，多用於表示人或動物逃逸。…因此，簡文的“取”也可以直接讀爲“走”。綜合起來說，簡文“逸取”應該是“逸走”的意思。

〖劉信芳 2003〗①遊，謂逃亡。“趣”，“趣”字異體，字又作“趨”。（142 頁）②簡文字形爲“巷”之古文。（142 頁）

〖施謝捷 2003〗一夫遊（失），趣（趣）至州衖（巷）。

〖史傑鵬 2005〗“迭趣”的意思很費解，疑讀爲“失蹤”或者“逸逃”。“迭”從“失”得聲，“趣”所從得聲的“取”和“蹤”聲母皆爲齒音，韻部一爲侯部一爲東部，侯、東兩部有嚴格的陰陽對轉關係，可以通假。

〖王穎 2004〗“趣”在簡文中意爲行走。（106 頁）

按：整理者在“一夫”之後斷句，將“遊（失）趣（趣）至州衖（巷）”連讀，誤。應從施謝捷斷句爲“一夫遊（失），趣（趣）至州衖（巷）”。

[8]𡭔=（小人）牆（將）敷（捕）之，夫自剔（傷）

〖何琳儀 1998A〗敷，讀搏。《説文》“搏，索持也。從手，尃聲。”（598 頁）

〖劉信芳 2003〗讀爲“捕”或“縛”。（143 頁）

〖王穎 2004〗夫。表示第三人稱。（156 頁）

〖王穎 2008〗“夫”作爲遠指代詞既可定語也可作主語，包山簡中只有作主語的用例。（164 頁）

[9]𡭔=（小人）安（焉）獸（獸-守）之㠯（以）告

〖整理者 1991〗小人女獸（獸），以告。…獸，借作守。（27、50 頁）

〖李零 1992〗被其州人“獸（狩）之”（捉住）而舉報。

〖李零 1999B〗都是“安”字的省體，不是“女”字。…應讀爲“焉”。…其義亦乃。

〖劉信芳 2003〗“獸之”意即拘留之。（142 頁）

〖王穎 2004〗“獸”通“狩”，簡文“獸”意爲“捕獲”。（106 頁）

〖十四種 2009〗《玉篇・宀部》：“守，收也。”收捕之意。（69 頁）

[10]鄝䧙（國）蜃（礶-磝）敔

〖整理者 1991〗蜃。（27 頁）

〖劉釗 1992A〗按字從厂，從嚚，厂乃石字之省。楚文字中䶵、敖二字用作聲符時可以互換…故此字應釋爲“磝”。

〖顏世鉉 1997〗《左傳》隱公十一年云：“寡人之使吾子處此，不唯許國之爲，亦聊以固吾圉也。”杜預注：“圉，邊垂也。”簡文“嚚敔”之“嚚”當爲地名，“嚚”通“嚚”，《左傳》昭公十二年：“楚子狩於州來，次於潁尾，使蕩侯、潘子、司馬督、嚚尹午、陵尹喜帥師圍徐以懼吳。”嚚尹，吳永章認爲其得名有兩種可能：“一是縣邑之名，因是地方長官而以該地名尹，這在楚史中是不乏其例的；一是另有所職，而我們尚不明其義。”嚚尹之嚚應是地名，楊伯峻《春秋左傳注》：“（潁尾）潁水入淮處，亦曰潁口，今安徽正陽關。”包山楚簡“鄝䧅嚚敔”，“嚚”地就在鄝地境内，而鄝地地望在今河南固始縣城一帶，這正和《左傳》潁尾之地相近，亦即簡文所說的地理位置和《左傳》所述的情勢相合，故包山楚簡的“嚚”地應就是《左傳》的嚚地。“鄝䧅嚚敔”是指在鄝地區中，靠“嚚”地這一隅的地方。（104-105 頁）

〖何琳儀 1998A〗隉，讀嚚，姓氏。帝嚳後有嚚氏，又云楚有嚚氏。見《路史》。（283 頁）

〖白於藍 1999〗從石嚚聲，即見於《集韻》等字書之礹字。

[11]郹君之泉邑人

〖整理者 1991〗君之㟁邑人。

〖黃錫全 1992〗郹（郹）。

〖李零 1992〗所從乃“楨”字。“楨”即“楨樝”之“楨”，見《玉篇》、《廣韻》、《集韻》。

〖何琳儀 1993A〗可與隨縣簡“楳（）君”65、201 互證。

〖滕壬生 1995〗郹。（733 頁）

〖李運富 1997B〗然則“”當分析爲從邑從枼聲，乃枼（葉）地作爲邑名的專字。從邑枼聲的字又見於包簡 170-3，形作，所從枼字用了另一種寫法，同字異寫，並行不悖，是包山簡的重要書寫特點，或因書手不同而然，但許多時候也是因爲字形本身流傳著不同的寫法。（121 頁）

〖顏世鉉 1997〗所以包山楚簡的君封地當在今河南固始縣城一帶。（106 頁）

〖何琳儀 1998A〗郹，從邑，枏聲。（59 頁）

〖劉信芳 2003〗“郹”字從邑，枏聲，讀爲“杞”，《漢志》南郡有“杞縣”，應即“杞君”封地所在。“郹君”又見曾侯乙簡 65、201。（142 頁）

〖范常喜 2006A〗李零先生隸作“郹”，無說。…此字當從李零先生所隸。我們懷疑此地名即是楚國要塞“冥阨”（《左傳・定公四年》），字或作“黽塞”（《戰國策・楚策四》），或作“黽隘”（《史記・春申君列傳》），或作“鄳塞”（《史記・楚世家》），或作

“鄳阸”（《史記·蘇秦列傳》），其地在今河南省信陽市西南。此外，宋華強先生指出新蔡簡中有一個地名作“鄳”（《新蔡》甲三193），又寫作“黽”（《新蔡》乙四129）。即是文獻中的“冥阸”。

〖鄭威 2007〗“冥阸”爲楚要塞之地，於此設置封君的可能性不大，“郙君”的封地應在“冥”地，即“冥阸”附近。

〖王輝 2009〗我們以爲“”爲玄字之省。…如包山楚簡 66“蔡玄”玄字作“”，郭店楚簡《老子》甲簡8“非（微）溺（弱）玄達”玄字作“”、簡28“玄同”玄作“”。“”字上尖下圓，中有短豎，可以看作“”之省。…“”爲形聲字，從木，玄聲，字爲上下結構，玄字若寫作“”，則字上下太長，故省“”爲“”，是可以的…“”可隸定作柆，爲榠字異體。

〖吳良寶 2010〗黽、鄳古音在明母、蒸部，冥在明母、耕部，二字雙聲，韻部可旁轉，讀音很近；傳世文獻中也有二字相通假的例證。上博楚簡《周易》等資料也證明“郙”字的讀音與“冥”相同。因此學者讀簡文“郙”爲“黽（鄳）”應屬可信。…“鄝或嚻敔”是用來特別說明郙君的“淵邑”的，不能據以認爲“郙君”的封地在今河南固始縣境一帶的“鄝”地。關於“郙君”之封邑“郙”地，應與楚地“冥阸”密切相關。確定了“冥阸”的位置所在，也就大致弄清了“郙君”之封邑。“冥阸”的地望，學者間還有分歧。一種意見是定在今河南信陽市西南，如《地圖集》第一册等；一種意見認爲“冥阸”是楚方城的一個隘口，即鄂豫交界的平靖關，在今河南確山縣一泌陽縣東的長城山丘陵地。今采用第二種意見，《曾乙》、《包山》簡文中“郙君”的封邑可能在今河南確山縣附近。《左傳》哀公六年還記有“大冥”一地：“昭王攻大冥，卒於城父。”杜預注：“大冥，陳地，吳師所在。”該地與城父應較近，或以爲在今項城縣境内。“郙君”的封地與“大冥”是否有關，可以考慮。（110-111頁）

按：與字所從偏旁相關之字還於見以下古文字資料：信陽簡 1-023 作，信陽簡整理者釋爲“杲”。李零認爲像有實在木上，應即“榠”字。“榠”即“榠樝”之“榠”，讀爲冥。李守奎釋爲“果”。劉信芳、單曉偉認爲是“冥”之古文。[①]上博楚簡《三德》19號簡作，整理者認爲即“榠”，讀爲“冥”。[②]曾侯乙墓65號簡作、201號簡作，

①河南省文物考古所：《信陽楚墓》，125頁，北京，文物出版社，1986。李零：《讀〈楚系簡帛文字編〉》，《出土文獻研究》第五輯，139-162頁，北京，科學出版社，1999。李守奎：《楚文字編》，345頁，上海，華東師範大學出版社，2003。劉信芳、單曉偉：《楚系簡帛聯綿字釋例》，《中國文字》新三十三期，53-74頁，臺北，藝文印書館，2007。

②馬承源主編：《上海博物館藏戰國楚竹書（五）》，302頁，上海，上海古籍出版社，2005。

整理者認爲從“杲”從“邑”，即“相”字。李零隸作“郹”。[1]

楚簡中還有一種與相似、但右上部略有不同的字形，如上博楚簡《周易》15號簡，作，馬王堆漢墓帛書《周易》、今本《周易》均作“冥”。整理者疑“杲”字，讀爲“明”。陳偉懷疑是“某”的另一種寫法，讀爲“晦”，與“冥”同義。徐在國分析從木、冥聲，釋爲“榠”。黃德寬認爲未填黑的是“杲”字，填黑後是一個意義相反的一個字，即《說文》訓作“冥也”的“杳”字。范常喜認爲可能就是將上部聲化成與其形近且音近的（瞑）所致。張崇禮認爲、一字，其上部與甲骨文“黑”相同，或有塗黑，也是因爲有“黑”義。其用爲“冥”，正與甲骨文“黑”“指日氣晦冥的晝盲言之”的用法相同。從來源上看，字從“木”，可能源自甲骨文“黑”字的異體、，但就楚文字而言，“木”應分析爲聲旁。[2]

而字的上部作爲獨立的字形見於上博楚簡《容城氏》37號簡，作，學者意見也不同。何琳儀疑爲幻字變體，通作眩。以黑白相間表示迷惑之意，疑爲“幻”之異體。劉釗認爲此字本像“目”一邊明亮一邊暗昧形，是“眇”字的本字，“眇”則爲後起的形聲字。徐在國根據上博楚簡《周易》中的“榠”字而將此字釋爲“冥”。劉釗推測爲“眇”的本字。劉信芳認爲此字右半並未完全塗黑，而是在黑的這一半的中間有一豎筆，是“月”形。當釋爲“昌”，讀作“張”。黃德寬認爲此字是“杳”字的省文，讀作“眇”。范常喜懷疑此字可能是“瞑”的本字。張崇禮認爲其來源於“黑”，之所以有一半塗黑，就是因爲它有“黑”義，可釋爲“冥”，也可讀爲“盲”，指盲人。[3]

綜上，是“瞑”的本字，、均爲“冥”字，是將上部聲化成與其形近且音近的。包山楚簡中“郹”之地望應與“冥阨”密切相關，其地可能在今河南確山縣附近。

---

①裘錫圭、李家浩：《曾侯乙墓竹簡釋文與考釋》，《曾侯乙墓》附錄一，北京，文物出版社，1989。李零：《讀〈楚系簡帛文字編〉》，《出土文獻研究》第五輯，139-162頁，北京，科學出版社，1999。

②馬承源主編：《上海博物館藏戰國楚竹書（三）》，158頁，上海，上海古籍出版社，2003。陳偉：《楚竹書〈周易〉文字試釋》，簡帛研究網，2004年4月18日。徐在國：《上博竹書（三）〈周易〉釋文補正》，簡帛研究網，2004年4月24日。黃德寬：《楚簡〈周易〉“”字說》，《中國文字研究》第六輯，1-3頁，桂林，廣西教育出版社，2005。范常喜：《試說〈上博五·三德〉簡1中的“瞑”——兼談楚簡中的相關諸字》，簡帛網，2006年3月9日。張崇禮：《釋楚文字中的“冥”》，復旦大學出土文獻與古文字研究中心網，2012年4月18日。

③何琳儀：《滬簡二冊選釋》，簡帛研究網，2003年1月14日。劉釗：《容成氏釋讀一則》（二），簡帛研究網，2003年4月6日。徐在國：《上博竹書（三）〈周易〉釋文補正》，簡帛研究網，2004年4月24日。劉釗：《容成氏釋讀一則（二）》，簡帛研究網，2003年4月6日。劉信芳：《楚簡〈容成氏〉官廢疾者文字叢考》，《古文字研究》第二十五輯，323-327頁，北京，中華書局，2004。黃德寬：《楚簡〈周易〉“”字說》，《中國文字研究》第六輯，1-3頁，桂林，廣西教育出版社，2005。范常喜：《試說〈上博五·三德〉簡1中的“瞑”——兼談楚簡中的相關諸字》，簡帛網，2006年3月9日。張崇禮：《釋楚文字中的“冥”》，復旦大學出土文獻與古文字研究中心網，2012年4月18日。

[12]鄗（鄗）逄（路）尹悆（憍）

〖楚文字編 1997〗《集韻・宵韻》：憍，矜也，通作驕。（458 頁）

[13]桎

〖整理者 1991〗桎，簡文作[illegible]。《說文》："桎，足械也"。（50 頁）

〖何琳儀 1998A〗桎，從木，侄聲。疑桎之繁文。《說文》"桎，足械也。從木，至聲。"（1087 頁）

〖李零 1999B〗從"木"，從"侄"。

〖蕭毅 2010〗我們推測包山 177 號簡、包山 144 號簡中這兩例所謂的"侄"其實就是"至"，大致過程是先由"V"形變作"中"形，再在中豎上加斜筆作"亻"形。（193 頁）

[14]逃至州遖（巷）

〖陳煒湛 1994〗今案此字之帇實乃市之異構，所從㞢乃之而非廿，與席庶無涉。字當釋迊。

〖白於藍 1997〗按此字應釋爲巷字。…由包山簡中巷字作"[illegible]"，我們推測巷字在古代可能並非象《說文》所言是一個會意字，而是一個從行"[illegible]（帇）"聲的形聲字，"帇"字目前雖然不識，然其音與巷應當相近。…則包山簡與《禮記》之"州巷"應即通常意義上的"里巷"，指里中道路而言，這與包山簡 142、144 原簡之文義也是相符的。

〖何琳儀 1998A〗遮。（1533 頁）

〖趙平安 1998〗簡文"州巷"是名詞，處在介詞"至"的後面，表示處所。另外"州巷"是個古語詞，見於古籍。…州巷就是州閭的意思。

〖王穎 2004〗"逃"指在在抓捕或羈押時逃逸。（187 頁）

按："遖"與[illegible]應爲同一字的不同寫法，釋爲"巷"可從，參 142 號簡集釋。

[15] 戡（傷）

〖白於藍 1999〗偏旁戈、刀通用，戡、剔應是一字。均即《說文》傷字異構。

9. 饋客之齎案

東周之客紳朝[1]、郾（燕）客登（鄧）余善[2]、秦客墜（陳）新（慎-軫）[3]、鄢（魏）客[4]鄢（魏）畬（奮）[5]、鄢（魏）客𢀽=（公孫）哀、邚（越）客延穖（沫）[6]、邚（越）客左尹輊[7]、鄢（魏）客諱（卑）梟[8]、郙（巴）客[9]室（望）困[illegible][10]之獃=（宫犬）敘（舒）鳶（鴈）[11]，肉㝨（祿）旦瀍（廢）之[12]，無㠯（以）歸（饋）之[13]。审（中）豫（舍）戠（職）歸（饋）之客[14]成昜（陽）辶尹[15]成㠯（以）告子司馬。〖145〗八月戊寅，子司馬誼（屬）之[16]。九月甲申之日，司豐之客須幽箸[17]言胃（謂）：尖=（小人）㠯（以）八月甲戌之日舍（舍）肉㝨（祿）之豫（舍）人□

□賫（饋）客之齎，金十兩又一兩[18]。義亞爲李。〖145 反〗

集釋：

[1]東周之客緟朝

〖巫雪如 1996〗緟簡文中之字亦當釋作申。…《左傳・莊公六年》："楚文王伐申"，其後不久，申即爲楚所滅，成爲楚邑，諸國之申或係申國之後，或因該國亦有申邑，因而以申爲氏。（175-176 頁）

〖何琳儀 1998A〗緟，讀申，姓氏。…姜姓，炎帝四岳之後，封於申號申伯，周宣王母舅也。見《元和姓纂》。（1122 頁）

〖晏昌貴 2005B〗此字從糸 從東從田，即紳字。申國青銅器銘文自名爲"紳"，"紳"當即傳世文獻中的申姓。

〖陳穎飛 2009〗司馬掌軍事，让尹職掌不詳疑與製造有關，爲什麼此案由司馬委派給成陽让尹辦理呢？有一種可能就是，各國之客是負責製造軍事用品。（153 頁）

[2]郾（燕）客登（鄧）余善

〖整理者 1991〗①郾，讀作燕，國名。（50 頁）②余。（27 頁）（按：字表又又隸定爲"余"，見圖版一二九）

〖白於藍 1999〗即《說文》郾字。（從林澐師說）

[3]塦（陳）訢（慎-軫）

〖整理者 1991〗訢。（27 頁）

〖楚文字編 1997〗訢。（637 頁）

〖李零 1999B〗楚"慎"字。

〖陳偉武 2000〗用爲人名。似可析爲從言斦聲，"斦"當即"新"（此字亦見於睡虎地秦簡，用爲"近"）之省。

〖陳秉新 2003〗此字所從之斦，即新字。頗疑乃縺字異體。斤、堇音近，作聲旁可互代。

〖陳偉 2004B〗雖然這個字的由來尚無定論，但在楚簡中讀爲"慎"則已成爲共識。在上古音中，真、二字爲章紐雙聲，真部叠韻，二字或所從得聲之字每相通假。…講"陳慎"讀作"陳軫"是沒有問題的。…該簡所記屬於公元前 320 年（魯陽公以楚師後城鄭之歲）的可能性較大。

[4]鄔（魏）客

〖巫雪如 1996〗鄔，讀如魏。…魏自惠王徙都大梁後，其自稱及時人多稱之爲梁，…包山楚簡中魏作"鄔"而不作梁，在當時是較爲特殊的稱法。（127 頁）

〖徐在國 1998B〗即"魏"字異體。

[5]鄢（魏）畓（奮）

〖整理者 1991〗袖。（27 頁）

〖巫雪如 1996〗據《史記・魏世家》所載，魏之先，畢公高之後也，其苗裔曰畢萬，事晉獻公。獻公十六年，畢萬爲右師，以伐霍、耿、魏，滅之，以魏封畢萬，其後從其國名爲魏氏。（127 頁）

〖許全勝 1997〗魏氏當不自魏滅始有，疑封魏後以魏爲氏。（5 頁）

〖李零 1999B〗從衣從田，應釋“袖”。

〖戰國文字編 2001〗奮。（235 頁）

〖劉信芳 2003〗畓，原簡字形上從衣，下從田而似甲字，郭店〈性自命出〉24、34“畓（奮）”亦如是作。（144 頁）

[6]延穫（沬）

〖整理者 1991〗肯穫。（27 頁）

〖黄錫全 1992〗歬（前）。

〖楚文字編 1997〗戴（穫）。從禾，從蔑省。（352 頁）

〖何琳儀 1998A〗戴，從禾，戠聲。穫之省文。（958 頁）

〖蕭毅 2010〗“前”所從的“舟”左邊的斜筆常與“肉”分離，“肉”有時訛爲“月”。（96 頁）

按：“穫”字上博楚簡《曹沬之陣》屢見，讀爲“沬”無疑。“延”參 100 號簡集釋。

[7]左尹韔

〖劉信芳 2003〗韔，字讀爲“狂”。（144 頁）

[8]譬（卑）梟

〖白於藍 1995B〗按此字右旁從卑沒有問題，但左邊應爲“壴”。古文字中許多字都加“口”繁化，這種“口”衹是一種羡符，並無實在意義，…故“鼓”、“壴”可通用。…故簡文之“譬”應即“鼙”字，字見於《說文》，在簡文中用作姓氏字，疑當讀爲卑，古有卑姓，見於《通志・氏族略》。

〖巫雪如 1996〗包山楚簡中之“譬”氏或即文獻所見“裨”（卑）氏。（179 頁）

〖何琳儀 1998A〗譬，從喜，卑聲。疑鼙之異文。…姓氏。疑讀諀或裨。裨諶之氏亦作諀。見《古今姓氏辯證》。（773 頁）

[9]郙（巴）客

〖整理者 1991〗郙，亦稱呂，國名，在今河南南陽西，春秋時爲楚所滅。（50 頁）

〖何琳儀 1998A〗均，從土（左上加一斜筆爲飾），匀聲。疑堨之異文。…均，疑讀葛。…

姓氏。夏諸侯有葛伯，子孫以國爲氏。（904 頁）

〖劉信芳 2003〗古國名。…其故址在今河南上蔡附近，《說文》：“鄗，汝南上蔡亭。”（145 頁）

〖李學勤 2004B〗巴。

按：“鄗”字參 226 號簡集釋。

[10]室（望）困

〖整理者 1991〗室困業。（119 頁）

〖李天虹 1992〗疑此字從壬亡聲，乃望字異體。

〖高智 1996〗應釋爲“菐”，即“業”字。

〖巫雪如 1996〗“望”字在包山楚簡中用作姓氏，《通志•氏族略》列望氏於以名爲氏條下，云：“姜姓，《風俗通》：‘齊太公望之後。’”（61 頁）

〖楚文字編 1997〗業。（119 頁）

〖楚文字編 2003〗業。此字也可能與戔相關，並非業字。（156 頁）

〖劉信芳 2003〗坒：讀爲“望”。（145 頁）

〖蘇建洲 2010〗此字應該釋爲“戔”，文例是“鄗客坒困‘戔’”，是人名。

按：“室”應是從“壬”，而非“壬”，讀爲“望”，可從。字不從“人”，應不是“僕”字，包山楚簡中“僕”多從“臣”。此字應即“察”、“淺”、“竊”等字所從偏旁，但具體爲何字，還不能下定論。

[11]宨=（宧犬）敘（舒）鳶（鴈）

〖整理者 1991〗鳶。（27 頁）

〖何琳儀 1993A〗應釋“顔”。

〖白於藍 1995B〗按此字上部從“産”沒有問題，下部“”實爲“鳥”字，…故此字應隸作“鳶”。戰國貨幣文字中有一字作“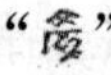”，裘錫圭先生隸作“鳶”，釋爲“鴈”，其說可信，簡文此字與“”爲一字無疑，故亦應釋爲“鴈”。“鴈”字見於說文，在簡文中用爲人名。

〖陳偉 1996A〗“宊邑”。（228 頁）

〖何琳儀 1998A〗①宧犬。（1500 頁）②鳶，從鳥，产聲。疑鴈之繁文。（977 頁）

〖李零 1999B〗疑應釋“鳶”，字同“雁”。

〖劉信芳 1999F〗犬邑乃望困業之私邑，由“之”字表其領屬關係。敘鴈乃“犬邑”之“宧”大夫。楚簡“邑”、“宧”有別，“邑”多用以表示地名，“宧”多用以表職官。

〖唐友波 2003〗公孫、家邑、小人三處合文，文下均有合文符號，其中“家邑”寫作宨，與169、175之“嗣邑”寫作𨛜，下注合文符號的情況相同。宊，家之古文。

〖趙平安2003〗此外包山簡2.145也有宛字，它與犬字組成一則合文，應釋爲“宛犬”。

〖十四種2009〗①宊，《古文四聲韻》卷二引《古孝經》、《石經》“家”字如此。（70頁）②郭店竹書《性自命出》7號簡中的“雁”與此字略同。《禮記·内則》：“舒雁翠，鵠鴞胖。”鄭玄注：“舒雁，鵝也。”敍雁或即舒雁。（70頁）

按：“雁”在楚簡中寫作“鴈”，“敍雁”的意思應如《十四種》所說，即“舒雁”。“宫犬”與“敘鴈”相對應，應即動物之“犬”。“宫犬”與“敘鴈”均爲發放給外國客使的物品。

[12]肉箓（祿）旦瀍（廢）之

〖整理者1991〗月。（27頁）

〖劉釗1992A〗①字應釋爲“夕”。簡145曰：“夕箓旦法（廢）之”。夕、旦對文，可證釋“夕”不誤。②箓亦似讀爲“錄”。

〖何琳儀1998A〗旦，一旦。《玉篇》“旦，朝也。”（1019頁）

〖白於藍1999〗肉。

〖劉信芳2003〗①讀爲祿。…按簡文“肉祿”謂客卿就官事之所食，折算成金額發放。（145頁）②一旦，副詞，猶言一時。（145頁）

〖十四種2009〗①看145背面，“肉箓”爲官署名，“旦”爲職役名或人名。（70頁）②發有奔走義。《文選·西京賦》：“鳥不暇舉，獸不得發。”薛綜注：“發，駭走也。”如果敍雁即舒雁，“法”恐當讀爲“發”。（70頁）

[13]無㠯（以）歸（饋）之

〖整理者1991〗歸，讀如歸，歸還。（50頁）

〖張守中1996〗賜。（66頁）

〖何琳儀1998A〗《集韵》“賜，賜賜，小有財。”（1028頁）

〖白於藍1999〗右旁所從乃帚字。故此字應隸作歸。

〖劉信芳2003〗歸又作“饋”，字並讀爲“歸”。（145頁）

〖唐有波2003〗“無以賜之”就是沒有“賜（賺）得”，在此就是沒有獲得應有的酬勞，所以引發了訴訟。

〖單育辰2010〗歸（饋）。

[14]审（中）豫（舍）戠（識）歸（饋）之客

〖整理者1991〗中豫戠（識），歸之客。（27頁）

〖陳偉1996A〗审（中）豫戠歸之客。（228頁）

〖文炳淳1997〗“中豫”即“中舍”。“戠歸”疑即“職歸”。…簡文“戠歸”爲“中豫”

之屬，似與《周禮》“職内”相類，掌財貨之歸入。（227 頁）

[15]成昜（陽）让尹

〖徐少華 1996D〗楚成陽，即漢汝南郡之城陽縣，即今河南信陽市北 50 餘里的楚王城遺址。

〖顏世鉉 1997〗湖北隨州擂鼓墩二號墓出土的青銅器有：“盛君縈之御簠”，盛君爲楚封君。據何浩、賓暉考釋，《左傳》定公五年載，上年吳師入郢，“（楚昭）王之奔隨也，將涉於成臼。”杜注：“江夏竟陵縣西有臼水，出聊屈山，西南入漢。”臼水即成臼水，亦名臼成河。昭王渡河處當在今湖北鍾祥南、漢水東之舊口。盛、成通用，盛君封地，有可能就在這一帶。石泉則認爲，臼水當在今鍾祥縣北之豐樂河與黑漢河流域，成臼是臼水入漢處的一個渡口。何浩後來也改從石泉的說法，將城臼定在今鍾祥縣北豐樂河入漢處。當以此說爲是。包山簡成陽，應當就在這一帶。（126 頁）

[16]子司馬誳（屬）之

〖劉信芳 2003〗即“屬之”。由於該簡是左尹官署的文書檔案，知“子司馬屬之”，即司馬將客卿月俸被停發之事委託左尹調查處理。（146 頁）

[17]司豐之客須㓜箸

〖陳偉 1996A〗“司豊之客”參與對外國來賓饋贈禮金的工作，應屬涉外系統的官吏。（123 頁）

〖何琳儀 1998A〗須，姓氏。太皞之裔，須句國之後。見《風俗通》。（390 頁）

〖何有祖 2005〗當是“幽”字。“須幽箸”疑指人名。

[18]畬（舍）肉豪（祿）之豂（舍）人□□䝿（饋）客之齎，金十兩又一兩

〖整理者 1991〗畬。（27 頁）（按：字表又隸爲“畬”，見圖版一四一）

〖李零 1992〗“舍月祿豂（舍）人〔識金〕”，計“歸客之金十兩又一兩”。

〖何琳儀 1993A〗應釋“舍”，楚國月名。楚帛書、《爾雅·釋天》作“佘”。

〖劉信芳 1996A〗簡一四五“审△戠之”，审△即中舍，簡一四五反“△人”即舍人。舒、舍古音同在魚部書紐，故假舒爲舍。“中舍”、“舍人”是職官名，…簡一四五、簡一四五反記“中舍”、“舍人”負責分發各國來客之月俸，知其職守與周官“舍人”相類。

〖楚文字編 1997〗歸。（按：摹本作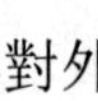）（299 頁）

〖何琳儀 1998A〗①“舍月”讀“余月”，七月。見《爾雅·釋天》。（534 頁）②歸。（1554 頁）

〖劉信芳 2003〗舍，讀爲“賒”。（147 頁）

〖唐有波 2003〗145 簡反面之“䝿”，原字有殘，整理者釋爲“䝿（歸）”。此字爲正面二字之繁體不錯，但字之左上角細審照片應爲“占”而非“古”。“占”於此爲疊加聲符。…

此簡記載了一訴訟案件的起由和結案的處理結果，屬於左尹官署的留檔記錄。其所記大意爲："東周之客繿朝"等外來者參與了在家邑進行的一場活動，因爲没有得到應有的報酬，故而引發了訴訟。最後，由被訴方負責財務的官員與受訴官員達成協議並作出上報。簡之反面記述了上級官員曾問過本案，並記了最後所償付眾"客"之金額。…我們已經提到過，"賯"是一種早期的稱量貨幣，其原始的形態應是圓餅形的銅錠塊，楚幣之"賯"即爲其假借字，並用作貨幣的通稱。這一論説與本簡的釋讀正可以互爲印證。在本簡中，"職賯之客"掌管的應爲非常開支，這和《周禮·天官》之"職幣"很是相近。…"賯"義的演化，是從"幣"同時向"賺取"和"償付"兩個相對的方向引申。所以本簡反面的"賯客"也就是"償付"這些客的意思。至此我們可以將上述的全部討論歸結如下：本簡所記是一批被聘用來參加驅除凶厲活動的外地來客，因没有得到他們應有的酬勞而和當地的主事者打官司，最後在上級的過問下，得到了賠償。

按：這句話中一個關鍵的字就是"金"字之前的字，此字應爲"賫"。釋爲"賫"簡文文義暢然可通，其義同129號簡之"賫"。129號簡的"賫"字，劉釗讀爲資，意爲貨也。①陳偉主編的《楚地出土戰國簡冊[十四種]》一書中也認爲"賫"有費用、錢財義。②145號簡反中的"賫"字也表示一筆費用，價值爲"金十兩又一兩"。簡文"賯（饋）客之賫，金十兩又一兩"可與129號簡中"賫"的價值爲"一青義之賫，足金六均"對應。

10. 食田繼承案

左馯（馭）番戌[1]飤（食）田[2]於邵（鄎）䜌（國）䜌（溢）邑[3]，城田一索畜（畔-半）畜（畹）[4]。戌死，亓（其）子番疐遂（後）[5]之；疐死無子，亓（其）弟番黠[6]遂（後）之；黠死無子，左尹士[7]命亓（其）從子之弟番歁[8]遂（後）〖151〗之。歁飤（食）田疠（病）於賺（責-債）[9]，骨貨（價）之[10]。左馯（馭）遊晷（辰）骨賈之[11]，又（有）五箽[12]。王士[13]之遂（後）鄚（匡）賞閼（間）之[14]，言胃（謂）：番戌無遂（後）。左司馬逌（适）命左敏（令）勳定之[15]，言胃（謂）：戌又（有）遂（後）。〖152〗

集釋：

[1]左馯（馭）番戌

〖整理者1991〗左馭，職官名。（50頁）

〖黄錫全1991B〗"左馭"即在左駕駛戰車者，其地位如依何浩説，當爲大夫一級。據簡

①劉釗：《包山楚簡文字考釋》，中國古文字研究會第九屆學術討論會論文，南京，1992。
②陳偉主編：《楚地出土戰國簡冊[十四種]》，64頁，北京，經濟科學出版社，2009。

報介紹，左馭番成有“飤田”，番成死後由其嫡子繼承，嫡子死，無後，則由庶子繼承，庶子死，無後，左尹命番成的兄弟之子繼承。可見，其在世時已有封邑（祿田），地位不低，很可能他是王車之“左馭”，相當於“御士”。

〖滕壬生 1995〗成。（1062 頁）

〖楚國歷史文化辭典 1996〗楚職官名。駕車之士。（101 頁）

〖何琳儀 1998A〗“ナ駇”，讀“左御”，官名。太僕屬官。（875 頁）

〖劉信芳 2003〗職官名，御士之類。（155 頁）

〖陳穎飛 2009〗此案所涉職官左御、王士也都是軍官。（152-153 頁）

[2]飤（食）田

〖整理者 1991〗飤，通作食，飤田即食田。（50 頁）

〖羅運環 1991A〗食稅州是賞賜一州民戶的地稅，食田是賞賜土地。這種“食田”與嚴格意義上的“封邑”是不同的。簡文云：“左馭番成食田與郘國謚邑”。似乎番成地“食田”並沒有包括所在的邑，在這一點上又與食稅州相同。

〖李學勤 1992〗飤，通作食。飤田即食田。…食田見《國語・晉語四》：“士食田”，注：“受公田也。”

〖黃盛璋 1994〗“食”簡文中原作“飤”，《考釋》讀爲“食”，因隸定爲食田，其實，食與飤不同字，原雖只有一個“食”字，動名詞用，因用法不同，分化爲二，食爲名詞，而“飤”則爲動詞，音讀亦異，食讀入聲，而飤讀去聲，此字後來爲“飼”代替，遂廢不用，而楚系銅器稱鼎爲“飤繁”，不用“食”字，區別甚嚴。

〖劉金華 2001〗“飤田”大致屬於“授田”的範圍，是當時楚國實行授田制以及存在土地買賣的反應。

〖劉信芳 2003〗食田，即祿田。《禮記・坊記》：“君子與其使食浮於人也，寧使人浮於食。”鄭玄〈注〉：“食謂祿也”。（155 頁）

〖王穎 2004〗食若干田畝的租稅。（130 頁）

[3]郘（鄍）戜（國）鬱（溢）邑

〖楚文字編 1997〗謐。（359 頁）

〖何琳儀 1998A〗謚，地名。（1454 頁）

〖史傑鵬 1998〗這個“謡”不從水，說明“謡邑”和上述的湛水無關。據簡文“謡”是郘域下屬的一個邑。“郘”字見於鄂君啓節，只涓水。那麼謡邑應該是位於涓流域，至於確切位置，還有待進一步研究。

〖白於藍 1999〗應隸作“謡”。

〖張金光 2004〗邙䧙（域）鼜邑。（623 頁）

[4] 城田一索畓（畔-半）蕾（畹）

〖整理者 1991〗城田一素畔蕃。（28 頁）

〖李學勤 1992〗①城田疑指附郭之田，城田一是一田，即一夫所受百畝。畔據《說文》是田界，段玉裁〈注〉：“一夫百畝，則畔爲百畝之界也。”②“疆”字簡上原從草字頭，筆畫簡省。“畔疆”就是百畝的田界。《左傳·定公四年》“疆以周索”，“疆以戎索”。“索田半疆”應指畫有田界而言。

〖滕壬生 1995〗薑。（55 頁）（按：又放入 980 頁“畺”條下，云：“從草從畺省”）

〖劉樂賢 1996〗①從現有楚文字資料看，萴字所從並非甸字。睡虎地日書中與之相對應的爲濡、窔、窻三字，李零先生說當與窻字通假，其說可信。按：此字亦見於包山楚簡第 151 號簡，簡文與田制有關，疑讀爲畹。

〖劉信芳 1996B〗所謂“城田”應讀如“町田”，城從丁聲，町、城爲一音之轉，…楚“町”之制目前尚未見實證，然據簡文之文意，“町”應是“畝”以上的計田單位。…“蕃”字從艸從𡉚，應讀如“畝”。簡文另有從𡉚之字“陆”，簡一七〇“陆鐘”即“陸終”，而陸、畝古讀極近。“畔蕃”即半畝，惟“一素”尚不明其意。

〖陳松長 1997〗將此字釋爲“從草從畺省”的“苗”字，恐怕是比較合理的。首先，在包山簡中，其文句是“城田一，索畔苗（畺）”，樂賢兄曾指出該字與田制有關，確實不錯。所謂“畔苗（畺）”。猶言田界也。其次，在九店簡中，作爲日名，亦可與睡虎地秦簡中的“窻”字相通。語音上，“窻”與“畹”通，同屬影母元韻字，苗（畺）是見母陽韻字，元、陽二韻的主要元音相同，例可通轉。語義上，畹，《說文·田部》：“田三十畝也”。畺，《說文·田部》：“界也，從畕，，三其畫也”。“畕，比田也，從二田”。可見，二字均與田以及田地的範圍多少有關，因此，二字互見，且用之於不同的地域，這是完全可以成立的。

〖楚文字編 1997〗萄。（41 頁）

〖黃靈庚 1997〗按，“城田一[illegible]畔蕃”，是指左馭番戌在世時所有田畝里計之數。城，同簡 2“魯昜公以楚帀逡城奠之戠”之城，用作動詞，本說築城，此說圈定田界。…[illegible]，古終字，…讀如《周禮·小司徒》鄭玄注引《司馬法》“十成爲終”之終字。今據《司馬法》田畝制，謂“成百井，三百家，革車一乘，士一人，徒二十人”；而“終千井，三千家，革車十乘，士氏人，徒二百人”則番戌有一終之田，當屬封君大戶之家矣。《說文·田部》：“畔，田界也。”段注：“田界者，田之竟處也。《左傳》子產曰，行無越思，如農之有畔，其過鮮矣。一夫百畝，則畔爲百畝之界也。引申凡界之稱。”，從艸、田，二。二，古文上，上亦聲。萺，蓋當字或文。當，從田、尚聲。上、尚二字音同古書多通用。當，猶言正也，定也。…此簡謂左馭番戌食田由於邵瑊、歓邑，圍定有一終之田，而田界正當。無可訟矣。

〖徐在國 1997〗從艹從田夗聲，應釋為“苑”。

〖何琳儀 1998A〗①城，讀成。《周禮・考工記・匠人》“方十里爲成。”《左・哀元》“有田一成”，注“方十里爲成”。(810 頁) ②索。(585 頁) ③畛，從田，㚔聲。疑畔之異文。《說文》“畔，田界也。從田，半聲。”(1057 頁) ④萄，從艸，甸聲。(1124 頁)

〖李零 1999A〗“宛”，原釋“萄”。此字下半所從並非“甸”字，而是一個從“田”從“宛”的字；這種寫法的宛字，其貌似於勹的偏旁可能是由金文“寏”字所從的演變（金文“原”字的古體含有這個部分，其形體演變可爲旁證），故釋爲“菀”。

〖李零 1999B〗應釋“菀”（從艸從夗從田），讀爲“畹”。

〖劉信芳 1999F〗①睡虎地秦簡與之相應的字作“濡”（簡 231）、“窓”（簡 909），知該字應讀爲“耎”或“畂”。“索畔畂”者，番戌之食田與國有畂地相畔。②“萺”字李學勤釋爲“疆”，恐非是。字又見九店簡《日書》17、20、23、24 等，學者或釋爲“菀”（李零說），可能是正確的意見。只是因爲目前辭例尚不充分，所以我們仍依原簡字形描寫，未直接隸作“菀”。按睡虎地秦簡《日書》與之相應的字作“濡”（簡 231）、“窓”（簡 909），知該字應讀爲“恧”或“畂”，“城下田也，一曰：畂，郤地”（《說文》），蓋謂城外、河旁、宮廟外沿邊隙地也（參段注）。“索畔畂”者，番戌之食田與國有畂地相畔。

〖九店簡 2000〗所從與上錄“勹”旁相似，故將字隸定作“萄”…那麼此字應當分析爲從“艸”從“甸”聲。(66 頁)

〖何琳儀、徐在國 2001A〗我們懷疑所從的即戰國楚文字“备”…“”字應分析爲從“艸”，“备”聲。“备”爲“原”字異文，故“萫”爲“蒝”之異文。”…簡文“蒝”字當從李零之說讀“畹”。

〖李學勤 2001〗此字下部所從亦見上海楚簡《詩論》，應隸定“𤰈”（甽）。[①]

〖劉釗 2001〗文中“索”字可有兩種讀法。一種是屬上讀，指一種民間的計量單位，一般認爲十丈爲一索。…如此“城田一索”就是“城田十丈”。不過“百尺”之田按之簡文似嫌太小，又“索”字訓爲計量單位的書證亦嫌稍晚。一種讀法是“索”字屬下讀，訓爲“盡”。“畔”字本義爲“田界”，“索畔苑”就是“全都挨著苑囿”的意思。

〖劉信芳 2002A〗現楚簡《詩論》出現此字，且與“宛”字爲異文，則“萫”字的讀音已

①此爲 2001 年 1 月 2 日在安徽大學演講的內容，轉引自何琳儀、徐在國：《釋蒝》，“文字學國際學術研討會”論文，天津，2001。

經明確，然該字如何隸定仍然是疑難問題。本文將其隸定爲“萏”，…而本文所討論的“萏”字。從艸，從邍省聲。前此學者將該字隸定爲“疆”，或“莞”或“萄”，都不同程度地存在問題。…筆者曾釋“萏”爲“畂”，今明其字形來源之後，可知拙說不誤。邍古音在元部疑紐，畂古音在元部日紐，讀“萏”爲“畂”是順理成章的事情。

〖劉信芳 2003〗①索：法定田界。②字又見九店簡《日書》17、20、23、24 等，學者或釋爲“苑”（李零說）。按睡虎地秦簡《日書》與之相對應的字作“濡”（簡 731）“悥”（簡 909）、知該字應讀爲“堧”或“恧”，“城下田也，一曰：畂，郤地”（《說文》），蓋謂城外、河旁、宮廟外沿邊隙地也（參段注）。“索畔堧”者，番戌之食田與國有堧地相畔。（156 頁）

〖馮勝君 2004〗我們再回過頭來看楚簡中、所從的、，無疑是來源於我們前面所討論的金文中、形所從的“夗”的。特別是九店楚簡中的，秦簡《日書》楚除乙種作“惋”，更是將、所從釋爲“夗”的有力證據。所以楚簡中的、等形體也應該分析爲從田夗聲，隸定作“畹”，釋爲“畹”。

〖十四種 2009〗①“索”與後文“畹”對文，分別位於“一”、“畔（半）”後，均是長度單位。劉釗之說可從。《大戴禮記·主言》：“然後布指知寸，布手知尺，舒肘知尋，十尋而索。”尋，一般說是八尺。一索合八十尺。（73 頁）②城田，疑當是田名，與 154 號簡“啻苴之田”相當。（73 頁）③恐當讀爲“半”。（73 頁）④《楚辭·離騷》“余即滋蘭之九畹兮，又樹蕙之百畝。”王逸注：“十二畝爲畹。或曰田之長爲畹。”《玉篇》田部：“秦孝公二百三十步爲畝，三十步爲畹。”《玉篇》後一句與《離騷》王逸注呼應。如此推算，番戌食田寬十五步。（73 頁）

按：“一索半畹”應是指田界範圍。與郭店楚簡《老子甲》25 號簡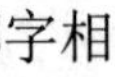字相同，爲“畔”字，在簡文中讀爲“半”。字讀爲“畹”已達成共識，關於字形結構，從“夗”聲的說法影響很大。李家浩提出一種新看法，他認爲此字從“勹”聲，“勹”讀如“宛”。[①]

[5]逘（後）

〖整理者 1991〗逡（後）。（28 頁）

〖彭浩 1991A〗繼承。

〖李學勤 1992〗後，繼承。古稱嗣子爲後子。

〖楚文字編 1997〗退。（94 頁）

〖劉信芳 2003〗後嗣子孫。…用如動詞則謂繼承。（156 頁）

①李家浩：《甲骨文北方神名“勹”與戰國文字從“勹”之字》，《文史》總第 100 輯，29-73 頁，北京，中華書局，2012。

[6]番黯

〖整理者 1991〗黜。(28 頁)

〖陳偉 1996A〗黯。(229 頁)

〖何琳儀 1998A〗黜,從墨,缶聲。或說墨爲疊加音符。(248 頁)(按:1289 頁又釋“黯”)

〖劉信芳 2003〗黯。(156 頁)

[7]左尹士

〖整理者 1991〗簡 150 的“左尹士”即左尹之士。(51 頁)

〖陳穎飛 2009〗“左尹士”可兩解,“士”一作人名,一作官名即左尹之士。(152 頁)

〖十四種 2009〗士當是左尹之名。(73 頁)

按: 簡文左尹多指“昭阤”,此外還有“左尹冠”(156 號簡)、越客左尹𨍭(145 號簡),本簡之“左尹士”之“士”應是人名。

[8]番歘

〖整理者 1991〗款。(28 頁)

〖劉釗 2001〗歘。

按: 字從“次”,應隸定爲“歘”。

[9]疠(病)於賕(責-債)

〖整理者 1991〗疠,讀如妨,《說文》:“害也”。責,讀作債。(50 頁)

〖李零 1992〗“疠於債”(簡文病字率如此,不必讀爲妨)。

〖周鳳五 1992〗簡文“疠於則”即“病於債”,亦即受困於債。病解爲“困也”或“憂也”或“患”也均無不可,均爲先秦文獻所習見。

〖陳秉新、李立芳 1998〗疠乃病之古文,所從之方甲骨文作才,在刀柄處加一指示符號,乃刀柄之柄的本字,後借爲方位、四方之“方”,久借不歸,又造出從木、從方的“枋”和從木、從丙的“柄”代之。…方位、方正之“方”古音爲幫紐、陽韻,丙、柄、病均爲並紐、陽韻,古音最近,因此病字古亦作疠。

〖何琳儀 1998A〗“疠於責”,疑讀“放於債”,猶後世“放債”。(716 頁)

〖譚步雲 1998〗或謂原篆“讀如妨”(《包山楚簡》:1991:50 頁),不如徑釋爲妨。原篆從疒,殆楚人的發明創造。不過從疒倒是較從女更合妨的本義。或釋之爲“病”(周鳳五:1992)。於許多文例卻不能暢然無礙。例如《包》152,“因爲債務而病倒”就不如“被債務所影響”暢順。(74 頁)

[10]骨貸(價)之

〖整理者 1991〗貸,讀如得。(50 頁)

〖李學勤 1992〗①兩個“骨”字都以音近讀爲“訖”,《逸周書·皇門》注“既也。”訖鬻是已經賣了。訖賈是已經買了。②儥,見《周禮》,即今“鬻”字,意思是賣,可參看《說文繫傳》。

〖劉信芳 1996B〗“骨”應讀如“剮”,《說文》:“分解也”。“剮儥(贖)之”即將食田分割一部分出賣以抵債。

〖陳秉新、李立芳 1998〗儥讀爲歸,這裏是使動用法。簡文“骨歸之”意即“骨使之(指款的食田)歸屬於己。

〖徐在國 1999〗我們認爲△字(按:指金文中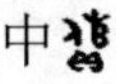字)所從的“㑑”乃“倌”之省體。△可分析爲從“貝”“倌”聲,釋爲“貨”。…“貨”字在簡文中用作動詞。…簡文“骨貨之”當如李先生所說:“已經賣了”。

〖劉釗 2001〗兩個“骨”字疑讀爲“過”。包山楚簡中有神名“司”,學者們指出就是見於典籍的“司過”,可證“骨”可通“過”。在簡文中,“過”是指“過戶”。“儥”義爲“鬻賣”,“賈”義爲“市買”。“過儥之”就是“過賣之”,“過賈之”就是“過買之”。

〖劉信芳 2003〗骨:字從冎從肉,疑讀爲“剮”,分解也。儥:以財物相抵。“剮儥之”,將食田分割用以抵債。(156 頁)

按:有關“骨”字的解釋,除上引意見外,李家浩懷疑“骨”讀爲“覬”或“闓”,義爲“欲也”,簡文是說想把食田賣掉。[①]鄧少平則將“骨”看作“肯”的形近訛混,認爲“骨儥之”即“肯儥之”,“肯”相當於“願”。[②]

[11]左馹(馭)遊晷(辰)骨賈之

〖整理者 1991〗左駁遊,骨貯之又(有)五笥,…貯,《說文》“積也”。(28、50 頁)

〖李學勤 1992〗訖賈是已經買了。…“賈”字《說文》云:“市也。”…“賈”字的釋讀,請參看我在《史學周刊》1985 年第一期上的《魯方彝與西周商賈》一文,簡文又是一項有力證據。

〖何琳儀 1993A〗應釋“賙”。

〖陳偉 1996A〗左馭遊晷(辰)骨賈之,又(有)五箭。(229 頁)

〖陳秉新、李立芳 1998〗貯讀爲予,左馭遊晨,是前置賓語。

〖何琳儀 1998A〗①晷,讀辰,姓氏。…蔡仲胡之後有辰氏。見《路史》。(1333 頁)②動詞。見《玉篇》“賙,給也。”(183 頁)

---

①李家浩:《甲骨文北方神名“勹”與戰國文字從“勹”之字》,《文史》總第 100 輯,29-73 頁,北京,中華書局,2012。

②鄧少平:《包山楚簡 152 號“骨”字試解》,復旦大學古文字與出土文獻研究中心網,2012 年 9 月 27 日。

按:整理者斷句有誤，陳偉斷讀正確。“遊晨”爲“左馭”之名。“賈”字應從李學勤之說。

[12]又（有）五箹

〖整理者 1991〗箹，𠭼與《說文》斷字古文相似，讀似段。《釋名·釋言語》：“斷，段也”。（50 頁）

〖李零 1992〗有“五（伍）節”爲凴。

〖李學勤 1992〗節疑即璽節，即後世的印章。戰國時的什伍制“田里相伍”，受田者五家編爲一伍，田的轉讓可能也需要在契約上有伍的封印以爲證明。

〖何琳儀 1993A〗應釋“箹”讀“害”。

〖劉信芳 1996B〗“箭”字諸家多有誤釋，按字應讀如“則”，…阜陽漢簡記云：“卅步爲則。”…楚國的田畝制度目前尚不清楚，如以卅步爲則計算，“五箭”爲一百五十步。

〖黃靈庚 1997〗箹，非段字古文，即斷字古文。

〖陳秉新、李立芳 1998〗箹是斷的古文，簡文借爲廛，《周禮·地官·遂人》：“夫一廛，田百畝。”廛端定旁紐，元部疊韻，例可通假。簡文大意是：番款輾轉繼承的食田，由於爲債所苦而無法繼續經營下去，骨便把款的食田收歸己有（骨大概是債權人，簡文未作交代），之後，骨又把其中的五廛之田（約五百畝）給予左馭遊晨。

〖劉釗 2001〗“有五箹”的“箹”字不能確定，但恐怕不是“節”字。這兩句簡文的意思可以推定，應是“有士伍證明裁斷”的意思。

〖十四種 2009〗五箹疑是人名。五即“伍”，姓氏用字，亦見於 33、173、181 號簡等。伍箹、郜賞同是對這起土地交易提出異議的人。（73 頁）

按:字待考，暫從釋“箹”的意見，此句句義及斷讀均存疑。

[13]王士

〖楚國歷史文化辭典 1996〗“王士”爲楚王之士，當是楚國中央的臣僚，亦或即楚王侍衛之官。（41 頁）

[14]郜（匡）賞閼（間）之

〖李學勤 1992〗郜賞的氏本爲地名，與邔相近，見鄂君啓舟節。…“間”，《小爾雅·廣言》：“非也”。

〖劉釗 2001〗“間”可讀爲“離間”之“間”。

〖劉信芳 2003〗閒讀爲“讕”，《漢書·文三王傳》：“王陽病抵讕”。師古〈注〉：“讕，誣諱也。”《說文》：“讕，詆讕也。”或作調，《廣雅·釋詁》：“閒，加也。”王念孫〈疏證〉：“閒與調同”。（157 頁）

[15]左司馬逌（适）命左敂（令）馱定之

〖劉釗 1992A〗按字從“墨”從“夬”，應隸定作“黖”。…簡文“黖定之”疑讀爲“決定之”。決者，斷也，判也。

〖楚國歷史文化辭典 1996〗左令。官名。見包山楚簡 152 簡。似爲左司馬屬官。(101 頁)

〖何琳儀 1998A〗定，見《集韵》“定，决也。”(799-800 頁)

〖劉信芳 2003〗左司馬适命左令黖判決此事。(157 頁)

〖陳穎飛 2009〗“左令”當即“左領”，爲軍職，爲“左司馬”屬員。(153 頁)

〖十四種 2009〗依簡文通例，職官名後應有私名。黖爲左令之名。(73 頁)

按:劉信芳將“黖”視爲左令之名，可從。

11. 葬王士

□南陵公郘（呂）膣（朕）敬陵之行，僕（僕）宦於郊（鄢）[1]。郢只命虣（葬）王士[2]，若虣（葬）王士之尾（宅）[3]。僕（僕）命恒（桓）受只，若只命[4]。郊（鄢）少司馬龏（龔）頡爲攺，受只於僕（僕）[5]。方郊（鄢）左司城競（景）慶爲大司城攺客[6]，虘（且）政五連之邑[7]於虣（葬）王士，不㠯(以)告僕（僕）。〖155〗既言之，謳（屬）之左尹。〖155 反〗

集釋:

[1]□南陵公郘（呂）膣（朕）敬陵之行，僕（僕）宦於郊（鄢）

〖整理者 1991〗□□□陵公郘讙、襄陵之行，僕（僕）宦於郊。(28 頁)

〖陳偉 1996A〗□□南陵公郘朕。(230 頁)

〖徐少華 1996C〗“襄陵之行僕”當即襄陵公之屬吏。

〖楚文字編 1997〗嬰。從米，疑囊字或體。(64 頁)

〖何琳儀 1998A〗朕，從肉，羌聲。疑胖之繁文。(673 頁)

〖日高 1998〗序…第二種用法是表明在某地任職，用作動詞：B155 南陵公郘朕，襄陵之行僕序於鄢。(10 頁)

〖劉信芳 1999F〗宦於鄢，在鄢任宦大夫。

〖九店簡 2000〗例如“嬰（襄）陵之行僕序（舍）於郊（鄢）”(《包山楚簡》一五五號)。“序”、“舍”古音相近，可以同用。疑這兩種用法的“序”，都應當讀爲“舍”。…動詞的“舍”是居止的意思。(115 頁)

〖趙平安 2003〗包山簡 2.155：“襄陵之行僕宛於鄢。”宛讀爲館，作動詞，當寓居講，和《左傳・昭公元年》“天王使劉定公勞趙孟於潁，館於洛汭”用法相同。

〖十四種 2009〗①據紅外影像，此字確爲“南”，其前應只有一字不識。(75 頁) ②“敬陵”之下，應是郘□所云，“僕”爲其自稱，因改用冒號。（75 頁）③此字與楚簡“襄”字不類，而與“敬”（如上博竹簡《性情論》12 號簡所見）字相似，恐當釋爲“敬”。（75 頁）④楚璽有“江陵行宫大夫璽”、“上埸行宫大夫璽”，可參。（75 頁）

[2]郢只命甏（葬）王士

〖整理者 1991〗①足，簡文作、等形。（51 頁）②甏，簡文作，從攸省，讀如葬。（51 頁）③王士，楚王之士。（51 頁）

〖胡雅麗 1994〗爲楚王之命士，或即隨侍楚王左右之士。

〖楚文字編 1997〗疋。（101 頁）

〖何琳儀 1998A〗甏，從死（或省作歺），臧聲（或爿聲）。疑之牀繁文，葬字異文。…讀葬。（704 頁）

〖李守奎 1998B〗釋“足”無據，當是“疋”字。…包山 155 號簡之“郢疋”當讀爲“郢胥”，即郢之胥吏。

〖劉信芳 1999F〗按字從口，孑聲，簡 122、123“孑”，148“”，並可讀爲“節”。“孑”亦讀爲“節”，“郢孑命”，郢都發節傳命。

〖十四種 2009〗疑爲“足”字異寫。足有益的意思。《列子·楊朱》：“逃於後庭，以晝足夜。”殷敬順釋文：“足，益也。”足命，蓋是補充命令。（75 頁）

〖蕭毅 2010〗“只”除單筆繁化外，還有加兩筆繁化的現象。（50 頁）

按:更像是“只”字，“只”在簡文中似爲上級下達命令時所用的憑證，即劉信芳所言“發節傳命”。

[3]若甏（葬）王士之厇（宅）

〖整理者 1991〗足甏（甏）王士之宅…宅，簡文作，《說文》宅字古文作，與簡文形近。（28、51 頁）

〖劉信芳 1999F〗①“若”讀爲“如”，如此、依照之謂。②“宅”，安葬之所。“如葬王士之宅”，依照葬王士的墓地圖式。

〖十四種 2009〗看紅外影像，劉釋是。疑是選擇意。《國語·晉語二》“吾誰使先若二公子而立之”，俞樾《群經平議·國語二》：“若者，擇也。”（75 頁）

按:從下文“且政五連之邑於葬王士”之句來看，“葬王士”可能是人名或機構名。

[4]僕（僕）命恒受只，若只命

〖整理者 1991〗僕（僕）命恒㑋（？）只若，足命娜少司城…㑋，簡文作，從犬省。（28、51 頁）

〖黃錫全 1992〗敔。

〖劉信芳 1996B〗按“郢節”是郢都發節的省略語。“若”是持節傳令者。“宅”，此指安葬之所。…“逧節”讀如“捋節”…即取節交换相合以作憑信。

〖何琳儀 1998A〗侸猨。(937 頁)

〖劉信芳 1999F〗“逧”讀爲“捋”，“逧孚”取節相合，即查驗符節。

〖十四種 2009〗①此字與上博竹書《容成氏》1、10 號簡中的“受”類似，恐即“受”字。佢受，人名。(75 頁) ②若，今按：如。足命，今按：即上文“郢足命”。(75 頁)

按：“佢”應爲人名，此句大意似爲：命令“佢”接受“只”，並按照“只”的命令行事。

[5]郕(鄢)少司城龏(龔)頡爲敀，受只於僕(僕)

〖楚國歷史文化辭典 1996〗少司城。楚地方官名。包山楚簡 155 簡有“鄢少司城龔頡”的記載，當爲大司城的副貳。(56 頁)

〖何琳儀 1998A〗爲敀受足於僕。…楚璽敀，讀廄。《說文》廄之古文作㲃。(165 頁)

〖劉信芳 1999F〗敀字從九聲，讀爲“究”，謀也。該句謂：鄢少司城龏頡征用葬王士之地時，應將符節交於鄢之邑大夫相合以作憑信。

〖十四種 2009〗此字上部與上博竹書《周易》44、53 號簡中的“喪”相同，簡文又在講“葬”、“宅”，當是“喪”字異寫。“爲喪”猶治喪，也可能是“爲喪客”的省寫。(76 頁)

按：“敀”本簡兩見，分別作、，從較爲清晰的圖片來看，所從明顯爲“攴”，與楚簡“喪”字不同，“敀”應即下文之“敀客”。

[6]方郕(鄢)左司馬競慶爲大司城敀客

〖整理者 1991〗司城，又作司成，職官名，也見於曾侯乙墓竹簡。(51 頁)

〖黄錫全 1991B〗“司城”當是掌管城市建設之官。

〖陳偉 1996A〗“敀客”疑爲“喪客”，負責操辦安葬王士。…作爲官吏名的“客”，至少有一部分本來就是楚人，而不是新從外國招徠的。…也許屬於一種臨時差遣性的、非常設的職位。(123 頁)

〖劉玉堂 1996〗“司城”當爲主管城市建設的官員。

〖劉信芳 1999F〗①方，副詞，表時間，謂正好。②司城，春秋時宋國名司空爲司城。簡文記“司城”掌墓地規劃，知楚之司城亦與司空相類。

〖陳宗棋 2000〗“敀客”亦有可能是負責馬廄的人員。

〖十四種 2009〗《說文解字注》：“方，又假借爲甫。”簡文“方”可理解爲方才。簡文所述徵地有二事，一是上文“郢足命葬王士”，一是鄢左司馬競慶“政五連之邑於葬王士”。前一事已結束，後一事大概剛剛開始，故云“方”。(76 頁)

[7]五連之邑

〖劉信芳 1999F〗連，《國語・齊語》："五家爲軌，軌爲之長；十軌爲里，里有司；四里爲連，連爲之長。"準此"五連之邑"有一千家。此雖爲齊制，然楚制"五連之邑"亦是較大居住區，因葬王士而征五連之邑，搬遷移民殊非易事，更何況征地者有擅權之嫌，此所以地方邑大夫對此事提起訴訟。

〖十四種 2009〗上博竹書《簡大王泊旱》16 號簡有"五連小子"與相徙、中謝並列，爲楚王親近。五連之邑或與之有關。（76 頁）

12. 職𦪇之客案

郊（鄢）宫夫₌（大夫）命少𥧑（宰）尹[1]𨛭詓[2]𢽆（察）䎽（問）[3]大枡（梁）[4]之戠（職）𦪇之客[5]苛₌坦₌（苛坦，苛坦）言胃（謂）：郊（鄢）攻尹屈惖（惕）命解舟賚（䝿）[6]、舟𢧵（箴）[7]、司舟₌（舟、舟）斨[8]、車輽条斨、牢审（中）之斨、古斨、𡨦竽駐（駟）倌、竽倌[9]之𦪇，貣（貸）解[10]。〖157〗𠬸（爨）月己亥之日，郊（鄢）少宰尹郱〈𨛭〉詓㠯（以）此等（志）至（致）命[11]。〖157 反〗

集釋：

[1]少𥧑（宰）尹

〖整理者 1991〗䢅（宰）。（29 頁）（按：字表又誤釋爲"𠛬"，見圖版一五三）

〖何琳儀 1993A〗應釋"宰"。"宰尹"又見隨縣簡 154，廚官。《韓非子・八說》"廚人輕君而重於宰尹矣。"或作"𠛬尹"37、157。又《璽彙》0142"𠛬官之鉨"，亦係楚璽。"𠛬官"與"𠛬尹"似屬同類。""𠛬"從"刀"，其宰割之義尤顯。

〖何琳儀 1998A〗"宰尹"，官名。《韓非子・八說》"廚人輕君而重於宰尹矣。"則爲廚官。…"少宰尹"，宰尹的副職。（87 頁、324 頁）

[2]𨛭詓

〖整理者 1991〗①郱，簡文作𨛭，同簡此字作郱，從後釋。（51 頁）②詓。（29 頁）

〖劉釗 1992A〗按字從言從女。古文字如字乃女字之孳乳分化，…故此字應釋爲"𧧻"，𧧻字見於《集韻》，在簡文中用爲人名。

〖張守中 1996〗𨛭。（103 頁）

〖何琳儀 1998A〗姡。（1013 頁）

〖李學勤 2000〗這個字（按：指"𨛭"字）包山簡一五七號反上面，"尋"的下部反寫作"𢀖"形，因此《包山楚簡》釋文誤以爲從"兆"。實則與同出的一六六、一六七號簡從"兆"的字相比，不難看出其差異。

〖十四種 2009〗姓氏字。《左傳》昭二十二年："𨛭肸伐皇。"（76 頁）

[3]䜭（察）䎽（問）

〖李零 1992〗“對聞”似是訊獄之義。

〖楚文字編 1997〗諜。（746 頁）

〖劉樂賢 1997〗䛤䎽也可以讀爲對問，但不會是回答提問的意思。…包山簡中，對有審訊的意思。簡文的對問應是查問、案問的意思，故下文以“言謂”作答。

〖黄錫全 1998〗問字作䎽，即聞字古體䎽，已見包山楚簡 157 號。

〖何琳儀 1998A〗䎽，從宀，䎽聲。疑䎽之繁文。包山簡，讀聞。（1312 頁）

按：參 136 號簡集釋。

[4]大䄷（梁）

〖整理者 1991〗大䄷，即大梁，魏國都城。（51 頁）

〖張守中 1996〗䄷。（119 頁）

〖何琳儀 1998A〗䄷，從禾，刅聲。疑梁之省文，或梁之異文。…“大梁”讀“大梁”，地名。…在今河南開封。（699 頁）

〖白於藍 1999〗即梁之異構。…簡文“大䄷”即魏都“大梁”。

〖十四種 2009〗上博竹書《景公瘧》“梁秋據”、“澤梁”之“梁”聲符皆從“禾”從“刃”，與此類似。唯簡文所書乃楚國之事，這處大梁當非魏都。（77 頁）

[5]戠（職）𤲬之客

〖劉釗 1992A〗字從“崔”從“田”。戰國文字中一些從土的字可改從“田”作。此字可釋爲“㮴”，見於《集韻》，簡文中用法不詳。

〖陳偉 1996A〗“新客”、“辻䕩”與債款、貸金的有關，簡 157 提到“貣解”，“戠𤲬之客”可能也牽扯此類活動。（123 頁）

〖何琳儀 1998A〗戠𤲬，官名，戠讀職。（53 頁）

〖陳宗棋 2000〗《包簡》中“戠𤲬之客”的職掌可能與《九店》簡有關，“戠𤲬之客”可能也是負責某類租税的徵收，而據前文有關“客”的性質推論，“戠𤲬之客”也可能僅爲有固定的時節，爲“非常設”之職。

〖九店簡 2000〗九店簡中的𤲬似是指某種農作物。包山簡“職𤲬之客”應當是管理這種農作物的職官。（58 頁）

〖晁福林 2002〗該簡意謂：鄢邑大夫命少宰尹等兩人向曾任魏國“職畦”之職的名苛坦者發出詢問，苛坦回答說是鄢工尹屈某發佈的命令，命解除對舟緎、竽官等人的“畦貸”，到了己亥這天少宰尹將此匯報給鄢邑大夫。可以推測在魏國擔任“職畦”的苛坦，入楚後在鄢邑亦擔任此職。這應當是管理田地的下層官員。所謂的“畦貸”，可能有兩種情況，一是將若干土地借貸給某人耕種，二是將若干土地上的收穫，徑給官府工匠代替報酬。分析兩者，以後者近是。包山楚簡所記被解除“畦貸”者似皆爲工匠（主要是舟船、制車、制竽等方面的工匠），他們都歸鄢邑的“攻（工）尹管轄，工尹下令取消對於這些人的畦貸，鄢邑大夫不知此事，所以派人詢問。畦應當是官府土地的一種名稱，由官府奴隸耕種，所以其收穫可充作官府工匠的報酬。

〖劉信芳 2003〗疑是職官名。“雈”字原簡從田萑聲，乃萑之繁形。而萑其上從作中，從中與從艸楚簡不甚別，…據文意“雈”是一種植物，應讀爲“萑”…“萑”乃草名，如是則職萑是掌管薪芻之官，周官“委人”之類。（164 頁）

[6]舟䝨（贅）

〖何琳儀 1998A〗䝨，從攴，賚聲。…疑賚之繁文。…讀“州來”，地名。（81 頁）（按：742 頁又云：“‘解舟’，疑官名”）

〖劉信芳 2003〗字從攴，賚聲，應該是“賚”字繁形。…舟贅，地名。（165 頁）

按:“舟贅”應爲官府名，參 168 號簡集釋。

[7]舟䜭（箴）

〖整理者 1991〗㝂。（29 頁）

〖陳煒湛 1994〗按此字即不從宀，亦不從戈，實乃從竹省，…此字亦見鄂君啓節。舟節作䜭，車節作䜭，商先生亦隸定爲䜭，從竹，從緘省口，釋䈴，即後世之箴。是簡文此字亦可釋箴。

〖滕壬生 1995〗㦱。（931 頁）

〖楚文字編 1997〗緘。（571 頁）

〖李零 1999B〗辭例“～尹”商承祚《鄂君啓節考》（文物精華）第二集）釋“箴尹”。疑此字所從非“戈”字，而與商代甲骨文和西周金文表示殺伐之義的“𢦏”字（疑讀爲《西伯戡黎》的“戡”）相同。

〖楚文字編 2003〗䋺（緘）。疑從“罙”省聲。（736 頁）

〖蘇建洲 2006A〗字皆可釋爲“䈴”，字形從“竹”省、從“咸”省、從“糸”，…則“舟箴”可能是官名，但不知何解。“䜭尹”

〖宋華強 2007A〗“䜭尹”又見於鄂君啟節和曾侯乙墓遣策，裘錫圭、李家浩、羅運環在商承祚、羅長銘釋“䜭”爲“緘”的基礎上，認爲簡文和鄂君啟節的“緘尹”應即見於古書的楚國職官“箴尹”或“鍼尹”。“䜭”字又見於春秋晚期齊國叔尸鎛、鐘銘，宋代王俅把銘文中的“䜭”釋讀爲“緘”，清末孫詒讓改釋爲“織”。戰國燕國箭鏃刻銘有職官名“佐䊸”，董珊在孫詒讓釋“䊸”爲“織”的基礎上，把“佐䊸”讀爲見於古書的“佐弋”。另外，包山簡 157 號有職官名“舟䊸”，待考。（244 頁注釋 940）

按：此字見於鄂君啟節，作，曾侯乙墓 171 號簡作，主要有釋爲“織”和“箴（或緘）”兩種意見。[①]此字辭例常作“～尹”，應即古書中之“箴尹”或“鍼尹”，字形待考。

[8]舟斨

〖劉信芳 2003〗舟斨，職官名，“斨”讀音如“莊”。（165 頁）

[9]車轄圣斨、寃竽駐倌、竽倌

〖何琳儀 1993A〗“斨寃”157 爲人名。

〖李家浩 1994〗楚國官印有“竽鉩”、“蒿陵竽鉩”，有人認爲“竽”即“芋尹”之“芋”。“竽馹官”之“竽”，當與簡之“竽官”和印文“竽鉩”、“蒿陵竽鉩”之“竽”同義。

〖何琳儀 1998A〗①轈，朋下加口爲裝飾部件。（158 頁）②圣，讀嚚。姓氏。（284 頁）③竽，疑與楚官“芋尹”有關。（460 頁）

〖陳宗棋 2000〗“駐”讀如“徒”，“竽駐倌”、“竽倌”的具體執掌待考。

〖劉信芳 2003〗①依文例是職官名。《說文》：“轈，樓車也。”“車轈”似是管理樓車的職官。（165 頁）②疑“竽”是地名，“倌”讀爲“館”，“駐館”乃驛站。（165 頁）③字從斤，爿聲，讀爲“莊”。“楚莊”本指楚莊王，後以諡爲族名，爲姓氏。…簡 157 有人名“斨古”、“斨寃”，即以莊爲氏。（85 頁）

〖王寧 2011B〗“竽牧倌”（157 簡），同簡又有“竽倌”，楚國官職中有“芋尹”，當即此類的官職。

[10]命解…之舊，貣（貸）解

〖九店簡 2000〗意思是說鄢工尹屈惕命令解除對舟贅……竽官等人的“舊”的借貸。（58 頁）

按：應在“舊”之後斷句，“命解…之舊”是攻尹屈惕的命令，“貣解”爲陳述事實，即舟贅等機構的“舊”已經解除。簡文“舟贅、舟䊸、司舟、舟斨、車轄圣斨牢中之斨古斨寃竽駐倌竽倌”斷句略有困難，但從 168 號簡所記有“舟贅公”、“舟斨公”、“司舟公”來看，簡文所記應是機構名稱。

[11]㠯（以）此等（志）至（致）命

〖廣瀨薰雄 2005〗可見這個文書就是鄢小宰尹向鄢宫大夫提出的復命書，而且背面的文書到達句是鄢小宰尹送達鄢宫大夫處時所作的日期記錄。從文書到達句來看，這件復命書是鄢小宰尹親自送來的。

---

①參見蘇建洲：《〈上博楚竹書〉文字及相關問題研究》，187-189 頁，臺北，萬卷樓圖書公司，2008。

八 278反

桼䐗（廚）尹[1]之人藍（盬）㣅（弝）[2]告絅（紿）多命㠯（以）䁥（嬰）賫[3]。〖278反〗

集釋：

[1]桼䐗（廚）尹

〖何琳儀 1993A〗其中地名“桼”明確從“木”，“肉”聲。字書未見，似是“柔”或“腬”之異文。…包山簡“桼”，地名，疑讀鄾，地名。《左・桓九》“鄧南鄙鄾人攻而奪之幣。”在今湖北襄陽北。

〖何琳儀 1998A〗桼讀鄾，地名。…在今湖北襄陽北。或讀㖻，見《國語・鄭語》，亦楚地。（219頁）

〖顏世鉉 1997〗顧棟高《春秋大事表》卷五，鄾國在“今湖廣襄陽府城東北十二里鄾城。”據石泉的考釋，鄾爲鄧國之南方邊邑，鄧國約在今湖北襄樊市北漢水北岸，鄧城遺址周圍一帶，鄾地則在其南方臨近漢水附近。（172-173頁）

〖劉國勝 2002〗先將其文字釋寫如下：桼（搖）䐗（厨）尹之人藍（苦）㣅（強）告絅（祠）多（移）命以䁥（嬰）賫（餟）。…桼字可能是“榣”的初文，榣通搖。…字，從肉，從豆、從口，豆亦聲，乃“脰”之繁形。…簡文“搖厨”的意義不是很清楚，我們推測與“集厨”之義相當。李學勤先生認爲“集”字之義在此可能同於“司”，“集廚”應爲管理王室飲食的有司。陳秉新先生認爲“集”爲“總匯”、“集納”之義。我們進而認爲“集”是一種有會計職能的儲備機構，類似《周禮・天官》之“職内”，内者，納也。…古璽有“倖府”，鄭超先生認爲當是專門儲藏備用物質的府庫。我們認爲“搖”、“集”與“倖府”類同。不過，我們懷疑這類性質的儲備府庫亦主鉤考會計，統計財務的出、入、廢、置，儲餘以待給需。…簡文“搖廚尹”，與“集廚尹”同，即是集府之“廚”部有司的主管。

〖劉信芳 2003〗曾侯乙簡1“㙜趄執事人書入車”，“桼脰”，即“㙜趄”。（319頁）

[2]藍（盬）㣅（弝）

〖何琳儀 1998A〗疑“弫”之繁文。（647頁）

〖劉國勝 2002〗簡文“苦強”爲姓名，稱作“搖廚尹之人”，大概是“搖廚尹”所派執事人。

〖劉信芳 2003〗悜。（319頁）

[3]告絅（紿）多命㠯（以）䁥（嬰）賫

〖滕壬生 1995〗紨。（929頁）

〖楚文字編 1997〗嬰。從賏省，從妟聲。（535 頁）

〖何琳儀 1998A〗楚簡賢"，讀"綴"。（926 頁）

〖李零 1999〗應釋"絢"同給。

〖劉國勝 2002〗𦄂字，從糸，司聲。字又見於郭店楚簡，多讀爲治，如云"治人事天"、"門内之治"。在此似當讀爲祠。…簡文"告祠"指祭告，辭例同"告禱"。簡文"多命"似爲告祠對象，其義未詳。《周禮》"九祭"有"命祭"，杜子春云："命祭，祭有所主命也。"可見，"命"也是古時祭的對象。多，疑讀爲"移"。…移命，爲施命、延命之義，此疑爲引導魂魄之神名。又古多、知音近，如踟作跢，"多命"或可讀爲"知命"，知命猶主命。…簡文中的𦄂字，我們以爲儻讀爲"餟"。《說文》："餟，祭酹也。"《廣雅》："餟，祭也。"…"嬰"、"餟"皆是一種環繞設置祭品的祭祀。…"嬰餟"連稱，亦爲祭名。…餟祭多是針對墓地葬址而爲之。簡文"告祠多命以嬰餟"，猶言"以嬰餟告祠多命"，屬文法中的後置式。…依上述考釋，包山 278 號簡全文大意似爲：搖廚尹的執事人苦強主持餟祭告祀移命主。

〖劉信芳 2003〗告紿多命以賏飷。（319 頁）

第二節　卜筮祭禱簡集釋

一　卜筮簡

（一）躬身、王事貞

第 1 組

宋客盛公𦡱（邊）甹（聘）[1]於楚之戢（歲），𦟀（荊）尸（夷）𫻒=（之月）乙未之日，𥁰（盬）吉㠯（以）保（寶）豙（家）[2]爲左尹𦡶貞[3]：自𦟀（荊）尸（夷）𫻒=（之月）㠯（以）𦎫（就）[4]𦟀（荊）尸（夷）𫻒=（之月），出內（入）事（侍）王[5]，𦘠（盡）𡋃（卒）戢（歲）[6]，𥨊=（𥨊-𨈖身）身[7]𢝬（尚）毋又（有）咎[8]。占之，𢘅（恆）貞吉[9]，少又（有）𢜶（慼）〖197〗於𥨊=（𥨊-𨈖身）身[10]，𠭯（且）志事少𨑌（遲）𡭊（得）[11]。㠯（以）亓（其）古（故）敓（說）之[12]。思（使）攻解[13]於人愚（禹）[14]。占之：甚吉[15]。𠤳（幾）𠁧（中）又（有）憙（喜）[16]。〖198〗

集釋：

[1]甹（聘）

〖整理者 1991〗甹（聘）。（32 頁）

〖何琳儀 1998A〗甹，讀聘。（826 頁）

〖白於藍 1999〗即《說文》甹字，從口乃羨符。

[2]保（寶）冡（家）

〖整理者 1991〗保冡，冡，簡文作，《楚公冡戈》作，長沙子彈庫帛書“不可以家女取臣妾”之家作，均從爪從家。保冡讀如苞蓍，草名。《詩・下泉》：“浸彼苞蓍”，朱熹注：“苞，草叢生也。”《草木疏》：“蓍似藾蕭，青色，科生。”苞蓍於此用作筮具。（52 頁）

〖李零 1993〗一般說，簡文記有卦爻的是“策”，不記卦爻的是“龜”。…“保家”讀爲“寶家”，可能即古書所說的“寶龜”。

〖劉信芳 1996A〗包山簡筮占記錄屢見“保冡”，或釋“冡”爲“蓍”，恐非達詁。…則“保冡”是以蘆葦杆作占筮工具（“保”讀如“苞”，叢生之名，參王念孫《廣雅疏證》）。

〖楚文字編 1997〗占卜用具琛冡，琛字又作保、賲、寚等。琛爲寶字異體。（25 頁）

〖何琳儀 1998A〗讀苞。…苞，蓍根。（241 頁）

〖劉信芳 2003〗簡 226、236 作“琛家”，212 作“寚家”，字並讀爲“苞葭”，…“保家”是以叢生之蘆葦杆作占筮工具。或云讀爲“苞蓍”，亦可通。（210 頁）

〖黃靈庚 2008〗瓊，是“茅”的修飾語，僅僅表示茅的珍貴。瓊茅，即《包山楚簡》的“保豪”、“琛豪”。保、琛，通用寶。…豪，古毫字，與“茅”字音近通用。或謂靈茅。

按:望山楚簡中有“保（寶）冡”和“保（寶）蓍”，朱德熙將“冡”、“蓍”都讀爲“蓍草”之“蓍”。[①]

[3]爲左尹bian貞

〖整理者 1991〗貞，《說文》：“卜問也”。此處當爲筮問。（52 頁）

〖近藤浩之 2000〗“貞”是“貞問曰”的意思。

〖劉奉光 2003〗佗字簡影左編旁不是“力”，而是在“人”字的下部畫上了足趾。〖陳斯鵬 2011〗{貞}在楚簡中是一個出現頻率極高的詞，基本上都寫作“貞”，可見確實是有意識地專用省足之“貞”來頂替原本該由不省足之“貞”承當的職務。目前所見，只有兩處例外，一個是新蔡乙四 35 作，一個是《上四・柬大》1 作，雖然鼎足部分不省，但簡化成兩筆，仍與表{鼎}的、等形略有區別。在、等形中，所從“鼎”形已訛同“貝”形，爲小篆“貞”字所本。

①朱德熙：《長沙帛書考釋（五篇）》，《古文字研究》第十九輯，290-297 頁，北京，中華書局，1992。

[4]亯（就）

〖整理者 1991〗庚，續也。（53 頁）

〖劉釗 1992A〗此字亦見於鄂君啟節和望山簡，朱德熙、李家浩二先生釋爲“帝”，讀爲“適”，訓往。所釋可信。

〖何琳儀 1993A〗舊釋“庚”，不確。近或改釋“商”，讀“適”（朱德熙、李家浩《鄂君啟節考釋》），案，從字形分析，△釋“商”可信。…簡文“以商”猶“以降”、“以下”。…“自某以商某”，猶言“自某以降至某”。

〖李零 1993〗“抵”，原作，與庚字有別，從文義看應是表示到達之義。

〖曾憲通 1993〗此字亦見於鄂君啟節，朱德熙、李家浩釋爲“帝”，與商同字，讀爲適，訓爲往。…簡文“自𠮷屎之月以商𠮷屎之月”，語義欠明，以下文有“盡卒歲”推之，“商”下當奪去“卒歲之”三字，宜作“自𠮷屎之月以商卒歲之𠮷屎之月”，意謂自今年的之月以至次年的之月，它簡習見“自𠮷屎之月以商集歲之𠮷屎之月”，其下亦有“盡集歲”，可資佐證。

〖李零 1996〗其實是“就”字的一種簡寫。…本節開頭所列三例中（按：指鄂君啟節和望山、天星觀、包山等楚簡中的“就”字）的“就”字是抵達或到的意思。

〖劉信芳 1996A〗“”即“賡”，釋爲“續”，隸定爲“庚”亦不祘誤，因已有《詩》“西有長庚”爲例。只是必須明確，“（庚）”是用爲干支之更，而“（賡、庚）”是用爲“續”之庚。

〖孔仲溫 1997A〗所以《望山》、《包山》楚簡中“逮”、“庚”二字，爲“徑”、“徑”的假借，“至”的意思。

〖何琳儀 1998A〗讀就。就、即音義均通。…“即，至也。”（232 頁）

〖何琳儀 2000A〗“就”與“即”音義均通。…包山簡“自某月就某月”句式習見，其中“就”皆可訓“至”，本簡“就”當然亦應訓“至”。

按:此字也見於《鄂君啟節》，字形作，考釋意見中以釋“庚”和“適”的說法影響最大。[①]李零最早釋爲“就”，還要提到的是周鳳五在 1996 年在臺灣大學爲學生講授《鄂君啟節》時，也已談到應釋爲“就”。[②]

[5]出內（入）事（侍）王

①郭沫若：《關於鄂君啟節的研究》，《文物參考資料》1958（4），3-7 頁。殷滌非、羅長銘：《壽縣出土的“鄂君啟金節”》，《文物參考資料》1958（4），8-11 頁。朱德熙、李家浩：《鄂君啓節考釋（八篇）》，“中國古文字研究會成立十周年學術研討會”論文，長春，1988。

②此觀點轉引自林素清：《重編郭店楚簡〈六德〉》，“第一屆中國語言文字國際學術研討會”論文，香港，2002。

〖王穎 2004〗“出入”或可釋爲往來。（132 頁）

[6]⾀（盡）卒（卒）散（歲）

〖整理者 1991〗①⾀，讀如盡。（53 頁）②卒，疑爲卒字異體，卒歲，盡歲，指一年。（53 頁）（按：字表又隸定爲“衣”，見圖版一四〇）

〖何琳儀 1993A〗應隸定“卒”（衣與卒一字分化），與三體石經“狄”形體吻合。“狄”、“易”音近可通。…故“卒散”應讀“易歲”，指第二年。

〖李零 1993〗卒可訓“終”、“盡”，是滿一歲的意思。簡文亦作“集歲”，“集”可訓合，是同樣的意思。

〖夏淥 1993〗“易歲”，何琳儀先生說略同，古文獻中翟、狄、易相通。不同的是何說爲“第二年”，本文理解“盡易歲”爲“盡更歲之前”即他詞的“盡集歲”，“集歲”讀“今歲”。與何說有“盡明歲”和“盡今歲”的差別。

〖曾憲通 1993〗卒歲即易歲，取寒暑易節之義，意指次年。

〖陳偉 1996A〗“卒”當從《考釋》讀“卒”，借作“萃”。《左傳》成公十六年：“而三軍萃於王卒”，杜預注：“萃，集也。”《方言》卷三：“萃，雜、集也。”這表明卒（卒）、集相通。（152 頁）

〖何琳儀 1998A〗楚簡⾀，讀盡。《玉篇》“盡，終也。”（1154 頁）

〖黃文傑 1998〗此字隸作“卒”更忠於原字形，無須以“一”作爲羨畫釋之。

〖劉信芳 2003〗萃歲，集歲，其義則一，作爲祭祀用語，皆指滿一年的一段時間。這一段時間往往跨兩個曆法年度，萃集兩個法年度的一段歲月爲一年。如簡文“自䂂层之月以就䂂层之月”，其時間跨度剛好爲一年，但已涉及兩個曆法年度，此所以有“萃歲”、“集歲”之名。（211 頁）

〖十四種 2009〗“卒歲”爲戰國秦漢時習語。睡虎地《秦律十八種徭律》：“與徒以爲邑中之功者，令嫴堵卒歲。未卒堵壞，司空將功及君子主堵者有罪，令其徒複垣之，勿計爲徭。”張家山 247 號墓漢簡《二年律令亡律》：“吏民亡，盈卒歲，耐；不盈卒歲，系城旦舂；公士、公士妻以上作官府，皆償亡日。”（97 頁）

〖宋華強 2009〗和“盡卒歲”相對應的“自荊夷之月以就荊夷之月”，實際應該是指歲首之月到年底。“卒歲”前面之所以要加一“盡”字，就是要強調這個“卒歲”要數盡此歲的所有天數，即一直數到當年年底最後一天爲止，也就是來年荊夷的前一天，所以又可以說成“自荊夷之月以就荊夷之月”（從荊夷到下一個荊夷之間）。

[7]躳=（躳-躳身）身

〖整理者 1991〗躳=（躬身）。（32 頁）

〖李零 1993〗即身體。

〖陳偉 1996A〗可能是指“我的身體”，也可能只是指“我”。由於占辭所云“志事”、“爵位”、“王事”、“宮室”均屬身外之物，後一種可能性看來要大得多。（153 頁）

〖何琳儀 1998A〗寏，從宀，躳省聲。疑竆之省文。躳爲身之繁文，與從身呂聲之躳（躬）同形。…包山簡寏，讀躳（躬）。（1139 頁）

[8]恴（尚-當）毋又（有）咎

〖李學勤 1989〗庶幾。文獻所見古代卜筮辭，多有以尚冠首的語句。

〖整理者 1991〗①恴，讀作尚。（53 頁）②母。（32 頁）③咎，災也。（53 頁）

〖李零 1993〗“貞”字以下的命辭是講待決之事，其中有表示這種語氣的“尚”字，意思是庶幾，義如當。

〖唐鈺明 1994〗舉凡命辭句末“尚毋有咎”、“尚毋有恙”、“尚毋死”之後均加句號而不加問號，這種處理很可能是由於受到“卜辭命辭不是疑問句”的觀點影響所致。實際上，除了“貞”須理解爲“卜問”之外，簡文的“尚”字也與卜辭“其”字相當，可用作疑問副詞，簡文的相關句子宜屬疑問之辭。

〖望山簡 1995〗希望。（90 頁）

〖陳斯鵬 2003〗《左傳》、《國語》所載卜辭和楚卜筮竹簡中的“尚”，傳統訓爲“庶幾”，應該不錯，但恐怕不是表示命令，而是表示揣度。這一類句子，如果把它們理解爲問句也是完全沒有困難的。“尚吉”就是“應該吉利吧”，“尚無有咎”就是“差不多沒有禍咎吧”。

〖劉信芳 2003〗是有咎還是毋咎？此以選擇疑問句問神。咎，災禍。（211 頁）

〖沈培 2005〗我們認爲，楚墓竹簡裏的這種“囟”字跟周原甲骨文裏的“囟”是一脈相承的，都是義爲“應、當”的語氣副詞。不過，“尚”與“囟”或“思”都出現在命辭中表示結果的話裏，二者有沒有區別呢？李學勤（1989=1992）“囟”或“思”當讀爲“斯”，認爲在辭中意義同於“尚”。這種看法大概是不確切的。一般認爲“尚”的含義是“庶幾”，現在人往往常將其譯爲“差不多”。

〖夏含夷 2007〗在古代詮釋上，諸如鄭玄注《儀禮》和杜預注《左傳》，“尚”一律訓爲“庶幾也”，《儀禮正義》就更清楚，謂“云尚庶幾也者，《說文》同，蓋願望之辭”。特別值得考慮的是《儀禮》的“尚饗”兩例。如上面已經引用那樣，“尚饗”正好是《儀禮·士虞禮》裏（亦即後代任何文獻）的禱告的結語，表示“希望祖先還是鬼神會接受我們進獻的祭祀和願望”。那麼，使用“尚”的卜筮記錄也正好應該理解爲一種禱告。

〖單育辰 2009〗我們認爲陳斯鵬先生說“尚”是一種表示揣度的意義是正確的，但其所說的“庶幾”則仍偏向“希冀”之義，兩者仍有一定的差距。我們認爲，這些簡文中的“尚”，其實就是後世典籍中的“當”。…不僅卜筮簡的“尚”和傳世文獻的“當”所處句子的語氣一樣，且“尚”所處的位置也和“當”完全相同；又前已言“尚”和“當”的字形和字音也有極爲密切的關係，所以卜筮簡中的“尚”就應通“當”。或者說，“尚”是表示“對未來的某種預測或揣度”這個意義的早期寫法，而“當”是晚期寫法。…還有一點要指出的是，戰國卜筮簡在卜問中出現“當”時，都會在不好的情況前加否定詞“毋”，現代漢語裏也有幾乎一樣的特點，這體現在副詞“會”和“該”上：現代漢語裏常常用“會”表示“對未來的某種預測或揣度”的意思：比如說“他會來吧？”，“會”字前不用加否定詞；然而在表示疾病等不吉利的行爲時，卻常常在“會”前面加否定詞，如人們常說“我不會有病了吧？”，而不說“我會有病了吧？”；常說“我不會沒得到獎品吧？”，而不說“我會沒得到獎品吧？”。現代漢語的“該”也有類似情況，比如常說“他該出國了吧？”；常說“我不該病了吧？”，卻不說“我該病了吧？”。戰國卜筮簡中的“尚（當）”與現代漢語的“會”、“該”有很大相同性，都是表示一種疑問語氣。特別需要指出的是：我們認爲“尚”通“當”，有“對未來的某種預測或揣度”這個意義，並不是否認“尚（當）”的意義中含有“希望”這種語氣，而是認爲，在卜筮簡裏，“尚（當）”最主要的意義是“對未來的某種預測或揣度”。當然，人們內心對一種行爲出現的後果是希望指向吉利的方向（此處陳斯鵬先生已言，見上引陳文）。所以卜筮簡裏句中的“尚（當）”也隱含了一種希冀的意義，但希冀的意義只是隱含，而非主要的。與我們上舉現代漢語中的“會”、“該”的意義相參，這種隱含性即可明瞭。關於卜辭命詞是否是問句的問題，學界曾有一些爭論，筆者支持卜辭命詞是問句，這從支持卜辭命辭是問句的學者所寫的論文中可以得到很多證明，此處無須再談。對於卜辭命詞是否是問句的爭論，不可避免的牽涉到戰國卜筮簡的命辭是否爲問句的問題。此文我們論證戰國卜筮簡的“尚”即“對未來的某種預測或揣度”義的“當”，故其中含有“尚”的命辭還是用問號來表示比較合適。這也爲甲骨文和戰國卜筮簡的命辭爲問句增添了一個有利的證據。

按：“尚”更多地還是一種希冀的意義，而非對未來的預測或揣度。簡文中“毋有咎”之“毋”的意思應是“不要”，如果將簡文理解爲“應當不會有咎吧？”那麼“毋”的意思就沒有表達出來。如果將“尚”理解爲希望、希冀，那麼簡文的意思是說“希望不要有咎”，“毋”的意思便很好地表達出來了。

[9] 占之：死（恆）貞吉

〖李學勤 1989〗貞，訓爲正、當，與《尚書·洛誥》“來視予卜，休，恆吉，我二人共貞”可相參看。

〖整理者 1991〗①占，視兆問也。以下爲視蓍結果得出的占辭。(53 頁)②恆貞，恆,《易·序卦》傳：“恆者，久也。”恆貞即永貞，“貞問長期之休咎謂之永貞”（高亨:《周易古經今注》)。(53 頁)

〖湯餘惠 1993〗①占，視卜兆而判斷吉凶。(153 頁)②亙，通恆；恆貞，指對未來長遠命運的占卜。(153 頁)

〖何琳儀 1998A〗亙，讀恆。《說文》“恆，常也。”(135 頁)

〖邴尚白 1999A〗207 號簡說“占之：貞吉”，249 號簡說“占之：恆貞”，而接著亦言不順或凶祟，可見它們與一般的“占之：恆貞吉”涵義應是相同的。由“占之：恆貞”來看，“貞”字似乎也不宜訓爲貞問。李學勤指出，“貞”“訓爲正、當”，這應該是正確的訓解。張衡《思玄賦》:“乃貞吉之元符”，“貞吉”就是正吉，與單言“貞”或“吉”大致相同。“恆”則應爲平常、一般之意，所以也可以省略，而與“貞問長期之休咎”無關。(72-73 頁)

〖近藤浩之 2000〗“貞”是“所占問（的事情）”的意思。

〖劉信芳 2003〗猶言永貞。…簡文凡問一年之吉凶者，均用“恆恆貞吉，僅見簡 207 用“貞吉”，而該簡涉及的時間範圍從遠柰之月至習层之月，僅一月餘。由此可知問長期吉凶且得吉兆者用“恆貞吉”，非問長期吉凶而得吉兆的則用“貞吉”，如果未得吉兆，則用“恆貞”，簡 249：“占之，恆貞，不死。”而該次占卜後不久左尹即去世。(211 頁)

〖陳偉 2008〗恆在此疑當用爲“極”，是甚、最一類意思。極貞吉，猶言極正吉。與 198 號簡“甚吉”類似。

[10]少又（有）愢（慼）於寡（躳）身

〖整理者 1991〗僡，㥟字。讀作憂。(53 頁)

〖滕壬生 1995〗優，從人從憂。(663 頁)

〖張守中 1996〗𢟪。(164 頁)

〖楚文字編 1997〗僡（優）。(394 頁)

〖李運富 1997B〗因此愢、㥟當分析爲從心宿（㑛、㑘）聲，宿字或讀“息救切”（見《廣韻》)、或讀“所六切”（見《集韻》，“救”與“憂”上古同爲幽部，“六”上古在覺部，也與幽陽入對轉，可知宿（㑛、㑘）作聲符讀音正與憂相近同，此蓋憂字之異構。蓋憂字之異構。(124 頁)

〖何琳儀 1998A〗①少，讀稍。(324 頁)②優，讀憂。(195 頁)。

〖李守奎 2001〗字可隸作“𢡺”，與 229、233 等簡的“㥟”是一字之異，“𢡺”即“悲”

亦即《說文》心部的“怫”，有鬱結憂憤義和背戾反常義。簡文意爲占卜的結果是對躬身或宮室等有乖逆不順之兆。

〖陳劍 2001〗此字可釋爲“慖”，讀爲“慽”。[①]

〖李守奎 2002B〗“㐁”是《說文》卷三“丙”之古文，即簟席之“簟”的初文，前人已論之甚詳。“㐁”“丙”爲一字異寫。“佰”是以人躺在簟席上會止息過夜之意，是“宿”的本字；同時也可以表達躺在簟席上的時間——夙夕之義，故說“佰”是夙夕之“夙”的本字也是不錯的。“佰”最初應當具有這兩個意義。後來，爲了區別這兩個意義，在止息義的“佰”上加了房子“宀”，就成了“宿”；在夙夕義的“佰”下加上“夕”就成了“偠”。…“慖”釋爲“慽”，於音、義皆密合。若此，則“佰”、“偠”、“慖（㥲）”似可分別對應於《說文》的“宿”、“夙”、“慽”。獨特的異體是楚文字的特點之一。

〖施謝捷 2002〗我們認爲，A、B 兩種寫法（按：A 作、B 作）可分別隸定爲“㥣”、“慖”，C、D 兩種寫法（按：C 作、D 作）僅從“人”、從“尸”不同，然考慮到“人”、“尸”二字在戰國文字中字形相近，意義相關，且作爲偏旁往往混用不別，則可一併隸定爲“㥲”。《說文》宀部：“宿，止也。從宀佰聲。佰，古文夙。”又夕部：“𡖍，早敬也。從丮，執事，雖夕補休，早敬也。佰，古文夙，從人、㐁。佰，亦古文夙，從人、丙，宿從此。”“佰”係“宿”之初文，古文用爲“夙”，屬假借，與字形無關。然則“㥲”所從“偠”（亦可隸定作“㑥”），應分析爲“從夕聲”，當係“夙”字的另一種古文寫法，爲“夙（𡖍）”之後起形聲字，在“佰（佰）”字上累增了意符“夕”。上舉從“心”的“慖”、“㥲”無疑是同一字的異體。…F（按：F 作，見《楚系簡帛文字編》804 頁），從心從欶，可隸定爲“憖”。在古文字裏，“欠”、“次”作爲偏旁時往往可以混用，楚簡文字中亦常見。可知原釋“憖”爲“憨”，當可信。“憨”從心敕聲，《說文》欠部謂“欶，從欠束聲”，以聲求之，當釋爲“悚”。…既然“宿”、“速”可通用，則從“欶”得聲的“憨”，與“𢝊（㥅）”、“慖”、“㥲”、“㥣”很可能也是同一字的不同寫法，只是將所從聲旁作了替換。…我們把“㥣”、“慖”、“㥲”、“𢝊（㥅）”、“憖（憨）”並釋爲“悚”之異體，無疑也很合適。在簡文中係用其惶恐、驚懼之意。

〖楚文字編 2003〗慖、㥲、㥣並爲一字，皆讀爲“慽”。（627 頁）[②]

〖宋華強 2007A〗新蔡簡中“戚”、“憂”同時出現，“先少有外言戚也，不爲尤（憂）”（甲三 10）。“戚”、“憂”義近，《廣雅・釋詁》：“戚，憂也。”秦惠文王禱病玉版

①轉引自李守奎：《九店楚簡相宅篇殘簡補釋》，《新出土文獻與古代文明研究》，347 頁，上海，上海大學出版社，2004。

②博士學位論文釋爲“優”，見 394 頁。

銘文説“餘身遭病，爲我戚憂”，“戚憂”是近義詞連用，“爲我戚憂”即楚簡“爲蚘”、“爲慭”、“爲忍”之意。《禮記·曲禮下》“言曰‘某有負薪之憂’”，鄭玄注：“憂或爲疾。”賈公彥疏：“言曰‘某有負薪之憂’者，此稱疾之辭也。”稱疾而言“憂”，亦可證簡文“蚘”、“慭”、“忍”當讀爲“憂”。從新蔡簡辭例來看，“憂”的程度要深於“戚”。（229頁注釋852）

〖十四種 2009〗上博竹書《容成氏》28號簡、《三德》1號簡的“宿”字與此字上部相同，《民之父母》8號簡“夙”字所從亦然，宿與戚、縮與戚音近可通。（97頁）

按:邴尚白指出天星觀簡“少外有愳”的“愳”疑當讀爲“戚”。[①]本簡之字可分析爲從“心”“宿”聲，讀爲“戚”。“愢（戚）”參36號簡集釋。

[11]虘（且）志事少迟（遲）旻（得）

〖整理者 1991〗戲，讀如且。（53頁）

〖彭浩 1991B〗“志”指企望獲得爵位，“事”指侍奉楚王。

〖周鳳五 1992〗志事應指“所志之事”，也就是卲舵心中的願望。

〖湯餘惠 1993〗戲，通且，將要。（153頁）

〖何琳儀 1998A〗楚簡迟，讀遲。…遲，緩也。（16頁）

〖晏昌貴 2005B〗“志事”讀如“職事”。

[12]㠯（以）亓（其）古（故）敓（説）之

〖李學勤 1989〗故，意思是事。《周禮·占人》有“八故”，鄭玄注釋爲“八事”。孫詒讓《正義》云：“故、事義同”。《公羊》昭三十年傳云：‘習乎邾婁之故’，何注云：‘故，事也。’”説、攻，均見《周禮·大祝》的“六祈”，“五曰攻，六曰説”，鄭注：“攻、説，則以辭責之。”…按《尚書·金縢》載，武王有疾，周公願以身代，告神占卜，後來成王“啟金滕之書，乃得周公所自以爲代武王之説”，説是告神的祝詞，只“陳論其事”，沒有責讓的意思。鄭玄把“説”和“攻”混爲一談，是不妥當的。

〖整理者 1991〗敓，借爲説，説是爲了解除憂患而進行的祭禱。（53頁）

〖彭浩 1991B〗“説”，簡文寫作“敓”，與“説”同音。“説”是貞問中必不可少的一個步驟。《周禮·春官·大祝》“六祈”之一爲“説”，一般認爲“説”是祭祀之名。從簡文可知，“説”是爲了解除憂患而進行的祭禱，是有關各種祭祀的統稱，並不是專指某一種祭祀。“説”既有舉行祭禱之意，同時還含有祈求鬼神、祖先之意。

〖李零 1993〗“奪”原作“敓”有時還加有示旁，或從示從兑。後一種寫法的“奪”字

---

①邴尚白：《楚國卜筮祭禱簡研究》，93頁，臺灣暨南國際大學碩士學位論文，1999。

（簡 211）與“祝”字相似，但並非“祝”字。這種用法的“奪”，古書亦作“說”（《周禮・春官・大祝》）或“兑”（《淮南子・泰族》）睡虎地秦簡《日書》乙種也提到“說孟（盟）詐（詛）”（簡 23 壹），整理者注爲“解除”。這種解釋不能說錯，但“說”並非解脫義，而是來自奪取、奪去之義，早期寫法是作“敓”。《說文》：“敓，強取也。”經典作“奪”。包山簡“文書類”的《疋獄》提到“以奪其後”（簡 93）、“以奪其妻”（簡 97），“奪”字亦作“敓”。這些都說明，簡文此字只能讀爲“奪”，是禳奪之義（案：“禳”的本義就是禳奪）。

〖湯餘惠 1993〗敓，通挩，今通作脫。《說文》：“挩，解挩也。”簡文指祭祀祖先神靈，祛病免災。（153 頁）

〖曾憲通 1993〗就在前占辭與後占辭之間，幾乎毫無例外地出現“以其古敓之”這個短語，由它帶出一系列的祭禱和攻解之類的活動。由此可見，“以其古敓之”及其相關活動，是在由前占辭過度到後占辭中起著關鍵性作用的。再看看前占辭與後占辭的關係。前占辭是貞人根據卜筮或卦象所示對求貞人邵𠃊貞問事項所作的初步判斷，主要指出兩個方面，即從長遠來看雖有吉祥之兆，可是近期卻存在種種的憂患與災禍。於是，簡文中雖之而來的便出現了“以其古敓之”及其相關內容。而經過“以其古敓之”之後的後占辭，一般都能達到“占之曰吉”的預期效果。由此看來，“以其古敓之”及其相關活動在筮辭中是起著解除憂患和災禍的作用的。…“古”故在此當讀爲故，…簡文“以其故“之故，乃指邵𠃊志事遲得及自身憂患之事。望山簡有“以其故，以冊告”，即以墓主悊固生病之事，冊告神明。因此，“以其故”可視爲“以其故，以冊告”之省略。“敓之”之敓爲奪之古文，在此讀爲挩。《說文》：“挩，解挩也。”…從簡文分析，貞人爲貞問者解脫憂患或災禍主要靠兩種手段：一是向祖宗神明舉行祭禱，以求其賜福去災；二是向作祟的鬼神舉行攻解之祭，以求解祟。二者互相配合使用，相輔而相成。

〖孔仲溫 1997B〗“祱、敓、𥛚”三字，其實“祱”是本字，“敓、𥛚”是由“祱”孳乳的後起字，而“祱”即“祟”字。…其爲名詞的性質，指殃祟。…個人以爲“敓”的本字疑是“𥛚”，也就是由“祱”再增增益“攴”這表示動作的偏旁。…“𥛚”指“除殃祟”，作動詞。…事實上，個人以爲就是“㪟”，從攴從又，在古文字裏是相通的。

〖李家浩 1997B〗“以其故說之”的“說”，和下面將要談到的“逘某人之說”、“輿某人之說”的“說”，原文有“敓”、“祱”、“𥛚”等不同寫法。許多學者指出，這些字都應該讀爲《周禮・春官・大祝》“掌六祈以周鬼神”之一的“說”。這一意見無疑是正確的。…《墨子》的“湯說”就是“湯之說”，《尚書》的“周公以爲功代武王之說”就是“周公之說”，與簡文的“某人之說”同義。《博物志》的“子貢說之”和簡文的“以其故說之”，末二字用語相同。這些情況也都可以證明簡文的“以其故說之”、“某人之說”的“說”，只能讀爲《周禮·春官·大祝》所說的“六祈”之一的“說”，不能讀爲禳奪的“奪”。…“以其故說之”的意思是：把前面占辭所說的那種將會發生的災禍之事向鬼神祈說。其下講的祭禱文字即“說”的內容。

〖于成龍 1997〗“又祟，敓之”乃是“又祟，以其故敓之”的省略形式，“之”應指祟。…“以其故敓之”應是對祟而言，其意爲由於有祟出現，因而要對祟進行禳奪。…在卜筮簡的貞問疾病簡中，“以其故敓之”是因爲有祟而存在，是針對祟而言的，即禳奪作祟之鬼神。…楚人不僅認爲疾病的發作與祟有關，諸如侍王其中出現的憂患之事，也認爲是神鬼作祟所致。上文提及的包山卜筮簡中的十組貞問“侍王”簡文中的“以其故敓之”也是針對祟而言的，在它之前省略了“又祟”一詞。…包山卜筮簡“貞問侍王”和“貞問疾病”兩類簡文中的“以其故敓之”皆是對祟而言，它承前完整的形式應是“又祟見，以其故敓之”，“又槩（祟）敓之”是其簡略；其意是有神鬼作祟，要對其攘奪。從這個意義上講，“以其故敓之”應歸入占辭之列。（48-52 頁）

〖何琳儀 1998A〗敓，讀挩。《說文》“挩，解挩也。”亦作脫，稅。（1032-1033 頁）

〖譚步雲 1998〗㪺（），《說文》：“楚人謂卜問吉凶曰㪺。從又持祟，祟亦聲。讀若贅”（卷三又部）楚語用如此，又用爲“祟”。…用如本字的㪺，學者們多引《魏一體石經（論語·學而）》及《周禮·春官宗伯下·大祝》書證而讀之爲“說（同脫）”（《包山楚簡》1991：53 頁；《望山楚簡》1995：93 頁）。不完全準確。原篆的幾種形體都有用如“祟”的，可是，“說”和“祟”兩者古音相去甚遠，前者書紐月韻，後者邪紐物韻。我們當然可以說是方音使然，然而，證據呢？幸好《說文》給我們留下了這麼個㪺字！㪺讀爲“祟”，用爲“祟”都毫無問題。同時，因爲㪺的存在，也證明了“說”和“祟”在楚方言裏的讀音是相同的。（78 頁）

〖邴尚白 1999A〗故是“事”，即指占辭中所顯示的不順、憂患或凶祟之事。若將“敓”讀爲“奪”、“挩”等，所欲奪、挩、除的即是此“故”，則“之”字不知應作何解釋。讀爲“說”，則“之”即爲鬼神的代稱，文從字順。（75 頁）

〖于成龍 1999〗包山卜筮簡除 4 組祭禱簡外，可分成 11 組“貞問疾病”簡和 11 組“卜侍王”簡。兩類簡文中的“以其故敓之”皆是對祟而言，它承前完整的形式應是“有槩（祟）見，以其故敓之”，“又槩（祟），敓之”是其簡略，其意是有神鬼作祟，要對其攘奪，從這個意義上講，“以其故敓之”應歸入占辭之列。

〖工藤元男 2001〗“敓”是針對第一次占卜中占斷的憂患，爲移除憂患而擬議舉行的祭祀的總稱。

〖劉奉光 2003〗乃指因爲這些不順的緣故，向神靈訴說。

〖劉信芳 2003〗其字又作“祭”（207、208 等）、“祱”（210、214 等）。文獻作“說”，…據簡文記載，凡經占卜而得知有鬼神作祟（所謂神禍），即以“說”祈禱鬼神降福免災。“說”的具體操作方式，或攻解；或罷禱、舉禱、賽禱，且多用牲。若無鬼神作祟，則無“說”，簡 235“無咎，無祭。”該簡即無以“說”祈鬼神的記載。（212 頁）

〖羅新慧 2004A〗“敓”、“說”皆從“兑”得聲，屬月部字，兩字可通。…“敓”即與“說”相通，則“敓”祭與“說”祭當爲同一祭祀。《包山楚簡》中有不少“敓”祭的記載，…專家指出，其中的“敓”可讀爲“說”，進一步證明文獻所載之“說”祭與簡文所載的“敓”祭相同。…可以肯定，陳論事情並以言辭責神，是“敓（說）”祭的主要內容，而其對待神靈的態度是蠻横的、逼迫式的。此外“敓”祭中還有另一方面的重要內容，即向神靈供奉祭品以行禱告。…要之，“敓（說）”祭爲禳災去患之祭，…“敓”祭的主要內容之一爲以強取的方式迫使神靈聽順人意，向神靈陳論事實並以言辭相責讓，另一方面則又以珪、璧、幣、帛或犧牲等祭品陳列於神前，以禮順迎神靈。

〖沈培 2006〗我們認爲，對於“敓”的解釋，要同時注意它有兩方面的特點。一方面它作爲“六祈”之一，應當具有“祈”所具有的特點；另一方面，“說”的目的是爲了驅除災害，而不僅僅是“陳論其事”的意思。如果單純強調了其中一個方面的特點，就會產生認識上的偏頗。…曾先生既認爲“說”祭中包含“以辭責讓”，也包含使祟解除的意思。正因爲如此理解，曾先生是把“以其故敓之”後面的話看作“其所引出的一系列活動，便是求得解脱的具體辦法”的。我們認爲這種看法是正確的。…把“以其故敓之”的“敓”看成是《周禮》“六祈”之一的“說”，把它後面有關祭禱內容的話看成是將要進行的具體的祭祀行動，這應該是沒有問題的。

〖董珊 2007B〗楚簡中讀爲“祟”的字或者寫作“祭”、“敓”、“祱”等形。在楚簡中，同樣寫法的字，又常常讀爲《周禮》“六祈”之一的“說”。但在楚簡中讀爲“說”的這個字都是動詞，意思是“攻除”、“說解”，而“祟”則是名詞。二者語法地位不同，容易分辨。

〖臧克和 2008〗我們認爲戰國楚簡當中有“敓”的祭禱環節。敓即脱，解脱之謂，其功能相當於禳祭。由此敓後面往往伴隨著攻解之類的禳除措施，攻解的對象是各種鬼怪不祥。而敓字配合使用的“古”就是訴諸祝禱，用來作爲禳除簡文前面所出現種種“不順”和疾病憂患的手段。…“敓”字前面的“古”，爲手段。…我們這裏認爲，既然跟禳敓祭禱環節聯類，無論從字形結構還是功能意義方面，都是“祝由”字，相當於帛書“祝由”的由，…楚簡“古敓”有可能就是“由脱”；“以其古敓之”，也就是以其祝由之術，使之獲得解脫。

〖十四種 2009〗上博竹書《魯邦大旱》2 號簡說："庶民知敓之事鬼也。"馬承源指出："敓"宜讀作"說"。《淮南子・泰族訓》"祈禱而求福，雩兑而請雨"之"兑"，與"敓"、"說"乃同一字的通假。這條簡文爲"敓"之讀"說"提供了與傳世典籍對讀的線索，也直接表明"說"就是從事於鬼神。又《周禮・春官・占人》"凡卜簭，既事，則繫幣以比其命"，鄭玄注："既卜筮，史必書其命龜之事及兆於策，繫其禮神之幣，而合藏焉。《書》曰：'王與大夫盡弁，開金滕之書，乃得周公所自以爲功，代武王之說。'是命龜書。"可見"說"錄入卜筮記錄。（98-99 頁）

〖羅新慧 2011〗此處，"敓"用以去疾、消除仕途不順。…"以其古敓之"後，通常都接以各種禱類活動，或者"攻解"的舉動，很容易予人以"禱"或"攻解"是"敓"之一部分的印象。但"禱"或"攻解"是否爲"敓"的具體操作方式？值得商榷。首先，儘管簡文中常常可見"敓"、"禱"相隨的記載，但竹簡中也不乏只用"禱"而不用"敓"，或只用"敓"而無"禱"的記載。…另外，簡文中也出現只有"敓"而無"禱"的情況…其二，"敓"與"禱"的對象不同。由簡文記載可見，"禱"的對象多爲祖先神或山川之神。關於"敓"的對象，簡文中交代得並不清晰，這或許是人們誤將敓、禱混而爲一的另一原因。不過，新蔡楚簡中仍然透露出"敓"的對象的直接信息…明確說明"敓"的對象是"祟"。…其三，"敓"與攻、解性質或可相近，但"攻解"也不是"敓"的一部分。若以攻、解是"敓"的具體操作方式，則本身與《周禮•春官•大祝》中的記載相抵牾。諸家皆以"大祝"之所掌之"說"釋"敓"，但"大祝"之職"掌六祈以同鬼神示：五曰攻，六曰說"，在這裡，攻、說雖近，但是兩種不同行爲。若將"攻"作爲"敓（說）"的一部分，與《周禮》所說不合。…"敓"，《說文》謂"強取也"，即今之"奪"字，表示以強行的方法獲得。…由"敓"之本意推測，其或應包括兩方面的內容：一、動作方面的，如擊、打等，與"攻""解"等有異曲同工之效；二，語言方面的，正如學者們所指出的那樣，"敓"與"說"相通，包含說辭、責讓方面的內容。總之，"敓"是人用強力、強取以達成己願的方法。它雖然與祭禱活動有密切的關聯，但"敓"本身是一項獨立的活動。

按："以其古（故）敓之"中的"古（故）"應如曾憲通所說，指"邵𬆱志事遲得及自身憂患之事"。新蔡楚簡乙一 28 有"以君不懌之古（故），就禱靁君子…"，以此來看，本簡"以其古（故）敓之"中的"以其古（故）"可以看作"以少有慼於躳身且志事少遲得之故"的省略。而"以其古（故）敓之"中的"敓"，總結起來有"奪"、"挩"、"說"、"祟"等讀法。新蔡楚簡甲三 219 有"既爲貞，而敓其祱（祟）"，"祱"讀爲“祟”，則作爲動詞的“斂”顯然不能再讀爲“祟”，因此包山簡中“斂”讀爲“祟”的可能可以排除。于成龍指出“以其故斂之”的“之”指代“祟”，這個意見可從。那麽“以其古（故）斂之”的目的就是爲了“除祟”，其後一系列行爲，都是除祟的方法。將“斂”讀爲“説”的意見應是可取的，簡文“説”的具體方法有“祭禱”和“攻”兩種手段。

[13]思（使）攻解

〖李學勤 1989〗①攻字前邊的這個字是西周甲骨常見的，我曾指出它不是惠、乃或西，而應該讀爲思或斯…斯字在辭中意義同於尚。②攻是責讓，《論衡・順鼓》所述甚詳。簡文中説“攻解於不辜”，是作祟的冤鬼，故需加以攻解，即責讓冤鬼，解除災患。

〖整理者 1991〗恖，簡文也作囟，借作鬼。《廣雅・釋天》：“鬼，祭先祖也”。《周禮・地官・鼓人》：“以路鼓鼓鬼享”，注：“享宗廟也。”攻，見於大祝所掌六祈之一。鬼攻即祭祀先祖及鬼神之稱。（53 頁）

〖彭浩 1991B〗“攻”是“六祈”之一。

〖何琳儀 1993A〗應釋“思”，發語詞。

〖李零 1993〗簡文中的“禳”比“祠”簡略，主要是問解除哪些妖祥之害。這類占卜之辭一般都是以表示願望語氣的詞“思”（簡 198、211、217、229、238、241、246、248）來開頭，只有簡 250 是以“命”字開頭。簡文“思”絕大多數是寫成“由”，不帶心旁，但簡 198 是作“思”。

〖曾憲通 1993〗今按“由”爲句首發語詞，已見於周原甲骨文，楚簡簡文多寫作由，間或作思。…簡 238“由左尹虎遠復尻，由攻解於歲”，二“由”字相繼出現於句首，其爲句首發語詞更爲明顯，簡 250“命攻解於漸木立”，句首易“由”爲“命”，説明“由”在句中結構比較鬆散，亦可反證“由”的詞性確爲語詞。“攻”是古代祭名，屬於“六祈”之一…“攻”字下或作解，或作敘，或作説，用字雖異，義則雷同。…皆指以攻祭之禮責讓作祟神靈，以求解脱。…當時的巫者對於作祟的神靈是分別採用軟硬兩手的。從這個意義上説，楚簡的“攻解”無異於《周禮》的“攻説”，即《春官・大祝》六祈中的五、六二祈。孫詒讓《周禮正義》云：“《周禮・大祝》六祈，五曰攻、六曰説，蓋亦鳴鼓而攻之，複以辭責其神，故有二名。”由此觀之，《周禮》救日食兼有禜、攻、説三祈；《庶氏》除毒蠱“以攻説禬之”；《翦氏》除蠹物“以攻禜攻之”；則各使用二祈。從包山簡所見，當時對付人愚、太歲、日月、宮室、맢褸、傫人、兵死、不殆以及暫木位等等神靈作祟的辦法，也是兼用攻、説二祈來解祟的。…簡文云“思攻解於不辜”，又云“思攻敘於宮室”，解與敘相對爲文。《廣韻・卦韻》：“解，除也。”“敘”在此

亦讀爲“除”。可見“解”、“敘”二字在句中用法相同。

〖陳偉 1994〗包山卜筮簡“由攻解於××”的辭句，簡 198“由”作“思”，可見釋思爲是。通過一些簡文的對比，還可發現“思”字用例與“命”相當。…《說文》：“命，使也。”思、使古韻均在之部，思或爲使字的假借。

〖陳偉 1996A〗《詩·大雅·文王》：“思皇多士，生此王國。”鄭玄箋：“思，願也。”《後漢書·徐稚傳》引《詩》此句，李賢注：“思，願也。皇，天也。思願天多生賢人於此王國。”簡書中的“思”似乎與這種訓釋近似，爲表示祈使的動詞。（31-32 頁）

〖吳鬱芳 1996〗而拙見以爲應是“攻解”連讀，攻解尤古之“攻禱”，“攻禜”、“攻說”，都是巫祝之人所爲的祓禳之祭。“鬼攻解”之鬼，也不是受祭的鬼神，而是致做法的巫鬼，即巫祝之人。…“攻解”就是除災的祭禮，又稱解除或解逐。…古人認爲疾病纏身的原因即是鬼神作祟，要想除病就只有求救於鬼神，特別是如“不辜”——冤死者、“兵死”——戰死者、“沒人”——淹死者，這樣一些強死的厲鬼。

〖于成龍 1997〗“囟攻解”之義，即是以辭責讓，以求解脫。…“囟攻解××”一句它是貞人採用的奪法之一。祭禱祖先也屬於奪法，是請求祖先賜福、保佑；而“攻解”則是更爲直接地針對祟而言。“攻解”和“祭禱”都是奪祟之法，它理應列入“敓詞”之中。（59-60 頁）

〖大西克也 1998〗我認爲楚簡中的“由”字應讀“使”，主要的根據是“思”和“使”的不同句型。首先，表示人的思維、感知的動詞，如“思、知、願、欲、聞、見”等，大多數可以帶主謂形式的賓語…而主謂性賓語的主語和謂語之間經常可以插入“之”字…“使”字的句型特點與“思”字存在著明顯的差異。“使”、“令”、“命”等表命令、致使之義的動詞經常用作兼語式的第一動詞，而不能用在包孕句（即不帶小句形式的賓語）…“囟（思）”字後面名詞和謂語均具備的例子凡 8 例（按：指包山楚 128、238 號簡、138 號簡反；九店楚簡 43-44；上博楚簡《容成氏》20、44、49；秦家咀一號墓楚簡 3），全部沒有出現主謂之間的助詞“之”。如上所述，楚簡的包孕句中助詞“之”的出現頻率很高，所以“囟（思）”字構成的句型不大可能是包孕句，應該是兼語式。鑒於此，我推斷楚簡中的“”字應該是使令動詞“使”。

〖工藤元男 1998〗將“思攻解於…”解釋爲“希望…來攻解”。[①]

〖何琳儀 1998A〗①攻，祭名。《周禮·春官·大祝》“五曰攻”，注“鄭司農云，攻，祭名。玄謂，攻，用幣而已。”（413 頁）②“攻解”之解，解除。（742 頁）

①轉引自工藤元男：《包山楚簡〈卜筮祭禱簡〉的結構與體系》，《人文論叢》（2001 年卷），78-93 頁，武漢，武漢大學出版社，2002。

〖于成龍 1999〗“由”在簡 198 中寫作思，其餘簡中的“由”皆是思之省，在句中起發語之用。…“由攻解”之義，即是以辭責讓，以求解脫。

〖工藤元男 2001〗在年代稍晚的睡虎地《日書》甲種《詰》篇中，詳細記述有引起生人災害的鬼神精怪的名稱、引起災害的內容以及除去的方法。…《詰》篇與“攻解”在本質上大概是相通的。

〖陳斯鵬 2003〗“囟”與“命”地位相當，這是（1）（按：指 228-229 號簡）、（2）（按：指 249-250 號簡）比較顯示出來的重要事實。這意味著簡文中的“囟”和“思”所表示的極可能是一個意義和“命”相當的詞。…循此，和“命”相當的“囟”或“思”應該讀爲“使”。“使”和“命”是一對同義詞，互相替換自然再合適不過；而“思”、“使”同屬之部，聲母皆爲齒音，古音極近，當可相通。“囟”既與“思”音通，自然也可讀“使”。

〖胡雅麗 2003〗攻解、攻除，均屬攻祭之列，所連附之解、除二字，當是各取其“消解、去除”，“清除、去掉”之義，意在陳述攻祭除祟的目的。

〖于成龍 2004A〗“思攻解”其意是命人攻解。…解即解脫，“攻解”意爲以攻解脫。猶言解除。…“思攻解”及“思攻敘”均用於解祟。（49-50 頁）

〖沈培 2005〗我們認爲，這兩組辭例應當分別看待。其中“思一戠獄之主以致命 128”與“命一執事人以致命於郢 135 反”可以比較，我們沒有意見。但是，把“思攻解於歲 238”跟“命攻解於漸木立 250”進行比較，則是我們不能同意的。…“囟”和“命”出現的語境其實是不同的。“命……”後還有“尚吉”這樣的話，而“囟……”後絕無“尚吉”這樣的話。…檢查包山簡裏所有“囟攻解”一類的說法，都出現在“以其故說之，舉禱……”之後，而且，說完“囟攻解……”，其後就別無命辭。除了上舉之例，還有 217、229、246、248 等簡。有時，“舉禱……”一類的話可以不說，例如包山 198 簡“囟攻解於人愚”前面沒有“舉禱……”一類的話，但是特地留有一段空白，顯然是爲了標明沒記“舉禱……”之類的話。…“囟攻解”之類的話，是命辭最後的話，跟“尚”之類的話是一樣的，都是表示主體預期結果的一種推斷。“囟”後面的“攻解……”之類的話應當怎麼理解呢？好幾位學者對“攻解”都作過解釋，但似乎還沒有認真分析過它的語法結構。要正確理解“攻解”的含義，下面所引包山簡一例應當充分加以重視：（37）……犒之。囟攻解於盟詛，且敘於宮室。211 各家都據劉釗之說解釋讀“敘”爲“除”，顯然是可信的。“除於宮室”前面特地使用“且”字，說明“除於宮室”就是“攻除於宮室”之省。“攻除”見於包山 229 簡。“攻解”、“攻除”都是“攻而解”、“攻而除”的意思。既然“攻除”可以省爲“除”，說明“除”是語義重點。在新蔡簡中，我們看到也有單言“解於大”的說法。由此可見，“囟攻解……”的說法中“攻解”的語義重點也應當是“解”。…由此可見，例（37）“囟攻解於盟詛，且除於宮室”不說成“囟攻解於盟詛，且攻於宮室”，就是因爲在這種說法裏，其重點是“解”、“除”而不是“攻”。順便說一下，“囟攻解於××”的“××”或爲對卜筮者有害的鬼名，或爲處所名，例如上舉例（37）及包山 229 簡“囟攻除於宮室”之“宮室”。“囟攻解於××”或“囟攻除於××”表示的是要從這些鬼手中或處所中“攻而解除災害”的意思，不能把“於××”的“××”看作祭祀物件。再回過頭看例（35）（按：指包山 249-250 號簡）中的“命攻解……”的說法，顯然，此句所說的是一種具體的行動，其後“尚吉”才是結果。此句中的“攻解”是將要採取的一種行動，跟“囟攻解……”的“攻解”意在於“解”是不同的。因此，我們認爲“囟攻解……”的說法跟“命攻解”的說法是不可比較的。“囟攻解……”是表示占卜者對命題的一種推斷，前引李學勤說它是“帶有判斷口吻的話”，這是正確的。例（36）（按：指包山 236-238 號簡）的“囟攻解……”前面還有“囟左尹舵踐複處”一句，也屬於整條命辭的最後部分，這兩個“囟”的語法性質應當是一樣的。我們認爲，楚墓竹簡裏的這種“囟”字跟周原甲骨文裏的“囟”是一脈相承的，都是義爲“應、當”的語氣副詞。

〖晏昌貴 2005B〗“思攻解”直接接在“以其故敓之”的後面，可能是省略了“敓”的具體內容。

〖沈培 2006〗“以其故敓之”後具體祭禱的內容省去，但有“蔽志”的話，即“思攻解於人愚”。其前與“以其故敓之”有一段空白，大概就是要顯示有關祭禱的內容已被省去。…戰國卜筮祭禱簡中所謂“囟”或“思”開頭的話原來是“蔽志”的話，它與“尚”的區別就更明顯了。卜筮祭禱簡第一次貞問常用“尚……”的說法，第二次貞問則常有“囟……”之類“蔽志”的話，這種現象還說明了另外一個問題，即這兩次貞問的性質或目的當有所區別。第一次貞問無論是“歲貞”或“疾病貞”，一般都是一種廣義的求福的貞問，真正的目的在於求祟。第二次貞問則提出具體的祭禱方案，其目的在於除祟，並常常伴有“蔽志”的話。

〖晏昌貴 2007B〗包山第 198 號簡在“以其故敓之”的後面留有大段空白，然後再書寫“思攻解”的內容，這段空白顯然是爲祭禱預留的，只不過後來由於某種原因（或未進行筮占）而補入。

〖十四種 2009〗這處空白，大概是預留書寫禱祠內容的地方，後因故未寫。…如果按楚簡一般用法理解“思”字的話，“攻”恐非六祈之“攻”。224、225 號簡有“攻（225 作社）尹之社執事人”，231 號簡說“思攻祝歸佩取、冠帶於南方”，“思攻解”、“思攻除”恐與這些“攻（社）”有關，是司掌禱祠、解除的專職人員。（99 頁）

按:沈培所說“攻解”的語義重點也應當是“解”，較有道理。天星觀楚簡有“以其故敚之，解於二天子與云中君以佩玉、珥”，[1]簡文即單稱“解”。包山楚簡還有“攻敍(除)”（229號簡），也單稱“敍（除）”（211號簡），亦與“攻解”類似。

[14]人愚（禹）

〖整理者 1991〗人愚，愚，讀作禹，可能指大禹。楚人自以爲老僮之後，當來自華夏，與禹有共同的祖先，故得祭祀大禹。(53頁)

〖李零 1993〗“害”字原從心從禹。

〖夏淥 1993〗理解爲巫術的木偶代替左尹佗受難，從而使左尹佗得到解脱的巫術。“禹”與“偶”是音假的關係。“人禹”爲“人形土木偶。”

〖吳鬱芳 1996〗拙見以爲“人禹”即人鬼，古時鬼、禺一字，前人皆有成說。《周禮·春官》謂大宗伯職掌“天神、人鬼、地祇之禮”。此“人鬼”即《包山楚簡》中的“人禹”。…《包山楚簡》中所攻解的“人禹”，即指昭佗死去的先輩，如同“攻解於明祖”、“攻解於祖”。古人認爲死去的祖先亦可降災於後人，所以也將其作爲“攻解”的對象。

〖饒宗頤 1996〗愚字爲禹的繁形，子彈庫帛書云“爲禹爲萬以司堵𡒄（壤）”。禹爲西戎宗神，亦稱曰戎禹，(見《潛夫論·五德志》及《尚書緯·帝命驗》)顧頡剛已詳論之。西戎又得稱西夷，故孟子云“文王，西夷之人也。”包山簡稱禹爲人愚，人即夷字，如夏後羿亦稱仁羿(《海内西經》:“非仁羿莫能上岡之岩”)。仁即夷。…人禹與仁羿同例，應讀爲“夷禹”，有如“戎禹”之比。

〖胡雅麗 2001B〗人害，顧名思義當指專事危害生人之鬼，或指死而尸體不全，其魄因無所依憑變成游鬼作祟於人者。

〖連劭名 2001〗人禹即禹。人是尊稱。

〖劉信芳 2003〗“人禹”應讀爲“人偶”，人偶即木偶、土偶之類，蓋攻解本屬巫術，而古代巫師攻解多以土木偶以代鬼怪。(212頁)

[15]占之：甚吉

〖整理者 1991〗當吉。(32頁)

〖袁國華 1997〗所謂“占之益吉”，是指“占卜的結果顯示事情會更加吉利”。

〖何琳儀 1998A〗尚。(1537頁)

〖劉信芳 2003〗甚吉。(209頁)

[16]㕣（幾）审（中）又（有）憙（喜）

---

①于成龍:《包山二號楚墓卜筮簡中若干問題的探討》,《出土文獻研究》第五集，163-174頁，北京，科學出版社，1999。

〖整理者 1991〗 憙，借作喜。（53 頁）

〖劉釗 1992A〗 此處應讀爲“禧”。禧，福也。

〖夏渌 1993〗 我們從字形區別了“期”和“晦”的差別後, 讀爲“晦中有喜”，意爲“晦氣”、“厄運”之中，尚有逢凶轉吉的“喜氣”存在。

〖湯餘惠 1993〗 旮，同期，從日，几聲；其中，指前文所卜之期。憶，充世切，字見《說文》：“小怒也。從心，壴聲。”（154 頁）

〖望山簡 1995〗 “幾”、“季”古音極近，“旮”當是季節之“季”的專字。“季中”指一季三個月的時間之內。一說“旮”爲“㫷”之訛體，當釋爲“期”，“期中”指卜筮所問的時間之內。（93 頁）

〖何琳儀 1998A〗 ①“旮宙”，讀“期中”。期，一晝夜。（1191 頁）②讀喜，喜悅。（3 頁）

〖劉信芳 2003〗 憙讀爲“禧”，《爾雅・釋詁》：“禧，福也。”（213 頁）

〖裘錫圭 2006A〗 從上下文看，“旮中”的“旮”顯然應該理解爲卜筮所貞問的時期。

〖十四種 2009〗 指貞問一年的時間之內。（99 頁）

第 2 組

宋客盛公朥（邊）甹（聘）於楚之戠（歲），劀（荊）层（夷）肴=（之月）乙未音=（之日），石被（被）裺（裳）㠯（以）訓（順）蘸[1]爲左尹𢓊貞：自劀（荊）层（夷）肴=（之月）㠯（以）豪（就）{劀（荊）豪（就）}劀（荊）层（夷）肴=（之月），𦘔（盡）𡃀（卒）戠（歲），躳=（躳-躳身）尚（尚）毋又（有）咎。占之，死（恆）貞吉，少外又（有）愄（戚）[2]，〖199〗志事少（稍）逞（遲）旻（得）。㠯（以）亓（其）古（故）敓（說）之。罷禱（禱）[3]於卲（昭）王[4]戠（特）牛[5]。饋之[6]。罷禱（禱）文坪（平）夜（輿）君[7]、部公子萅（春）[8]、司馬子音、郗（蔡）公子豪（家）[9]，各戠（特）豢（豢）[10]，酉（酒）飤（食）[11]；罷禱（禱）於夫人[12]戠（特）豬（豠）[13]。志事速[14]旻（得），皆速賽[15]之。占之：吉。亯=（亯月）、顕（夏）栾（夕）又（有）憙（喜）。〖200〗

集釋：

[1] 訓（順）蘸

〖何琳儀 1998A〗 訓蘸。（32 頁）

〖何琳儀 1998A〗 蘸，從黽，林聲。疑黿之異文。（1412 頁）

〖劉信芳 2003〗 占卜所用龜名。《爾雅・釋魚》：“三曰攝龜”。郭璞〈注〉：“小龜也，腹甲曲折，能自張閉，好食蛇，江東呼爲陵龜。”今湖北江陵人“陵”、“林”讀音不

分，是“蘢”即郭〈注〉之“陵龜”，《爾雅》之“攝龜”也。(213 頁)

〖十四種 2009〗楚文字中“黽”多用爲“龜”。卜具中的從“黽”之字恐皆當釋作從“龜”之字。(99 頁)

〖王偉 2011A〗我們認爲《包山楚簡》“訓蘢”之“訓”、《新蔡葛陵楚簡》“(⿰邑川 ⿰川阝)”即《楚居》之“汌水”。…“訓蘢”可以理解做“訓”地或“汌水”出產的龜。

[2]少外又（有）愢（慼）

〖整理者 1991〗外，《禮記·曲禮》：“凡卜筮日旬之外曰遠某日”。(53 頁)

〖李零 1993〗“有憂”前加“少”（常見，稍微之義）或“少閒”（簡 199，也是稍微之義），“不順”前加“閒有”（簡 211、217，略有之義）。簡文“閒”多作“外”。

〖邴尚白 1999〗“少外有慼”或許是“少有外慼”的訛寫。(93 頁)

〖陳偉 2010〗我們知道，楚簡中有些“間”字寫作從“門”從“外”…我們懷疑楚地戰國簡册中寫作“外”的字，有的也是用作“間”的。包山卜筮祭禱簡 210 號簡云：“恆貞吉。少有慼於躬身與宮室，且外有不順。”217 號簡云：“恆貞吉。少有慼於躬身，且外有不順。”這兩個“外”都可能用作“閒”，指時閒短暫。…包山 199 號簡云：“恆貞吉，少外有慼，志事少遲得。”“少閒”亦指時閒短暫。

按:楚簡“間”多從“刖”，字形作，或省作，而上博楚簡《容成氏》6 號簡的“間”字作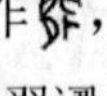，從“外”。陳偉的意見可從，本簡之“外”讀爲“間”。

[3]罷禱（禱）

〖整理者 1991〗罷，似讀作嗣，罷禱即後人對先輩的祭祀。(53 頁)

〖李零 1993〗翌禱。

〖吳鬱芳 1996〗拙見以爲“罷禱”之罷釋作嗣，於此亦不能通讀。罷當作罷，即今劈殺之劈，古與剖、副音義相通。…《包山楚簡》中的“罷禱”當爲罷禱，即殺牲以祭。古人宗廟之祭必以血食，祭祖必殺牲。…所以《包山楚簡》中凡言“”，其祭祀對象都是昭氏的祖先，而祭品總少不了牛、豕諸牲。

〖陳偉武 1997〗筆者頗疑心可讀作從“乃”得聲的“仍”字，訓爲因仍、連續…“𦥑禱”意爲初始祭神求福，“罷禱”正是因仍而祭禱之義，兩者的關係，頗似“初卜”與“習卜”的關係。…總之，𦥑（舉）禱、罷（仍）禱和賽禱是一套有著時間先後順序的禱祠術語。“殺牲盛饌曰舉”，“𦥑禱”含初始祭禱的意思；“罷”讀爲“仍”，古書亦作“礽”，因也，“罷禱”即連續而禱；“賽禱”指報賽神福，相對於𦥑禱、罷禱而言。

〖孔仲溫 1997B〗個人疑“罷”即“熊”之繁形古體。總之，不論是釋“罷”爲“從羽能聲”，或以“罷”即“熊”的繁形古體，個人以爲“罷”應讀爲“熊”。“罷”既讀爲

“熊”，楚簡中“罷禱”疑讀爲“禜禱”，蓋“禜”爲《周禮・春官》中太祝所掌“六祈”之一。

〖何琳儀 1998A〗①讀祀。《集韻》“祀，或從巳。”（77 頁）

〖徐在國 1998B〗朱德熙、李家浩先生認爲此字從“羽”“能”聲，乃“翼”字異體。其説可從。“異”字在簡文中常常與“禱”連用，疑“異”字應讀爲“祀”，“異禱”即祀禱。

〖周鳳五 1999B〗現在根據郭店竹簡大量出現的用例，可以確定此字經常讀作“一”，《鄂君啟節》銘文當讀作“歲一返”，意謂“一年返節一次”。至於讀作“代”的例證，則見於包山楚簡。…代禱和與禱是配套的兩種禱祠。所謂“代禱”，就是由主持禱祠儀式的巫覡，以巫覡的名義，代替當事人舉行祭祀，並代爲提出要求與承諾；其祭祀物件，一般以祖先或家族先亡者爲主。…至於“與禱”，顧名思義就是由當事人親自祭祀祖先，並對祖先提出要求與承諾。…“與禱”的與，猶如《論語》“子曰：吾不與祭，如不祭。”的與，作“參與”解，而相對配套的自然就是“代禱”了。…另外，禱祠於自己的祖先或家族先亡者，何以需要有兩種不同的方式？我想這是出於禱祠之後可能加以言辭“攻説”的考慮。由當事人親自舉行祭祀，對於祖先亡靈只能卑辭加以請求，而不能有“説”、“攻解”或“攻説”等“鳴鼓而攻之”的激烈言行。但若疾病、災禍肇因於祖先亡靈作祟，且卑辭請求仍不足以改善，必須進一步加以“攻説”，則由巫覡代爲出面是比較妥當的。

〖李天虹 2000B〗羽、能二字與一的古音相距均較遠，難以通轉。…從字形結構來分析，筆者認爲該字很可能是從能彗聲。…故可隸定爲“䎙”，當以彗爲聲。古音彗、一均質部字，彗屬匣母，一屬影母，音極相近，可以通轉。…也許筆者認爲這個字從彗聲是錯誤的，古音能、一本可通轉。或者這個字有兩個讀音：其一以彗爲聲，可讀作一，《六德》篇中的“能”是書手抄脱了彗旁；其二以能爲聲。這個問題的解決還有待於進一步的研究。

〖顏世鉉 2000〗卜辭“翊”（翌）字，其所從之“羽”、“立”皆爲聲符，羽爲匣紐魚部，翊（翌、昱）爲餘紐職部，立爲來紐緝部。“羽”可讀爲“翊”。魚部字和之部字是旁轉關係，和職部（之部入聲韻）則是旁對轉關係。…翼是餘紐職部。由卜辭“羽”讀作“翊”、“䎡”帛書“羽”讀作“翼”，可見“羽”字和“之（職）部字的音近關係。楚系的“罷”所從的“羽”和“能”當都是聲符，能是泥紐之部。“罷”字可讀爲“能”。“罷”字也可讀爲“代”，代爲定紐職部，“羽”和“代”是旁對轉關係，音近關係如前段所述；“能”和“代”則爲旁紐陰入對轉。

〖工藤元男 2001〗罷禱、賽禱和與禱，也許宜於看作貞人們在各自集團範圍內使用的祭禱名稱，其間並不存在本質的差別。

〖李家浩 2001A〗古代的祭禱大致可以分爲祈禱和賽禱。祈禱一般就稱爲禱，是向神告事求福，並許以牲禮的祭祀。賽禱或作塞禱，是得福後，實現祈禱時對神祇許諾的祭祀。祈禱不用牲，不特殺牲，特殊情況下可以用其他祭祀的餘牲之類的。賽禱才用牲。楚簡的“與禱”“罷禱”完成之後都說“既禱”說明這兩種祭禱都應屬於祈禱，賽禱是對這兩種禱所禱神祇的報賽。…“與禱”簡文末尾都說“既禱致命”既禱之後向主人“致命”，不用牲。…“罷禱”簡文末尾都說“既禱致福”既禱之後向主人“致福”，用牲，大概用其他祭祀的餘牲。

〖李零 2002〗楚文字“罷”與“一”是字的筆畫繁簡不同，情況和同一時期秦文字“一”有“一”、“壹”兩體類似。楚文字“罷”和秦文字“壹”是起防僞作用的特殊用字。秦、楚文字二者實屬不同情況，秦文字“一”、“壹”聲韻調全同，而楚文字“罷”、“一”讀音並不相同。（42 頁）

〖胡雅麗 2003〗楚簡所謂“罷禱”的物件僅限於祭祀者本氏的近祖與始祖。…我們推測罷禱即翌禱，是一種以羽舞通祖神、娛祖神，以求祖神福佑的祭禱。

〖劉信芳 2003〗疾病祈禱之儀，僅見於楚出土文字資料，祭主多爲先祖，祭品多爲特牲。…頗疑“罷禱”與古代“宜”祭相類，說參拙稿《荊門郭店竹簡老子解詁》（藝文印書館，1999 年 1 月）。（213-214 頁）

〖李守奎 2004〗楚文字中習見的“罷”，在鄂君啟節和楚簡中多讀爲“一”。疑此字上部所從亦非“羽”，也是“慧”。“慧”在匣紐、月部，“一”在影紐、質部，二字聲、韻並近。

〖鄭剛 2004〗我們懷疑也是熊的會意字：從羽或像外貌雄壯，但更可能是像熊耳大。…所以我們幾乎可以肯定是“熊”字，則其楚方言的讀音能夠讀成“一”。（117-118 頁）

〖張世超 2005〗象一動物奔逸之狀，當爲“逸”字古文異體。…“罷”在楚文字中可表“逸”，用爲“一”；又可表“熊”，用爲“能”，似乎是一種很特殊的文字現象。

〖范常喜 2006C〗“兄禱”、“祝禱”當釋作“咠禱”、“禃禱”，我們懷疑這種祭禱方式即楚祭禱簡中較爲常見的“罷禱”。

〖宋華強 2006A〗郭店簡《成之聞之》18 號“貴而罷讓”，“罷”顯然應該讀爲“能”，可知“罷”與“能”讀音相近。郭店簡《六德》19 號“能與之齊”，《禮記·郊特牲》中與之對應的話作“壹與之齊”，可見“能”與“壹”通。“一”、“壹”皆影母質部字，文獻中相通之例甚夥。這兩條材料可以證明郭沫若認爲“罷”字從“能”得聲的觀點是可信的。…我們懷疑“罷”當讀爲“烝”。“罷”從“能”聲，“能”是泥母之部字，

“烝”是章母蒸部字。聲母都是舌音，韻部有嚴格的陰陽對轉關係，讀音相近。…楚簡中的“罷禱”和“弌禱”都應讀爲“烝禱”…從祭禱對象上看，新蔡簡和包山簡烝禱的物件都是墓主人的先人，與文獻及出土材料中的登祭或烝祭相合。天星觀簡烝禱的物件並不限於先人，但是既然烝祭早已從與農業收成有關的登祭轉變爲一般性的祭禱，其祭禱物件當然可以不限於先人…而205號、206號都是祭悼簡，是實際施行的祭悼記錄。“烝禱”施行的時間是楚曆冬夕之月，相當於夏曆孟冬十月，與上引《左傳》桓公五年“閉蟄而烝”及襄公十六年“春……烝於曲沃”相合。

〖王貴元 2006〗另，《包山楚簡》和《望山楚簡》有“罷禱”一語，如《包山簡》簡205：“罷禱於卲王。”《包山簡》簡206：“罷禱於文坪夜君。”《望山一號墓簡》簡112：“罷禱先君東癬公。”《望山一號墓簡》簡119：“罷禱王孫喿。”其“罷”也表示高程度，可釋爲全心、專心。

〖鄭偉 2006〗這個字無疑是作“一”講。那爲何“△”字（按：指“罷”字）不見《說文》及傳世經本文獻。這個字無一例外地出現在楚系出土文獻裏，它們的時間大概都是戰國中晚期。楚人要用這麼一個從羽能聲的字來表示“一”呢?…之所以古文字學家難以在漢語文獻找出它的來源，原因就是它是個地地道道的古楚語詞，而且“△”就是個古侗臺語“一”的標音字，是臺語在古楚語的底層詞。…再看“△”字，從羽能聲，“能”字泥母蒸部，上古音$*nɯŋ^{2}$，正和侗臺語“一”字讀音一致。

〖鄭偉 2007〗能（一）牙（與）之齊，終身弗改之矣。(《郭簡·六德》，簡17)。此句可與《禮記·郊特牲》“壹與之齊，終身不改”對讀。必須注意的是，這裏用爲“一”的並不是“罷”而是“能”，這充分證明“罷”的讀音和“能”字非常接近。…當需要表示“能夠”的“能”和表示“一”的“罷”共現時，前者還是正常地寫作“能”的，而“罷”也不會作“能”。所以，我們可以做這樣的推論：表示“一”的時候主要還是寫作“罷”，“能”用來表示“一”和“罷”用作“能夠”的“能”只不過是“罷”、“能”音近而且是偶然現象；“能”、“罷”語源不同，各自獨立，“能”本身並不能讀爲“一”。…楚人造出了一個從羽能聲的表示“一”的字，就是爲了表明這個字和“能”聲音接近。“罷”字所從羽旁，這裏也需稍加解釋。我們看到，戰國楚簡中有不少以“羽”作爲形符的字，其中大多不見於《說文》及傳世文獻，如“羽、翟、翟、䍧、羿、䎃、翼”等等（滕壬生，1995：294-308）。這顯然反映了當時楚人的一種造字心理或用字習慣，“罷”自當也屬於此種情況。…對於楚人而言，“一”屬通語層，而“罷”則爲方言層。…我們初步認爲“一”和“罷”的用法大致如下：第一，作爲專有名詞，通常只寫作“一”而不作“罷”，如“太一生水”之“一”；第二，確切用作數詞，特別是和其他數字相對使用時，一般也不寫作“罷”，如“一來一逝”（《郭簡·語叢四》，簡21）、“三雄一雌，三呱一媞，一王母保（抱）三嫛婗”（《郭簡·語叢四》，簡26、27）；第三，當“一”用來表示動量時，往往寫作“罷”，如“疾罷續罷已”（《蔡簡》甲一：22；《蔡簡》甲三：284）；第四，表示抽象的“完整、始終、一以貫之”之類的意思時，往往寫作“罷”，但有時也可寫作古文“弌”，如《郭簡·五行》“其儀一也”在《郭簡·緇衣》作“其儀弌也”。但似乎還沒看到楚簡裏把第三、四種情況的“弌”直接寫作“一”的，這說明楚簡裏的“一”、“弌”用法也有可能有別，而“弌”、“罷”的用法則大概差不多。

〖王志平2008〗我們認爲“罷”當從“能”得聲，可讀爲“一”。…雖然“一”、“能”等字中古音不近，但無論是從漢語史本身還是從漢藏比較而言，“一”、“能”等字的上古音還是很接近的。

〖十四種2009〗在郭店竹書中的多數場合，罷用作“一”。新蔡楚簡乙四82、148號簡中有“弌禱”，即“罷禱”異寫。“罷禱”似當讀爲“一禱”，具體含義待考。（101頁）

〖劉雲2010〗下面我們來探討一下“罷”的構形理據。在上述諸多說法中，值得注意的是孔仲溫、吳振武、陳偉武、張世超等先生的說法。他們雖然沒有對“罷”的構形給出合理的解釋，但卻有重要的貢獻，那就是都將戰國文字中的“罷”與《小屯南地甲骨》2169中的聯繫起來，認爲它們是同一個字，張先生還將西周金文中的（所從，史牆盤）也聯繫起來，認爲也是同一個字。上述聯繫無疑是正確的，而且意義重大，因爲這樣就將“罷”的形體上推到了甲骨、金文，並且所聯繫起來的甲骨文字形比較原始，爲進一步研究此字提供了很大便利。下面我們就以甲骨文中的這個字形爲起點，來探討這一系列字的構形理據。爲稱引方便，下文用A代表甲骨文中的這個字（按：指字）。上述幾位先生都贊同劉釗先生對甲骨文中A的考釋，即認爲A“像頸肩有長毛的熊”，是“能”字（“能”、“熊”本一字）。A雖然是某種動物的象形字，但是不是“能”字，似乎還可以商榷。…我們認爲A像鸕鷀之形，當釋爲“鷧”。“鷧”就是鸕鷀，《爾雅·釋鳥》：“鶿，鷧。”郭璞《注》：“即鸕鷀也。”“鷧”的異體作“鷾”，《說文解字·鳥部》：“鷾，鶿也。從鳥壹聲。”徐鍇《繫傳》：“鷾，盧鶿也。”我們上文指出，A表示頭部的部份與甲骨文中表示鳥類頭部的筆畫很相似，所以這種寫法可以用來表示作爲鳥類的鸕鷀的頭部。A表示嘴部的部份很長，而鸕鷀的嘴正是很長的…將A釋爲“鷧”後，可以很好地解釋“罷”爲什麼可以讀爲“一”的問題。“鷧”從“壹”聲，“壹”與“一”古音相同，都是影母質部，而且文獻中有極多的通假例證，可見“鷧”與“一”的古音關係是極爲密切的。而戰國文字中的“罷”是甲骨文“鷧”的流變，其與“一”

的古音關係也應該是極爲密切的，其讀爲“一”也就是再自然不過的事情了。

〖來國龍 2011〗從祭禱的性質來看，“弌禱”是一種祈求，意在告事求福；從祭禱的對象來看，“弌禱”似乎有等級的差別。…“弌禱”很有可能就是始禱，是比較傳統而基本的向神靈祈求的祭禱。

按：此字最早見於鄂君啟節，辭例是“歲翟返”，有很多學者討論過這個字。郭沫若釋爲從“羽”從“能”聲，讀爲“能”。[①]殷滌非、羅長銘分别釋爲“膵（倅）”和“罷”。[②]于省吾釋爲“羸”，讀爲“盈”，李零從之。[③]姚漢源讀爲“翼”，通翌。[④]朱德熙、李家浩釋爲“翟”，讀爲“代”。[⑤]何琳儀讀爲“能”，認爲與“乃”音義皆通。[⑥]各家意見紛紜，莫衷一是。包山楚簡出土後，此字還是沒有得到解決，直到郭店楚簡發表後，大家對“翟”字的認識才向前邁進了一步。郭店楚簡《五行》16 號簡引《詩》“淑人君子，其儀翟也”，帛書本及今本《曹風·鳲鳩》“翟”並作“一”，由此可知“翟”當讀爲“一”。[⑦]

而此字的結構，或認爲從“羽”得聲，或認爲從“能”得聲，或認爲“羽”、“能”雙聲，或認爲從“慧”得聲。但“羽”、“能”二字與“一”的古音相距均較遠，在解釋“翟”與“能”、“羽”的通轉關係時，過於迂曲。

認爲“翟”從“能”聲，或許與“翟”還有一種辭例作“貴而翟讓”有關。郭店楚簡《成之聞之》18 號簡有“貴而翟讓”，裘錫圭懷疑“翟讓”讀爲“能讓”。[⑧]李天虹認爲“翟”從“慧”聲而讀爲“揖”，但又認爲從文意看，裘錫圭讀爲“貴而能讓”比自己的釋讀更爲順暢。[⑨]“貴而翟讓”還見於上博楚簡《君子爲禮》9 號簡，李守奎認爲兩篇不同的古書中用一個非常用字“翟”記錄常用字“能”，會有三種可能：1 巧合用同一個借字；2 來源於同一個文本；3 此字並不讀爲常用字“能”。李守奎還指出在兩個差别很大的不同抄本中，用同一個結構複雜的借字替換常用字去記錄一個常用詞，從文字使

①郭沫若：《關於鄂君啓節的研究》，《文物參考資料》1958（4），3-6 頁。

②殷滌非、羅長銘：《壽縣出土的“鄂君啓金節”》，《文物參考資料》，1958（4），8-18 頁。

③于省吾：《“鄂君啓節”考釋》，《考古》1963(8)，442-447 頁。李零：《楚國銅器銘文編年匯釋》，《古文字研究》第十三輯，353-391 頁，北京，中華書局，1986。

④姚漢源：《鄂君啓節釋文》，《古文字研究》第十輯，199-204 頁，北京，中華書局，1983。

⑤朱德熙、李家浩：《鄂君啓節考釋（八篇）》，“中國古文字研究會成立十周年學術研討會”論文，長春，1988。

⑥何琳儀：《戰國古文字典》，77 頁，北京，中華書局，1998。

⑦荊門市博物館：《郭店楚墓竹簡》，152 頁注釋[一七]，北京，文物出版社，1998。

⑧荊門市博物館：《郭店楚墓竹簡》，169 頁注釋[二〇]，北京，文物出版社，1998。

⑨李天虹：《郭店楚簡文字雜釋》，《郭店楚簡國際學術討論會論文集》，94-99 頁，武漢，湖北人民出版社，2000。

用規律角度考慮，似乎有些費解。因此，此處“罷”字的其他讀法的觀點也值得重視。[①]李守奎這種態度是十分謹慎的，“貴而罷讓”中的“罷”是否讀爲“能”，還有待進一步證實。

此外，郭店楚簡《六德》19號簡中“能與之齊”，《禮記·郊特牲》作“壹與之齊”，“能”與“壹”字對應。有學者以此爲據，認爲“能”與“壹”可通，而“壹”與“一”古音又相同，因此，“能”與“一”在讀音上可通，“罷”應是從“能”聲，讀爲“一”。但陳偉指出簡文“能”與“壹”字相當，如果不是脫寫上部“羽”形的話，就應當是“罷”字的假借。[②]也就是說，“能”與“壹”對應不一定是因爲二者在讀音上相通，也存在“能”是“罷”字脫寫或假借的可能。因此，“能與之齊”與“壹與之齊”對應並不能作爲“罷”從“能”得聲的證據。

包山楚簡“罷禱”在新蔡楚簡中又寫作“弌禱”（乙四 82、148），可見“罷禱”當讀爲“一禱”無疑，具體含義待考。

[4]卲（昭）王

〖彭浩 1991B〗司馬子音被卲佗稱作“新王父”，蔡公子家則被稱作“新父”。新當讀爲“親”。據《爾雅》、《釋名·釋親屬》，王父是祖父。新王父即親祖父。新父即親父。郚公子春可能是卲佗的曾祖父輩，文坪夜君可能是高祖父輩。卲（昭）王應是卲（昭）佗這一支的始祖。

〖陳偉 1996A〗卲王，即楚昭王熊軫，爲卲氏始祖。（172 頁）

〖劉信芳 2003〗楚昭王。楚國昭氏即因昭王之謚號而得氏。依該簡所記左尹昭佗之祀譜，文坪夜君是昭王之子，其後至少分爲二支，一支繼承其封號，世襲爲坪夜君；另一支即郚公子春，依古代以王父之字爲氏的慣例，昭氏應始自郚公子春。（214 頁）

[5]戠（特）牛

〖整理者 1991〗戠牛，戠似讀作特，一也。（53 頁）

〖李零 1993〗古書還有以雄獸或三歲獸爲“特”。《說文》：“朴特，牛父也。”《詩魏風伐檀》：“胡瞻爾庭有懸特兮”，毛傳：“獸三歲曰特。”《廣雅·釋獸》以獸四歲爲特。

〖湯餘惠 1993〗戠牛，特牛，犆牛，即公牛；一說赤色牛。（153 頁）

〖曾憲通 1993〗特，簡文多寫作戠或直。

〖陳偉 1996A〗有時也寫作“犆”（見簡 205，爲“戠牛”合文）、“犆”（見簡 222，爲“犆牛”合文）、“截牛”（243）。…對新王父的用牲，一作“戠牛”，一作“犆牛”，

①李守奎：《上博簡殘字叢考》，《古文字研究》第二十七輯，429-434 頁，北京，中華書局，2008。
②陳偉：《郭店楚簡別釋》，《江漢考古》1998（4），67-72 頁。

乃戠與犆相通、亦應讀作特的最好證據。簡書記“戠牛”、“戠豯”、“戠豬”均不使用數詞，而於“犧馬”、“豬”、“豠”、“豬”、“羘”、“白犬”則必稱“一”或“兩”，簡 245-246 還有“五牛、五豖”的記載，可見舊注訓特爲“一”是有道理的。不過，簡書中“戠”只冠於牛、豖之前，並且只用於自卲王至新母的直系親屬，恐怕還帶有另外的含義。（175 頁）

〖何琳儀 1998A〗楚簡“戠牛”、“戠豢”、“戠豬”之戠，均讀膱。《儀禮·聘禮》“薦脯五職。”《儀禮·鄉射》“膱，長尺二寸。”（53 頁）

〖劉信芳 2003〗簡 222 作“犆牛”，並讀爲“特牛”…凡祭祀用一牲，或牛或豖，稱爲“特”。（214 頁）

[6]饋之

〖整理者 1991〗饋，簡文作饋，讀作饋。《周禮·春官·大宗伯》：“以肆獻祼享先王，以饋食享先王，以祠春享先王，以禴夏享先王，以嘗秋享先王，以烝冬享先王”。（53 頁）

〖湯餘惠 1993〗饋，祭名。（153 頁）

〖何琳儀 1998A〗饋，從食，賁聲。疑餴之繁文，即飯之異文。《集韻》“飯，食也。或從弁。”（1068 頁）

〖工藤元男 2001〗饋、蒿、亯作爲祭祀方法存在一定的差異，或許是由於犧牲供物不同而採取不同的祭祀名稱。…池澤氏懷疑“饋”、“蒿”、“薦”屬於表示供牲方法的用語。…“饋、蒿、亯”中“饋”用例最多，這三種祭祀施行的對象爲墓主的近祖，作爲例外，楚先老僮、祝融、鬻熊也成爲對象，可能與墓主屬於王族的支族有關。完全不見天神、地祇的出現。

〖劉信芳 2003〗向神靈進獻犧牲，黍稷之祭儀，或稱“饋”，或稱“饋食”，或稱“饋薦”，或稱“饋祭。”（214 頁）

[7]文坪（平）夜（輿）君

〖整理者 1991〗讀作文坪輿君。（54 頁）

〖何浩 1992〗昭王子、惠王弟子良就是文坪夜君，文坪夜君也就是平夜君。

〖吳鬱芳 1992〗平夜君即平與君，是楚國的封君。…早在湖北出土的曾侯乙墓的遣策中，人們已經熟悉了平夜君的稱號。…這位平夜君與昭佗所祭的“文平夜君子良”是否一人呢？答案是肯定的。…楚昭王有個兒子叫子良。…這位字子良的王子就是昭王的兒子，惠王的弟弟，惠王名章，子良名文，正相呼應。

〖楚國歷史文化辭典 1996〗楚昭王子，惠王弟。…隨後被封於坪夜（平與），因號平夜君，又稱文平夜君。“文”似爲其名。（28 頁）

〖何琳儀 1998A〗文，謚美之號。（1363 頁）

〖劉信芳 2003〗“文”是謚號，“坪夜”讀爲“坪與”。按此“文坪夜君”簡 240 記其名爲“子良”…“文坪夜君子良”與曾侯乙簡所記“坪夜君”均與《左傳》所記楚惠王弟子良是同一人。至楚懷王時，簡文記有另一“坪夜君”（簡 181），與左尹昭舵同爲“文坪夜君”之後，但有支派之別。（215 頁）

[8]郚公子萅（春）

〖整理者 1991〗郚，地名。《春秋・文公七年》：“春，公伐邾。三月，甲戌取須句，遂城郚。”注：“魯邑，卞縣南有郚城，備邾難。”魯被楚滅後，郚地屬楚。（54 頁）

〖吴鬱芳 1992〗拙見認爲郚即圉，圄、圉通用，作爲地名圉可作郚。《左傳・昭公二十四年》載：“楚子爲舟師略吴疆……王及圉陽而還。吴人踵楚而邊人不備，遂滅巢及鍾離而還。”可見楚國有圉邑，位於吴楚接境的淮水之濱，與巢相鄰。楚又有圉公，《左傳・哀公十六年》載白公伐吴還郢後，劫楚惠王如搞府，“圉公陽穴宫負王以如昭夫人之宫。”圉公當是圉縣的縣令，《史記・伍子胥傳》說他姓屈名固，原是白公的同謀，這很有可能，因爲白公作亂前是巢大夫，與圉爲鄰，可相與爲謀或被協從。郚公子春不會是平夜君子良的長子，身爲王孫而爲繼封君可證。也設若子良三十歲得子春，則子春約生於公元前 464 年，其任郚公已在楚簡王之世。圉縣距平輿不遠，亦在其父的庇廕之下。

〖李零 1993〗“郚公”是郚邑（今山東泗水東南）的縣公，字子春。

〖楚國歷史文化辭典 1996〗楚昭王之孫，坪夜君子良子。約生活於楚惠王、簡王至聲王時期。曾任吾縣縣公。（28-29 頁）

〖徐少華 1997〗郚公子春之“郚”不是魯之郚邑，而是符離之塞所在的楚郚縣，兩漢之“梧”縣。

〖顏世鉉 1997〗在楚懷王時，魯國並未屬楚，據何浩的考證，魯在楚考烈王七年（公元前 256 年）才爲楚所滅。所以簡文的郚地並不是今山東一帶的古郚地。…“圉公陽”之圉當是地名，與圉陽相近。包山楚簡郚地即春秋的圉，其地在圉陽附近，即今安徽巢湖市南境。（169-170 頁）

〖何琳儀 1998A〗讀梧，地名。見《漢書・地理志》楚國。在今安徽淮北東北。（507-508 頁）

〖劉信芳 2003〗楚昭王之孫，應是其父“文坪夜君”曾食邑於“郚”，故號“郚公子”。…郚公子春略與楚簡王同時，其時魯並未被滅。《左傳》襄公十年：“晉師城梧及制”。杜預〈注〉：“梧、制皆鄭舊地。”…梧在今河南滎陽西。（215 頁）

〖吴良寶 2005〗《春秋》經文中“郚”地有二，一爲紀邑（見於莊公元年），後入於齊，在今山東安丘縣西南；一爲魯邑（見於文公七年），在今山東泗水縣東南。這兩處“郚”

地，在包山楚簡的時代均不屬於楚領土範圍之內（楚滅魯是在戰國晚期的考烈王時）。因此，劉信芳否認《包山》簡“郚”地在今山東境内的意見是可取的。…“郚”、“梧”二字均從“吾（五）”聲。“梧”地見於《左傳》襄公十年：“晉師城梧及制，士魴、魏絳戍之。”杜預注：“梧、制，皆鄭舊地。”未指明地望。《春秋左氏傳地名補注》引《隋書・地理志》滎陽郡滎陽縣有“梧桐澗”。今人楊伯峻推測：“梧當在虎牢附近。”此說近是。劉信芳據此將《包山》簡的“郚（梧）”定在今河南滎陽西。但是，此說顯然不足信，因爲楚國領土根本不曾抵達今河南滎陽一帶。所以包山簡中的“郚”地也不會是今滎陽縣西的“梧”。《戰國策・韓策一》“觀鞅謂春申”章云：“今則不然，魏旦暮且亡矣，不能愛其許、鄢陵與梧，割以與秦，去百六十里。臣之所見者，秦、楚鬥之日已。”這段文字也見於《史記・春申君列傳》，後半部分作“魏旦暮亡，不能愛許、鄢陵，其許魏割以與秦。秦兵去陳百六十里”等，沒有“與梧”的內容。儘管如此，《戰國策》的異文還是不能輕易忽視的。程恩澤《國策地名考》（叢書集成初編本）引嚴啟隆曰：“梧爲虎牢旁邑”，不確。此處的“梧”，與《左傳》的鄭地“梧”應不是一地。黃盛璋推斷它“應在許、鄢陵附近，去陳不遠”，可信。位於今河南鄢陵縣附近的“梧”，戰國早、中期一直屬於楚領土，公元前 301 年孟嘗君聯合韓、魏破楚之後，才爲魏國所佔據。包山簡中“郚公子春”的時代約略與戰國早期的楚簡王相當，他的封地或任職地“郚”應當就是此邑。

〖黃浩波 2011〗上博八《命》《王居》兩篇皆有令尹子春者，包山二號楚墓竹簡中有郚公子春。竊以爲，令尹子春即包山楚簡所見之“郚公子春”。…據宋華強先生考證，新蔡葛陵楚墓墓主平夜成君爲平夜文君之子。聯繫吳郁芳先生由包山楚簡整理而得昭氏家譜，即知平夜成君與郚公子春皆爲子良之子；亦即平夜成君與郚公子春是爲兄弟。…郚公子春出身高貴，具備條件出任令尹；而且其所處時代亦與令尹子春所處時代吻合；由包山楚簡與葛陵楚簡還得知平夜成君與郚公子春是爲兄弟，且平夜成君有兄弟出任令尹。

[9]鄒（蔡）公子豢（家）

〖整理者 1991〗蔡，地名，原屬蔡國，稱州來，故址在今安徽省鳳臺縣。（54 頁）

〖吳鬱芳 1992〗史料中的子發當是子家之誤，子發名舍，正與家字相應。

〖舒之梅、劉信芳 1995〗然破蔡之“子發”與簡文之“子發”一字不差，且均爲凶死，竊意以爲理解爲一人爲妥。

〖楚國歷史文化辭典 1996〗楚昭王後，司馬子音之子。楚宣王或威王時蔡縣縣公。（30 頁）

〖徐少華 1996D〗簡文中“蔡”與“下蔡”多見且區別明顯，不應混同，“蔡”應是蔡國早期居住地——今河南省上蔡。…另據《淮南子》之《人間訓》和《道應訓》，戰國中期楚宣、威王之時有“上蔡令”子發，爲楚國重臣，後因“盤罪威王而出奔”，此上蔡令即楚設在蔡國故地的縣公，由此可見，從春秋晚期至戰國中期，楚於上蔡一直設縣不變，包山楚簡與《淮南子》記載相互印證。子發爲上蔡令約在公元前 340 前後，與楚簡所載墓主邵佗生父的“蔡公子家”時代相近，二者不知是一人，還是前後任。…關於故蔡國、楚蔡縣和漢晉上蔡縣的地望，後世流行說法多將其定在今上蔡縣西南，…古蔡國、楚蔡縣及漢晉上蔡縣應在今河南上蔡縣城關，而不在其西南。

〖顏世鉉 1997〗今安徽鳳臺縣是楚國的“下蔡”所在地，楚國的“鄗”地應不在此，…。蔡國故城在今河南上蔡城關一帶，此後楚將此地設縣治理，成爲春秋時期的楚縣之一。包山楚簡的“鄗”地應就在此地。（226-227 頁）

〖劉信芳 2003〗子發既“克蔡”，“爲上蔡令”，左尹昭佗之親父“蔡公子家”應是在子發凶死之後，襲封於蔡，此所以有“蔡公子家”之名。（238 頁）

〖吳良寶 2010〗《史記》等書記載，前 531 年楚靈王滅蔡爲縣，兩年後平王複蔡；蔡國徙都新蔡，上蔡一直爲楚所有。《淮南子・人間訓》等有“上蔡令”子發，約在前 340 年，與簡文時代相近。（194 頁）

[10]各戠（特）豨（豢）

〖整理者 1991〗猏，豢字，簡文的豢指豕。（54 頁）

〖湯餘惠 1993〗豢，《說文》：“以穀圈養豕也。”戠豢即圈養育肥的公豬。（153 頁）

〖陳偉 1996A〗“猏”從“釆”得聲。同樣從“釆”得聲的“番”字有與“賁”通假的例證，作爲另一種可能，“猏”也許讀作“豶”。《說文》：“豶，羠豕也。”指閹割過的豬。（175-176 頁）

〖何琳儀 1998A〗①各，分別。（485 頁）②豢，見《說文》。《禮記・樂記》“豢豕爲酒”，注“以穀食犬豕曰豢”。（1004 頁）

〖胡雅麗 2003〗特猏即專用一猏。

〖劉信芳 2003〗簡文凡祭祀用牲，於列祖列宗稱“特豢”，於天地山川稱“全豢”。（216 頁）

[11]酉（酒）飤（食）

〖整理者 1991〗酉，借作酒。（54 頁）

〖劉信芳 1996A〗包山簡凡干支之“酉”俱從木作“栖”，如簡四五“己栖”、三七“癸栖”，而“酉”是酒字初文。

〖何琳儀 1998A〗酉飤讀“酒食”。（66 頁）

〖胡雅麗 2003〗酉飤即酒飤。飤的本意爲拿食品給人吃，簡文之意應爲以酒獻神。其方法，應該是以酒澆灌於地，令神歆享之。

[12]夫人

〖陳偉 1996A〗“新母”一稱“夫人”，即子家之妻、卲㡯之母。（173 頁）

〖劉信芳 2003〗謂昭王至蔡公子家各自的夫人。（216 頁）

[13]戠（特）豬（狚）

〖整理者 1991〗豬，讀作臘。（54 頁）

〖湯餘惠 1992〗“戠豬”與“戠豢”爲同類祭品，往往並舉。恐亦當屬牲類，恐與臘肉無關。字從“豕”、“昔”聲，疑“狚”之異。…《說文》：“狚，豕屬。”

〖陳煒湛 1994〗腊（xì），思積切，昔韻心母；臘（la），盧盍切，盍韻來母，二者形音義皆有別。簡文常稱“戠豬”，與戠牛同例，疑亦豕名，而與訓乾肉之臘無涉也。又，210 簡稱“禱社一全豬”，與“一全豢”同例。可證豬非指乾肉之腊而乃豕名。

〖譚步雲 1998〗楚文字“昔”字從“豕”，表明那是“豕之干肉”。（58 頁）

按：“豬”讀爲“狚”可從，滕壬生、何琳儀、白於藍等皆從此觀點。[①]

[14]速

〖整理者 1991〗遬，讀作兼，同也。（54 頁）

〖周鳳五 1992〗字隸定爲逮，讀爲“急”，若依古文字彳、辵兩部相通之例，也不妨讀爲《說文》訓“急行也”的彶字。

〖曾憲通 1993〗因頗疑此字是“速”字的訛體。…望山簡此字作，上下並未斷離，似從並列的朱字。朱、束古音爲侯屋對轉，古可通假。然則此字無論從朿從朱得聲，皆爲速字無疑。

〖徐在國 1996〗此字應釋爲“逝”。…我們認爲簡文中的“逝”亦是助詞，用在句首或謂語之前，以加強肯定的語氣，可譯爲“一定”。

[15]賽

〖整理者 1991〗賽禱即對神靈賜予的福佑給予回報。（54 頁）

〖湯餘惠 1993〗賽，祭名，還報祖先神祇福祐之祭。（153 頁）

〖古敬恆 1998〗但《望山楚簡》賽禱 10 例，竟無一例標明祭禱用品者。…觀《包山楚簡》，凡“禱之”、“饋之”、“蒿祭之”之例，也都不再標明祭祀用品。這是否意味著，“賽禱”既然是酬報神靈，那麼進奉犧牲乃題中應有之義，故可略而不談？

①滕壬生：《楚系簡帛文字編》，742 頁，武漢，湖北教育出版社，1995。何琳儀：《戰國古文字典》，587 頁，北京，中華書局，1998。白於藍：《〈包山楚簡文字編〉校訂》，《中國文字》新廿五期，155-162 頁，臺北，藝文印書館，1999。

〖李家浩 2001A〗賽禱或作塞禱，是得福後，實現祈禱時對神祇許諾的祭祀。祈禱不用牲，不特殺牲，特殊情況下可以用其他祭祀的餘牲之類的。賽禱才用牲。楚簡的“與禱”“罷禱”完成之後都說“既禱”說明這兩種祭禱都應屬於祈禱，賽禱是對這兩種禱所禱神祇的報賽。

〖胡雅麗 2003〗賽禱就是祈神得福後，酬謝回報神靈的祭禱，禮書多稱“祠”。

〖劉信芳 2003〗《史記·封禪書》：“冬塞禱祠”。〈索隱〉：“今報神福也。”《漢書·郊祀志上》：“冬塞禱祠”。師古〈注〉：“塞謂報其所祈也”。（216 頁）

按: 望山楚簡 134 號簡有“公既禱未賽”。古敬恆認爲“禱”、“賽”對舉，顯見“禱”是表達心事的祈求神靈，而“賽”爲報答神靈之福佑。①

第 3 組

宋客盛〖公〗鵙（邊）甹（聘）於楚之戢（歲），刞（荊）层（夷）育=（之月）乙未音=（之日），鄦（應）會目（以）央管（著）[1]爲子左尹胣貞：自刞（荊）层（夷）之月目（以）䈞（就）刞（荊）层（夷）之月，出內（入）事（侍）王，聿（盡）卒（卒）戢（歲），躳=（躳-船身）尚母（毋）又（有）咎。占之：死（恆）占〈貞〉吉[2]，少又（有）慼（戚）於〖201〗竆=（竆-船身），虘（且）雀（爵）立（位）退（遲）遂（踐）[3]，目（以）亓（其）古（故）敓（說）之。與（舉）禱（禱）[4]於宮陞（地）宔（主）[5]，一羖（羖）[6]；袼[7]於新（親）父鄒（蔡）公子豪（家）[8]，犫（特）猎（狙）[9]，酉（酒）飤（食），饋之；袼於新（親）母[10]，肥狂（冢）[11]，酉（酒）飤（食）；與（舉）禱（禱）東陵連〖202〗囂（敖）[12]肥狂（冢），酉（酒）飤（食）。弆（輿-舉）石袲（被）常之繁（說）[13]，罷禱（禱）於卲（昭）王戠（特）牛，饋之；罷禱（禱）於文（文）坪（平）栾（輿）君、部公子芚（春）、司馬子音、鄒（蔡）公子豪（家），各戠（特）豬（豢），酉（酒）飤（食）；夫人，〖203〗戠（特）猎（狙），酉（酒）飤（食）。鄦（應）斂（會）占之曰：吉，至九月憙（喜）雀（爵）立（位）。凡此箬（箴）也，既聿（盡）遂（迻）[14]。〖204〗新（親）父既城（成）[15]。新（親）母城（成）。〖202 反〗

集釋：

[1] 央管（著）

〖整理者 1991〗央蓍。（32 頁）

---

①古敬恆：《〈望山楚簡〉劄記》，《徐州師範大學學報》，1998（2），36-39 頁。

〖林澐 1992〗故 201 號簡之應隸定爲管，讀爲蓍。…此條簡文在貞辭後計有卦爻，可見不是龜卜而是用筮法。

〖李零 1993〗“央”似與天星觀簡所見“大央”有關，後者也是策名。

〖袁國華 1994C〗“管”字與“央”字合爲一詞，其性質應與簡 197“盬吉以保豙爲左尹舵貞”句中的“保豙”相同，《考釋》注[三三九]認爲“保豙”於此用作筮具，故“央管”似同爲“筮具”。（364 頁）

〖高智 1996〗當與《古文四聲韻》中之“帝”作“”形，與汗簡中“適”作“”所從亦同。

〖劉信芳 1996A〗“央蓍”讀如“英蓍”，英爲美稱，蓍謂蓍草。

〖何琳儀 1998A〗①楚簡“大央”、“央蓍”之央，或作蚗、英，蓍草。疑讀英。…《廣雅·釋詁一》“英，美也。”（617-618 頁）②管，讀蓍。（1290 頁）

〖邴尚白 1999〗則疑“央蓍”應讀爲“英蓍”。…“英蓍”的“英”，一如“寶豙”的“寶”，也是對卜筮材料（蓍草）的美稱。（51 頁）

〖白於藍 2001A〗此字當釋爲“朿”，“朿蓍”當讀爲“策蓍”，策與蓍同義，在古代亦可指用於占卜的蓍草。意爲酈會用蓍草爲子左尹舵（人名）占卜貞問。

按:此字亦見於郭店楚簡《六德》4 號簡，字形作，整理者未釋，李零釋爲“帝”。[①]此字雖與“帝”相似，但楚簡“帝”作，未見省略頂部的横劃。上博楚簡《逸詩》1、2 號簡中“英”字分别寫作、，所從之“央”與相同，因此此字還以是“央”爲宜。“央管”可讀爲“英蓍”。

[2]死（恆）占〈貞〉吉

〖白於藍 1995B〗釋文將之釋爲“貞”。按就字形而言，此當爲“占”字。…簡文中多有“恆貞吉”之語，“恆占吉”與“恆貞吉”意同。

[3]虘（且）雀（爵）立（位）迟（遲）遂（踐）

〖整理者 1991〗①雀，借作爵。（54 頁）②遂，讀作踐，遲踐，升遷遲。（54 頁）

〖何琳儀 1998A〗①“雀立”，猶“雀躍”。《戰國策·楚策》“薄秦王之朝，雀立不轉，晝今宵哭。”注“雀立，踴也。”或讀“爵位”。（325 頁）②疑踐之異文。…包山簡遂，讀踐。《禮記·中庸》“踐其位”，注“踐猶升也。”（1042 頁）

〖白於藍 1999〗即《説文》彶字。偏旁彳、辵可通用。

〖劉信芳 2003〗讀爲“踐”，…“踐猶履也。”（216 頁）

①李零：《郭店楚簡校讀記》，《道家文化研究》第 17 輯（郭店楚簡專號），455-542 頁，上海，三聯書店，1999。

〖王穎 2004〗遜（遷）。升；晉升。（123 頁）

[4]擧（舉）禱（禱）

〖整理者 1991〗𤞞禱。（33 頁）

〖劉釗 1992A〗字應釋爲“輿”。

〖李零 1993〗“與禱”可能是始禱，與“賽禱”的“賽”是報答之義正好相反，兩者有對應關係，而“翌禱”則是來年的禱。

〖楚國歷史文化辭典 1996〗以犧牲、祭品向神祈福禳禍。…舉本爲朔、望盛饌之禮，依此禮祈禱於神，稱“舉禱”。（312 頁）

〖古敬恆 1998〗望山簡中遄禱有用“肥豢”（簡 116）、“白犬”（簡 119），舉禱有用“戠”（簡 125）的，可知舉禱爲“殺牲盛饌”基本精神是對的。因而在《包山楚簡》中，舉禱又寫作“𤞞禱”，字從犬旁，似表明舉禱與殺牲祭密切相關。從包山簡看，舉禱均與用牲有關，無一例外，但望山簡的情況則有所不同。如簡 54“遄禱大𧙕（佩）玉一環”，簡 56“舉禱於祆一環，句（后）土、司[命]☐”，簡 125 有“舉禱北宗一環”之說，舉禱所用物品，已不屬用牲範圍，是否表明當時舉禱的形式可以有一些靈活的變化？值得注意。

〖何琳儀 1998A〗“𤞞禱”，疑讀“舉禱”。…《周禮・天官・膳夫》“王日一舉”，注“殺牲盛饌曰舉。一舉，朝食也。”（542 頁）

〖邴尚白 1999〗“舉禱”之“舉”，或從“辵”，作“遄”；或從“犬”，作“擧”。由詞例及字形推斷，應均爲同字異構。…“舉”是一個從“與”得聲的字，在楚簡中至少已有“與”、“舉”兩種讀法。…舉行“舉禱”的原因，大致上皆和鬼神作祟有關。（90-96 頁）

〖周鳳五 1999B〗代禱和與禱是配套的兩種禱祠。所謂“代禱”，就是由主持禱祠儀式的巫覡，以巫覡的名義，代替當事人舉行祭祀，並代爲提出要求與承諾；其祭祀物件，一般以祖先或家族先亡者爲主。…至於“與禱”，顧名思義就是由當事人親自祭祀祖先，並對祖先提出要求與承諾。…“與禱”的與，猶如《論語》“子曰：吾不與祭，如不祭。”的與，作“參與”解，而相對配套的自然就是“代禱”了。

〖工藤元男 2001〗罷禱、賽禱、舉禱也可以看做參與歲貞和疾病貞的貞人們在各自集團内使用的祭禱名稱，其間並不存在本質的差異。

〖胡雅麗 2003〗舉，借做譽。…舉禱即譽禱，其很可能就是用美辭通神以祈福去災的祭禱。…表明其求祭物件廣達於天神、地祇、人祖三類。

〖劉信芳 2003〗又見簡 217、222、224 諸簡，簡 202 作“𤞞禱”，並讀爲“舉禱”。舉本爲朔、望盛饌之禮，依此禮祈禱於神，此所以稱“舉禱”。（226 頁）

〖沈培 2006〗不同的貞人在不同時間的貞卜中，一般時間在前的用“舉禱”，時間在後的用“賽禱”。爲什麼呢？因爲時間在前的那次“舉禱”很可能已經舉行過了。時間在後的雖則仍要舉行一次跟先前完全一樣的祭祀，但因爲所舉行的時間不同，才改用“賽禱”之名。“舉禱”與“賽禱”各自確切的含義雖然還不十分清楚，如果我們所說的情況屬實，則可證明：對於同樣的祭祀方案，先前舉行的叫“舉禱”，再舉行一次則叫“賽禱”。

〖邴尚白 2007〗“代禱”主要與功名事業等有關，希望這些方面更加順利，不要有問題；“與禱”則與鬼神作祟有關，而之所以應親自禱祠，可能就是因爲他們認爲既觸犯了鬼神，應親自謝罪或陳說，以求化解。《禮記·郊特牲》說：“祭有祈焉，有報焉，有由避焉。”言祭祀的性質有求福、報恩、消災三種。祭祀與禱祠的性質頗爲相近，與楚簡禱名相對照——“代禱”正是爲了求福，“賽禱”正是爲了報恩，“與禱”正是爲了消災，和〈郊特牲〉所述相符合。（186 頁）

〖宋華強 2010A〗我們懷疑“㽙禱”之“㽙”當讀爲“旅”。“與”屬餘母魚部，“旅”屬來母魚部，讀音相近。…《論語·八佾》“季氏旅於泰山”，何晏《集解》引馬融曰：“旅，祭名也。”用法與“㽙”相合。（390 頁注釋③）

〖來國龍 2011〗楚卜筮祭禱簡中的與禱應該就是“許”禱，是向鬼神許諾，口頭答應如果願望得以滿足，就獻祭一定數量的犧牲或其他祭品。從結構上看，既然“賽禱”是酬神，用後世民間宗教術語來說就是“還願”，那麼與其相對的“與禱”就應該是“許願”，是對鬼神的承諾。因此，雖然在卜筮祭禱簡的行文中，與禱後面也記有牲數，但這些祭牲並不是當時就殺祭的犧牲，而只是向鬼神作出的口頭承諾。古文字材料中的“與禱”的“與”寫作“犾”、“㽙”、“遻”或“與”，如果按照傳統的閱讀習慣，以傳世文獻的常用字形作爲基礎，那麼這個字就應該寫作“與”字。…首先，與禱和賽禱在祭祀的性質上有比較嚴格的對應關係。其次，隨著邵佗病情惡化，與禱的次數越來越多，而賽禱越來越少，這正是因爲邵佗病情不見好轉，貞人所許的願未能得償，因此也就沒有理由去賽禱。

[5]宮陛（地）宔（主）

〖整理者 1991〗宮陛宔，似指宮室所在之地神。（54 頁）

〖李零 1993〗地主。又分宮地主和野地主。前者應是司宅地之神。

〖陳偉 1996A〗宮地主即宮后土，已如前述。《禮記·郊特牲》云：“社所以神地之道也。…家主中溜而國主社，示本也。”鄭玄注：“中溜亦土神也。”前引《左傳》昭公二十九年杜預注更進一步指出后土“在家則祀中溜，在野則爲社。”依孔疏，這裏的“家”指宮室。然則，宮后土或者宮地主實指五祀之神中的中溜。（165 頁）

〖楚國歷史文化辭典 1996〗掌官宮室的土地神。（314 頁）

〖胡雅麗 2001B〗“后土”、“地主”、“社”均爲“地神”之最尊者的不同稱謂。…

對天子而言，社就是地，其在廣義上可代表地神。對諸侯乃至庶人而言，社不能等同於地，且有大小等級之分，是爲狹義上的地神，只能司職其管轄的那一部分土地。然則，“宮后土”、“宮地主”應即“地神”之中分司宮宅之地者，“野地主”即“地神”之中分司某方宮宅之外土地者，它們都是某一地或某一處土地的神主。從已出土的楚國占卜類簡文記載看，后土神在楚人的祀譜中排位第二，僅次於“太”神，受享物品的級別亦次於“太”神一等（“大水”神受享級別與“太”神相同）。

〖晏昌貴 2007A〗社、后土、地主在合流的同時也存在分化，簡文中后土又分化出宮后土，地主分化成大地主、宮地主、野地主，即其顯例。而宮后土、宮地主或即後世之城隍神。

〖于成龍 2009〗典籍之中“中霤”、“室中霤”、云夢睡虎地秦簡《日書》之“室中”、“內中土”與包山二號楚墓西室 415 號竹笥中出土的木牌上之“室”，是據“五祀”所祭之地而言，而戰國楚卜筮祈禱簡文中之“宮后土”與“宮地主”則是主地之神，兩者爲一事兩端。

按:包山楚簡中“后土”、“地主”同見，二者應有別，並非同一神祇。“后土”又有“宮后土”與“后土”之分;“地主”又有“宮地主”、“野地主”與“地主”之分，暫將它們全部視爲不同神祇。

[6]一羖（羖）

〖整理者 1991〗羖，讀作羖，《廣雅·釋獸》“白或通稱爲牂，黑或通稱爲羖”。（54 頁）

〖陳偉 1996A〗羊有羖、牂、羖（䍽）三種稱謂。羖，《考釋》讀爲羖，可從。《廣雅·釋畜》:“羊牡羒。夏羊，牡羭，牝羖。”《廣雅·釋獸》:“吳羊:牡，一歲曰牡羜，三歲曰羝;其牝，一歲曰牸羜，三歲曰牂。吳羊犗曰羠，羖羊犗曰羯。”《爾雅》郭璞注:“今人便以牂、羖爲白黑羊名。”依此，簡書中的羖（羖）、牂可能存在三種對應關係:黑羊與白羊，公羊與母羊，以及黑色公羊與白色母羊。（176 頁）

〖何琳儀 1998A〗羖，讀羖。《廣雅·釋畜》“牝羖”，疏“黑羊牝者名羖”。（475 頁）

〖譚步雲 1998〗或云從豕者假爲“豭”，從羊者讀作“羖”（《包山楚簡》:1991:55、54 頁）。大抵是不錯的。不過，從豕者與其作“豭”，則不如釋爲“豰”，雖然“豭”音義皆當。《說文》云:“上穀名豬豭，從豕役省聲。”（卷九豕部。許氏這裏的標音錯了）“豰”仍如“羖”讀如“古”。（61 頁）

〖陳偉武 2003〗指公羊之專字，從“羊”，“古”聲。…古書或作“羖”。

〖劉信芳 2003〗文獻作“羖”，《廣韻》“羖”之俗體作“羖”。《說文》:“夏羊牡曰羖”。（217 頁）

按:簡文還有“豼”、“豛”等寫法，見 207、219 號簡，學者多讀爲“豭”。“羖”、“豼”有可能指同一犧牲，與祭祀太的犧牲既作“犆”又作“犅”類似。但“羖”、“羖”孰爲正體，暫且無法分辨。不過從土地類神祇的犧牲用“羘”來看，似以“羖”爲正體。

[7]㝛

〖整理者 1991〗㝛，讀作愙，敬也。(54 頁)

〖何琳儀 1998A〗㝛，讀賂。《說文》“賂，遺也。從貝，各聲。”或讀愙。《說文》“愙，敬也。從心，客聲。”(488 頁)

〖劉信芳 2003〗《周禮・秋官・大行人》：“掌大賓之禮及大客之義。”客之禮與賓略同而次於賓。…古代祭儀，祭祀自然諸神之時，同時祭祀列祖列宗，商代稱“賓”，…楚人襲殷禮，或稱“賓”，或稱“客”（“㝛”之示旁是爲了強調其祭祀之義）。(217 頁)

〖王穎 2008〗疑“㝛”讀爲“格”。《字彙・木部》：“格，感通也。”…簡文中“㝛”正是用於祭禱先人。(76-77 頁)

〖十四種 2009〗上博竹書《昭王毀室》1 號簡：“室既成，將袼之。”袼用爲落成之“落”。簡文此字或同“袼”，指卲佗父母之廟的落成儀式。(103 頁)

〖來國龍 2011〗應會還建議“以賓客禮招待”（“客”）親父蔡公子和親母。

[8]新（親）父鄒（蔡）公子豪（家）

〖整理者 1991〗新父，新借作親，親父，生父。(54 頁)

[9]犨（特）猎（狙）

〖陳偉湛 1994〗亦以視爲戠牛合文爲宜。

〖疏證 2007〗犆豬。包山簡犆，或作戠，讀膱。(119 頁)（按：1633 頁又將“猎”讀爲“狙”。）

[10]新（親）母

〖整理者 1991〗即親母，生母。(54 頁)

[11]肥豣（豖）

〖整理者 1991〗豣，似爲豜字異體。《說文》：“三歲豕，肩相及者。”(54 頁)

〖湯餘惠 1992〗今按應是豖字。…豖，簡文又稱“豖豖”（參看 227、243 等簡），或稱“肥豖”（參看 202、203 等簡），皆當讀爲豵，《詩・召南・騶虞》：“壹發五豵”《毛傳》：“一歲曰豵。”

〖何琳儀 1993B〗“豖”既然從“主”，則有可能從“主”得聲。…“豖”是“猔”之本字（“主”、“宗”一字分化，從“豖”（或“豭”），“主”聲。…“幵”應從二“主”，會“上平”之意。…《說文》“豜，三歲豕也，肩相及也。從豕，幵聲。”望山簡作，右下“=”爲省略符號，故此字非“豣”。包山簡202 索性“=”亦省。因包

山簡與望山簡辭例相同（“肥豣酉食”），故包山簡“豬”形仍是“豣”，不是“豬”。

〖袁國華 1993B〗宜隸定作“豬”，從簡中“豬”字的用例看，“豬”是用作“祭祀先公東陵連囂的犧牲。”

〖李運富 1996〗隸定作從豖從于，讀爲“豬”。①

〖白於藍 1998B〗按釋冢是。…其所從之“亍（或亍）”即由金文冢字所從之“丁”旁演變而來，實屬變形音訛，“亍（或亍）”乃“主”字。…“肥豬”應讀爲“肥冢”。

〖譚步雲 1998〗字應隸定爲從豖從主。…“主”、“豬”在楚語裏的讀音可能是相同的，則從豖從主者釋作“豬”應是可信的。（64 頁）

〖白於藍 1999〗即《說文》冢字。右旁從主，是起注音作用。

〖劉信芳 2003〗字從豖，從干聲，“干”字在古文字中多用如“重”（去聲）…“干”作爲聲符，讀爲“重”，歧讀爲“主”。“豻”作爲祭祀犧牲，讀爲“豵”。（217 頁）

〖大西克也 2006B〗字從“主”聲，應讀爲“豬”。《爾雅》：“豬，豖子。”

〖禤健聰 2006〗應分析爲從豖主聲，在楚簡中讀爲“豬”。…“豬豖”與“豖”或“豬”同義，泛指一般的豬。

〖宋華強 2007A〗湯餘惠根據包山簡中祭禱東陵連囂的犧牲既說“冢豖”（243），又說“肥冢”（225），認爲“冢”和“冢豖”是指同一種豖牲，其說可信。天星觀簡把豬稱爲“豬豖”，也可以說明“冢”可以稱爲“冢豖”。…天星觀簡中已經有從“豖”、“者”聲的“豬”字，當時的楚人恐怕不可能再造一個聲符讀音與“者”明顯有別的“豬”字來作“豬”字的異體。（72 頁、72 頁注釋 238）

按：“豬”應以讀“冢”爲是，李家浩談及望山二號墓 116 號簡的“肥冢”時指出，古代“冢”、“芻”二字音近 “肥冢”當讀爲“肥芻”。②後來他又同意將“豬＝”讀爲“冢豖”的意見，並指出“肥冢”能否讀爲“肥芻”也有待進一步研究。③

[12]東陵連囂（敖）

〖彭浩 1991B〗東陵連囂排在新父、新母之後，很可能是卲佗的叔父或伯父。

〖吳鬱芳 1992〗連囂即連敖、連尹，…東陵連尹即東陵一地的連尹，…東陵當在今安徽省桐城一帶。

〖楚國歷史文化辭典 1996〗楚昭王後，司馬子音次子，蔡公子家之弟。約楚宣王時人，任職於東陵，官爲連囂。（27 頁）

---

①轉引自譚步雲：《先秦楚語詞匯研究》，64 頁，中山大學博士學位論文，1998。

②李家浩：《信陽楚簡“澮”字及從“关”之字》，《中國語言學報》第 1 期，189-199 頁，北京，商務印書館，1982。

③湖北省文物考古所、北京大學中文系：《望山楚簡》，106 頁，北京，中華書局，1995。

〖顏世鉉 1997〗陳懷荃以爲九江在今江西、湖北、安徽交界一帶，也就是古彭蠡澤和長江匯合處附近；而依《禹貢》所載，江流出九江而至東陵，則他將東陵定在今安徽貴池市、青陽縣。還是可取的。故本文暫將包山楚簡的東陵定此處。（142 頁）

〖何琳儀 1998A〗東陵，地名。《書・禹貢》“過九江至於東陵”。《漢書・地理志》廬江郡“東陵鄉”。在今河南固始西南。（364 頁）

〖柯鶴立 2002〗包山竹簡中父系祖先都在一起收祭祠。有時邵陀的母親祭祠也在這時進行，但有一個陰鬼（東陵連囂）須在“郊”外收祭祠。這個陰鬼顯然與生病的邵陀有另外的關係，有可能屬於母親家族內一位生前有權勢的。除此以外收“郊”的陰鬼還包括早死無後的兄弟們。因爲無後就不能算在父系內。

〖劉信芳 2003〗關於東陵地望，《漢書・地理志》廬江郡：“金蘭西北有東陵鄉，淮水出。”漢金蘭縣在今湖北麻城一帶。（238 頁）

〖宋華強 2007A〗《水經注》中灌水源自“廬江金蘭縣西北東陵鄉大蘇山”的記載，簡文東陵當在此處，即今河南固始、商城、潢川三縣之間。（49 頁）

〖鄭威 2008〗我們懷疑北魏潁州南頓縣的東陵城與簡文之東陵可能有一定的關聯。…北魏潁州胡城縣當在今阜陽正西偏北的臨泉縣一帶，南頓縣當在今阜陽正西偏南一帶。若此，東陵城則應該位於平夜君封邑所在地葛陵城正東方向（略偏北和偏南）約 20－50 公里的閏水流域，即今阜陽市與新蔡縣之間的範圍內，東陵最初的得名或許也與此方位有關。新蔡簡之東陵距葛陵城不遠，當在平夜君封地範圍之內，而包山簡中出現的“東陵”一般認爲是楚縣，我們認爲二者應是一地，屬前後承繼的關係。…我們推測，以葛陵城爲中心較大的地域均是平夜君子良這一系(屬昭氏)的世居封地，東陵應是平夜君封地內較爲重要的一個地方。平夜君成早逝後，當有後人承襲其封君封號，包山簡 181 的記載證實了這一點。子發爲楚宣、威時期人，晚於平夜君成數十年，他又有兩個身份，一是東陵連囂，這似乎說明平夜君封邑內的東陵開始設縣、築城（《地形志》“東陵城”的記載或者與之有關），又考慮到他的另一個身份，即平夜君成之子侄，或又是同時期平夜君的堂兄弟，這又暗示出東陵縣與平夜君封地之間仍有千絲萬縷的聯繫。

按：《尚書・禹貢》中“東陵”，一說以《漢書・地理志》廬江郡“金蘭西北有東陵鄉，淮水出”爲本，錢穆認爲東陵在今湖北廣濟東北及黃梅縣境。一說以巴陵爲東陵，顧頡剛認爲巴陵爲東陵，今岳陽縣。此外，陳懷荃將東陵定在今安徽貴池市、青陽縣。[1]東陵還見於新蔡楚簡，宋華強推測“東陵”、“平夜”是相鄰或相屬的兩地，“平夜”爲封

①參見顏世鉉：《包山楚簡地名研究》，140-142 頁，臺灣大學碩士學位論文，1997。

君之號，而“東陵”才是平夜君所居之都邑。[①]

[13]弆（輿-舉）石裳（被）常之祭（説）

〖整理者 1991〗①弆，舉字異體，借作舉。（54 頁）②祭，讀如祝，祈也。（54 頁）

〖彭浩 1991B〗在簡文中還有“弆祭”，文例均爲“弆××之祭”。祭，讀爲祝。弆讀爲舉。舉祝一般出現在同屬一組的二、三次貞問中，在後來的貞問中與前某次的貞問對舉。他與移不同在於，舉祝的設祭物件只是部分與相對應的祭祀物件相同。

〖劉釗 1992A〗按字應釋爲“輿”。

〖李零 1993〗讀爲“奪”。

〖袁國華 1993B〗簡 203、214 的“”、“”二字實從“巾”，故應入十一畫“常”條，由簡文的詞例看，“包山楚簡”，“常”字與從“衣”的“裳”字可通用。

〖曾憲通 1993〗所謂某某貞人之祝，殆指如秦簡《日書》中祭大常行一類的祝辭。…以上三弆字乃輿字之省。《廣雅・釋詁》：“輿，舉也”，《釋名・釋車》同。《説文》，“舉，對舉也。”鍇本一曰輿也。可見輿、舉同字。徐邈讀舉爲居禦切，稱引也。（見《集韻・上聲韻》）簡文三弆字正稱引之義。上文例（1）（按：指 203 號簡）爲邵氏始祖邵王及邵㝬直系近親舉行罷禱，原見於簡 200，爲貞人石被裳所禱祝，此處由鄦會稱引，故稱曰“弆”。

〖陳偉 1996A〗所指當爲簡 199-200 所記“石被裳之敚”。（155 頁）

〖孔仲溫 1997B〗是巫祝在進行一次的卜筮祭禱之後，即又隨著舉行以前所曾經進行過的卜筮祭禱事宜，之所以再次舉行，就簡文觀之，大致是由於那一次巫祝祭禱得吉納福，所以再對舉那一次祭禱事宜。因此，“弆（舉）〇〇之祭”的“祱”字，是指“所曾進行殃祟的事宜”，在此是作名詞性質。

〖李家浩 1997B〗“迻某人之説”與“輿某人之説”的意思是有區別的。前者“迻”的“説”與被“迻”的“説”，屬於不同時的不同貞人卜筮的簡；後者“輿”的“説”與被“輿”的“説”，屬於同時的不同貞人卜筮的簡。…把簡文“輿”讀爲“舉”或“與”，都是可取的，因爲“舉”、“與”二字都可以訓爲“用”。…“舉（與）某人之説”是“用某人之説”的意思。“與”字除了上面所説的“用”義之外，還有“從”義。…似乎把“輿”讀爲“與”、訓爲“從”，更符合簡文文義。

〖李零 1997B〗“弆”是“輿”的省體，古音屬喻母魚部，同“迻”字古音（喻母月部）非常接近，應是通假字。“祭”或“祱”是“敚之”的名詞性表達。

①宋華強：《新蔡楚簡初步研究》，49 頁，北京大學博士學位論文，2007。宋華強：《新蔡葛陵楚簡初探》，67 頁，武漢，武漢大學出版社，2010。

〖何琳儀 1998A〗①輿，讀舉。《説文》“舉，對舉也。從手，輿聲。”（540 頁）②祭，讀說。《周禮·春官·大祝》“掌六祈以同鬼神，五曰攻，六曰説。”注“鄭司農云，皆祭名也。攻説則以辭責之。”…楚簡祭、祱一般爲名詞，敓爲動詞。祭偶爾作動詞，見天星觀簡四九〇六、三四〇七。（1033 頁）

〖邴尚白 1999A〗關於“迻敓”與“輿敓”，…彭氏的分析，大致正確。更明確一點的說，“迻敓”是用過去貞事中不同貞人之“敓”；“輿敓”則是用同日貞事中不同貞人之“敓”。不過，彭氏認爲“迻敓”與“輿敓”不同，又在於“設祭物件”，則並不可信。以包山簡來說，簡 203-204 的“輿敓”陳說對象，就與其所稱引的簡 200 全同；而簡 210-211 和簡 214 所迻鄦會的之敓，則皆只是其一部分而已。可見“輿敓”及“迻敓”，都可以全部或部分稱引、移用。…因此“迻敓”和“輿敓”的“敓”，似應如“以其故敓之”的“敓”，也讀爲“說”。（75-76 頁）

〖于成龍 1999〗在“弆××之敓”或“移××之敓”中，此“敓”字意，爲禳奪，而非祝禱之義。“弆××之敓”（或“移××之敓”）應即沿用前次某貞人卜筮中針對祟而指出的攘奪的方式與方法。由此，諸如簡 199-200 中，“罷禱……”之類語皆是攘奪祟的一種舉措，在簡 201-204 中，它被稱作“祭”，所以，這部分以“敓辭”爲名。

〖工藤元男 2001〗“迻祱”也好、“弆祱”也好，都幾乎是原封不動地援用先前提出的祭禱方案。在這個意義上，“迻祱”與“弆祱”相比，並不存在本質上的差異。不過二者還是存在基本的區別。…其一，歲貞的迻祱或者弆祱，是在歲貞中進行的；疾病貞則是在疾病貞中進行的。如果二者屬於不同的體系，這應該是理所當然的。其二，“迻祱”是針對前一年提出的祭祀方案，“弆祱”則是針對同日提出的祭祀方案。兩者的真正區別在於援用的範圍，即是先前提出的祭祀方案的全部，亦或是其一部分。其三，上引迻祱、弆祱的對應關係，從祭禱名稱的角度進行再考察，…在“迻祱”的場合，…“獮禱”則改寫成“賽禱”。…而在“弆祱”的場合，並不存在這樣前後不同的表述。

〖劉信芳 2003〗弆，簡 204、210、213、214 作“遻”，“遻”即“移”，讀爲“施”。…就簡文內容分析，應會之說與石被裳之說有同有不同，石被裳之說有“罷禱”，而應會之說則既有“獮禱”宮地主與東陵連囂事，又有“罷禱”，二者“罷禱”的內容完全相同。知“弆石被裳之說”以下云云，謂施行石被裳之說而外，應會另有若干補充也。（219 頁）

〖沈培 2006〗按照《說文》，“舉”從輿聲，“輿”從舁聲，而“舁”則“讀若餘”。由此，很容易聯想到“弆”當讀爲“除”，“弆某人之祱”就是“除某人之祟”的意思。只是戰國簡一般用“敘”表示“除”（如包山簡 211、新蔡甲三：201），這裏用“弆”表示“除”，情況比較特殊。

〖十四種 2009〗這裏的“敓”與“以其故敓之”的“敓”作同一理解比較合理。(104 頁)

按:“䊒”讀爲“說”,即“以其故敓(說)之”之“敓(說)”的名詞性表達。“弆”字簡文中四見(見 203、223、241、243 號簡),應與“迻”有別。從時間上看,“弆某某之說”與被“弆”者爲同一時間,而“迻某某之說”與被“迻”者可以是不同時間。從内容上看,“弆某某之說”可以是被“弆”者的全部,也可以是其中的一部分,“迻某某之說”亦然。

[14]凡此筩(籢)也,既聿(盡)遪(迻)。

〖整理者 1991〗①筩,從釆聲,讀如遍。(54 頁)②遪,迻字異體。(54 頁)

〖李零 1993〗前 318 年的第三次占卜還提到“凡此筮也,既盡移”(簡 204),把該日的卜、筮相襲稱爲“移”;前 317 年的第二、三次占卜還提到“移應會之奪”(簡 211)和“移故筮”、“移石被裳之奪”(簡 213、214),則是指與前 317 年的占卜相承。“移”字的用法與“與”字相似。…簡 204:“凡此筮也,既盡移”,是說應會對前兩次的卜作重複的占卜,形式是筮,現在已經完成。而簡 213:“移故筮”,也是說對上一年的“筮”作重複占卜。兩者都是應會之筮。

〖湯餘惠 1993〗遪,同迻,今通作移。(153 頁)

〖曾憲通 1993〗此字從竹從巿釆聲,依形聲字聲符在右之例,可隸寫作䉒。《說文》:“徧,帀也。”䉒與徧音近義通。…字既從竹,疑讀爲篇。《說文》:“篇,書也。”…簡文䉒讀爲篇,當指載於簡牘之禮書之類。“迻故篇”謂移用故書所載有關報祭的禮儀,故下文所言盡爲賽禱之事。“凡此䉒也,既盡迻”,“此篇”與“故篇”爲對,故篇謂以往簡牘所載,“此篇”則言本組簡冊所載,包括上文之𤞞禱與罷禱。“既盡迻”謂悉數迻錄。此句書於簡末,字體特大,字距較寬,與本簡文字明顯不同,當屬於事後補記。句前且有“至九月憙雀立(爵位)”之驗辭。《周禮·春官·占人》“凡卜簭,既事,則繫幣以比其命,歲終,則記其占之中否。”簡文“既盡迻”可能與此有關,猶言將已占中之事盡數迻錄,以供日後之用。

〖白於藍 1995B〗按此字上部從“竹”,中間“釆”沒有問題,其下部應是“巾”字。…可隸作“䉒”,字應即“籓”字。按照古文字的一般規律,“䉒”應從“帎”聲,而“帎”應以“釆”爲聲符,“釆”與“番”在用作聲符時常可互換,故“籓”可從“釆”作。“籓”字見於《集韻》,即“簙”字異體,其在簡文中的用法待考。

〖李家浩 1997B〗“凡此籢也”,是指此組簡而言的。《禮記·學記》“今之教者,呻其占畢”,鄭玄注:“簡謂之畢。”鄭注用的是《爾雅·釋器》之語。郭璞於《爾雅》此語下注說:“今簡劄也。”陸德明《釋文》引李巡本“畢”從“竹”作“篳”。“敝”、

“畢”二字古音相近，可以通用。疑“箃”字應讀爲《禮記》“占畢”之“畢”。其字從“竹”很可能就是當時的人爲“占畢”之“畢”而造的專字。因爲第一組卜筮簡（199～200、202～204號簡）的貞人所“説”的内容都被第二組卜筮簡（210～211、213～215號簡）的貞人所“迻”，所以在第一組卜筮簡末尾注明説：“凡此畢也，既盡迻。”

〖李零 1997B〗簡文“迻”表示遞嬗的關係，指把上一次的問題轉到下一次去解決。“弆”是“輿”的省體，古音屬喻母魚部，同“迻”字的古音（喻母月部）非常接近，應是通假字。“篻”或“祱”是“敓之”的名詞性表達。從簡文的上下文關係看，“凡此～也，既盡迻”是指上面的占卜都已經完成，並且還要繼續。而“迻故～”也是説繼續以前的占卜，即應會和石被裳在上一年進行的占卜，所以下文才有“迻二人之祱”的話。《周禮・春官・眂祲》：“眂祲掌十輝之灋，以觀妖祥，辨吉凶。……正歲則行事，終歲則弊其事。”鄭玄注：“弊，斷也，謂計吉凶然否多少。”簡文“箳”相當“箃”字，這裏的用法似與《眂祲》“弊”字同，也是指吉凶之斷，所不同者，唯易動詞爲名詞耳。

〖何琳儀 1998A〗①遝，從辵，匜聲（匸旁或加飾筆）。疑迻之繁文。《説文》“迻，遷徙也。多聲。（862頁）②篠，從竹，栐（幡之異文）聲。疑籓之異文。《集韻》“籓，蔽也。”包山簡籓，疑讀遍。（1060頁）

〖劉信芳 1998C〗“遝”即“迻”，讀如“施”，謂按卜筮所顯示的結果施行祭祀。

〖李零 1999B〗從竹從柰，市與巾通，釆即番字所從，與㡀、敝古音相近（釆是並母元部字，㡀、敝是並母月部字），應釋“箃”。

〖劉信芳 2003〗①《左傳》昭公十四年“叔魚蔽罪邢侯”，杜注：“蔽，斷也。”知簡文“箳”與《左傳》之“蔽”義相通。“凡此箳也”，謂凡此次占卜之説辭、之結果也，亦即石被裳、應會所“説”“宜禱”、“賽禱”、“客”諸事也。（220頁）②讀爲“施”，謂施行此一輪占卜所得貞人之“説”也。“既盡施”者，謂既已施行石被裳之説，亦已施行應會之説。（220頁）

〖沈培 2006〗這種説法中的“迻”也應當是“移去”、“移除”的意思，關鍵問題是其中的“箃”到底是什麽意思。…我們認爲，包山簡204簡末的“凡此箃也，既盡迻”跟簡213的“迻故箃”實際上是有對應關係的。“迻故箃”的“故箃”就是“凡此箃也”的“此箃”。…如果上引包山簡204後面所記“凡此箃也，既盡迻”確實是補記的，估計也是在簡213所述的“故箃”被“移”之後才補記上去的，其性質大概屬於驗辭。…我們頗疑“箃”也當讀爲訓“敗、惡、壞”的“敝”、“弊”或“憋”。值得注意的是，包山簡213～214“以其故敓之。迻故箃”後所接的是“賽禱太佩玉一環；后土、司命、司禍各一少環；大水佩玉一環；二天子各一少環，峗山一玨”，而占辭之後記有“太、后土、司命、司禍、大水、二天子、峗山既皆成”，這是什麼意思呢？…包山簡 201～204 “以其故敓之”後所祭各神鬼，只有 202 反記有“親父既成、親母既成”的驗辭，顯然是對應於“以其故敓之”後面的命辭“䄍於新父蔡公子家特豬、酒食，饋之；䄍於新母肥豕、酒食”。看來，在此次占卜中，只有這兩個神“成”了，即“除了這兩個神所作的祟”。其他如宮地主、東陵連敖、卲王、文坪夜君、郚公子春、司馬子音、蔡公子家、夫人諸神鬼則都沒有“成”。但是，這些沒有“成”的神鬼分別在簡 210～211 的“迻鄦會之祟”和 213～214 的“迻鄦會之祟”、“迻石被裳之祟”的說法中恰巧全部被提出來要進行祭祀。估計這三次“迻祟”的結果都是“成”，這樣，簡 201～204 簡中所有提到的神鬼的“移祟”都是“成”，這不正是簡 204 最後所記的“凡此緻也，既盡迻”嗎？由此可見，我們把“緻”讀爲“敝”、“弊”或“憋”是有道理的。回頭再看包山簡 213～214“以其故敓之，迻故緻”的說法。我們認爲“以其故說之”和“迻故緻”二者之間是並列的關係，即既要“說”此次占卜所得之祟，又要“迻”過去的“敝”、“弊”或“憋”。因此，簡文所記先祭祀太、后土等神，此乃爲“敓”此次占卜所得之祟；其後又分記“迻鄦會之祟”、“迻石被裳之祟”，這兩個“迻”的內容合起來當即“迻故緻”的內容。

〖十四種 2009〗《周禮・春官・占人》：“凡卜簭，既事，則繫幣以比其命。”鄭玄注：“杜子春云：‘繫幣者，以帛書其占，繫之於龜也。’云謂即卜筮，史必書其命龜之事及兆於策，繫其禮神之幣，而合藏焉。《書》曰：‘王與大夫盡弁，開金縢之書，乃得周公所自以爲功，代武王之說。’是命龜書。”鄭玄舉《金縢》反駁杜子春，但他以“幣”爲“禮神之幣”，亦無確證。疑“幣”與楚簡之“緻”，均指卜筮記錄。（104 頁）

〖來國龍 2011〗邵佗這一年的“志事”都得以達成，於是在下一年對鬼神賽禱酬報。也因此有了 204 號簡簡末後來（可能是一年之後）才加上去的“凡此蔽也，既盡移”的驗辭——這句驗辭正說明了，199-204 號簡上所記的祈禱方案都施行無誤。

按: 曾憲通認爲“凡此緻也，既盡迻”幾個字“字體較大，字距較寬，與本簡文字明顯不同，當屬於事後的補記”。雖然沈培指出這幾個字是否“與本簡文字明顯不同”，恐怕各人的看法會有所不同，但沈培也贊同此句是補記的，他認爲此句跟前面的話有一段空白隔開，在其他簡中，占辭之後往往有一段空白，後面再記有一些簡文，這些簡文有的應當看作驗辭，有的應該看作是占辭的一部分，簡 204“凡此緻也，既盡迻”的性質大概屬於驗辭。

“凡此緻也，既盡迻”是否爲補記還沒有足夠的證據證明，簡 202 反所記“新父既城。新母城”爲補記無疑，字體與正面簡文不同。相比之下，“凡此緻也，既盡迻”與同組簡文字跡風格相似，有可能並非補記。簡 201-204“弆石被裳之說”中的神祇與簡 199-200

所記完全相同，“凡此緐也，既盡迻”應是指已將簡 199-200 中的石被裳之說盡迻。

[15]新（親）父既城（成）

〖整理者 1991〗城，借作成，畢也。（54 頁）

〖劉信芳 1993〗是“既城”即《九歌·禮魂》之“成禮”。

〖李零 1993〗簡文把禱祠完成稱爲“既禱”，並把神祖歆享其祀，稱爲“既城（成）”。

〖于成龍 1997〗在天星觀卜筮簡中有 9 枚“標誌簡”，均爲整簡，上面字數很少，其中一枚簡文爲“齊客繾賸之歲”，其餘各簡皆爲“既禱××”、或“既筶××”，並且這類簡文皆書於簡背。這和包山卜筮簡的情況是一樣的。他們應是“齊客繾賸”這一年中對先前向祖先許下的諸願的踐履記錄。…“新父既城，新母既城”書於簡背，當是卜筮之後，擇日賽禱即踐履之餘而補寫其上的。這與天星觀卜筮簡的情況完全相同。（55-56 頁）

〖何琳儀 1998A〗城，讀成，祭名。（811 頁）

〖于成龍 1999〗“既城”是祭禱完畢之意。

〖劉信芳 2003〗讀爲“成”，謂成祭祀之禮。（221 頁）

〖沈培 2006〗“既成”當是“完成了移祟”的意思。…在此次占卜中，只有這兩個神“成”了，即“除了這兩個神所作的祟”。

第 4 組

東周之客䜌許綎（纓-盈）至（致）複（祚-胙）於葳郢之戠（歲），顕（夏）屎（夷）之月乙丑之日，五生㠯（以）承悳（德）[1]爲左尹𧊒貞：出內（入）旹（寺-侍）王[2]，自顕（夏）屎（夷）之月㠯（以）豪（就）集（集）戠（歲）之顕（夏）屎（夷）之月，聿（盡）集（集）戠（歲）[3]，〖209〗竆（躳）身[4]尚母（毋）有咎[5]。占之，死（恆）貞吉，少又（有）慼（戚）於竆（躳）身與宮室，虘（且）外又（有）不𦛜（訓-順）[6]。㠯（以）丌（其）古（故）敓（說）之，睪（舉）禱（禱）䖵（蝕）祆（太）[7]一全豬（豢）[8]；睪（舉）禱（禱）社[9]，一全豬（豠）；睪（舉）禱（禱）宮衍（行）[10]，一白犬，酉（酒）飤（食）。遙（迻）鄺（應）會之祱（說）[11]，賽禱（禱）東陵〖210〗連囂（敖）豼（冢）豕[12]，酉（酒）飤（食），蒿之[13]。囟（思-使）攻解於盟（盟）䖒（詛）[14]，虘（且）敘（除）於宮室[15]。五生占之曰：吉。三戠（歲）無咎，䐡（將）又（有）大憙（喜），邦智（知）之[16]。〖211〗

集釋：

[1]承悳（德）

〖李零 1993〗而“丞德”、“共命”，則可讀爲“承德”、“恭命”，似與“保家”相類，也是一種吉語。

〖劉信芳 1996A〗“丞悳”讀如“蒸植”，…“蒸植”即麻幹。

〖何琳儀 1998A〗承，疑讀篜。《玉篇》“篜，竹也。”（148 頁）

〖劉信芳 2003〗讀爲“蒸植”，用與簡 197“保家”同。《說文》：“蒸，析麻中幹也，從艸烝聲。”“植”之本義指“戶植”（見《說文》）“蒸植”即“麻幹”。…“蒸”本義指麻幹，引申則柴草之細者亦統稱爲“蒸”。（225 頁）

[2]出內（入）峕（寺-侍）王

〖張光裕、袁國華 1993〗“峕”、“𡳿”二字因可因音同而互通，然因句例相同，知“峕”、“𡳿”皆可讀爲“事”。

〖白於藍 1995〗出入峕王，通侍。（17 頁）

〖楚文字編 1997〗峕。通寺。（63 頁）

[3]𦘔（盡）窠（集）散（歲）

〖整理小組 1991〗集歲，集，從亼，《說文》：“三合也…讀若集”。集歲即三歲，簡 209 有“三歲無咎”可證。（55 頁）

〖湯餘惠 1993〗窠，同集；集歲，猶言匝歲、周歲，指次年。裘錫圭說。一說，集歲即三歲。（152-153 頁）

〖望山簡 1995〗“集歲”當讀爲“匝歲”，猶言“周歲”。《淮南子・詮言》“以數雜之壽，憂天下之亂”，注：“雜，帀（匝）也。從子至亥爲一帀（匝）。”（93 頁）

〖何琳儀 1998A〗窠，從宀，集聲。集之繁文。…《說文》“亼，三合也。從入、一。象三合之形。讀若集。”是其佐證。“亼歲”，疑第三年。（1398 頁）

〖劉奉光 2003〗簡影“集”字與“子”相通。…盡[子]歲，躬身尚毋有咎？乃問伴王左右到夏至之月，以及再到庚子年底，卲佗左尹自身是否沒有災禍呢？

〖宋華強 2005〗包山簡中“盡卒歲”和“盡集歲”表示的時間範圍顯然是相同的，都是指從今年某月到來年相同的月份，即平年首尾共曆十三個月。同時也不難看出這裏的“卒歲”和“集歲”所指時間長度是相同的。…不過包山簡中的“卒歲”和“集歲”在用法上有一個很明顯的區別：“集歲”可以做“某月”的定語，而“卒歲”不能。這似乎透露出一點資訊：在沒有“盡”字修飾限定的時候，也許“卒歲”另有一種詞義，和“集歲”不同的詞義，使它不能擔任“某月”定語的功能。…無論是常規性卜筮簡還是非常規性卜筮簡，“卒歲”都是指從占卜所在月份到歲末這段時間，而“集歲”是指從占卜所在月到次年同一月份；前者是想貞問本年剩餘時間內的吉凶，後者是想貞問未來一年時間內的吉凶。二者詞義判然有別，用法也畛域分明。

按：裘錫圭曾讀“集歲”爲匝歲，就是周歲的意思。[①]包山楚簡中“集歲”指一整年。

[4]窮（躳）身

〖劉釗 1992A〗此字應直接釋爲“竆”。《說文》作“竆”。讀作躬。“躬身”，自身也。

〖楚文字編 1997〗竆（竆）。在簡文中均讀作躳。（371頁）

〖林清源 1997〗簡文所見“躬”字有多種構形：有些作“”形（簡 210），其結構正是從身、宮聲；有些省作“”形（簡 226），與《說文》小篆形體相合；有些甚至省作“”形（簡 228），將音符“宮”旁最初的音符“”省略，只保留“宮”的義符“宀”旁。（43頁）

〖何琳儀 1998A〗竆，從宀，從躳聲，疑躳之繁體。（269頁）（按：1481頁云：“竆身，讀‘躬身’”）

[5]尚母（毋）有咎

〖整理者 1991〗毋。（33頁）

〖白於藍 1995B〗這些字（按：指 210、217、249 號簡“母”字）應皆爲“母”字。

[6]虘（且）外又（有）不㥮（訓-順）

〖整理者 1991〗訓，借作順。（55頁）

〖何琳儀 1998A〗“不訓”讀“不順”。與天星觀“利訓（順）”相反。（1330頁）

〖劉奉光 2003〗占之恆貞吉，少有憂於躬身，觑（zhā，借爲治）外有不訓（順），乃指占卜結果大致爲貞問之事吉祥，但稍有疾病擾困自身，而且治外之事略有不順。觑字本義爲伸手張指撈取低下之物，此處以音近借爲治。

〖陳偉 2010〗包山卜筮祭禱簡 210 號簡云：“恆貞吉。少有慼於躬身與宮室，且外有不順。”217 號簡云：“恆貞吉。少有慼於躬身，且外有不順。”這兩個“外”都可能用作“閒”，指時閒短暫。

[7]䖒（蝕）祆（太）

〖整理者 1991〗䖒，飾，字亦作蝕。《史記・天官書》：“日月薄蝕”，集解：“虧毀爲蝕”。（55頁）

〖李零 1993〗太（簡 210、213、215、219、227、237、243）。原作、，有時還加示旁（其中簡 219、243 從示從大）。這裏釋爲“太”，簡 210、227 也稱“蝕太”（“蝕”

①此觀點可參看朱德熙、李家浩：《鄂君啓節考釋（八篇）》，“中國古文字研究會成立十周年學術研討會”論文，長春，1988。

字原從飤從蚰）。此神在簡文中是列於眾神之首，從地位看，應即太一。

〖劉信芳 1993〗“太”即楚人所祀“太一”。…釋楚簡“太”爲《九歌》“太一”，於原簡極通暢，應無疑問。簡文有“蝕太”，應是太一所居之星隱而未見。

〖陳偉 1996A〗因此說太（祆）即“太一”應無問題。不過，太一作爲天神，並不只一個。…“蝕太”可能是“其星隱而不見”、“見則爲災”的天皇大帝（曜魄苞），加“蝕”以與別的太一相區別。（161-162 頁）

〖饒宗頤 1996〗包山簡神名，與灰土（后土），及社騈列者有祆，亦作夳或稱爲“𩛥夳”，增一字於其前。夳者以說文泰古文作夳，陶文作亣例之，可釋爲“泰”字，泰乃泰帝。…元始時孔光與劉歆議云：“稱天神曰皇天上帝泰一，兆曰泰畤，而稱地祇曰后土，與中央黃靈同。宜令地祇稱皇墬後祇，兆曰廣畤。”此以天神泰一與地祇之后土相對，以是例之，包山簡中與灰土相對之泰，當爲天神之泰一明矣。其或增𩛥字曰𩛥大者，𩛥字從蚰，飤聲，同簡屢見“酉飤”語，即酒食也。…𩛥音食（飤）與折之音逝相似，《禮記·祭法》：“埋於泰折，祭地也。”《廣雅·釋天》：“方澤大折，祭地也。”《釋文》：“折，之設反，舊音逝，又音制。”飤與舊音折之音逝相同，疑𩛥泰乃泰折之倒言。折爲祭處，指方丘之在澤中者，故亦名曰方澤。…故知舉禱於夳僅一泰之名者蓋指天，其增𩛥於其前曰“食泰”者則指地，兩者有別，是“𩛥泰”宜爲泰折甚明。若祀灰土（后土）則宜於澤中之圜丘，與泰折之宜於澤中之方丘，其祀處正異。

〖吳鬱芳 1996〗“蝕祆”有時也單稱祆，如簡 238 號、244 號所載。祆字《包山楚簡·考釋》未釋，僅照簡摹寫，筆者據其字形，以爲可隸定爲祆，也可作飫。“蝕祆”之蝕，《考釋 404》謂“虧損爲蝕”。拙見以爲蝕即食。“蝕祆”即食祆或飫，是古時主進飲食的神。《禮記·曾子問》“攝主不厭祭”。鄭玄注曰：“厭，厭飫神也”。楚人故有祭禱食神的風俗，如《說文》“膢”下曰：“楚俗以二月祭飲食也”。又如《風俗通·祀典》亦謂：“楚俗常以十二月祭飲食夜”。這個職掌進食的飫神，應當就是《包山楚簡》中的“食祆”。

〖孔仲溫 1997B〗而太一星的顯晦，則征事物的吉凶，所以在《包山楚簡》中有“𩛥祆”一詞，…“𩛥”釋作“蝕”應該可從，唯此處之“蝕”非日月，而是太一星，意指居紫薇的太一星，有所虧毀而晦，故稱“𩛥祆”。

〖何琳儀 1998A〗𩛥，從蚰，飤聲。疑蝕之繁文。…疑日蝕、月蝕之神。（66 頁）

〖邴尚白 1999A〗“太”與“蝕太”的祭品種類並不相同，應有所區別。（117 頁）

〖李家浩 2001B〗簡文可能是一個從“大”從“卜”聲的字，疑讀爲《周禮·地官·族師》“春秋祭酺”的“酺”。“酺”或作“步”、“布”。“夲”和“蝕夲”，分別相當鄭玄注所説漢代的“人鬼之步”和“蝝螟之酺”兩種栽害之神。

〖連劭名 2001〗包山簡中又有“飤筞”…故“飤筞”如同“受命”…“受命”是天所賜予之命。又稱稟命…“受命”即《尚書·洪范》“五福”之一的“考終命”…“受命”又稱“分數”。

〖饒宗頤 2002〗𠆢即大字，…其“䖞”字分明從蚰飤聲。飤音讀如“食”。楚簡文字每喜增“蚰”旁。“飤”又借爲“肆”，與食同音。餘疑“䖞大”即“泰折”之倒言，…知“䖞𥘿”乃“大折”，爲大地之神。《老子》言天大地大之“地大”，以泰折當之，更有理據。

〖于成龍 2004A〗我們認爲，此字用作祭禱中“天”之專字。（100 頁）

〖疏證 2007〗包山簡䖞，疑讀作祠。（148 頁）

〖十四種 2009〗“祆”與“䖞祆”所指待考。其用牲之例與其他神靈無別，當是具體神名。（106 頁）

〖晏昌貴 2010〗我們認爲，“蝕太”仍當爲“太一”的變相稱呼，其例正同“父太”。“父太”是從人文角度而言，“蝕太”則是講自然方面的變化。（94 頁）

按：包山楚簡中“𡗜”與“䖞𡗜”並見，望山楚簡 78 號簡還有“父𡗜”，董珊將“𡗜”讀爲“厲”，認爲“厲”是一個集合概念，即“厲鬼”。他將望山楚簡中的“父𡗜”之“父”解釋爲是宗法上的父，有別於生身之父的“親父”，“父𡗜”指病者之父所爲的厲鬼。[①]包山楚簡中“𡗜”與“后土”、“司命”並舉，“䖞𡗜”與“社”、“宮行”、“兄弟無後者”並舉，望山簡中“父𡗜”與“親父”、“不辜”、“盟詛”並舉，后土”、“不辜”等均是具體鬼神名，因此“𡗜”、“䖞𡗜”、“父𡗜”亦應爲具體神名，並且“䖞𡗜”與“𡗜”應有別，其具體含義待考。

[8]全豩（豢）

〖胡雅麗 2003〗全豜即牷豜，意爲毛色同一的整豜。

〖王穎 2004〗全，整個的。（142 頁）

〖十四種 2009〗疑當讀爲“牷”。《周禮·地官·牧人》：“以共祭祀之牲牷。”鄭玄注：“鄭司農云：‘牷，純也。’玄謂牷，體完具。”（107 頁）

[9]社

〖整理者 1991〗社，《説文》：“地主也…春秋傳曰：‘共工之子句龍爲社神’”。（55 頁）

〖李零 1993〗即社主，也是地神。

①董珊：《楚簡中從“大”聲之字的讀法（二）》，簡帛網，2007 年 7 月 8 日。

〖陳偉 1996A〗《左傳》昭公二十九年云："土正曰后土"，杜預注："土爲群物主，故稱后也。"《周禮·春官·大宗伯》云："王大封，則先告后土"，鄭玄注："后土，土神也。"土與地義通。《左傳》昭公二十九年云："后土爲社"，《說文》則徑云："社，地主也。"據此可以說明這些異名的由來。…前文引述宮后土亦即宮地主的材料，實際已說明后土與地主相通，並且同時也觸及到后土與社的聯繫。…敓辭中太或蝕太與非人鬼類神祇一起出現過5次，緊接其後的神祇3次作后土（簡212-215、218-219、236-238），另外兩次分別作社和地主（簡209-211、218-219）。這顯然是在同時禱祠天、地之神，從而在一定程度上證實文獻所示后土、地主、與社的同一性亦見於簡書。…由於后土亦即地主，簡書"野地主"也應屬於社的異名。（161-165頁）

〖劉信芳 2003〗土地神。《左傳》昭公二十九年："共工氏有子曰句龍，爲后土…后土爲社。"又昭公十七年："伐鼓於社。"簡文有"后土"（214）、"宮地主"（202、207）、"野地主"（207）、"地主"（219），屈原《九歌》中的土地神爲"云中君"。析言之，"后土"主要指土地神之神靈："云中君"是土地神靈的人格化；"宮地主"、"野地主"、"地主"特指宮、野及當地土地神之神位；"社"是某一居住區共設的祭祀土地神的廟宇之類（"社"同時又是行政區劃單位）。然通用則皆指地神。（227頁）

〖晏昌貴 2007A〗這個社神，毫無疑問就是土地神，乃是來自古人對大地的崇拜，後又與古代英雄聖人崇拜結合，從而出現或以句龍爲社、或以后土爲社、或以大禹爲社等種種異說。…包山簡用"全豠"，表明社神的地位並不低。在馬王堆漢墓帛畫"太一將行圖"中，其主題是"太一"，但在太一神像的中央卻寫有一"社"字，這也許暗示在地祇系統中，社與天神太一有著同樣的地位。…後世以"后土"與皇天上帝相對，可能是社神的職能分化、社神地位下降，后土地位上升的結果。

[10]宮衎（行）

〖整理者 1991〗衎，行字。（55頁）

〖李零 1993〗宮。指宮室、住宅。《史記·封禪書》說漢高祖立祠，輛巫所祠有"房中"、"堂上"，似即這類神。行。指道路。字或從示。

〖陳偉 1996A〗簡書在對一位以上的神祇並列禱祠時，於所用祭品必稱"各"幾件。"宮行只用一白犬，當非二神。（167頁）

〖饒宗頤 1996〗至若嬰禱宮與衎，只各用一白犬，宮爲室內，衎指門外。衎亦作行，謂道路之神。實爲"五祀"之一。…《禮記·曾子問》正義吊崔靈恩曰："宮內之軷，祭古之行神，域外之軷，祭山川道路之神。"軷祭蓋區分爲宮內與域外二者，包山簡之分宮與衎爲二，其理正同。

〖于成龍 1997〗在簡 211 和簡 234 兩則簡文中還有一個值得注意的問題，兩簡中因爲“少有於惪宮室”，均首先舉禱宮行，然後再“攻敘於宮室”。…宮行即主宮室道路之神。一旦發現居處內有惪患之事，首先請求有關神祇賜福保佑，並許下祭禱的諸願。（65 頁）

〖劉信芳 2003〗“宮行”應指行神入於宮者，有如地主在宮爲“宮地主”。整理者以“宮、行”爲二神，陳偉釋爲一神，陳說是也。（227 頁）

〖晏昌貴 2007A〗楚卜筮簡中的“宮行”當指宮中道路之神。

〖于成龍 2009〗“五祀”之“行”，是歲之常祭，如《禮記·月令》所記，是祭宮內之行神；而於國外之行神，如《儀禮·聘禮記》語“出祖，釋軷，祭酒脯”，祭無常時，且兩神所主道路遠近不同。

按:“宮行”還見於望山楚簡，整理者認爲當指所居宮室的道路。①包山楚簡中還有單稱“行”者，見 208、219、233 號簡，雖然祭禱“宮行”與“行”犧牲同爲一白犬，但從“后土”與“宮后土”來看，“行”與“宮行”也有可能是不同的神，但這只是一種推測，還有待證實。

[11]遙（迻）鄜（應）會之祱（說）

〖整理者 1991〗祱，祝字。楚簡中，祝字多作此形。簡文中祝、禜往往混用。（55 頁）

〖彭浩 1991B〗所謂移祝，即在某次貞問時沿用以前貞問中的貞人之祝，祭禱同一祖先和神靈，祈求福佑。“移祝”所說的先後兩次進行貞卜的貞人均不相同。所涉及的兩次貞卜的時間，有的在同一年中，也有在相鄰兩年中的。

〖湯餘惠 1993〗①遙，同迻，今通作移。（153 頁）②祱，通餟，門祭。（153 頁）

〖曾憲通 1993〗罷禱、舉禱都是向祖宗神明求福去禍，凡因得福消災而回報神明者則稱爲賽禱，簡文對這類回報性質的賽禱則一律稱“遙”而不稱弃。遙即迻之繁構，…今通作移，引申之而有移用之義。…例（1）（按：指 210-211 號簡）、（2）（按：指 214 號簡）原爲鄜會所祱，見於簡 202，本爲瓔禱即舉禱，因舉禱得福而分別爲五生、藍吉移用以報神，故稱“迻鄜會之祱”以塞禱。…楚簡祝字作若，從示從兌不省。朱駿聲謂“祝所以悅神也”，故從兌。…簡文於祝融字從人口會意作祝。贊詞之祝則從兌悅神作祱，二者區分甚明。…而所謂“某某之祱”者，乃貞人祭禱之祝辭也，如秦簡《日書》路祭之大常行祝辭，馬祭之馬禖祝辭，以及董仲舒之救日祝辭等。

〖陳偉 1996A〗①我們懷疑迻借作施，指施行。（6 頁）②“迻雁會之敓”是指簡 201-204 所記的雁會的“敓”辭。（156 頁）

①湖北省文物考古所、北京大學中文系:《望山楚簡》，93 頁，北京，中華書局，1995。

〖孔仲溫 1997B〗“迻”通“移”，或可解釋爲移轉，《廣雅·釋詁四》：“移，轉也。”《荀子·王制》：“使相歸移也”楊倞《注》：“移，轉也。”爲何稱之爲“移轉”？因爲此文例也如同2例（按：指“弃××之祱”），在巫祝進行一次卜筮祭禱之後，即又隨著舉行以前所曾經進行過的卜筮祭禱事宜，不過，這個文例，都是進行賽禱以報神福，而文例中“祱”字，還是指“所曾進行除殃祟的事宜”。

〖于成龍 1997〗《說文》：“祝，祭主贊詞也，從示從人口會意；一曰從兌不省，兌爲口爲巫。”簡文中的祝即是從兌不省。包山簡中，祝亦用爲敚。如簡 210“移鄘會之祱”、簡 214“迻鄘會之祱”和“迻石被裳之祱”。（61 頁）

〖何琳儀 1998A〗祱，或作縈，讀說。（1033 頁）

〖沈培 2006〗其實，所謂“移用”說是存在問題的。雖然對“弃某人之祱”來說，所“弃”與被“弃”的話似乎有比較明顯的“拷貝”痕跡，但是對“迻某人之祱”與被迻之辭來說，則有一個明顯的不同，就是被“迻”的祭祀大都是“舉禱”，偶有“罷禱”，“迻”後卻都是“賽禱”。“迻”之前與“迻”之後分明是不同的祭祀，怎麼能說是後者移用了前者呢？…“迻”當解釋爲“移去”、“移除”。…正因爲不同的貞人所得之祟不一定相同，此貞人在得祟之後，要對自己所得之祟進行“敚（說）”，因而要提出具體的祭祀方案。同時，他也有可能兼而對另外的貞人所得的祟進行“敚（說）”（因爲先前所得的祟顯然沒有除去，主人的病仍然沒好，這才進行再一次的占卜），而先前另外的貞人在他得祟之後原本就曾提過方案，現在，這位貞人則把針對原來的所得之祟的祭祀方案的內容作爲新的方案再次提出。這才造成了一種假像，好像是“移用”原來的方案。但是，正如大家指出的，不同的貞人在同一時間的貞卜中，所用的祭祀方案是完全一樣的，因爲他們所用的是一套還沒有實行的方案；如果真要實行，也沒必要重複進行兩次完全一樣的祭祀；但是不同的貞人在不同時間的貞卜中，一般時間在前的用“舉禱”，時間在後的用“賽禱”。爲什麼呢？因爲時間在前的那次“舉禱”很可能已經舉行過了。時間在後的雖則仍要舉行一次跟先前完全一樣的祭祀，但因爲所舉行的時間不同，才改用“賽禱”之名。…“迻某人之祱”後所用的方案往往不是原先方案的全部。這可能跟此次占卜所得之祟並不涉及前一次占卜所作之祟的所有物件有關。

按：新蔡楚簡中有“文君與啻。解於太，迻其疋祱。八月壬午之日薦太犧馬，先之以一璧，乃而歸之。迻文君之祱（甲三 300、307、99）”，沈培將“迻文君之祱”讀爲“迻文君之祟”，意即把“文君”所作的“祟”移除。以此爲根據，他將包山楚簡中“迻某某貞人之敚”的“迻”解釋爲“移除”，“敚”解釋爲“祟”。其實“迻某某貞人之敚”的“敚”應是“以其故敚之”中“敚”的名詞形式，“迻某某貞人之敚”是說移用某某貞人除祟的方法，“迻文君之祟”則可以解釋成，移用除去文君之祟的方法。

[12]豜（豜）豖

〖整理者 1991〗豣豖。（33 頁）

〖白於藍 1998A〗“豜豖”應讀作“豩豖”。

按:湯餘惠釋爲“豜豖”，可從，參 203 號簡集釋。望山楚簡中亦有“豜=”，李家浩讀爲“豜豜（豬）”，認爲指大牛或大羊。[①]後來在《望山楚簡》的補釋中，又改變了看法，認爲“豜=”應當讀爲“豜豖”。[②]

[13]蒿之

〖整理者 1991〗蒿，借作郊，郊祭。（55 頁）

〖舒之梅、劉信芳 1995〗是祭祀時以氣蒸出，使神有所憑依，此所謂“蒿祭”。

〖望山簡 1995〗蒿當讀爲“犒”，疑古代以酒食饋鬼神亦可曰“犒”。（105 頁）

〖吳鬱芳 1996〗拙見以爲蒿即蒿草，其根曰“稾本”，古人用作香料。古時祭奠之酒醴必求芬芳，鬼神聞到了酒香也就歆享了“酒飤”。…《包山楚簡》中祭奠鬼神時的“酒飤”、“蒿之”，是指用蒿草泡酒使之芳香。

〖胡雅麗 2003〗蒿之在全句中，不是作爲祭祀方式（或名稱），而是作爲供獻形式而存在的。…就是焚香以氣獻神。方法是用香蒿染上豬、羊等的腸間膏質（今俗稱花油），混合黍稷燃燒，令飽含香味的陽氣充彌宗廟，使神靈吸受香氣而饗之。因焚香獻神所用燃料以蒿草爲主，故以蒿名此供獻法。

〖劉信芳 2003〗蒿：祭祀禮儀名，又見簡 227、243，簡 225 作“蒿祭”。整理小組注：“借作郊，郊祭。”似不可信。《禮記·祭儀》：“衆生必死，死必歸土，此之謂鬼。骨肉斃於下陰爲野土，其氣發揚於上爲昭明，焄蒿悽愴，此百物之精也，神之著也。”鄭玄〈注〉：“焄謂香臭也，蒿謂氣烝出貌也。”簡文“蒿祭”僅用於“殤”及“無後者”（參簡 225、227），以氣烝出，使神有所憑依，此所謂“蒿祭”。（227-228 頁）

〖范常喜 2005D〗“蒿”字還是當如字讀，含義是燃蒿草以祭祀，有可能是一種較爲獨立的專門燃蒿以祭的祭祀方式。

按:胡雅麗、范常喜之說可從，“蒿”即燃蒿草以祭。此外，吳振武將楚簡“蒿（祭）之”與獄簋中的“夆㚇馨香”聯係起來，同意將“蒿（祭）之”解釋爲“燃蒿草以祭祀”的說法，並詳細徵引了各家對“夆㚇馨香”的意見。他指出楚簡的“蒿（祭）之”與獄簋

①湖北省文物考古所、北京大學中文系：《望山楚簡》，100 頁，北京，中華書局，1995。
②湖北省文物考古所、北京大學中文系：《望山楚簡》，105-106 頁，北京，中華書局，1995。

的“夆豩馨香”印證了古書所記周人祭祀“尚臭”並用焚蒿來達到使神歆饗的做法。[①]

[14]𥁰（盟）𥚆（詛）

〖整理者 1991〗𥁰禮，讀如明祖。（55 頁）

〖劉釗 1992A〗按𥁰禮應讀爲“盟詛”。《周禮·詛祝》“詛祝掌盟詛類造功說禬禜之祝號”，睡虎地秦簡日書甲種“利以兌（說）明（盟）組（詛）”，與簡文句意相同。“解於盟詛”即“說於盟詛”。又簡 241“囟攻解於禮與兵死”，“禮”亦應讀作“詛”。

〖李零 1993〗盟詛，指由詛咒造成的不祥。

〖曾憲通 1993〗𥁰禮皆從示作，殆指主盟詛之神靈。

〖李零 1994〗指詛咒之禁。

〖何琳儀 1998A〗“𥁰禮”讀“盟詛”。《集韻》“詛，或作禮”。是其確證。（573 頁）

〖邴尚白 1999A〗讀如“明祖”，不可信。因爲楚簡中祖神爲祟，都是舉行祭禱，而不會行“攻解”來責讓。（156 頁）

〖胡雅麗 2001A〗司結盟與詛咒之神。

〖連劭名 2001〗“明祖”當指“文祖”，…“文祖”又稱爲“藝祖”。…“明祖”是光明之始，陽精的起源。

〖劉信芳 2003〗九店簡 56-34“利以說𥁰禮”。望山簡 1-78“…與𥁰禮”。睡虎地秦簡《日書》740：“利以說明組。”按“𥁰禮”之涵義有待更多的辭例才能明確，其一可讀爲“明祖”，謂明神先君也；其二可讀爲“盟詛”，主盟誓詛祝之神也。（228 頁）

〖禤健聰 2007〗楚簡“𥁰禮”二字均從“示”，爲“盟詛”之專字。

按：望山楚簡亦有“𥁰𥚆”，整理者讀爲“盟詛”，認爲字從“示”，似指盟詛之神。[②]“盟詛”還見於睡虎地秦簡《日書》甲種，整理者認爲是職司盟誓詛咒之神。[③]241 號簡有單稱“𥚆（詛）”者，本簡“𥁰𥚆”或爲二神祇，職司分別爲“盟誓”和“詛咒”。

[15]虘（且）敘（除）於宫室

〖劉釗 1992A〗按後一𢼸字讀作“且”，敘字應讀作“除”。除，去也。“除於宫室”即“祓除於宫室”之意。

〖于成龍 1997〗“敘”在古人的卜筮活動中，是專用於“安宅”的術語，它本身的含義是次序凶禍，即禳移。…簡 211“囟攻解於𥁰禮，且敘於宫室”句中敘字之前乃承前而省

①吳振武：《范解楚簡“蒿（祭）之”與李解獄篋“夆豩馨香”》，“中國簡帛學國際論壇”論文，臺北，2007。

②湖北省文物考古所、北京大學中文系：《望山楚簡》，98 頁，北京，中華書局，1995。

③睡虎地秦墓竹簡小組：《睡虎地秦墓竹簡》，182 頁注釋 13，北京，文物出版社，1990。

略攻字。(65 頁)

〖于成龍 1999〗簡文均因占斷有“憂於宫室”之事，方採取敘或攻敘之舉。“憂於宫室”說明了此種舉措的緣由所在。《周禮・春官・眂祲》：“眂祲，掌安宅敘降。”鄭注：“宅，居也。降，下也。人見妖祥則不安。主安其居處也，次序其凶禍所下，謂禳移之。”鄭玄對眂祲一條的詮釋爲我們解決了兩個問題：一方面古人認爲居處不安，即有憂患之事，是妖祥凶禍作祟之故；另一方面，對待居處之祟是採取“敘”的方法，如此，“敘”在古人的卜筮活動中，是專用於“安宅”的術語，其含義是次序凶禍，即禳移。

〖劉信芳 2003〗即簡 229“攻敘”。敘，述也。攻解之禮多以辭責之，是所謂“攻敘”也。(228 頁)

〖王穎 2004〗“宫室”本指房屋，但在簡文中疑指市内之人即家人。(5 頁)

〖沈培 2005〗各家都據劉釗之說解釋讀“敘”爲“除”，顯然是可信的。“除於宫室”前面特地使用“且”字，說明“除於宫室”就是“攻除於宫室”之省。“攻除”見於包山 229 簡。“攻解”、“攻除”都是“攻而解”、“攻而除”的意思。既然“攻除”可以省爲“除”，說明“除”是語義重點。

〖晏昌貴 2007A〗宫室亦指宫室之神。

〖王穎 2008〗簡 211 之“除”似爲“攻除”之省。(129 頁)

[16]三戠（歲）無咎，牆（將）又（有）大憙（憙），邦智（知）之

〖整理者 1991〗智，借作知。(55 頁)

〖楚文字編 1997〗彭（憙）。(227 頁)

〖宋華強 2007A〗包山簡 211 號貞問時限爲“集歲”，占辭說：“少有慽於躬身與宫室，且外有不順。”意思是一年内會有憂戚不順之事發生。說辭部分則擬定了祭禱方案，後占辭說：“吉。三歲無咎，將有大喜，邦知之。”前面貞問“集歲”而此處卻稱“三歲”，這裏的“三”可能也是汪中所稱的虛數，“三歲”只是虛指一個比“集歲”更長的時間段，猶言“數歲”，與《氓》同例。後占辭用現在的話說就是“在相當長的一段時期内不會再有凶咎，且將有大喜之事發生”。(42 頁)

第 5 組

東周之客簪許經（緼-盈）逯（歸）复（作一胙）於葳郢之戠（歲），題（夏）层（夷）之月乙丑之日，盬（盬）吉巳（以）寐（寶）豪（家）[1]爲左尹舵貞：出內（入）时（寺-侍）王，自題（夏）层（夷）之月巳（以）豪（就）寨（集）戠（歲）之題（夏）层（夷）之月，聿（盡）寨（集）〖212〗戠（歲），竆（躳）身尚毋又

（有）咎。占之：死（恆）貞吉，少有亞（惡）[2]於王事，虞（且）又（有）慼（戚）於窮（躳）身，㠯（以）丌（其）古（故）敓（說）之，遞（迻）古（故）箅（蔽）[3]，賽禱（禱）犬（太）[4]，備（佩）玉一環[5]；侯（侯—后）土[6]、司命[7]、司禍（禍）[8]，各一少（小）環；大水[9]，備（佩）玉一環；二天子[10]，〖213〗各一少（小）環，峗山[11]一玨[12]。遞（迻）鄦（應）會（會）之祱（說），賽禱（禱）宮侯（侯—后）土[13]一羖（羖）。遞（迻）石瘢（被）常之祱（說），至昧（秋）三月[14]，賽禱（禱）卲（昭）王戠（特）牛，饋之；賽禱（禱）文坪（平）夜（輿）君、部公子萅（春）、司馬子音、鄰（蔡）公子豢（家），各戠（特）豯（豢），饋之。賽禱（禱）新（親）母〖214〗戠（特）豬（狙），饋之。盬（鹽）吉占之曰：吉。犬（太）、侯（侯—后）土、司命、司禍（禍）、大水、二天子、峗山既皆城（成）。㕚（幾）中（中）又（有）憙（喜）。〖215〗

集釋：

[1]寶（寶）豢（家）

〖白於藍 1999〗從宀保聲，即宗字。《說文》宗字云："從宀𤓯聲，𤓯古文保。"

[2]亞（惡）

〖整理者 1991〗亞，借作惡，過也。（55 頁）

〖何琳儀 1998A〗亞，讀惡。《淮南子·說林訓》"反爲惡"，注"惡，猶害也。"（442 頁）

[3]遞（迻）古（故）箅（蔽）

〖曾憲通 1993〗"迻故篇"謂移用故書所載有關報祭的禮儀，故下文所言盡爲塞禱之事。

〖李家浩 1997B〗是說貞人鹽吉根據卜筮的結果，決定"以其故說之"的內容迻用"故畢"的。我們認爲"故畢"猶"故志"、"故記"等，指貞人卜筮時所用的卜筮書。

〖邴尚白 1999A〗由於一般的"迻某人之說"都是用過去貞事中不同貞人的說辭，"故蔽"也有可能是指同一貞人自己以前提出的說辭。(78 頁)

〖陳偉 2003〗"移"也許讀爲"施"，是指施行他人祱辭或"故蔽"中所說的祭祀計劃。

〖劉信芳 2003〗"施故蔽"者，謂施行以往占卜所得有關祭祀諸事。（220 頁）

〖沈培 2006〗回頭再看包山簡 213～214"以其故敓之，迻故蔽"的說法。我們認爲"以其故說之"和"迻故蔽"二者之間是並列的關係，即既要"說"此次占卜所得之祟，又要"迻"過去的"敝"、"弊"或"憋"。因此，簡文所記先祭祀太、后土等神，此乃爲"敓"此次占卜所得之祟；其後又分記"迻鄦會之祟"、"迻石被裳之祟"，這兩個"迻"的內容合起來當即"迻故蔽"的內容。

〖十四種 2009〗邴氏之說可從。宋公盛公鵬聘於楚之歲荊层乙未，鹽吉、石被裳、應會相繼爲卲佗貞問。本次貞問鹽吉所迻應會之說，石被裳之說，均出自上次貞事。“故蔽”大概也是如此。由於“迻”者是鹽吉自己，所以不稱貞人名。（108 頁）

按：其他簡“迻某某之敓（說）”之後緊接“說”的具體内容，“迻故蔽”與“迻某某之敓（說）”的性質應是相同的，其後所接“賽禱太，佩玉一環；后土、司命、司禍，各一少環…”應是“故蔽”的内容。簡文無論“弃某某之敓（說）”或“迻某某之敓（說）”，其内容均爲之前或同一時間進行占卜的貞人之“說”，而此前鹽吉之“說”見於 197-198 號簡，内容爲“思攻解於人禹”，而簡文“迻故蔽”的内容爲“賽禱太，佩玉一環；后土、司命、司禍”，二者並不相同，因此說迻者是鹽吉自己的意見不能成立。此“故蔽”的内容或許爲此前某一貞人之“說”，但具體内容則不得而知。

[4]犬（太）

〖湯餘惠 1992〗疑即天字。…似皆可讀爲妖孽之妖。

〖湯餘惠 1993〗衣，神祇名，不詳。（153 頁）

〖李零 1993〗此神在簡文中是列於眾神之首，從地位看，應即太一。

〖劉信芳 1993〗“太”即楚人所祀“太一”。…釋楚簡“太”爲《九歌》“太一”，於原簡極通暢，應無疑問。

〖袁國華 1993B〗“包山楚簡”簡 214 的“裳”字從□作□，“□”“□”應是一字，故簡 215 的“□”字應隸作“衣”而入“衣”條。

〖李零 1995〗“太”是從“大”分化，古音爲透母月部，與“大”字形、讀音都很相近，不同處只是把刑具加於左手（但□似是加於左足）。

〖滕壬生 1995〗疑釋作太，似爲太陽神地專字。…古文字大、太本來是一個字，而在戰國文字裏，大和太開始走向分化。□字加“丿”正是將大和太區別開來的標誌。（45 頁）

〖黄人二 1996〗隸作“衣”，諸家無釋，指太一神。…太一神可云“䰞太”、“太”、“衣”。（43 頁）

〖孔仲溫 1997B〗可知太一星爲天極星，爲天上最尊貴的一顆星，是天帝所居，所以“太一”象徵天帝，因此在祭祀后土、司命、大水諸神之前，必須先祭祀天神太一。…其實，就前面所論太一天神爲宇宙間最尊貴，似人形，爲萬物之父這幾點而言，個人以爲“□”上加點畫，正是有標記其爲天神的作用，它或許正是“太一”的專字而讀作“太”，其形音近“大”，又與“大”通，所以《包山楚簡》又從“示”從“大”。

〖何琳儀 1998A〗包山簡亦，疑讀夜。（552 頁）

〖李零 1999B〗楚簡卜簡述神祇之名，頭號神祇是□（或加示旁）《包》、《望》無說，我在 1990 年用英文發表的一篇小文（“the formulaic structure of Chu divinatory bamboo slips，” translated by William G.Boltz，Early China no.15，pp.71-86）中提出推測，認爲此字應即“太”字，所當神祇即天神最尊者太一，後來並在《包山楚簡研究（占卜類）》(《中國典籍與文化論叢》第1輯，中華書局1993年）和《古文字雜識（五則）》(《國學研究》第3卷，北京大學出版社1995年）中做進一步論證，指出此字與大、叕、蔡、釱等字同源，古書中往往以“太”（或“泰”）省稱“太一”（或“泰一”）。

〖連劭名 2001〗“策”，簡文原字寫作“夾”。整理者未釋。該字有四種不同寫法:（1）見簡（213、215），是最標準的形體，字從“大”，右側有一“人”，左側相應的位子亦當有一“人”，但是省略了。（2）見簡（227、237），字從“大”，右側加一點，是簡省寫法。（3）見簡（210、218），左側從“示”，右側同（2）右側。（4）見簡（243），左側從“示”，右側從“大”。四者表示的概念完全相同。“夾”讀爲“筴”，字又作策。…除上引簡（218）外，其他簡文中的“策”都是指“命”。…“命”有大小之分，《逸周書·命訓》云：“曰大命有常，小命日成”。此即屈原《九歌》中的“大司命”和“少司命”。

〖于成龍 2004A〗楚簡中至上神寫作“大”，是以“大”言天。…楚人以天指上帝。（102-104頁）

〖王青 2004〗這些字均爲“夭”字，都是兵器砍人身體的象形，只不過隨著兵器的不同(刀、劍、戈、戟等)，所砍部位的不同(腰、頸、肩、臂等)而發生種種變化。…由於“夭”字有“砍首”之義，所以“夭”又有不終、強死之意。…另外，226簡及227簡上的占辭對我們也有所啟發。此條占辭將夭與兄弟無後者邵良、邵輮、縣駱公並祭，爲什麼?因爲夭即“新王父殤”，爲無主之鬼，與兄弟無後者是同一性質的鬼神。所以，我認爲，夭實爲夭字，在包山楚簡中指死後無所依歸的厲鬼。

〖董珊 2007B〗我認爲，楚卜筮祭禱簡的“祆”或“袄”字均應從“大”聲讀爲“厲”。…古人認爲疾病災禍之起，在於鬼、神爲祟。爲祟之鬼稱爲“厲”即厲鬼。…“犬”是爲祟之鬼。所以把“犬”讀爲“厲”，正合於厲鬼爲祟這種古代觀念。…雖然古人認爲占卜可以辨祟，但並不是每一次占卜都能把真正作祟的鬼神辨清。楚簡所見，也常常泛泛而言“有祟”，而不說出到底是哪種鬼神作祟。…見於例（4）的“新王父殤”、(5）的“絕無後者與漸木立（位）”、(6）的“大川有汸”（7）的“昭王、文君、文夫人、子西君”則都是明確了作祟的鬼神名稱。“厲”是一個集合的概念，因此例（1）～（3）所見的“有祱（祟）於犬”等語，也是屬於泛泛而言有厲鬼作祟而並非指明。…文獻中的“厲”可以與“社”、“司命”先後列舉，楚簡中則是“犬”與“社”、“司命”共同受祭，綜合起來看，“犬”就應該是“厲”。在楚簡除祟之占的擬議祭禱中，“犬”常常排在首位，這是因爲，從我們對求祟之占的討論來看，古人認爲疾病禍祟是

“厲”所導致的，所以要首先祭禱“厲”，以解除“厲”所做的“祟”，同時也請求“社”、“司命”等神的干預。因爲對“厲”的祈求最爲直接，所以祭祀“犬”的祭品也常常比社、司命略重。…在楚簡除祟之占中，“犬”既受到祭禱，又是被攻解的對象。“犬”應是作祟的厲鬼，祭禱厲鬼的目的，是希望移除厲鬼所作之祟。…楚簡中的“犬”及從“犬”的字，都可以從“大”聲出發，最終得到比較合理的解釋。由此來看，“犬”就應該是從“大”分化出來的一個字，所以其讀音與“大”相同或接近。

〖宋華強 2007A〗李家浩曾把楚簡中的神靈名“犬”（又寫作“祆”、“夶”、“祆”等形）釋爲從“卜”得聲之字，“疑讀爲《周禮·地官·族師》‘春秋祭酺’的‘酺’。‘酺’或作‘步’、‘布’”。按，“卜”是幫母屋部字，“酺”是並母魚部字，“步”是並母鐸部字，“布”是幫母魚部字。“卜”和“酺”、“步”、“布”聲母相近，但是韻部相距較遠。孟蓬生曾把上博簡《柬大王泊旱》之“泊”讀爲“酺”，字音上較爲妥帖。不過根據《族師》云“春秋祭酺”，《校人》云“冬祭馬步”，《史記·封禪書》以“布”與諸神靈名並列，鄭玄注又明言“酺”是“爲人災害之神”，“酺”、“步”、“布”明顯都是祭禱對象，不是祭禱名稱。現在我們既然在楚簡中找到了真正的“步”神（按：指新蔡甲三 76 號簡字），可知李、孟二氏所釋都是不可信的。（147-148 頁）

〖蕭毅 2010〗楚簡中的“太”或徑作“大”，或從“示”，或在肢上加點，或在腋下加點。楚簡中有從“卜”作的“太”字，…其所從的“卜”很可能是腋下的點與從軀幹上剝離下來的豎筆組成的。（72 頁）

〖陳峻誌 2011〗此字目前被多數學者釋讀爲“祆(祆)”或“大(太)”，有沒有示旁不影響字義，所以此神就是楚國的至上神“太一”。…接著回來探討將和釋爲太一的原因。首先因爲在詞例中，、是最大的神，祭品也最豐富，而包山簡和望山簡都是楚國人之紀錄，楚國之最大神當然就屬〈九歌〉的東皇太一了。並且東皇太一到了漢代以後直接稱作太一，因此、應即楚人所祀的太一神。此外，在同樣的詞例中，包山 237 簡字作，但包山 243 簡和望山 54 簡卻作、，前一例即比“大”多一撇的爭議字，後兩例的偏旁卻是毫無疑問是標準的“大”，因此可以確定釋爲“祆(祆)”通爲“大(太)”。簡言之，似乎可以認爲、大在楚地作爲神名時無別，而可從亦可從大… 如果爲太一，那麼多加的一撇可以是太字下的一橫改變位置(不過楚系文字目前見到的太字，皆由大字通假)，也可以是爲了特意標注此爲太一神所作的區別符號，與加上示旁作的用意相同，正如“大”分化出“太”一般；從示又多一撇的字則是書手已經習慣將表“太一”意的“大”多一撇，在轉寫時也順手多寫了一撇，因此在包山簡有沒寫成形的(簡 243)字，望山簡的書手則未知原因沒有用表示太一的專用字或，而直接作從大的𥘠。如果此說可信，那麼太一就可以簡稱爲𥘠、大、𥘠，隸作祆、袄、太或大。…然而同是楚地神祇的𥛿應可視爲“行”的神化，文字結構與𥘠是相近的，因此從𥘠(包山 243)一字可以確定，無論如何𥘠是個神名，其中“示”爲義符用以表示神祇，“大”必然是此神的名諱所在。

[5]備（佩）玉一環

〖整理者 1991〗備。…於此讀作佩。（55 頁）

〖何琳儀 1998A〗①“備玉”，讀“佩玉”。（125 頁）②環，璧。（990 頁）

[6]矦（侯－后）土

〖整理者 1991〗矦土，即后土。《周禮・天官・大宗伯》：“王大封則先告后土”，注：“后土，土神也”。（56 頁）

〖李零 1993〗即司地之神。

〖劉信芳 1993〗楚人后土之神即《九歌》中的“云中君”。

〖李零 1994〗地祇中之最尊者，此神似乎又可以分爲若干種，如簡文有“宮侯（后）土”，似即“后土”中之司宮宅者。

〖陳偉 1996A〗敓辭中太或蝕太與非人鬼類神祇一起出現過五次，緊接其後的神祇，3 次作后土（簡 212-215、218-219、236-238），另外兩次分別作社與地主（簡 209-211、218-219）。這顯然是同時禱祠天、地之神，從而在一定程度上證實文獻所示后土、地主和社的同一性亦見於簡書。（161-164 頁）

〖晏昌貴 2007A〗社、后土、地主均爲土地神，古書中三者常可互訓，…楚卜筮簡三者同出，所用祭品互有不同，可見社、后土、地主在簡文中分別甚明，並非同一個神祇。社、后土、地主名稱的不同，可能是來自不同地區人們對大地之神的信仰，隨著人口的遷移和交往的頻繁而逐漸合流，由於這種合流可能很早即已發生，文獻中的相關記載很少，我們已經難作出精確細緻的區分了。從其源上看，社似乎來自東方夷人信仰，后土來自西土，地主來自南方。及至戰國時代，社的神職最爲廣泛，地主其次，后土最狹。從楚卜筮的祭品反映的尊卑看，社最高，祭品爲戠牛樂之（天星觀）、全豠（包山），后土、地主其次，祭品均爲羊或豭。

[7]司命

〖整理者 1991〗司命，《周禮・天官・大宗伯》：“以槱燎祀司中、司命”，注：“司中、司命，文昌第五、第四星”。古人以爲，司命“主知生死，輔天行化，誅惡護善也”。（56 頁）

〖劉信芳 1992B〗惟屈原《九歌・大司命》云：“何壽夭兮在予。”已明言其爲掌生死之神。

〖李零 1993〗《史記・天官書》："鬥魁戴匡六星曰文昌宮：一曰上將，二曰次將，三曰貴相，四曰司命，五曰司中，六曰司祿"，其中第四星爲"司命"《楚辭・九歌》也有"大司命"、"少司命"，分爲二神。…或前者（按：指包山楚簡"司命"）即大司命。

〖湯餘惠 1993〗司命、司祿，文昌六星中的第四、第五星名，見《漢書・天文志》，簡文中均爲祭祀祈禱的神祇。(153 頁)

〖陳偉 1996A〗司命與宮地主位次相當，也應是同一神祇。(166 頁)

〖何琳儀 1998A〗"司命"，掌管生命之神。(110 頁)

〖胡雅麗 2001A〗"司命"、"司禍"均爲星神。"司命"主司人之老幼與生死。

〖劉信芳 2003〗司命應是掌生死之神。(228 頁)

〖晏昌貴 2006A〗司命神源於古代人民對生命的信仰和對年壽的追求，它首先是司掌生命年壽的職能神，後來與星辰崇拜和占星術相結合，當作星辰之神而被納入國家祀典。人漢以後，司命神降至人間，成爲宮中小神。在道教傳統中，司命又寄存於人的身體之內，成爲"人神"。…在天、地、人系統中，就都有了司命的蹤影，而司命作爲司職生命年壽的職能並沒有改變。

〖楊華 2006B〗司命被視爲與生死、疾病相關的生命之神，其崇拜在春秋戰國時期頗爲流行，諸子典籍如《孫子》《管子》《莊子》中，屢有所見。

〖黃尚明 2011〗司命爲掌握人的年壽的神。

[8]司禬（禍）

〖整理者 1991〗司禬，神祇名。(56 頁)

〖劉信芳 1992B〗至於《周禮》之"司中"，楚簡之"司骨"，則可與"少司命"相互發明。

〖湯餘惠 1992〗司命、司禬並提，司禬應即司祿。…禬從骨聲，祿（錄）從錄聲，屋物二部入聲旁轉，音近可通。

〖李零 1993〗司禬（簡 213、215)。次字是楚文字中的禍字。禍可讀爲過。《開元占經》引《黃帝占》謂文昌六星中的第五星爲司中，"主司過詰咎"，《抱樸子・微旨》引《易內戒》《赤松子經》《河圖記命符》也提到"天地有司過之神，隨人所犯輕重，以奪其算，算減則人貧耗疾病，屢逢憂患，算盡則人死，諸應奪算者有數百事，不可具論"。此神與司命有關。或前者即大司命，此即小司命。

〖陳偉 1996A〗在簡 212-215 中，司禍位於中溜之後，大水之前，可能也屬於五祀之一。禍有罪的意思。…傳說灶爲司罪之神。…司禍應即五祀中的灶（165-167 頁)。

〖吳鬱芳 1996〗拙見以爲"司禬"應爲司禍 …江陵天星觀楚墓出土的卜禱簡文中有"司

禍”，爲楚巫所祀的神靈，當即《包山楚簡》中的“司禍”。

〖胡雅麗 2001A〗“司命”、“司禍”均爲星神。…“司禍”即“司中”，爲司過之神，主奪人命算，因人過失扣其壽數。

〖湯璋平 2004〗當是《漢書・大文志》所列文昌宮第六星“司災”。

〖晏昌貴 2006A〗今按:司中爲文昌宮星或三台(能)星已見上舉，但古之“司中”可能另有含義。《周禮・春官・天府》:“凡官府鄉州及都鄙之治中，受而藏之，以詔王察群吏之治。”鄭玄注引鄭司農云:“治中謂其治職簿書之要”。江永說:“凡官府簿書謂之‘中’，故諸官言‘治中’、‘受中’，《小司寇》‘斷庶民訟獄之中’，皆謂簿書，猶今之案卷也，此中字之本義”。《國語・楚語上》:“余左執鬼中，右執殤宮”，韋昭注:“執，謂把其錄籍”。“籍”正是“中”字的本義。後世相傳生人各有綠籍，神界亦有專司錄籍之神，…簡文司禍或即指此。

〖楊華 2006B〗包山簡整理者只指出它係神祇名，但究係何種神祇，一般無解，陳偉先生認爲它是“五祀”之一灶神的別稱，恐亦不確。

〖黄尚明 2011〗司禍是掌管災害的神。

[9]大水

〖整理者 1991〗大水，即天水。大、天字古通。《史記・封禪書》:“梁巫祠天地、天社、天水、房中、堂上之屬”。(56 頁)

〖劉信芳 1992A〗“大水”作爲神祇，肯定不會是黄河之神，楚人不祀河，已見於《左傳》哀公六年，“大水”應指天漢之神。

〖李零 1993〗大水(簡 213、215、237、243、248)。大川。《楚辭・九歌》有:“河伯”掌“九河”。

〖湯餘惠 1993〗大水，自然神，未詳；古人祭不過望，疑指長江。(153 頁)

〖望山簡 1995〗疑“大水”即“天水”。或謂指大江之神。大水又爲星名。《左傳》昭公十七年:“衛，顓頊之虚也，故爲帝丘，其星爲大水。”(97 頁)

〖陳偉 1996A〗大水爲淮水別名。(169 頁)

〖吳鬱芳 1996〗拙見以爲《包山楚簡》中的“大水”應爲洪水，今猶稱洪水爲大水。簡中禱“大水”凡四見，三在楚曆荊夷之月，即今農曆暮春三月，一在楚曆夏夷之月，即今農曆初夏四月，正是春夏水漲，洪水氾濫之時，是可爲證。古人視洪水如猛獸，故春夏之際必祭“大水”，簡 246 謂“攻解於水上與沒人，”就是祠禱大水及水死者的記載。古代上巳之日的水上祓禊及端午競渡，也是舉禱大水的遺俗。人格化的大水之神有陽侯，《楚辭・哀郢》曰“淩陽侯之氾濫兮”，王逸注謂:“陽侯，大波之神。”楚簡中的大水當即陽侯之流的神靈。

〖何琳儀 1998A〗“大水”，見《釋名·釋水》“天下大水四，謂之四瀆，江、河、淮、濟，是也。”楚簡中似指長江。或說，星名。（923 頁）（按：1234 頁云：“‘大水’，洪水之神。參《禮記·月令》‘季秋行夏令，則其國大水。’”）

〖胡雅麗 2001A〗所以“大水”應該就是元水，即最初形態的水，其神即爲一切水之總神，或可徑讀爲“太水”。

〖連劭名 2001〗“大水”是道神，即《周易》中的“大川”。

〖湯璋平 2004〗大水之神當爲掌管地上的江、河、湖、海眾水域之神。

〖王澤強 2005〗楚墓出土竹簡所見神靈“大水”不是星云，也不是淮河，而是楚國貴族祭祀的水神。從就近原則和“祭不越望”的禮制來看，它當是楚國第一大河----長江的水神。楚國都城長期建在長江邊上，江水是楚國的命脈，又時常對楚國人構成巨大的威脅，所以自春秋起，楚國貴族就把長江列爲首要的祭祀對象。望山竹簡整理小組疑其爲“大江之神”，已接近事實真像，只是語焉不祥。傳世文獻中未見這樣的材料，楚墓出土竹簡正好彌補了這一缺憾。

〖晏昌貴 2005B〗“大波”即“大水”。

〖晏昌貴 2006B〗楚簡“大水”也可能指海神。《禮記·月令》“季秋之月”條“爵入大水爲蛤”。鄭玄注：“大水，海也。”

〖楊華 2007〗秦漢時期祭五嶽、四瀆，四瀆指江、河、淮、濟，這是帝國大統時期的人川之祀，鄭玄、高誘注解“大水”，蓋出於漢人理念，至於戰國時期江陵楚郢是否遠祭淮河，尚不能確定。另，在江蘇邗江胡場 5 號漢墓(漢宣帝本始四年，前 70 年)所出之神靈名位牘中，淮河不稱“大水”，而專有“淮河”之名。所以，頗疑楚人所祀之“大水”仍是長江或漢水的專名。

〖蔣瑞 2008〗楚簡所祀大水，就是顓頊。因爲是楚人所知道的最早的祖先，並且是五帝之一，所以祀格至高並普遍信仰；因爲是遠祖，所以雖然有請求，卻沒有近祖及相對的近祖頻繁；因爲是祖先，所以雖然其主管爲大水，當然也可保佑身體；因爲是水帝水神，當然可稱爲“大水”:既主管大水洪水，“大”也可以兼含敬意。一切都得到介理的解釋。那麼講到“大水”與楚辭的關係，顯然就不能與《九歌》“河伯”對應，而應是《離騷》的“高陽”。

[10]二天子

〖整理者 1991〗二天子，神祇名。（56 頁）

〖劉信芳 1992A〗“二天子”應即《九歌》所述神祇湘君、湘夫人。……《九歌》王逸注認爲“湘君”爲湘水之神，“湘夫人”爲堯之二女。洪興祖補注認爲二湘就是堯之二女。從詩歌的内容看，洪興祖的說法是可信的。…《山海經》中有“三天子”，對於我們理解“二天子”甚有幫助。《海内經》：“南海之内有衡山、有菌山、有桂山。有山名三天子之都。南方蒼梧之丘，蒼梧之淵，其中有九嶷山，舜之所葬，在長沙零陵界中。”“三天子”應是“二天子”之誤，古書中從未見堯之“三女”的說法。衡山、九嶷山相去未遠，是堯之二女葬於南嶽附近，名其山曰二天子之都。《海内南經》有“三天子鄣山”，《海内東經》有“三天子之都”，其他皆在長江下游。堯二女之“二天子之都”應是涉“三天子之都”而誤改。

〖湯餘惠 1992〗今按當是自然神祇，來源於二山名。…參照古書記載率山異名，似有理由認爲所謂“三王山”、“三天子都”、“三天子鄣”乃是三座山峰的總名，率山乃三王山之一。237、243 兩簡“二天子各一牂”，表明二天子各是一山，加上率山正是三山。古書把率山徑稱三天子都、三天子鄣和三王山，實際上是不夠確當的。

〖李零 1993〗二天子。疑指時王的祖考，即楚宣王和楚威王。

〖李零 1994〗二天子。不詳。但簡文列於“大水”和“坐山”之間，似屬地祇。

〖陳偉 1996A〗依《山海經・中山經》“洞庭之山”條原文，帝之二女應是山神。《史記・秦本紀》記博士所述與《山海經》之說爲同一故事，“洞庭之山”應即湘山，二天子爲湘山之神。（170 頁）

〖李家浩 2001B〗劉、湯二氏把“二天子”與《山海經》“三天子之都”和“三天子鄣山”聯繫起來，值得注意。湯氏說法可能是對的，即簡文“二天子”是“三天子鄣山”中的二山。

〖連劭名 2003〗“二天子”應是伏羲，神農。

〖晏昌貴 2007A〗簡文稱“天”之“二子”，《山海經》稱“帝之二女”，其實都是人神的天神化，又降處江、湘之間，居於洞庭山（即今湖南君山），爲山川神靈，是一身而兼有三種神格，這在楚卜筮簡中是很少見的。

[11]峗山

〖整理者 1991〗峑山，山名。裘錫圭先生釋坙爲坐，馬王堆帛書《雜占》“坐昜”也作“坙昜”。（56 頁）

〖湯餘惠 1992〗不難看出[illegible]即[illegible]之半，可隸定作巳，是巳即巽的省體。…簡文“巽山”（243 簡），又寫作“巺山”（214、215 簡），也寫作“僎山”（237 簡），三者書寫形式各異，實指相同。我認爲當即今安徽婺源西北之率山。…率山古多異名，又稱三王山、張公山、三天子都、《山海經·海內南經》謂三天子鄣山。率山爲黟山山脈支峰，戰國當爲楚地。楚包山簡裏的率（巽）山是被當作自然神來祭禱的。…參照古書記載率山異名，似有理由認爲，所謂“三王山”、“三天子都”和“三天子鄣”乃是三座山峰的總名，率山乃三王山之一。237、243 兩簡“二天子各一”，表明二天子各是一山，這樣加上率山正是三山。古書把率山徑稱三天子都、三天子鄣和三王山，實際上是不夠確當的。

〖李零 1993〗疑即五山之一。

〖劉信芳 1993〗“夕山”應是楚人所祀山神名。…《九歌》有“山鬼”，應與“夕山”之神相類。…楚簡“夕”字從夕從土，祭夕山之禮或與臘祭相類。…頗疑夕山與楚人葬所有關，《左傳》莊公十六年：楚文王卒，“鬻拳葬諸夕室。”杜注夕室爲地名，未知何據。“夕室”或指夕山之室。

〖陳煒湛 1994〗237243 釋文釋爲山，無說。按此字從土在凵中，凷也。…即今塊字。

〖陳偉 1996A〗峗（佹）山，《漢書·地理志》南郡“高成”縣下原注：“洈山，洈水所出，東入繇。”峗（佹）山不知是否即這處洈山。（170 頁）

〖饒宗頤 1996〗𡊄字和侳同詞異寫。餘謂其所從的夕不是夕字，應爲肙的下半。…“𡊄”殆㘸之省形，侳增益人旁，則爲例字，㘸、例均是“列”的假借，故𡊄山、侳山都可以釋爲列山，或釋爲坐，無義可說。炎帝古又稱曰列山氏，或作厲山氏。…包山簡中侳山與祝融同見，侳山應爲列山，依鄭玄說，即是炎帝。列山氏亦可稱曰連山氏，包山簡又作五凷，與昭王並祭，彭浩等釋凷字爲山，五山或即連山氏。

〖楚文字編 1997〗峑。（443 頁）

〖林清源 1997〗楚簡“”字與“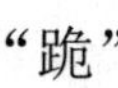”字構形的差別，類似“人”字與“並”字構形的差別，因此不宜認定爲同一個字的異體。況且，這兩個字當作偏旁使用時，從未出現互相替換的現象，這點也可以作爲此二字不是同一個字的佐證。楚簡“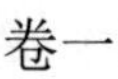”字的構形，與馬王堆帛書“坐”字完全相同，朱德熙等人釋爲“坐”，其說有憑有據，可以信從。（110 頁）

〖何琳儀 1998A〗峑。（881 頁）

〖陳劍 2005〗古代之“坐”本即“跪”，“危”應是“跪”之初文，“危”與“坐”形音義關係皆密切，很可能本爲一語一形之分化。

〖晏昌貴 2006B〗字書中，“峗”均指三危山，如《原本廣韻》卷一：“峗，三峗，山名。出土文獻中，“三危”亦有寫作“危”的，銀雀山漢簡《孫臏兵法·見威王》：“擊三苗，方（放）之危。”“危”即指“三危”。（李均明：《孫臏兵法譯注》，河北人民出版社 1995 年，第 7 頁）可證楚卜筮簡中的“危山”、“峗山”可指三危山。

〖王偉 2011A〗《包山楚簡》的“峗山”作爲祭祀對象，指的應該是“三危山”。…三危見於《尚書》之《堯典》、《禹貢》和《孟子》等典籍，三危的位置，說法不一，但作爲古代西部邊疆山名則無疑。

按:及從之字最初多釋爲“坐”，李零在討論楚文字形近混用時，舉出“危”、“坐”二字，並說楚簡中“危山”舊釋“坐山”似可重新考慮。[①]及從之字在楚簡中可有“坐”、“危”兩讀，上博楚簡《柬大王泊旱》18 號簡“必三軍有大事，邦家以軒輊，社稷以歟？”、上博楚簡《凡物流形甲》16+26 號簡“邦家之安存亡”均應是讀爲“危”的。而在上博楚簡《容成氏》14 號簡“舜於是乎始免刈、鉏、耨、銛，拜而之”、上博楚簡《君子爲禮》1 號簡“夫子曰：‘，吾語汝’”的辭例中，讀爲“坐”則比較恰當。因此讀“危”還是“坐”需要依據辭例辨別，包山楚簡之字暫釋爲“峗”。清華楚簡《楚居》1 號簡有“季連初降於郻山”，整理者懷疑“郻山”即“騩山”，[②]復旦大學讀書認爲包山 237 號簡之“峗山”或也與此有關。[③]守彬認爲郻山應該是季連的出生地或者最初得到的封地。[④]李學勤認爲郻山即在今河南新鄭、密縣一帶的具茨山，與季連爲祝融之子的傳說有關。[⑤]

[12]玨

〖陳偉 1996A〗瓛（玦）。(233 頁)

〖何琳儀 1998A〗疑玨狀玉器。(198 頁)

〖邴尚白 1999A〗此字右旁與金文中的“氒”字（即“厥”之古字）頗相似。從文義上看，釋爲“瓛”，讀作“玦”，十分相合。(115 頁)

〖劉信芳 2003〗“鈕”字古文。(230 頁)

[13]宮医（侯-后）土

〖李零 1993〗也應是司宅地之神。

〖李零 1994〗似即“后土”中之司宮宅者。

〖陳偉 1996A〗“宮后土”當即“宮地主”。(161 頁)

[14]至昧（秋）三月

①李零:《郭店楚簡研究中的兩個問題》,《郭店楚簡國際學術研討會論文集》，47-52 頁，湖北，湖北人民出版社，2000。

②李學勤主編:《清華大學藏戰國竹簡（壹）》，182 頁，上海，中西書局，2010。

③復旦大學讀書會:《清華簡〈楚居〉研讀札記》，復旦大學出土文獻與古文字研究中心網，2011 年 1 月 5 日。

④守彬:《讀清華簡〈楚居〉季連故事》，簡帛網，2011 年 1 月 10 日。

⑤李學勤:《論清華簡〈楚居〉中的古史傳說》,《中國史研究》2011（1），54 頁。

〖晏昌貴 2005A〗第 14 簡（按：指秦家嘴卜筮祭禱簡）：尚毋又（有）咎？占之恆貞吉，少有慽於宮室，以其故敓之。方秋三月，…包山楚簡 214 號：“至秋三月，賽禱卲王戠牛，饋之”。楚人大約有在秋季賽禱的習俗。

第 6 組

東周之客簪許絽（縕-盈）逯（歸）厇（作一胙）於葳郢之戢（歲），頣（夏）层（夷）之月乙丑之日，苛嘉㠯（以）長歬（萷）[1]爲左尹虎貞：出內（入）時（寺-侍）王，自頣（夏）层（夷）之月㠯（以）亯（就）集（集）戢（歲）之頣（夏）层（夷）之月，聿（盡）集（集）〖216〗戢（歲），竆（躳）身尚母（毋）有咎。占之：死（恆）貞吉，少又（有）慼（戚）於竆（躳）身，虘（且）外又（有）不訓（順）[2]，㠯（以）亓（其）古（故）敓（說）之。舉（舉）禱（禱）楚先老僮[3]、祝韝（融）、媸（毓-鬻）酓（熊）[4]各一牂[5]，囟（思-使）攻解於不殆（辜）[6]。苛嘉占之曰：吉。〖217〗

集釋：

[1]長歬（萷）

〖整理者 1991〗剸，則字異體。（56 頁）

〖何琳儀 1993A〗應釋“歬”。…“長歬”或作“長惻”207 均爲卜筮用具。

[2]不訓（順）

〖整理者 1991〗訓，讀如順。（56 頁）

[3]老僮

〖整理者 1991〗老僮，楚人先祖之一。《史記·楚世家》：“楚之先祖，出自帝顓頊高陽。高陽者，皇帝之孫，昌意之子也。高陽生稱，稱生卷章（集解引譙周‘老童即卷章’），卷章生重黎”。（56 頁）

〖饒宗頤 1996〗楚先祖老僮亦爲被禱祭之一。《大戴禮·帝系》：“顓頊娶於滕氏，滕氏奔之子謂之女祿氏，產老童。”《山海經》郭璞注引《世本》：作滕墳氏，產老童，其名相同，惟作老童，童、僮一字。《西山經》則作耆童，《史記·楚世家》作卷章，疑皆形訛。老僮之母滕墳氏，朱學浩說引《說文》：“涌，滕也。一曰涌水在楚國。”謂滕墳猶言涌墳。因涌水而得名。余考殷卜辭有重伯，（《合》二三九六）降及戰國，包山簡有重夜君，均即涌（滕）墳氏之後。

〖劉信芳 2003〗“卷章”應爲“老童”之形訛。（231 頁）

[4]祝韝（融）、媸（毓-鬻）酓（熊）

〖李學勤 1988〗所以包山簡這個字是從“女”，“蟲”省聲，古音在冬部。它和在質部的“穴”字不會有什麽關係，因而簡上這一楚先祖名是穴熊的可能性應該排除。鬻熊的“鬻”是喻母覺部字。…“鬻”字和喻母冬部的“融”字剛好入、陽通轉。“媸”和“融”都從“蟲”省聲，故可“鬻”通假。包山簡提到的這個楚先祖不是別人，乃是文獻中的鬻熊。

〖整理者 1991〗①祝融，楚人先祖之一。《史記·楚世家》：“重黎爲帝嚳高辛居火正，甚有功，能光融天下，帝嚳命曰祝融”。（56 頁）②媸畬，李學勤先生釋作鬻熊。（56 頁）

〖陳偉 1996A〗《史記·楚世家》記楚君熊通說“吾先鬻熊”，是楚人見於古書的類似說法。先指先人。…簡書“楚先”指楚國遠祖。楚人祭祀祝融、鬻熊，已見於《左傳》僖公二十六年。杜預注、孔穎達疏說他們是楚之遠祖，所以受到祭祀。老童，過去雖由《史記·楚世家》與《史記集解》所引《世本》的對讀，知其爲祝融之前的楚人遠祖，但他在戰國時與祝融、鬻熊並列受到楚人祭祀，則是簡書提供給我們的新認識。（170 頁）

〖李家浩 1997A〗根據古文字資料，“𩫏”字在古代，既代表城郭之“郭”這個詞，也代表城墉之“墉”這個詞，所以《說文》古文“墉”與城郭之“郭”的初文“𩫏”同形。“𩫏”字不論是讀爲城郭之“郭”，還是讀爲城墉之“墉”，都與享受之“享”的讀音相隔甚遠，而且二字的古文字字形也不相同，不能把他們混爲一談。但是，“𩫏”字作爲偏旁，在後世多隸變作“享”，與享受之“享”同形。例如“郭”字所從的偏旁本作“𩫏”。從司馬彪注“蜳”音“融”來看，“蜳”字所從偏旁“享”，顯然是“𩫏”字的隸變，在這裏是作爲城墉之“墉”來用的，與享受之“享”無關。《說文》說“融”從“蟲”省聲。上古音“蟲”、“融”都屬冬部，“墉”屬東部。古代東、冬二部的字音關係密切。…因此，“蜳”可以讀爲“融”。總之，“䗥”是“蜳”字的繁文。…從“女”從二“蟲”，可以隸定作“媸”，…應該分析成從二“虫”從“女”聲…“蛪”或“蛪”的異體。…楚國先祖名“某熊”的有穴熊、鬻熊二人。“蛪”與“穴”、“鬻”的讀音都相隔甚遠，顯然簡文的媸畬既不是穴熊，也不是鬻熊，…我們認爲簡文的媸畬即《山海經》的長琴。

〖李零 1997B〗楚文字中的“流”字何以從𧈧或從𧈧再夾一▽，其聲旁值得分析。在楚文字中，帶有這種聲旁的字還有兩個，一個是“融”字，一個是“媸”字，…李學勤先生指出，…“鬻熊”之“鬻”簡文作“媸”，是因爲“鬻”爲喻母覺不字，幽、覺、東三部是陰、入、陽對轉的關係。所有這些字都是以蟲省聲的𧈧作爲聲旁，而蟲正是冬部字。這一考證，除蟲省聲之說容可商榷（𧈧和蟲無別，正猶古文字艸亦作屮或茻，不一定是省聲），確爲卓識。

〖何琳儀 1998A〗①從𩫏（庸），蟲省聲。《莊子·外物》“螴蜳不得成”，釋文“司馬云，蟨蜳讀曰忡融。”其中蜳即䡖之訛，故與融通假。檢《集韻》“蜳，蜳蟨，氣不安定也。”舊音“都昆切”，非是，當據釋文引司馬云讀若融。（276 頁）②從女，蟲省聲。…楚簡“媸酓”，讀“鬻熊”。（276 頁）

〖劉奉光 2003〗[致]禱楚先，老僮、祝融、[媸（蚩）尤]各一牂，乃指向楚地先人老僮（顓頊之子）、祝融（老僮之子）、蚩尤各獻一母羊爲祭。

〖董蓮池 2004〗由此可以推證形參與構形時並列排成“”與上下排成“”時，所表示的應當有別。“”形排列表示的是二“蟲”，則“”形排列所表示的就一定不是二“蟲”。…在戰國文字構形中，作上下排列的二“”原來是“㐬”旁的訛省形體，並非“蟲”的簡省。…䡖音讀應同“融”，䡖從𩫖從㐬，無疑應是從𩫖得聲，𩫖是城墉之墉的本字，與融均爲喻母，一爲東部，一爲冬部，二字同聲，東、冬二部可以旁轉。因此它們的古音是極相近的。所以，字以𩫖爲聲符完全有條件與融相通近。認爲東、冬二部有別而不相通是不對的。㐬在字中則爲義符，我們知道㐬是毓的省體，毓又爲君後之“後”字，“後”字即由“毓”字分化而出。則㐬在字中作爲義符，表示的就是君後之後義。祝䡖的“䡖”因何要以㐬爲義符？我們認爲這和楚人對祝融的尊奉有關。…“㛲酓”這一“楚先”就是見於《史記・楚世家》中的“鬻熊”，其說已得到學術界的普遍承認。簡文鬻字作㛲，表明㛲之讀音近於鬻，過去囿於字從蟲省，需要運用通轉理論才能講通。今既知其從女從帶有水液表示的倒子，而毓字甲骨文作，正作從女從頭部帶水液表示倒子以像生育之形，則此文應爲戰國時期楚系文字中的毓字，故字實應直接釋爲毓，毓字見《說文》，與鬻上古均覺部喻母，古音相同，無需通轉，故見於《史記・楚世家》的“鬻熊”在簡文中可以寫作“毓熊”。

〖賈連敏 2004〗“媸酓”和“穴酓”爲一人，就是穴熊，“媸”從女，䖵（昆）聲，與穴的聲母相近，可通。

〖劉樂賢 2004〗在楚文字中從雙“蟲”得聲之字的字形分析方面，目前存在兩種意見，一種認爲雙“蟲”是三“蟲”即“蟲”之省，另一種則認爲雙“蟲”是由甲骨文“毓”的右部演變而來。我們認爲，除“流”字以外，其餘從雙“蟲”得聲之字仍以前一種分析較爲合適。

〖蘇建洲 2004〗值得注意的是乙一：22、乙一：24、零：288“融”字皆作偏旁從“”，可見舊說認爲“”右旁從“蚩”似可商。“融”（餘冬）應該釋爲從“㐬（毓）”（餘覺），二者雙聲，韻部陽入對轉。換言之，“融”字字形變化的過程由→，如同上引“流”字。所以上述李天虹先生所提“融”、“流”二字偏旁寫法的分別可能是不存在的。另外，《包山》217“舉禱楚先：老童、祝融、酓”，“”字，學者分析爲從

“女”“蟲”省聲，釋爲“鬻”，連下字“酓”讀作“鬻熊”；或分析爲從二“蟲”從“女”聲，以爲是《山海經·大荒西經》“長琴”，也就是“穴熊”。二說何者爲是呢？《葛陵》甲三：188、197“舉禱楚先：老童、祝融、酓”，字可分析爲右旁從“㐬（毓）”，陳偉先生讀作“鬻”，即見於典籍的“鬻熊”應可信，因爲“鬻”、“毓”二字古音同爲餘紐覺部。由字形來看，字應可與《包山》字相對應，換言之，本亦是從“㐬”。也就是說《包山》“酓”應釋爲“鬻熊”。此可與《史記·楚世家》記楚君熊通說“吾先鬻熊”相對應。《左傳·僖公二十六年》：“夔子不祀祝融與鬻熊，楚人讓之”亦是一證。

〖曾憲通 2004〗郭店楚簡和上海竹書公佈後，人們發現所謂“蚩”符其實有著不同的來源。通常釋爲“融（䡇）”字的“蚩”符是蟲的省變，這從《說文》融字籀文從鬲蟲聲、小篆從鬲蟲省聲便可得知。…而一般釋爲“流（湗）”字的“蚩”符則來源於毓字的省文即“㐬”形的訛變。有的“蚩”符旁邊還保留著圓圈形，便是倒子頭形的割裂，後來更連倒子的頭部也省略了，最後訛成了“蚩”形。於是兩個來源不同的“蚩”形遂混而爲一。…這兩個來源不同的符號之所以會混同，必定是以兩者的音同音近爲條件的。…就上面提到的流、㐬（毓）、融三字而言，正代表著上古幽、覺、冬三個韻部的讀音，即代表上古的冬韻及其相配的陰聲韻和入聲韻。…它們（按：指“媸”、“禮”）共有的“蚩”符才是聲符，如此，則“媸酓”、“禮酓”均可讀作“鬻熊”。

〖李天虹 2005A〗楚簡所見“流”字有兩種形體，一種作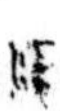（《性情》19），見諸上博《性情論》、《從政甲》等篇；其右旁是“毓”字的省體，古文字本從倒子和三點，以象小兒出生之形，…另一種作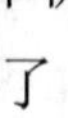（《性》31），右旁在前者基礎上省略了“子”的頭部。…這種省變的“㐬”字與“蚩”混同。望山和包山簡中“祝融”之“融”分別作（望 1：123）（按：摹本作）和（包 237），學者一般將此字隸定爲“䡇”。…這會讓人產生一個疑問，即望山和包山“融”所從“”，會不會象郭店的“流”字一樣，是“”形之省？今按這種可能性雖然存在，但是西周興鐘以及春秋邾公釛鐘銘文“融”均從上下排列的二“蟲”形，所以望山和包山的“融”也可能確實是從“蚩”。那麼“䡇”與“䡆”的關係還存在兩種可能。其一，若“䡇”從“蟲”省聲，則“㐬”與“蚩”屬音符替換；其二，若“䡇”從“墉”聲，則“㐬”是因爲與“蚩”形體相近而至的聲符化，“䡇”乃是一個雙音符字。…望山和包山簡所記楚先祖名；在老童、祝融之後，是（包 217，爲方便起見，後文以 A 代替）熊。…今按將 A 讀作“鬻”的說法已經得到學界的普遍認同，但是新蔡甲三：188 號簡與 A 相當之字作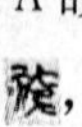，可以隸定爲“”。古“毓”、“鬻”音同可通，…由“”反觀 A，我們覺得其右旁的“”很可能不是“蟲”字之省，而是“㐬”字之省，原因有二。其一，“毓”、“鬻”二字古音相同，比“蟲”、“鬻”更近；文

獻有“毓”、“鬻”通用之例，卻無“蟲”、“鬻”通用的直接例證。其二，古文字“毓”本或從“女”從“㐬”，已有學者將 A 的右旁視作“㐬”的省文，從而認爲 A 就是“毓”字。新蔡“𥛚”字的發現爲此釋提供了新的字形依據。

〖郭永秉 2008〗我們知道，文獻中的“鬻熊”在楚簡中就經常寫作“㜇熊”（“㜇”有時也寫作“𥜵”，從“示”可能是要突出其爲受祭先祖之義），“㜇”其實就是從“毓”字演變而來。“㜇”、“鬻”古音相同，都是餘母覺部字，在表示生育的意義上，二字通用無別。…筆者懷疑“㜇熊”“㜇（毓、鬻）”有可能與殷墟甲骨文的“毓”字相似，也可以讀爲“戚”。…所以筆者懷疑“鬻（戚？）熊”就是熊麗、熊狂等人楚王對其父、祖的一種稱呼，後來這種稱呼固定下來，成爲對他的專稱。不過這種猜測恐怕應該首先證明“鬻熊”並非其本身的名字，而是後世尤其是其子、孫（熊麗、熊狂）對他死後的一種稱呼。現在好像還沒有足夠的證據證明這一點，能否成立有待進一步研究。此外，還有一種可能，我們知道“毓（鬻）”古可訓爲“長”，也可以訓爲“稚”。相對於行輩低於“鬻熊”的，以“熊某”命名的楚王而言，“鬻熊”是楚國可考歷史中的最長先王；相對於行輩高於鬻熊的，也以“熊某”命名的楚國傳說先祖“穴熊”、“長琴（熊）”等人而言，“鬻熊”則是其中最幼者。因此“毓（鬻）熊”的“毓（鬻）”還可疑從這兩方面考慮。（215-216 頁）

〖蘇建洲 2009〗退一步説，從戰國時期楚簡的書寫情形來看，“融”字分析爲從“㐬（毓）”聲在構形上還是合理的。保守一點講，可以認爲戰國時期楚文字有將“蟲”聲替换爲“㐬（毓）”的趨勢。

〖李家浩 2010A〗“㜇熊”與“𥛚熊”是同一個人的不同寫法，這是沒有問題的，問題是“熊”前之字究竟應該釋讀爲什麼字。爲了行文方便，下面以拉丁字母 A 代表這位祖先名字的第一字，B 代表 A 的右旁。㜇、𥛚二字原文寫法如下所示：A_1望山一 120、121A_2葛陵村甲三 188、197。A_1從“女”從 B_1，A_2從“示”從 B_2。…A_1也有寫作從 B_2的：曾孟㜇朱姬簠…簡文“祝融”的“融”字原文也有兩種寫法，分别從 B_1、B_2，從《説文》“墉”字古文“𩫖”：包山 217葛陵新村乙一 22。在葛陵村竹簡發現之前，我們所見到的古文字“融”多是類似上録第一種寫法：㾇鐘甲㾇鐘丙邾公釛鐘長沙楚帛書。主要區别是㾇鐘銘文“融”所從二“蟲”的頭上下相對，而邾公釛鐘、長沙楚帛書和包山楚墓竹簡 217 號“融”所從二“蟲”的頭都向上。過去人們多認爲古文字“融”所從二“蟲”旁是“蟲”字的省寫，或者是“䖵”字，只要是作二“蟲”，都是作左右並列結構，沒有寫作上下重迭結構的。退一步説，即使“蟲”字的省寫或“䖵”字可以作上下二“蟲”，但也不會像㾇鐘“融”所從那樣作二“蟲”的頭上下相對之行和像葛陵村

竹簡甲三 188、197“㳅”、乙一 22“融”等所從那樣作在上下二“蟲”之間加“○”之形。從年代來說，瘋鐘要比邾公釛鐘、長沙楚帛書和楚簡早，B 的字形本當作二“蟲”的頭上下相對之形，爲了書寫方便，後來才把上面一個頭向下的“蟲”也跟下面一個“蟲”夷陽寫作頭向上。據目前已有的古文字資料，在春秋晚期曾孟㳅朱姬簠銘文中，就出現在上下二“蟲”之間加“○”旁的字形。因爲 B_2 是在 B_1 之上加“○”旁而成的，所以在戰國文字中 B 所從“○”可有可無。…在郭店竹簡和上博竹書中，多次出現一個從“水”從 B_1 或 B_2 之字。…這個從“水”從 B_1 或 B_2 之字是“流”字，已得到人們的公認。…下錄戰國中山盗壺、睡虎地秦簡“流”字還可以看出其演變軌跡：中山盗壺《封診式》29 號。中山盗壺“流”字所從“㐬”，將中間的“○”寫作“▽”形，其上“蟲”旁中間“八”字形筆畫當是飾畫。但是，按照《說文》的說法，“流”字正篆和重文所從的“㐬”，即“毓”字所從的“㐬”，亦即倒古文“子”的“㐬”…《說文》篆文“毓”即由類似第五個寫法的“毓”（按：指班簋字）訛變而成，實非從所謂的倒古文“子”。…上揭“融”、“流”二字所從 B，跟“毓”字所從“㐬”，當非一字。…前者從上下二“蟲”或在上下二“蟲”之間加“○”旁，後者從所謂的倒古文“子”，由於文字形體的演變，後來它們訛變成相同形的“㐬”…爲了方便說明，下面把“流”字所從“㐬”作“$㐬_1$”，“毓”字所從“㐬”作“$㐬_2$”。…上古音“$㐬_1$”屬來母幽部，“毓”屬餘母覺部，餘、來二母都是舌頭音，幽、覺二部陰入對轉。或說簡文“㳅”是“毓”字的異體，似有可能。…已知 B 是“$㐬_1$”，那麼上揭古文字“融”可以分析爲從“$㐬_1$”從《說文》“墉”字古文“𩫖”。上古音“融”屬冬部，“墉”屬東部，“$㐬_1$”屬幽部，古代這三部的字音有關。…其所從“$㐬_1$”和墉”字古文“𩫖”，都應該是聲旁。這個字當是“融”字異體…簡文“㳅酓”，李學勤最早指出即“鬻熊”。上面說過，“㳅”可能是“毓”字的異體，“毓”、“鬻”古通，所以李先生的說法已得到學術界的公認。…但是說簡文“穴酓”與“㳅酓”、古書“穴熊”與“鬻熊”都是同一個人應該是正確的。…這說明“$㐬_1$”加注的“○”應該是聲旁，而不是形旁。…僅就“$㐬_1$”、“$㐬_2$”二字本身所反映的音而論，也可以證明“㳅”、“鬻”與“穴”可通。…我們認爲《山海經・大荒西經》所說的“長琴”是“㳅（鬻）熊”或“空（穴）熊”的可能性還不能排除。

按：何琳儀較早指出陶文和中山王器中“流”字所從之“㐬”即“毓”字所從。[1]劉釗根據“流”字在郭店楚簡《唐虞之道》7 號簡中寫作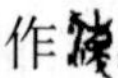，對“流”所從之“㐬”的來源演變作了分析，認爲是由“毓”字的簡體“㐬”漸變而成。[2]但他們尚未論及簡中“𡟰”字。

①何琳儀：《戰國古文字典》，222 頁，北京，中華書局，1998。

②劉釗：《讀郭店楚簡字詞劄記》，《郭店楚簡國際學術討論會論文集》，75-93 頁，武漢，湖北人民出版

楚簡中“祝韞”即“祝融”，“媸畬”即“鬻熊”，這一點學者們已達成共識，其分歧主要在“韞”、“媸”的字形結構上。曾憲通的意見較爲合理，即：“韞”、“媸”所從“蚩”符其實有著不同的來源。楚簡中“媸”所從的“蚩”符應來源於“毓”字的省文“㐬”形，且有訛變，“媸”就是“毓”字，而讀爲“鬻”。而“祝融”之“融”所從的、雖然與“媸畬”之“媸”所從同形，但來源不同。“融”字較早寫法作，從“亯”從“二蟲相對”之形，“融”是雙聲字，暫不論“二蟲相對”是否爲“蟲”的變體，其與“㐬”不同是可以肯定的，而在楚簡中“融”、“毓”二字所從則變得相同。至於楚簡中“毓熊”與“穴熊”是否爲同一人，可以參看魏宜輝、周言、宋華強、郭永秉、李家浩、張富海等人的文章，這裏不作詳論。①

[5]牂

〖整理者 1991〗牂，《廣雅・釋獸》：“吳羊…其牝，三歲曰牂”。（56 頁）

〖何琳儀 1998A〗《說文》“牂，羊也。從羊，爿聲。”（702 頁）

〖劉信芳 2003〗《廣雅・釋畜》：“羊，牡羒，牝牂。”是云牝羊曰牂。郝懿行〈疏〉：“牂羊言肥盛也。”（231 頁）

[6]不殆（辜）

〖整理者 1991〗不殆，與《說文》辜字古文相同，也讀作不辜。鬼名。睡虎地秦墓竹簡《日書》：“人生子未能行而死，恆然，是不辜鬼處之”。（56 頁）

〖吳鬱芳 1992〗昭佗的祖父自然是凶死的厲鬼，極有可能是冤殺。…昭佗在祓禳先祖時常並祀“不辜”，當是因其祖父司馬子音。

〖李零 1993〗是無罪而死的冤鬼。

〖袁國華 1994C〗無罪枉死的人。（52 頁）

〖饒宗頤 1996〗不殆與日月駢舉，楚簡編者引秦簡《日書》“人生子未能行而死恆然是不辜鬼處之”（乙五九簡背）以不殆爲不辜，疑是鬼名，《漢書・地理志》：“左馮翊云陽有越巫䶊鄺祠三所。”《廣韻・十一模》云：“䶊，亦小兒病鬼”，與秦簡說合，惟不知何所本。孫詒讓《諷籀餘錄》謂“䶊從卯無義”，按以卜辭䶊爲用牲祭名，則殆之作䶊，亦非無義可說。

社，2000。

①魏宜輝、周言：《再談新蔡楚簡中的“穴熊”》，簡帛研究網，2004 年 11 月 8 日。宋華強：《〈離騷〉“三後”即新蔡楚簡“三楚先”說——兼論穴熊不屬於“三楚先”》，簡帛研究網站，2005 年 3 月 4 日。郭永秉：《帝系新研——楚地出土戰國文獻中的傳說時代古帝王系統研究》，215-216 頁，北京，北京大學出版社，2008。李家浩：《楚簡所記楚人祖先“娧（鬻）熊”與“穴熊”爲一人說——兼說上古音幽部與微、文二部音轉》，《文史》總第九十二期，5-44 頁，北京，中華書局，2010。張富海：《楚先“穴熊”、“鬻熊”考辯》，《簡帛》第五輯，209-214 頁，上海，上海古籍出版社，2010。

〖何琳儀 1998A〗讀“不辜”，鬼名。睡虎地簡《日書》“人生子未能行而死，恆然，是不辜鬼處之。”（473頁）

〖劉奉光 2003〗乃指祈求祖派鬼兵攻打惡鬼“不辜”，致使解體。

〖劉信芳 2003〗字與《說文》“辜”之古文同。睡虎地秦簡《日書》（簡860反）：“人生子未能行而死，恆然，是不辜鬼處之。”《說文》：“辜，辠也。”不辜鬼即無罪而冤死之鬼。（231-232頁）

〖于成龍 2004A〗不辜即無罪之意。…上列簡文攻解對象中，如“不殆”、“兵死”、“㛃人”、“車馬下之人”、“強死”等均是非正命而死的厲鬼。對於這些作祟的外鬼，古人大多不予祭禱。…對作祟外鬼，如不辜、強死等採取的“攻解”大多並非“攻祭”，而是予以“擊”、“殺”。（47-49頁）

第7組

大司馬悼（悼）體（滑）送（將）楚邦之帀（師）徒㠯（以）救（救）郙（巴）戢=（之戢一歲）[1]，鄭（荊）层（夷）育=（之月）己卯音=（之日），盬（盬）吉㠯（以）琛（寶）豖（家）爲左尹㚔貞：出內（入）寺（侍）王[2]，自鄭（荊）层（夷）育=（之月）㠯（以）豪（就）集戢（歲）之鄭（荊）层（夷）育=（之月），聿（盡）集戢（歲），躳身尚毋又（有）咎。占之：死（恆）貞吉，少〖226〗又（有）慼（戚）竆（躳）身。㠯（以）亓（其）古（故）敓（說）之。舉（舉）禱（禱）蝕（蝕）大（太）一全豢〈豢-豢〉；舉（舉）禱（禱）跬（兄）俤（弟）無遂（後）者[3]卲（昭）良、卲（昭）乘（乘）、縣貉（貉）公[4]，各豜（家）豕，酉（酒）飤（食），蒿之。盬（盬）吉占之曰：吉。〖227〗

集釋：

[1]大司馬悼（悼）體（滑）送（將）楚邦之帀（師）徒㠯（以）救（救）郙（巴）戢=（之戢一歲）

〖包山墓地竹簡整理小組 1988〗文獻中的“甫”國，也就是呂國。甫即姜姓呂國，地在今河南省南陽市西。

〖徐少華 1989〗①結合鄂君啓節和包山竹簡中的邵、悼並見而不混同，“邵”又確爲“昭”的材料分析，“悼”應以釋“悼”爲是。②則包山二號楚墓竹簡大司馬卓滑將楚師所救之“郙”，應即白獅子地二號墓出土的郙王劍之“郙”，亦即蔡國古地的古郙亭、郙鄉，是古偪陽國復國西南以後的居處，地在今河南上蔡縣境內，與位於古宛城（今南陽市）西三十里的古呂（文獻中又作“甫”）國相去遙遠，並無關聯。

〖整理者 1991〗①卲䏍，讀如卓滑。從邵從心，讀如悼。卓滑就是史籍中所說的楚國滅越的功臣，曾任大司馬之職，可補史書缺載。（57 頁）②徒，步兵。《國語・吴語》："帥師徒以爲過賓於宋"。（57 頁）

〖黄錫全 1992〗䯶。

〖劉釗 1992A〗按字從骨從出從心，隸作"䏍"錯誤，應隸作"䯶"。

〖湯餘惠 1992〗①簡文此字數見，細審右上從出，非從之，字從出得聲，大概就是《玉篇》、《集韻》中䯶字的古文。簡文"卲～"即望山楚簡中的"邵固"。②遾字省體。

〖何琳儀 1993A〗應隸定"䯶"，由"卲䯶"也作"卲𢚰"249，知"䯶"所從"出"爲迭加聲符。"骨"、"出"均屬脂部。

〖陳偉 1996A〗"鄗"應可與"亳"通假，悼愲救鄗與《戰國策・趙策三》所載淖滑存燕因而可能實爲一事。（12 頁）

〖劉信芳 1996A〗"逘"爲"將"之假，帥也。

〖何琳儀 1998A〗"帀徒"，讀"師徒"，士卒。（529 頁）

〖王葆玹 1999〗我以爲"鄗"字或是"莒"的借字，或是"亳"的借字，"救鄗之歲"即是楚人干預齊湣王與燕、魏、趙等國戰爭的時間。…淖齒就莒一事就是包山楚簡所記淖的"救滑"。…包山二號墓的下葬之年即是五國破齊之年，亦即公元前 284 年。

〖劉信芳 2003〗①師徒：軍隊，兵士。（242 頁）

〖李學勤 2004B〗"鄗"究竟是什麼國呢？我認爲就是巴國。…"巴"、"鄗"兩字古音都是幫母魚部。…巴爲秦所滅，已到戰國中期之末，公元前 316 年。公元前 316 年，正是從簡文曆法推定的"悼滑將楚邦之師徒以救鄗之歲"。…簡文"大司馬悼滑將楚邦之師徒以救鄗之歲"，所繫有"荊层之月"和"夏层之月"，即寅月、卯月，可知悼滑出兵救巴事在年初。

〖李守奎 2010B〗包山簡之卲氏（包山 226、228 等）異文作"郼"（牘一），"卲䯶"或"郼愲"即見於史書中的滅越功臣"卓滑"。"卲"或"郼"是楚人卓氏的異寫，與姓氏書中蜀地的卓氏大概沒有直接關係。

按："鄗"字學者多從李學勤說法，指巴國。

[2]出內（入）寺（侍）王

〖何琳儀 1998A〗"寺王"讀"侍王"。《說文》"侍，承也。"段注"承者，奉也，受也。凡言侍者，皆恭敬承奉之義。"（44 頁）

[3]䝿（兄）俤（弟）無逡（後）者

〖何琳儀 1998A〗"無後"，"無後嗣"。（334 頁）

〖白於藍 1999〗此字即兄弟之弟之繁構，從人乃累增之義符。

〖董珊 2007B〗接著又禱“兄弟無後者卲良、卲乘、縣貉公”，後三者應都是有可能爲厲作祟的人鬼，應即《祭法》所稱的“族厲”之屬。

[4]卲（昭）良、卲（昭）奝（乘）、縣貉（貉）公

〖吳鬱芳 1992〗昭佗的兄弟不少，僅死而無後的就有昭良、昭乘、以及擔任縣公的昭貉（有可能就是《戰國策・楚二》的宛公昭鼠。）

〖陳偉 1996A〗均爲卲牤兄弟。（173 頁）

〖何琳儀 1998A〗①輮，典籍亦作乘。（146 頁）②“縣貉”，疑地名。（987 頁）

〖李家浩 2001B〗《春秋》文公十年：“楚子、蔡侯次於厥貉。”疑“縣貉公”當讀爲“厥貉公”，即厥貉縣的縣公。

第 8 組

大司馬悼（悼）髗（滑）遅（將）楚邦之帀（師）徒㠯（以）救郙（巴）之戢（歲），𦷥（荊）层（夷）肖=（之月）己卯音=（之日），墬（陳）乙㠯（以）共命[1]爲左尹牤貞：出內（入）㞢（寺-侍）王[2]，自𦷥（荊）层（夷）肖=（之月）㠯（以）豪（就）集戢（歲）之𦷥（荊）层（夷）肖=（之月），聿（盡）集戢（歲），窮（窮-躳）身尚毋又（有）咎。〖228〗占之，恧（恆）貞吉，少又（有）慼（戚）於宮室。㠯（以）亓（其）古（故）敓（說）之。畢（舉）禱（禱）宮行一白犬，酉（酒）飤（食），囟（思-使）攻敘（除）於宮室[3]。五生[4]占之曰：吉。〖229〗

集釋：

[1]共命

〖彭浩 1991B〗簡文中還有一些卜筮用具的名稱，如，共命、丞悳、長㤅等，從名稱看，它們可能不是蓍草，也不是龜類，很有可能是用作筮具的其他物品。

〖何琳儀 1998A〗共命，筮具。（417 頁）

〖劉信芳 2003〗“命”讀爲“笭”，《爾雅・釋車》：“笭，橫在車前，織竹作之，孔笭笭也。”簡文“共”字與秦簡“𣏟”字同形，則“共笭”是以織車笭之竹片用作占筮。或讀“命”爲“笭”，乃香草名，似亦可通。（243 頁）

[2]出內（入）㞢（寺-侍）王

〖整理者 1991〗㞢，寺字異體，讀作侍。（57 頁）（按：字表又釋爲“寺”，見圖版一二七）

〖李天虹 1992〗從字形分析，此字應是從止之聲，隸定有誤。古之字之寺音同可通…故此字當釋作峙，根據詞例，讀侍甚確。

〖袁國華 1994A〗“㞢”義同“事”。

〖張守中 1996〗寺。(45 頁)

〖楚文字編 1997〗㞢。(68 頁)

〖白於藍 1999〗即《說文》峙字。寺從之聲，故峙亦可從之聲作。

〖楚文字編 2003〗㞢爲雙聲字。在簡文中讀爲“止”、“之”、“等”、“侍”等等。(83 頁)

〖劉信芳 2003〗簡文又作“峕”(209)、“寺”(226)，並讀爲“事”。(243 頁)

[3]囟(思-使)攻敘(除)於宮室

〖曾憲通 1993〗敘在此亦讀爲除。

〖孔仲溫 1997B〗唯此“攻祱”，包山、天星觀卜筮祭禱簡或作“攻解”，也有一見作“攻敘”，個人以爲徑據《周禮》固然可行，但“攻說”的“說”，或許爲“敓”的假借字，蓋“敓”爲“除殃祟”與“攻解”的“解”，意義相合，而“攻敘”的“敘”，與“敓”皆是從“攴”爲偏旁，而“敘”上古音屬定紐，魚部，“敓”上古音屬定紐，月部，二者上古音聲紐相同，韻部則是陰陽對轉，聲韻關係十分緊密，可見“攻敘”就是“攻敓”。

〖劉信芳 2003〗攻敘猶言“攻說”。(243 頁)

〖于成龍 2004A〗上列簡文 15(包 229)中“攻敘”，2(簡 211)中承前而省作“敘”。劉釗先生以爲“敘”應讀爲“除”，“敘於宮室”即是祓除宮室之意。曾憲通先生認爲“攻敘”與“攻解”含義相同。我們認爲，簡文中“敘”讀爲本字，即可解通簡文。…上錄兩簡(按：指 211、229 號簡)均因占斷有“憂於宮室”之事，方採取“敘”或“攻敘”之舉，即“攻敘”是對宮室之憂而言。古人以爲，不祥源於禍祟，而且有些祟鬼處於宅內。它們帶來的不訓即是楚簡中所稱的宮室之憂。…《周禮・春官・眂祲》曰“掌安宅敘降”，鄭注：“人見妖降則不安，主安其居處也。次序其凶禍所下，謂禳移之。”此文是記宮室攘除妖祥之事。孫詒讓疏說“次序其凶禍所下，謂禳移之”意爲，眂祲見居室有凶禍降下，便次序推其凶禍所下之地，可禳者卻之，不可禳者則令移徙以就吉。又《鶡冠子•學問篇》云：“神徵者，風採光景所以序怪也。”與此“序降”義略同。因此上列楚簡中之“敘”用以解宮室之憂，其字可通。…楚簡中“思攻敘於宮室”大意是命人攘除宮室之憂。(49-50 頁)

[4]五生

〖邴尚白 1999A〗我們指導每次貞問的占辭與再占辭，都是由同一位貞人所施貞。然而，包山簡 22-229 的貞問中，命辭是“陳乙以共命爲左尹龙貞”，再占辭卻是“五生占之曰：吉”。若非繫連有誤，則貞人名或有誤記。…簡 229 的“五生”很可能是“陳乙”之誤。(40 頁)

〖邢文 2002〗兩種貞占甚至可以不必是同一個占者。如上例中，筮占的占者爲陳乙，說辭中的占者爲五生，可見兩種占斷的獨立性。

第 9 組

大司馬悼（悼）髗（滑）遅（將）楚邦之帀（師）徒㠯（以）救郙（巴）之散（歲），𦀚（荊）𡰥（夷）𣅄=（之月）己卯音=（之日），鼈（觀）綳（繃）㠯（以）長需（靈）[1]爲左尹𢼸貞：出內（入）𡉚（寺-侍）王，自𦀚（荊）𡰥（夷）𣅄=（之月）㠯（以）𦎫（就）集散（歲）之𦀚（荊）𡰥（夷）𣅄=（之月），𦘠（盡）集散（歲），竆（躳）身尚毋又（有）咎。〖230〗占之，恆（恆）貞吉，少又（有）慼（戚）也。㠯（以）亓（其）古（故）㝏（說）之。囟（思-使）攻（工）𥙊（祝）逯（歸）緰（佩）、[illegible]、冠、紳（帶）[2]於南方[3]。鼈（觀）綳（繃）占曰：吉。〖231〗

集釋：

[1]長需（靈）

〖李學勤 1989〗靈是龜名，黃靈乃其一種，簡文的長靈等也一定是龜。

〖整理者 1991〗靈，龜。此貞爲卜。（57 頁）

〖劉信芳 2003〗占卜所用龜名。《爾雅・釋魚》："一曰神龜，二曰需龜。"（243 頁）

[2]囟（思-使）攻（工）𥙊（祝）逯（歸）緰（佩）、[illegible]、冠、紳（帶）

〖整理者 1991〗緰，讀如佩。（57 頁）

〖黃錫全 1992〗取。

〖何琳儀 1993A〗應釋"取"，…簡文"取"讀"緅"。《說文新附》"緅，帛青赤色也。從糸取聲。"若以《儀禮・士冠禮》"爵弁服"，注"其色赤而微黑，如爵頭然，或謂之緅。"解釋簡文"緅冠帶"，十分妥帖。

〖曾憲通 1993〗說，《國語・魯語下》注："猶除也。"…攻下之祱亦當讀爲說。…簡文攻祱即攻說，謂以攻說之禮祈南方神祇，求去不祥，並歸（饋）以緰（佩）取（緅）與冠紳。與贊詞之祱字同而意有別。

〖于成龍 1997〗《周禮・春官・大祝》："大祝，掌六祝之辭。以示鬼神示，祈祥福求永貞。一曰順祝，二曰年祝，三曰吉祝，四曰。五曰瑞祝，六曰祝。"簡文攻祝之祝與此同。（62 頁）

〖于成龍 1999〗簡文之"祱"即是從兌不省之祝。包山簡中，祝亦借爲敓，如簡 210"遙郿啻之祱"、簡 214"遙郿啻之祱"和"遙石被裳之祱"。而在簡 220、簡 223、簡 223 及簡 243 中敓爲正字。…《周禮・春官・大祝》："大祝，掌六祝之辭，以釋鬼神示，祈

福祥，求永貞。一曰順祝，二曰年祝，三曰吉祝，四曰化祝，五曰瑞祝，六曰筴祝。”簡文“攻祝”之祝與此同。

〖李家浩 2001A〗簡文寫法與 237 號簡“祝融”之“祝”相同，整理小組釋爲“祱”，李零釋爲“奪”，非是。…攻祝當讀爲“工祝”，是指祝官，簡文意思是説“希望工祝進獻佩�取、冠帶於南方之神。”於此可見，古代祭祀鬼神的祭品，是由專人進獻的，可與“大𧟾饋之”互證。②讀爲“取”。

〖劉信芳 2003〗字從“耳”從“寸”，所從之“寸”可參郭店簡《唐虞之道》簡 12“守”所從之“寸”。字未詳。作爲佩飾，疑與“珥”相類。（243 頁）

〖于成龍 2004A〗上列簡文 17（包 231）言“攻祱”。“祱”與“挩”通。《說文》：“挩，解脫也。”攻祱即攻解。此簡大意是命人以佩瑕、冠帶爲祭品攻祭於南方以解祟。（49 頁）

〖沈培 2005〗檢查包山簡裏所有“囟攻解”一類的説法，都出現在“以其故説之，舉禱……”之後，而且，説完“囟攻解……”，其後就別無命辭。除了上舉之例，還有 217、229、246、248 等簡。有時，“舉禱……”一類的話可以不説，例如包山 198 簡“囟攻解於人愚”前面沒有“舉禱……”一類的話，但是特地留有一段空白，顯然是爲了標明沒記“舉禱…”之類的話。掌握這個規律，我們就可以知道包山 231 簡“歸佩瑕、冠帶於南方”當是補記，原本當在“囟攻奪”之前。因此，“歸佩瑕、冠帶於南方”之前特地留有一段空白。或將“囟攻奪”與“歸佩瑕、冠帶於南方”連讀，這是不正確的。

〖晏昌貴 2005B〗“歸”讀爲“饋”，或指“歸祭”。

〖十四種 2009〗簡文“工祝”應與《詩經》、《楚辭》中的“工祝”一樣，爲卜祝一類人物。（114 頁）

按：李家浩將“攻祝”讀爲“工祝”，認爲指祝官的意見可從。從字形上看，似從“耳”從“肘”。新蔡楚簡的祭品中常見“珥”，簡文之或與“珥”爲一類器物。

[3]南方

〖于成龍 2004B〗古人以爲在天有五帝，在地有五神，即《禮記・月令》中春神句芒，下神祝融，中央后土，秋神蓐收，冬神玄冥。與五神分別相應的五帝是大昊、炎帝、黃帝、少昊、顓頊。又因此五祀祭於四郊，即句芒在東，祝融、后土在南，蓐收在西，玄冥在北，故又稱其爲四方。如《禮記・曲禮》“天子祭四方”及《詩》“來方禋祀”均指此五祀之祭。簡文中有關五祀的祭禱或不言神名，僅指其方，與上引《曲禮》及《詩》相同。“南方”所代指的地祇是“祝融”。

〖晏昌貴 2007A〗如包山簡常稱“病心疾”或“腹心疾”，按今文家說，心爲南方，故在包山簡中有“思攻敓歸佩珥、冠帶於南方”之舉。望山簡也有“心悶”的簡文，所以稱“南方有敓與啻”。但由於簡文記載的疾病多未明確，這一點還有待進一步研究。

第10組

大司馬悼（悼）髗（滑）逘（將）楚邦之帀（師）徒吕（以）栽（救）郙（巴）戠=（之戠-歲），魝（荊）层（夷）肴=（之月）己卯音=（之日），五生吕（以）承悳（德）爲左尹旅貞：出內（入）峕（寺-侍）王，自魝（荊）层（夷）肴=（之月）吕（以）豪（就）集戠（歲）之魝（荊）层（夷）肴=（之月），聿（盡）集戠（歲），躳（躬）身尚毋又（有）咎。〖232〗占之，吾（恆）貞吉，少又（有）僫（戚）於宮室瘠（瘢）[1]。吕（以）亓（其）古（故）敓（說）之。舉（舉）禱（禱）宮厌（侯-后）土，一牂（羖）；舉（舉）禱（禱）行，一白犬，酉（酒）飤（食）；閔於大門[2]，一白犬。五生占之曰：吉。〖233〗

集釋：

[1]少又（有）僫（戚）於宮室瘠（瘢）

〖滕壬生 1995〗膌。（344 頁）

〖李家浩 1997B〗“瘠”字當作一句讀…“瘠”當是“且有瘠”或“有瘠”的省略說法。《集韻》薛韻：“瘠，腫瀎也。”

〖徐在國 1998A〗我們懷疑此字應該釋爲“寢”。

〖劉信芳 2003〗按釋“瘠”是，字讀爲“蔽”。凡宮室門、車門之遮蔽物稱“蔽”，《爾雅・釋器》：“輿竹，後謂之蔽。”簡 260“敝戶”即宮室門之蔽。（244 頁）

〖沈培 2006〗我們認爲“瘠”實當讀爲“敝”，乃破敗、壞的意思，用於“宮室”是非常合理的。

[2]閔於大門

〖整理者 1991〗閔，讀作閥，《廣雅・釋詁一》：“伐，殺也”。…《風俗通義校注》：“太史公記：‘秦德公始殺狗磔邑四門，以禦蠱菑’，今人殺白犬以血題門戶，正月白犬血辟除不祥，取法於此也”。（57 頁）

〖黃錫全 1992〗閔爲閔訛。此字見於《汗簡》、《古文四聲韻》、古璽等。《說文》閔讀若縣。

〖何琳儀 1993A〗“閔”即《說文》“閔”之訛變，“讀若縣”。（《利用汗簡考釋古文字》《古文字研究》15.135）簡文“閔”應讀“懸”。

〖李零 1993〗大門，即五祀之一的門。

〖曾憲通 1993〗祭以白犬酉飤，還有將白犬閔（懸）於大門的儀式。

〖何琳儀 1998A〗讀縣（懸）。《說文》“縣，繫也。”（845 頁）

〖劉信芳 1999B〗包山二三三：“閔於大門一白犬。”“閔”字從門戈聲，字讀如“磔”。…“磔”或作“矺”，…《史記·封禪書》：“秦德公既立……作伏祠，磔狗邑四門，以禦蠱菑。”《禮記·月令》：“命有司，大難旁磔，以送寒氣。”鄭玄注：“旁磔於四方之門。磔，攘也。”《風俗通·祀典》：“今人殺白犬以血題門戶，正月白犬血辟除不祥，取法於此也。”

〖史傑鵬 2005〗“戈”和“磔”聲母既有喉舌之分，韻部也不是在同部，在沒有其他書證之前，不宜認爲是通假。《古文四聲韻》卷五陌韻有一個“磔”字，寫作“”。這個字從“門”從“木”。我們懷疑“木”是“戈”的訛變，那麼，“閔”字也許就是後來的“磔”字，應該分析爲從“門”從“戈”會意。古代有在城門殺狗禳災的風俗。…有可能因爲“磔”這種風俗經常是在大門口進行，所以楚人就乾脆把此字寫成從門旁的字。簡文中左尹想通過磔白犬來攘除自己身上的疫鬼，最後占卜的結果是吉祥。

〖宋華強 2007B〗把“閔”看作是“闋”字的省寫，則上揭包山簡中的“閔”字可讀爲“伏”。古書所載祭祀用犬牲之法，除了“磔”，還有“伏”。如《周禮·秋官·犬人》“凡祭祀，共犬牲，用牷物，伏瘞亦如之”，鄭玄注引鄭司農云“伏謂伏犬，以王車轢之”，賈公彥疏“此謂王將祭，而出國軷道之祭時，《大馭》所云是也”，孫詒讓云“謂磔犬伏於軷壤，以王車轢之而行也”。可知“伏”跟“磔”的區別之處在於後者只是磔之而已，而前者是既磔之，再伏之於軷壤之上，又以車轢之。…上揭包山簡所記是爲昭佗未來一年內“出入侍王”能否順利平安而舉行的占卜。出入要過門，所以要祭“大門”；侍王要奔走，所以要祀“行”。由上引文獻可知伏犬之祭有“攘厭之義”，是爲了“示無所不踐，行道不遇險難”，這和簡文祭禱“大門”的目的是相合的。…包山簡中祭禱“行”和“宮行”都用“一白犬，酒食”（前者如 207～208，232～233；後者如 209～211，228～229），祭品完全相同。而且 228～229 所記占卜日期、貞問事項與上揭簡文都相同，其所祭“宮行”與上揭簡文所祭之“行”理應是指同一神靈。上揭簡文中的祭禱計畫是針對“少有戚於宮室㾜”而擬訂，所祭應該都是宮室之神，簡文中的“行”大概是因爲前面的“宮后土”而省去了“宮”字。這樣看來，“大門”應該也是宮中之“門”神。根據《禮記·月令》鄭玄注和賈公彥疏，“五祀”之祭中，“灶”、“門”、“行”的祭祀地點都在宮內廟門之外。如果簡文中對“大門”的祭禱方式果如古書所言——磔犬而伏於軷壤之上（或者再以車轢之）——那麼此儀式應該也是在宮內廟門之外施行的。

〖陳偉 2011D〗楚簡中的“閔”舊說不一，據《繫年》可知即“門”字。《左傳》莊公十八年："巴人叛楚而伐那處，取之，遂門于楚。"杜預注："攻楚城門。""閔方城"即攻打方城之門，并不一定有"攻破"的意思。卜筮簡中的"閔"字，應是用作門祀之字。《周禮·春官·天府》："上春釁寶鎮及寶器。"鄭玄注："釁，謂殺牲以血血之。"古書似未見釁門之說，此字在楚卜筮簡中是否讀爲"釁"，有待進一步證明。

〖黄锡全 2011B〗我們認爲，楚簡的閔應即閔，門乃鬥訛變，是一個從鬥從戈會意，戈亦聲的會意兼形聲字，讀若縣（懸）。戈屬歌部，縣（懸）屬元部，歌、元對轉。…至于包山楚簡"閔于大門一白犬"的閔，是懸、繫之義，還是殺牲以血塗門之周圍，抑或其它，容進一步研究確定。

〖清華貳 2011〗"閔"讀爲"釁"。（182 頁）

第 11 組

大司馬恕（悼）髓（滑）迷（將）楚邦之帀（師）徒㠯（以）救（救）郙（巴）戢=（之戢-歲），藰（荊）层（夷）肙=（之月）己卯音=（之日），譻（許）吉㠯（以）駡（駁）需（霝-靈）[1]爲左尹舵貞：出內（入）寺（侍）王，自藰（荊）层（夷）肙=（之月）㠯（以）稾（就）集戢（歲）之藰（荊）层（夷）肙=（之月），聿（盡）集戢（歲），竆（躳）身尚毋又（有）咎。譻（許）吉〖234〗占之，吉，無咎，無祭（說）[2]。〖235〗

集釋：

[1]駡（駁）需（霝-靈）

〖李零 1993〗"長靈"、"駁靈"可能是"靈"中體型較長者和顏色駁雜者。

〖何琳儀 1998A〗"駁需"，斑駁之需，占卜之物。（286 頁）

〖宋華強 2007A〗"沯"、"駁"並從"爻"聲，疑當讀爲"皎"。"爻"屬匣母宵部，"皎"屬見母宵部，兩者韻部相同，聲母都是舌根音。…所以"沯"可能就是"皎"字的異體。…大概是特指較爲明亮的白色。（96-97 頁）

[2]占之，吉。無咎，無祭（說）

〖曾憲通 1993〗與"又(有)祭"相對者爲"無祭"，如云："譻吉占之，吉。無咎無祭。"（簡 234、235）此句言貞人譻吉占得吉卦，。沒有災難，也沒有禍咎。所以下文並沒有出現"以其古敓之"。

〖于成龍 1997〗此簡文屬貞問侍王之事，其占辭"無咎"是對命辭"尚毋又咎"的釋疑，由此可知，占辭之"無祟"也應是針對命辭中"又祭"或"又祭見"所作的解惑之辭。（51 頁）

〖近藤浩之 2000〗此處非脫"恆貞"，而是本來就沒有"恆貞"。我認爲，這是因爲"無咎無繁”（無咎無禍祟），所以不用說“恆貞”。其他的占辭在“恆貞吉”後，一定“有咎”[“又（有）憙”，“又（有）不訓”，“又（有）亞”，等等]或者“又（有）繁”。…不出現“恆貞吉”也一樣，“無咎無繁”，即當前不存在問題，所以不需要說“恆貞吉”。如果目前“有咎”、“有繁”，即有什麼壞事的話，那就先說“恆貞吉”。這意思是“常時期一般是吉，但是……。

〖陳偉 2004C〗在古書訓釋中，咎、祟都有災禍義，但似前者偏重於人禍，後者則偏重於鬼神之害。…在上引葛陵簡乙四 100、零 532、678 和包山簡 234-235 中，前面都說到“尚毋有咎”，顯是在廣義上咎也可以包括“祱（祟）”。

按：“無咎，無繁”中的“繁”應讀爲“說”，而非“祟”。從包山楚簡來看，“以其故敚（說）之”的原因可以歸爲兩大類，一類是“有咎”，一類是“有祟”，前者多與躬身、王事有關，後者多與疾病有關。將“繁”讀爲“祟”，“無咎”、“無祟”語義重復。本簡占問“出入事王”，占問結果是“無咎”，應與“祟”無關。簡文是說沒有什麼災禍，因此不用舉行“說”。

（二）疾病貞

第1組

東周之客簪許綎（緼-盈）逯（歸）復（作一胙）於菽郢戢=（之戢-歲），奐（爨）月己亟（酉）之日，簪許吉㠯（以）保（寶）豪（家）爲左尹卲舵貞：㠯（以）亓（其）下心而疾[1]，少煲（氣）[2]。死（恆）貞吉，甲寅之日疠（病）良瘻（瘥）[3]，又（有）繁（祟），袂（太）見（現）琥[4]。㠯（以）亓（其）古（故）繁（說）之。壁（避）琥[5]，𥂝（擇）良月良日逯（歸）之[6]，〖218〗虘（且）爲晉（巫）纓（綳）瑂（佩），速晉（巫）之[7]；厭[8]一豕（羖-羖）於陞（地）宔（主）；賽禱（禱）衍（行）[9]一白犬，逯（歸）冠、紼（帶）[10]於二天子。甲寅之日逗於邔（枝）昜（陽）[11]。〖219〗

集釋：

[1]㠯（以）亓（其）下心而疾

〖整理者 1991〗下心，似指胃部。（56 頁）

〖李家浩 2001B〗古醫書稱膈下胃脘的部位爲“心下”，“下心”大概是“心下”的倒文。

[2]少煲（氣）

〖整理者 1991〗少煲。（36 頁）

〖何琳儀 1998A〗旣，從火，既聲。氣（气）之異文。…讀旡。（1197 頁）

〖劉信芳 2003〗下心指胃部，少旣謂稍有氣逆之症。（223 頁）

[3]疠（病）良瘧（瘥）

〖整理者 1991〗瘧，讀如阻，止也。（56 頁）

〖周鳳五 1992〗①疠爲病之異體，屬丙、方聲旁通轉。②就簡文上下看來，此字很可能是形容疾病痊癒的用語，…再觀察此字的結構，從疒，從又，虘聲，以聲韻推求之，應當就是“瘥”字，見《說文》七下疒部：瘥，瘉也。從疒，差聲。瘥與瘧，古音同屬從紐歌韻，二字可以通用。…指疾病痊癒。

〖李零 1993〗“𤸫”（簡 218、236、239、240、242、243、245、247）。原從又，也是表示病情好轉。“病良𤸫”是病大愈。“尚兼𤸫”是當漸愈（“漸”字原從辵從兼）。“递𤸫”是漸愈（但“递”非“遞”字，“递”作“遞”乃是後世俗體），“難𤸫”是難愈。

〖曾憲通 1993〗從形體結構分析，瘧當是疽字的繁構。…其作瘧者，乃旁之寫訛，宜釋爲訛體，並非同字異構。從聲韻考察，疽瘥二字並爲從母，但疽在魚部，瘥屬哥部。上古魚歌非常接近，二者通轉之例甚多。…包山楚簡有瘧而無瘥字，天星觀楚簡有瘥似無瘧字，二者適可互補。天星觀瘥字作𤻪，與包山簡瘧字結構相同，只是聲符虘易爲差。

〖陳偉武 1997〗我們把“瘢”看作“瘥”的同源字而不看作異體字或通假字。楚簡中“瘢(疽)”字表示病癒，此義適足以補文獻之缺，不必破讀爲“瘥”。況且“瘢”與“瘥”在音義兩方面尚有差別，故不宜當作同字異體。

〖何琳儀 1998A〗①楚簡瘧除人名外均讀𤸫。《字彙》“𤸫，瘡痂甲也。”引申爲病癒。（573 頁）②良，見《正韻》“良，或以爲良久，少久也。一曰，良，略也。聲輕，故轉略爲良。”《列子·仲尼》“良久告退。”（694 頁）

〖王穎 2004〗良。作副詞表示確實、果然、真正的意思。（165 頁）

按：李零把本簡之“病良瘧”解釋爲“病大愈”的意見可信。新蔡楚簡甲一 22 有“至九月有良閒”，何琳儀認爲“良”意爲“誠然”。“良閒”即“誠然痊癒”。[①]宋華強認爲把“良”解釋爲“誠然”，放在“有”或“不”後面好像都不合適。“閒”在簡文中也不該解釋爲“痊癒”，而應該解釋爲“差”，即“好轉”。“良”應該是一個表示程度的副詞，相當於現在的“大”。“有良閒”意思就是“（病情）有大的好轉”。[②]宋華強的意見和李零相同，可從。

[4]又（有）祭（祟），袱（太）見（現）琥

①何琳儀：《新蔡竹簡選釋》，《安徽大學學報》2004（3），1-11 頁。

②宋華強：《新蔡楚簡初步研究》，232 頁注釋 863，北京大學博士學位論文，2007。

〖整理者 1991〗讀如祟。（56 頁）

〖李零 1993〗似指太欲獻琥，故下文獻之。

〖劉信芳 1993〗簡文“太見琥”應指太一之星與兔星相遇，其兆預示占卜之主將有災（該簡有“以其下心而疾”），故禁避之。

〖曾憲通 1993〗“有祭”與“有祭見”云云，猶言有禍咎之徵象出現。

〖陳偉 1996A〗古人往往認爲疾病與祟有關，因而發病時有卜祟之舉。如《左傳》哀公六年記：“昭王有疾，卜曰：‘河爲祟。’”簡書所見正與這些記載類似。（155 頁）

〖饒宗頤 1996〗包山簡又云“祆見琥”，琥爲瑞玉呈虎文者（見《說文》），見讀如現，言祭泰（帝）則現琥，《左傳·昭王三十二年》：“賜子家雙琥、一環、一璧、輕服。”琥爲六器之一。

〖孔仲溫 1997B〗本文以爲其即“虎”指“白虎”。白虎或指星名，爲西方七宿之一的參宿，…此簡則觀星象以見吉凶，在星象中，有失次相犯者，則有凶災，所以簡文“祆見琥”，似指居紫薇中宮的太一星，有白虎星相犯，此蓋有祟以致，是當除祟，避白虎星，並擇吉時祭禱使白虎歸位，以逢凶化吉。

〖于成龍 1997〗在簡文的占辭中均有“又祭”或“又祭見”一語，祭字乃是柰的假借字。（47 頁）

〖李家浩 2001B〗是說“夲”出現在琥上。“見”讀爲“現”。

〖連劭名 2001〗策是數…天命，天道又稱歷數，用“策”來表示歷數亦見於包山簡。…“琥”，讀爲虎。日爲甲寅，有白虎之象，…“夾”無疑是指歷數。

〖劉信芳 2003〗《說文》：“祟，神禍也。”（233 頁）

〖于成龍 2004A〗簡文中見字後“琥”爲衍文。（42 頁注釋 132）

〖董珊 2007B〗求祟之占中常見“有祟見於”（或省略作“有祟於”、“有祟見”）某種鬼神，都是指在視卦或視兆以後，來判斷祟之所出。…“有祭（祟），祆見琥”是說：有祟，具體來講是“祆見琥”即厲鬼見於“琥”。“琥”是玉器之名，古人認爲玉器有精氣，鬼神也是精氣所化，因此厲鬼可附於玉琥作祟。“有祭（祟），祆見琥”是說：有祟，具體來講是“祆見琥”即厲鬼見於“琥”。“琥”是玉器之名，古人認爲玉器有精氣，鬼神也是精氣所化，因此厲鬼可附於玉琥作祟。

〖晏昌貴 2007B〗第 218 號簡“有敓，太見琥。以其故敓之。璧琥，擇良月良日歸之”。當係“有敓見太，以其故敓之。璧、琥，擇良月良日歸之”的誤書。

[5]璧（避）琥

〖李零 1993〗“璧琥”應讀“璧琥”。

〖劉信芳 1993〗“避”謂巫師醒禁避之術。琥，此指兔星。

〖何琳儀 1998A〗①壁，讀避。（775 頁）②琥，疑讀虎。（446 頁）

〖李家浩 2001B〗貞人許吉認爲，從他卜筮這一天到“擇良月良日歸之”還有一定時日，在這段期間，昭佗首先要避開琥，以免附在琥上的“祟”構成對病人的威脅。

〖董珊 2007B〗接下來的擬議除祟的辦法是：“壁（辟）琥，擇良月良日饋之。”也就是辟除遠離這塊玉琥，並且選擇吉日將玉琥送給鬼神。

〖十四種 2009〗壁或讀爲“辟”。《禮記・郊特牲》：“祭有祈焉，有報焉，有由辟焉。”鄭玄注：“由，用也。辟，讀爲弭，謂弭災兵，遠罪疾也。”（110 頁）

[6]睪（擇）良月良日逯（歸）之

〖整理者 1991〗①睪，借作擇。（56 頁）②歸，讀如饋。（56 頁）

〖李零 1993〗“歸之”是饋送之義。

〖于成龍 1997〗這種擇日祭禱的做法說明了卜筮和祭禱必不同時。（54 頁）

〖何琳儀 1998A〗“良日”見《禮記・祭義》“其率用此與，及良日，夫人繅。”疏“良日，謂吉日也。”…“良月”，參上“良日”。或說十月。《左・莊十六》“使以十月入，日良月也。”（694 頁）

[7]虘（且）爲唔（巫）繃（綳）瑂（佩），速唔（巫）之

〖整理者 1991〗繃，讀作綳。（56 頁）

〖黃錫全 1992〗商。

〖劉釗 1992A〗①字應釋爲“害”。②按字從糸從堋，應釋爲“綳”。綳字見於《集韻》，乃綳字異構。綳字義爲裹束，簡文“綳瑂”意爲裹束起來的玉佩。

〖何琳儀 1993A〗①應釋害…《周禮・夏官・山師》“辨其物與其利害”，注“害，毒物及螫噬之蟲獸。”（60 頁）②瑂，從玉，備聲。疑瑞之繁文。讀佩。

〖李零 1994〗另外，簡文還以“巫”作爲祭禱對象。〔案：“巫”字之釋是從《望山楚簡》（中華書局 1995 年）改正〕。

〖劉信芳 1996A〗包山簡又有“”字，與“△”右部相同形，由“舒”又作“△”，知簡文“”字應隸定作“舍”。…簡二一九之“”爲祭祀之名，《周禮・春官・甸祝》：“舍奠於祖廟。”鄭玄注：“舍讀爲釋。”釋奠爲貢獻祭品之禮，“舍綳緒”謂將成串的玉佩飾貢獻給神靈，“速舍之”即儘快舉行舍奠之儀。

〖楚文字編 1997〗《集韻・耕韻》綳或作綳。（562 頁）

〖孔仲溫 1997B〗個人以爲，依上下的文例，可以推知此字應是一種祭禱的名稱，而能與賽禱並列、性質相同的，就是“祠”了。且此條祭禱的文例及對象，與有“屛”字的

207、208 號簡文極爲相似，因此“”應讀爲“祠”。“”字大抵可隸定爲“訇”，即“詞”字，而借爲“祠”。

〖白於藍 1999〗即《說文》繃字。崩從朋聲，故繃亦可從朋聲作。朋或從土乃繁化。

〖郝尚白 1999A〗“速巫之”的“巫”似當讀作“務”，從事義。（149 頁）

〖曹錦炎 2000〗從郭店竹簡的筮字，可知楚簡巫字或作，此構形也見於包山楚簡…包山簡 244 云：“舉禱巫一全豬”，天星觀簡云“舉禱巫豬”，文句相同，巫字一作，一作，正可互證。

〖李家浩 2001B〗①繃佩就是綁佩的意思。…“佩”指玉佩。…古代的玉佩是由多種不同的玉飾組成的。…貞人許吉擬把昭它的玉佩中的琥送給“夲”後，還應該剩有其他的玉飾。簡文所說的“佩”，可能就是指剩下的玉飾。因爲玉佩中附有“夲”的琥對其主人不利，大概與琥一起的其他玉飾對其主人也不利，所以貞人許吉擬在把琥送給“夲”的同時，把其他的玉飾送給巫。…“巫”之前帶副詞“速”，之後帶賓語“之”。於此可見，此句的“巫”活用爲動詞，大概是綁巫的意思。“且爲巫綳佩，速巫之”的意思是說，並且把剩下的玉佩替巫綁上，趕快把玉佩綁在巫身上。

〖劉信芳 2003〗①成串的玉佩飾。《說文》：“繃，束也。”（234 頁）②速巫之，“巫”作動詞，依巫禮降神，猶天星觀簡“舉禱巫豬”之類。“之”代指所祭之“巫”。楚人所祀巫應指巫鹹。（234 頁）

〖宋華強 2006B〗新蔡簡中有神靈名“靁君子”，…“靈君子”疑是“巫”的別稱。“靈”與“巫”關係密切。

〖十四種 2009〗釋“巫”於下句“速巫之”似難講通。恐當從劉信芳舊說釋爲“舍”，施予義。物件亦是上面說到的祆。（111 頁）

按: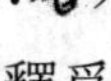亦見於望山 77 號簡，作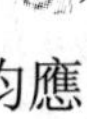，整理者釋爲“啻”讀爲“謫”，[①]而 113 號簡之則又釋爲“巫”。[②]這兩個字形均應以釋“巫”爲是。郭店楚簡《緇衣》46 號簡“筮”字作，也可證明爲“巫”字。此外，李家浩的文章中提到劉樂賢和史傑鵬都認爲字是“巫”。[③]

[8]厭

〖整理者 1991〗厭，《禮記·曾子問》：“攝主不厭祭”，注：“厭，厭飫神也”。（56 頁）

①湖北省文物考古所、北京大學中文系：《望山楚簡》，98 頁注釋[六九]，北京，中華書局，1995。

②湖北省文物考古所、北京大學中文系：《望山楚簡》，101 頁注釋[九一]，北京，中華書局，1995。

③李家浩：《包山卜筮簡 218-219 號研究》，“長沙三國吳簡暨百年來簡帛發現與研究國際學術研討會”論文，長沙，2001。

〖何琳儀 1998A〗包山簡厭，見《廣韻》“厭，惡夢。”亦作魘。（1440 頁）

〖李家浩 2001B〗簡文的厭祭就是祭地祇，與《禮記》所說的厭祭是人鬼有所不同。“厭”即“饜”的初文，是飽的意思。簡文厭祭大概是用“厭”的本義，指以食物饜飫神。

〖胡雅麗 2003〗厭做壓制解。簡文中厭字或有厭勝之意。

〖王穎 2008〗古代祭祀不用“尸”的稱爲“厭祭”。（103 頁）

[9]衍（行）

〖何琳儀 1998A〗衍，從示，行聲。楚簡，衍讀行，神名。（625 頁）

〖陳偉武 2003〗“𥛭”爲道路之神之專字。

按:又作“行”，參 208 號簡集釋。

[10]冠、緖（帶）

〖整理者 1991〗冠，從冖從元，讀作冠。（56 頁）

〖陳煒湛 1994〗讀冠似文義無礙。然此字上部從尹不從冖，字尚不識。

〖高智 1996〗應釋爲“絩”字。

〖楚文字編 1997〗緖。帶字異體。（585 頁）

〖何琳儀 1998A〗①冠，讀冠。包山簡“冠緖”，讀“冠帶”，頂冠束帶。（1017 頁）②緖，讀帶。（916 頁）

〖白於藍 1999〗從朱德熙、裘錫圭說，以爲《說文》“帶”字繁構。

〖陳偉武 2003〗“緖”爲“帶”之專字，加“糸”旁表示質料。“帶”本從“巾”，加“糸”疊床架屋。

[11]逗於邔（枝）昜（陽）

〖整理者 1991〗邔昜，地名。（56 頁）

〖李零 1993〗簡 219、220 的“逗”、簡 249 的“梪”，很可能都是驅鬼儀式，疑應讀爲“鬥”。這種“鬥”要卜問地點，如簡 219、220 所占，地點是疋陽。

〖李家浩 1996A〗疑讀爲“枝”。《水經注・沔水》記枝水出大洪山，西南流經鄀縣、湫城，而注於敖水。枝陽可能因位於枝水之陽而得名。

〖何琳儀 1998A〗逗，逗留。（317 頁）

〖白於藍 1999〗當隸作邔。

〖李家浩 1999C〗其實簡文“逗”用的就是它的本義，是逗留的意思，跟所謂的“驅鬼儀式”毫無關係。

〖李家浩 2001B〗“逗”的本義是逗留。簡文是說昭佗離散的魂逗留在只陽，不能歸來。

〖劉信芳 2003〗①讀爲“瑞”，簡 24“李逗”，簡 22 作“李瑞”，簡 30 作“惴”。瑞，祭名。《周禮・春官・大祝》：“掌六祝之辭，…五曰瑞祝。”鄭司農〈注〉：“瑞祝，逆時雨，寧風旱也。”其實就是對自然界災異的一種厭勝巫術。《論衡・指瑞》：“異物見則謂之瑞。”上文“太見琥”即所謂“異物現。”（234-235 頁）②郱昜：地名，未詳。（235 頁）

按:清華楚簡《繫年》112 號簡有“自南山逗之北海”，[①]本簡“逗”的意思似與之相同。

第 2 組

東周之客譻許絰（緼-盈）遈（歸）復（作一胙）於葳郢之戠（歲），負（爨）月己卤（酉）之日，苛光𠂤（以）長惻（惻）爲左尹卲𠆸貞：𠂤（以）丌（其）下心而疾，少㷜（氣）。死（恆）貞吉，庚辛又（有）刖（間）[1]，疠（病）速瘻（瘥），不逗於邚（枝）昜（陽），同祭（說）[2]。〖220〗

集釋:

[1]庚辛又（有）刖（間）

〖整理者 1991〗①庚辛，似爲庚申之誤。（56 頁）②刖，讀如間。（56 頁）

〖周鳳五 1992〗按庚申爲己酉之後的第十一天，改辛爲申固未嘗不可，但簡文“庚辛”原可通讀，其事不煩改字。“庚辛”指庚日與辛日，即占卜日己酉的明日與後日，亦即庚戌與辛亥兩天（當然也可能是下一輪的庚申與辛酉，但總不能推得太遠，否則漫無標準令人無所適從）。簡文“庚辛有閑”是說庚日和辛日病況好轉。

〖于成龍 1997〗“庚辛有間”之“有間”即前引望山簡之“有翏（瘳）”。…“庚辛有間”此四字的含義是：在庚日和辛日，病情會有好轉。…簡 219 中譻吉在占辭中斷定：“甲寅之日，疠良瘻，又祭，……”（甲寅這一天，疾病會好轉，有祟，）並且在敓詞中指出要採取“甲寅之日，逗於邚昜（到邚昜這個地方）”的敓法。簡 220 中苛光卻占斷“庚辛之日，疠良瘻不逗於邚昜（庚日和辛日，病情會好轉，不必到邚昜）。”簡 219 中甲寅之日是卜筮之日一己酉以後的第五天，而簡 220 中庚辛之日則是庚戌和辛亥兩日，分別是己酉的次日和後日。苛光認爲卜筮的次日病情即能好轉，因此也就不必採取“逗於邚昜”的敓法。（71-72 頁）

〖何琳儀 1998A〗“又刖”讀“有閒”，《左傳・昭七》“晉侯有閒”，注“閒，疾差也。”（9 頁）（按：912 頁云：“‘又刖’，讀‘有閒（間）’”）

①李學勤主編：《清華大學藏戰國竹簡（貳）》，186 頁，上海，中西書局，2011。

〖劉信芳 1998C〗“閒”謂疾病有好轉。惟楚簡凡疾病禱辭“閒”字前後皆用干支字，包簡、望簡習見。

〖于成龍 1999〗天干和地支相配是常見的記日法，而天干與天干相迭也是一種記日方法，這種方法在古代文獻和出土文獻中多用於疾病和卜筮方面，此與包山簡文正合。…“庚辛又間”之又（有）間即前引望山楚簡“壬癸大又翏”之又（有）翏（瘳)。《廣韻》：“間，瘳也。”瘳，《說文》：“疾愈也，從疒翏聲。”《正字通》：“病恆在身，無少空隙，今病既損有空隙，故謂病瘳爲間也。”“庚辛又間”四字的含義是，在庚日和辛日，病情會好轉。

〖工藤元男 2000〗我認爲，因這兩種占辭均用“天干”記日，卜筮祭禱簡之“庚辛又(有)𤕫（間）”，也許不像《考釋》所言是“庚申有間”之誤，存在原封不動的可能性。

〖劉信芳 2003〗此爲古代數術常用語，謂逢庚、辛之日，病將有好轉。(235 頁)

〖楊華 2003〗庚、辛有間”當指庚日和和辛日疾病好轉，這種用兩個干日（而不是干支配合日）來預測疾病的方法，正與上引望山簡 66 的“丙、丁有瘳”和簡 69 的“壬、癸大有瘳”相同。

[2]同祟（說）

〖李零 1993〗奪法相同。

〖陳偉 1996A〗當時的貞問順序當如整理小組所列，即簡 218～219 在先，簡 220 在後。後簡所云“同敓”，必定是指苛光之“敓”同於前簡所記的許吉之“敓”。(156 頁)

〖陳偉 1997A〗“同祝”見於包山簡第 220 號，大約表示同於前一位貞人提出的祝辭。

〖劉信芳 2003〗謂與苛嘉、譽吉之貞所得之“說”相同。(235 頁)

〖沈培 2006〗貞人與貞人之間既然有“同祟”，也就有不同之祟，就是說，不同的貞人在爲同一事情占卜時所得的“祟”是不同的。

第 3 組

東周之客譽許綛（縕-盈）逯（歸）复（作一胙）於葴郢歲=（之歲-歲)，䨻（爨）月己莤（酉）昔=（之日)，邾（鞏）脰（胱）[1]己（以）少寶[2]爲左尹卲𬹇貞：既又（有）疒=（疠-病，病）心疾[3]，少㤅（氣)，不內（入）飤（食)，䨻（爨）月旮（幾）审（中）尚毋又（有）羕（恙）[4]。〖221〗邾（鞏）脰（胱）脰（胱）占之，恆（恆）貞吉，又祟（祟)，見（現）新（親）王父、殤（殤）[5]，己（以）

亓（其）古（故）敓（說）之，𥜪（舉）禱（禱）𣞢=（犆-特牛）[6]，饋之。殤（殤）因亓（其）祟（常）生[7]。邾（鞏）脻（朕）占之曰：吉。〖222〗

集釋：

[1]邾（鞏）脻（朕）

〖黃錫全 1992〗郲（任？）。

〖楚文字編 1997〗邾。（318 頁）

〖何琳儀 1998A〗邾，姓氏。（416 頁）

〖張新俊 2005A〗我認爲[illegible]字左邊所從，應該是一個從“工”從“廾”的字，“工”、“廾”均可以當作聲符看…疑包山楚簡中的[illegible]、古璽文中的[illegible]，都可以讀作“龔”，用作姓氏。（65-66 頁）

[2]少寶

〖何琳儀 1998A〗“少寶”，讀“小苞”，與“長保（苞）”相對而言。（248 頁）

〖劉信芳 2003〗占卜所用龜名。故以青緣之龜爲寶，…即今所謂“綠毛龜”。（235 頁）

[3]既又（有）痁=（疠-病，病）心疾

〖周鳳五 1992〗簡文“既有痁”，按，既，已也。這裏意譯爲老毛病。

〖曾憲通 1993〗簡文“心疾”即“心痛”，《韓非子・十過》：“（共王）令人召司馬子反，司馬子反辭以心疾。”這段文字，《淮南子・人間訓》作“使人召司馬子反，司馬子反辭以心痛。”是其證。

〖后德俊、史珞琳 1994〗2300 多年前的楚國人所說的“心疾”是不是一定就是今天所說的心臟病呢？對此，目前尚無法肯定。但是，“心疾”應主要包括與心臟有關的疾病在內，…邵㐌所患的“心疾”、“下心疾”、“腹心疾”，主要是指心臟方面的疾病。

〖楚國歷史文化辭典 1996〗心疾。内臟某種疾病。在包山楚簡卜筮祭禱簡中，記載墓主生前所患的疾病有“腹心疾”、“下心疾”、“心疾”等。竹簡所記“心疾”，並不一定專指心臟病，也可能是指胸或上腹部其它器官的疾病。（85 頁）

〖劉信芳 2003〗古人所謂心疾多指胃病。（223 頁）

[4]尚毋又（有）羕（恙）

〖整理者 1991〗羕借作恙，《漢書・萬石君傳》：“萬石君尚無恙”，注：“憂病也”。（57 頁）

〖何琳儀 1998A〗羕，讀殃。…《說文》“殃，咎也。”釋文引《說文》“殃，凶也。”（675 頁）

〖劉信芳 2003〗向神貞問：是有恙還是無恙？（235 頁）

〖晏昌貴 2005B〗“既”表已然，是對已經發生的病情或事情的描述；“以”訓爲“而”或“又”；“尚”表未然，是對未來的一種希望和期許。…“既……（以）……尚……”當是判斷“命辭”的標誌性句式。

〖陳斯鵬 2008〗因爲簡文所記乃是爲左尹患病而求卜凶吉之事，已明言其“既有病，病心疾，少氣，不入食”，既有憂病，然後再卜問是否有憂病，豈不有悖常理？而讀“羕”爲{祥}，理解爲因有憂病而卜問是否有妖祥作祟，顯然要合理得多。有意思的是，這裏相應的占辭中均說到“有祟見”，似與命辭相呼應。

[5]又祭（祟），見（現）新（親）王父、殤（殤）

〖整理者 1991〗殤，借作禓，《禮記・郊特牲》：“鄉人禓”，注：“禓，疆鬼”。(57 頁)

〖劉釗 1992A〗按字從歹從昜，應釋爲“殤”。簡文中從昜的字皆從“易”作。

〖劉信芳 1993〗古人在祭祀自然諸神時，往往同時祭祀列祖列宗，稱爲“配”，亦稱“配天”。…《包山楚簡》所記楚人祭祀亦多此類例，…這些作爲天地山川之配的列祖列宗，當其顯靈之時，有被稱作“殤”者，222 號簡就記有“見（現）新王父殤”，行祭禮後，“殤”嘗食犧牲。

〖舒之梅、劉信芳 1995〗所謂“殤”謂“強死者”，說詳《禮記・郊特牲》鄭玄注。

〖陳偉 1996A〗“殤”即 255 號簡中的“殤東陵連囂子發”。《釋文》以“新王父殤”連讀，不確。東陵連囂爲官職，死的時候應有一定年紀。《禮記・喪服小記》以“殤與無後者”並列，《小爾雅・廣名》則說：“無主之鬼謂之殤。”東陵連囂稱“殤”，大概是因爲無子嗣後，他爲卲𰤹所祭也應出於這個緣故。(167-168 頁)

〖何琳儀 1998A〗殤，從歺，昜聲。即殤之省文。《說文》“殤，不成人也。從歺，𥦚省聲。(663 頁)

〖胡雅麗 2001B〗殤，即不幸早死者。望山一號楚墓簡文稱之爲“不壯死”。…故楚人所謂“殤”者，似乎應包含兩個層次，一是那些未成年而死者，屬於人鬼；二是那些雖已成年，但卻未盡天年而死者，其有功者可歸於人神之位。

〖劉信芳 2003〗強死之鬼。…“殤”因其非正常死亡，故其祀禮有其特殊之處。(236 頁)

〖沈培 2006〗所得之祟則是“見親王父、殤”。

〖董珊 2007B〗從古書來看，古人之所謂“殤”或“殤鬼”是包含廣泛的概念，未成年而死、戰死、以及各種非正常死亡都可以統稱爲“殤”。…殤是古人認爲容易爲厲作祟的一種鬼。…“親王父殤”與“殤東陵連囂（敖）子發”也都是“殤鬼”，他們既爲祟，但又是受祭禱的對象。…“殤”是“厲鬼”這個範疇中的一個重要類別。

[6]𤙡=（犆-特牛）

〖整理者 1991〗直牛，即特牛。（57 頁）

〖黄錫全 1992〗犢牛。

〖陳偉 1996A〗簡 222“𤙞”字有合文符號，可析書爲犆牛。犆、特通假字。（175 頁）

〖楚文字編 1997〗犢。𤙞，從牛賣省。（52 頁）

〖何琳儀 1998A〗直牛，讀“犆牛”。《廣韻》“犆，牛也。”《周禮・天官》“大夫犆牛。”或讀“特牛”。《周禮・春官・小胥》“士特縣”，釋文“特本作犆。”《爾雅・釋水》“士特舟”，釋文“特或作犆”。是其佐證。《國語・楚語》下“諸侯舉以特牛”，注“特，一也。”又《楚辭補注》引《說文》“特牛，牛父也。”（1477 頁）

〖連劭名 2001〗“直牛”是牛神，同時還象徵萬物之始。

[7]殤（殤）因亓（其）祟（常）生

〖整理者 1991〗①㘣，疑爲内字異體。（57 頁）②祟，借作嘗，《爾雅・釋天》：“秋祭曰嘗”。𡨧月爲周曆八月，正爲秋季。（57 頁）③生，《周禮・天官・大宰》：“生以馭其福”，注：“猶養也”。（57 頁）

〖黄錫全 1992〗囚。

〖劉釗 1992A〗按字從凵、從矢，乃“圅”字，應釋爲“圅”。簡文“圅其祟生”疑讀爲“含其嘗牲”，意爲“接受嘗祭的犧牲”。

〖李零 1993〗①因。②似讀爲“嘗牲”。

〖陳偉 1996A〗“殤因其祟牲”則是對殤東陵連嚻子發而說的。…因在古書中有仍、依、就一類意思，…“祟”通“常”。…“常”正與“因”相應，“常牲”指常規用牲；“因其常牲”就是因仍常規的犧牲，不作損益。（178-179 頁）

〖何琳儀 1998A〗圅，疑人名。（824 頁）

〖陳偉 1999A〗因其常牲就是因仍常規的犧牲，不作損益。

〖王穎 2004〗因。沿襲、承襲。（122 頁）

〖王穎 2008〗疑“生”爲名詞，“祟生”讀爲“嘗牲”，與“嘗騆”、“嘗醪”同例，意爲進獻犧牲以祭祀鬼神。（72 頁）

第 4 組

屈㝑（宜）習之[1]，㠯（以）彤笿[2]爲左尹卲（昭）𦨶貞：既又（有）𤕫=（疠-病，病心疾），少𢡺（氣），不内（入）飤（食）[3]，尚毋又（有）羕（恙）。占之，恒（恆）貞吉，又𥛚（祟）見。𢍁（輿-舉）郙（鞏）𦚔（胱）之敓（說）。屈㝑（宜）占之曰：吉。〖223〗

集釋：

[1]習之

〖整理者 1991〗習，《周禮・地官・胥師》："襲其不正者"，鄭注："故書襲爲習。"襲釋作重，指重複。從簡文分析，用同一方法貞問同一事，如超過三次，第四次就稱作"習"。《禮記・曲禮》的"卜筮不過三"，說的就是這種情況。包山二號墓中有三筮二卜之例，卜與筮分別稱作"貞"，不稱作"習"，這大概是《曲禮》所說的"卜筮不相習"。卜與筮作爲兩種獨立的貞問方式是同時並用的，各自計算卜和筮的次數。（57 頁）

〖李天虹 1992〗此乃友字。

〖何琳儀 1998A〗習，見《書・大禹謨》"卜不習吉"，傳"習，因也。"疏"卜法，不得因前之吉，更複卜之。"（1378 頁）

〖李零 2000B〗楚簡的占卜之辭是分爲兩種，一種記年月日，較詳；一種不記年月日，直接以"某某習之"開頭，較略。這兩種簡文大多是分簡書寫，但也有抄在同一簡上，可以證明後一種都是接在前一種後面：記年月日的簡是對某事的第一次占卜，而不記年月日的簡則記同一日內對同一事的重複占卜，兩者是一個整體。後者不記時間，是承上省略。我們不妨把前者中"初占"，後者叫"習占"。(276 頁)

〖劉信芳 2003〗《尚書・金縢》："乃卜三龜，一習吉。"〈傳〉云："習，因也。"〈正義〉云："習則襲也，襲是重衣之名，因前而重之，故以習爲因也。"（236 頁）

〖晏昌貴 2005B〗長葦、彤筶、承德均爲筮具，所以"習占"並不限於"龜卜"。…包山楚簡 223 僅見一條"習占"，是分簡書寫。葛陵簡甲三 25："之，無咎。將有憙。鄭憲習之以隋侯之……"，是抄在同一簡上。甲三 41："……氏（是）日，彭定習之以鳴□……"則表明習占是在同一日內。這些新出楚簡似乎頗能印證李氏的說法。

〖黃靈庚 2008〗以"彤筶"貞卜，即《離騷》"折竹卜"，之意。習，通作襲，因襲之意。習卜，即襲卜，說繼第一卜後因襲再卜。

按:望山楚簡中亦見"習"字，連劭名指出的"習"通"襲"，"習卜"是指又用龜甲進行了一次占卜。①馮華指出"習卜"處於成套卜筮辭中，同一方法或兩種方法占卜同一事超過三次，第四次即爲"習卜"。"習卜"所更加關注的是前三次占卜的結果，而不是前三卜中所使用的卜筮工具。"習卜"在形態上表現爲"四卜制"，這是"習卜"在形式上的特點。②

[2]彤筶

①連劭名：《望山楚簡中的"習卜"》，《江漢論壇》1986（11），79-80 頁。
②馮華：《包山楚簡成套卜筮辭中的"習卜"研究》，《中國史研究》，2012（1），5-18 頁。

〖整理者 1991〗答，通作茖，《説文》：“茖，草也”。（57 頁）

〖劉信芳 1996A〗“彤答”，“答”讀如“簬”，字又作“簵”，竹名。

〖何琳儀 1998A〗答，讀茖。《説文》“茖，艸也。從艸，各聲”。“彤答”，蓍草。（489 頁）

〖劉信芳 2003〗占筮用具，“答”讀爲“簬”，其字又作“簵”。…古人既以簵作爲占筮工具，亦以之作箭幹。（237 頁）

〖宋華強 2007A〗“簬”是一種竹名，包山簡筮具有“彤簬”（223 號），“彤簬”應該是指一種用簬竹作成的紅色筮具。（58 頁）

[3]不內（入）飤（食）

〖整理者 1991〗不內（入）飤。（34 頁）

〖何琳儀 1998A〗“內飤”，讀“入食”。（66 頁）

第 5 組

東周之客譽許緹（縕-盈）逯（歸）夏（胙）[1]於葳郢之戠（歲），遠柰（夕）育=（之月）癸卯音=（之日），苛光㠯（以）長惻（惻）[2]爲右（左）尹卲（昭）舵貞：疠（病）腹疾[3]，㠯（以）少懸（氣）[4]，尚毋又（有）咎。占之：貞吉，少未巳（已）[5]。㠯（以）亓（其）古（故）敚（說）之[6]。厞（厭）[7]於埜（野）陛（地）宔（主）[8]一豭（羖-羖）[9]，宮陛（地）宔（主）一豭（羖-羖）；〖207〗賽於行[10]一臭=（白犬），酉（酒）飤（食）。占之曰：吉，亯（荊）层（夷）虞（且）[11]見王。〖208〗

集釋：

[1]逯（歸）夏（胙）

〖白於藍 1999〗即《説文》乍字繁構。包山簡中乍字經常加“又”以繁化。

[2]長惻（惻）

〖李學勤 1989〗長惻疑讀爲長側，指龜的形狀。

〖整理者 1991〗長惻（惻）。（33 頁）

〖劉信芳 1996A〗“長惻”，“惻”讀如萴，一種藥用植物（說詳《説文》、《廣雅》，文繁不錄），空心莖，“長惻”謂“萴”之長莖。包山簡提到的筮占工具俱是空心植物。

[3]疠（病）腹疾

〖整理者 1991〗腹字異體。疠疑讀作傍。（55 頁）

〖周鳳五 1992〗按，𤵸字既然與疾病有關，且從方聲，循音、義加以推求，應當就是“病”字。病從丙聲，古音方與丙皆屬並紐陽部，從方與從丙的字往往互通。

〖后德俊、史珞琳 1994〗邵㐌開始發病出現的主要症狀有兩點：一是“腹疾”，即上腹部飽漲感，二是“少氣”，即氣短。這兩點與心臟疾病中常發生的症狀比較吻合。

〖十四種 2009〗似訓爲“痛”。《左傳》成公十三年：“諸侯備聞此言，斯是用痛心疾首。”杜注：“疾，猶痛也。”（105 頁）

按：“腹疾”見《左傳・宣公十二年》“河魚腹疾奈何”。

[4]㠯（以）少𢜳（氣）

〖整理者 1991〗𢜳，熂字異體，讀作氣。（55 頁）

〖劉釗 1992A〗字從心從既，應直接釋作“愛”。簡文“愛”借爲“氣”。

〖陳偉 1996A〗“少氣”亦見於《黃帝內經》，如《氣交變大論》云：“民病瘧少氣咳喘”，王冰注：“少氣謂氣少不足以息也。”（154 頁）

〖張守中 1996〗慨。（162 頁）

〖楚文字編 1997〗㤅。說文古文作𢜳，從心，既聲。包山簡𢜳字所從既旁有既、㱦、飲多種寫法。𢜳在簡文中與熂異文，均讀作气。（486 頁）

〖何琳儀 1998A〗慨，讀旡。《說文》“旡，飲食氣屰（逆）不得息曰旡。”（1196 頁）

〖譚步雲 1998〗慨，《說文》：“慷，慨。壯士不得志也。”（卷十心部）又：“㤅，惠也。”古文作𢜳，同。楚語用近此。帛書又借爲“氣”。…原篆從心者佔了大多數，當是正體無疑，從火者則是“炁（氣）”字，當是假借字。（83-84 頁）

〖白於藍 1999〗從心既聲，從表面上看，將此字釋爲慨似不誤，但《說文》㤅字古文作“𢜳”，亦從心既聲。筆者以爲包山簡即爲戰國楚簡，其時代正與六國古文相合，故此字應以釋㤅爲宜。

〖李零 1999B〗《說文》“㤅”（愛）字古文作“𤊩”，簡文假爲“熂（氣）”，字頭應作“𤊩”。

〖劉信芳 2003〗簡 218、220 等作“𤊩”，按“𢜳”即《說文》“旡”之古文，郭店簡“𢜳”字屢見，多讀爲“愛”。《說文》云：“旡，飲食屰氣不得息曰旡。”知“𢜳”讀爲“旡”。讀“𢜳”、“𤊩”爲“氣”亦通。楚帛書、郭店簡“𤊩”皆讀爲“氣”。…《史記・扁鵲藏公列傳》：“齊王故爲陽虛侯時，病甚，眾醫皆以爲蹷。臣意（淳於意）診脈，以爲痹，根在右脅下，大如覆杯，令人喘，逆氣不能食。臣意即以火齊粥且飲，六日氣下；即令更服丸藥，出入六日，病已。”昭佗與陽虛侯病症相類似，“少懸”即所謂“喘”，“上懸”即所謂“逆氣”，“飲粥而氣下”，其爲胃病可知。(223 頁)

[5]貞吉，少未巳(已)

〖何琳儀 1998A〗巳，讀已。《呂覽·至忠》“病乃遂已”，注“已，除愈也。”(63 頁)

〖近藤浩之 2000〗“貞(貞)”前恐脱“恆”一字。

〖劉信芳 2003〗短期內不會病癒。(223 頁)

〖十四種 2009〗“已”引申有病癒義。《呂氏春秋·至忠》：“疾乃遂已”高誘注：“已，除愈也。”“少未已”應是稍有餘症的意思。(115 頁)

[6]㠯(以)亓(其)古(故)祱(說)之

〖整理者 1991〗祱，讀如說。(56 頁)

〖曾憲通 1993〗祱可視爲敓字增益示旁，爲敓之繁形，仍當讀爲挩即脫字。

〖何琳儀 1998A〗祱，讀敓。(1033 頁)

[7]孨(厭)

〖整理者 1991〗孨，爲孨字異體，借作薦。(55 頁)

〖楚文字編 1997〗砓。(448 頁)

〖孔仲溫 1997B〗個人以爲“孨”疑爲“字”的繁體，就先秦古文字，從廠與從宀的偏旁，經常相通。…“孨”在簡文中應作何解釋呢？則疑爲“祠”的假借，而“祠”即是“賽禱”的同義詞。…“孨”應是一種祭禱，而與賽禱同時舉行的相同儀式，因此推知“孨”就是賽禱。而“孨”即“字”，從音義關係言，“字”於此就是“祠”的假借。

〖何琳儀 1998A〗孨，讀晉(晉)。《爾雅·釋詁》“晉，進也。”(91 頁)

〖劉信芳 2003〗原簡字從石，從孨省聲，讀爲薦。薦與薦音通，而薦正從孨聲。…古代祭儀，敬獻品物曰薦。(223 頁)

〖徐在國 2003D〗“孨”當是“孴”字之省，讀爲“厭”。219 號簡“厭一豠於野地主”，孨與厭互爲異文。“厭”義爲厭祭。《禮記·曾子問》“曾子問曰：祭必有尸乎？若厭祭亦可乎？”

〖徐在國 2006〗“孴”字可分析爲從“厂”、“孖”聲，“孖”即見於《說文》的“孴”字異體。《說文》“孴，盛貌。從孨，從日。讀若薿薿。一曰若存。孖，籀文孴，從二子。一曰孖即奇字晉。”《說文》錄有“孴”字三個讀音，均與“厭”字音異。“孴”字爲什麼能讀爲“厭”？還有待進一步的探討。從形體看，“孴”、“厭”爲異體字的可能性不大，但在楚文字中二字互爲異文，所以“孴”字讀爲“厭”應該是可以成立的。

〖李家浩 2007〗李家浩“厭”字從“厂”、“猒”聲，“厝”字的結構與“厭”相似，也應該分析爲從“厂”、“昝”聲，把上部所從的“厂”看作聲符不太合理。“厝”所從之“昝”即《說文》籀文“舂”。中古音“厭”和“舂”分別有於琰切、於葉切和魚紀切、羊入切兩讀。值得注意的是，“厭”的於葉切一讀屬影母葉韻開口四等入聲，“舂”的羊入切讀屬喻母緝韻開口四等入聲，它們的等呼聲調相同；上古音分別屬影母葉部和餘母緝部。古代緝、葉二部的字音關係密切。例如“習”、“及”屬緝部，而從“習”聲的“慴”“折”、從“及”聲的“衱”“極”屬葉部。餘、影二母偶爾也有通用的情況。例如《上博（一）·性情論》簡 14 以“要”爲歌謠之“謠”，“要”屬影母，“謠”屬餘母，是其證。[①]

按:除了 219 號簡“厭”與“[illegible]”對文外，新蔡楚簡中“王孫[illegible]”又稱“王孫厭”，也可以證明“昦”應讀爲“厭”。

[8]埜（野）陛（地）宔（主）

〖整理者 1991〗埜，野字古文，郊外。（55 頁）

〖陳偉 1996A〗《左傳》昭公二十九年“土正曰后土”句下杜預注：“土爲群物主，故稱後也。其祀句龍焉。在家則祀中溜，在野則爲社。”…由於后土亦即地主，“野地主”應屬於“社”的異名。（164-165 頁）

〖楚國歷史文化辭典 1996〗掌管郊野的土地神。（370 頁）

〖邴尚白 1999A〗簡文中並沒有“社”或“野地主”和其他神祇的對等證據，不宜驟斷“社”、“后土”與“野地主”爲同身異名。（118 頁）

〖劉信芳 2003〗郊野之地神，與“宮地主”相對而言。《國語·越語下》：“皇天后土，四鄉地主正之。”野地主與四鄉地主相類。（223 頁）

〖于成龍 2004B〗“野地主”應是某社之異名。

[9]豞（羖-羖）

〖整理者 1991〗豞，借作豭，牡豕也。（55 頁）

〖何琳儀 1998A〗豞，疑豕名。（475 頁）

〖陳偉武 2003〗“豞”爲公豬的專字，古書多用“豭”字表示。

按:參 202 號簡“羖”字集釋。

[10]行

〖整理者 1991〗行，路神。（55 頁）

①轉引自宋華強:《新蔡楚簡的初步研究》，71 頁，北京大學博士學位論文，2007。宋華強:《新蔡葛陵楚簡初探》，114-115 頁，武漢，武漢大學出版社，2010。

〖曾憲通 1993〗行又作𧗵，乃道路之神，祭以白犬酉食。

〖陳偉 1996A〗簡書中行與宮行一般接在“地主”、“后土”或“社”之後，但從不同時出現，屬於同神異名的可能性較大。行一稱宮行，與地主一稱野地主類似。（167 頁）

〖劉信芳 2003〗路神。簡 210 作“𧗵”。祀行爲“五祀”之一。…後世認爲行神即黄帝之子累祖。（224 頁）

[11]虘（且）

〖整理者 1991〗䖔，讀如退，往也。（55 頁）

〖何琳儀 1998A〗讀且，猶又。（571 頁）

〖王穎 2004〗且，將要。（161 頁）

〖十四種 2009〗將要的意思。（106 頁）

第 6 組

大司馬悼（悼）髓（滑）送（將）楚邦之帀（師）徒㠯（以）救（救）郙（巴）戠=（之戠-歲），𦸗（荊）层（夷）育=（之月）己卯音=（之日），盬（盬）吉㠯（以）琛（寶）冢（家）爲左尹𦩻貞：既腹心疾[1]，㠯（以）走（上）既（氣）[2]，不甘飤（食）[3]，舊（久）不瘳（瘥），尚速瘳（瘥）[4]，毋又（有）柰（祟）[5]。占之，死（恆）貞吉，疾難瘳（瘥）[6]。㠯（以）〖236〗亓（其）古（故）敚（說）之。舉（舉）禱（禱）大（太）一牂[7]，侯（侯-后）土、司命各一牂；舉（舉）禱（禱）大水，一犆（牂）[8]；二天子，各一牂；危山[9]一𦍩（羖）。舉（舉）禱（禱）楚先老僮、祝（祝）融（融）、媸（毓-鬻）酓（熊），各兩𦍩（羖）；享祭筥之高丘（丘）、下丘（丘）[10]，各一全〖237〗豢〈豢-豢〉，囟（思-使）左尹𦩻遂（踐）復（復）凥（處）[11]。囟（思-使）攻解於戠（歲）[12]。盬（盬）吉占之曰：吉。〖238〗

集釋：

[1]既腹心疾

按：“腹心疾”見《史記・商鞅傳》：“譬如人之有腹心疾”。

[2]㠯（以）走（上）既（氣）

〖整理者 1991〗走，讀如上，《周禮・天官・疾醫》：“冬時有咳上氣疾”，注：“逆喘也”。既，讀如氣。（58 頁）

〖曾憲通 1993〗簡文“走既”即上氣，《周禮・疾醫》：“冬時有咳上氣疾”，注：“上氣，逆喘也”。《素問・五臟生成論》：“欬欶上氣，厥在胸中。”又《生氣通天論》云：

“上逆而欬，發爲痿厥。”是說由心臟疾患引起氣逆閉而昏厥，可見，“上氣”的預後是相當嚴重的。

〖楚文字編 1997〗與辵部之让當是一字之異。（68 頁）

〖白於藍 1998A〗知此字本是“上”字之訛。

〖何琳儀 1998A〗“让懸”，讀“上氣”。（658 頁）

〖劉信芳 2003〗“上懸”胃病氣逆已重。（223 頁）

[3]不甘飤（食）

〖整理者 1991〗甘，《說文》：“美也”。不甘飤，吃飯不香。（58 頁）

〖曾憲通 1993〗不甘食即所謂食不甘味。

[4]舊（久）不瘻（瘥），尚速瘻（瘥）

〖整理者 1991〗叡，借作瘥，指疾病。（58 頁）

〖周鳳五 1992〗瘻即瘥，《說文》：“瘥，愈也，從疒差聲。”或作差。《方言三》：“差、間、愈也。”“舊不瘻”，猶言疾病久久不見好轉。

〖李零 1993〗《詩・大雅・抑》：“告爾舊止。”鄭箋：“舊，久也。”《書無逸》：“時舊勞於外”，《史記・魯世家》引作“久勞於外”。

〖曾憲通 1993〗簡文“舊不瘻”之舊讀爲久，舊、久古音同可通。

〖唐鈺明 1994〗“舊”古音屬群母之韻，“久”屬見母之韻。…可確知“久”、“舊”相通。…準此，簡文三處“舊不瘝”，意猶“久不瘥”。

〖何琳儀 1998A〗迭，讀速。包山簡“舊（久）不瘝，尚迭（速）瘝。”其中久與速對文見義，可資旁證。（1467 頁）

[5]毋又（有）柰（祟）

〖整理者 1991〗柰，讀作祟。（58 頁）

〖林澐 1992〗《說文》：“柰，果也。從木示聲。”柰即後世之奈字。奈、祟古本一字。

〖何琳儀 1998A〗“又柰”讀“有祟”。（9 頁）

〖陳偉 2008〗占辭中的“有祟”之“祟”皆從“敚”作，與此字寫法不同。古人患病時貞問是爲了求祟，在命辭中說“尚毋祟”也不好理解。《經傳釋詞》卷六“奈”字條云：“奈何，如何也。《書・召誥》曰：‘曷其奈何弗敬？’奈何，或但謂之‘奈’。《淮南・兵略》篇曰：‘唯無形者無可奈也。’楊雄《廷尉箴》曰：‘惟虐惟殺，人莫予奈。’奈，即‘奈何’也。”簡文“毋有奈”恐猶“無有如何”，即不會有怎樣，與“毋死”近似。

[6]難瘻（瘥）

〖整理者 1991〗難，《戰國策・中山策》：“陰問難之”，注：“惡也”。（58 頁）

〖李零 1993〗 難瘥就是難愈。

〖何琳儀 1998A〗 難，不易。（976 頁）

[7]䐦

〖整理者 1991〗 䐦，《儀禮·少牢禮》：“雍人倫膚九”，注：“脅革肉”。䐦，似指羊的脅革肉。（58 頁）

〖湯餘惠 1992〗 䐦或即黑羊之義。

〖陳偉 1996A〗“膚”與從“甫”得聲的字古音相近，或可通假。“䐦”也許假作“羳”。依《廣韻·釋獸》，指閹割了的公羊。（176 頁）

〖何琳儀 1998A〗 䐦，黑羊，或釋“膚（盧）羊”合文。（451 頁）

〖譚步雲 1998〗《說文》：“膚，皮也。”（卷五肉部）《儀禮·聘禮》注云：膚，豕肉也。楚文字從牛特指“牛肉”；從羊特指“羊肉”。（58 頁）

〖宋華強 2007A〗 包山簡 237 號所記祭禱內容與 243 號相同，237 號說“舉禱大一䐦”，243 號說“舉禱大一犢”；又天星觀簡祭禱后土所用犧牲一處說一䐦，另一處則說一犢。凡此都說明“䐦”與“犢”表示的應該是同一種祭牲，單純根據字形認爲“䐦”、“犢”所指有羊、牛之異是不對的。此其一。包山簡中“䐦”、“犢”用於祭禱大和大水，大與后土、司命同祭，大水與二天子同祭，后土、司命、二天子所用祭牲都是一牂；而且從這五位神祇在包山簡所記神祇系統中的地位來看，它們也不可能有享用牛牲的待遇。此其二。所以“䐦”或“犢”不可能是指牛牲，而應該是指一種羊牲。如此“䐦”應該是本字，而“犢”則可能是“䐦”的異體；或另是一字，在簡文中借爲“䐦”。（144-145 頁）

[8]犢（䐦）

〖整理者 1991〗 膚，借作䐦。（58 頁）

〖陳偉湛 1994〗 下部從牛甚明，釋膚於形未安。疑係“膚牛”二字合文。膚牛，當與直牛、戠（特）牛同例，爲牛之一種。即便不以合文目之，亦當釋爲“犢”，與䐦分別是牛、羊之“肋革肉”也。

〖滕壬生 1995〗 臚。（341 頁）

〖何琳儀 1998A〗 從牛，膚聲。或牛與肉旁借用筆畫。楚簡犢，黑牛。《書·文侯之命》“盧弓一”。傳“盧，黑也。”或釋“膚（盧）牛”合文。（451 頁）

〖劉信芳 2003〗 下文及簡 243 作“犢”。…字或從羊，或從牛，應是所用牲肉有特指。（245 頁）

〖十四種 2009〗 從神祇用牲相關性看，疑當假作“䐦”。（115 頁）

[9]佹山

〖整理者 1991〗侳山。(36 頁)

〖湯餘惠 1992〗僎山。

〖楚文字編 1997〗侳。(393 頁)

〖何琳儀 1998A〗侳，山名。(881 頁)

[10]亯祭筥之高丠（丘）、下丠（丘）

〖整理者 1991〗①亯，也作享，《廣雅・釋言》："亯，祀也"。(276 頁) ②筥，《說文》："筥，厚也"。(276 頁) ③高丘，地名，見於《鄂君啟節》。下丘，地名。(276 頁)

〖李零 1993〗高丘、下丘（簡 238、241）。"丘"字原從土，指高丘和矮丘。

〖何琳儀 1993A〗"高坖"即"高丘"，…包山簡"高丘"則爲山名。《文選・高唐賦》"妾在巫山之陽，高丘之岨。"應在三峽之中，爲楚人膜拜之神山。(60 頁)

〖李零 1994〗"高丘"可能即《楚辭・離騷》中"哀高丘之無女"的"高丘"。

〖陳偉 1996A〗簡 236-238 記禱祠大水、二天子、峗山在楚先之前，禱祠高丘、下丘在楚先之後。似乎高丘、下丘與大水、二天子、峗山雖均爲山川之神，但地位卻有高下之分。(173 頁)

〖顏世鉉 1997〗本文認爲高丘、下丘皆山名，在今四川巫山縣東。…鉉按：《離騷》之"高丘"，王逸注下便有多種說法，對照包山楚簡中楚人所祭祀的神山"高丘"，以及《高唐賦》的"巫山之陽，高丘之岨"，本文採取王逸、聞一多之說，主張高丘爲閬風山上之山，爲楚山名，是神話崑崙山範圍内的一個山名，其地在楚巫山一帶。…鄂君啓車節中有楚地名"高丘"，在繁陽和下蔡之間，其地約在今安徽臨泉縣南。此地名"高丘"和包山楚簡中所祭祀的高丘應當無關。(276、288 頁)

〖何琳儀 1998A〗"亯祭"讀"享祭"。《管子・侈靡》"安享樂宅享祭"。(620 頁)

〖李家浩 2000〗"高丘"、"下丘"都屬於"筥"這個地方。如果能弄清楚"筥"的地理位置，那麼"高丘"、"下丘"的相對地理位置也就知道了。《說文》說"筥""從享，竹聲"。…我認爲簡文的"筥"當讀爲《漢書・地理志》沛郡屬縣的"竹"，"高丘"、"下丘"當在"竹"的附近。也就是說鄂君啓節銘文等的"高丘"，當在今安徽宿縣北的符離集附近。此地位於淮水北不遠，跟有人把《高唐賦》中與"高丘"同時出現的"巫山"、"高唐"定在淮水流域是一致的。

〖黃靈庚 2002〗當屈子之時，高丘即《鄂君啟節》之陽丘，郢之高唐之山。屈子之返本，亦當在此。於中土，高丘則在濮水之間。…然則高丘又在昆侖之墟、閬風之下。…楚之空桑，宜在昆侖之山，與陽丘、高丘同實而異名也。高丘、陽丘、空桑皆楚族之精神故居。…高丘，楚之大宗廟，高陽、老僮以下祖先皆在焉，祭老僮用兩羖，而祭高坵用全豢，其禮憂於老僮矣。其不言禱楚先高陽，而言高㐀，則已概高陽矣，據此，楚祀遠祖自高陽始。其禱辭又曰："吉之祟，𠭯祭，筥之高㐀（丘）、下㐀（丘），各一全㹌。"而省老僮等楚先，以"之高㐀（丘）、下㐀（丘）"概言之矣。…高㐀（丘）者，帝高陽之㐀（丘）；下㐀（丘）者，高陽以下之女先之居也。下女，蓋出高陽而與楚族非直系之親。高丘之於下丘，猶大宗之於小宗、旁宗。

〖胡雅麗 2003〗享祭，即以酒食祭獻神靈的祭祀。

〖劉信芳 2003〗①祭名，或稱𠭯祀，楚帛書丙篇"不可以𠭯祀"。或單稱𠭯，望山簡 1-28："𠭯歸佩玉一環柬大王"。（245 頁）②地名，又見於鄂君啟節。《離騷》："忽反顧以流涕兮，哀高丘之無女。"王逸〈章句〉："楚有高丘之山，…或云高丘，閬風山上也。…舊說高丘楚地名也。"按高丘、下丘應是地名，爲楚人祟拜祭祀之所。（245 頁）

〖沈培 2006〗"築"。

〖晏昌貴 2007A〗將簡文中的"高丘"理解爲實有地名，爲祭祀場所，恐怕是有困難的。從楚卜筮簡的文例看，祭品前面全都是神靈名稱，單個神靈直接寫明多少祭品，二個或二個以上則以"各"字相區別，無一例外，本條"高丘、下丘各一全豢"的"高丘、下丘"也應丏理解爲神靈；其次，若將"高丘、下丘"理解爲具體地名，則簡文的意思似可理解爲：在高丘和下丘這兩個地方各用"一全豢""享祭"，但這樣一來，"享祭"的對象是什麼呢？簡文中沒說。如果說是簡文前面的"太"以下諸神靈的話，但這些神靈沒有一個是用"全豢"的，顯然不是。再次，若"高丘"爲地名，無論是在長江三峽地區還是淮河流域，都很難在其附近找到叫"下丘"的地名。所以，我們認爲"高丘"、"下丘"應理解爲兩個"丘"神名，李零最初的說法很可能是正確的。《楚辭·離騷》："忽反顧以流涕兮，哀高丘之無女。"…據游國恩先生所考，"高丘泛指天門外之高山，固不當以爲楚地，亦不指閬風。"…"高丘"或即"高山"，古有"高山君"。

按："高丘"、"下丘"應是神祇之名。

[11]囟（思-使）左尹㐌遚（踐）返（復）凥（處）

〖整理者 1991〗遚，讀作踐。返，讀作複，《說文》："複，往來也"。（58 頁）

〖于成龍 1997〗遚，讀如踐；返，讀如屨。…則"囟左尹遚返凥"句的大意是"請左尹到某地去。"聯係上引簡 219 敓詞"甲寅之日，逗於邸昜"意即簡 220"不逗於邸昜"。"囟左尹遚返凥（處）"與兩者均是敓詞，且皆是去某個地方。這是古人的敓祟方法之一，其目的是爲了躲避祟物。（73-74 頁）

〖李家浩 1999C〗"凥"據《說文》所說，是居住之"居"的本字。因"凥"、"處"二字音、義相近，所以在楚簡文字裏，"凥"有時用爲"處"。《詩·小雅·我行其野》

“言歸斯複”，毛傳：“複，反也。”“踐複居”猶言來返其居。《楚辭·招魂》“魂兮來歸，反故居些”，王逸注：“言魂神宜急來歸，還反楚國，居舊故之處，安樂無憂也。”簡文“思左尹它踐複居”即此意，意思是說希望左尹卲它的魂返回故居。

〖劉信芳 2003〗《爾雅·釋言》：“複，反也。”（246 頁）

〖晏昌貴 2005B〗在“與禱”與“思攻解”之間插入“思左尹它踐複處”一句，大約是讓左尹昭它親自履踐有關的祭禱。

〖周波 2008〗簡文“逺”可能也應當讀爲“遷”，義爲歸，返。（276 頁）

[12]戠（歲）

〖整理者 1991〗歲，《說文》：“歲，木星也”。古人以爲歲星所處的方位吉利。（58 頁）

〖李零 1993〗太歲。

〖李零 1994〗應指歲煞。

〖胡雅麗 2001A〗“歲”即十二年左行一周天的“歲星”。“歲星”崇拜，可追溯到原始社會時期。它與人們爲著農業生產的需要而進行的天文曆法活動有關，是人們對宇宙自然的探索在信仰上的必然反映。楚人祠祀“歲星”，是爲承襲傳統。

〖劉信芳 2003〗此指歲星（木星）。戰國時以歲星紀年，術數家特別重視據歲星之贏縮以占吉凶。（246 頁）

第 7 組

大司馬悼（悼）髗（滑）遅（將）楚邦之帀（師）徒𠳵（以）救郙（巴）之戠（歲），𠛱（荊）𡱒（夷）肴=（之月）己卯㫖=（之日），陳（陳）乙𠳵（以）共命爲左尹䑼貞：既腹心疾，𠳵（以）𡗜（上）懸（氣），不甘飤（食），尚速瘥（瘥），毋又（有）柰（祟）。占之，悉（恆）貞吉，疾〖239〗弁（變）[1]，又（有）𤸫（癪-續）[2]，遅（遲）瘥（瘥）[3]。𠳵（以）亓（其）古（故）敚（說）之。舉（舉）禱（禱）五山[4]各一牂；舉（舉）禱（禱）卲（昭）王戠（特）牛，饋之；舉（舉）禱（禱）文坪（平）𡋯（夏-輿）君子良[5]、部公子萅（春）、司馬子音、郗（蔡）公子冢（家），各戠（特）豬（豬-豢），〖240〗饋之。囟（思-使）攻解於𧇡（詛）與兵死[6]。𢍰（輿-舉）𥁕（盬）吉之敚（說）[7]，㐭祭笸之高丠（丘）、下丠（丘），各一全豬（豢）。陳（陳）乙占之曰：吉。〖241〗

集釋：

[1]疾弁（變）

〖整理者 1991〗㝵，讀作變。（58 頁）

〖李零 1993〗疾變，指病情惡化。

〖張桂光 1994〗“弁”字確有從又的形體，…其採用從又的形體時，往往在中部多加兩個短筆作以示區別，包山楚簡 240、245 的“疾弁”（讀作疾變）的“弁”就是這樣的。

〖袁國華 1994B〗疑字與“中山王器”、同字，皆“使”字。…“△”字（按：指“叓”字）的用法約可分爲三類。…第三類，如簡 240、245“疾△”中的“△”字，則與“疾”字組合成有“疾病情況”意義的“雙音節詞。”…至於第三類“△”字，簡 240、245 詞皆作“疾△”、“△”讀作“事”，“疾△”亦即“疾事”，意思就是：“有關疾病的事情或情況”。

〖陳偉 1996A〗“疾弁”是說病情緊急。（155 頁）

〖何琳儀 1998A〗弁，見《禮記・玉藻》“弁行”，釋文“弁，急也。”（1065 頁）

[2]又（有）瘨（𤺺-續）

〖整理者 1991〗瘨，省聲，讀如孽。《呂氏春秋》：“遇合聖賢之後反以孽民”，注：“病也”。（58 頁）

〖黃錫全 1992〗可能是𤺺。

〖周鳳五 1992〗①此字從疒，賣聲，疑即瘯，《說文》七下疒部：“瘯，頭疼也”。

〖何琳儀 1993A〗從“眞”得聲字有“𤖯”240、“𤖯”247，均讀“孽”。

〖曾憲通 1993〗𤖯字簡文作（簡 240）…包山簡或作（簡 247），從爿傎聲，字書所無。…此字益以爿旁，依簡文爿、疒形近易混之例，此字既言疾病，當是疒旁之寫訛。疒古床字。，病者所倚，聲符眞兼有表義，當是個從疒從人（或省去）從貝從眞，眞亦聲的字。《說文》：“眞，危高也，讀若臬。”𤺺字從疒眞亦聲，引申而有病情危重、危殆之意。

〖張守中 1996〗𧶠。（96 頁）

〖陳秉新、李立芳 1998〗簡 239-240，瘨讀爲隤，瘢，𤺺的古文，借爲瘥。簡文意爲：疾發生變化，有降減的趨勢，漸次痊癒。

〖何琳儀 1998A〗瘨從疒，傎聲（或傎省爲眞）。楚簡瘨，讀蠥。《楚辭・天問》“卒然離蠥”，注“蠥，憂也。”亦作孽。《呂覽・遇合》“賢聖之後反以孽民”，注“孽，病也。”（919 頁）（按：9 頁又云：“‘又𤖯’讀‘有孽’”）

〖白於藍 1999〗此字從爿𧶠聲。

〖徐在國 1999〗我們認爲“瘨”（“瘨”當是“瘨”字省體）字應分析爲從“疒”“貨”聲，讀爲“貨”。

〖劉釗 2001〗其實這個字所從的“”和“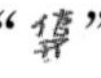”就是“賣”和“儥”字。…那麼這個“瘨”字在此該如何解釋呢？我們認爲“瘨”字在此應讀爲“篤”。…“篤”正是病勢沉重之意。

〖趙平安 2001B〗“瘨”可以讀爲“癃”。“陸”通“隆”。依《說文》，“陸”從“坴”聲，賣的聲符“𡍬”是睦的古文，睦也從“坴”聲，因此賣聲字和隆聲字也可以通用。《淮南子・覽冥》：“平公癃病。”高誘注：“癃病，篤疾。”癃的這種用法和簡文可以互證。…從形音兩方面綜合考慮，“𡍬”極有可能是“賣”的本字。

〖劉信芳 2003〗讀爲“孽”，文獻或作蠥。…蠥、孽皆謂妖蠥。（247 頁）

〖陳偉 2004A〗在包山、望山、天星觀卜筮簡中，也有與新蔡簡此字大致相同的字出現，並且也都是指稱病情。…楚簡中的這個字恐怕應讀作同樣從賣得聲的“續”字，爲延續之義。

〖黃靈庚 2008〗皆當讀爲“孽”，《包山楚簡》整理者的釋讀、釋義是正確。…皆從“𡿺”得聲，無論如何都不能讀“自”，或作“賣”，皆屬“孽”或“蠥”的異體字。…簡文有“有瘨（孽）”或說“毋瘨（孽）”、“不瘨（孽）”，皆釋爲“有憂”、“毋憂”、“不憂”，與《天問》“卒然離蠥”的用法相同，不見得是指某種具體“病症”。

[3]递（遲）瘥（瘥）

〖整理者 1991〗递，讀作越，《說文》：“趨也”。（58 頁）

〖周鳳五 1992〗按，此字隸定作“递”，據簡文兄弟字作（86 簡）、（151 簡）知其可信，…“有瘨”承“疾變”而來，當指病情生變，將有某種新的症狀。而“递瘥”則爲“有瘨”的補語，遞在這裏用爲形容“瘥”的副詞，表狀態或時間…簡文用以形容“瘥”的副詞主要有“急”與“遲”，都表時間，語義相反，可以視爲一組反義詞。递從弟聲，古音與遲同，徑讀爲遲似亦可通，但簡文既已有遲字，且遲字、递字均不止一見，似應各有所指，則递字不當釋爲遲的或體，而必須另尋解答。依音義推求，递字似應讀爲“滯”。滯從帶聲，弟與帶二字古音同屬定紐祭部，同音通假。滯有凝止、遲留之義，…“滯瘥”與“遲瘥”語雖近似而微有不同，前者指病情拖延，一直不見好轉；後者則表疾病遲遲而愈，療程甚長。上引簡文可以據此通讀爲：“病情生變，將有某種新的症狀，而且一直拖延，不見好轉”。

〖劉釗 2001〗递應該讀爲“遲”。

〖劉信芳 2003〗递瘥即漸次病癒，實爲疾病一時未能痊癒。（247 頁）

[4]五山

〖李零 1993〗應指五大名山，具體不詳。

〖陳偉 1996A〗“五山”指五座山而非一山之名。不知五山有無五嶽之意。(170 頁)

〖胡雅麗 2001A〗“五山”應該是楚國境內五座有名的大山，而“坐山”則可能是其中之一座，也可能另有所指。

〖宋華強 2007A〗“五山”也見於包山簡 240 號。殷墟卜辭中受祭神靈有“十山”、“五山”，陳夢家說：“雖不能確定十山、五山是哪幾個山，但似指當時所祭之山有一定的數次。又於五山，或在隹或在齊，似乎兩地各有五山，合之爲十山。”(《殷虛卜辭綜述》，中華書局，1988 年 1 月，596 頁）楚簡“五山”與卜辭“五山”應該沒有關係，但是結合陳氏所論“兩地各有五山”，似乎古代不同地域都可以有自己的“五山”神靈。甲二 29 有“五宔山”，可能就是“五山”。(255 頁注釋 985)

〖晏昌貴 2007A〗殷墟卜辭即有五山。楚五山具體所指未詳。《列子・湯問》稱渤海之東，無底之谷，“其中有五山焉：一曰岱輿，二曰員嶠，三曰方壺，四曰瀛洲，五曰蓬萊。”“所居之人皆仙聖之種，一日一夕飛相往來者不可數焉。”《楚辭・天問》：“鰲戴山抃，何以安之？”洪興祖、林兆琦、周拱辰、蔣驥皆以《列子》釋《楚辭》，如然，則楚簡五山可能是指神話中的五座山。…禮書中的五山指五嶽，指名道姓的五嶽最早出現在《爾雅》中，“五嶽說”在漢武帝時期才開始逐漸流行。楚簡五山（五主山）也有可能指楚之五嶽，具體地望則待考。

[5]文坪（平）虽（夏-輿）君子良

〖整理者 1991〗虽，奞字之誤。(58 頁)

〖何琳儀 1993A〗即“坪夜”，…上從“皿”聲，“坪”、“皿”雙聲。“虽”…𩠐（夏）之省。…“坪夏”即“坪夜”，或作“坪柰”。“夜”、“柰”、“夏”均屬魚部。

〖黃錫全 1998〗包山簡 240 是借夏爲“夜”。

〖何琳儀 1998A〗①“坪夏”，讀“平與”，地名。(468 頁）②子重。(365 頁)

〖劉彬徽 2000〗夜字又寫作虽字，集韻有蚎字，或即此字。當是從蟲、曰聲。曰屬月部匣紐，夜屬鐸部喻紐；聲韻均相近，可以通假。

〖魏宜輝 2002〗“虽”字應釋作“夏”，在此讀爲“夜”，並非“夜”字之誤。夜，古音餘母鐸部；夏，爲匣母魚部，音近可通。

〖劉信芳 2003〗簡 200、206、214 等作“夜”。郭店簡〈緇衣〉35“大虽”即“大雅”，〈唐虞之道〉13“吳虽”即“虞夏”。夏、雅、夜一音之轉。(247 頁)

[6]𧆞（詛）與兵死

〖整理者 1991〗①禧，讀如祖。(58 頁）②兵死，死於戰事。(58 頁)

〖饒宗頤 1996〗“兵死”相當於國殤，《楚辭・九歌》有國殤，稱魂魄爲鬼雄，《補注》謂“死於國事者”，即同於“兵死”也。禮，指詛盟。

〖袁國華 1994C〗死於戰爭的人。（52 頁）

〖何琳儀 1998A〗“兵死”，疑戰死之鬼。（710 頁）

〖連劭名 2001〗“祖”是行神。…凡爲利器所害，皆爲“兵死”，不僅限於戰爭。

〖劉信芳 2003〗①“禮”即祖，直系祖先；“兵死”謂“祖”之兄弟死於兵者。（228 頁）②《禮記・曲禮下》：“死寇曰兵。”《釋名・釋喪制》：“戰死曰兵，言死爲兵所傷也。”（228 頁）

[7]弆（輿-舉）礊（盬）吉之祱（說）

〖陳偉 1996A〗簡 239-242，242-244 並稱“弆盬吉之敓”。盬吉在這一天施有二貞，即簡 226-227 所記的歲貞和簡 236-238 所記的疾病貞。從簡書記列的禱祠物件及用牲情況看，簡 239-241、242-244 所指顯然均爲同樣屬於疾病貞的簡 236-238 所記“敓”辭。（155 頁）

〖楚文字編 1997〗礊。盬字異體。（223 頁）

第 8 組

大司馬悼（悼）髓（滑）違（將）楚邦之帀（師）徒已（以）救郙（巴）之戢（歲），剈（荊）层（夷）之月己卯音=（之日），驩（觀）綳（繃）已（以）長需（靈）爲左尹舵貞：既腹心疾，已（以）走（上）愳（氣），不甘飤（食），舊（久）不瘻（瘥），尚速瘻（瘥），〖242〗毋又（有）柰（祟）。占之：悉（恆）貞吉，疠（病）递（遲）瘻（瘥）。已（以）亓（其）古（故）敓（說）之。弆（輿-舉）盬（盬）吉之祱（說），舉（舉）禱（禱）祆（太）[1]一犍（㹎），戾（侯-后）土、司命各一牂；舉（舉）禱（禱）大水，一犍（㹎）；二天子，各一牂；危山一牂（羖）。舉（舉）禱（禱）卲（昭）王戠（特）牛[2]，饋(饋)之；舉（舉）禱（禱）東陵連囂（敖）豬=（豬-冢豕），酉（酒）飤（食），蒿之。〖243〗贊（贛）之衣裳各三賏（稱）[3]；舉（舉）禱（禱）晉（巫）[4]一全豬（狙），虞（且）桓（樹）保，奩（逾）之[5]。驩（觀）纆（繃）占之曰：吉。〖244〗

集釋：

[1]祆（太）

〖湯餘惠 1992〗祅243、祅210 原皆照摹，疑並祅字。前例從大省丿，仍商周古文傳統寫法。簡文中“祅”與“夭”文例完全相同，亦當以妖孽解之。

[2]戠（特）牛

〖整理者 1991〗戠，戠字異體。(58 頁)

〖陳秉新 1998〗釋文、字表隸定爲戠是對的，惜未說明當今何字。考釋 479 云："戠，戠字異體。"隸定和考釋均誤。按：此字從古文歲省，昔聲，當是腊的古文。…簡文腊牛指腌腊的牛肉，腊豢當指腌腊的猪肉。

〖何琳儀 1998A〗止爲迭加聲符。(54 頁)

〖劉信芳 2003〗字從"昔"作，"戠"之異體，讀爲"特"。(247 頁)

〖蘇建洲 2008〗(3) 形（按：指包山 243 號簡）左上從"止"形，可以理解爲"戠"增添"止"爲聲。"戠"，章紐職部；"止"，章母之部，聲韻關係非常密切。(145 頁)

[3]贊（贛）之衣裳各三爯（稱）

〖整理者 1991〗①贛，借作貢。《廣雅・釋詁一》："貢，上也"。《釋言》："貢，獻也"。(58 頁) ②爯，簡文作，讀作稱。(58 頁)

〖李運富 1997B〗既知贛即歁字，則包山簡之贛亦即《說文》之贛也。(129 頁)

〖譚步雲 1998〗(衣服的) 套。(92 頁)

〖陳劍 1999〗包山楚簡 244 "贛之衣裳各三爯（稱）"，贛意爲"獻"，與一般表示"貢獻"的"貢"用法相同。

〖劉信芳 2003〗爯，簡文作，讀作稱。《左傳・閔公二年》："祭服五稱"，注："衣單複具曰稱"。(248 頁)

[4]䂓（巫）

〖陳偉 1996A〗害，位列其他神祇之後。屬性待考。(173 頁)

〖劉信芳 1996A〗簡二四四之""爲神名，《史記・天官書》："舍者，日月所舍。"《說文》："舍，市居曰舍。"知"舉禱舍一全豬"，"舍"是居次之神。

[5]虘（且）梪（樹）保，逾（逾）之

〖整理者 1991〗虘梪，保逾（？）之。…虘，讀如俎。梪，豆。(36、58 頁)

〖劉釗 1992A〗字應釋爲"逾"。簡文"保逾之"，應讀爲"保俞之"。"愈"，病好之謂也。"保逾之"乃謂保佑病好。

〖楚文字編 1997〗逾。疑爲逾字異體。(70 頁)

〖陳偉武 1997〗疑以"逾"字，用瀍待考。

〖李家浩 2001B〗我認爲"虘梪"應該讀爲"且樹"。"且"是連詞，"樹"是動詞，位於"樹"後的"保"當是它的賓語，應該是名詞，疑讀爲"葆"…"逾"字原從"止"。"止"、"辵"二旁在古文字中往往通用。疑簡文"逾"應該讀爲"瘉"或"愈"，指病癒。據以上所說，上引 244 號簡文應該釋讀如下：舉禱巫一全豠，虘（且）梪（樹）

保（葆），逾（愈）之。意思是說向巫舉禱用一全豻，並且爲巫樹立葆幢，左尹昭它的病就會痊癒。從爲巫樹葆來看，此簡的巫應該跟上文三所說的 218-219 號簡的巫一樣，也是用土木之類作的巫的偶像。

〖劉信芳 2003〗按簡文謂病癒爲“瘥”，若此處讀“逾”爲“愈”，義甚突兀。竊疑保逾應讀爲“苞臾”，謂將置於俎豆之牲肉用苞茅紮束。（248 頁）

〖袁金平 2007〗包山簡習見“攻解”、“攻敘（除）”、“攻祱”等詞，其後常接神鬼之名，意爲以辭責攘，以求解脫。我們認爲簡甲三 111（按：指新蔡楚簡）“攻逾”性質上與“攻解”等詞接近，“逾”當亦是一種祭名或責攘手段。包山 244 號簡云：“舉禱巫一全豻，戱（且）桓（樹）保（葆），逾之”此簡釋讀、斷句皆從李家浩先生說。李先生“疑簡文‘逾’應該讀爲‘瘉’或‘愈’，指病癒”。似不可從。此簡“逾之”之“逾”，在用法、意義上與上舉“攻逾而厭之”之“逾”應該是一致的。（49-50 頁）

按：新蔡甲三 111“既成社逾而厭之”，袁金平斷句爲“既成，社逾而厭之”，宋華強則斷句爲“既成社，逾而厭之”，但他認爲袁金平對“逾”字用法的推斷是有道理的，同時還指出“逾”當爲祭禱或用牲動詞，疑當讀爲“刳”，意爲“割”。①

第 9 組

大司馬恕（悼）髋（滑）𠬝（以）迷（將）楚邦之帀（師）徒𠬝（以）救（救）郙（巴）之戢（歲），𦵮（荊）𡰥（夷）𪜊=（之月）己卯𣅀=（之日），五生𠬝（以）承悳（德）以爲左尹𦨶貞：既腹心疾，𠬝（以）走（上）㤉（氣），不甘飤（食），尚速瘻（瘥），毋又（有）柰（祟）。占之：死（恆）貞吉，疾弁（變），疠（病）窔[1]。〖245〗𠬝（以）亓（其）古（故）敓（說）之。舉（舉）禱（禱）𦵮（荊）王[2]，自酓（熊）鹿[3] 𠬝（以）豪（就）武王，五牛、五豕。囟（思-使）攻解於水上與㴱（溺）人[4]。五生占之曰：吉。〖246〗

集釋：

[1]疠（病）窔

〖整理者 1991〗窔，《說文》：“官窔深也”。此謂疾病變重。（248 頁）

〖曾憲通 1993〗窔字從穴交聲，《說文》：“窔，官窔，深也。”又“官，冥也。”《廣韻·嘯韻》：“窔，隱暗處。”隱暗處即幽深之處，藥力不可及，即所謂病入膏肓。

〖何琳儀 1998A〗窔，疾病深重。（296 頁）

①宋華強：《新蔡葛陵楚簡初探》，426 頁注釋④，武漢，武漢大學出版社，2010。

[2]𠛬（荊）王

〖整理者 1991〗畱王，讀作荊王，即楚王。（58 頁）

〖陳偉 1996A〗從熊麗到武王，代表楚國歷史的一個時代。其間楚國的政治中心在丹陽，文王元年才正式定都於郢。《左傳》昭公十二年記楚左尹子革說：“昔我先王熊繹辟在荊山，跋涉山川以侍天子。”丹陽、荊山的地望，存在不同的說法。但這二地相近，則沒有問題。這一時期楚君被稱作“荊王”，恐即與此有關。…古人習慣將已故的受封立國後的君主稱爲“先公”，將已故的受命爲王后的君王稱爲“先王”，並在祭祀上有所區別。…自熊麗至武王的歷代楚君，或許就屬於楚人的“先公”系列。…文王以後的楚國過世諸君，相當於“先王”階段。與簡書將熊麗至武王間的先公稱爲“荊王”相對應，《左傳》昭公十二年記楚靈王和子革均稱熊繹爲“我先王”；…先公時代的楚君一般實自稱爲“公”。因而，“荊王”、“先王”的“王”也許出自追稱。…古人對父輩以上的祖先習慣採用帶“王”的稱謂。…簡書有“新王父”之稱，表明楚人也採用這類親屬稱謂。作爲親屬稱謂的“王”字雖然舊說不一，但無論如何都帶有祖、先一類含義。簡書“荊王”和上引《左傳》“先王”的“王”很可能是在這個意義上使用的。（171-172 頁）

[3]酓（熊）鹿（麗）

〖整理者 1991〗睪，簡文作，《汗簡》睪字作，澤字作，均與簡文形近。睪借作繹，酓繹即熊繹。（58 頁）

〖湯餘惠 1992〗因疑此是鹿字，假爲熊繹之“繹”。

〖何琳儀 1993A〗酓鹿（麗）。

〖黃錫全 1993〗此乃㲋字。《說文》：“㲋，獸也，似兔，青色而大，象形。頭與兔同，足與鹿同。”…㲋、睪古韻同屬鐸部，於古可通。…因此，包山楚簡的“酓㲋”即“熊繹”。是簡文假㲋爲繹。

〖李零 1993〗鹿，讀爲麗。

〖劉信芳 1995〗“熊鹿”應指熊麗。麗字從丽從鹿，熊麗是鬻熊之子。

〖陳偉 1996A〗《墨子・非攻下》云：“昔者，楚熊麗始討此睢山之間，越王緊虧出自有遽，始邦於越，唐叔與呂尚邦齊、晉，此皆地方數百里；今以並國之故，四分天下而有之。”畢沅注：討，“字當作封”。熊麗與越、齊、晉三國創始人並列，自當也是立國之君。熊繹爲熊麗之孫。《史記》所述爲受到周王冊封的楚君，《墨子》反映的則當是實際立國者。（171 頁）

〖何琳儀 1998A〗“酓（熊）鹿（麗）”，楚國熊姓自熊麗始。（1390 頁）（按：1524 頁又隸作“麢”）

〖何琳儀 2000A〗“”讀“熊”。“”即“飲”之初文。“飲”，影紐；“熊”，匣紐；均屬喉音，故可通假。…“鹿”與“麗”不僅形體有關，而且古音均屬來紐。…在包山簡中，熊麗則儼然是始稱“荊王”者…可知熊麗是楚世系中第一位以“熊”爲姓氏的先王，在戰國楚人祭典中佔有特殊位置。

〖劉信芳 2003〗讀爲“熊麗”，…據《史記・楚世家》，熊麗是鬻熊之子，簡 217 等記載昭佗祭祀的楚之先祖有老僮、祝融、鬻熊，又祭祀從熊麗以至武王，前後相接，成爲一完整的祭祀系譜。（249 頁）

〖清華壹 2010〗《楚世家》作“宵敖熊坎”。包山二四六號簡：“舉禱荊王自熊鹿以就武王。”熊鹿即霄敖。《楚世家》、《古今人表》等並以爲霄敖（《古今人表》誤作“甯敖”）是若敖之子，蚡冒之父，誤。（187 頁）

〖孟蓬生 2011〗按包山簡 246 號之“熊鹿”，一般認爲指“熊麗”。清華簡整理者以爲此“熊鹿”與《楚居》之“熊鹿”爲同一人，恐不可從。因爲包山簡 246 之“熊鹿”如果指“宵囂（霄敖）”，則從“熊鹿”到武王 “熊達（熊通）”爲緊接的兩代人，不符合“自…就”的用字習慣。一是就事理而言，如果緊接的兩王用“自…就 ”這樣的格式，不符合語言的經濟原則。二是就實例而言，目前楚簡見到的“自…就”格式中還沒有出現過緊接的兩代人。

按:孟蓬生的意見較有道理，包山楚簡“熊鹿”以讀“熊麗”爲宜，與清華楚簡“熊鹿”指“霄敖”有別。

[4]水上與褱（溺）人

〖整理者 1991〗㲻，讀作沒。《小爾雅・釋詁》：“沒，滅也”。《漢書・匈奴傳》：“沒，溺也”。沒人即溺於水中之人。（58 頁）

〖李零 1993〗“沒人”指淹死的人。

〖湯餘惠 1992〗246 簡：“～人”，指溺水而亡者。

〖黃盛璋 1994〗“㲻人”即溺人，㣺甲骨文已有，見《佚》616，後代通行“溺”字，而本字久廢，但楚簡此字屢見，甚用爲人名，必爲常見之字，它加了“勿”，以表示沉沒之意。…總之，此字就是楚文字的“溺”，讀溺不讀“沒”，楚文字自有“沒”字。

〖李零 1994〗水上與溺人。溺死的冤鬼。前者是漂在水上的，後者是沉在水底的。

〖何琳儀 1998A〗①“水上”，水邊。《管子・輕重丁》“水上之樂。”（1234 頁）②“㲻人”，讀“沒人”。…《莊子・達生》“若乃夫沒人，則未嘗見舟，而便操之也。”注“沒人，爲能鶩沒於水底。”（1306 頁）

〖連劭名 2001〗“水上”，指水面及水濱，…“沒人”是河伯，名馮夷。…後代方術中認爲呼喚河神名號可除鬼氣，…包山簡所記“攻解於水上與沒人”，可能是與此相近的方術。

〖廖名春 2004〗簡 246 的“溺人”即溺水之人，不必作“沒人”。（146 頁）

〖于成龍 2004A〗“㲻人”之“㲻”讀如“沒”，沒人即溺水而死者。（48 頁）

〖楊華 2007〗如果說以上所列爲江河水神，則“水上”和“溺人”當爲水鬼。…南力多水，亡命於水者爲古代常見，這此非正常死亡而不得安魂的厲鬼，常常爲害人間，故而對之進行祭禱和攻解巫術。…不過“水上”與“溺人”還有所區別。“水上”當指在亡於水上者，而不是沉入水中淹死之人。…“溺人”很明確，指溺水淹死者。

第 10 組

大司馬悼（悼）髓（滑）遳（將）楚邦之帀（師）徒㠯（以）救（救）郙（巴）戢=（之戢-歲），𠡜（荊）𡱂（夷）肙=（之月）己卯音=（之日），䜭許吉㠯（以）𩣡（駁）霝（靈）爲左尹舵貞：既腹心疾，㠯（以）走（上）㤅（氣），不甘飤（食），舊（久）不瘻（瘥），尚速瘻（瘥），毋又（有）柰（祟）。占之：死（恆）貞吉，疠（病）又（有）癀（瘖-續）[1]，㠯（以）〖247〗亓（其）古（故）敓（說）之。舉（舉）禜（禱）大水一犠（犧）馬[2]；舉（舉）禬（禱）吾（部）公子萅（春）、司馬子音、郗（蔡）公子冢（家），各戠（特）豨（豢），饋(饋)之；舉（舉）禬（禱）社一豬（豠）。囟（思-使）攻解日月與不𣌾（辜）[3]。䜭許吉占之曰：吉。〖248〗

集釋：

[1]疠（病）又（有）癀（瘖-續）

〖黃錫全 1992〗瘡。

〖湯餘惠 1992〗𤻲字從爿（也可能是疒之省體），𧶠聲，字待考，240 簡又作，爲省體。

〖楚文字編 1997〗瘄。（376 頁）

〖陳秉新、李立芳 1998〗247癀，239瘄，都是瘄的古文，簡文借爲隤。簡 247，讀爲隤，訓降，病有隤，意即病有降減的趨勢。

[2]犠（犧）馬

〖整理者 1991〗羛，借作犧，《尚書・微子》："今殷民乃攘竊神祇之犧牷牲用"，傳："色純曰犧"。(59 頁)

〖何琳儀 1998A〗犠，從牛，義聲。疑犧之省文。…《書・微子》"犧牷牲用"，傳"色純曰犧"。(857 頁)

〖譚步雲 1998〗或謂"借作犧"(《包山楚簡》：1991：59 頁)。應是從"羛"省聲，而非假借。(60 頁)

[3]囟（思-使）攻解日月與不秥（辜）

〖整理者 1991〗"解"字後脫"於"字。(59 頁)

〖楚文字編 1997〗秥。殆字異體。(189 頁)

〖何琳儀 1998A〗"不秥"，或作"不殆"，讀"不辜"，鬼名。(471 頁)

〖胡雅麗 2001A〗日月即太陽與月亮。在楚人的神譜中，"日"、"月"的地位很低，遠下於四方神，可能與楚人以爲日月的出入受四時支配有關。

第 11 組

大司馬悼慦（滑）救郙（巴）之戢（歲），𩒨（夏）㝃（夷）之月己亥之日，讙（觀）義㠯（以）保（寶）豪（家）爲左尹卲㢊貞：㠯（以）亓（其）又（有）瘇㾐（病）[1]，走（上）㤅（氣），尚毋（毋）死。義占之：死（恆）貞不死[2]，又（有）祟（祟），見於嗌（絕）無遂（後）者[3]與鄟（漸-斬）木立（位）[4]，㠯（以）亓（其）古（故）敓（說）之。舉（舉）〖249〗禱（禱）於嗌（絕）無遂（後）者各肥豬（狙），饋之。命攻解[5]於鄟（漸-斬）木立（位），虐（且）遷（徙）亓（其）凥（處）而梪（樹）之[6]。尚吉。義占之曰：吉。〖250〗不智（知）亓（其）州名[7]。〖249 反〗

集釋：

[1]瘇㾐（病）

〖周鳳五 1992〗這裏以重病解釋"𤺺㾐"，𤺺從，童聲，與"重"同音，先秦古籍重、童通用之例習見，…此時他病入膏肓，危在旦夕，這點可以由他卜問時只是提出"尚毋死"（但願不死）推知。在此之前，他卜問時說的是"尚毋有咎"，語氣顯然輕鬆得多。由"尚毋死"一語可知簡文"𤺺㾐"讀爲"重病"。…當然𤺺也不妨釋瘇，《說文》七下疒部云："瘇，脛氣腫。"但如此一來病情似乎太輕。

〖后德俊、史珞琳 1994〗卲㢊患病後期出現了"瘇㾐"，即浮腫。這與心臟疾病嚴重時身體某些部位常常出現浮腫的症狀比較吻合。

〖何琳儀 1998A〗“瘽肪”讀“重病”。（368 頁）

按:除上述觀點外，馮華又提出“瘽病”是腳腫的看法。①楚簡中“重”多從“主”得聲，“瘽肪”看作具體疾病較爲合適。

[2]死（恆）貞不死

〖近藤浩之 2000〗恐脫“吉”一字，當本作“死（恆）貞（貞）吉，不死”（望山一號墓竹簡 39 號簡也作“死（恆）貞（貞）吉，不死”）。

[3]𢇍（絕）無逡（後）者

〖整理者 1991〗繼，簡文作。（59 頁）

〖林素清 1992〗絕。②

〖湯餘惠 1992〗《古文四聲韻引》《林罕集》作，與簡文寫法相近，並象以刀斷絲之形，即古絕字。…簡文“～無後者”指無子嗣者，今語猶稱無子女爲“絕後”。

〖曾憲通 1993〗“絕無後者”指未成年或無子而死的兄弟輩。由於這些亡靈沒有後人奉祀，容易作祟。解祟的方法便用肥豬舉行㙊禱。

〖吳鬱芳 1996〗“繼無後”應是古之“厲鬼”。《禮記・祭法》載有泰厲、公厲、族厲，孔穎達說：“泰厲者，古帝王無後者也”；“公厲者，謂古諸侯無後者’；“族厲者，謂古大夫無後者鬼也”。昭佗所祭的“繼無後”，應是他族中死而無後的厲鬼，如簡 227 載：“舉禱兄弟無後者昭良、昭乘”。古代厲鬼的種類很多，強死、冤死、夭折、遇難及死而無後者皆可爲厲鬼。昭佗死前在昏迷中見到的“繼無後”，就是如昭良、昭乘這樣的族厲。

〖何琳儀 1998A〗𢇛，讀絕。（944 頁）

〖李零 1999B〗辭例作“～無後者”，這個字其實是“絕”字而非“繼”字。…《說文》以𢇛爲絕，以𢇍爲繼，不一定對。

〖胡雅麗 2001B〗絕無後者，即因無繼承人而絕祀者。

〖十四種 2009〗從“各肥豬”看，“絕無後者”有確定對象。疑即 227 號簡所見“兄弟無後者卲良、卲乘、顯豁公”。（118 頁）

按:郭店楚簡《老子乙》41 號簡“絕”字作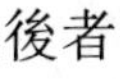，與本簡之字同。此字形也用爲“斷”字，見清華楚簡《繫年》66 號簡，辭例爲“會諸侯于斷道”。

[4] 槧（漸-斬）木立（位）

〖林澐 1992〗讀爲“位”。

①馮華：《包山楚簡成套卜筮辭中的“習卜”研究》，《中國史研究》，2012（1），5-18 頁。

②轉引自陳偉主編：《楚地出土戰國簡冊[十四種]》，118 頁，北京，經濟科學出版社，2009。

〖劉信芳 1992C〗“漸木”即“建木”，蓋其神名“立”，故稱“漸木立”（一說“立”即“位”）。…若一定要從文字上窮究其所以，則從建之“楗”爲閉門之木樁，從斬之“槧”爲削制的木板，無論木樁還是木板，古人皆可以之神位。“建木”的字面義，即插在地上的木樁（或木板），用作藉以依神的神位。依古代祭禮，凡有後嗣之鬼，於宗廟置神位祀之；而無後嗣者則無宗廟，於是在郊野樹一木枋，稱爲“建木”，祭而禱之。影隨人後，人之無後嗣者如建木之無影，絕無後者作祟，攻解於建木立，取其類也。

〖曾憲通 1993〗“暫木位”大概是指一些臨時用牌位安置的神靈。對於這些亡靈作祟，則採用攻解的辦法責讓，甚至把這些臨時安置的牌位遷到別的地方去，以示懲罰。

〖楚國歷史文化辭典 1996〗神名。疑即“建木”。傳說建木無影，楚人祭禱無後嗣者，攻解於漸木立。…人無後嗣如建木無影，繼無後者作祟，攻解於建木立，取其相類之意。（385 頁）

〖吳鬱芳 1996〗“漸木立”即斷木立，《包山楚簡》中斬木例作“漸木”，而斬、斷義同。斷木複立在古人看來是“木爲變怪”的妖祟，《漢書・五行志》中猶載有許多斷木立的災異，如“上林苑中大柳樹斷僕地，一朝起立”；“社有大槐樹，吏伐斷之，其夜樹複立其故處”；…昭佗病重時眼前出現斷木複立的幻覺是不奇怪的，故在驚恐之中趕忙要巫祝“攻解於漸木立”，而且換一個地方將斷木樹立起來。

〖譚步雲 1998〗“漸立”可能指“槧版人”之神位，也可能指“槧版所在地的神主”。（67 頁）

〖胡雅麗 2001B〗予以爲：特指臨時用作安置死者魂魄的木牌位，即禮書所謂之：“重”（讀作 chóng，形若木方），似乎更爲確切。

〖李家浩 2001A〗我們認爲“漸木立”之“漸木”應該從吳氏讀爲“斬木”，“立”應該從曾氏讀爲“位”。《墨子・明鬼》：“其始建國營都……必擇木之修茂者，立以爲菆（叢）位。”“叢位”即叢木之位，意即叢社之位。“斬木位”猶此“叢位”，當指斬木之位，也就是用砍伐的樹木作神位的意思。

〖連劭名 2001〗“漸木”是預示凶吉的神樹，其源甚古。…“漸木”即前知之木。…立、位古同，簡文中指神位。

〖于成龍 2004A〗“漸木立”即是漸木（鬼名）之位，也就是漸木的祭處。（47 頁）

〖晏昌貴 2007A〗以上諸說當以李家浩先生說爲是。漸木或爲社木，“立”讀如“位”。古代社神之位多以木，《周禮・地官・大司徒》：“設其社稷之壝而樹之田主，各以其野之所宜木，遂以名其社與野。”單個的樹木可以爲社主，衆多的叢林亦可爲社，即叢社。《楚辭・七諫・沈江》：“日漸染而不自知兮”，王逸注：“稍積爲漸”。簡文“漸木”

或即積木，又稱叢木。從、聚古字通，《左傳・哀公十七年》“陳人恃其聚而侵楚”，杜預注：“聚，積聚也”。漸、聚並有積義，“漸木”或可讀爲“聚木”或“叢木”，均可指社。…社或社鬼爲祟致人疾病，出土文獻和傳世文獻都有記載。…古亦有攻社之舉。…簡文“命攻解於漸木立（位）”，亦當爲攻社之舉措。

〖十四種 2009〗吳氏讀“漸”爲“斬”，訓爲“斷”，可從。140 號簡“漸木”即斬木。下文說：“且徙其處而樹之”，亦當是對木柱而言。漸木位，即斷木爲神位。《國語•晉語八》：“楚爲荊蠻，置茅蕝，設望表。”韋注：“望表，謂望祭山川，立木以爲表，表其位也。”漸木位應即這一類神位。（118 頁）

[5]命攻解

〖沈培 2005〗再回過頭看例（35）（按：指 249-250 號簡）中的“命攻解……”的說法，顯然，此句所說的是一種具體的行動，其後“尚吉”才是結果。此句中的“攻解”是將要採取的一種行動，跟“囟攻解……”的“攻解”意在於“解”是不同的。因此，我們認爲“囟攻解……”的說法跟“命攻解”的說法是不可比較的。

[6]虘（且）遅（徙）亓（其）凥（處）而梪（樹）之

〖整理者 1991〗①遅，讀如尾，《廣雅・釋詁》：“尾，後也。”（59 頁）（按：字表又隸爲“遅”，見圖版一五九）②梪，讀如逗。（59 頁）

〖劉釗 1992A〗按字從辵從尾。尾乃尾字異構。…遅應爲“徙”字異構…簡文“虘遅其凥而梪之”，應讀作“且徙其居而樹之”。

〖林澐 1992〗有“命攻解於漸木立，虘遅其凥而梪之”之語，當讀爲“命攻解於漸木位，且徙其處而樹之。”

〖李零 1993〗“且徙其居而梪之”（“徙”字原從辵從尾從少，“梪”字疑亦讀爲“鬥”）。

〖曾憲通 1994〗包山簡 250 借長遅（沙）之遅爲徙字（詳下文）。沙、徙均屬心母歌部，…可以通假。因知徙之古文作𡯁者乃借沙爲徙。…“漸木立”在此疑讀爲“暫木位”，大概是指一些臨時用木制牌位安置的神靈。對於這類神靈作祟，禳祟的辦法則用“攻解”（相當於《周禮・大祝》六祈中的“攻說”）責讓之。簡文“虘遅其凥而梪之”是對作祟的“暫木位”而言，是在對其責讓之後進一步採取的懲治措施。虘爲且之繁文，楚系文字習見，…在此用爲遞進之詞。…簡文凥乃指“暫木位”所在之處。梪從木豆聲，在此當讀爲樹立之樹。簡文此句當讀爲：“且徙其處而樹之”，以示對作祟者的懲罰。整段簡文的大意是：“絕無後者”與“暫木衛”作祟。貞人觀義以邵㐌病重之故，告諸先君神祇，以求解脫。辦法是：對“絕無後者”用肥豬舉行舉禱之祭祓除之，對“暫木衛”

則舉行"攻解"之祭責讓之，甚至把它遷出原來的地方而别樹他處。這組簡文説明，對於作祟的神靈分别採取軟硬兼施的做法，同《周禮·大祝》六祈的精神很吻合的。

〖高智 1996〗關於包山楚簡 250"禱於絕無後者各肥豬饋之命攻解於漸木立虞遟其凥而梪之……"中的"遟"也是其"尾梢"之字，這裏的"凥"當是"居"字，有放置之義，"梪"就是容器"豆"，這裏用作動詞(名詞動化)。"梪之"即指"用豆盛之"，故"遟其居而梪之"就是"（取物）放置於（廂之）尾部的豆之中"。

〖何琳儀 1998A〗①遟，讀徙。遷移。(883 頁）②梪，讀逗。(372 頁）

〖陳斯鵬 2008〗"徙其處而梪（樹）之"即將"漸木位"徙出樹於他處之意。

[6]不智（知）亓（其）州名

〖李零 1993〗簡 219、220 的"逗"、簡 249 的"梪"，很可能都是驅鬼儀式，疑應讀爲"鬥"。…簡 249 所占，曰"不知其州名"，看來是不知凶祟所在。

〖何琳儀 1998A〗名，命名。(833 頁）

〖李家浩 1999C〗"不知其州名"的意思是説，左尹卲它的魂跑到很遠的一個州，不知道那個州的名字，無法使卲它的魂複他的身。李零説"不知其州名""是不知凶祟所在"，顯然跟原意不符，簡文的"其"是"州名"的定語，表示遠指，而不是"凶祟"。

〖劉信芳 2003〗不知作祟之"絕無後者"爲何州之鬼。(250 頁）

〖十四種 2009〗應是指"漸木位"而言。(118 頁）

二　祭禱簡

第 1 組

東〖周〗之客譬（許）絓（緈-盈）逯（歸）胙（作-胙）[1]於蒧郢之戠（歲），冬栾（夕）肙=（之月）癸丑音=（之日），罷禱（禱）於卲（昭）王犫=（犫-特牛）[2]，大蠿（臧）[3]，饋之。卲（昭）吉爲琽（位）[4]，既禱（禱）至（致）稾（福）[5]。〖205〗

東周之客譬（許）絓（緈-盈）逯（歸）伩（作-胙）於蒧郢之戠（歲），冬栾（夕）肙=（之月）癸丑音=（之日），罷禱（禱）於文坪（平）夜（夜-輿）君、郚（部）公子萅（春）、司馬子音、鄦（蔡）公子冡（家），各戠（特）豯（豢），饋之。卲（昭）吉爲琽（位），既禱（禱）至（致）稾（福）。〖206〗

集釋：

[1]胙（作-胙）

〖整理者 1991〗膭（胙）。(33 頁）

[2]犨=（犨-特牛）

〖整理者 1991〗犆。(33 頁)

〖陳偉湛 1994〗今按此實戠牛二字合文。

〖陳偉 1996A〗特牛合文。(233 頁)

[3]大䴚（臧）

〖整理者 1991〗䴚，疑讀作牂。(55 頁)

〖白於藍 1995B〗字表將此字隸作“䴚”可從。但此字當釋爲“壓”，即“臧”字。戰國文字中，“立”旁每每用作“土”旁。

〖陳偉 1996A〗䴚疑讀作涪或肧。…簡書“大䴚”似指大羹，是對卲王的特別禮遇。(174-175 頁)

〖何琳儀 1998A〗墬，疑讀牂。(704 頁)

〖邴尚白 1999A〗“䴚”可能從“臧”聲。“臧”（陽部精母）與上古音“羹”（陽部見母）較近。大䴚也許應讀作“大羹”。(103 頁)

〖李家浩 2001A〗“大墬”就是司法文書簡的的“大臧”，是掌管收藏的職官，簡文是說“罷禱於昭王的特牛，是由大臧進獻的。”

按：“大臧”應是進獻之物，而非職官，具體含義待考。

[4]卲（昭）吉爲䢜（位）

〖整理者 1991〗䢜，讀如位，辨方正位。(55 頁)

〖李零 1993〗讀爲“涖”“涖祭”。

〖徐在國 1998B〗此字乃“位”字異體。

〖邴尚白 1999A〗《周禮·春官·大宗伯》：“若王之與祭祀則攝位。”就是代理主祭之位元。卲吉爲位，臧敢爲位，卲吉、臧敢很可能就是主祭者。(105 頁)

〖李家浩 2001A〗“爲位”就是《周禮·春官·肆師》和《周禮·春官·小宗伯》所說的“爲位”，據《大宗伯》孫詒讓疏，包括設神位和主祭者之位。類似包山祭禱簡“爲位”的“位”，還見於天星觀簡“享祭惠公於穆之位”，應該是指神位。

〖連劭名 2001〗“位”是祭祀時的壇位。

〖劉信芳 2003〗讀爲“位”，此謂神位。(221 頁)

〖十四種 2009〗邴氏之說與“致福”合。《左傳》昭公六年“涖之以強”，杜注：“施之於事爲涖。”孔疏：“涖謂有所施爲，臨撫其事。”依李零讀作“爲（替卲佗）涖”，似亦通。(105 頁)

[5]既禱（禱）至（致）福（福）

〖整理者 1991〗《禮記·少儀》:“爲人祭曰致福”。(55 頁)

〖李零 1993〗①簡文把禱祠完成稱爲“既禱”。②至福”(賜福)。

〖何琳儀 1998A〗“至福”,讀“致福”。《禮記·少儀》“爲人祭曰致福,爲己祭而致膳於君子曰膳。”注“此皆致祭祀之余膳於君子也。”(1086 頁)

〖李家浩 2001A〗“致福”在古代有二義,一是歸胙的意思,一是得福的意思。簡文的“致福”用的是前一義。…古人認爲吃了祭祀過的酒肉可以得福,所以把“致胙”或“歸胙”又叫做“致福”。…簡文得“致福”沒有主語,從文義看,“爲位”者就是“致福”者。

〖連劭名 2001〗“至”,極同義。…福、備同義,…“至福”即天之休命,如同《周易》中的“大有”。

〖劉信芳 2003〗又見簡 206。簡 224、225“至命”,與“至福”之禮相類。凡此四簡之祭祀無疾病占卜記錄,應是例行祭祀之後,行“致福胙”之禮。(221 頁)

〖王穎 2004〗“致福”包含兩種意義,一是古代臣子祭祀後,將祭肉奉獻給國君,表示爲君王和國家添福。…二是代人主持祭祀,將祭餘之肉奉獻給主人,也稱致福。…包山簡中用的就是後一種意義。(126 頁)

〖十四種 2009〗卲吉代替卲佗禱祀,將牲肉帶回給卲佗,稱作“致福”。(105 頁)

第 2 組

東周〖之〗客䜌許緹(縕-盈)逯(歸)㑥(作一胙)於葳郢之戠(歲),負(爨)月酉(丙)唇(辰)音=(之日),攻尹之社(攻)䞣(執)事人[1]𩑺(夏)𨌈(與)𧗿(衛)𦜶(偃)[2]爲子左尹𦫫𨌈(舉)禱(禱)於新(親)王父[3]、司馬子音,戠(特)牛,饋之。臧(臧-莊)敢爲位[4],既禱(禱)至(致)命[5]。〖224〗

東周之客䜌許緹(縕-盈)逯(歸)㑥(胙)於葳郢戠=(之戠-歲),負(爨)月酉(丙)唇(辰)音=(之日),社(攻)尹之社(攻)䞣(執)事人𩑺(夏)𨌈(與)𧗿(衛)𦜶(偃)[6]爲子左尹𦫫𨌈(舉)禱(禱)於殤(殤)東陵連嚻(敖)子發[7],肥豻(冢),蒿祭之[8]。臧(臧-莊)敢爲位,既禱(禱)至(致)命。〖225〗

集釋:

[1]攻尹之社(攻)䞣(執)事人

〖整理者 1991〗社,讀如攻。(57 頁)

〖彭浩 1991B〗“攻”可能就是《周禮·大祝》中所舉的“六祈”之一。“攻(工)尹之社(攻)執事人”,則是工尹屬下專司“攻”事的人。

〖徐在國 1998B〗此字乃“攻”字異體。

〖邴尚白 1999〗疑簡 224 的“攻尹之社執事人暊舉、衛妝”就是《金縢》中“史”一類的祝告者。“攻尹”可能就是《左傳》等古籍中的“工尹”，其職掌應爲管理百工，楚國地方政府亦設有“攻尹”一職。“社執事人”的職司，則可能與卜祝祭禱之事有關。《史記·龜策列傳》“使工占之，所言盡當。”“工”是指卜者。《詩·小雅·楚茨》“工祝致告”，《楚辭·招魂》“工祝招君，背行先些。”其中的“工”，毛亨、王逸皆以工巧之意來訓解，後代注家多從之。馬氏（按：指馬瑞辰《毛詩傳箋通釋》）從《儀禮》鄭注，將“工”訓爲“官”，雖較工巧之說爲長，但恐怕仍一間未達，並不完全正確。由楚簡及《龜策列傳》來看，“工”應與卜祝巫覡有關。楚簡“社執事人”的“社”增添示旁，即因其從事與鬼神交通之事。（104-105 頁）

〖陳宗棋 2000〗新出郭店簡有“成事遂社（功）”（〈老丙〉3）、“社（功）而身不傷”（〈太一生水〉12）、“（前多社（功）”（〈窮達以時〉9）等，“社”皆從“示”，並與神職無關，故“社執事人”，即“功執事人”，應爲一般的工事人員。

〖李家浩 2001A〗“攻尹”當是掌管攻祭的長官，“攻執事人”即“攻尹”下屬執行攻祭事務的人員。

〖劉信芳 2003〗攻執事人，依文義應是主持功說祭儀的神職人員。“社”讀爲“攻”，可知楚國“攻尹”兼領神事。（237 頁）

〖晏昌貴 2005B〗大約可看作祭禱的執行者。

〖于成龍 2004A〗上簡包 224 中“社尹”之“社”，從示，從工。從示以明與祭祀有關，從“工”即取執技之義。包 225 中“攻尹”之“攻”應是“社”之借字。尹有正、長之意，簡文中“社尹”當是祝官之長，相當於《周禮》中“大祝”一職。（73 頁）

[2]暊（夏）舉（與）衛（衛）妝（偃）

〖整理者 1991〗暊舉、衛妝。（35 頁）

〖何琳儀 1993A〗均爲“頣”之省，應釋“夏”。

〖袁國華 1994A〗字實從“虍”從“甬”從“止”，應隸爲“虘”。“虘”字“包山楚簡”用作人的姓氏，疑與“侯馬盟書”的“𧾷”字音同。

〖巫雪如 1996〗①陳之夏氏，出自陳公子夏，諸家均無異說，至於姒姓夏後則當係夏后氏。（146 頁）②衛氏，《通志·氏族略》云：“文王第九子康叔封之國也。……凡傳世四十餘，至衛君角之九年，秦並天下，子孫以國爲氏。”衛乃以國爲氏，諸姓氏書均無異說。（165 頁）

〖劉信芳 1998D〗“暊”作爲姓氏，讀如“姬”。

〖李零 1999B〗從安或從焉。

〖劉信芳 2003〗字從頁，甘聲，郭店簡〈成之聞之〉38“不還大暊”，今本《書·康誥》作“不率大戛”。據此知“暊”乃“𦣝”之異構，《說文》：“𦣝，顧也。”篆文作“頤”，𦣝、戛一音之轉。作爲姓氏，“暊”應讀爲“姬”。（237頁）

〖邴尚白 2007〗“暊𦦙”應爲複姓。葛陵簡乙一 12、簡乙二 44 及簡零 584、家三 266、277 有貞人“暊𦦙良志”，簡甲三 131、簡甲三 241 則有貞人“良志”，應是一人，“暊𦦙”爲其姓氏。“暊𦦙”可能就是“暊與”，過去論及包山簡 224 的所有著作，都以爲“暊𦦙”、“衛妝”是兩個人，現在看來，“暊𦦙”應即“暊與”，且“暊𦦙”與“衛妝”間並沒有楚簡中區別隔或標識人名時，常見的小横畫，“暊𦦙衛妝”或許只是一個人。（143頁注釋 107）

〖十四種 2009〗牑，原釋文作“妝”，依李零隸寫。原釋文於“衛”字之前施頓號，看作兩人。（112-113頁）

[3]新（親）王父

〖整理者 1991〗新王父，新借作親。《爾雅·釋親》：“父之考爲王父，父之妣爲王母”，注：“加王者，尊之也”。新王父即爲親王父。（57頁）

〖譚步雲 1998〗王父，對先父的尊稱。相當於西周金文之“皇考”。（69頁）

[4]爲位

〖何琳儀 1998A〗位，中庭左右。（1180頁）

[5]既禱（禱）至（致）命

〖整理者 1991〗至，借作致。命，《周禮·春官·大祝》：“作六辭，以通上下親疏遠近…二曰命”，鄭司農云：“命，論語所謂爲命裨諶草創之”。孫詒讓云：“論語‘爲命’，即謂聘會往來使命之辭”。（57頁）

〖李零 1993〗是由臧敢蒞祭，祈求墓主的祖父司馬字音和親屬東陵連囂子發“致命”（賜命）。

〖蘇傑 2000A〗乃是臧敢替左尹邵佗蒞祭後以書面形式向其複命。

〖李家浩 2001A〗致命，即報命的意思。命是使命的意思。“小宗伯”職說禱祠要“爲位”，205、206號和 224、225號四簡記的正是禱祠，據孫詒讓所說“爲位”包括設神位和主祭者之位。爲位者就是致福者、致命者。

〖連劭名 2001〗命，終同義，…“至命”在哲學概念中主要表示虛無。

[6]冒（夏）𦦙（與）䡅（衛）妝（偃）

〖楚文字編 1997〗暊（夏）。（252頁）

[7]殤（殤）東陵連囂（敖）子發

〖陳偉 1996A〗殤通常指未成年而死的人。但東陵連囂爲官職，這個人死的時候應有一定年紀。《禮記・喪服小記》以“殤與無後者”並列，《小爾雅・廣名》則說：“無主之鬼謂之殤。”東陵連囂稱“殤”大概是因爲無子嗣後，他爲卲㲂所祭也應出於這個緣故。（168頁）

〖劉信芳 2003〗按其祭祀譜系，應是左尹昭佗的伯父或叔父（以伯父的可能性爲大），稱作“殤”，應屬所謂“強死者”。《荀子・強國》：“子發將西伐蔡，克蔡，獲蔡侯。”《淮南子・道應》：“子發攻蔡，踰之。宣王郊迎，列田百頃而封之執圭。”又〈人間〉：“子發爲上蔡令，民有罪當刑，獄斷論定，決於令尹前，子發喟然有悽愴之心，罪人已刑而不忘其恩。此其後子發盤罪威王而出奔，刑者遂襲恩者，恩者逃之於城下之廬。追者至，踹足而怒曰：子發視決吾罪而被吾刑，怨之憯於骨髓，使我得其肉而食之，其知厭乎！追者以爲然，而不索其內，果活子發。”按此子發與“殤東陵連囂子發”生活年代相當，其遭楚威王追殺，恐難得善終，與“殤東陵連囂子發”身份相合，可以肯定是同一人。（238頁）

[8]蒿祭之

〖整理者 1991〗祭。（35頁）

〖黃錫全 1992〗祭。

〖張守中 1996〗祭（4頁）。

〖楚文字編 1997〗此字所從肉旁誤作舟當屬筆誤。（7頁）

按:整理者釋爲“祭”無誤。“蒿祭之”可參211號簡“蒿之”集釋。

第三節　喪葬簡集釋

一　遣策簡

（一）用車

大司馬悼（悼）骮（滑）救（救）郙（巴）歲=（之歲-歲）[1]，享=（亯月）丁亥旮=（之日），左尹䢍（葬）[2]。甬（用）車[3]，一𨏥（乘）軒[4]：絑綃（絹）之綎[5]，䖒（鹽）蔑之純[6]，䖒（鹽）蔑之𨍭（輮）絹（絹-鞙）[7]，䖒（鹽）蔑之綏[8]，縢（縢）組之𦃃[9]，紫〖267〗癹（靽）[10]，紃約[11]，紫䩵（鞁）、鞅[12]，紃綘（縫）[13]，集組之𦰡（絡）絰[14]，鼩（豹）𦁝[15]，緄（緄）綶[16]，紛䝅（櫜）[17]，鼩（豹）長（韔）[18]，繻（靈）光之紶[19]，𨝐（翟）輪（輪）[20]，一紡害（蓋）[21]，丹黃之緾（裏）[22]，絓綃（絹）緄[23]，絸組之繻（軨）[24]，〖268〗炎〈赤〉金之釱（軎）[25]，白金之銍（桎）[26]，緂（縢）組之鐳（軨）釱（軎）[27]，臼戝（鑿-鑽）[28]，白鈎=（金鈎-勒）、萺（面）[29]，臼旄（鑣）[30]，紫拜（轡）[31]，靁（霝-靈）光結冪（項）[32]，絓絵（錦）纏（幢）[33]。〖272〗

集釋：

[1]大司馬愳（悼）戕（滑）救（救）郙（巴）戠=（之戠-歲）

〖整理者 1991〗郙，古地名，亦稱宛。卓滑率領楚軍救郙之事不見于史籍，應在“大司馬邵昜敗晉師於襄陵之歲”（公元前 323 年）以後。據《史記·秦本紀》，秦昭襄王十五年（公元前 292 年）大良造白起攻楚，取宛，南陽之地此時已入秦。卓滑救郙應在此之前不久。（64 頁）

按：“郙”字參 226 號簡集釋。

[2]左尹竆（葬）

〖整理者 1991〗竆，讀如葬。（64 頁）

[3]甬（用）車

〖整理者 1991〗甬，似讀如輂。《說文》：“大車駕馬也”《廣雅•釋器》：“輂，車也”。《周禮•地官•鄉師》：“與其輂”，注：“駕馬所以載任器也。”（64 頁）

〖陳偉 1996A〗“甬”實應讀作“用”。（182 頁）

[4]一奪（乘）軒

〖整理者 1991〗①輮，讀如乘。（64 頁）②軑，楚簡中從弋與從戈每每不分，如貸寫作貣。軑當爲軾，讀如軾。《說文》：“車前也”。即車箱前的橫木，較寬，可凭靠。（64 頁）

〖黃錫全 1992〗軒。

〖李天虹 1992〗此字實從干，非從戈，當釋作軒。

〖劉釗 1992A〗字應釋爲“軒”。軒義爲“車轓兩旁壁也”。簡文言“車一乘”，後言“軒”，文義正合。

〖湯餘惠 1992〗字右從干，當釋爲軒簡文云：“一輮軒”即一乘軒車《左傳•閔公二年》：“鶴有乘軒者”，注：“軒，大夫車。”

〖何琳儀 1993A〗應釋“軒”。

〖楚文字編 1997〗奪。車乘之乘。（258 頁）

[5]絓綃（絹）之緾

〖整理者 1991〗絓，似讀如牲，牛革。綃，簡文中多次出現，不識。緹，讀如裎。《方言四》："禪衣無褏者謂之裎衣"。《説文》："綎，系綬也"。似指車軾上所纏裹的織物。（64 頁）

〖劉信芳 1997B〗"絓綃"讀如"青綃"，綃是粗厚的生絲織品。"緹"應是繫車馬所用的絲帶，字讀如"綎"，《説文》："綎，系綬也。"包牘・二七一："絓綃之純。"純、緹互文見義。

〖李運富 1997A〗"絓綃"即"生綃"，也就是未經練染的繒絲。《玉篇》："綃，生繒也。"因事關絲織物，又與從糸之"綃"字相連，故"生"字俗寫類化增糸而成"絓"。

〖陳偉 1998A〗讀"肙"爲"肙"，那麼"肙"旁從"糸"大概就是"綃"字或"鞙"字，從"心"應該就是"悁"字。《説文》云："綃，繒如麥稍者。""鞙，大車縛軛靼也。"究竟哪一個更合乎簡書文意，有待進一步探討。

〖何琳儀 1998A〗①絓，疑讀生，未練之絹帛。（826 頁）②"縕"之異文。…《説文》縕訓綏，異文作緹。（806 頁）

〖劉國勝 2003〗"生"，簡文屢見，用來稱呼未經加工的織物。…此處"緹"與下文記"正車"和"韋車"上的"犍牛之革靳"之"革靳"地位相當，兩者應指同一物。（52 頁）

〖徐在國 2003E〗"黄帩"讀爲"黄綃"，"黄色的綃"。…包山簡"絓（青）綃"可與葛陵簡中的"黄帩（綃）"比對。

〖劉國勝 2005A〗按："絓"，簡文屢見，有可能是生絲之"生"的專字，《禮記・王制》"縞衣而養老"，孔穎達疏："縞，白色生絹。"也有可能是表示絲織物顔色之詞。…"生錦"之"生"、"素錦"之"素"、"青錦"之"青"似宜作顔色詞理解。《釋名・釋采帛》："青，生也，象物生時色也。""綃"，簡文也寫作"綃"，釋爲"綃"可備一説。楚文字中的從"肙"聲字與從"夗"聲字關係密切。一説"絓綃"可讀爲"生騆"或"青騆"…"緹"，從下文"䖘蒍之純"的説明看，不太可能是條帶狀物，疑讀爲"笙"，是指車中的坐墊。《集韻》徑韻："笙，笭笙，車中筵也。"簡文"絓綃之緹"記的是絲笙。

〖羅小華 2011A〗我們懷疑包山簡 267、271 中的"緹"當讀"鞊"。《説文・革部》："鞊，驂具也。從革，蚩聲。讀若騁蜃。（丑郢切）"秦始皇陵二號銅車馬"兩驂馬的頸上各套一繮索，繮索的一端繫於軛上"。孫機認爲這兩條"繮索"可能是"鞊"。"鞊"的作用是爲防止驂馬外逸而將其將其夾持於服馬之側。（44 頁）

〖金琳、吕繼熔 2011〗從包山楚簡中可知，生綃主要作爲隨葬車器上所纏裹的織物（包山簡 267 等）、車旗的面料（包山簡 277）及枕套的邊飾（包山簡 268）。

[6]䖘（鹽）蒍之純

〖整理者 1991〗䀇萬，疑讀如杜葩。《說文》："杜，甘棠也"。"葩，華也"。純，緣也。杜葩之純即車軾的裎衣的緣上綉有甘棠花。（64 頁）

〖黄錫全 1992〗紋。

〖劉釗 1992A〗簡 267"䀇萬之純""，簡 263 曰"結無之純"，此句亦見於信陽楚簡，作"結芒之純"。"結芒"即"結無"。"䀇萬"，指絲織品的裝飾。

〖古敬恆 2002〗純是一種邊飾，一般表示織物的邊緣。

〖劉國勝 2003〗"芒"原從從"艸""馬"聲，疑讀爲"芒"。…"苦芒"是某類織物或花紋名稱。（52、37 頁）

〖劉國勝 2005A〗"䀇萬"，263 號簡作"結蕪"，信陽遣策 2-023 號簡作"結芒"，似是一類因紋飾而取的絲織品名。（60 頁）

〖伊強 2006〗至於"䀇萬"、"結無"、"結芒"（三者爲同一詞的不同書寫形式，下文在論述時，皆以"䀇萬"代之）…我們懷疑洪邁所說的"苦萬"和楚簡中的"䀇萬"當是同一个詞。"䀇萬"也就是文獻中常見的"苦萬"。上文已指出，楚簡中的"䀇（苦）萬"當指一種絲織物。推想其得名的原由，大概和古書中提到的"春草"、"雞翹"是一樣的。《廣雅・釋詁》："春草、雞翹，彩也。"《急就篇》"春草雞翹鳧翁濯"，顔師古注："春草，象其初生纖麗之狀也。雞翹，雞尾之曲垂者，言織刺爲春草雞翹之形。一曰，謂染彩而色似之。"據顔師古的注來看，"春草""雞翹"用來指絲織物，可以有兩種解釋：一是就花紋言，一是就顔色言。在沒有很確切的證據之下，此兩種解釋哪一種更合適，暫且存疑不論。

[7]䀇（盬）萬之䡞（鞅）綃（絹-鞙）

〖整理者 1991〗䡞綃。（38 頁）

〖湯餘惠 1992〗從車，差省聲。讀若遲。簡文云："䀇萬之～綃"，似當作連車解。

〖劉信芳 1994〗"䡞綃"、"纏綃"並讀如"垂絹"，"絹"是句中中心詞，所述爲車馬器，應讀如"鞙"。《說文・革部》："鞙，大車縛軛靼也，從革，肙聲。"《釋名・釋車》："鞙，縣也，所以縣縛軛也。"

〖張桂光 1994〗實當釋輚…或借爲綾，亦通。

〖劉國勝 2003〗按："䡞絹"，275 號簡作"䌯絹"；望山《遣冊》2、6 號簡皆作"𩍅肙"。"䡞"、"䌯"二字的右旁疑爲"來"的繁體。從"䡞絹"在簡文中的地位看，似是屬馬鞁具一類的東西。疑"䡞絹"、"䌯絹"、"𩍅肙"並讀爲"𩌏鞙"，指馬勒。（52 頁）

〖劉信芳 2003〗鞅綃（絹）。（293 頁）

〖劉國勝 2005A〗"䡞"、"䌯"、"𩍅"懷疑是車輿的某一部件名，疑讀爲"欄"，指車輿的欄楯。…“綃”、“肙”皆疑讀爲“輓”，《說文》：“輓，大車後壓也。”…王筠《說文釋例》：“《說文校議》曰《一切經音義》引作‘大車後掩也。’嚴氏曰：‘掩，亦蔽也’。筠按：《釋器》：‘竹前謂之禦，後謂之蔽。’”“輮綃”、“縩綃”、“輦肙”大概是車輿後部欄楯的衣蔽。”（60 頁）

〖疏證 2007〗輦，從𣦶，從車。包山簡或從𣦶省，從車、止。亦聲。楚簡輦，似用爲車上器件名。（7 頁）

〖田河 2007〗我們懷疑“輦綃”、“輮綃”之“綃”當讀爲“鞙”，新蔡葛陵楚墓甲三 237－1 號簡記有“一乘大逄（路），黄鞙”。《說文・革部》：“鞙，大車縛軛靼也。”又“靼，柔革也。”《釋名・釋車》：“鞙，懸也，所以懸縛軛也。”也就是說鞙是用來把軛綁縛在車衡上的皮帶，這是車上很重要的一個部件，鞙也作絹，《詩經・小雅・大東》：“鞙鞙佩璲”王先謙三家義集疏：“鞙，齊韓作絹。”可見讀絹爲鞙是可以的。輦、縩、輮都從“來”得聲，在這裏我們懷疑讀爲“綝”。…“輦”、“輮”可能正是“麳”的異寫，“綝鞙”就是縛軛之鞙。“肙　聑（聯）絣（縢）”、“虘（瓼）蔿”表其材質。（134-135 頁）

〖十四種 2009〗275 號簡作“綝絹”，望山 2 號墓 2 號、6 號並作“輦肙”。（130 頁）

〖羅小華 2011A〗包山簡中的“棘絹”和“綝绢”都是與馬具記在一起；望山簡中的“輦肙”有的與馬具記在一起，有的與車器記在一起；新蔡簡中的“黄韬”前記車名，後記馬具。由此看來，“綃”、“肙”、“韬”與車器、馬具均有關係，將它們讀爲“鞙”，訓爲“大車縛軛靼”是比較妥當的。“軛”是與馬、車直接相連的部件。這一點導致學者們在對“軛”進行歸類時出現分歧：郭寶鈞先是籠統地將其歸入車器，後又歸入“繫馬材料”。楊英傑將其歸入“馬具”。朱鳳瀚則將其放在“車馬器”之內、“御馬器”和“馬首飾件”之外。我們猜測這也可能是導致“綃”、“肙”、“韬”記載位置並不統一的原因。（34 頁）

[8]虘（瓼）蔿之綎

〖整理者 1991〗虘蔿之綎。（38 頁）

〖劉信芳 1997B〗包山簡二六七中：“虘蔿之綎。”二七一：“䵼黷之鞍鞍。”望二・八：“丹纓之軑安。”綎、鞍、安並讀如“鞍”，《說文》：“䩕，馬鞁具也。”

〖劉國勝 2005A〗“緮”、“綎”、“安”當是同一物名，從文例看，懷疑是指車輿裝飾，與指“馬鞁具”的“䩕”似非一事，疑讀爲“掩”，指車衣。曾侯乙墓 71 號簡記有“芊韗”。一說“緮”、“綎”、“安”、“韗”皆當讀爲“筵”，指車箱茵席。（60 頁）

〖十四種 2009〗疑即 275 號簡“緮”字。（130 頁）

[9]絣（縢）組之緥

〖整理者 1991〗紩組之緥。（38 頁）

〖劉釗 1992A〗故此字應釋爲“縢”。縢字字書訓爲“繩”、“紋”，按之簡文正合。

〖劉信芳 1997B〗“耑”指馬繮繩的握手之處。因處於繮繩之末，故稱“耑”。

〖劉國勝 2003〗縢組，似是繩狀的織帶。“耑”待考。簡文“縢組之耑”似應是上文“鞍”的飾物或附屬物。（53 頁）

〖劉國勝 2005A〗“縢組”可能是指一類編繩織帶。“耑”與望山遣策 23 號簡“肙緂聃之安，黄支組之繢”的“繢”相當，似是同類物。疑簡文“縢組之耑”是記上文“鹽萬之綊”上的繫帶”。（61 頁）

〖田河 2007〗“耑”應是車馬具的一種，具體所指不明。（136 頁）

[10]紫癹（靽）

〖整理者 1991〗韍，讀如弼，字也作蔽。《爾雅•釋器》：“輿竹後謂之蔽”。《周禮•春官•巾車》：“木車蒲蔽”，鄭注：“車旁御風塵者”。蔽即車後御風塵的圍屏。（64-65 頁）

〖袁國華 1994A〗即“發”字。

〖陳松長 1995〗竊以爲此字當徑釋爲“衛”字，在簡文中讀作讀爲“綏”…“紫韍”即紫色的垂纓矣。

〖楚文字編 1997〗韍。（72 頁）

〖劉信芳 1997B〗“發”讀如“撥”…簡文“發”、“鞎”並舉，以理解爲引車之革爲宜。

〖楚文字編 2003〗癶。（87 頁）

〖劉國勝 2003〗《遣冊》記“癹”多與“韅”、“鞅”記在一起，似是“癹”是轡、繮一類的東西。疑“癹”讀爲“紼”。…“紼”古書又作“拂”。《釋名・釋車》：“轡，拂也，牽引拂戾以制馬也。”（53 頁）

〖劉國勝 2005A〗疑“癹”亦是駕御用的馬繮之類，或可讀爲“紼”。…《禮記・曲禮上》：“助葬必執紼”，鄭玄注：“紼，引車索。”（61 頁）

〖宋華強 2006C〗不過從讀音上考慮，“發”除了可以讀爲“紼”之外，還有兩種可能性。一，可讀爲“靽”。“發”是幫母月部字，“靽”是幫母元部字，聲母相同，韻部有陽入對轉關係。《左傳・僖公二十八年》“晉車七百乘，韅、靷、鞅、靽”，杜預注云：“在背曰韅，在胸曰靷，在腹曰鞅，在後曰靽。言駕乘修備。”孔穎達疏云：“駿馬挽車，有皮在背者，有約胸者，有在腹爲帶者，有繫絆其足者，從馬上而下，次之在後，正謂在足是也。”按杜注孔疏，靽是在後面約束馬足之用。簡文所記車馬器中韅、鞅、靷都有，獨缺靽。“癹”與“韅”、“鞅”、“靷”記在一起，讀爲“靽”是合適的。二，可讀爲“樊”或“鞶”。“樊”、“鞶”都是並母元部字，與“發”也有相通的可能。…上引《左傳・僖公二十八年》“鞅”、“靽”連言，而《周禮・春官・巾車》“樊（鞶）”、“纓（鞅）”連言。

“樊”、“鞶”、“靽”讀音相近，三者可能是同一個詞的變體，而有泛指、特指的不同。《巾車》中的“樊”泛指束馬的大帶，《左傳》中的“靽”則特指束馬大帶之在後者。

〖羅小華 2011B〗包山、望山簡牘文中的“癹”與曾侯乙墓簡中的“敗”（或作“貝”）均當讀爲馬具之“靽”。

[11]紃約

〖整理者 1991〗紃，《禮記•内則》：“織紝組紃”，注：“絛也”，疏：“薄闊爲組，似繩者爲紃”。據考古發現，紃即以彩色絲綫織成的絛帶。《左傳•哀公十一年》：“人尋約吳髮短”，杜注：“約，繩也”。紃約，是以絛爲繩。（65 頁）

〖劉信芳 1997B〗《儀禮・内則》：“織紝組紃”，鄭玄注：“紃，條”疏：“薄闊爲組，似繩者爲紃”《儀禮・既夕禮》：“約綏約轡。”鄭玄注：“約，繩綏，所以引升車。”

〖古敬恆 2002〗我們認爲“紃”之釋義仍應以《說文》“圜采”即圓形飾帶爲本義，而“飾履”只是其一種具體的運用，並非紃之初義。

〖劉國勝 2003〗“紃約”似是說明上文“癹”有絛帶纏束裝飾。（53 頁）

〖劉國勝 2005A〗簡文“紃約”似是說明上文“紫癹”有條帶纏束”。一說“紃約”是說明“紫癹”是用條繩製作的。（61 頁）

〖金琳、呂繼熔 2011〗紃爲嵌在衣縫中的彩色圓形細帶。

[12]紫靦（韅）、鞅

〖整理者 1991〗①䩄，《說文》：“車革前曰䩄”。《爾雅•釋器》：“輿革前謂之䩄”，注：“以韋輓車軾，是即《詩•韓奕》之鞹鞃矣”。（65 頁）②䩚，讀如鞅，《釋名•釋車》：“鞅，嬰也，言纓絡之也”。（65 頁）

〖何琳儀 1993A〗應釋“靦鞅”。檢《說文》：“靦，系牛脛也。從革，見聲。”二簡所載均與駕牛之具有關。

〖劉信芳 1997B〗由於文例可對照，知“䩄”與“顯”（韅）同。《爾雅•釋器》：“輿革前謂之䩄。”

〖李零 1999B〗靦…應同“韅”字。

〖劉國勝 2003〗楚《遣冊》常將“韅”、“鞅”連記，且“韅”、“鞅”的形制多同樣。關於“韅”、“鞅”的具體位置，古書說法不一，主要有三：繞過馬胸、繞過馬頸、繞過馬腹。…包山 M2 出土的 1 件漆“子母口奩”（2：432）上畫有車馬。畫上的驂馬在馬頸至馬腹之間也有 3 根環繞馬身的圈帶分別繞過馬頸、馬胸和馬腹。據上所述，繞過馬頸和馬腹的 2 根似是分別畫的韅和鞅。（53-54 頁）

〖蕭聖中 2005〗顯（韅）與鞅是典型的馭馬繮繩。（104 頁）

〖田河 2007〗鞁、鞅非馭馬繮繩，應是牽引馬車的牽引具。(119 頁)

〖羅小華 2011A〗《說文·革部》:“鞅，頸靼也。”“靼，柔革也。”因此，“鞅”應該是繫於頸部的柔革。《秦始皇陵銅車馬發掘報告》稱之爲“頸靼”。(38 頁)

[13]紃絳(縫)

〖整理者 1991〗絳，讀如縫。紃絳，即以絲帶鑲嵌於鞎上。(65 頁)

〖望山簡 1995〗疑“紃絳”讀“紃縫”，指在皮革或織物的縫合之處鑲嵌紃條爲飾。(117 頁)

〖劉國勝 2003〗“紃縫”似是說明上文的“鞁、鞅”是用條帶鑲嵌帶縫。(54 頁)

〖劉信芳 2003〗“絳”讀爲“縫”，紃縫謂以絲帶連接鞁、鞅之革縫。(295 頁)

〖劉國勝 2005A〗簡文“紃縫”似是說上文的“鞁、鞅”在皮帶縫合處用條帶鑲嵌裝飾。2005(62 頁)

〖羅小華 2011A〗“紃縫”可能是“纓”上的紃條裝飾。(32 頁)

〖金琳、呂繼熔 2011〗“紃絳”主要作爲細帶鑲嵌於車器飾物、大帶上或做車繩、帽纓。

[14]集組之䓤(絡)經

〖整理者 1991〗集組之䓤絰。(38 頁)

〖黃錫全 1992〗經(?)。

〖劉釗 1992A〗字應釋爲“經”。經字典籍訓爲經緯之經，又訓爲識。簡文“集組之䓤經”疑應讀爲“集組之絡經”。

〖劉信芳 1997B〗按“䓤經”讀如“絡銜”，謂馬絡頭。…“銜”從行從金，是個會意字，金亦聲。與“經”古讀極近。簡文“落銜”作“䓤經”，知楚地方言讀“銜”如“經”。

〖劉國勝 2005A〗“集組”疑讀爲“雜組”，指彩編織帶。天星觀遣策記有“緄絡經”、“緄絡輕”。“䓤經”皆疑讀爲“絡經”。…“絡經”應屬馬上的裝備或飾物。(62 頁)

〖田河 2007〗集，本身就有聚合、雜滙之意，“集組”就是多條條編成的組帶。天星觀遣策記有“緄絡經”、“緄絡輕”(《楚系簡帛文字編》，第 892、1018 頁)，當屬同類。我們懷疑“絡經”讀爲“絡頸”，指的可能就是秦始皇陵銅車馬馬頸的套圈，與下文“結項”是配套的馬具。(125 頁)

[15]鼩(豹)綑

〖整理者 1991〗鼩綑。(38 頁)

〖黃錫全 1992〗鼬(?)。

〖李天虹 1992〗應隸定爲“鼠瓜”，讀作“狐”。

〖陳松長 1995〗由是而觀 268 簡中的兩字，似均應隸定爲“鼬”字，“鼬”字《說文》未載，似亦應是一種鼠的專稱。

〖滕壬生 1995〗豹。（743 頁）

〖李運富 1997A〗後二形從鼠者當釋爲“鼧”。…簡文“鼧縕”即“鼧綑”，指用鼧鼠皮毛製作的衣物。

〖劉信芳 1997B〗“鼠瓜綑。”按，讀如“狐緧”，《說文・糸部》：“緧，馬紂也。”

〖何琳儀 1998A〗①鼬緄。鼬，從虫，鼠聲。蝵之異文。…包山簡鼬，讀爲“鼠”。（527 頁）②鼢緄。包山簡緄，讀縰。亦作纚。《集韻・紙韻》“纚，《說文》‘冠織也。’謂以緇帛韜髮。或作縰。”（884 頁）

〖李家浩 1999B〗貂綑。

〖劉國勝 2003〗《玉篇》：“綑，綑狄，衣也”。簡文“綑”似非此義。疑指車上盛物的車壁袋，與下文“囊”、“韔”屬一類車上物品，待考。(55 頁)

〖劉國勝 2005A〗“豹”在此指豹皮。《集韻》迄韻：“綑，結也”。簡文“鼢綑”懷疑是車綏之類的結帶。(62 頁)

[16]緦（緄）緭

〖整理者 1991〗緫（？）緭（38 頁）。

〖舒之梅 1994〗“緦”即“靭”字之異，…“緭”從畏聲，讀與“韋”通，古音皆在微部，聲紐亦近。“紴”從皮聲，“韋”、“皮”意近。“緭”、“韋”、“紴”三字似應以“紴”爲正。“紴”又作“鞁”（270 簡）亦引車之革。

〖劉信芳 1997B〗包山簡二六八、二七五“緦緭”，二七三作“韢韋”，二七六省“緦”作“逿”，牘作“緍紴”。按“緦”、“韢”、“緍”、“逿”爲一字之異寫。“韢”應是“靭”字之異…“緭”從畏聲，讀音與“韋”通，古音皆在微部，聲紐亦近。“紴”從皮聲，與韋義近，緭、韋、紴三字似應以“紴”爲正。

〖黃德寬、徐在國 1998〗從糸惃聲，均應釋爲“緄”。…疑“緄”字在簡文中亦訓繩。

〖李家浩 1999B〗從“糸”從“惃”聲，當是“緄”字的異體。…“緄”是一種織成的帶子。緄之闊者爲帶。…《玉篇》糸部：“緭”，烏回切，五色絲飾。”不知簡文的“緭”是否用此義。

〖劉國勝 2005A〗按：275 號簡記有“緦緭”。…“緦緭”之“緦”與“緦”似當爲一字異體。…簡文“緦”、“緦”在此疑讀爲“堅”爲牢固之義…“緭”，簡文三見，疑讀爲“緌”，《爾雅・釋器》：“縭，緌也。”郭璞注：“緌，繫也。”簡文“緦緭”懷疑是一類固定在車輿之上的繫帶。（62 頁）

〖田河 2007〗從字形看李家浩認爲“緦”是“緄”的異體、“韢”是“鞎”的異體，應可信。“緄”前文已說過，是一種絲帶，“緭”還見于包山 277 號簡，辭例爲“一緭”，“緭”

大概也是指一種繩帶。我們懷疑簡文的“緄緦”、“韇韋”皆讀爲“緄維”，“緦”、“韋”、“維”都是微部字，聲相近。“緄維”見於信陽 2-18 號簡。是編磬懸帶。包山簡的“緄維”似是車馬具上的繩帶。（246 頁）

按："緄”應是修飾“緦”的，273 號簡中與“緦”對應之字寫作“韋”，讀爲“綏”或“維”，皆可備一說。

[17]紛黝（橐）

〖整理者 1991〗紛，《周禮•春官•司几筵》："設莞筵紛純”，鄭注："紛如綬有文而狹者”。黝，讀如綹。（65 頁）

〖劉信芳 1997B〗包山二六八："緄緦，紛黝”二七〇："一敗敦，一緅絾之紿”二七一："䩮韇之韇鞍，紫紳，紃綷，紫紿”二七三："韇韋，鞈”按曾簡二："二靮，屯斂鞃”例多見。紛、斂是異體字，黝、紿、鞈、鞃並從九聲，從有關文例看，是車馬部件的絲革附屬物，疑讀如“游”

〖何琳儀 1998A〗紿，從女，𠇍聲。包山簡紿，讀“綹”，或讀“絇”。（165 頁）

〖白於藍 1999〗即《說文》絇字。

〖施謝捷 2001〗《說文》："橐，車上大橐…作“黝”形者，當是“鞈”之寫譌；“紿”則有可能是“鞈”之異體…前引《禮記•檀弓下》："赴車不載橐韔”，“橐韔”連言，也可說明將包山簡與“韔”並舉的“黝”、“鞈”、“紿”釋爲“橐”字，是很合適的。

〖劉國勝 2005A〗包山 M2 出土有 6 件長方形“車壁皮飾”，皮革胎，外壁髹漆，周邊包絹，有的上面還安有銅壁插。這類“車壁皮飾”大概是安置在車欄內外兩面的皮件，其上的壁插可能是用來拴掛其他車載物品。簡文所記“鞈”、“紿”、“黝”不知是否與這類“車壁皮飾”有關。（63 頁）

[18]䵝（豹）長（韔）

〖整理者 1991〗長，借作韔。《詩•小戎》："虎韔鏤膺，交韔二弓”，毛傳："虎，虎皮也；韔，弓室也”。（65 頁）

〖劉信芳 1997B〗包二六八“狐長。”二七一、二七三、牘："虎長。”按“長”讀如“韔”。…曾侯乙墓出土的弓其外有皮質的囊，此即“韔”之實物。

〖劉國勝 2005A〗“䵝”即“豹”字的異體。包山 M2 出土有 4 件“車壁袋”，其兩側及下邊爲木質邊框，中間爲皮革袋。疑簡文所記“韔”是指這類“車壁袋”。（63 頁）

[19]𦆻（靈）光之紶

〖整理者 1991〗𦆻（纕）光之緄（組）”（38 頁）。

〖李天虹 1992〗疑此字應隸作紶。

〖何琳儀 1998A〗①繻，從糸，霝聲。疑“䡼”的異文。《集韻》“䡼，衣光也。”（815 頁）②疑“緮”之省文。…包山簡紡，讀“緮”。（550 頁）

〖古敬恆 2002〗有一種我們常見的著名絲織品“綾”沒有被提及。…當“L 光”（按：L 指“霝”字）這種織物剛被創造出來時，楚人因其光潔精細而驚嘆不已，遂以“靈光”稱之。“L 光”這個名稱，既表現出楚人對這個新創織品的喜愛與讚賞，也反映了初始階段人們尚來不及依照織品單字命名的慣例，爲它取一個單名的事實。於後則單稱它爲“L”，又繁化加上義符，造出“L_1”字（按：L_1 指“繻”字）。疑即後代的“綾”。L 光與 L_1，在楚簡中似指同一種絲織品。不過“L_1”似有一種較爲固定的含義。…常用作絲帶者稱“L_1”，與用途更爲廣泛的“L 光”當有所不同。

〖劉國勝 2003〗“繻光”，261 號簡作“霝光”，整理者釋作“靈光”。“霝光”亦見於望山遣策 10 號簡，李家浩認爲“霝光”是楚國絲織品名稱。（63 頁）

〖劉信芳 2003〗按字讀爲“橐”，橐是一種有底的囊。橐、紡同以“石”爲聲符，例可通轉。（297 頁）

〖田河 2007〗紡釋爲“紡”從字形看沒有什么問題。但“紡”與曾侯乙墓簡“組”的寫法相近，我們懷疑此字可能是“組”之訛形。曾簡有“褁紡之縢組（組）”、信陽 2－15 號簡有“青緅箕（纓）組”。“繻（䡼）光之組”應是“韔”上使用的一種組帶。（247 頁）

[20]鄰（翟）輸（輪）

〖整理者 1991〗糴，讀如翟。《說文》：“翟，山雉尾長者。”《周禮•春官•巾車》：“王后之五路，重翟……”，注：“重翟，雉之羽也者。”輸，借作幰，字亦作裧。《說文》：“幰，帷也”。《儀禮•既夕禮》：“疏布裧”，注：“車裳帷於蓋弓垂之”。（65 頁）

〖舒之梅 1994〗“糴輸”見包山簡 268，簡 273 作“糶輸”，簡 276 作“糴輸”。糴、糶、糴爲一字之異，並讀爲“翟”，《說文》：“翟，山雉尾長者。”“輸”或釋爲“幰”，誤。按“輸”讀如“斂”，《說文》：“斂，收也。”…包山簡 268：“鼪長，繻光之組，糴輸。”知“翟輸”爲“狐韔”的附屬物，謂以翟羽收攝狐韔之邊緣以爲飾。

〖劉信芳 1997B〗按“輣”、“緁”字從“并”聲，應即《說文》“絣”字之異。…上引簡文“”，應是以絲組編織翟羽於接縫處，以爲裝飾。

〖施謝捷 2003〗輸（輪）。

〖劉國勝 2003〗“翟”下一字右旁作“僉”，疑係“侖”的誤寫，似當作“輪”字。（55 頁）

〖劉國勝 2005A〗“糴輸”，273 號簡作“輸”。“輸”，右旁所作“僉”形疑是“侖”的誤寫，似當爲“輪”字之誤。曾侯乙墓 12 號簡“漆輪”之“輪”，簡文寫作“輪”，曾侯乙簡整理者認爲是“輪”即“輪”字訛體。望山遣策 2 號簡記有“翟輪”，曾侯乙墓 26 號簡等

記有“翿輪”。“翿輪”，曾侯乙簡整理者疑是用翟羽裝飾或繪有翟羽紋飾的車輪。（63 頁）

〖董珊 2007A〗施謝捷先生指出“轍”爲“輪”的誤字，這是正確的。他所根據的，應該是隨縣曾侯乙墓竹簡所記車輪常以“翿輪”爲名，“翟輪”還見於望山 2 號墓遣策第 2 號簡。

[21]一紡害（蓋）

〖整理者 1991〗紡㝬。（38 頁）

〖劉信芳 1997B〗按“㝬”讀爲“鞃”，其字異體作“軚”、“靲”，見《玉篇》。《詩•大雅•韓奕》：“鞹鞃淺幭”毛傳：“鞃軾中也。”

〖李家浩 1999B〗“害”、“箸”在此都是車馬器，當讀爲車蓋之“蓋”。

〖楚文字編 2003〗㝬(害)。（459 頁）

〖金琳、呂繼熔 2011〗指套在枕外的囊。…紡是一種平紋絲織品，質地薄而細軟，戰國時期也被大量使用。

[22]丹黄之緾（裹）

〖整理者 1991〗丹黄之緾。（38 頁）

〖李家浩 1999B〗緾（裹）。

〖劉國勝 2005A〗望山遣策 12 號簡記“一紫蓋，赭黸之裹”。簡文“丹黄之裹”是對上文“一紡蓋”蓋裹的說明。（64 頁）

[23]絓綃（絹）緄

〖整理者 1991〗“絓絹緙”。（38 頁）

〖張桂光 1994〗自當釋“緭”。緭字見於《集韻》，有“蒙也”“緒也”“或作紬”等解釋，以文例觀之，緭似爲動詞。“蒙也”以義或可當之，但讀緭爲“綢”，作纏繞解則似更合適。…績字簡文作絓，字數所無，以文例分析，當爲繒帛類名詞，循聲義求之，《說文》解作“赤繒也。從系青聲。”的綪似可當之。

〖楚文字編 1997〗緙。此字右旁所從，與革形體有別，釋緙可疑。（577 頁）

〖李家浩 1999B〗“絓絹緄”當是指用生絹作的繫車蓋的繩子。

〖劉信芳 2003〗以固定的緄帶是青絹編織的。（298 頁）

[24]絸組之繻（軩）

〖整理者 1991〗絸組之繻（纏）。（38 頁）

〖李天虹 1992〗此字當釋作絸，即繭字。

〖何琳儀 1993A〗應釋“絸”。

〖劉信芳 2003〗繻：謂絲織品的紋飾。（298 頁）

〖劉國勝 2005A〗望山遣策 8 號簡記有“黃支組之縫”。從“縫”是用組帶製成的情況看，懷疑“縫”是一類繫帶，大概類似秦始皇陵一號銅車馬車傘杠上所裝飾的以鏈條相連的束帶。（64 頁）

〖董珊 2007A〗包山遣策所記“乘軒”的飛軨是“一紡䆋，丹黃之裹，絑緆緄，緄組之縫（軨）”，這段文字記載的應是絲帛所製的一種較複雜的飛軨。

〖田河 2007〗我們懷疑“緄組之繿”的“繿”可能讀爲“軨”，指飛軨。與 273 號簡、包牘“縢組之鑐”的“鑐”用法相同，“緄組”是說明飛軨的材質。（94 頁）

[25] 炎〈赤〉金之釱（軎）

〖整理者 1991〗釱，簡文多寫作鈦。（66 頁）

〖后德俊 1993〗釱通軑，…在包山出土的簡文中，釱可能是指車軎。將出土簡文中“遣策”上的記載與出土實物對照發現：“遣策”上記載著“赤金之釱”一處；白金之釱二處；“白金大”一處。出土實物中有紅銅質地錯金銀車軎一對；紅銅質地錯銀車軎兩對；紅銅質地錯嵌灰褐色物車軎一對。可見，“赤金”、“白金”都不是指紅銅，而是指紅銅質車軎表面的錯嵌用料的質地。兩者對照，“赤金”應是指黃金；“白金”應是指白銀。

〖劉信芳 1996C〗炎金之釱。…“釱”、“鈦”本一字之異，並讀如“軑”。《方言》卷九：“輨、軑、鍊鏅也。” 錢繹箋疏：“按《眾經音義》引《方言》云：輨、軑、鍊鏅也，關之東西曰輨，亦曰轄，謂軸頭鐵也。鍺，鍵也。又卷七引《方言》云：輨亦轄也，轄，軸頭鐵也。與今本異。”同卷《方言》又云：“輪，韓楚之間謂之軑。”則是以“軑”代指車輪。《離騷》：“屯余車其千乘兮，齊玉軑而並馳。”王逸章句：“軑，錮也，一云車轄也。”…出土實物有“雙箍雲紋軎”一對（標本二：三一九・一），紅銅質，即簡文所謂“炎金”；通體錯銀帶紋和二方連續勾連雲紋，即簡文所謂“白金之銍，紩組之鑐”。

〖楚文字編 1997〗赤。炎赤形近易混，字上似火，筆誤。（474 頁）

〖劉信芳 1997B〗“炎”當作“赤”。

〖劉信芳 2003〗赤金即紅銅。（298 頁）

〖劉國勝 2005A〗“軑”在此似指車軎。（64 頁）

〖董珊 2007A〗包山簡中的“釱”字可以直接讀爲車軎之“軎”。《說文》：“軎，車軸耑也。從車，象形。（小徐本作“從車，象軎之形。”）杜林說。（徐鍇曰：指事。）轊，軎或從彗。” 在先秦古書中，“軎”字絕少用例。《廣韻》去聲祭韻下，“軎（轊）”字兩見，“衛”小韻下反切爲“於歲切”，“篲”小韻下爲“祥歲切”，折合上古音爲云母或邪母祭部字，“釱”是定母祭部字，二者韻部相同，聲類有隔。…包山 M2：329 有錯銀雲紋，應當是遣策所記正車的“白金之釱”，所謂“白金”是指錯銀。若此，則 M2：366 對應於記乘軒簡中的“赤金之釱”。

[26]白金之鉦（桎）

〖劉信芳 1996C〗《廣雅・釋器》：“鉦謂之刊。”…古代攻、錯連言，而錯特指器物錯金銀之工藝。“白金之鉦”，應指上在軑上錯有白銀。

〖何琳儀 1998A〗楚簡鉦，讀輊。《初學記》五“輊，車轅兩尾。”（1089 頁）

〖黄鳳春 2005〗“白金之鉦（室）”就是說“用白銀鑲填（花紋）”。這與出土文物也是相符的，據此看來，我們所謂的錯金、錯銀的鑲嵌工藝，楚人就稱之爲“室”，這與我們最初推斷“鉦”有鑲嵌意正相吻合。

〖董珊 2007A〗從文獻來看，包山簡所見之“鉦”應讀爲“桎”，“桎”是車轄的別名。

〖田河 2007〗按：“鉦”典籍中一般指鐮。包山簡中“白金之鉦”與“赤金之釱”對舉，把“鉦”讀爲“攻”，指錯金工藝恐有問題。“鉦”在簡文中是一種與“釱”并列的車器名稱。我們懷疑“鉦”讀爲“輊”，《初學記》卷二十五引《埤蒼》曰：“輊，車轅兩尾。”古代馬車有銅塗五末之俗。如《後漢書・輿服志》：“非法駕，則乘紫罽軿車，雲文畫輈，黃金塗五末。”又“始詔六百石以上施車轓，得銅五末，軛有吉陽筒。”“非公會，不得乘朝車，得乘漆布輜軿車，銅五末”。徐廣曰：“五末未詳。疑謂前一轅及衡端轂頭也。”上文“赤金之釱”若指銅車軎，那么“白金之鉦”指轅端銀飾亦有可能。包山 276 號簡作“赤金之鉦”意當同此。（95 頁）

按：郭若愚曾指出“白金”可能指銅錫合金。[①]

[27]綐（縢）組之鐳（軨）釱（軎）

〖整理者 1991〗紩組之鐳（鑪）**鈥**。（38 頁）

〖劉釗 1992A〗按字從糸從“关”，“关”即《說文》倂所從之“弅”，後孳乳分出爲“朕”，故此字應釋爲“縢”。縢字字書訓爲“繩”、“紋”，按之簡文正合。

〖滕壬生 1995〗絭。（919 頁）

〖劉信芳 1997B〗謂車轄上的花紋如縢組。…所謂“紩組之鐳”，簡文稱金屬器皿之紋飾爲“鐳”，稱絲織品之紋飾爲“纁”或“靁光”，蓋其紋飾爲雲氣，爲龍鳳，取其可通神靈而每善之意。字或從金，或從絲，因其質地不同而書寫有別。

〖何琳儀 1998A〗絭…縢之省文。…楚簡絭，讀縢。（152 頁）

〖白於藍 1999〗即《說文》“鐳”字異構。

①郭若愚：《戰國楚簡文字編》，121 頁，上海，上海書畫出版社，1994。

〖劉國勝 2003〗疑讀爲“軨”，指繫於車軎上的飛軨。《急就篇》卷三顏師古注：“路車之轄施小幡者，謂之飛軨。”秦始皇陵二號銅車馬車轂端的軎上繫有幡狀飛軨。簡文“縢組之軨軑”疑即繫在車軎上的絲制飛軨。（56 頁）

〖劉國勝 2005A〗簡文“縢組之鑐”是“軑”的修飾語，此處“軑”即上文所記“赤金之軑”，“縢組之鑐軑”是說明“赤金之軑”有“縢組”做成的飛軨。276 號簡記有“縢組之鑐之軑”，亦似是對軑施飛軨的說明。（64 頁）

〖董珊 2007A〗縢組之鐳”是說飛軨的固定裝置爲“縢組”。“縢”即“繩”。陸德明《經典釋文》引《禮記・曲禮上》“已駕，僕展軨”盧植注云：“軨，車轄頭鞙也”，“鞙”當是“鞙”之傳抄誤字，應讀爲“組”。

〖田河 2007〗“縢組”是說明車軨的材質。“絣（縢）組之鐳之鈦”是說一件帶有車軨的車軎。不過車軨也可以繫在車轄上，包山二號墓出土的車轄，有的便在一端有穿孔。（94 頁）

〖羅小華 2011A〗“絣組”之“絣”可能指顏色，如包山牘有“綠組”；也可能指材料，如仰天湖簡 15 有“絵組”。（30 頁）

[28]臼戟（𨰻-鑽）

〖曾憲通 1992〗“臼”疑讀爲舊。

〖李家浩 1993B〗“戟”字應當分析爲從“戈”從“夋”聲。…疑即“穳”字的異體。“穳”從“爨”聲。“穳”字的通行寫法作“穳”，其異體或作“鋑”。…“臼穳”之“臼”，是修飾語。…疑簡文“臼”皆應當讀爲“舊”。…此墓南室出“小刺矛”三。231 號、232 號“小刺矛”位於南室第一層北邊，234 號“小刺矛”位於南室第一層南邊。…這三件“小刺矛”的矛刺都很短小，與文獻中的“穳”訓爲“小矛”、“短矛”等相合，當是簡牘所記的“穳”。…簡文（1）（按：指包山 268+272 號簡）所記的穳是一件舊的，而且穳柲上沒有“侵”羽的裝飾，與出土物不合，可能跟牘文（4）所記的穳一樣，沒有隨葬。若此，位於南室第一層北邊的 231 號、232 號“小刺矛”當是（3）（按：指包山 273 號簡）所記的“二穳”，位於南室第一層南邊的 234 號“小刺矛”當是（2）（按：指包山 271+269 號簡）所記的“穳”。

〖劉信芳 1997B〗與釋爲“矛”之戟，不會是相同的器物。《廣雅・釋器》：“䈴，筩也。”疑“臼戟”即“䈴鑽”，與“桶”、“鍤”所指爲同類器物。

〖劉信芳 2010〗“臼戟”，“戟” 讀爲“鑽”，《說文》：“鑽，所以穿也。”按此臼鑽與軑（車軎）一同述及，與簡 269 釋爲矛之“戟”不會是相同的器物，疑是車軎之轄”。《說文》：

“轄，鍵也。”該墓出土 22 對車軎，其中 8 對附有轄。轄是軎上的銷釘，此所以簡文稱作“鑽”歟？

按:劉信芳所言可備一說，本簡之“戧”與 269 號簡之“戧”所指或不同，暫將本簡之“戧”讀爲“鑽”以示區別。

[29]白釛=（金釛-勒）、舀（面）

〖整理者 1991〗白錫=（金錫）面。(38 頁)

〖李家浩 1993B〗“面”位於轡之後，說明“面”的用途與轡有關。轡繫於勒。古代馬勒之當面的裝飾叫作“面”。…疑“鈂”是“鉛”字異體，與《說文》訓爲“侍臣所執兵也”的“鈂”似非一字。包山二號楚墓出土的馬絡頭上有十三個長方形鉛鋂，疑即簡文（1）（按：指包山 267+272 號簡）所記的“白鈂金面”。

〖滕壬生 1995〗鈂金。(1114 頁)

〖劉信芳 1996C〗“白金鉸舀” …鉸、晧、凵古讀音近，出土之馬銜中部皆由兩環相絞，此所以有“鉸舀”之名”。

〖劉國勝 2005A〗“白”下合文似當作“釛”，疑爲“金勒”合文。《說文》:“銜，馬勒口中。”古代銜也被看作是勒的一部分。《莊子 • 馬蹄》“詭銜竊轡”，陸德明《釋文》:“銜，口中勒也。”簡文“白金勒銜”懷疑是指銀馬銜。一說指飾有銀泡的勒銜。(65 頁)

〖十四種 2009〗看紅外影像，字右旁作“力”，應釋作“金釛”。釛，疑讀爲“勒”。(131 頁)

〖羅小華 2011A〗“白金釛面”疑當斷讀爲“白金釛、面”。“釛”，疑讀爲“勒”。“白金釛”指“白金”裝飾的“勒”，猶如曾侯乙墓簡中的“黃金之勒”。“面”，讀爲“緬”。“緬”，即“勒靼”之“面”。(50 頁)

[30]臼骶（鑣）

〖李家浩 1993B〗“骶”當從“毛”得聲。…疑簡文“骶”應當讀爲“鑣”。…此墓出馬鑣二十六對，計骨質的十對，角質的六對，木質的八對，銅質的二對，其中二十對套在馬銜兩端的環內。《說文》“鑣”字重文作“觻”前者從“金”，後者從“角”，當是分別爲金鑣、角鑣而造的專字。簡文“骶”從“骨”，“秏”從“木”，大概是分別爲“骨鑣”和“木鑣”而造的專字。

〖劉信芳 1997B〗“臼”應讀如“麔”…是“臼鑣”指即麔角所製之鑣。

[31]紫拜（轡）

〖整理者 1991〗，拜字。(66 頁)

〖李家浩 1993B〗紫拜都緊接在"鑣"之後，說明它是跟鑣有關的器物。…"拜"字《說文》正篆作"㨃"，金文也大多作"㨃"。…疑簡文"拜"應當讀爲"幩"。"紫幩"猶《詩·衛風·碩人》的"朱幩"。…"扇汗"是幩的别名。

〖李家浩 2003〗"拜"、"轡"二字古音相近，可以通用。…"紫拜"應當讀爲（5）（按：指望山 2 號墓 13 號簡）的"紫轡"。"面"是馬勒之當面者。"鑣"、"轡"都繫於勒。

[32]靁（霝-靈）光結幂（項）

〖整理者 1991〗霝（靈）光結帩。（38-39 頁）

〖望山簡 1995〗"霝光"疑是某種織物之名，簡文屢見。（119 頁）

〖劉信芳 1997B〗按"韬"字簡文從市從頁，首、頁古本一字，故隸定作"韬"。字應分析爲從市首聲，讀如"翿"。…"翿"本古代舞者持以翳首的束羽之類，又作車衡、馬首之飾物。…簡文所記"霝光結韬"應指馬項下之纓，"絑絵之纁"應指馬頭上的束錦。"絑絵"即綠色錦。

〖何琳儀 1998A〗①楚簡"霝光"讀"靈光"，神異之光。《逸周書·皇門解》"未被先王之靈光。"望山簡霝，讀𧝓。《集韻》："𧝓，衣光也。"（814 頁）②幁，從巾，頁聲（或首聲）。…楚簡幁，巾類。（196 頁）

〖湯餘惠、吳良寶 2001〗巾。（543 頁）

〖劉國勝 2003〗簡文"幁"在此似指束馬髦的幪巾。…簡文"靈光結幁"，常與"幢"記在一起。包山 1 號牘"繙芋結項"，望山《遣冊》12、13 號簡"纓纂項"，大概與"靈光結幁"是一類東西，都是指馬頭上"落髦"的帶飾。（57 頁）

〖劉信芳 2003〗①簡文稱金屬製品之紋飾爲"鐳"，稱絲織品之紋飾爲"鐳"或"霝光"，蓋其紋飾爲雲氣，爲龍鳳，取其可通神靈而美善之義。（299 頁）②"項"字原簡從頁從巾，字又見簡 276、277，是個會意字，其字又作"項"，則是形聲字。…"結項"、"纀項"皆謂馬項之下結纓。（301 頁）

〖劉國勝 2005A〗簡文"結項"屬馬飾，大概就是李說所指項圈之類，是以絲織物做成，上落馬髦而繫結于馬頸下。（66 頁）

〖田河 2007〗但"項"前的修飾成分都是絲織物，我們懷疑所謂的"結項"並不是指"秦始皇陵出土銅車馬驂馬頸部所套金項圈"，而是指一端套在馬項前部呈環狀，另一端繫在衡軛交結處用來約束驂馬不外逸的繮索，以此稱爲"結項"。（127 頁）

按：商承祚將望山二號墓的"霝光"讀爲"雷光"。①

①商承祚：《戰國楚竹簡匯編》，100 頁，濟南，齊魯書社，1995。

[33]絓絵（錦）緟（幢）

〖劉釗 1992A〗按字從糸從童，應釋爲“緟”。

〖望山簡 1995〗“童”疑讀爲“幢”，是一種儀仗用的旗幟。（118 頁）

〖劉信芳 1997B〗馬頭上之束錦爲“緟”。

〖劉國勝 2003〗“幢”在此可能是指古書所謂“纛”一類的東西。…墓内共出土了 7 件纛。（57 頁）

〖劉信芳 2003〗幢：原簡字形從糸，童聲。《方言》卷二：“翿、幢，翳也。楚曰，關東關西皆曰幢。”《廣雅·釋器》：“幢謂之翿”。“翿”本古代舞者持以翳首的束羽之類，又作爲車衡、馬首之飾物。…“青錦之幢”應指馬頭上之束錦。“青錦”即綠色錦。（301 頁）

〖劉國勝 2005A〗簡文“絓錦之幢”似是馬纛之類，“絓錦”爲纛上注物。發掘出土的秦始皇陵一、二號銅車馬的右驂馬額頭上都立有一件帶半球形底座、杆端有纓絡狀穗形裝飾的纛。（66 頁）

〖田河 2007〗“緟”爲“童”之繁寫，望山簡整理者將其讀爲“幢”是正確的。認爲是一種儀仗用旗，有一定道理。《說文新附》：“幢，旌旗之屬。”《漢書·韓延壽傳》：“建幢棨。”顏師古注引晉灼曰：“幢，旌幢也。”如果此說不誤，簡文所言之幢，大概類似包山二號墓所出夾紵胎子母奩（2:432）周壁所繪馬車上面的旌幡。…不過這些“童”多和馬具記錄在一起，可能還是馬具的一種。劉國勝認爲是“纛”。亦可通。（130 頁）

一邅（乘）正車[1]：轣（犍）牛之革韄（鞎）[2]，絓綃（絹）之純，多釐（紛），[3]絾絟[4]，纀純[5]，紫登（�散），紛約[6]，紫靦（韅）、鞅，鼾（豻）鱳（貘）之韄（韇）銨[7]，紫紳（靷）[8]，紃綘（縫），紫紿（橐）[9]，虎長（韔），四馬之凵（臼）亶（面）[10]，〖271〗臼毻（鑣），紫拜（轡），霝（霝-靈）光之童（幢），霝（霝-靈）光結幂（項），二馬之鋧[11]，四馬畬遌[12]，鄺（翟）輪（輪），白金之鈦（軎），赤金之鋞（桱），絥（縢）組之鐳（軨）之鈦（軎），輗韓[13]。〖276〗亓（其）上載[14]：絑（朱）旮（旌）[15]，一百絡（條）卌=（四十）絡（條）翨（翠）畬=（之首）[16]，筂（旄）宙（中）干[17]，絑（朱）縞七翠〈翌-就〉[18]，車戟（戟）[19]，戠（侵）羽一翌（就）[20]，亓（其）罩（旆），朮五翌（就）[21]，戟（纀-穳）[22]，三翌（就），一楃[23]，冒（蒙）筂（旄）之百（首）[24]，一和羸虖（甲）[25]，畬軸（胄）[26]，綠〖269〗組之縍（縢）[27]，馯（御）、右二鼎（領）轣（犍）虖（甲），皆畬軸（胄）[28]，紫縍（縢）[29]，一敞（彤）敔（韜）[30]，一緅紱之紿（橐）[31]，一敞（彤）椃（缶）[32]，一銑（鐃）[33]，緄（纓）組之綏[34]，二睪鞍（鞍）[35]，霝（靈）光之紼（帶）[36]。〖270〗

集釋：

[1]一雚（乘）正車

〖整理者 1991〗正車，似爲征車。《左傳•襄公十三年》：“先王卜征五年”，注：“謂巡守征行”。（66 頁）

〖李家浩 1993B〗古代的戰車分正、副。副車或稱作倅車、貳車、佐車等。疑“正車”是對副車而言的。…正因爲是正車，所以車上的裝備物要比其他的車多。

〖陳偉 1996A〗政（正）車有可能是車陣中的指揮車。（184 頁）

〖蕭聖中 1997〗《詩•小雅•六月》：“元戎十乘，以先啟行。”毛傳云：“元，大也。”《史記・三王世家集解》引《韓嬰章句》雲：“元戎，大戎，謂兵車也。…我以爲簡文中的“政（正）車”即《詩》之“元戎”。

〖田河 2007〗我們懷疑簡文的“正（政）車”可能就是“鉦車”，屬儀仗、作戰中的指揮車。（74 頁）

[2]韅（犍）牛之革韇（鞎）

〖整理者 1991〗韇，讀作巾。《周禮•春官•巾車》注：“巾猶衣也”，珠叢云：“以衣被車謂之巾”。（66 頁）

〖湯餘惠 1992〗古從堇聲之字多與從斤聲考通（並屬文部）。…故簡文之韇（韇）有可能就是古“靳”字，《說文》：“靳，當膺也。”小徐注：“靳，固也，靳制其行也。”靳爲馬胸前之皮件，用以靳制馬匹行進之物。

〖李家浩 1993B〗顯然是從二“肙”，應當是“鞙”字的繁體。…據 271 號、273 號簡等“鞙牛之革韇”語，可知“鞙甲”之“鞙”是一種牛名。…“鞙”字在《廣韻》裏有古玄切、胡犬切兩讀，前一讀音與“犍”字讀音都屬見母元部。疑“鞙牛”之“鞙”和“鞙甲”之“鞙”，皆應當讀爲“犍”。《說文》新附：“犍，犗牛也。”

〖李零 1999B〗應釋“韢”，彔通肆，古音爲心母質部字，辭例“～牛之韇”、“～虢(甲)”，均爲皮革名。《楚辭•九歌•國殤》：“操吳甲兮被犀甲”，簡文此字疑即“犀”字。

〖曹錦炎 2002〗分析其構形，當是從革、毚聲。…頗疑“韅”字讀爲“犀”，“韅牛”即“犀牛”，“韅甲”即“犀甲”。

〖李天虹 2002〗上揭包山之字可能應當隸定爲“韢”古音犍是群母元部字，與宛相近，“韢”亦可讀爲“犍”。

〖劉信芳 2003〗字讀爲“靳”，《左傳》定公九年：“吾從子如驂之靳”。孔穎達〈疏〉：“《說文》云：靳，當膺也。則靳是當胸之皮也。驂馬之首當服馬之胸，胸上有靳，故云：吾

之從子，如驂馬當服馬之靳。”《爾雅•釋器》：“䩕轅謂之靳”。則與《說文》所解不同。（303 頁）

〖劉國勝 2005A〗上述包山簡牘文字中的“韇”、“韅”是一字異體應無問題，也可能當隸作“韉”、“韆”，二字右旁所從是“冤”的異文，在此讀爲“㹉”。《集韻》桓韻：“㹉，野牛名，角可以爲弮材。”“韡”，疑讀爲“䩡”。“堇”、“艮”古音相近。郭店《老子》甲組 24 號簡“各復其堇”之“堇”，今本作“根”。簡文“韅牛之革䩡”似是記車輿前部覆蓋車軾的革飾。《爾雅・釋器》“輿革前謂之䩡”，郭璞注：“以韋靶車軾。”（66-67 頁）

[3]多𣏾（紛）

〖整理者 1991〗多，它簡作栘，借作輢。𣏾，疑讀作棼。《廣雅•釋室》：“棼，閣也”。此指車輢内用小木條縱橫相隔成格，以插矛、戈、戟，殳等長兵器。（66 頁）

〖劉信芳 1997B〗包山簡二七一：“多𣏾。”牘：“栘紛。”按“多”、“栘”並讀如“輆”，《說文》：“輆，礙也，從車多聲。”礙車之物稱“軔”…“𣏾”、“紛”應讀如“軔”，“𣏾”字所以從木者，礙車之物用木也。

〖何琳儀 1998A〗絣，從糸，弁聲。緐之異文。《說文・糸部》“緐，馬髦飾也。從糸，每聲。”…包山牘，讀緐。（1067 頁）

〖劉國勝 2003〗包山 1 號牘作“栘紛”。從在簡文中所處地位看，似應是裝備馬的東西，其義待考。（58 頁）

〖徐在國 2003E〗包山“𣏾”，或認爲上部從“刃”，誤。或讀爲“棼”，亦誤。此字當讀爲“紛”。…竹牘“栘”當讀爲“多”，與“一”位置同，似爲數詞，表示多。

〖劉國勝 2005A〗從下文“絨緹”的說明看，懷疑指車輿中的座位。（67 頁）

[4]絨緹

〖整理者 1991〗緹，借作綎，《說文》：“系綬也”。（66 頁）

〖何琳儀 1998A〗包山簡絨，讀毧。《廣韻》“毧，毧毛。”（361 頁）

〖楚文字編 2003〗絨。（743 頁）

〖劉信芳 2003〗“絨”是一種編織繩，參簡 270 注。“緹”是繫綬之類，參簡 267 注。（303 頁）

〖徐在國 2003E〗。至於包山 271 簡的“緹”，位置與“絣”字同。“緹”字應分析爲從“糸”“呈”聲，乃《說文》“緼”字或體，疑應讀爲“纓”。“繁”、“纓”二字常連用，如《禮記・禮器》“大路，繁纓一就。”“繁”、“纓”均指馬飾。

〖劉國勝 2005A〗“絨緹”，包山 1 號牘作“秋緹”。簡文“絨緹”似是對上文“多𣏾”覆有絲墊的說明。（67 頁）

〖劉國勝 2007〗疑“秋”、“緎”都應讀爲“繡”，指刺繡品。

〖十四種 2009〗今按：此字右旁與楚簡“蔵郢”之“蔵”所從“戚”相近，故改釋。（131-132 頁）

〖羅小華 2011A〗包山牘 1 中的“秋之緹”可能就是簡 271“緘緹”。簡 271 中的“緘緹”與簡 267 中的“紩綃之緹”應該都是“鞊”。二者不僅文字一致，且都有“純”。“緘”、“秋”二字可能都應該從劉國勝讀爲“繡”。（44 頁）

[5]纀純

〖劉國勝 2003〗“纂”上一字，原文作“纀”，讀爲纂”。《說文》：“纂，似組而赤。”（58 頁）

[6]紛約

〖劉信芳 1997B〗“紛”乃“紉”字，《說文》解爲“單繩”。

〖田河 2007〗“紛約”與“紃約”都用在“紪（紫）夔（癸）”之後，當屬同類。…“紛”學者皆讀爲“粉”，可從。“粉”在古代本指白色，《尚書·皋陶謨》“藻火粉米”（僞古文入《益稷》），孔穎達疏引鄭玄注云：“粉米，白米也。”“紛約”可能是白色的束帶。（137 頁）

[7]鼾（豻）鼷（貘）之韊（鞍）鞍

〖整理者 1991〗①韟，簡文右部作夂，從臭省。（66 頁）②鞍。（38 頁）

〖劉釗 1992A〗①按字從鼠從干，應釋爲“豻”。②按字從鼠從莫，應釋爲貘。

〖曾憲通 1992〗凡豸旁簡文多從鼠，故鼾即豻，鼷即貘、豻似狐而貘似熊，其皮均可製革。鞍即鞍字，《說文·革部》：“鞍，馬鞁具也”，鞍爲騎馬所設之具。…當是韊字。《說文·革部》：“韊，車衡三束也。”…據此，簡文“豻貘之韊鞍”，乃指用豻貘之革纘縛之鞍具。

〖舒之梅 1994〗①包山簡 271：“鼾鼷之韟鞍。”“鼾鼷”牘又作“鼷”，鼷從莫聲，䩭從白聲，莫、白古音同在魚部。或歸爲鐸部，幫系聲母，《韻會》：“貊”通作“貘”，知牘文“䩭”爲“鼷”（貘）之借。“鼾”即“豻”，字又作“犴”…應指獸脊背之皮，取脊背之皮爲鞍，當爲堅韌之故也。②“韟鞍”與“韊鞎”互文見義，益知“鞎”即“鞍”字。“韟”讀如“繚”…“韟”與釋爲“收束”之“韊”音近義通，知“韊鞎”即“韟鞍”也。

〖滕壬生 1995〗鞍。（1001 頁）

〖劉信芳 1997B〗“韟”爲“韊”之異體…《說文》：“韊，車衡三束也，曲輈韊縛，直輈暈縛。從革爨聲，讀若《論語》鑽燧之鑽。”其字或作“韊”。

〖劉信芳 2002B〗“韊”簡 271 作“韟”，“韟”讀爲“韊”，《說文》：“韊，車衡三束也，曲輈韊縛，直輈暈縛。從革爨聲，讀若《論語》鑽燧之鑽。”其字或作“韊”，也是纏縛的意思。…“豻貘之韊鞍”即在馬鞍上繫縛有豻貘皮製作的護套。

〖劉國勝 2003〗《說文》："鞻，車衡三束也。""鞻"是指將車衡與車輈、車衡與車軛綁固的革帶。簡文"鞻鞍"似應斷讀，指"鞻"和"鞍"。（58頁）

〖陳偉武 2004〗楚簡以作"毣（𣯛）"，當是表皮毛之專字。從毛從革古可互作，當即後代之"鞟"…"𣯛"作"莫"作"䶬"者假其音，且"䶬"當是受"鼪"、"鼾"、"鼦（貂）"之類化而從鼠。

〖劉國勝 2005A〗"鞍"疑指防磨傷服馬而衬於軛內側的皮墊。（68頁）

[8]紫紳（靷）

〖整理者 1991〗紳，《說文》："大帶也"。（66頁）

〖楚文字編 1997〗鞞、緦、紳在簡文中並讀爲靷，當是一字之異。（127頁）

〖劉國勝 2003〗原字從"糸""申"聲，紳、靷二字爲真部叠韻，疑當讀爲"靷"。《說文》："靷，所以引軸者也。"按：秦始皇陵一、二號銅車馬服馬的靷繩分前、後兩段，前段分成2根，分別連在二服馬負軛的內側軛軥上。後段僅1根，連在車輿下車軸的正中。前、後兩段在輿前底下的"靷環"處聯結。而一、二號銅車馬驂馬的靷繩，是斜套在馬胸上，並連有一根繩索，繫在車輿底下的車軸上。秦始皇陵一、二號銅車馬驂馬的靷繩繞過馬胸，並壓著"韅"（包山奩畫以兩繩相交表現）。（58頁）。

按："紳"見於曾侯乙墓，整理者讀爲"靷"，並引王國維《史籀篇疏證》懷疑籀文"靷"右旁本從"㬰"的意見，指出簡文"紳"之形體可證王說之確。①

[9]紫紿（橐）

〖整理者 1991〗紫紿。（38頁）

〖羅小華 2011A〗包山簡271、牘1"紫紳"之後均記有"紫韜"，可能是指裝盛"紳"的紫色橐囊。（42頁）

[10]四馬之凵（臼）䭫（面）

〖整理者 1991〗凵，借作鍱，朱駿聲云："金銀銅鉄之椎薄成葉者"。面，指馬頭。墓中有以皮革做的馬頭護甲，當爲鍱面。（66頁）

〖李家浩 1993B〗"䭫"位於"轡"之後、"鑣"之前，說明"䭫"的用途與"轡"、"鑣"有關。"凵"、"臼"二字形義皆近，都像掘地爲坎之形，所以它們在古文字中往往混用。…疑"䭫"所從的"臼"是作謂"凵"字來用的。…疑簡牘文字的"䭫"皆當讀爲"銜"。因爲銜是馬口所銜之物，故簡牘文字從"首"。

①湖北省博物館：《曾侯乙墓》，506頁注34，北京，文物出版社，1989。

〖劉信芳 1996C〗簡文“凵”讀如“窅”，俗作“凹”，亦即《莊子·逍遙遊》“坳堂”之“坳”。…而“凵萺”、“鋯萺”爲勒束馬的器械。…經與實物對照，簡文“凵萺”、“鋯萺”爲出土馬銜，“萺”應讀如“銜”。

〖何琳儀 1998A〗包山簡“凵”，疑馬首之凹形飾物。…故坎之初文凵讀錽或鋑。《集韻》：“鋑，馬首飾。”（1455 頁）

〖李家浩 2003〗“凵面”與“臼甝”等文例相同。按“凵”、“臼”二字形義皆近…疑“凵面”之“凵”是作謂“臼”字來用的，也應當讀爲新舊的“舊”。

〖劉國勝 2005A〗“凵”在此疑讀爲“含”。“含銜”意即馬口含銜。（68 頁）

[11]二馬之鋧

〖整理者 1991〗鋧，借作靦。（66 頁）

〖劉信芳 1997B〗“鋧”與“幢”、“翻”連帶述及，應指馬項上的繫圈。…“鋧”讀如“靚”…包簡“鋧”應作“繫馬頸”解。…知楚人謂馬頸之金屬套圈爲“鋧”。

〖劉國勝 2003〗原文左旁從“金”，右旁作“”，與“見”形有別，當即“視”字。（58 頁）

〖劉國勝 2005A〗“之”下一字，右旁似當作“視”，釋作“鍉”，疑讀爲“鏑”。“鏑”即鏑銜，是一種帶刺球的銜。《淮南子·氾論》“是猶無鏑銜橜策錣而御馯馬也”，高誘注：“鏑銜，口中央鐵，大如雞子中黃，所制馬口也。”楚墓出土有銅鏑銜。（68 頁）

〖田河 2007〗此處應該是一種馬具。此物待考。（124 頁）

[12]四馬畓遚

〖整理者 1991〗四馬沓，遺；…遺，借作繢。（39、66 頁）

〖劉釗 1992A〗按字乃首字，應釋爲首。…簡文“首冑”應讀爲“頭冑”。

〖何琳儀 1993A〗應隸定爲“遚”…本簡“遚”讀“與”。

〖劉信芳 1996A〗“四馬沓，遚”…所述皆爲車馬器，皆靮字之異。

〖何琳儀 1998A〗楚簡遺，讀簣。《廣韻》“簣，籠也”。（1192 頁）

〖劉國勝 2003〗“遺”，疑讀爲“鞼”。《類篇》革部：“鞼，韁也。”（58 頁）

〖劉國勝 2005A〗“首遺”似指馬勒或勒的附屬物。（68 頁）

[13]輾轉

〖整理者 1991〗軝韓。（39 頁）

〖劉釗 1992A〗按字從車從疋，應釋爲“轁”，轁作“軗”猶古璽“胥”作“疺”一樣。轁字見於《集韻》，訓爲“車下”。

〖劉信芳 1997B〗軝韗（楚緈）與鈇（軑）相連述及，應是與車輪相關聯的器物。…車馳須“結軼”，謂結制動裝置之索，若解軼則制動裝置發生作用，止車之疾行。如是則楚簡之“軝韗”以理解爲制動之索爲宜。

〖何琳儀 1998A〗鞮，從革，足聲。包山簡鞮，疑讀捉。《廣雅·釋詁》三“捉，持也。”（385 頁）

〖劉信芳 2003〗軝韗：牘 1 作“楚緈”，讀爲“輤緈”。《方言》卷九：“車下鉃，陳宋淮楚之間謂之畢，大者謂之綦。”…竊疑“車下鉃”謂車下部牽引制動裝置之索。（306 頁）

〖劉國勝 2005A〗“韗”上一字當作“鞮”。（68 頁）

〖董珊 2007A〗包山遣策所記“正車”，在“縢組之鐳之鈇”之後尚有“軝韗”（或作“楚緈”）一詞。《文選·東京賦》“疏轂飛軨”李善注引蔡邕《月令章句》云：“疏，鏤也”，古書中“緈”的詞義是“緣飾”，這似是說飛軨有刻鏤的緣飾。

〖田河 2007〗當以釋“鞮”爲是。“鞮韗”包牘作“楚緈”。緈，《儀禮·既夕禮》：“縓緈緆。”鄭玄注：“飾裳在幅曰緈，在下曰緆。”胡培翬正義：“謂飾裳之幅邊爲緈。”“韗”與“緈”應該是同一字的異寫。“鞮緈”應該是一種車器或車飾，具體所指還需進一步研究。（108 頁）

[14]亓（其）上輚

〖整理者 1991〗輚，載字之異體。（65 頁）

[15]絑（朱）旌（旌）

〖整理者 1991〗旌，讀如旌，《集韵》以旌爲旌字之異體。絑，純赤色。絑旌，赤紅色旌旗。（65 頁）

〖李家浩 1993B〗225 號紅漆殳和 290 號黑彩漆殳，當是（1）所記的朱旌的旗杆和（2）所記的䲠旌的旗杆。

[16]一百䌐（條）𦍒=（四十）䌐（條）𦐊（翠）𩠐=（之首）

〖整理者 1991〗𦐊，字從羽從首從辛。天星觀一號墓遣策中，此字羽從自從辛。古文字中從自與從首往往相通。𦐊也作𦐊，讀作翠。“翠之首”指絑旌上裝飾的翠鳥羽毛。（65 頁）

〖湯餘惠 1992〗色，謂色目，種類名目之義，大約是說車上載一百四十種紅色的旗。

〖何琳儀 1993A〗應隸定“攸”，“攸”之異文。…又見牘文作、。前者爲“條”之省，後者爲“攸”之省。以上“攸”、“條”均讀“條”。…簡文、牘文“絑（朱）旌（旌）一百攸（條）”，均指一百四十條朱色旌旗。“旌”之形制呈長條形，故以“條”計其數。

〖李家浩 1993B〗①此字到底是什麼字，目前還說不清楚，這裏暫且作爲“攸”字的省寫。…簡牘文字“㫍”、“條”等大概是翠羽的個體量詞，相當於《爾雅》“一羽謂之箴”

的“箴”。②“翠之首”是指旌旗之杆首飾有翠鳥羽毛。…意思是説朱旌的旗杆之首飾有一百四十根翠鳥羽毛。

〖田河 2007〗簡文𭁠、紡、𠂊應該是同一字的異寫。何琳儀釋𭁠爲“攸”之異文，可從。（147 頁）

[17]氅（旄）审（中）干

〖整理者 1991〗氅，讀如旄。旄旗杆上的飾物，一般認爲是犛牛尾。“中杆”，指旗杆的中部。（65 頁）

〖李家浩 1993B〗“氅中干”之“氅”，亦見於（1）（按：指包山 269 號簡）的下文“一格，冒氅之首”。在（3）（按：指包山竹牘）的下文，與“一格，冒氅之首”句相當的文字作“一格，縿毣頁（首）”。“縿”從“冢”聲，“毣”從“毛”聲。“縿毣”應當讀爲“蒙旄”，指雜色的旄。…據此，“冒氅”顯然是“縿毣”的異文。換一句話説，“冒氅”即“蒙旄”一詞的另一種寫法。於此可見，“氅”跟“毣”一樣，也是從“毛”聲，在此讀爲“旄”。…簡牘文字的“中干”都與旌旗記在一起，應當屬於旌旗之類。古代有一種旗叫“罕”。…“罕”從“干”聲。疑簡牘文字的“中干”即指這種旗。…224 號竹竿大概是（1）所記的“旄中干”。…《包山》説竹竿“頂端絹帶較長，一端殘斷”。此殘斷的較長絹帶顯然是“旄中干”的旗幅。

〖劉信芳 1997B〗按“中干”乃大夫之旃名。…知“中干”應是一種以竹竿扎束如“中”之字形的旗幟。

〖劉國勝 2003〗“中干”與“終干”同，是兵車上的一種旗。（59 頁）

〖劉國勝 2005A〗《説文》：“旄，幢也”。段玉裁注：“以犛牛章節附注旗竿，故謂此旗爲旄。”天星觀遣策記有“絑羽之中竿”、“白羽之中竿”；連雲港尹灣六號漢墓出土《武庫永始四年兵車器集簿》記有“乘輿終干百卅九”。“中竿”、“終干”與“中干”當爲同類物。（69 頁）

〖田河 2007〗天星觀“中竿”之“竿”從竹，也説明“中干”是一種“杆”類物。簡文中的“中干”應是旗杆，而非旗。（149 頁）

[18]絑（朱）縞七䎶<䎶-就>

〖整理者 1991〗十䎶…䎶，讀如格。《説文》：“格，木長貌”。戟，讀如戟。一格車戟即一件長柄車戟，出土實物中有長柄戟。（38、65 頁）

〖李家浩 1993B〗“䎶”字於簡牘凡十見，當從“㕣”聲。“各”、“㕣”二字形近，疑“䎶”即“䎶”字之誤。不過“䎶”字所從“各”也可能是“咎”字的省寫…若此，“䎶”應當釋寫作“𦑓”，即“䎶”字的異體。…從文義看，“䎶”的意思與重、匝相當。…疑簡牘文字“翏”，應當讀爲“就”。“絑縞七就”是說“中干”上纏繞朱縞七匝。…224 號竹竿上部有絹織帶三道和絹帶三道，比（1）所記的“絑縞七就”少一道。不過竹竿下部三根竹子散亂，不便人握持，原來應有絹織帶或絹帶捆扎一道，這樣與（1）所記的“絑縞七就”正好相合。

〖袁國華 1994A〗“”字實即“七”字。

〖劉信芳 1997B〗所謂“絑縞七翏”（“翌”乃“翏”之誤書），“翏”從九得聲，此讀如“游”，《說文》：“游，旌旗之流也。”是謂旌旗下部飄游的部分。…簡文“七翏”應以縷連綴於頂端絹帶之上。“翏（旒）”數多則絹帶長，“七翏”實際上是絹帶長短的標誌。

[19]車我（戟）

〖李家浩 1993B〗（1）（按：指包山 271+269 號簡）、（3）（按：指包山竹牘）的“侵羽一就”和（2）（按：指包山 273 號簡）的“侵二就”是對“車戟”和“二戟”的說明，而“其旆”和“二旆”是屬於“車戟”和“二戟”的，“朮五就”和“皆朮九就”又是形容“其旆”和“二旆”的。“其旆”之“其”是代詞，指代的對象是它前面的“車戟”。“皆朮九就”之“皆”是副詞，概括的對象是它前面的“二旆”。可見“車戟”和“二戟”都是旆的旗杆，而不是刺殺的武器。…位於南室第三層的 278 號戟和位於南室第一層的 228 號、229 號戟，大概就是（1）所記的“車戟”和（2）所記的“二戟”。不過也有可能 229 號戟是（1）所記的“車戟”，“侵羽一就”即指戟柲上捆扎的一匝羽毛，而 228 號、278 號戟是（2）所記的“二戟”，其上“侵羽二就”已殘去。

[20]戠（侵）羽一翏（就）

〖整理者 1991〗①戠，讀作纖。《禮記•襍記》注：“綅冠”，釋文：“禫而纖”，注：“黑經白緯曰纖”。纖羽，指戟柄上裝飾的黑白相雜的羽毛，與出土實物相符。（65 頁）②翏，讀如厹。《詩•小戎》：“厹矛鋈錞”，傳：“三隅矛也”。出土的實物中有一件矛，雙葉下延，成倒鈎狀，或許就是厹矛。（65 頁）

〖李家浩 1993B〗“戠”亦見於長沙楚帛書，即“侵伐”之“侵”的異體，簡牘文字“侵”是一種羽毛的名字，所以它既可以與“羽”字連說，也可以單說。“侵羽一就”就是“車戟”柲上有侵羽一匝。…（1）、（3）的“侵羽一就”和（2）的“侵二就”是對“車戟”和“二戟”的說明。…疑包山簡牘的“侵”和曾侯乙墓的“翻”是同一個詞的不同寫法，其義當是一種羽毛的名字。不過包山簡牘所記的戟柲的翼狀物名字與旆幅的翼狀物的名字是有區別的，把前者叫做“侵”，把後者叫做“朮”。

〖劉信芳 1997B〗所謂“䤹羽一翣”，謂以絲線綴羽一旒。“䤹”字又見於楚帛書，“侵”字異體，此讀如“綅”…《說文》：“綅，綫也。” …“翣”讀如“旒”。

〖何琳儀 1998A〗䤹，從戈，侵省聲，疑侵之異文。…包山簡䤹，讀綅。《說文》“綅，絳綫也。從糸，侵省聲。《詩》曰，貝胄朱綅。”（1416-1417 頁）

按：《包山楚墓》記出土矛 11 件，即遣策之“翣”，分小刺矛、寬葉矛、梭形矛、劍形矛四種。[①]

[21]亓（其）𦐇（旆），朮五翣（就）

〖整理者 1991〗其𦐇朮；五翣，…𦐇，讀如巾，似指矛鞘外包裹的巾。朮，《說文》：“分枲莖皮也”。“其巾朮”即以麻做成的巾。（38、65 頁）

〖曾憲通 1992〗翣讀如厹。

〖李家浩 1993B〗①從“羽”從“市”聲…“𦐇”應當是旆旗之“旆”的異體。…而“其旆”和“二旆”是屬於“車戟”和“二戟”的，“朮五就”和“皆朮九就”又是形容“其旆”和“二旆”的。“其旆”之“其”是代詞，指代的對象是它前面的“車戟”。②“朮五就”和“皆朮九就”又是形容“其旆”和“二旆”的。…不過包山簡牘所記的戟柲的翼狀物名字與旆幅的翼狀物的名字是有區別的，把前者叫做“侵”，把後者叫做“朮”。…《公羊傳》宣公十二年“莊王親自手旌”，何休注：“緇廣充幅、長尋曰旐，繼旐如燕尾曰旆。”…“燕尾”確實是指旌幅兩側的形制。包山簡牘所說的“朮”，應當是何休注等所說的“燕尾”。因旌旗的“朮”與戟柲等的“侵”形狀相似，所以它們的數目都以“就”來計算。

〖劉信芳 1997B〗“朮”讀如“繸”…《爾雅・釋器》：“繸，綬也。”綬本組帶之名。“繸五旒”即以組帶維繫五旒於旌幅上。包山二號墓出土車戟三件，標本二：二二九，柲上部殘留有一攄羽毛和一束人髮。其捆札方法是先將羽毛根部用絲帶編結，然後羽毛向上，外包一絹帶，結死結。…此戟柲上的一攄羽毛即簡文所記“䤹羽一翣”，外包的絹帶應即旆幅。“朮五翣”乃綴於絹帶之五游。

[22]戭（𢧢-穳）

〖整理者 1991〗戭，借作鍛。《廣雅•釋詁二》：“鍛，椎也”。出土實物中有小如錐狀之矛，或許稱作鍛。（65 頁）

〖曾憲通 1992〗戭字從戈㚒聲，按上節㚒即焞的音讀，當讀爲錞或鐏。《詩經・秦風・小戎》：“厹矛鋈錞”，傳：“厹，三隅矛也；錞，鐏也。”秦詩“厹”、“錞”連言，猶簡文之

①湖北省荊沙鐵路考古隊：《包山楚墓》，205 頁，北京，文物出版社，1991。

“翌”、“戟”連文，二者正可互證；且由此反證戟在此當讀爲錞。…“鐏、錞二字同源，泛指長兵柲下之銅飾物，其制有鋭底平底之分，渾言之則鐏錞不別，彼此可以互注；析言之則略有差異，當視其實際情況加以判定”。

〖李家浩 1993B〗位於南室第一層南邊的 234 號“小刺矛”當是（2）（按：指 271+269 號簡）所記的“穳”。（2）所記的穳柲有“侵”羽“三就”，與出土實物相合。

〖劉信芳 1997B〗核之出土實物，該墓出土小刺矛三件，銅質矛、鐏，積竹柲。柲上部捆札三摭羽毛，矛有脊，圓骹，上有一穿。銅鐏圓筒形，上端粗，下端細。標本二：三三一長三九〇・八釐米，該矛柲上捆札的三摭羽毛應即簡文所記“三翌”，“翌”讀如“游”。

〖田河 2007〗位於南室第一層南邊的 234 號“小刺矛”當是 269 號簡和包牘所記的穳，柲有“侵”羽“三就”，與出土實物相合。位於南室第一層北邊的 231 號、232 號“小刺矛”當是 273 號簡所記的“二穳”。（155 頁）

[23]一棰

〖整理者 1991〗一棰。（38 頁）

〖湯餘惠 1992〗隸定爲樌，當是樸字古文。

〖劉信芳 1997B〗“柽”讀如“杸”…包山二號墓出土實物有“殳”二件（標本二：二二五；二：四〇三）。

〖何琳儀 1998A〗棰，從木，垄聲。疑椛之異文…包山簡棰，讀柽。《集韻》：“柽，欑木以殯也。”（881 頁）

〖劉信芳 2003〗牘 1 作“柽”，應即“杸”之異體。（310 頁）

〖劉國勝 2003〗從文例看，似當是兵旗桿杖一類的東西。…疑“圣”即“垂”字的異寫，“棰”、“柽”疑讀爲“旞”。“遂”、“垂”古音相近。《禮記・玉藻》“前後邃延”，蔡邕《獨斷》作“前後垂延”。《說文》：“旞，導車所載，全羽以爲允。”《周禮・春官・司常》“全羽爲旞，析羽爲旌”，鄭玄注：“全羽、析羽皆五采，繫之於旞、旌之上，所謂注旄於干首也。”（60 頁）

〖劉國勝 2005A〗“棰”、“柽”一字異體，從文例看，似當是旗杖之類。（70 頁）

〖時兵 2008〗“椪”皆讀為“旃”。“旃”在章紐元部，与“椪”同韵。

[24]冒（蒙）毣（旄）之百（首）

〖整理者 1991〗䀀，友聲，借作有。（65 頁）

〖李家浩 1993B〗包山 1 號牘與“一柽，冒毣之首”句相當的文字作“一柽，縁毣頁（首）”。“縁”從“冢”聲，“縁毣”從“毛”聲。“縁毣”應當讀爲“蒙旄”，指雜色的旄。“冒毣”是“縁毣”的異文。換一句話說，“冒毣”即“蒙旄”一詞的另一種寫法。

〖劉信芳 1997B〗按“毫”、“笔”、“罨”並讀如“旄”，旄首謂注氂牛尾或五彩羽於干首。

[25]一和羸虘（甲）

〖整理者 1991〗羸虘。（38 頁）

〖李家浩 1993B〗當是“羸”字的異體。…據 271 號、273 號簡等“鞙牛之革韃”語，可知“鞙甲”之“鞙”是一種牛名。“羸甲”與“鞙甲”文例相同，“羸”也應當是一種牛名。…疑“羸甲”之“羸”應當讀爲“犦”。《淮南子・時則》“季春之月，……乃和犦牛、騰馬”，高誘注：“犦牛，特牛也。”…“羸甲”、“鞙甲”是甲名，“和”、“貞”是“羸甲”、“鞙甲”的量詞。根據出土實物，“和”是集體量詞…當指“羸甲”、“鞙甲”各兩件。義同對、雙，“貞”是個體量詞。

〖劉信芳 1997B〗出土之馬甲（標本二：三八一）左側背面漆書一“羸”字。疑字讀如“纍”…《說文・糸部》：“纍，綴得理也。”《國語・齊語》：“諸侯甲不解纍，兵不解翳。”

〖何琳儀 1998A〗敾，從攴，羸聲。疑攍之異文。《廣韻》“攍，擔也。”包山簡敾，讀羸（873 頁）

〖沈培 2007〗例中的“甲”當是“甲士”之義，說甲士“戴胄”，無疑是很貼切的。

[26]໌軸（胄）

〖整理者 1991〗①໌，疑讀如首。（65 頁）②臯，簡文作。臯，胄字古文。胄，頭盔。（65 頁）

〖劉信芳 2006〗“໌臯”即人首之胄。

〖沈培 2007〗戰國文字中常見一個上從“之”下從“首（或從‘頁’）”的字（以下用 A 代替此字）。…知道了 A 可以讀爲“戴”，則知此字實當從“之”得聲。…在戰國文字裏，A 除作姓氏外主要有兩種用法，一種用爲“戴”，一種用爲“得”。

〖田河 2007〗“首胄”包括人胄和馬胄。（165 頁）

按：沈培指出“໌”加不加合文符號是有區別的，有合文符號，是“之首”的合文。[①]

[27]綠組之縢（縢）

〖整理者 1991〗緬，借作繩。（66 頁）

〖李家浩 1993B〗（1）（按：指包山 271+269+270 號簡）的“縢”字應當分析爲從“糸”從“力”從“椉（乘）”省聲。…將（1）與（2）（按：指包山竹牘）的文字對照起來，（1）的“縢”字與（2）的“縢”字相當。“乘”、“縢”都是蒸部字，音近可通。…是用綠色的組縢綴聯的甲片。

①沈培：《試釋戰國時代从“之”从“首（或从‘頁’）”之字》，簡帛網，2007 年 7 月 17 日。

〖李家浩 2003〗(1)（按：指包山 271+269+270 號簡）的“縢”字原文作從“糸”從“力”從“乘”聲。此字楚簡文字多作從“糸”從“貝”從“乘”聲。將（1）與（2）（按：指包山竹牘）的文字對照起來，不難看出此二字應當是“縢”的異體。

〖田河 2007〗從簡文看“綠組之縢”爲編聯馬甲所用之繩。“紪（紫）縢”爲編聯人甲用繩。包山二號墓出土人甲、馬甲甲片穿孔中還保留有編聯絲帶的痕跡。《禮記·少儀》：“國家靡弊，則車不鵬錢，甲不組縢。”（246 頁）

[28]馯（御）、右二鼎（領）犧（犍）虗（甲），皆畜軸（胄）

〖整理者 1991〗①駁，御字，御右，指車右。（66 頁）②犧，讀作象。簡文有犧牛。象牛爲牛之別稱。象虗，即象皋，以牛皮所做的甲。（66 頁）③皆，簡文作，竹牘上此字作。（66 頁）

〖湯餘惠 1992〗並當釋貞。

〖李家浩 1993B〗“御、右二貞鞙虗”之“御、右”指車御和車右。…“貞”字原文的寫法比較特別。…此墓南室出土二件馬甲、胄和二件人甲、胄…因此這二件馬甲、胄和二件人甲、胄當是（1）所記的“一和贏虗甲，首胄”和“二貞鞙甲，皆首胄”。“贏甲”、“鞙甲”是甲名，“和”、“貞”是“贏甲”、“鞙甲”的量詞。根據出土實物，“和”是集體量詞，義同對、雙，“貞”是個體量詞。…曾侯乙墓竹簡所記甲的量詞作“真”。“貞”、“真”古音相近，所以古文字“真”或協作從“貞”聲。古書往往以“領”爲甲的量詞。…疑包山簡牘“貞”和曾侯乙墓簡“真”，節應當讀爲“領”。…疑“鞙牛”之“鞙”和“鞙甲”之“鞙”，皆應當讀爲“犍”。《說文》新附：“犍，割牛也。” …兩件用閹割了的公牛皮作的車御、車右甲、胄。

〖劉信芳 1997B〗“鞙”字簡文作“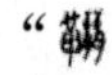”…馬王堆帛書《老子》乙“兕”作“”，與上揭“鞙”之右部最爲形近。《說文》解兕字“如野牛而青，象形。”…“虗”字讀如“甲”。…“萻”即首胄。

〖何有祖 2005〗當以“并”爲聲，疑可讀作“皆”。上古音“并”耕部幫紐，“比”屬脂部幫紐，音近。

〖劉國勝 2005A〗“二”下一字，也見於 265 號簡，疑爲“真”的省文。（71 頁）

[29]紫綅（縢）

〖整理者 1991〗紫緅。（38 頁）

〖楚文字編 1997〗綅。（584 頁）

〖劉信芳 1997B〗“縢”謂椎甲片之絲帶。

[30]一敭（彫）翰（韜）

〖整理者 1991〗一敡敼。（38 頁）

〖湯餘惠 1992〗字隸爲“敼”，當讀爲“廜”，《說文》：“廜，小巵有耳蓋者。”

〖何琳儀 1993A〗應釋“𢿱”，“搏”之異文。…簡文“彫𢿱”應讀“彫欂”。《禮記·雜記》上“載以輲車”，注：“輲讀爲輇。或作槫。”又《集韻》“槫，柩車也。”

〖劉信芳 1997B〗“敼”乃“戟”之異體，“敡”、“剔”並讀如“彫”。彫戟謂戟的戈頭上鏤有花紋。

〖李家浩 1998B〗兩相對照，(5)（按：指包山 271 號簡）的“彫敼”、“彫梂”即（6）（按：指包山竹牘）的“彫輈”、“彫榎”。《說文》“潮”字古文作“淖”，“從水，朝省聲。”簡文“敼”字所從左旁與“淖”字所從右旁相同，應當分析爲從“攴”“朝”省聲。“朝”與“輈”、“缶”與“榎”古音相近，可以通用。…《方言》卷九：“轅，楚衛之間謂之輈。”如果簡文的“輈”用的是此義，那麼“梂”、“榎”二字大概都應當讀爲“轐”，指伏兔。

〖劉信芳 2002B〗“敼”字從攴，從朝省聲，讀爲“輈”。

〖楚文字編 2003〗敼。（206 頁）

〖劉國勝 2003〗原字從“攴”“朝”省聲，包山 1 號簡作從“車”從“舟”從“土”，“舟”亦聲，疑讀爲“鼗”。（60 頁）

〖劉國勝 2005A〗“彫”通作“雕”。“雕敼”，包山 1 號牘寫作“雕軳”。天星觀 M1 出土有彩繪、整木雕制的“龍首車轅”。“敼”、“軳”或可讀爲“鞀”。《周禮·春官·小師》“掌教鼓、鞀、柷、敔、塤、簫、管、弦、歌”，鄭玄注：“鞀如鼓而小，持其柄搖之，旁耳還自擊。”簡、牘所記“雕鞀”似屬“正車”上指揮用的軍樂器。下文“緅絾之紒”可能與“一敡敼”有一定關係。（71-72 頁）

[31]一緅絾之紒（櫜）

〖整理者 1991〗一緅絾之紒。（38 頁）

〖何琳儀 1998A〗紒，從糸，㕣聲。疑紈之繁文。《集韻》“絿，或從九。”（166 頁）

〖白於藍 1999〗從九聲，句、九二字字音可通。…即《說文》絇字。

〖劉信芳 2002B〗“緅絾”牘 1 作“緅秋”，《論語·鄉黨》：“君子不以紺緅飾”邢《疏》：“緅，淺絳色。”《考工記·畫繢》：“三入爲纁，五入爲緅。”《注》：“染纁者，三入而成，又再染以黑則爲緅。”“絾”字從糸，戍聲。《說文》“戍”段《注》云：“衛公叔戍，《世本》作朱，古音朱讀如州。”知“絾”、“秋”二字古音同在幽部，此所以爲互文。“緅絾之紒”乃車上的附屬物。

〖劉國勝 2007〗包山賵書竹牘記“正車”的牘文記有“秋”、“緅秋”，與其對應的遣策記“正車”的 270 號、271 號簡，寫作“緅”、“緅”。疑“秋”、“緘”都應讀爲“繡”，指刺繡品。

〖田河 2007〗“緅絾之絵”施謝捷釋“絵”爲“橐”，可從，此處是盛放樂器的囊袋。(68 頁)

[32]一敞（彤）梄（缶）

〖整理者 1991〗一敞梄。(38 頁)

〖胡雅麗 1991〗敞，讀如雕，這裏當作畫解。…梄，讀如鼛…“一敞梄（鼛）”即是一件畫彩小鼓。二號墓出土彩繪木鼓一件 2：302，與銅鐃放置一起，應爲遣策所記之梄（鼛）。梄當爲鼛之俗字。

〖何琳儀 1998A〗包山簡梄，讀缶刀。《說文》“缶刀，刀握也。從刀，缶聲。”(247 頁)

〖李家浩 1998B〗那麼“梄”、“棲”二字大概都應當讀爲“鞻”，指伏兔。

〖白於藍 1999〗應即缶字繁構，從木乃纍增之義符。《說文》：“缶，瓦器，所以盛酒漿，秦人鼓之以節歌。”包山簡文“一敞（雕）梄，一鐃”。鐃字《說文》云：“小鉦也。”乃樂器，梄字與之並列，應亦是指樂器。

〖劉信芳 2003〗出土實物有漆木鼓一件（標本 2：302）…則楚人或稱“缶”爲“鳴鼓”。又簡 277“奞”亦應以鼛釋之。(313 頁)

〖劉國勝 2005A〗“梄”、“棲”疑讀爲“拊”，即《周禮·春官·大師》“大祭祀，帥瞽登歌，令奏擊拊”之“拊”，屬“正車”上指揮用的軍樂器。(72 頁)

〖田河 2007〗“彤梄”所在的簡文前爲“彤鞦”、後爲“鐃”都是樂器。將“彤梄”解爲“伏兔”恐未安。另外下文有“緅秫（秋）之絵”、“緅絾之絵”也無法解釋。梄當爲樂器，劉信芳解“梄”爲樂器缶，可從。但認爲“缶”是漆木鼓則不可信。《說文》：“缶，瓦器，所以盛酒漿，秦人鼓之以節歌。”《爾雅·釋器》：“盎謂之缶。”郭璞注“缶，盆也。”缶與鼓形狀有異，非出土之漆木鼓。梄屬幫母幽部，棲爲幷母覺部，幫幷二母都是脣音，幽覺二部陰入對轉，例可通。“敞梄”和“綢棲”都可讀爲“彤缶”。是指樂器“缶”。(68 頁)

按：《包山楚墓》認爲“一敞梄”即出土之“漆木鼓”，標本編號爲 2：302。[①]

[33]一鈂（鐃）

〖整理者 1991〗鐃，簡文作鈂，《汗簡》堯字作𣎆，與簡文形近。《說文》：“鐃，小鉦也”。出土有銅鉦一件。(66 頁)

〖何琳儀 1998A〗鈂，從金，无聲。疑鏌之異文，讀爲“鏌”。…《說文》“鏌，鏌釾，大戟也。”(616 頁)

①湖北省荊沙鐵路考古隊：《包山楚墓》，118 頁，北京，文物出版社，1991。

〖李家浩 1998B〗其實簡文的“鈇”不是“鐃”字。此字見於信陽楚簡 2-05、2-017，用爲“鋪首”之“鋪”。

〖劉國勝 2005A〗該墓隨葬主要車馬器的南室出土 1 件銅鐃，似即簡文所記“一鐃”。(72 頁)

[34]緩（纓）組之綏

〖整理者 1991〗綏，繫於銅鉦上端圓孔中的組繫，便於懸挂。(66 頁)

〖劉國勝 2005A〗“緩”也見於 259 號簡，整理者釋爲“纓”。《禮記・曲禮上》“執策綏”，孔穎達疏：“綏是上車之繩。”簡文“纓組之綏”的“綏”應當不是登車用的車綏。可能是一種固定在車輿上用以栓物的繫帶，277 號簡“一緄組綏”的“綏”可能亦作此義。整理者以爲“纓組之綏”用作繫掛銅鐃可備一說。(27 頁)

〖田河 2007〗該簡文上接“一鐃”，“緩（纓）組之綏”應是懸掛鐃之繫帶。(248 頁)

[35]二䍐皲（鞁）

〖整理者 1991〗①䍐，鼂字異體。借作豹。(66 頁) ②皲，簡文作𩍐。通作鞁。《國語・晉語》：“吾兩鞁將絶”，注：“靷也”。(66 頁)

〖楚文字編 1997〗𩎟。(745 頁)

〖劉信芳 1997B〗按“䍐”乃“鼂”字異體。

〖何琳儀 1998A〗黽皲。(732 頁)

〖李家浩 1998B〗二䍐（繩）皲（鞁）。

〖白於藍 1999〗簡 270 之“䍐皲”於牘（1）中寫作“繩紴”，此亦可證皲、紴乃一字。

〖劉信芳 2002B〗包簡整理者謂“䍐”乃“鼂”字異體，應該是正確的意見。郭店簡《窮達以時》7“鼂卿”即“朝卿”，作爲顔色用語而又讀音如“朝”者，可知“鼂”應讀爲“草”。“草”之本義是一種可以染皁的植物果實(即橡實)，因而所染之顔色亦稱之爲“早”，俗字作“阜”或“皂”。《釋名•釋采帛》：“阜，早也，日未出時，早起視物皆黑，此色如之也。”《廣雅•釋器》“早，黑也。”又“緇謂之早。”…包簡之“鼂”與信簡之“雀”、天星觀簡之“小”、曾簡之“削”讀音相通，作爲表示顔色的形容詞，以鄭玄所謂“黑多赤少”爲近是。

〖楚文字編 2003〗靲。(334 頁)

〖劉國勝 2005A〗“䍐”也見於 273 號簡。“䍐皲”，包山 1 號牘作“繩紴”。疑“䍐”是“繩”的省寫，“繩”即“繩”字。“皲”、“紴”是“鞁”字的異體。《說文》：“鞁，車駕具也。”“繩鞁”即繩帶製作的鞁，與《儀禮・既夕禮記》“約綏約轡”的“約綏”、“約轡”辭例相類似。(72 頁)

〖宋華強 2006C〗由此我們知道楚簡“繩”字應該釋爲繩索之“繩”，而“䍐”字上部所從應該就是“蠅”的象形初文。…而古文字從“口”與否往往無别，所以“𦣻”很可能是由“蠅”字象形初文綴加“口”旁的異體演變而來。如此則“𦣻”可以看作就是“蠅”字的異體。…表示顏色的“蠅”和“繩”可以讀爲“纁”。…《説文·糸部》：“纁，淺絳也。”《爾雅·釋器》：“三染謂之纁。”《廣雅·釋器》：“纁謂之絳。”又：“纁、絳，赤也。”纁是紅色的一種。…“蠅鞁”和“繩紴”當讀爲“纁鞁”。《説文》：“鞁，車駕具也。”《國語·晉語》“吾兩鞁將絶”，韋昭注云：“鞁，靷也。”段玉裁《説文解字注》云：“按，韋以《左傳》作‘靷’，故以‘靷’釋之。其實鞁所包者多，靷其大者。”按，包山簡車馬器中有“紳”，學者讀爲“靷”，可信。如此則“鞁”不當是靷，可見段氏指出鞁、靷不同是正確的。但是按照段氏所説，靷是鞁的一種。而從簡文看，“鞁”、“靷”各是一物，似不存在領屬關係。古代同一駕馬車上引車之帶不止一種，簡文“鞁”字所表示的可能是與靷不同的另一種駕具。

〖田河 2007〗簡文中“革轡”、“鞁轡”、“紡轡”前的修飾成分，大概是表轡所用的材料不同，“鞁”當讀爲“皮”。（122 頁）

〖禤建聰 2010〗“𦣻”可讀爲“軝”…軝是車轂（也可能不限於車轂）的裝飾，軝或從革可爲革質，軝可纏束應爲帶狀物。

〖羅小華 2011A〗包山簡中的“二𦣻鞁”和“繩紴”。按：由“敚衡”的構詞方式可以推測“𦣻”字表顏色的可能性較大，因此讀“纁”較爲可取。（47 頁）

按:望山楚簡 2-23 有“鞁”字，整理者認爲似不能讀爲“皮”，不確定《説文》對於“鞁”的訓釋是否符合簡文之義。[①]商承祚認爲“鞁”是“駕車被馬之飾”。[②]

[36] 霝（靈）光之緂（帶）

〖整理者 1991〗緂，借作縰，亦作帞。《方言四》：“絡头曰帞”。此指，馬頭上的飾物。（66 頁）

〖高智 1996〗應釋爲“緤”字，在包山楚簡中用爲人名。

〖楚文字編 1997〗緂。（579 頁）

〖劉信芳 1997B〗“緂”讀如“幞”，《説文》：“幞，車伏兔也…”。

〖何琳儀 1998A〗緂，從糸，菐聲。幞之異文。《集韻》“幞，帕也。一曰，裳削幅。或從衣，從糸，亦省。”包山簡緂，讀幞。（1467 頁）

〖李零 1999B〗此亦楚“帶”字。

〖楚文字編 2003〗綫。（735 頁）

①湖北省文物考古所、北京大學中文系：《望山楚簡》，122 頁注 74，北京，中華書局，1995。
②商承祚：《戰國楚竹簡匯編》，109 頁，濟南，齊魯書社，1995。

〖劉國勝 2005A〗“之”下一字似當作“緂”，“帶”字繁體。簡文“霝光之帶”疑屬駕具之類。（72 頁）

〖田河 2007〗“靈光之帶”就是用絲織物（靈光）作的帶。可能是“繩韍”上的附飾。（127 頁）

一乘（乘）韗=（韋車）[1]：彎（犍）牛之韃=（革韃一鞎），縞純[2]，罾癹（靽）[3]，罾覞（韅）、鞅，韄（韔）韋、韐（橐）[4]，虎長（韔），櫂（翟）輪（輪），白金之鈦（軎）。亓（其）上載：鱅（絛）旌（旌）[5]，毫（毫）百（首）[6]，二戟（戟）[7]，戠（侵）二碞（就）[8]，二帘（旆），皆朮九碞（就）[9]，二貣（穳），皆戠（侵）二碞（就）[10]。〖273〗

集釋：

[1]一乘（乘）韗=（韋車）

〖整理者 1991〗韋車，似爲兵車的一種。（66 頁）

〖李家浩 1993B〗“韋車”原文是合文，“韋”、“革”義近。…疑“韋車”是“革車”的別名。《禮記·明堂位》“革車千乘”，鄭玄注：“革車，兵車也。”

〖陳偉 1996A〗作爲另一種可能，韗也許讀作衛，…衛車可能與副車、倅車、貳車類似，也是同正車相對而言的。（184 頁）

〖劉信芳 1997B〗“韋車”即革車，凡獸皮生曰革，熟曰韋。楚系文字從韋從革往往互作。

按：除上述觀點外，羅小華將“韋車”讀爲“徽車”，指輕疾之車。①

[2]縞純

〖羅小華 2011A〗“縞純”，我們懷疑是“縞”製緣邊。（43 頁）

[3]罾癹（靽）

〖劉信芳 1997B〗罾癹。

〖宋華強 2006C〗“蠅發”當讀爲“纆發”。…“發”除了可以讀爲“紼”之外，還有兩種可能性。一，可讀爲“靽”。…二，可讀爲“樊”或“鞶”。

[4]韄（韔）韋、韐（橐）

〖整理者 1991〗韇韋韐。（38 頁）

〖劉信芳 1997B〗是車馬部件或兵器的絲革附屬物，疑讀如“游”。

〖黃德寬、徐在國 1998〗此字應該隸作“韄”，但是不見于後世字書，頗疑此字在簡文中應讀爲“緄”。

①羅小華：《楚簡車名選釋二則》，簡帛網，2012 年 10 月 28 日。

〖白於藍 1999〗可釋爲“鞫”。

〖李家浩 1999B〗“韜”即上引簡文（13）（按：指 268 號簡）“紛䵙”之“䵙”，當是車馬器名。…“韔韋韜”之“韔”和“裩裏”之“裩”，跟上面所說的“緄”一樣，也可能是顏色之字，疑也應該讀爲“緼”，指“赤黃之間色” 。

〖施謝捷 2001〗作“䵙”形者，當是“韜”之寫譌；“紿”則有可能是“韜”之異體…也可說明將包山簡與“韔”並舉的“䵙”、“韜”、“紿”釋爲“櫜”字，是很合適的。

〖劉國勝 2005A〗“韔”，疑與 268 號簡“緦緄”之“緦”、275 號簡“緫緄”之“緫”是一字異體，讀爲“堅”，牢固之義。（73 頁）

〖田河 2007〗從字形看李家浩認爲“緦”是“緄”的異體、“韔”是“韔”的異體，應可信。“緄”前文已說過，是一種絲帶，“緄”還見于包山 277 號簡，辭例爲“一緄”，“緄”大概也是指一種繩帶。我們懷疑簡文的“緄緄”、“韔韋”皆讀爲“緄維”，“緄”、“韋”、“維”都是微部字，聲相近。“緄維”見於信陽 2-18 號簡。是編磬懸帶。包山簡的“緄維”似是車馬具上的繩帶。（246 頁）

按：“韔（韔）韋”參 268 號簡“緦（緄）緄”集釋。

[5]䶄（儵）䍐（旌）

〖整理者 1991〗䶄，鼬字，借作儵。《廣雅•釋器》：“儵，黑也。”（66 頁）

〖李家浩 1993B〗“儵”字原文作從“鼠”從“貝”從“”從“攸”聲，《包山》說借作訓爲黑色的“儵”，可從。《北堂書鈔》卷一二〇引《周書》有“樓煩黑旌”之語，簡文“儵旌”猶《周書》的“黑旌”。…225 號紅漆殳和 290 號黑彩漆殳，當是（1）所記的朱旌的旗杆和（2 所記）的儵旌的旗杆。

〖張守中 1996〗䶄。（157 頁）

〖劉信芳 1997B〗“䶄”字從鼠從賓，讀如“鼬”…“䶄䍐”即鼬旌，以黃鼠狼之尾注於旄首。

〖何琳儀 1998A〗䲻，從鳥，從貝，從宀，攸聲。包山簡䲻，讀“儵”。《廣雅•釋器》“儵，黑也”。（208 頁）

[6]毫（毫）百（首）

〖整理者 1991〗毴，借作翯，《廣雅•釋器》：“翯，白也。” 翯首即是用白色羽毛裝飾的旌旗頂端。（66 頁）

〖李家浩 1993B〗“毫”字原文作從“毛”從“高”聲，以“毫”字《說文》篆文作從“豕”從“高”聲例之，當是“毫”字繁體，故釋文徑寫作“毫”。…疑簡文中的“毫”是指“如筓而端黑”的豪豬之毛，故其字寫作從“毛”。…“毫首”猶“旄首”，指用豪豬毛裝飾的旗杆之首。…此墓出的夾紵胎子母口漆奩蓋漆畫中，形象更生動。奩蓋漆畫有三輛向左行使的車，第一、二輛車後各載一面旌旗。第一輛載的是一面青色旌旗，第二輛載的是一面黃色旌旗，旗杆之首都有纓狀之物當是簡牘所記的“翠首”或“毫首”之類。

[7]二戟（戟）

〖李家浩 1993B〗二（戟）戟。…位於南室第三層的 278 號戟和位於南室第一層的 228 號、229 號戟，大概就是（1）（按：指包山 271+269 號簡）所記的“車戟”和（2）（按：指包山 273 號簡）所記的“二戟”。不過也有可能 229 號戟是（1）所記的“車戟”，“侵羽一就”即指戟柲上捆扎的一匝羽毛，而 228 號、278 號戟是（2）所記的“二戟”，其上“侵羽二就”已殘去。

[8]二罘（旆），皆朮九砮（就）

〖整理者 1991〗二罙，皆朮；九砮。（38 頁）

〖李家浩 1993B〗二帯（旆），皆朮九砮。

[9]二戭（穳），皆戠二砮（就）

〖李家浩 1993B〗位於南室第一層北邊的 231 號、232 號“小刺矛”當是（3）（按：指包山 273 號簡）所記的“二穳”。…但是（3）所記的穳柲衹有“侵”羽“二就”，比出土實物的羽毛少一匝，可能“侵二就”之“二”本應當作“三”，因涉上文“二穳”之“二”而致誤。

[10]皆戠（侵）二砮（就）

〖整理者 1991〗本簡下端空白，似未寫完。（66 頁）

一乘（乘）椯豁（轂）貝崑□[1]。〖274〗

集釋：

[1]一乘（乘）椯豁（轂）：貝崑□

〖整理者 1991〗此簡未寫完。（66 頁）

〖舒之梅 1994〗按“椯轍”應讀如“輲轂”…喪車之輪因無輻，輪、轂實爲一體，此所以稱“輇”稱“槫”、稱“輲轂”者，字面義謂耑有其轂耳。喪車以“輲轂”爲特徵，故以之爲車名。

〖陳偉 1996〗曾侯乙墓竹簡的椯（端）轂，以及包山簡的椯轍，當即古書中的輲，爲出葬時運載棺柩的專用車。（185 頁）

〖楚文字編 1997〗轍。（277 頁）

〖劉信芳 1997B〗稱“輲轂”者，輲轂之字面義謂耑有其轂耳。

〖蕭聖中 1997〗包山楚墓遣策有“椯轍”車名。…《周禮・春官・巾車》有“夏篆”之名，爲“服車五乘”之一，疑“端轂”即《周禮》所謂“夏篆”。…又，《詩・商頌・烈祖》鄭玄注：“諸侯來助祭者，乘篆轂之車。”其篆刻、上染之處均在轂間，夏篆當可稱爲“篆轂”，這與簡文“端轂”相近。端轂（椯轂）可讀作篆轂，亦即《周禮》所謂夏篆。

〖劉國勝 2003〗①“椯轂”，又見於曾侯乙簡，作“椯轂”、“端轂”。裘錫圭、李家浩讀爲“彫轂”，作車名，因車轂彫鏤有花紋而得名。…《漢書・食貨志》“轉轂百數”，顔師古注引李奇曰：“轂，車也。”（61 頁）②“貝”下一字疑作“貴”，讀爲“韇”，指馬繮繩。（61 頁）

〖白於藍 2005B〗筆者以爲“椯（端）轂”當讀爲“短轂”…此車稱“短轂”蓋是以其轂短而得名。

〖劉國勝 2005A〗“貝”下一字當作“覍”，義待考。“覍”下二字不識。簡文“貝”懷疑是指貝飾。《儀禮・既夕禮》“纓轡貝勒”，鄭玄注：“貝勒，貝飾勒。”（73 頁）

〖十四種 2009〗今按：據紅外影像，“貝”下一字作“𧢲”。（134 頁）

按：曾侯乙墓 73、74 號簡有“椯轂”，裘錫圭、李家浩讀“椯”爲“雕”，認爲大概由於車轂雕鏤有花紋而得名，猶兵車“長轂”以轂長而得名。①

一犨（乘）羊（祥）車[1]：紩□之縫（綀）綃（絹-鞙），紩綃（絹）之緮（緹）[2]，緦（緦）緄[3]。〖275〗

集釋：

[1]一犨（乘）羊（祥）車

〖整理者 1991〗羊，讀如祥。祥車，喪車。《禮記•曲禮》：“祥車曠左”，注：“葬之乘車也”。（66 頁）

〖陳偉 1996〗《考釋》認爲就是《禮記•曲禮》中的“祥車”，可從。古書中另記有羊車。…乃是一種羊牽引的車。這些似乎都不好與簡書“羊車”相聯係。…祥車可能實僅指“薦車”中的“乘車”。《既夕禮•記》：“薦乘車”，鄭玄注：“士乘棧車。”可見“乘車”指按等級乘用的車輛。《周禮・春官・巾車》云：“服車五乘：孤乘夏篆，卿乘夏縵，大夫乘墨車，士乘棧車，庶人乘役車。”依此，簡書“羊車”有可能是棧車以上的某一種車。（186 頁）

〖劉信芳 1997B〗《周禮・考工記・車人》“羊車二柯，有参分柯之一”，鄭玄注：“羊，善也。善車，若今之定張車，較長七尺。”《釋名・釋車》：“羊車，羊，祥也。祥，善也，善飾之車，今犢車是也。”

〖田河 2007〗馬王堆三號墓竹簡也有“羊車”的記載：“宦者九人，其四人服羊車。”

①裘錫圭、李家浩：《曾侯乙墓竹簡釋文與考釋》，《曾侯乙墓》附錄一，北京，文物出版社，1989。

（馬王堆 M3－05）“羊車，宦者四人服。”（馬王堆 M3－06）王貴元說：“羊車是一種裝飾精美的車，用人拉，而非羊拉，正符合上二簡所言。漢劉熙《釋名·釋車》：‘羊車。羊，祥也；祥，善也。善飾之車。’清王先謙《釋名疏證補》：‘漢時以人牽之。’”。可見釋“羊車”、“祥車”，皆可從。（76 頁）

[2]絟□之縩（綀）絹（絹-鞙），絟絹（絹）之緮（緹）

〖整理者 1991〗此簡未寫完，似與下簡相接。（66 頁）

〖張桂光 1994〗此字（按：指“綀”字）當以釋綾爲妥。

〖劉國勝 2003〗生絹之縌絹。生絹之鞍。（50 頁）

〖十四種 2009〗①之。（134 頁）②緮。（134 頁）

〖羅小華 2011A〗“絟□之綀绢”，其後爲“絟絹之緩”。我們將其與包山簡 267“軒”上的物品進行對比，懷疑“□”當爲“絹”字。（35 頁）

[3]緦（緄）繏

〖整理者 1991〗續繏。（83 頁）

〖李家浩 1999B〗綸繏。

〖何有祖 2005〗268 號簡“緄”字作，273 號簡“鞎”作，本簡“緀”字作。兩相比較，字形有别。將直接釋作“緄”顯然不妥當。但認爲“‘緄繏’與 268 號簡‘緄繏’、273 號簡‘鞎韋’同”則較爲可取，爲正確釋讀此字提供了綫索。細審圖版，字可分析爲從“糸”，從“𦥑”，即“緀”字。“緀”當是以“𦥑”爲聲的，“𦥑”即“臤”字異體。從“臤”字上古音多在真部見紐，從“昆”的字則多在文部見紐，古音相近。典籍中也多可通用。如：《史記·酷吏列傳》：“燕趙之閒，有堅盧、范生之屬。”《鹽鐵論·大論》堅盧作昆盧。《周禮·春官·典同》：“高聲硍。”鄭注：“杜子春讀硍爲鏗鏘之鏗。”“緀”當讀作“緄”。“緀（緄）繏”與 268 號簡“緄繏”、273 號簡“鞎韋”同。

〖劉國勝 2005A〗按：275 號簡記有“緦繏”。…“緄繏”之“緄”與“緦”似當爲一字異體。…簡文“緄”、“緦”在此疑讀爲“堅”爲牢固之義…“繏”，簡文三見，疑讀爲“緌”，《爾雅釋器》：“緌，綏也。”郭璞注：“綏，繫也。”簡文“緄繏”懷疑是一類固定在車輿之上的繫帶。（62 頁）

〖田河 2007〗劉國勝將隸爲“緦”，大概是把右邊所從看成從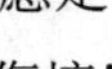（臤）、從“心”的字。然右下所從非“心”，可能是“臣”字，“臣”略有殘泐。應是一個從“糸”從“臤”的字，…可將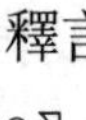隸爲“緊”。《楚辭·九思·疾世》：“心緊絭兮傷懷”。舊注：“緊絭，糾繚也。”《廣雅·釋言》：“緊，糾也。”“緊繏（維）”大概也是車馬具上的某種繩帶。（247 頁）

〖十四種 2009〗緦。（134 頁）

（二）大卯之金器

大卯之金器[1]：一牛鑐（鑊）[2]，一亥〈豕〉鑐（鑊）[3]，二喬鼎[4]，二鹿廌（薦）之鼎[5]，二貴（饋）鼎[6]，二登（升）鼎[7]，二監（鑑）[8]，二卯缶[9]，二辻缶[10]，一湯鼎[11]，一聕（聯）耳鼎[12]，二鉼銅〈銅-鈃〉[13]，二酓（合）匿（瑚）[14]，一緐鑫鼎[15]，二少（小）鈲（壺）[16]，二枳錢（盞）[17]，一盤（盤）[18]，〖265〗一鉈（匜）[19]，一鉛鑷（甗）[20]。木器：一桂（廣）椐（橛）[21]，一昃（仄）椐（橛）[22]，一楮（屠）椐（橛）[23]，一䆐（宰）椐（橛）[24]，一大房，一少（小）房[25]，二鉥（禁）[26]，一房咅（几）[27]，二枓（勺）[28]，二祈（巹）[29]，五皇槃（俎）[30]，四酓（合）梪（豆）[31]，四皇梪（豆）[32]，一飤（食）桱，金足[33]。〖266〗

集釋：

[1]大卯之金器

〖整理者 1991〗兆，借作朓。《說文》："祭也"。字亦作祧，《廣雅•釋天》："祧，祭先祖也"。大朓，大祭。（63 頁）

〖胡雅麗 1991〗兆，讀如垗。…"大兆之金器"即大葬之日盛葬奠所用之銅祭器。

〖袁國華 1994C〗"大兆之金器"，疑皆爲該墓主人生前所使用的青銅禮器。（289-290 頁）

〖陳偉 1996A〗我們懷疑"兆"應讀作晁。晁通朝。…我國歷史上，君臣議事的場所稱"朝"。而在先秦時，貴族家中也有性質類似的"朝"。…當時在各級貴族家中，普遍有"朝"的設置，是貴族們聚衆理事的重要場所。基於以上兩方面的分析，簡書"大兆"恐當讀作"大朝"，是指上述當時設于各級貴族家中叫作"朝"的那類建築。"大兆"之器則是陳列於這種建築之中的各種禮器。…當然，庙（廟）從朝得聲，"大兆"也許可釋作大廟。只是宗廟作爲溝通人間與鬼神世界的場所，恐不會設於安葬死者的墓室之中。"大兆"之爲大廟的可能性看來不會太大。（196 頁）

〖劉國勝 2005A〗"大"下一字字形與楚簡文字"兆"有差異，也可能不是"兆"字，疑作"丣"（"留"字所從）。新蔡葛陵楚墓零 13 號簡"大牢"寫作"大罶"。"留"、"牢"聲近。簡文"大丣"疑當讀爲"大牢"。牛羊豕三牲具爲大牢。（77 頁）

〖十四種 2009〗此字與包山 120 號簡等處的"卯"字相近，恐當釋爲"卯"。（127-128 頁）

〖劉國勝 2010〗我們也曾就"大牢"的考釋請教李家浩先生，李先生認爲"大卯"讀爲"大庖"可能比較合適。現在我們傾向于李先生"大庖"的釋讀意見。"卯"、"包"古音亦相近…《說文》稱"庖，廚也"…大庖是負責膳食的，供宗廟、賓客及自食之用，"大庖之器"就是大庖所掌的用器。

[2]一牛鑐（鑊）

〖整理者 1991〗鑐，借作鼾。壽縣蔡侯墓的大鼎自名爲鼾，意爲大鼎。牛鼾，用作煮牛之大鼎，也稱作鑊。椁室中有一件無蓋大鼎。（63 頁）

〖胡雅麗 1991〗鑐，讀爲臑。《楚辭·招魂》“肥牛之腱，臑若芳些”，王逸注：“臑若，熟爛也。”字亦作濡，《禮記·内則》：“濡豚”。鄭注：“濡，謂亨之以汁和也。”鑐，從金需聲，引申爲煮食器，意與鑊通。《周禮·天官·亨人》：“掌共鼎鑊”。鄭注：“所以煮肉及魚腊之器”。“一牛鑐”即一件用作煮牛牲的鑊鼎。壽縣蔡侯墓有自銘“鼾”的大鼎；淅川下寺楚墓亦有鼎自銘“盂”者。盂即鼾，可與鑐通，特指煮牲之鼎。“鑐”或爲“鼾”之俗體。…二號墓出土的兩件形體最大的無蓋鼎，…應是遣策所謂之鑐者。其中器底有黑色煙炊痕的一件 2：124，内盛牛肩胛骨一塊，肋骨四根，椎骨二節，當爲牛鑐。正置無牲的一件 2:146，當爲豕鑐。

〖袁國華 1994C〗楚鼎可據形態分爲平底和圜底兩類。其中就目前所見，除了“鼾”鼎是平底的，其餘幾種稱作“鼾”、“𪔀”、“石也”、“鐈”的鼎器，都是圜底的。《包山楚簡》所見“喬首”，應該就是“鐈”；“登首”，可能就是“鼾”；至於“鑐”，應與鼎器同類。“鑐”字的字形，雖然就現存資料，還不能完全確定，但是字從“雨”聲，是沒有太大問題的。過去出土的大部分自名爲“鼾”的鼎，“鼾”字多從“鼎”“于”聲。“于”字，古音屬“匣”紐“魚”部；至於“鑐”字所從“雨”聲，古音屬“匣”紐“魚”部，可見“鼾”、“鑐”二字古音相同。由“鑐”字的讀音來看，不可能是“𪔀”或“石也”，只可能是“鼾”了。（295-297 頁）

〖李家浩 1997A〗跟出土實物對照，“一牛鑐，一豕鑐”，分別指槨室的一件無蓋大鼎和東室的一件無蓋短足大鼎。很顯然，這個字相當於壽縣蔡侯申墓大鼎銘文自名的“鼾”字。“鼾”字在其他的鼎銘裏或寫作“鼾”等，即文獻中的“鑊”字。…上古音“乇”、“鑊”二字的韻母都屬鐸部。“乇”字的聲母屬透母，“鑊”字的聲母屬匣母，古代透、匣二母的字音有相通的情況。

〖劉信芳 1997B〗考鼾、鑐之得名，凡動物之肩臂稱“臑”，故烹牛、豕肩之鼎得名“鑐”、“鼾”。

〖何琳儀 1998A〗包山簡鑐，讀臑，牲臂。（390 頁）

〖劉國勝 2003〗簡文“一牛鑐”、“一豕鑐”之“鑐”與《儀禮·少牢饋食禮》“三鼎在羊鑊之西，二鼎在豕鑊之西”的“鑊”相當，是煮牲之鼎。淅川下寺 M2 所出鑊鼎自銘“盂”，蔡侯申墓所出鑊鼎自銘“鼾”，俞偉超皆釋爲“鑊”，可從。于，匣母魚部字。鑊，匣母鐸部字，古音相近。（63 頁）

〖劉信芳 2003〗鐳…案字從金，靁聲。…作爲鼎名，字又作“鼾”…出土事物有“牛鐳”一件（標本 2:124），鼎内盛水牛肩胛骨、肋骨等。(284 頁)

按:《包山楚墓》指出“牛鐳”標本編號爲 2：124。[①]

[3]一亥〈豕〉鐳（鑊）

〖整理者 1991〗升，簡文作𦫳。《儀禮•士冠禮》:“載合升”，注:“煮於鑊曰烹，在鼎曰升”。升鐳即升鼾，用作盛牲體的大鼎。東室有一件無蓋矮足圜底大鼎，似爲升鼾。(63 頁)

〖胡雅麗 1991〗當釋作“豕”。…“一豕鐳”即一件用作煮豕牲的鑊鼎。

〖何琳儀 1993A〗應釋“亥”，讀“豕”。…或讀“亥”爲“豥”亦可通。《爾雅・釋獸》“豕四蹢（蹄）皆白，豥。”

〖袁國華 1994C〗疑簡 265 的“亥”字，實爲“豕”字的筆誤。(288 頁)

按:整理者在《包山楚簡》中將“豕”誤釋爲“升”，但在《包山楚墓》中卻做出正確釋讀，並指出“豕鐳”標本編號爲 2：146。[②]

[4]二喬鼎

〖整理者 1991〗喬，讀如鐈。…簡文當爲真之省形。真借作貞。喬貞即鐈鼎，指高腳鼎。(63 頁)

〖胡雅麗 1991〗貞，“真”之省形，遣冊中凡七見其數十一，均借爲貞，通作鼎。…喬，讀如鐈，《說文》:“鐈，似鼎而長足。”是知鼎之長足者稱鐈。…二號墓所出有蓋圓腹鼎中，兩件鐵足銅鼎爲足之最高者 2:150、2:152，當爲遣策所記之“二喬鼎”。

〖湯餘惠 1992〗簡文“二喬～”、“一湯～”、“一聠（貫）耳～”都應該是借“貞”爲“鼎”，恐與“真”字無關。

〖李家浩 1993B〗在該簡中是作爲“貞（鼎）”來用的。

〖劉信芳 1997B〗包山簡二六五:“二喬鼎。”《說文》:“鐈，似鼎而長足。”

〖楚文字編 2003〗鼑（鼎)。(438 頁)

〖陳斯鵬 2011〗戰國楚系文字中以“貞”表{鼎}的現象表現的尤爲突出，在目前所見的楚簡中{鼎}均作“貞”，而從不作“鼎”。

按:《包山楚墓》認爲遣冊所記“二喬鼎，二𪓷鷹之鼎，二貴鼎，…一聠耳鼎，…一𪐏𩞁鼎”，“□鼎”，“一鼎”爲 14 件有蓋圓腹鼎，但未將標本編號與簡文一一對應。[③]

[5]二盧鷹（薦）之鼎

①湖北省荊沙鐵路考古隊:《包山楚墓》，98 頁，北京，文物出版社，1991。
②湖北省荊沙鐵路考古隊:《包山楚墓》，98 頁，北京，文物出版社，1991。
③湖北省荊沙鐵路考古隊:《包山楚墓》，98 頁，北京，文物出版社，1991。

〖整理者 1991〗廌，讀作薦。《周禮•天官•庖人》注：“備品物曰薦”，薦鼎，盛食之鼎。（63 頁）

〖胡雅麗 1991〗廌，讀爲薦。…則薦鼎、饋鼎均爲祭獻之鼎。…二號墓所出有蓋圓腹鼎中蓋鈕有臥牛飾者，很可能是遣冊所謂“廌”、“饋”之屬。

〖楚文字編 1997〗⿱鹿皿。（234 頁）

〖劉信芳 1997B〗“盡薦”疑讀爲“⿱毳示薦”，《說文》：“⿱毳示，數祭也。”按“數祭”經典無其名，應是所謂“膢祭。”“薦”爲進獻物品之祭，《爾雅・釋詁》：“薦，進也。”

〖劉信芳 2003〗盡：疑讀爲“⿱毳示薦”，《說文》：“⿱毳示，數祭也。”按“數祭”經典無其名，應是所謂“膢祭。”…“薦”爲進獻物品之祭…淅川下寺二號墓出土鬲二件，自銘爲“薦鬲”。（285 頁）

〖劉國勝 2005A〗“薦”上一字，似從“皿”從“毛”、“肉”、“止”。（78 頁）

〖田河 2007〗，下從“皿”，其上所從與包山 246 號簡“鹿（）”字形似，可隸爲⿱鹿皿。…“廌”可能仍當讀爲“薦”。邵王之諻簋自稱“廌（下從“皿”）簋”。簡文命名方式與之相似。（23 頁）

[6]二貴（饋）鼎

〖整理者 1991〗二貴鼎（63 頁）。

〖胡雅麗 1991〗貴，借作饋。《周禮・天官・膳夫》鄭注：“進物於尊者曰饋。”《蒼頡篇》：“饋，祭名也。” …則薦鼎、饋鼎爲祭獻之鼎。二號墓所出有蓋圓腹鼎中蓋鈕有作臥牛飾者，很可能是遣策所謂“廌”、“饋”之屬。

〖劉信芳 1997B〗“貴”讀如“饋”，謂饋食、饋祭也。包山二號墓出土有蓋圓腹鼎一四件，簡文分別記爲喬鼎、廌鼎、貴鼎、聛耳鼎等。是此類鼎細分則各有專名，混稱則皆爲饋鼎。

[7]二登（升）鼎

〖整理者 1991〗登，讀作升。登鼎即升鼎。東室有二件平底束腰鼎，楚墓中都以此種鼎爲升鼎。（63 頁）

〖胡雅麗 1991〗登，讀作登，通於升…二號墓出土的兩件束腰平底鼎 2：85、2：137，與壽縣蔡侯墓所出自銘“⿰鼎升”的鼎形制相同，應是遣策所載之二登（升）鼎。“⿰鼎升”當是此型鼎之專稱，登則爲“⿰鼎升”之借字。

〖劉信芳 1996B〗“登”或作“⿰鼎升”，壽縣蔡侯墓所出銅鼎有自銘爲“⿰鼎升”者。出土實物有⿰鼎升鼎二件（標本二：一三七；八五）。

按:整理者在《包山楚墓》說:“鼾鼎 2 件,遣策記爲‘二登𦣻’”,並指出標本編號爲 2:85、2:137。[①]

[8]二監(鑑)

〖整理者 1991〗監,借作鑑。椁室中有兩件銅鑑。(63 頁)

〖胡雅麗 1991〗監,借作鑒。《說文》:“鑒,大盆也。”《莊子・則陽》借濫爲鑒曰:“同濫爲浴”。陸德明《釋文》:“浴器也。”則鑒是大口如盆的浴器。二號墓所出兩件盆形鑒 2:96、2:119,應即遣策所記之“二監”。

按:《包山楚墓》指出出土 鑒 2 件,遣策記“二監”,標本編號爲 2:96、2:119。[②]

[9]二卵缶

〖整理者 1991〗卵,借作盥。卵缶即盥缶。北室有二件小口圓腹缶。(63 頁)

〖胡雅麗 1991〗卵,借作盥。“二卵缶”即二盥缶。二號墓的南室與西室分别各出一件盥缶 2:289、2:391。…同型盥缶由考古發掘所得並有自銘者,分别見於壽縣蔡侯墓、下寺一號墓。前者自銘“盥”,後者自銘“浴”。…“盥缶”、“浴缶”均特指用作盛沐洗之水的缶。

〖劉信芳 1992D〗二號墓出土一對銅敦 2:175、2:168,報告附錄一九謂“不見記於遣策”其實這一對銅敦就是“卵缶”,銅敦外形如雞卵,此其所以稱名。

〖望山簡 1995〗“卵缶”、“圓缶”應該是同一種缶的不同名稱。(132 頁)

〖劉信芳 1997B〗“卵缶”謂其外形如卵之缶。出土實物有“卵缶”二件(標本二:二八九;三九一)。

〖陳昭容 2000〗“卵缶”之稱取其圓腹的特徵,與盥缶、浴缶並不相涉。…“卵缶”指酒器中的圓形尊缶,常與存食物的“鑑”搭配。

〖劉國勝 2003〗“卵缶”與“盥缶”、“浴缶”在取名上各有所意。“卵”似可作圓的意思講。(64 頁)

〖田河 2007〗“卵缶”之“卵”當是取義于缶之外形特徵似卵,卵缶就是圓缶。

按:望山二號墓 46 號簡之“卵缶”,商承祚認爲“卵形橢圓而小,簡云卵缶、卵盞亦即小而橢圓。”[③]《包山楚墓》指出“卵缶”標本編號爲 2:289、2:391。[④]

[10]二辻缶

〖整理者 1991〗迅,讀作酌,字亦作酳。《儀禮•士昏禮》:“酌酳主人”,注:“酳,漱也。

①湖北省荊沙鐵路考古隊:《包山楚墓》,96-98 頁,北京,文物出版社,1991。
②湖北省荊沙鐵路考古隊:《包山楚墓》,108 頁,北京,文物出版社,1991。
③商承祚:《戰國楚竹簡匯編》,112 頁,濟南,齊魯書社,1995。
④湖北省荊沙鐵路考古隊:《包山楚墓》,108 頁,北京,文物出版社,1991。

酭之言演也、安也，漱所以潔口且演安其所食”。酭缶，即用作盛漱口水的缶。（63 頁）

〖胡雅麗 1991〗迅，讀作酌。酌缶即酭缶，也就是專門用於盛漱口水的缶。…“酭”乃其專稱，“迅”則是楚人的方言。

〖黃錫全 1992〗迮。

〖劉彬徽 1994〗迅與尊乃通假字…迅缶即尊缶，專指酒器類的缶，而非水器類的缶。

〖劉信芳 1997B〗“迅”讀爲“抓”，《說文》：“從上取挹也。”凡以器斟酌於水謂之挹。…包山二號墓出土有迅缶二件，標本二：四一九，器内置一銅勺，即用於挹注之勺。

〖李零 1999B〗“～缶”則爲器名，乃浴缶或盥缶之别名。此字從卜得聲（古幫母侯部字），疑讀爲“瓿”（古並母侯部字，也有人認爲是古之部字，但古從音聲之字多在侯部），據《方言》卷五，瓿是缶類器物。東周缶類器物分兩種，一種是作酒器的缶，自銘“尊缶”，來源是商代、西周的“罍”，一種是作水器的缶，自銘爲“浴缶”或“盥缶”，則與安徽境内（也波及到山東南部、江蘇北部的臨近地區）的“舒式缶”形態相似。後一種缶，有一件郙子郙缶，自銘“赼缶”（1983 年湖北穀城禹山廟嘴出土）。應即楚簡所見的“辻缶”（“赼”、“辻”皆“赴”之異文）…“辻缶”應是體型矮胖，習慣上稱爲“瓿”的那種缶。

〖陳昭容 2000〗楚遣策中屢見“辻缶”，應即浴缶。…過去隸定爲“迅缶”的楚簡文字，應改隸爲“辻缶”，與“赼缶”同樣是“浴缶”之類，常與小口湯鼎搭配爲一組沐浴器。

〖袁國華 2002〗從楚簡遣策内容考察，可知“辻缶”和“湯鼎”同出。從“辻”字的音義考察，當從陳昭容女士讀“浴”之說爲是。據陳昭容女士的研究認爲“湯鼎”是“作爲燒水盥洗用的鼎”，而“辻缶”與“赼缶”是“浴缶”之類。二器（辻缶、湯鼎）“搭配成爲一組沐浴器”。

〖劉國勝 2005A〗郙子鬟缶銘文“赼缶”，施謝捷認爲即“趨缶”、“行缶”之謂。包山遣策 265 號簡、望山遣策 54 號簡皆記有“辻缶”。信陽一號墓左後室出土陶“瓿”1 件（1-737），有蓋，蓋與器腹上覆有絲織物…2：426 號銅缶出土時，缶内放有兩件人擎銅燈。（38、79 頁）

按：《包山楚墓》指出“辻缶”標本編號爲 2：419、2：426。[①]

[11]一湯鼎

〖整理者 1991〗湯，熱水。湯鼎即用作燒熱水的鼎。楚墓中多出小口鼎，屬此類。（63 頁）

〖胡雅麗 1991〗“一湯鼎”即一件燒熱水的鼎。…淅川下寺楚墓中亦此型鼎出土，其中有自銘爲“盪”者。有學者論證“盪”、“湯”二字可以互通，其說可信。包山二號墓出

①湖北省荊沙鐵路考古隊：《包山楚墓》，108 頁，北京，文物出版社，1991。

土的小口鼎 2:390，下葬時與盥缶、盉、盤等盥器放置一起，形制與上述“𬬻”鼎相同，當是遣策所名之“湯鼎”。

〖唐鈺明 1994〗“湯”字宜破讀爲“璗”。《說文》：“璗，金之美者，與玉同色，從玉湯聲。”所謂“湯鼎”、“湯鐘”，就是用精美的銅所製造的鼎和樂鐘。

〖望山簡 1995〗此墓出小口有蓋鼎一（頭一二四號），當即湯鼎，鼎口小，不易散熱，搬動時所盛液體不易晃出，用來盛熱水比較適宜。（129 頁）

〖陳昭容 2000〗這些簡文中的湯鼎都與盥洗器並列…作爲燒水盥洗用的鼎，相當明確，不必別解。

〖劉國勝 2005A〗“湯鼎”這類鼎，楚墓屢見出土，一般也稱作“小口鼎”，主要器形特點是直領小口、帶蓋、鼎耳直立肩部。包山 M2 出土的“小口鼎”是與盥器“卵缶”放置在一起的，可見湯鼎可作爲盥器。（38 頁）。

按：湯餘惠認爲信陽 2-014 號簡的“湯鼎”是熱水鼎。[①]《包山楚墓》指出“湯鼎”標本編號爲 2：390。[②]

[12]一貫（聯）耳鼎

〖整理者 1991〗貫，讀如貫。墓中有件銅鼎，蓋上有兩個孔，可套入鼎的雙耳，這種形狀的鼎就是貫耳鼎。（63 頁）

〖胡雅麗 1991〗《蒼頡篇》：“以繩穿物曰貫”，《廣雅・釋言》：“貫，穿也。”一貫耳鼎即一件穿耳鼎。二號墓出土的一件有蓋圓腹鼎 2:106，蓋上附有兩個對稱方孔，將蓋附於鼎上，鼎耳正好從蓋上附著的方孔穿出，應該就是遣策所謂之“貫（貫）耳鼎”（胡雅麗 1991：510）。

〖黃錫全 1992〗貫（聯）。

〖劉釗 1992A〗按字從耳從串，應釋爲“聯”。…聯在簡文中讀作“貫”。

〖劉信芳 1997B〗“貫”讀如“貫”，“貫耳鼎”即出土之有蓋圓腹鼎（標本二：一〇六）…“貫”字從毌從貝，毌即串之古字。…或謂“貫耳鼎”即聯耳鼎，說亦可通。

〖劉信芳 2003〗出土之“貫耳鼎”兩耳相穿，知釋“貫”爲“貫”，文從字順。惟“貫”字又見于《璽彙》5663，吳振武讀爲“聯”。或謂“貫耳鼎”即聯耳鼎，說亦可通。…筆者傾向於釋爲“貫耳”。（286-287 頁）

[13]二鉼銅<銅-鉼>

〖整理者 1991〗銅，讀如筩。鉼筩，指椁室內的一對深腹高腳鉼。（63 頁）

①湯餘惠：《戰國銘文選》，139 頁，長春，吉林大學出版社，1993。
②湖北省荊沙鐵路考古隊：《包山楚墓》，102 頁，北京，文物出版社，1991。

〖胡雅麗 1991〗缾，《説文》："缾，甕也，從缶并聲。"《方言》五："缶其小者謂瓶"。銅，讀如敞。《説文》："敞，直項皃。""二缾銅"即兩件直頸的小缶。二號墓東室有兩件直頸銅壺 2:179、2:180，…器形似缶而小，特徵與遣策所記相符，當名之爲缾銅。

〖李家浩 1994A〗"瓶鈃"二字，第一組作"缾鐩"（252 號簡），第二組作"缾銅"（265 號簡）。

〖陳松長 1995〗與其將此字釋爲"銅"，還不如將其隸定爲"鍣"。"鍣"或許就是"鐺"的異體字。…亦可與"椁室内的一對深腹高腳缾"相印證。

〖楚文字編 1997〗同旁所從之口中有一横筆，古文字中習見。同、幵古音相近，銅當即鈃之異體。（246 頁）

〖劉信芳 1997B〗包山簡二五二："二缾鐩"簡二六五："二缾銅"按："缾鐩"、"缾銅"並讀如"鈃鍾"。…核之出土器物，即該墓所出銅壺六件，簡文分别記作"二缾鐩"，"二缾銅"，"二鋍"（簡二五四）。

〖劉國勝 2003〗"缾"下一字，原文右旁寫作"同"，與包山 220 號簡"同"字形近。東室出土 6 件銅壺，即"束頸溜肩壺"（2：153，2：154）2 件，"直頸平肩壺"（2：179，2：180）2 件，"短頸圓肩壺"（2：99、2：129）2 件。三對形制各不相同，因此器名可能也各不一樣。（65 頁）

〖劉國勝 2005A〗"缾"下一字，原文右旁寫作"同"，可能是"冋"的誤寫。《説文》："鈃，似鍾而長頸。"出自東室的 2：179 號、2：180 號兩件"直頸平肩壺"似即簡文所記"二瓶鈃"。（79 頁）

按：整理者指出 265 號簡的"二缾銅"爲指椁室内的一對深腹高腳缾。《包山楚墓》記出土直頸平肩壺 2 件，標本編號爲 2：179、2：180。[①]

[14]二畬（合）𠤳（瑚）

〖整理者 1991〗畬，合字。（64 頁）

〖胡雅麗 1991〗《爾雅·釋詁》："合，對也"，"𠤳"，借作"𥮊"。器皆作長方形如斗狀，外有對稱的兩耳，下設矩形足；蓋器同形，蓋兩邊各有兩個卡扣，可與器身扣合。二號墓所出銅𠤳2:169、2:170，與上述形制相同，數亦與遣策所記之"二畬𠤳"甚合。…凡是器者，當應以其本名"𥮊"稱之。

〖李家浩 1994A〗"畬"從"曰"從"合"聲，對答之"答"古文""即此字的訛誤。對答之"答"，古文作"合"、"畬"二形，可見"畬"實際上是"合"字的異體。…朱芳圃說"合"字"象器蓋相合之形"。因此，有蓋之器在器名前冠以"合"字。例如：二畬（合）瑚。

①湖北省荊沙鐵路考古隊：《包山楚墓》，105-106 頁，北京，文物出版社，1991。

〖劉國勝 2003〗出土的名“医”之器，今習慣稱之爲“簠”，是一種盛食器。（65 頁）

〖劉國勝 2005A〗簠的器身與器蓋形式相似，可上下扣合，故稱“合簠”。（79 頁）

按:《包山楚墓》指出“二倉医”標本編號爲 2：169、2：170。[①]

[15]一⿰糹黹⿱金䲆鼎

〖黃錫全 1992〗⿰糹黹。

〖李零 1999B〗上從金，下從雙魚。

〖劉國勝 2003〗“一縈□鼎”，按：“一”下一字似從“鼎”從“縈”省聲，疑讀爲“縈”。《說文》：“縈，收卷也。”段玉裁注：“收卷長繩，重疊如環，是爲縈。”西室出土有 1 件提梁飾繩索紋的銅盉，不知是否有關。（80 頁）

〖劉信芳 2003〗一⿰糹黹⿱金䲆鼎。（284 頁）

〖施謝捷 2003〗⿰糸首（⿰黹縈一鎣）酓首（鼎）。

〖劉國勝 2005A〗“一⿰糹黹⿱金䲆鼎”，按：“一”下一字似從“真（鼎）”從“縈”省聲，疑讀爲“縈”。（80 頁）

〖田河 2007〗楚簡中的“勞”作褮（郭店簡《緇衣》6、7、9 號簡），我們知道古文字中從衣、從糸可通用，“縈”亦可認爲是“勞”字。那么“⿰糸首”可以讀爲“勞”。“勞”古有“慰問”、“慰勞”、“賞賜”之意。《詩經·大雅·旱麓》：“神所勞矣。”朱熹《集傳》：“勞，慰撫也。”《管子·山權數》：“勞若以百金”尹知章注：“勞，賜也。”（22-23 頁）

[16]二少（小）鈲（壺）

〖整理者 1991〗少鈞即小勺。（64 頁）

〖胡雅麗 1991〗鈞，讀如勺。“二少鈞”即兩件小銅勺。…是勺亦屬沃盥之器，祭時用作取罍水。…迅（酭）缶内所置銅勺，是爲遣策所記之“少鈞”無疑。

〖黃錫全 1992〗鈲。

〖李天虹 1992〗疑此字當隸定作鈲，讀作觚。

〖劉信芳 1997B〗包山簡二六五：“二小鈞。”出土實物有一小勺（標本二：四一九·一）

〖劉國勝 2003〗“鈲”從“金”“瓜”聲，疑即“瓠”的異體，讀爲“壺”。…東室出土兩件銅“短頸圓肩壺”（2：99、2：129）器體較小，鑄造粗糙，器體遺留鑄漏及鑄沙，似即簡文所記“二小壺”。（66 頁）

〖劉國勝 2005A〗“鈲”，從“金”“瓜”聲，疑讀爲“壺”。《左傳·襄公四年》“敗于狐駘”，《禮記·檀公上》鄭注引“狐駘”作“壺鮐”。該墓東室出土兩件“束頸溜肩壺”（2：153、2：154），是兩周銅壺的典型器型，似即簡文所記“二小壺”。（80 頁）

---

①湖北省荊沙鐵路考古隊：《包山楚墓》，102-103 頁，北京，文物出版社，1991。

按:《包山楚墓》云:“勺 1 件。遣策記爲‘二少鈞’”,標本編號爲 2:419-1。[①]簡文所記器物在鼎、缶之後,將其視爲“壺”優於視爲“勺”。

[17]二枳錢(盞)

〖整理者 1991〗椹,似讀作盛。鍐,讀如盞。(64 頁)

〖胡雅麗 1991〗椹,讀作堪…錢,讀如盞。…察二號墓所出青銅祭器,未見有杯,倒有一對銅敦2:175、2:168 不見記於遣冊,兩者必有關聯…因此,遣策所記“二椹錢(盞)”即上述兩件銅敦,盞當是敦之别名,椹(堪)則形容二敦對合圓突如墳狀的特徵。

〖黄錫全 1992〗枵。

〖劉信芳 1997B〗“枳錢”謂三足盞。…楚人謂圓體敦爲“盞”。

〖李家浩 1998C〗《包山楚墓》105 頁認爲是指墓内出土的兩件銅敦,甚是。按楚國文字往往把敦稱爲“盞”…“枳”也應該是對“盞”的形制的説明。《廣雅·釋詁三》:“頯,圓也。”…疑簡文“枳盞”之“枳”應該讀爲“頯”,訓爲圓。…包山二號墓出土的銅敦,器蓋扣合後是圓球狀,其形態與簡文所記相同。

〖劉信芳 2003〗“錢”讀爲“盞”,“枳盞”是三足盞。(287 頁)

〖趙彤 2007〗此字右旁與 Yc1(按:Yc1 指)型的“也”字相同,當隸定爲“杝”,如果李家浩的意見正確,那麽也當是字形訛誤或是混用。我們認爲或許還其它的解釋:一、“杝”或可讀爲“橢”,“橢盞”亦即“卵盞”。二、楚系銅器中有一類鼎,自名爲“沰盜”或“礣鍦”(鄧尹疾鼎、褱鼎),“形制都是蹄足,鼓腹圜底,腹體較深,附耳。或有蓋,或無蓋。其中最重要的是腹體的特徵。”張世超認爲“礣鍦”與“橐駝”有關,因鼎腹形如橐袋而得名。盆體敦與此類鼎的形制非常接近,或許簡文中的“杝”即“盜”、“鍦”,“也”聲“它”聲往往可以互用,語音上沒有問題。“杝”是“礣鍦”(橐駝)的簡稱,也是對形制的説明。雖然此處所指已經是圓體敦,但是仍然沿用早期的名稱。

按:《包山楚墓》指出“二椹錢”是 2 件敦,標本標號爲 2:168、2:175。[②]

[18]一盤(盤)

〖胡雅麗 1991〗盤則較遣策所記多出實物二件。

〖劉信芳 1997B〗出土實物有盤四件,其中圜底盤兩件,雙提鍊盤、平底盤各一件,簡文所記“一盤”,疑指雙提鍊盤(標本二:八二)。

〖劉國勝 2003〗東室出土 1 件銅“圜底盤”和 1 件銅“雙提練盤”。此處所記“一盤”應指“圜底盤”(2:128),出土時位置與銅匜在一處。(66 頁)

---

①湖北省荊沙鐵路考古隊:《包山楚墓》,110 頁,北京,文物出版社,1991。

②湖北省荊沙鐵路考古隊:《包山楚墓》,105 頁,北京,文物出版社,1991。

〖十四種 2009〗今按：東室 2：128 號“圜底盤”，出土時扣於匜上，疑即簡文所記。（128 頁）

按：《包山楚墓》將出土的 4 件盤分爲圜底盤、雙提鍊盤、平底盤三種，但未確切指出遣策所記“一盤”編號。[①]

[19]一鉈（匜）

〖整理者 1991〗一鉇。（38 頁）

〖胡雅麗 1991〗以包山二號墓出土實物同遣策對應，鉇之數量與記載相合，僅爲一件。

〖楚文字編 1997〗鉈。當是匜之異體。（625 頁）

〖劉國勝 2003〗“匜”，原字從“金”“它”聲。古文“它”、“也”可互作。（66 頁）

〖劉國勝 2005A〗該墓東室出土的 1 件銅“鋪首銜環匜”（2：125）應即簡文所記“一鉈”。“鉈”即銅匜的專字，通作“匜”。（80 頁）

按：商承祚指出望山二號墓 46 號簡“鉈”即“匜”。史頌匜、陳伯元匜均作“鉈”可證。[②]《包山楚墓》指出出土鋪首銜環匜 1 件，標本編號爲 2：125。[③]

[20]一鋯鐱（甗）

〖整理者 1991〗鋯，讀如㕤，《說文》：“高氣也”。鐱，甗字異體。㕤甗即用於蒸食物之器，與出土實物相符。（64 頁）

〖胡雅麗 1991〗鋯，讀如㕤《說文》：“㕤，高氣也。”鐱，甗字異體。《說文》：“甗，甑也，一穿。”二號墓出銅甗一件 2:77，整器由甑、鬲兩部份組成。其下部之鬲依遣策應稱之爲“㕤”。取其盛水遇火燒向上蒸發熱氣之意；上部之甑即遣策所謂之甗。“一㕤甗”即一套由兩件單獨的器物組成的可拆裝的復合蒸食器，“㕤”特指專門作蒸器以承甑的鬲，以區別于通常用作煮器的鬲。出土實物與遣策記載相符。

〖楚文字編 1997〗鐱。說文甗之或體。（629 頁）

〖劉信芳 1997B〗鋯鐱：讀爲“甗甗”，出土實物有甗一件（標本 2：77），由甑、鬲兩部份組成，上部甑形如簋。其所以稱名。

〖白於藍 1999〗從九聲，句、九二字字音可通。…即《說文》鉤字。

〖劉信芳 2003〗鋯鐱讀如“甗甗”，出土實物有甗一件（標本二：七七），由甑、鬲兩部份組成，上部甑形如簋，其所以稱名。（288 頁）

〖田河 2007〗“鋯”右邊所從之“㕤”可能借爲“厹”。《說文》：“㕤，高气也，從口九聲。”

---

①湖北省荊沙鐵路考古隊：《包山楚墓》，108 頁，北京，文物出版社，1991。
②商承祚：《戰國楚竹簡匯編》，113 頁，濟南，齊魯書社，1995。
③湖北省荊沙鐵路考古隊：《包山楚墓》，110 頁，北京，文物出版社，1991。

段玉裁注："《詩》'厹矛'是此厹字"。而《詩經·秦風·小戎》作"厹矛鋈錞。"朱熹《集傳》："厹矛，三隅矛也。"《釋名》作"仇矛"、《考工記》作"酋矛"。馬瑞辰曰："三隅者，矛有三直刃。即今之鉤連槍頭有三叉。"《說文》："厹，獸足蹂地也。蹂，篆文從足柔聲。"段注："足著地謂之厹。""鋊甗"即"厹甗"，"厹"可能是描述甗下之鬲三柱足著地之形。（24 頁）

按：《包山楚墓》云："厹甗 1 件。遣策記爲'一鋊鑵'"，並指出標本編號爲 2：77。[①]

[21]一柽（廣）榀（橛）

〖整理者 1991〗柽，讀如廣。榀，簡文從尾從止，爲屈字異體。榀，讀作柮。《說文》："柮，斷木也"。柮在此似指木案。柽柮，大的木案。（64 頁）

〖胡雅麗 1991〗"榀"，讀如柮。《說文》："柮，斷木也。"義與梡通。《廣雅疏證》："梡者，斷木之名也。"…《禮記·明堂位》："魯禘，俎用梡嶡。"鄭注："梡，斷木爲四足而已。"…二號墓出土的木案及几器，均由面板、足、足座三部份構成，…應就是遣冊所載之柮。柽，《廣雅·釋詁》："曲"也。"一柽榀"即一件曲面案。二號墓有曲面、曲足、曲距的几一件 2:429…因而遣策所謂之"柽榀"當指此。

〖何琳儀 1993A〗應隸定"榁"，釋"椎"，俎案。

〖李家浩 1994A〗疑簡文"榀"，即《廣雅·釋器》訓爲"几"的"橛"的異體。字或作"嶡"。…"枉"字原從"㞷"聲。據下面所說，"昃橛"指面板狭窄的橛，那麼位於它之前的"枉橛"應該是指面板寬廣的橛。"廣"有寬廣之義。…"广（廣）"從"黄"聲。"㞷"、"黄"音近古通：例如銅器銘文中的器名"匡"從"㞷"聲，字或寫作從"黄"聲。疑簡文"枉橛"應該讀爲"廣橛"…此墓東室出土四件"高足案"，疑是簡文所記的橛。這四件"高足案"形制相同，都是在長方形面板兩端各安三足，足下安跗，通體素飾，大小不一。…按理來說，屠宰犧牲用的橛要大一些，疑 2：98、2：3"高足案"當是屠橛、宰橛 2:2 號、2:101"高足案"當是廣橛、昃橛。

〖劉信芳 1997C〗"柽榀"讀如"横橛"。

〖何琳儀 1998A〗楚簡榿，讀椎。《正字通》"椎與杫同。"《廣韻》："杫，肉机也"。《方言》五"俎，几也，西南蜀漢之郊曰杫。"《集韻》"杫、椎、榹。《方言》俎，机。西南蜀漢之郊曰杫。或從徙，亦作榹。"（884 頁）

〖劉國勝 2003〗按：李釋"橛"蓋是。簡文此字也有可能是一個從"木"從"徙"的字。（66 頁）

①湖北省荊沙鐵路考古隊：《包山楚墓》，102 頁，北京，文物出版社，1991。

〖劉信芳 2003〗“枉”讀爲“横”，《説文》：“横，所以几器。”…椐讀爲“橛”。（288 頁）

按：《包山楚墓》指出出土拱形足几 1 件，遣策記爲“一桯椐”，標本編號爲 2：429。[①]

[22]一昃（仄）椐（橛）

〖整理者 1991〗昃，讀如仄。《廣雅•釋詁一》：“仄，陋也”。（64 頁）

〖胡雅麗 1991〗“一昃椐”即一件高差相跌的案。二號墓所出立板足几 2:182，即是一件立板足高出几面許多、二者差跌較大的案，應爲遣策所載之“椐”（胡雅麗:512）。

〖李家浩 1994A〗“昃”字原文作“昗”，即“昃”字異體。…“仄”在古代有狹窄之義。…疑簡文“昃橛”應該讀爲“仄橛”，指面板狹窄的橛。

〖劉信芳 1997C〗“昃椐”，“昃”從仄聲，而夭、仄古本同誼。《左傳》、《國語》諸注多訓“夭”爲短折，疑“昃椐”即“折俎”。…《儀禮・郊特牲饋食禮》：“薦脯醢，設折俎。”疏云：“凡節解牲體皆曰折，昇于俎，故曰折俎。”

〖劉國勝 2003〗東室出土的 4 件漆木“高足案”，兩長兩短，但從出土位置看，分別是一長一短的兩件堆在一塊。懷疑簡文記在一起的“一枉橛”和“一昃橛”是一長一短的兩案；下文“一槠橛”和“一宰橛”是一長一短的兩案。

〖劉信芳 2003〗“昃”從仄聲，夭、仄古本同誼。《左傳》、《國語》諸注多訓“夭”爲短折，疑“昃椐”即“折俎”。…《儀禮・特牲饋食禮》：“薦脯醢，設折俎”疏曰：“凡節解牲體皆曰折，昇于俎，故曰折俎。”（289 頁）

按：《包山楚墓》指出出土立板足几 1 件，遣策記爲“一昃椐”，標本編號爲 2：182。[②]

[23]一槠（屠）椐（橛）

〖整理者 1991〗槠，借作楮。《説文》：“穀也”。楮椐，用穀木做的案。（64 頁）

〖胡雅麗 1991〗槠，讀如諸，借作菹。《説文》“菹，酢菜也。”…“一槠椐”即一件呈放酢菜的木案。

〖李家浩 1994A〗那麼位於它之前的“槠橛”疑應當讀爲“屠橛”，指供屠割犧牲用的橛。“槠”、“屠”二字都從“者”得聲，故可通用。…屠宰犧牲用的橛要大一些，疑 2:98、2:3 號“高足案”當是屠橛、宰橛。

〖劉信芳 1997C〗“槠”讀爲“屠”，《説文》：“刳也”。“槠椐”應是分割牲體之俎。

〖劉信芳 2003〗讀爲“屠”，《説文》：“刳也”。“槠椐”應是分割牲體之俎。（289 頁）

按：《包山楚墓》記出土高足案 4 件，兩件較短，遣策記爲“一槠椐，一宰椐”。兩件較長，

---

①湖北省荊沙鐵路考古隊：《包山楚墓》，130 頁，北京，文物出版社，1991。

②湖北省荊沙鐵路考古隊：《包山楚墓》，131 頁，北京，文物出版社，1991。

遣策記爲“二祈”。標本編號分別爲2：2、2：3、2：98、2：101。[①]

[24]一𥨍（宰）椐（橛）

〖整理者 1991〗𥨍，宰字，借作莘。《說文》：“羹菜也”。（64頁）

〖胡雅麗 1991〗“一𥨍椐”即一件呈放羹菜的木案（胡雅麗:512）。

〖李家浩 1994A〗“宰橛”指供宰殺犧牲用的橛大概是沒有問題的。…疑 2:98、2:3 號“高足案”當是屠橛、宰橛。

〖劉信芳 1997C〗“𥨍”即“宰”字之異。

[25]一大房，一少（小）房

〖整理者 1991〗大房，《詩•閟宮》：“籩豆大房”，毛傳：“大房，半體之俎也”。《國語•周語》：“王公立飫則有房烝”，注：“大俎也”。（64頁）

〖胡雅麗 1991〗則“房”是俎之一種，因其足制似房而得名。其顯著特徵是板足立於面板兩側，足間置橫板，下有跗，器身有玉飾。…其中一件寬面俎 2:111 器身無玉飾，俎面較闊，寬達 39.2 釐米，應是遣策所載“一大房”。五件窄面俎橫足之上飾有小石塊，每足兩塊，俎面寬僅 14 釐米左右（圖版圖七九，2；圖版三九，2），當爲遣策所載之“一小房”，實物較遣策所記多出四件。

〖李家浩 1994A〗此墓東室出“寬面俎”（2:111）和“帶立板俎”（2:157），疑即簡文所記的房。…“帶立板俎”當是“大房”，“寬面俎”當是“小房”。…楚墓出土的房、俎形制上有一個共同特徵，就是在立板足的兩側各有一塊橫側板。這兩塊橫側板無疑是相當於鄭注所說的橫距。從正側面看，整個房，俎像一座杆欄式建築。

〖劉國勝 2003〗我們猜測，用以稱呼俎和几的“房”取意應是一致的，可能不是針對“大房”、“小房”中部的那種框架狀的足部件而言的，很可能是針對俎、几的整個外觀形體而言。凡是帶那種向上伸出面板的立板足的俎和几可能就以“房”相稱。…在《遣冊》中稱作“小房”的 1 件出土“寬面俎”雖未置有向上高出面板的側立板，但形體較大，面板側緣也未削角，似應視作房之屬，大概因未置側立板，故稱“小房”，以別于“大房”。（67頁）

〖田河 2007〗我們認爲有無置於俎面下的側立板足（或俎面的側立板）是區分房與非房的標志。這塊側立板的有無決定一件器是否具有房的外形特徵。它可以適用於俎和几。所謂“大房”、“小房”，可能是“大房俎”、“小房俎”的簡稱。《禮記》有“房俎”，包山、望山、信陽楚簡都有“房几”可爲旁證。（39頁）

①湖北省荊沙鐵路考古隊：《包山楚墓》，71、125頁，北京，文物出版社，1991。

按：《包山楚墓》記出土俎 7 件，遣策記爲“一大房，一小房…一房㔶”，實物分窄面、寬面、帶立板三種。[①]

[26]二鈢（禁）

〖整理者 1991〗鈢，讀如鉻。《說文》：“可以勾鼎耳及爐炭”。出土物中有銅鼎鈎一對。（64 頁）

〖胡雅麗 1991〗“鈢（鉻）”實際上就是銅勾器，我們通常所謂之銅鼎勾當即“鉻”屬。二號墓出土銅鼎勾四件（兩對），均由環、鈎兩部分組成，是爲遣策所載之“二鈢（鉻）”。

〖劉信芳 1992D〗二號墓的南室與西室分別各出一件盥缶 2：898、2：391。…該“鈢”應讀如其字，所指器物即報告作者所稱之“盥缶”。

〖李家浩 1994A〗“鈢”字應當分析爲從“木”從“金”聲。古代“金”、“禁”都是見母侵部字，音近可通。…疑簡文“鈢”應當讀爲“禁”。此墓東室出土木禁二，與簡文所記相合。木禁爲整板製成，長方形，禁面“兩邊各鑿長方形斜槽一周．形成兩個隆起的臺面”。黑漆地上繪白色花紋。標本 2：5，長 94.8 釐米、寬 40.4 釐米、厚 8 釐米。標本 2:102，長 92.4 釐米、寬 40.4 釐米、厚 8 釐米，禁是承酒器用的，禮書記載有禁、斯禁之分。…據楚墓山土的實物，禁是無足的，有足的叫禁檿或禁梡。

〖劉信芳 1997C〗“鈢”字從金從木，讀如“禁”。

按：《包山楚墓》指出“二鈢”爲鼎鈎，標本編號爲 2：147、2：148。[②]

[27]一房㕗（几）

〖整理者 1991〗㔶（丙）（38 頁）。

〖胡雅麗 1991〗另外一件木俎 2:157 面板兩端各安立板一塊，立板外側中部凸出板面，上端呈錐狀立柱伸出立板外，立板及足板外側均有石飾（見報告圖八〇；圖版三九，4），此當是遣策所謂之“一房㔶”。“㔶”即丙字，借作柄。…“一房柄”即一件帶把的横足俎。

〖黃錫全 1992〗㝎（㕣）。

〖李家浩 1994A〗“房机”、“房㕗”皆應當讀爲“房几”。…包山楚墓東室出“立板足几”一(2:182)，几的面板位於兩立板中間．側視呈拉丁字母“H”形，黑漆地上繪白色花紋。…“立板足几”的立板高聳於几面之上，其形態類似 2:111“立板俎”。上文指出，2:111“立板俎”即是簡文所記的大房，那麼 2:182“立板足几”當是簡文所記的房几，2：429“拱形足几”當是簡文所記的凭。

〖袁國華 1994C〗《廣雅・釋器》：“俎，几也”；《方言・五》：“俎，几也”，則知“俎”、

①湖北省荊沙鐵路考古隊：《包山楚墓》，128 頁，北京，文物出版社，1991。
②湖北省荊沙鐵路考古隊：《包山楚墓》，102 頁，北京，文物出版社，1991。

“几”本是一物，故疑“房𠁁”可作“俎几”解釋，“𠁁”假借爲“几”。（290 頁）

〖劉信芳 1997C〗由器物組合關係可知，該几爲禮器。

[28]二𣂑（勺）

〖整理者 1991〗二。（38 頁）

〖胡雅麗 1991〗《禮記・王藻》：“大夫側尊用棜”。鄭注：“棜，斯禁也。無足有似于棜，是以言棜。”…二號墓出土的兩件木禁 2：5、2：102，整器由一塊厚板製成，禁面中部與周邊同高，中部兩邊各鑿長方形斜槽一周，從而形成兩個隆起的臺面以便承器。其形制與《禮書》所載之“棜”相符，當以“棜”名之。遣策所謂之“二”疑即指此物。

〖李家浩 1994A〗D（按：指包山 266 號簡字）應當是一個從“毛”從“瓚”字象形初文得聲的字，在此假借爲“瓚”。…包山 266 號簡所記的木器集中在該墓的東室。在東室出土的漆器中，有兩件所謂的“勺”（2:112、2:278）…如果我們對簡文 D 等的釋讀不誤的話，那麽那幾件漆器就應當叫做“瓚”…瓚是古代的一種禮器，除了用來盛酒祼祭神祇外，還用來宴享賓客，屬於勺一類，所以《左傳》昭公十七年杜預注將“瓚”釋爲“勺也”。

〖楚文字編 1997〗𣯿。（416 頁）

〖李零 1999B〗字從“”從“毛”，類似的字也見於湖南省博物館藏楚燕客銅量，作“”。…同類器物在考古發現中有不少實例（如扶風雲塘出土的“伯公父勺”等物），林巳奈夫早已提出這類器物就是古書中的瓚。…“伯公父勺”的器名仍應釋作“爵”，晚期文獻中的“爵”就是這種“爵”。

〖馮勝君 2002〗字（按：指上博楚簡《緇衣》字）應分析爲從斗、少聲，隸定爲“𣁋”，讀爲“爵”。…此字（按：指包山 266 號簡的字）右部所從與“𣁋”字極爲相似，所以應當分析爲從毛、從𣁋，可隸定爲“㲚”。我們懷疑此字在簡文中就讀爲“勺”。“㲚”從小聲，上古音屬心紐宵部；“勺”，上古音屬禪紐藥部字。舌齒鄰紐，宵藥對轉，所以㲚可讀爲“勺”。…《包山楚墓》一書將瓚誤認爲勺…其實，在包山二號墓中另有勺，就是整理者稱爲寬柄斗的器物（按：見《包山楚墓》149 頁）…至於“㲚”字爲何從毛，我們懷疑是累加的聲符。

〖楚文字編 2003〗𣂑。（517 頁）

〖劉國勝 2003〗上博《緇衣》15 號簡的“”字，陳偉分析從“斗”“少”聲，讀爲“爵”。《緇衣》簡的這個字與楚郾客銅量的器名文字同形，與簡文此字右旁字形也相似，唯無“少”之形。簡文此字右旁可能有省形，也可能所從“毛”充當聲符，釋“爵”比較爲妥。（68 頁）

〖劉信芳 2003〗疑該字形從斗，毛聲，所從之“斗”與曾侯乙墓衣箱 E・66 二十八宿之“斗”字同形。(291 頁)

〖劉彬徽 2004〗則此字當隸定爲從毛、從雀，仍讀爲爵。

〖劉國勝 2005A〗“钭”字右旁與“斛”字的右旁同形，可能是“斗”字，斗口內添加二斜劃。疑“钭”從“斗”從“毛”聲，是“罕”字的異體，可隸作“乎”，讀爲“爵”。…該墓東室出土的 2：112 號、2：178 號二件“勺”可能即是簡文所記“二钭”。(82 頁)

〖十四種 2009〗今按：“钭”疑是“料”字異體。《儀禮・少牢饋食禮》：“司宮設罍水於洗東有料”，鄭玄注：“設水用罍，沃盥用料。”(129 頁)

[29]二祈（巹）

〖整理者 1991〗二祈。(38 頁)

〖胡雅麗 1991〗字與“肵”通。…《儀禮・郊特牲饋食禮》：“佐食升肵俎”。鄭注：“肵謂心舌之俎也。…“二祈（肵）”即兩件用於敬屍的案几。二號墓有長面板高足案兩件 2:3、2:98，當是遣策所記之“二祈”。

〖李家浩 1994A〗“祈”、“近”二字都從“斤”得聲，故可通用。…這些器名之字都應當讀作“巹”。簡文“祈”、“近”應當是楚國“巹”這個詞在戰國時期的寫法，即假借祈求字和遠近字爲之。包山楚墓東室出土一對“帶流杯”(2:31、2:35)，…這兩件所謂的“帶流杯”分別以龍、鳳爲圖案，正符合古人以龍鳳寓男女之意，無疑是古書中所說的“合巹”。

〖劉信芳 1997C〗“祈”字讀如“肵”，《儀禮・特牲饋食禮》：“佐食升肵俎”。鄭玄注：“肵謂心舌之俎也。”又〈少牢饋食禮〉：“心舌載於肵俎”。《禮記・郊特牲》：“肵之爲言敬也。”疑出土實物之帶流杯二件（標本二：三一；二五）即“二祈”。該杯器口呈心臟形，或取其載動物心臟以敬神的象徵意義。

〖劉信芳 2003〗字讀如“肵”，《禮記・特牲饋食禮》：“佐食升肵俎”。鄭玄〈注〉：“肵謂心舌之俎也。”又〈少牢饋食禮〉：“心舌載於肵俎”。《禮記・郊特牲》：“肵之爲言敬也。”…李家浩已正確地指出“二祈”即該墓東室出土的一對“帶流杯”(2：31，2：25）不過李氏認爲“祈”，“應當是楚國‘巹’這個詞在戰國時期的寫法”，則與我們的理解不同。該杯器口呈心臟形，或取其載動物心臟以敬神的象徵意義。(291 頁)。

[30]五皇檠（俎）

〖整理者 1991〗皇，大也。檠，簡文作槃，舟寫作⊖，從木寫作從示。皇盤，大盤。(64 頁)

〖胡雅麗 1991〗皇，《說文》：“大也。”《廣雅・釋詁一》：“皇，美也。”…《儀禮・郊特牲饋食禮》：“適其皇祖某子”。鄭注：“皇，君也。言君者尊之也。”是皇實爲飾美之尊詞。遣策中之“皇”字亦，當作尊詞解。檠，遣策書作槃，與簡 225、簡 237 所書之“祭”相同，當釋作“祭”字。…“五皇祭”即“五皇祀”…包山二號墓所出木牌，應是二號墓墓主生前所能祭祀的“五祀”各神所依之木主，死後行禱五祀所尊之神器，亦即遣策所謂之“五皇祭”。

〖李家浩 1994A〗G（按：指包山 266 號簡字）應當分析爲從“示”從“又”從“且”聲。…簡文 G 應當是“祖”字的異體，在此讀爲“俎”。…俎以“皇”爲名，其花紋可能取像於鳳凰羽。…包山楚墓東室出 “窄面俎”五（2:92、2:110、2:138、2:156、2:177），當是簡文（1）所記的“2 五皇俎”。

[31]四酓（合）桓（豆）

〖整理者 1991〗酓桓，合豆，即蓋豆。（64 頁）

〖胡雅麗 1991〗酓，讀如“敆” …凡兩物相會并榫合可名爲敆。二號墓出土的四件木質有蓋豆，豆蓋邊緣留有二缺口，豆蓋覆於豆盤上時，兩缺口正好與豆盤兩側外侈的兩耳合，“四酓（敆）桓（豆）”即上述四件有蓋豆。（胡雅麗 1991:514）。

〖李家浩 1994A〗“酓”從“日”從“合”聲 …“酓”實際上是“合”字的異體。古代“合”、“會”二字形、音、義皆近，常見通用。…朱芳圃說“合”字“象器蓋相合之形”。因此，有蓋之器可以在器名之前冠以“合”字。… “合豆”與此“合瑚”等文例相同，當指有蓋的豆。…此墓東室出土有蓋豆（2:95、2:113、2:136、2:181）和無蓋豆（2:115、2:145、2:151、2:183）各四件…《包山》指出這四件有蓋豆即簡文所記的合豆，甚是。…古禮書記載有三種豆，一是“楬豆”，二是“玉豆”，三是“獻豆”。《禮記·明堂位》“夏后氏以楬豆，殷玉豆，周獻豆”，鄭玄注：“楬，無異物之飾也。獻，疏刻也。”我們認爲這三種豆中的“楬豆”、“獻豆”，可能就是簡文的合豆、皇豆。

〖劉國勝 2003〗從有《遣冊》楚墓出土的漆木豆數量和形制與《遣冊》的對照看，“合豆”是指有蓋豆，都沒有像無蓋豆漆繪較鮮豔的紋飾。但楚人所稱的“合豆”、“皇豆”是否與《禮記·明堂位》所謂的“楬豆”、“獻豆”有關，待考。（69 頁）

按：《包山楚墓》指出出土蓋豆 4 件，遣策記爲“四酓桓”。[①]

[32]四皇桓（豆）

〖胡雅麗 1991〗皇，借爲隍…是虛而無實爲隍，“四皇（隍）桓（豆）”即四件敞而無蓋的豆。二號墓出無蓋豆四件，與遣策所記正合。

〖李家浩 1994A〗《周禮·天官·掌次》：“設皇邸”，鄭玄注：“染羽象鳳凰羽色以爲之。”孫詒讓《正義》：“凡《禮經》言‘皇’者，鄭並以鳳凰羽爲釋。”“皇豆”與“皇

①湖北省荊沙鐵路考古隊：《包山楚墓》，134 頁，北京，文物出版社，1991。

邸”文例相同，大概指繪有像鳳凰羽花紋的豆。此墓東室出土有蓋豆（2:95、2:113、2:136、2:181)和無蓋豆(2:115、2:145、2:151、2:183)各四件，黑漆地上繪白色花紋，無蓋豆豆盤外壁還鑲有三顆石英石子…《包山》指出這四件無蓋豆即簡文所記皇豆，甚是。…《禮記・明堂位》“夏后氏以楬豆，殷玉豆，周獻豆”，鄭玄注：“楬，無異物之飾也。獻，疏刻也。”…據鄭玄說，《禮記》獻豆之“獻”與簡文皇豆之“皇”的義訓正好相應，疑獻豆、皇豆是同一種豆的異名。

〖劉信芳 2003〗“皇梪”、“蓋豆”相對爲文，知“皇梪”乃無蓋圓盤梪之名。皇讀與“廣”通，取其廣口無蓋之義。（292 頁）

〖黃鳳春 2005〗“皇豆”即“大豆”，是指一種厚淺盤的大木豆。

按：《包山楚墓》指出出土無蓋豆 4 件，遣策記爲“四皇梪”。[①]

[33]一飤（食）桱，金足。

〖整理者 1991〗桱，《說文》：“桯也”。桯，《說文》：“牀前几也”。飤桱即食几，用於放食物，其下有銅足。（64 頁）

〖胡雅麗 1991〗飤在這裡當借作食。桱，《說文》：“桯也”。《方言》五：“榻前几，江沔之間曰桯。”“一飤（食）桱（桯），金足”，即一件陳放糧食的銅足几。二號墓出土漆木矮足案一件 2:6，…當爲遣策所謂之“一飤（食）桱（桯）”。

〖李家浩 1994A〗《說文》原文作“桱，桱桯也，東方謂之簜”。意思是說“桱”與“桯”構成複音詞“桱桯”，“桱桯”這種器物在東方叫做“簜（簜）”，不是說“桱”就是“桯”。桱桯是一種圓桶形器，與《說文》訓爲“牀前几”的“桯”無關。《廣雅・釋器》“桯，几也”，王念孫《疏證》說：“‘葴’之言‘經’也，橫經其前也。牀前長几謂之‘桯’，猶牀邊長木謂之‘桯’。”“桯”、“桱”都是耕部字，按照《說文》的說法，“呈”、“巠”二字都從“壬”聲。…簡文“桱”正從“巠”得聲。不過“桱”是承放飲食用的，與《說文》等訓爲牀前几的“桯”在用途上有所不同。

〖劉信芳 1997C〗按“桱”讀如“桯”。

〖劉國勝 2005A〗楚墓出土的“桱”可能是供承放耳杯一類小型飲食器具的食案。（29 頁）

〖田河 2007〗包山二號墓所出“矮足案”（2:6）也安有四個馬蹄形銅足，足上端套獸面鋪首銜環。包山 266 號簡所記“一飤（食）桱，金足”之“金足”當即此物。（255 頁）

按：《包山楚墓》記出土矮足案 1 件，遣策記爲“一飤桱，金足”，標本編號 2：6。[②]

①湖北省荊沙鐵路考古隊：《包山楚墓》，133 頁，北京，文物出版社，1991。
②湖北省荊沙鐵路考古隊：《包山楚墓》，125 頁，北京，文物出版社，1991。

（三）𥨶室之金器/□之金器

𥨶室之金器：二鈃□[1]〖251〗

集釋：

[1]𥨶室之金器：二鈃□

〖整理者 1991〗①食室，椁室内的東室，因放置各種食物和食器而得名。（59 頁）②金，指銅，金器即銅器。（59 頁）

□之金器：二鉼（缾）鐩（銒），二金□[1]〖252〗

集釋：

[1]□之金器：二鉼（缾）鐩（銒），二金□

〖整理者 1991〗鉼，讀作缾，《方言五》："缶其小者謂之瓶"。鐩，讀作罌。《漢書•韓信傳》："以木罌缶渡軍"，顔師古曰："罌缶謂瓶之大腹小口者也。"二瓶罌可能是指東室的一對小口短頸壺。（59 頁）

〖胡雅麗 1991〗鐩，讀作甇。…"二缾鐩（甇）"即兩件長頸的小缶。二號墓有素面、長頸、鼓腹、高足的銅壺兩件 2：153、2：154，當爲遣策所名之"二缾鐩（甇）"。

〖李家浩 1994A〗"瓶銒"二字第一組作"鉼鐩"（252 號簡），第二組作"缾銅"（265 號簡）。

〖陳松長 1995〗《集韻》："鉼，卑正切，音摒。北燕謂釜曰鉼。"鐩當即鉼字的繁文…而井與幵。在古文字形體中，亦多相通。…因此，鉼也許就是"銒"字。《說文》："銒，似鍾而頸長。"由此可知，鉼即有腹而長頸的酒器。如果它確是指墓内東室中的小口短頸壺，那似乎意味著《說文》所記，與戰國時物已有了一些差别。…因此，"鉼鐩"也就是"鉼銒"，即飲食用的兩件器具，其中鉼是飲煮用的工具，而鐩則是飲酒用的器具或者說是盛羹用的器皿亦可。

〖楚文字編 1997〗銒。銅、鐩二字所從得聲之同、井，均與銒古音相近。簡文所記爲同類器物。（622 頁）

〖劉國勝 2003〗朱駿聲《說文通訓定聲》："銒，叚借爲鉶。"古"刑"字從"井"得聲。《說文》"銒，似鍾而頸長。"《正字通》："鍾，壺屬。"（70 頁）

〖劉信芳 2003〗簡 265 作"缾銅"，文獻作"鉼鍾"。…"鐩"、"銅"應讀爲"鍾"，鉼鐩、缾銅，即出土實物中的長頸壺（254 頁）。

按：整理者指出 252 號簡的"二鉼鐩"爲東室的一對小口短頸壺，《包山楚墓》記出土 I

式東頸溜肩壺 2 件，標本編號爲 2：153、2：154。①

☐鼎；一金比（匕）[1]，二𨟻（醬）白之𧇾（㱿）[2]，皆𢽴（彫）[3]，二𦏶（羽）𧇾（㱿）[4]，皆彤，中㯃（漆），外二金[5]。〖253〗

集釋：

[1]一金比（匕）

〖整理者 1991〗比，通作匕。（59 頁）

按：《包山楚墓》記出土 I 式匕 6 件，標本編號分爲 2：8、2：9、2：10、2：11、2：12、2：155。②

[2]二𨟻（醬）白之𧇾（㱿）

〖整理者 1991〗𨟻，醬字，此指醬色。𧇾，借作㱿，《說文》："盛觵黃卮也"。（59 頁）

〖胡雅麗 1991〗𨟻，即醬字，借作妝。《說文》："妝飾也。從女爿聲，字亦作裝。"《廣雅・釋詁二》："裝，飾也。"白，借作碧。《說文》："碧，石之青美者也。"碧即綠色石頭。𧇾，讀如㱿。《說文》："㱿，盛觵卮也。"《又曰》："卮，圜器也。"則𧇾（㱿）為圓筒形器。…"二𨟻（𢽴）白𧇾（㱿），皆𢽴（雕）"即兩件飾有綠色石塊，均經鏤空的圓形器皿。二號墓所出兩件外飾綠松石、下附三個小獸蹄足的圓筒形鏤空杯 2：172、2：179，與遣策所記𧇾（㱿）之特徵完全相符。

〖李天虹 1992〗此字實從角虍聲，乃䖒字變體，疑讀作爐。

〖劉信芳 1997B〗所謂"𨟻白"讀如"妝碧"，謂鏤孔杯上所飾綠松石。…然存在以下疑點：釋"𦏶𧇾"爲酒樽，則與釋"㮴"爲樽殊難統一；釋"𨟻白之𧇾"爲鏤孔杯，則望山二號墓未出此類器物，簡文的有關記載落實。凡此均有待更多的例證及深入的研究。

〖劉信芳 2002B〗"𨟻白"似可讀爲"醬白"，若以絳色與白色相配，則爲淺絳色。…關於"𧇾"，目前一般認爲即出土之鏤孔杯。

〖劉國勝 2005A〗故宮所藏鎏金筩形尊的承鏇銘文"青碧閔瑰飾"，指鑲嵌綠松石和襯以朱色水晶石。"𧇾"，也見於包山遣策 253、254 號簡、望山遣策 47 號簡、仰天湖遣策 31、32 號簡。除長臺關 M1 外，在包山 M2、望山 M1、天星觀 M2、曾侯乙墓都出土過這類嵌綠松石的銅圓筒形鏤孔杯，其中望山 M1 的 1 件（WM1：T81）出土時杯內還有植物殘片。這類圓筒形鏤孔杯可能可以用來薰製食物。"𧇾"或可讀爲"鑪"。《文選・江淹〈雜體詩三十首〉》"膏鑪絕沈燎"，李善注："鑪，薰鑪也。"爐類器物除炭爐、薰爐

①湖北省荊沙鐵路考古隊：《包山楚墓》，105-106 頁，北京，文物出版社，1991。
②湖北省荊沙鐵路考古隊：《包山楚墓》，71、110 頁，北京，文物出版社，1991。

外，還有一種可用來加工食物的染爐。（21 頁）

按：《包山楚墓》云："鏤孔杯 2 件。遣策記有'二䤈白之膚，皆敝'"。標本編號爲 2：172、2：195。①

[3]皆敝（彫）

〖整理者 1991〗敝，讀如彫。《説文》："琢文也"。《荀子·大略篇》："天子彫弓"，注："彫畫爲文飾。"（59 頁）

〖劉信芳 1997B〗所謂"敝"謂刻鏤，與"鏤孔杯"器物特徵正合。

[4]二孪（羽）膚（觳）

〖胡雅麗 1991〗孪，讀爲羽，《説文》："羽，鳥長毛也，象形。"在這裡羽作指鳥解。…二號墓出土銅樽兩件 2:167、2：171，整器作圓筒形，下附三小獸蹄足，平頂弧蓋上立鳳鳥狀鈕四個，器外通身錯金銀蟠螭紋、龍紋及雲紋，器內通髹紅漆，與遣策所記"孪膚"之特徵合若符節，是爲"二孪（羽）膚（觳）"。

〖劉信芳 1997B〗核之出土實物，則"膚"一作爲酒器，有蓋。包簡"孪膚"即出土之二件銅樽（標本二：一六七；一七一）該銅樽蓋邊緣飾四個鳳鳥環鈕，此所以稱"孪膚"。所謂"二膚盍"應是此器之蓋。其二是作爲射器（古投壺之器），即出土之鏤孔杯（標本：一七二；一九五），此種器物目前僅出於望山一號墓、信陽一號墓、曾侯乙墓和包山二號墓。出土鏤孔杯往往裹有方形絲織品，遣策中對此亦有記載。

〖劉國勝 2003〗"羽"，原文從"羽"從"于"，"羽"的繁體。在此指"膚"的紋飾。（71 頁）

按：《包山楚墓》云："樽 2 件。遣策記有'二孪膚，皆彤中桼，外二金'"，標本編號爲 2：167、2：171。②

[5]皆彤，中桼（漆），外二金。

〖整理者 1991〗①彤，《説文》："丹飾也"。即髹紅漆。（59 頁）②桼，讀作桼。此指生漆本色，近黑色。（59 頁）

〖胡雅麗 1991〗彤，《説文》："丹飾也"。《小爾雅·廣詁》："彤，赤也。"桼，讀作䰍。《説文》："䰍，桼垸已，復桼之。從桼包聲。"《説文通訓定聲》："重髤也，始以桼和灰垸髤之，復桼之以光其外。"金，《説文》："五色金也，黄爲之長"。金在此當作合金解。"二孪（羽）膚（觳），皆彤中桼（䰍），外二金"意爲兩件有鳥飾的圓形銅器，均以紅色漆髹飾內壁，以兩種不同色的金屬裝飾外壁。二號墓出土銅樽兩件 2：167、2：171，整器作圓筒形，下附三小獸蹄足，平頂弧蓋上立鳳凰狀鈕四個，器外通身錯金銀蟠螭紋、龍紋及雲紋，器內

①湖北省荊沙鐵路考古隊：《包山楚墓》，189 頁，北京，文物出版社，1991。
②湖北省荊沙鐵路考古隊：《包山楚墓》，73、189 頁，北京，文物出版社，1991。

通桼紅漆，與遣策所記“翆膚”之特徵合若符節，是爲“二翆（羽）膚（觳）”。

〖劉釗 1992A〗按字從“桼”從“卩”，應釋爲“㯃”，㯃字見於《說文》。

〖劉信芳 1997B〗所謂“彤中㯃”，謂該銅樽器内桼紅漆。所謂“外二金”，該銅樽外部通身飾錯金銀圖案。

按:似可斷句爲:“二翆（羽）膚（觳），皆彤，中㯃（漆），外二金”，指二件紅色羽觳，以漆桼飾内壁，以兩種不同色的金屬裝飾外壁。

☐金囩（圈）[1]，二鑅（銶）[2]，四鐈（籩），一鐈（籩）盇（蓋）[3]，二膚（觳）盇（蓋）[4]，一鼎，一金比（匕），二刀，二𤃬（醬）白之膚（觳），皆𢼄（彤），二索（素）王綹（錦）之綉（韜），二翆（羽）[5]〖254〗

集釋:

[1]金囩（圈）

〖整理者 1991〗囩，讀如圈。《禮記•玉藻》:“母沒而杯圈，不能飲焉”。圈亦通作棬。東室所出帶座同杯可能稱作“金棬”。（59 頁）

〖劉釗 1992A〗應釋爲“圈”。

〖劉信芳 2003〗“金圈”應是某器物的附件，因簡有殘已不知上屬文字，頗疑是擱置金屬器皿之圈。（256 頁）。

[2]二鑅（銶）

〖滕壬生 1995〗銶。（1002 頁）

〖楚文字編 1997〗鑅。（630 頁）

〖劉信芳 1997B〗“”可隸定爲“錘”。該墓出土短頸圓肩壺二件（標本二：一九九；九九），形制與缶相近，即所謂“二錘”。

〖劉國勝 2003〗“二”下一字，原文從“金”“來”聲。東室出土 2 件銅“四鈕缶（2:81、2:93），疑即簡文所記“二銶”（71 頁）。

〖劉信芳 2003〗字從金，“來”聲…包簡“銶”、信陽簡“箂”指方盒或銅壺。（256 頁）

〖疏證 2007〗包山簡，讀爲銮。（192 頁）

[3]四鐈（籩），一鐈（籩）盇（蓋）

〖整理者 1991〗①鐈，讀如籩，《說文》:“竹豆也”。簡文字從金，當指銅豆。（59 頁）②盇，借作合，鐈合，似指蓋豆。（59 頁）

〖胡雅麗 1991〗是籩實爲形制與豆相似而質料不同的器皿，然文獻中常籩、豆對舉，則兩者除質料不同外，在器形上亦有所區別。豆有校，籩無校。相同之處應是盤的形制較爲一致。“鎊”從金得聲，應爲銅質籩即銅豆盤。盍，借作蓋。…“四鎊，一鎊盍（蓋）”，即四件銅鎊，其上覆加銅鎊蓋一件。二號墓所出銅淺腹盒 2:90，由四件大小依次套合組裝的淺盤構成，上覆弧蓋一件，同遣策記載相吻合。

〖陳松長 1995〗竊以爲“盍”即“榼”字。…所謂“鎊盍”應是一種呈臥式圓柱形的圓酒壺。

按：《包山楚墓》指出遣策“四鎊，一鎊盍”，爲 2 件淺腹盒，標本編號爲 2：90、2：397。[①]

[4]二虘（觳）盍（蓋）

〖整理者 1991〗二虘盍。（37 頁）

〖陳松長 1995〗竊以爲“盍”即“榼”字。…我們亦可進而推知所謂“二虘盍”，也就是象酒卮一樣的酒壺。其中“虘”和“鎊”一樣，都是“盍”（榼）的形容性定語。

〖劉信芳 2003〗核之出土實物，則“虘”一作爲酒器，有蓋。包簡“翆虘”即出土之二件銅樽（標本二：一六七；一七一）該銅樽蓋邊緣飾四個鳳鳥環鈕，此所以稱“翆虘”。所謂“二虘盍”應是此器之蓋。（255 頁）

〖劉國勝 2003〗東室出土的 2 件銅“器蓋”（2：192、2：193），似即簡文所記“二虘蓋”，用作“鏤孔杯”蓋子。據發掘報告，兩“器蓋”的紋飾風格與銅樽蓋相似。兩“鏤孔杯”的口徑分別爲 11.3、11.7 釐米，兩“器蓋”的蓋徑分別爲 10.1、11.1。出土時，2 件“器蓋”與 2 件“鏤孔杯”位置大致在一處。（72 頁）

[5]二索（素）王絵（錦）之綉（韜），二翆（羽）

〖整理者 1991〗王，借作皇，《周禮•地官•舞師》：“教皇舞”，注：“析五采羽爲之”。《禮記•王制》：“有虞氏皇而祭”，注：“冕屬也，畫羽飾焉”。絵，讀如錦。（59 頁）

〖胡雅麗 1991〗王，借作匡。…絵，讀如錦。翆，讀如羽。“二晒（妝）白（碧）之虘（觳），皆敂（雕）二素王（匡）絵（錦）之綉二翆（羽）”即兩件飾有綠松石並經刻鏤的圓形銅器，用兩塊綉有鳥紋、長寬各二尺的方形本色錦包裹。這裏所謂之晒（妝）白（碧）虘（觳），當即遣冊前面所載晒（妝）白（碧）之虘（觳），因漏記其外包裝的絲織物，故於補記時重復之。

〖李家浩 2006A〗以“綉”爲“繡”是宋元以來出現的俗字，早在戰國時期文字裏，不可能以“綉”爲“繡”。…1. 從用字來說，在 262 號簡所記的一件“齣青之表”及其附屬物文字中，前後出現“繡”、“綉”二字。下面將要引用的馬王堆 3 號漢墓遣冊 55 號還“繡綉（綉）”連用，這說明“繡”與“綉”是兩個不同的字。2. 從語法來說，“綉”

①湖北省荊沙鐵路考古隊：《包山楚墓》，108 頁，北京，文物出版社，1991。

與“繡”的用法不同，“繡”衹用于修飾其他名詞，而“綉”衹被其他語詞脩飾。3.從情理來說，263號簡記的幾種竹、草編織的席子，其上不可能有繡。…根據這三個方面所說的情況，楚簡中的“綉”當與後世“繡”的俗字“綉”無關。細繹文義，楚簡中的“綉”應是某物之名。…“綉”應該是某種囊之名。…疑簡文“綉”應該讀爲“韜”。在古代“韜”或以“绍”、“綢”爲之。…大概古代的“韜”或以熟皮革爲之，或以紡織品爲之，故字或從“韋”作“韜”，或從“糸”作“绍”、“綢”。簡文以“綉”爲“韜”，猶《玉篇》等以“絛”或“綢”爲“韜”。

〖劉國勝 2007〗簡文“綉”不太可能是表示刺繡品的“繡”的通假字。理由之一是簡文（3）（按：指包山262號簡）、（7）（按：指馬王堆M3簡53）中，“繡”、“綉”二字均同時出現，尤其是簡文（7），“繡”是用作“綉”的修飾詞。…簡文還明確說明了其有“裏”，有“緣”，因此，“綉”這個詞應該是一種製作成形的專用器物名稱，而表示刺繡品的“繡”不具有這種義項。…我們認爲簡文（1）至（8）（按：指包山、仰天湖、馬王堆M3諸簡）的“綉”、“秀”疑皆當讀爲“韜”…“二素王錦之綉（韜）”指二件用“素王錦”做的外套，它們是分別用作包裹“二牆白𦸗”的。

（四）食室之食

飤（食）室之飤（食）：脩一籫（籫）[1]，𦞦（脯）一籫（籫）[2]，鼩（雀）酭（醢）一硫（缶）[3]，簪（蜜）一硫（缶）[4]，莵（蒠）䕭（菹）二硫（缶）[5]，萬䕭（菹）一硫（缶）[6]，茜菰（苽）之䕭（菹）一硫（缶）[7]，簪（蜜）某（梅）一𦈢（缶）[8]，醣（䵼）肉酭（醢）[9]一巺[10]，莪（䖑）酭（醢）一巺[11]，鮨（鯽）〖255〗一巺[12]，醭（膎）一巺[13]，砦一害[14]，䉷=（𤅷豆）一巺[15]，青（青）絟（錦）之纕（囊）四[16]，皆又（有）糗（糗）[17]。四笄飤（食）[18]，籔（濩）魚一籫（籫）[19]。〖256〗

集釋：

[1]飤（食）室之飤（食）：脩一籫（籫）

〖整理者1991〗脩，簡文作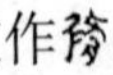，與金文“攸”字形近，攸鼎之攸作。《說文》：“脩，脯也”。《儀禮·有司徹》“取糗與腶脩”，朱駿聲以爲，脩即腶脯，“捶而施姜桂乾之”。籫，籫字，借作筌。《說文》：“筌，桮落也，……盛桮器籠”。此指盛肉乾的竹器。（59頁）

〖楚文字編1997〗籫。《玉篇·竹部》：籫，箱類。（212頁）

〖劉信芳1997C〗字從竹從贛省，即“籫”字。《玉篇》：“籫，古禫切，竹也；又箱類。”知籫本謂竹箱，簡文以之謂竹笥。依經典，古禮稱盛冠、弁之竹笥爲“匴”…匴、籫一音之轉。

〖何琳儀 1998A〗“籲”，從竹，歙聲。疑之籲省文。…《篇海》：“籲，箱屬。”。（1454 頁）

〖劉國勝 2005A〗《周禮・天官・膳夫》“凡肉脩之頒賜皆掌之”，鄭玄注引鄭司農云：“脩，脯也。” 賈公彥疏：“加薑桂鍛治者謂之脩。不加薑桂以鹽乾之者謂之脯。”包山遣策所記盛食竹器“籲”、“箕”、“笲”三類。從簡文記錄的情況看，此三類竹器可能在形制或功用上有所不同。（86 頁）。

〖田河 2007〗①可見古之“脩”類似今之牛肉乾。（219 頁）②我們懷疑“籲”也可能讀爲匵，《廣韻・感韻》：“匵，《方言》云：‘箱類’。”包山二號墓出土竹笥多種，有的竹笥用紅、黑或黃、黑二色細竹篾編製几何花紋，由笥蓋和笥身扣合而成，並用絲帶捆紮，在笥面十字交叉處加封泥，插簽牌。內盛家鷄、幼豬等食物。255 號簡文作“脩一籲，脀（脯）一箊（籲）”、256 號簡文作“囗魚一籲”“籲”大概就是這些竹笥中的一種。（235 頁）

[2]脀（脯）一箊（籲）

〖整理者 1991〗脯，簡文作，父聲。箊，對照上文可知應是籲字異體。（59 頁）

〖十四種 2009〗東室 2：200 號竹笥，簽牌記“脀（脯）”，疑是簡文所記“脯一籲”。（122 頁）

[3]鳥少（雀）酭（醢）一碔（缶）

〖整理者 1991〗鳥少，簡文作，左部從目從隹，作鳥形。鳥少，讀如鷍。《說文》：“鷍也……即桃蟲，亦曰鷦鷯”。酭，讀作醢。《說文》：“醢，肉醬也”。碔，從石從缶，讀如缶，此指陶罐。（59 頁）

〖何琳儀 1993A〗“酭”，見《玉篇》“酭，報也。”《集韻》“酭，醻酒也。”簡文應讀“醢”。

〖楚文字編 1997〗①碔、坻均爲缶之繁體。（245 頁）②醢（醢）。（675 頁）

〖劉信芳 1997C〗所謂“鳥少酭”，鳥少字從鳥尐聲，謂小雞。…該墓出土竹笥（標本二:一六三・二）附有一簽牌，上書“鳥少有”二字，與簡文所記同。經鑒定，笥內之若干鷄骨爲仔鷄骨，個體較小。

〖劉國勝 2003〗按：“鳥少”，疑讀爲爲“雀”。“雀”、“少”音近。“碔”，在此指盛食瓦器。東室共出土“陶罐”12 件，形制略有差異，應即簡文所記“碔”與“弇”。東室出土的 1 件“長方形人字紋笥”（2:163）附有 1 枚竹簽，其上寫有“鳥少有”，應與簡文所記“鳥少酭”相對應。據鑑定，竹笥內爲家雞。但簡文記“鳥少酭”放在陶罐，而非竹笥裏，不知何故。（72 頁）

〖劉信芳 2003〗鳥少：字從鳥，尐聲，謂小雞。…該墓出土竹笥（標本 2:163.2）附有一簽牌，上書“鳥少有”二字，與簡文所記同。經鑑定，笥內之若干鷄骨爲仔鷄骨，個體較小（258 頁）。

〖田河 2007〗“鳥少”讀“雀”，可從。依漢字結構，二字皆從“少”得聲，鳥、隹作爲偏旁可通用。《馬王堆漢墓帛書・十六經・正亂》:“腐其骨肉，投之若醢”。“醢”通“醯”。雀醯就是用雀做的醯醬。馬王堆 M1-94 號簡有“爵醬”，“爵”亦當讀爲“雀”。“雀醬”與“雀醯”結構相同。馬王堆 M3-140 號簡有“熬爵一笥”，爵亦讀爲“雀”。(220 頁)

[4]簪（蜜）一硈（缶）

〖整理者 1991〗硈，從石從缶，讀如缶，此指陶罐（59 頁）。

〖李天虹 1992〗疑此字隸作𡨦，讀作蜜。從甘，取蜜甜之意。

〖何琳儀 1993A〗其中“𡩁”即“宓”之繁文…簡文“宓”應讀“蜜”。

〖劉信芳 1997C〗“𡨦”讀如“醓”…或讀如“蜜”，謂“蜂蜜”，亦通。

〖李天智 2003〗原名“硈”的陶罐是具有保鮮、保溫、防碰撞、盛裝成品或半成品的食物、可供加熱之用的稍大型貯存容器。

〖劉信芳 2003〗簡文字形從甘，宓聲，讀爲“蜜”，亦有可能讀爲“醓”，《廣雅・釋器》:“醓，醬也。”(259 頁)

〖劉國勝 2005A〗該墓東室共出土“陶罐”12 件，形制略有差異，應即簡文所記“硈”(或作“坛”)與“罯”。(86 頁)

〖田河 2007〗①《說文》:“䗬，蜂甘飴也，從蟲鼏聲。蜜，䗬或從宓。”簡文“簪（蜜）一硇（缶）”可能是指蜜醬一罐。(222 頁)②“硈”、“缸”當是“缶”的繁寫，從土、從石明其材質，這些缶主要用來盛食品。(27 頁)

按: 李天智對包山二號墓出土的十二件陶罐通過形制分類，又結合 255、256 號簡所記硈、缸、罯的數量、所盛食品以及陶罐所附簽牌內容、罐內食品鑒定報告，最後得出結論:“硈”爲繩紋深灰陶罐（編號爲 2:7、2:14、2:15、2:69、2:76、2:107 六件)，“缸”爲繩紋深灰陶罐（編號 2:74 一件)，“罯”爲磨光黑陶罐（編號爲 2:13、2:16、2:30、2:73、2:75 五件)。[①]

[5]莵（蔥）蘦（菹）二硈（缶）

〖整理者 1991〗莵蘦，讀如蔥菹。《說文》:“蔥，菜也”。字又作葱。菹，《說文》:“酢菜也”《周禮•天官•醢人》:“七菹”，注:“韭、菁、茆、葵、芹、箈、筍，凡醯醬所和細切爲齏，全物若牒爲菹。(59 頁)

〖劉信芳 1997C〗“莵”讀如“蔥”，或作“葱”。“蘦”讀如“菹”…“蘦”即今俗稱腌菜。

按: 裘錫圭也同意整理者的意見。[②]

①李天智:《包山二號墓陶罐試析》，《江漢考古》2003（4)，75-83 頁。

②裘錫圭:《釋古文字中的有些“悤”字和從“悤”、從“兇”之字》，《出土文獻與古文字研究》第二輯，7 頁，上海，復旦大學出版社，2008。

[6]萬蘉（菹）一硫（缶）

〖整理者 1991〗蒚，下部疑從禺，讀如藕，藕菹。（59 頁）

〖劉信芳 1992D〗該字無論從“臼”得聲還是從“九”得聲，皆讀與“韭”通。韭，又作“韮”…“蒚蘉”（韮菹）其實就是腌韭菜。

〖湯餘惠 1992〗字從艸，萬聲，疑即虋蒿之“虋”的古文。

〖劉信芳 1997C〗“萬”字從艸從萬，讀如“蔓”…由此知“萬”乃“蔓”之異體。…《周禮·天官·醢人》“菁菹”，鄭玄注：“菁，蔓菁也。”知簡文之“萬蘉”即《周禮》之菁菹。

〖何琳儀 1998A〗包山簡萬，讀藾。…《爾雅·釋草》：“苹，藾蕭。”注：“今藾蒿也，初生亦可食。”（960 頁）

〖劉信芳 2003〗簡文字形從艸、萬聲，讀爲“蔓”。…由此可知“萬”即“蔓”之異體。《詩·邶風·谷風》：“采葑采菲”。鄭〈箋〉：“此二菜者，蔓菁與葍之類也，皆上下可食。”《周禮·天官·醢人》：“菁菹”，鄭玄〈注〉：“菁，蔓菁也。”然先鄭〈注〉云：“菁菹、韭菹。”其說有不同，謹錄以備考。（259 頁）

[7]茜葴（苽）之蘉（菹）一硫（缶）

〖整理者 1991〗茜葴，茜，讀如蕕。葴，簡文作、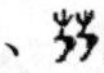形。…葴，讀如苽。《說文》：“苽，雕苽，一名蔣。”《周禮·天官·食醫》：“凡會膳食之宜……魚宜苽”。苽是一種生於水中的植物，俗名茭，可食。蕕，《說文》以爲水邊草。蕕苽，即生於水中之苽。（60 頁）

〖劉信芳 1992D〗其實苽本生於水澤之中。“茜葴”構成一詞，音訛而寫作“雕苽”、“雕胡”，似不必另將“茜”字求解。258 號簡又有“葴一笲”，“葴”與“茜葴”之別，僅在一指莖葉，一指籽實。…苽，古書多作“菰”，俗稱“茭白”，爲禾科植物，莖葉可作爲蔬菜，其成熟種粒可以做飯。

〖湯餘惠 1992〗按古文字單復往往無別，釋“葴”爲“苽”可信。苽通菰。張慎儀《方言別錄》卷上引《吳郡志》“菰即茭也，菰首，吳謂之茭白。”是苽即茭白的別名。“茜”字簡文冠於“苽”字之前，應讀爲“莤”，即古糟字，俗作醩。…莤（糟）謂用酒腌製簡文。“茜葴之蔽一硫”當指酒醃的茭白。

〖劉信芳 1997C〗“茜葴”讀如“雕菰”，字或作“雕胡”，皆一音之轉。…“葴”與“茜葴”之別，在於葴指莖葉，茜葴指籽實。葴俗稱“茭白”，爲禾科植物，莖葉可作爲蔬菜，其成熟種粒可以做飯。

〖劉信芳 2003〗茜葴：讀爲“雕苽”，字或作“彫胡”，皆一音之轉。…簡 258“葴二笲”，葴與茜葴之別，在於葴指莖葉，茜葴指籽實。葴俗稱“茭白”，爲禾科植物，莖葉可作爲蔬菜，其成熟種粒可以做飯。（259-260 頁）

〖劉國勝 2005A〗該墓東室出土 2：7 號陶罐所繫簽牌記“䐈蓏蘆”。“䐈”，疑從“肉”從“苗”聲，讀爲“糟”。如是，則 2：7 號陶罐當屬簡文所記“茜蓏之蘆一硡”。（87 頁）

〖田河 2007〗包山二號墓東室出土 2:7 號陶罐所繫簽牌記有“䐈蓏蘆（菹）”，當屬簡文所記“茜蓏之蘆（菹）一硡”。惜罐中僅留炭化物，無法辨明何物。（222 頁）

[8]䤉（蜜）某（梅）一缶（缶）

〖整理者 1991〗某借作梅。（60 頁）

〖何琳儀 1993A〗讀“蜜梅”。

〖楚文字編 1997〗䤉。從甘從宻，宻當即說文宀部之宓，䖑字或體作蜜，亦從宓聲，蜜味甘，故從甘。（591 頁）

〖李天智 2003〗原名“㙜”的陶罐是具有保鮮、保溫、防踫撞、盛裝即食食物、可供加熱和攜帶之用的稍大型貯運容器。

〖劉國勝 2003〗東室出土有 1 件盛有梅的陶罐（2：76）。（73 頁）

〖劉信芳 2003〗某：讀爲“梅”…䤉梅即醓梅，亦梅醬之名。或讀爲“蜜”，則“蜜梅”是以蜜與梅熬煮，加食用膠冷凝而成的蜜餞。（260 頁）

[9]醑（齏）肉酭（醢）

〖整理者 1991〗□肉酭。（37 頁）

〖袁國華 1993A〗此字從“酉”從“齊”。…簡 255 句云：“醑肉酭一䰜”，“醑”《博雅》：“醑，醬也”；“酭”《集韻》：“酭，酒也”。“醑肉酭”疑即《說文》所錄的“䐑”；“䐑，醢也。從肉從酉。酒以和䐑也，爿聲。”則所謂“醑肉酭”就是“所以調䐑肉之酒”；“䰜”應爲計量單位…確實意義待考。

〖劉信芳 1997C〗所謂“醃肉酭”，《說文》：“腌，漬肉也。”“醃”同“腌”。《廣雅・釋器》：“醃，菹也。”

〖劉國勝 2003〗“齏”，原字從“甘”“齊”聲，讀爲“齏”。《周禮・天官・醢人》：“五齊”，鄭玄注：“齊，當爲齏。…醢醬所和，細切爲齏。”（73 頁）

〖劉信芳 2003〗醑肉醢其實就是一種醃製肉，有如今西南毛南族之醃肉酸。（260 頁）。

〖田河 2007〗我們懷疑“醑”可能讀爲“齏”，《周禮・天官・醢人》：“以五齊七醢七菹三臡實之。”鄭玄注：“齊當爲齏。”孫詒讓正義：“齏爲切和細碎之名，故菜肉之細切者通謂之齏。”“齏肉酭”就是碎肉醬。（220-221 頁）

[10]一䰜

〖整理者 1991〗䰜，簡文作□，與弇字古文□形近。弇，借作籃。《說文》：“籃，大篝也”。（60 頁）

〖李運富 1996〗實則罤即羃之省變（以曰代畢），在此讀爲籠筐之籠。

〖劉信芳 1997C〗“罤”字從网弇聲，“罨”字異體，讀如“籃”。…簡文“罤”（籃）謂竹笥。

〖何琳儀 1998A〗從网，具聲。包山簡罝，讀“椇”。《說文》“椇，舉食者。從木，具聲。”（419 頁）

〖趙平安 2001A〗這個字上半部“网”“日”與《五十二病方》冥所從相同，下部“氺”與《汗簡》古文冥所從相同，應釋爲冥。假借爲皿。

〖李天智 2003〗原名“罤”的陶罐是具有掩蔽、保鮮、保溫、防蹤撞、盛裝成品之用的稍小型貯存容器。

〖劉信芳 2003〗字從网，從弇省聲…簡文“罤”謂陶罐，該墓出土陶罐十二件，而簡文所記“缶”六件，“罤”六件，其數相合。十二件陶罐中，直口陶罐六件，應即簡文所記之“缶”，侈口陶罐六件（標本 2:14、2:69、2:107、2:15、2:13、2:74）即簡文所記之“罤”。此類器物古稱爲“罌”，“罌”古音在耕部影紐，弇古音在談部影紐。不過“罤”是否讀爲 “罌”，尚有待更多的例證。（260 頁）。

〖羅小華 2007〗我們認爲包山“”字即郭店《唐虞之道》簡 6“”字所從聲旁的進一步訛變。“”字上部所從與“隩”字右旁上部所從均類“网”形，僅將“”形上部兩筆置於兩旁而已。由此，我們可以得出：“”字與《唐虞之道》簡 6“”字左旁吻合無間，應釋爲“尊”。…此處“尊”器當爲一種用於盛裝食物的陶罐，與“缶”器同出。

[11]莪（胾）酭（醢）一罤

〖整理者 1991〗莪，讀如葸。《周禮•天官•醢人》有葸菹，注：“箭萌也”。鄭司農注：“水中魚衣則借爲落。”（60 頁）

〖劉信芳 1992D〗“莪”從“才”得聲，讀爲“胾”。…酭即醢字。…所謂“莪酭”應是純肉切之爲醢。

〖劉信芳 2003〗莪：字從“才”得聲，讀爲“胾”。…所謂“胾醢”應是純肉切之爲醢。《禮記・曲禮上》：“左殽右胾”，鄭玄注：“胾，切肉也。”孔穎達疏：“純肉切之曰胾。”馬王堆一號漢墓竹簡“胾”作“載”，簡 62：“牛載一笥。”（260-261 頁）

〖田河 2007〗郭店簡載有從才聲的，簡文莪字可能是個雙聲字。《說文・肉部》：“胾，大臠也”。“胾醢”也是一種肉醬。（221 頁）

[12]鮨（鯽）一罤

〖整理者 1991〗魟一罤。（37 頁）

〖劉國勝 2003〗按：鯽，原文不清，左旁從“魚”，右旁似從“旨”，疑讀爲“鯽”，指

鯽魚。東室出土有盛鯽魚製品的陶罐（2：16）。（73 頁）

[13]醱（脎）一𣪘

〖整理者 1991〗醱，通作脎。《說文》：“脎，脯也”。《廣雅•釋器》：“肉也”。（60 頁）

〖劉信芳 1997C〗醱同脎。

〖田河 2007〗脎，干肉，又泛指儲蓄醃製食物。徐鍇說文繫傳：“古謂脯之屬爲脎，因通謂儲蓄食物爲脎。”（220 頁）

[14]𦧇一害

〖劉釗 1992A〗字應釋爲“害”。

〖楚文字編 2003〗㝬(害)。（459 頁）

〖劉國勝 2005A〗“一”上一字原文不清，似從“甘”從“巤”省，疑讀爲《儀禮•聘禮》“鮮魚、鮮臘”之“臘”。（73 頁）

〖劉信芳 2003〗𦧇：“𣪘”之異體。（261 頁）

〖施謝捷 2003〗𦧇。

〖劉國勝 2005A〗𦧇一害…“一”上一字似從“甘”從“巤”，疑爲“臘”字的異體。（87 頁）

〖田河 2007〗該字模糊，筆畫難辨，似從“甘”從“業”，“甘”上所從與包山 145 號簡“業”字相近，可隸爲𦧇。從文例看肯定爲食品名。此字有待研究。（225 頁）

[15]𧤼= （澫㚋）一𣪘

〖整理者 1991〗𧤼= （澫㚋）。（37 頁）

〖滕壬生 1995〗澫㚋。（1114 頁）

〖楚文字編 1997〗澫丘。（691 頁）

〖劉信芳 1997C〗澫丘讀如“蔓蓲”，“蔓”即“漫”之古字，故可讀如“蔓”。丘、蓲亦一音之轉。

〖劉信芳 2003〗澫㚋：二字原簡爲合文。澫即“漫”字，參簡 255 注，㚋乃丘字之異，漫丘讀爲“蔓蓲”，丘、蓲一音之轉…應是蘆筍之類，可供食用。（261 頁）。

〖何有祖 2005〗從圖板來看，後有合文符號，可分作兩字，第一字從彳、萬、土，可隸作“𨔝”；第二字圖板作，似可隸定作“㚋”。

〖劉國勝 2005A〗疑作“[illegible]”，待考。（87 頁）

〖林志鵬 2007〗字當從何有祖隸定，而“𨔝”則可從劉說讀爲“蔓”。包山遣冊簡 255 有“萬（從艸）菹一缶”。劉信芳指出，“萬（從艸）”即“蔓”之異體。《詩•邶風•谷風》“采葑采菲”，鄭《箋》：“此二菜者，蔓菁與葍之類也，皆上下可食。”《周禮•天官•醢人》“菁菹”，鄭玄《注》：“蔓菁也。”“㚋”即“曷”字，此處當讀爲“葛”。葛爲纖維植物，《詩經》屢見。《太平御覽》卷995引《周書》云：“葛，小人得其葉，以爲羹；君子得其材，以爲絺綌，以爲君子朝廷夏服。”葛不但是古代重要的夏服及製鞋材料，其嫩葉也可作菜，而地中塊根更可製成葛粉蒸食。《說文》“葛”、“蔓”二篆相連，並云“葛，絺綌艸也。”“蔓，葛屬也。”段玉裁《注》：“此專謂葛屬，則知滋蔓字古衹作曼。”包山簡“蔓”字一從艸，一從彳、土，當有分別，疑此處“蔓葛”之“蔓”從彳、土，當訓爲蔓延，作爲狀語形容葛，《唐風·葛生》：“葛生蒙楚，蘞蔓于野。”即謂此也。

〖田河 2007〗劉信芳隸爲“澫㐀”是正確的，“澫”疑讀爲“藾”，“㐀”可能是“丘”的訛形。如何讀還有待研究。但可以肯定“澫㐀”是一種食品。（225頁）

〖十四種 2009〗第一字當隸作“澫”。（123頁）

按：清華楚簡《繫年》98號簡有“”，在簡文中讀爲地名“賴”。[①]

[16]青（青）絵（錦）之纕（囊）四

〖劉國勝 2005A〗“之”下一字當釋作“纕”，讀爲“囊”。據下文“皆有糗”，簡文“青錦之囊四”是指四件盛糗的食囊。（87頁）

〖十四種 2009〗纕，原未釋。今按：讀爲“囊”。（123頁）

[17]皆又（有）糗（糗）

〖整理者 1991〗糗，《左傳·哀公十一年》：“進稻、醴、粱、糗、腶脯焉”，注：“乾飯也”。（60頁）

〖楚文字編 1997〗糗（糗）。從米，首聲。（356頁）

〖劉信芳 1997C〗“糗”古又稱“寒粥”。…所謂寒粥即用沸水沖炒米。又有以炒米舂粉沖食者，亦稱糗。

〖劉國勝 2005A〗“糗”上有二字，當釋爲“皆又”，即“皆有”。《說文》：“糗，熬米麥也。”（88頁）

〖十四種 2009〗皆又，今按：據紅外綫釋出。（123頁）

[18]四笲飤（食）

〖整理者 1991〗箕，讀如笲，《儀禮·士昏禮》：“婦執笲棗自門入”，鄭玄注：“笲，竹器而衣者，其形蓋如今之筥、笿籚矣”。（60頁）

〖袁國華 1994B〗“△”字（按：指字）字從“竹”“使”聲，古音必然與“使”字音近，甚至音同。…應是“盛載物”的專名。既然“△”是“盛載物的專名”，而出土發現這種盛載物就是“竹笥”，因此“△”是“竹笥”一類器物的名稱，更是無可懷疑的了。

〖張桂光 1994〗似應隸定作“笑”，考諸聲韻，則以讀“笥”爲宜。

①李學勤主編：《清華大學藏戰國竹簡（貳）》，181頁，上海，中西書局，2011。

[19]箴（濩）魚一籔（籯）。

〖整理者 1991〗箴魚，箴讀如截。《說文》：“酢漿也”。《儀禮•公食禮》：“漿飲”注：“截漿也”，疏：“截之言載，以其汁滓相載，故云截”。截魚即用漿腌過的魚。

〖楚文字編 1997〗箴。（216 頁）

〖何琳儀 1998A〗箴，從竹，戜聲。戜，從禾，戈聲。…包山簡箴，讀䉽。（846 頁）

〖董珊、陳劍 2002〗從遣策上下文看，簡文此字表示的是某種烹調或炮製方法，可能讀爲“濩”…“濩魚”應即煮魚。

（五）食室所以𠣾笲

飤（食）室所㠯（以）𠣾笲（箁）[1]：豕脩（脯）二笲（箁）[2]，脩二笲（箁），𤼷（烝）豬一笲（箁）[3]，庶（炙）豬一笲（箁）[4]，簪（蜜）飽（飴）二笲（箁）[5]，白飽（飴）二笲（箁）[6]，𩰫（熬）鷄一笲（箁）[7]，庶（炙）鷄一笲（箁），𩰫（熬）魚二笲（箁）[8]，槧（栗）二笲（箁）[9]，〖257〗棗二笲（箁）[10]，莀茈二笲（箁）[11]，蔣（藕）二笲（箁）[12]，萩（芰）二笲（箁）[13]，蕖二笲（箁）[14]，藠（薑）二笲（箁）[15]，蘇（芪）一笲（箁），蘠利（梨）二笲（箁）[16]，橌（桃）脩（脯）一笄[17]，僻脩一笄[18]，庶（炙）鷄一笄，一笄脩。〖258〗

集釋：

[1]飤（食）室所㠯（以）𠣾笲（箁）

〖整理者 1991〗笲，經與出土實物對照應是盛放食物的竹笥。（60 頁）

〖陳松長 1995〗所謂“飤室所以眗笲”，也就是對“飤室”功能的一種詮釋，正如簡 259 所說的“相（箱）尾之器所以行”一樣，“所以行”也就是對“相（箱）尾之器”的一種說明。…竊以爲此字當重新隸定爲“𠣾”字，讀作“眗”。

〖何琳儀 1998A〗從貝，勹聲。疑貤之省文。…讀庖。《說文》：“庖，廚也。從广，包聲。”（238 頁）

〖劉國勝 2005A〗“以”下一字似作“𡧍”，字形與郭店《老子》甲組 19 號簡“萬物將自賓”之“賓”近似，疑爲“賓”字省寫。《廣雅・釋詁一》：“賓，列也。”《小雅・常棣》“儐爾籩豆”，毛傳：“儐，陳也。”（88 頁）

〖湯志彪 2008〗我們認爲△字可能就是“賓”字。…簡文“賓”字在此當是“陳列”的意思。《楚辭・天問》：“啟棘賓商。”王逸注：“賓，列也。”《廣雅・釋詁一》：“賓，列也。”這種用法的“賓”又寫作“儐”。《詩・小雅・常棣》：“儐爾籩豆，飲酒之飫。兄弟既具，和樂且孺。”均其例。包山 257 號簡所言物品大多爲“笲”。據整理者概述，257 號簡出於“東室葬器之中，記載的食品與食器，均爲東室之物品”，“遣策稱東室爲‘食室’”，而“東室確實出許多盛裝食物的竹笥”。而“笑”，整理者又認爲“是盛放食物的竹笥”。可見，食室確爲陳列笑所用。包山259號簡第一句話言“相遲之器所以行”，整理者將此句簡文解釋爲：“西室內存放的物品是供出行使用的。”那麼參照259號簡，“食室所以賓笑”則可解釋爲“食室是用以陳列笑的”，簡文顯然是講“食室”的用途的。

按：朱德熙、裘錫圭在研究信陽簡時認爲“笑”肯定是盛杯豆的容器的名稱。就是古籍的“筌”，《說文・竹部》筌下云：“杯笿也。”《廣雅・釋器》：“筌，豆篹，杯落也。”落即《說文》之笿，《方言》：“杯落，陳楚宋衛之間謂之杯落，又謂之豆筥。自關東西謂之杯落。”郭璞注：“盛杯器籠也。”筌既可以盛杯，也可以盛豆，所以既名杯笿、又名豆筥。[①]郭若愚指出《字滙補》中“笑”與“笇”同，“笇”，“籩也”《周禮・春官》：“典庸及祭祀帥其屬而設筍簴，陳庸器。”“笑”爲供器。[②]商承祚指出“笑，《龍龕手鏡・竹部》以爲簨的俗字。《禮記・喪大記》“食於篹者盥。”注：“篹，竹筥也。篹或作簨。”疏：“篹謂竹筥，飯盛於篹，以手就篹取飯，故盥也。”《詩・召南・採蘋》：“維筐及筥”，《淮南子・時則訓》：“具撲曲筥筐。”毛傳、高誘注皆釋圓形器曰筥。[③]。朱德熙、裘錫圭之說可從。

[2]豕脯（脯）二笑（筌）

〖整理者 1991〗豕，讀如豵。《說文》：“生六月豚也”。《周禮・夏官・大司馬》：“大獸小禽”鄭司農注：“一歲爲豵，二歲爲豝”。豕脯即用六個月或一歲的猪肉做成的脯。（60頁）

〖何琳儀 1998A〗包山簡豕，疑讀爲“豮”。…《集韻》：“豮，牡豕。”（360頁）

〖白於藍 1999〗即《說文》豕字。

〖劉信芳 2003〗豕：該字與下文“豬”所從“豕”旁同形。（263頁）。

〖劉國勝 2005A〗簡文“塚”在此可能用作“豕”。（88頁）

〖田河 2007〗從字形看應釋爲“豕”，可能是豕字訛形。包山簡的“（豬）”（244、250等簡），又作（包山202、204簡）；“（豢）”（包山238、248簡），又作“”（包山203簡）。這些字的“豕”旁或作“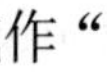”與“豕”同，可見簡文可以認爲是“豕”、豕脯就是豬肉乾。（220頁）

[3]𤼷（烝）豬一笑（筌）

〖整理者 1991〗𤼷，讀如蒸。豬，簡文從豕從者。𤼷猪即蒸猪。（60頁）

①朱德熙、裘錫圭：《信陽楚簡考釋（五篇）》，《考古學報》，1973（2），121-129頁。

②郭若愚：《戰國楚簡文字編》，71頁，上海，上海書畫出版社，1994。

③商承祚：《戰國楚竹簡彙編》，40頁，濟南，齊魯書社，1995。

〖劉釗 1992A〗按字從“豖”從“善”不從“者”故應隸作“豬”。豬字應爲膳字之異構。加“豖”旁是強調其特指性，專指豖之肉而言。簡文“𤍾豬一笲，庶豬一笲”。應讀作“蒸膳一𥬉，煮膳一𥬉”。膳，牲肉也。《周禮·天官·膳夫》“膳夫掌王之食飲膳羞”，注：“膳，牲肉也”。簡文之“膳”特指豖肉。

〖劉國勝 2005A〗《楚辭·天問》：“何獻蒸肉之膏。”“蒸”與“烝”通。《說文》：“烝，火氣上行也。”馬王堆漢墓遣策記有“烝秋（鰍）一笥”。 疑“豬”在此讀爲“鱔”。（88 頁）

[4]庶（炙）豬一笲（𥬉）

〖整理者 1991〗㡿猪，㡿即庶字，借作炙。炙猪即烤猪。（60 頁）

〖劉釗 1992A〗①按庶應讀爲“煮”，古音庶在書紐魚部，煮在章紐魚部，音近可通。②按字從“豖”從“善”不從“者”，故應釋爲“豬”，“豬”字應爲“膳”字之異體。

〖袁國華 1994C〗疑“熫”原作“庶”，本有“炙”義，後因“庶”被借作“屋下衆也”的意義，只好將“炙”義寄託在加“火”旁的“熫”字身上。既然“庶”原有“炙”義，如果說“庶”是“炙”的通假字，顯然是不必要的。…隸定爲從“广”從“石”從“火”的“㡿”字，顯然與字的構形不合。至於字形，據分析原從“石”從“火”，固以隸定爲“𥧼”最爲適合。（241、245 頁）

〖劉信芳 1997C〗“𥧼”讀如“炙”，《說文》：“炙，炙肉也，從肉在火上。”《大招》：“炙鴰烝鳧。”洪興祖補注：“炙，音柘，燔肉也。”《詩經·小雅·瓠葉》：“有兔斯首，燔之炙之。”毛傳：“炕火曰炙”。孔疏：“炕，舉也，謂以物貫之而舉於火上以炙之。”“庶膳”就是烤豬肉。江陵鳳凰山 168 號漢墓出土二組竹串，以十二根竹簽爲一組，竹簽長 21 至 23、寬 0.3 至 0.6 釐米，同出之竹簡記爲“脯六串”。此類竹串馬王堆 1 號漢墓亦曾出土。

〖劉信芳 2003〗讀爲“炙”，《說文》：“炙，炙肉也，從肉在火上。”《大招》：“炙鴰烝鳧”。洪興祖〈補注〉：“炙，音柘，燔肉也。”《詩經·小雅·瓠葉》：“有兔斯首，燔之炙之。”毛〈傳〉：“炕火曰炙”。孔穎達〈疏〉：“炕，舉也，謂以物貫之而舉於火上以炙之。”“庶膳”就是烤豬肉。江陵鳳凰山 168 號漢墓出土二組竹串，以十二根竹簽爲一組，竹簽長 21 至 23、寬 0.3 至 0.6 釐米，同出之竹簡記爲“脯六串”。此類竹串馬王堆 1 號漢墓亦曾出土。（264 頁）

[5]簭（蜜）飽（飴）二笲（𥬉）

〖整理者 1991〗飴，借作酏。《周禮·天官·醢人》：“酏食糝食”，鄭司農云：“酏食以酒酏爲餅”。（60 頁）

〖何琳儀 1993A〗“[illegible]飽”讀“蜜飴”。《集韻》：“飴，飴也。”

〖劉信芳 1997C〗“簭飴”讀如“蜜酏”。《說文》釋“酏”爲“黍酒”，經典多以之謂釀酒所用發酵物，呈稀粥狀。…蓋古代做餅以酒酏爲發酵物，此乃“酏”爲餅之別名。

〖劉信芳 2003〗讀爲“蜜酏”。…簡文“蜜酏”可以理解合成詞，即爲以蜜配以酒酏，經發酵製成的餅類…或以“蜜酏”爲偏正詞，意爲甜酏，即甜酏所製之餅，亦通。（264 頁）

〖田河 2007〗古文字中也、它通用，“飽”可釋爲“飿”，飿見于《集韻・支韻》：“飿，飴也。”就是用米或麥芽熬成的糖漿。《詩經・大雅・緜》“堇荼如飴”。《呂氏春秋・異用》：“仁人之得飴，以養疾侍老也。”高誘注：“飴，餳。”簡文“蜜飿”就是一種蜜餳。（222 頁）

[6]白飽（飿）二箕（簭）

〖整理者 1991〗白，《周禮•天官•籩人》：“白黑形鹽”，注：“稻曰白”。（60 頁）

〖劉信芳 1997C〗“白飿”，《周禮•天官•籩人》記籩之實有“白、黑”，鄭玄注“稻曰白，黍曰黑。”“白飿”應是米粉所製之餅。

〖劉信芳 2003〗簡文“蜜酏”、“白酏”對舉，“蜜”、“白”皆味道用語，“白”猶今俗語所謂“白味”。（264 頁）

〖田河 2007〗白飿就是白飴，大概是稻飴。（222 頁）

[7]熋（熬）鷄一箕（簭）

〖整理者 1991〗熋，讀如熬。《說文》：“熬，乾煎也”。熭鷄即熬鷄。（60 頁）

〖劉釗 1992A〗按字從火從囂，應釋爲“熬”…考釋（525）爲“讀如熬”。按字就是熬字，不用“讀作”。

[8]熋（熬）魚二箕（簭）

〖整理者 1991〗囂，熭字。熭，乾煎魚。（60 頁）

[9]桌（栗）二箕（簭）

〖整理者 1991〗栗，栗字古文作𣡌，簡文作桌，爲從栗字古文省。（60 頁）

[10]棗二箕（簭）

〖整理者 1991〗梟，《禮記•内則》：“芝栭蔆椇”，注：“枳，椇也”。疏：“梨之不臧者”。《曲禮》：“婦人之摯椇榛”，疏：“即今之白石李也”。（60 頁）

〖劉釗 1992A〗按此字亦見於楚帛書…曾憲通先生認爲應釋爲“梟”，其說極是。

〖何琳儀 1993A〗與帛書“梟”同形。《正字通》“《漢儀》五月五日，作梟羹賜百官，以惡鳥，故食之。”

〖劉信芳 1997C〗包山簡二五八：“梟二箕”《史記・武帝本紀》：“祠黃帝用一梟”。集解引如淳曰：“漢使東郡送梟，五月五日爲梟羹以賜百官，以惡鳥，故食之。”

〖劉國勝 2003〗“二”上一字疑爲“棗”的誤字。（74 頁）

〖劉信芳 2003〗梟：…《史記・武帝本紀》：“祠黃帝用一梟”。〈集解〉引如淳：“漢使

東郡送梟，五月五日爲梟羹以賜百官，以惡鳥，故食之。”（265 頁）

〖劉國勝 2005A〗“二”上一字，下部從“木”，上部疑爲“𣋡”字省訛，似當隸作“𣛑”。“𣛑”是“棗”字的異體。該墓東室出土 2：46 號、2：47 號二件竹笥所繫簽牌都記有“𣗥”。“𣗥”即“棗”。據報告，此二件竹笥内皆盛棗。2：46 號、2：47 號竹笥當屬簡文所記“棗二箕”。（89 頁）

〖劉國勝 2005B〗此字下部作“木”形，上部疑爲“𣋡”之省變，其所以“棗”旁省作“朿”形。此字舊釋“棋”、釋“梟”，恐不確，疑當釋作“𣛑”，“𣗥”字異體，讀爲“棗”。

〖田河 2007〗其實，即“早”字，與郭店簡《老子（乙）》1 號簡“（早）”字寫法相同，只不過省去“棗”的一部分，也可以看作是借筆字。此處是借早爲“棗”。（218 頁）

[11]𦾔茈二箕（筌）

〖整理者 1991〗萑茈，萑爲蒦之誤。同墓所出竹笥簽牌上有“𦶜茈”，也即本簡的“萑茈”。萑與𦶜讀音相去甚遠，而蒦與𦶜音近，故知萑乃𦶜之訛。蒦又借作鳧。鳧茈，《爾雅•釋草》：“芍，鳧茈”。郭注：“生下田，苗似龍須而細，根如指头。黑色可食”。朱駿聲云：“今聲謂之蒲齊，亦謂之葧臍是也。初生亦紫色，老則黑”。鳧茈即葧臍。（60 頁）

〖李家浩 1996A〗“𦾔茈”之“𦾔”，原文寫作從“艸”從“隹”從“几”。“几”的左側一畫與“隹”的左側一畫公用，右側一畫的中間加有一點。這種筆畫共用和加點的情況，在戰國文字中常見。金文“鳧”字所從“鳥”旁作“隹”。於此可見，簡文此字應該釋爲“𦾔”。《包山》釋爲“萑”謂是“蒦”字之誤，非是。《玉篇》艸部：“𦾔，音符，𦾔茈。”𦾔茈即荸薺，字或作“𦾔茈”。《後漢書・劉玄傳》“王莽末，南方饑饉，人庶群入野澤，掘𦾔茈而食之”，李賢注：“𦾔茈，《續漢書》作‘符訾’。”包山 2:52-2 號、2:188-1 號竹笥所繫竹簽𦾔茈作“苻茈”、“苻此”。“鳧”、“𦾔”、“符”、“苻”都是並母侯部字，“茈”、“訾”都從“此”得聲，故可通用。2:52-2 號竹笥内盛的是荸薺，與簡文所記相合。

〖劉信芳 1997C〗包山簡二五八：“蒦茈二箕。”同出二件竹笥之簽牌（標本二：五二・二、二：一八八・一）俱作“𦶜茈”，竹笥内盛有荸薺。《爾雅・釋草》作“鳧茈”，“蒦”、“𦶜”、“鳧”一音之轉。

[12]蓏（藕）二箕（筌）

〖整理者 1991〗蒻，讀如筍，《說文》：“筍，竹胎也”。（60 頁）

〖劉釗 1992A〗按此字乃“蓏”字，釋大謬。蓏，草實也。簡文即用草實直義。

〖湯餘惠 1992〗亦當釋爲蓏（菰）。

〖李家浩 1996A〗“蓏 f”原文所從“瓜”旁是反寫的。…爲了跟正寫的“蓏”字相區別，釋文在“蓏”的右下角加拉丁字母 f 作“蓏 f”，以表示反寫的“蓏”。此簡“蓏 f”與“蓏”

同時出現，說明它們不是一個字。“菰 f”還見於 2:59－2 號、2:418-1 號竹笥所繫的竹簽。“菰 f 二箞”當是指這兩件竹笥。2:59-1 號竹笥內有藕六節。“瓜”、“藕”古音都是侯部字。古文字往往正反無別，疑簡文“菰 f”，從“瓜”聲，讀爲“藕”。

〖劉信芳 1997C〗“苟”從艸，從二个。《史記・貨殖列傳》：“竹竿萬个。”索隱：“箇，个古今字也。”據此“苟”讀如“藕”（二爲偶），《說文》作“蕅”。出土竹笥（標本二：五九・二）之簽牌字亦作“苟”，該竹笥內盛蓮藕六節。

〖劉國勝 2005A〗2：59 號竹笥出自東室。2：418 號竹笥出自北室，據報告，笥的蓋內黏附一些花椒籽，未見其他食物。據報告，東室出土的 2：54 號竹笥內亦盛蓮藕六節，但該竹笥所繫簽牌記的是“檮脊”。（89 頁）

〖十四種 2002〗疑當釋爲“藕”。（124 頁）

[13]葙（芰）二箕（箞）

〖整理者 1991〗蘵，讀如葚。《說文》：“葚，桑實也。……字亦作椹”。（61 頁）

〖黃錫全 1992〗葙。

〖李家浩 1996A〗據 2:191－3 號、1:202-2 號竹笥所繫竹簽上的文字，這兩件竹笥當是簡文所記的“葙二箞”。2:202-2 號竹笥內盛的都是菱角，2：191-1 號竹笥內也盛有菱角。菱角也是水生植物，與蔥茈、藕同類。簡文所記的“葙”和簽文所記的“苜”顯然是指竹笥內盛的菱角。楚人把菱角叫作“芰”。《國語・楚語上》“屈到嗜芰”，賈逵注：“蔆，芰也。楚人謂陵（蔆）爲芰。”…包山竹簡的“葙”和竹簽的“苜”，無疑是“芰”字的異體。

〖趙彤 2007〗《包山楚簡》圖版一一二・258，“葙”字作，其右下所從似爲 Yc2 形（按：Yc2 指），則爲“也”，而非“只”；但是《包山楚墓》圖版二〇二・258“葙”字右下“ㄝ”形之下好象還有墨迹，而且“ㄝ”形末筆的末端較粗，似起筆處，而非收筆處，因此，“葙”字右下很可能本來是作 Z1（按：Z1 指）或 Z2 形（按：Z2 指）。由於“只”和“也”字形相近，所以有相混的可能，正如“天”和“而”、“視”和“見”、“史”和“弁”、“甲”和“乍”等在楚簡中都有相混的例子。所以，如果“葙”字右下所從確爲 Yc2 形，則可以看作字形訛誤或是混用。

[14]蕖二箕（箞）

〖整理者 1991〗蕖，疑讀如荅。《說文》：“小赤也”。（61 頁）

〖劉信芳 1992D〗若將出土實物與遣策對照，知此“蕖”即“芰”。“芰”即菱角。二號墓中有同一型制長方形人字紋笥二件，27×12.5×3 釐米，202-1 盛滿菱角，202-2 附一簽牌，可惜圖板上的簽牌字跡已無法辨識。

〖劉信芳 1997C〗《廣雅・釋草》：“蕖，菩也。”《玉篇》：“菩，香草也。”

〖劉信芳 2003〗字又見出土竹笥簽牌（標本 2:161.1、2:55.1)。《廣雅・釋草》："蕖，菩也。"《玉篇》："菩，香草也。"（266 頁）

〖劉國勝 2005A〗2:55 號、1:161 號竹笥出自東室，應即簡文所記"蕖二箕"（90 頁）。

[15]薑（薑）二箕（箺）

〖整理者 1991〗薑，讀如姜。（61 頁）

〖劉信芳 1997C〗"薑"字又見出土竹笥之簽牌（標本二：五三・一），該竹笥內盛有薑的根莖數十塊。

〖白於藍 1999〗即《說文》薑字。從土乃繁化。

〖劉信芳 2003〗薑：字又見出土竹笥之簽牌（2:53.2），該竹笥內盛有薑的根莖數十塊。（266 頁）。

〖劉國勝 2005A〗2:53 號竹笥出自東室。出自東室的 2:187 號竹笥所繫簽牌亦記"薑"。不過，據報告，2:187 號竹笥內盛的是柿核，而東室出土的 2:49 號竹笥內也盛有薑，但未見繫有簽牌。（90 頁）

[16]藹利（梨）二箕（箺）

〖整理者 1991〗利，借作梨。（61 頁）

〖楚文字編 1997〗蒚。（43 頁）

〖劉信芳 1997C〗"藹"應即《說文》"蒚"字異構。"藹利"是連綿詞。出土竹笥（標本二：四七・二）之簽牌作"利"，知"利"即"藹利"的合音，並讀爲"梨"，該竹笥所盛即梨。

〖劉信芳 2003〗"藹"字從言、鬲聲。或即《說文》"蒚"字異構，"蒚利"是連綿詞。出土竹笥（標本 2:47.2）之簽牌作"利"，知"利"即"蒚利"的合音，並讀爲"梨"，該竹笥所盛即梨。（266 頁）

〖劉國勝 2005A〗"杒"上一字似當作"蘀"，疑讀爲"澤"。《楚辭・離騷》"芳與澤其雜糅"，王逸注："澤，質之潤也。""澤梨"指新鮮梨。該墓東室出土 2：50 號、2：57 號二件竹笥所繫簽牌記"利"，即"梨"。據報告，2：50 號竹笥內盛有梨核，入葬時應爲新鮮梨果。2：57 號竹笥內未見食物。簡文所記"蘀梨二箕"很可能就是指 2：50 號、2：57 號這二件竹笥。（90 頁）

[17]櫂（桃）脔（脯）一箕

〖整理者 1991〗檮，簡文作[illegible]，疑爲桃字。（61 頁）

〖劉信芳 1992D〗檮與擣通。是一種經捶擣加工的干肉。《儀禮・有司》："取糗與腶脩"，鄭玄注："腶脩，擣肉之脯。"…擣脯用料考究，僅取動物裏脊肉捶擣而加薑桂之屬，看來屬精加工食品。

〖劉信芳 1997C〗"檮"讀如"擣脯"又稱腶脩，《儀禮・有司》："取糗與腶脩"，鄭玄注："腶脩，擣肉之脯。"

〖劉信芳 2003〗檮：讀爲"擣"，"擣脯"又稱腶脩。《儀禮・有司》："取糗與腶脩"。鄭玄〈注〉："腶脩，擣肉之脯。"。（266 頁）

〖劉國勝 2005A〗該墓東室出土 2:54 號竹笥所繫簽牌記"檮脊"，與簡文所記相同。不過，據報告，2:54 號竹笥内盛有蓮藕六節。（90 頁）

[18]僻脩一笲

〖整理者 1991〗僻股，股也作脈，讀如鸊鷈。（61 頁）

〖李家浩 1993B〗僻（膍）脩一笲。

〖楚文字編 1997〗脈。（196 頁）

〖劉信芳 1997C〗"僻脈"乃連綿詞，讀如"鷿䳤"，自或作"鷿鷉"，野鴨也。

〖劉信芳 2003〗按"膍"乃牛百葉，"脩"乃干肉。牛百葉似不宜干製。疑"僻脩"讀爲"貔脩"。《說文》釋"貔"爲"豹屬"，《爾雅・釋獸》釋爲白狐。包 262 另有"狐"字作"鼪"，如是則"僻脩"以理解爲乾制豹肉爲宜。（267 頁）

（六）相徙之器

相遷（徙）之器所㠯（以）行[1]：一桂（獬）昇（冠）[2]，組綏（纓）[3]，一生繵之纀[4]，二鼪（狐）罣（襗）[5]，二紫韋之輯（帽）[6]，一會（合）鸜（歡）之䳒（觹）[7]，一魚皶（皮）之縷（屨）[8]，一韀鞔（鞔）[9]，二緹（鞮）婁（屨）[10]，皆繏純[11]，一縵（巾）笲，六縵（巾）[12]，一緯（幃）粉[13]，四椰（櫛），一笲[14]，一櫝（櫝）枳（歧）[15]，又（有）錖（錦）綉〈綉-韜〉[16]，縞宫[17]，一縞箬（席）[18]，□〼〖259〗裏，結蕪之純[19]，一秦縞之絈裏，王錖（錦）之純[20]，二鑑[21]，二緒[22]，一會（合）[23]，二骨梢[24]，一絅（綺）縞之緯（幃）[25]，一金鈔[26]，一寢箬（席）[27]，二俾（廌）箬（席）[28]，一坐箬（席）[29]，二莽（莞）箬（席）[30]，皆又（有）秀（韜）[31]，一生綍（縠）昇（冠）[32]，一圩綍（縠）昇（冠）[33]，皆衛[34]〼〖263〗〼一橐（栗）〼，又（有）笲[35]，一昇（冠）簺（籯）[36]，二革囩（圓）[37]。〖264〗

集釋：

[1]相遷（徙）之器所㠯（以）行

〖整理者 1991〗相，借作箱。箱尾指椁室内的腳箱。即椁内的西室。（61 頁）

〖林澐 1992〗顯應讀爲徙…所謂“”者，據遣策與實物對照，乃外出時可攜帶的服裝、臥具、梳妝具，几杖、扇子、燈具、武器之類。

〖周鳳五 2006〗“相隨”，官名，爲楚王近侍之官。包山楚簡“遣策”類的簡 259 至簡 264“相隨之器所以行”，即相隨之官所掌官的出行攜帶物品。

[2]一桂（獬）冟（冠）

〖整理者 1991〗完，冠字。桂疑讀作獬，《淮南子•主術》：“楚文王好服獬冠，楚國效之”。（61 頁）

〖劉信芳 1992D〗簡文“桂”應是“鮭”之借。…“鮭冠”又作“鮮冠”…“鮮冠”即“鮮卑之冠”，《莊子・天運》：“鮮規之獸。”釋文云：“鮮規，小獸也。”鮮卑、鮮規雙聲叠韻。…鮮卑急讀如獬（桂、鮭）。

〖彭浩 1996〗獬冠其形狀是前低後高，高出部分的上端較細，下端較粗大，後部下延齊頸部，有繫帶。這種冠式見於包山楚墓出土的人物車馬奩上所繪主人和侍從的圖像。…這種冠式與角的形狀相似，或許是古籍中所說到的獬冠。獬是傳說中的一種獸名(神羊)，只有一角，能觸邪惡。楚人棋仿獬角形狀做成獬冠，十分流行。…楚簡中也有這種冠式的記載。包山二號墓竹簡記：“一桂完（冠），組綅（纓），一生之紅纋（厭）”桂冠，即獬冠，古代桂、獬兩字同音，故可假借。（171-172 頁）

[3]組綅（纓）

〖整理者 1991〗綅，讀如纓。《說文》：“纓，冠系也”。組纓，以組帶作的冠繫。（61 頁）

〖彭浩 1996〗組纓即以組帶做的冠纓。（172 頁）

〖金琳、呂繼熔 2011〗從以上文獻推斷“組纓”是在戰國時期以組帶製作的一種冠繫，並根據組帶的不同顏色，判斷佩戴者的身份等級。同時組還作爲繫於銅鉦上端圓孔中的繫帶，以便於懸挂，或纏繞於簪等頭飾上。

[4]一生縬之纋

〖整理者 1991〗纋，通作厭。《儀禮•既夕禮》：“冠六升，外縪，纓條屬厭”，注：“通屈一條繩爲武，垂下爲纓，屬之冠。厭，伏也。”疏：“厭伏者，以其冠在武下過，向上反縫著冠，冠在武下，故云厭也。五服之冠皆纋”。（61 頁）

〖劉信芳 1992D〗依楚簡例，凡前標有數詞者，一般別爲一件器物。“纋”，此指喪冠。…“生”，同青，《釋名・釋采帛》：“青，生也，象物生時色也。”

〖劉信芳 1997C〗“生縬”讀如“青繱”，謂青色之帛。…“纋”謂纋冠。

〖劉信芳 2003〗①縬：字形存疑。…疑讀爲“總”，《說文》：“帛青色也”。《廣雅・釋器》：“總，絹也。”（271 頁）②纋：謂厭冠。《禮記・曲禮下》“苞屨、扱衽、厭冠，

不入公門”…孔穎達〈疏〉：“厭冠者，喪冠也。”（271 頁）

〖劉國勝 2005A〗“生”下一字似當隸作“𦁤”，疑爲“綃”之訛。“絹”“綃”，釋爲“絹”或讀爲“甂”。（92 頁）

〖田河 2007〗簡文此字可能是“紶”，“紶”見于《說文》其義爲絲韌、衣堅之意，從同文例推之䌛應是一種絲麻織物。劉信芳認爲“纗”是厭冠，可從。（178 頁）

[5]二䶊（狐）睪（襗）

〖整理者 1991〗䶊，狐字。睪，讀如皐，訓爲甲，或指披在衣外之服。（61 頁）

〖劉信芳 1992D〗此睪實在無必要輾轉訓爲“甲”，謂“或指披在衣外之服”，亦無據。《說文》：“襗，絝也，從衣，睪聲”此說音義皆備，似無須另外求解。所謂絝即脛衣。

〖劉信芳 1997C〗“䶊”即“狐”字之異。“睪”讀如“襗”，《說文》：“襗，絝也，從衣、睪聲。”所謂“絝”謂脛衣，套褲是也。《詩・秦風・無衣》：“與子同澤”。澤一本作“襗”，鄭玄箋：“襗，褻衣近汚垢。”鄭玄所釋是依上下文意而得，然簡文“䶊睪”應依《說文》釋爲狐皮脛衣。

按：“睪”除讀如“襗”的意見外，羅小華將“睪”讀爲“舄”，指加木底的鞋。[①]

[6]二紫韋之䩦（帽）

〖整理者 1991〗韋，熟皮。䩦，讀如帽，字從韋從冒，可能指皮帽。（61 頁）

〖劉信芳 1997D〗簡文“䩦”、“縟”乃“冒”之繁形。

〖劉信芳 2003〗《說文》作“冃”，“小兒及蠻夷頭衣也”。字或作“冒”…簡文“䩦”益“韋”作繁形。（271 頁）

〖田河 2007〗帽從“韋”大概是表其材質。簡文是說一頂紫色熟皮帽。（178 頁）

[7]一會（合）鸛（歡）之觴（觴）

〖整理者 1991〗會，借作繪。鸛，疑讀作獾。觴，讀作盪。《說文》：“滌器也，……熱水去垢故從湯”。西室出土一件銅盉，獸形嘴，似爲“盪”。（61 頁）

〖劉信芳 1992D〗應隸定作“觴”，其字從角從昜，此“昜”即“曶”之別構，不過上下易位而已“曶”字見《說文・日部》，大徐謂即經傳之笏字。…所謂“會鸛之觴”，會，《爾雅・釋詁上》：“會，對也。”觀，《爾雅・釋言》：“觀，指示也。”…知“會鸛之觴”即爲對君命以備觀視之笏。若該之實物，二號墓有一件木牌，報告第 263 頁述其形制曰：漆木牌一件。標本 2：407。…筆者雖未曾見過先秦笏之實物，但認爲此木牌即笏。

〖劉釗 1992A〗字表隸作“觴”。按字從角從昜，應釋爲“觴”。

①羅小華：《釋舄》，簡帛網，2012 年 10 月 31 日。

〖劉信芳 1997C〗按“會懽”猶言“屬觀”。…“屬觀”是觀社的委婉語。…或讀“會懽”爲“合懽”，亦通。惟古人言男女之事多用委婉語，則讀爲“會觀”，理解爲“屬觀”爲義長。“觴”讀如“瑒”…“觴”字本義爲酒器，惟該簡所述爲行器，知爲“瑒”之假。“會懽之觴”即觀社所持之玉器或獸角製器。

〖劉國勝 2003〗“合”，原字作“會”，在此作爲“合”字來用。“歡”，原字從“心”“觀”聲，疑讀爲“歡”。“合歡”，似指一類紋飾圖案。《周禮・春官・司几筵》“加繅席畫純”，鄭玄注：“繅席，削蒲蒻展之，編以五采，若今合歡矣。”“觴”，似當從“角”“昜”聲，待考。此字從角，懷疑是指墓中出土的 1 件“角雕動物”（2：431-1），全器透雕三個虎首龍身動物，互相盤繞。（77 頁）

〖劉國勝 2005A〗“會”，在此可能作爲“合”字來用。“懽”，疑讀爲“歡”。“合歡”，似指一類紋飾圖案。…該墓西室出土 2：415 號竹笥內放置有 1 件木質“冠飾”（2：415-1），不知是否與簡文所記“一會懽之觴”有關。一說北室出土 2：431 號竹笥內的 1 件“角雕動物”（2：431—1），全器透雕三個虎首龍身動物，互相盤繞，懷疑是簡文所記“一會懽之觴”。（93 頁）

[8]一魚皾（皮）之縷（屨）

〖整理者 1991〗皾，讀如皮。縷，讀如屨。（61 頁）

〖劉信芳 1997C〗“皾”應是“皮”的繁文，“魚皾之縷”即魚皮製的鞋。

[9]一韇韍（鞔）

〖整理者 1991〗壓，借作裝。《說文》：“裝，裹也”。韍，借作袚，《方言四》：“蔽郗，江淮之間或謂之袚”。（61 頁）

〖劉信芳 1997C〗“韇韍”讀如“章甫”…按“章甫”作爲冠名，字不單獨爲釋，章與韇、甫與韍讀音皆近。

〖李零 1999B〗從韋從古娩字。

〖九店簡 2000〗“韇”字不見於字書，可能是一種皮革的名字。…“韍”從“韋”從“孚”聲…疑“韍”是“鞔”字的異體。（146-147 頁）

〖劉信芳 2003〗韇韍：據文例應是鞋名（縷、婁皆爲鞋名），疑讀爲“牂鞔”，“牂”乃羊名，“鞔”乃屨名，“牂鞔”似指羊皮鞋。（272 頁）

〖劉國勝 2005A〗信陽遣策 2-028 號簡記有“一兩鞔屨”。簡文“韇鞔”當屬鞔屨。該墓西室出土 2：413 號竹笥內有 1 雙“麻鞋”（2：413—1），表層用麻繩編織，內衬麻布，其上髹黑漆，裏層爲皮革，鞋口有繫鞋的束帶。這種“麻鞋”疑即鞔屨。（93 頁）

[10]二緹（鞮）婁（屨）

〖整理者 1991〗緹婁，鞮屨。（61 頁）

〖劉國勝 2005A〗“鞮屨”亦見信陽遣策 2-02 號簡和仰天湖遣冊 15 號簡《禮記•曲禮下》：“鞮屨素幭”，鄭玄注：“無鉤之菲也。”（93 頁）

[11]皆纀純

〖整理者 1991〗纀，借作纂。《漢書•景帝紀》：“錦綉纂組”應劭曰：“纂，今五彩屬粹是也”。可能是指用彩色絲綫編成的絛。純，《廣雅•釋詁二》：“純，緣也”。（61 頁）

〖何琳儀 1998A〗楚簡纀，疑讀“纂”。…《漢書・景帝紀》“錦綉纂組”，注“今五彩屬粹是也。”疑彩色絲綫所編之絛。（1356 頁）

〖田河 2007〗“纀純”是對“緹婁（屨）”緣飾的說明，可能是指“緹屨”鞋口用五彩絛作緣。（197 頁）

〖羅小華 2011A〗“纀”是疑指顏色或質地。（45 頁）

[12]一緷（巾）笲，六緷（巾）

〖整理者 1991〗緷，借作巾。笶，讀如笲，竹笥。緷笶即巾笲，内盛六件巾。（61 頁）

〖劉信芳 1997C〗“緷”讀如“巾”。…“緷笶”即放置佩巾之竹笥，内盛六佩巾。

〖劉國勝 2003〗簡文下言“一笲”，此言“一巾笲，推知“巾笲”似指一種表面蒙巾的竹笲。下文“六巾”、“幃粉”、“四櫛”似是“巾笲”内所盛物品。（77 頁）

〖劉國勝 2005A〗該墓北室出土 2：431 號彩繪竹笥所繫簽牌記“緷笲”，即“巾笲”。簡文“一巾笲”當是記這件竹笥。據報告，該竹笥内盛有“角雕動物”、“根雕動物”、“玉飾”、“骨飾”等 6 件裝飾品及 1 件“假髮”。下文“六巾”、“一緯粉”疑爲“巾笲”内所盛物品。（94 頁）

[13]一緯（幃）粉

〖整理者 1991〗緯，似借作襬《說文》：“重衣貌”。粉，讀如帉，《說文》：“楚謂大巾曰帉”。《廣雅•釋器》：“帉，幘也”。（61 頁）

〖劉信芳 1997C〗“緯”讀如“幃”，《說文》：“囊也。”…粉，《說文》：“所以傅面也。”…是幃粉即粉囊。

〖劉國勝 2003〗《楚辭・離騷》“椴又欲充夫佩幃”，王逸注：“幃，盛香之囊。”簡文“一幃粉”，也可能是說一袋“粉”的意思。（78 頁）

〖劉國勝 2005A〗簡文“一幃粉”可能是記一袋妝粉。一說“一緯粉”是記 2:431 號竹笥所盛一件“假髮”。（94 頁）

[14]四柳（櫛），一笲

〖整理者 1991〗柳，讀如櫛，梳箄的總稱，四件梳箄放於一竹笥中。（61 頁）

〖劉信芳 1997C〗①該墓出土竹笥（標本二：四三三）内置木梳二件，木篦二件，即簡文所記“四楖”。②“笪”謂竹笥。

按：《包山楚墓》指出出土梳 2 件，其中素飾梳標本編號爲 2：433-1，透雕梳標本編號爲 2：433-4。出土篦 2 件，其中素飾篦標本編號爲 2：433-2，透雕篦標本編號爲 2：433-3。[①]

[15]一樻（櫃）枳（歧）

〖整理者 1991〗樻，讀如績。枳，讀作梳。績梳即繪有紋飾的梳。（61 頁）

〖李家浩 1998C〗按枕在古代又叫作“歧”。《玉篇》立部：“歧，枕也。”。…枕又叫做“歧”，當是因枕是支載人頭用的而得名。歧載之“歧”或以“枝”爲之。…古文字多以“枳”爲“枝”。簡文（1）、（2）（按：（1）指包山 259 號簡，（2）指包山 260 號簡）的“枳”，顯然應該讀爲枕的別名“歧”。包山二號楚墓出土枕二件，分别編號爲 2:425、2:430。據枕座的形態，《包山楚墓》把 2:425 號稱爲框形座枕，把 2:430 號稱爲盒形座枕。框形座枕的兩側木座中部和下部分别鑿長方框，枕面由七根竹片組成…盒形座枕的枕座用整塊木頭鑿成，呈長方盒狀，枕面由六根竹片組成，出土時盒内還裝有半盒花椒…（1）的“樻”應該讀爲“櫃”，“櫃”是小匣。《韓非子·外儲說左上》：“楚人有賣其珠于鄭者，爲木蘭之櫃，薰以桂椒，綴以珠玉，飾以玫瑰，輯以弱翠。”簡文“櫃歧”之“櫃”即用此義。“櫃歧”當指墓内出的盒形座枕。因盒形座枕的枕身是櫃，兼有枕和櫃兩種功能，故簡文把它叫做“櫃枕”。

〖劉信芳 2003〗樻枳《說文》：“樻，椐也。”…《爾雅·釋木》：“椐，樻。”郭璞〈注〉：“節腫可以爲杖”。…“枳”讀爲“枝”，《莊子·齊物論》：“師曠之枝策也”。司馬〈注〉“枝，柱也。策，杖也。”疑“樻枝”是杖也。該墓北室出土的“龍首杖”（標本 2:224）。…簡 260“一竹枳”，疑是竹杖。（273-274 頁）

[16]又（有）絵（錦）綒〈綉-韜〉

〖整理者 1991〗綒，綉字之誤。絵，讀如錦。（62 頁）

〖劉國勝 2003〗簡文“有錦綉”是對上文“樻枳”的說明。“樻枳”不太可能是絲織類的物品。所以“綉”在此非刺綉之義，應作繪畫的意思講。《說文》“綉，五采備也。”段玉裁注：“今人以針縷所紩者謂之綉，與畫二事，如《考工記》則綉亦系之畫繪，同爲設色之工也。”《周禮·考工記·畫繢》：“畫繢之事……五彩備謂之綉。”“有錦綉”即指有“錦綉”樣的繪畫。 仰天湖《遣冊》18 號簡記“一策柜，玉首。一棼柜，有錦綉”。“有錦綉”亦指繪畫。（78 頁）

①湖北省荊沙鐵路考古隊：《包山楚墓》，149-150 頁，北京，文物出版社，1991。

〖劉信芳 2003〗綒：字從糸，季聲，疑讀爲“絉”，…“錦絉”似指龍手杖杖首之紋飾。（274 頁）

〖劉國勝 2005A〗簡文“綒”字下有標識符號“-”。“柜枳”應是木器。“有錦綉”可能是對“柜枳”上有彩繪的說明。…“有錦綉”也可能是對“柜枳”帶有綉錦飾品的說明。（94 頁）

[17]縞宫

〖整理者 1991〗宫，讀如裛。《說文》以爲書囊，簡文指套在枕外的囊。（62 頁）

〖劉信芳 1997C〗信陽簡二一五：“一絲裛”《說文》：“裛，書囊也，從衣，邑聲。”簡文“絲裛”應是盛衣物之絲囊。包山簡二五九：“縞宫。”二六〇：“絵宫。”“宫”讀如“裛”。“縞”是細繒之名。

〖李家浩 1998C〗古代裝弓的袋子有“韔”、“韜”、“橐”、“韣”、“鞬”等不同名字，（5）（按：指天星觀楚簡，《楚系文字編》616 頁）的“序”當是裝弓的袋子的另一名字。因其是用“紡”作的，故稱“紡序”。（1）、（2）、（4）（按：分別指包山 259 號簡、包山 260 號簡、望山二號墓 47 號簡）的“序”，皆與此同義。

〖趙平安 2003〗其中枳和康是器物名，宛是與之有關的飾物，可以讀為帑，《說文·巾部》：“帑，幡也。”

〖單育辰 2008〗“宛”應讀爲“緣”，是“緣飾”的意思。…而單把“信陽”2-23 的“一柿枳，絵（錦）純”與（7）（按：指包山 259 號簡）的“一槓枳，……，縞宛”（8）（按：指包山 260 號簡）的“一竹枳，絵（錦）I”相對比，就可以認識到“宛”與“純”的地位相當。“純”大家公認是“緣飾”的意思，我們把“宛”讀爲“緣”後，正與“緣飾”的意義相符。

[18]一縞箬（席）

〖整理者 1991〗箬，讀如席。縞席，以縞緣邊之席。（62 頁）

〖劉信芳 1997C〗此皆以絲織品覆面之席。

〖劉國勝 2003〗簡文“縞席”下一字殘，據所剩筆划，似當作“索”字，讀爲“素”。…楚《遣冊》中的“席”多指竹或草席，有的席用絲織物包邊。但有時也用“席”來稱絲織物做的席子，此即其例。（78 頁）

〖劉信芳 2003〗縞：細繒。…“縞席”是以細繒覆面之席。（274 頁）

〖劉國勝 2005A〗簡文“縞席”應是用“縞”爲面料做成的席，屬絲席。（95 頁）

〖劉國勝 2010〗259 號簡末尾“縞席”之下，尚存該簡最末一字的殘畫，整理者的釋文對此有所疏漏，沒有指出。也就是說，259 號簡最末 4 字釋文當作“一縞席，口”。

[19]裏，結蕪之純

〖劉信芳 2003〗按“緖膚”爲連綿詞，其字簡 263 作“結蕪”，信陽 2-023 號簡的：“結芒之純”。“芒”從亡得聲，讀與“蕪”、“膚”通。又簡 267：“鹽蔿之純”。 鹽從古得聲，“蔿”讀如“膚”、“蕪”，知亦結蕪、緖膚也…“緖膚”、“結蕪”等應是以絲織品（或皮革之類）編織而成，或作衣裳之緣邊，或作車馬上的駕馭部件。（279 頁）

〖劉國勝 2005A〗簡文“裏”及下文“結蕪之純”似當是對前面“一縞席”的席裏及席緣的說明。（95 頁）

〖劉國勝 2010〗263 號簡起首字爲“裏”，將 263 號簡排在 259 號簡之後，則相連處的簡文作“一縞席，口裏，結蕪之純”。儘管“裏”上一字不識，但不難看出此字當是表述席裏的顏色或席裏所用面料，所記物品是一張絲席及席裏、緣的情況，這與 262 號簡記“一縞席，綠裏，錦純”的表述類似。兩張縞席因爲席裏、席緣有所不同，所以分別登記。

[20]一秦縞之絈裏，王絵（錦）之純

〖白於藍 1999〗本簡“一秦縞之絈裏，王絵之純。”絈和絵應釋兩種絲織品，絵乃錦之異構，絈應即《說文》之帛字。

〖劉國勝 2003〗“白”，原字從“糸”從“白”，在此疑爲白色字。“秦縞”，也見於望山遣策 20 號簡“一秦縞之中干”，是當時的一種織物名稱。簡文在“秦縞”下書寫有“-”的標識符號。此處若讀成一句，則下文“王錦之純”成爲“一秦縞之絈裏”的“純”，“白裏”就不當解釋成衣裏之“裏”，而是與“衣”地位相當的某物。我們懷疑簡文所用“-”的標識符號也可能是據實所寫的句逗號。“一秦縞”承上文省席字，指一件席…則“之白裏”宜視作“之白”之“裏”。此存疑待考。下文“王錦之純”疑讀爲“黃錦之純”。（79 頁）

〖劉國勝 2005A〗“絈”，疑讀爲“袙”，指帳幕。《集韻》禡韻：“帊，《博雅》‘帳’，或作袙。”“裏”，在此疑讀爲“緾”，指紋理。《玉篇》糸部：“緾，文。”“裏王錦”與 254 號簡“素王錦之綉”的“素王錦”文例相似。一說此處簡文應讀作“一秦縞之絈裏，王錦之純。”（95 頁）

〖劉國勝 2010〗“一秦縞之絈裏，王錦之純”記在“一縞席，口裏，結蕪之純”之後。“一秦縞之絈裏”讀起來比較費解，因爲“絈裏”不論讀作“帛裏”還是“白裏”，依楚遣冊用字習慣看，都應是指某物的裏子，不太可能是某一物品的名稱，而某物的裏子一般是不會單獨記數並登記人冊的。我們懷疑，簡文“一秦縞之絈裏”後面可能漏寫了“席”字，或者承上文“一縞席”而省“席”字。

[21]二鑑

〖整理者 1991〗鑑，盥洗器，出土物中不見。（62 頁）

〖胡雅麗 1991〗鑒，借作鏡。《廣雅·釋器》："鑒謂之鏡"。…"二鑒"即兩件銅鏡。…二號墓北室所出子母口漆奩 2:432，除内盛許多花椒外，還置方形銅鏡與圓形銅鏡各一件，方形銅鏡之上殘存腐亂的絲織物痕跡，另外有蛤蜊殼一對，骨笄兩件，絲織搽粉飾一件，木片飾兩件。除方鏡上的絲織物已腐亂，無法辨認，其中是否有"緒"外，其他物品均可依次與遣策所記之"二鑒（鏡）、二緒、一會；二骨梢（笈）、一絅（絅）縞之緯、一金（桍）鈔。"相對應。

按：《包山楚墓》記出土鏡 2 件，圓形鏡標本編號爲 2：432-9，方形鏡標本編號爲，2：432-2，遣策記爲"二金鑑"。[①]簡文未見"二金鑑"，僅 265 號簡有"二監"，263 號簡有"二鑑"，277 號簡有"二鑑"。265 號簡的"二監"，整理者認爲是兩件銅鑑；263 號簡的"二鑑"，整理者認爲是盥洗器，但出土物中不見；277 號簡的"二鑑"，整理者未作注釋。如此看來，《包山楚墓》記出土鏡 2 件應是指 277 號簡的"二鑑"。265 號簡"二監"與盥洗器記在一起，應是"鑑"，263 號簡"二鑑"與日常用品記在一起，應是"鏡"，277 號簡"二鑑"與車馬器記在一起，應是"銜"。

[22]二緒

〖整理者 1991〗緒，借作堵，《禮記·禮器》："堵者謂之臺"。似指燭臺二件。（62 頁）

〖胡雅麗 1991〗《說文》："緒絲耑也"。《廣雅·釋器》："緒，絛也。"…"二緒"即二條用作繫結髮笄的絛帶。

〖劉信芳 1997C〗緒謂絲絛，《說文》："絛，扁緒也。"《爾雅·釋器》："編緒，絛也。"出土銅鏡上殘留有絲織品痕跡，應即銅鏡繫鈕之絲絛。

〖劉信芳 2003〗"緒"即絲絛，《爾雅·釋器》："編緒，絛也。"《說文》："絛，扁緒也。"扁緒即編緒。應是出土銅鏡之附屬物，穿繫于銅鏡背面之紐孔中，以便使用時持于手中。（281 頁）

〖十四種 2009〗今按：疑讀爲"褚"，《集韻》語韻："褚，囊也。"二褚，指二鑑的囊套。（127 頁）

[23]一會（合）

〖整理者 1991〗會，《說文》："合也"。椁室中有一件銅盒，内盛四件小銅盒，似爲簡文所說的"會"。（62 頁）

〖胡雅麗 1991〗《說文》："會，合也。"《爾雅·釋詁》："會，對也。"《廣雅·釋詁三》："會，聚也。""一會"即兩個可以聚合爲一的物件。

①湖北省荊沙鐵路考古隊：《包山楚墓》，194 頁，北京，文物出版社，1991。

〖劉信芳 1997C〗“會”讀如“合”，謂出土實物之蛤蜊殼（標本二：四三七・七）。

〖劉國勝 2003〗古“會”、“合”形、音、義皆近，常可通用，疑“會”在此讀爲“合”，或“蛤”，指蚌蛤製品。（79 頁）

〖田河 2007〗學者認爲簡文“一會（合）”指漆奩盒內的蛤蜊殼，可備一說。我們認爲“會（合）”可能讀爲“盒”，就是指出土的“漆奩盒（2:432）”。會、合本爲一字分化，“合”本像有蓋的器形，後來又寫作盒。信陽 2－27 號簡有“膚䣛（合）”。（250 頁）

按：《包山楚墓》記出土蛤蜊殼 1 件，遣策記爲“一會”，標本編號爲 2：432-7。[①]

[24]二骨梢

〖整理者 1991〗梢，讀作葠。《說文》：“青齊沇冀謂細木枝曰葠”。《方言二》：“木細枝謂之杪，青齊袞濟冀之間謂之葠。”骨葠即以骨料製作的細枝雕刻物品，可與出土實物相印證。（62 頁）

〖胡雅麗 1991〗“二骨梢”。梢，讀作葠。…“二骨梢（葠）”即兩件骨笄。

〖劉信芳 1997C〗即出土實物之二對骨笄。稱“笄”爲“梢”，大約是因其外形如細枝狀，《說文》：“青齊兗冀謂木細枝曰葠”。

〖何琳儀 1998A〗包山簡榍，讀櫝。…疑爲骨製樹枝狀彫刻物，似“櫝”。（1221 頁）

〖劉信芳 2003〗字從木，胸聲，“二骨梢”即出土之二件骨笄。稱“笄”爲“梢”應是楚人方言，究其所以，“葠”讀與“葠”通，《說文》：“青齊兗冀謂木細枝曰葠”。（281 頁）

〖施謝捷 2003〗槢。

〖田河 2007〗簡文之，與郭店簡《老子丙》11 號簡字的右邊形近。郭店簡整理者釋爲“銛”，劉釗曾詳論之。那麼我們就可以釋爲“栝”讀爲“括”（栝、括有時通用）。…簡文“骨栝（括）”當爲束髮之具，相當于笄，應指二號墓北室所出子母口漆奩內置的兩件骨笄（標本 2:432-4、5）。（250-251 頁）

按：《包山楚墓》云：“笄 4 件。遣策記有‘二骨梢’”，有棱笄 2 件，標本編號爲 2：432-5、2：470。無棱笄 2 件，標本編號爲 2：464、2：432-4。[②]

[25]一絅（綺）縞之緯（幃）

〖整理者 1991〗緯，讀如幃，《說文》：“囊也”。（62 頁）

〖胡雅麗 1991〗絅，讀如絅。“一絅縞之緯”即一件用熟繒卷成的握束。

〖楚文字編 1997〗絅。《集韻•歌韻》：或省。（575 頁）

〖劉信芳 1997C〗此“緯”亦指粉囊，出土時置於一漆奩中。

①湖北省荊沙鐵路考古隊：《包山楚墓》，263 頁，北京，文物出版社，1991。

②湖北省荊沙鐵路考古隊：《包山楚墓》，260 頁，北京，文物出版社，1991。

〖劉國勝 2003〗“綺縞”之“綺”原字從“糸”“可”聲，似當讀爲“綺”。（79 頁）

〖劉信芳 2003〗仰天湖簡 2“綱縞之緒”。字或作“綺”，《神女賦》：“羅紈指文繒綺繢。或作“阿”，《漢書・禮樂志》：“曳阿錫”。或釋“阿”爲細繒，“綺”爲文繒，阿、綺一音之轉，所指爲一物。…“綱縞之緯”指出土漆奩中的“搽粉飾”。（281 頁）

[26]一金鈔

〖整理者 1991〗鈔，讀作削。《考工記》：“筑氏爲削”，馬注：“偃曲却刃”。鄭注：“今文書刃”。即用以刮削簡牘的削刀。（63 頁）

〖胡雅麗 1991〗金，讀如梣。…“一金（梣）鈔”即一件梣木制的束髮頭飾。

〖劉信芳 1997C〗“金鈔”既與“寢筕”等並述，乃“鈔筕”之類。“金”讀如“錦”。

〖劉信芳 2003〗據此知“金鈔”應讀爲“錦沙”，《周禮・天官・内司服》：“素沙”。鄭玄〈注〉：“沙者，今之白縳也，六服皆袍制，以白縳爲裏，使之張顯。今世有沙縠者，名出於此。”…楚人用“沙”，或以之覆席，此即信陽簡“鈔席”之名；或以之懸壁作裝飾，《招魂》：“紅壁沙版”，《大招》“沙堂秀只”是也。（282 頁）

〖劉國勝 2005A〗疑簡文“鈔”當與信陽遣策 2—08 號簡“一鈔席”之“鈔”同，讀爲“纅”，指纅席。（96 頁）

〖田河 2007〗“纅”沒有“席”的義項，“鈔”前修飾成份是“金”，釋其爲“席”不合理。…我們懷疑簡文“金鈔”當是指銅削刀。（257 頁）

按：《包山楚墓》云：“木片飾 2 件。遣策記有‘一金鈔’”，標本編號爲 2：432-6、2：432-8。①

[27]一寢筕（席）

〖整理者 1991〗寣，寢字。寢席即臥席。（63 頁）

[28]二俾（庳）筕（席）

〖整理者 1991〗俾，借作篾。俾席即篾席。馬王堆一號漢墓遣策稱作“辟席”。（63 頁）

〖劉信芳 1992D〗按“俾席”應即卑拜之席。其說有二：一、古人行拜禮用席，拜者與答拜者皆跪於席上…其二，古用席之數，隨尊卑而有不同，《儀禮・鄉飲酒》：“席於賓東，公三重，大夫再重。”…包山楚墓墓主爲大夫，所用寢席一，跸席一，惟“俾筕”二（莢席存疑），於禮制正合。

〖李家浩 1993A〗二俾（庳）席。

〖劉信芳 1997C〗“俾筕”馬王堆一號漢墓遣策二八七作“辟席”，俾、辟一音之轉。…考“辟席”之得名，本爲車上禦風塵之席，取之置地，則可兼作坐席。

①湖北省荊沙鐵路考古隊：《包山楚墓》，83、264 頁，北京，文物出版社，1991。

〖劉國勝 2005A〗信陽遣策 2-023 號簡記有“六篾筵”（96 頁）

〖李家浩 2010B〗按“一寢席，二俾席”與“一坐席，二莞席”是兩套席，“俾席”跟“莞席”相當，“俾”應該跟“莞”一樣，是指編織這種席的原料。…《爾雅·釋草》“蔈，鼠莞” …據郭璞注，蔈是莞的一種，但比莞要細，跟龍鬚草相似。龍鬚草跟蔈一樣，也可以用來編席。…“俾席”當指鼠莞編織的席。鼠莞别名“蔈”。“蔈”從“庳”得聲，而“庳”、“俾”二字皆從“卑”得聲，所以簡文“俾”可以讀爲“蔈”。…包山二號墓西室出土竹席一（2：385-5）、草席二（2：387-3、4），同時出土的還有折疊床。二張草席疊壓在折疊床上，在草席之上是一張竹席和一床絲被。二張草席和一張竹席的放置情況跟上面所說的重席在下、加席在上的說法完全相合。從 2：385-5 號竹席和 2：387-3、4 號草席與床、被放在一起來看，說明它們是睡覺用的席，大概就是簡文所記“一寢席，二蔈席”。另一套坐的席不見與出土物，原因不詳。

[29]一坐⿱⺮石（席）

〖整理者 1991〗跸，簡文作□，像跽坐時雙膝拄地狀。跸席即跽坐所用之席。（63 頁）

〖黃錫全 1992〗峗（跪？）。

〖劉釗 1992A〗“□”應爲“厃”字，即危字初文，應隸作“⿱厃止”，釋爲“跪”。簡文“一⿱厃止⿱⺮石”應讀作“一跪席”。

〖何琳儀 1993A〗從“止”、從“危”省，應釋“跪”。“跪⿱⺮石”即“跪席”。

〖劉信芳 1997C〗“跪席”古行拜禮用席，拜者答拜者皆跪於席上。…俾席、跪席皆是禮儀用席，其區別應在於重數之不同。

〖何琳儀 1998A〗⿱厃止，從止，厃聲。疑“跪”之異文。…包山簡“⿱厃止⿱⺮石”，讀“跪席”，薦跪之席。（1203 頁）

〖劉信芳 2003〗坐：字從止，坐聲，“坐”之繁形。或釋“跪”，與字形不合。（282 頁）

〖李家浩 2010B〗A（按：字形作□）既可以分析爲從“坐”從“止”，又可以分析爲從“厃”從“止”。“厃”即“危”字所從聲旁，“止”、“足”作爲形旁可以通用…從字形上看把 A 釋爲“跸”或“跪”都可以成立。在這種兩難的情況下，只有根據文意判斷 A 到底是釋爲“跸”還是釋爲“跪”。古代有“坐席”的說法，似無“跪席”的說法，因此 A 在這裏應當釋爲“跸”，讀爲“坐”。…根據古人習俗，家居的席分爲睡的席和坐的席兩種。睡的席叫寢席。…坐的席叫坐席。…簡文所記的是兩套席：一套是夜晚用的寢席，一套是白天用的坐席，每套各有三張。因爲“蔈席”屬於寢席，所以它所用的原料比屬於坐席的“莞席”要精細一些。…簡文所記“二蔈席”、“二莞席”當是下鋪的重席，“一寢席”、“一坐席”當是上藉的加席，屬於大夫一級的用席制度。簡文把重席稱爲“蔈席”、

“莞席”，這是從席的原料來命名的；把加席稱爲“寢席”、“坐席”，這是從席的用途來命名的。《詩·小雅·斯干》：“上莞下簟，乃安斯寢。”“簟”是竹席。此以莞席爲下鋪之席，簟席爲上藉之席。據此，簡文所記“寢席”、“坐席”可能是簟一類的竹席。

[30]二莽（莞）筶（席）

〖整理者 1991〗莾，讀如莞，莾席即莞席。（63 頁）

〖田河 2007〗《說文·艸部》：“莞，艸也，可以作席。”《周禮·春官·宗伯》“諸侯祭祀，席蒲筵繢純，加莞席紛純右雕几。”…簡文“二莞席”可能是指包山二號墓所出的二件草席。（209-210 頁）

〖李家浩 2010B〗根據《爾雅》，古代的莞有兩種，一是鼠莞，一是莞蒲。先說莞蒲。《爾雅·釋草》“莞，夫蘺，其上蒚”…因莞蒲比一般的蒲弱小，所以又稱小蒲。…“莞席”當指莞蒲編織的席。

[31]皆又（有）秀（韜）

〖劉國勝 2005A〗簡文“皆有綉”是對上文“二莞席”的說明，在此可能是指莞席有如織綉紋樣的席紋，也有可能是說莞席有絲織包邊。據報告，該墓所出二件草席及四件竹席皆有絲絹的包邊（96 頁）。

〖劉國勝 2007〗“皆有綉（韜）”，應當是對所記“寢席”、“俾席”、“跪席”、“莞席”都帶有斂席用的囊套的說明。

[32]一生縳（縠）冕（冠）

〖整理者 1991〗縳，讀作縠，《說文》：“細縛也”。《漢書·江充傳》：“充衣紗縠禪衣”，注：“輕者爲紗，縐者爲縠”。生，生絲，即未經煮煉的絲。冠，讀作冠。（63 頁）

〖劉信芳 1997C〗讀如“縠”…“生縳冠”即青色紗冠。

〖劉信芳 2003〗馬王堆帛書《老子》卷後佚書 426：“疏縠之冠”。（283 頁）

[33]一圩縳（縠）冕（冠）

〖整理者 1991〗圩，讀如芋。《說文》：“麻母也，……一曰芋即枲也”。（63 頁）

〖劉信芳 1997C〗“圩”字讀如“芋”…“圩縳冠”即麻紗冠。

〖劉信芳 2003〗圩：讀爲芋…《爾雅·釋草》：“莩，麻母也。”莩即芋之異體。（283 頁）

[34]皆衜

〖整理者 1991〗衜，疑讀如幃，《說文》：“囊也”。（63 頁）

〖劉信芳 1997C〗“衛”讀如“緌”，繫冠纓之飾。

〖劉信芳 2003〗讀爲緌，繫冠纓之飾。（283 頁）

〖十四種 2009〗整理者於此後結句。恐文句未完。(127 頁)

〖劉國勝 2010〗263 號簡最末一字“衛”原文作“衜”，字稍殘，缺失“止”旁的最下一橫筆。264 號簡“一栗”之上尚有一字的殘畫，整理者釋文時沒有指出。該殘畫作一橫筆，從筆劃走勢看，可能就是 263 號簡“衛”字的“止”旁所缺失的最下一橫筆。

[35]一㮚(栗)☐，又(有)笲

〖整理者 1991〗☐一栗，又(有)笲。(38 頁)

〖劉國勝 2010〗需要說明的是，264 號簡實際是整理者以兩段殘斷簡綴接而成(綴接處在“栗”字當中)。但據我們觀察，此簡上、下兩段殘斷簡綴合存在疑問，原因主要是下段頭端的殘畫不像是“木”的筆劃，也就是說不能構成“栗”的“木”旁。但考慮到 264 號簡下段記有“一冠䉛”，而 263 號簡末尾記有“一生縠冠，一圩縠冠”，彼此內容相關聯。因此我們認爲，264 號簡上、下兩段殘斷簡的大體位置應如整理者所定，但兩者中間還缺失了一小段，“栗”字下還有一個殘缺了筆劃的字。所以這裏的釋文我們改作“一栗口，有笲”。

[36]一冟(冠)䈂(䉛)

〖整理者 1991〗䈂讀如筡。冠筡之竹器皿。(63 頁)

〖楚文字編 1997〗䈂。䉛字異體。(610 頁)

〖田河 2007〗“䈂”應該與包山 255 簡的“篏”相同，也當讀爲“匴”，是箱類器物。“冠䈂”就是盛冠之箱。包山二號墓出土的“長方形菱形紋竹笥(2:415)內盛冠飾一件，可能就是簡文所記“冠䈂”。(235 頁)

[37]二革囩(圓)

〖胡雅麗 1991〗囩，《說文》:“回也。”“回，轉也。”…“二革囩”即二件皮革製的可以旋轉的器物。二號墓出土的二件夾紵皮革胎漆奩 2:414、2:432，均由器身與器蓋套合而成，兩者可以互爲旋轉，應是遣策所謂之革囩。

〖劉信芳 1997C〗此二件漆奩均由器身與器蓋套合而成，兩者可以互相旋轉，此所以稱名爲“囩”。

〖滕壬生〗囩。(511 頁)

按:長沙五里牌遣策有“革回”，商承祚釋爲“革圓”，懷疑是革製的囊。[①]《包山楚墓》指出出土奩 2 件，其中直口奩標本編號爲 2:414，子母口奩標本編號爲 2:432。[②]

①商承祚:《戰國楚竹簡彙編》，131 頁，濟南，齊魯書社，1995。
②湖北省荊沙鐵路考古隊:《包山楚墓》，144 頁，北京，文物出版社，1991。

一曲韇[1]，一錶[2]，一僼（凴）几[3]，一丩（收）牀[4]，又（有）策（簀）[5]，一瑟[6]，又（有）桊[7]，一羽箋（翣），二箋=（竹箋一翣）[8]，一敝庳[9]，一寢鏷[10]，一角□，一竹枳[11]，絵（錦）宫，一廷▨[12]，〖260 上〗▨二燭銿（俑）[13]，一白氎（氈）[14]，絵（錦）純，一縞笞（席），綠裏，絵（錦）純，二宴（筵）笞（席），絵（錦）純[15]，一鼿（狐）青（青）之表[16]，紫裏，繡純，絵（錦）純[17]，索（素）絵（錦）綉（韜），〖262〗一縞衣[18]，鍺（赭）膚（黸）之純[19]，樂城之純，亡裏，霝（靈）光之綉（韜）[20]，一鋘柜[21]，一戈，二石圣仆▨[22]〖261〗▨一缶，一奠（鄭）弓[23]，一紛歛（拾）[24]，夬，図（韘）[25]，一澮□[26]，二笮[27]，四矢[28]，一桼（漆）▨[29]〖260 下〗

集釋：

[1]一曲韇

〖整理者 1991〗曲韇。（37 頁）

〖劉信芳 1997C〗“曲韇”讀如“籧篨”，《説文》：“粗竹席也”。《方言》卷五：“簟，……其粗者謂之籧篨。”古音籧、曲雙聲，篨、韇疊韻。所謂“粗竹席”實指竹簾（或葦簾）。

〖劉信芳 2003〗曲韇：讀爲“籧篨”，《説文》：“粗竹席也”。《方言》卷五：“簟，……其粗者謂之籧篨。”古音籧、曲雙聲，篨、韇疊韻。出土折疊牀附有葦簾二床，殘存葦杆 255 根。該牀應是先鋪葦簾，再鋪草席、竹席，此種鋪床方式在現今江南農村仍可見到。用以鋪床的葦簾即簡文所謂“曲韇”。（275 頁）

〖劉國勝 2005A〗“曲韇”之上，整理者漏釋“一”字。“曲韇”所指待考。（97 頁）

〖田河 2007〗“曲韇”可能是一種傢具而非席，“曲”表形狀。“曲韇”具體所指待考。（270 頁）

[2]一錶

〖整理者 1991〗一釦。（38 頁）

〖楚文字編 1997〗錶。（631 頁）

[3]一僼（凴）几

〖整理者 1991〗僼，讀如凴。僼几即凴几。（62 頁）

〖李家浩 1994A〗2:429 “拱形足几”當是簡文所記的凴几。值得注意的是 2:429 凴几几面略向外凸，呈弧形。六朝時的凴几几面向外彎曲，形成“曲木抱腰”之勢，大概就是由包山 2:429 那種凴几發展而成。

〖楚文字編 1997〗堋。（606 頁）

[4]一丩（收）牀

〖整理者 1991〗ㄐ，讀如“收”。…“收牀”即可以折迭收斂之牀。西室中的一件木牀便是可折迭的。(62 頁)。

〖劉信芳 1997C〗《説文》：“ㄐ，相糾繚也。……象形。”段注：“象交結之形”。“ㄐ牀”即出土之折疊床。

〖劉信芳 2003〗《説文》：“ㄐ，相糾繚也。……象形。”段〈注〉：“象交結之形”。“ㄐ牀”即出土之折疊牀。(275 頁)

〖劉國勝 2005A〗《詩・秦風・小戎》“小戎俴收”，毛傳：“收，軫也。”朱熹《集傳》：“收，軫也。謂車前後兩端橫木，所以收斂所載者也。”“收牀”，可能是指四周有框木的牀。(97 頁)

〖吳良寶 2006A〗與上博簡“印”字（按：指《柬大王泊旱》14 號簡）相比，只是最後一筆有無裝飾性短橫的區別，可見二者應是一字。（吳良寶 2006:10）。

〖田河 2007〗“印牀”之“印”似可讀爲“軜”…“軜牀”，大概是指牀體類似車輿一樣的牀。古人也常常把車輿稱爲車牀。…包山二號墓西室出土一件折疊牀，標本 2:387…整個牀體與車輿結構極其相似，牀身像車軫，牀欄像車軨，也有供人上下的缺口。類似的牀還見于信陽長臺關一號楚墓。據此我們讀“印牀”爲“軜牀”。(207 頁)

按：《包山楚墓》記出土折疊床 1 件，標本編號爲 2：387。[1]

[5]又（有）策（簀）

〖整理者 1991〗策，讀如簀。簀是牀的什麼部位，歷來説法不一。《説文》：“簀，牀棧也”。《廣雅•釋器》：“牀杠也”。《方言五》：“牀，齊魯之間謂之簀”，注：“牀版也”。《史記•范雎傳》：“即卷以簀”，索隱：“葦荻之薄也。”朱駿聲以爲，簀是牀杠和上面陳舖之物的統稱。從出土實物來看，收牀除了杠之外，還有卷成束的竹帘，可以舖在牀杠之上。竹帘或許就是上文所説的“版”、“薄”。因此，簀應是牀杠和上面舖設的“版”的總稱。(62 頁)

〖劉信芳 1997C〗“策”謂出土ㄐ牀上的“葦簾”。…蓋葦簾編之如“策”形，因以得名。…該床之葦簾計二件（標本二：三八七・一、二），出土時已散亂，殘存桅杆葦杆二五五根。

[6]一瑟

〖劉信芳 1991〗一𦉢朩。(37 頁)

〖劉釗 1992A〗簡 260：“一　”，“　”亦必字，釋文釋爲“朮”，不確。

〖劉信芳 1996C〗“瑟”字信陽簡作“𠷎”，包山簡作“　”，字從丌、必聲，“丌”尚不清楚其來源。包山二號墓出土一瑟，信陽長臺關一號墓出土二瑟，並與竹簡所記之數相合（劉信芳楚簡文字考釋五則）。

---

[1]湖北省荊沙鐵路考古隊：《包山楚墓》，118 頁，北京，文物出版社，1991。

〖劉國勝 1997〗“[illegible]”即古文 瑟，[illegible]、[illegible]皆取三“辛”。從辛從辡，辡亦聲。瑟所從必，繫附加的聲符。

〖李家浩 1998B〗《說文》說“瑟”從“必”聲。“⿱亼必”、“[illegible]”二字應該從“必”得聲，疑它們都是瑟字的異體。信陽一號楚墓前室出土瑟三，包山二號楚墓出土瑟一，與簡文所記相合。從這一點來看，也可以證明把“[illegible]”、“⿱亼必”看作“瑟”字的異體是合理的。

[7]又（有）桊

〖劉釗 1992A〗應釋爲“桊”。…桊字見於《說文》，謂“牛鼻上環也”。簡文桊字用法不詳。

〖劉信芳 1996C〗“桊”《說文》：“牛鼻上環也”。按簡文“桊”謂瑟柱，蓋瑟柱之形正與穿牛鼻之“桊”形近，用以捲弦，讀音亦合，且“桊”之辭例皆與“瑟”相屬，其爲瑟柱無疑。

〖李家浩 1998B〗此字從“木”來看，簡文的“桊”應該是瑟上木製的附件。瑟上木製的附件有軫、柱。軫又稱爲枘，是調弦的鈕。柱是承弦用的。軫有轉義。…故名轉動捲弦的鈕爲軫。跟“桊”所从聲旁相同的“卷”等字有收捲義，與軫的意思相通。…頗疑簡文的“桊”是軫的別名。

〖胡雅麗 2007〗桊的功能很可能就是位於漆瑟之下作支撐，通俗的說就是桊即瑟座。

按:信陽 2-03 號簡有“桊”字，湯餘惠隸定爲“𣑘”，即“棬”字古文，從“片”與從“木”同，[1]郭若愚認爲“桊”是杅盤。[2]“桊”應是瑟的附件，具體所指，待考。

[8]一羽箑（翣），二箑=（竹箑一翣）

〖整理者 1991〗箑，讀作翣。《儀禮·即夕禮》：“燕器：杖、笠、翣”，注：“翣，扇也”。羽翣，以羽毛作的扇。（62 頁）

〖楚文字編 1997〗箑（篓）。（210 頁）

〖劉國勝 2005A〗《包山楚墓》認爲西室出土的一件“長柄扇”（2：406）和一件“短柄扇”（2：408），即遣策所記“二竹翣”（97 頁）

按:《包山楚墓》指出出土竹扇 2 件，其中長柄扇標本編號爲 2：406，短柄扇標本編號爲 2：408。[3]

[9]一敝庫

〖整理者 1991〗一□攵庫。（38 頁）

〖李家浩 1997B〗“敝庫”是器物之名，疑應該讀爲“蔽户”。古人把遮蔽膝的巾叫“蔽膝”。

①湯餘惠：《戰國銘文選》，139 頁，長春，吉林大學出版社，1993。
②郭若愚：《戰國楚簡文字編》，68 頁，上海，上海書畫出版社，1994。
③湖北省荊沙鐵路考古隊：《包山楚墓》，164-166 頁，北京，文物出版社，1991。

“蔽户”與“蔽膝”文例相同，當是遮蔽門户的簾子。《爾雅·釋器》:“輿，革前謂之靷，後謂之笰（郭璞注：以韋靶後户）；竹前謂之御，後謂之蔽（郭璞注：以簟衣後户）。”古代“笰”、“蔽”音近義通。按車輿的門簾與居室的門簾，其作用是相同的。《爾雅·釋器》的文字雖然講的是車輿的門簾，但是可以用來證明古代居室的門簾也有用革製的。大概簡文“蔽户”是革製的，故“户”字從“革”作。

〖曹錦炎 2000〗包山楚簡又有一個從“播”從“巾”的幣字。…此字實亦“幡”字之繁構，“番”聲繁化成“播”聲。從簡文看，此爲入箱尾之器，用於出行，接在竹篓之後，寝鍗（？）之前。犀字疑是鞹字之省寫，“鞹”見天星觀簡，曾侯乙墓竹簡作“ ”。幡字於此簡似當讀爲“蔽”。

〖劉信芳 2003〗犀、䩢、扈應是一字之異”，並從户得聲。…犀、䩢、扈或從革、或從西、或從西革者，蔽車户之物或以革，或以竹席之類，故隨實物之不同而書寫有異。隨車之戈、戟插于車後，此所以有“載扈”之名歟？惟包山簡之“蔽户”非車馬器，既與牀策等連帶述及，疑是居室所用門帘、屏風之類。（276-277 頁）

[10]一寢鏷

〖整理者 1991〗寣，讀作寢。鏷，借作蓐，《釋名•釋牀帳》:“褥，辱也，人所坐褻辱也”。（62 頁）

〖劉信芳 1997C〗“寣鏷”讀如“寢纀”…知楚人所謂寢纀，《禮記》所謂深衣也。後世之睡衣乃其遺禮。

〖曹錦炎 2000〗寢鍗。

〖李家浩 2002〗按“寢鏷”見於包山 260 號簡，“鏷”字右旁原文的寫法，跟郭店簡《五行》46 號“淺莫敢不淺”之“淺”所從聲旁相近。“淺”從“戔”聲。“戔”、“薦”古音相近，疑此字在這裏應讀爲“薦”。“寢薦”，指寢臥用的“薦席”。

〖劉信芳 2003〗寣鏷：讀爲“寢纀”，…知楚人所謂寢纀，《禮記》所謂深衣也。（277 頁）

[11]一角□，一竹枳

〖整理者 1991〗一竹枆。（38 頁）

〖李家浩 1998C〗“一竹歧”當是指墓内出的框形座枕。

按:《包山楚墓》云:“枕 2 件，遣策記有‘一竹椹’”，依照枕形分爲框形和盒形兩種，框形座枕標本編號 2：425，盒形座枕標本編號 2：430。[①]

[12]一廷□

①湖北省荊沙鐵路考古隊：《包山楚墓》，122 頁，北京，文物出版社，1991。

〖劉國勝 2005A〗“一”下一字，當釋爲“廷”。（98 頁）

〖十四種 2009〗廷，今按：據紅外影像釋。（126 頁）

〖劉國勝 2010〗260-1 號簡“廷”下一字的殘畫就應當是 262 號簡頭端殘字的上部，合而成一字，此字如何釋讀待考。

[13]二燭鏞（俑）

〖整理者 1991〗熣，燭字。鏞，借作僮，指未成年之童。燭僮，即秉燭之僮。出土的實物中有二件童子秉燈，與簡文相符。（62 頁）

〖劉信芳 1992D〗鏞應是“俑”之別構。蓋童子秉燈是青銅器，故其字從金從甬。俑即偶之類。

〖楚文字編 1997〗鏞。說文鐘之或體。（625 頁）

〖劉信芳 1997B〗出土實物中有二件“銅人擎燈”（標本二：四二七；四二八），即簡文所記“二燭鏞”。“鏞”讀如“俑”，謂擎燈之銅人，《禮記・檀弓下》：“爲俑者不仁。”鄭玄注：“俑，偶人也。”

按：《包山楚墓》記出土人擎燈 2 件，遣策記爲“二熣鏞”，標本編號爲 2：427、2：428。[①]

[14]一白羣（氈）

〖整理者 1991〗氁，讀如獸。（62 頁）

〖李家浩 1994A〗“氈”字原文從“毛”從“嘼”聲，“嘼”在此應當讀爲“單”。

〖劉信芳 1997C〗“毷”字從䍃從求，“求”之繁形。

〖劉國勝 2003〗《玉篇・毛部》：“氈，毛爲席。”天星觀簡記有“氈席”。（80 頁）

〖劉信芳 2003〗氈：字從毛，單聲，讀爲“氈”。…《周禮・天官・掌皮》：“供其毳毛爲氈，以待邦事。”又〈天官・掌次〉：“王大旅上帝，則張氈案。”鄭玄〈注〉：“以氈爲牀於幄中”。〈疏〉：“氈案者，案謂牀也，牀上著氈，即謂之氈案。”（280 頁）

[15]二篓（筵）笞（席），綸（錦）純

〖整理者 1991〗二篓，口綸純。（38 頁）

〖李家浩 1993A〗二篓笞，錦純。…疑“篓”和“倿”都應讀爲“筵”。…“寢篓”、“莞倿”、“篓席”當是先設之席，在下面，“寢莞”、“簀莞”、“縞席”當是後加之席，在上面。

〖劉國勝 2003〗“錦純”上一字原文不太清晰，據文例似當作“皆”。（80 頁）

〖何有祖 2005〗“筵”下一字作。原釋文未釋。按：將圖版作處理後作，我們發覺此字上部從“竹”，下部輪廓與同簡“席”字下部同。字當釋作“席”字。“席”原屬下讀，當

①湖北省荊沙鐵路考古隊：《包山楚墓》，82、189 頁，北京，文物出版社，1991。

屬上讀，作“二筵席”。簡文“二筵席，錦純”句式與同簡“一縞席，綠裹，錦純”相近。

〖劉國勝 2005A〗“篓”下一字當作“笞”。“二篓笞”即“二筵席”。（98 頁）

〖田河 2007〗“篓”下一字作，形體模糊。從輪廓看與包山簡習見之有所不同。似是“笮”（簀）字。此暫從劉國勝釋讀。（209 頁）

[16]一鼬（狐）青（青）之表

〖整理者 1991〗一㹢青之表。（38 頁）

〖劉信芳 1997C〗“狐青之表”即狐皮外衣。

[17]繡純，紟（錦）純

〖吳振武 1996〗看《包簡》圖版一一三 262“繡”字所從。按《包簡》作者曾據此將包山楚簡中的“泉”或“泉”旁統釋爲“㝝”，殊誤。

〖劉國勝 2005A〗簡文“繡純”與下文“錦純”似均指上文“一狐青之表”的緣飾，可能是一件衣服不同部位的緣飾，也有可能是同一部位的兩種緣飾。（98 頁）

〖劉國勝 2007〗簡文（3）的“素錦綉（韜）”與（4）的“霝光之綉（韜）”，應當分別是指收藏“㹢青之表”、“縞衣”這兩件衣服的包裹。

[18]一縞衣，䋈（赭）膚（纑）之純

〖劉信芳 1997C〗縞衣即細繒製的衣。《詩・鄭風・出其東門》：“縞衣綦巾”毛傳：“縞衣，白色男服也。”

〖劉國勝 2005A〗“之純”上二字，又見於望山、信陽《遣冊》，在此似可讀爲“赭纑”，指赤黑色。（81 頁）

〖劉國勝 2005A〗“䋈膚”…在此似可讀爲“赭纑”。（98 頁）

〖李家浩 2006A〗赭纑之純。

[19]欒城之純

〖滕壬生 1995〗城。（969 頁）

[20]霝（靈）光之綉（韜）

〖李家浩 1998B〗“丹緅”、“靈光”都是楚國的絲織品名稱。

〖劉信芳 2003〗簡文稱金屬製品之紋飾爲“鐳”，稱絲織品之紋飾爲“纗”或“纗光”，蓋其紋飾爲雲氣、爲龍鳳，取其可通神靈而美善之義。（299 頁）

〖田河 2007〗“靈光”可能是一種絲織品的代稱，依前引李家浩觀點簡文“綉”當讀爲“韜”，“靈光之綉（韜）”則爲上文所記“縞衣”之衣袋。（231 頁）

[21]一鋘柜

〖整理者 1991〗鋘柜，讀如臭鶪。《爾雅•釋獸》：“鳥曰臭”，注：“張爾翅”。鶪，《說文》：

“雝渠也”。《爾雅》:“鴽鴒雝渠”，郭注:“雀屬也，飛則鳴，行則搖”。《詩•小雅》:“脊令在原”，陸機疏:“大如鷃雀，長腳長尾尖啄，背上青灰色，腹下白，頸下黑如連綫”。椁室中有兩件銅鳥，作張翅狀，可能是臭鰈。（62 頁）

〖劉信芳 1997C〗知“鋘柜”讀如“鵙鵙”，該墓出土銅鳥二件。形制有不同，應是以一對爲計數。

〖劉國勝 2005A〗“柜”，又見於仰天湖遣策 18 號簡，懷疑是杖一類的東西，其詳待考。（98 頁）

〖李家浩 2006A〗但是古代“柜”、“櫃”二字讀音並不同音…不論是中古音還是上古音，二字聲韻都不相同。再說楚簡文字中有“櫃”字作“匱”，見包山楚墓竹簡 13 號。因此戰國時期簡文“柜”不可能用爲“櫃”…包山楚簡“鋘柜”之“鋘”不見於字書，字當是一種金屬名。“鋘柜”即用“鋘”金屬作的“柜”。

[22]二石圣仆☐

〖整理者 1991〗仉。（38 頁）

〖黄錫全 1992〗仉（伏）。

〖袁國華 1994C〗由以上各例得知與“圣”字相配的後一字皆爲“計量單位”，因此可將“伬”字推定爲“尺”字繁體。簡 201 云:“一戈，二□圣伬”，“伬”字或指“戈”的長度。（375 頁）

〖李零 1999〗應釋“仆”。

〖劉國勝 2003〗“二□”下一字，疑爲“垂”字的異體。（81 頁）

〖劉國勝 2005A〗“二”下一字，當釋爲“砉”，從“石”從“圣”。“圣”疑爲“垂”字的異體。簡文“二砉仆”從記錄的位置看，似屬兵器。該墓西室出土二件矛（2：386、2：416），不知是否與簡文“二砉仆”有關。（99 頁）

〖十四種 2009〗石，今按：據紅外影像釋。“石”也許是“圣”的偏旁。（127 頁）

〖劉國勝 2010〗261 號簡末尾記有“一戈。二硾仆”。戈屬兵器；“仆”，疑讀爲“棰棓”，指棰杖。《廣雅•釋器》：“棓，杖也”。262-2 號簡記“一缶。一鄭弓。一紛斂，夬囚；一湌□。二鎊。四矢”。“鄭弓”、“矢”屬兵器；“紛斂”，疑讀爲“粉拾”，指射箭時用於捍臂的護套；“夬囚”疑讀爲“決韘”，指射箭勾弦的扳指。…將 260-2 號簡綴於 261 號簡下，從“一戈”到“四矢”，所記物品大體屬兵器、工具之類，它們被記在一起相對說來也較爲合理。但 260-2 號簡與 261 號簡綴合後，簡的下半部仍有大部缺失。

[23]一奠（鄭）弓

〖整理者 1991〗奠，鄭字。（62 頁）

〖劉信芳 1997B〗出土實物有一半月形弓（標本二：二二六），即簡文所記“奠（鄭）弓”。

〖劉國勝 2005A〗南室出土 1 件“半月形弓”（2：226）。另有 1 件“馬鞍形弓”（2：447）出在中室。曾侯乙簡 29 號記有“一秦弓”。（82 頁）

〖田河 2007〗“奠”用爲“鄭”在古文字中習見。包山二號墓出二件弓（2:226、2:447），分半月形和馬鞍形兩種（圖如下），比簡文“一鄭弓”多出一件。但究竟哪一件是鄭弓不好確定。（157 頁）

按：《包山楚墓》記出土弓 2 件，半月形弓，標本編號爲 2：226，馬鞍形弓，標本編號爲 2：447。[①]

[24]一紛散（拾）

〖整理者 1991〗一紛散。（38 頁）

〖劉信芳 1997B〗一馬鞍形弓（標本二：四四七），即簡文所記“紛散”。“紛散”取馬鞍形弓可分可會之意。

〖劉信芳 1997C〗取其弓與弦可分可合之意。

〖趙平安 1997〗“一紛繪”在“一奠（鄭）弓”和“夬皿”之間，表明“散”與射箭有關。

〖李家浩 1999D〗信陽 2-013 號簡和包山 260 號簡的“散”也應該是“詥”字的異體，…信陽 2-013 號簡和包山 260 號簡的“散（詥）”，則是“袷”字的假借。…“紛袷”是指繡有粉白色花紋的袷衣。

〖劉信芳2003〗信陽簡2-028 作“紛會”。《說文》：“襘，帶所結也。”《左傳》昭公十一年：“衣有襘，帶有結。”《周禮•夏官•弁師》：“王之皮弁，會五采玉璂。”鄭司農〈注〉：“沛國人謂反紛爲膾。”蓋衣之交領，可分可會，此所以稱衣領爲襘。信陽簡“紛會”爲屨之附屬物，應指繫履之絲帶。包山簡之“紛散”附于“一鄭弓”後，疑指出土之馬鞍形弓，取其弓與弦可分可合之意。（277頁）

〖劉釗 1998〗“散”字讀作讀爲“繪”，《說文》：“繪，會五彩綉也。”字又作“繢”。

〖田河 2007〗“紛散”前後所記都是武器類名物，劉釗認爲紛散是紋飾似乎不妥。劉信芳釋其爲馬鞍形弓缺乏依據，李家浩釋爲袷衣與物類不符，我們懷疑紛散可能是一種武具或其部件，有待進一步研究。（174 頁）

〖羅小華 2010〗簡文中的“紛散”應該讀爲“紛拾”。從“會”得聲之字與從“合”得聲之字可通，李家浩先生《楚簡中的袷衣》一文中有詳細論證，茲不贅述。“紛”當從鄭玄注“紛，如綬，有文而狹者。”故而，“紛拾”即“紛韝”，紛制套袖。

①湖北省荊沙鐵路考古隊：《包山楚墓》，213 頁，北京，文物出版社，1991。

〖田河 2011〗故“歈”亦可釋爲“拾”。…由上引文獻看“拾”即臂韝，是古代射箭時用的一種袖套，又叫“遂”。“紛”意當爲“綬”。…簡文“紛拾”可以理解爲用綬帶編織之拾。或讀“紛”爲“粉”，意爲白色，在句中亦可通。

[25]夬，図（韘）

〖劉釗 1992A〗疑“昷”讀作“溫”。

〖劉信芳 1997B〗所謂“夬内”讀作“夬離”，其字又作“決麗”，或稱作“決拾”、“決遂”，依舊注，“決”爲指套，用骨製，射箭時用以鉤弦；“遂”爲臂衣，用韋製，著於左臂，以護臂。

〖趙平安 1997〗結合夬和從夬諸字在古書中的用法看，夬的形義應是指射箭時戴在大拇指上、用以鉤弦的扳指。扳指這個意義古書一般用決表示。…“昷”指“臂衣”，是射箭時戴在左臂上用以蔽膚、斂衣的東西。

〖何琳儀 1998B〗包山簡“夬昷”應讀“夬韞”…“夬韞”指盛夬之袋。

〖劉釗 1998〗“夬昷”的“夬”字應讀作“袂”。《玉篇》：“袂，彌鋭切，袖也。”“袂”在此是指“射韝”，即射箭時套在左臂上起“遂弦”和“蔽膚斂衣”作用的皮“套袖”。…字數從“昷”的字皆有“蘊藏”“包含”之義…“袂昷”猶言“袖衣”或“袖套”也。

〖李家浩 1999D〗“夬昷”是對“袷”的說明。《呂氏春秋·必已》“單豹好術……不衣芮溫”…應該讀爲上引《呂氏春秋·必已》“不衣芮溫”的“芮溫”，也就是“鞙溫”，指“紛袷”細軟溫暖。

〖田河 2007〗簡文作“一紛歈，夬昷”，我們懷疑簡文當連讀作“一紛歈夬昷”，“紛歈”讀爲“紛繪”，正如劉釗所釋指一種白繡繪飾，“夬昷”讀爲“夬韞”，指扳指裹墊， 總起來就是一件有紋飾的扳指皮裹墊。似乎也可以講通。包山二號墓出土指套（即“扳指”）2 件，骨質，扁圓形，内空，可套一指，一側有外凸飾，上部有一横淺槽和對穿小圓空。標本 2:379（圖一一七·2,圖版八九·3）,指套内側殘留有皮墊，皮墊長 10、寬 0.8、厚 0.1 釐米，兩側鎖邊（圖一一七·3)。這種皮墊應該就是簡文“夬昷”。（175 頁）

〖伊強 2009〗“夬”後一字疑“図”之誤；字亦見望山簡 2-50，劉國勝老師讀爲“韘”；故此字亦可讀爲“韘”。

〖羅小華 2010〗包山簡 260 中的“夬図”疑爲二物，可能讀爲“夬、韘”。《詩·衛風·芄蘭》“童子佩韘。”毛傳“韘，玦也。”鄭玄箋“韘之言遝，所以彄遝手指。”王夫之以“韘”爲“護巨指者也”，並進一步指出“決之内加韋以護右巨指，不使弦契指而痛”。王說可信。…包山楚墓中發掘出土兩枚骨質“夬”,《報告》稱爲“指套”，應即簡文所載之“歆”。《報告》稱“指套内側殘留有皮墊”。我們懷疑是典籍中所謂“韘”的遺留。遺憾的是，楚墓中目前仍未見“拾”之實物出土。

按:望山楚簡 2-50“[illegible]”字，劉國勝根據上博《緇衣》簡 23“図”字今本作“攝”將其釋爲“図”，疑讀爲《詩·衛風·芄蘭》“童子佩韘”之“韘”。①

[26]一滄□

〖整理者 1991〗𣳾，李家浩同志釋作滄。(62 頁)

〖劉信芳 1997B〗按其字包二六〇作“𣹢”，字應分析爲從木㳫(洽之省)聲。…包二六〇:“一𣹢□”,“𣹢”後一字不清晰，以信陽簡校之，應是“盤”字。出土實物有Ⅰ式圓底盤二件，標本二:一二八器形較大，口徑五四·八、腹深一三·五釐米。標本二:三八八口徑三八·四、腹深九釐米。簡文“𣹢盤”應指大的一件。

[27]二筰

〖整理者 1991〗二鎊。(頁)

〖劉信芳 1997B〗“鎊”謂矢箙，出土實物有矢箙一件。

〖楚文字編 2003〗鎊。(801 頁)

〖田河 2011〗從字形看，我們懷疑該字可能是一個上下結構的字，上從“竹”下從“乍”，爲“筰”字。…簡文下接“四矢”。可見釋“筰”，意爲矢箙，可以講通，但字形上不很肯定。

[28]四矢

〖整理者 1991〗屰。(38 頁)

〖劉釗 1992A〗按字乃“矢”字倒書，應釋爲“矢”。…簡文“四矢”，指四支箭。

〖何琳儀 1993A〗“矢”之倒文，應釋“羊”。

〖何琳儀 1998B〗“䇂”爲倒矢形，屬“變體象形字”，疑“晉”之初文。…上揭仰天湖、包山、隨縣諸簡中“䇂”均讀“箭”。

[29]一䰍(漆)□

〖李零 1999〗應釋“枊”，疑是“䰍(漆)”字之殘。

二 賵書

(一) 竹 牘

大司馬郘(悼)悗(滑)戕(救)郙之戢(歲)，亯=(亯月)月丙(丙)戌音=(之日)，鄃(舒)寅受:一軨正車[1]:𩍐(犍)牛之革韄(鞎)，絟絹(絹)之純，

①劉國勝:《楚喪葬簡牘文字集釋》(修訂本)，75 頁，武漢大學博士學位論文，2005。

亓（其）柂（多）紛，秋之緟（綅）[2]，纀純，紫登（韐），紛約，紫靚（韅）、鞅。鼾（豻）鞀（貘）[3]之韟靳[4]，紫紳（靷），紫韐（橐），虎長（韔），翼（翟）輪（輪），白金〖之〗大（軎），赤金之鈺（桎）[5]，紷（縢）組之鐳（軨）之大（軎），楚紳（鞞）。亓（其）上軙（載）：絑（朱）署（旌），百（百）絛（絛）芈=（四十）攸（絛）翆（翠）貟=（之頁一首）[6]，筹（旆）中干，絑（朱）縞七䂕（就），車戟（戟），𢦔（侵）习（羽）一䂕（就）[7]，亓（其）罘（旆），朮五䂕（就），戱（纍-穳），三䂕（就），一栓，緣（蒙）䍐（旆）頁（首）[8]，一和羸慮（甲）[9]，貟軸（冑），綠組之縢[10]，馯（御）、右二鼎（領）韄（犍）慮（甲），皆畬軸（冑）[11]，紫縢，四馬晧亘（面）[12]，繙芋結項[13]，告紅[14]，纆（繩）紴（鞁）[15]，一周（彫）轉（鞀）[16]，緅秋之紿（橐），一綢（彫）椱（缶）[17]，〖牘1正〗一鈂（鐃），紳組綏[18]，番芋之童（幢）[19]。一軨車之上軙（載）皆[20]。賓（府）𧦝（執）事人𡧍（胡）不専□之□[21]。〖牘1反〗

集釋：

[1]豯（舒）寅受：一軨正車

〖李家浩 1993B〗"一軨正車"之"軨"與"一乘正車"之"一軨正車"所處的語法位置相同，其義也應當相同。如果"軨"不是"乘"字的異體，而是一個從"分"得聲的字，那麽它可能是我們目前還不知道的某個字的異體。當然，也有可能是一個已經失傳了的楚國方言字。

〖李零 1999B〗應釋"豯"。

〖劉信芳 2003〗讀爲"舒"。（321 頁）

〖劉國勝 2005〗"豯"，從"巫"從"余"聲，讀爲"舒"可從。新蔡楚簡甲三 237-1 號簡記有"一軨玉曼"。"軨"與"軨"當是同一個詞。（100 頁）

[2]亓（其）柂（多）紛，秋之緟（綅）

〖整理者 1991〗其柂，紛稂（秋）之緟。（39 頁）

〖劉釗 1992A〗牘1曰"紛秋之緟""緅秋之紿"秋字應讀作"紬"。《説文·糸部》"紬，大絲繒。"

〖何琳儀 1998A〗緐，從糸，弁聲。緐之異文。《説文》"緐，馬髦飾也。從糸，每聲。"…包山牘，讀緐。（1067 頁）

〖白於藍 1999〗可見緟乃綅之異構。

〖徐在國 2003E〗包山竹牘"緐"或釋爲"綅"，誤。此字多硬性隸定，何琳儀先生認爲此字應分析爲從"糸"，"弁"聲。即《説文》"緐"字或體。包山竹牘"緐"字位置與葛陵簡“羿”字同。可証何先生之說是正確的。…竹牘“栘”當讀爲“多”，與“一”位置同，似爲數詞，表示多。

[3]馯（豻）䩐（貘）

〖整理者 1991〗豻䩐。（39 頁）

〖羅小華 2011A〗“馯䩐”應即“馯䝪”之異文，讀爲“豻貘”，應該就是曾侯乙墓簡習見之“豻䝪”。（59 頁）

[4]韢軒

〖舒之梅 1994〗《說文》：“韢，收束也，從韋、糕聲，讀若酋。”簡文“韢”應即說文“韢”。“軒”讀如“鞍”，字或作“鞌”。軒、鞍古音同在寒部，見系聲母。從干安之字古多互作，如“旰”又作“晏”，可知簡文“軒”乃“鞍”之借字。

〖楚文字編 1997〗韢。（257 頁）

〖劉信芳 1997B〗①按“韢軒”與“韇鞍”爲互文…“軒”亦讀如“鞌”…可知簡文“軒”乃“鞍”之借字。②“韢”與“韇”互文見義。

〖何琳儀 1998A〗馯䩐之韢軒。從韋，干聲。…包山牘軒，讀鞋。《集韻》 “鞋，馬被具”。（995 頁）（1070 頁又云：馯韢之韢軒。韢，從韋，䌛聲。包山牘韢，讀“韢”。《集韻》“韢，韋裹曰韢。”）

〖劉信芳 2002B〗“韢”字從“韋”“虘”聲（“𧇧”乃“虘”之繁形），字讀爲“韄”，《說文》：“韄，佩刀絲也。”…程玄英《疏》：“韄者，繫縛之名。”…以上牘文謂：以豻貘之皮繫縛於鞍，作爲鞍的護套，此所謂“豻貘之韢軒”。…軒字簡 267 作“絞”，曾侯乙簡 4、10、21 等作“㺨”，簡 69、115 作“鞍”，簡 83 作“鞍”，《說文》：“鞌，馬披具也。”

〖劉國勝 2005A〗“之”下一字似當作“韢”，其右旁，上部作“來”形，下部作“維”，疑爲“羅”的訛寫。牘文“馯䩐之韢軒”，271 號簡寫作“馯䝪之鞅、銨”。（100 頁）

[5]白金〖之〗大（軎），赤金之鈓（桎）

〖后德俊 1993〗至於簡文中記載的“白金大”，應是指錯嵌灰褐色物的一對車軎，這種灰褐色物原本是灰白色，湖北隨縣曾侯乙墓出土部分青銅器花紋內也填充有類似的灰白色物。簡文中將其記爲“白金”，可能是指其錯嵌效果類似於錯銀而言的。

〖劉信芳 2003〗讀爲“錯”，簡 272 作“銍”。（322 頁）

〖劉信芳 1997B〗“鈓”讀如“錯”，鈓、銍互文，知楚人謂“攻”爲“銍”，謂“錯”爲“鈓”。鈓、錯音近，皆古魚部字，然不必以通假視之。

〖田河 2007〗整理者釋爲“鈓”字很可疑，在圖板上幾乎看不清，從文例推測此字仍應是“銍”。（95 頁）

[6]百（百）條（條）卌=（四十）攸（條）翟（翠）之頁（首）

〖湯餘惠 1992〗可知“絕”亦用爲“色”，…謂色目，種類名目之義，大約是說車上載一百四十種紅色的旗。

[7]車戟（戟），戠（侵）习（羽）一咎（就）

〖湯餘惠 1992〗①戟（戟）。②羽字省體。

〖李家浩 1993B〗①“戟”字寫法比較特別，原文將“丯”旁與“戈”旁的筆畫公用。②习（羽）。

[8]一格，緣（蒙）毣（旄）頁（首）

〖整理者 1991〗格。（39頁）

〖劉釗 1992A〗江陵望山楚簡曰“冡毛之首”，李家浩先生指出“冡”應讀作“蒙”，毛應讀作“旄”。

〖湯餘惠 1992〗字從糸，彔聲。彔即古文尹。“緣毣頁”，殆指以彔毛飾首部，望山楚簡作“彔毛之首”。

〖李家浩 1993B〗“緣”從“冡”聲，“毣”從“毛”聲。“緣毣”應當讀爲“蒙旄”，指雜色的旄。

〖楚文字編 1997〗緣。（585頁）

〖何琳儀 1998A〗包山牘一格，疑讀校，《儀禮・既夕禮》“校在南”，注“校，脛也。”（284頁）

〖白於藍 2001B〗“格”字在此當讀作“綏”。《玉篇・夂部》：“夂，行遲皃。《詩》云：‘雄狐夂夂。’今作綏。”此引《詩》見今本《詩・齊風・南山》。“格”字即從夂聲，自亦可讀作“綏”。…綏乃車上所載之旌旗之屬，此與包山簡此段文字之整體文義相合，而其特徵是注旄於干首，則又與包山簡之“緣（蒙）毣（旄）首”相合。

[9]一和羸虘（甲）

〖整理者 1991〗龍虘。（39頁）

〖何琳儀 1998A〗包山牘羸，讀羸。《周禮・天官・大司徒》“其動物宜羸物”，注“虎豹貔貅之屬淺毛者”。（872頁）

[10]綠組之縢

〖何琳儀 1998A〗包山牘、隨縣簡縢，繩。《詩經・魯頌・閟宮》“朱英綠縢。”傳“縢，繩也。”（151頁）

[11]馯（御）、右二鼎（領）韄（犍）虘（甲），皆畜軸（冑）

〖湯餘惠 1992〗簡文“頁皐”，269、270簡稱“首皐”，皆指頭盔。…簡文應與前文討論過的是同一個字，並當釋貞。…牘文云：“馭右二～𩌔䖑，皆頁皐。”䖑，同皋。𩌔䖑，指𩌔皮做的甲。這種甲是含首甲在内的，故後面接言“皆頁皐”。盔甲的量詞稱“貞”，也見於曾侯乙墓簡文。甲衣若干貞，大概相當於今語若干件。

[12]四馬晧𦣻（面）

〖李家浩 1993B〗疑“晧銜”、“鎬銜”即“臼銜”的異文，“晧”、“鎬”二字也應當像“臼”字一樣皆讀爲“舊”。

〖劉信芳 1997B〗四馬晧𦣻（銜）。

〖田河 2007〗按：李家浩釋“面”爲馬首“當盧”，從字形、簡文内容和文獻例證來看，無疑是正確的。讀“鋯面”、“凵（臼）面”、“晧𦣻”爲“舊面”，即舊的當盧，可備一說。（128 頁）

[13]繙芋結項

〖整理者 1991〗𩑋。（39 頁）

〖劉釗 1992〗按字從頁從工，應釋爲“項”。簡文“番芋結項”似指“番芋”繫在頸項上。又冠後爲項，《儀禮・士冠禮》“賓右手執項”，注：“項，結纓也”。

〖湯餘惠 1992〗此字從頁，工聲，當釋爲項。…“繙芋”當讀如《左傳》“繁纓以朝”之“繁纓”，爲馬項下胸前飾物。繁纓結項，是說馬項下繫結繁纓。

〖何琳儀 1993A〗應釋“項”。

〖李家浩 1993B〗秦始皇陵出土銅車馬，在兩匹驂馬的頸部各套有一金項圈。“纓纀項”和“繙芋結項”大概是指這類項圈。

〖劉信芳 1997B〗“結項”與“晧銜”連帶述及，謂結於馬項下之“𦃃（翿）”也。…“繙芋”是連綿詞，謂結翿之絲帶。惟楚人稱馬項下之束錦爲“𦃃”，爲“項”，馬頭上之束錦爲“纑”，知纑、翿混稱則一，析言則有别，此先秦物有專名之例也。…簡文“繙芋”應是絞結狀的絲織物，用作在馬頭上的飾物。

[14]告紝

〖李家浩 1993〗①“告”也是修飾語…大概也應當讀爲“舊”。

〖劉信芳 1997B〗從校勘的角度可推知“紝”、“告紝”乃“鋧”之異稱。…知楚人謂馬頸之金屬套圈爲“鋧”，綬帶套圈爲“紝”或“告紝”。

[15]繕（繩）紴（鞁）

〖何琳儀 1998A〗包山牘“繩紴”，包山簡作“黽皸”，黽皮。（732 頁）

〖楚文字編 1997〗繕。（588 頁）

〖李家浩 1998B〗繕（繩）紴（鞁）。

[16]一周（彫）輚（軺）

〖整理者 1991〗輚。（39 頁）

〖滕壬生 1995〗輈…從土。（1019 頁）

〖張守中 1996〗輊。（215 頁）

〖劉信芳 1997B〗“輚”即“輈”字。

〖李家浩 1998B〗輚（輈）。

〖劉信芳 2003〗周輈：讀爲“彫輈”，《說文》：“輈，轅也。”（323 頁）

〖宋華強 2006C〗一周軚。

〖田河 2007〗學者將釋爲“輚”或“轉”都很可疑，右上所從應是“兆”字，與郭店簡《老子甲》1、31 號簡的“覜（）”所從之“兆”形似…我們懷疑右下一橫劃可能應歸下讀，即“一緅䋤（秋）之紟”，剛好與 270 簡“一緅絨之紟”呼應，否則該句沒有數詞。不過也不排除一横劃是飾筆的可能。，可以釋爲軚，讀爲鞉。鞉即鞀，《說文》：“鞀，鞀遼也。鞉，鞀或從兆，鼗，鞀或從鼓從兆。”…簡文“軚”從車大概是明其爲車載之樂器。“敂”從“朝”得聲，“朝”、“軚”都屬宵部，朝屬端母，軚屬定母，都是舌音，音可通。可見“敞（彫）敂”、“周（彫）軚”都可以讀爲“彫鞉”，是一種彩繪的小鼓。…包山二號墓南室出土漆木鼓 1 件，鼓面黑色漆皮上用紅、黃、藍三色繪變形鳳紋。鼓直徑 40.1、厚 5.2 釐米。外壁上等距離安三個鋪首銜環。標本 2:302（《包山墓》119 頁，圖七二）。（67 頁）

〖田河 2008〗我們懷疑右下一橫劃可能應歸下讀，即“一緅䋤（秋）之紟”，剛好與 270 簡“一緅絨之紟”呼應，否則該句沒有數詞。這樣自可以去掉右下“一“横考慮。…可以釋爲“輖”。“軺”屬宵部，從“壽”得聲的字多在幽部，幽部和宵部的字可以相通。

〖劉國勝 2011〗將 H（按：指本簡字）釋爲“輈”應該是可信的。不過，H 的右下部似不從土，而是從“止”。…因此 H 當隸定爲“輚”。“輚”可看作是“輈”的繁體。…包山遣冊的“雕輈”、曾侯乙簡的“晝輲”都是指有漆繪的車轅，它們應當沒有類似望山遣冊及天星觀簡的“龍輈”所指車轅的龍首形制。

[17]一絧（彫）椱（缶）

〖陳偉 1996〗一絧椱。（242 頁）

〖劉信芳 1997B〗“椱”讀“鞎”，《說文》：“鞎，車軸縛也。從革，复聲。《易》曰：輿說鞎。”…“椱”爲伏兔之纏縛爲妥。

[18]一銧（鐃），緙組綏

〖整理者 1991〗一□緙，組綏。（39 頁）

〖施謝捷 2003〗鐃。

〖劉國勝 2005A〗“一”下一字原文稍有殘泐，當作“鈨”，即“鐃”字。270 號簡記“一鐃”。（101 頁）

按：《包山楚墓》銅鐃標本編號爲 2：356。①

[19]番芋之童（幢）

〖湯餘惠 1992〗“番芋”同“繙芋”，疑亦指項飾。

[20]一軨車之上軷（載）皆

〖劉國勝 2003〗“上”下一字似從“車”從“才”，當讀爲“載”，在此指車之載物。《尚書·盤庚》“若乘舟，汝弗濟，臭厥載”，孔傳：“言不徙之害。如舟在水中流不渡，臭敗其所載物。”（83 頁）

〖劉國勝 2005A〗“載”字的異體…簡文“一軨車之上軷皆”與下文“賨執事人𦬸不尃□之□”之間有一段空白，但似可連讀。（101 頁）

[21]賨（府）𧾽（執）事人𦬸（胡）不尃□之□。〖牘 1 反〗

〖施謝捷 2003〗胡。

〖劉國勝 2003〗原字作“尃”，在此讀爲“賻”，助喪賻贈之義。（84 頁）

〖劉國勝 2005A〗“執事”下一字當爲“人”字。“人”下一字，從“夫”從“割”，疑當讀爲“胡”。“胡不”，人名。（101 頁）

（二）277 號簡

苛郙受：一箁（笮）[1]，鼢（豹）韗（韋）之盾[2]，廿＝（二十）鉃（矢）[3]，一臼戠[4]，絲（縢）組之迂（游）[5]，二絑綃（絹）之繿（幢），霝（靈）光之結幂，一紝[6]，絲（縢）組之綏（纓）[7]，二翆（翠）翠[8]，一畣（拾）[9]，一觖（夬）[10]，一綐組綏[11]，一緄，二馬之秏（鑣）[12]，二鑑（銜）[13]。〖277〗

集釋：

[1]苛郙受：一箁（笮）

〖整理者 1991〗箁，疑讀作箁。（66 頁）

〖李家浩 1993B〗我認爲簡文“箁”是“笮”字的異體。…《儀禮·既夕禮》“役器，甲、胄、干、笮”，鄭玄注：“笮，矢箙。”…此墓南室出土一件“竹箙”，內裝有二十支箭，與簡文所記的“一笮”、“二十矢”相合。

①湖北省荊沙鐵路考古隊：《包山楚墓》，113 頁，北京，文物出版社，1991。

[2]豹（豹）韋（韋）之盾

〖整理者 1991〗豹韋之冒。（39 頁）

〖何琳儀 1993A〗應釋“盾”。

〖李家浩 1993B〗根據文義，“豹韋之盾”是屬於“箙”的，並非指另有一種用豹皮作的防禦武器“盾”。…南北朝墓葬出土的武士俑，有許多背負箭箙，箭箙的形態與包山“竹箙”相似，但在箙的上部有一較寬的帶狀物以約束箭桿。據此，我們認爲包山“竹箙”上部原來也應該有像南北朝武士俑所負之箙那樣的東西，以約束箭杆向外傾斜、散亂，而那種約束箭杆的東西，就是簡文所說的“盾”。因爲是用豹皮作的，故稱爲“豹韋之盾。”

〖李家浩 2006A〗其“盾”字也有可能讀爲“楯”，謂豹皮作的裝“箙”的袋子。

[3]廿=（二十）鉃（矢）

〖劉釗 1992A〗鉃字見於《玉篇》，乃鏃字異構。簡文言“二十鉃”即指二十個箭鏃。

〖李家浩 1993B〗“鉃”字原文所從“矢”旁是倒寫的。…因此我認爲“鉃”就是“矢”字的繁體，因爲矢的鏃是用銅作的，故在“矢”字上加注意符“金”。

〖何琳儀 1998B〗包山簡“銔”，“丕”的繁文，仍然讀“箭”。

[4]一臼戢

〖整理者 1991〗臼骮。

〖李家浩 2003〗“戢”不見於字書，根據漢字結構的一般規律，此字應當分析爲從“戈”從“骨”聲。…從簡文“戢”有“縢組之斿”來看，似是旗名。古代有一種旗名“旞”，字或作“䢟”。《說文》㫃部：“旞，導車所以載，全羽以爲允。允，進也。從㫃，遂聲。䢟，旞或從遺。”

〖劉信芳 2003〗字從戈，骨聲，讀爲“勿”…簡文“戢”是一種旗幟，所指應即經典之“勿”。（318 頁）

[5]絲（縢）組之迂（游）

〖整理者 1991〗絥（縢）組之迂”。

〖湯餘惠 1992〗實即遊字，字從古文子。…用爲旗斿字。

〖楚文字編 1997〗迂義當說文旌旗之流也之游。疑迂爲遊行之遊本字，遊爲旌旗之流也之游本字，說文籀文即遊之訛變之形。（339 頁）

〖李家浩 2003〗“迂”見於《古文四聲韻》卷二尤韻，是古文“遊”，在此當讀爲“斿”。“斿”或作：“旒”，是古代旌旗旗幅末端的下垂飾物。

〖劉信芳 2003〗迂：“遊”之省形。《說文》：“游，旌旗之流也。”（318 頁）

〖劉國勝 2005A〗《周禮・春官・巾車》“建大常，十有二斿”，鄭玄注：“大常，‘九旗’

之畫日月者，正幅爲縿，斿則屬焉。”（75 頁）

[6]一紝

〖劉釗 1992A〗字應釋爲“絔”，絔字見於《集韻》，謂“以繩維持也”。

〖劉信芳 1997B〗疑“絔”乃“縌”之俗字，《說文》：“縌，綬維也。”

〖劉國勝 2003〗疑讀爲“囊”，指袋囊。（62 頁）

〖劉國勝 2005A〗“紝”，又見於包山 1 號牘“告紝”，疑讀爲“帾”，旗幟之屬。《廣雅·釋器》：“帾，幡也。”（75 頁）

[7]縢（縢）組之緩（纓）

〖劉信芳 2003〗縢組之纓。（317 頁）

〖劉國勝 2005A〗《左傳》桓公二年“盤、厲、遊、纓”，杜預注：“纓，在馬膺前，如索帬。”簡文“縢組之纓”疑指這類馬飾。（75 頁）

〖田河 2007〗簡文“縢組之纓”大概指馬胸前用組帶綴聯而成的索帬狀飾物。（128 頁）

[8]二翠（翠）矛

〖劉釗 1992A〗按字從羽從辛，應釋爲“𦑝”，𦑝字見於《集韻》，義爲“多羽”。簡文“二翠矛”即指兩件多羽的矛。《包山楚墓》記二號墓出土三件柲上捆扎有三束羽毛的矛，疑與此有關。

〖劉信芳 1997B〗翠矛即以翠作裝飾的矛。“翠”乃“翠”之異體。

〖田河 2007〗包山二號墓所出小刺矛柲上就裝飾有羽毛。但簡文“翠（翠）矛”是不是“小刺矛”很難肯定。（156 頁）

[9]一畣（拾）

〖滕壬生 1995〗匌。（416 頁）

〖何琳儀 1998A〗畣，從缶，合聲。（1388 頁）

〖劉國勝 2003〗疑從“合”“缶”聲，讀爲“拊”，指扁鼓。（63 頁）

〖劉信芳 2003〗字又作“椨”，謂扁形鼓。（318 頁）

〖劉國勝 2005A〗“畣”，疑從“合”“缶”聲，讀爲“拊”，即搏拊。（75 頁）

〖田河 2007〗“畣”上下文都是武具類物品，學者都解爲樂器恐不妥。暫附于此，有待進一步研究。（69 頁）

〖羅小華 2010〗我們懷疑“畣”當爲“拾”之假。二者均從“合”得聲，諧聲通假。典籍中，“拾”又稱作“遂”、“捍”、“韝”。《詩·小雅·車攻》“決拾既佽”。毛傳：“決，鉤弦也。拾，遂也。”《廣雅·釋器》“拾、捍、韝，韘也。”王念孫疏證：“拾、捍、韝爲一物；韘爲一物。拾、捍、韝，皆謂遂也，著于左臂，所以扞弦也。”

[10]一䏼（夬）

〖整理者 1991〗。（39 頁）

〖劉國勝 2003〗“䏼”，按：疑讀爲“決”，指扳指。又稱“韘”。《說文》：“韘，射決也，所以拘弦。以象骨，韋系。”（63 頁）

〖劉信芳 2003〗簡文“䏼”字所述爲車馬器，疑讀爲“靶”，《說文》：“靶，轡革也。”蓋馬韁之執手。（319 頁）

〖田河 2007〗此字右邊所從似爲“夬”漏寫一筆。仰天湖有“骨夬”，䏼可能是“骨夬”的專字。…包山二號墓出土骨質夬 2 件（報告稱“指套”）。（169 頁）

〖單育辰 2008〗其中的“䏼”（按：指信陽 2-23 號簡）又見“包山”277，簡中似乎是指骨質的可以扣住兩邊的鈎或扣子。

〖羅小華 2010〗包山簡 277 中“䏼”即“決”之假，典籍或作“夬”、“抉”。“䏼”、“決”、“抉”均從“夬”得聲，諧聲通假。…劉國勝老師將“”釋爲“䏼”的意見可以信從。簡文中“㿿”、“䏼”均當爲控弦之物。在包山簡 277 中就記載著“二十鉃（矢）”，與簡文“㿿”、“䏼”遙相呼應。

〖羅小華 2011A〗簡文中的“㿿”，疑當讀爲“拾”。…此外，“拾”與“決”常常一同出現。《詩・小雅・車攻》：“決拾既佽”。毛傳：“決，鉤弦也。拾，遂也。”包山楚墓中出土兩枚骨質“夬”。《報告》稱爲“指套”。可能就是簡文中所記載的“䏼”。（148 頁）

[11]一䋞組綏

〖何琳儀 1993A〗應釋“䋞”。

〖金琳、呂繼熔〗“組綏”疑指裝在車器上、以作登車時拉手用的車繩。

[12]二馬之秏（鑣）

〖李家浩 1993B〗包山 277 號簡還有一個從“毛”得聲的“秏”字，也可能應當讀爲“鑣”。…《玉篇》木部“楙”字重文作“秏”，大概與簡文“秏”字無關。

〖劉信芳 1997B〗簡文“二馬之秏（鑣）”應指木質鑣”。

[13]二鑑（銜）

〖劉信芳 1997B〗疑字讀如“檻”，《說文》檻，“一曰圈”。鋧、鑑讀音相近，惟何字爲正，需更多的辭例才能判明。…包山二號墓出土竹圈二件，標本二：二二一由八根篾片絞結成圓圈形…該圈與車馬器同出於南室，從隨葬器的分佈圖來看，與馬銜、馬鑣放置在一起，應即簡文所記“鑑”或“鋧”。

〖李家浩 2003〗簡文的“鑑”在（8）（按：指天星觀簡，見《楚系文字編》524、525、996 頁）位於“面”、“勒”之前，在（9）（按：同（8））位於“面”、“勒”之間，說明

“鑑”的用途與“面”、“勒”有關，顯然不能從字面上把它解釋爲照人的鑑或盛水的鑑。馬具中的銜繫於勒。“鑑”、“銜”二字古音相近，可以通用。例如銀雀山漢墓竹簡《唐勒賦》“銜轡”之“銜”作“嚂”。

〖劉國勝 2005A〗“鑑”，通“鏡”，指銅鏡。（75 頁）

第四章　相關問題研究

第一節　紀　時

一　紀　年

（一）“以事紀年”材料的分類

包山二號楚墓出土的竹簡和竹牘包括七個紀年，分別爲：大司馬昭陽敗晉師於襄陵之歲、齊客陳豫賀王之歲、魯陽公以楚師後城鄭之歲、周客甘固迈楚之歲、宋客盛公邊聘於楚之歲、東周之客許緹致胙於葳郢之歲、大司馬悼滑將楚邦之師徒以救郙之歲。劉彬徽按事件的內容與性質，將楚文字材料中“以事紀年”歸納爲：

1. 以他國使者來楚活動之事（聘問或其他活動）紀年。下舉十例：

（1）齊客張果問王於莪郢之歲。

（2）郙客困雞問王於莪郢之歲。

（3）秦客公孫鞅問王於莪郢之歲。

（4）齊客纆䐑問王於莪郢之歲。

（5）齊客陳豫賀王之歲。

（6）□客監匿迈楚之歲。

（7）宋客盛公𨟻（聘）於楚之歲。

（8）周之客䛐（許）緹歸（餽）胙於莪郢之歲。

（9）燕客藏嘉問王於莪郢之歲。

（10）秦客王子齊之歲。

2. 以某一次戰爭或楚軍的行動來紀年。下舉三例：

（1）大司馬邵陽敗晉師於襄陵之歲。

（2）大司馬𢜶（卓）愲（滑）救郙之歲。

（3）魯陽公以楚師後城奠（鄭）之歲。

3. 爲不屬於以上兩類内容的其他以事紀年的材料。下舉一例：

越涌君逢其衆以歸楚之歲。①

于成龍認爲楚人"以事紀年"的歷史事件絕大部分在《周禮》的五禮之中，其分類爲：

1. 軍禮

《周禮·春官·大宗伯》云："以軍禮同邦國。大師之禮，用衆也；大均之禮，恤衆也；大田之禮，簡從也；大役之禮，任衆也；大封之禮，和衆也。"

屬"大師之禮"的有：

（1）大司馬卲陽敗晉師於襄陵之歲　《包山》103

（2）大司馬悼愲救郙之歲　《包山》249

屬"大役之禮"的有：

（1）魯陽公以楚師後城鄭之歲　《包山》2

（2）句邦公鄭余穀大城邺並之歲　《新蔡》乙一·14

2. 賓禮

《周禮·春官·大宗伯》云："以賓禮親邦國，……時聘曰問，殷覜曰視。"及《秋官·大行人》"時聘以結諸侯之好，殷覜以除邦國之慝"是據諸侯遣使聘問天子之禮而言。而《聘禮》，據《鄭目錄》，是諸侯與諸侯相聘之禮。聘與問，義相同。如《禮記·曲禮》云："諸侯使大夫問於諸侯曰聘。"聘禮是賓禮之一，重在遣使交修其好。

屬"聘禮"的有：

（1）秦客公孫鞅問王於葳郢之歲　天星觀楚簡

（2）齊客張果問王於葳郢之歲　《望山》M1·1

（3）齊客轀䑎問王於葳郢之歲　天星觀楚簡

（4）郙客困雛問王於葳郢之歲　《望山》M1·5

（5）宋客盛公鶨聘（聘）於楚之歲　《包山》197

3. 嘉禮

《周禮·春官·大宗伯》云："以嘉禮親萬民。……以脤膰之禮，親兄弟

①劉彬徽：《從包山楚簡紀時材料論及楚國紀年與楚曆》，《包山楚墓》附錄二十一，北京，文物出版社，1991。

之國；以賀慶之禮，親異姓之國。”脤膰是祭祀的酒肉。大宗伯所掌是天子賜諸侯脤膰，以示同享福祿。又《天官·膳夫》：“凡祭祀之致福者，受而膳之。”鄭注：“致福，謂諸臣祭祀，進其餘肉，歸胙於王。”故知脤膰之禮又有致福、歸胙之别稱。並且君對臣，臣對君均行此禮。

屬“脤膰之禮”的有：

東周之客譽緹致胙於葳郢之歲　《包山》12

“賀慶之禮”，孫詒讓正義引唐賈公彦疏云：“言賀慶者，謂諸侯之國有喜可賀可慶之事，王使人往，以物賀慶之。”此是據王賀諸侯，諸侯賀諸侯也應如此。

屬“賀慶之禮”的有：

齊客陳豫賀王之歲　《包山》7①

吳良寶認爲楚簡“以事紀年”中的重要内容有：天子致（歸）胙於楚、諸侯國國君致福於楚王或者賀楚王、時王居處、外國使者聘問於楚、救附屬國、擊敗敵國、築城、異邦部屬歸楚等，另外還有個别的紀年事件的具體内容暫不可知。他將“以事紀年”的事件分類如下：

1. 周天子致胙、歸胙

“致胙”、“歸胙”的施動者是當時的周天子。《説文》：“胙，祭福肉也。”作爲天下的共主，能得到周天子的“歸胙”，既是諸侯國地位的象徵，對其國君來説也是一種榮耀，所以會以之紀年。

（1）東周之客鄦浧致胙於菽郢之歲　《包山》12

（2）東周之客鄦浧歸胙於菽郢之歲　《包山》129

2. 致福

“致福”在古籍中有兩種含義：一是進獻祭祀之餘肉，亦稱“歸胙”、“歸福”等。二是招致多福。先秦時期“歸胙”或“致福”的施動者既可以是周天子，也可以是臣子；從施受關係上看，既可以是上賜於臣下，也可以是臣子敬奉於上。諸侯國君之間也可以相互歸胙致福，是一種平等關係的施受。

①于成龍：《楚禮新證——楚簡中的紀時、卜筮與祭禱》，4-9頁，北京大學博士學位論文，2004。

齊客陳異致福於王之歲 《新蔡》甲三・20

3. 賀

賀慶之禮并不完全局限於王對諸侯行使，諸侯國之間也可以互行賀禮。君臣之間也可以行使賀禮。

齊客陳豫賀王之歲

4. 聘問

以某國的使者“客”聘問於楚之歲來紀年，簡文中的“聘楚”與“問王”當屬同一性質。

（1）齊客張果問[王]於莪郢之歲 《望山》M1・1

（2）郙客困芻問王於莪[郢之歲] 《望山》M1・5

（3）秦客公孫紻問王於莪郢之歲 天星觀楚簡

（4）宋客盛公邊聘楚之歲 《包山》125

5. 時王居處

以楚王的居處行蹤來紀年，也是楚簡中常見的紀年方式之一。比如：

（1）王自肥遺郢徙於鄩郢之歲 《新蔡》甲三・240

（2）王徙於鄩郢之歲 《新蔡》甲二・14

（3）王復於藍郢之歲 《新蔡》甲三・297

（4）齊客陳豫賀王之歲 《包山》7

6. 重要戰爭

以某次戰爭作爲紀年的情況，早在商末即已出現，西周、春秋時期也不乏其例。戰國楚簡中有以下幾條以戰勝敵國、出兵救友國、“致師”等軍事行動來紀年的例子，有的適可與同時期的其他銘文資料相對應：

（1）□大莫囂陽爲[戰]於長城之[歲]□ 《新蔡》甲三・36

（2）□莫囂陽爲、晉師戰於長□ 《新蔡》甲三・296

（3）大司馬卲陽敗晉師於襄陵之歲 《包山》103

（4）大司馬卲愲將楚邦之師徒以救郙之歲 《包山》226

（5）□至師於陳之歲 《新蔡》甲三・49

7. 其他比較重要的事件

除了上述朝賀、歸胙、聘問、戰爭等重要事件之外，還有以築城、歸降等事件紀年的情況。

（1）魯陽公以楚師後城鄭之歲　《包山》2

（2）旬邘公奠余斁大城此並之歲　《新蔡》乙一・14

（3）□公城鄩之歲　《新蔡》甲三・30

歸附、歸降的情況目前只見到一例。

（1）越涌君贏將其眾以歸楚之歲　夕陽坡楚簡

還有一些"以事紀年"的資料，因無法與史書記載相聯繫，或簡文殘缺過多，無法知曉其中的人物或事件，比如：

（1）□蔓莕受女於楚之歲　《新蔡》甲三・42

（2）……我王於林丘之歲　《新蔡》甲三・1①

按照吳良寶的意見將包山楚簡中七個紀年分類，"大司馬昭陽敗晉師於襄陵之歲"、"大司馬悼滑將楚邦之師徒以救郙之歲"屬於重要戰爭，"齊客陳豫賀王之歲"屬於賀禮，"宋客盛公邊聘於楚之歲"屬於聘問，"東周之客許緹致胙於葴郢之歲"屬於致胙或歸胙，"魯陽公以楚師後城鄭之歲"屬於其他事件，而"周客甘固迈楚之歲"有可能屬於賀禮也有可能屬於聘問，或者因其他未知之事而至楚。

（二）包山楚簡中"以事紀年"事件的絕對年代

1. 楚國"以事紀年"資料與其所記之年的關係

楚國多採用"以事紀年"的方式記錄年份，那麼在選取"以事紀年"所用的事件時，什麼樣的事件才會被用來紀年？"某事之歲"指的是事件所在之年還是事件發生的下一年？

王紅星認爲戰國時期楚國官曆以頭一年之大事紀年，頒行可能在頭年之年尾。如果在歲首月初才頒行紀年大事，可能出現混亂。②劉彬徽也認爲以前一年之事件作爲次年之紀年，即某事件雖某年，但用於紀年則在次年。③

林素清認爲楚國是取歲首月初時他國使者來楚活動之事作爲該年官方的紀年。在確定今年的大事紀年之前，仍可採用時王在位年數來紀年。包山楚簡中七個紀年材料，大致可分爲"他國使者來楚活動"和"戰爭或楚軍行動"兩類。他

①吳良寶：《戰國楚簡地名輯證》，16-22頁，武漢，武漢大學出版社，2010。

②王紅星：《包山楚簡所反映的楚國曆法問題——兼論楚曆沿革》，《包山楚墓》附錄二十，北京，文物出版社，1991。

③劉彬徽：《從包山楚簡紀時材料論及楚國紀年與楚曆》，《包山楚墓》附錄二十一，北京，文物出版社，1991。

國使者到楚國聘問及致胙的時間多在歲首月初是極有可能的。而“大司馬昭陽敗晉師於襄陵之歲”這種大事紀年，所指實爲戰爭結束後，戰敗國於下一年楚曆歲首年初至楚媾和，或他國爲此至楚朝聘賀慶，“大司馬昭陽敗晉師於襄陵之歲”實際上是“某國之客某，因大司馬昭陽敗晉師於襄陵之事至楚朝聘賀慶之歲”的簡稱，[①]邴尚白同意林素清的看法。[②]李學勤反對楚以前年大事紀年，同時也不同意戰爭跨年之說。[③]吳良寶在談楚文字資料紀年方式中提到“是以當年發生的重大事件來紀年”，但未作具體說明。[④]

綜上，楚國“以事紀年”的事件與紀年有兩種關係：一是以當年發生事件紀年，二是以前一年發生事件紀年。相比之下，第二種可能性較大。從邏輯上講，如果選用同一年發生的事件紀年，那麼事件一定要發生在歲首月初，這樣才能將此年較早發生之事也納入紀年之中。但未必每年歲首月初都有戰爭、聘問等大事發生。王紅星、劉彬徽認爲以事紀年只有通過國家統一頒佈，才能實施，這無疑是正確的。選取前一年之大事紀年，頒佈起來是極其方便的。並且以“前一年發生事件紀年”爲依據，推算出包山楚簡中紀年的絕對年代後，包山楚簡中記載的曆日與曆表基本吻合。

2. 包山楚簡中“以事紀年”事件的絕對年代

關於包山楚簡中七個紀年的絕對年代，整理者王紅星、劉彬徽均指出簡文中“大司馬昭陽敗晉師於襄陵之歲”的“大司馬昭陽”就是《楚世家》中的“柱國昭陽”。《史記·楚世家》記載：“（懷王）六年，楚使柱國昭陽將兵而攻魏，破之於襄陵，得八邑”。“大司馬昭陽敗晉師於襄陵”在楚懷王六年，則“大司馬昭陽敗晉師於襄陵之歲”在楚懷王七年，即公元前 322 年。劉彬徽還指出“大司馬悼滑救郙之歲”中的“悼滑”見於史書記載，但其救郙一事史書無載，故只能根據悼滑的活動時間將其範圍定在公元前 323 年至公元前 298 年之間。王紅星認爲卜筮簡中，宋客盛公邊聘於楚之歲、東周之客許綎致胙於蔵郢之歲、大司馬悼滑將楚邦之師徒以救郙之歲爲三個緊密相連的年份；大司馬悼滑將楚邦之師徒以救郙

①林素清：《從包山楚簡紀年材料論楚曆》，《中國考古學與歷史學之整合研究》，1099-1121 頁，“中央研究院”歷史語言研究所，1997。

②邴尚白：《楚曆問題綜論》，《古文字與古文獻》試刊號，146-187 頁，楚文化研究會籌備處，1999。

③李學勤的說法見李銳：《清華大學簡帛講讀班第二十九次研討會綜述》，簡帛研究網站，2004 年 4 月 11 日。

④吳良寶：《戰國楚簡地名輯證》，11 頁，武漢，武漢大學出版社，2010。

之歲爲左尹下葬的年份，應爲七個紀年中最後一個紀年；125、129-130號簡“甘固之歲”兩次出現在“宋客盛邊聘於楚之歲”之前，這兩年應是緊密相連的；其餘三個紀年均應在這四個紀年之前。其他的紀年材料，則根據曆法推算（王紅星、劉彬徽認爲楚曆建丑，冬栾爲歲首），得出絕對年代。其具體結論如下：

公元前322年——大司馬昭陽敗晉師於襄陵之歲
公元前321年——齊客陳豫賀王之歲
公元前320年——魯陽公以楚師後城鄭之歲
公元前319年——周客甘固逅楚之歲
公元前318年——宋客盛公邊聘於楚之歲
公元前317年——東周之客鄦綎致胙於蕆郢之歲
公元前316年——大司馬悼滑救郙之歲[①]

王紅星、劉彬徽得出的結論基本是正確的（但認爲楚曆建丑，冬栾爲歲首的觀點值得商榷）。陳偉也得出同樣的結論，不過論證途徑有較大不同。還有學者針對七個紀年中的一個或幾個進行了探討，得出不同的結論。下面一一引述並進行討論。

陳偉認爲“大司馬昭陽敗晉師於襄陵之歲”的日辰可容入公元前324年或322年的曆譜，由於楚曆歲首與同時行用的其他曆法歲首有別，而且有的戰役會跨越兩個年頭，因而不同來源的記載對同一事件的記年或存在一年之差。在這種情況下昭陽之歲可能相當於公元前322年，也可能相當於公元前324年，最終他確定爲公元前322年。[②]林素清認爲《楚世家》記載“大司馬昭陽敗晉師於襄陵”在楚懷王六年，公元前323年，而根據包山楚簡只能是在公元322年，有可能是因爲戰爭起於公元前323年末，至公元前322年初戰勝，各國使節來賀，故以此作爲公元前322年之紀年。更有可能是因楚曆歲首“冬栾”雖在公元前322年初，但對應的周曆仍在公元前323年之12月。[③]李學勤指出“大司馬昭陽敗晉師於襄

①王紅星：《包山楚簡所反映的楚國曆法問題——兼論楚曆沿革》，《包山楚墓》附錄二十，北京，文物出版社，1991。劉彬徽：《從包山楚簡紀時材料論及楚國紀年與楚曆》，《包山楚墓》附錄二十一，北京，文物出版社，1991。

②陳偉：《包山楚簡初探》，11頁，武漢，武漢大學出版社，1996。

③林素清：《從包山楚簡紀年材料論楚曆》，《中國考古學與歷史學之整合研究》，1099-1121頁，“中央研究院”歷史語言研究所，1997。

陵”，史書雖明載於楚懷王六年，但是這其實是根據魏國的紀年推定的結果。實際情況應該是魏、楚歲首有别，戰國時魏仍用夏曆，與楚之歲首相差達三月之久。因此，如果從楚方面來看，楚魏之戰實際上已經到了楚懷王七年。①

按：“大司馬昭陽敗晉師於襄陵之歲”的絕對年代應爲公元前 322 年，史書記載的“大司馬昭陽敗晉師於襄陵”在楚懷王六年（公元前 323 年），楚國紀年是以前一年的大事紀年，因此與包山楚簡中“大司馬昭陽敗晉師於襄陵之歲”爲公元前 322 年並不矛盾。

“魯陽公以楚師後城鄭之歲”中的“魯陽公”見於《淮南子·覽冥訓》：“魯陽公與韓構難，戰酣日暮，援戈而撝之。”高誘注：“楚平王之孫，司馬子期之子，《國語》所稱魯陽文子也。楚僭號稱王，其守縣大夫皆稱公，故曰魯陽公，今南陽魯陽是也。”《國語·楚語下》：“惠王以梁與魯陽文子”，韋昭注：“文子，平王之孫、司馬子期子魯陽公也。”司馬子期之子即公孫寬，爲楚惠王（公元前 489—前 432 年）時人，還見於《左傳》哀公十六年（公元前 479 年）。但錢穆認爲“楚、韓交兵，始自悼王之世”，即三晉列爲諸侯的公元前 403 年之後，《淮南子·覽冥訓》中“與韓構難”之魯陽公與司馬子期、公孫寬的年代無法相及。②李學勤指出魯陽公或魯陽文子應當是公孫寬的子輩，在惠王晚年受封，至楚悼王時大約有四十年的時間。《墨子·魯問》中魯陽文君就是魯陽文子或魯陽公，曾多次同墨子問答，特別值得注意的是他有意攻鄭，被墨子勸止一事。魯陽文君攻鄭在周安王八年，即鄭繻公被弑後三年也，這一年是楚悼王八年（公元前 394 年）。魯陽文君本有意伐鄭，因受墨子之諫，轉而爲鄭築城，正是爲了防備韓的攻擊，城鄭之戰應在公元前 394 年。驗以曆日，該年屈柰丁酉朔、丁巳二十一日，也與簡文相合。③包山楚簡提到這件事，乃是因爲此簡後文屬於《集箸（書）》，是引過去的事情作爲法律文案。④吴良寶贊同李學勤將“魯陽公以楚師後城鄭之歲”定在公元前 394 年的説法。⑤

按：包山文書簡多爲左尹官署處理的案件，左尹死時年齡大約在 35-40 歲，而其下葬於公元前 316 年。如將“魯陽公以楚師後城鄭之歲”定在公元前 394 年，

①李學勤的説法見李鋭：《清華大學簡帛講讀班第二十九次研討會綜述》，簡帛研究網站，2004 年 4 月 11 日。

②錢穆：《先秦諸子繫年》，207-208 頁，北京，中華書局，2001。

③李學勤：《論包山楚簡魯陽公城鄭》，《清華大學學報》2004（3），31-32 頁。

④李學勤的説法見李鋭：《清華大學簡帛講讀班第二十九次研討會綜述》，簡帛研究網站，2004 年 4 月 11 日。

⑤吴良寶：《戰國楚簡地名輯證》，24-25 頁，武漢，武漢大學出版社，2010。

此時左尹尚未出生，將公元前394年的案件記錄作爲追記，略顯怪異。並且，公元前394年到前316年，跨越近80年，爲何僅追記“魯陽公以楚師後城鄭之歲”一個年份，而不見其他年份的記錄，這也很難解釋。所以將“魯陽公以楚師後城鄭之歲”定在公元前394年的意見還需謹慎。

關於“東周之客許緹致胙於葳郢之歲”，陳偉認爲戰國時“東周”還是周王室的稱號，東周之客應是周王室的使者，而非東周公的代表。周室自敬王以後稱“東周”，是因爲居於王城之東的成周的緣故。王赧徙都西周之後，周室恐不會再以“東周”爲號。由此推想，許緹之歲應在王赧元年（公元前314年）之前。[①]

“大司馬悼滑將楚邦之師徒以救郙之歲”中的“悼滑”，徐少華認爲即古書中所見的悼滑。[②]陳偉認爲與悼滑有關的史事一是存燕，見《戰國策·趙策三》；一是亡越，見《戰國策·楚策一》《韓非子·内儲說下》及《史記·甘茂列傳》。陳璋壺所記“亳”可能是燕國的别稱，“郙”與“亳”通假，悼滑救郙與淖滑存燕可能爲一事。子之三年，燕國大亂有公元前316和315年兩種說法，檢之包山楚簡所記日期，應在公元前316年。[③]李學勤認爲“郙”即“巴”，據《史記·秦本紀》記載於公元前316年被秦所滅，而此年正是從簡文曆法推定的“大司馬悼滑將楚邦之師徒以救郙之歲”。《巴志》記載周之季世，巴國有亂，曾請師於楚，但不知在那年。又記載公元前316年蜀王伐巴，巴求救於秦。秦惠文王遣張儀救之，滅蜀，張儀貪巴之富，因取巴。這裏只提到秦救巴，未提到楚救巴，但巴、楚相鄰，楚又有救巴的經驗，即使爲了本國的利益，出師救巴也是應該的。大約是秦軍已到，事歸中止，以致史籍未見。[④]

按：“大司馬悼滑將楚邦之師徒以救郙之歲”爲公元前316年，按楚國以前一年之事紀年的習慣，“大司馬悼滑將楚邦之師徒以救郙”這一事件應發生在公元前317年。

二　紀　月

楚曆月名在文獻和金文中偶見，全貌則見於1975年云夢睡虎地出土的秦簡《日書》，《日書》中記有“秦楚月名對照表”：

①陳偉：《包山楚簡初探》，15頁，武漢，武漢大學出版社，1996。
②徐少華：《包山二號楚墓的年代及有關問題》，《江漢考古》1989（4），72-77接71頁。
③陳偉：《包山楚簡初探》，11-13頁，武漢，武漢大學出版社，1996。
④李學勤：《包山楚簡“郙”即巴國說》，《中國文化》第21期，14-16頁，2004。

十月楚冬夕，日六夕十
十一月楚屈夕，日五夕十一
十二月楚援夕，日六夕十
正月楚刑夷，日七夕九
二月楚夏杘，日八夕八
三月楚紡月，日九夕七
四曰楚七月，日十夕六
五月楚八月，日十一夕五
六月楚九月，日十夕六
七月楚十月，日九夕七
八月楚爨月，日八夕八
九月楚獻馬，日七夕九

很多學者根據《日書》的記載，對楚國曆法問題進行了研究。但“秦楚月名對照表”只是提供了楚曆中諸月的相對順序，並沒有解決楚曆歲首、建正的問題。包山楚簡中有月名 11 個，僅缺“獻馬”（“獻馬”見於天星觀、望山、新蔡等楚簡），這在楚文字資料中是首次見到。整理者排列月序爲：冬栾、屈栾、遠栾、荊层、夏层、亯月、夏栾、八月、九月、十月、灸月。[①]學者根據包山楚簡提供的新信息，對楚曆中“歲首”、“建正”問題展開了討論，並且還涉及楚曆四季的劃分。下表是楚簡和秦簡《日書》中月名及同一月名之不同寫法：

秦	楚	
	秦簡《日書》	楚簡
十月	冬夕，中夕	冬栾
十一月	屈夕	屈栾
十二月	援夕	遠栾
正月	刑夷，刑杘，刑尸	刱层
二月	夏杘，夏夷，夏尸	夏层
三月	紡月	亯月
四月	七月，夏夕	夏栾
五月	八月	八月

①湖北省荊沙鐵路考古隊：《包山楚簡》，14 頁，北京，文物出版社，1991。

六月	九月	九月
七月	十月	十月
八月	爨月	臭月
九月	獻馬	獻馬

關於“楚曆歲首、建正”的意見，由於對材料的理解不同，諸家看法各異。即使相同的觀點，論證的過程也存在差別。目前，學術界關於戰國時期楚曆建正及四季劃分主要有以下幾種觀點：①

1. 子正，歲首屈柰

潘嘯龍認爲楚國到了戰國時代仍還行用著周曆，同時還有夏曆的行用與之相輔。屈柰、遠柰、荊层爲春季；夏层、亯月、夏柰爲夏季；八月、九月、十月爲秋季；臭月、獻馬、冬柰爲冬季。②

2. 寅正，歲首荊层

陳偉認爲荊层爲歲首，但楚曆四季的劃分要比夏曆晚出一個月。③

劉樂賢最初認爲“秦楚月名對照表”中的楚曆，是以建亥冬夕爲歲首的，④但後來同意“荊层”爲每年的第一個月。⑤

邴尚白認爲楚曆在春秋前期可能行子正，後期則可能行亥正。戰國時期楚曆以荊层爲歲首應可成定論。但從數詞月名仍沿襲行用亥正時的舊稱看來，有可能僅改歲首而未改建正。⑥

李家浩認爲楚月名本身反映的曆法，月序用的是顓頊曆，四季用的是周曆，這是楚月名在早期使用的情況。但至少到了戰國中期的楚簡裏，使用的曆法應是以荊层爲歲首的夏曆。九店楚簡《日書》的“建除”等都是從荊层爲歲首，九店楚簡《日書》“移徙”中四季劃分也是以荊层爲歲首劃分的。⑦

宋華強認爲新蔡楚簡中“卒歲貞”所表示的時間終點爲當年年終，並據“卒歲貞”在獻馬和冬柰舉行，指出“冬柰”說與“屈柰”說的不合理性，以此來支

①邴尚白和于成龍均對前人有關楚曆建正、歲首的看法做了總結，見邴尚白：《楚曆問題綜論》，《古文字與古文獻》試刊號，146-187頁，楚文化研究會籌備處，1999。于成龍：《楚禮新證——楚簡中的紀時、卜筮與祭禱》，1-4頁，北京大學博士學位論文，2004。

②潘嘯龍：《從“秦楚月名對照表”看屈原的生辰用曆》，《江漢論壇》1988（2），74-77接41頁。

③陳偉：《包山楚簡初探》，8頁，武漢，武漢大學出版社，1996。

④劉樂賢：《睡虎地秦簡日書研究》，107頁，北京，文津出版社，1994。

⑤劉樂賢：《九店楚簡日書補釋》，《簡帛研究》第三輯，83-95頁，南寧，廣西教育出版社，1998。

⑥邴尚白：《楚曆問題綜論》，《古文字與古文獻》試刊號，146-187頁，楚文化研究會籌備處，1999。

⑦李家浩：《包山祭禱簡研究》，《簡帛研究二〇〇一》，25-36頁，桂林，廣西師範大學出版社，2001。

持當時所用曆法是以荊层爲歲首的夏曆的說法。[①]

3. 亥正，歲首冬柰

王勝利認爲楚月的八月、九月、十月這三個月的月序，跟顓頊曆的月序相同，所以楚用的曆法顯然也是亥正。楚國在春秋時用周曆，楚稱五月爲夏层，七月爲夏柰，十月爲冬柰，原是用周曆時所定名。到戰國時代改以夏正的十月爲一月，和秦以十月爲歲首相同，但是秦雖以十月爲歲首，仍沿用夏正的月份，因此秦與楚的月份不同。[②]

曾憲通最初認爲楚在戰國時已用夏曆，即以建寅之夏正爲歲首，[③]但後來改從冬柰爲歲首的說法。[④]

何幼琦認爲楚曆的年始是冬柰建亥，其性質是巫師專用的神曆，絕非民用的楚曆，中國從來就沒有正月建丑的曆法，殷曆和楚曆都不是正月建丑。[⑤]

何琳儀認爲“冬柰”爲楚之一月，相當秦之十月。[⑥]

于成龍認爲楚之歲首冬柰是夏曆十月，楚人以夏曆劃分四季，至遲始於戰國中期，楚用顓頊曆，兼行夏時，與秦人相同。[⑦]

4. 丑正，歲首冬柰

王紅星認爲楚曆在發展過程中曾改建正，早期爲子正，歲首屈柰，至遲在戰國中期，楚已改冬柰建丑，即便在戰國用行丑正殷曆的同時，民間也並行寅正夏曆。[⑧]

劉彬徽認爲楚曆建丑，歲首爲冬柰，[⑨]但不同意“並行兩曆”的說法，他認爲問題的癥結在於要將曆法與季節的關係予以區別。楚曆冬柰雖爲楚曆歲首之月，

---

①宋華強：《論新蔡簡中的“卒歲”與“集歲”》，簡帛網，2005年12月7日。宋華強：《從楚簡“卒歲”的詞義談到戰國楚曆的歲首》，《古漢語研究》2009（4），22-27頁。

②王勝利：《包山楚簡曆法芻議》，《江漢論壇》1997（2），58-61頁。王勝利：《睡虎地〈日〉书“除”篇、“官”篇月星關係考》，《中國歷史文物》2004（5），47-54頁。

③曾憲通：《楚月名初探——兼談昭固墓竹簡的年代問題》，《中山大學學報》1980（1），97-107頁。

④曾憲通：《楚文字雜識》，“中國古文字研究會第九屆學術研討會”論文，南京，1992。

⑤何幼琦：《論包山楚簡之曆》，《江漢論壇》1993（11），66-69頁。

⑥何琳儀：《戰國古文字典》，267頁，北京，中華書局，1998。

⑦于成龍：《楚禮新證——楚簡中的紀時、卜筮與祭禱》，4頁，北京大學博士學位論文，2004。

⑧王紅星：《包山楚簡所反映的楚國曆法問題——兼論楚曆沿革》，《包山楚墓》附錄二十，北京，文物出版社，1991。

⑨劉彬徽：《從包山楚簡紀時材料論及楚國紀年與楚曆》，《包山楚墓》附錄二十一，北京，文物出版社，1991。劉彬徽：《建除資料與楚曆研究》，《長沙三國吳簡暨百年簡帛發現與研究國際學術討論會論文集》，294-296頁，北京，中華書局，2005。劉彬徽：《楚國曆法的建正問題辯證》，“第一屆古文字與古代史學術研討會”論文，臺北，2006。

對應於夏正曆爲十二月，但仍屬季冬，而非孟春，夏柰仍屬季夏，而非孟秋。即是說，楚曆歲首與夏曆不同，但季節的劃分與夏正曆全同。①

武家璧最初認爲楚用亥正，②後來又同意劉彬徽楚國用丑正殷曆的觀點。③

按：這裏暫不討論春秋時期楚曆的情況，從包山、九店等楚簡來看，戰國時期，楚曆歲首爲“冬柰”、“屈柰”的說法已經不能成立，以“荊𡰥”爲歲首的觀點得到學界的認同。但是，關於戰國時期楚國曆法問題，還有疑問存在。首先根據楚簡梳理一下楚月名在一年中的先後次序：

1. 根據包山〈所詎〉的記載，荊𡰥、夏𡰥、亯月、夏柰、八月、九月、十月、𡖊月，爲同一年中相連的月份。

2. 新蔡楚簡甲三 109 記載：“貞，七月至冬柰之月，尚”，乙一 31、25 記載：“……自夏柰之月以至冬柰之月，盡七月尚毋又（有）大”。由此可知，同一年中，冬柰應排在夏柰之後。

3. 根據包山 2-6 號簡“魯陽公後城鄭之歲”的記載，屈柰排在冬柰之後。

如此，可以得到楚月的排列次序：荊𡰥、夏𡰥、亯月、夏柰、八月、九月、十月、𡖊月、冬柰、屈柰。

如果按歲首“荊𡰥說”，“遠柰”應爲一年的最後一個月，但在排列中沒有將“遠柰”列入，因爲從楚簡中幾條與“遠柰”相關的簡文透露的信息來看，“遠柰”也有可能爲歲首。

1. 新蔡楚簡零 248 記載：“□袁柰、荊𡰥夷宨（賽）禱”，雖然是殘簡，但文字可識。“遠”上一字殘存筆畫爲 ，蘇建洲懷疑乃“於”字，釋文可擬補爲“擇日於遠柰、荊𡰥宨（賽）禱”。④新蔡乙四 43 號簡記載：“夏𡰥、亯月宨（賽）禱大水備（佩）玉𠨍（兆）。睪（擇）日於屈柰。”其中“夏𡰥、亯月宨（賽）禱”的結構與“□袁柰、荊𡰥宨（賽）禱”完全一致。夏𡰥、亯月爲同一年中相鄰的兩個月，那麼遠柰、荊𡰥也存在爲同一年中相鄰的兩個月的可能性。

2. 包山 207-208 號簡記載“東周之客許緝歸胙於蔵郢之歲，遠柰之月癸卯之日，苛光以䊷爲左尹昭舵貞……占之曰：吉，荊𡰥且見王。”陳偉認爲荊𡰥是指下一年荊𡰥，但未提出有力的證據。而包山卜筮簡中還有類似的簡文，如 199-200 號簡

①劉彬徽：《包山楚簡研究二則》，《簡帛研究》第一輯，12-25 頁，北京，法律出版社，1993。
②武家璧：《楚用亥正曆法的新證據》，《中國文物報》，1996 年 4 月 21 日。
③武家璧：《包山楚簡曆法新證》，《自然科學史研究》1997（1），28-34 頁。
④此爲蘇建洲先生告知。

記載宋客盛公邊之歲，荊层之月貞，結果是亯月、夏柰又（有）憙；201-204 號簡記載宋客盛公邊之歲，荊层之月貞，結果是至九月憙爵立，月份均同屬一年，遠柰、荊层似乎沒有必要劃分在兩個年份中。

3. 包山 207 號簡記載許絽之歲遠柰左尹病情“病腹疾，以少氣”，左尹病情還不太嚴重。同年奐月記載“既有病，病心疾，少氣，不內飤”（見 221 號簡），左尹病情惡化。[①]正常來說，從病情嚴重性看，遠柰應在奐月之前。但因病情好坏會有所反復，這一條尚不能作爲遠柰在奐月之前的有力證據。

4. 宋華強認爲“卒歲”是指從當下到年底，這個意見可從。他認爲“卒歲”的說法支持“荊层說”，因爲新蔡楚簡中舉行卒歲貞兩條簡文，月份分別在獻馬和冬柰，也就是說獻馬和冬柰都不可能是最後一個月。如此，屈柰和冬柰都不可能是歲首。[②]但如果遠柰爲歲首，與這些條件也不發生牴牾，亦可成立。

5. 包山楚簡中遠柰之月的紀日僅有“癸卯”一個，如果遠柰在荊层之前，曆日亦能融入曆譜。不過因爲紀日過少，不能作爲“遠柰”爲歲首的證據。

雖然提出這些疑問，但卻不能輕易否定“荊层說”，因爲歲首爲“遠柰”的證據還不是十分充足。楚國曆法本身就是一個十分複雜的問題，這個問題姑且存放於此，期待有更多的新材料可以提供綫索。

三　紀　日（干支表）

據統計，包山楚簡共有 362 個紀日干支，[③]其中“東周之客許絽歸胙於葳郢之歲”所記之日最多。

王紅星指出 125、127、128 號簡，41、48、188 號簡，63、184 號簡，15、16、17、176 號簡，這些月日記載俱全的簡，所記之事與已確知紀年之簡所記之事相同，均爲東周之客許絽致胙於葳郢之歲之事，12 號簡夏层甲戌爲誤記，疑爲甲辰之誤。[④]

劉信芳根據復原後的包山楚簡曆譜，將缺紀年的簡文繫年，並校正原簡誤記。

①王紅星：《包山楚簡所反映的楚國曆法問題——兼論楚曆沿革》，《包山楚墓》附錄二十，北京，文物出版社，1991。

②宋華強：《論新蔡簡中的“卒歲”與“集歲”》，簡帛網，2005 年 12 月 7 日。宋華強：《從楚簡“卒歲”的詞義談到戰國楚曆的歲首》，《古漢語研究》2009（4），22-27 頁。

③劉信芳：《戰國楚曆譜復原研究》，《考古》1997（11），70-77 頁。

④王紅星：《包山楚簡所反映的楚國曆法問題——兼論楚曆沿革》，《包山楚墓》附錄二十，北京，文物出版社，1991。

他認爲僅“大司馬昭陽敗晉師於襄陵之歲”𡨦月有辛未，77 號簡應屬此年。12 號簡記“許經之歲，夏尿之月，甲戌之日”、126 號簡記“許經之歲，夏尿之月，癸巳之日”、128 號簡記“許經之歲，夏尿之月，己酉之日”，甲戌至己酉有 36 日，“夏尿之月，甲戌之日”有誤。12 號簡與 126-128 號簡所記之事相互聯係，左尹發令在前，地方官員執行在後，也就是說 12 號簡所記月日應在 126-128 號簡之前。該年夏尿朔日爲己亥，126 號簡所記“癸卯”爲夏尿第五日，因而可以斷言 12 號簡之“夏尿之月，甲戌之日”應是“荊尿之月，甲戌之日”的誤記。①

按：王紅星認爲甲戌爲甲辰之誤，可備一說，甲戌已是亯月。劉信芳認爲 77 號簡𡨦月有辛未應屬“大司馬昭陽敗晉師於襄陵之歲”的意見是可取的。67 號簡的“𡨦月辛未”也應該屬於“大司馬昭陽敗晉師於襄陵之歲”。但認爲 12 號簡之“夏尿之月，甲戌之日”應是“荊尿之月，甲戌之日”誤記的意見則值得商榷，12 號簡與 126-128 號簡所記爲兩個案件，在時間上未必有先後關係，所以不能斷言“夏尿”是“荊尿”的誤記。

楚曆歲首爲荊尿，建正爲寅，荊尿相當於周曆三月，將包山楚簡七個年份所有紀日干支進行排列，除紀年不明及誤記曆日外，基本能夠融入曆表（張培瑜《中國先秦史曆表》）。下表是包山楚簡七個紀年中所有干支：②

1. 大司馬昭陽敗晉師於襄陵之歲（公元前 322 年）

①夏柰

甲子	乙丑	丙寅	丁卯 夏柰	戊辰	己巳	庚午 115 （1）	辛未	壬申	癸酉

②𡨦月

甲子	乙丑 𡨦月	丙寅	巳月	戊辰	己巳	庚午	辛未 67（2）	壬申	癸酉

2. 齊客陳豫賀王之歲（公元前 321 年）

八月

甲寅	乙卯	丙辰	丁巳	戊午	己未	庚申 八月	辛酉	壬戌	癸亥
甲子	乙丑	丙寅	丁卯	戊辰	己巳	庚午	辛未	壬申	癸酉

①劉信芳：《戰國楚曆譜復原研究》，《考古》1997（11），70-77 頁。

②月份所在欄內的干支為此月朔日。干支下的數字爲此干支所在的簡號，只列一個，（）內數字代表此干支在包山楚簡中出現的次數。

甲戌	乙亥	丙子	丁丑	戊寅	己卯	庚辰	辛巳	壬午	癸未
甲申	乙酉 7（1）	丙戌	丁亥	戊子	己丑	庚寅	辛卯	壬辰	癸巳

3. 魯陽公以楚師後城鄭之歲（公元前 320 年）

屈栾

甲辰	乙巳	丙午	丁未	戊申	己酉	庚戌	辛亥	壬子 屈栾	癸丑
甲寅	乙卯	丙辰	丁巳 4（1）	戊午	己未	庚申	辛酉	壬戌	癸亥

4. 周客甘固逅楚之歲（公元前 319 年）

亯月

甲辰	乙巳	丙午	丁未	戊申	己酉	庚戌	辛亥 亯月	壬子	癸丑
甲寅	乙卯 120 （1）	丙辰	丁巳 121 （1）	戊午	己未	庚申	辛酉	壬戌	癸亥

5. 宋客盛公邊聘於楚之歲（公元前 318 年）

①荊屎

甲戌	乙亥 荊屎	丙子	丁丑	戊寅	己卯	庚辰	辛巳	壬午	癸未
甲申	乙酉	丙戌	丁亥	戊子	己丑	庚寅	辛卯	壬辰	癸巳 132 （1）
甲午	乙未 197 （3）	丙申	丁酉	戊戌	己亥	庚子	辛丑	壬寅	癸卯

②屈栾

甲子	乙丑	丙寅	丁卯	戊辰	己巳	庚午 屈栾	辛未	壬申	癸酉
甲戌	乙亥	丙子	丁丑	戊寅 125 （1）	己卯	庚辰	辛巳	壬午	癸未

6. 東周之客許緝致胙於葳郢之歲（公元前 317 年）

①荊层—夏层—亯月—夏栾—八月—九月—十月—炱月—獻馬—冬栾—屈栾—遠栾

甲子	乙丑	丙寅	丁卯	戊辰	己巳 荊层	庚午	辛未	壬申 162 （3）	癸酉
甲戌	乙亥 162 （3）	丙子	丁丑	戊寅 162 （4）	己卯	庚辰	辛巳 85（1）	壬午	癸未
甲申	乙酉	丙戌	丁亥	戊子	己丑 84（1）	庚寅	辛卯	壬辰	癸巳
甲午	乙未	丙申	丁酉	戊戌 86（1）	己亥 夏层	庚子	辛丑	壬寅	癸卯 126 （2）
甲辰	乙巳	丙午	丁未	戊申	己酉 128 （1）	庚戌	辛亥	壬子	癸丑
甲寅 162 （3）	乙卯	丙辰	丁巳	戊午 162 （3）	己未 179 （2）	庚申	辛酉	壬戌 162 （2）	癸亥 136 （1）
甲子	乙丑 187 （3）	丙寅 163 （2）	丁卯	戊辰	己巳 亯月 163 （3）	庚午	辛未 163 （2）	壬申 163 （2）	癸酉 163 （1）
甲戌	乙亥 164 （3）	丙子	丁丑	戊寅 181 （2）	己卯	庚辰	辛巳 164 （3）	壬午 164 （2）	癸未 165 （3）
甲申 165 （2）	乙酉	丙戌 171 （2）	丁亥	戊子	己丑 165 （3）	庚寅	辛卯	壬辰 165 （2）	癸巳
甲午 132 （3）	乙未	丙申 165 （2）	丁酉	戊戌 夏栾	己亥 165 （3）	庚子	辛丑 182 （1）	壬寅	癸卯

甲辰 172（2）	乙巳 172（2）	丙午	丁未	戊申	己酉	庚戌	辛亥 165（3）	壬子	癸丑 131（4）
甲寅	乙卯	丙辰 173（2）	丁巳	戊午	己未 173（2）	庚申	辛酉 173（2）	壬戌	癸亥
甲子	乙 丑 19（4）	丙寅 166	丁卯	戊辰 八月 167（2）	己 巳 21（4）	庚午	辛 未 21（7）	壬申 26（5）	癸酉 24（2）
甲戌 28（3）	乙 亥 19（2）	丙子	丁丑	戊寅 30（7）	己卯	庚辰	辛巳 28（6）	壬午 88（1）	癸未 29（2）
甲申	乙酉 35（5）	丙戌 36（1）	丁亥	戊子	己丑 31（8）	庚寅	辛卯	壬辰 184（3）	癸巳 25（4）
甲午	乙未 40（2）	丙申 42（2）	丁酉 九月	戊戌 175（3）	己亥 43（4）	庚子	辛丑 45（3）	壬寅 185（1）	癸卯
甲 辰 20（6）	乙巳 185（3）	丙午 185（3）	丁未	戊申 39（12）	己酉 40（7）	庚戌	辛亥 53（4）	壬子	癸丑 23（6）
甲寅 186（1）	乙卯	丙辰 54（5）	丁巳	戊午 53（7）	己未 56（3）	庚申	辛酉 57（5）	壬戌 62（1）	癸亥 49（5）
甲子	乙丑 49（3）	丙寅	丁卯 十月	戊辰	己巳	庚午	辛未 60（2）	壬申	癸酉
甲戌	乙亥 64（3）	丙子	丁丑	戊寅 64（7）	己卯	庚辰	辛巳 43（11）	壬午 59（1）	癸未
甲 申 16（1）	乙酉	丙戌 68（1）	丁亥	戊子	己丑 65（7）	庚寅	辛卯	壬辰 66（4）	癸巳 74（3）
甲午 177（2）	乙未 70（2）	丙申 \u5950月	丁酉	戊戌	己亥 78（5）	庚子	辛丑 72（2）	壬寅	癸卯

甲辰 78(3)	乙巳 75(3)	丙午	丁未	戊申	己酉 218（3）	庚戌	辛亥 71(2)	壬子	癸丑 188（1）
甲寅 219（1）	乙卯	丙辰 224（2）	丁巳	戊午	己未	庚申	辛酉 99(2)	壬戌	癸亥 101（1）
甲子	乙丑 獻馬	丙寅	丁卯	戊辰	己巳	庚午	辛未	壬申	癸酉
甲戌	乙亥	丙子	丁丑	戊寅	己卯	庚辰	辛巳	壬午	癸未
甲申	乙酉	丙戌	丁亥	戊子	己丑	庚寅	辛卯	壬辰	癸巳
甲午	乙未 冬柰	丙申	丁酉	戊戌	己亥	庚子	辛丑	壬寅	癸卯
甲辰 80(1)	乙巳	丙午	丁未	戊申	己酉	庚戌	辛亥	壬子	癸丑 81(2)
甲寅 82(1)	乙卯	丙辰	丁巳	戊午	己未	庚申	辛酉	壬戌 83(1)	癸亥
甲子 屈柰	乙丑 82(1)	丙寅	丁卯	戊辰	己巳	庚午	辛未	壬申	癸酉
甲戌 81(1)	乙亥	丙子	丁丑	戊寅	己卯	庚辰	辛巳	壬午	癸未
甲申	乙酉	丙戌	丁亥	戊子	己丑	庚寅	辛卯	壬辰	癸巳
甲午 遠柰	乙未	丙申	丁酉	戊戌	己亥	庚子	辛丑	壬寅	癸卯 207（1）

7. 大司馬悼滑將楚邦之師徒以救郙之歲（公元前 316 年）

①荊层—夏层—亯月

甲寅	乙卯	丙辰	丁巳	戊午	己未	庚申	辛酉	壬戌	癸亥 荊层
甲子	乙丑	丙寅	丁卯	戊辰	己巳	庚午	辛未	壬申	癸酉
甲戌	乙亥	丙子	丁丑	戊寅	己卯 226（10）	庚辰	辛巳	壬午	癸未

甲申	乙酉	丙戌	丁亥	戊子	己丑	庚寅	辛卯	壬辰	癸巳 夏层
甲午	乙未	丙申	丁酉	戊戌	己亥 249 （1）	庚子	辛丑	壬寅	癸卯
甲辰	乙巳	丙午	丁未	戊申	己酉	庚戌	辛亥	壬子	癸丑
甲寅	乙卯	丙辰	丁巳	戊午	己未	庚申	辛酉	壬戌	癸亥 亯月
甲子	乙丑	丙寅	丁卯	戊辰	己巳	庚午	辛未	壬申	癸酉
甲戌	乙亥	丙子	丁丑	戊寅	己卯	庚辰	辛巳	壬午	癸未
甲申	乙酉	丙戌 竹牘 （1）	丁亥 267 （1）	戊子	己丑	庚寅	辛卯	壬辰	癸巳

通過干支紀日的排列，可以總結出無法排入曆表以及排列錯誤的干支：

1. 無紀年、紀月

79 號簡只記有“己未”。

2. 排列錯誤

173+174 號簡原排列爲“八月辛未，壬申，甲戌，戊寅，壬辰，乙酉，己丑”，壬辰應在乙酉、己丑之後。

3. 記日錯誤，無法排入列表

12 號簡記“夏层甲戌”，東周之客許緝歸胙於蔵郢之歲，夏层無甲戌。145 號簡記“八月甲戌”、“八月戊寅”、“九月甲申”，東周之客許緝歸胙於蔵郢之歲，九月無甲申。97 號簡記“十月戊戌”，東周之客許緝歸胙於蔵郢之歲，十月無戊戌。98 號簡記“十月辛丑”，東周之客許緝歸胙於蔵郢之歲，十月無辛丑。

第二節　行政區劃系統

一　州

據統計包山楚簡中“州”共計 41 處：[①]

①陳偉：《包山楚簡所見邑、里、州的初步研究》，《武漢大學學報》1995（1），90-98 頁。陳偉：《包山楚簡初探》，8 頁，武漢，武漢大學出版社，1996。

邴（鄖）司馬之州 22，30 邴（鄖）司馬豫之州 24	靁（靈）里子州 42 靁（靈）里子之州 180
大臧（臧）之州 72 大臧（臧）之〖州〗182	鄘（應）族之州 181 鄘（應）族州 191
邸昜（陽）君之州 27，32	新遊宮中酴（舍）之州 35
稟（福）昜（陽）宭（宰）尹之州 37	宣王之𡨦州 58
登（鄧）公𩹘（邊）之州 58	鄗（鄗）君之者（故）州 68
让大敵（令）珊之州 74	少臧（臧）之州 80
膚（盧）人之州 84	司衣之州 89
卲（昭）無戠（害）之州 95	秦大夫悬（怠）之州 141
邔〈郪-期〉思公之州 163	喜人之州 163+164
方（萬）𢻱（撫）之州 164	郟敵（令）之州 165，189
囂（敖）醓（酖-沈）尹之州 165	𠛱寢敵（令）之州 166
新埜（野）君之州 172+173	登（鄧）䡔（軍）之州 173
大𢾊（胡）之州 174	鄗君新州 180
競（景）賈之州 180	坪（平）夜（輿）君之州 181
卲（昭）上之州 181	莫囂（敖）之州 181
右司馬悽之州 182	枳𣄰（券）之州 183
王西州 184，191	郕（咸）郢公之州 185
邗（干）競（景）之州 189	鄝（鄝）君之州 189
株昜（陽）莫囂（敖）州 189	遊宮州 190
箕（筦）州 190	篁（匡）敵（令）州 190
坪（平）陵君之州 192	

整理者認爲“州”是“鄉”的下屬行政單位，“里”的上一級單位。[①]

羅運環認爲包山楚簡中“州”下轄“里”，“州”直接上屬中央王朝，是一種特別的地方民戶編制，冠以私名、官名的“州”是食封性質。如邸陽君之州，即國君賜給邸陽君的稅州，邸陽君既有封邑，又有一州民戶的地稅，表明楚與秦一樣，對同一封君也有賜邑和賜地稅的賞賜制度。稅州的行政機構設在邑中，所以“邑”可統“州”，邑大夫直接受命於朝廷，治理州里中民事。食稅州僅僅享有一州民戶的地稅，沒有土地所有權和佔有權，也沒有民政及司法的權利。[②]

①湖北省荊沙鐵路考古隊：《包山楚簡》，42 頁注釋（63），北京，文物出版社，1991。
②羅運環：《論包山楚簡中的楚國州制》，《江漢考古》1991（3），75-78 頁。

顧久幸認爲“州”爲“里”之上“鄉”之下的一級行政機構，“州”的行政長官在楚國稱爲“州加公”。前面冠有封君名的州、里官員，是封君領地内的基層機構的官員；而前面題有縣公名或縣内官員名稱的，都是縣以下的地方機構的官員。“州”和“里”也是上下級關係，州里公就是里公，加上“州”字，只是表明它們之間的從屬上下級關係。①

陳偉認爲整理小組的判斷與簡書提供的證據不符，他分四點進行説明：第一，邑名、里名之前往往冠有代表較高層級單位的地名，表示彼此間的隸屬關係。而這些地名沒有一處是州名。41 處州名一概單獨出現，不與其他任何地名連稱。第二，簡書多見左尹官署直接對州發佈指令。而左尹官署要通過那些層級較高的單位，才能了解、處理里中的事務。這顯示州、里對於中央的聯係途經或方式迥然有別。第三，通過受期簡中各州到達楚都的日程判斷，這些州均離楚都不遠或不是太遠。第四，里公應與加公一樣爲州之官吏，而不會屬於某個毫無交待的里。如果説邑、里處於一般政區系統之中的話，州就應該是一種特殊的地域組織。同時，州與里一樣，設有加公、里公等官職；州與里、邑一樣，爲官府確定居民所在的具體單位，其規模又可能與里、邑相當。簡書中帶有官名的州，很可能就是這些官員的俸邑。作爲封君享有封邑，那些封君之州則應是有關封君出任官職的俸邑。②

顔世鉉認爲羅運環所説“州”爲食税單位，以及陳偉所説“州”爲官職的俸邑的看法是可信的。他指出 41 處州中，屬封君之州 12 處，屬地方長官或地方官員的 12 處，屬中央職官或機構的 11 處，其他的某人之州或含義不明者有些可能屬於以上三類。他還贊同陳偉認爲“州”分佈在楚郢都一帶的看法。③

朴俸柱將“州”分爲三種：①某官之州，是有官職者的食州。②某爵之州，是有爵位者的食州。③某人之州，似是“當地有力者”的食州。其中有官職者的食州最多。“食州”一般指賞賜“州”的收税權（沒有承認領有權、世襲權），即“賜税”，也稱“税州”、“食税州”，與賞賜領有、世襲田邑内土地、人民的食邑、食田（即“賜邑”）有區別。由此推測，“食州”比“縣制”系統組織在直轄性、公權性上要弱，但比“邑”似稍強。因此不妨認爲楚簡中的“州”是

①顧久幸：《楚國地方基層行政機構探討》，《江漢論壇》1993(7)，58-60 頁。

②陳偉：《包山楚簡所見邑、里、州的初步研究》，《武漢大學學報》1995（1），90-98 頁。陳偉：《包山楚簡初探》，86-93 頁，武漢，武漢大學出版社，1996。

③顔世鉉：《包山楚簡地名研究》，267-269 頁，臺灣大學碩士學位論文，1997。

直轄統治的典型“縣”和分割性象徵“邑”之中間組織，雖然“邑”和“州”同樣地屬於“邑制”系統，但兩者的分割性、離心性存在著差異。食州的規模可能爲幾千家左右，在數量上也許位於“䆻”、“敔”二者之間。[①]

按：陳偉認爲“邑”、“里”和“州”之間沒有隸屬關係的意見是可取的。“州”是否爲食稅單位或官職的俸邑，以及“州”是否分佈在楚郢都一帶，目前還不能下定論。

二　里

陳偉統計包山楚簡中“里”共計22處：[②]

郢里7	鄝（羅）之壦里83	安陝（陸）之下�城（隋）里62
邻之櫰里23	緐（繁）丘之南里90	登（鄧）賷（令）尹之里92
鄁之己里31	下鄐（蔡）蔵（尋）里120	郙（宛）墬（陳）午之里92
鄵之市里63	下鄐（蔡）山陽里121	縈（溠）㝊之南昜（陽）里96
陆（隋）里90	東邗（干）里121	坪（平）昜（陽）之枸里97
臺（夷）里121	羕（漾）陵之州里128	下鄐（蔡）閜（關）里121
夜𡚱（基）之里168	鼓陵之戝（列）里150	邳（正）昜（陽）之酷里150

羅運環認爲“里”是“州”下所轄的組織。[③]

顧久幸認爲“里”是楚國最基層的行政機構。春秋及其以前時期的“里”，應爲二十五家，而稱里爲五十家的，則應是戰國及以後的情況。[④]

陳偉認爲“里”的上一級政區單位是“縣”，里名較多作某地某里，只有少數逕寫作某里。“里”的特徵和性質有四個方面：一、分佈。簡書中的里，有的可大致考知所在，分佈相當廣泛。二、里、邑大致處於同一層級。里、邑雖然可以共存於某一層級較高的政區之中，但無論就里、邑之名的稱述，還是從里、邑之事的記載來看，這二者之間全無彼此隸屬的跡象。三、官吏設置。加公地位最高，里公次之，士尹、亞大夫又次之。四、統屬。先秦時期里作爲政區系統中的

①朴俸柱：《戰國楚地地方統治體制》，《簡帛研究2002、2003》，13-23頁，桂林，廣西師範大學出版社，2005。

②陳偉：《包山楚簡所見邑、里、州的初步研究》，《武漢大學學報》1995（1），90-98頁。陳偉：《包山楚簡初探》，77頁，武漢，武漢大學出版社，1996。

③羅運環：《論包山楚簡中的楚國州制》，《江漢考古》1991（3），75-78頁。

④顧久幸：《楚國地方基層行政機構探討》，《江漢論壇》1993（7），58-60頁。

一環，常與連、扁、鄉等同時被提到，但在簡書中未見反映。簡書中的州與里沒有統屬關係。邑爲鄉野之中的地域組織，對比之下，里很可能是城邑中的地域組織。楚都以外的里，可能是各地大小中心城市內的基層組織，邑則分佈於這些城市的四周。①

顔世鉉也同意“縣”和“里”爲上下隸屬關係，但他認爲從長沙馬王堆出土漢代“地形圖”和“駐軍圖”來看，“里”都分佈於縣邑城外的郊野之地，此種情形與陳偉得出的“邑”爲鄉野之中的地域組織，“里”很可能是城邑中的地域組織”的結論不同。所以顔世鉉對“里”、“邑”的分佈地區持保留態度。②

何琳儀認爲戰國文字“里”多爲行政區劃單位。一里有二十五家、五十家、七十二家、八十家、百家諸說。“里”隸屬於“州”，見楚系文字。③

魯鑫認爲包山楚簡中所記的里名大致可以分作兩類，即從屬於某人的里和從屬於某地的里。里中居民的身份似乎並不像里名所表現的那樣整齊劃一，而是具有相當複雜的一面。④

宋華強認爲“里”本來就是專指居住區域，不像“邑”可以包括居住區域以外的土地，所以包山楚簡中“里”沒有涉及田地的內容是很自然的，這一點恐怕並不能作爲“里”在城邑內的積極證據。“里”屬於城外之鄉的可能性是不能排除的。⑤

按：包山楚簡中“里”的上一級政區單位是“縣”應該是毫無疑問的，雖然顔世鉉、宋華強對陳偉的意見持保留態度，但“邑在鄉野之中，里在城邑之中”的可能性是很大的。

三　邑

據陳偉統計包山楚簡共計邑名 49 處，⑥但 175 號簡所謂的“郭邑”應釋爲“邗吁”，並非邑名，故包山楚簡中“邑”應爲 48 處。

①陳偉：《包山楚簡所見邑、里、州的初步研究》，《武漢大學學報》1995（1），90-98 頁。陳偉：《包山楚簡初探》，77-85 頁，武漢，武漢大學出版社，1996。

②顔世鉉：《包山楚簡地名研究》，259-260 頁，臺灣大學碩士學位論文，1997。

③何琳儀：《戰國古文字典》，83 頁，北京，中華書局，1998。

④魯鑫：《包山楚簡州、里問題研究綴述》，《中原文物》2008（2），99-103 頁。

⑤宋華強：《新蔡葛陵楚簡初探》，345-346 頁，武漢，武漢大學出版社，2010。

⑥陳偉：《包山楚簡所見邑、里、州的初步研究》，《武漢大學學報》1995（1），90-98 頁。陳偉：《包山楚簡初探》，69-77 頁，武漢，武漢大學出版社，1996。

鄞（匡）迳（路）區湶邑 3	鄝竢（國）之少桃邑 10
夌（贅）尹之鄺（鄗）邑公 28	長陵邑 54
章竢（國）鄃邑 77	上臨邑公 79
下臨邑 79	羅之廡竢（國）之夆者邑 83
郘（鄶）昜（陽）君之莢陞邑 86	羕（漾）陵君之墜（陳）泉邑 86
鄝（唐）迳（路）斮邑 88	郊（鄢）之鳴鼬（狐）邑 95
宙（中）昜（陽）古盤（盤）邑 97	郑（滕）斂之粌邑 100
司豐之褱（夷）邑 124	鄉竢（國）東敔卲（昭）戊之笑邑 124
鄝竢（國）耆（磝）敔郹君之泉邑 143	新昜（陽）一邑 149
需（靈）坨一邑 149	蠆（礪）一邑 149
鄭一邑 149	房一邑 149
佸（造）楮一邑 149	新佸（造）一邑 149
邳（郞）竢（國）鬱（溢）邑 151	郅一邑 153
竝（並）一邑 153	郜一邑 153
余爲一邑 153	鄭一邑 153
五連之邑 155	郤邑 163
郢(梏)邑 164	鄺邑 171
鄁（鄁-青）邑 179	亯埜（野）邑 182[1]
某（梅）涿（溪）邑 182	蚰獸（獸）郐邑公 183
湛母邑 169	鄒（陽）逯邑 169
鄢邑 169	上郅邑 188
郊（鄢）坪（平）邑 188	郭邑 193
邛（正）昜（陽）之牢宙（中）獸（獸）竹邑 150	笑一邑 153 笑邑 185
鄽（鄘）邑 174 鄘邑 175，190	

黄盛璋認爲“邑”爲縣所屬行政區劃或居住地區通名，戰國各國及其前後時期皆通用，作爲楚行政區劃之邑，自有制度。簡文邑的用法主要有：（甲）作爲行政區劃縣下之邑，（乙）邑人，（丙）封君之邑，（丁）其他單名之邑。[2]

陳偉將“邑”粗略分爲兩類：一類只記邑名本身，一類則在邑名前綴聯有地名和官爵名。關於“邑”的性質與特徵，他認爲有以下幾個方面：一、邑位於鄉

---

①學者多將“新亯埜邑”連讀，參看 181、182 號簡集釋。

②黄盛璋：《包山楚簡中若干重要制度發覆與爭論未決諸關鍵字解難決疑》，《湖南考古輯刊》第六集，186-199 頁，長沙，嶽麓書社，1994。

野之地，邑往往與“田”有關。二、邑是一種地域概念，簡書中的邑中有居民點，但決非專指居民點，將它看作具有一定範圍的鄉間地域概念適當得多。三、邑地可以由國家配給或回收。四、邑是地域政治系統中的基層單位。就簡書所見，在邑的內部，沒有更低層次的劃分。而在邑的外部，依照邑名前綴成分的提示，還存在幾種當屬較高層級的地域概念。邑包含在敔中，敔又包含於宬中，構成層級依次遞增的地域系統。最後陳偉總結：簡書所見楚國的邑分佈在鄉間野外，各有一定的地域範圍；其土地（至少是其中一部分）可由國家分授和收回，在邑（至少是一部分邑）之上，還存在敔、宬等層級較高的單位，邑中及其以上的層級均設有官吏。這樣的邑，應該屬於一種居民組織或者說行政區域；邑及其以上層級，構成一種居民組織或者說行政區域系統。[①]

朴俸柱認爲“邑”不但包括一般聚落地，而且還包括耕作地和其他山林藪澤、丘陵、飤田（祿田）、食邑、采邑等多種多樣的土地與生活空間的基層組織，因此成爲各種所有權、利用權、徵稅權紛爭的溫床。他將邑分爲四種：①某官之邑，是有官職者的食邑。②某爵之邑，是有爵位者（世族、封君）的領邑或封邑。③某人之邑，可能是無官爵，但是“當地有力者”（土豪首領層）世代統率的領邑。④一般諸邑，是指不屬於上述組織或領主而孤立地散處的群小諸邑。[②]

簡文中還有“宦”字，辭例爲“宦大夫”、“大宦”、“少宦”、“宦司馬”等。有關“宦”的含義，胡雅麗認爲楚國大致以郡爲單位，建有許多中心城，楚人稱其爲“宦”，其規模建制大致與先秦史籍所載的“都”相當，而與具有自然聚落性質的邑迴然有別。[③]

陳偉認爲“宦大夫”很可能是戰國時候楚縣長官的一種稱謂。其所以作“宦”，大概是爲了同前面說到的規模很小、層級低下的“邑”區別開來。[④]

趙平安認爲這個字當釋爲“宛”，讀爲“縣”。楚國和晉國一樣，縣令也可以稱縣大夫，而且相當普遍。[⑤]

---

①陳偉：《包山楚簡所見邑、里、州的初步研究》，《武漢大學學報》1995（1），90-98頁。陳偉：《包山楚簡初探》，69-77頁，武漢，武漢大學出版社，1996。

②朴俸柱：《戰國楚地地方統治體制》，《簡帛研究2002、2003》，13-23頁，桂林，廣西師範大學出版社，2005。

③胡雅麗：《包山楚簡所見政區地理述略》，未刊。轉引自王建蘇：《包山楚簡研究述評》，《江漢論壇》1992（11），81-84接45頁。

④陳偉：《包山楚簡初探》，100頁，武漢，武漢大學出版社，1996。

⑤趙平安：《戰國文字中的“宛”及其相關問題研究——以與縣有關的資料爲中心》，《第四屆國際中國古文字學研討會論文集》，529-540頁，香港中文大學中國文化研究所、中國語言及文學系，2003。

羅運環認爲“宧”字從宀從邑，讀爲“邑”。觀其所指也是一種邑，但它是一種大邑，故簡文有“大宧”這一概念。大是相對於小而言的，主要是爲了有别於“田邑”、“邑里”之類的小邑。因有大小之别，爲了避免混淆故加宀以示區分。在這裏宀是一種區别符號，而不是一般的繁化和異構。“宧”的性質有兩種可能，即：郡、縣治所所在的縣城、郡城；封邑。“宧”内含有州里行政組織，所以“宧”不可能是縣城和郡城，而應是一種比州大的食税大邑和中等邑（少宧）。①

朴倖柱認爲“宧”是相當於“縣”級的上層行政組織的别稱。因爲兩者的來源、内部結構、在楚國地方統治中的作用等差異，所以似按各自的性質、情況區别使用。而“邑”指在中上層行政組織縣、窢、敔等之下附屬的基層聚落組織，或有官爵者與“當地有力者”累代領有的采邑、領邑、封邑等，而稱其長官爲“公”。在戰國時代，楚國可能從共同體中心的傳統聚落組織之泛稱的“邑”中派生出“宧”和“邑”，“宧”爲縣級規模的上層統治組織的别稱，而“邑”爲位於鄉村的群小集住聚落的通稱。包山楚簡中有兩大地方行政系統：一是縣・里/宧・里；二是縣・窢・敔・邑。後者可分爲三種層次：一是縣・窢・敔・邑；二是縣・窢・邑；三是縣・邑，大縣兼有窢、敔，中小縣沒有中間一或二。在同縣内並存直轄性較高的“里”和分散性較大的“窢・敔”兩種相反的行政編制。②

按：包山楚簡中“邑”的上層政區單位要比“里”略爲複雜，其上除了有“敔”、“窢”之外，還有“路”，這些政區單位的含義及相互關係暫時還不清楚。而“宧大夫”、“大宧”、“少宧”等多爲官名，將“宧”看作政區單位不妥。

四　窢

包山楚簡中與“窢”有關的簡文共有四處：10 號簡“鄍窢之少桃邑”、77 號簡“章窢鄗邑”、83 號簡“羅之廡窢之夆者邑”、143 號簡“鄝窢磝敔鄍君之泉邑”。

整理者讀“窢”爲“域”。③陳偉認爲可從，並指出傳世古書中，域指各種地理境界或區間，但簡書之“窢”屬於特定的地域範圍。銀雀山漢簡《田法》記：“州、鄉以地次受田於野，百人爲區，千人爲或（域）。人不舉或（域）中之田，以地次相……”這裏的區、域分别是指百人和千人受田的範圍。由於受田有定數，

①羅運環：《釋包山楚簡窢吾宧三字及相關制度》，《簡帛研究 2002、2003》，6-12 頁，桂林，廣西師範大學出版社，2005。

②朴倖柱：《戰國楚地地方統治體制》，《簡帛研究 2002、2003》，13-23 頁，桂林，廣西師範大學出版社，2005。

③湖北省荊沙鐵路考古隊：《包山楚簡》，21 頁，北京，文物出版社，1991。

所以這裏的區、域就應是特定的地域概念。考慮到包山楚簡中的邑也與授田有關，在現有資料中包山楚簡“䈴”的含義與《田法》的“或”最爲接近。①朴俸柱贊同陳偉的這個看法。②但陳偉在其主編的《楚地出土戰國簡冊[十四種]》中，又同意讀爲“國”的意見，認爲這種“國”也許是“國野”的“國”，指以某一大邑爲中心的地域。③

徐少華認爲“䈴”很可能是某一地區的泛稱，或是某種特別區域。④顏世鉉贊同徐少華的意見，並指出陳偉以“䈴”爲縣級政區之下的一種特定地域概念的説法有可商之處。首先，鄝、鄅、邟皆爲楚縣名，若如陳偉所言“鄝䈴”、“鄅䈴”、“邟䈴”皆在縣級政區之下，鄝、鄅、邟又爲縣以下政區的地名，這是互相矛盾的。再者，陳偉所言“𤝞君”是在縣以下的“鄝䈴”之下的“䢵敔”這層級之下的一個行政區級，如此封君的層級變得比較低下。⑤

羅運環認爲“䈴”當釋爲“國”，包山楚簡中的䈴（國）有三種可能性：一是滅國不絕其祀的“遷國”；二是吳起變法失敗後，肅王收陽城君等封君之國時而未盡收者；三是新封的侯國。這三種孰是，姑且不下斷語，待有新的資料出土後再作結論。⑥

按：新蔡楚簡有“亓（其）國悘三袿（社）上”（甲三285）、“亓（其）國之寢𠊳廦艹□”（甲三335＋甲三251），賈連敏認爲“國”與包山楚簡的“䈴”相似。⑦邴尚白也認爲“國”應該就是包山楚簡中的“䈴”，而“䈴”很可能確應讀作“國”，甚至是“國”字異體。⑧宋華強認爲古代“國”可以指“城邑”，凡表示大邑之“國”應該都可以兼城外所轄四郊以内的區域而言。四郊之内可能還有較小的“邑”，包山楚簡中隸屬“某國”之“邑”，大概就屬於這樣的小邑。⑨暫從讀“䈴”爲“國”的意見，“䈴”應是一級政區單位，但具體含義有待進一步研究。

---

①陳偉：《包山楚簡所見邑、里、州的初步研究》，《武漢大學學報》1995（1），90-98頁。陳偉：《包山楚簡初探》，74頁，武漢，武漢大學出版社，1996。

②朴俸柱：《戰國楚地地方統治體制》，《簡帛研究2002、2003》，13-23頁，桂林，廣西師範大學出版社，2005。

③陳偉主編：《楚地出土戰國簡冊[十四種]》，9頁，北京，經濟科學出版社，2009。

④徐少華：《古復國復縣考》，《中國歷史地理論叢》1996（4），113-120頁。徐少華：《包山楚簡釋地十則》，《文物》1996（12），60-66頁。

⑤顏世鉉：《包山楚簡地名研究》，103-104頁，臺灣大學碩士學位論文，1997。

⑥羅運環：《釋包山楚簡䈴吾宦三字及相關制度》，《簡帛研究2002、2003》，6-12頁，桂林，廣西師範大學出版社，2005。

⑦賈連敏：《新蔡葛陵楚簡中的祭禱文書》，《華夏考古》2004（3），89-101、108頁。

⑧邴尚白：《葛陵楚簡研究》，231頁，臺灣大學博士學位論文，2007。

⑨宋華強：《新蔡葛陵楚簡初探》，337頁，武漢，武漢大學出版社，2010。

五　敔

包山楚簡中與“敔”有關的簡文共有六處：34、39 號簡“俈鄵（舉）之鬪（關）戠（敔）公”、70 號簡“箽（匡）敔公”、124 號簡“鄦䧢（國）東敔卲（昭）戊之笑邑”、125 號簡“東敔公”、143 號簡“鄝䧢（國）鼉（磝）敔鄍君之泉邑”、125 號簡“敔司馬”。

陳偉認爲就目前的認識而言，還只能說“敔”是介於“䧢”、“邑”之間的一種地域概念，其具體内涵還有待進一步探討。[①]

顏世鉉認爲“敔”可能讀作“圉”，作邊境之意。[②]

羅運環認爲“敔”不是一級普遍性的組織，是一種特設的地方組織機構。“敔”出現在付鄵之關，可能與某些地區因特殊要求而特設的掌官山林川澤的地方虞官有關。其下轄之邑，則應是虞官直轄之邑，其上直屬某個封國或直屬其他機關。付鄵之關的虞官機構也直屬該關管轄，故虞官下轄之人亦可稱爲“關人”。[③]

朴俸柱認爲包山楚簡幾乎是唯一的以“敔”稱集住組織的資料。縣・䧢・敔・邑。系統内的中間組織“䧢”、“敔”，其地位和規模上似相當於傳統中大聚落“鄉”。[④]

按：新蔡楚簡中有“寱”（見甲三 335+251、甲三 264、甲三 380 等），賈連敏認爲或許與包山楚簡中的“敔”相當，兩者皆轄於“域”，應是同一層次的組織。[⑤]宋華強進一步指出“敔”、“寱”當讀爲鄉里之“鄉”。州縣之“縣”在古文字材料中可以用“睘”或從“睘”得聲之字表示，那麼“鄉”用另外的字來表示是不奇怪的。包山楚簡中“敔”是“邑”上一級的地域組織，讀“敔”爲“鄉”，與陳偉“邑爲鄉野之中的地域組織”的說法相合。“䧢”疑當讀爲大邑之“國”，這個意義的“國”可兼城外所轄郊區而言。城外設“鄉”，故“鄉”屬於“國”，而稱“國”可以統“鄉”。“敔”可能就是大城外的城外郊區所設之“鄉”，而“鄉”中又有一些較小的“邑”，故包山楚簡有“䧢（國）—敔（鄉）—邑”這種行政區劃序列。包山楚簡中一些小邑和“國”之間沒有“鄉”這一級可能是這些大城邑

①陳偉：《包山楚簡所見邑、里、州的初步研究》，《武漢大學學報》1995（1），90-98 頁。陳偉：《包山楚簡初探》，75 頁，武漢，武漢大學出版社，1996。

②顏世鉉：《包山楚簡地名研究》，104-106 頁，臺灣大學碩士學位論文，1997。

③羅運環：《釋包山楚簡䧢吾宮三字及相關制度》，《簡帛研究 2002、2003》，6-12 頁，桂林，廣西師範大學出版社，2005。

④朴俸柱：《戰國楚地地方統治體制》，《簡帛研究 2002、2003》，13-23 頁，桂林，廣西師範大學出版社，2005。

⑤賈連敏：《新蔡葛陵楚簡中的祭禱文書》，《華夏考古》2004（3），89-101 接 108 頁。

外未設“鄉”這一級，故小邑直屬於“國”。[1]但是，賈連敏、宋華強的意見也只是推測，“敔”、“䆅”是否爲同一概念、是否當讀爲鄉里之“鄉”，還不能下定論。

第三節 地 名

一 封 君

陳偉指出包山楚簡中有封君 25 個，但列舉了 26 個：[2]

1 邸昜君 •2鄴君 •3 射㕣君 •4 喜君 •5 鬲君 •6 鄂君 •7 詹昜君 •8 羕陵君 •9[illegible]君 •10 彔君 •11䔖君 •12 番君 •13 陽君 •14 荇君 •15 佶陵君 •16 尚君 •17鄩君 •18 新野君 • 19蔵泥君 • 20 金君 • 21 坪夜君 • 22 襄君 • 23𡩜君 • 24 壘陽君 • 25 坪陵君 • 26 陰侯

顏世鉉找出包山楚簡中封君 25 個：[3]

1 邸昜君 •2 坪夜君 •3 坪陵君 •4 弦㕣君 •5 佶陵君 •6 荇君 •7 陰侯 •8郑君 •9鄗君 • 10鄩君 • 11郐君 • 12 喜君 • 13 羕陵君 • 14 新埜君 • 15莪泥君 • 16鄗君 • 17鄴君 • 18 鄱君 • 19䔖君 • 20𡎝君 • 21 噩君 • 22鄅昜君 • 23酈君 • 24 壘昜君 • 25[illegible]君

吳良寶梳理出包山楚簡中封君 26 個：[4]

1 邸昜君 • 2鄴君 • 3 坪夜君 • 4 弦㕣君 • 5 噩君 • 6 荇君 • 7郑君 • 8邿君 • 9鄗君 •10 彭君 •11 羕陵君 •12 新埜君 •13鄗君 •14 鄱君 •15䔖君 •16𡎝（昜）君 •17酈君 •18 壘昜君 •19郥君 •20 坪陵君 •21鄅昜君 •22 佶陵君 •23 陰侯 •24郐君 •25莪泥君 • 26□君

吳良寶的總結中比顏世鉉多出一個“□君”，“□君”見於竹笥簽牌，黃錫全隸定爲“鄾”，何琳儀、劉國勝釋爲“郣”，認爲是“亳”地之亳的專字，[5]此暫存疑待考。下面將包山楚簡中所見封君列表於下：

封君	簡號
邸昜（陽）君	27、32、98、162、163、185、186、175、167
[illegible]君	36、43、140、140 反

①宋華強：《新蔡葛陵楚簡初探》，340-341 頁，武漢，武漢大學出版社，2010。

②陳偉：《包山楚簡初探》，101-102 頁，武漢，武漢大學出版社，1996。

③顏世鉉：《包山楚簡地名研究》，臺灣大學碩士學位論文，1997。

④吳良寶：《戰國楚簡地名輯證》，72-126 頁，武漢，武漢大學出版社，2010。

⑤黃錫全：《〈包山楚簡〉釋文校釋》，“中國古文字研究會第九屆學術研討會”論文，南京，1992。何琳儀：《戰國文字通論》（訂補），164 頁，南京，江蘇教育出版社，2003。劉國勝：《包山楚墓簽牌文字補釋》，簡帛網，2005 年 11 月 11 日。

弜（射）叴君	38、60
彭君	54、56、165、177
鄗君	68
郚（鄗）昜（陽）君	86
羕（漾）陵君	86
郠君	143
郲君	153、154、190
陵（陵）君	153、154
鄱君	153、154、175
噩（鄂）君	76、193
墜（唐）君	163、176
荇（荅）君	164
俈（造）陵君	165
鄁君	165、180
郢（匡）君	172
新埜（野）君	172+173
葴沘（疋）君	176
鄐君	180
坪（平）夜（輿）君	181、200、203、206、214、240
鄹（鄹）君	189
豐（壘）昜（陽）君	190+191
坪（平）陵君	192
郐（陰）侯	51、132、133
□君	竹笥簽牌

二　縣　名

陳偉認爲戰國中晚期，“郡”、“縣”在楚國的設置已相當普遍，然而就包山楚簡而言，對於“郡”、“縣”尤其是“郡”的指認，卻並非易事，“郡”的綫索沒有“縣”的豐富、清晰。最後他推測簡書中缺乏“郡”存在的證據，可能是因爲當時楚國的“郡”主要設於邊地，不是所有的“縣”都是由“郡”來統攝。另一方面，楚國的郡制可能還沒有從縣制中完全分離出來，“郡”的組織和運作還不夠正式、系統和完善。簡書缺少郡的記載或許與此有關。[①]日高則根據古代文獻中所反映的楚郡級行政區域狀況以及包山楚簡地名之間的從屬關係及職官系統，對包山楚簡中的郡進行了認定，將漾陵、下蔡等十地認定爲楚郡。[②]目前來看，還沒有足夠的證據證明包山楚簡中存在“郡”這一級單位，因此，本書僅匯集學者對“縣”的認定意見，對包山楚簡中有關“縣”的材料進行小結。

（一）判斷標準

陳偉從三個方面對可能是“縣”的地方進行論列：[③]

1. 司法職權。包山楚簡中里與邑——敔——宭之上的那級官府在司法中的作用，正與文獻中的縣相當。

2. 名籍管理。里與邑——敔——宭之上的那級官府在這個問題上負有全面的責任。

3. 職官設置。位於邑——敔——宭之上的地方有翊、羅、鄟、中陽、泬陽、正陽等，位於里之上的地方有今、尚、安陸、鄵、鄹、繁丘、喜、瀏宊、坪陽、下蔡、羕陵、正陽、蔻陵等。這些地方設置的官職往往相同，因而在一定程度上反證它們應代表同一層級政區的推測不誤。這樣分工繁細、並多與中央對應的職官系統，在我們已知的戰國時期地方政權中，應該說只有郡、縣二級才能具備。由於這些地方在稱述和運作方面，直接與里、邑這些基層組織聯係，把它們看作縣，應更爲允當。

顏世鉉認爲陳偉這三個認定楚縣的標準仍是有所不足的。因爲有些地名出現在簡文中的情況較爲孤立，並沒有太多和此地名有關的內容，很難適用這三個標準。因此，顏世鉉提出了八項標準：[④]

1. 在里和邑之上的一級政區爲楚縣。

2. 在地方司法系統中，負有主要司法職權的政區爲楚縣。

3. 在地方名籍管理上，負有全面責任的政區爲楚縣。

4. 某地名所轄屬的職官若爲楚縣職官，則此地名當爲楚縣。

5. 從其他文物記載得知某地名爲楚縣，則可推定包山楚簡相同地名爲楚縣。

6. 包山楚簡某地名在春秋時代爲楚縣，則可推定包山楚簡相同地名爲楚縣。

①陳偉：《包山楚簡初探》，94、101 頁，武漢，武漢大學出版社，1996。
②日高：《包山楚簡所反映的楚縣和楚郡》，北京大學碩士學位論文，1998。
③陳偉：《包山楚簡初探》，94-100 頁，武漢，武漢大學出版社，1996。
④顏世鉉：《包山楚簡地名研究》，114 頁，臺灣大學碩士學位論文，1997。

7. 包山楚簡某地名之後加稱“公”、“尹”、“令”，成爲“某公”、“某尹”、“某令”，則此地名應爲楚縣。

8. 某地名雖不符以上原則，但從城邑的發展歷史來看，在當時屬於重要城邑，則可推定此地名爲楚縣。

針對第七項原則，顏世鉉還指出包山楚簡中，除縣令之長稱公外，中央或地方各級行政組織的職官有多稱“公”者。所以運用此原則時，一要排除“某某之州加公”、“某某之州里公”、“某某邑公”等。二是確認“某公”之“某”爲地名，未可確認者不可逕予認定爲楚縣，如“敔公”、“東敔公”、“�璐公”、“郷公”、“集陽公”、“槼夜公”、“鋍缶公”等。

吳良寶認爲陳偉、顏世鉉的認定標準基本上概括了目前可能找到的途徑。陳偉提出的三條標準最可靠，但因資料限制，用該方法能够確定的楚縣是有限的（找出的楚縣不超過三十個）。而顏世鉉提出的確認楚縣的標準，得出的縣名雖多，但有疏誤，使用過程中且有不便之處。吳良寶也沒有提出新的判斷原則，但舉“公”、“尹”、“命（令）”等爲例加以辨說，其意見中有關“縣”的判斷結論如下：

> 簡111的“鄒公期”（即簡119的“芙公騎”）爲“正（定）陽”下的邑公，視之爲楚縣公恐怕是有問題的。“鈧缶公”（第85號簡）、“鷭公”（第183號簡）是否爲縣公，也很成問題。此外，有一些職官也可稱“公”，如“司舟公”、“舟斨公”、“舟藖公”（俱見《包山》第168號簡）、“鄰郢公”（第185號簡）等，而“亢（原篆從缶亢聲）缶公”（第85號簡）、“鷭公”（第183號簡）是否爲縣公，也很成問題。“化公”（簡98）應屬邑公類型（從他是“邸陽君之人”即可判斷出來）、“鄩公”（簡12）、“集昜公”（簡130）是楚縣縣公的可能性比較大——“鄩”應與所謂楚別都“鄩郢”之“鄩”有關；包山簡整理者在“楪序大夫”、“集昜公”之間句讀的做法可信，“集昜”不是葉地的屬邑。另外，多數學者深信不疑的“昜城（成）公”是楚陽城縣的縣公，實際上更大的可能是下蔡縣屬邑的邑公。
>
> “秦”、“膚”、“谿”、“遊”一時不易判斷是否爲地名或楚縣名。不同等級的行政單位都可設置“列尹”，并不僅限於楚縣一級。因此，目前只能得出“復”、“秦”等是地名的結論，要想判斷它們是楚縣名，證據尚不充分。

楚簡中所謂“地名+命”的情況，還不能一概認爲是楚國縣公一類的長官，直接將“仿”、“篁”等視爲楚縣是有問題的。

在判斷楚簡地名是楚縣名還是縣級以下的里、邑名時，有時會遇到没有相關資料可以繫聯、對比的情況，難以作出決斷。比如，《包山》第174、175號簡的“鹿邑”以及第193號簡的“鄟邑”等，考慮到“鹿邑縣”的正式設置是在隋代，戰國楚簡中的“鹿邑”似不宜直接看作楚縣。

在考察簡文“某某人”的時候，如果無法確知是人名、地名抑或職官名稱，如《包山》第164號簡的“奠它人”、第170號簡的“彭沱人”（同一簡文還有“鄰郢人”、“鄢人”、“葉人”等）、第192號簡的“楊亂人”等，把“奠它”、“彭沱”、“楊亂”看作人名，似更穩妥（即簡文在人名之後省略了表示人身依附關係的“之”字）。在某些職官名稱前的“某某”，即使是地名，也没有直接的證據可視之爲縣名，像《包山》第170號簡“隋鐘連敖”、第183號簡的“陽㒟司敗”、第278號簡背的“夈脰尹”中的“隋鐘”、“陽㒟”、“夈”等。

從職官設置的情況看，包山簡文中凡有“序大夫”、“大序”等的地名大概都是當時的楚縣名，因此，《包山》第188號簡的“邔”、第130號簡的“柊”有可能是縣名。而從楚“邨”縣、“陰”縣設置有“卜尹”、“大卜尹”職官的情況看（《包山》第51、191號簡），《包山》第145號簡“成昜卜尹”中的“成昜”（《戰國策·楚策四》有“城陽”地名）、第149號簡“陵卜尹”中的“陵”也可能是楚縣名。又比如，《曾乙》第163號簡有封君“集君”，“集”應是封邑地名；《包山》第164號簡“集卜命”中的“集”是否爲地名就不好判斷。從《包山》第177號簡有“兼卜命”的資料看，包山簡文的“集”至少是地名。爲謹慎起見，包山簡中的“邔”、“柊”、“集”、“陵”等地名暫不視爲縣名（但在“楚簡縣名資料”表中録以備考）。

根據職官推測楚縣時，如果該地名無法與史書相對照甚至於史書中有記載，有時也難以判斷是否爲縣名。比如，《尚書·禹貢》有“東陵”，《漢志》廬江郡有“東陵鄉”；《包山》第202、243號簡有“東陵連囂”、《新蔡》乙四·141號簡中有“東陵龜尹”，楚器有《東陵鼎蓋》（《集成》4·2241）。史書中常見以“陵”爲後綴的楚國地名，像《戰國策》、《史記》中的“夷陵”、“竟陵”等。《東陵鼎蓋》銘文中的“東陵”是器物的置用地，一如《集成》4·1194、2301《巨恆鼎》銘中的“巨恆”；《新蔡》簡文中的“東陵”爲坪夜君的居住都邑，既是薦牲之所，又是筮占之所，很難判斷“東陵”就是當時的楚縣。在條件不充分的情況下，本書暫不把它們視爲楚縣名。

《包山》第155號背的“南陵公”，張家山漢簡《二年律令·秩律》第457號簡文中收録了南陽郡屬縣“南陵”。因此，包山第155號簡背的“南陵”應視爲楚縣。而第102號簡的“新都南陵大宰”的這個“南陵”應不是縣（該地雖置有“太宰、右司寇、正吏”等職官，看似非鄉里一級的地名，但“南陵”之前有地名“新都”作爲限定詞），與楚“南陵”縣僅屬同名關係。

管理“路”的職官有“公”、“尹”、“史”等，目前僅有“夏路”見於《史記·越王勾踐世家》記載（“夏路以左，不足以備秦”）。包山簡文中的這些“路公”肯定不是縣公。儘管通過繫聯其他楚文字資料或《左傳》等史書記載可以確定“白”、“邾”、“鄗”、“邼”、“郯”、“陽”、“兼”等爲楚縣名（“夏”、“贏”還無法確定），暫時還不便於將“路”之前的“某某”地名直接視爲楚縣名。[①]

此外，李零也談到了包山楚簡中的“縣”。10號簡記載“鄒戩上連囂之還𡩜瘳族澗一夫”，李零懷疑“還”應讀爲“縣”，在當時是主要的行政單位，因爲習見，常常可以省去“縣”字，其長官叫“公”、“正”，前者可能是大縣之長，後者可能是小縣之長或縣吏的統稱。[②]從簡文來看，“還𡩜”在句中的位置與3號簡“少僮”對應，有可能是身份用語，不宜拆分，讀“還”爲“縣”依據不充分。

（二）包山楚簡中楚縣

陳偉認定的楚縣有：陰、𨙸、羅、鄝、中陽、浞陽、正陽、今、尚、安陸、郻、繁丘、喜、郜、瀊宊、坪陽、下蔡、兼陵、正陽、莪陵、鄝、䣿陵、株陽、夷陽、鬲、陽陵、新都、州。[③]

顏世鉉根據八項標準認定楚縣94個，其中[illegible]易即臨易，因字不識之故而分爲兩地，實爲93個：[④]

1下鄝·2正昜·3白·4成昜·5安陸·6安陵·7州·8佗·9仿·10宙陽·

①吳良寶：《戰國楚簡地名輯證》，149-158頁，武漢，武漢大學出版社，2010。
②李零：《包山楚簡研究（文書類）》，“中國古文字研究會第九屆學術討論會”論文，南京，1992。
③陳偉：《包山楚簡初探》，97-100頁，武漢，武漢大學出版社，1996。
④顏世鉉：《包山楚簡地名研究》，臺灣大學碩士學位論文，1997。

11邳・12㓷・13 東邸・14 東陵・15泥昜・16郘昜・17 宜昜・18 長㥂・19 恆思・20 武城・21 武陵・22 芙・23 坪昜・24 平陵・25 坪弥・26郊・27 桊・28 昜翟・29 昜城・30 昜陵・31郚・32 邾・33郑・34 株陽・35鄗昜・36莒陵・37 秦・38 郜・39郅・40㝂・41郭・42 陰・43 美・44 美陵・45 郫昜・46郗昜・47 陵・48 郯・49 鄁・50鄬・51 鄧・52郟・53鄹・54 喜・55鄁・56郻・57 湯・58 朝昜・59 集・60 新都・61鄟昜・62蘲昜・63鄗・64 噬昜・65 緐昜・66 緐丘・67 福昜・68墬・69 鄝・70鈇・71鄗・72 魯昜・73 鄦昜・74莪陵・75 膚・76 篁・77壂・78壂雋・79 鄵・80鄜陵・81冀陵・82醢昜・83 羸・84 襄陵・85 臨昜・86鄰・87鄿・88蕣陵・89 隴城・90瀶宸・91瀶・92鄸・93鵤・94[illegible]陽

日高認定包山楚簡中楚縣 51 個：①

1 益陽・2 長沙・3 魯陽・4 湖陽・5 陳・6 夏・7 伅（頓）・8 鄧・9 平輿・10 陽城・11 陽陵・12 鄝・13 侹・14 宜陽・15 安陵・16鄗・17 正陽・18 陰/邻邑/邻・19錡缶（？）・20鈇・21▨陽・22 恆思・23 集陽・24郰・25 芙・26邳・27鄬・28 中陽・29 鄭・30 邾・31鄗昜・32 株陽・33郍陽・34郚・35郗陽・36 繁丘・37 夷陽・38 州・39 郫昜・40郻（？）・41莒陵・42 鄦陽・43鄘陵・44鄘邑・45郷/郷邑・46 崔/鄁邑・47鄘城/安陵・48 鄁/鄁邑・49 平陵・50 上臨邑・51 陵

雖然日高附錄中收錄了包山楚簡中 51 個縣名，但正文中只討論了 28 個，並且其中第 16 條討論的“六”（91 號簡）不在 51 個縣名之中。

吳良寶認定包山楚簡中楚縣 90 個：②

1 魯昜・2 昜翟・3 昜陵・4 陳・5鄗・6 新都・7 上新都・8鄹・9 襄陵・10 成昜・11 郯・12郅・13 坪弥・14 桊・15郋・16鄴・17 美陵・18 郜・19 鹽昜・20鄒・21 恆思・22 武城・23 郫昜・24鄜陵・25 茆陵・26 蔡・27 鄝・28 鄝陽・29 邮昜・30 白・31鈇・32瀶宸・33瀶・34 新埜・35 縣貉・36 邨・37 南陵・38郊・39鄒昜・40 州・41邳・42郍昜・43 安陸・44 登・45鄗昜・46 郊・47莒陵・48 湯（昜）・49蘲（鄸）昜・50 陰・51 彭・52 武陵・53 邾・54 株陽・55 疋昜・56筥・57郐・58 下蔡・59 鄵・60鄖・61 繁昜・62 繁丘・63鄬・64 長㥂・65 噬昜・66鄸・67 鄦昜・68 靁昜・69鄘城・70 安陵・71 坪昜・72 坪陵・73郚・74 正昜（邘昜、郖昜）・75鄨昜・76郭・77鄟昜・78 福昜・79莪陵・80 臨昜・81 東宅（東邸）・82 宜昜・83审陽・84郄邮・85 鄩・86顗・87冀陵・88郗昜・89 集昜・90鄰

①日高：《包山楚簡所反映的楚縣和楚郡》，附錄二，北京大學碩士學位論文，1998。
②吳良寶：《戰國楚簡地名輯證》，166-268 頁，武漢，武漢大學出版社，2010。

在這 90 個縣名之後，吳良寶還列舉了有可能是地名或楚縣的剁、郹、鄶、陵、郙墾、膚、東陵、郴郢、郍郢。[1]

下面將全面研究包山楚簡中楚縣的陳偉、顏世鉉、日高、吳良寶的意見列表於下：[2]（√代表肯定，×代表否定）

序號	縣名	簡號	陳	顏	日	吳
1	魯陽	2、4		√	√	√
2	陽翟	193		√		√
3	陽陵	112、119、193	√	√	√	√
4	陳（陳）	166、191、192		√	√	√
5	鄗	110、118、184、168	√	√	√	√
	鄗[3]	68、143		√		
6	新都[4]	113、165	√	√	郡	√
7	上新都	102				√
8	梁	163、165、179、169	√			√
9	襄陵	103、115、155		√		√
10	成陽	145		√		√
11	郯	81、82、128、141、143、179、183、194		√		√
12	鄄	159、162、188		√		√
13	平輿	138、181、200、203、206、214、240		√	√	√
14	葉	129、130、163、170		√	郡	√
15	鄁（宛）	92、93、133、134、139 反、183、192	√		√	√
16	漾陵[5]	12、13、75、86、107、117、127、128、166、169、177、186	√	√	郡	√
17	鄴（養）	184、178、41				√

①吳良寶：《戰國楚簡地名輯證》，268-269 頁，武漢，武漢大學出版社，2010。

②各家討論中所涉及楚縣均列入表中，地名主要按吳良寶《戰國楚簡地名輯證》一書中討論的順序排列，關係較爲密切的縣排列在一起，如羕陵、鄴。

③顏世鉉認爲“鄗（鄚）”、“鄗”爲兩地，參見《包山楚簡地名研究》195、208 頁。吳良寶則認爲二字均是“鄗”，參見《戰國楚簡地名輯證》96-98 頁。日高正文中未討論“鄗”地。

④顏世鉉將上新都列入“新都”條中，但又將“上新都”列爲無法歸類的地名，參見《包山楚簡地名研究》190、275 頁。

⑤顏世鉉同意“羕”、“羕陵”爲同一地而先後異名，參見《包山楚簡地名研究》87 頁。日高也將“羕”、“羕陵”視爲同一地，參見《包山楚簡所反映的楚縣和楚郡》13 頁。

18	郚	200、203、206、248		√		√
19	鹽陽①	186		√	√	√
20	邮陽	181		√		√
21	[illegible]（弦）	192				√
22	期思	129、130、163		√	√	√
23	武城	175		√		√
24	鄟陽	121		√	√	√
25	鄺（鄜）陵	106、116、166	√	√	√	√
26	鼔陵	150	√	√		√
27	蔡	200、202、203、206、214、240、248		√		√
28	鄝②	29、105、116、143	√	√	√	√
29	鄝陽	153、154				√
30	白	150		√		√
31	䣘（胡）	47		√	√	√
32	溓宊	96	√	√		√
33	溓	98、151		√		√
34	新埜（野）	173、183				√
35	縣𨂲（貉）	227				√
36	邨（頓）	179		√	√	√
37	南陵	102、155				√
38	郊（鄢）	19、49、66、81、95、155、157、157反、171、174、176、167、170、188、194	√	√	郡	√
39	[illegible]易	183				√
40	州	114	√	√	√	√
41	郚（鄖）	22、24、30、151、191		√	√	√
42	郳（枝）陽	99、173、188		√	√	√
43	安陸	62、181	√	√		√
44	鄧	44、58、92、140、186		√	√	√
45	郙（甬）陽	187		√	√	√

①日高將186號簡“鹽昜”與181號簡的“邮昜”（日高釋爲“郚昜”）皆讀爲“湖陽”，並且將二者簡號顛倒，參見《包山楚簡所反映的楚縣和楚郡》31頁。

②顏世鉉認爲“鄝陽”在鄝地北境，未將鄝陽單列爲楚縣，而是放入“其他地名”，參見《包山楚簡地名研究》206、289頁。

46	郊	182				√
47	莒（蓍）陵	40		√	√	√
48	昜（唐）	61、189				√
	湯（唐）①	131、135反		√		
	墬（唐）	88、163、176		√		
49	夷陽	109、118	√	√	√	√
50	陰	51、131、132、133、134、135、138、135反、137反、139反、162		√	√	√
51	邻②	23				
52	彭③	54、56、163、165、177		√	郡	√
53	喜	20、47、90	√			√
54	武陵	169		√		√
55	郱	94、149、156、162		√	√	√
56	株陽	108、117、189	√	√	√	√
57	疋陽	124、125、164、184、172、181、183	√	√		√
58	箮（竹）	237、241				√
59	鄬	127				√
60	下蔡	120、121、163、182	√	√	郡	√
61	鄵	63、184	√	√		√
62	鄭	179				√
63	繁陽	90		√		√
64	繁丘	90	√	√	√	√
65	鄗	31、50、165、180	√	√	√	√
66	長沙	59、61、78		√	√	√
67	益陽	83		√	√	√
68	羅④	83	√	√		√

①顔世鉉將“墬（陽）”和“湯”視爲兩地，但沒有涉及到61號簡、189號簡的“昜”，參見《包山楚簡地名研究》188、215頁。吳良寶將“湯”和“昜”視爲一地，“墬”見於封君討論第17條，但未涉及88號簡之“墬”，參見《戰國楚簡地名輯證》103-105、215-218頁。

②陳偉認爲“邻”、“陰”爲兩地，未將“陰”視爲楚縣，參見《包山楚簡初探》97頁。顔世鉉、日高、吳良寶均認爲“邻”、“陰”爲一地，參見《包山楚簡地名研究》174頁、《包山楚簡所反映的楚縣和楚郡》附錄二、《戰國楚簡地名輯證》220頁。

③顔世鉉從舊說釋“喜”，並將其與“鄓”、“鄗”視爲一地，參見《包山楚簡地名研究》83頁。日高也將“彭”歸入“鄓（鄗）”地，參見《包山楚簡所反映的楚縣和楚郡》19頁。陳偉則沒有涉及54號簡、56號簡的“彭”，僅將20號簡、47號簡的“喜”視爲楚縣，參見《包山楚簡初探》97頁。

④陳偉認爲羅與疋陽爲一地，參見《包山楚簡初探》97頁。

69	正陽	111、119、150、186、173、174、177、179、191、193		√	√	√
70	鄦（許）陽	87		√	√	√
71	靈陽	172				√
72	鄜（龐）城①	174		√	√	√
73	安陵	105、117		√		√
74	平陽	97	√	√		√
75	平陵	184、192		√	√	√
76	郜	177		√	√	√
77	繁陽	47		√		√
78	鄗吁	169、175		√		√
79	鄟陽	26		√	郡	√
80	福陽	37		√		√
81	葴陵	166、167		√		√
82	臨陽	33、53、185		√		√
83	東宅	171、167		√		√
84	宜陽	103		√	√	√
85	中陽	71、97	√	√	√	√
86	郘邮	67、186			√	√
87	鄵	13、169			√	√
88	蘘陵	103、115		√		√
89	奉陽	177		√	√	√
90	集陽	130			√	√
91	郱（滕）②	100、162		√		√
	鄰(卷)	140 反、182				
92	剢	2、3、5、146、165、171、166	√	√		待定
93	郠	10、159、163、164、165、172、180、189		√		待定
94	鄃	174				待定
95	陵	149、156、179、181		√	√	待定
96	郙壆（舉）	34、39				待定

①日高將“鄜城”和“安陵”划爲一地，參見《包山楚簡所反映的楚縣和楚郡》附錄二。

②包山楚簡中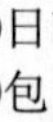與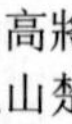也許是同一個字，不過無法確定其所從之正體是“弅”還是“弆”。暫將從“弅”之字讀爲“滕”，從“弆”之字讀爲“卷”。

97	膚（盧）	191		√		待定
98	東陵	202、203、210、211、243		√		待定
99	𨙸（咸）郢	62、185、171、173、167、169、170			郡	待定
100	郍郢	165、172、190				待定
101	羸	18、86		√		
102	畢	44、140、140 反		√		
103	仿	73		√		
104	芙[①]	119		√	√	×
105	陽城[②]	120、121		√	√	×
106	鄍	133		√	√	
107	集	164		√		
108	秦	180		√		
109	驩	183		√		×
110	陽（唐）隼（皃）	183		√		×
111	郬（青）	184、179		√	√	×
112	篁（匡）[③] 篂（匡）	190 70		√		×
113	梥	278 反		√		×
114	鄭	2、4			√	
115	鄗邑	28			√	
116	雟[④]	77，95，132，141，143，166			√	
117	上臨邑	79			√	
118	鍷缶	85		×	√	×
119	六	91			√	
120	郲[⑤]	98		×	√	×
121	夏	159、193			√	
122	侹	170			√	
123	邛（疋）	188			郡	
124	鄭它	164				×

①吳良寶認爲“芙”是正陽下的邑公，參見《戰國楚簡地名輯證》150 頁。
②吳良寶認爲“陽城”是下蔡縣屬邑的邑公，參見《戰國楚簡地名輯證》150 頁。
③顏世鉉只討論了 190 號簡的“篁”，參見《包山楚簡地名研究》213 頁。“篁”、“篂”或有可能爲一地。
④日高釋爲“雈”，參見《包山楚簡所反映的楚縣和楚郡》附錄二。
⑤吳良寶認爲郲公是邑公，參見《戰國楚簡地名輯證》150 頁。

125	彭沱	170				×
126	隋鐘	170				×
127	鄜邑[①]	173、174				×
128	楊豸(亂)	192				×
129	鄟邑	193				×

除了上表中討論的地名之外，包山楚簡中與楚縣有關的簡文還有幾條：

1. 124、125 號簡"敢𢦏"，與之類似辭例有"邷𢦏"(151 號簡)、"鄝𢦏"(143 號簡)。邷、鄝皆爲楚縣，"敢"有可能也是楚縣。

2. 125 號簡"蕫戠尹"、 186 號簡"新戠尹"，吳良寶在列舉"列"、"列尹"資料時未引"蕫戠尹"，並且認爲"新戠尹"之"新"既非人名也不是地名。[②]"蕫"、"新"有可能是楚縣名。

3. 173 號簡"古让"，劉信芳將"古"讀爲"胡"，認爲"胡让"即"胡地之让"。[③]與"古让"相似辭例有"成易让"(145 號簡)、"正易让"(186 號簡)，成易、正易皆爲楚縣，"古"有可能也是楚縣。

4. 3 號簡"郌"，172 號簡有"郌君"，"郌"應是楚縣，可讀爲"匡"。

5. 165 號簡"嚻沈尹"、167 號簡"郛中廄"，"嚻"、"郛"有可能爲楚縣。

第四節 職 官

一 機 構

劉信芳整理出機構 17 則計 35 條：[④]

1 玉府·2 新官·3 宵官、裧倌·4 竽駐官、竽倌·5 酷官·6 遊宮坦倌·7 鄦陽之檲官·8 敔、敔·9 五師·10 邺異·11 攻府·12 佶府、新佶、佶腰、佶筴、佶㫄、佶㒓、佶庡、佶楮、佶戠、大佶戠、中佶戠、佶室·13 新大廄、大廄、审廄、宮廄、代易廄·14 大亙·15窠脰·16让蘪·17 舟室

文炳淳認爲機構出現的形式有：機構單獨出現、機構+職官、地名+機構+職

①徐少華、劉信芳認爲"鄜邑"是楚縣，參見徐少華：《"包山楚簡"地名數則考釋》，《武漢大學學報》1997(4)，102-108 頁。劉信芳：《包山楚簡解詁》，203 頁，臺北，藝文印書館，2003。

②吳良寶：《戰國楚簡地名輯證》，152 頁，武漢，武漢大學出版社，2010。

③劉信芳：《包山楚簡解詁》，201 頁，臺北，藝文印書館，2003。

④劉信芳：《〈包山楚簡〉職官與官府通考(上)》，《故宮學術季刊》1997(15-1)，45-70 頁。《〈包山楚簡〉職官與官府通考(下)》，《故宮學術季刊》1998(15-2)，139-162 頁。

官、機構+人名。他將包山楚簡中的政府機構劃分爲行政、司法、軍事三類，並將與“府”有關的機構單獨列爲一類。其中行政機構包括“邸異”、“让蔷”、“大廐/宙廐”、“新大廐”、“倍室”、“大室”、“倍”、“新倍”、“倍戡/戡”、“舟室”；司法機構有“阩門”；軍事機構有“五帀”；廎包括“玉廎”、“攻廎”。①

按：“敔”並不是機構，而是一種行政區劃名稱，“代易廄”、“阩門”也都不是機構名稱，154號簡之“大廐”即“大廏”，不應分別列出。除了劉、文二氏總結的機構之外，包山楚簡中還有一些應爲機構或疑似機構的名稱，下面將這些機構列表於下：

五師	五帀（師）宵倌之司敗 15、15 反，五帀（師）倍（造）腸司敗 45，寢戡（列）五帀（師）146，繇（繇-由）戡（列）五帀（師）146，五帀（師）士尹 185	
越異	邸（越）異之司敗 46、55、64，邸（越）異之大師 46、52、64，邸（越）異司敗 52，邸（越）異 103、105、106、107、108、109、110、111、112、113、114、115、116、117、118、119、165，邸（越）異之人 165、173、190	
新官	新官帀（師）5，新官敾（令）5，新官婁 5+6，新官連囂（敖）6，邪吁新官 175	
宵官	五帀（師）宵倌之司敗 15、15 反，宵官司敗 176、182	
勞倌	裳（勞）倌 16	存疑
酷官②	泀（疋）昜（陽）之酷官 124、125，疋昜（陽）之酷官之客 125 反	
坦倌	遊宮坦倌 175	
櫭官	鄦昜（陽）之檗（櫭）官墬87	
鑄劍之官	盥（鑄）鐱（劍）之官 18	
馹倌	琓竽駐（馹）倌 157	存疑
竽倌	竽倌 157	存疑
玉府	剁之玉賓（府）3	
攻府	攻賓（府）172	

①文炳淳：《包山楚簡所見楚官制研究》，8、22-57 頁，臺灣大學碩士學位論文，1997。

②和“官/倌”有關的名稱有作爲機構名和職官名兩種可能，陳偉曾經指出：“作爲身分性稱謂的‘官’或‘倌’，大概就是因爲從屬於作爲官府的某‘官’而得名”，參見《包山楚簡初探》，117 頁，武漢，武漢大學出版社，1996。本書將“某官/倌”放入機構名之中。

昃府	厌（昃）寘（府）181	存疑
集廚①	集（集）脰（廚）鳴脊（腋）194	
徒廩	徒萻（廩）之客150	
新大廄	新大厩（廄）61、99、154、176、183、189、191	
大廄	大厩（廄）馯（馭）司敗69，大厩（廄）馯（馭）69，大厩（廄）164、184、167	
中廄	审（中）厩（廄）163，郛审（中）厩（廄）167，审（中）厩（廄）馯（馭）174+175	
廄	昜（陽）厩（廄）尹61、189	
遊宮	遊宮坦倌175	
新遊宮	新遊宮中鄃（舍）35	
中舍②	中鄃（舍）18，新遊宮中鄃（舍）35，审（中）鄃（舍）戠（職）歸（饋）之客145	
大室	大室醋（酖-沈）尹177	
舟室	舟室180	
佶室	愄（威）王佶（造）室19、173	
仿	仿令73，郲（滕）敓之郲邑人走仿100，走仿郘（呂）綖（延）100，[illegible]仿149，郑（卷）株之仿182，敡（暇）仿史161，敡（暇）仿司馬161	存疑
肉祿	肉彔（祿）之鄃（舍）人145反	
司豐	司豐司敗21，司豐之壴（夷）邑人124，司豐之客145反	
司衣	司衣之州人89	
剢寢	剢寢尹171，剢寢敏（令）166，剢寢165，剢帰（寢）戯（列）146	
獸	蚑戰（獸）183，集（集）戰（獸）21，牢审（中）戰（獸）150	存疑
敓	郲（滕）敓之郲邑人100，郲敓149	存疑
舟贅	舟鼗（贅）157，舟鼗（贅）公豕168	存疑
舟箴	舟戠（箴）157	存疑
司舟	司舟157，司舟公168	存疑
舟斨	舟斨157，舟斨公168	存疑
斨	車轄圣斨157，牢审（中）之斨157，古斨157	存疑

①天星觀楚簡有“集脰尹”。

②包山楚簡中“中舍”既可以作爲機構名，也可以作爲職官名。

簡文中與“佁”、“戠”、“让”有關的機構，或單見或並見，情況比較複雜，其内涵尚不是十分明確，還有待進一步探討，這裏將與“佁”、“戠”、“让”有關的機構單獨列表，以備後用。

1. 佁

佁让	佁让六令李怲 146，佁让嚣甬 185，佁让尹嚣甬 166，佁让沈和 186，佁让李諕 179
佁戠	佁戠郘蘿186，佁戠苀瘽 174，佁戠邦遶 175，佁戠邦軞167，佁戠黄痳168
中佁戠	中佁戠少童羅角 180
佁大戠/大佁戠	佁大戠六令周霰 91，大佁戠黄敨170
佁暖	五師佁腏司敗周國 45，佁腏之司敗周惑 57
佁䣛	佁䣛胡妄 169，佁䣛黏臣 187
佁儥	佁儥司敗 166
佁攼	佁攼登翠189
佁楮[1]	佁楮一邑 149
佁篧	佁篧篧公 99
佁室	威王佁室鄝瘖173，威王佁室楚斷 192
新佁	新佁让尹丹 16，新佁让黄債 174
佁大让/大佁让	佁大让舒玹169，佁大让欒迿178，大佁让欒迿172

2. 让

大让尹	陰大让尹 51，大让尹 112
大让	大让苛羅 167
让尹	成昜让尹 145，陵让尹 149，邛（�）让尹 191
让	正昜让殷獲志 186，正昜让雷秦 174，邔昜让周堅 179，古让湯昃 173
让大令	让大令 74
让令	让令 77，集让令 164，鄴让令 178
让令史	让令史瘽194
让御	让御 74

① “佁楮” 或爲地名。

3.戠

大戠	大戠登余善 184
戠	郟戠胡軞172，郟戠黃請 180，繇戠黃㠯174，遊戠黃愴 187，剝戠之少僮 3，剝戠梅欽168，寢戠146
戠+機構	繇戠五師 146，寢戠五師 146
戠+職官	膚戠連敖 191，秦戠連敖 180，郟戠連敖 163，郟戠上連敖 10
戠尹	武陵戠尹 169，郯戠尹 194，子西戠尹 166，新戠尹 186，郢戠尹 162，葦戠尹 125

二 職 官

劉信芳整理出職官名 60 則計 141 條：①

1畝、新官畝、玉畝、大畝、正畝、左畝、右畝・2 婁、正婁・3 大師、少師、士師、師・4 連囂・5 大莫囂、莫囂・6 司馬、大司馬、少司馬、左司馬、右司馬、宮司馬・7 左尹・8宮大夫・9 大宮、少宮・10 大駐尹、馬尹・11 公、縣公、湯公、大脰尹公、敔公、鋅缶公、筴公、仔公、加公、里公、邑公・12 司敗、大司敗、少司敗、王私司敗、右司寇正、鄗司敗・13 新佶迅尹、迅、迅尹、陵迅尹、大迅尹、大迅、迅大畝、迅畝、迅御、迅叀・14审餘、餘人・15 司豊・16集獸・17 正、大正、少正、正差・18 旦・19 疋・20 左駻、右駻、駻・21䣄、䣄尹、大宰、少宰尹・22 攻尹、少攻尹、大攻尹、攻差、少攻差・23 大夫・24 亘・25㓷・26 右仔尹、大宇尹、宇尹・27 喬尹、左喬尹、喬差、少里喬與尹、喬䍃尹・28 秀・29 義・30 宵・31 大廄馭司敗、大廄馭、审廄馭、代昜廄尹、宮廄尹・32 司悳・33 大佯尹・34 大臧、少臧・35 仿畝、走仿、仿・36 冶士・37 司衣・38鄗人、鄗公・39 命尹、賘尹・40 波尹・41 大敂尹・42 士尹・43數客・44 大叀、右叀・45 左關尹・46 詹尹、詹差・47 大蹀尹、蹀尹・48 大脰尹、脰尹・49条脰尹・50 慶李・51梚・52 牢审獸、牢审、审寶尹、审寶畝、牢畝・53 少司城、大司城・54 陵尹・55 司舟、舟斨公、司舟公・56 車轄・57 寢尹、寢畝・58逄尹、逄公・59 少甸尹、敏尹・60 大尹

文炳淳認爲職官出現的形式有：職官單獨出現、地名+職官、封君+職官、機構+職官，他將包山楚簡中的職官主要劃分爲行中央和地方兩大類：②

①劉信芳：《〈包山楚簡〉職官與官府通考(上)》，《故宮學術季刊》1997（15-1），45-70 頁。《〈包山楚簡〉職官與官府通考(下)》，《故宮學術季刊》1998（15-2），139-162 頁。

②文炳淳：《包山楚簡所見楚官制研究》，8-9、60-247 頁，臺灣大學碩士學位論文，1997。

中央	一、行政官		1 命尹・2 攻尹・3 大市、少市・4 佚大敵・5剢・6 大臧、少臧・7 需里子・8 膚人・9 司衣・10 大尹・11 玉敵、玉婁・12酯尹・13 右叟、叟・14 仿敵、仿・15审酴、豁人・16儠尹・17 婁、正婁・18 正敵・19 少李喬𣪠尹、喬差・20雙尹・21 左駍、駍、右駍・22 司舟公、舟斨公、舟贅公
	二、司法官		1 左尹・2 司敗・3 正・4 王厶司敗・5 迅、大迅、迅敵、迅大敵、迅尹・6 士尹・7李
	三、軍事官		1 大司馬・2 司馬・3 左司馬、右司馬・4 大莫囂、莫囂・5 連囂・6 左敵・7 士
地方	縣官	一、行政官	1 公・2敵・3宫大夫・4賶尹・5 攻尹、少攻尹・6 大宰・7 行儯・8 大鲂尹・9 大司城、少司城・10 波尹・11逄公、逄尹・12寤尹、寤敵・13剢尹、少剢尹・14 大脰尹、脰尹・15 少甸尹・16 大駐尹・17 大宫、少宫・18 大佚尹・19 正婁・20 喬尹、佐喬尹、喬差・21酯尹、酯差・22 大叟・23 走仿、仿・24 受正・25 大牒尹、牒尹・26集戵・27 牢审戵・28 右仔尹、仔公、仔門・29 大主尹、主尹・30 左闈尹、闈人、闈敔公・31 教敵・32駍・33 車轡・34廄尹・35 相
		二、司法官	1 大司敗、少司敗、司敗・2偊司敗・3 大正、正、正差・4 大迅尹、迅尹、迅敵、迅・5 士尹・6 士市
		三、軍事官	1 司馬・2 左司馬、右司馬・3 少司馬・4 莫囂・5 連囂
	封邑官	一、司法官	1 司敗・2 正差・3 大迅尹・4 慶李
		二、軍事官	1 司馬
	其他地方官		1 郢公・2 司惪・3 邑公、州加公、里公・4 冶士
其他	倌、客		1 新官・2 宵官・3裝倌・4 鑄劍之官・5樫官・6 競不割之倌・7 酷官・8駐竽倌、竽倌・9 遊宮坦倌 1 戠㝵之客・2 戠歸之客・3數客・4 市客・5 敢竃之客・6 酷官之客・7 司豐之客・8 新客・9辻蒿之客・10 大司城敀客
	職官泛稱		1 大夫・2稅事人・3 戠獄
闕疑	1 司豐・2 鄁尹・3郘邜		

王穎將包山楚簡中的職官分爲 46 類：①

1 公、邑公、敔公 • 2 尹、大尹、主尹、大主尹、少甸尹、大歛尹、賗尹、大賗尹、波尹、左闗尹、大佯尹、大駐尹、右仔尹 • 3 令、大令、左令、教令、差（佐）令 • 4 正、大正、正差（佐）• 5 宰、大宰、少宰尹、宰尹 • 6 官（倌）• 7让、大让、让尹、大让尹、让令、集让令、让大令、让御 • 8 弁、大弁、右弁、迻（路）弁、逬弁 • 9 馭、左馭、右馭、馭（御）右、御君子 • 10 客 • 11 李 • 12 司馬、大司馬、少司馬、左司馬、右司馬、子司馬、敔司馬、宫司馬 • 13 司敗、大司敗、少司敗、馭司敗 • 14 右司寇 • 15 大司城、少司城 • 16 司豐 • 17 司悳 • 18 司衣 • 19 加公 • 20 里公 • 21迻（路）公、迻（路）尹 • 22 命（令）尹 • 23 左尹、子左尹 • 24 攻尹、少攻尹、社（攻）尹、社（攻）執事人 • 25 士尹 • 26 集脰（廚）尹、脰（廚）尹、大脰（廚）尹 • 27 喬尹、左喬尹、喬差（佐）、喬與、喬與尹 • 28 大戠、戠尹 • 29 寢尹、寢令 • 30 正婁、正令 • 31 玉婁、玉令 • 32 尹令 • 33 大夫、宫大夫 • 34 大宫、少宫 • 35 莫囂（敖）、大莫囂（敖）• 36 連囂（敖）• 37 官師、官令、官婁、官連敖 • 38 士師 • 39 少師、大師 • 40 少臧、大臧 • 41 冶士 • 42 大廏、中廏、廏尹 • 43 戠（識）舊、戠（識）獄、戠（識）言、戠（識）賹 • 44 攻祝 • 45 族倀 • 46 視日

職官系統是包山楚簡研究中的一個難題，有些職官所司之職各家説法不同，對其歸類也沒有固定標準，難以有定論。有些職官聞所未聞，研究無從下手，只能存疑待定。現將職官之名列表於下：

尹
〖左尹〗左尹 128、135 反、141、143、154、197、199、201、207、209、212、216、218、220、221、223、226、228、230、232、234、236、238、239、242、245、247、249，子左尹 12、16、126、137 反、224、225
〖攻尹〗攻尹 110、118，鄘（鄗）陵攻尹 106、116，羕（漾）陵攻尹 107、117，郊（鄢）攻尹 157，攻尹 159、224、225，𨙶（咸）郢之攻尹 172
〖少攻尹〗少攻尹 106、111
〖让尹〗新佶（造）让尹 16、15 反，成昜（陽）让尹 145，陵让尹 149，佶（造）让尹 166，�（鄓）让尹 191
〖大让尹〗大让尹 112，郐（陰）大让尹 51

①王穎：《包山楚簡詞彙研究》，49-73 頁，廈門大學博士學位論文，2004。王穎：《包山楚簡詞彙研究》，252-288 頁，廈門，廈門大學出版社，2008。

〖宰尹〗稟（福）昜（陽）寣（宰）尹 37
〖少宰尹〗少寣（宰）尹 157，郊（鄢）少宰尹 157 反
〖喬尹〗喬尹 107、117
〖左喬尹〗鄢左喬尹 29
〖大兮尹〗鄦昜（陽）大㝉（兮）尹 87
〖兮尹〗㝉（兮）尹 116
〖大諜尹〗大𩟨（諜）尹 138
〖諜尹〗浞（疋）昜（陽）𩟨（諜）尹 164，郚吁𩟨（諜）尹 175
〖令尹〗登（鄧）賫（令）尹 92，命（令）尹 115
〖列尹〗蓳戥（列）尹 125，郖戥（列）尹 162，新戥（列）尹 186，子西戥（列）尹 166，武陵戥（列）尹 169，郯戥（列）尹 194
〖路尹〗郯逄（路）尹 128、141、143、179，鄗（鄗）逄（路）尹 143
〖沈尹〗嚣（敖）醓（酖-沈）尹 165，大室醓（酖-沈）尹 177
〖大尹〗大尹 187
〖士尹〗士尹 122，五師士尹 185
〖右仔尹〗鄵右仔尹 44
〖左關尹〗左閘（關）尹 138
〖陵尹〗子陵尹 156，陵尹 179
〖廚尹〗正昜（陽）脰（廚）尹 173
〖少甸尹〗羕（漾）陵少甸尹 186
〖䏧尹〗畢（畢）䐗（䏧）尹 140
〖波尹〗波尹 110
〖贅尹〗敚（贅）尹 28
〖大駬尹〗大駐（駬）尹 12、126
〖大漁尹〗大敂（漁）尹 121
〖廄尹〗厩（廄）尹 61、189
〖大佯尹〗大佯尹 67
〖郟尹〗郟尹 164
〖鄁尹〗鄁（鄁-青）尹 184
〖珞尹〗珞尹 167
〖葳尹〗葳尹 194
〖剁寢尹〗剁寢尹 171
〖發尹〗發尹 128、141、143、171
〖少里喬與尹〗少里喬𦥯（與）尹 128、141、195
〖儥尹〗儥尹 132 反、141、143、193

令

〖令〗刹敂（令）2、5，鄝敂（令）160、165、189，坪（平）陵敂（令）184，膃（盬）昜（陽）敂（令）186，鄘（鄘）陵令166，篁（匡）敂（令）190，頣（夏）敂（令）193，新官敂（令）5，玉敂（令）25，仿敂（令）73，刹寢敂（令）166

〖正令〗正敂（令）128、141、143、187

〖左令〗左敂（令）152

〖教令〗教敂（令）99

〖六令〗俈（造）大戯（列）六敂（令）91，俈（造）辻六（大）敂（令）146

〖佐令〗差（佐）敂（令）85

〖大令〗倠大敂（令）5，辻大敂（令）74

〖辻令〗辻命（令）/辻敂（令）77、194，集辻敂（令）164，鄴（養）辻敂（令）177

司敗

〖大司敗〗邻大司敗23

〖少司敗〗邻少司敗23，鄰少司敗50，緐（繁）丘少司敗90

〖馭司敗〗臨昜（陽）之馯（馭）司敗33，大廄（廏）馯（馭）司敗69

〖偏司敗〗葴陵之偏（鬲）司敗166

〖司敗〗司敗25，鄗（喜）司敗20、47，鄰司敗31，旹（著）陵司敗40，审（中）昜（陽）司敗71，劉（陰）司敗131，郙司敗162，郙（奉）昜（陽）司敗177，五師宵倌之司敗15、15反，宵官司敗176、182，五帀（師）俈（造）腏司敗45，俈腏之司敗57，司豊司敗21，邶（越）異之司敗46、55、64，邶（越）異司敗52，俈（造）儒司敗166，王厶（私）司敗128、141、143、196，羕（漾）陵宮大夫司敗128，蘐（贅）尹之司敗28，琜（射）𤰈君之司敗38、60，彭君司敗54，彭君之司敗56，競（景）函（酉）之司敗68，噩（鄂）君之司敗76，楚斨司敗88，鄐（唐）㲒（㲋）司敗183

司馬

〖大司馬〗大司馬103、115、159、267、竹牘1

〖少司馬〗亙（期）思少司馬129、130，□君之司馬140，郊（鄢）少司馬155，郑（滕）少司馬162，郍郢少司馬172，邞（枝）昜（陽）173

〖右司馬〗□君之右司馬43，右司馬119、182，鄖右司馬133，鄱君之右司馬175

〖左司馬〗左司馬105、116、129、130、130反、152，郊（鄢）左司馬155

〖宮司馬〗臨昜（陽）之宮司馬53，宮司馬81

〖敔司馬〗敔司馬125

〖司馬〗邳（鄖）司馬22、24、30，寳（宜）昜（陽）103，荑（夷）昜（陽）司馬109、118，州司馬114，郕（正）昜（陽）司馬119，昜（陽）陵司馬119，琜

（射）亾君之司馬 38、60，殿（瑕）仿司馬 161，司馬 200、203、206、214、240、248，子司馬 103、145、145 反

連敖

〖連敖〗新官連囂（敖）6，鄗連囂（敖）110、118，昜（陽）陵連囂（敖）112，鄴連敖 127，東陵連囂（敖）202、225、243，郯戭（列）連囂（敖）163，秦戭（列）連囂（敖）180，膚（盧）戭（列）連囂（敖）191，至命連囂（敖）170，陆（隋）鐘連囂（敖）170

〖上連敖〗郯戭（列）上連囂（敖）9

宦

〖大宦〗羕（漾）陵大宦12、126、127，緫（終）邮大宦67

〖少宦〗少宦62

大夫

〖宦大夫〗羕（漾）陵宦大夫 12、128，郬昜宦大夫 26，鄾宦大夫 47，郊（鄢）宦大夫 157，邔宦大夫 188，絭（柊）宦大夫 130

〖大夫〗卲行之大夫 15、15 反，龔夫人之大夫 41、48，周賜之大夫 65，聖（聲）豪（家）之大夫 94，秦大夫 141

〖亞大夫〗亞大夫 122

莫敖

〖大莫敖〗大莫囂（敖）7

〖莫敖〗莫囂（敖）28、158、181，鄝莫囂（敖）29、105、116，安陵莫囂（敖）105，株昜（陽）莫囂（敖）108、117、189，正昜（陽）莫囂（敖）111，新者（都）莫囂（敖）113，州莫囂（敖）114，郬昜（陽）莫囂（敖）121，鄗城莫囂（敖）174，郚莫囂（敖）177，郙（甬）昜（陽）莫囂（敖）187

師

〖大師〗邚（越）異之大帀（師）46、52、64，大帀（師）55、115

〖少師〗少帀（師）159、160

〖士師〗士帀（師）12、13

〖新官師〗新官帀（師）5

婁

〖婁〗新官婁 5，玉婁 25

〖正婁〗郊（鄢）正婁 19、66，羕（漾）陵正婁 75，正婁 128、141、143、162

公

〖加公〗加公 22、24、30、42、68、74、122、164、165、185、173、180、181、182、189、190、192

〖里公〗里公 22、24、27、30、32、37、42、74、122、141、163、184、180、191

〖路公〗嬴（嬴）逄（路）公 18、86，羕（養）逄（路）公 41，郯逄（路）公 81、82，郙逄（路）公 94，白逄（路）公 150

〖邑公〗鼒（贅）尹之鄘（鄘）邑公 28，上臨邑公 79

〖敔公〗郙鄹（舉）之闡（關）戠（敔）公 34、39，筀（匡）敔公 70，東敔公 125

〖筦公〗卭（枝）昜（陽）之倍（造）箳（筦）箳（筦）公 99

〖仔公〗邘（正）昜（陽）仔公 191

〖公〗鄝（鄝）公丁 12，𣏾（胡）公 47，斲昜（陽）公 47，新者（都）桑夜（夜）公 113，芙公 119，縈（滋）公 98，邸昜（陽）君之人㑆（蔦）公 98，舟鼒（贅）公 168，舟斨公 168，司舟公 168，正昜（陽）[illegible]公 111，鈧缶公 85，郲（養）郢公 186，大脰（廚）尹公 139郲〈郲-期〉思公 163

正

〖大正〗郙昜（陽）大正 26

〖正〗正 21、24、26、27、29、31、39、77、83、84、96、99、100、102、161，政（正）156，長㞒（沙）正 59，郐（陰）之正 131、135、137 反

宰

〖宰〗宭（宰）36

〖大宰〗南陵大宰 102

佐

〖喬佐〗郊（鄗）喬差（佐）49，喬差（佐）108、128 反

〖正佐〗郐（陰）侯之正差（佐）51，長遲（沙）正差（佐）78，正昜（陽）正差（佐）177

〖沈佐〗醓（酖-沈）差（佐）138

史

〖正史〗正史 102

〖大史〗大史 138

〖右史〗右史 158

〖路史〗頣（夏）逄（路）史 159

〖史〗敭（瑕）仿史 161，遊史 159

馭/御

〖廄馭〗厩（廄）馯（馭）69

〖中廄馭〗宙（中）厩（廄）馯（馭）174

〖辻御〗辻御 74

〖左馭〗左馯（馭）151、152

〖疆馭〗疆馯（馭）179、180

〖右馭〗右馯（馭）180

士
〖冶士〗冶士 81
〖左尹士〗左尹士 151
〖王士〗王士 152、155
執事人
〖執事人〗䙷（執）事人 58、63、131、136、135 反、137 反，郊（鄢）䙷（執）事人 188
〖兵甲執事人〗兵㢑（甲）䙷（執）事人 81
〖䚗執事人〗䚗敎（執）事人 120
〖攻執事人〗攻尹之𥘵（攻）䙷（執）事人 224、225
客
〖國+客〗齊客 7，東周之客 12、162……，東周客 129，周客 120，宋客 125，郾（燕）客 145，秦客 145，䢋（魏）客 145，邸（越）客 145，郙（巴）客 145，魯客 176
〖客〗宣王之𡨦市之客 58，宣王𡨦市客 191，鄦㦰（國）之客 125，𤰈昜（陽）之酷官之客 125 反，侌（陰）之𢿢客 133、134、135 反，𢿢客 134，𠁩（中）䤊（舍）戠（職）䋣（饋）之客 145，䋣（饋）客 145 反，戠（職）䊵之客 157，司豐之客 145 反，新客 146，徒䔯（廩）之客 150，大司城𢼸客 155，𢼸客 155
其他
〖右司寇〗右司𡨥（寇）102
〖大司城〗大司城 155
〖左司城〗郊（鄢）左司城 155
〖司德〗𨙶（咸）郢司悳（德）62、169
〖司衣〗司衣 89
〖旦〗長郮（沙）之旦 78
〖職獄〗戠（職）獄之宔（主）128，戠（職）獄 139 反
〖舍人〗肉𡩜（祿）之䤊（舍）人 145 反
〖相〗陵辻尹之相 149
〖鳴腋①〗集（集）脰（廚）鳴胥（腋）194
存疑
〖鼓䢮〗鼓（鼓）䢮（䢮）95
〖慶李〗侌（陰）𨛸之慶李 133
〖御君子〗御君子 138

①程鵬萬認爲“集廚”即爲機構，“鳴腋”似爲官名，參見程鵬萬：《釋朱家集鑄客大鼎銘文中的“鳴腋”》，簡帛網，2005 年 11 月 27 日。

第五節　姓　氏

許全勝根據包山楚簡中姓名俱全的人名，整理出姓氏 139 個，其中未隸定者 2 個。[①]巫雪如則對包山楚簡中 131 個姓氏進行了一一考證，還有因字未釋而存疑的姓氏 4 個。[②]王穎總結出姓氏 170 個，其中有兩人及兩人以上的姓氏 84 個，只出現一人的姓氏 86 個。[③]三人對姓氏的看法有不同之處，並且有些看法是值得商榷的，下面將三人對姓氏的意見列表於下：[④]

有異寫的姓氏：

序號	姓氏	辭例/簡號	巫雪如	許全勝	王　穎
1 余	畬	～闢（猬）120～罣 120、121～羊121～□122	17 徐	117 舍	47 舍
	悆	～以 5			85-83 悆
2 許	鄦	～緄（盈）12、126、132 反、140、162、205、206、207、209、212、216、218、220、221、224、225～䁈（盈）58、131、141～适 18～驎98～吉 218、234、247、248～雳（勝）164～時180～蔡180	115 許	20 許	31 鄦
	鄀	～緄（盈）129			
3 義	義	～旻（得）18、94～賭（睹）19～僅（僕）49～牢 77、97、99、100、101～弝（強）84～亞 145 反	101 義	63 儀	58 義/鄴
	鄴	～弝（強）40			
4 周	周	～愳（悃）20、47～壬 29～童耳 34、39～敓 34、39、85、91～琜（瑤）34、39、91～憠（國）	26 周	3 周	4 周

①許全勝：《包山楚簡姓氏譜》，1 頁，北京大學碩士學位論文，1997。

②巫雪如：《包山楚簡姓氏研究》，186 頁，臺灣大學碩士學位論文，1996。

③參見王穎：《包山楚簡詞彙研究》，234-258 頁附錄二，廈門大學博士學位論文，2004。但她並未具體考證，所用釋文爲施謝捷的未刊稿。

④巫雪如、許全勝意見之下所列序號爲姓氏在其正文中的序號，王穎意見之下所列序號爲其博士論文附錄中的序號。本書姓氏排列按有無異寫劃分，有異寫的姓氏排列在前，沒有異寫的姓氏排列在後，關係密切的姓氏在一起，如熊相、熊鹿、熊雪。其他學者的意見隨文注出，三家未考證的姓氏放在表格最後。

		45、57～駟（駕）60～賜 65、81～適68～還（畢）74～默74～緩 76～甬 77～霰（霰）91～雁（膺）91～緜（緜）91～瘢141～霎174～跌（足）162～惖（惕）163～謐184～迟185～周叡（叡）165～旼（堅）179～遷182～庚183～緹（盈）169～蟲 191～喬188～蠤（蠆）190			
	命	～謐191			85-63 命
5 秀	秀	～免 20、53、59、78～不孫 23、31、43、44、45、50～倖（倅）25～顛（履）54、57、80～義66～昇（期）84～湋 85～齊 89、90～紳 101～陷119 反～泉 119 反～紴119 反～□119 反～秀膢（獲）志 119 反～几 146～鄎（陽）169～晹 187～偏193	21 秀	123 秀	56 秀/郲
	郲	～齊 142～鄎（陽）62			
6 旦	旦	～塙 21、32、37～坪 83～孛（娩）88～餵88～捭 97	7 旦	112 但	34 旦/郖/但
	郖	～塙 27、76～尚 90～岳93～佗102～辪 188～秦 189			
	但	～捭 96			
7 廖	翌	～瘖173～墭（莊）177～鏞168～亞夫 174、189	32 廖	30 蓼	28 翏/郻
	翏	～足 169～孯（賢）193			
	郻	～輎（傎）21			
	瘳	～埜（野）171～亞夫 188			29 瘳
8 隋	鄘	～旻（得）22	75 隋①	14 隨②	25 隋
	陸	～宼168			
	陆	～旻（得）24～晨（辰）171、			

①巫雪如認爲“隋”即“隨”，參見《包山楚簡姓氏研究》111-115 頁。

②許全勝認爲隋氏後起，此應作隨氏，而不可稱爲隋氏，參見《包山楚簡姓氏譜》6 頁。

		163～傐171～美（瞿）倚184～訓（順）179			
	隓	～悬（惕）163			
	陒	～旻（得）30～遖167			
9羅	羅	～壽 26、68～匍（軍）93～角 180	121 羅	25 羅	27 羅
	郻	～恎（狂）22、24～□30			85-24 郻
10疋	疋	～署（旌）28、38、70～忑（忻）39、91～邚（越）61～䐢（獲）62～獻 79～吉 85～异(期)96～记（起）164	8 疋	86 胥	57 疋/泟
	泟	～忑(忻)34～㞚(碨)46～㟪55、64～䆂52～䀇81～异（期）80、83			
11句	句	～戣（捷）60	7 后	77 郇	43 句/郇
	郇[1]	～㕣（臯）㙈（夷）28～遖56			
12匡	㞷	～旻（得）29～愊 87～坷 99、100～頣(夏)130反～篱130反～倚 125 反	27 黄	72 匡或皇	66㞷/㑌/郌
	㑌	～得 35			
	郌	～是䢅（舉）89～賞 119 反、152～痾102～迭（遶）119 反			
13青	青	～辛 31	37 清	69 青	85-16 青
	鄁(郬)	～辛 50			85-43 郬
14宿	㑤	～䍦35	90 費	56 費	85-25㑤
	㑐	～必 139			
15唐	𨻰	～非 40～申 62～義 65～倚 78～昏(晨)85～疆 87～匍(軍)	93 𨻰[2]	34 陽[3]	32 陽[4]

①陳偉等讀爲“苟”，參見陳偉主編:《楚地出土戰國簡册[十四種]》，25 頁，北京，經濟科學出版社，2009。

②巫雪如將“𨻰”、“陽”放入一條，但認爲表示兩個不同的姓氏，“𨻰”爲陽國之後，“陽”爲陽氏之後，參見《包山楚簡姓氏研究》134-137 頁。

③許全勝同樣將“𨻰”、“鄅”放入一條，也認爲二者有別，不過他的意見與巫雪如相反，他懷疑從邑之陽爲齊之陽國，而從阜之陽爲楚之陽氏之陽，參見《包山楚簡姓氏譜》14-15 頁。

④王穎將“𨻰”、“鄅”、“䣇”視爲同一姓氏，參見《包山楚簡詞彙研究》246 頁。

		87～逷 87～緩 96～牛 125～鋌 126、128～年 126、127、128～必 127～余可 149～言（己）176～睹（暑）184、185～恷 185～豣（豫）180～秀（勝）180～晉 189～女 190			
	埸[①]	～賈 121、122、123	92 唐	1 唐	32 埸
	腸[②]	～启166	96 腸	1 唐	85-53 腸
	湯	～昳（昃）173～午 184	88 湯	93 湯	51 湯
16 昱	昱	～[illegible]48	29 吐	81 郘	72昱/郘
	郘	～[illegible]41、188			
	吴[③]	～拘122			
17 列	囫	～脛（勁）42、82～䦧（猬）42～紻 67～蔡 142	22 剡	126 刚/戱	70 刚/刚
	戱	～諻 60～緩（纓）146			
18 魯	遊	～弁（期）47～快 186	61 魯	5 魯	68 魯
	旅	～敀（殹）116			
19 範	軋	～慶 71～紳 93～駁 93～豊（豎）94～臣 96～戌 122～固 186～隻（作）168～臱（邊）169～賈 190	46 范	60 範	75軋
	軺	～慶 87			85-51 軺
20 舒	夈	～丹 76～遊131、136～絟（盈）131、136、137、138、139 反、184～慶 131、136、137、135 反～明136、137～豫 171、191～亡（無）悁（畏）176～鄘 184～臣 180～善 182～抾（肱）169～	17 徐[④]	26 舒	37 舒

①李零認爲“墬”與“埸”爲一字，讀爲“唐”，參見李零：《包山楚簡研究（文書類）》，“中國古文字研究會第九屆學術討論會”論文，南京，1992。《古璽彙編》0099 號有“上埸行大宫夫鈢”，李學勤將“上埸”讀爲“上唐”，參見李學勤：《楚國夫人璽與戰國時的江陵》，《江漢論壇》1982(7)，70-71 頁。

②按：“腸”有可能讀爲“唐”，也有可能讀爲“楊”，“湯”有可能就是“湯”姓，暫均放入“唐”條。

③122 號簡[illegible]字與“吴”字有區別，或爲“昱”字省寫，暫隸定爲“吴”，巫雪如、許全勝、王穎將此例歸入“吴”條。

④巫雪如將“余”、“郐”、“畬”、“夈”、“辭”均讀爲“徐”，參見《包山楚簡姓氏研究》54-59 頁。

		余善 191～頭（夏）臣 192～遲（畢）193～銜（衛）鯢 194			
	[illegible]	～快 82～賁（賹）118～慶 132、137 反～捭 125～寅•竹牘		120 [illegible]	38 [illegible]
21 攸	攸	～匍（軍）88～鵨（敵）88	原篆	原篆	82 攸
	攸	～須 88			85-74 攸
22 甘	監	～固（固）120	10 甘	54 甘	85-45 監 / 甘
	甘	～固（固）129			
23 瞿	美	～罨 120、121～快耳 190	56 養	74 養	79美/鄴
	鄴	～隆（隧）168			
24 應	雁（膺）	～女叕（返）121、122、123	81 顧	41 顧	53 雁/酈
	酈	～悬（懌）176～酉（丙）183～會（會）201、210、214	109 應	47 應	
25 桓	恒	～稍131、136～卯 136、137	31 桓	91 袁	69 恒 / 趄 / 宣
	趄	～卯 132、134、135			
	宣	～卯 135 反			
26 徐	余	～爲 174	17 徐	49 余	61 余/郐
	郐	～快 172		48 郐	
27 㐬	㐬	～瘽 174	11 邛	83 鄜	85-59 㐬
	鄜	～倠（膺）184～韄186			84 鄜
28 龔	邦	～腥（朕）221、222、223	57 邦	79 邦	85-38 邦
	邦	～勳（勝）130			85-17 邦
	郝[1]	～悆（愴）68～思 78～豫 174～佊163	105 賽	80 鄭	76 鄭 /85-44 鄭（鄭）[2]

無異寫的姓氏：

序號	姓氏	簡號/辭例	巫雪如	許全勝	王穎
1	彭[3]	～圍 2～悬（懌）133	49 彭	43彭/44 壴	85-4 彭/ 85-76 壴

①李守奎將“郝”與[illegible]（130 號簡）、[illegible]（221、222 號簡）均讀爲“龏（共）”，參見李守奎：《出土楚文獻姓氏用字異寫現象初探》，“中國文字博物館第二屆文字發展論壇會議”論文，安陽，2010。

②王穎將 174 號簡之人名單列爲一條，參見《包山楚簡詞彙研究》257 頁。

③許全勝、王穎將 2 號簡“彭圍”列在“壴”條，參見《包山楚簡姓氏譜》17 頁、《包山楚簡詞彙研究》256、258 頁。

2	𣪠（萃）[①]	～是亓（其）4			
3	頧（履）	～犬 6		114 履	
4	犇	～㝵（得）6			85-3 犇
5	郙	～趞6～還 180～恖（怠）180	53 傅[②]	33 郙	40 郙
6	尃	～臣 176	54 傅	76 傅	85-7 尃
7	郘（呂）	～奇 75～䝮（堅）82～鼉82～惥(懌)82～壽 82～舜（卒）82～賶（瞻）82～綖（延）100～延 184～壽君 108～膣（朕）155～寅 184、183～快 169	53 呂	32 呂	11 郘
8	墜（陳）	～豫 7、11～誰（頧）22、24、30～漸 61～叧（已）69～德 84～欨 85～杲 87～午 92～㝵(得)102～鬌（脖）135～旦 135、138～邸（越）135～衈 135～龍（寵）135、138～無正 138～巭（慧）138～慎（軫）145～悬147～興 159～團 172、186～懋（愁）172～賈 162～弜（強）162～弃(棄)179～環 181～䝮（堅）182～楚 183～聖(聖)168～坡(坡)188～吉 192～乙 228、239、241	76 陳	19 陳	1 陳
9	屈	～昜（陽）7～犬 62～㐌67～駱（貉）87～達	24 屈	66 屈	21 屈

①參見李零：《包山楚簡研究（文書類）》，“中國古文字研究會第九屆學術討論會”論文，南京，1992。張崇禮：《釋包山簡第 4 簡的“𣪠”》，復旦大學出土文獻與古文字研究中心網，2009 年 3 月 30 日。

②巫雪如雖然將“郙”、“郘”放入一條中分析，但同意二者爲兩字的看法，“郙”氏爲甫氏，即傅氏；“郘”爲文獻中的呂，參見《包山楚簡姓氏研究》92-96 頁。雖然她將“郙”與“尃”均讀作“傅”，但她認先秦之“郙”氏與“尃”氏有別，但在後世混而爲一了，參見《包山楚簡姓氏研究》96 頁。

		121～弊130～悬（惕）157～爲人176～豪（就）169～賈190～肓（宜）223			
10	臧（莊）王①	～之墨7			
11	墨②	～㠯（以）7			85-64墨
12	司馬	～徒8	5司馬		
13	某（梅）	～瘽12、13～戇（憬）95～旓131～敓 185～欽168～子菑（蕾）169～訓（順）193	40梅	38梅	18梅
14	鄒（陽）	～慶吉13～邲（越）174	93陽	34鄒	32鄒
15	卲（昭）	～行15、15反16～無戠（害）95～鄒（陽）103、115～蓮 116～戊 124、125～衆（慧）150、194～媛176～吉 205、206～良227～竃（乘）227～舵207、220、221、223、249	25昭③	107昭	5卲
		～上181			85-47佫
16	卲（悼）	～髓（滑）226、228、230、232、234、236、239、242、245、247、249	25悼	110悼	85-46悼
17	登（鄧）	～虡（虢）15～异（期）15～儘（僕）15～壄（莊）15～生拡(肱)26～嬰(纓)27、32～敢38～厞（扉）45、57～皎66～蓳（蕢）85～迿85～）叒（堅）85、172～諒85～陞（徵）85～	79鄧	23鄧	22鄧

①參見董珊：《出土文獻所見“以謚爲族”的楚王族——附說〈左傳〉“諸侯以字爲謚因以爲族”的讀法》，復旦大學出土文獻與古文字研究中心網，2008年2月17日。

②按：“墨”並非姓氏。

③巫雪如將“卲”、“卲”放在一條，但分爲二氏，參見《包山楚簡姓氏研究》66-68頁。

		譙85～城（成）100～斶129～余善 145、184～行 150～無龍 171～造（造）171～痏171～孪（娩）172～匍（軍）173～楠175～僕（僕）164～嘉164～定 165～矰 165～聚（沼）179～蒼 179～疐167～趶（迢）167～鯛（朝）170～郗（蔡）187～塙187～巠（輕）189～裻（勞）189～環 190～[illegible]190～連196			
18	盤（盤）	～牁15～己 150～㞐（沙）167	106 凡	92 盤	78 盤
19	郗（蔡）	～遗（遺）18～啚（丙）31、50、191～玄 66～譴（譴）102～瘬102～逯130～惑 138～冒 138～臣175～郩184～敾（叡）183、170～己 183～齊 192～眷193～疐 194	111 蔡	7 蔡	8 蔡
20	宋	～弝（強）18～加 49～男51～豫（豫）、85～庚85 ～ 歀 87 ～ 倨 101 ～瘬109～獻（獻）147～贔150～亡正 175～年 164～丹 170～午 191	14 宋	18 宋	6 宋
21	龔（共）	～倉 19～惪（懌）59～恣（怵）90～函（酉）90、162～頡 155～緩 189～敦（穀）191～僕（僕）192	124 龔	42 龔	7 龔
22	[illegible]	～虞（虢）19	97 濮	61 濮	
23	李	～𦔮20、47～逗（瑞）22、	130 李	102 李	23 李

		24、30～笶囟（思）23～羕（漾）40～抾（肱）44～痾53～剆（列）耴 77～墬（莊）96～㥶（怲）146～琭(瑤)173～瘽 175～歒于163～詋（詨）179～蠋181～獻 182～邚（越）166			
24	黄	～辱 21～蟲（蚰）21～貴鈉25～異 33～戠(勇)71～鰒(燕)85～旃85～行 85～爲余 85～鼲 107～辛109～齊 124、125～鼉124、125～惖(惕)138～欽 143～偍（倜）173～子嬗(嫘)174～凧(耦)174～貨(儥)174～贑(贛)175～亞 162～監 164～鯛 165、190～寛184～系（奚）179～請（請）180～申182～痍168～和 169～鐲170～敔170～戌 170～釿(慎)187～惫(愴)187～壓188～敓189～固 191	73 黄	31 黄	3 黄
25	臧（莊）	～未 23～炣38、60～獻121～申 122～鄭 160～罾172～鱛166～睹（暑）173～塙 163～燭 163、186～嘉 166～秦 167～敢224、225	112 臧	55 臧	30 臧
26	遠	～忨（忻）28～賉（桓）28～縶56～乙 89～惹90～綤（纚）164～從志 193	103 薳	65 薳	63 遠

27	五	～皮 33～慶 173～子媽185～鄒（陽）181～佗191～生209、211、229、232、233、245、246	1伍	99伍	14五
28	郚[①]	～斁（舉）34、39、91			39郚
29	宰[②]	～舸36		104宰	
30	婁	～毛 37～臣 161～佗161～蓥173～逅（适）164～鼿（狐）164～逌185～刅（間）179～産187～過192	71婁	21婁	35婁
31	苛	～脣（辰）37～譀（譀）42～臞（矍）58、169、191～膄（獲）94～癑（瘥）58～齷58～逅(适)58～胼85～鐈89～臞92～冒131、132、134、134、135、136、136、137、135反～歆犳（利）146～明150～坦 157～忿172～輾（轅）176～欨(狗)子 176～昭165～歆184～佗 185～鮇（騰）185、166～羅 167～嫌（傑）167～善 168～腥（盈）168～捭 187～昭189～光207、220～嘉216、217～鄗277	41苛	121苛	10苛
32	南	～軽（斡）38	42南	89南	85-26南
33	番	～贏41、48～瓸（桓）46、55、64、175、186、167～豫 52～班 85～申 98～屨99～向99～异(期)99～	78潘	45潘	2番

①按："郚"並非姓氏。
②按："宰"並非姓氏。

		戌 152～䡇 152～黯152～歖152～戌 152～嗌（益）耳 175～羕（漾）176～乙 181～鲇182			
34	文	～壬 42～逜（适）97～賶（瞎）167	2 文	109 文	52 文
35	公孫	～虩（甲）42～哀 145	3 公孫	111 公孫	48 公孫
36	匀（均）	～臧（莊）43	43 郇[①]	98 鈞	85-28 均
37	邶（越）	～賁（僨）46、64～慮（虩）130	28 越	22 越	71 越
38	穆	～痾 47～哭（慧）49～亥 187	44 穆	108 穆	46 穆
39	王	～婁 48、69～婁逯 65、74、130 反～丹青（青）193	4 王	105 王	13 王
40	㸦（胡）	～瘻（瘥）51～扂棗（夷）65～騰（獲）65～旃75～上 85～扂余 171～賶（瞎）173～媛174～毀（襄）176～軳（範）、172～釿（慎）177～豫 163～慶 163、169、179～賲（宜）165～鼆（貍）165～妾 170～快 182～羿（羽）188～不專•竹牘反	94 㮶	15 胡	36 㸦（胡）/䀞（胡）
41	宵	～辟（親）51～逆 71、75、87～裹72、119 反～采86～吳 98～陎119 反	62 宵	122 宵	55 宵
42	史	～善 54～惎（懌）168～瘥194	30 史	57 卞	73叓
43	畓	～慶 56	83 畓	82 畓	85-27 畓
44	㬔（早）[②]	～募（暮）58、63	原篆	原篆	85-49 𦤎

①巫雪如隸作"軍"，讀作"郇"，參見《包山楚簡姓氏研究》85 頁。
②按："㬔"並非姓氏。

45	戠（闞）①	～戋（戟）61		129 戠	
46	罄（殷）	～泀 63、184～朔 63～臒（獲）志 186、182～藗 191	108 啓	35 扈	74 殷
47	夏句（后）	～浩 67	100 夏后②	2 夏/夏后③	
48	䀀（夏）𦥯（舉）④	～𧗿（衛）䊋（偃）224、225	100 夏		85-40 冒（夏）/85-73 䀀（夏）
			114 衛	8 衛	85-39 衛
50	雩（雩）	～虘（且）69	77 雩	136 雩	85-75 雩
51	若（若）	～鴋（雄）70	45 若	119 若	85-79 若
52	繇（由）	～發 70、172～旌180	120 繇	116 陶	67 繇
53	盗（盗）	～聃 72	86 甯	62 甯	85-80 盗
54	郘	～豫 72～犂（漸）84～未 84	70 宗	50 郘	77 郘
55	衛	～嘉 74	原篆	101 率	85-9 逾
56	臨	～舵 79～旻（得）79	119 臨	70 臨	62 臨
57	石	～启 80～䠞（脖）80～耴𣢑 80～紳 150～蒼 176～𤺓（瘥）189～裘（被）常 199、203、214	9 石	88 石	12 石
58	競（景）	～丁 81～旻（得）90～快〈慢〉110、118～㽘118～不割（害）121、122、123～匍（軍）131～慶 155～頵（履）163～賈 180～駝（馳）187～菡（酉）68	125 景	100 景	9 競
59	湘	～痾 83	89 湘	115 相	85-50 湘

①按："戠"並非姓氏。

②巫雪如將"夏"、"夏后"列入一條，但分爲兩個姓氏，參見《包山楚簡姓氏研究》145-146 頁。

③許全勝將 67 號簡的"夏句浩"放入"夏 夏后"條，參見《包山楚簡姓氏譜》2 頁。

④邴尚白認爲"夏舉"爲複姓，參見《葛陵楚簡研究》，143 頁，臺灣大學博士學位論文，2007。巫雪如分爲"夏"、"衛"兩姓。許全勝未涉及 224、225 號簡之"夏舉"，僅提及"衛"姓。王穎也分爲"夏"、"衛"兩姓，但將 224、225 號簡的同一人列爲冒（夏）、䀀（夏）兩條，誤。

60	郱（枝）	～女 83	38 育[①]	46 枝	85-10 郱
61	台（皐）	～皇（舉）83		132 台	85-67 台
63	奠（鄭）	～痾 85～它人 164～倠（膺）165～逃 165～受 186～羊 181～少士 166	82 鄭	9 鄭	19 鄭
64	郜（沈）	～維（膺）85～敢 85～緊 97～和 186～賸（獲）	69 閻	68 閻	81郜
65	雷	～宋 85～秦 174～孪（娩）175	102 雷	39 雷	45 雷
66	酓（熊）相	～鼈 85～痟171～虘（且）196	74 熊相	96 熊相	17 熊[②]
67	酓（熊）鹿（麗）	～軴 179～扂181、190	74 熊鹿	95 熊鹿	
68	酓（熊）䨟（雪）	～逜（适）185	74 熊霖[③]	97 熊䨟	
69	迵（朝）	～墑 86	55 舟	124逰	85-11 巡
70	鄐（者）	～從 91	51 鄐		85-29 鄐
71	聖（聲）[④]	～豙（家）94			
72	張	～忶 95～讙 189	63 張	85 張	64 張
73	鼓（鼓）[⑤]	～誂（蔱）95			85-58 鼓
74	章	～邸（越）101～余可 166	66 章	28 章	65 章
75	䜌（欒）	～瘖（憂）102～膚（獻）105～迿172、178～延 193	122 欒	58 欒	80 䜌
76	邘（于）	～鼉 115	12 于	13 于	85-1 邘
77	郏	～倖 120、121、122、123～省 122		84 郏	85-8 郏
78	倞	～郏 120			85-61 倞

①巫雪如隸作“鄂”，讀爲“育”， 參見《包山楚簡姓氏研究》81 頁。

②王穎將與“酓”相關之姓氏均視爲“熊”氏，參見《包山楚簡詞彙研究》241 頁。

③巫雪如將“熊霖”、“熊相”、“熊率”列入一條，但分爲三個姓氏。她同意劉信芳的觀點，認爲熊相因熊霜得氏；熊鹿即熊率，由熊麗得氏，參見《包山楚簡姓氏研究》110-111 頁。許全勝認爲熊相因熊霜得氏；熊鹿因熊麗得氏；熊䨟即熊雪，爲熊率之後，也有可能是熊徇之後，參見《包山楚簡姓氏譜》29-30 頁。

④陳偉認爲指聲氏，參見陳偉主編：《楚地出土戰國簡冊[十四種]》，44 頁，北京，經濟科學出版社，2009。

⑤按：“鼓”並非姓氏。

79	郙（宛）	～鞏（乘）122～余 164～邍170	85 郙	75 郙	83 郙
80	絀	～謑（慎）122	72 絀		85-55 絀
81	利	～跂（堅）122～邶（越）174～吉 164	15 利	29 利	49 利
82	桯	～甲 124	68 桯	40 桯	85-71 桯
83	連	～ 利　135 ～ 中　138 ～ 虡138～郢 190	65 連	94 連	44 連
84	吳	～加 167～務（勝）169～晉 174	19 吳	10 吳	50 吳
85	膚（盧）	～婬（勁）193	107 盧	64 盧	85-6 膚
86	酉（柳）	～䪿140	16 酉	137 酉	85-14 酉
87	奉	～爲 140	39 奉	118 奉	85-81 奉
88	紳	～朝 145	123 申	27 申	85-12 紳
89	鄡（魏）	～畓（奮）145	85 魏	11 魏	85-18 魏
90	延	～（酉-柳）145	50 肯	130 朏	85-21 脊
91	譁（卑）①	～杲 145	127 裨	127 譁	85-22 鼙
92	㞷（望）	～困[illegible]145	20 望		85-23 吾
93	須	～幽箸 145 反			85-72 須
94	楊	～虎 149～亂 192②	98 楊	51 楊	54 楊
95	邦	～轍（獵）150	18 邦		85-54 邦
96	遊	～昏（辰）152～倉 181	95 游	90 游	59 遊
97	�	～敎（穀）166～鐲167	48 郷	78 郷	24 郷
98	鄩③	～詃157、157 反賭（瞎）～177			
99	畢（畢）	～㝵（得）鬳（瑕）158～紳 159～同 173～會 182	117 畢	12 畢	16 畢
100	敚④	～万 164	67 敚		
101	分（萬）	～斂（撫）164			85-82 分

①白於藍認爲是"卑"姓，參見《包山楚簡零拾》，《簡帛研究》第二輯，35-47 頁，北京，法律出版社，1996。

②按："楊亂"或爲地名。

③巫雪如、許全勝、王穎均將 157、157 反的"鄩"氏划入"郷"氏。

④按："敚"並非姓氏。

102	遺[1]	～憙（喜）165	30 卞[2]		85-41 遺
103	嵒	～甬 166、185	80 聶	73 聶	85-66 嵒
104	晉	～會（合）166	59 晉	6 晉	85-60 晉
105	邨（頓）	～旻（得）166		16 頓	85-5 邨
106	桑	～瓲（桓）167	113 喪	113 喪	85-48 桑
107	郝（求）[3]	～軋（範）167～迭（遶）175		71 裘	33 郝
108	足	～朿遥（逆）167			85-84 足
109	秦	～赤 168、184	60 秦	4 秦	85-20 秦
110	單（單）	～善 168	110 單	53 單	85-2 單
111	絑（朱）	～墇（牆）嬖（襄）170	91 朱	24 朱	85-77 絑
112	盬（鹽）	～塙 171、176、192～叞（溺）172～虜（虩）173、162、180～壓（莊）176～瘇177～漸 186～軋（範）181～刍（隙）170～恣（怺）189～猹（憖）194～吉 197、212、215、226、227、236、238、241、243	116 鹽	59 苦	20盬（鹽）/26醢（鹽）[4]
113	亡	～鈐 171		134 亡	
114	朁（潛）	～妾 177	118 潛	133 朁	85-52 朁
115	門	～婁悲 179	33 門		85-62 門
116	侌（陰）	～巳（夷）安 180	23 陰	67 陰	85-86 侌
117	賰[5]	～笲 180			85-30 賰
118	孫	～之 181	64 孫	87 孫	85-70 孫
119	扆（昃）	～賓（府）曆（曆）181	34 昃		
120	鄰（卷）[6]	～株 182			85-19鄰

①按，[illegible]應讀爲“貴”，所從與[illegible]（遺）字不同，爲同形字。

②巫雪如將“遺”誤釋爲“卞”，並與“史”列在同一條之下，但釋爲兩個不同的姓氏，參見《包山楚簡姓氏研究》72-76 頁。

③白於藍讀爲“求”，參見《包山楚簡零拾》，《簡帛研究》第二輯，35-47 頁，北京，法律出版社，1996。

④王穎將“醢”、“ 盬”分爲兩條，參見《包山楚簡詞彙研究》242、244-245 頁。

⑤按：“賰”並非姓氏。

⑥按：“鄰”並非姓氏。

121	雥	～㕚（己）182	127 雥	125 集	85-78 雥
122	鱧（䰕）	～芻 183	128 鱔	128 鱔	85-31 鱧
123	公[①]	～夢（宿）必 139			85-57 公
124	邗（干）	～㝵（得）184、183～）競（景）189	13 干	52 干	41 邗
125	宔（主）	～賈 185	35 主	103 宗	85-15 宔
126	觀	～蠱（蠆）185～緗 230、231、242、244～義 249	129 觀	37 觀	60 觀
127	䝙	～臣 187	87 䝙	131 䝙	85-33 䝙
128	郙（共）	～𨗨（徂）188	52 共	42 共[②]	85-35 郙
129	欿[③]	～獸（獸）183			85-32 㳄
130	㞢[④]	～新 192			85-68 㑊
131	鄭[⑤]	～丘 188			85-42 鄭
132	枬	～券 183			85-65 枬
133	壬	～女 187			85-69 壬
134	郙（甬）	～莫（鄭）188	58 甬	36 庸	85-34 郙
135	羕（養）遊（由）	～䢵（越）188			85-36 養由
136	𩔵（閔）	～申 190	104 𢉖	135 敃	85-37 闅
137	武	～貴墨 192	36 武	106 武	15 武
138	楚	～剸（斷）192～靳逌193	99 楚[⑥]	17 楚[⑦]	85-56 楚
139	楚斨	～邠190	99 楚莊		
140	鳴[⑧]	～脊（腋）194	131 鳴		
141	黃王[⑨]	～之臭（爨）129			

①按："公"並非姓氏。

②許全勝將"郙（共）"與"龔"列在一條，認爲二氏同源，參見《包山楚簡姓氏譜》17 頁。

③按："欿"並非姓氏。

④按："㞢"並非姓氏。

⑤按："鄭"並非姓氏。

⑥巫雪如將"楚"、"楚莊"列入一條，但分爲兩個姓氏，參見《包山楚簡姓氏研究》144-145 頁。

⑦許全勝認爲"楚斨邠"之姓氏爲"楚"，參見《包山楚簡姓氏譜》7 頁。

⑧"鳴"並非姓氏。程鵬萬指出集廚即爲機構，鳴腋似爲官名，參見程鵬萬：《釋朱家集鑄客大鼎銘文中的"鳴腋"》，簡帛網，2005 年 11 月 27 日。

⑨單育辰認爲"黃王"爲人名，參見單育辰：《包山簡案例研究兩則》，"中國古文字研究會第十八次年會"論文，北京，2010。

142	百[①]	～宵（宜）君 133、134、138			
143	酓（會）[②]	～剔（傷）83			
144	豕[③]	～玟 146			
145	倀（長）[④]	～旌 163			
146	券（拳）[⑤]	～阩 185			
147	宵（宜）[⑥]	～咎 185			

第六節　卜筮祭禱中的相關問題

一　卜筮祭禱簡結構分析

包山卜筮祭禱簡與甲骨卜辭在格式上有相似之處，所以學者多將簡文與甲骨卜辭相互參照，並直接沿用甲骨卜辭結構的分類。因爲二者並不完全相同，所以也有學者對卜筮祭禱簡的結構進行重新分析並命以新的名稱。

李學勤是最早對包山卜筮祭禱簡結構進行研究的學者，他 216-217 號簡爲例進行分析。216-217 號簡簡文記載（釋文用通行字）：“東周之客許緹歸胙於葳郢之歲，夏夷之月乙丑之日，苛嘉以長莿爲左尹𦪏貞：出入侍王，自夏夷之月以就集葳之夏夷之月，盡集葳，躳身尚毋有咎。占之：恆貞吉，少有慼於躳身，且外有不順，以其故敓之。舉禱楚先老僮、祝融、鬻熊各一牂，囟攻解於不辜。苛嘉占之曰：吉。”

李學勤認爲包山楚簡實際上是命辭中套著命辭，他指出：

> 全辭從“東周之客”開始，到“貞”字，是前辭，先詳記年月日，然後記明卜人、所用龜名，以及爲何人卜問。從“出入侍王”，到“斯攻解於不辜”，是龜卜命辭的全文，又可細分爲三小段：

①劉信芳指出“百宜君”是人名，參見劉信芳：《從𡴀之字匯釋》，“紀念容庚先生百年誕辰暨中國古文字學術研討會”論文，東莞，1994。

②按：“會”爲姓氏，參見陳偉主編：《楚地出土戰國簡冊[十四種]》，40 頁，北京，經濟科學出版社，2009。

③何琳儀：《戰國古文字典》，1222 頁，北京，中華書局，1998。

④陳偉主編：《楚地出土戰國簡冊[十四種]》，82 頁，北京，經濟科學出版社，2009。

⑤何琳儀讀“拳”，參見何琳儀：《戰國古文字典》，1005 頁，北京，中華書局，1998。“券阩”爲職官。

⑥按：“宜”應是姓氏。

（一）“出入侍王”至“尚毋有咎”，是占筮的命辭，所占爲左尹當年到來年有無災禍。

（二）“占之恆貞吉”至“間有不順”，是筮占的結果，雖得貞吉，但預示仍有憂患。

（三）“以其故説之”至“斯攻解於不辜”，是卜問以此事禱告於神，期望免除憂患。

最後“苛嘉占之曰：吉”，是龜卜的命辭。①

彭浩也以216-217號簡爲例，他將簡文分爲以下幾個部分：

前辭是“東周之客……爲左尹㔔貞”，包括舉行卜筮的時間、貞人、卜筮用具的名稱和請求貞問人的姓名。

命辭是“出入侍王……躬身尚毋有咎”，主要是貞問的事由。

占辭是“占之，恆貞吉……外有不順”，是根據卜筮結果所作的判斷。

禱辭是“以其故敓之……囟攻解於不辜”，即爲解除近期内的憂患，向鬼神祈禱，祈求保佑、賜福之辭和可以解脱憂患的辦法。

第二次占辭是“苛嘉占之曰：吉”，是在祭禱鬼神之後，根據鬼功的指示所作的最後判斷之辭。②

彭浩還認爲卜筮簡與祭禱簡因内容不同，體例不盡一致，祭禱簡體例簡單，一般分作前辭和禱辭兩部分。前辭包括舉行祭禱的時間及祭禱人，禱辭記載祭禱先君、先祖之辭及設牲者。③

李零認爲楚簡中占卜之辭分爲兩種，一種記年月日，是對某事的第一次占卜，叫“初占”。另一種不記年月日，直接以“某某習之”開頭，是同一日對同一事的重復占卜，叫“習占”。兩者是一個整體，“習占”不記時間，是承上省略。關於“初占”他認爲第一次占卜總是用“以其故敓之”爲結語，以引出後面的“敓”；第二次占卜就是問“敓”，又分爲“祠”、“禳”兩部份，“祠”是祭禱、饋享神祖求其致福賜命，“禳”是解除妖祥之害，兩者都是用以除病。其分析如下：

①李學勤：《竹簡卜辭與商周甲骨》，《鄭州大學學報》，1989（2），79-84頁。

②彭浩：《包山楚簡所反映的楚國法律與司法制度》，《包山楚墓》附錄二十二，北京，文物出版社，1991。

③彭浩：《包山楚簡所反映的楚國法律與司法制度》，《包山楚墓》附錄二十二，北京，文物出版社，1991。

“初占”的一般格式爲：

（一）第一次占卜

（1）前辭

××之歲（以事記年），××之月（用楚月名），××之日（用干支），××（貞人名）以××（占筮工具）爲××（墓主名）貞（以下可點冒號，以引出命辭）。

（2）命辭

自××之月（用楚月名）以抵××之月（用同樣的楚月名），出入侍王，盡卒歲（或“集歲”）躬身尚毋有咎（或病情如何）。

（3）占辭

占之恆貞吉，少有憂於躬身（或“宫室”），且閒有不順（或其他不利）。以其故敚之。

（二）第二次占卜

（1）命辭

a. ×禱（翌禱、與禱、賽禱）××（神祖名，種類很多），××（祭物，種類很多）饋之（或“郊之”，或“享祭”，或“郊祭之”）。

b. 思攻解於××（各種鬼怪妖祥）

（2）占辭

××占之，曰吉（或還綴以神祖“既城（成）”，“期中有喜”，“期中尚毋有恙”，“無咎無奪”等語）。

“習占”只有簡223一條，其格式爲：

（一）第一次占卜

（1）前辭

××（貞人名）習之以××（占筮工具），爲××（墓主名）貞。

（2）命辭

問病情如何。

（二）第二次占卜

（1）命辭

與××（所承占的貞人名）之奪。

（2）占辭

××（貞人名）占之曰：吉。①

曾憲通認爲卜筮簡的結構大體上可以分爲序辭、命辭、前占辭、後占辭和驗辭五個部分。驗辭只見於前幾組簡文，所以，就大多數筮辭而言，實際上只包涵前面四個部分而已。②

陳偉同意彭浩自“以其故敓之”開始爲第二部分的分法，但他認爲後一部分包含的兩層意思，最好依簡文稱爲“敓辭”和“占辭”。爲了與前一部分中的占辭相區别，後一部分中的占辭似可叫作“後占辭”或者“再占辭”。③

于成龍認爲“以其故敓之”是對祟而言，它承前完整的形式應是“有檠（祟）見，以其故敓之”，“又檠（祟），敓之”是其簡略，其意是有神鬼作祟，要對其攘奪。從這個意義上講，“以其故敓之”應歸入占辭之列。④

邢文也同意“以其故敓之”開始爲第二部分的分法，對於陳偉將“以其故敓之”之後的部分分别命名爲“敓辭”和“占辭”的意見，邢文則指出：

> 然而，從“以其故說之”開始的“説辭”，至禱祠之辭及命辭，内容並沒有結束，關鍵還在於對禳除攻解的貞占。占斷得到吉利的答案，才能達到“以其故說之”的目的。因此，從“以其故說之”開始至“××占之曰：吉”是一個整體，記攻說的全過程，可統稱爲“説辭”。陳偉先生所說的“占辭”，是這個過程的一部分，在結構中屬於“説辭”，而不是與“説辭”並列。換言之，“説辭”包括如下的結構前辭+禱辭+命辭+占辭。……
>
> “説辭”中的命辭與占辭，相對於筮占的命辭、占辭而言，是獨立的。所謂“第二命辭”、“第二占辭”的説法，似也是易致誤解的不盡準確之說。事實上，兩種貞問甚至可以不必是同一個占者。如上例中筮占的占者爲陳乙，説辭中的占者爲五生，可見兩種占斷的獨立性。⑤

工藤元男按照李零的體例對卜筮祭禱簡重新組織、分析：

---

①李零：《包山楚簡研究（占卜類）》，《中國典籍與文化論叢》第一輯，425-448 頁，北京，中華書局，1993。

②曾憲通：《包山卜筮簡考釋（七篇）》，《第二屆國際中國古文字學研討會論文集》，405-424 頁，香港中文大學中國語言及文學系，1993。

③陳偉：《包山楚簡初探》，157 頁，武漢，武漢大學出版社，1996。

④于成龍：《包山二號楚墓卜筮簡中若干問題的探討》，《出土文獻研究》第五集，163-174 頁，北京，科學出版社，1999。

⑤ 邢文：《早期筮占文獻的結構分析》，《文物》2002（8），53-60 頁。

第一次占卜

A 前辭：記述舉行卜筮的日期。其順序爲“以事紀年+楚月名+干支日”。

B 命辭：主要内容是貞問的是由。

C 占辭：在卜筮基礎上所作的判斷之辭。

第二次占卜

D 命辭：承第一次占辭而提出的解除灾祟、禍祟的辦法。

E 占辭：對命辭中提議的祭禱方法和對抗儀式是否恰當作出占斷。①

李守奎認爲卜筮祭禱簡可分爲前辭、貞辭、占辭、敓辭、記事辭、驗辭。②

按：以上是幾位學者對包山卜筮祭禱簡結構的意見，大家基本同意將卜筮祭禱簡分爲兩次占卜，僅是對兩次占卜的劃分及命名持不同意見。概括來説，李學勤、彭浩、陳偉、邢文、沈培同意將“以其故敓之”划入第二次占卜；李零、于成龍、工藤元男則將“以其故敓之”划入第一次占卜。

“以其故敓之”與第一次占卜的關係密切，是承第一次占卜而言的。望山楚簡中有一條值得重視的簡文：“不得福，毋以其故敓□（51 號簡）”。此條簡文説明占卜的結果有兩種，即進行“敓”或不進行“敓”。如果進行“敓”，則其後書有“舉禱”、“囟攻解”等内容，如果不進行“敓”，簡文大概到此便結束。

邢文所説的 209 至 211 號簡，占辭之後接卦畫，卦畫之後才接“以其故敓之”，卦畫是占辭結束的明確標誌，不能作爲“以其故敓之”屬於第二次占卜的證據。包山楚簡中有六個卦畫，五例卦畫均在“占之：恆貞吉”之前，209 至 211 號簡是特殊的一例。

李守奎曾對卜筮祭禱簡的字跡進行過分析，他發現簡文前辭、貞辭、占辭、敓辭、記事辭、驗辭等内容區劃井然，與書跡的不同恰好吻合。③沿著這個思路，對由兩種以上字跡書寫且包含“以其故敓之”的四組簡文進行考察，其中 213 號簡、243 號簡、246 號簡均在“以其故敓之”之後變換書寫風格。而 237 號簡“以其故敓之”之後僅書寫了 5 個字也轉換了書寫風格，並且，這 5 個字和其後之簡

---

①工藤元男：《包山楚簡“卜筮祭祷簡”の構造とシステマ》，《東洋史研究》第 59 卷第 4 號，9-68 頁，2001。譯爲《包山楚簡〈卜筮祭禱簡〉的結構與體系》，《人文論叢》（2001 年卷），78-93 頁，武漢，武漢大學出版社，2002。

②李守奎：《包山卜筮文書書跡的分類與書寫的基本狀況》，《中國文字研究》第一輯，63-67 頁，鄭州，大象出版社，2007。

③李守奎：《包山卜筮文書書跡的分類與書寫的基本狀況》，《中國文字研究》第八輯，63-67 頁，鄭州，大象出版社，2007。

文同爲“舉禱”内容，可以說 237 號簡也屬於在“以其故敓之”之後變换書寫風格。即使 237 號簡不能作爲在“以其故敓之”變换書寫風格的例證，但它也不能算是反證。從字跡角度來看，也説明“以其故敓之”不屬於第二次占問。因此，將“以其故敓之”划入第一次占卜的意見是可取的。

關於簡文的兩次占卜，于成龍認爲貞人據第一次占斷而指出的奪祟方法，以其爲命辭，進行第二次占卜，是想籍龜之靈驗以知此種解祟方法是否可行。兩次占卜爲因果關係，第二次占卜的命辭源於第一次占卜的占辭。[①]沈培認爲常見的戰國卜筮祭禱採用兩次貞問，第一次貞問一般都是一種廣義的求福的貞問，真正的目的在於求祟。第二次貞問則提出具體的祭禱方案，其目的在於除祟，並常常伴有“蔽志”的話。[②]董珊也指出一組占卜通常可分爲兩個相關的步驟：第一次占卜的目的是問是否有祟，若有祟則求其祟爲何，求祟之占的結果若是得祟，就接著做第二次占卜，目的是除祟。除祟之占是卜問舉行某種祭禱能否除去此祟。[③]蘇建洲將卜筮祭禱簡的内容歸納爲：卜問有祟與否→求祟之由→得祟→卜問行何種祭禱除祟。他還指出由求祟到得祟的過程中，是不需要祭祀的。[④]

按：第一次占卜後，有的簡文只記載“有祟”或“有見祟”，有的則記載求得之祟的具體名稱，如“新王父殤”、“絕無後者”、“漸木立”等，求祟之後還要對這些祟進行“敓”。雖然 “以其故敓之”屬於第一次占卜，但“以其故敓之”的具體内容採用陳偉所説的“敓辭”這個名稱還是十分適合的。于成龍認爲“第二次占卜的命辭源於第一次占卜的占辭”，這個意見是可取的，可以説“敓辭”就是第二次占卜的命辭。綜上，216-217 號簡的結構可分析爲：

第一次占卜：

前辭：“東周之客……爲左尹舵貞”。

命辭：“出入侍王……躳身尚毋有咎”。

占辭：“占之，恆貞吉……外有不順，以其故敓之”。

第二次占卜：

命辭：舉禱楚先老僮、祝融、鬻熊各一牂，囟攻解於不辜。

占辭：“苛嘉占之曰：吉”。

---

①于成龍：《楚禮新證——楚簡中的紀時、卜筮與祭禱》，51 頁，北京大學博士學位論文，2004。

②沈培：《從戰國簡看古人占卜的“蔽志”——兼論“移祟”說》，“第一屆古文字與古代史學術討論會”論文，臺北，2006。沈培：《〈上博（六）·競公瘧〉“正”字小議》，簡帛網，2007 年 7 月 31 日。

③董珊：《楚簡中從“大”聲之字的讀法（二）》，簡帛網，2007 年 7 月 8 日。

④蘇建洲：《〈上博（六）·景公虐〉補釋一則》，簡帛網，2007 年 10 月 7 日。

以上是對卜筮簡結構的分析，此外還要提到的是有學者認爲卜筮簡並非原始卜筮記錄，而是抄錄的。例如，工藤元男認爲是“將貞人卜筮祭禱的原始記錄轉抄以作爲隨葬”。[①]晏昌貴更加具體地進行了探討，他認爲包山卜筮簡的文本結構具有某種“合成”性質，並非卜筮之時的原始形態，文本的合成當由《周禮》注疏所稱之“史”——職業抄手完成，竹簡卜辭即是對卜辭之辭及兆的抄錄，“以其故敓之”當是抄寫者即“史”所增入。由於竹簡記載了前後兩次占卜，其中後一次占卜是前一次占卜的延續和補充，因而抄寫者在轉錄時省略了第二次占卜的時間和貞人，而用“以其故敓之”連接上下文，起到了轉承的作用，成爲一種比較固定的書寫格式。從簡書書寫特徵的各組以“年”爲單位，各不同年份的簡冊表示出不同的特徵來看，簡文的抄錄或在每年的年終。同一事件若發生在次年或一事而有轉年者，則在事後補寫補錄。[②]“抄錄”的說法還尚待進一步確認。

二　貞人與卜筮工具

包山卜筮祭禱簡中貞人共有 12 位，多數姓氏與新蔡楚簡、望山楚簡、天星觀楚簡中貞人相同。這些貞人大多應是同一家族成員，父子相襲，世居其職。[③]李零將包山楚簡中的貞人劃分爲卜人和筮人兩組。[④]于成龍認爲同一貞人在歷次占卜中使用的工具相對固定，同一姓氏的貞人使用的工具類別大多也具有共性，可知貞人在卜筮工具的運用上也有上下繼承的傳統，即有卜人與筮人之制。[⑤]

縱觀楚卜筮簡所記貞人與所用卜筮工具，同一貞人可以使用多種占卜工具，即有用龜也有用筮。同一姓氏貞人可使用不同類別的卜筮工具，不同姓氏貞人也會使用相同的卜筮工具。[⑥]將貞人分爲卜人與筮人過於絕對化，貞人使用相對固定的工具進行卜筮的可能性是存在的，但占卜時用“卜”還是用“筮”也許還要取決於具體情況以及占卜的事由。

---

①工藤元男：《包山楚簡“卜筮祭祷簡”の構造とシステマ》，《東洋史研究》第 59 卷第 4 號，9-68 頁，2001。譯爲《包山楚簡〈卜筮祭禱簡〉的結構與體系》，《人文論叢》（2001 年卷），78-93 頁，武漢，武漢大學出版社，2002。

②晏昌貴：《楚卜筮祭禱簡的文本結構與性質》，《楚文化研究論集》第七集，122-135 頁，長沙，嶽麓書社，2007。

③詳見于成龍：《楚禮新證——楚簡中的紀時、卜筮與祭禱》，33-34 頁，北京大學博士學位論文，2004。宋華強：《新蔡楚簡初步研究》，84 頁，北京大學博士學位論文，2007。宋華強：《新蔡楚簡初步研究》，136 頁，武漢，武漢大學出版社，2010。

④李零：《包山楚簡研究（占卜類）》，《中國典籍與文化論叢》第一輯，425-448 頁，北京，中華書局，1993。

⑤于成龍：《楚禮新證——楚簡中的紀時、卜筮與祭禱》，34 頁，北京大學博士學位論文，2004。

⑥于成龍：《楚禮新證——楚簡中的紀時、卜筮與祭禱》，23-30 頁，北京大學博士學位論文，2004。

關於楚簡中的某種卜筮用具是占具還是筮具，學者有不同看法。包山楚簡中共有十種卜筮工具，用“央管”、“承悳”、“共命”占卜的簡文中，書有卦畫，這三種工具爲筮具無疑。“霝”在其他楚簡中有從“黽”作的寫法，“駁霝”、“長霝”、“順龞”從名稱上看應是龜屬。“彤筶”有可能爲筮具，而“保家”、“少寶”、“長惻”等名稱則不易揣度，“寶家”是否即“寶龜”，[①]是否以寶譽龜及以寶名龜，[②]還有待證實。卜筮工具的劃分還有一種可能，即沒有書寫卦畫的簡文中的占卜工具都是卜具。包山卜筮祭禱簡中貞人及其使用的卜筮工具見下表：

貞人	工具	卜/筮	卦畫	竹簡編號
盬吉	保家	卜		197
	保家	卜		212
	保家	卜		226
	保家	卜		236
觀義	保家	卜		249
苛光	長惻	卜		207
	長惻	卜		220
苛嘉	長惻	卜		216
鞏脙	少寶	卜		221
鄦吉	保家	卜		218
	駁霝	卜		234
	駁霝	卜		247
石被裳	順龞	卜		199
屈宜	彤筶	卜		223
觀綳	長霝	卜		230
	長霝	卜		242
應會	央著	筮	201	201
五生	承悳	筮	210	209

①李零：《包山楚簡研究（占卜類）》，《中國典籍與文化論叢》第一輯，425-448 頁，北京，中華書局，1993。

②于成龍：《楚禮新證——楚簡中的紀時、卜筮與祭禱》，32 頁，北京大學博士學位論文，2004。

	承悳	筮	232	232
	承悳	筮	245	245
陳乙	共命	筮	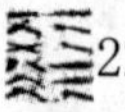229	228
	共命	筮	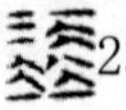239	239

三　神祇系統

對包山卜筮祭禱簡中祭禱對象的分類，學者有不同觀點。彭浩將簡文所見祭禱的對象歸納爲鬼神和先人兩大類，鬼神包括各種神祇、山川、日月星辰等。①

李零最初將包山卜筮簡的祭禱對象分爲天神、地祇、祖考和重要親戚三種，②後來又分爲神祇、祖考及親屬（死者）兩類。③

陳偉認爲昭虎禱祠的神祇有天神、地祇、人鬼三類。天神只有太（蝕太）一種。地祇包括社、五祀、山川。人鬼有楚人遠祖、先公，以及昭氏直系祖先和昭虎父輩、同輩中的無子嗣者。諸神祇大致按照天、地、人的順序展開。④

邴尚白認爲新蔡楚簡中“上下内外鬼神”中的“上下内外”是鬼神的定語，人鬼分内外，恰可以與其他神祇分作上下並觀，這顯示彭浩、李零將天神、地祇合併，只分“鬼神”、“先人”或“神祇”、“祖考和親屬”兩大類的看法，或許與楚人觀念比較吻合。⑤

楊華認爲邴尚白的見解有一定道理，他還談到楚人祭禱之神靈的順序，大致按照天、地、人的順序來記錄，但是秩序混亂。雖然卜筮祭禱簡反映的楚人神靈崇拜已經顯露出天神、地祇、人鬼三大系統，但尚未完全定型，正處在逐漸確定的過程之中。⑥

按：學者雖然對祭禱對象分類的劃分意見不同，但卻多將祭禱對象和禳除對

①彭浩：《包山二號墓卜筮和祭禱竹簡的初步研究》，《包山楚墓》附錄二十三，北京，文物出版社，1991。

②李零：《包山楚簡研究（占卜類）》，《中國典籍與文化論叢》第一輯，425-448頁，北京，中華書局，1993。

③李零：《中國方術考》（修訂本），286-290頁，北京，東方出版社，2001。

④陳偉：《包山楚簡初探》，173頁，武漢，武漢大學出版社，1996。

⑤邴尚白：《葛陵楚簡研究》，200-201頁，臺灣大學博士學位論文，2007。

⑥楊華：《楚簡中“上下”與“内外”——兼論楚人祭禮中的神靈分類問題》，《簡帛》第四輯，221-238頁，上海，上海古籍出版社，2009。

象分別看待，沒有把禳除對象歸入神祇系統之中。在新蔡楚簡中，“攻解”的對象有“太”（甲三 300）、“北方”（甲三 239）等神，包山楚簡中攻解的“歲”和“日月”，這些神祇無論如何也不應是鬼類，由此來看，包山楚簡中“攻解”或“攻除”的對象不應被排除在神祇之外。所以，包山楚簡中的神祇系統按照神、祖、鬼三類進行劃分更合適。

神	行 208，219，233 宮行 210，229 大門 233 宮地宝 202，208 地宝 219 后土 213，215，237，243 宮后土 214，233 埜地宝 208 蝕太 210，227 太 213，215，218，237，243 社 210，248 司命 213，215，237，243 司禍 213，215 大水 213，215，237，243，248 二天子 213，215，219，237，243 峗山 214，215，237，243 五山 240 巫 219，244 南方 231 高丘 237，241 下丘 237，241 盟詛[①]211 詛 241 日月 248 歲 238 宮室 229、211

①盟詛也有可能是指“盟”和“詛”兩個神祇。

祖	老僮 217，237 祝融 217，237 鬻熊 217，237 熊麗 246 武王 246 昭王 200，203，205，214，240，243 文平輿君 200，203，206，214，240 郚公子春 200，203，206，214，240，248 司馬子音 200，203，206，214，224，240，248（新王父 222） 蔡公子家 200，202，203，206，214，240，248（新父 202 反） 夫人 200，203（新母 202，202 反，214） 東陵連敖 202，210，225，243 兄弟無後者昭良、昭乘、縣貉公 227（絕無後者 249，250）
鬼	人禹 198 兵死 241 不辜 217、248 水上 246 溺人 246 漸木立 249、250

四 祭 品

陳偉認爲卜筮祭禱簡中的祭品有四類，即玉飾、衣冠、酒食和犧牲。其中，玉飾有環、少環、玦、璧和琥，衣冠有冠帶、綳珮和衣裳，犧牲有馬、牛、豕、羊、犬五種。①

按：218 號簡“壁琥”之“壁”應讀爲“避”，“琥”爲佩戴的玉飾並非祭品。219 號簡“纓”是否爲“綳”尚不能肯定，或許不是祭品。“酒食”可看作祭祀行爲，不必算在具體的祭祀物品之內。因此，卜筮祭禱簡中的祭品可分爲：

犧牲	豕	豕 246 戠豢 200、203、206、214、240、248 全豢 210、237+238、241 豬（豠）248

①陳偉：《包山楚簡初探》，175-175 頁，武漢，武漢大學出版社，1996。

		戠猎（豠）200、202、204、215 全猎（豠）210、244 肥猎（豠）250 豜（冢）豕 211、227、243 肥豜（冢）202、203、225
	牛	牛 246 戠（特）牛 200、203、205、214、222、224、240、243
	羊	𦍩（羖）202、214、233、237、243/𧳔（羖）207、219 牂 217、237、240、243 𦎧237/𧳟237、243
	馬	犧馬 248
	犬	白犬 208、210、219、229、233
玉飾	佩 219、231 环231 佩玉 213 環 213 少環 213、214 珇214	
衣冠	冠 219、231 帶 219、231 衣裳 244	

五　卦　畫

包山楚簡中有六組符號，分別爲：

201　210　229　232　239　245

其中五例出現在命辭之後，占辭之前，僅 210 號簡的符號出現在占辭之後。近藤浩之認爲大概是抄寫之誤，[①]此說很有道理。並且，210 號簡卦畫蓋因補寫，受書寫空間限制，導致卦畫較小，而其他卦畫則書寫空間充裕，卦畫之間距離較大。此類符號還見於新蔡楚簡，有筮卦 15 例，完整清晰的 12 例：

①工藤元男：《包山楚簡“卜筮祭祷簡”の構造とシステマ》，《東洋史研究》第 59 卷第 4 號，9-68 頁，2001。譯爲《包山楚簡〈卜筮祭禱簡〉的結構與體系》，《人文論叢》（2001 年卷），78-93 頁，武漢，武漢大學出版社，2002。

（甲二 19、20） （甲二 37） （甲三 112）

（甲三 112） （甲三 302） （甲三 184-2、185、222）

（乙二 2） （乙四 15） 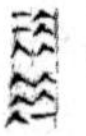（乙四 68）

（乙四 79） （乙四 95） （零 115、22）

關於楚簡中這些符號的性質，主要有“陰陽爻”和“數字卦”兩種觀點。“陰陽爻卦”說主要以李學勤、邴尚白爲代表，[①]不過李學勤後來改從“數字卦”的說法。[②]“數字卦”說主要以李零、許學仁、李宗焜、宋華強等爲代表。[③]兩種觀點的辯論過程可參看宋華強和邴尚白的論文，宋華強指出李學勤的觀點存在的三個問題，並對李學勤的三點質疑（三點質疑爲宋華強總結）進行了解釋，而邴尚白又對宋華強的觀點進行了反駁，認爲其反對的理由不足以否定陰陽爻卦說。[④]兩種觀點中，將卜筮祭禱簡中的符號看成“數字卦”的觀點可從。

諸家討論楚卜筮祭禱簡中卦畫之時多涉及上博楚簡、阜陽漢簡、馬王堆帛書中的《周易》以及王家臺秦簡的《歸藏》，學者大多承認三種《周易》和秦簡《歸藏》中的符號是陽爻與陰爻。關於卜筮祭禱簡中的數字卦和簡帛本《易》中陰陽爻的關係，李宗焜指出數字卦與易卦是兩個不同的系統，兩者並非一脈相承的關係。易卦並非由數字卦演變而來，它很可能一開始即由抽象的幾何綫條組成，最後約定俗成，成爲固定的形式，陰陽學說大盛之後，遂爲“陰陽”名稱所專。[⑤]宋

①邴尚白：《楚國卜筮祭禱簡研究》，68 頁，臺灣暨南國際大學碩士學位論文，1999。邴尚白：《葛陵楚簡研究》，161-167 頁，臺灣大學博士學位論文，2007。李學勤：《出土筮數與三易研究》，“紀念聞一多先生百周年誕辰學術研討會”論文，新竹，1999。李學勤：《論戰國簡的卦畫》，《出土文獻研究》第六輯，1-5 頁，上海，上海古籍出版社，2004。

②參見 http://archaeology.pku.edu.cn/Third.asp?id=197。

③李零：《包山楚簡研究（占卜類）》，《中國典籍與文化論叢》第一輯，425-448 頁，北京，中華書局，1993。但李零認爲是“兩位數字卦”，見《中國方術續考》，319-329 頁，北京，東方出版社，2000。許學仁：《戰國楚墓〈卜筮〉類竹簡所見“數字卦”》，《中國文字》新十七期，263-282 頁，臺北，藝文印書館，1993。李宗焜：《數字卦與陰陽爻》，《“中央研究院”歷史語言研究所集刊》第 77 本第 2 分，279-318 頁，2006。宋華強：《楚簡數字卦的再討論(稿)》，簡帛網，2006 年 8 月 27 日。宋華強：《新蔡楚簡初步研究》，117-135 頁，北京大學博士學位論文，2007。宋華強：《新蔡葛陵楚簡初探》，185-212 頁，武漢，武漢大學出版社，2010。

④邴尚白：《楚國卜筮祭禱簡研究》，臺灣暨南國際大學碩士學位論文，1999。邴尚白：《葛陵楚簡研究》，臺灣大學博士學位論文，2007。宋華強：《新蔡楚簡初步研究》，北京大學博士學位論文，2007。

⑤李宗焜：《數字卦與陰陽爻》，《“中央研究院”歷史語言研究所集刊》第 77 本第 2 分，279-318 頁，2006。

華強也認爲數字卦和陰陽爻卦是兩種功用不同的符號系統。他說："如果用陰陽爻來記錄實得之卦，遇到稍微複雜一點的情況，由於只有兩種抽象性很強的符號，就不容易看出卦中的種種具體變化信息。而用實得之數記錄實得之卦，一卦內部及兩卦之間的種種變化情況和相互關係就可以看得很清楚，吉凶消息也一目了然，而且還便於日後查考。由此可知，數字卦和陰陽爻卦是兩種功用不同的符號系統。後者和前者有淵源或衍生關係，與它們同時並存的現象並不衝突。即便是在《周易》'一統天下'的時代裏，陰陽爻卦與數字卦也並不存在矛盾。"[①]梁韋弦認爲當時的筮書是用兩個數字或符號寫成的，而卜骨與青銅器等實物上所見的易卦是占筮的記錄，所記的是占筮得到的數字，用這些數字將卦爻記寫下來，便於識別動爻還是不動爻。筮書不是具體的占筮結果，沒有必要，實際也不可能將占筮所能得到的數字都包括進去，因爲那樣寫起來就不止是六十四卦了。[②]

此外，吳勇還有一種觀點，雖然他不同意數字卦的說法，但他認爲將卜筮簡中這些符號一概視爲一種符號似乎也說不過去，他推測可能是記四象的符號。[③]不過，這種觀點也只是一種猜測，沒有證據證明其正確性。

關於包山卜筮祭禱簡中的數字卦是否能與今本《周易》內容印證的問題，整理小組將數字卦按照"奇陽偶陰"的原則轉換成易卦，認爲六個卦畫分別爲《易》之豫和兌、損和臨、蠱和剝、隨和離、頤和無妄、恆和需，許道勝指出整理小組誤"晉"爲"剝"。[④]于茀、史善剛也將包山卜筮祭禱簡中的數字卦與《周易》相比附，認爲是本卦與之卦的關係。[⑤]張朋則認爲並列的兩條筮數不是關於一次占卜的記錄，不可以解讀爲一次占筮出現的本卦與之卦，而只可能是兩次占筮記錄。它們是關於同一件事的卜筮，可能占筮的操作人不同，或者占筮時間、方法稍有差異。[⑥]後來于茀改變了看法，認爲是祭禱前和祭禱後兩次筮占所得的易卦。[⑦]以

①宋華強:《楚簡數字卦的再討論(稿)》，簡帛網，2006年8月27日。宋華強:《新蔡楚簡初步研究》，117-135頁，北京大學博士學位論文，2007。宋華強:《新蔡葛陵楚簡初探》，185-212頁，武漢，武漢大學出版社，2010。

②梁韋弦:《關於數字卦與六十四卦符號體系之形成問題》,《周易研究》，2007（1），14-19頁。

③吳勇:《從竹簡看所謂數字卦問題》,《周易研究》2006（4），43-48頁。

④許道勝:《包山二號楚墓竹簡卦畫初探》,《楚文化研究論集》第四集，668-686頁，鄭州，河南人民出版社，1994。

⑤于茀:《包山楚簡中的數字卦》,《北方論叢》2005（2），1-3頁。史善剛:《數字卦與簡帛易》,《中州學刊》2005（6），145-149頁。

⑥張朋:《數字卦與占筮——考古發現中的筮法及相關問題》,《周易研究》2007（4），7-12頁。

⑦于茀:《戰國簡卦畫問題再探討》,《北方論叢》2008（2），1-4頁。

上這些學者均將卜筮祭禱簡中的數字卦與今本《周易》相對應。

但也有學者認爲卜筮祭禱簡中的數字卦與今本《周易》並無聯係。例如，邴尚白雖然持“陰陽爻卦”觀點，但他認爲楚簡所記筮占，其吉凶應非以今本《周易》爲據。①李宗焜根據“奇陽偶陰”的原則，將包山201、202號簡與210號簡的數字卦轉換成易卦，利用《周易》的文辭印證簡文内容，得出的結論是此二例與《周易》文字不相符。他認爲這種情況似乎說明當時貞人所據以判斷吉凶的數字卦，用的根本不是《周易》的文字。②近藤浩之比較了包山楚簡卜筮祭禱記錄與《周易》卦辭爻辭的“貞”的用法，發現除了“恆貞吉”與“永貞吉”的類似之處以外，還發現“又（有）憙”與“有喜”（無孟・九五、損・六四、奪・九四）之類似，以及“死（恆）貞（貞）吉，不死”與“貞疾，恆不死”（豫・六五）之類似。兩者在占卜用語上存在著繼承關係，這是無疑的。但將二十六組卜筮記錄全部作出考察，會發現與《周易》相通的卜筮用語和用法實在是相當的少。所以他認爲貞人們的卜筮活動是獨立完成的，即並非事先知道類似《周易》筮法的卦辭爻辭。卜筮記錄中所見的這六組數字卦也許並非是根據《周易》筮法而組合起來的易卦，或許它是根據別的筮法將所得數字符號如田字型分成四組，每組三爻加以排列。同時他還提出一種可能性：雖是易卦，但如平勢隆郎所分析的那樣，它分成左右兩組，每組又分成上下三爻，即只存在八卦卦變之易筮法。③

按：卜筮祭禱簡中的卦畫與今本《周易》的内容應無直接對應關係，根據數字卦轉換而來的卦象，在卜筮祭禱簡中應有一套獨自使用的系統。並且，卜筮祭禱簡中的卦畫看成一組占筮記錄爲宜。包山楚簡中記有卦畫的六組簡文，均看不出占筮的操作人不同，或者占筮時間、方法稍有差異等現象。至於看成祭禱前和祭禱後兩次筮占，無據可依。

---

①邴尚白：《楚國卜筮祭禱簡研究》，70頁，臺灣暨南國際大學碩士學位論文，1999。

②李宗焜：《數字卦與陰陽爻》，《“中央研究院”歷史語言研究所集刊》第77本第2分，279-318頁，2006。

③近藤浩之：《包山楚簡卜筮祭禱記錄與郭店楚簡中的〈易〉》，《郭店楚簡國際學術研討會論文集》，128-133頁，武漢，湖北人民出版社，2000。

包山楚簡新釋文

文書簡

一　簽牌與9號簡

廷等（志）〖2：440-1〗

廷等（志）所吕（以）内（入）。〖009〗

二　疋獄〖084反〗

𠛱（荊）层（夷）之月辛巳之日，鲩缶公僡（德）訟宋𤞷（豫）、宋庚、差（佐）敂（令）愢（愆）、鄎（邶-沈）緸（膺）、黃鬆（燕）、黃旃、陞（陳）欲、番班、黃行、登（鄧）蓳（荑）、登（鄧）迿、登（鄧）㢡（堅）、登（鄧）諒、登（鄧）隉（徵）、登（鄧）謙、𤉣（胡）上、周敓、奠（鄭）㓣、黃爲余、畬（熊）相鼊、苛脙、靁（雷）宋、𨻰（唐）昬（晨）、鄎（邶-沈）敢吕（以）亓（其）受鲩缶人而逃。疋吉戠（職）之。秀湋爲李。〖085〗既發竽，迡（將）吕（以）廷。〖085反〗

𠛱（荊）层（夷）之月己丑之日，膚（盧）人之州人陞（陳）僡（德）訟聖（聲）夫人之人郘黎（漸）、郘未，胃（謂）殺亓（其）暀（兄）、臣。正義弝（強）戠（職）之。秀异（期）爲李。〖084〗

𠛱（荊）层（夷）之月戊戌之日，郘（鄱）昜（陽）君之蕑（蘭）阬邑人紕（紫）訟羕（漾）陵君之陞（陳）泉邑人逬（朝）塙，胃（謂）殺亓（其）弟。羸逄（路）公角。宵采爲李。〖086〗

八月辛巳之日，鄦（許）昜（陽）大㝉（兮）尹宋㰢訟笓（範）慶、屈駱（貉）、𨻰（唐）䗂、𨻰（唐）匍（軍）、陞（陳）杲，吕（以）受鄦（許）昜（陽）之檗（栗-櫏）官𨻰（唐）逿=（逿，逿）逃之古（故）。宵逆。㞷（匡）慐（慪）。〖087〗

八月壬午之日，楚斨司敗攸須訟𨻰（唐）逄（路）斨邑𥫗（攸）匍（軍）、𥫗（攸）䶍（敂），吕（以）反（叛）亓（其）官。旦孪（娩）戠（識）之。旦䭾。〖088〗

八月乙耆（酉）之日，遠乙訟司衣之州人苛𨪷，胃（謂）取（娶）亓（其）妾婣（嬿）。

秀齊戠（職）之。䣓（匡）是𨘂（舉）爲李。〖089〗

九月戊申之日，郙（宛）墬（陳）午之里人藍訟登（鄧）貣（令）尹之里人苛䐶，㠯（以）亓（其）桑（喪）亓（其）子丹，而旻（得）之於㯞之室。義癸。尘（匡）還。〖092〗

九月戊申之日，郙（宛）人軋（範）紳訟軋（範）駁，㠯（以）亓（其）敓亓（其）逡（後）。邸（旦）忢。羅匍（軍）。〖093〗

九月己菡（酉）之日，苛䐈（䐈-獲）訟聖（聲）冡（冢）之夫=（大夫）軋（範）豈（豎）㠯（以）賨（賸）田。䣄逄（路）公䕸（壽）、義旻（得）爲李。〖094〗

九月戊午之日，卲（昭）無戠（害）之州人鼓（鼓）䠶（䞿）張恷訟郊（鄢）之鳴䰶（狐）邑人某（梅）戆（憬）與亓（其）裔大市米埕人杏（本），胃（謂）杏（本）雧（雜）亓（其）弟䝬天，戆（憬）殺之。〖095〗

亯=（十月）辛巳之日，䕣（溢）宊人軋（範）臣訟䉷（溢）宊之南昜（陽）里人㙊（唐）緩、李䇭（臧-莊），胃（謂）殺亓（其）䏊（兄）。正疋㫷（期）戠（職）之。但（旦）摢爲李。〖096〗

亯=（十月）戊戌之日，审（中）昜（陽）古盤（盤）邑人䣄（邥-沈）繫㠯（以）訟坪（平）昜（陽）之枸里人文逌（适），㠯（以）亓（其）敓（奪）妻。義牢戠（職）之。旦摢〖爲〗李。〖097〗

亯=（十月）辛丑之日，䜯（許）䯫㠯（以）訟邸昜（陽）君之人㑥（蔿）公番申㠯（以）賕（責-債）。䉷（溢）公朔。宵吳。〖098〗

㒸（爨）月辛菡（酉）之日，郳（枝）昜（陽）之俈（造）箕=（筦筦）公遫、教敏（令）邕訟亓（其）官（倌）人番䙴、番向、番㫷（期），㠯（以）亓（其）反（叛）官，自致（屬）於新大廄（廏）之古（故）。正義牢。尘（匡）坷。〖099〗

㒸（爨）月辛菡（酉）之日，郯（滕）敓之䣄邑人走仿登（鄧）城（成）訟走仿郘（呂）綖（延）㠯（以）亓（其）敓湯汸與䦔溴（澤）之古（故）。正義牢。尘（匡）坷。〖100〗

㒸（爨）月癸亥之日，章郕（越）訟宋偈㠯（以）䟊田。義牢。秀紳。〖101〗

㒸（爨）月辛未之日，让命（令）人周甬受〈訟〉正李㓹（列）耵㠯（以）賨（賸）田於章宬（國）鄦邑。正義牢戠（職）之。〖077〗

冬栾（夕）之月甲昬（辰）之日，少臧（臧）之州人冶士石㞓訟亓（其）州人冶士石䞕（脖），言胃（謂）剔（傷）亓（其）弟石耴䶘。既發笲，䵚（執）勿逵（失）。涎（疋）昇（期）戠（職）之。秀頗（履）爲李。〖080〗

冬栾（夕）之月癸丑之日，周賜訟郄（鄢）之兵虖（甲）䵚（執）事人宮司馬競（景）丁，㠯（以）亓（其）政（征）亓（其）田。旮（幾）甲戌之日。郯逄（路）公蠤（蛙）戠（職）之。涎（疋）欯爲李。〖081〗

冬栾（夕）之月甲寅之日，鵌（舒）忲（快）訟郘（呂）㹊（堅）、郘（呂）䵷、郘（呂）㥄（懌）、郘（呂）壽、郘（呂）翆（卒）、郘賭（瞎），㠯（以）亓（其）不分田之古（故）。旮（幾）乙丑。郯逄（路）公蠤（蛙）戠（職）之。剫（列）脛（勁）爲李。〖082〗

冬栾（夕）之月壬戌之日，䣾（羅）之壦里人梊（湘）痼訟羅之廡䢧（國）之圣者邑人郊（枝）女，胃（謂）殺𣎆（嗌-益）昜（陽）公會剔（傷）之妾𠫑舉（舉）。正涎（疋）昇（期）戠（職）之。旦坪爲李。〖083〗

競（景）旻（得）訟緐（繁）丘之南里人龏（龔-共）恣（怵）、龏（龔-共） （酉），胃（謂）殺亓（其）䳭（兄）。九月甲昏（辰）之日，緐（繁）丘少司敗遠惹謏（復）笲，言胃（謂）：緐（繁）丘之南里信又（有）龏（龔-共）函=（酉，酉）㠯（以）甘匿（固）之戢（歲）爲偽（啇）於鄗（鄗-喜），居陏（隋）里。緐（繁）昜（陽）旦無又（有）龏（龔-共）恣（怵）。正秀齊戠（職）之。邸（旦）尚爲李。〖090〗

九月戊申之日，佶（造）大𣦼（列）六敂（令）周霰（霰）之人周䧹（膺）訟付舉（舉）之閵（關）人周瑑（瑤）、周敓，胃（謂）䔋（葬）於丌（其）土。瑑（瑤）、敓舉（與）䧹（膺）成，唯周鄹（鬑）之妻䔋（葬）安（焉）。疋忻（忻）戠（職）之。郘（耆）從爲李。〖091〗

上新都人鄒（蔡）䞙（䟒）訟新都南陵大宰緣（欒）痛（憂）、右司寇（寇）正陞（陳）旻（得）、正史赤，㠯（以）丌（其）爲丌（其）䳭（兄）鄒（蔡）瘬剫（斷）不灋（法）。邸（旦）佗。郢（匡）婀爲李。既詢，䣭（將）須逾，䵚（執）。〖102〗

瘬既逾於郢，䣭（將）須謐。〖102 反〗

三　受旮（幾）〖033 反〗

頣（夏）栾（夕）之月乙丑之日，郄（鄢）正婁𦍧虘（虢）受旮（幾），八月乙亥之日，不遲（將）龏（龔-共）倉㠯（以）廷，陞門又（有）敗。義賭（睹）。〖019〗

頣（夏）柰（夕）之月乙丑之日，鄗（郜-喜）司敗李𦔻受旮（幾），九月甲唇（辰）之日，不貞周惃（惃）之奴㠯（以）至（致）命，陞門又（有）敗。秀免。〖020〗

八月己巳之日，司豐司敗鄝（廖）齨（顩）受旮（幾），辛未之日，不遲（將）集（集）戰（獸）黄辱、黄蟲（蚰）㠯（以）廷，陞門又（有）敗。正旦臺（塙）戠（職）之。〖021〗

八月己巳之日，邶（鄎）司馬之州加公李瑞、里公隓（隋）㝵（得）受旮（幾），辛未之日不𧧧（察）陳（陳）宔（主）䣝（顩）之剔（傷）之古（故）㠯（以）告，陞門又（有）敗。罷（𨟻-羅）惶（狂）。〖022〗

八月己巳之日，邻少司敗臧（臧-莊）未受旮（幾），九月癸丑之日，不遲（將）邻大司敗㠯（以）綤（盟）邻之㮣里之敀（旦）無又（有）李荻囟（思），陞門又（有）敗。秀不孫。〖023〗

八月辛未之日，邶（鄎）司馬豫之州加公李逗（瑞）、里公陏（隋）㝵（得）受旮（幾），癸亟（酉）之日，不𧧧（察）陳（陳）䣝（顩）之剔（傷），陞門又（有）敗。正罷（𨟻-羅）㤺（狂）。〖024〗

八月辛未之日，司敗黄貴紻受旮（幾），癸巳之日，不遲（將）玉敏（令）疐、玉婁𣁋㠯（以）廷，陞門又（有）敗。秀傒（倅）。〖025〗

八月壬申之日，郙昜（陽）大正登（鄧）生玹受旮（幾），八月癸巳之日，不遲（將）郙昜（陽）宫夫=（大夫）㠯（以）廷，陞門又（有）敗。正羅鬲（壽）戠（職）之。〖026〗

八月癸畣（酉）之日，邸昜（陽）君之州里公登（鄧）賏（嬰-纓）受旮（幾），乙亥之日，不㠯（以）死於亓（其）州者之𧧧（察）告，陞門又（有）敗。正邸（旦）䣙（塙）。〖027〗

八月甲戌之日，䖵（贅）尹之司敗郇（句）㕣㚔（夷）受旮（幾），辛巳之日，不遲（將）䖵（贅）尹之鄺（鄘）邑公遠忻（忻）、莫囂（敖）遠䣓㠯（以）廷，陞門又（有）敗。疋胥（旌）。〖028〗

八月甲戌之日，鄝莫囂（敖）之人周壬受旮（幾），癸未之日，不廷，陞門又（有）敗。正𡉚（匡）㝵（得）。〖029〗

八月戊寅之日，邶（鄎）司馬之州加公李偳（瑞）、里公隓（隋）㝵（得）受旮（幾），辛巳之日，不𧧧（察）陳（陳）䣝（顩）之剔（傷）㠯（以）告，陞門又（有）敗。〖030〗

八月戊寅之日，鄦司敗鄒（蔡）𠀠（丙）受旮（幾），己丑之日，不遷（將）鄦之己里人青（青）辛𠂤（以）廷，陞門又（有）敗。正秀不孫。〖031〗

八月戊寅之日，邸昜（陽）君之州里公登（鄧）緩（纓）受旮（幾），辛巳之日，不𠂤（以）所死於亓（其）州者之居凥（處）名族至（致）命，陞門又（有）敗。旦臺（塙）戠（職）之。〖032〗

八月辛巳之日，臨昜（陽）之𩣡（馭）司敗黃異受旮（幾），癸巳之日，不遷（將）五皮𠂤（以）廷，陞門又（有）敗。〖033〗

八月辛巳之日，郙𦦨（舉）之闡（關）敔（敔）公周童耳受旮（幾），己丑之日，不遷（將）郙𦦨（舉）之闡（關）人周敓、周瑑（瑤）𠂤（以）廷，陞門又（有）敗。浞（疋）忎（忻）戠（職）之。〖034〗

八月癸未之日，新遊宮中𩰫（舍）之州加公𠈇（宿）𧁷受旮（幾），乙𨟻（酉）之日不遷（將）嫿（毓）𠂤（以）廷，陞門又（有）敗。佳（匡）旻（得）。〖035〗

八月𠀠（丙）戌之日，䆒（宰）炣受旮（幾），九月乙巳之日，不遷（將）□君𠂤（以）廷，陞門又（有）敗。疋异（期）。〖036〗

八月己丑之日，䙮（福）昜（陽）䆒（宰）尹之州里公婁毛受〖旮（幾）〗，壬𨑃（辰）之日，不遷（將）苛𨑃（辰）𠂤（以）廷，陞門又（有）敗。旦塙。〖037〗

八月己丑之日，㣊（射）呇君之司敗臧（臧-莊）炣受旮（幾），癸巳之日不遷（將）㣊（射）呇君之司馬駟（駕）與㣊（射）呇君之人南䡅（幹）、登（鄧）敢𠂤（以）廷，陞門又（有）敗。疋胥（旌）。〖038〗

八月己丑之日，郙𦦨（舉）之闡（關）敔公周童耳受旮（幾），九月戊申之日，不遷（將）周敓、周瑑（瑤）𠂤（以）廷，陞門又（有）敗。正疋忎（忻）戠（職）之。〖039〗

八月乙未之日，菪（著）陵司敗𨻰（唐）非受旮（幾），九月己䣧（酉）之日，不遷（將）李羕（漾）𠂤（以）廷，陞門又（有）敗。鄴（義）弝（強）戠（職）之。〖040〗

八月乙未之日，龏（龔-共）夫人之夫=（大夫）番贏受旮（幾），九月戊申之日，不遷（將）郘（豆）□𠂤（以）廷，陞門又（有）敗。羕（養）逄（路）公。〖041〗

八月𠀠（丙）申之日，靁（靁-靈）里子州加公文壬、里公苛譀（譀）受旮（幾），九月戊戌之日，不□（察）公孫虩（甲）之𠉘（豎）之死，陞門又（有）敗。囟（列）

㷂（勁）、㓇（列）闢（猬）。〖042〗

九月己亥，[illegible]君之右司馬匔（㚬-均）臧（臧-莊）受訨（幾），肯=（十月）辛巳之日，不逯（歸）板於登（鄧）人㠯（以）至（致）命於郢，阩門又（有）敗。秀不孫。〖043〗

九月己亥之日，鄵（畢）右仟尹李抾受訨（幾），肯=（十月）辛巳之日，不逯（歸）登（鄧）人之金，阩門又（有）敗。秀不孫。〖044〗

九月辛丑之日，五帀（師）俈（造）牋司敗周國受訨（幾），己亥（酉）之日，不遲（將）登（鄧）扉（扉）㠯（以）廷，阩門又（有）敗。秀不孫。〖045〗

九月甲唇（辰）之日，邚（越）異之司敗番𩒨受訨（幾），戊申之日，不遲（將）邚（越）異之大帀（師）邚（越）貨（債）㠯（以）廷，阩門又（有）敗。浞（疋）㞕（碨）。〖046〗

九月甲唇（辰）之日，䵹（喜）司敗李玕受訨（幾），肯=（十月）辛巳之日，不遲（將）䵹（喜）宦夫=（大夫）㷓（胡）公遊（魯）昇（期）、䢜昜（陽）公穆痾與周惃（惃）之分[illegible]（察）㠯（以）廷，阩門又（有）敗。〖047〗

九月戊申之日，龏（龔-共）夫人之夫=（大夫）番羸受訨（幾），癸亥之日，不遲（將）昱[illegible]㠯（以）廷，阩門又（有）敗。王婁。〖048〗

九月戊申之日，郯（鄢）喬差（佐）宋加受訨（幾），乙丑之日，不遲（將）郯（鄢）左喬尹穆哭（彗）㠯（以）廷，阩門又（有）敗。義㑊（僕）戠（職）之。〖049〗

九月戊申之日，鄗少司敗鄵（蔡）㔽（丙）受訨（幾），乙丑之日，不遲（將）鄁（鄁-青）辛㠯（以）廷，阩門又（有）敗。秀不孫。〖050〗

九月己亥（酉）之日，䣋（陰）侯之正差（佐）㷓（胡）𤻮（瘥）受訨（幾），乙丑之日，不遲（將）䣋（陰）大让尹宋费㠯（以）廷，阩門又（有）敗。宵辟（親）。〖051〗

九月己亥（酉）之日，邚（越）異司敗番豫受訨（幾），癸丑之日，不遲（將）邚（越）異之大帀（師）貨（債）㠯（以）廷，阩門又（有）敗。浞（疋）𢡱。〖052〗

九月辛亥之日，臨昜（陽）之宦司馬李㒫受訨（幾），戊午之日，不量廡下之貣（貸），阩門又（有）敗。秀免。〖053〗

九月辛亥之日，彭君司敗史善受訨（幾），㔽（丙）唇（辰）之日，不[illegible]（察）長陵邑之死，阩門又（有）敗。秀頟（履）。〖054〗

九月癸丑之日，郕（越）異之司敗番逗受〖㕣（幾）〗，癸亥之日，不運（將）大帀（師）貨（儥）㠯（以）廷，陞門又（有）敗。泥（疋）崐。〖055〗

九月癸丑之日，彭君之司敗遠綤（紃）受㕣（幾），己未之日，不運（將）郇（句）遉、畬慶㠯（以）廷，陞門又（有）敗。〖056〗

九月癸丑之日，佶（造）腯之司敗周慁（國）受㕣（幾），辛酉（酉）之日，不運（將）登（鄧）厞（扉）㠯（以）廷，陞門又（有）敗。秀頿（履）。〖057〗

九月戊午之日，長㚸（沙）正龏（龔-共）慐（懌）受㕣（幾），吉=（十月）壬午之日，不㠯（以）廷，陞門又（有）敗。秀免。〖059〗

九月戊午之日，弫（射）㕣君之司敗臧（臧-莊）炣受㕣（幾），吉=（十月）辛未之日，不運（將）弫（射）㕣君之司馬周駠（駕）㠯（以）廷，陞門又（有）敗。𠛱（列）諻、句戣（捷）。〖060〗

九月辛酉（酉）之日，新大廄（廄）墜（陳）槧（漸）受㕣（幾），吉=（十月）辛未之日，不行代昜（陽）廄（廄）尹郙之人戜（鬥）戟（戟）於長㚸（沙）公之軍（軍），陞門又（有）敗。疋郕（越）。〖061〗

九月壬戌之日，𨛜（咸）郢司悳（德）䣊（秀）䣕（陽）受㕣（幾），吉=（十月）辛巳之日，不運（將）安陕（陸）之下隓（隋）里人屈犬、少㝛壂（唐）申㠯（以）廷，陞門又（有）敗。疋腖（膢-獲）。〖062〗

吉=（十月）乙亥之日，郕（越）異之司敗番䣭受㕣（幾），戊寅之日，不運（將）郕（越）異之大帀（師）郕（越）貨（儥）〖㠯（以）廷，陞門又（有）敗〗。疋崐。〖064〗

吉=（十月）戊寅之日，周賫（賜）之夫=（大夫）壂（唐）義受㕣（幾），己丑之日不運（將）𤈦（胡）扂𡊄（夷）、𤈦（胡）腖（膢-獲）㠯（以）廷，陞門又（有）敗。王婁逯。〖065〗

吉=（十月）戊寅之日，郯（鄎）正婁䣢（蔡）玄受㕣（幾），壬唇（辰）之日，不運（將）登（鄧）𦞃之子娭㠯（以）廷，陞門又（有）敗。秀義。〖066〗

吉=（十月）戊寅之日，䋎（終）邮大㝛屈旎、大佯尹頙（夏）句（后）浩受㕣（幾），㚇（爨）月辛未之日，不軋丝虘（且）逷（歸）亓（其）田㠯（以）至（致）命，陞門又（有）敗。𠛱（列）紻。〖067〗

吉=（十月）辛巳之日，鄗（鄗）君之耆（故）州加公周適受㕣（幾），㔷（丙）

戌之日，不逕（將）競（景）莤（酉）之司敗郙愈（愴）吕（以）廷，陞門又（有）敗。羅壽。〖068〗

肓=（十月）辛巳之日，大廄（廏）馯（馭）司敗雩（雩）虘（且）受旮（幾），己丑之日，不逕（將）廄（廏）馯（馭）墜（陳）旯（已）吕（以）廷，陞門又（有）敗。王婁。〖069〗

肓=（十月）己丑之日，筀（匡）敔公碆（若）鴕（雄）受旮（幾），乙未之日不逕（將）繇（繇-由）發吕（以）廷，陞門又（有）敗。疋胥（旌）。〖070〗

肓=（十月）己丑之日，审（中）昜（陽）司敗黄畝（勇）受旮（幾），夏（爨）月辛亥之日，不逕（將）审（中）昜（陽）之仔門人軋（範）慶吕（以）廷，陞門又（有）敗。宵逆。〖071〗

肓=（十月）壬昏（辰）之日，大臧（臧）之州人盜（盜）䎞受旮（幾），夏（爨）月辛丑之日，不詎（屬）人於郯豫，陞門又（有）敗。宵裏。〖072〗

肓=（十月）壬昏（辰）之日，仿斂（令）豎（堅）受旮（幾），夏（爨）月辛亥之日，不量駐（駬）奉（俸），陞門又（有）敗。〖073〗

肓=（十月）癸巳之日，辻大斂（令）珊之州加公周遣（畢）、里公周默受旮（幾），乙未之日，不逕（將）辻御衛嘉吕（以）廷，陞門又（有）敗。王婁逯。〖074〗

肓=（十月）乙未之日，羕（漾）陵正婁郘（呂）奇受旮（幾），夏（爨）月乙巳之日，不逕（將）誅（胡）旃吕（以）廷，陞門又（有）敗。宵逆。〖075〗

肓=（十月）乙未之日，噩（咢-鄂）君之司敗舍（舒）丹受旮（幾），夏（爨）月辛丑之日，不逕（將）周綏吕（以）廷，陞門又（有）敗。郘（旦）塙。〖076〗

夏（爨）月己亥之日，長郲（沙）之旦墬（唐）倚受旮（幾），甲昏（辰）之日，不逕（將）長遻（沙）正差（佐）郙思吕（以）廷，陞門又（有）敗。秀免。〖078〗

之日，上臨邑公臨舵、下臨邑臨旻（得）受旮（幾），己未之日，不廷，陞門又（有）敗。疋獻。〖079〗

四 貸 金

大司馬卲（昭）鄒（陽）敗晉帀（師）於諰（襄）陵之戠（歲），亯月，子司馬吕（以）王命=（命命）蕒陵公鼈、寶（宜）昜（陽）司馬弝（強）貣（貸）邚（越）異之黄金，吕（以）貣（貸）鄗郷（鄗）吕（以）糴（糴）穜（種）。〖103〗王婁逯戠

（職）之。㞷（匡）頣（夏）、㞷（匡）簹爲李。〖103反〗㕣（幾）至屈柰（夕）之月賽金。〖104〗

郪莫囂（敖）寁、左司馬敀（殹）、安陵莫囂（敖）緣（樂）虘（獻）爲郪貣（貸）邚（越）異之黃金七益（鎰）㠯（以）翟（糴）穜（種）。逃（過）㕣（幾）不賽金。〖105〗

鄘（鄘）陵攻尹產、少攻尹甏（悖）爲鄘（鄘）陵貣（貸）邚（越）異之黃金七益（鎰）㠯（以）翟（糴）穜（種）。逃（過）㕣（幾）不賽金。〖106〗

羕（漾）陵攻尹怹（息）與喬尹黃驈爲羕（漾）陵貣（貸）邚（越）異之黃金卅=（三十）益（鎰）二益（鎰）㠯（以）翟（糴）穜（種）。逃（過）㕣（幾）不賽金。〖107〗

株昜（陽）莫囂（敖）郘（呂）壽君與喬差（佐）瘦（偃）爲株昜（陽）貣（貸）邚（越）異之黃金七益（鎰）㠯（以）翟（糴）穜（種）。逃（過）㕣（幾）不賽金。〖108〗

荃〈蔞-蒦〉昜（陽）司馬寅、黃辛、宋𢦏爲荃〈蔞-蒦〉昜（陽）貣（貸）邚（越）異之黃金七益（鎰）㠯（以）翟（糴）穜（種）。逃（過）㕣（幾）不賽金。〖109〗

鄗連囂（敖）競（景）愻（慢）、攻尹賸（賸）、波尹宵（宜）爲鄗貣（貸）邚（越）異之黃金七益（鎰）㠯（以）翟（糴）穜（種）。逃（過）㕣（幾）不賽金。〖110〗

正昜（陽）莫囂（敖）達、正昜（陽）公㔾（己）、少攻尹忞（哀）爲正昜（陽）貣（貸）邚（越）異之黃金十益（鎰）一益（鎰）四兩㠯（以）翟（糴）穜（種）。逃（過）㕣（幾）不賽金。〖111〗

昜（陽）陵連囂（敖）達、大辻尹足爲昜（陽）陵貣（貸）邚（越）異之黃金四益（鎰）㠯（以）翟（糴）穜（種）。逃（過）㕣（幾）不賽金。〖112〗

新者（都）莫囂（敖）雾（勝）、新者（都）桑夜（夜）公達爲新者（都）貣（貸）邚（越）異之黃金五益（鎰）㠯（以）翟（糴）穜（種）。逃（過）㕣（幾）不賽金。〖113〗

州莫囂（敖）疥、州司馬庚爲州貣（貸）邚（越）異之黃金七益（鎰）㠯（以）翟（糴）穜（種）。逃（過）㕣（幾）不賽金。〖114〗

大司馬卲（昭）鄒（陽）敗晉帀（師）於鄴（鄴-襄）陵之戢（歲），頣（夏）柰（夕）之月庚午之日，命（令）尹子士、大帀（師）子絸（佩）命龔陵公邗（于）鼉爲

鄗𨚕（鄗）貣（貸）邚（越）異之鋘金一百益（鎰）二益（鎰）四兩。〖115〗
鄝莫䵹（敖）卲（昭）疐、左司馬旅（魯）敃（殹）爲鄝貣（貸）邚（越）異之金七益（鎰）。鄜（鄜）陵攻尹䢅（産）、䒤（兮）尹𧃟（蘽）爲鄜（鄜）陵貣（貸）邚（越）異之金三益（鎰）肉（半）益（鎰）。〖116〗
郑（漾）陵攻尹快、喬尹驠爲郑（漾）陵貣（貸）邚（越）異之金丗=（三十）益（鎰）二益（鎰）。株昜（陽）莫䵹（敖）壽君、安陵公𢘍爲株昜（陽）貣（貸）邚（越）異之金五益（鎰）。〖117〗
鄸（夷）昜（陽）司馬寅、競（景）軔爲鄸（夷）昜（陽）貣（貸）邚（越）異之金七益（鎰）。鄗連䵹（敖）競（景）快、攻尹畭（舒）贊（賹）爲鄗貣（貸）邚（越）異之金六益（鎰）。〖118〗
邳（正）昜（陽）司馬逹、芺公䮪（騎）爲邳（正）昜（陽）貣（貸）邚（越）異之金十益（鎰）一益（鎰）四兩。昜（陽）陵司馬逹、右司馬志爲昜（陽）陵貣（貸）邚（越）異之金四益（鎰）。〖119〗
宵𢝋戠（職）之，秀陷、秀泉、秀紴、㽙（匡）賞、宵陎、秀□、秀䐗（䐗-獲）志、㽙（匡）迭（逿）。〖119 反〗

五 所詎

第一組（162-165+184-186）
東周之客䛗（許）緹（緼-盈）逿（歸）袳（祚-胙）於葳郢之〖戢（歲）〗，𨛭（荊）𡰥（夷）之月，所詎（屬）告於正婁宼：壬申，郳（滕）少司馬龏（龔-共）亯（酉）、邸昜（陽）君之人墬（陳）賈；乙亥，周跃（足）；戊寅，郅戡（列）尹𦑪（豫）。頣（夏）𡰥（夷）甲寅，郐（陰）人墬（陳）弜（強）；戊午，盬（鹽）㦿（虩）、黃亞；壬戌，邾司敗陞（徵）、〖162〗周悬（惕）之人䐗（䐗-獲）、郐邑人郙攸、陆（隋）晨（辰）；㔽（丙）寅，邸昜（陽）君之人臧（臧-莊）埫、壆（唐）君之人陸（隋）悬（惕）、臧（臧-莊）燭。亯月己巳，宙（中）廄（廄）𤈣（胡）豫，𨚔〈鄦-期〉思公之州里公㾑（虐）、郴（梁）人𤈣（胡）慶、下郗（蔡）人競（景）頟（履）；辛未，楚斨族倀（長）杭、郹戡（列）連䵹（敖）驌；壬申，李欲于；癸亯（酉），彭人〖163〗之州加公黃監、鄲（鄂）君之人㓠（利）吉、大廄（廄）登（鄧）𠆿（僕）、苻（菩）君之加公宋年、婁逳（适）；乙亥，集辻命（令）登

（鄧）嘉；戊寅，郣（部）邑人疋记（起）；辛巳，泥（疋）昜（陽）牒（諜）尹郙（宛）余、婁颾（狐），鄎尹之人敓、分（萬）敾（撫）之州加公讐（許）雾（勝）、登（鄧）人遠絮（纙）；壬午，奠（鄭）它人、〖164〗鄎敿（令）之州加公苛暱；癸未，郕（越）異之人周敨（叡）、佶（造）陵君之人登（鄧）定；甲申，彭君之人奠（鄭）倠（膺）；己丑，新都人奠（鄭）逃；壬晨（辰），郴（梁）人趌（胡）寡（宜）；酉（丙）申，鄘（郙）郢人黄鯛。題（夏）栾（夕）己亥，鄗君之人登（鄧）鐕；辛亥，嚻（敖）酷（酖-沈）尹之州加〖公〗趌（胡）鯉（貍）、刾寢遺憙（喜）、〖165〗鄁（都-青）尹之陆（隋）羔（瞿）倚、郘（呂）寅；乙丑，鄴（養）人奢（舒）郙、啺（唐）睹（暑）。肙=（八月）辛未，奢（舒）緹（緼-盈）；壬申，坪（平）陵敿（令）信；戊寅，郘（呂）延、郙（巟）倠（膺）；壬晨（辰），鄴人瞖（殷）婀、王西州里公周訟、泥（疋）昜（陽）人邘（干）旻（得）、鄗人秦赤、湯午；酉（丙）申，鄒（蔡）卻；壬晨（辰），大厰（廏）黄睘、大戭（列）登（鄧）余善、苛歆、〖184〗笑邑人苛佗、五子婥、郕（咸）郢人畬（熊）霝（雪）逜（适）；酉（丙）申，郕（咸）郢公之州加公婁遘(逌)、矔（觀）蠤（蠆）。九月己亥，啺（唐）暑、啺（唐）恷、臨昜（陽）人宔（主）賈；壬寅，五帀（師）士尹寡（宜）咎；甲晨（辰），君夫人之胯（劵）阩周退；乙巳，苛鮮（騰）；酉（丙）午，邸昜（陽）君之某（梅）敓；己酉（酉），佶（造）让嵒甬、〖185〗遊（魯）快；癸丑，盬（鹽）槧（漸）；甲寅，鄴（養）郹公歆；酉（丙）晨（辰），郷（終）邮人軋（範）固、墜（陳）團；己未，邸昜（陽）君之人番貽、佶（造）让鄀（炈-沈）和，正昜（陽）让瞖（殷）膄（臒-獲）志、新戭（列）尹之人縢、盬（鹽）昜（陽）敿（令）哭（攝）、佶（造）戭（列）郙（巟）韃、奠（鄭）受；辛酉（酉），登（鄧）人臧（臧-莊）燭、羕（漾）陵少甸尹烷（燒）。〖186〗

第 2 組（171-178）

所諨（屬）於發尹枛（利）：鄀（荊）层（夷）壬申，郊（鄢）人趌（胡）启余、瘧（瘳-廖）埜（野）；乙亥，登（鄧）無龍、陆（隋）晨（辰）；戊寅，登（鄧）佶（造）。亯月乙亥，東厇（宅）人奢（舒）豫；辛巳，鄺邑人登（鄧）痏、郕（咸）郢人陆（隋）偏、刾寢尹之人恣（怺）；甲午，亡翎；癸未，盬（鹽）塙；酉（丙）戌，畬（熊）相痏、少妾鮎；〖171〗己丑，鄞（匡）君繇（繇-由）發；甲午，泥（疋）昜（陽）人墜（陳）團、惥（愄-威）王之宼人臧（臧-莊）霄。題（夏）栾（夕）

己亥，霝（靈）昜（陽）人鹽（鹽）𥦣（溺）；甲晨（辰），登（鄧）孪（娩）；乙巳，㽙（咸）郢之攻尹之人登（鄧）㸷（堅）、大倍（造）让䜌（欒）迿、攻寶（府）苛忿；辛亥，郤（徐）快、郯戠（列）㸷（胡）軋（範）、鄘（鄘）郢少司馬陸（陳）懋（愁）；癸丑，新〖172〗埜（野）君之州加公遊；酉（丙）晷（辰），妾婦逡、登（鄧）匍（軍）之州人婁𧎢；己未，李琜（瑤）之人确（頎）、黄倗（倗）、畢（畢）同、正昜（陽）脰（廚）尹崎（踦）、郳（枝）昜（陽）少司馬䵺（胡）䁷（瞎）、䀈（鹽）虡（號）；辛𠧟（酉），臧（臧-莊）睹（暑）、郕（越）異之人五慶。㕧=（八月）辛未，愄（愄-威）王倍（造）室翏（翏-廖）瘖、古让湯昳（昃）；壬申，〖173〗周雯之人廳（應）、鄀（鄶）人余（徐）爲；甲戌，郊（鄢）人䵺（胡）援；戊寅，正昜（陽）让靁（雷）秦、大䵺（胡）之州人黄子媪（嬛）、肅王宼人翏（翏-廖）亞（惡）夫；壬晨（辰），鄗豫、繇（繇-由）戠（列）黄耦（耦）、新倍（造）让黄貨（價）、倍（造）戠（列）㐬瘥、鄗城莫囂（敖）之人杒（利）郕（越）；乙酉（酉），鄦（鄜）邑人昜（陽）郕（越）、吴晉；己丑，审（中）廄（廄）〖174〗馯（馭）鄒（蔡）臣、武城人番𦘪（嗌-益）耳。九月戊戌，鄗君之右司馬；己亥，鄵=（鄵吁）新官宋亡正、靁（雷）孪（娩）；辛丑，倍（造）戠（列）郕（求）迭（遶）；酉（丙）午，李瘥；戊申，邸昜（陽）君之人番𧾷；己𠧟（酉），鄦邑人登（鄧）楠；辛丑，妾婦婡，鄵=（鄵吁）䴞（諜）尹肷；酉（丙）晨（辰），遊宫坦倌黄贇（贛）；〖175〗戊午，郊（鄢）人番羕（漾）、子姬䀈（鹽）𢧢（臧-莊）、魯客専臣、葴浞（疋）君之人苛𨍏（轅）、新大廄（廄）屈爲人；辛𠧟（酉），鄌（唐）㠯（已）之人𦃟（緭）、㸷（胡）㲋（襄）、石蒼。𠀃=（十月）己丑，鄌（唐）君之人鄜（應）㬥（懌）、宵官司敗若、鹽（鹽）塙、苛𤞞（狗）子、卲（昭）媛之人舍（舒）亡（無）愄（愄-畏）、〖176〗郘莫囂（敖）之人鹽（鹽）瘽；癸巳，正昜（陽）正差（佐）翏（翏-廖）𢧢（臧-莊）、彭君之人䜣（潛）妾；甲午，𨛭（養）让畲（令）絑；乙未，郙（奉）昜（陽）司敗鄵䁷（瞎）、羕（漾）陵公之人䵺（胡）訢（慎）、大室酷（酖-沈）尹𥦣（溺）。炱（爨）月己亥，妾婦婉；〖177〗癸丑，倍（造）大让䜌（欒）迿。〖178〗

第3組（179-183+166-170）

所詎（屬）於郯逄（路）尹𢒼：𨝅（荊）𡰥（夷）壬申，邨（頓）人陸（陳）弃（棄）、畬（熊）鹿軞、登（鄧）聚（沼）之人陏（隋）訓（順）；戊寅，郱（梁）人㸷（胡）

慶、門婁悲。𩒨（夏）𡰥（夷）甲寅，陵尹之人黃𥿻（奚）、鄭人登（鄧）蒼、彊䮃（馭）婁𠛱（間）；戊午，偖（造）让李詤（諓）；己未，𨚍（正）昜（陽）让周𦥎（堅）、聖（聲）夫人之鄁（鄁-青）邑人𦥋；〖179〗壬戌，䡨笲侌（陰）𡰥（夷）安、舟室𠅗（舒）臣、霝（靈）里子之州差（佐）䚡（許）時、競（景）賈之州加公𨹍（唐）𧰼（豫）、彊䮃（馭）郙𢘅（怠）；㔽（丙）寅，𨜓君新州里公𨹍（唐）㝈（勝）、𨚰君之人䚡（許）郗（蔡）、秦𢧵（列）連𥈞（敖）䫇（柔）、𥁰（鹽）𧆬（虢）。亯月己巳，𨜵𢧵（列）黃請（請）、繇（繇-由）𣃍，审（中）偖（造）𢧵（列）少童（僮）羅角、右䮃（馭）郙還；〖180〗辛未，安𨛫（陸）人𨻰（陳）環、陵人番乙；壬申，邵（昭）上之州加公郾（郾-燕）、𨟻（應）族之州人孫之、𡰢（昃）賔（府）曆（磿）；乙亥，邮昜（陽）人李𪇬、莫𥈞（敖）之州加公五𨛬（陽）；戊寅，遊倉；癸未，少妾婡、奠（鄭）羊；甲申，泿（疋）昜（陽）人𥁰（鹽）軺（範）；㔽（丙）戌，坪（平）夜（輿）君之州加公畬（熊）鹿𡰪新、〖181〗亯埜（野）邑人𨻰（陳）𦥎（堅）、𠅗（舒）善、某（梅）溪（溪）邑人𣪠（殷）膢（膢-獲）志；己丑，宵官司敗𨑳；壬㫳（辰），𨛜（卷）株之仿周遷；癸巳，郊人龕𠮦（己）；㔽（丙）申，右司馬之州加公番䩉。𩒨（夏）𡚬（夕）己亥，𤓖（胡）愋；辛丑，下郗（蔡）人𨾹（畢）會；甲㫳（辰），李獻、大𢧐（臧）之加公黃申；〖182〗乙巳，𤔲昜（陽）人𨻰（陳）楚、新埜（野）人少妾秋、郘（呂）寅；辛亥，郋（宛）人𨟻（應）㔽（丙）、郗（蔡）𣪊（叡）、杋𢑠（劵）之州人周庚、新大𢊁（廄）郗（蔡）己；癸丑，泿（疋）昜（陽）人邗（干）㝵（得）；㔽（丙）㫳（辰），郯人𩻛（𡕒）𠷎、𢿎獸（獸）邻邑公𡜈；己未，𩻛（𡕒）公拡、𨹍（唐）𡕒（𡕒）司敗𨛬（陽）、𢘹（愄-威）王𡪞人𢧐（臧-莊）𨟬〖183〗、葴陵之𠍲（高）司敗郷𣪊（穀）、𢘹（愄-威）王𡪞𢧐（臧-莊）嘉、𠛙寢敂（令）之州苛鯀（縢）；辛𨠭（酉），偖（造）𠍲司敗𨛸（越）、晉𠊳（合）之人邨（頓）㝵（得），子西𢧵（列）尹之人辛；乙丑，鄘（鄘）陵敂（令）腸（唐）𡰪、章余可；㔽（丙）寅，𨻰（陳）公之人奠（鄭）少士、偖（造）让尹𡇢甬，𨛸（漾）陵人李𨛸（越）、〖166〗惠夫人之文𥈠（瞎）、葴陵人郷𧓍。八月戊㫳（辰），大𢊁（廄）盤（盤）𡰪（沙）、郊（鄍）人桑𩠡、大让苛羅、𢧐（臧-莊）秦之人吳加；辛未，東𨛒（宅）人登（鄧）𡖢、東𨛒（宅）人登（鄧）𡈄（迢）；壬申，偖（造）𢧵（列）𨙶（求）軺（範）；戊寅，足束逯（逄）、苛𢟪（傑）；乙𨠭（酉），戠（咸）郢𨻶（隋）過、𨛒昜（陽）君之人番𩠡；己丑，

珞尹、郛审（中）廄（廄）〖167〗苛善、陸（陳）聖（聖）。九月戊戌，軋（範）
偒（作）；辛丑，舟蕟（薋）公豕、舟斨公塍（券）、司舟公孪（娩）；壬寅，夜坖（基）
之里人鄴（瞿）隧（墜）；乙巳，匊戩（列）某（梅）欽；酉（丙）午，嘼（單）善
之人苛脭（盈）；戊申，佶（造）戩（列）黃痍之人翆（廖）鏅、鄗人秦赤；辛亥，
妾婦監、史惖（懌）、鄗人秦赤；酉（丙）晨（辰），陸（隋）宻之人惑、〖168〗黃
和；癸亥，𨙸（咸）郢司悳（德）秀鄒（陽）、郭=（郘吁）人軋（範）牓（邊）。
肯=（十月）戊寅，𢦏（咸）郢司悳（德）鄒（陽）、苛蘡（矍）、湛母邑人屈亭（就）、
佶（造）大辻夆（舒）抾、郴（梁）人割（胡）慶；辛巳，鄴（漾）陵人郘（呂）
快、武陵戩（列）尹之人翏（廖）足、鄒（陽）逘邑人周緹（盈-盈）、𢦏（咸）郢
某（梅）子畱（蕾）、鄠邑人吳㛍（勝）、佶（造）皉〖169〗割（胡）妾之人登（鄧）
鮙（朝）、盧（盬）𨾴（壔-隙）；己丑，彭沱（池）人宋丹、𨙸（咸）郢人絑（朱）
瘴（牆）瞍（襄）、至命連䣙（敖）妾、黃蠋、鄒（蔡）徹（叡）、陸（隋）鐘連囂
（敖）婀、大佶（造）戩（列）黃敨。奐（爨）月己亥，郊（鄢）人黃戊、鄴（葉）
人鄗（宛）邅。〖170〗

第4組（187-192）

所詎（屬）於正敍（令）翟：鄀（荊）层（夷）乙亥，登（鄧）鄒（蔡）、競（景）
駝（馳）；戊寅，佶（造）皉牯臣。題（夏）层（夷）甲寅，登（鄧）人苛捭；戊
午，婁産；己未，妾婦壬女。題（夏）柰（夕）乙丑，大尹之人黃訢（慎）。八月
戊晨（辰），登（鄧）塙、郁（甬）易（陽）莫囂（敖）之人疼、正秀暘，穆亥；
壬申，遊戩（列）黃愴（愴）；〖187〗戊寅，邱（旦）蹭、龏（龔-共）夫人之人郢
（昱）𤞣；乙菡（酉），郋（疋）宫夫=（大夫）黃壓、邔（枝）易（陽）人陸（陳）
波（坡）；己丑，郊（鄢）䡊（執）事人郁（甬）莫（鄭）、鄭丘郱（共）遭（徂）
之人果；壬晨（辰），上郢邑人周喬、㨾（養）遊（由）邲（越）、瘇（瘳-廖）亞
夫。九月戊戌，郊（鄢）坪（平）邑割（胡）羿（羽）；辛丑，〖188〗易（陽）廄（廄）
尹郡之人黃欿；甲唇（辰），盧（盬）悉（悚）；乙巳，龏（龔-共）綏；戊申，易
（陽）廄（廄）尹之人黃欿、新大廄（廄）塘（唐）晉；辛亥，翆（翏-廖）亞夫、
佶（造）戾登（鄧）翌（輕）；酉（丙）晨（辰），鄹（鄆）君之州加公石瘦（瘥）、
株易（陽）莫囂（敖）州加公張讙、邘（干）競（景）之州加公邱（旦）秦、鄬敍
（令）之州加〖公〗苛晤；戊午，登（鄧）袋（勞）、〖189〗鄹（鄅）郢黃鯛、邲（越）

異之人軋（範）賈、𡪕（郯）君之子連郢、篨（筦）州加公周蘁（藚）；己未，遊宮州加公𡚼；辛菡（酉），篁（匡）敂（令）州加公𡊨（唐）女、楚󰀀邡。肙=（十月）乙亥，酓（熊）鹿𡱝，美（瞿）快耳，東厇（宅）人登（鄧）環、屈賈、𡠘（閔）紳；戊寅，鄜邑人登（鄧）耿、𡎅（壘）〖190〗昜（陽）君之人宋午、王西州里公命謐、鄘（應）族州里公黃固；辛巳，宣王𡨦市客苛𦢊（矎）、墬（陳）人𩏑（龔-共）㝅（穀）；己丑，妾婦𡛹、邛（正）昜（陽）仔公𢚶（惃）、新大廄（廏）𤔏（殷）𢝐、鄒（蔡）㔷（丙）、邷（郎）让尹之人𠎷（舒）余善、膚（盧）𧨀（列）連囂（敖）𢶏（傑）、𠎷（舒）豫；壬晨（辰），五佗、周蟲；〖191〗癸巳，婁遏；甲午，𢙢（愄-威）王俈（造）室楚𠜽（斷）、墬（陳）吉，楊𧇊（亂）人鄒（蔡）齊；乙未，墬（陳）人𩏑（龔-共）𠈲（僕）之人𧺆，𢏚（弦）人武貴墨、坪（平）陵君之州加公𡱝新。𡘮（爨）月己亥，鄎（宛）人𠎷（舒）𩓋（夏）臣、𥂴（盬）塙。〖192〗

第 5 組（193–194）

告所𧩯（屬）於𠌶尹：亯月戊寅，𩓋（夏）敂（令）鄒（蔡）𧩎（誊）；辛巳，鄟邑人秀傇、緣（欒）延、楚𩊠𨔵(逝)。九月癸亥，某（梅）訓（順）；乙丑，昜（陽）陵人遠從志。肙=（十月）乙亥，昜（陽）翟人翏（廖）𢕟（賢），膚（盧）脛（勁）、王青=（丹青）、郶（邥-沈）膢（膢-獲）、噩（咢-鄂）君之人𠎷（舒）𨗻（畢）；戊寅，邛（正）昜（陽）卲（昭）〖193〗𢘆（慧）、鄒（蔡）𡊆、寠（集）脰（廚）鳴胥（腋）𠎷（舒）衛（衛）鯢、郚（鄢）人𥂴（盬）𤢖（憖）；辛巳，让敂（令）史𤸪（瘽）、𦿉尹毛之人、郟𧨀（列）尹𪓐之人。〖194〗

第 6 組（196）

所𧩯（屬）於王厶（私）司敗逿：亯月己巳，酓（熊）相𠑾（且）。𠕎=（八月）己巳，登（鄧）連。〖196〗

第 7 組（195）

所𧩯（屬）於少里喬𦦙（與）尹䎿（羽）。巳（已）。〖195〗

六 集 箸〖001〗

1. 𠛎人之典

魯昜（陽）公𠃧（以）楚帀（師）逡（後）𩏯（城）奠（鄭）之𢦔（歲），冬柰（夕）𣉻=（之月），𠛎敂（令）彭圍命之於王大子而𠃧（以）𨺢（登）𠛎人，所〖002〗

幼未陞（登）𠛬之玉賓（府）之典，𠛬戠（列）之少僮鹽（鹽）族鄜（國）一夫、瘠（瘽）一夫，凥（處）於𨚗（匡）逄（路）區湶邑。〖003〗凡君子二夫，𣪊（翠）是亓（其）箸（書）之。遊（魯）昜（陽）公㠯（以）楚帀（師）逡（後）𩏩（城）奠（鄭）之戢（歲），屈柰（夕）肓=（之月）丁巳〖004〗音=（之日），伟大𢼸（令）恁（舍）㠯（以）爲𠛬𢼸（令）圍陞（登）𠛬人。亓（其）𡨦（溺）典，新官帀（師）瑗、新官𢼸（令）邚（越）、新官婁〖005〗䫌（履）犬、新官連囂（敖）郙趞、犇㝵（得）受之。〖006〗

2. 臧（臧-莊）王之墨入溺典

齊客墬（陳）豫訋（賀）王之戢（歲），𠙴=（八月）乙𨠭（酉）音=（之日），王廷於藍郢之遊宮，安（焉）命大莫囂（敖）屈昜（陽）爲命邦人內（入）亓（其）𡨦（溺）典。臧（臧-莊）王之墨㠯（以）內（入）亓（其）臣之𡨦（溺）典。憙（喜）之子庚一夫，凥（處）郢里，〖007〗司馬徒箸（書）之。庚之子昭一夫、昭之子疕一夫，未才（在）典。〖008〗

3. 陳豫之典

郲戠（列）上連囂（敖）之還寨（集）瘳（廖）族𧯦（澗）一夫，凥（處）於郲䢎（國）之少桃邑，〖010〗才（在）墬（陳）豫之典。〖011〗

4. 察梅瘽之典

東周之客䛅（許）緹（緹-盈）至（致）复（作-胙）於葴郢之戢（歲），題（夏）𡰥（夷）之月，甲戌音=（之日），子左尹命漾陵宫夫=（大夫）□（察）郜（造）室人某（梅）瘽之典之才（在）漾陵之厽（三）鉨（璽）。漾陵大宫痎、大駐（駟）尹帀（師）、鄡（鄡）公丁、士帀（師）墨、士〖012〗帀（師）𨛜（陽）慶吉啓漾陵之厽（三）鉨（璽）而才（在）之，某（梅）瘽才（在）漾陵之厽（三）鉨（璽），閒（間）御之典匱。大宫痎內（入）氏等（志）。〖013〗

5. 執事人求人

東周之客䛅（許）䋎（盈）逯（歸）复（作-胙）於葴郢之戢（歲），九月戊午之日，宣王之𡨧州人苛𦡱（𧹞）、登（鄧）公𩢐（邊）之州人苛瘻（痤）、苛䭙㠯（以）受宣王之𡨧市之客苛逽（适）。𤔲（執）事人𣌭（早）莫（暮）救（求）逽（适），三受不㠯（以）出，阩門又（有）敗。〖058〗

九月癸亥之日鄵䒨=（之市）里人𣪘（殷）𢼠受亓（其）𧿒（兄）𣪘（殷）朔，𤔲

（執）事人𣅈（早）募（暮）求朔，𠛬不㠯（以）朔廷，陞門又（有）敗。〖063〗

6. 債不交於新客

所又（有）責（債）於寢戠（列）五帀（師），而不交於新客者，豕玫苛歆秎（利）之金一益（鎰）剢（半）益（鎰）。秀几。戠（列）緩（纓）爲李。所又（有）賕（責-債）於剁帰（寢）戠（列）、寢戠（列）、繇（繇-由）戠（列）五帀（師），而不交於新客者，告（造）让六（大）敂（令）李愿（怲）之金五益（鎰）。〖146〗客發笋。〖148〗

7. 煮鹽於海

堕（陳）𢝊、宋獻（獻）爲王煮盧（鹽）於海（海），受屯二儋（儋）之飤（食），金鋥二鋥。牆（將）㠯（以）成收。〖147〗

8. 斂關金

陵让尹塙㠯(以)楊虎斂（斂）關（關）金於郙敓，𩙯仿之新昜（陽）一邑、霝（霝-靈）坨一邑、厲（礪）一邑、鄁一邑、房一邑、告（造）楮一邑、新告（造）一邑；與亓（其）𤰈，女繇（繇-由）一賽、浧𤰈一賽、湪𤰈一賽、斱𤰈一賽，不量亓（其）關（關）金。牆（將）諻（徵）之於亓（其）尹敂（令）。陵让尹之相，塰（唐）余可內（入）之。〖149〗

9. 貸徒廩之王金不賽

邔（正）昜（陽）之酷里人卲（昭）哭（慧）、邦轍（獵）、盤（盤）己，邔（正）昜（陽）之牢宙（中）獸（獸）竹邑人宋𩡀，藪陵之戠（列）里人石紳，貣（貸）徒莒（廩）之王金不賽。徒莒（廩）之客苛朙內（入）之。白洛（路）公新（慎）、登（鄧）行。〖150〗客發笋。〖150反〗

10. 啻蘆之田

啻蘆（苴）之田，南與郚君层（弡）疆，東與菱（陵）君层（弡）疆，北與鄝昜（陽）层（弡）疆，西與鄱君层（弡）疆。亓（其）邑：笑一邑、郯一邑、竝（並）一邑、郜一邑、余爲一邑、鄭一邑，凡之六邑。〖153〗

王所舍新大廄（廄）㠯(以)啻蘆（苴）之田，南與郚君䢵（執）疆，東與菸（菱-陵）君䢵（執）疆，北與鄝昜（陽）䢵（執）疆，西與鄱君䢵（執）疆。〖154〗

11. 二執命逃命案

二䢵（執）命爲王敦（穀）取郙，不浧（盈）敦（穀）而逃命，謯（屬）之政（正）。

左尹冠㠯（以）亓（其）不旻（得）䙝（執）之凥（處），弗能詣。頣（夏）栾（夕）癸丑，子陵尹逗（屬）之。〖156〗

12. 鑄劍之官廢其官事

鄒（蔡）遱（遺）受盥（鑄）鐱（劍）之官宋＝弝＝（宋強，宋強）灋（廢）亓（其）官事，命受正㠯（以）出之。中舲（舍）讆（許）逜（适）內（入）之。羸逄（路）公角戠（職）之。義旻（得）。〖018〗

13. 死病甚

罼（畢）旻（得）㕧（叚-假）爲右史於莫嚻（敖）之䡅（軍），死疠（病）甚。〖158〗

14. 無題

罼（畢）紳命㠯（以）頣（夏）逄（路）史、逰史爲告於少帀（師），鄧公嘉之告言之攻尹。郯敂（令）𨚕（荊）之告、墬（陳）興之告言之子司馬。〖159〗臧（臧-莊）奠（鄭）言之少帀（師）。〖160〗

叚（叚）仿司馬婁臣、敮（叚）仿史婁佗、譹（詉）事命（令）㠯（以）王命逗（屬）之正。〖161〗

七　集箬言〖014〗

1. 宵官司敗若上告案

儯（僕）五帀（師）宵倌之司敗若，敢告視日：卲（昭）行之夫＝（大夫）盤（盤）㓝夸䙝（執）儯（僕）之倌登（鄧）虗（虩）、登（鄧）异（期）、登（鄧）儯（僕）、登（鄧）壄（臧-莊）而無古（故）。儯（僕）㠯（以）告君＝王＝（君王，君王）逗（屬）儯（僕）〖015〗於子＝左＝尹＝（子左尹，子左尹）逗（屬）之新佶（造）让尹丹，命爲儯（僕）至（致）典。既皆至（致）典，儯（僕）又（有）典，卲（昭）行無典。新佶（造）让尹不爲儯（僕）剸（斷）。儯（僕）裳（勞）倌頸事牆（將）灋（廢），不惛（愁）新佶（造）让〖016〗尹，不敢不告視日。〖017〗五帀（師）宵倌之司敗告胃（謂）：卲（昭）行之夫＝（大夫）客䙝（執）亓（其）倌人，新佶（造）让尹不爲亓（其）𥜌（察），不慭。〖015 反〗肯＝（十月）甲申王逗（屬）。〖016 反〗左尹。〖017 反〗

2. 竊馬殺人案

周客監（甘）匿（固）迈（蹠）楚之戢（歲），䇓=（亯月）乙卯音=（之日），下郗（蔡）蕺（尋）里人畬（舍）䦅（猬）告下郗（蔡）劮敎（執）事人昜（陽）城公羕（瞿）睪。䦅（猬）言胃（謂）：邦㑊竊馬於下郗（蔡）而儥（價）之於昜（陽）城，或（又）殺下郗（蔡）人畬（余）睪，尖=（小人）命爲䀠㠯（以）傳之。昜（陽）成公羕（瞿）睪命倞邦解句傳邦㑊，旻（得）之。〖120〗䇓=（亯月）丁巳音=（之日），下郗（蔡）山陽里人邦㑊言於昜（陽）成公羕（瞿）睪、大敓（漁）尹屈達、郫昜（陽）莫囂（敖）臧（臧-莊）獻、畬（余）羊。㑊言胃（謂）：尖=（小人）不信竊馬，尖=（小人）信與下郗（蔡）閘（關）里人䧹（膺-應）女𨑓（返）、東邗（干）里人䝼（場-唐）賈、蓴（夷）里人競（景）不割（割-害）䍃（僉）殺畬（余）睪於競（景）不割（割-害）之官，而相與弃（棄）於大逄（路），競（景）不割（割-害）不至〖121〗兵安（焉）。孓敎（執）䝼（場-唐）賈，里公邦眚（省）、士尹紬謓（慎）𨑓（返）孓，言胃（謂）䝼（場-唐）賈既走於前，孓弗返（及）。孓敎（執）䧹（膺-應）女𨑓（返），加公臧（臧-莊）申、里公利旼（堅）𨑓（返）孓，言胃（謂）女𨑓（返）既走於前，孓弗返（及）。孓敎（執）競（景）不割（割-害），里公旲（昱）拘、亞大夫郙（宛）䡅（乘）𨑓（返）孓，言胃（謂）不割（割-害）既走於前，孓弗返（及）。孓收邦㑊之伇（奴）、加公軋（範）戌、里公畬（余）〖122〗□𨑓（返）孓，言胃（謂）邦㑊之伇（奴）既走於前，孓弗返（及）。邦㑊未至剸（斷），有疾，死於宭。䧹（膺-應）女𨑓（返）、䝼（場-唐）賈、競（景）不割（割-害）皆既盟（盟）。〖123〗

3. 酷官死亡案

司豐之衋（夷）邑人桯甲受浘（疋）昜（陽）之酷官黃=齊=黃=鼈=（黃齊、黃鼈，黃齊、黃鼈）皆㠯（以）甘匿（固）之戢（歲）𠨍（爨）月死於鄦䦈（國）東敔卲（昭）戊之笑邑。〖124〗宋客盛公䑼（邊）䎁（聘）楚之戢（歲），屈柰（夕）之月戊寅之日，邚（疋）昜（陽）公命鄦䦈（國）之客蒦戳（列）尹癸䜴（察）之。東敔公鮽（舒）捭、敔司馬㙷（唐）牛皆言曰：邚（疋）昜（陽）之酷倌黃齊、黃鼈皆㠯(以)甘固之𡔷=（𠨍-爨月）死於尖=（小人）之敔卲（昭）戊之笑邑。〖125〗既發芧，廷疋昜（陽）之酷官之客。𡍮（匡）倚爲李。〖125反〗

4. 同室調查案

左尹與鄝（郑）公賫（賜）、正婁宓、正敂（令）䍡、王厶（私）司敗逿、少里喬與尹翌（羽）、郯逄（路）尹㛂、發尹杒（利）之命胃（謂）：羕（漾）陵宫夫=（大夫）司敗（察）羕（漾）陵之州里人墬（唐）鋋之不與亓（其）父墬（唐）年同室。䪈（夏）层（夷）之月己亥（酉）之日，囟（思-使）一戠（職）獄之宔（主）己（以）至（致）命，不至（致）命，邊門又（有）敗。〖128〗

東周之客譬（許）綎（緼-盈）至（致）复（作-胙）於葳郢之戢（歲），䪈（夏）层（夷）之月癸卯之日，子左尹命漾陵之宫夫=（大夫）（察）州里人墬（唐）鋋之與亓（其）父墬（唐）年同室與不同室。大宫痎、大駐（駔）尹帀（師）言胃（謂）：墬（唐）鋋不與亓（其）父〖126〗墬（唐）年同室。鋋居郢，與亓（其）季父鄱連囂（敖）墬（唐）必同室。大宫痎內（入）氏箒（志）。〖127〗

䪈（夏）层（夷）之月癸卯之日，戠（職）言市己(以)至，既涉於喬與，喬差（佐）僕（僕）受之。亓（其）（察）戠（職）言市既己（以）迈（蹠）郢。〖128 反〗

5. 期思拒金案

東周客鄦（許）綎（緼-盈）逯（歸）䘙（祚-胙）於葳郢之戢（歲），䪈（夏）层（夷）育=（之月），死〈亟-期〉思少司馬登（鄧）癎言胃（謂）：甘固（固）之戢（歲），左司馬遁（适）己（以）王命=（命，命）死〈亟-期〉思畬（舍）絫（柊）黄王之貟（爨）一青（青）義之齎，足金六匀（鈞）。〖129〗是戢（歲）也，死〈亟-期〉思少司馬屈韟己（以）足金六匀（鈞）聖（聽）命於絫=（柊，柊）宫夫=（大夫）左司馬邚（越）虘（虢）弗受。飤（盛）公賸（邊）之戢（歲），死〈亟-期〉思少司馬邗（鞏）殗（勝）或（又）己（以）足金六匀（鈞）畬（舍）絫=（柊，柊）宫夫=（大夫）集昜（陽）公鄒（蔡）逯弗受。〖130〗須左司馬之㚇（樊-返）行，牆（將）己(以)韰（聞）之。〖130 反〗

6. 舒慶命案

秦競（景）夫人之人舒（舒）慶坦凥（處）郄（陰）鄉之東鄔（窮）之里，敢告於暑=（視日）：郄（陰）人苛冒、超（桓）卯己（以）宋客盛公賸（邊）之戢（歲）觀（荊）层（夷）之月癸巳之日，〖132〗僉殺僕（僕）之眖（兄）呣。僕（僕）己(以)詁告子=郙=公=（子宛公，子宛公）命鄢右司馬彭慐（懌）爲僕（僕）筭（笎）箒（志），己（以）畬（舍）侌（陰）之歡客、侌（陰）鄉之慶李百宵（宜）君，命爲僕（僕）摶（捕）之。旻（得）苛〖133〗冒，超（桓）卯自殺。歡客百宵（宜）君既己（以）至（致）命於子郙（宛）公，旻（得）苛冒，超（桓）卯自殺。子郙

（宛）公詎（屬）之於会（郐）之敳客，囟（思-使）剫（斷）之，含（今）会（陰）之敳客不爲亓（其）剫（斷）而〖134〗倚斅（執）僕（僕）之䢄（兄）綎（緄-盈），会（陰）之正或（又）斅（執）僕（僕）之父逾（逷）。苛冒、趄（桓）卯僉殺僕（僕）之䢄（兄）明，会（郐）人陞（陳）䜌（脖）、陞（陳）旦、陞（陳）郕（越）、陞（陳）鄒、陞（陳）寵、連朸（利）皆智（知）亓（其）殺之。僕（僕）不敢不告於視日。〖135〗

譬（許）綎（緄-盈）之膏=（亯月）甲午之日，𧊒尹傑駐（駟）從郢㠯（以）此等（志）逨（來）。〖132反〗

左尹㠯（以）王命告湯（唐）公：夆（舒）慶告胃（謂），苛冒、宣（桓）卯殺亓（其）䟄（兄）吅，郐（陰）之戠客敷（捕）旻（得）冒，卯自殺。郐（陰）之戠客或（又）㝎（執）㑅（僕）之䟄（兄）䞷（盈），而舊（久）不爲剫（斷）。君命速爲之剫（斷），頣（夏）柰（夕）之月，命一㝎（執）事人㠯（以）至（致）命於郢。〖135反〗

㠯（以）至（致）命於子左尹。僕（僕）氰（軍）造言之：視日㠯(以)郐（陰）人䣁（舒）慶之告詎（屬）僕（僕），命速爲之剫（斷）。郐（陰）之正既爲之𥃝（盟）譄（證），慶逃，䞷（盈）迲（圭）宿，亓（其）余（餘）㝎（執），牆（將）至時而剫（斷）之。視日命一㝎（執）事人至（致）命，㠯（以）行古槃（湓）上恆（極），僕（僕）徛（倚）之㠯（以）至（致）命。〖137反〗

東周之客譬（許）䞷（盈）逯（歸）复（作-胙）於葴郢之戠（歲），頣（夏）柰（夕）之月癸丑之日，郐（陰）司敗某（梅）旃告湯（唐）公競（景）氰（軍）言曰：㝎（執）事人詎（屬）郐（陰）人佢（桓）䇮、苛冒、夆（舒）逊、夆（舒）䞷（盈）、夆（舒）慶之獄於郐（陰）之正，〖131〗囟（思-使）聖（聽）之。逊、䞷（盈）皆言曰：苛冒、佢（桓）卯僉殺夆（舒）明。尖=（小人）與慶不信殺佢（桓）卯=（卯，卯）自殺。佢（桓）䇮、苛冒言曰：夆（舒）慶、夆（舒）䞷（盈）、夆（舒）逊殺佢（桓）卯，慶逃。頣（夏）层（夷）之月癸亥之日，㝎（執）事人爲之〖136〗𥃝（盟）譄（證），凡二百人十一人。既𥃝（盟），皆言曰：信！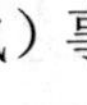（察）䎽（問）智（知）夆（舒）慶之殺佢（桓）卯，逊、䞷（盈）與慶皆；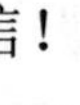（察）䎽（問）智（知）苛冒、佢（桓）卯不殺夆（舒）明。夆（舒）䞷（盈）㝎（執），未有剫（斷），迲宿而逃。〖137〗

左尹𠳵（以）王命告子郙（宛）公，命𩐈（溢）上之戠（職）獄爲郐（陰）人舒𧊒（盈）𥃬（盟），亓（其）所命，於此箸（書）之中𠳵（以）爲諻（證）。〖139反〗

郐（陰）人𠲵（舒）𧊒（盈）命諻（證），郐（陰）人御君子𨻰（陳）旦、𨻰（陳）龍、𨻰（陳）無正、𨻰（陳）𦣻（彗），與亓（其）戠客百𡨕（宜）君、大史連中、左閘（關）尹黃𢗧（惕）、酷（酖-沈）差（佐）郗（蔡）惑、坪（平）𢎣（射）公郗（蔡）冒、大𦚔（諜）尹連𠭱（且）、〖138〗大脰（廚）尹公𠈆（宿）必，與𦅻廿=（三十）。〖139〗

𡇒（思-使）𧊒（盈）之𢧢（仇）敘（除）於𧊒（盈）𣥺=（之所）諻（證）。與亓（其）𢧢（仇），又（有）𢘑（怨）不可諻（證）。同社、同里、同官不可諻（證）。匿（暱）至从（從）父兄弟不可諻（證）。〖138反〗

7. 漸木之爭案

東周之客𧧻（許）緹（縕-盈）逯（歸）𠈇（作-胙）於葳郢之戠（歲），𥁰=（十月）辛巳之日，畢（畢）𦣵（脰）尹𠀋（酉-柳）𦅻與𨜏君之司馬奉爲皆告城（成），言胃（謂）：尖=（小人）各政（征）於尖=（小人）之𨸏（地），無𧭥（訕）。登（鄧）人所𨌎（漸-斬）木四百𣏂（枚）於〖140〗𨜏君之𨸏（地）蘘（蘘）溪之中；亓（其）百又𠔀=（八十）𣏂（枚）於畢（畢）𨸏（地）𨜘(卷)中。〖140反〗

8. 黃欽自傷案

東周之客𧧻（許）緹（縕-盈）逯（歸）𧙏（祚-胙）於葳郢之戠（歲），𩒨（爨）月乙巳之日，秦夫=（大夫）怣（怠）之州里公周𢉖言於左尹與𨛭（郯）公賜、𠈊尹𡟲（傑）、正婁𡨦、正𢽁（令）𦫵、王厶（私）司敗逿、少里喬𦥯（與）尹𦏴（羽）、郯逄（路）尹𢀜、發尹𥝢（利）。𢉖言曰：甲𨑃（辰）之日，尖=（小人）〖141〗之州人君夫人之𢽤𢘟（愴）之𡨴，一夫𨑚（失），𨒥（趣）至州𧗸（巷）。尖=（小人）𨘢（將）𢼸（捕）之，夫自𠜬（傷）。尖=（小人）安（焉）𢽍（獸-守）之𠳵（以）告。𨜝（秀）齊戠（識）之。𡇒（列）郗（蔡）爲李。〖142〗

𩒨（爨）月乙巳之日，𨛧𢦏（國）𤯍（礌-礅）敔郟君之泉邑人黃欽，言於左尹與𨛭公賜、𠈊尹𡟲（傑）、正婁𡨦、正𢽁（令）𦫵、王厶（私）司敗逿、少里喬𦥯（與）尹𦏴（羽）、郯逄（路）尹𢀜、發尹𥝢（利）。欽言曰：鄗（鄗）逄（路）尹𢡱（憍）𧻚（執）尖=（小人）於君夫人之𢽤𢘟（愴），甲𨑃（辰）之〖143〗日，尖=（小人）取𢘟（愴）之刀𠳵（以）解尖=（小人）之桎，尖=（小人）逃至州𨑢（巷），

州人牺（將）敷（捕）尖=（小人），尖=（小人）信㠯（以）刀自敡（傷），州人安（焉）㠯（以）尖=（小人）告。〖144〗

9. 饋客之齎案

東周之客紳朝、郾（郾-燕）客登（鄧）余善、秦客墬（陳）新（慎-軫）、郻（魏）客郻（魏）畬（奮）、郻（魏）客孫=（公孫）哀、邸（越）客延穠（沬）、邸（越）客左尹軴、郻（魏）客諱（卑）梟、鄅（巴）客㞷（望）困䍣之䀋=（宮犬）敘（舒）鳶（鳫），肉㝢（祿）旦瀍（廢）之，無㠯（以）歸（饋）之。审（中）𨗨（舍）戠（職）歸（饋）之客成易（陽）辵尹成㠯（以）告子司馬。〖145〗八月戊寅，子司馬詎（屬）之。九月甲申之日，司豐之客須幽箸言胃（謂）：尖=（小人）㠯（以）八月甲戌之日舍（舍）肉㝢（祿）之𨗨（舍）人□□䝭（饋）客之齎，金十兩又一兩。義亞爲李。〖145 反〗

10. 食田繼承案

左馯（馭）番戌飤（食）田於邵（郥）䆟（國）鬻（溢）邑，城田一索畓（畔-半）畜（畹）。戌死，亓（其）子番疐遂（後）之；疐死無子，亓（其）弟番黜遂（後）之；黜死無子，左尹士命亓（其）從子之弟番𣢑遂（後）〖151〗之。𣢑飤（食）田疠（病）於賗（責-債），骨貨（價）之。左馯（馭）遊唇（辰）骨賈之，又（有）五箭。王士之遂（後）郢（匡）賞閼（間）之，言胃（謂）：番戌無遂（後）。左司馬逜（适）命左敏（令）默定之，言胃（謂）：戌又（有）遂（後）。〖152〗

11. 葬王士

□南陵公郘（呂）䐡（朓）敬陵之行，儯（僕）宦於郊（鄢）。郢只命㚃（葬）王士，若㚃（葬）王士之厇（宅）。儯（僕）命佢（桓）受只，若只命。郊（鄢）少司馬龏（龔-共）頡爲𢼄，受只於儯（僕）。方郊（鄢）左司城競（景）慶爲大司城𢼄客，虘（且）政五連之邑於㚃（葬）王士，不㠯(以)告儯（僕）。〖155〗既言之，詎（屬）之左尹。〖155 反〗

12. 職巂之客案

郊（鄢）宦夫=（大夫）命少䆕（宰）尹鄵詃䙴（察）䎽（問）大䅱（梁）之戠（職）巂之客苛=坦=（苛坦，苛坦）言胃（謂）：郊（鄢）攻尹屈惖（愓）命解舟䝭（贅）、舟㦰（箴）、司舟=（舟、舟）斨、車轄夆斨、牢审（中）之斨、古斨、䆟竽駐（馹）倌、竽倌之巂，貣（貸）解。〖157〗𩲡（爨）月己亥之日，郊（鄢）少宰尹郷〈鄵〉

詃㠯（以）此篿（志）至（致）命。〖157 反〗

13. 278 反

柔脰（廚）尹之人𧯷（盬）䪚（𩇬）告絧（給）多命㠯（以）䝮（嬰）𧷝。〖278 反〗

卜筮祭禱簡

一　卜筮簡

1. 躬身、王事貞

第 1 組

宋客盛公𩣱（邊）甹（聘）於楚之戢（歲），𦿑（荊）𡰥（夷）旮=（之月）乙未之日，𧯷（盬）吉㠯（以）保（寶）豙（家）爲左尹𦬁貞：自𦿑（荊）𡰥（夷）旮=（之月）㠯（以）𦎫（就）𦿑（荊）𡰥（夷）旮=（之月），出內（入）事（侍）王，𦘔（盡）𣧊（卒）戢（歲），𥧳=（𥧳-躳身）𢘓（尚）毋又（有）咎。占之，𢛐（恆）貞吉，少又（有）𢝊（戚）〖197〗於𥧳=（𥧳-躳身），虘（且）志事少𨒻（遲）㝵（得）。㠯（以）亓（其）古（故）敓（說）之。思（使）攻解於人𢘟（禹）。占之：甚吉。𢦏（幾）中（中）又（有）憙（喜）。〖198〗

第 2 組

宋客盛公𩣱（邊）甹（聘）於楚之戢（歲），𦿑（荊）𡰥（夷）旮=（之月）乙未旾=（之日），石𧙍（被）𧛒（裳）㠯（以）訓（順）𦶝爲左尹𦬁貞：自𦿑（荊）𡰥（夷）旮=（之月）㠯（以）𦎫（就）{𦿑（荊）𦎫（就）}𦿑（荊）𡰥（夷）旮=（之月），𦘔（盡）𣧊（卒）戢（歲），𥨐=（𥨐-躳身）𢘓（尚）毋又（有）咎。占之，𢛐（恆）貞吉，少外又（有）𢝊（戚），〖199〗志事少（稍）𨒻（遲）㝵（得）。㠯（以）亓（其）古（故）敓（說）之。䙆禱（禱）於卲（昭）王戠（特）牛。饋之。䙆禱（禱）文坪（平）夜（輿）君、部公子萅（春）、司馬子音、鄗（蔡）公子豙（家），各戠（特）豢（豢），酉（酒）飤（食）；䙆禱（禱）於夫人戠（特）豬（狙）。志事速㝵（得），皆速賽之。占之：吉。𩖱=（亯月）、顕（夏）𡖊（夕）又（有）憙（喜）。〖200〗

第 3 組

宋客盛〖公〗𩣱（邊）甹（聘）於楚之戢（歲），𦿑（荊）𡰥（夷）旮=（之月）

乙未音=（之日），𨟻（應）會㠯（以）央管（著）爲子左尹㐌貞：自𠜹（荊）𡰥（夷）之月㠯（以）𦎫（就）𠜹（荊）𡰥（夷）之月，出內（入）事（侍）王，𦘔（盡）𢀛（卒）戢（歲），躳=（躳-躳身）尚毋（毋）又（有）咎。占之：𠀃（恆）占〈貞〉吉，少又（有）慼（戚）於〖201〗躳=（躳-躳身），虘（且）雀（爵）立（位）遲（遲）遂（踐），㠯（以）亓（其）古（故）敓（說）之。舉（舉）禱（禱）於宮陲（地）宔（主），一羖（羖）；𥙚於新（親）父郙（蔡）公子豪（家），犆（特）猎（狙），酉（酒）飤（食），饋之；𥙚於新（親）母，肥豬（豕），酉（酒）飤（食）；舉（舉）禱（禱）東陵連〖202〗囂（敖）肥豬（豕），酉（酒）飤（食）。𢍰（輿-舉）石𧚍（被）常之繁（說），罷禱（禱）於卲（昭）王戠（特）牛，饋之；罷禱（禱）於𠫑（文）坪（平）𡢃（輿）君、郚公子芚（春）、司馬子音、郙（蔡）公子豪（家），各戠（特）豢（豢），酉（酒）飤（食）；夫人，〖203〗戠（特）猎（狙），酉（酒）飤（食）。𨟻（應）㑹（會）占之曰：吉，至九月憙（喜）雀（爵）立（位）。凡此簝（𥳑）也，既𦘔（盡）遂（迻）。〖204〗新（親）父既城（成）。新（親）母城（成）。〖202反〗

第4組

東周之客䛢（許）緹（盈-盈）至（致）𧙃（祚-胙）於藏郢之戢（歲），頣（夏）𡰥（夷）之月乙丑之日，五生㠯（以）承悳（德）爲左尹㐌貞：出內（入）時（寺-侍）王，自頣（夏）𡰥（夷）之月㠯（以）𦎫（就）集（集）戢（歲）之頣（夏）𡰥（夷）之月，𦘔（盡）集（集）戢（歲），〖209〗躳（躳）身尚毋（毋）有咎。占之，𠀃（恆）貞吉，少又（有）慼（戚）於躳（躳）身與宮室，虘（且）外又（有）不訓（訓-順）。㠯（以）亓（其）古（故）敓（說）之，舉（舉）禱（禱）䖵（蝕）𥘵（太）一全豢（豢）；舉（舉）禱（禱）社，一全猎（狙）；舉（舉）禱（禱）宮𧗝（行），一白犬，酉（酒）飤（食）。遂（迻）𨟻（應）會之祱（說），賽禱（禱）東陵〖210〗連囂（敖）豬（豕）豕，酉（酒）飤（食），蒿之。囟（思-使）攻解於㬎（盟）𧆞（詛），虘（且）敘（除）於宮室。五生占之曰：吉。三戢（歲）無咎，𤖼（將）又（有）大憙（喜），邦智（知）之。〖211〗

第5組

東周之客䛢（許）緹（盈-盈）逯（歸）𧙃（作-胙）於藏郢之戢（歲），頣（夏）𡰥（夷）之月乙丑之日，䀇（鹽）吉㠯（以）寶（寶）豪（家）爲左尹㐌貞：出內（入）

時（寺-侍）王，自頣（夏）㡊（夷）之月㠯（以）憙（就）寠（集）戠（歲）之頣（夏）㡊（夷）之月，聿（盡）寠（集）〖212〗戠（歲），竆（躳）身尚毋又（有）咎。占之：死（恆）貞吉，少有亞（惡）於王事，虘（且）又（有）愳（慼）於竆（躳）身，㠯（以）丌（其）古（故）敓（說）之，遞（迻）古（故）箁（籥），賽禱（禱）犬（太），備（佩）玉一環；灰（侯-后）土、司命、司禍（禍），各一少（小）環；大水，備（佩）玉一環；二天子，〖213〗各一少（小）環，峗山一玨。遞（迻）鄺（應）會（會）之祱（說），賽禱（禱）宮灰（侯-后）土一羖（羖）。遞（迻）石倣（被）常之祱（說），至昧（秋）三月，賽禱（禱）卲（昭）王戠（特）牛，饋之；賽禱（禱）文坪（平）夜（輿）君、郚公子萅（春）、司馬子音、鄬（蔡）公子豪（家），各戠（特）豨（豢），饋之。賽禱（禱）新（親）母〖214〗戠（特）豬（狙），饋之。盬（盬）吉占之曰：吉。犬（太）、灰（侯-后）土、司命、司禍（禍）、大水、二天子、峗山既皆城（成）。㫖（幾）宙（中）又（有）憙（喜）。〖215〗

第 6 組

東周之客讐（許）絟（緼-盈）逯（歸）偮（作-胙）於葴郢之戠（歲），頣（夏）㡊（夷）之月乙丑之日，苛嘉㠯（以）長崱（葥）爲左尹㡿貞：出內（入）時（寺-侍）王，自頣（夏）㡊（夷）之月㠯（以）憙（就）寠（集）戠（歲）之頣（夏）㡊（夷）之月，聿（盡）寠（集）〖216〗戠（歲），竆（躳）身尚母（毋）有咎。占之：死（恆）貞吉，少又（有）愳（慼）於竆（躳）身，虘（且）外又（有）不懇（順），㠯（以）丌（其）古（故）敓（說）之。舉（舉）禱（禱）楚先老僮、祝韞（融）、嬿（毓-鬻）禽（熊）各一牂，囟（思-使）攻解於不殆（辜）。苛嘉占之曰：吉。〖217〗

第 7 組

大司馬悼（悼）髓（滑）逆（將）楚邦之帀（師）徒㠯（以）救（救）郙（巴）戠=（之戠一歲），鄭（荊）㡊（夷）肩=（之月）己卯音=（之日），盬（盬）吉㠯（以）琛（寶）豪（家）爲左尹㡿貞：出內（入）寺（侍）王，自鄭（荊）㡊（夷）肩=（之月）㠯（以）憙（就）集戠（歲）之鄭（荊）㡊（夷）肩=（之月），聿（盡）集戠（歲），躳身尚毋又（有）咎。占之：死（恆）貞吉，少〖226〗又（有）愳（慼）竆（躳）身。㠯（以）亓（其）古（故）敓（說）之。舉（舉）禱（禱）蝕（蝕）

犬（太）一全豨〈豢-豢〉；□（舉）禱（禱）□（兄）俤（弟）無逡（後）者卲（昭）良、卲（昭）䢂（乘）、縣貉（貉）公，各豣（冢）豕，酉（酒）飤（食），蒿之。盬（盬）吉占之曰：吉。〖227〗

第 8 組

大司馬悼（悼）髎（滑）遅（將）楚邦之帀（師）徒㠯（以）救郙（巴）之戢（歲），𦸗（荊）𡰥（夷）育=（之月）己卯音=（之日），陳（陳）乙㠯（以）共命爲左尹𦨶貞：出內（入）寺（寺-侍）王，自𦸗（荊）𡰥（夷）育=（之月）㠯（以）𦎧（就）集戢（歲）之𦸗（荊）𡰥（夷）育=（之月），𦘦（盡）集戢（歲），躬（躳）身尚毋又（有）咎。〖228〗占之，恆（恆）貞吉，少又（有）慼（戚）於宮室。㠯（以）亓（其）古（故）敓（說）之。□（舉）禱（禱）宮行一白犬，酉（酒）飤（食），囟（思-使）攻敘（除）於宮室。五生占之曰：吉。〖229〗

第 9 組

大司馬悼（悼）髎（滑）遅（將）楚邦之帀（師）徒㠯（以）救郙（巴）之戢（歲），𦸗（荊）𡰥（夷）育=（之月）己卯音=（之日），𨇴（觀）綳（繃）㠯（以）長霝（靈）爲左尹𦨶貞：出內（入）寺（寺-侍）王，自𦸗（荊）𡰥（夷）育=（之月）㠯（以）𦎧（就）集戢（歲）之𦸗（荊）𡰥（夷）育=（之月），𦘦（盡）集戢（歲），躳（躳）身尚毋又（有）咎。〖230〗占之，恆（恆）貞吉，少又（有）慼（戚）也。㠯（以）亓（其）古（故）祭（說）之。囟（思-使）攻（工）祝（祝）逯（歸）𦀚（佩）、阫、冠、𦁤（帶）於南方。𨇴（觀）綳（繃）占曰：吉。〖231〗

第 10 組

大司馬悼（悼）髎（滑）遅（將）楚邦之帀（師）徒㠯（以）救（救）郙（巴）戢=（之戢-歲），𦸗（荊）𡰥（夷）育=（之月）己卯音=（之日），五生㠯（以）承悳（德）爲左尹𦨶貞：出內（入）寺（寺-侍）王，自𦸗（荊）𡰥（夷）育=（之月）㠯（以）𦎧（就）集戢（歲）之𦸗（荊）𡰥（夷）育=（之月），𦘦（盡）集戢（歲），躳（躳）身尚毋又（有）咎。〖232〗占之，恆（恆）貞吉，少又（有）慼（戚）於宮室瘵（瘢）。㠯（以）亓（其）古（故）敓（說）之。□（舉）禱（禱）宮矦（侯-后）土，一𦍩（羖）；□（舉）禱（禱）行，一白犬，酉（酒）飤（食）；閟於大門，一白犬。五生占之曰：吉。〖233〗

第 11 組

大司馬悼（悼）髓（滑）逆（將）楚邦之帀（師）徒目（以）救（救）郙（巴）戢=（之戢-歲），𨟻（荊）层（夷）肓=（之月）己卯音=（之日），讋（許）吉目（以）𩢨（駁）雷（霝-靈）爲左尹𦚢貞：出內（入）寺（侍）王，自𨟻（荊）层（夷）肓=（之月）目（以）𦤳（就）集戢（歲）之𨟻（荊）层（夷）肓=（之月），𦘔（盡）集戢（歲），竆（躬）身尚毋又（有）咎。讋（許）吉〖234〗占之，吉，無咎，無祭（說）。〖235〗

2. 疾病貞

第1組

東周之客讋（許）緹（縕-盈）逯（歸）作（作-胙）於葳郢戢=（之戢-歲），負（爨）月己酉（酉）之日，讋（許）吉目（以）保（寶）豪（家）爲左尹卲𦚢貞：目（以）丌（其）下心而疾，少㤅（氣）。亙（恆）貞吉，甲寅之日疠（病）良瘳（瘥），又（有）祭（祟），𥘽（太）見（現）琥。目（以）丌（其）古（故）祭（說）之。壁（避）琥，罜（擇）良月良日逯（歸）之，〖218〗虘（且）爲𦖞（巫）纓（綳）瑂（佩），速𦖞（巫）之；厭一豥（豬-豭）於𨺗（地）宔（主）；賽禱（禱）衍（行）一白犬，逯（歸）冠、緂（帶）於二天子。甲寅之日逗於邓（枝）昜（陽）。〖219〗

第2組

東周之客讋（許）緹（縕-盈）逯（歸）作（作-胙）於葳郢之戢（歲），負（爨）月己亥（酉）之日，苛光目（以）長㤅（惻）爲左尹卲𦚢貞：目（以）丌（其）下心而疾，少㤅（氣）。亙（恆）貞吉，庚辛又（有）外（間），疠（病）速瘳（瘥），不逗於邓（枝）昜（陽），同祭（說）。〖220〗

第3組

東周之客讋（許）緹（縕-盈）逯（歸）作（作-胙）於葳郢戢=（之戢-歲），負（爨）月己酉（酉）音=（之日），郝（鞏）脞（朕）目（以）少寶爲左尹卲𦚢貞：既又（有）疠=（疠-病，病）心疾，少㤅（氣），不內（入）飤（食），負（爨）月𠴹（幾）审（中）尚毋又（有）羕（恙）。〖221〗郝（鞏）脞（朕）占之，恶（恆）貞吉，又祭（祟），見（現）新（親）王父殤（殤），目（以）亓（其）古（故）敓（說）之，舉（舉）禱（禱）𦍒=（犆-特牛），饋之。殤（殤）因亓（其）祟（常）生。郝（鞏）脞（朕）占之曰：吉。〖222〗

第4組

屈宜（宜）習之，目（以）彤笿爲左尹卲（昭）㝬貞：既又（有）疠=（疠-病，病）心疾，少𣫣（氣），不內（入）飤（食），尚毋又（有）羕（恙）。占之，恖（恆）貞吉，又祭（祟）見。弆（輿-舉）郙（鞏）膛（朕）之敓（說）。屈宜（宜）占之曰：吉。〖223〗

第5組

東周之客譬（許）緝（縕-盈）逯（歸）复（胙）於葳郢之戠（歲），遠柰（夕）音=（之月）癸卯音=（之日），苛光目（以）長恳（惻）爲右（左）尹卲（昭）㝬貞：疠（病）腹疾，目（以）少𣫣（氣），尚毋又（有）咎。占之：貞吉，少未巳（已）。目（以）亓（其）古（故）祭（說）之。肩（厭）於埜（野）陛（地）宔（主）一豭（羖-羖），宮陛（地）宔（主）一豭（羖-羖）；〖207〗賽於行一臭=（白犬），酉（酒）飤（食）。占之曰：吉，𠞊（荊）层（夷）虘（且）見王。〖208〗

第6組

大司馬𢝈（悼）髄（滑）逆（將）楚邦之帀（師）徒目（以）捄（救）郙（巴）戠=（之戠-歲），𠞊（荊）层（夷）音=（之月）己卯音=（之日），䀀（盬）吉目（以）琛（寶）豪（家）爲左尹㝬貞：既腹心疾，目（以）走（上）𣫣（氣），不甘飤（食），舊（久）不瘻（瘥），尚速瘻（瘥），毋又（有）柰（祟）。占之，死（恆）貞吉，疾難瘻（瘥）。目（以）〖236〗亓（其）古（故）敓（說）之。舉（舉）禱（禱）犬（太）一牂，灰（侯-后）土、司命各一牂；舉（舉）禱（禱）大水，一牂（牂）；二天子，各一牂；佹山一牂（羖）。舉（舉）禱（禱）楚先老僮、祝（祝）𩁹（融）、媸（毓-鬻）酓（熊），各兩牂（羖）；亯祭管之高丠（丘）、下丠（丘），各一全〖237〗豢〈豢-豢〉，囟（思-使）左尹㝬遂（踐）復（復）尻（處）。囟（思-使）攻解於戠（歲）。䀀（盬）吉占之曰：吉。〖238〗

第7組

大司馬𢝈（悼）髄（滑）逆（將）楚邦之帀（師）徒目（以）救郙（巴）之戠（歲），𠞊（荊）层（夷）音=（之月）己卯音=（之日），陳（陳）乙目（以）共命爲左尹㝬貞：既腹心疾，目（以）走（上）𣫣（氣），不甘飤（食），尚速瘻（瘥），毋又（有）柰（祟）。占之，恖（恆）貞吉，疾〖239〗弁（變），又（有）瘨（瘨-續），递（遲）瘻（瘥）。目（以）亓（其）古（故）祭（說）之。舉（舉）禱（禱）五山各一牂；舉（舉）禱（禱）卲（昭）王戠（特）牛，饋之；舉（舉）禱（禱）文坪（平）

虽（夏–輿）君子良、部公子萅（春）、司馬子音、鄒（蔡）公子豙（家），各戠（特）豨〈豨–豢〉，〖240〗饋之。囟（思–使）攻解於虞（詛）與兵死。𢍰（輿–舉）譖（盬）吉之祭（說），亯祭筥之高坐（丘）、下坐（丘），各一全豨（豢）。陞（陳）乙占之曰：吉。〖241〗

第 8 組

大司馬悼（悼）髊（滑）遅（將）楚邦之帀（師）徒目（以）救郙（巴）之戠（歲），𦬁（荊）𡰥（夷）之月己卯音=（之日），𨝸（觀）𦀚（綳）目（以）長需（靈）爲左尹旄貞：既腹心疾，目（以）走（上）𢡺（氣），不甘飤（食），舊（久）不瘻（瘥），尚速瘻（瘥），〖242〗毋又（有）柰（祟）。占之：𢝋（恆）貞吉，疠（病）递（遲）瘻（瘥）。目（以）亓（其）古（故）敓（說）之。𢍰（輿–舉）𥁰（盬）吉之祭（說），𦥯（舉）禱（禱）祆（太）一犕（牂），戻（侯–后）土、司命各一牂；𦥯（舉）禱（禱）大水，一犕（牂）；二天子，各一牂；危山一𦍩（羖）。𦥯（舉）禱（禱）卲（昭）王戠（特）牛，饋(饋)之；𦥯（舉）禱（禱）東陵連囂（敖）豣=（豣–冢豕），酉（酒）飤（食），蒿之。〖243〗贊（贛）之衣裳各三𢘁（稱）；𦥯（舉）禱（禱）晉（巫）一全豬（狚），虘（且）梪（樹）保，𥁑（逾）之。𨝸（觀）𦀚（綳）占之曰：吉。〖244〗

第 9 組

大司馬悼（悼）髊（滑）目（以）逘（將）楚邦之帀（師）徒目（以）救（救）郙（巴）之戠（歲），𦬁（荊）𡰥（夷）育=（之月）己卯音=（之日），五生目（以）承悳（德）目(以)爲左尹旄貞：既腹心疾，目（以）走（上）𢡺（氣），不甘飤（食），尚速瘻（瘥），毋又（有）柰（祟）。占之：𢀩（恆）貞吉，疾弁（變），疠（病）窔。〖245〗目（以）亓（其）古（故）敓（說）之。𦥯（舉）禱（禱）𦬁（荊）王，自畬（熊）鹿（麗）目（以）豪（就）武王，五牛、五豕。囟（思–使）攻解於水上與𡶛（溺）人。五生占之曰：吉。〖246〗

第 10 組

大司馬悼（悼）髊（滑）逘（將）楚邦之帀（師）徒目（以）救（救）郙（巴）戠=（之戠–歲），𦬁（荊）𡰥（夷）育=（之月）己卯音=（之日），䛗（許）吉目（以）𩣡（駁）需（靈）爲左尹旄貞：既腹心疾，目（以）走（上）𢡺（氣），不甘飤（食），舊（久）不瘻（瘥），尚速瘻（瘥），毋又（有）柰（祟）。占之：𢀩（恆）貞吉，痞（病）又（有）瘨（瘨-續），目（以）〖247〗亓（其）古（故）敓（說）之。舉（舉）禀（禱）大水一羲（犧）馬；舉（舉）禱（禱）吾（部）公子萅（春）、司馬子音、郗（蔡）公子豙（家），各戠（特）豢（豢），饋（饋）之；舉（舉）禱（禱）社一豬（狙）。囟（思-使）攻解日月與不牯（辜）。讆（許）吉占之曰：吉。〖248〗

第11組

大司馬悼（悼）愲（滑）救郙（巴）之戢（歲），顕（夏）层（夷）之月己亥之日，矔（觀）義目（以）保（寶）豙（家）爲左尹卲旅貞：目（以）亓（其）又（有）瘴痞（病），走（上）燹（氣），尚母（毋）死。義占之：죠（恆）貞不死，又（有）祭（祟），見於隥（絕）無逡（後）者與鄞（漸-斬）木立（位），目（以）亓（其）古（故）敓（說）之。舉（舉）〖249〗禱（禱）於隥（絕）無逡（後）者各肥豬（狙），饋之。命攻解於鄞（漸-斬）木立（位），虘（且）遷（徙）亓（其）凥（處）而梪（樹）之。尚吉。義占之曰：吉。〖250〗不智（知）亓（其）州名。〖249反〗

二 祭禱簡

第1組

東〖周〗之客讆（許）緹（緹-盈）逯（歸）胙（作-胙）於蒧郢之戢（歲），冬栾（夕）肙=（之月）癸丑㫖=（之日），罷禱（禱）於卲（昭）王犨=（犨-特牛），大臧（臧），饋之。卲（昭）吉爲ㄅ（位），既禱（禱）至（致）福（福）。〖205〗

東周之客讆（許）緹（緹-盈）逯（歸）胙（作-胙）於蒧郢之戢（歲），冬栾（夕）肙=（之月）癸丑㫖=（之日），罷禱（禱）於文坪（平）夜（夜-輿）君、鄗（部）公子萅（春）、司馬子音、郗（蔡）公子豙（家），各戠（特）豢（豢），饋之。卲（昭）吉爲ㄅ（位），既禱（禱）至（致）福（福）。〖206〗

第2組

東周〖之〗客讆（許）緹（緹-盈）逯（歸）胙（作-胙）於蒧郢之戢（歲），夐（爨）月丙（丙）唇（辰）㫖=（之日），攻尹之社（攻）執（執）事人暊（夏）舉（舉）衛（衛）妝（偃）爲子左尹旅舉（舉）禱（禱）於新（親）王父、司馬子音，戠（特）牛，饋之。臧（臧-莊）敢爲位，既禱（禱）至（致）命。〖224〗

東周之客讎（許）緹（緼-盈）逅（歸）复（胙）〖於〗葳郢戠=（之戠-歲），負（爨）月丙（丙）昬（辰）音=（之日），社（攻）尹之社（攻）馭（執）事人冒（夏）舉（舉）衛（衛）妝（偃）爲子左尹旄舉（舉）禱（禱）於殤（殤）東陵連囂（敖）子發，肥豬（豕），蒿祭之。臧（臧-莊）敢爲位，既禱（禱）至（致）命。〖225〗

喪葬簡

一 遣策簡

1. 用車

大司馬悼（悼）骰（滑）救（救）郙（巴）戠=（之戠-歲），亯=（亯月）丁亥之=（之日），左尹葬（葬）。甬（用）車：一乘（乘）軒：絓緒（絹）之緹，鹽（鹽）蔿之純，鹽（鹽）蔿之韁（鞅）緒（絹-鞘），鹽（鹽）蔿之綏，緣（縢）組之緆，紫〖267〗癹（靽），紃約，紫覨（韅）、鞅，紃緈（縫），集組之䋞（絡）經，豹（豹）緅，緄（緄）緄，紛䋁（橐），豹（豹）長（韔），纑（靈）光之紽，翟（翟）輪（輪），一紡害（蓋），丹黃之緹（裏），絓緒（絹）緄，緹組之纑（軨），〖268〗炎〈赤〉金之鈦（軎），白金之銍（桎），緣（縢）組之鐳（軨）鈦（軎）；臼戟（戣-鑽）；白鈫=（金鈫-勒）、亶（面）；臼旄（鑣），紫拜（轡）。霝（霝-靈）光結冪（項），絓絵（錦）緟（幢）。〖272〗

一乘（乘）正車：韆（犍）牛之革韉（鞎），絓緒（絹）之純，多㡀（紛），絾緹，緷純，紫癹（靽），紛約，紫覨（韅）、鞅，豻（豻）貘（貘）之韏(韄)銨，紫紳（靷），紃緈（縫），紫紿（橐），虎長（韔），四馬之凵（臼）亶（面），〖271〗臼旄（鑣），紫拜（轡），霝（霝-靈）光之童（幢），霝（霝-靈）光結冪（項），二馬之䡅，四馬畬遡，翟（翟）輪（輪），白金之鈦（軎），赤金之銍（桎），緣（縢）組之鐳（軨）之鈦（軎），軦韓。〖276〗亓（其）上載：絑（朱）署（旌），一百綹（條）卌=（四十）綹（條）翠（翠）之=（之首），䍿（旌）宙（中）干，絑（朱）縞七䎽<䎽-就>，車戟（戟），蔵（侵）羽一䎽（就），亓（其）罩（旆），朮五䎽（就），戟（戣-穳），三䎽（就），一椌，冒（蒙）䍿（旌）之百（首），一和羸虞（甲），畬軸（胄），綠〖269〗組之緣（縢），馯（御）、右二鼎（領）韆（犍）虞（甲），皆畬軸（胄），紫緣（縢），一敃（彫）敂（鞀），一緅絾之紿（橐），一敃（彫）梡（缶），一銑（鐃），

緄（纓）組之綏，二䍐𣂪（鞁），霝（靈）光之絉（帶）。〖270〗

一䡅（乘）韋=（韋車）：𩎟（犍）牛之䩞=（革䩞一䩞），縞純，䍐𨜒（靽），䍐𩋹（𩎟）、鞅，䩭（韔）韋、鞀（橐），虎長（韔），欉（翟）輪（輪），白金之鈦（軎）。亓（其）上載：旝（旜）䍐（旌），毫（毛）百（首），二䥐（戟），䤾（侵）二𦐂（就），二罤（旆），皆朮九𦐂（就），二戟（殳），皆䤾（侵）二𦐂（就）。〖273〗

一䡅（乘）椯豥（縠）貝㒵□。〖274〗

一䡅（乘）羊（祥）車：紝□之縫（練）絹（絹-鞙），紝絹（絹）之縵（緹），緦（緦）綥。〖275〗

2. 大卯之金器

大卯之金器：一牛鑊（鑊），一亥〈豕〉鑊（鑊），二喬鼎，二鏖鹰（薦）之鼎，二貴（饋）鼎，二登（升）貞（鼎），二監（鑑），二卵缶，二辻缶，一湯鼎，一聕（聯）耳鼎，二鉼銅〈銅-鈃〉，二盒（合）㔸（瑚），一𩞁鼎，二少（小）鈲（壺），二枳錢（盞），一盤（盤），〖265〗一鉈（匜），一鉛鑿（甗）。木器：一柱（廣）椐（橛），一昃（仄）椐（橛），一樦（屠）椐（橛），一𥨻（辛）椐（橛），一大房，一少（小）房，二鉢（禁），一房𠁡（几），二枓（勺），二祈（巹），五皇㮣（俎），四盒（合）梪（豆），四皇梪（豆），一飤（食）桱，金足。〖266〗

3. □之金器/宧室之金器

宧室之金器：二釴▯▨〖251〗

▨之金器：二鉼（鉼）鋯（鈃），二金▨〖252〗

▨鼎；一金比（匕），二𨠍（醬）白之膚（觳），皆敃（彫），二羿（羽）膚（觳），皆彤，中桼（漆），外二金〖253〗

▨金圂（圈），二鏕（錸），四鎷（籩），一鎷（籩）盇（蓋），二膚（觳）盇（蓋），一鼎，一金比（匕），二刀，二𨠍（醬）白之膚（觳），皆敃（彫），二索（素）王綈（錦）之綉（韜），二羿（羽）〖254〗

4. 食室之食

飤（食）室之飤（食）：脩一簽（籠），脯（脯）一簽（籠），𩿍（雀）酭（醢）一𥑊（缶），蜜（蜜）一𥑊（缶），莌（蔥）䕾（菹）二𥑊（缶），䕬䕾（菹）一𥑊（缶），茜蔴（苽）之䕾（菹）一𥑊（缶），蜜（蜜）某（梅）一𦈢（缶），䐢（齏）肉酭（醢）一䀇，莪（䔟）酭（醢）一䀇，䱇（鯽）〖255〗一䀇，醱（䐑）一䀇，𦍒一害，

𤄷=（瀳豆）一巺，青（青）紟（錦）之纕（囊）四，皆又（有）糗（糗）。四笄飤（食），箕（濩）魚一𥷁（籯）。〖256〗

5. 食室所𠂤(以)𣄰箕

飤（食）室所𠂤（以）𣄰箕（筝）：豕𦙶（脯）二箕（筝），脩二箕（筝），𤼷（烝）豬一箕（筝），庶（炙）豬一箕（筝），𥨍（蜜）飽（飴）二箕（筝），白飽（飴）二箕（筝），𤏾（熬）鷄一箕（筝），庶（炙）鷄一箕（筝），𤏾（熬）魚二箕（筝），𣏌（栗）二箕（筝），〖257〗枣二箕（筝），蒚茈二箕（筝），蓏（藕）二箕（筝），荋（芰）二箕（筝），䔃二箕（筝），蘁（薑）二箕（筝），蓏（菰）一箕（筝），藹利（梨）二箕（筝），槢（桃）𦙶（脯）一笄，僻脩一笄，庶（炙）鷄一笄，一笄脩。〖258〗

6. 相徙之器

相遷（徙）之器所𠂤（以）行：一桂（獬）晃（冠），組緌（纓），一生𦅫之纚，二鼬（狐）睪（襗），二紫韋之韒（帽），一會（合）𩏂（歡）之鞆（觴），一魚𩊚（皮）之縷（屨），一𩍦𩋼（鞔），二緹（鞮）婁（屨），皆纀純，一縺（巾）笄，六縺（巾），一緯（幃）粉，四枊（櫛），一笄，一槓（櫃）枳（跂），又（有）紟（錦）綉〈綉-韜〉，縞宮，一縞笞（席），□▨〖259〗裏，結蕪之純，一秦縞之絈裏，王紟（錦）之純，二鑑，二緒，一會（合），二骨梢，一絅（綺）縞之緯（幃），一金鈔，一寢笞（席），二俾（庳）笞（席），一坐笞（席），二莽（莞）笞（席），皆又（有）秀（韜），一生縳（縠）晃（冠），一圩縳（縠）晃（冠），皆衛▨〖263〗▨一𣡌（栗）▨，又（有）笄，一晃（冠）𥫱（籯），二革囩（圓）。〖264〗

一曲韬，一錶，一僼（凴）几，一丩（收）牀，又（有）策（簣），一瑟，又（有）桊，一羽箑（翣），二箑=（竹箑—翣），一㪚㢑，一寢鏷，一角□，一竹枳，紟（錦）宮，一廷▨，〖260 上〗▨二燭銿（俑），一白氈（氈），紟（錦）純，一縞笞（席），綠裏，紟（錦）純，二篓（筵）笞（席），紟（錦）純，一鼬（狐）青（青）之表，紫裏，繡純，紟（錦）純，索（素）紟（錦）綉（韜），〖262〗一縞衣，䋁（赭）膚（驢）之純，樂城之純，亡裏，霝（靈）光之綉（韜），一鍥柜，一戈，二石坙仆▨〖261〗▨一缶，一奠（鄭）弓，一紛㪉（拾），夬，囡（韘），一澮□，二笮，四矢，一桼（漆）▨〖260 下〗

二 賵書

1. 竹牘

大司馬郭（悼）愲（滑）救（救）郙之戢（歲），亯=（亯月）月酉（丙）戌音=（之日），豫（舒）寅受：一軨正車：飜（犍）牛之革韇（鞎），絟綃（絹）之純，亓（其）栘（多）紛，秋之緹（緹），纀純，紫癹（韈），紛約，紫覭（韅）、鞅。鼾（豻）韜（貘）之韈軒，紫紳（靷），紫韜（橐），虎長（韔），翟（翟）輪（輪），白金〖之〗大（軎），赤金之釬（桯），紷（縢）組之鐳（軨）之大（軎），楚綼（韠）。亓（其）上軙（載）：絑（朱）署（旌），百（百）絛（絛）罜=（四十）攸（絛）翠（翠）貣=（之頁-首），毣（旄）中干，絑（朱）縞七䎽（就），車戟（戟），戠（侵）习（羽）一䎽（就），亓（其）䍐（旆），朮五䎽（就），戭（斆-穳），三䎽（就），一柽，緟（蒙）毣（旄）頁（首），一和羸虘（甲），貣軸（冑），綠組之縢，馯（御）、右二鼎（領）飜（犍）虘（甲），皆畬軸（冑），紫縢，四馬晧䁝（面），繙芋結項，告紝，緍（繩）紴（鞁），一周（彫）韓（鞀），緅秋之紿（橐），一綢（彫）椱（缶），〖牘 1 正〗一銧（鐃），綼組綏，番芋之童（幢）。一軨車之上軙（載）皆。賔（府）䡙（執）事人㸦（胡）不専□之□。〖牘 1 反〗

2. 277 號簡

苛郙受：一箸（笮），鼦（豹）韋（韋）之盾，廿=（二十）鉃（矢），一臼戩，紷（縢）組之迂（游），二絟綃（絹）之纏（幢），霝（靈）光之結冪，一紝，紷（縢）組之緩（纓），二翠（翠）翆，一龠（拾），一觖（夬），一綅組綏，一繯，二馬之秏（鑣），二鑑（銜）。〖277〗

參考文獻要目

白於藍：《包山楚簡文字編》，吉林大學碩士學位論文，1995。〖白於藍 1995A〗

白於藍：《包山楚簡零拾》，《包山楚簡文字編》，吉林大學碩士學位論文，1995。共 32 則，後來選取了前 17 則，亦名為《包山楚簡零拾》，《簡帛研究》第二輯，北京，法律出版社，1996。〖白於藍 1995B〗

白於藍：《釋包山楚簡中的“巷”字》，《殷都學刊》1997（3）。〖白於藍 1997〗

白於藍：《〈包山楚簡文字編〉校讀瑣議》，《江漢考古》1998（2）。〖白於藍 1998A〗

白於藍：《包山楚簡考釋（三篇）》，《吉林大學古籍整理研究所建所十五周年紀念文集》，長春，吉林大學出版社，1998。〖白於藍 1998B〗

白於藍：《〈包山楚簡文字編〉校訂》，《中國文字》新廿五期，臺北，藝文印書館，1999。〖白於藍 1999〗

白於藍：《釋“季”、“[illegible]”》，《古文字研究》第二十二輯，北京，中華書局，2000。〖白於藍 2000〗

白於藍：《包山楚簡補釋》，《中國文字》新廿七期，臺北，藝文印書館，2001。〖白於藍 2001A〗

白於藍：《郭店楚墓竹簡考釋（四篇）》，《簡帛研究二〇〇一》，桂林，廣西師範大學出版社，2001。〖白於藍 2001B〗

白於藍：《孕字補釋》，《上博館藏戰國楚竹書研究》，上海，上海書店出版社，2002。〖白於藍 2002A〗

白於藍：《釋“[illegible]”》，《古文字研究》第二十四輯，北京，中華書局，2002。〖白於藍 2002B〗

白於藍：《曾侯乙墓中的“鹵”和“櫓”》，《中國文字》新廿九期，臺北，藝文印書館，2003。〖白於藍 2003〗

白於藍：《讀上博簡（二）劄記》，《江漢考古》2005（4）。〖白於藍 2005A〗

白於藍：《曾侯乙墓竹簡考釋（四篇）》，《中國文字》新三十期，臺北，藝文印書館，2005。〖白於藍 2005B〗

白於藍：《簡牘帛書通假字字典》，福州，福建人民出版社，2008。〖白於藍 2008〗

包山墓地竹簡整理小組：《包山 2 號墓竹簡概述》，《文物》1988（5）。〖包山墓地竹簡整理小組 1988〗

邴尚白:《楚國卜筮祭禱簡研究》，臺灣暨南國際大學碩士學位論文，1999。〖邴尚白 1999A〗

邴尚白：《楚曆問題綜論》，《古文字與古文獻》試刊號，楚文化研究會籌備處，1999。〖邴尚白 1999B〗

邴尚白：《葛陵楚簡研究》，臺灣大學博士學位論文，2007。〖邴尚白 2007〗

蔡清泉：《楚國的“莫敖”之官與“屈氏”之族》，《江漢論壇》1991（2）。

蔡運章：《鄀王僕劍及佀陽國史初探》，《中原文物》，1983（3）。

晁福林：《〈九店楚簡〉補釋——小議戰國時期楚國田畝制度》，《中原文物》2002（5）。〖晁福林 2002〗

晁福林：《試釋楚國竹簡中的“薦”字並論周代的薦祭》，《中國史研究》2010（2）。〖晁福林 2010〗

曹　峰：《包山楚簡卜筮簡について》，《曙光》第 10 期，大阪，和泉書院，1999。

曹錦炎：《古璽通論》，上海書畫出版社，1995。〖曹錦炎 1995〗

曹錦炎：《包山楚簡中的“受期”》，“中國古文字研究會第九屆學術研討會”論文，南京，1992。又見《江漢考古》1993（1）。〖曹錦炎 1992〗

曹錦炎：《從竹簡本〈老子〉〈緇衣〉〈五行〉談楚簡文字構形》，“第一屆古文字與出土文獻學術研討會”論文，臺北，2000。又見《揖芬集——張政烺先生九十華誕紀念文集》，北京，社會科學文獻出版社，2002。〖曹錦炎 2000〗

曹錦炎：《楚簡文字中的“兔”及相關諸字》，“新出土文獻與古代文明國際學術討論會”論文，上海，2002。又見《新出土文獻與古代文明研究》，上海，上海大學出版社，2004。〖曹錦炎 2002〗

曹錦炎：《說上博楚簡〈緇衣〉中的悒》，《楚文化研究》第六集，武漢，湖北教育出版社，2005。

曹菁菁：《新蔡葛陵楚簡所見的祖先系統》，《中國典籍與文化》2009（1）。

陳秉新：《壽縣楚器銘文考釋拾零》，《楚文化研究論集》第一集，武漢，荊楚書社，1987。

陳秉新：《包山楚簡考釋商榷》，《南方文物》，1998（3）。〖陳秉新 1998〗

陳秉新：《楚系文字釋叢》，《楚文化研究論集》第五集，合肥，黃山書社，2003。〖陳秉新 2003〗

陳秉新、李立芳：《包山楚簡新釋》，《江漢考古》1998（2）。〖陳秉新、李立芳 1998〗

陳恩林、張全民：《包山受期簡析疑》，《江漢考古》1998（2）。〖陳恩林、張全民 1998〗

陳公柔：《西周金文訴訟辭語釋例》，《第三屆國際中國古文字學研討會論文集》，香港中文大學中國語言及文學系，1997。

陳漢平：《金文編訂補》，北京，中國社會科學出版社，1993。〖陳漢平 1993〗

陳懷荃：《東陵考釋》，《楚文化研究論集》第一集，武漢，荊楚書社，1987。

陳　劍：《釋西周金文的“竷（贛）”字》，《北京大學古文獻研究所集刊（一）》，北京，燕山出版社，1999。又見《甲骨金文考釋論集》，北京，綫裝書局，2007。〖陳劍 1999〗

陳　劍：《據郭店簡釋讀西周金文一例》，《北京大學中國古文獻研究中心集刊》第二輯，北京，燕山出版社，2001。又名《利用郭店簡釋讀西周金文一例》，“紀念商承祚先生百年誕辰暨中國古文字學國際學術研討會”論文，廣州，2002。又見《甲骨金文考釋論集》，北京，綫裝書局，2007。〖陳劍 2001A〗

陳　劍：《說慎》，《簡帛研究二〇〇一》，桂林，廣西師範大學出版社，2001。又見《甲骨金文考釋論集》，北京，綫裝書局，2007。〖陳劍 2001B〗

陳　劍：《上博簡〈子羔〉〈從政〉篇的拼合與編連問題小議》，簡帛研究網，2003 年 1 月 8 日。

陳　劍：《郭店簡補釋三篇》，《古墓新知——紀念郭店楚簡出土十周年論文集》，北京，國際炎黃文化出版社，2003。〖陳劍 2003〗

陳　劍：《甲骨金文舊釋“尤”之字及相關諸字新釋》，《北京大學中國古文獻研究中心集刊》第四輯，北京，北京大學出版社，2004。又見《甲骨金文考釋論集》，北京，綫裝書局，2007。

陳　劍：《上博竹書〈昭王與龔之脽〉和〈柬大王泊旱〉讀後記》，簡帛研究網，2005 年 2 月 15 日。〖陳劍 2005〗

陳　劍：《釋造》，《出土文獻與古文字研究》第一輯，上海，復旦大學出版社，2006。又見《甲骨金文考釋論集》，北京，綫裝書局，2007。

陳　劍：《楚簡“羿”字試解》，“2008 年國際簡帛論壇會議”論文，芝加哥，2008。〖陳劍 2008A〗

陳　劍：《〈上博（三）·仲弓〉賸義》，《簡帛》第三輯，上海，上海古籍出版社，2008。〖陳劍 2008B〗

陳　劍：《楚簡“羿”字試解》，《簡帛》第四輯，上海，上海古籍出版社，2009。〖陳劍 2009〗

陳　劍：《試說戰國文字中寫法特殊的“亢”和從“亢”諸字》，復旦大學古文字與出土文獻研究中心網，2010 年 10 月 7 日。又見《出土文獻與古文字研究》第三輯，上海，復旦大學出版社，2010。〖陳劍 2010〗

陳峻誌：《關於楚地至上神“大”的評議》，簡帛網，2011 年 7 月 15 日。〖陳峻誌 2011〗

陳隆文：《楚鈞益砝碼釋讀與戰國衡制》，《中原文物》2009（1）。〖陳隆文 2009〗

陳紹輝：《從包山楚簡看楚國的訴訟制度》，《江漢論壇》，2008（5）。又見《楚文化研究論集》

第八集，鄭州，大象出版社，2009。〖陳紹輝 2008〗

陳時聖：《〈包山楚簡〉中“金”問題試論》，“第一屆出土文獻學術研討會”論文，臺北，2000。〖陳時聖 2000〗

陳斯鵬：《論周原甲骨和楚系簡帛中的“囟”與“思”》，《第四屆國際中國古文字學研討會論文集》，香港中文大學中國文化研究所、中國語言及文學系，2003。又見《文史》總第七十四輯，北京，中華書局，2006。〖陳斯鵬 2003〗

陳斯鵬：《簡帛文獻與文學考論》，廣州，中山大學出版社，2007。

陳斯鵬：《楚簡中的一字形表多詞現象》，《出土文獻與古文字研究》第二輯，上海，復旦大學出版社，2008。〖陳斯鵬 2008〗

陳斯鵬：《從楚系簡帛看字詞關係變化中的代償現象》，《中山大學學報》2011（4）。〖陳斯鵬 2011〗

陳松長：《〈包山楚簡〉遣策釋文訂補》，《第二屆國際中國古文字研討會論文集續編》，香港中文大學，1995。又見《簡帛研究文稿》，北京，綫裝書局，2008。〖陳松長 1995〗

陳松長：《九店楚簡釋讀劄記》，《第三屆國際中國古文字研討會論文集》，香港中文大學，1997。又見《簡帛研究文稿》，北京，綫裝書局，2008。〖陳松長 1997〗

陳松長：《郭店楚簡〈語叢〉小識（八則）》，《古文字研究》第二十二輯，北京，中華書局，2000。〖陳松長 2000〗

陳　偉：《〈鄂君啓節〉之“鄂”地探討》，《江漢考古》1986（3）。

陳　偉：《楚東國地理研究》，武漢，武漢大學出版社，1992。〖陳偉 1992〗

陳　偉：《關於包山“受期”簡的讀解》，《江漢考古》1993（1）。〖陳偉 1993〗

陳　偉：《包山楚簡所見的曆法與年代問題》，“湖北省考古學會第八次年會”論文，宜昌，1993。又見《湖北省考古學會論文選集（三）》，江漢考古編輯部，1998。

陳　偉：《包山楚司法簡 131～139 號考析》，《江漢考古》1994（3）。〖陳偉 1994〗

陳　偉：《包山楚簡所見邑、里、州的初步研究》，《武漢大學學報》1995（1）。又見《中國古代史（一）（先秦至隋唐）》1995（5）。〖陳偉 1995A〗

陳　偉：《關於包山“疋獄”簡的幾個問題》，《江漢考古》1995（3）。〖陳偉 1995B〗

陳　偉：《包山楚簡所見楚國的文書制度》，《中華文化論壇》1995（4）。〖陳偉 1995C〗

陳　偉：《包山竹簡所見楚國的縣、郡與封邑》，《長江文化論集》第一輯，武漢，湖北教育出版社，1995。〖陳偉 1995D〗

陳　偉：《包山楚簡初探》，武漢，武漢大學出版社，1996。〖陳偉 1996A〗

陳　偉：《包山楚簡所見幾種身分的考察》，《湖北大學學報》1996（1）。

陳　偉：《試論包山楚簡所見的卜筮制度》，《江漢考古》1996（1）。

陳　偉：《〈鄂君啓節〉之“鄂”地探討》，《江漢考古》1996（2）。〖陳偉 1996B〗

陳　偉：《關於包山楚簡中的喪葬文書》，《考古與文物》1996（2）。

陳　偉：《望山楚簡所見卜筮與禱祠——與包山楚簡相對照》，《江漢考古》1997（2）。後名《望山楚簡所見卜筮與禱祠》，《新出楚簡研讀》，武漢，武漢大學出版社，2010。〖陳偉 1997A〗

陳　偉：《新發表楚簡資料所見的記時制度》，《第三屆國際中國古文字學研討會論文集》，香港中文大學中國語言及文學系，1997。又見《新出楚簡研讀》，武漢，武漢大學出版社，2010。〖陳偉 1997B〗

陳　偉：《包山楚簡中的宛郡》，《武漢大學學報》1998（6）。又名《包山簡所見楚國的宛郡》，《新出楚簡研讀》，武漢，武漢大學出版社，2010。〖陳偉 1998A〗

陳　偉：《郭店楚簡別釋》，《江漢考古》1998（4）。〖陳偉 1998B〗

陳　偉：《九店楚日書校讀及其相關問題》，《人文論叢》1998 年卷，武漢，武漢大學出版社，1998。又見《新出楚簡研讀》，武漢，武漢大學出版社，2010。〖陳偉 1998C〗

陳　偉：《楚國第二批司法簡芻議》，《簡帛研究》第三輯，南寧，廣西教育出版社，1998。又見簡帛網，2005 年 11 月 24 日。又見《新出楚簡研讀》，武漢，武漢大學出版社，2010。〖陳偉 1998D〗

陳　偉：《湖北荊門包山卜筮楚簡所見神祇系統和享祭制度》，《考古》1999（4）。〖陳偉 1999A〗

陳　偉：《郭店楚簡〈六德〉諸篇零釋》，《武漢大學學報》1999（5）。又見《人大複印報刊資料（先秦、秦漢史）》，2000（1）。

陳　偉：《包山楚司法簡 131－139 號補釋》，“第一屆簡帛學術討論會”論文，臺北，1999。又見《簡帛研究匯刊》第一輯，中國文化大學史學系、簡帛學文教基金會籌備處，2003。又見簡帛網，2005 年 11 月 2 日。又見《新出楚簡研讀》，武漢，武漢大學出版社，2010。〖陳偉 1999B〗

陳　偉：《〈語叢〉（一）、（三）中有關“禮”的幾條簡文》，《郭店楚簡國際學術討論會論文集》，武漢，湖北人民出版社，2000。又見簡帛研究網，2001 年 6 月 28 日。〖陳偉 2000〗

陳　偉：《關於包山楚簡中的“弱典”》，《簡帛研究二〇〇一》，桂林，廣西師範大學出版社，2001。又見《新出楚簡研讀》，武漢，武漢大學出版社，2010。〖陳偉 2001〗

陳　偉：《郭店竹書別釋》，武漢，湖北教育出版社，2003。

陳　偉：《新蔡楚簡零釋》，《華學》第六輯，北京，紫禁城出版社，2003。又見《新出楚簡

研讀》，武漢，武漢大學出版社，2010。〖陳偉 2003〗

陳　偉:《讀新蔡簡劄記（三則)》，簡帛研究網，2004 年 1 月 30 日。增補後名為《讀新蔡簡札記（四則)》,《康樂集——曾憲通教授七十壽慶論文集》，廣州，中山大學出版社，2006。又名《讀新蔡簡劄記》,《新出楚簡研讀》，武漢，武漢大學出版社，2010。〖陳偉 2004A〗

陳　偉:《楚竹書〈周易〉文字試釋》，簡帛研究網，2004 年 4 月 18 日。

陳　偉:《包山簡“秦客陳慎”即陳軫試說》,《古文字研究》第二十五輯，北京，中華書局，2004。又見《新出楚簡研讀》，武漢，武漢大學出版社，2010。〖陳偉 2004B〗

陳　偉:《葛陵楚簡所見的卜筮與禱祠》,《出土文獻研究》第六輯，上海，上海古籍出版社，2004。又見《新出楚簡研讀》，武漢，武漢大學出版社，2010。〖陳偉 2004C〗

陳　偉:《關於楚簡“視日”的新推測》，簡帛網，2005 年 3 月 6 日。又見《華學》第八輯，北京，紫禁城出版社，2006。又見《新出楚簡研讀》，武漢，武漢大學出版社，2010。〖陳偉 2005〗

陳　偉:《楚人禱祠記錄中的人鬼系統以及相關問題》，“第一屆古文字與古代史學術討論會”論文，臺北，2006。又見《古文字與古代史》第一輯，“中央研究院”歷史語言研究所，2007。又見簡帛網，2008 年 2 月 7 日。又見《新出楚簡研讀》，武漢，武漢大學出版社，2010。

陳　偉:《〈簡大王泊旱〉新研》，簡帛網，2006 年 11 月 22 日。又見《簡帛》第二輯，上海，上海古籍出版社，2007。又見《新出楚簡研讀》，武漢，武漢大學出版社，2010。

陳　偉:《包山 102 號簡解讀》，簡帛網，2007 年 2 月 15 日。〖陳偉 2007A〗

陳　偉:《包山“廷志”簽牌與九號簡》,《中國出土資料研究》第 11 號，中國出土資料學會，2007。又見《新出楚簡研讀》，武漢，武漢大學出版社，2010。〖陳偉 2007B〗

陳　偉:《讀〈上博六〉條記》，簡帛網，2007 年 7 月 9 日。〖陳偉 2007C〗

陳　偉:《包山卜筮簡零拾（三則)》，簡帛網，2008 年 9 月 28 日。〖陳偉 2008〗

陳偉主編:《楚地出土戰國簡冊[十四種]》，北京，經濟科學出版社，2009。〖十四種 2009〗

陳　偉:《楚簡中某些“外”字疑讀作“間”試說》，簡帛網，2010 年 5 月 28 日。後名《關於秦封泥“河外”的討論》,《出土文獻研究》第十輯，北京中華書局，2011。〖陳偉 2010〗

陳　偉:《讀清華簡〈楚居〉札記》，簡帛網，2011 年 1 月 8 日。〖陳偉 2011A〗

陳　偉:《上博楚竹書〈王居〉新編校釋 》，簡帛網，2011 年 7 月 20 日。〖陳偉 2011B〗

陳　偉:《讀清華簡〈繫年〉札記（一)》，簡帛網，2011 年 12 月 20 日。〖陳偉 2011C〗

陳　偉:《讀清華簡〈繫年〉札記（二)》，簡帛網，2011年12月21日。〖陳偉2011D〗

陳偉武:《戰國楚簡考釋斠議》，《第三屆國際中國古文字學研討會論文集》，香港中文大學中國語言及文學系，1997。〖陳偉武1997〗

陳偉武:《舊釋“折”及從“折”之字平議》，《古文字研究》第二十二輯，北京，中華書局，2000。〖陳偉武2000〗

陳偉武:《楚系簡帛釋讀掇瑣》，《古文字研究》第二十四輯，北京，中華書局，2002。〖陳偉武2002〗

陳偉武:《新出楚系竹簡中的專用字綜議》，《華學》第六輯，北京，紫禁城出版社，2003。〖陳偉武2003〗

陳偉武:《說“貘”及其相關諸字》，《古文字研究》第二十五輯，北京，中華書局，2004。〖陳偉武2004〗

陳偉湛:《包山楚簡研究（七篇)》，“紀念容庚先生百年誕辰暨中國古文字學國際研討會”論文，東莞，1994。又見《容庚先生百年誕辰紀念文集》，廣州，廣東人民出版社，1998。（本書引用1998年版）〖陳偉湛1994〗

陳煒湛:《戰國楚簡“見”字說》，《古文字研究》二十六輯，北京，中華書局，2006。〖陳偉湛2006〗

陳　爻:《竹書〈周易〉需卦卦名之字試解》，簡帛研究網，2004年4月29日。

陳英傑:《上博簡拾零》，《學術研究》，2003（4）。

陳穎飛:《楚官制與世族探研——以幾批出土文獻為中心》，清華大學博士學位論文，2009。〖陳穎飛2009〗

陳躍均、王紅星:《荊沙鐵路考古發掘取得重大收穫》，《江漢考古》，1988（2）。

陳昭容:《從古文字材料談古代的盥洗用具及其相關問題——自淅川下寺春秋楚墓的青銅水器自名說起》，《“中央研究院”歷史語言研究所集刊》第71本第4分，“中央研究院”歷史語言研究所，2000。〖陳宗棋2000〗

陳宗棋:《出土文獻所見楚國官制中的幾種身分》，“第一屆出土文獻學術研討會”論文，臺北，2000。〖陳宗棋2000〗

程鵬萬:《釋朱家集鑄客大鼎銘文中的“鳴腋”》，簡帛網，2005年11月27日。〖程鵬萬2005〗

程鵬萬:《簡牘帛書格式研究》，吉林大學博士學位論文，2006。〖程鵬萬2006〗

程鵬萬:《安徽壽縣朱家集出土青銅器銘文集釋》，哈爾濱，黑龍江人民出版社，2009。〖程鵬萬2009〗

程少軒：《試說“鄘”字及相關問題》，《出土文獻與古文字研究》第二輯，上海，復旦大學出版社，2008。〖程少軒 2008〗

程　燕：《望山楚簡文字研究》，安徽大學碩士學位論文，2002。〖程燕 2002〗

程　燕：《望山楚簡考釋六則》，《江漢考古》2003（3）。〖程燕 2003〗

程　燕：《說樊》，簡帛網，2011 年 1 月 6 日。〖程燕 2011〗

楚　文：《荊門十里鋪包山大塚出土一批戰國中晚期珍貴文物》，《荊州師專學報》1987（1）。

大西克也：《楚簡語法札記（二則）》，“紀念徐中舒先生百年誕辰暨中國古文字學國際學術研討會”論文，成都，1998。〖大西克也 1998〗

大西克也：《談談郭店楚簡〈老子甲本〉“䜭”字的讀音和訓釋問題》，《中國出土資料研究》第 4 號，中國出土資料研究會，2000。

大西克也：《戰國楚系文字中的兩種“告”字——兼釋上博楚簡〈容成氏〉的“三俈”》，“出土簡帛文獻與古代學術國際研討會”論文，臺北，2005。又見《簡帛》第一輯，上海，上海古籍出版社，2006。〖大西克也 2005〗

大西克也：《從語法的角度論楚簡中的“囟”字》，《康樂集——曾憲通教授七十壽慶論文集》，廣州，中山大學出版社，2006。〖大西克也 2006A〗

大西克也：《試論新蔡楚簡的“述（遂）”字》，《古文字研究》第二十六輯，北京，中華書局，2006。〖大西克也 2006B〗

鄧穀泉、柳菁：《釋楚簡“䜌”（繼）》，《長沙大學學報》2005（6）。〖鄧穀泉、柳菁 2005〗

鄧少平：《包山楚簡 152 號“骨”字試解》，復旦大學古文字與出土文獻研究中心網，2012 年 9 月 27 日。

董蓮池：《也說包山楚簡中的“受期”》，《古籍整理研究學刊》1999（4）。〖董蓮池 1999〗

董蓮池：《釋楚簡中的“辯”字》，《古文字研究》第二十二輯，北京，中華書局，2000。又見《漢語漢字研究論集》，北京，中華書局，2004。〖董蓮池 2000〗

董蓮池：《釋戰國楚系文字中從[illegible]的幾組字》，《古文字研究》第二十五輯，北京，中華書局，2004。〖董蓮池 2004〗

董全生、張曉軍：《從金文羕、䢺看古代的養國》，《中原文物》1996（3）。

董　珊：《楚簡中從“大”聲之字的讀法（一）》，簡帛網，2007 年 7 月 8 日。〖董珊 2007A〗

董　珊：《楚簡中從“大”聲之字的讀法（二）》，簡帛網，2007 年 7 月 8 日。〖董珊 2007B〗

董　珊：《出土文獻所見“以謚為族”的楚王族——附說〈左傳〉“諸侯以字為謚因以為族”的讀法》，復旦大學出土文獻與古文字研究中心網，2008 年 2 月 17 日。又見《出土文獻與古文字研究》第二輯，上海，復旦大學出版社，2008。〖董珊 2008〗

董　珊：《楚簡簿記與楚國量制研究》，《考古學報》2010（2）。〖董珊 2010〗

董珊、陳劍：《郾王職壺銘文研究》，《北京大學中國古文獻研究中心集刊》第 3 輯，北京大學出版社，2002。〖董珊、陳劍 2008〗

凡國棟：《〈上博六〉楚平王逸篇初讀》，簡帛網，2007 年 7 月 9 日。〖凡國棟 2007〗

凡國棟：《上博七〈凡物流行〉甲 7 號簡從“付”之字小識》，簡帛網，2009 年 4 月 10 日。〖凡國棟 2009〗

范常喜：《戰國楚簡“視日”補議》，簡帛研究網，2005 年 3 月 1 日。〖范常喜 2005A〗

范常喜：《讀〈上博四〉劄記四則》，簡帛網，2005 年 3 月 31 日。〖范常喜 2005B〗

范常喜：《〈上博（四）・昭王與龔之脽〉簡 8 補釋》，簡帛研究網，2005 年 5 月 9 日。〖范常喜 2005C〗

范常喜：《戰國楚祭禱簡“蒿”之試解》，《古文字論集（三）》（《考古與文物》增刊），2005。〖范常喜 2005D〗

范常喜：《試說<上博五・三德>簡 1 中的“暝”——兼談楚簡中的相關諸字》，簡帛網，2006 年 3 月 9 日。〖范常喜 2006A〗

范常喜：《戰國楚祭禱簡“蒿之”、“百之”補議》，《中國歷史文物》2006（5）。〖范常喜 2006B〗

范常喜：《新蔡楚簡“咠禱”即“○(從羽從能)禱”說》，簡帛網，2006 年 10 月 17 日。〖范常喜 2006C〗

范常喜：《讀簡帛文字札記六則》，簡帛網，2006 年 11 月 13 日。〖范常喜 2006D〗

范常喜：《戰國楚簡“砨”字述論》，復旦大學出土文獻與古文字研究中心網，2010 年 11 月 2 日。〖范常喜 2010〗

范麗梅：《上博楚簡考釋四則》，“中國簡帛學國際論壇”論文，臺北，2007。〖范麗梅 2007〗

方彥浩：《荊門包山大塚喜豐收》，《江漢考古》1987（1）。

馮　華：《楚簡中的卜筮禱祠研究》，中國社會科學院歷史研究所博士後研究工作報告，2010。

馮　華：《卜筮簡研究綜述》，《中國史研究動態》，2012（2）。

馮勝君：《讀上博簡〈緇衣〉劄記二則》，《上博館藏戰國楚竹書研究》，上海，上海書店出版社，2002。

馮勝君：《釋戰國文字中的“夗”》，《古文字研究》第二十五輯，北京，中華書局，2004。〖馮勝君 2004〗

馮勝君：《戰國楚文字“黽”字用作“龜”字補議》，《漢字研究》第一輯，北京，學苑出版社，2005。〖馮勝君 2005〗

馮勝君：《論郭店簡〈唐虞之道〉〈語叢〉一～三以及上博簡〈緇衣〉為具有齊系文字特點的抄本》，北京大學博士後出站報告，2004。

馮勝君：《郭店簡與上博簡對比研究》，北京，綫裝書局，2007。〖馮勝君 2007A〗

馮勝君：《郭店〈緇衣〉“渫”字補釋——兼談戰國楚文字“枼”、“桀”、“𣏟”之間的形體區別》，“中國簡帛學國際論壇”論文，臺北，2007。〖馮勝君 2007B〗

馮勝君：《試說東周文字中部分“嬰”及從“嬰”之字的聲符——兼釋甲骨文中的“瘿”和“頸”》，“出土文獻與傳世典籍的詮釋——紀年譚樸森先生逝世兩周念國際研討會”論文，2009。又見復旦大學出土文獻與古文字研究中心網，2009 年 7 月 31 日。又見《出土文獻與傳世典籍的詮釋——紀念譚樸森先生逝世兩周年國際學術研討會論文集》，上海，上海古籍出版社，2010。〖馮勝君 2009〗

高佑仁：《〈曹沫之陣〉“早”字考釋——從楚系“”形的一種特殊寫法談起》，《簡帛》第一輯，上海，上海古籍出版社，2006。〖高佑仁 2006〗

高佑仁：《釋左塚楚墓漆棋局的“事故”》，簡帛網，2008 年 5 月 17 日。〖高佑仁 2008〗

高　智：《釋楚系文字中的“𡱝”及相關文字》，“紀念容庚先生百年誕辰暨中國古文字學術研討會”論文，東莞，1994。

高　智：《〈包山楚簡文字〉校釋十四則》，《于省吾教授百年誕辰紀念文集》，長春，吉林大學出版社，1996。〖高智 1996〗

葛英會：《包山楚簡治獄文書研究》，《南方文物》1996（2）。又見《日中文化研究》第 10 號，東京，勉誠社，1996。〖葛英會 1996A〗

葛英會：《〈包山〉簡文釋詞兩則》，《南方文物》1996（3）。〖葛英會 1996B〗

葛英會：《包山楚簡治獄文書與〈周禮·秋官〉的比較研究》，《出光美術館館報》第 94 號，1996。

葛英會：《包山楚簡釋詞三則》，《于省吾教授百年誕辰紀念文集》，長春，吉林大學出版社，1996。〖葛英會 1996C〗

工藤元男：《睡虎地秦簡よりみた秦代の国家と社会》，創文社，1998。譯為《睡虎地秦簡所見秦代的國家與社會》，上海，上海古籍出版社，2010。〖工藤元男 1998〗

工藤元男：《從卜筮祭禱簡看“日書”的形成》，《郭店楚簡國際學術研討會論文集》，武漢，湖北人民出版社，2000。〖工藤元男 2000〗

工藤元男：《包山楚簡“卜筮祭祷簡”の構造とシステム》，《東洋史研究》第 59 卷第 4 号，2001。譯為《包山楚簡〈卜筮祭禱簡〉的結構與體系》，《人文論叢》（2001 年卷），武漢，武漢大學出版社，2002。〖工藤元男 2001〗

工藤元男:《祭祀儀礼よりみた戦国楚の王権と世族、邦君》,《歴史学研究》第768号,2002。譯為《“卜筮祭禱簡”所見楚國的王權與世族、封君》,《楚文化研究論集》第六集,武漢,湖北教育出版社,2005。〖工藤元男2002〗

工藤元男:《楚文化圈所見卜筮祭禱習俗——以上博楚簡〈柬大王泊旱〉為中心》,《簡帛》第一輯,上海,上海古籍出版社,2006。〖工藤元男2006〗

工藤元男:《地域文化論所見“楚文化”》,簡帛網,2007年3月24日。〖工藤元男2007〗

古敬恆:《〈望山楚簡〉劄記》,《徐州師範大學學報》,1998(2)。〖古敬恆1998〗

古敬恒:《楚簡遣策車類字詞考釋》,《徐州師範大學學報》2001(2)。

古敬恆:《楚簡遣策絲織品字詞考辨》,《徐州師範大學學報》2002(2)。〖古敬恆2002〗

谷口滿:《包山楚簡受期簡釋地——楚國歷史地理研究的新史料》,《先秦楚國歷史地理研究——丹陽、郢都位置問題》,平成11-13年度科研費報告書,東北學院大學文學部,2003。〖谷口滿2003〗

谷口滿:《再論楚郢都的地望問題——紀南城是否春秋時期的郢都?》,《楚文化研究論集》第六集,武漢,湖北教育出版社,2005。〖谷口滿2005〗

谷口滿:《包山楚簡受期簡釋地三則》,《簡帛》第一輯,上海,上海古籍出版社,2006。〖谷口滿2006〗

顧久幸:《沈縣和沈尹——兼論楚縣的性質》,《楚史論叢(初集)》,武漢,湖北人民出版社,1984。

顧久幸:《楚國地方基層行政機構探討》,《江漢論壇》1993(7)。〖顧久幸1993〗

顧史考:《“刑”字讀法試解》,《古文字研究》第二十八輯,北京,中華書局,2010。

廣瀨薰雄:《包山楚簡“所誼”研究》,《郭店楚簡の思想史的研究》(第5卷),東京大學郭店楚簡研究會,2001。

廣瀨薰雄:《包山楚簡所見戰國時代的訴訟》,東京大學碩士學位論文,2001。〖廣瀨薰雄2001A〗

廣瀨薰雄:《包山楚簡に見える証拠制度について》,《楚地出土資料と中国古代文化》,汲古書院,2002。〖廣瀨薰雄2001B〗

廣瀨薰雄:《包山楚簡所見的“盟”》,“長沙三國吳簡暨百年來簡帛發現與研究國際學術研討會”論文,長沙,2001。又見《簡帛研究2002、2003》,桂林,廣西師範大學出版社,2005。〖廣瀨薰雄2001C〗

廣瀨薰雄:《楚國行書制度管窺》,《楚文化研究論集》第六集,武漢,湖北教育出版社,2005。〖廣瀨薰雄2005〗

廣瀨薰雄:《包山楚簡〈受期〉“阩門又敗”再探》,《簡帛》第二輯,上海,上海古籍出版社,

2007。〖廣瀨薰雄 2007〗

廣瀨薰雄:《釋“卜缶”》,《古文字研究》第二十八輯,北京,中華書局,2010。〖廣瀨薰雄 2010〗

郭德維:《〈包山楚簡初探〉評介》,《江漢考古》1997(1)。

郭沫若:《關於鄂君啓節的研究》,《文物參考資料》1958(4)。

郭仁成:《楚國經濟史新論》,長沙,湖南教育出版社,1990。

郭若愚:《戰國楚簡文字編》,上海,上海書畫出版社,1994。

郭永秉:《帝系新研——楚地出土戰國文獻中的傳說時代古帝王系統研究》,北京,北京大學出版社,2008。〖郭永秉 2008〗

郭永秉:《談古文字中的“要”字和從“要”之字》,《古文字研究》第二十八輯,北京,中華書局,2010。又見《古文字與古文獻論集》,上海,上海古籍出版社,2011。

郭永秉:《從戰國楚系“乳”字的辨釋談到戰國銘刻中的“乳(孺)子”》,“簡帛·經典·古史研究國際論壇”論文,香港,2011。

韓自強、韓朝:《阜陽出土的楚國官璽》,《古文字研究》第二十二輯,北京,中華書局,2000。〖韓自強、韓朝 2000〗

韓自強:《阜陽漢簡〈周易〉研究》,《道家文化研究》第 18 輯,上海,三聯書店,2002。

郝本性:《試論楚國器銘中所見的府和鑄造組織》,《楚文化研究論集》第一集,武漢,荊楚書社,1987。

何　浩:《戰國時期楚封君初探》,《歷史研究》1984(4)。

何　浩:《羕器、養國與楚國養縣》,《江漢考古》1989(2)。

何　浩:《楚滅國研究》,武漢,武漢出版社,1989。

何　浩:《楚國封君封邑地望續考》,《江漢考古》1991(4)。〖何浩 1991A〗

何　浩:《論楚國封君制的發展與演變》,《江漢論壇》1991(5)。〖何浩 1991B〗

何　浩:《文坪君的身分與昭氏的世系》,《江漢考古》1992(3)。〖何浩 1992〗

何　浩:《楚懷王前期令尹新證》,《江漢考古》,1993(4)。〖何浩 1993A〗

何　浩:《“王子某”、“楚子某”與楚人的名和字》,《江漢論壇》1993(7)。〖何浩 1993B〗

何　浩:《魯陽君、魯陽公及魯陽設縣的問題》,《中原文物》,1994(4)。〖何浩 1994〗

何　浩:《略論楚境“東至於海”》,《江漢考古》1995(1)。〖何浩 1995〗

何浩、劉彬徽:《包山楚簡“封君”釋地》,《包山楚墓》附錄二十五,北京,文物出版社,1991。〖何浩、劉彬徽 1991〗

何景成:《說“列”》,《中國文字研究》第十一輯,鄭州,大象出版社,2008。〖何景成 2008〗

何景成:《楚文字“契”的文字解釋》,《簡帛語言文字研究》第五輯,成都,巴蜀書社,2010。〖何景成 2010〗

何琳儀:《長沙帛書通釋》,《江漢考古》1986(1)。

何琳儀:《長沙銅量銘文補釋》,《江漢考古》1988(4)。

何琳儀:《戰國文字通論》,北京,中華書局,1989。

何琳儀:《長沙帛書通釋校補》,《江漢考古》1989(4)。

何琳儀:《包山楚簡選釋》,《江漢考古》1993(4)。〖何琳儀 1993A〗

何琳儀:《句吳劍補釋—兼釋冢、主、幵、丂》,《第二屆國際中國古文字學研討會論文集》,香港中文大學中國語言及文學系,1993。〖何琳儀 1993B〗

何琳儀:《古兵地名雜識》,《考古與文物》1996(6)。〖何琳儀 1996A〗

何琳儀:《戰國文字形體析疑》,《于省吾教授百年誕辰紀念文集》,長春,吉林大學出版社,1996。〖何琳儀 1996B〗

何琳儀:《仰天湖竹簡選釋》,《簡帛研究》第三輯,南寧,廣西教育出版社,1998。又見《新出楚簡文字考》,合肥,安徽大學出版社,2007。〖何琳儀 1998B〗

何琳儀:《戰國古文字典》,北京,中華書局,1998。(本書選用 2007 年 5 月第 3 次印刷)〖何琳儀 1998A〗

何琳儀:《郭店楚簡選釋》,《文物研究》第十二輯,合肥,黃山書社,2000。又見《簡帛研究二〇〇一》,桂林,廣西師範大學出版社,2001。又見《新出楚簡文字考》,合肥,安徽大學出版社,2007。〖何琳儀 2000A〗

何琳儀:《楚王熊麗考》,《中國史研究》2000(4)。〖何琳儀 2000B〗

何琳儀:《鄂君啓節釋地三則》,《古文字研究》第二十二輯,北京,中華書局,2002。〖何琳儀 2002〗

何琳儀:《郭店簡古文二考》,《古籍整理研究學刊》,2002(5)。又見《新出楚簡文字考》,合肥,安徽大學出版社,2007。

何琳儀:《戰國文字通論》(訂補),南京,江蘇教育出版社,2003。〖何琳儀 2003A〗

何琳儀:《滬簡二冊選釋》,簡帛研究網,2003 年 1 月 14 日。又名《第二批滬簡選釋》,《學術界》2003(1)。又見《上博館藏戰國楚竹書研究續編》,上海,上海書店出版社,2004。又見《新出楚簡文字考》,合肥,安徽大學出版社,2007。

何琳儀:《新蔡竹簡地名偶識——兼釋次竝戈》,《中國歷史文物》2003(6)。又見《新出楚簡文字考》,合肥,安徽大學出版社,2007。

何琳儀:《楚都丹陽地望新證》,《文史》總第六十七輯,北京,中華書局,2004。又見《新出楚簡文字考》，合肥，安徽大學出版社，2007。

何琳儀：《新蔡竹簡選釋（上）》，簡帛研究網，2003 年 12 月 7 日。後與《新蔡竹簡選釋（下）》（簡帛研究網，2003 年 12 月 7 日）合為一文，名為《新蔡竹簡選釋》，《安徽大學學報》2004（3）。又見《新出楚簡文字考》，合肥，安徽大學出版社，2007。〖何琳儀 2003B〗

何琳儀、黃德寬：《說蔡》，《徐中舒先生百年誕辰紀念文集》，成都，巴蜀書社，1998。又名《釋蔡》，《東南文化》1999（5）。又見《新出楚簡文字考》，合肥，安徽大學出版社，2007。〖何琳儀、黃德寬 1998〗

何琳儀、程燕：《滬簡周易選釋》，《江漢考古》2005（4）。

何琳儀、徐在國：《釋㢑》，"文字學國際學術研討會"論文，天津，2001。又見《楚文化研究論集》第五集，合肥，黃山書社，2003。又見《文字學論叢》第二輯，武漢，崇文書局，2004。又見《新出楚簡文字考》，合肥，安徽大學出版社，2007。〖何琳儀、徐在國 2001A〗

何琳儀、徐在國：《釋"芇"及相關諸字》，《中國文字》新廿七期，臺北，藝文印書館，2001。又見《新出楚簡文字考》，合肥，安徽大學出版社，2007。〖何琳儀、徐在國 2001B〗

何琳儀、徐在國：《釋"塞"》，《中國錢幣》2002（2）。〖何琳儀、徐在國 2002〗

何　平：《彩棺漆繪描楚風——荊門包山大塚發掘親歷記》，《古墓掘寶秘聞》，武漢，長江文藝出版社，1993。

何有祖：《包山楚簡試釋九則》，簡帛網，2005 年 12 月 15 日。〖何有祖 2005〗

何有祖：《楚簡釋讀七則》，《江漢考古》2006（1）。〖何有祖 2006〗

何有祖：《讀〈上博六〉劄記》，簡帛網，2007 年 7 月 9 日。〖何有祖 2007〗

何幼琦：《論楚國之曆》，《江漢論壇》1985（10）。

何幼琦：《論包山楚簡之曆》，《江漢論壇》1993（11）。

河南省文物考古所：《信陽楚墓》，北京，文物出版社，1986。

河南省文物考古所：《新蔡葛陵楚墓》，鄭州，大象出版社，2003。〖新蔡簡 2003〗

黑須雪子發行：《簡牘名蹟選》，株式會社二玄社，2009。

洪　颺：《對楚地名中"陵"的文字學解釋》，《社會科學戰綫》2004（6）。

侯乃峰：《釋"䜴"》，復旦大學出土文獻與古文字研究中心網，2011 年 6 月 23 日。〖侯乃峰 2011〗

后德俊：《"包山楚簡"中的"金"義小考》，《江漢論壇》1993（11）。〖后德俊 1993〗

后德俊：《"穲種"考》，《中國農史》1995（4）。

后德俊、史珞琳：《湖北荊門包山二號楚墓墓主死因初探》，《中華醫史雜誌》1994（3）。〖后德俊、史珞琳 1994〗

胡禮興：《楚郢新說》，《江漢論壇》1991（12）。

胡平生：《說包山楚簡的"諜"》，《第三屆國際中國古文字學研討會論文集》，香港中文大學中國語言及文學系，1997。〖胡平生 1997〗

胡　瓊：《釋〈愼子曰恭儉〉中的"陟"》，簡帛網，2007 年 8 月 7 日。〖胡瓊 2007〗

胡雅麗：《包山二號楚墓遣策初步研究》，《包山楚墓》附錄十九，北京，文物出版社，1991。〖胡雅麗 1991〗

胡雅麗：《包山楚簡所見"爵稱"考》，《楚文化研究論集》第四集，鄭州，河南人民出版社，1994。〖胡雅麗 1994〗

胡雅麗：《包山楚簡述略》，《中華文化論壇》1998（2）。〖胡雅麗 1998〗

胡雅麗：《楚人宗教信仰芻議》，《江漢考古》2001（3）。〖胡雅麗 2001A〗

胡雅麗：《楚人宗教信仰芻議（續）》，《江漢考古》2001（4）。〖胡雅麗 2001B〗

胡雅麗：《楚人卜筮概述》，《江漢考古》2002（4）。〖胡雅麗 2002〗

胡雅麗：《楚人祭祀鉤沉》，《楚文化研究論集》第五集，合肥，黃山書社，2003。〖胡雅麗 2003〗

胡雅麗：《"桊"之實名考》，"中國簡帛學國際論壇"論文，臺北，2007。〖胡雅麗 2007〗

湖北省博物館：《曾侯乙墓》，北京，文物出版社，1989。

湖北省荊沙鐵路考古隊包山楚墓整理小組：《荊門市包山楚墓發掘簡報》，《文物》1988（5）。

湖北省荊沙鐵路考古隊：《包山楚墓》，北京，文物出版社，1991。

湖北省荊沙鐵路考古隊：《包山楚簡》，北京，文物出版社，1991。〖整理者 1991〗

湖北省荊州地區博物館：《江陵天星觀 1 號楚墓》，《考古學報》1982（1）。

湖北省文物考古所：《江陵九店東周墓》，北京，科學出版社，1995。

湖北省文物考古所：《江陵望山沙塚楚墓》，北京，文物出版社，1996。

湖北省文物考古所、北京大學中文系：《望山楚簡》，北京，中華書局，1995。〖望山簡 1995〗

湖北省文物考古所、北京大學中文系：《九店楚簡》，北京，中華書局，2000。〖九店簡 2000〗

黃德寬：《釋楚系文字中的"孛"》，"中國古文字研究會第九屆學術討論會"論文，南京，1992。〖黃德寬 1992〗

黃德寬：《釋金文[illegible]字》，"紀念容庚先生百年誕辰暨中國古文字學國際學術研討會"論文，東莞，1994。又見《容庚先生百年誕辰紀念文集》，廣州，廣東人民出版社，1998。（本文引用 1998 年版）〖黃德寬 1994〗

黃德寬:《古文字考釋二題》,《于省吾教授百年誕辰紀念文集》,長春,吉林大學出版社,1996。
黃德寬：《說遚》,《古文字研究》第二十四輯，北京，中華書局，2002。〖黃德寬 2002〗
黃德寬：《新蔡楚簡“穴熊”及其相關問題》，南京大學中文系講座，2004 年 11 月 8 日。〖黃德寬 2004〗
黃德寬：《古文字譜系疏證》，北京，商務印書館，2007。〖疏證 2007〗
黃德寬：《新蔡葛陵楚簡所見“穴熊”及相關問題》,《古籍研究》2005 年卷下，合肥，安徽大學出版社，2005。又見《新出楚簡文字考》，合肥，安徽大學出版社，2007。
黃德寬：《楚簡〈周易〉“”字說》,《中國文字研究》第六輯，南寧，廣西教育出版社，2005。又見《新出楚簡文字考》，合肥，安徽大學出版社，2007。
黃德寬、徐在國:《郭店楚簡文字考釋》,《吉林大學古籍整理研究所建所十五周年紀念文集》,長春，吉林大學出版社，1998。又見《新出楚簡文字考》，合肥，安徽大學出版社，2007。〖黃德寬、徐在國 1998〗
黃德寬、徐在國:《郭店楚簡文字續考》,《江漢考古》，1999（2）。又見《新出楚簡文字考》,合肥，安徽大學出版社，2007。〖黃德寬、徐在國 1999〗
黃鳳春:《信陽楚簡中的“碡石之砫”》,《楚文化研究論集》第六集，武漢，湖北教育出版社，2005。〖黃鳳春 2005〗
黃浩波：《試說令尹子春即郚公子春》，簡帛網，2011 年 10 月 27 日。〖黃浩波 2011〗
黃靈庚：《楚簡劄記六則》,《文史》總第四十三輯，北京，中華書局，1997。〖黃靈庚 1997〗
黃靈庚：《楚辭簡帛試證》,《文史》總第五十九輯，北京，中華書局，2002。〖黃靈庚 2002〗
黃靈庚：《屈賦楚簡補證》，《雲夢學刊》2005（1）。〖黃靈庚 2005〗
黃靈庚：《楚簡與楚辭研究二題》,《華中師範大學學報》2007（5）。〖黃靈庚 2007〗
黃靈庚：《簡帛文獻與〈楚辭〉研究》,《華學》第九、十輯，上海，上海古籍出版社，2008。〖黃靈庚 2008〗
黃人二：《戰國包山卜筮祝禱簡研究》，臺灣大學碩士學位論文，1996。〖黃人二 1996〗
黃人二：《郭店竹簡〈窮達以時〉考釋》,《古文字與古文獻》試刊號，楚文化研究會籌備處，1999。又見《出土文獻論文集》，臺中，高文出版社，2005。〖黃人二 1999〗
黃尚明:《楚簡中祭祀用玉問題探索》,《楚文化研究論集》第十集，武漢，湖北美術出版社，2011。〖黃尚明 2011〗
黃盛璋：《關於鄂君啓節交通路綫的復原問題》,《中華文史論叢》第五輯，北京，中華書局，1964。又見《歷史地理論集》，北京，人民出版社，1982。
黃盛璋：《再論鄂君啓節交通路綫復原與地理問題》,《楚史研究專輯》，湖北省楚史研究會、武漢師範學院學報編輯部聯合編輯出版，1982。又見《安徽史學》1988（2）。

黃盛璋：《鄂君啓節地理問題若干補正》，《歷史地理論集》，北京，人民出版社，1982。

黃盛璋：《當陽兩戈銘文考》，《江漢考古》1982（1）。

黃盛璋：《楚銘刻中"陵、陲"的考辨及其相關問題》，《安徽史學》1984（1）。

黃盛璋：《郳器與郳國地望及與楚之關係考辨》，《江漢考古》1988（1）。

黃盛璋：《新發現的"羕陵"金版及其相關的羕器、曾器銘文中諸問題的考索》，《出土文獻研究續集》，北京，文物出版社，1989。

黃盛璋：《〈包山楚簡〉辯證、決疑與發覆》，"中國古文字研究會第九屆學術討論會"論文，南京，1992。〖黃盛璋 1992〗

黃盛璋：《包山楚簡中若干重要制度發覆與爭論未決諸關鍵字解難決疑》，《湖南考古輯刊》第六集，長沙，嶽麓書社，1994。〖黃盛璋 1994〗

黃文傑：《秦至漢初簡帛形近字辨析》，《簡帛研究》第三輯，南寧，廣西教育出版社，1998。〖黃文傑 1998〗

黃錫全：《利用汗簡考釋古文字》，《古文字研究》第十五輯，北京，中華書局，1986。

黃錫全：《"[illegible]郢"辨析》，《楚文化研究論集》第二集，武漢，湖北人民出版社，1991。後名《"葴郢"辨析》，《古文字論叢》，臺北，藝文印書館，1999。又見《古文字與古貨幣文集》，北京，文物出版社，2009。〖黃錫全 1991A〗

黃錫全：《古文字中所見楚國官府官名輯證》，《文物研究》總第七期，合肥，黃山書社，1991。又見《古文字論叢》，臺北，藝文印書館，1999。又見《古文字與古貨幣文集》，北京，文物出版社，2009。〖黃錫全 1991B〗

黃錫全：《[illegible]考辨》，《江漢考古》1991（1）。後名《肴腏考辨》，《古文字與古貨幣文集》，北京，文物出版社，2009。

黃錫全：《〈包山楚簡〉釋文校釋》，"中國古文字研究會第九屆學術研討會"論文，南京，1992。又名為《〈包山楚簡〉部分釋文校釋》，《湖北出土商周文字輯證》，武漢大學出版社，1992。又見《古文字與古貨幣文集》，北京，文物出版社，2009。〖黃錫全 1992〗

黃錫全：《楚簡續貂》，《簡帛研究》第三輯，南寧，廣西教育出版社，1998。又見《古文字論叢》，臺北，藝文印書館，1999。又見《古文字與古貨幣文集》，北京，文物出版社，2009。〖黃錫全 1998〗

黃錫全：《古文字論叢》，臺北，藝文印書館，1999。

黃錫全：《湖北出土兩件銅戈跋》，《江漢考古》1993（4）。又見《古文字論叢》，臺北，藝文印書館，1999。

黃錫全：《試說楚黃金貨幣稱量單位“半鎰”》，《江漢考古》2000（1）。又見《古文字研究》第二十二輯，北京，中華書局，2000。〖黃錫全 2000A〗

黃錫全：《楚國衡制單位“間鎰”》，《中國錢幣》2000（2）。〖黃錫全 2000B〗

黃錫全：《尖足空手布新品“下虒”考》，《中國錢幣》2000（2）。〖黃錫全 2000C〗

黃錫全：《楚簡“譗”字簡釋》，《簡帛研究二〇〇一》，南寧，廣西師範大學出版社，2001。又見《古文字與古貨幣文集》，北京，文物出版社，2009。〖黃錫全 2001〗

黃錫全：《楚簡中的𡡉龠禮龠與空龠穴龠再議》，《簡帛研究二〇〇四》，桂林，廣西師範大學出版社，2006。又見《古文字與古貨幣文集》，北京，文物出版社，2009。〖黃錫全 2006〗

黃錫全：《“鄩郢”新探》，簡帛網，2007年3月31日。後名《楚都“鄩郢”新探》，《江漢考古》2009（2）。又見《古文字與古貨幣文集》，北京，文物出版社，2009。〖黃錫全 2007〗

黃錫全：《長江中游楚國“戠郢”試探》，《長江文明》第一輯，2008。又見《古文字與古貨幣文集》，北京，文物出版社，2009。〖黃錫全 2008〗

黃錫全：《〈中國歷代貨幣大系·先秦貨幣〉釋文校訂》，《第二屆國際中國古文字學研討會論文集》，香港中文大學中國語言及文學系，1993。

黃錫全：《“朋郢”新探——讀清華簡《楚居》札記之三》，簡帛網，2011年11月28日。又名《“朋郢”新探——讀清華簡《楚居》札記》，《江漢考古》2012（2）。〖黃錫全 2011A〗

黃錫全：《清華簡〈繫年〉“從門從戈”字簡議》，簡帛網，2011年12月23日。〖黃錫全 2011B〗

黃曉莉：《略論楚國司法實施的程式》，《西南農業大學學報》2011（9）。

季旭昇：《由上博詩論“小宛”談楚簡中幾個的從目的字》，簡帛研究網，2002年2月13日。〖季旭昇 2002〗

季旭昇：《上博四零拾》，簡帛研究網，2005年2月15日。〖季旭昇 2005〗

季旭昇主編：《〈上海博物館藏戰國楚竹書（三）〉讀本》，臺北，萬卷樓圖書公司，2005。

季旭昇主編：《〈上海博物館藏戰國楚竹書（四）〉讀本》，臺北，萬卷樓圖書公司，2007。

冀小軍：《釋楚簡中的字》，簡帛研究網，2002年7月21日。〖冀小軍 2002〗

賈繼東：《包山楚墓簡文“見日”淺釋》，《江漢考古》1995（4）。〖賈繼東 1995〗

賈繼東：《淺議包山楚簡對楚國法制研究的意義》，《中國文物報》1995年11月5日。〖賈繼

東 1995〗

賈繼東：《〈包山楚簡〉中〈受期〉簡別解》，《東南文化》1996（1）。〖賈繼東 1996A〗

賈繼東：《簡論楚國訴訟制度中的期日與期間》，《中國文物報》1996 年 7 月 28 日。〖賈繼東 1996B〗

賈繼東：《從出土竹簡看楚國司法職官的建置與演變》，《江漢論壇》，1996（9）。〖賈繼東 1996C〗

賈繼東：《楚秦訴訟管轄和強制措施之比較研究》，《法商研究》，1997（3）。

賈連敏：《釋祼瓚》，中國古文字研究會第九屆學術討論會論文，南京，1992。後名《古文字中的“祼”和“瓚”及相關問題》，《華夏考古》1998（3）。（本書引用 1998 年版）〖賈連敏 1992〗

賈連敏：《新蔡葛陵楚簡中的祭禱文書》，《華夏考古》2004（3）。

賈連敏：《新蔡竹簡中楚先祖名》，《華學》第七輯，廣州，中山大學出版社，2004。〖賈連敏 2004〗

蔣　瑞：《楚簡“大水”即水帝顓頊即〈離騷〉“高陽”考》，《湖北大學學報》）。〖蔣瑞 2008〗

金琳、呂繼熔：《戰國楚簡遣策中的染織名物》，《中原文物》2011（3）。〖金琳、呂繼熔 2011〗

近藤浩之：《包山楚簡卜筮祭禱記錄與郭店楚簡中的〈易〉》，《郭店楚簡國際學術研討會論文集》，武漢，湖北人民出版社，2000。又見簡帛研究網，2001 年 6 月 22 日。〖近藤浩之 2000〗

荊門市博物館：《郭店楚墓竹簡》，北京，文物出版社，1998。〖郭店簡 1998〗

荊沙鐵路考古隊：《荊門市包山大塚出土一批重要文物》，《江漢考古》1987（2）。

柯鶴立：《從包山與望山兩墓占卜簡書中看楚人的內外思想》，“紀念商承祚先生百年誕辰暨中國古文字學國際學術研討會”論文，廣州，2002。〖柯鶴立 2002〗

柯鶴立：*DEATH IN ANCIENT CHINA——The Tale of One Man’s Journey*，Brill Academic Pub，2006。

孔仲溫：《望山卜筮祭禱簡文字初考》，《第七屆中國文字學全國學術研討會論文集》，臺北，萬卷樓圖書公司，1996。〖孔仲溫 1996〗

孔仲溫：《再釋望山卜筮祭禱簡文字兼論其相關問題》，《第八屆中國文字學全國學術研討會論文集》，彰化師範大學國文系，1997。〖孔仲溫 1997A〗

孔仲溫：《楚簡中有關祭禱的幾個固定字詞試釋》，《第三屆國際中國古文字學研討會論文集》，香港中文大學中國語言及文學系，1997。〖孔仲溫 1997B〗

孔仲溫：《郭店楚簡〈緇衣〉字詞補釋》，《古文字研究》第二十二輯，北京，中華書局，2000。

〖孔仲溫 2000〗

夔　一：《“陟”疑》，簡帛網，2007 年 10 月 23 日。

Lisa Raphals：*Notes on The Baoshan Medical Divinations*，《新出簡帛研究》，北京，文物出版社，2004。

來國龍：《論楚卜筮祭禱簡中的若干問題》，“先秦文本與思想國際學術研討會”論文，臺北，2010。後名《論楚卜筮祭禱簡中的“與禱”——兼說楚簡中的“冊告”和甲骨卜辭中的“𠕋祭”》，《簡帛》第六輯，上海，上海古籍出版社，2011。〖來國龍 2010〗

雷黎明：《楚簡“史”、“弁”二字的辨析方法試說》，《大連大學學報》2009（4）。〖雷黎明 2009〗

黎廣基：《郭店楚簡〈老子〉“不欲竘呈”考》，《康樂集——曾憲通教授七十壽慶論文集》，廣州，中山大學出版社，2006。〖黎廣基 2006〗

黎子耀：《包山竹簡楚祖先與周易的關係》，《杭州大學學報》1989（2）。〖黎子耀 1989〗

李佳興：《〈包山楚簡〉司法文書簡研究——以訴訟事件為例》，臺灣暨南國際大學碩士學位論文，2000。

李佳興：《關於〈包山楚簡〉簡 131-139 中的“人證”》，“第一屆出土文獻學術研討會”論文，臺北，2000。〖李佳興 2000〗

李佳興：《上博六〈莊王既成〉的“䣓尹子桱”》，簡帛研究網，2008 年 8 月 20 日。〖李佳興 2008〗

李家浩：《釋“弁”》，《古文字研究》第一輯，北京，中華書局，1979。

李家浩：《信陽楚簡“澮”字及從“光”之字》，《中國語言學報》第 1 期，北京，商務印書館，1982。又見《北京大學社會科學優秀論文選》第 3 輯，北京，北京大學出版社，1988。又見《著名中年語言學家自選集・李家浩卷》，合肥，安徽教育出版社，2002。

李家浩：《戰國官印考釋（六篇）》，“中國古文字研究會第九屆學術討論會”論文，南京，1992。〖李家浩 1992〗

李家浩：《仰天湖楚簡十三號考釋》，《中國典籍與文化論叢》第一輯，北京，中華書局，1993。又見《著名中年語言學家自選集・李家浩卷》，合肥，安徽教育出版社，2002。〖李家浩 1993A〗

李家浩：《包山楚簡研究（五篇）》，“第二屆國際中國古文字學研討會”論文，香港，1993。此文後分成兩篇文章：其一為《包山楚簡中的旌旆及其它》，《第二屆國際中國古文字學研討會論文集（續編）》，香港中文大學中國語言及文學系，1995。又見《著名中年語言學家自選集・李家浩卷》，合肥，安徽教育出版社，2002。其二為《包山

遣冊考釋（四篇）》，《古籍整理研究學刊》，2003（5）。〖李家浩 1993B〗

李家浩：《包山二二六號簡所記木器研究》，《國學研究》第二卷，北京，北京大學出版社，1994。又見《著名中年語言學家自選集·李家浩卷》，合肥，安徽教育出版社，2002。〖李家浩 1994A〗

李家浩：《南越王墓車馹虎節銘文考釋》，“紀念容庚先生百年誕辰暨中國古文字學國際學術研討會”論文，東莞，1994。又見《容庚先生百年誕辰紀念文集》，廣州，廣東人民出版社，1998。（本書引用 1998 年版）〖李家浩 1994B〗

李家浩：《信陽楚簡中的“柿枳”》，《簡帛研究》第二輯，北京，法律出版社，1996。〖李家浩 1996A〗

李家浩：《戰國官印考釋兩篇》，《于省吾教授百年誕辰紀念文集》，長春，吉林大學出版社，1996。〖李家浩 1996B〗

李家浩：《包山楚簡所記楚先祖名及其相關問題》，《文史》總第四十二輯，北京，中華書局，1997。〖李家浩 1997A〗

李家浩：《包山楚簡“箴”字及其相關之字》，《第三屆國際中國古文字學研討會論文集》，香港中文大學中國語言及文學系，1997。又見《著名中年語言學家自選集·李家浩卷》，合肥，安徽教育出版社，2002。〖李家浩 1997B〗

李家浩：《傳賃龍節銘文考釋——戰國符節銘文研究之三》，《考古學報》1998（1）。又見《著名中年語言學家自選集·李家浩卷》，合肥，安徽教育出版社，2002。

李家浩：《戰國鄺刀新考》，《中國錢幣學論文集》第三輯，中國金融出版社，1998。

李家浩：《包山楚簡中的“枳”》，《徐中舒先生百年誕辰紀念文集》，成都，巴蜀書社，1998。〖李家浩 1998C〗後在篇末加入《補正》，見《著名中年語言學家自選集·李家浩卷》，合肥，安徽教育出版社，2002。〖李家浩 2002〗

李家浩：《信陽楚簡“樂人之器”研究》，《簡帛研究》第三輯，南寧，廣西教育出版社，1998。〖李家浩 1998B〗

李家浩：《楚簡中的袷衣》，《中國古文字研究》第一輯，長春，吉林大學出版社，1999。又見《著名中年語言學家自選集·李家浩卷》，合肥，安徽教育出版社，2002。〖李家浩 1999D〗

李家浩：《讀〈郭店楚墓竹簡〉瑣議》，《郭店楚簡研究》（《中國哲學》第 20 輯），瀋陽，遼寧教育出版社，1999。〖李家浩 1999A〗

李家浩：《楚墓竹簡中的“昆”及從“昆”之字》，《中國文字》新廿五期，臺北，藝文印書館，1999。又見《著名中年語言學家自選集·李家浩卷》，合肥，安徽教育出版社，

2002。〖李家浩 1999B〗

李家浩：《九店楚簡“告武夷”研究》，“第一屆簡帛學術討論會”論文，臺北，1999。又見《著名中年語言學家自選集·李家浩卷》，合肥，安徽教育出版社，2002。又見《簡帛研究匯刊》第一輯，中國文化大學史學系、簡帛學文教基金會籌備處，2003。〖李家浩 1999C〗

李家浩：《鄂君啓節銘文中的高丘》，《古文字研究》第二十二輯，北京，中華書局，2000。〖李家浩 2000〗

李家浩：《包山祭禱簡研究》，《簡帛研究二〇〇一》，桂林，廣西師範大學出版社，2001。〖李家浩 2001A〗

李家浩：《包山卜筮簡 218-219 號研究》，“長沙三國吳簡暨百年來簡帛發現與研究國際學術研討會”論文，長沙，2001。又見《長沙三國吳簡暨百年來簡帛發現與研究國際學術研討會論文集》，北京，中華書局，2005。〖李家浩 2001B〗

李家浩：《包山遣冊考釋（四篇）》，《古籍整理研究學刊》，2003（5）。〖李家浩 2003〗

李家浩：《戰國幵陽布考》，《古文字研究》第二十五輯，北京，中華書局，2004。

李家浩：《戰國官印考釋三篇》，《出土文獻研究》第六輯，上海，上海古籍出版社，2004。〖李家浩 2004〗

李家浩：《說“䒑”字》，《漢字研究》第一輯，北京，學苑出版社，2005。

李家浩：《仰天湖楚簡剩義》，“中國簡帛學國際論壇”論文，武漢，2006。又見《簡帛》第二輯，上海，上海古籍出版社，2007。〖李家浩 2006A〗

李家浩：《談包山楚簡“歸鄧人之金”一案及其相關問題》，《出土文獻與古文字研究》第一輯，上海，復旦大學出版社，2006。〖李家浩 2006B〗

李家浩：《楚簡所記楚人祖先“毓（鬻）熊”與“穴熊”為一人說——兼說上古音幽部與微、文二部音轉》，《文史》總第九十二期，北京，中華書局，2010。〖李家浩 2010A〗

李家浩：《談包山楚簡 263 號所記的“席”》，《出土文獻研究》第九輯，北京，中華書局，2010。〖李家浩 2010B〗

李家浩：《談清華戰國竹簡〈楚居〉的“夷宅”及其他——兼談包山楚簡的“竾人”等》，《出土文獻》第二輯，上海，中西書局，2011。〖李家浩 2011〗

李家浩：《甲骨文北方神名“勹”與戰國文字從“勹”之字》，《文史》總第 100 輯，北京，中華書局，2012。

李進寧：《“山鬼”考略》，《才智》2009（24）。〖李進寧 2009〗

李　零：《楚國銅器銘文編年匯釋》，《古文字研究》第十三輯，北京，中華書局，1986。

李　零:《楚國族源、世襲的文字證明》,《文物》1991(2)。〖李零 1991〗

李　零:《論東周時期的楚國典型銅器群》,《古文字研究》第十九輯,北京,中華書局,1992。

李　零:《包山楚簡研究(文書類)》,"中國古文字研究會第九屆學術討論會"論文,南京,1992。後有修改,見《王玉哲先生八十壽辰紀念文集》,天津,南開大學出版社,1994。又見《李零自選集》,桂林,廣西師範大學出版社,1998。(本書引用 1998 年版)〖李零 1992〗

李　零:《包山楚簡研究(占卜類)》,《中國典籍與文化論叢》第一輯,北京,中華書局,1993。〖李零 1993〗

李　零:《考古發現與神話傳說》,《學人》第五輯,南京,江蘇文藝出版社,1994。後有修改,見《李零自選集》,桂林,廣西師範大學出版社,1998。(本書引用 1998 年版)〖李零 1994〗

李　零:《古文字雜識(五則)》,《國學研究》第三卷,北京,北京大學出版社,1995。〖李零 1995〗

李　零:《古文字雜識(兩篇)》,《于省吾教授百年誕辰紀念文集》,長春,吉林大學出版社,1996。〖李零 1996〗

李　零:《老李子和老萊子》,《中國哲學史》1997(2)。〖李零 1997A〗

李　零:《跳出〈周易〉看〈周易〉——"數位卦"的再認識》,《傳統文化與現代化》,1997(6)。

李　零:《古文字雜識(二則)》,《第三屆國際中國古文字學研討會論文集》,香港中文大學中國語言及文學系,1997。〖李零 1997B〗

李　零:《"太一"崇拜的考古研究》,《北京大學百年國學文粹·語言文獻卷》,北京,北京大學出版社,1998。

李　零:《讀九店楚簡》,《考古學報》1999(2)。〖李零 1999A〗

李　零:《讀〈楚系簡帛文字編〉》,《出土文獻研究》第五輯,北京,科學出版社,1999。〖李零 1999B〗

李　零:《郭店楚簡校讀記》,《道家文化研究》第 17 輯(郭店楚簡專號),上海,三聯書店,1999。〖李零 1999C〗

李　零:《郭店楚簡研究中的兩個問題》,《郭店楚簡國際學術研討會論文集》,武漢,湖北人民出版社,2000。又見《郭店楚簡校讀記(增訂本)》,北京,北京大學出版社,2002。又見《郭店楚簡校讀記(增訂本)》,北京,人民大學出版社,2007。又見簡帛研究網,2000 年 12 月 6 日。〖李零 2000A〗

李　零：《中國方術續考》，北京，東方出版社，2000。〖李零 2000B〗

李　零：《中國方術考》（修訂本），北京，東方出版社，2001。〖李零 2001〗

李　零：《“三閭大夫”考——兼論楚國公族的興衰》，《文史》總第五十四輯，北京，中華書局，2001。〖李零 2001〗

李　零：《上博楚簡三篇校讀記》，臺北，萬卷樓圖書公司，2002。

李　零：《郭店楚簡校讀記》（增訂本），北京，北京大學出版社，2002。〖李零 2002〗

李　零：《郭店楚簡中的“敏”字和“文”字》，《古文字研究》第二十四輯，北京，中華書局，2002。

李　零：《簡帛的形制與使用》，《中國典籍與文化》2003（3）。〖李零 2003〗

李　零：《簡帛古書與學術源流》，上海，三聯書店，2004。〖李零 2004〗

李　零：《上博楚簡三篇校讀記》，北京，中國人民大學出版社，2007。

李　零：《視日、日書和葉書——三種簡帛文獻的區別和定名》，《文物》2008（1）。〖李零 2008〗

李　鋭：《清華大學講讀班第二十九次研討會綜述》，簡帛研究網，2004 年 4 月 11 日。

李　鋭：《“恆”與“極”》，《中國文字》新三十六期，臺北，藝文印書館，2011。〖李鋭 2011〗

李守奎：《楚文字編》，吉林大學博士學位論文，1997。〖楚文字編 1997〗

李守奎：《古文字辨析三組》，《吉林大學古籍整理研究所建所十五周年紀念文集》，長春，吉林大學出版社，1998。〖李守奎 1998A〗

李守奎：《楚文字考釋（三組）》，《簡帛研究》第三輯，南寧，廣西教育出版社，1998。〖李守奎 1998B〗

李守奎：《釋楚簡中的“慁”字——兼釋楚璽中的“弻”》，《簡帛研究二〇〇一》，桂林，廣西師範大學出版社，2001。〖李守奎 2001〗

李守奎：《先秦文獻中的“李”字與李氏》，《煙臺師範學院學報》，2001（2）。

李守奎：《江陵九店楚墓〈歲〉篇殘簡考釋》，《古籍整理研究學刊》2001（3）。

李守奎：《〈說文〉古文與楚文字互證三則》，《古文字研究》第二十四輯，北京，中華書局，2002。〖李守奎 2002A〗

李守奎：《九店楚簡相宅篇殘簡補釋》，“新出土文獻與古代文明研究國際學術研討會”論文，上海，2002。又見《新出土文獻與古代文明研究》，上海，上海大學出版社，2004。〖李守奎 2002B〗

李守奎：《楚簡文字四考》，《中國文字研究》第三輯，南寧，廣西教育出版社，2002。〖李守奎 2002C〗

李守奎：《出土楚文獻文字研究綜述》，《古籍整理研究學刊》，2003（1）。

李守奎：《楚文字編》，上海，華東師範大學出版社，2003。〖楚文字編 2003〗

李守奎：《讀〈上海博物館藏戰國楚竹書（二）雜識〉》，《上博館藏戰國楚竹書研究續編》，上海，上海書店出版社，2004。

李守奎：《楚璽文字六考》，《古文字研究》第二十五輯，北京，中華書局，2004。〖李守奎 2004〗

李守奎：《釋包山楚簡中的“彭”》，《簡帛》第一輯，上海，上海古籍出版社，2006。〖李守奎 2006〗

李守奎：《包山卜筮文書書跡的分類與書寫的基本狀況》，《中國文字研究》第八輯，鄭州，大象出版社，2007。〖李守奎 2007〗

李守奎主編：《上海博物館藏戰國楚竹書（一～五）文字編》，北京，作家出版社，2007。

李守奎：《楚文字考釋獻疑》，《古文字學論稿》，合肥，安徽大學出版社，2008。〖李守奎 2008A〗

李守奎：《上博簡殘字叢考》，《古文字研究》第二十七輯，北京，中華書局，2008。〖李守奎 2008B〗

李守奎：《包山楚簡 120——123 號簡補釋》，“出土文獻與傳世典籍的詮釋——紀念譚樸森先生逝世兩周年國際學術研討會”論文，上海，2009。又見《出土文獻與傳世典籍的詮釋——紀念譚樸森先生逝世兩周年國際學術研討會論文集》，上海，上海古籍出版社，2010。〖李守奎 2009〗

李守奎：《包山司法簡致命文書的特點與 138-139 號簡文書內容的性質》，《古文字研究》第二十八輯，北京，中華書局，2010。又見《文物》2011（3）。〖李守奎 2010A〗

李守奎：《出土楚文獻姓氏用字異寫現象初探》，“中國文字博物館第二屆文字發展論壇會議”論文，安陽，2010。又名《包山楚簡姓氏用字考釋》，《簡帛》第六輯，上海，上海古籍出版社，2011。〖李守奎 2010B〗

李守奎、蔡麗利：《楚簡中“尸”與“人”的區別與混訛——釋楚簡中“作”與“居”的異體》，“‘網路時代與中國文字研究’國際高級專家研討會”論文，上海，2010。〖李守奎、蔡麗利 2010〗

李天虹：《〈包山楚簡〉釋文補正 35 則》，“中國古文字研究會第九屆學術研討會”論文，南京，1992。後改名為《〈包山楚簡〉釋文補正》，《江漢考古》1993（3）。（本書引用 1993 年版）〖李天虹 1992〗

李天虹：《釋楚簡文字“庋”》，《華學》第四輯，北京，紫禁城出版社，2000。〖李天虹 2000A〗

李天虹：《郭店楚簡文字雜釋》，《郭店楚簡國際學術討論會論文集》，武漢，湖北人民出版社，

2000。〖李天虹 2000B〗

李天虹：《釋“饒”“皝”》，《古文字研究》第二十四輯，北京，中華書局，2002。〖李天虹 2002〗

李天虹：《郭店竹簡〈性自命出〉研究》，武漢，湖北教育出版社，2002。

李天虹：《楚簡文字形體混同、混訛舉例》，《江漢考古》2005（3）。〖李天虹 2005A〗

李天虹：《戰國文字“絅”、“削”續議》，《出土文獻研究》第七輯，上海，上海古籍出版社，2005。〖李天虹 2005B〗

李天虹：《釋容成氏中的刈》，簡帛網，2006 年 1 月 24 日。〖李天虹 2006〗

李天智：《包山二號墓陶罐試析》，《江漢考古》2003（4）。〖李天智 2003〗

李學勤：《談近幾年發現的幾種戰國文字資料》，《文物參考資料》1956（1）。

李學勤：《論漢淮間的春秋青銅器》，《文物》1980（1）。

李學勤：《楚國夫人璽與戰國時的江陵》，《江漢論壇》1982（7）。

李學勤：《續論周原甲骨》，《人文雜誌》1986（2）。

李學勤：《釋郭店簡祭公之顧命》，《文物》1987（7）。又見《郭店楚簡研究》（《中國哲學》第 20 輯），瀋陽，遼寧教育出版社，1999。又見《重寫學術史》，石家莊，河北教育出版社，2002。

李學勤：《論包山楚簡中一祖先名》，《文物》1988（8）。又見《李學勤集——追溯·考據·古文明》，哈爾濱，黑龍江教育出版社，1989。又見《李學勤學術文化隨筆》，北京，中國青年出版社，1999。〖李學勤 1988〗

李學勤：《竹簡卜辭與商周甲骨》，《鄭州大學學報》，1989（2）。又見《人大複印資料（先秦、秦漢史）》1989（6）。〖李學勤 1989〗

李學勤：《包山楚簡中的土地買賣》，《中國文物報》1992 年 3 月 22 日。又見《綴古集》，上海，上海古籍出版社，1998。〖李學勤 1992〗

李學勤：《周易經傳溯源》，長春，長春出版社，1992。

李學勤：《張守中〈包山楚簡文字編〉序》，《擁篲集》，西安，三秦出版社，2000。

李學勤：《陳偉〈包山楚簡初探〉序》，《擁篲集》，西安，三秦出版社，2000。

李學勤：《出土筮數與三易研究》，“紀念聞一多先生百周年誕辰學術研討會”論文，新竹，1999。又見《新古典主義：紀念聞一多先生百周年誕辰國際研討會論文集》，臺北，學生書局，2001。又見《重寫學術史》，石家莊，河北教育出版社，2002。〖李學勤 1999〗

李學勤：《續釋“尋”字》，《故宮博物院院刊》2000（6）。〖李學勤 2000〗

李學勤：《秦封泥與齊陶文中的“巷”字》，《陜西歷史博物館館刊》第八輯，西安，三秦出版社，2001。
李學勤：《試解郭店簡讀“文”之字》，《孔子·儒學研究文叢》第 1 輯，濟南，齊魯書社，2001。又見《中國古代文明研究》，上海，華東師範大學出版社，2005。
李學勤：《釋〈詩論〉簡“兔”及從“兔”之字》，清華大學簡帛講讀班文稿，2000。又見《北方論叢》2003（1）。又見《中國古代文明研究》，上海，華東師範大學出版社，2005。
李學勤：《楚簡所見黃金貨幣及其計量》，《中國錢幣論文集》第四輯，北京，中國金融出版社，2002。又見《中國古代文明研究》，上海，華東師範大學出版社，2005。〖李學勤 2002〗
李學勤：《重寫學術史》，石家莊，河北教育出版社，2002。
李學勤：《論戰國簡的卦畫》，《出土文獻研究》第六輯，上海，上海古籍出版社，2004。
李學勤：《論包山楚簡魯陽公城鄭》，《清華大學學報》2004（3）。〖李學勤 2004A〗
李學勤：《包山楚簡“鄗”即巴國說》，《中國文化》2004（1）。又見《四川師範大學學報》2006（6）。〖李學勤 2004B〗
李學勤：《包山楚簡“蜜梅”與楚曆建正》，《簡牘學研究》第四輯，蘭州，甘肅人民出版社，2004。
李學勤：《試說江陵天星觀、秦家嘴楚簡的紀年》，《簡帛研究二〇〇四》，桂林，廣西師範大學出版社，2006。〖李學勤 2006〗
李學勤：《周易溯源》，成都，巴蜀書社，2006。
李學勤主編：《清華大學藏戰國竹簡（壹）》，上海，中西書局，2010。〖清華壹 2010〗
李學勤：《論清華簡〈楚居〉中的古史傳說》，《中國史研究》2011（1）。
李學勤：《釋清華簡〈金縢〉通假為“穫”之字》，《出土文獻研究》第十輯，北京，中華書局，2011。
李學勤主編：《清華大學藏戰國竹簡（貳）》，上海，中西書局，2011。〖清華貳 2011〗
李義芳：《從包山楚簡看戰國時期楚國的社會階層》，《湖北第二師範學院學報》2011（6）。
李運富：《楚國簡帛文字叢考（一）》，《古漢語研究》1996（3）。〖李運富 1996〗
李運富：《楚國簡帛文字叢考（二）》，《古漢語研究》1997（1）。〖李運富 1997A〗
李運富：《楚國簡帛文字構形系統研究》，長沙，嶽麓書社，1997。〖李運富 1997B〗
李運富：《楚國簡帛文字叢考（三）》，《古漢語研究》1998（2）。
李運富：《楚國簡帛文字叢考（四）》，《古漢語研究》1999（1）。
李運富：《包山楚簡“諜”義解詁》，簡帛研究網，2002 年 9 月 7 日。又見《古漢語研究》

2003（1）。〖李運富 2002〗

李運富：《楚簡“諓”字及相關諸字考釋評議》，簡帛研究網，2003 年 1 月 22 日。

李運富：《楚簡“諓”字及相關諸字考辨》，簡帛研究網，2003 年 1 月 24 日。〖李運富 2003〗

李運富：《楚簡“諓”字及其相關諸字考證》，《中國出土資料研究》第 7 號，中國出土資料學會，2003。

李宗焜：《數字卦與陰陽爻》，《“中央研究院”歷史語言研究所集刊》第 77 本第 2 分，“中央研究院”歷史語言研究所，2006。

連劭名：《望山楚簡中的“習卜”》，《江漢論壇》1986（11）。

連劭名：《包山簡所見楚地巫禱活動中的神靈》，《考古》2001（6）。〖連劭名 2001〗

連劭名：《考古發現與先秦易學》，《周易研究》2003（1）。〖連劭名 2003〗

梁韋弦：《關於數字卦與六十四卦符號體系之形成問題》，《周易研究》，2007（1）。

廖名春：《楚國文字釋讀三篇》，《漢字與文化國際學術研討會論文集》，瀋陽，遼寧人民出版社，1998。又見《出土簡帛叢考》，武漢，湖北教育出版社，2004。〖廖名春 1998A〗

廖名春：《楚文字考釋三則》，《吉林大學古籍整理研究所建所十五周年紀念文集》，長春，吉林大學出版社，1998。〖廖名春 1998B〗

廖名春：《新出楚簡試論》，臺北，臺灣古籍出版有限公司，2001。〖廖名春 2001〗

廖名春：《郭店簡從“朱”之字考釋》，簡帛研究網，2003 年 3 月 9 日。又見《華學》第六輯，北京，紫禁城出版社，2003。又見《出土簡帛叢考》，武漢，湖北教育出版社，2004。〖廖名春 2003〗

廖名春：《出土簡帛叢考》，武漢，湖北教育出版社，2004。〖廖名春 2004〗

廖名春：《楚簡〈周易〉校釋記(二)》，《周易研究》2004（5）。

林清源：《楚國文字構形演變研究》，東海大學博士學位論文，1997。〖林清源 1997〗

林清源：《簡牘帛書標題格式研究》，臺北，藝文印書館，2004。〖林清源 2004〗

林素清：《讀包山楚簡劄記》，“中國古文字研究會第九次學術討論會”論文，南京，1992。〖林素清 1992〗

林素清：《探討包山楚簡在文字學上的幾個課題》，《“中央研究院”歷史語言研究所集刊》第 66 本第 4 分，中央研究院歷史語言研究所，1995。〖林素清 1995〗

林素清：《從包山楚簡紀年材料論楚曆》，《中國考古學與歷史學之整合研究》，“中央研究院”歷史語言研究所，1997。〖林素清 1997〗

林素清：《郭店竹簡〈語叢四〉箋釋》，《郭店楚簡國際學術討論會論文集》，武漢，湖北人民出版社，2000。又見簡帛研究網，2002 年 12 月 17 日。

林素清：《重編郭店楚簡〈六德〉》，“第一屆中國語言文字國際學術研討會”論文，香港，2002。又見《古墓新知——紀念郭店楚簡出土十周年論文專輯》，香港，國際炎黃文化出版社，2003。又見《語言文字學研究》，北京，中國社會科學出版社，2005。

林素清：《說愸》，“第一屆古文字與古代史學術討論會”論文，臺北，2006。又見《古文字與古代史》第一輯，“中央研究院”歷史語言研究所，2007。〖林素清 2006〗

林　澐：《讀包山楚簡劄記七則》，《江漢考古》1992（4）。又見《林澐學術文集》，北京，中國大百科全書出版社，1998。〖林澐 1992〗

林志鵬：《釋戰國楚簡中的“曷”字》，簡帛網，2007 年 1 月 30 日。又見《簡帛研究二〇〇九》，桂林，廣西師範大學出版社，2011。〖林志鵬 2007〗

劉彬徽：《試論楚丹陽和郢都的地望與年代》，《江漢考古》1980（1）。

劉彬徽：《從包山楚簡紀時材料論及楚國紀年與楚曆》，《包山楚墓》附錄二十一，北京，文物出版社，1991。又見《早期文明與楚文化研究》，長沙，嶽麓書社，2001。〖劉彬徽 1991〗

劉彬徽：《包山楚簡研究二則》，《簡帛研究》第一輯，北京，法律出版社，1993。又見《早期文明與楚文化研究》，長沙，嶽麓書社，2001。〖劉彬徽 1993〗

劉彬徽：《論東周青銅缶》，《考古》1994（10）。〖劉彬徽 1994〗

劉彬徽：《楚系青銅器研究》，武漢，湖北教育出版社，1995。〖劉彬徽 1995〗

劉彬徽：《楚國紀年法簡論》，《江漢考古》1998（2）。〖劉彬徽 1998〗

劉彬徽：《荊門包山楚簡論述》，《古文字研究》第二十輯，北京，中華書局，2000。〖劉彬徽 2000〗

劉彬徽：《包山大塚——又一座楚文化地下寶庫》，《早期文明與楚文化研究》，長沙，嶽麓書社，2001。

劉彬徽：《建除資料與楚曆研究》，“長沙三國吳簡暨百年來簡帛發現與研究國際學術研討會”論文，長沙，2001。又見《長沙三國吳簡暨百年簡帛發現與研究國際學術討論會論文集》，北京，中華書局，2005。〖劉彬徽 2001〗

劉彬徽：《讀上博簡小識》，《新出土文獻與古代文明》，上海，上海大學出版社，2004。〖劉彬徽 2004〗

劉彬徽：《楚國曆法的建正問題辯證》，“第一屆古文字與古代史學術研討會”論文，臺北，2006。又見《古文字與古代史》第一輯，“中央研究院”歷史語言研究所，2007。

劉彬徽：《長沙銅量銘文尾句釋讀》，《古文字學論稿》，合肥，安徽大學出版社，2008。〖劉彬徽 2008〗

劉彬徽、何浩：《論包山楚簡中的幾處楚郢地名》，《包山楚墓》附錄二十四，北京，文物出版社，1991。又見《早期文明與楚文化研究》，長沙，嶽麓書社，2001。〖劉彬徽、何浩 1991〗

劉彬徽、彭浩、胡雅麗、劉祖信：《包山二號楚墓簡牘釋文與考釋》，《包山楚墓》附錄一，北京，文物出版社，1991。

劉彬徽、彭浩、胡雅麗、劉祖信：《包山楚簡文字的幾個特點》，《包山楚墓》附錄二十六，北京，文物出版社，1991。

劉　波：《包山楚簡語言研究》，北京師範大學碩士學位論文，2005。

劉　波：《釋楚郾客銅量中的"故"字》，《江漢考古》，2012（1）。

劉　暢：《包山楚簡字用研究》，北京師範大學碩士學位論文，2001。

劉傳賓：《説"金"字的一種特殊形體》，復旦大學出土文獻與古文字研究中心網，2010 年 12 月 1 日。〖劉傳賓 2010〗

劉奉光：《包山楚簡卜祝文學管窺》，《廣西社會科學》2003（12）。〖劉奉光 2003〗

劉國勝：《曾侯乙墓 E61 號漆箱書文字研究——附"瑟"考》，《第三屆國際中國古文字學研討會論文集》，香港中文大學中國語言及文學系，1997。〖劉國勝 1997〗

劉國勝：《郭店竹簡釋字八則》，《武漢大學學報》1999（5）。〖劉國勝 1999〗

劉國勝：《包山二七八號簡釋文及其歸屬問題》，《第十三屆全國暨海峽兩岸中國文字學術研討會論文集》，臺北，萬卷樓圖書公司，2002。〖劉國勝 2002〗

劉國勝：《楚喪葬簡牘集釋》，武漢大學博士學位論文，2003。〖劉國勝 2003〗

劉國勝：《楚喪葬簡牘集釋》，武漢大學博士學位論文（修訂本），2005。〖劉國勝 2005A〗

劉國勝：《包山楚墓簽牌文字補釋》，簡帛網，2005 年 11 月 11 日。又見《古文字研究》第二十六輯，北京，中華書局，2006。〖劉國勝 2005B〗

劉國勝：《楚簡文字中的"綉"和"緂"》，《江漢考古》2007（4）。〖劉國勝 2007〗

劉國勝：《包山二號楚墓遣冊研究二則》，《考古》2010（9）。〖劉國勝 2010〗

劉國勝：《談望山遣冊所記的"龍朻"》，簡帛網，2011 年 10 月 10 日。〖劉國勝 2011〗

劉洪濤：《〈說文〉"陟"字古文考》，簡帛網，2007 年 9 月 22 日。

劉洪濤：《郭店〈窮達以時〉所載百里奚事跡考》，簡帛網，2009 年 2 月 28 日。〖劉洪濤 2009〗

劉洪濤：《談楚系文字的"欥"字》，簡帛網，2010 年 5 月 31 日。〖劉洪濤 2010〗

劉洪濤：《釋"肙"》，簡帛網，2011 年 8 月 1 日。

劉金華：《從〈包山楚簡〉看楚國的民事法律關係》，《江漢考古》2001（2）。〖劉金華 2001〗

劉樂賢：《睡虎地秦簡日書研究》，北京，文津出版社，1994。

劉樂賢：《九店楚簡日書研究》，《華學》第二輯，廣州，中山大學出版社，1996。〖劉樂賢 1996〗

劉樂賢：《楚文字雜識（七則）》，《第三屆國際中國古文字研討會論文集》，香港中文大學，1997。〖劉樂賢 1997〗

劉樂賢：《讀包山楚簡劄記》，《第四屆國際中國古文字研討會論文集》，香港中文大學，2003。〖劉樂賢 2003〗

劉樂賢：《簡帛術數文獻探論》，武漢，湖北教育出版社，2003。

劉樂賢：《讀楚簡劄記二則》，簡帛研究網，2004 年 5 月 29 日。後名為《讀楚簡劄記(三則)——楚簡的“譨”與秦簡的“黿”》，《中國古代文明研究與學術史——李學勤教授伉儷七十壽慶紀念文集》，保定，河北大學出版社，2006。〖劉樂賢 2004〗

劉樂賢：《從出土文獻看楚、秦選擇術的異同及影響——兼釋楚系選擇術中的“危”字》，“中國古文字：理論與實踐國際學術研討會”論文，芝加哥，2005。又見“中國出土資料學會 2005 年度第 2 回例會”論文，東京，2005。後名《秦楚選擇術的異同及影響——以出土文獻為中心》，《歷史研究》2006（6）。〖劉樂賢 2005〗

劉　莉：《戰國簡文“詁”字考辨》，《漢字文化》2012（2）。

劉少剛：《釋郭店楚簡中的“達”》，《出土文獻研究》第六集，上海，上海古籍出版社，2004。

劉信芳：《釋“𦀚郢”》，《江漢考古》，1987（1）。〖劉信芳 1987〗

劉信芳：《二天子為何神祇》，《中國文物報》1992 年 6 月 21 日。〖劉信芳 1992A〗

劉信芳：《司中、司骨為何神》，《中國文物報》1992 年 7 月 26 日。〖劉信芳 1992B〗

劉信芳：《“漸木”之神》，《中國文物報》1992 年 10 月 18 日。〖劉信芳 1992C〗

劉信芳：《包山楚簡遣策研究拾遺》，《江漢考古》1992（3）。〖劉信芳 1992D〗

劉信芳：《包山楚簡神名與〈九歌〉神祇》，《文學遺產》1993（5）。〖劉信芳 1993〗

劉信芳：《從夊之字匯釋》，“紀念容庚先生百年誕辰暨中國古文字學術研討會”論文，東莞，1994。又見《容庚先生百年誕辰紀念文集》，廣州，廣東人民出版社，1998。（本書引用 1998 年版）〖劉信芳 1994〗

劉信芳：《〈包山楚簡〉中的幾支楚公族試析》，《江漢論壇》，1995（1）。〖劉信芳 1995〗

劉信芳：《包山楚簡近似之字辨析》，《考古與文物》1996（2）。〖劉信芳 1996A〗

劉信芳：《包山楚簡司法術語考釋》，《簡帛研究》第二輯，北京，法律出版社，1996。〖劉信芳 1996B〗

劉信芳：《楚文字考釋五則》，《于省吾教授百年誕辰紀念文集》，長春，吉林大學出版社，1996。〖劉信芳 1996C〗

劉信芳：《楚帛書解詁》，《中國文字》新廿一期，臺北，藝文印書館，1996。

劉信芳：《戰國楚曆譜復原研究》，《考古》1997（11）。

劉信芳：《〈包山楚簡〉職官與官府通考(上)》，《故宮學術季刊》1997（15-1）。〖劉信芳 1997A〗

劉信芳：《楚簡器物釋名（上篇）》，《中國文字》新廿二期，臺北，藝文印書館，1997。〖劉信芳 1997B〗

劉信芳：《楚簡器物釋名（下篇）》，《中國文字》新廿三期，臺北，藝文印書館，1997。〖劉信芳 1997C〗

劉信芳：《中國最早的殺人案審案實錄》，《尋根》1998（3）。

劉信芳：《蒿宮、蒿間與蒿里》，《中國文字》新廿四期，臺北，藝文印書館，1998。〖劉信芳 1998A〗

劉信芳：《〈包山楚簡〉職官與官府通考(下)》，《故宮學術季刊》1998（15-2）。〖劉信芳 1998B〗

劉信芳：《望山楚簡校讀記》，《簡帛研究》第三輯，南寧，廣西教育出版社，1998。〖劉信芳 1998C〗

劉信芳：《郭店竹簡文字考釋拾遺》，“紀念徐中舒先生誕辰 100 周年暨國際漢語古文字學研討會”論文，成都，1998。又見《江漢考古》2000（1）。〖劉信芳 1998D〗

劉信芳：《荊門郭店竹簡老子解詁》，臺北，藝文印書館，1999。〖劉信芳 1999A〗

劉信芳：《荊門郭店楚簡老子文字考釋》，《中國古文字研究》第一輯，長春，吉林大學出版社，1999。〖劉信芳 1999B〗

劉信芳：《郭店簡文字考釋二則》，《古文字與古文獻》試刊號，楚文化研究會籌備處，1999。〖劉信芳 1999C〗

劉信芳：《郭店簡〈緇衣〉解詁》，“郭店楚簡國際學術研討會”論文，武漢，1999。又見《郭店楚簡國際學術研討會論文集》，武漢，湖北人民出版社，2000。又見簡帛研究網，2001 年 7 月 28 日。〖劉信芳 1999D〗

劉信芳：《包山楚簡地名考釋十二則》，“第一屆簡帛學術討論會”論文，臺北，1999。又見《簡帛研究匯刊》第一輯，中國文化大學史學系、簡帛學文教基金會籌備處，2003。〖劉信芳 1999E〗

劉信芳：《包山楚簡解詁試筆十七則》，《中國文字》新廿五期，1999。〖劉信芳 1999F〗

劉信芳：《楚簡〈詩論〉苑丘考》，《古籍整理研究學刊》2002（3）。〖劉信芳 2002A〗

劉信芳：《楚簡釋字四則》，《古文字研究》第二十四輯，北京，中華書局，2002。〖劉信芳 2002B〗

劉信芳：《包山楚簡解詁》，臺北，藝文印書館，2003。〖劉信芳 2003〗

劉信芳：《楚簡“三楚先”、“楚先”、“荊王”以及相關祀禮》，《文史》總第七十三輯，北京，中華書局，2005。

劉信芳：《竹書〈柬大王泊旱〉試解五則》，簡帛研究網，2005年3月14日。

劉信芳：《信陽楚簡2—04號所記車馬器研究》，《古文字研究》第二十六輯，北京，中華書局，2006。〖劉信芳2006〗

劉信芳：《竹書〈周易〉文字試解三則》，《周易研究》2007（6）。〖劉信芳2007〗

劉信芳：《楚簡“兔”與從“兔”之字試釋》，《古文字研究》第二十七輯，北京，中華書局，2008。〖劉信芳2008〗

劉信芳：《竹書〈君人者何必安哉〉試說（之一）》，復旦大學出土文獻與古文字研究中心網，2009年1月5日。

劉信芳：《楚簡釋讀與〈方言〉補例試說》，《文獻》2010（3）。〖劉信芳2010〗

劉信芳、單曉偉：《楚系簡帛聯綿字釋例》，《中國文字》新三十三期，2007。

劉毓慶：《〈山鬼〉考》，《中國楚辭學》第五輯（2000年楚辭學國際學術研討會論文專輯），北京，學苑出版社，2004。又見《山西大學學報》2002（4）。〖劉毓慶2000〗

劉玉堂：《楚國手工業生産管理、技術職官》，《中國科技史料》1996（3）。〖劉玉堂1996〗

劉玉堂、賈繼東：《楚人祭祀禮俗簡論》，《民俗研究》1997（3）。

劉玉堂、賈濟東：《楚秦審判制度比較研究》，《江漢論壇》2003（9）。

劉玉堂、賈濟東：《楚秦起訴制度比較研究》，《中南民族大學學報》2004（2）。

劉玉堂、賈濟東：《楚秦刑事訴訟證據比較研究》，《湖北大學學報》2004（2）。

劉玉堂、賈濟東：《楚秦審判制度比較概觀》，《楚文化研究》第六集，武漢，湖北教育出版社，2005。

劉　雲：《上博七詞義五劄》，簡帛網，2009年3月17日。〖劉雲2009〗

劉　雲：《釋“鷃”及相關諸字》，復旦大學出土文獻與古文字研究中心網，2010年5月12日。〖劉雲2010〗

劉　雲：《讀簡劄記二則》，《簡帛》第六輯，上海，上海古籍出版社，2011。〖劉雲2011〗

劉　釗：《包山楚簡文字考釋》，“中國古文字研究會第九屆學術討論會”論文，南京，1992。後有修改，見《東方文化》1998（1、2）。又見《出土簡帛文字叢考》，臺北，臺灣古籍出版有限公司，2004。（本書引用1998年版）〖劉釗1992A〗

劉　釗：《談包山楚簡中有關“煮鹽於海”的重要史料》，《中國文物報》1992年11月8日。又見《出土簡帛文字叢考》，臺北，臺灣古籍出版有限公司，2004。〖劉釗1992B〗

劉　釗：《釋古文字中從夗的幾個字》，“第二屆國際中國古文字學研討會論文”，香港，

1993 年 10 月。後名《釋金文中從殆的幾個字》，《中國文字》新十九期，臺北，藝文印書館，1994。又見《古文字考釋叢稿》，長沙，嶽麓書社，2005。

劉　釗：《金文考釋零拾》，《第三屆國際中國古文字學研討會論文集》，香港中文大學中國語言及文學系，1997。又見《古文字考釋叢稿》，長沙，嶽麓書社，2005。〖劉釗 1997〗

劉　釗：《值得推薦的一本好書——〈包山楚簡初探〉讀後》，《史學集刊》1998（1）。

劉　釗：《釋愠》，《容庚先生百年誕辰紀念文集》，廣州，廣東人民出版社，1998。又見《古文字考釋叢稿》，長沙，嶽麓書社，2005。〖劉釗 1998〗

劉　釗：《古文字中的人名資料》，《吉林大學學報》1999（1）。又見《古文字考釋叢稿》，長沙，嶽麓書社，2005。〖劉釗 1999A〗

劉　釗：《釋楚簡中的“緫”（繆）字》，《江漢考古》1999（1）。又見《出土簡帛文字叢考》，臺北，臺灣古籍出版有限公司，2004。又見《古文字考釋叢稿》，長沙，嶽麓書社，2005。〖劉釗 1999B〗

劉　釗：《讀郭店楚簡字詞劄記》，《郭店楚簡國際學術討論會論文集》，武漢，湖北人民出版社，2000。又見簡帛研究網，2000 年 12 月 6 日。後名《讀郭店楚簡字詞劄記(一、二、三)》，《出土簡帛文字叢考》，臺北，臺灣古籍出版有限公司，2004。〖劉釗 2000〗

劉　釗：《釋“儥”及相關諸字》，簡帛研究網，2001 年 8 月 7 日。又見《中國文字》新廿八期，臺北，藝文印書館，2002。又見《出土簡帛文字叢考》，臺北，臺灣古籍出版有限公司，2004。又見《古文字考釋叢稿》，長沙，嶽麓書社，2005。〖劉釗 2001〗

劉　釗：《利用郭店楚簡字形考釋金文一例》，《古文字研究》第二十四輯，北京，中華書局，2002。〖劉釗 2002〗

劉　釗：《出土簡帛文字叢考》，臺北，臺灣古籍出版有限公司，2004。

劉　釗：《古文字構形學》，福州，福建人民出版社，2006。

劉祖信、官瓊梅：《包山楚簡出土記》，《出土文獻研究》第十輯，北京，中華書局，2011。

呂　浩：《〈郭店楚墓竹簡〉釋文訂補》，《中國文字研究》第二輯，南寧，廣西教育出版社，2001。〖呂浩 2001〗

魯家亮：《也談〈上博七·吳命〉的“祥”字》，簡帛網，2009 年 1 月 6 日。〖魯家亮 2009〗

魯　鑫：《包山楚簡州、里問題研究綴述》，《中原文物》2008（2）。〖魯鑫 2008〗

羅俊揚：《從包山楚簡貸金史料論楚國之金融》，《金融經濟》1997（12）。〖羅俊揚 1997〗

羅小華：《釋尊》，簡帛網，2007 年 12 月 11 日。又見《江漢考古》2011（1）。〖羅小華 2007〗

羅小華：《包山楚簡文字研究》，安徽大學碩士學位論文，2008。

羅小華：《包山楚簡選釋三則》，簡帛網，2008 年 9 月 23 日。又見《江漢考古》2010（1）。（作者為羅小華、李匯洲）〖羅小華 2008〗

羅小華:《說拾》，簡帛網，2010 年 5 月 24 日。又名《楚簡中的鞲》，《簡帛》第六輯，上海，上海古籍出版社，2011。〖羅小華 2010〗

羅小華：《戰國簡冊所見車馬及其相關問題研究》，武漢大學博士學位論文，2011。〖羅小華 2011A〗

羅小華：《釋靽》，《楚文化研究論集》第十集，武漢，湖北美術出版社，2011。〖羅小華 2011B〗

羅小華：《楚簡車名選釋二則》，簡帛網，2012 年 10 月 28 日。

羅小華：《釋舄》，簡帛網，2012 年 10 月 31 日。

羅新慧：《從上博簡〈魯邦大旱〉之“敓”看古代的神靈觀念》，《學術月刊》2004（10）。又見《人大複印資料（先秦、先秦史）》2005（1）。〖羅新慧 2004A〗

羅新慧：《楚簡“敓”字與“敓”祭試析》，《簡牘學研究》第四輯，蘭州，甘肅人民出版社，2004。〖羅新慧 2004B〗

羅新慧：《說新蔡楚簡“嬰之以兆玉”及其相關問題》，《文物》2005（3）。〖羅新慧 2005〗

羅新慧：《釋新蔡楚簡“樂之，百之，贛之”及其相關問題》，《考古與文物》）。〖羅新慧 2008〗

羅新慧：《戰國竹簡中的“敓”及其信仰觀念》，《北京師範大學學報》2011（2）。〖羅新慧 2011〗

羅運環：《論楚國金文月、肉、舟及止、出的演變規律》，油印本，1988。後有修改，見《江漢考古》1989（2）。

羅運環：《論包山楚簡中的楚國州制》，《江漢考古》1991（3）。〖羅運環 1991A〗

羅運環：《古文字資料所見楚國官制研究》，《楚文化研究論集》第二集，武漢，湖北人民出版社，1991。〖羅運環 1991B〗

羅運環：《宧字考辨》，《古文字研究》第二十四輯，北京，中華書局，2002。〖羅運環 2002〗

羅運環：《區別符與“安”、“賢”二字考釋》，“上博藏戰國楚竹書學術研討會”論文，武漢，2003。

羅運環：《釋包山楚簡䵣敔宧三字及相關制度》，《簡帛研究 2002、2003》，桂林，廣西師範大學出版社，2005。〖羅運環 2005〗

羅運環：《包山楚簡貸金簡研究》，《武漢金融》2005（10）。

羅運環：《葛陵楚簡鄢郢考》，《新出楚簡國際學術研討會會議論文集（郭店、其他簡卷）》，武漢大學，2006。又見《古文字研究》第二十七輯，北京，中華書局，2008。

呂亞虎：《出土簡帛資料所見出行巫術淺析》，《江漢論壇》2007（11）。〖呂亞虎 2007〗

馬承源主編：《上海博物館藏戰國楚竹書（一）》，上海，上海古籍出版社，2001。

馬承源主編：《上海博物館藏戰國楚竹書（二）》，上海，上海古籍出版社，2002。

馬承源主編：《上海博物館藏戰國楚竹書（三）》，上海，上海古籍出版社，2003。

馬承源主編：《上海博物館藏戰國楚竹書（四）》，上海，上海古籍出版社，2004。〖上博四 2004〗

馬承源主編：《上海博物館藏戰國楚竹書（五）》，上海，上海古籍出版社，2005。

馬承源主編：《上海博物館藏戰國楚竹書（六）》，上海，上海古籍出版社，2007。

馬承源主編：《上海博物館藏戰國楚竹書（七）》，上海，上海古籍出版社，2008。

馬承源主編：《上海博物館藏戰國楚竹書（八）》，上海，上海古籍出版社，2011。〖上博八 2011〗

馬　楠：《清華簡第一冊補釋》，《中國史研究》2011（1）。〖馬楠 2011〗

孟蓬生：《〈楚居〉所見楚王“宵囂”之名音釋》，復旦大學出土文獻與古文字研究中心網，2011 年 5 月 21 日。〖孟蓬生 2011〗

南玉泉：《古文字中所見法律資料詮釋》，《中國古代法律文獻研究》第一輯，成都，巴蜀書社，1999。

南玉泉：《楚國司法制度探微》，《政法論壇》2000（4）。〖南玉泉 2000〗

歐譚生：《信陽楚王城是楚頃襄王的臨時國都》，《中原文物》1983 年特刊。

潘嘯龍：《從“秦楚月名對照表”看屈原的生辰用曆》，《江漢論壇》1988（2）。

龐光華：《“司敗”解》，《古漢語研究》2001（3）。

裴大泉：《釋包山楚簡中的“侸”字》，《簡帛研究》第三輯，南寧，廣西教育出版社，1998。〖裴大泉 1998〗

彭　浩：《包山楚簡所反映的楚國法律與司法制度》，《包山楚墓》附錄二十二，北京，文物出版社，1991。〖彭浩 1991A〗

彭　浩：《包山二號墓卜筮和祭禱竹簡的初步研究》，《包山楚墓》附錄二十三，北京，文物出版社，1991。又名《包山二號墓〈卜祀祭禱〉竹簡的初步研究》，《楚文化研究論集》第二集，武漢，湖北人民出版社，1991。〖彭浩 1991B〗

彭　浩：《楚人的紡織與服飾》，武漢，湖北教育出版社，1996。〖彭浩 1996〗

彭　浩：《評〈包山楚簡初探〉》，《中國文物報》1998 年 2 月 11 日。

彭　浩：《望山、包山、郭店楚墓的發掘與楚文化》，“第 44 屆國際東方學會”論文，東京，1999。

彭　浩：《葛陵和包山楚簡的兩種薄書》，“中國簡帛學國際論壇”論文，臺北，2007。〖彭浩 2007〗

彭浩、劉彬徽、胡雅麗、劉祖信：《包山楚簡文字的幾個特點》，《包山楚墓》附錄二十六，北京，文物出版社，1991。

鵬宇、汪冰冰：《釋楚簡中“𡨦”字及其相關字》，簡帛網，2008 年 10 月 18 日。〖鵬宇、汪冰冰 2008〗

駢宇騫、段書安：《二十世紀出土簡帛綜述》，北京，文物出版社，2006。

朴俸住：《戰國時代楚國統治體制研究》，漢城大學博士學位論文，2000。

朴俸柱：《包山楚簡所反映的地方統治體制》，長沙，“長沙三國吳簡暨百年來簡帛發現與研究國際學術研討會”論文，2001。

朴俸柱：《戰國楚地地方統治體制》，《簡帛研究 2002、2003》，桂林，廣西師範大學出版社，2005。〖朴俸柱 2005〗

錢　穆：《先秦諸子繫年》，北京，商務印書館，2001。

裘錫圭：《談談隨縣曾侯乙墓的文字資料》，《文物》1979（7）。又見《古文字論集》，北京，中華書局，1992。

裘錫圭：《古文字論集》，北京，中華書局，1992。

裘錫圭：《釋衍、侃》，《魯實先生學術討論會論文集》，臺北，萬卷樓圖書公司，1993。又見《人文論叢》（2002 卷），武漢，武漢大學出版社，2003。〖裘錫圭 1993〗

裘錫圭：《甲骨文中的見與視》，《甲骨文發現一百周年學術討論會論文集》，臺北，文史哲出版社有限公司，1998。〖裘錫圭 1998〗

裘錫圭：《〈太一生水〉“名字”章解釋——兼論〈太一生水〉的分章問題》，《古文字研究》第二十二輯，北京，中華書局，2000。又見《郭店楚簡の思想史的研究》第 4 卷，東京大學郭店楚簡研究會，2000。又見《中國出土古文獻十講》，上海，復旦大學出版社，2004。〖裘錫圭 2000〗

裘錫圭：《釋郭店〈緇衣〉“出言有丨，黎民有訁”兼說“丨”為“針”之初文》，《中國出土古文獻十講》，上海，復旦大學出版社，2004。

裘錫圭：《釋戰國楚簡中的“𡧊”字》，《古文字研究》第二十六輯，北京，中華書局，2006。〖裘錫圭 2006A〗

裘錫圭：《釋〈子羔〉篇“銫”字並論商得金德之說》，“中國簡帛學國際論壇”，武漢，2006。又見《簡帛》第二輯，上海，上海古籍出版社，2007。〖裘錫圭 2006B〗

裘錫圭：《是“恆先”還是“極先”？》，“中國簡帛學國際論壇”論文，臺北，2007。

裘錫圭：《釋古文字中的有些“悤”字和從“悤”、從“兇”之字》，《出土文獻與古文字研究》第二輯，上海，復旦大學出版社，2008。

裘錫圭、李家浩：《曾侯乙墓竹簡釋文與考釋》，《曾侯乙墓》附錄一，北京，文物出版社，1989。

饒宗頤：《中文大學文物館藏建初四年“序寧病簡”與包山簡——論戰國、秦、漢解疾禱祠之諸神與古史人物》，《華夏文明與傳世藏書——中國國際漢學研討會論文集》，北京，中國社會科學出版社，1996。又見《饒宗頤二十世紀學術文集・卷三簡帛學》，臺北，新文豐出版股份有限公司，2003。〖饒宗頤 1996〗

饒宗頤：《談鐘律及楚簡“湝”、“譖”為“折”字說》，《道苑繽紛錄》，香港，商務印書館有限公司，2002。又見《饒宗頤新出土文獻論證》，上海，上海古籍出版社，2005。〖饒宗頤 2002〗

日　高：《包山楚簡所反映的楚縣和楚郡》，北京大學碩士學位論文，1998。〖日高 1998〗

Susan Weld（羅鳳鳴）：*Guodian and Baoshan : Legal Theories and Practices*，《郭店楚簡國際學術研討會論文集》，武漢，湖北人民出版社，2000。又見簡帛研究網，2003年3月12日。

單育辰：《談戰國文字中的“髡”》，簡帛網，2007年5月30日。又見《簡帛》第三輯，上海，上海古籍出版社，2008。〖單育辰 2007〗

單育辰：《〈曹沫之陳〉文本集釋及相關問題研究》，吉林大學碩士學位論文，2007。

單育辰：《佔畢隨錄之六》，簡帛網，2008年8月5日。

單育辰：《談晉系用為“舍”之字》，簡帛網，2008年5月3日。又見《簡帛》第四輯，上海，上海古籍出版社，2009。

單育辰：《楚地遣策“宛”字的用法》2008年12月27日。〖單育辰 2008〗

單育辰：《戰國卜筮簡“尚”的意義——兼說先秦典籍中的“尚”》，《中國文字》第三十四輯，臺北，藝文印書館，2009。〖單育辰 2009〗

單育辰：《楚地戰國簡帛與傳世文獻對讀之研究》，吉林大學博士學位論文，2010。

單育辰：《包山簡案例研究兩則》，“中國古文字研究會第十八次年會”論文，北京，2010。又見《吉林大學學報》2012（1）。〖單育辰 2010〗

商承祚：《戰國楚帛書述略》，《文物》1964（9）。

商承祚：《鄂君啓節考》，《文物精華》第二集，北京，文物出版社，1963。

商承祚：《戰國楚竹簡彙編》，濟南，齊魯書社，1995。

沈　培：《周原甲骨文裏的“囟”和楚墓竹簡裏的“囟”或“思”》，《漢字研究》第一輯，北京，學苑出版社，2005。又見簡帛網，2005年12月23日。〖沈培 2005〗

沈　培:《從戰國楚簡看古人占卜的“蔽志”——兼論“移祟”說》,“第一屆古文字與古代史學術研討會”論文,臺北,2006。又見《古文字與古代史》第一輯,“中央研究院”歷史語言研究所,2007。〖沈培 2006〗

沈　培:《關於“抄寫者誤加‘句讀符號’”的更正意見》,簡帛網,2006 年 2 月 25 日。

沈　培:《試釋戰國時代從“之”從“首(或從‘頁’)”之字》,簡帛網,2007 年 7 月 17 日。〖沈培 2007〗

沈之傑:《讀清華簡〈祭公之顧命〉札記一則》,復旦大學出土文獻與古文字研究中心網,2011 年 1 月 9 日。〖沈之傑 2011〗

施謝捷:《釋戰國楚璽中的“登徒”複姓》,《文教資料》1997(4)。

施謝捷:《楚簡文字中的“櫜”字》,“楚文化研究會第七次年會”論文,合肥,2001。又見《語文研究》2002(4)。又見《楚文化研究論集》第五集,合肥,黃山書社,2003。〖施謝捷 2001〗

施謝捷:《楚簡文字中的“悚”字》,《古文字研究》第二十四輯,北京,中華書局,2002。又見“紀念商承祚先生百年誕辰暨中國古文字學國際學術研討會”論文,廣州,2002。〖施謝捷 2002〗

施謝捷:《包山楚簡釋文》,未刊稿。〖施謝捷 2003〗

時　兵:《釋楚簡中的“樫”字》,復旦大學出土文獻與古文字研究中心網,2008 年 5 月 24 日。〖時兵 2008〗

石　泉:《古代荊楚地理新探》,武漢,武漢大學出版社,1988。

石　泉:《古鄀國、鄀縣考》,《江漢論壇》1980(3)。

石泉主編:《楚國歷史文化辭典》,武漢,武漢大學出版社,1996。〖楚國歷史文化辭典 1996〗

史傑鵬:《關於包山楚簡司法文書的幾個問題》,北京大學碩士學位論文,1997。〖史傑鵬 1997〗

史傑鵬:《關於包山楚簡中的四個地名》,《陝西歷史博物館館刊》第五輯,1998。〖史傑鵬 1998〗

史傑鵬:《讀包山司法文書簡劄記三則》,《簡帛研究二〇〇一》,桂林,廣西師範大學出版社,2001。〖史傑鵬 2001〗

史傑鵬:《包山楚簡研究四則》,《湖北民族學院學報》2005(3)。〖史傑鵬 2005〗

史傑鵬:《釋包山楚簡的“鋥”字》,《簡帛》第六輯,上海,上海古籍出版社,2011。〖史傑鵬 2011〗

史善剛:《數字卦與簡帛易》,《中州學刊》2005(6)。

史善剛:《數字易卦與易經》,《齊魯學刊》2006(6)。

守　彬：《讀清華簡〈楚居〉季連故事》，簡帛網，2011年1月10日。
守　彬：《從清華簡〈楚居〉談“×郢”》，簡帛網，2011年1月9日。又見《楚文化研究論集》第十集，武漢，湖北美術出版社，2011。〖守彬2011〗
舒之梅：《包山簡遣冊車馬器考釋五則》，“紀念容庚先生百年誕辰暨中國古文字學國際研討會”論文，東莞，1994。又見《容庚先生百年誕辰紀念文集》，廣州，廣東人民出版社，1998。（本書引用1998年版）〖舒之梅1994〗
舒之梅、劉信芳：《包山楚簡人名研究六則》，《長江文化論集》第一輯，武漢，湖北教育出版社，1995。〖舒之梅、劉信芳1995〗
舒之梅、何浩：《仰天湖楚簡“鄦陽公”的身份及相關問題——與林河同志商榷》，《江漢論壇》1982（8）。
睡虎地秦墓竹簡小組：《睡虎地秦墓竹簡》，北京，文物出版社，1990。
宋華強：《楚墓竹簡中的“嬰”字和“纓”字》，簡帛網2004年6月13日。
宋華強：《論楚簡中“卒歲”、“集歲”的不同》，簡帛研究網，2005年11月20日。
宋華強：《論新蔡簡中的“卒歲”與“集歲”》，簡帛網，2005年12月7日。〖宋華強2005〗
宋華強：《〈離騷〉“三後”即新蔡楚簡“三楚先”說——兼論穴熊不屬於“三楚先”》，簡帛研究網，2005年3月4日。又見《雲夢學刊》2006（2）。
宋華強：《新蔡簡“延”字及從“延”之字辨析》，簡帛網，2006年5月3日。
宋華強：《試論平夜君成即平夜文君之子》，簡帛網，2006年5月17日。
宋華強：《新蔡簡與“速”義近之字及楚簡中相關諸字新考》，簡帛網，2006年7月31日。又見《中國文字》新三十二期，臺北，藝文印書館，2006。
宋華強：《楚簡數字卦的再討論(稿)》，簡帛網，2006年8月27日。
宋華強：《楚簡“罷禱”新釋》，簡帛研究網，2006年9月3日。〖宋華強2006A〗
宋華強：《楚簡神靈名三釋》，簡帛網，2006年12月17日。〖宋華強2006B〗
宋華強：《楚簡中從“黽”從“甘”之字新考》，簡帛網，2006年12月30日。〖宋華強2006C〗
宋華強：《新蔡楚簡初步研究》，北京大學博士學位論文，2007。〖宋華強2007A〗
宋華強：《包山簡祭禱名“伏”小考》，簡帛網，2007年11月13日。〖宋華強2007B〗
宋華強：《從楚簡“卒歲”的詞義談到戰國楚曆的歲首》，《古漢語研究》2009（4）。〖宋華強2009〗
宋華強：《楚簡祭禱動詞考釋二則》，《簡帛語言文字研究》第五輯，成都，巴蜀書社，2010。
宋華強：《新蔡葛陵楚簡初探》，武漢，武漢大學出版社，2010。〖宋華強2010A〗
宋華強：《上博七〈凡物流形〉釋讀札記（二則）》，《古文字研究》第二十八輯，北京，中華書局，2010。〖宋華強2010B〗

蘇建洲：《說楚文字中的“紀郢”》，簡帛研究網，2003年3月6日。〖蘇建洲 2003A〗
蘇建洲：《楚簡從“戈”之字考釋》，簡帛研究網，2003年7月2日。
蘇建洲：《〈郭店〉〈上博（二）〉考釋五則》，《中國文字》新廿九期，臺北，藝文印書館，2003。〖蘇建洲 2003B〗
蘇建洲：《楚簡文字考釋二則》，《國文學報》34期，臺灣師範大學，2003。〖蘇建洲 2003C〗
蘇建洲：《試論〈上博(三)·周易〉的“融”及相關的幾個字》，簡帛研究網，2004年5月8日。〖蘇建洲 2004〗
蘇建洲：《初讀〈上博五〉淺說》，簡帛網，2006年2月18日。〖蘇建洲 2006A〗
蘇建洲：《上博(五)柬釋(一)》，簡帛網，2006年2月27日。〖蘇建洲 2006B〗
蘇建洲：《〈上博楚竹書〉文字及相關問題研究》，臺北，萬卷樓圖書公司，2008。〖蘇建洲 2008〗
蘇建洲：《楚文字“炅”字及從“炅”之字再議——兼論傳鈔古文一個值得注意的現象》，《上博楚竹書文字及相關問題研究》，臺北，萬卷樓圖書公司，2008。又見簡帛網，2008年11月8日。
蘇建洲：《再論楚竹書〈周易·頤卦〉“融”字及相關的幾個字》，《周易研究》2009（3）。〖蘇建洲 2009〗
蘇建洲：《〈孔子見季桓子〉〈吳命〉字詞考釋二則》，《中國文字學報》第三輯，北京，商務印書館，2010。〖蘇建洲 2010〗
蘇　傑：《釋包山楚簡的“對”字》，《古漢語研究》2000（3）。〖蘇傑 2000〗
蘇　傑：《“致命”考釋》，《辭書研究》，2002（4）。〖蘇傑 2002A〗
蘇　傑：《釋包山楚簡中的“阩門有敗”——兼解“司敗”》，《中國文字研究》第三輯，南寧，廣西教育出版社，2002。〖蘇傑 2002B〗
蘇　傑：《釋包山楚簡的“受期”》，《中國文字研究》第四輯，南寧，廣西教育出版社，2003。〖蘇傑 2003〗
譚步雲：《先秦楚語詞匯研究》，中山大學博士學位論文，1998。〖譚步雲 1998〗
譚其驤：《雲夢與雲夢澤》，《長水集》（下冊），北京，人民出版社，1987。
譚其驤：《鄂君啓節銘文釋地》，《長水集》（下冊），北京，人民出版社，1987。
譚其驤：《再論鄂君啓節地理答黃盛璋同志》，《長水集》（下冊），北京，人民出版社，1987。
湯餘惠：《戰國文字中的繁陽和繁氏》，《古文字研究》第十九輯，北京，中華書局，1992。
湯餘惠：《包山楚簡讀後記》，“中國古文字研究會第九屆學術研討會”論文，南京，1992。又見《考古與文物》1993（2）。（本書引用1993年版）〖湯餘惠 1992〗
湯餘惠：《戰國銘文選》，長春，吉林大學出版社，1993。〖湯餘惠 1993〗

湯餘惠、吳良寶：《郭店楚簡文字拾零（四篇）》，《簡帛研究二〇〇一》，桂林，廣西師範大學出版社，2001。〖湯餘惠、吳良寶 2001〗

湯餘惠、吳良寶：《戰國文字編》，福州，福建人民出版社，2001。〖戰國文字編 2001〗

湯璋平：《從江陵楚墓竹簡看〈楚辭・九歌〉》，《出土文獻與〈楚辭・九歌〉》，北京，中國社會科學出版社，2004。〖湯璋平 2004〗

湯志彪：《包山遣冊簡補釋一則》，《古籍研究》2008 年卷上，合肥，安徽大學出版社出版，2008。〖湯志彪 2008〗

唐友波：《釋賶》，《江漢考古》2003（3）。〖唐友波 2003〗

唐鈺明：《戰國文字資料釋讀三題》，“紀念容庚先生百年誕辰暨中國古文字學國際研討會”論文，東莞，1994。又見《容庚先生百年誕辰紀念文集》，廣州，廣東人民出版社，1998。又見《著名中年語言學家自選集・唐鈺明卷》，合肥，安徽教育出版社，2002。（本書引用 1998 年版）〖唐鈺明 1994〗

滕壬生：《楚系簡帛文字編》，武漢，湖北教育出版社，1995。〖滕壬生 1995〗

滕壬生、黃錫全：《江陵磚瓦廠 M370 楚墓竹簡》，《簡帛研究二〇〇一》，南寧，廣西教育出版社，2001。〖滕壬生、黃錫全 2001〗

藤田勝久：《包山楚簡研究の新階段——陳偉著〈包山楚簡初探〉》，《中国出土資料研究》第 2 號，中國出土資料學會，1998。

藤田勝久：《包山楚簡にみえる戦国楚の県と封邑》，《中国出土資料研究》第 3 號，中國出土資料學會，1999。〖藤田勝久 1999〗

藤田勝久：《包山楚簡及其傳遞的楚國信息——紀年與社會體系》，《簡帛研究二〇〇四》，桂林，廣西師範大學出版社，2006。

田成方：《從新出文字材料論楚沈尹氏之族屬源流》，簡帛網，2008 年 8 月 19 日。又見《江漢考古》2008（2）。〖田成方 2008〗

田　飛：《包山楚簡語法研究》，吉林大學碩士學位論文，2011。

田　河：《出土戰國遣冊所記名物分類匯釋》，吉林大學博士學位論文，2007。〖田河 2007〗

田　河：《楚簡遣冊文字釋讀五則》，《古文字研究》第二十七輯，北京，中華書局，2008。〖田河 2008〗

田　河：《戰國遣冊文字補釋四則》，《江漢考古》，2011（1）。〖田河 2011〗

田　煒：《〈戰國文字編〉讀後記》，《湖南省博物館館刊》第三期，長沙，嶽麓書社，2006。

童書業：《春秋左傳研究》，上海，上海人民出版社，1980。

王葆玹：《試論郭店楚簡各篇的撰作時代及其背景——兼論郭店及包山楚墓的時代問題》，《中國哲學》第二十輯，瀋陽，遼寧教育出版社，1999。〖王葆玹 1999〗

王葆玹：《試論郭店楚簡的抄寫時間與〈莊子〉的撰作時代——兼論郭店與包山楚墓的時代問題》，《哲學研究》1999（4）。

王貴元：《上博五劄記二則》，簡帛網，2006年3月3日。〖王貴元2006〗

王紅星：《包山楚墓墓地試析》，《文物》1988（5）。

王紅星：《略論包山墓地發掘的考古學價值》，《江漢考古》1988(2)。

王紅星：《包山楚簡所反映的楚國曆法問題——兼論楚曆沿革》，《包山楚墓》附錄二十，北京，文物出版社，1991。

王紅星：《包山2號墓的年代與墓主》，《楚文化研究論集》第二集，武漢，湖北人民出版社，1991。

王紅星：《楚郢都探索的新綫索》，簡帛網，2011年6月1日。〖王紅星2011〗

王化平：《數字卦兩點思考》，《求索》2005(12)。

王化平：《數字卦與〈周易〉》，《周易研究》，2009(2)。

王　輝：《釋、》，《古文字研究》第二十二輯，北京，中華書局，2000。

王　輝：《讀上博楚竹書〈容成氏〉劄記十則》，“中國歷史漢字整理與研究國際討論會”論文，上海，2003。又見《古文字研究》第二十五輯，北京，中華書局，2004。〖王輝2003〗

王　輝：《楚文字柬釋二則》，《楚文化研究論集》第八集，鄭州，大象出版社，2009。〖王輝2009〗

王建蘇：《包山楚簡研究述評》，《江漢論壇》1992(11)。

王　寧：《釋拲》，簡帛研究網，2002年8月7日。〖王寧2002A〗

王　寧：《釋郭店楚簡中的“噬”與“澨”》，簡帛研究網，2002年8月27日。〖王寧2002B〗

王　寧：《申論楚簡中的“向”字》，簡帛研究網，2002年8月15日。〖王寧2002C〗

王　寧：《申說楚簡中的“訃”》，簡帛研究網,2002年9月15日。〖王寧2002D〗

王　寧：《上博六〈莊王既成〉中“酖”字詳解》，簡帛網，2009年10月30日。〖王寧2009〗

王　寧：《再說楚簡中的“視日”》，復旦大學出土文獻與古文字研究中心網，2011年8月20日。〖王寧2011A〗

王　寧：《申說楚簡中的“杜”與“牡”》，簡帛網，2011年9月17日。〖王寧2011B〗

王　平：《釋上博簡〈緇衣〉中的“豆”字》，《語言研究》2002(4)。〖王平2002〗

王　青：《門外釋》，《南京師範大學文學院學報》2004(1)。〖王青2004〗

王勝利：《〈雲夢秦簡日書初探〉商榷》，《江漢論壇》1987(11)。

王勝利：《戰國楚年辯證》，《江漢考古》1988(2)。

王勝利：《關於楚國曆法建正問題》，《中國史研究》1988(2)。

王勝利:《再談楚國曆法的建正問題》,《文物》1990(3)。〖王勝利 1990〗

王勝利:《包山楚簡曆法芻議》,《江漢論壇》1997(2)。

王　偉:《清華簡〈楚居〉地名劄記(二則)》,復旦大學出土文獻與古文字研究中心網,2011年4月28日。〖王偉 2011A〗

王　偉:《由清華簡〈楚居〉"秦溪之上"說起》,復旦大學出土文獻與古文字研究中心網,2011年7月8日。〖王偉 2011B〗

王　穎:《包山楚簡詞彙研究》,廈門大學博士學位論文,2004。〖王穎 2004〗

王　穎:《從包山楚簡看戰國中晚期楚國的社會經濟》,《中國社會經濟史研究》2004(3)。〖王穎〗

王　穎:《包山楚簡詞彙研究》,廈門,廈門大學出版社,2008。〖王穎 2008〗

王澤強:《戰國楚墓出土竹簡所見神祇"大水"考釋》,《湖北教育學院學報》2005(6)。〖王澤強 2005〗

王志平:《"龍"字的讀音及相關問題》,《古文字研究》第二十七輯,北京,中華書局,2008。〖王志平 2008〗

王仲翊:《包山楚簡文字研究》,臺灣中山大學碩士學位論文,1996。

汪慶正主編:《中國歷代貨幣大系·先秦貨幣》,上海,上海人民出版社,1988。

魏宜輝:《試析楚簡文字中的"顋""昷"字》,《江漢考古》2002(2)。〖魏宜輝 2002〗

魏宜輝:《楚系簡帛文字形體訛變分析》,南京大學博士學位論文,2003。〖魏宜輝 2003〗

魏宜輝:《試析古文字中的"激"字》,簡帛網,2006年3月29日。

魏宜輝:《論郭店簡·上博簡〈緇衣〉中用為"從"之字》,《中國文字》新三十一期,臺北,藝文印書館,2006。〖魏宜輝 2006〗

魏宜輝、周言:《讀〈郭店楚墓竹簡〉劄記》,《古文字研究》第二十二輯,北京,中華書局,2000。〖魏宜輝、周言 2000〗

魏宜輝、周言:《再談新蔡楚簡中的"穴熊"》,簡帛研究網,2004年11月8日。〖魏宜輝、周言 2004〗

文炳淳:《包山楚簡所見楚官制研究》,臺灣大學碩士學位論文,1997。〖文炳淳 1997〗

文炳淳:《包山楚簡官名補釋五則》,"第一屆出土文獻學術研討會"論文,臺北,2000。

巫雪如:《包山楚簡姓氏研究》,臺灣大學碩士學位論文,1996。〖巫雪如 1996〗

吳良寶:《包山楚簡"夷陽""鄦陽"考》,《古籍研究》2004年卷下,合肥,安徽大學出版社,2004。〖吳良寶 2004〗

吳良寶:《包山楚簡釋地三篇》,簡帛網,2005年12月19日。又見《漢字研究》第一輯,北京,學苑出版社,2005。〖吳良寶 2005〗

吳良寶：《平肩空首布“印”字考》，《中國錢幣》2006（2）。〖吳良寶 2006A〗

吳良寶：《說包山楚簡中的“安陵”及相關問題》，《簡帛》第一輯，上海，上海古籍出版社，2006。〖吳良寶 2006B〗

吳良寶：《包山楚簡“慎”地考》，《中國文字》新三十三期，臺北，藝文印書館，2007。〖吳良寶 2007〗

吳良寶：《楚地“𨜒陽”新考》，《古文字學論稿》，合肥，安徽大學出版社，2008。〖吳良寶 2008A〗

吳良寶：《說包山簡中的“彭”地》，《簡帛》第三輯，上海，上海古籍出版社，2008。〖吳良寶 2008B〗

吳良寶：《說包山簡中的“陽城公”》，簡帛網，2009 年 9 月 5 日(網名“虞同”)。又見《中國文字學報》第三輯，北京，商務印書館，2010。〖吳良寶 2009〗

吳良寶：《戰國楚簡地名輯證》，武漢，武漢大學出版社，2010。〖吳良寶 2010〗

吳順清：《荊門包山二號墓中楚簡的清理》，《湖北省考古學會論文選集（二）》，《江漢考古》編輯部，1991。

吳順清、徐夢林、王紅星：《荊門包山 2 號墓部分遺物的清理與復原》，《文物》1988（5）。

吳曉懿：《上海博物館藏戰國楚竹書（四）》所見官名輯證》，簡帛網，2009 年 6 月 5 日。〖吳曉懿 2009〗

吳鬱芳：《栽郢、雲夢、章華宮》，《江漢考古》1989（3）。

吳鬱芳：《包山二號墓墓主昭佗家譜考》，《江漢論壇》1992（11）。〖吳鬱芳 1992〗

吳鬱芳：《〈包山楚簡〉卜禱簡牘釋讀》，《考古與文物》1996（2）。〖吳鬱芳 1996〗

吳　勇：《從竹簡看所謂數字卦問題》，《周易研究》2006（4）。

吳　勇：《也談所謂“楚簡數字卦”問題》，《長江大學學報》2007（5）。

吳榮曾：《東周西周兩國史研究》，《先秦兩漢史研究》，北京，中華書局，1995。〖吳榮曾 1995〗

吳振武：《〈古璽文編〉校訂》，吉林大學博士學位論文，1984。

吳振武：《鄂君啓節“舿”字解》，《第二屆國際中國古文字研討會論文集》，香港，問學社有限公司，1993。〖吳振武 1993〗

吳振武：《燕國銘刻中的“泉”字》，《華學》第二輯，廣州，中山大學出版社，1996。〖吳振武 1996〗

吳振武：《楚文字中的“陵”和“陲”》，長沙，“長沙三國吳簡暨百年來簡帛發現與研究國際學術研討會”論文，2001。〖吳振武 2001〗

吳振武：《范解楚簡“蒿（祭）之”與李解獄簋“夆𤼵馨香”》，“中國簡帛學國際論壇”論文，臺北，2007。

吳振武:《〈燕國銘刻中的“泉”字〉補說》,《古文字學論稿》,合肥,安徽大學出版社,2008。
吳振武:《〈古璽文編〉校訂》,北京,人民美術出版社,2011。
武家璧:《楚用亥正曆法的新證據》,《中國文物報》,1996年4月21日。
武家璧:《包山楚簡曆法新證》,《自然科學史研究》1997(1)。
武家璧:《雲夢秦簡日夕表與楚曆問題》,《先秦考古專號》(《考古與文物》增刊),2002。
夏含夷:《再論周原卜辭囟字與周代卜筮性質諸問題》,“中國簡帛學國際論壇”論文,臺北,2007。〖夏含夷 2007〗
夏　淥:《讀包山楚簡偶記——“受賄”、“國帑”、“茅門不敗”等字詞新義》,《江漢考古》1993(2)。〖夏淥 1993〗
肖從禮:《楚漢簡牘所見“中舍”考》,《簡帛研究二〇〇九》,桂林,廣西師範大學出版社,2011。
蕭聖中:《略論曾侯乙墓遣策中的車馬制度》,《鴻禧文物》第二輯,1997。〖蕭聖中 1997〗
蕭聖中:《曾侯乙墓竹簡釋文補正暨車馬制度研究》,武漢大學博士學位論文,2005。〖蕭聖中 2005〗
蕭聖中:《曾侯乙墓竹簡釋文補正暨車馬制度研究》,北京,科學出版社,2011。
蕭　毅:《古璽所見楚系官府官名考略》,《江漢考古》2002(2)。
蕭　毅:《楚簡文字研究》,武漢,武漢大學出版社,2010。〖蕭毅 2010〗
小　蟲:《〈上博五·弟子問〉“延陵季子”的“延”字》,簡帛網,2006年5月20日。
謝榮恩:《包山楚簡書法藝術風格探析》,臺灣藝術大學碩士學位論文,2005。
謝榮恩:《出土楚簡文字的字體考察——以〈包山楚簡〉為例》,《書畫藝術學刊》第五期,2008。
謝榮恩:《〈包山楚簡〉的用筆與筆勢》,《書畫藝術學刊》第七期,2009。
新井光風:《包山楚簡書法的考察》,《書法叢刊》1994(3)。
新井光風:《關於包山楚簡書法的考察》,《中日書法史論研討會論文集》,北京,文物出版社,1994。
新井儀平、新井光風:《包山楚簡·郭店楚簡の字形について》,中國出土資料學會 1999 年度第3回例會,東京,2000。
邢　文:《早期筮占文獻的結構分析》,《文物》2002(8)。
熊賢品:《〈包山楚簡〉所見戰國晚期楚國社會制度研究》,河南大學碩士學位論文,2011。
徐寶貴:《郭店楚簡研究三則》,“新出楚簡與儒家思想國際學術研討會”論文,北京,2002。又見《古籍整理研究學刊》2003(2)。又見《新出土文獻與古代文明研究》,上海,上海大學出版社,2004。〖徐寶貴 2002〗

徐少華：《包山二號楚墓的年代及有關問題》，《江漢考古》1989（4）。〖徐少華 1989〗

徐少華：《鄀國歷史地理探疑——兼論包山、望山楚墓的年代和史實》，《華夏考古》1991（3）。

徐少華：《昭陽伐魏及其相關問題辨析》，《江漢論壇》1993（4）。

徐少華：《周代南土歷史地理與文化》，武漢，武漢大學出版社，1994。〖徐少華 1994〗

徐少華：《從包山楚簡論楚之始封立國——兼論有關周原卜辭的年代和史實》，《長江文化論集》第一輯，武漢，湖北教育出版社，1995。又見簡帛網，2005 年 11 月 13 日。

徐少華：《包山楚簡釋地八則》，《中國歷史地理論叢》1996（4）。〖徐少華 1996A〗

徐少華：《古復國復縣考》，《中國歷史地理論叢》1996（4）。〖徐少華 1996B〗

徐少華：《包山楚簡釋地五則》，《江漢考古》1996（4）。〖徐少華 1996C〗

徐少華：《包山楚簡釋地十則》，《文物》1996（12）。〖徐少華 1996D〗

徐少華：《"包山楚簡"地名數則考釋》，《武漢大學學報》1997（4）。〖徐少華 1997〗

徐少華：《包山楚簡釋地四則》，《武漢大學學報》1998（6）。〖徐少華 1998〗

徐少華：《包山楚簡釋地五則》，《考古》1999（11）。〖徐少華 1999〗

徐少華：《包山楚簡釋地六則》，《簡帛研究二〇〇一》，桂林，廣西師範大學出版社，2001。〖徐少華 2001〗

徐在國：《包山楚簡文字考釋四則》，《于省吾教授百年誕辰紀念文集》，長春，吉林大學出版社，1996。〖徐在國 1996〗

徐在國：《楚簡文字拾零》，《江漢考古》1997（2）。又見《新出楚簡文字考》，合肥，安徽大學出版社，2007。〖徐在國 1997〗

徐在國：《楚簡文字新釋》，《江漢考古》1998（2）。又見《新出楚簡文字考》，合肥，安徽大學出版社，2007。〖徐在國 1998A〗

徐在國：《讀〈楚系簡帛文字編〉劄記》，《安徽大學學報》1998（5）。又見《新出楚簡文字考》，合肥，安徽大學出版社，2007。〖徐在國 1998B〗

徐在國：《古璽文字八考》，《吉林大學古籍整理研究所建所十五周年紀念文集》，長春，吉林大學出版社，1998。〖徐在國 1998C〗

徐在國：《釋"貨"》，《古典文獻與文化論叢》第二輯，杭州，杭州大學出版社，1999。又見《新出楚簡文字考》，合肥，安徽大學出版社，2007。〖徐在國 1999〗

徐在國：《隸定古文疏證》，合肥，安徽大學出版社，2002。〖徐在國 2002〗

徐在國：《上博竹書（二）文字雜考》，簡帛研究網，2003 年 1 月 14 日。〖徐在國 2003A〗

徐在國：《楚文字雜釋》，《楚文化研究論集》第五集，合肥，黃山書社，2003。

徐在國：《包山一二九簡釋文補釋一則》，《華學》第六輯，紫禁城出版社，2003。〖徐在國 2003B〗

徐在國:《郭店簡考釋二則》,《中國文字研究》第四輯,南寧,廣西教育出版社,2003。又見《新出楚簡文字考》,合肥,安徽大學出版社,2007。〖徐在國 2003C〗

徐在國:《釋楚簡“敢”兼及相關字》,“中國南方文明研討會”論文,臺北,2003。又見《古文字研究》第二十五輯,北京,中華書局,2004。又見《新出楚簡文字考》,合肥,安徽大學出版社,2007。

徐在國:《新蔡葛陵楚簡劄記(二)》,簡帛研究網,2003 年 12 月 17 日。後名《新蔡葛陵楚簡劄記》,《新出楚簡文字考》,合肥,安徽大學出版社,2007。〖徐在國 2003D〗

徐在國:《談新蔡葛陵楚簡中的幾支車馬簡》,簡帛研究網,2003 年 12 月 13 日。又見《簡帛 》第二輯,上海,上海古籍出版社,2007。〖徐在國 2003E〗

徐在國:《上博竹書(三)〈周易〉釋文補正》,簡帛研究網,2004 年 4 月 24 日。又見《康樂集:曾憲通教授七十壽慶論文集》,廣州,中山大學出版社,2006。又見《新出楚簡文字考》,合肥,安徽大學出版社,2007。

徐在國:《新蔡楚簡中的兩個地名》,《漢字研究》第一輯,北京,學苑出版社,2005。又見《新出楚簡文字考》,合肥,安徽大學出版社,2007。

徐在國:《說“叚”及其相關字》,簡帛研究網,2005 年 3 月 4 日。後名《說楚簡“叚”兼及相關字》,簡帛網,2009 年 7 月 15 日。又名《說楚簡“叚”及其相關字》,《簡帛語言文字研究》第五輯,成都,巴蜀書社,2010。〖徐在國 2005〗

徐在國:《從新蔡葛陵楚簡中的“延”字談起》,《簡帛》第一輯,上海,上海古籍出版社,2006。又見《新出楚簡文字考》,合肥,安徽大學出版社,2007。

徐在國:《上博竹書(三)〈周易〉釋文補正》,《康樂集:曾憲通教授七十壽慶論文集》,廣州,中山大學出版社,2006。

徐在國:《楚帛書“厭”字輯考》,“饒宗頤教授九十華誕國際學術研討會”論文,香港,2006。〖徐在國 2006〗

徐在國:《談楚帛書讀“厭”之字》,《華學》第九、十輯,上海,上海古籍出版社,2008。

徐中舒:《金文嘏辭釋例》,《中央研究院歷史語言研究所集刊》第 6 本第 1 分册,中央研究院歷史語言研究所,1936。又見《徐中舒歷史論文選輯》(上),北京,中華書局,1998。

許道勝:《包山二號楚墓竹簡卦畫初探》,《楚文化研究論集》第四集,鄭州,河南人民出版社,1994。

許全勝:《包山楚簡姓氏譜》,北京大學碩士學位論文,1997。〖許全勝 1997〗

許文獻:《楚簡中幾個特殊關係異文字組釋讀》,《第四屆國際中國古文字學研討會論文集》,香港中文大學中國文化研究所、中國語言及文學系,2003。

許文獻:《楚系從“戈”之字再釋》,《許錟輝教授七秩祝壽論文集》,臺北,萬卷樓圖書公司,

2004。

許文獻：《上博七釋字札記——〈武王踐阼〉“柩”字試釋》，簡帛網，2009 年 3 月 28 日。〖許文獻 2009〗

許學仁：《包山楚簡所見之楚先公先王考》，《魯實先生學術討論會論文集》，臺北，萬卷樓圖書公司，1993。

許學仁：《戰國楚墓〈卜筮〉類竹簡所見“數字卦”》，《中國文字》新十七期，臺北，藝文印書館，1993。

許學仁：《戰國楚簡文字研究的幾個問題——讀戰國楚簡〈語叢四〉所錄〈莊子〉語暨漢墓出土〈莊子〉殘簡瑣記》，“紀念甲骨文發現一百周年文字學研討會”論文，臺中，1999。又見《東華人文學報》，2001（3）。又見《古文字研究》第二十三輯，北京，中華書局，2002。〖許學仁 1999〗

禤健聰：《楚文字新讀二則》，《江漢考古》2006（4）。〖禤健聰 2006〗

禤健聰：《戰國楚簡所見楚系用字習慣考察》，《第十八屆中國文字學國際學術研討會論文集》，輔仁大學，2007。又見《中國文字》新三十三期，臺北，藝文印書館，2007。〖禤健聰 2007〗

禤健聰：《楚簡所見量制單位輯證》，《中原文物》2008（2）。〖禤健聰 2008A〗

禤健聰：《楚簡釋讀瑣記（五則）》，《古文字研究》第二十七輯，北京，中華書局，2008。〖禤健聰 2008B〗

禤健聰：《釋楚文字的“龜”和“𦣞”》，《考古與文物》2010（4）。〖禤健聰 2010〗

岩本篤志、森和：《包山楚簡、楚系文字研究中的電腦運用》，《郭店楚簡國際學術研討會論文集》，武漢，湖北人民出版社，2000。又見簡帛研究網，2001 年 5 月 27 日。

顔世鉉：《包山楚簡地名研究》，臺灣大學碩士學位論文，1997。〖顔世鉉 1997〗

顔世鉉：《包山楚簡釋地八則》，《中國文字》新廿二期，臺北，藝文印書館，1997。

顔世鉉：《楚簡文字補釋二則》，《中國文字》新廿五期，臺北，藝文印書館，1999。〖顔世鉉 1999〗

顔世鉉：《郭店楚簡散論（一）》，《郭店楚簡國際學術討論會論文集》，武漢，湖北人民出版社，2000。〖顔世鉉 2000〗

晏昌貴：《秦家嘴“卜筮祭禱”簡釋文輯校》，《湖北大學學報》2005（1）。又見《人大複印資料（先秦、秦漢史）》2005（3）。又名《秦家嘴卜筮祭禱簡釋文輯校》，《簡帛術數與歷史地理論集》，北京，商務印書館，2010。〖晏昌貴 2005A〗

晏昌貴：《天星觀“卜筮祭禱”簡釋文輯校》，《楚地簡帛思想研究（二）》，武漢，湖北教育出版社，2005。又見簡帛網，2005 年 11 月 2 日。又名《天星觀卜筮祭禱簡釋文輯

校》,《簡帛術數與歷史地理論集》，北京，商務印書館，2010。〖晏昌貴 2005B〗
晏昌貴:《張家山漢簡釋地六則》,《江漢考古》2005（2）。〖晏昌貴 2005C〗
晏昌貴:《楚簡所見諸司神考》,《江漢論壇》2006（9）。又見《簡帛術數與歷史地理論集》，北京，商務印書館，2010。〖晏昌貴 2006A〗
晏昌貴:《楚卜筮簡所見神靈雜考（五則）》,《簡帛》第一輯，上海，上海古籍出版社，2006。〖晏昌貴 2006B〗
晏昌貴:《楚卜筮簡所見地祇考》,《石泉先生九十誕辰紀念文集》，武漢，湖北人民出版社，2007。又見《簡帛術數與歷史地理論集》，北京，商務印書館，2010。〖晏昌貴 2007A〗
晏昌貴：《楚卜筮祭禱簡的文本結構與性質》,《楚文化研究論集》第七集，長沙，嶽麓書社，2007。又見《簡帛術數與歷史地理論集》，北京，商務印書館，2010。〖晏昌貴 2007B〗
晏昌貴:《巫鬼與淫祀——楚簡所見方術宗教考》，武漢，武漢大學出版社，2010。〖晏昌貴 2010〗
晏昌貴、鈡煒:《里耶秦簡牘所見陽陵考》，簡帛網，2005 年 11 月 3 日。後名《里耶秦簡所見的陽陵與遷陵》,《中國歷史地理論叢》2006（4）。〖晏昌貴、鈡煒 2005〗
楊　華:《出土日書與楚地的疾病占卜》，“上博藏戰國楚竹書學術研討會”論文，武漢，2003。又見《武漢大學學報》2003（5）。又見簡帛網，2005 年 12 月 22 日。〖楊華 2003〗
楊　華:《“五祀”祭禱與楚漢文化的繼承》,《江漢論壇》2004（9）。又見《人大複印資料（先秦、秦漢史）》2005（1）。又見簡帛網，2005 年 11 月 12 日。〖楊華 2004〗
楊　華:《新蔡簡所見楚地祭禱禮儀二則》,《楚地簡帛思想研究》第二輯，武漢，湖北教育出版社，2005。又見簡帛網，2005 年 11 月 13 日。〖楊華 2005〗
楊　華:《戰國秦漢時期的里社與私社》,《天津師範大學學報》2006（1）。又見《社會與國家關係視野下的漢唐歷史變遷》，上海，華東師範大學出版社，2006。又見簡帛網，2006 年 3 月 26 日。〖楊華 2006A〗
楊　華:《楚簡中的諸“司”及其經學意義》，簡帛網，2006 年 4 月 26 日。又見《中國文化研究》春之卷，2006。〖楊華 2006B〗
楊　華:《新蔡祭禱簡中的兩個問題》，“中國簡帛學國際論壇”論文，武漢，2006。又見簡帛網，2007 年 2 月 28 日。又見《簡帛》第二輯，上海，上海古籍出版社，2007。
楊　華:《楚地水神研究》,《江漢論壇》2007（8）。〖楊華 2007〗
楊　華:《楚簡中“上下”與“内外”——兼論楚人祭禮中的神靈分類問題》,《簡帛》第四輯，上海，上海古籍出版社，2009。
楊澤生：《楚系簡牘中從“肉”從“歺”之字考釋》，《古漢語研究》2001（3）。
楊澤生：《戰國竹簡研究》，中山大學博士學位論文，2002。〖楊澤生 2002〗
姚漢源：《鄂君啓節釋文》，《古文字研究》第十輯，北京，中華書局，1983。
殷滌非：《“鄂君啓節”兩個地名簡說》，《中華文史論叢》第六輯，北京，中華書局，1965。
殷滌非、羅長銘：《壽縣出土的“鄂君啓金節”》，《文物參考資料》，1958（4）。
伊　強：《楚簡中的“苦賈”》，簡帛網，2006 年 11 月 8 日（網名“尹遜”）。後有修改，名為《簡帛札記二則》，《簡帛》第四輯，上海，上海古籍出版社，2009。〖伊強 2006〗
于成龍：《包山楚簡中若干制度問題的探討》，北京大學碩士學位論文，1997。〖于成龍 1997〗
于成龍：《包山二號楚墓卜筮簡中若干問題的探討》，《出土文獻研究》第五集，北京，科學出版社，1999。〖于成龍 1999〗
于成龍：《楚禮新證——楚簡中的紀時、卜筮與祭禱》，北京大學博士學位論文，2004。〖于成龍 2004A〗
于成龍：《釋𠝹——新蔡楚簡中的釁禮》，《故宮博物院院刊》2004（4）。〖于成龍 2004B〗
于成龍：《戰國楚卜筮祈禱簡中的“五祀”》，《故宮博物院院刊》2009（2）。〖于成龍 2009〗
于　茀：《包山楚簡中的數字卦》，《北方論叢》2005（2）。
于　茀：《戰國簡卦畫問題再探討》，《北方論叢》2008（2）。
于省吾：《“鄂君啓節”考釋》，《考古》1963（8）。
俞偉超、李家浩：《論“兵闢太歲”戈》，《出土文獻研究》，北京，文物出版社，1985。
袁國華：《讀〈包山楚簡釋文〉劄記》，香港中文大學研究生學年報告，1992。
袁國華：《包山楚簡文字考釋》，《第二屆國際中國古文字學研討會論文集》，香港中文大學中國語言及文學系，1993。〖袁國華 1993A〗
袁國華：《讀〈包山楚簡・字表〉劄記》，“全國中國文學研究所在學研究生學術論文研討會”論文，桃園，1993。〖袁國華 1993B〗
袁國華：《戰國楚簡文字考釋三則》，“政治大學中國文學研究所學會學術研討會”論文，臺北，1993。
袁國華：《戰國楚簡文字零釋》，《中國文字》新十八期，臺北，藝文印書館，1994。〖袁國華 1994A〗
袁國華：《〈包山楚簡〉文字考釋三則》，《中華學苑》第四十四期，1994。〖袁國華 1994B〗
袁國華：《包山楚簡研究》，香港中文大學博士學位論文，1994。〖袁國華 1994C〗
袁國華：《包山楚簡文字諸家考釋異同一覽表》，《中國文字》新廿十期，1995。〖袁國華 1995〗
袁國華：《釋幾個從“皿”的戰國文字》，《中華學苑》第五十期，1997。〖袁國華 1997〗

袁國華:《〈望山楚簡〉考釋三則》,《古文字研究》第二十四輯,北京,中華書局,2002。〖袁國華 2002〗

袁國華:《楚簡疾病及相關問題初探——以包山楚簡、望山楚簡為例》,“中央研究院歷史語言研究所九十二年度第十九次講論會”論文,臺北,2003。

袁金平:《新蔡葛陵楚簡字詞研究》,安徽大學博士學位論文,2007。〖袁金平 2007〗

袁　瑩:《說“朖”》,復旦大學出土文獻與古文字研究中心網,2011 年 9 月 26 日。〖袁瑩 2011〗

臧克和:《釋“以其古敓之”——兼及戰國楚簡禱祠的結構意義》,《古漢語研究》2008(4)〖臧克和 2008〗

曾憲通:《楚月名初探——兼談昭固墓竹簡的年代問題》,《中山大學學報》1980(1)。又見《古文字研究》第五輯,北京,中華書局,1981。

曾憲通:《楚文字雜識》,“中國古文字研究會第九屆學術研討會”論文,南京,1992。後名《楚文字釋叢(五則)》,《中山大學學報》1996(3)。又名《楚文字釋叢》,《古文字與出土文獻叢考》,廣州,中山大學出版社,2005。(本書引用 1996 年版)〖曾憲通 1992〗

曾憲通:《包山卜筮簡考釋(七篇)》,《第二屆國際中國古文字學研討會論文集》,香港中文大學中國語言及文學系,1993。後名《包山卜筮簡考釋》,《古文字與出土文獻叢考》,廣州,中山大學出版社,2005。〖曾憲通 1993〗

曾憲通:《從“蚩”符之音讀再論古韻部東冬的分合》,《第三屆國際中國古文字學研討會論文集》,香港中文大學中國語言及文學系,1997。又見《古文字與出土文獻叢考》,廣州,中山大學出版社,2005。

曾憲通:《論齊國“遐盄之璽”及其相關問題》,“紀念容庚先生百年誕辰暨中國古文字學國際研討會”論文,東莞,1994。又見《華學》第一輯,廣州,中山大學出版社,1995。又見《容庚先生百年誕辰紀念文集》,廣州,廣東人民出版社,1998。又見《古文字與出土文獻叢考》,廣州,中山大學出版社,2005。(本書引用 1998 年版)〖曾憲通 1994〗

曾憲通:《楚帛書文字新訂》,《中國古文字研究》第一輯,長春,吉林大學出版社,1999。〖曾憲通 1999〗

曾憲通:《再說“蚩”符》,《古文字研究》第二十五輯,北京,中華書局,2004。又見《古文字與出土文獻叢考》,廣州,中山大學出版社,2005。〖曾憲通 2004〗

詹今慧:《〈包山楚簡〉法律文書“平等意識”試探》,《逢甲人文社會學報》第 18 期,2009。

張伯元:《為“越異之金”進一解》,簡帛網,2012 年 1 月 19 日。〖張伯元 2012A〗

張伯元：《釋“敗”》，簡帛網，2012 年 2 月 2 日。〖張伯元 2012B〗
張伯元：《“阩門又（有）敗”之我見》，簡帛網，2012 年 2 月 11 日。〖張伯元 2012C〗
張崇禮：《釋“瘟氣》，復旦大學出土文獻與古文字研究中心網，2009 年 1 月 16 日。〖張崇禮 2009A〗
張崇禮：《釋包山簡第 4 簡的“斁”》，復旦大學出土文獻與古文字研究中心網，2009 年 3 月 30 日。〖張崇禮 2009B〗
張崇禮：《釋楚文字中的“疫”》，復旦大學出土文獻與古文字研究中心網，2011 年 9 月 1 日。〖張崇禮 2011〗
張崇禮：《釋楚文字中的“冥”》，復旦大學出土文獻與古文字研究中心網，2012 年 4 月 18 日。
張崇禮：《釋古文字中的“昊”》，復旦大學出土文獻與古文字研究中心網，2012 年 4 月 22 日。〖張崇禮 2012A〗
張富海：《郭店楚簡〈緇衣〉篇研究》，北京大學碩士學位論文，2002。
張富海：《上博簡〈子羔〉篇“后稷之母”節考釋》，簡帛研究網，2003 年 1 月 17 日。〖張富海 2003〗
張富海：《楚先“穴熊”、“鬻熊”考辯》，《簡帛》第五輯，上海，上海古籍出版社，2010。
張光裕：《新見楚式青銅器器名試釋》，《文物》2008（1）。〖張光裕 2008〗
張光裕、陳偉武：《戰國楚簡所見病名輯證》，《中國文字學報》第一輯，北京，商務印書館，2006。〖張光裕、陳偉武 2006〗
張光裕、袁國華：《包山楚簡文字編》，臺北，藝文印書館，1992。〖張光裕、袁國華 1992〗
張光裕、袁國華：《讀包山楚簡劄迻》，《中國文字》新十七期，臺北，藝文印書館，1993。〖張光裕、袁國華 1993〗
張光裕、袁國華：《〈包山楚簡文字編〉校訂》，《中國文字》新十九期，臺北，藝文印書館，1994。〖張光裕、袁國華 1994〗
張桂光：《楚簡文字考釋二則》，《江漢考古》1994（3）。〖張桂光 1994〗
張桂光：《古文字考釋六則》，《于省吾教授百年誕辰紀念文集》，長春，吉林大學出版社，1996。〖張桂光 1996〗
張恆蔚：《包山楚簡卜筮祭禱記錄研究》，“第十七屆中部地區中文研究生論文研討會”論文，彰化，1999。
張家厚：《包山楚簡書法藝術初探》，“全國楚簡帛書法藝術研討會”論文，武漢，2010。
張金光：《秦制研究》，上海，上海古籍出版社，2004。〖張金光 2004〗
張　靜：《郭店楚簡文字研究》，安徽大學博士學位論文，2002。
張　朋：《數字卦與占筮——考古發現中的筮法及相關問題》，《周易研究》2007（4）。

張全民：《“見日”試釋》，《社會科學探索》1997（3）。

張世超：《釋“逸”》，《中國文字研究》第六輯，南寧，廣西教育出版社，2005。〖張世超 2005〗

張世超：《“采”、“秀”形音義新探》，《古文字研究》第二十八輯，北京，中華書局，2010。〖張世超 2010〗

張世超：《佔畢脞說》，復旦大學出土文獻與古文字研究中心網，2011 年 12 月 7 日。〖張世超 2011〗

張守中：《包山楚簡文字編》，北京，文物出版社，1996。〖張守中 1996〗

張新俊：《上博楚簡文字研究》，吉林大學博士學位論文，2005。〖張新俊 2005A〗

張新俊：《新蔡葛陵楚墓竹簡文字補正》，《中原文物》2005（4）。〖張新俊 2005B〗

張竹邦：《包山楚簡曆法芻議》，《雲南史志》1997（2）。

趙慧民：《〈包山楚墓〉評介》，《考古》1993（11）。

趙建偉：《郭店楚簡〈老子〉校釋》，《本世紀出土思想文獻與中國古典哲學論文集》（上冊），臺北，輔仁大學出版社，1999。又見《道家文化研究》第 17 輯（《郭店楚簡》專號），1999。〖趙建偉 1999〗

趙建偉：《“民有娛心”與“民有順心”說》，簡帛網，2003 年 8 月 30 日。

趙平安：《夬的形義和它在楚簡中的用法——兼釋其他古文字資料中的夬》，《第三屆國際中國古文字學研討會論文集》，香港中文大學中國語言及文學系，1997。又見《新出簡帛與古文字古文獻研究》，北京，商務印書館，2009。〖趙平安 1997〗

趙平安：《釋包山楚簡中的“衜”和“遚”》，《考古》1998（5）。又見《新出簡帛與古文字古文獻研究》，北京，商務印書館，2009。〖趙平安 1998〗

趙平安：《“達”字兩系說——兼釋甲骨文中所謂“途”和齊金文中所謂“造”》，《中國文字》新廿七期，臺北，藝文印書館，2001。又見《新出簡帛與古文字古文獻研究》，北京，商務印書館，2009。

趙平安：《戰國文字的“遊”與甲骨文“𡍊”為一字說》，《古文字研究》第二十二輯，2000。又見《新出簡帛與古文字古文獻研究》，北京，商務印書館，2009。

趙平安：《從楚簡“娩”的釋讀談到甲骨文的“娩𡥈”——附釋古文字中的“冥”》，《簡帛研究二〇〇一》，桂林，廣西師範大學出版社，2001。又見《新出簡帛與古文字古文獻研究》，北京，商務印書館，2009。〖趙平安 2001A〗

趙平安：《釋古文字資料中的“𠫤”及相關諸字——從郭店楚簡談起》，《中國文字研究》第二輯，南寧，廣西教育出版社，2001。又見《新出簡帛與古文字古文獻研究》，北京，商務印書館，2009。〖趙平安 2001B〗

趙平安：《釋“𠫤”及相關諸字——論兩周時代的職官“醓”》，《古文字研究》第二十四輯，

北京，中華書局，2002。又見《新出簡帛與古文字古文獻研究》，北京，商務印書館，2009。〖趙平安 2002〗

趙平安：《戰國文字中的鹽及相關資料研究——以齊“遷（徙）鹽之璽”為中心》，《華學》第六輯，北京，紫禁城出版社，2003。又見《新出簡帛與古文字古文獻研究》，北京，商務印書館，2009。

趙平安：《戰國文字中的“宛”及其相關問題研究——以與縣有關的資料為中心》，《第四屆國際中國古文字學研討會論文集》，香港中文大學中國文化研究所、中國語言及文學系，2003。又名《戰國文字中的“宛”及其相關問題研究（附補記）》，簡帛網，2006 年 4 月 10 日。又見《新出簡帛與古文字古文獻研究》，北京，商務印書館，2009。〖趙平安 2003〗

趙平安：《戰國文字中的鹽字及相關問題研究》，《考古》2004（8）。〖趙平安 2004〗

趙平安：《試釋包山楚簡中的“笆”》，《簡帛研究 2002、2003》，桂林，廣西師範大學出版社，2005。又見《新出簡帛與古文字古文獻研究》，北京，商務印書館，2009。〖趙平安 2005〗

趙平安：《“進芋明(從人)子以馳于倪廷”解》，簡帛網，2006 年 3 月 31 日。

趙平安：《釋曾侯乙墓竹簡中的“綒”和“桴”——兼及昆、黽的形體來源》，《簡帛》第一輯，上海，上海古籍出版社，2006。又見《新出簡帛與古文字古文獻研究》，北京，商務印書館，2009。〖趙平安 2006〗

趙平安：《關於夃的形義來源》，簡帛網，2007 年 1 月 23 日。〖趙平安 2007〗

趙平安：《釋戰國文字中的“乳”字》，“中國文字學會第六屆學術年會”論文集，張家口，2011。又見《古代簡牘保護與整理研究》，上海，中西書局，2012。

趙　彤：《楚簡中用作聲旁的“祭”》，簡帛研究網，2002 年 9 月 12 日。〖趙彤 2002〗

趙　彤：《對楚簡二字隸定的一點意見》，簡帛研究網，2003 年 3 月 21 日。

趙　彤：《戰國楚竹書〈彭祖〉篇補釋》，簡帛網，2007 年 3 月 18 日。〖趙彤 2007〗

鄭　剛：《戰國文字中的“陵”和“李”》，“中國古文字研究會第七次年會”論文，長春，1988。又見《楚簡道家文獻辯證》，汕頭，汕頭大學出版社，2004。

鄭　剛：《楚簡道家文獻辯證》，汕頭，汕頭大學出版社，2004。

鄭　威：《新蔡葛陵楚簡地名雜識三則》，《楚地簡帛思想研究（三）》，武漢，湖北教育出版社，2007。〖鄭威 2007〗

鄭　威：《楚“東陵”考》，簡帛網，2008 年 1 月 4 日。〖鄭威 2008〗

鄭　威：《楚“鄂君”、“鄂縣”綜考》，“湘鄂豫皖楚文化研究會第十一次年會”論文，淮南，2009。又見《楚文化研究論集》第九集，上海，上海古籍出版社，2011。又見簡帛

網，2012 年 1 月 18 日。〖鄭威 2009〗
鄭　威：《楚簡封君釋地二則》，“湘鄂豫皖楚文化研究會第十二次年會”論文，武漢，2011。又見《楚文化研究論集》第十集，武漢，湖北美術出版社，2011。又見簡帛網，2012 年 1 月 18 日。〖鄭威 2011〗
鄭　偉：《釋“罷”》，簡帛研究網，2006 年 2 月 25 日。〖鄭偉 2006〗
鄭　偉：《古代楚方言“罷”字的來源》，《中國語文》2007（4）。〖鄭偉 2007〗
鄭玉姍：《讀〈上博・孔子詩論〉劄記（二）——〈左傳〉“郊甸”新考》，簡帛網，2003 年 6 月 1 日。〖鄭玉姍 2003〗
中山大學中文系古文字研究室：《江陵昭固墓若干問題的探討》，《中山大學學報》1977（2）。
中山大學中文系古文字研究室：《戰國楚簡研究（三）》，油印本，1977。
周　波：《上博五補釋二則》，簡帛網，2006 年 4 月 5 日。〖周波 2006〗
周　波：《戰國時代各系文字間的用字差異現象研究》，復旦大學博士學位論文，2008。〖周波 2008〗
周　波：《戰國文字中的“許”縣和“許”氏》，復旦大學古文字與出土文獻研究中心網，2010 年 1 月 5 日。又見《古文字研究》第二十八輯，北京，中華書局，2010。〖周波 2010〗
周鳳五：《包山楚簡考釋》，“中國古文字研究會第九屆學術研討會”論文，南京，1992。後名《包山楚簡文字初考》，《王叔岷先生八十壽慶論文集》，臺北，大安出版社，1993。〖周鳳五 1992〗
周鳳五：《舍睪〈命案文書〉箋釋——包山楚簡司法文書研究之一》，《文史哲學報》第四十一期，1994。〖周鳳五 1994〗
周鳳五：《包山楚簡〈集箸〉〈集箸言〉析論》，《中國文字》新廿一期，臺北，藝文印書館，1996。〖周鳳五 1996〗
周鳳五：《子彈庫帛書“熱氣倉氣”說》，《中國文字》新廿三期，臺北，藝文印書館，1997。
周鳳五：《楚簡文字瑣記（三則）》，“第一屆簡帛學術討論會”論文，臺北，1999。〖周鳳五 1999A〗
周鳳五：《讀郭店楚簡〈成之聞之〉劄記》，《古文字與古文獻》試刊號，楚文化研究會籌備處，1999。〖周鳳五 1999B〗
周鳳五：《郭店〈性自命出〉“怒欲盈而毋暴”說》，“新出土文獻與古代文明研究國際學術研討會”論文，上海，2002。又見《新出土文獻與古代文明研究》，上海，上海大學出版社，2004。
周鳳五：《讀上博楚竹書〈從政〉甲篇劄記》，簡帛網，2003 年 1 月 10 日。又見《上博館藏戰國楚竹書研究續編》，上海，上海書店出版社，2004。

周鳳五：《上博四〈昭王與龔之脽〉新探（初稿）》，“中國古文字：理論與實踐國際研討會”論文，芝加哥，2005。

周鳳五：《上博四〈柬大王泊旱〉重探》，《簡帛》第一輯，上海，上海古籍出版社，2006。〖周鳳五 2006〗

周鳳五：《包山簡“受期”重探》，“簡帛文獻與思想史研究計畫研討會”論文，香港，2010。

周鳳五、林素清：《包山二號楚墓出土文書簡研究》，行政院國家科學委員會專題研究計劃成果報告，1995。〖周鳳五、林素清 1995〗

朱德熙：《長沙帛書考釋（五篇）》，《古文字研究》第十九輯，北京，中華書局，1992。又見《朱德熙古文字論集》，北京，中華書局，1995。又見《朱德熙文集》（第五卷），北京，商務印書館，1999。〖朱德熙 1992〗

朱德熙：《戰國文字資料裏所見的廄》，《出土文獻研究》，北京，文物出版社，1985。又見《戰國文字中所見有關廄的資料》，《朱德熙文集》（第五卷），北京，商務印書館，1999。

朱德熙、李家浩：《鄂君啓節考釋（八篇）》，“中國古文字研究會成立十周年學術研討會”論文，長春，1988。又見《紀念陳寅恪先生誕辰百年學術論文集》，北京，北京大學出版社，1989。又見《朱德熙古文字論集》，北京，中華書局，1995。又見《朱德熙文集》（第五卷），北京，商務印書館，1999。

朱德熙、裘錫圭：《平山中山王墓銅器銘文的初步研究》，《文物》1979（1）。又見《朱德熙古文字論集》，北京，中華書局，1995。又見《朱德熙文集》（第五卷），北京，商務印書館，1999。

朱德熙、裘錫圭：《戰國文字研究（六種）》，《考古學報》1972（1）。又見《朱德熙古文字論集》，北京，中華書局，1995。又見《朱德熙文集》（第五卷），北京，商務印書館，1999。

朱德熙、裘錫圭：《信陽楚簡考釋（五篇）》，《考古學報》，1973（2）。又見《朱德熙古文字論集》，北京，中華書局，1995。又見《朱德熙文集》（第五卷），北京，商務印書館，1999。

鄒濬智：《上博容成氏五十一簡字商議——兼談“楚簡‘帶’構件演變”與包山 2.157字》，簡帛研究網，2003 年 1 月 7 日。〖鄒濬智 2003〗

鄒濬智：《〈上海博物館藏戰國楚竹書（一）·緇衣〉研究》，臺灣師範大學碩士學位論文，2004。〖鄒濬智 2004〗

左言東：《先秦職官表》，北京，商務印書館，1994。

包山楚簡文字編

包山楚簡文字編　卷一

一

簡 111　簡 202　簡 214

天

簡 213　簡 215　簡 219

簡 237　簡 243

上

簡 010　簡 079　簡 246

[走]

簡 236　簡 239　簡 242

下

簡 062　簡 218　簡 220

福[畐]

簡 037　簡 205　簡 206

祭

簡 225　簡 237　簡 241

祖[祭]

簡 266

祝

簡 217

[祩]

簡 231　簡 237

祈

簡 266

禱[禮]

簡 200　簡 202　簡 206

簡 210　簡 229　簡 240

[畐]

簡 248

社

簡 210　簡 248　簡 138 反

禍[禍]

簡 213　簡 215

崇[柰]

簡 236 簡 239 簡 245

祚[複]

簡 129 簡 141 簡 209

⿰礻工

簡 224 簡 225

⿸尸示

簡 012 簡 197 簡 228

祓

簡 210 簡 218

[袚]

簡 243

⿰立示

簡 205 簡 206

⿱亦示

簡 104 簡 115 簡 206

祱

簡 210

[禜]

簡 203 簡 220 簡 222

⿱尚示

簡 222

袼

簡 202

⿸虍示

簡 211 簡 241

三

簡 058 簡 116 簡 214

王

簡 002 簡 246

皇

簡 266

玉

簡 003 簡 025

瑗

簡 005

環

簡 181 簡 213

琥

簡 218

瑞

簡 022

瑤

簡 034

珇

簡 214

玫

簡 146

珞

簡 167

琛

簡 226 簡 236

珊

簡 074

璊

簡 219

班

簡 085

气[槩]

簡 207 簡 239 簡 247

[㮣]

簡 218 簡 220

士

簡 012 簡 080

中

簡 035 簡 138 簡 140 反

[宙]

簡 174 簡 198 簡 221

屯

簡 147

蓏

簡 258

蘁

簡 258

芋

牘 1

藍

簡 007 簡 092

萸[⿱艹⿱臾土]

簡 085 簡 109 簡 121

蘘[⿱艹⿱壴又]

簡 140 反

莞[莽]

簡 263

茈

簡 258

葥[⿱山⿰月刂]

簡 216

蔁

簡 125

莕[荇]（《說文》莕古文作荇）

簡 164

蔥[⿱艹兇]

簡 255

蒼

簡 176 簡 179

苛

簡 042 簡 135

蕪

簡 203

若

簡 015 簡 155 簡 176

[⿱艹若]

簡 070

芻

簡 095 簡 203

蒿

簡 211 簡 227

蓸

簡 203 簡 240 簡 248

芺

簡 124 簡 153

萼

簡 125

莤

簡 255

菽

簡 255

茴

簡 150 簡 150

蓉

簡 268

蕑

簡 086

蔫

簡 267

菑[甾]

簡 169

萏

簡 203

蓏

簡 258

蔆

簡 153

[陜]

簡 154

蕆

簡 012 簡 166 簡 206

簡 207 簡 212 簡 218

簡 221 簡 224

蕻

簡 103

葉

簡 258

萬

簡 255

莧

簡 258

蘆

簡 154 簡 255

薣

簡 150

蔜

簡 120

藹

簡 258

蘡[繥]

簡 116

莫

簡 117

葬[殍]

簡 091

[夢]

簡 155

[蕘]

簡 091

[竉]

簡 267

包山楚簡文字編　卷二

少

簡 003 簡 010 簡 130

簡 199 簡 221

八

簡 167

分

簡 047 簡 082

尚

簡 090

公

簡 002 簡 112 簡 159

必

簡 127 簡 139

余

簡 085 簡 145 簡 166

番

簡 041 簡 046 簡 098

牛

簡 125 簡 203 簡 224

牢

簡 099 簡 157

犧[犠]

簡 248

犇

簡 006

牮

簡 121

犛

簡 202

犢

簡 237 簡 243

告

簡 131

𢼠

簡 066

嗌[[illegible]]

簡 083 簡 175

含

簡 134

名

簡 032 簡 249 反

吾

簡 248

君

簡 038 簡 140 反

命

簡 007 簡 012 簡 164

[[illegible]]

簡 002 簡 130 簡 138

問[䎽]（楚文字聞也寫作䎽）

簡 130 反

[[illegible]]

簡 157

唯

簡 091

和

簡 186

右

簡 043 簡 158 簡 189

啻

簡 154

吉

簡 200 簡 231

周

簡 012 簡 081 簡 184

簡 206 簡 207 簡 212

咼

簡 026 簡 094

㕣

簡 028 簡 038

各

簡 206 簡 227

哀

簡 145

[⿱衣心]

簡 111

杏

簡 095

⿱口立

簡 048

[吴]

簡 122

⿰口寺

簡 209 簡 212

咎

簡 233

凵

簡 271

嗀

簡 103 簡 176

咢[噩]

簡 076 簡 193

走

簡 122 簡 123

趣[⿺辶取]

簡 142

趞

簡 006

起[记]

簡 164

趄

簡 135

苒

簡 123

歸[逯]

簡 207 簡 224 簡 225

⿱之止

簡 228 簡 230 簡 232

⿱卲止

簡 167

⿰止奇

簡 173

⿱隊止

簡 168

⿱與止

簡 225 簡 229 簡 091

簡 141

⿱楚止

簡 173

登（《說文》登籀文作⿱癶廾）

簡 129

[⿱癶廾]

簡 026 簡 145

癹[⿰止⿱丰止]

簡 268 簡 271

[⿱⿰止⿱丰止又]

簡 070 簡 070 簡 125 反

歲[⿹戈⿱止月]

簡 002 簡 007 簡 103

簡 129 簡 141 簡 230

此

簡 139 簡 157 反 簡 204

正

簡 141 簡 161 簡 187

是

簡 004 簡 089

徒

簡 150 簡 226 簡 228

簡 237

追[遺]（《說文》追籀文作遺）

簡 188

過[⿺辶化]

簡 105

造

簡 137 反

逾

簡 135

[⿱俞止]

簡 244

速

簡 200 簡 219

⿺辶昏

簡 129

逆

簡 071 簡 075 簡 087

迻

簡 173

[迻]

簡 204

返[⿸厂⿱𠂉止]

簡 121 簡 121

還

簡 010 簡 092

遲[⿺辶⿸尸二]

簡 198 簡 200

逗

簡 219 簡 024

迟

簡 185

達

簡 111 簡 119 簡 121

逯

簡 065 簡 074 簡 103 反

簡 130

連

簡 006

遺

簡 165

逃

簡 137 簡 144

遠

簡 089 簡 207

辻

簡 006 簡 265

𨑹

簡 182

逈

簡 085 簡 172 簡 178

𨑻

簡 120 簡 128 反

䢺

簡 086

𨒅

簡 137

䢗

簡 137

𨓍

簡 055

递

簡 240

⿺辶奇

簡 068

⿺辶卒[遥]

簡 167

⿺辶匡

簡 023 簡 239

[⿺辶羊]

簡 226

⿺辶岂

簡 128

⿺辶戔

簡 202 簡 238 簡 243

⿺辶前[⿺辶寿]

簡 185 簡 193

⿺辶要

簡 182

逷

簡 087 簡 141

送

簡 169

⿺辶底

簡 004 簡 047

遏

簡 056 簡 167 簡 192

⿺辶屋

簡 250 簡 259 簡 078

⿺辶⿱日夕

簡 018

遶[选]

簡 175

逢

簡 080 簡 142

⿺辶興

簡 276

遲

簡 074 簡 195

邌

簡 099 簡 170

復[逫]

簡 238

後[逡]

簡 002 簡 151 簡 227

得[㝵]

簡 006 簡 029 簡 184

徛

簡 137 反

御（《說文》御古文作馭，馯為馭異體）

簡 013 簡 074 簡 138

[馯]

簡 151 簡 152

廷

簡 045 簡 052 簡 079

延

簡 145 簡 184 簡 193

行

簡 015

[衍]

簡 210 簡 219

衛[衜]

簡 074 簡 194

衛[衞]

簡 224 簡 225 簡 203

足

簡 112 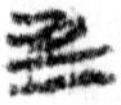簡 130 簡 266

跪

簡 263

路[逄]

簡 081 簡 159

𧿹

簡 162

疋

簡 036 簡 064 簡 085

喿

簡 145

囂

簡 006 簡 007

器

簡 251 簡 252 簡 265

干

簡 269

只

簡 155 簡 155

句

簡 060 簡 120 簡 067

丩

簡 260

古

簡 015 簡 157 簡 249

簡 097

十

簡 119 簡 137 簡 145 反

言

簡 014 簡 122 簡 157

請

簡 180

訓

簡 179

[𧥣]

簡 210

信

簡 121 簡 144

誥

簡 133

詣

簡 156

繺

簡 105

讙

簡 189

訟

簡 081　簡 086

證[諿]

簡 138　簡 149

詬[詢]（《說文》詬或體作詢）

簡 102

詃

簡 157　簡 157 反

詋

簡 179

詤

簡 184　簡 191

詉

簡 007

誊[譔]

簡 193

証

簡 134　簡 161　簡 171

諒

簡 085

諿

簡 090

諻

簡 060

諄

簡 085

譆

簡 140　簡 161

諴[諴]

簡 042

善

簡 054

競

簡 068 簡 081 簡 122

音

簡 200 簡 203

章

簡 077 簡 101 簡 166

童

簡 034 簡 039 簡 276

妾

簡 175 簡 177

僕

簡 016 簡 128 反 簡 135

簡 155 簡 137 反

奉

簡 140 簡 073

兵

簡 081 簡 241

龔

簡 041 簡 090

樊[𠬝]

簡 130

共

簡 228 簡 239

異

簡 046 簡 052 簡 064

簡 109 簡 116 簡 173

與

簡 126 簡 154

[与]

簡 121 簡 121

興

簡 159

爨[奐]

簡 067 簡 078 簡 218

[貟]

簡 129 簡 221 簡 224

革

簡 264 簡 271

鞔[鞔]

簡 259

鞀[鞉]（《説文》鞀或體作鼗，鞉為鼗異體）

簡 095

鞅

簡 268 簡 271 簡 273

鞕

簡 268 簡 271 簡 273

鞜

簡 260

韇

簡 186 簡 273 牘 1

[韇]

簡 271

韅

簡 273

韉

簡 270 簡 271 簡 273

融[鞴]

簡 217 簡 237

煮

簡 147

爲

簡 005 簡 007 簡 080

簡 206 簡 230 簡 016

簡 159 簡 232

采

簡 197 簡 201

豙

簡 212 簡 202 簡 226

又

簡 016 簡 025 簡 197

簡 213 簡 231

父

簡 126 簡 135 簡 222

央

簡 260

尹

簡 038 簡 157 簡 232

虘

簡 198 簡 202

及[返]

簡 123

反

簡 088 簡 099

取

簡 089 簡 156

叏

簡 207 簡 225

叚

簡 190

史

簡 054 簡 168 簡 203

簡 158 簡 159

事

簡 016 簡 081 簡 131

簡 197 簡 201

肅

簡 174

盡[𦘔]

簡 197 簡 199 簡 201

簡 204 簡 232

堅[臤]

簡 179

[腎]

簡 073 簡 182 簡 085

豎[豎]

簡 094

臣

簡 084 簡 096 簡 161

臧[臧]

簡 023 簡 038 簡 121

簡 163 簡 173 簡 225

㑮

簡 135 反 簡 049 簡 164

毆[毆]

簡 105 簡 116

殺[殺]

簡 083 簡 096 簡 121

鳧[鳧]

簡 183

寺

簡 226 簡 232

尃

簡 176

皮

簡 033

啓

簡 013

攺

簡 142 簡 143

政

簡 081 簡 140 簡 155

敷

簡 142 簡 144

斂

簡 149

救

簡 268 簡 249 簡 058

[⿰求戈]

簡 226

敂

簡 085 簡 200 簡 200

攸

簡 088 牘 1

敗

簡 022 簡 023 簡 031

簡 056

寇[⿱宀⿰元攴]

簡 102

收

簡 122 簡 147

攻

簡 106 簡 116 簡 250

敔

簡 124 簡 125

[⿰吾戈]

簡 034

敍

簡 211 簡 229

⿰臣攴

簡 101

⿰且攴

簡 023

故

簡 155

⿰豆攴

簡 099

敞

簡 253 簡 254

敦

簡 270

⿰命攵

 簡 005  簡 190

敦

 簡 166  簡 191

⿰盍攵

 簡 170

⿰堇攵

 簡 134

[戴]

 簡 138

⿰魚攵

 簡 121

⿰無攵

 簡 164

⿰𨸏攵

 簡 004

⿰會攵

 簡 204  簡 260

⿰睿攵

 簡 165  簡 170  簡 183

⿰賷攵

 簡 077

教

 簡 099

貞

 簡 020  簡 201  簡 236

占

 簡 197  簡 200

⿰詹卜[訃]

 簡 174

包山楚簡文字編　卷四

䀠

簡 120

相

簡 085 簡 259

眚

簡 122

盾

簡 277

自

簡 022 簡 134 簡 232

皆

簡 016 簡 273

魯

簡 002 簡 176

者

簡 027 簡 032 簡 146

簡 227

智

簡 135 簡 137

百

簡 115 簡 269

習

簡 223

羽

簡 260

[习]

牘 1

翟

簡 193 簡 105

翠[翬]

簡 269

[翠]

簡 277

翏

簡 169 簡 193

⿱羽子

簡 195 簡 253

⿱羽夭

簡 049 簡 138

⿱羽石

簡 269

⿱羽矛

簡 277

⿱羽各

簡 269

⿱羽危

簡 128 簡 187

⿱羽兄

簡 184

翛

簡 269 簡 269

⿱羽巠

簡 189

⿱羽能

簡 200 簡 203 簡 206

⿱羽憂

簡 099

雀

簡 202

雞

簡 257 簡 258

雁

簡 091 簡 121

[⿰亻雁]

簡 165 簡 184

雄[⿰鳥厷]

簡 070

⿱隹土

簡 183

奮[奞]

簡 145

舊

簡 236 簡 242 簡 247

簡 135 反

羊

簡 181 簡 275

牂

簡 217 簡 237 簡 243

羖[羖]

簡 202

[㸦]

簡 233 簡 237

羳

簡 237

矍[臒]

簡 058

雔

簡 182

集

簡 001 簡 130 簡 164

簡 228 簡 234

[窠]

簡 010 簡 209

難

簡 236

鴈[鳶]

簡 145

鳴

簡 095 簡 194

鳦

簡 080

鳥少

簡 255

鴳

簡 085

烏[於]

簡 002　簡 003　簡 010

簡 027　簡 115　簡 201

簡 205　簡 207　簡 229

畢[罼]

簡 140　簡 158　簡 159

簡 182　簡 140 反

棄[弃]

簡 121　簡 179

爯

簡 244

幼

簡 003

丝

簡 067

幽

簡 145

幾[㞢]

簡 081　簡 108　簡 198

簡 033 反

惠

簡 167

叀

簡 025　簡 105　簡 194

玄

簡 066

舒[豫]

簡 076　簡 138

[鵌]

簡 125　簡 132　簡 137 反

簡 018　簡 035

受

簡 006　簡 039　簡 061

簡 072　簡 130　簡 147

𤔔

簡 192

敢

簡 015 簡 038 簡 085

殤

簡 222 簡 222 簡 225

⿰歹古

簡 217

[⿰死古]

簡 248

⿰歹韋

簡 277

死

簡 032 簡 054 簡 158

簡 123 簡 241

骨

簡 152 簡 263

⿰骨戈

簡 267 簡 277

⿰骨毛

簡 272 簡 276

⿰骨夬

簡 277

肉

簡 145 簡 255

臚[膚]（《說文》臚籀文作膚）

簡 084 簡 191 簡 261

胃

簡 080 簡 089 簡 015 反

簡 095 簡 128 簡 157

腸

簡 166

腹

簡 207 簡 236 簡 247

膌[㾊]（《說文》膌籀文作㾊）

簡 168

肞[𦜡]

簡 205

脯[脅]

簡 255 簡 257 簡 258

脩

簡 255 簡 257

贏

簡 018 簡 041 簡 048

簡 269

肥

簡 202 簡 225

肷

簡 175

胼

簡 085

脝[䐿]

簡 080

[䐿]

簡 135

胅[脞]

簡 222

腋[脊]

簡 194

腝

簡 045 簡 057

膭

簡 180

刀

簡 144

利

簡 135 簡 143 簡 258

列[𠛱]

簡 042

[𠛱]

簡 060 簡 067

[⿰阝戈]

 簡 169

割[⿰害刃]

 簡 121  簡 121

[⿰害戈]

 簡 095

刎

 簡 179  簡 220

⿰矢刂

 簡 002  簡 146

⿰肉刂

 簡 116

[剢]

 簡 146

⿰⿱丰田刂

 簡 208

[⿰⿱丰田刃]

 簡 197

[⿰⿱丰田办]

 簡 162

⿱衣⿰月刂

 簡 095  簡 132

劍[鐱]

 簡 018

耦[⿰爪爪]

 簡 174

角

 簡 018  簡 086

解

 簡 144  簡 157  簡 198

 簡 241  簡 248

觴[⿰昜角]

 簡 259

⿰角隼

 簡 024

包山楚簡文字編　卷五

竹

簡 155 簡 260

篁

簡 190

等

簡 132 反

[䇸]

簡 009 簡 013 簡 123

筦[䈾]

簡 133 簡 190

筵[䉤]

簡 262

箸

簡 001 簡 004 簡 008

答

簡 223

箑[𥲤]（《說文》箑或體作𥲤）

簡 260

策

簡 260

箴[䥂]

簡 157

竽

簡 157

𥫩

簡 080 簡 125

[孓]

簡 122

笄

簡 180

笑

簡 124 簡 125

笲

簡 258 簡 259

箕

簡 257 簡 257

管

簡 201

箸

簡 277

篁

簡 070

簸[篨]

簡 204 簡 213

箋

簡 256

籫[簌]

簡 255

[籔]

簡 256

[籤]

簡 264

丌

簡 091

[亓]

簡 004

典

簡 003 簡 007 簡 013

𢍁

簡 130

⿰畀番

簡 163

⿰畀鼻

簡 125 簡 130 簡 169

簡 201

⿰畀曹

簡 092 簡 092 簡 166

奠

簡 002 簡 165 簡 186

左

簡 012 簡 152 簡 137 反

差

簡 049 簡 108 簡 138

巫[晉]

簡 219 簡 244

甘

簡 090 簡 129

朁

簡 256

曹

簡 172 簡 273

簪

簡 012 簡 131 簡 218

曰

簡 125 簡 141

暋

簡 177

粤

簡 197 簡 199 簡 201

可

簡 166

奇

簡 075

兮

簡 087 簡 116

于

簡 163

喜[憙]

簡 007 簡 198

彭

簡 002 簡 133 簡 170

嘉

簡 074 簡 166 簡 217

鼓[鼓]

簡 095

鼙[鼙]

簡 145

豐

簡 021 簡 124 簡 125 反

虐[唐]

簡 163

䖇

簡 253 簡 254

虘

簡 081 簡 269 牘 1

[虩]

簡 042

虎

簡 149 簡 271

號[䖃]

簡 015 簡 019 簡 130

虖

簡 128 簡 141 簡 143

盛

簡 132 簡 125 簡 197

[鹹]

簡 130

益

簡 105 簡 116 簡 146

盧

簡 265

𥂖

簡 265

盍

簡 254 簡 254

丹

簡 016 簡 076

臒[䐾]

簡 062 簡 094 簡 186

彤

簡 223 簡 253

青[靑]

簡 031 簡 129 簡 193

既

簡 016 簡 137 簡 247

簡 205 簡 202 反

飤

簡 151 簡 147 簡 243

簡 247 簡 221 簡 255

饋

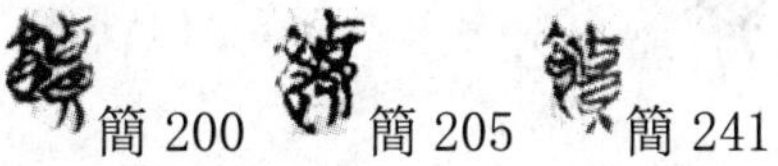
簡 200 簡 205 簡 241

[饋]

簡 243 簡 248

飳

簡 257

合[㝘]

簡 166 簡 214

僉

簡 133 簡 135 簡 136

[習]

簡 121

舍[舍]

簡 133 簡 154 簡 145 反

[舍]

簡 120 簡 121

會

簡 083 簡 182 簡 201

簡 259 簡 263

倉

簡 019 簡 181

內

簡 007 簡 127 簡 197

全

簡 210 簡 237 簡 241

缶

簡 085 簡 265

鉼

簡 265

鈧

簡 085 簡 085

銅

簡 265

奮

簡 277

鑇

簡 089

矢

簡 260

躲[弦]

簡 038 簡 060 簡 138

矰

簡 165 簡 188

矦

簡 233 簡 243

矩

簡 036 簡 060

高

簡 231 簡 241

市

簡 058 簡 191

央

簡 201

就[豪]

簡 209 簡 212

亯

簡 103 簡 237

筥

簡 237 簡 241

良

簡 218 簡 227 簡 240

牆[⿰爿章]

簡 170

來[⿱來止]

簡 132 反

夏[⿰⿱日止頁]

簡 012 簡 131 簡 193

[顕]

簡 115

[⿰⿱日夂頁]

簡 128 簡 128 反

[⿰目頁]

簡 224

[⿱日頁]

簡 225

[⿱日虫]

簡 240

韋

簡 259 簡 273

⿰韋干

牘 1

⿰韋方

簡 193

⿰韋占

簡 273

⿰韋白

牘 1

⿰韋皮

簡 270 簡 259

⿰韋夔[⿰韋夋]

簡 271

⿰韋卑

簡 276

⿰韋冒

簡 259

⿰韋⿱戚土

簡 259

⿰韋⿸虍維

牘 1

弟

簡 080 簡 086

[俤]

簡 227

乘[䢀]

簡 227

包山楚簡文字編　卷六

木

簡 140

李[李]

簡 020 簡 023

桃

簡 010

桂

簡 259

櫝

簡 259

枸

簡 097

楊

簡 149 簡 192

栘

牘 1

枳

簡 259 簡 260

柜

簡 261

楮

簡 149

某

簡 012 簡 095

樹[梪]

簡 244 簡 250

株

簡 117 簡 182

果

簡 188

⿰木㞷

簡 266

杲

簡 087

桯

簡 124

桱

簡 266

牀

簡 260

櫛[楖]

簡 259

槃（《說文》槃籀文作盤）

簡 150 簡 167 簡 265

榎

牘 1

桊

簡 260

椯

簡 274

樂

簡 261

櫺

簡 258

桎

簡 144

杋

簡 183

枆

簡 277

板

簡 043

条

簡 278 反

柊[綊]

簡 129

美

簡 121 簡 184

梽

簡 270

栓

牘 1

[楏]

簡 269

楠

簡 175

榋

簡 266

梢

簡 263

鉢

簡 266

樫

簡 087

櫰

簡 023

樸

簡 273

東

簡 012 簡 121 簡 132

簡 167 簡 225

無

簡 015 簡 250

楚

簡 002 簡 201 簡 226

簡 228 簡 237

才

簡 008 簡 012 簡 013

桑

簡 092 簡 113 簡 167

之

簡 002 簡 011 簡 019

簡 030 簡 026 簡 039

簡 116 簡 233

峑

簡 087 簡 092

市

簡 002 簡 004 簡 012

簡 015 簡 046 簡 052

簡 146 簡 064 簡 232

出

簡 058 簡 197 簡 216

索

簡 151 簡 254 簡 262

南

簡 038 簡 090 簡 231

生

簡 026 簡 211

產

簡 106 簡 187

[奤]

簡 116

囩

簡 264

國

簡 045

圈

簡 254

因

簡 222

固

簡 186 簡 191

圍

簡 002 簡 005

困

簡 145

㕚

簡 260

團

簡 172 簡 186

貝

簡 274

賢[孯]

簡 193

齎

簡 129

貣

簡 053 簡 116 簡 150

贛[贑]

簡 175 簡 244

賞

簡 152 簡 119 反

賜

簡 081 簡 141 簡 143

[賜]

簡 065 簡 128

責[賚]

簡 098 簡 146 簡 152

賈

簡 121 簡 152 簡 162

貴

簡 025 簡 192 簡 265

賽

簡 104 簡 150 簡 200

時

簡 180

𧶠

簡 027 簡 278 反

賫

簡 094 簡 278 反

賜

簡 145

[⿱尋貝]

簡 145 反

貪

簡 092

⿰貝宜[⿰貝亯]

簡 140

賵

簡 158 簡 161 簡 161

賹

簡 110 簡 118

贅[⿱亠⿰貝夊]

簡 028 簡 157 簡 168

賰

簡 180

贔

簡 150

邑

簡 028 簡 086

邦

簡 007 簡 247

都

簡 102 簡 113

郊

簡 182

邸

簡 163

郛

簡 167

邮

簡 067 簡 181 簡 186

邘

簡 115

鄍

簡 143

⿰亻⿰矢阝

簡 132 簡 133

鄗

簡 103　簡 115

鄦

簡 087　簡 087

[⿰盲阝]

簡 129

郾[⿰妟阝]

簡 145　簡 181

⿰襄阝[⿰𤕦阝]

簡 115　簡 189

郢

簡 007　簡 126　簡 169

簡 206

鄢[⿰如阝]

簡 019　簡 157

鄂[⿰噩阝]

簡 164

⿰制阝

簡 094　簡 156　簡 162

郫

簡 121

鄱

簡 153　簡 154　簡 175

⿰虘阝[⿰䖒阝]

簡 028　簡 106　簡 116

郜

簡 012

⿰余阝

簡 172

邗

簡 121　簡 184

⿰義阝

簡 040

郯

簡 141　簡 181　簡 194

郚

簡 200

[⿰五阝]

簡 206

酅

簡 171

郏

簡 121 簡 122

郇

簡 028 簡 056

⿰求阝

簡 167 簡 175

⿰尚阝

簡 050

鄝

簡 105 簡 116 簡 153

簡 021

邮

簡 166 簡 179

郙

簡 226 簡 239 簡 249

簡 006 簡 061

⿰勹阝

簡 190

邻

簡 023 簡 023

⿰化阝

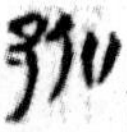簡 098

⿰云阝

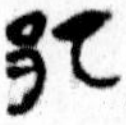簡 022 簡 030 簡 151

⿰六阝

簡 181

⿰尢阝[⿰杏阝]

簡 085 簡 097 簡 193

⿰疋阝

簡 125 簡 125 簡 188

耶

簡 150 簡 179

⿰古阝

簡 153

⿰且阝

簡 090

⿰虍阝

簡 005 簡 046 簡 116

⿰休阝

簡 034

⿰厇阝

簡 167

⿰只阝

簡 083 簡 099 簡 219

簡 220

⿰旨阝

簡 091

郘

簡 184

⿰床阝

簡 184 簡 186

⿰弃阝

簡 130

[⿰弃阝]

簡 221

⿰其阝

簡 188

⿰兆阝

簡 166 簡 157 反

⿰米阝

簡 100

⿰丞阝

簡 163

⿰缶阝

簡 177

⿰秀阝

簡 062 簡 142

郱

簡 100 簡 162

⿰巠阝

簡 159

⿰妥阝

簡 153

郙

簡 187 簡 188

⿰⿱外一阝

簡 163

⿰羌阝[⿰⿱𦍌糸阝]

簡 128 簡 141 簡 143

⿰余阝

簡 172

⿰宗阝

簡 072 簡 084 簡 084

⿰卓阝

牘 1

⿰弦阝

簡 192

⿰奉阝

簡 177

⿰金阝

簡 180

⿰青阝[⿰壴阝]

簡 179 簡 184

⿰㞷阝

簡 003 簡 089 簡 172

⿰彔阝

簡 153 簡 154

⿰定阝

簡 119

⿰朋阝[⿰⿱人朋阝]

簡 165 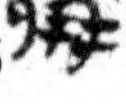簡 172

[⿰⿱朋土阝]

簡 190

[illegible]

簡 031 簡 175 簡 184

簡 202 簡 120

[illegible]

簡 062 簡 172

郖

簡 041

[illegible]

簡 131 簡 132 簡 137 反

[illegible]

簡 068 簡 174

[illegible]

簡 093 簡 134 簡 164

[illegible]

簡 133 簡 145

[illegible]

簡 186

[illegible]

簡 118

[illegible]

簡 170

[illegible]

簡 013 簡 103 簡 169

[illegible]

簡 010 簡 164 簡 172

[illegible]

簡 163 簡 169

[illegible]

簡 179

[illegible]

簡 056

[illegible]

簡 153

[illegible]

簡 026 簡 026 簡 193

郭

簡 132

鄰

簡 182 簡 140 反

𨛜

簡 168

鄗

簡 110 簡 118 簡 168

[䢿]

簡 068 簡 143

鄝

簡 078

𨞢

簡 169 簡 186

鄜

簡 175

[酈]

簡 174

𨝎

簡 179

䣈

簡 067 簡 186

𨞻

簡 124 簡 125

𨟙

簡 164

𨞠

簡 003

鄸

簡 149 簡 188

邍

簡 088 簡 088

鄩

簡 157

[鄩]

簡 012

⿰間阝[⿰夗阝]

簡 103

[⿰夘阝]

簡 115

鄵

簡 184

⿰⿱壴心阝

簡 020 簡 090

鄶[部]

簡 086

⿰⿱罒隹阝

簡 022 簡 024 簡 083

⿰義阝

簡 040

⿰定阝

簡 127

⿰雁阝

簡 191 簡 201 簡 204

[⿰⿸厂隹阝]

簡 176

鄲

簡 044

⿰龍阝

簡 174

⿰僧阝

簡 077

⿰翼阝

簡 268 簡 276

⿰嚚阝

簡 117

巷[衖]

簡 142

[⿺辶共]

簡 144

包山楚簡文字編　卷七

日

簡 015 簡 075

時[旹]

簡 137 反

早[⿱日棗]

簡 058 簡 063

晉

簡 103 簡 166

暘

簡 187

晧

牘 1

昃

簡 181

[⿰日夭]

簡 173 簡 266

暑

簡 173 簡 184 簡 185

昒

簡 133

[⿰日少]

簡 135 反

⿱旭如

簡 268

昭

簡 008 簡 165

旦

簡 032 簡 097 簡 135

朝

簡 145

旆[⿱羽市]

簡 269 簡 273

旌[署]

簡 028 簡 269 簡 273

游[遊]

簡 007 簡 035 簡 175

[迂]

簡 277

旄[罷]

牘 1

旅

簡 116

族

簡 010 簡 163 簡 191

旗

簡 085

厶

簡 012

月

簡 012 簡 033 簡 073

朔

簡 063 簡 098

期[异]

簡 015

有

簡 123

盟[盟]

簡 023 簡 123 簡 211

夜

簡 168 簡 181 簡 200

[夜]

簡 113 簡 206

外

簡 199

募

簡 058 簡 063

多

簡 271 簡 278 反

甬

簡 077　簡 267

栗

簡 257　簡 264

齊

簡 007　簡 089　簡 090

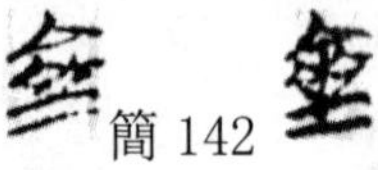
簡 142　簡 192

朿

簡 167

鼎

簡 265　簡 270　牘 1

簡 253　簡 254

⿲糸鼎糸

簡 265

秀

簡 023　簡 146

種

簡 105

穖

簡 145

穋

簡 047　簡 049　簡 187

秫[朮]（《說文》秫省體作朮）

簡 269　簡 273

采

簡 086

年

簡 126　簡 127　簡 128

秋

簡 083　簡 214　牘 1

秦

簡 132　簡 167　簡 184

秒

簡 157

米

簡 095

糗[⿰米⿱百大]

簡 256

糞

簡 103 牘 1

粉

簡 259

⿰米肙

簡 131 簡 136

⿰米者

簡 266

竊

簡 120 簡 121

臼

簡 272 簡 276

⿱⿰米犬臼

簡 016

⿱⿰音欠臼

簡 151

宅[⿸尸乇]

簡 155 簡 171 簡 190

室

簡 012 簡 128 簡 229

宣

簡 058 簡 191 簡 135 反

向

簡 099

⿱宀皿

簡 072

定

簡 152 簡 165

安

簡 007 簡 122 簡 062

簡 117

宋[𡧍]

簡 212

寶

簡 221

宰

簡 102 簡 157 反

[𡩋]

簡 036 簡 037 簡 157

[𡩌]

簡 266

寵

簡 135

宜

簡 103 簡 223

宵

簡 015 簡 051 簡 071

簡 182

宿[𠈇]

簡 035

[㑲]

簡 139

寢

簡 146 簡 166

[㛍]

簡 146

客

簡 007 簡 129 簡 141

害

簡 256 簡 268

宋

簡 018 簡 049

宔

簡 022 簡 202 簡 207

穸

簡 015　簡 015 反

宊

簡 096　簡 096

㝘

簡 026　簡 053　簡 130

㡣

簡 058　簡 183

宨

簡 137　簡 142

[㝗]

簡 123

㝮

簡 190　簡 145　簡 145 反

㝕

簡 010　簡 083　簡 124

宩

簡 251

寨

簡 010　簡 209

竆

簡 210　簡 228　簡 230

簡 232　簡 227　簡 234

宮

簡 007　簡 202

躳

簡 226

窔

簡 245

疾

簡 123　簡 207　簡 218

簡 220　簡 236　簡 242

病[疠]

簡 152　簡 158　簡 218

簡 243

瘽

簡 012 簡 013 簡 174

簡 175 簡 186

疕

簡 008

痀

簡 047

疥

簡 114

痎

簡 013 簡 126 簡 127

⿸疒童

簡 177 簡 249

痑

簡 187

瘥[⿸疒虘]

簡 051 簡 058 簡 189

簡 236 簡 239 簡 240

瘳[痙]

簡 010 簡 171 簡 188

⿸疒因

簡 083

⿸疒安

簡 108

[⿰丬安]

簡 224 簡 225

⿸疒卷[⿸疒⿰井辛]

簡 003 簡 194

⿸疒胃

簡 171 簡 171

瘖

簡 102

瘚

簡 141 簡 141

⿸疒敝[⿸疒帝]

簡 233

瘖

簡 173

瘸

簡 129

瘰

簡 102 簡 109 簡 102 反

瘖

簡 240 簡 247

冠

簡 219 簡 263

同

簡 126 簡 127 簡 173

冡[冡]

簡 094

冑[軸]

簡 269 簡 270 牘 1

冒

簡 131 簡 135

兩

簡 111 簡 115 簡 119

簡 237 簡 145 反

羅

簡 026 簡 093

罝

簡 255 簡 256

罰

簡 149 簡 149

罷

簡 035

罽

簡 100

幂

簡 272 簡 276 簡 277

常（《說文》常異體作裳）

簡 203 簡 214

[裳]

簡 244

[䘣]

簡 199

席[箬]

簡 259 簡 263

白

簡 210

䲨

簡 140

敝

簡 260

包山楚簡文字編　卷八

人

簡 002 簡 168

傑

簡 132

僮

簡 003 簡 217 簡 237

保

簡 197 簡 244

倗[佣]

簡 173 簡 260

仿

簡 100

佗

簡 102

儋[儋]

簡 147

備

簡 213 簡 213

位

簡 224 簡 225

倚

簡 078 簡 135

付

簡 039 簡 091

伹

簡 042

作[㑅]

簡 058 簡 012 簡 131

簡 212 簡 221

侵[䢘]

簡 269 簡 273

價

簡 046 簡 052 簡 055

代

簡 061

俾

簡 263

傳

簡 120 簡 120

倌

簡 015 簡 157

倀

簡 163

僻

簡 258

仆

簡 261

傷[戫]

簡 144

[剔]

簡 022 簡 080

但

簡 096

咎

簡 185

倅[倸]

簡 025

仔

簡 044

岸

簡 140 簡 140

佯

簡 005 簡 067

彼

簡 163

亘

簡 137 簡 155

佹

簡 237

佸

簡 016 簡 185

倞

簡 120

佳

簡 035

倜

簡 101

倍

簡 184

偳

簡 030

僑

簡 166 簡 171 簡 193

簡 090

傣

簡 120 簡 121 簡 123

傢

簡 188

僡

簡 084 簡 085

儮

簡 117

儫

簡 141

從

簡 091 簡 193

[辵]

簡 138 反

比

簡 253 簡 254

北

簡 153 簡 154

丘

簡 090

［坒］

簡 237

望［室］

簡 145

量

簡 053 簡 073 簡 149

監

簡 164 簡 168 簡 265

臨

簡 003 簡 053 簡 079

身

簡 210 簡 213 簡 226

簡 227 簡 228 簡 232

殷［磬］

簡 063 簡 184

衣

簡 089 簡 244

表

簡 262

裏

簡 261 簡 262 簡 263

被

簡 199

［裗］

簡 214

［裛］

簡 203

裳

簡 189

［袋］

簡 016

裹

簡 072

裘［求］（《說文》裘古文作求）

簡 063

老

簡 217 簡 237

壽

簡 108 簡 117

耆

簡 068

毛

簡 037 簡 194

⿰毛内

簡 025

⿰毛斗

簡 266

⿱𤇾毛

簡 269

氈[⿱畾毛]

簡 262

⿱雝毛

簡 095

居

簡 032 簡 127

⿸尸二

簡 180

⿸尸主

簡 065 簡 153 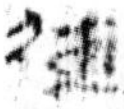簡 181

屈

簡 004 簡 062 簡 067
簡 121 簡 125 簡 157

⿸尸参

簡 059 簡 061

履

簡 006 簡 054 簡 163

舟

簡 158 簡 168

方

簡 155 簡 231

免

簡 020 簡 053 簡 059

兄

簡 138 反

[⿰兄㞷]

簡 063 簡 084

[⿰㞷兄]

簡 133 簡 227

弁

簡 240 簡 245

先

簡 217 簡 237

見

簡 208 簡 222 簡 223

視

簡 015 簡 135

觀

簡 185 簡 230 簡 242

簡 244 簡 249

親[辟]

簡 051

⿱自儿

簡 274

⿰見巨

簡 028 簡 046 簡 167

覩

簡 019

⿰見枼

簡 138 簡 164 簡 175

⿰見蜀

簡 181

⿰見睿

簡 019

欽

簡 143 簡 143

⿰虫欠

簡 183

欨

簡 085

⿰台欠

簡 146 簡 186

[⿰台欠]

簡 189 簡 189

⿰多欠

簡 168

⿰者欠

簡 163

⿰哀欠

簡 087 簡 151 簡 152

包山楚簡文字編　卷九

頁

牘 1

頸

簡 016

項

牘 1

頡

簡 155

⿱亠頁

牘 1

⿰亻頁[⿰車百]

簡 021

[⿰百隹]

簡 022 簡 030

⿰壴頁

簡 047 簡 047

⿱之百

簡 269 簡 270 簡 276

⿰百羊

簡 102

丏

簡 164

首[百]

簡 269 簡 273

縣

簡 227

面[靣]

簡 271 簡 272 牘 1

須

簡 088 簡 102 反 簡 130 反

文

簡 042 簡 203 簡 206

司

簡 008 簡 081 簡 224

卲

簡 016 簡 176 簡 221

簡 116 簡 203 簡 15 反

⿰桼卩

簡 253 簡 260

⿰希卩

簡 184

⿰益卩

簡 135

⿱之邑

簡 099

⿰飠今

簡 171

⿰飠占

簡 182

⿰色是

簡 058

⿰色蜀

簡 088 簡 167 簡 170

⿹勹彐

簡 129 簡 130

⿹勹貝

簡 257

厶

簡 128

山

簡 121 簡 214 簡 240

嵒

簡 166

峗

簡 214 簡 215

嵔

簡 055 簡 064

軺

簡 087

府[賓]

簡 003 簡 172 簡 181

廡

簡 053 簡 083

廚[脰]

簡 173 簡 194 簡 278 反

殿[⿸厂殹]

簡 061 簡 191

[⿸厂⿰𠂤人]

簡 154

庶

簡 257 簡 257 簡 258

厞

簡 045 簡 057

厭

簡 219

[⿸厂⿱三子]

簡 207

厎

簡 189

危

簡 243

石

簡 080 簡 150 簡 199

磿[⿸厂⿱秝田]

簡 181

礪[厲]

簡 149

缶石

簡 255

碨[⿸厂畏]

簡 046

⿰石器[⿸厂器]

簡 143

長

簡 054 簡 059 簡 061

簡 078 簡 207 簡 220

勿

簡 080

昜

簡 002 簡 111 簡 177

而

簡 002 簡 013 簡 095

簡 121 簡 156

豕

簡 146 簡 168 簡 227

豢[⿰豕弄]

簡 200 簡 206

[⿰豕垂]

簡 203

[⿰豕弄]

簡 227 簡 238 簡 240

⿰豕古

簡 187 簡 207

[⿰古豕]

簡 219

⿰豕主

簡 202 簡 211 簡 225

簡 227

⿰豕昔

簡 200 簡 204 簡 215

簡 244 簡 248

⿰豕善

簡 257 簡 257

毫

簡 273

豹[⿰鼠勺]

簡 268 簡 268 簡 277

貘[⿰鼠莫]

簡 271

豻[⿰鼠干]

簡 271

貉[⿰鼠各]

簡 087 簡 227

貍[⿰鼠里]

簡 165

豫

簡 007 簡 011 簡 024

[⿰予鼠]

簡 085

[⿰鼠予]

簡 016 簡 180

馬

簡 008 簡 030 簡 249

牘 1

駁

簡 093

[⿰爻馬]

簡 234 簡 247

騎[⿱馬寸]

簡 119

駕[⿰馬加]

簡 038 簡 060

馹[⿰馬㞷]

簡 012 簡 157 簡 132 反

駝

簡 187

廌

簡 265

灋

簡 016 簡 102 簡 145

鹿

簡 179 簡 190 簡 246

犬

簡 006

狗[⿰句犬]

簡 176

獻

簡 079 簡 105 簡 147

簡 182

狂[㤮]（《說文》狂古文作㤮）

簡 022

[恚]

簡 024

狐[⿰鼠瓜]

簡 095 簡 259

與

簡 202

獄

簡 131 簡 084 反

鼷[⿰鼠系]

簡 091

鼰

簡 120 簡 120

鼳

簡 273

能

簡 156

燒[焼]

簡 186

烝[⿱癶⿱豆廾]

簡 257

熬[⿱豈廾]

簡 257 簡 257

燭

簡 163 簡 186 簡 262

光

簡 207 簡 268 簡 270

赤

簡 102 簡 168 簡 272

大

簡 002 簡 174 簡 157

太

簡 213 簡 227 簡 237

夷[⿱夷土]

簡 028 簡 065 簡 124

⿰夫⿱吕囟

簡 088

⿰夫臱

簡 058

⿱聑夫

簡 186

吳

簡 098 簡 167 簡 174

喬

簡 049 簡 117 簡 141

簡 128 反

交

簡 146 簡 128

睪

簡 120 簡 121 簡 218

執[⿰執殳]

簡 058 簡 154 簡 015 反

[⿸厂⿰執殳]

簡 135 簡 135

[教]

簡 120

夫

簡 004 簡 188 簡 203

⿰夫害

簡 047 簡 065 簡 163

[⿰言夫]

簡 075 簡 173 簡 177

立

簡 202 簡 249

⿰立皮

簡 188

⿱壴立

簡 205

竝

簡 153

囟

簡 023

思

簡 078 簡 198

心

簡 218 簡 236

志

簡 119 簡 186 簡 193

悳

簡 062 簡 209 簡 232

𢣻

簡 174

快

簡 082 簡 117

忻[忥]

簡 028 簡 039 簡 021

憖

簡 172 簡 194 簡 015 反

慶

簡 013 簡 056 簡 087

簡 131 簡 155 簡 163

愆[㥶]

簡 085

惑

簡 138 簡 168

忿

簡 172

愴[愴]

簡 068 簡 143 簡 144

悲

簡 179

惻[恖]

簡 207 簡 220

怲[悥]

簡 146

愓[惖]

簡 138 簡 157 簡 163

懌[惪]

簡 059

忍

簡 107 簡 141 簡 180

忎

簡 093

忕

簡 095 簡 185

悈[悊]

簡 090 簡 171 簡 189

惁

簡 222 簡 137 反

惷

簡 141 簡 143 簡 168

怊

簡 228 簡 236

惃[惃]

簡 020

悤

簡 197 簡 199

悆

簡 005

愋[憃]

簡 110 簡 182

惈[惈]

簡 166 簡 176

偲

簡 197 簡 201 簡 227

[偲]

簡 229 簡 231 簡 233

愲

簡 249

[𩪡]

簡 226 簡 228 簡 230

簡 239 簡 242

愚

簡 198

悥

簡 138 反

𧩆

簡 217

慪[𢡱]

簡 087

𢡁

簡 057

𢡆[𢤹]

簡 278 反

息

簡 147

𢝊

簡 090

憍[𢣣]

簡 143

𢡎

簡 191

𢤉

簡 119 反

𢣻

簡 095 簡 095

𢤱

簡 259

𧖧

簡 106

包山楚簡文字編　卷十一

水

簡 215 簡 237 簡 246

沱

簡 170

溺[尿]

簡 007 簡 177 簡 246

漾

簡 012 簡 126

澮

簡 260

漸[⿱車水]

簡 061 簡 140

[⿱軔水]

簡 084

湘[⿱相水]

簡 083

海[海]

簡 147

浩

簡 067

波

簡 110

澤[溴]

簡 100

沼[⿱召水]

簡 179

澗[⿰阝⿰月肙]

簡 010

湛

簡 169

湯

簡 131 簡 173

汸

簡 100

浞

簡 055 簡 124

浧

簡 149

淠

簡 085

溕

簡 149

湶

簡 003 簡 100

[illegible]

簡 096 簡 098 簡 137 反

簡 139 反

[[illegible]]

簡 096

涉

簡 128 反

巟

簡 174

州

簡 084 簡 126 簡 128

泉

簡 086 簡 143 簡 119 反

羕

簡 075 簡 221

溪

簡 140 簡 182

冬

簡 002 簡 206

治

簡 080

雷

簡 174 簡 175

[靁]

簡 085

雪[靎]

簡 185

霰[霰]

簡 091

霝

簡 230 簡 270

[霝]

簡 042

[霝]

簡 272

雩

簡 069

霎

簡 174

会

簡 134 簡 180

魚

簡 256 簡 257 簡 259

鯢

簡 194

鯛

簡 165 簡 190

魝

簡 170

鮨

簡 255

鰧[鮩]

簡 166 簡 185

䲆

簡 183

簡 265

龍

簡 138 簡 171

非

簡 040

包山楚簡文字編　卷十二

不

簡 016 簡 026 簡 032

簡 223 簡 239

至

簡 016 簡 170

西

簡 153 簡 154 簡 184

鹽[⿱鹵皿]

簡 147

⿱⿰臣古皿[盬]

簡 186 簡 189 簡 194

[⿱⿰鹵古皿]

簡 003 簡 172 簡 180

[⿱⿰古鹵日]

簡 238 簡 241

房

簡 149 簡 266

庫

簡 260

門

簡 027 簡 042 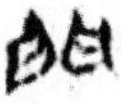簡 179

閉

簡 013 簡 152

關[闡]

簡 034

閔

簡 233

耳

簡 034 簡 190 簡 265

耴

簡 077 簡 080

聖

簡 168 簡 179

聯[聠]

簡 265

耿

簡 190

拜

簡 272 簡 276

承

簡 209 簡 245

捭

簡 096 簡 125 簡 187

捕[搏]

簡 133

抾

簡 044 簡 169

拘

簡 122

女

簡 122 簡 187

姬

簡 176

妻

簡 091 簡 097

婦

簡 168 簡 173

母

簡 169 簡 201

奴

簡 020

[伖]

簡 122 簡 123

嫚[嫗]

簡 174

姽

簡 177

娭

簡 066

婡

簡 175

婁

簡 005 簡 025 簡 037

簡 143 簡 162 簡 259

姦

簡 183

婌

簡 191

嬨

簡 089

婡

簡 181

嫥

簡 185

嫿

簡 035 簡 217 簡 237

毋

簡 197 簡 228 簡 245

弗

簡 122 簡 123 簡 156

也

簡 130 簡 231 簡 204

氏

簡 013 簡 127

戈

簡 261

戟[戟]

簡 061 簡 269 簡 273

或

 簡 120  簡 135  簡 135 反

武

 簡 246

戠

 簡 049  簡 081  簡 157

 簡 203  簡 240  簡 243

 簡 248  簡 128 反

㦰

 簡 167  簡 169

[illegible]

 簡 060

[illegible]

 簡 061

[illegible]

 簡 138  簡 138

[illegible]

 簡 138

[illegible][[illegible]]

 簡 269  簡 272  牘 1

義

 簡 019  簡 049  簡 065

 簡 066  簡 084  簡 249

[[illegible]]

 簡 129

瑟

 簡 260

亡

 簡 171

區

 簡 003

匿

 簡 138 反

匱

 簡 013

⿷匚古

簡 090 簡 265

曲

簡 260

弓

簡 260

張

簡 095 簡 189

發[⿰壴犮]

簡 080 簡 141

[⿰壴⿱卜止]

簡 143

系

簡 179

孫

簡 043

繇[⿰⿱夂言系]

簡 146 簡 172 簡 174

包山楚簡文字編　卷十三

蘓[絸]

簡 268 簡 277

緒

簡 263

純

簡 259 簡 261 簡 261

簡 271

經

簡 268

緯

簡 259 簡 263

紡

簡 268

絕[㡭]

簡 249 簡 250

縕[緼]（《説文》縕或體作緼）

簡 012 簡 184

繙

牘 1

約

簡 268 簡 271

結

簡 272 簡 276

繃[綳]

簡 230 簡 242

[纓]

簡 219 簡 244

縠[綍]

簡 263 簡 263

縞

簡 259 簡 261 簡 269

紬

簡 122

繡

簡 262

絹[縎]

簡 267 簡 271 簡 275

綠

簡 262 簡 269

絑

簡 170 簡 269

緹

簡 259

紫

簡 085 簡 259 簡 267

簡 276

纚[縩]

簡 164

纓[緌]

簡 032 簡 259 簡 270

紻

簡 067

緄

簡 268

[緦]

簡 268

紳

簡 271

[繡]

簡 093 簡 101 簡 159

簡 150 簡 190

組

簡 259 簡 268 簡 268

簡 268

紴

牘 1

絛

牘 1

紃

簡 268 簡 268 簡 271

纕

簡 256

縷

簡 259

繩[⿰糸曹]

牘 1

縢

簡 186 牘 1

[⿰糸弁]

簡 267 簡 276

[縍]

簡 270 簡 270

緐

簡 090 簡 090

紛

簡 261 簡 268 簡 271

綢

牘 1

綏

簡 270 簡 277

緅

簡 270 牘 1

⿰糸乇

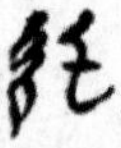簡 277 牘 1

⿰糸石

簡 268

絈

簡 263

⿰糸㕣

簡 270 簡 271

結

簡 263

絓

簡 268 簡 271

䋲

簡 267

絨

簡 270 簡 271

𥿻

簡 268

綖

簡 100

綉

簡 254 簡 261 簡 262

絅

簡 278 反

綼

牘 1

綺[䋍]

簡 263

𦁤

簡 268

𦂄

簡 259

𦁔

簡 268 簡 271

絟

簡 259 簡 262 簡 262

簡 263 簡 272

𦂵[纏]

簡 275

𦁓[䋞]

簡 056 簡 176

䊷

簡 267

緄

簡 268 簡 275

縵

簡 275

維

簡 085

緰

簡 115 簡 231

緹

牘 1

縟

簡 259

緇

簡 219 簡 231 簡 270

縺

簡 259 簡 259

縁

牘 1

繏

簡 259 簡 271 牘 1

繬

簡 272 簡 277

緊

簡 275

繜

簡 259

繫

簡 097

繻

簡 268 簡 268

緩[緩]

簡 076 簡 096 簡 189

蚰[蟲]

簡 021

蛙[⿱圭䖵]

簡 081

蠆[⿱萬䖵]

簡 185 簡 190

強[⿰弓旦]

簡 040 簡 084 簡 103

蜜[⿱宓䖵]

簡 255 簡 257

蝕[⿰飠䖵]

簡 210 簡 227

⿰龺虫

簡 217 簡 237

蟲

簡 191

它

簡 164

⿱艹黽

簡 199

⿰昜黽

簡 082 簡 115 簡 124

[⿰斲黽]

簡 125

[⿰昆黽]

簡 085 簡 194

[⿰⿱豈糸黽]

簡 103

卵

簡 269

二

簡 004

亟

簡 129 簡 129 簡 130

恆[死]（《說文》恆古文作死）

簡 197 簡 201 簡 218

凡

簡 004 簡 135 簡 204

土

簡 091

地[墬]

簡 104 簡 207

坪

簡 083 簡 200 簡 203

簡 206 簡 240

塙

簡 076

[𨛫]

簡 027

[臺]

簡 021

基[坖]

簡 168

壁

簡 218

坦

簡 175

墨

簡 007 簡 192

墺

簡 074 簡 152

黯

簡 151 簡 151

黐

簡 098 簡 107 簡 117

城[䧍]

簡 002 簡 004

壘

簡 190

坷

簡 099 簡 100

塲

簡 121 簡 122 簡 123

圣

簡 083 簡 157 簡 261

圩

簡 263

坨

簡 149

坰

簡 043

⿰缶土

簡 255

⿰𢆶土

簡 170

⿰土思

簡 095

⿱陽土

簡 096 簡 125 簡 126

⿸虍坐

簡 015 簡 096 簡 176

壦

簡 083

里

簡 007

野[埜]

簡 171

田

簡 094

甸

簡 186

畔

簡 151

⿱雈田

簡 157 簡 157

疆

簡 087 簡 153 簡 179

黃

簡 021 簡 033 簡 071

簡 125 簡 129

勁[⿰歹巠]

簡 042 簡 082 簡 193

勝[劵]

簡 113 簡 169

券

簡 168 簡 183 簡 185

加

簡 022 簡 030 簡 122

勇[⿰甬戈]

簡 071

⿰力亢

簡 163 簡 180

⿱弗力

簡 051

⿰車力

簡 118

⿰力可

簡 015 簡 102

⿰力它

簡 067 簡 197

⿰力呈

簡 131 簡 168

⿰力爰

簡 174 簡 176

⿰力桀

簡 141 簡 143 簡 167

包山楚簡文字編　卷十四

金

簡 108 簡 117 簡 129

簡 146 簡 150

鑄[盟]

簡 018

鑑

簡 263 簡 277

鈕

簡 214

錢

簡 265 簡 265

銍

簡 272 簡 276

釱

簡 272 簡 273 簡 276

鐃

簡 270

鐘（《說文》鐘或體作銿）

簡 170

[銿]

簡 262

鋋

簡 126 簡 127 簡 128

鉈

簡 266

鈔

簡 263

⿰金毛

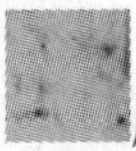牘 1

鈲

簡 265

鉃

簡 277

鉩

簡 013

銍

簡 147

鉛

簡 266

銨

簡 271

鉼

簡 252

鋧

簡 276

䤵

簡 115

錸[鏲]

簡 254

錤

簡 252

錶

簡 260

鋘

簡 261

鏇

簡 168

鑊[鑴]

簡 265

鐴

簡 254

鐳

簡 272 簡 276

钀

簡 266

几

簡 146 簡 260

凥

簡 003 簡 156 簡 238

斨

簡 088 簡 157

斪

簡 149 簡 169 簡 187

所

簡 002 簡 154 簡 257

斷[⿰叀刂]

簡 016 簡 123 簡 137

[⿰叀刃]

簡 123

新

簡 005 簡 016 簡 061

簡 176 簡 180 簡 181

訢

簡 145 簡 177 簡 187

[⿰言⿳十斤彡]

簡 122

車

簡 157 簡 267

軒

簡 267

輿[⿱車廾]

簡 223

載

簡 269 簡 273

[⿰車才]

牘 1

軍

簡 061 簡 088 簡 158

轄

簡 157

輊

簡 145

軝

簡 071 簡 093

輗

簡 276

軞

簡 179

轒

牘 1

輂

簡 271

輮[轣]

簡 267

輪[轓]

簡 268 簡 273 簡 276

輳

牘 1

轄

簡 038 簡 176

轚

簡 188

轣

簡 150

官

簡 005 簡 087

陵

簡 117 簡 126 簡 243

陸

簡 062 簡 181

隋

簡 022 簡 030 簡 163

簡 167 簡 168 簡 171

陳[塦]

簡 007 簡 061 簡 228

陎

簡 185

阬

簡 086

⿰阝旨

簡 119 反

⿰阝⿱山圭

簡 027 簡 035

[⿱⿰阝⿱山圭土]

簡 002 簡 040

⿰阝乘

簡 119 反

四

簡 112 簡 119 簡 256

亞

簡 162 簡 174 簡 188

簡 213 簡 122 簡 145 反

五

簡 015 簡 146

六

簡 091

七

簡 105

九

簡 020

⿰谷九

簡 120

嘼

簡 168

獸[⿰單犬]

簡 021 簡 150

甲

簡 020 簡 046 簡 090

乙

簡 007 簡 197 簡 241

丙[⿱一㕯]

簡 031 簡 225

丁

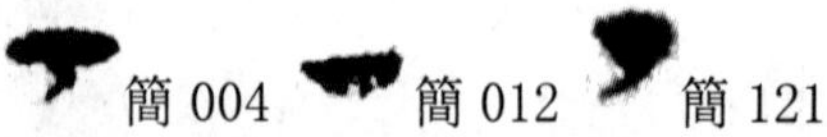
簡 004 簡 012 簡 121

戊

簡 041 簡 124

成

簡 091 簡 100 簡 174

簡 202 反 簡 120 簡 147

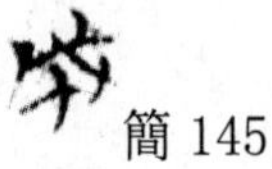
簡 145

己

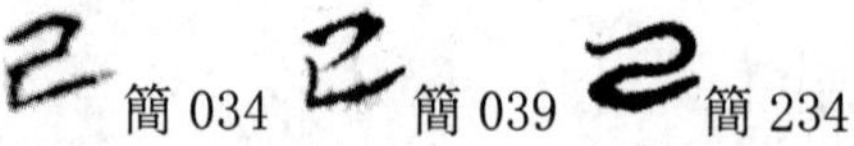
簡 034 簡 039 簡 234

炅

簡 069 簡 111 簡 176

庚

簡 007 簡 085 簡 220

辛

簡 028 簡 062

壬

簡 029 簡 188

癸

簡 023 簡 126

子

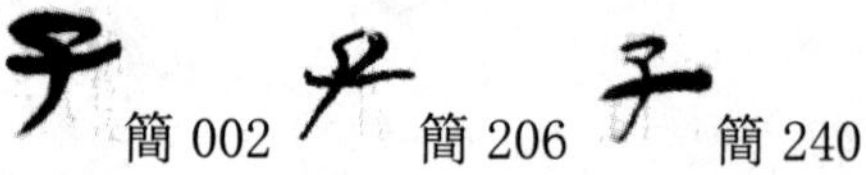
簡 002 簡 206 簡 240

敦

簡 166 簡 191

[illegible]

簡 274

季

簡 127

孠

簡 005

孠

簡 088 簡 175

丑

簡 072 簡 174

寅

簡 169

卯

簡 126 簡 135 簡 265

辰[晨]

簡 143 簡 165

[唇]

簡 020 簡 182 簡 224

簡 225

辱

簡 021

巳

簡 004 簡 021 簡 025

簡 121 簡 195

吕

簡 002 簡 226 簡 230

午

簡 059 簡 095

未

簡 003 簡 023 簡 041

簡 056 簡 201

申

簡 091 簡 098

酉

簡 202

[沓]

簡 027 簡 174

[函]

簡 052

[莤]

簡 221

[𨟻]

簡 218

酷

簡 125 簡 150

酖[醓]

簡 138 簡 165 簡 177

將[牺]

簡 016 簡 142 簡 144

簡 211 簡 137 反

醢[酭]

簡 255 簡 255 簡 255

醯

簡 256

醑

簡 255

畬

簡 179 簡 237 簡 246

戌

簡 029 簡 068 簡 171

亥

簡 027 簡 055 簡 064

簡 249

包山楚簡文字編　合文

之歲

簡 218 簡 221 簡 267

之月

簡 002 簡 129 簡 199

簡 228 簡 234

之日

簡 005 簡 199 簡 226

簡 228 簡 267

八月

簡 007 簡 173

十月

簡 016 簡 043

亯月

簡 120 簡 132 簡 267

奐月

簡 125

二十

簡 277

三十

簡 107 簡 117 簡 139

四十

簡 269 牘 1

八十

簡 140

革鞋

簡 273

竹篓

簡 260

韋車

簡 273

白犬

簡 208

⿰豕主豕

簡 243

戠牛

簡 205

直牛

簡 222

金釛

簡 272

丹青

簡 193

視日

簡 132

小人

簡 120 簡 125 簡 142

大夫

簡 012 簡 015 簡 026

簡 094 簡 130

公孫

簡 145

⿰㠯阝吁

簡 169 簡 175 簡 175

之所

簡 138

⿱宀邑犬

簡 145

澫昱

簡 256

之市

簡 063

⿱宀身身

簡 197 簡 201

[躳身]

簡 199 簡 202

之首

簡 269

[之頁]

牘 1

包山楚簡文字編　存疑字

簡 012 簡 015 簡 022

簡 024 簡 027 簡 030

簡 042 簡 054 簡 125

簡 126 簡 128 簡 128

簡 137 簡 137

簡 041 簡 043 簡 048

簡 183 簡 188

簡 019 簡 036 簡 140

簡 145

簡 023 簡 081

簡 149

簡 111

簡 025

簡 139

檢字表

1畫

2畫

3畫

4畫

5畫

17畫

18畫

23 畫	24 畫	25 畫	26 畫	27 畫	28 畫	29 畫	30 畫
[月臱] 032	蘘 006	[金畬] 030	[絲𠥓] 054	[韋肅] 093	[齊月] 029	[韋盧] 038	[興女] 019
[韋塺] 038	讙 017	[月曹] 032	[石霝] 070	鼉 093	[縣心] 078	[酉欽] 055	贛 032
[囂阝] 051	[馬聖] 021	[厂畾] 070		驈 094	[懸心] 078	[鼠贊] 074	[金金金] 082
[鼠莫] 072	[月夒] 026	[臱大] 074			[竹贊] 080	[畾黽] 093	
鼷 074	雥 026	纚 089			[畾黽] 093		
[鼠系] 074	[竹巠土] 032	[金靁] 098			[金獻] 098		
纓 089	[木粟] 041	鐳 098					
纕 090	贛 043						
[糸曹] 090	贊 043						
[倝塺] 094	鼄 065						
[金臱] 098	觀 066						
[車盍] 100	戇 078						
	[魚聖] 081						
	鹽 083						
	蠱 093						

33畫	34畫	39畫					
⿰革毚 019	⿰爨戈 086	⿰韋爨 037					

後　記

包山楚簡是新中國成立後出土的第一批數量龐大、內容豐富的楚簡資料，簡文蘊涵了太多我們所不熟悉的楚國語言、典章制度、經濟、地理、文化等方面的資訊，顯然，這批楚簡的學術價值是不言而喻的。

1991 年簡冊公佈後，海內外學者十分關注，發表了大量的研究論文，在文本復原和內涵研究方面，均取得令人矚目的成果。綜觀這些研究成果，集中在文字考釋方面的居多，在許多方面，學者見解歧出，有待探討的問題尚多，特別是隨著新資料的大量出土，一些舊有結論需要重新審視，因此，對包山楚簡整體研究狀況做一全面總結便是十分必要的了。2007 年我有幸成為吳振武先生的博士研究生，入學不久，先生即給我確定了包山楚簡作為博士論文的選題。我欣然接受了，通過幾年的努力，完成了論文寫作。

畢業後，我選擇在高校從教，隨後就包山楚簡課題申報了“全國高校古委會項目”，對包山楚簡作進一步的研究。幾年來，查閱並彙集了大量有關包山楚簡的資料，從中梳理、研究，最終完成了本書的寫作。

因本書編寫、出版時間所限，本書所用資料原則上截止於 2011 年底，但 2012 年之後影響較大的新資料在行文中也略有體現。

本書的主體是集釋，為了體現研究的歷史性和延續性，集釋中援引的學術觀點不免有些在今天看來是值得商榷的，但這些資料卻是不可或缺的，因為它們畢竟在學術史上代表了某一時期的研究水準和成果。正是有了前人的不懈探索、嘗試、引路，給人以借鑒，才使得後人的研究朝正確的方向邁進。因限於體例和行文的方便，本書對各位師長、前賢均直呼其名，祈望原諒。

書稿即將付梓，回憶往事，歷歷在目。難忘這些年來在繁複的資料查閱、整理和寫作過程中的苦與樂，難忘老師們給我的關愛與教誨，難忘家人和朋友們的支持與鼓勵……

感謝我的導師吳振武先生，博士論文從開題到寫作，先生給予我重要的指導和幫助，乃至論文完成後的修改，這一切花費了先生很多心血。問學的幾年裏，先生無論是在治學方面還是在做人方面對我的影響都是令我受益一生的。

感謝吳良寶先生和馮勝君先生。吳良寶先生是我的碩士研究生導師，在吉大求學期間，我學習上或生活上遇到問題，常找他傾訴，總會得到他的開導和幫助。馮勝君先生也是我的授業老師，我的論文寫作曾得到過他不少的指點，許多資料並從其處借得。

陳偉、陳偉武、劉釗、李天虹、張世超、李守奎幾位先生曾給我的博士論文提出過許多寶貴意見；在搜集資料的過程中，得到白於藍、劉國勝、許全勝、宋華強、何有祖、凡國棟、何家興、程少軒、王輝、何景成、蔣玉斌、周忠兵、單育辰、李松儒、廣瀨薰雄、崎川隆、蘇建洲、巫雪如、顏世鉉諸位先生的幫助，在此向他們表示感謝。

承蒙福建人民出版社的支持，使本書得以問世；編輯賴炳偉先生在書稿結構和體例的調整、文字修改以及版式設計、編排等方面都給予許多幫助，在此一併致謝。

本人學識有限，書中錯訛、疏漏肯定不少，懇望學界專家、師長批評指正。

朱曉雪

2013年10月